广 东 统 计 年 鉴

GUANGDONG STATISTICAL YEARBOOK

1 9 9 9

（总第 15 期　NO. 15）

广 东 省 统 计 局 编
Compiled By
Statistical Bureau of Guangdong

中国统计出版社
China Statistics Press

ISBN 7-5037-2972-4
9 787503 729720 >

(京)新登字 041 号

图书在版编目(CIP)数据
广东统计年鉴 1999:中英文对照/广东省统计局编
广东:中国统计出版社,1999.8
ISBN 7 — 5037 — 2972 — 4/C·1642
Ⅰ.广…
Ⅱ.广…
Ⅲ.统计资料 —广东 — 1999 — 年鉴 — 汉、英
Ⅳ.C832.65 — 54
中国版本图书馆 CIP 数据核字(1999)第 17734 号

中国统计出版社出版
Published by China Statistics Press
(中国·北京三里河月坛南街 75 号 100826)
(75 Yuetan Nanjie, Sanlihe, Beijing 100826, P. R. China)
广州大一(香港)印刷有限公司印刷
广告经营许可证:粤临广审字(1999)第 0109 号
*
889×1194 毫米 大度 16 开本 44.5 印张 110 彩页 150 万字
1999 年 8 月第 1 版 1999 年 8 月第 1 次印刷
印数:1—3600

编 者 说 明

《广东统计年鉴—1999》(下简称年鉴)是一部反映广东省国民经济和社会发展情况的资料性年刊，书中收录了全省、各市、县(区)、乡镇 1998 年的大量统计数据以及建国以来各个主要时期的一些主要统计数据。

《年鉴》分两部分。第一部分，概述；第二部分，统计资料。具体分为行政区划和自然资源、要素市场、综合、人口、从业人员和职工工资，固定资产投资，能源生产与消费、财政、金融和保险，物价，人民生活，农业，工业，建筑业，运输邮电，国内贸易，对外经济与旅游，教育、科技、文化、体育、卫生、社会福利、环境和其他，经济地带主要指标，城市主要指标，县、区主要经济指标，乡镇主要经济指标等 22 部分。此外，年鉴附录部分还汇编部份省(市)国民经济主要指标，香港、台湾、新加坡、韩国主要统计资料，部分国家和地区主要统计资料。

本《年鉴》大部份资料来自政府各级统计局的各种定期统计报表及抽样调查资料；部分资料来自中央部属单位和省属各主管部门。附录中的资料是根据国家统计局及有关方面提供的资料整理的。

资料中所使用的度量衡单位，除耕地、播种面积照顾我国使用习惯继续用“亩”为单位外，其余均采用国际统一标准计量单位。

本《年鉴》中计算的平均每年增长速度，均用“水平法”。

本《年鉴》统计表中的符号使用说明：

“…”表示数据不足本表最小单位数；

“#”表示其中主要项；

“空格”表示该项统计指标数据不详或无该项数据；

“①”表示本表下有注解。

本年鉴在整理编辑过程中，得到省直有关部门和单位的大力支持，在此表示感谢！

PREFACE

Guangdong Statistical Yearbook 1999 (abbreviation as the Yearbook below) is an annual statistics publication, which covers mainly statistics in 1998 and some selected major data series in historically important years after the establishment of the Peple's Republic of China at provincial levels and local levels of city (prefectures), county and township and village, therefore, reflects various aspects of Guangdong Province's social and economic development.

The Yearbook contains two major parts. The first part is outline, the second part is statistics. In detail it is divided into the following 22 parts: Administrative Division and Natural Resources, General Survey, Main indicators on the factors market, Population, Employment and Wages, Investment in Fixed assets, production and consumption of enegy, public Finance, banking and insurance, price indices, People's Livelihood. Agriculture, Industry, Construction, Transportation, Postal and Telecommunication Services, Domestic Trade, Foreign Trade and Tourism, Education, Science, technology and Culture, Sports, Public Health, Social Welfare, Environment protection and Others, special Economic Regions, Cities, Counties and Districts, Under city adminitration Town and Villages. Besides these, in the appendices of the Yearbook are main economic indicators of some provinces, and main statistics of Hong Kong, Taiwan, Singapore and Korean, Main statisties of some countries and regions.

The data in the Yearbook are mainly obtained from regular statistical reports and sample surveys conducted by the Statistical Bureau of all levels of government. Some data are collected from the departments of central government and provincial government. Date in appendices are compliled from statistical publications published by the State Statistical Bureau of China and other sources.

The units of measurement used in the Yearbook are internationally standard measurement units, except those on cultivated land and sown areas which are used in "mu" in order to give consideration to the habit of using these data.

The method of the calculation of the average yearly increasing speed in the Yearbook is horizontal method.

Notations used in the Yearbook:

"…"indicates that figure is not large enough to be measured with the smallest unit in the table;

"#"indicates the major items of the total;

"(blank)"indicates that the data not available;

"(1)" indicates "see footnotes".

During the compilation of the Yearbook, we have got the support from some government departments of province and other relative units. We express our thanks to all of them here.

《广东统计年鉴》编委会和编辑出版人员

一、编委会

主　编：卜新民

副主编：谭国源　叶伯享　叶健夫

委　员（以姓氏笔划为序）：

丁　宪	王国伟	方雄飞	邓日昌	叶建新
冯位东	刘　非	刘发麟	刘寿生	刘广荣
陈鸿新	陈铭津	陈建贤	邱　俊	林壮光
林志森	幸晓维	秦定坚	彭启鹏	赖元珊

二、编辑工作人员

编辑人员（以姓氏笔划为序）：

王日强	王　蜜	刘晓东	李　华	李兴海
李新娇	李昭曼	朱乔豪	陆定国	陆小环
吴小玲	宋卓健	苏华宏	陈　强	陈远军
陈　东	陈国强	陈丽芬	张作丹	杨　凡
邱国祥	孟贤宝	洪秀霞	秦言忠	黄　丹
夏习理	蒋新娟			

英文审译：龚鉴尧

英文翻译：杨慧芳　黄海燕　朱乔豪

装帧设计：孟贤宝

EDITORIAL BOARD AND STAFF

广东省邮电管理局

1998年广东电信继续保持快速发展势头，通信能力和服务水平进一步提高，有力地促进了广东国民经济信息化进程。至1998年末，全省城乡电话交换机总容量达到1393万门，固定电话用户达958.5万；移动电话总容量突破500万，用户总数达362万；数据通信用户突破30万；全省电话机普及率达到21.3%（其中城市50.9%），平均每5个人拥有一部电话。与此同时，视聆通、一线通、千里眼、200号、300号及校园卡等电信新业务也有了很大发展。

广东电信基础网络的日益扩大和完善，为信息化建设奠定了良好的基础。目前，全省大容量高速立体传输网已建成，长途光缆总长度达到9130皮长公里，农话总长度达18.4万皮长公里。国际互联网及中国公众多媒体通信网（视聆通）覆盖全省；广东视聆通宽带网全面实现商用，可向社会提供电子报税、股票交易，远程教育、远程医疗、影视点播等多媒体信息服务；用户光纤接入网加快建设，正向乡镇、小区、大楼、机关、企业、学校医院等延伸。

①

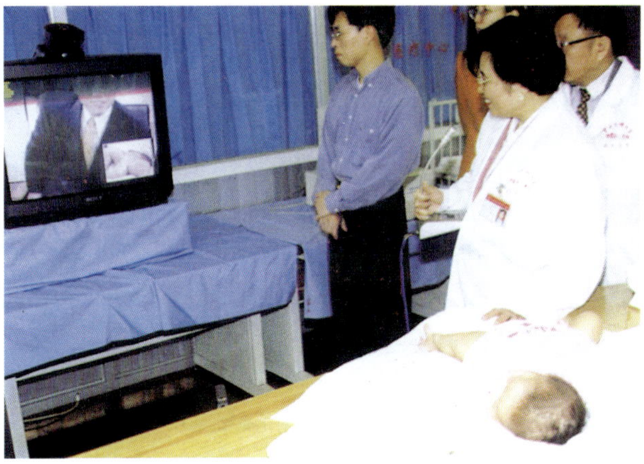

②

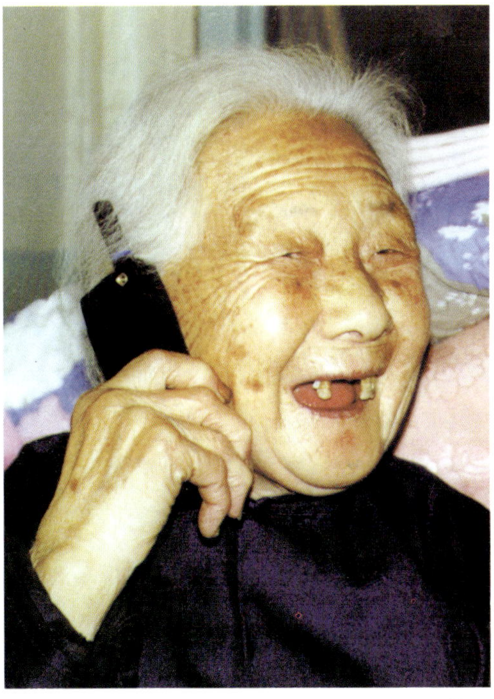

③

1、电话进入千家万户
2、粤港医学专家通过视聆通远程医疗系统为三足男婴千里“会诊”
3、通啦！现代通信工具乐坏老人家

①

广 东 省

广东省经济委员会（简称省经委）是省人民政府组织协调
要求，在充分发挥市场对资源配置基础性作用的基础上，进一
适应市场经济发展要求的科学有效的经济运行宏观调控体系和

1998年，全省工业系统坚持以经济效益为中心，积极推进

全省国有及年销售收入500万元以上的非国有工业企业完
衔接较好，全省完成工业销售产值9605.7亿元，产销率为96.

全省完成出口产品产值3323.8亿元，比上年增长12.2
34.8%。机电产品出口达到349.5亿美元，比上年增长11.9%
瓦时，增长8.3%。。

省重点66户工业类大企业集团实现销售收入1911.4亿
3.4%，高于全省平均增幅7.7个百分点；实现利润134.9亿元，
的55.3%。全省国有小企业的转制面已达65%。通过改革，有
业实现利润8.3亿元，增长78.5%，亏损企业亏损额8.8亿元，

交通运输生产保持平稳增长。客运量、客运周转量和港口
吨，比上年增长3.9%；内河和沿海中小港口完成货物吞吐量7
较好。

交通基础设施建设加速发展。铁路开工建设了武广铁路广
段等工程。全年新增公路里程851公里，其中高速公路71.7公
92713公里，公里密度每平方公里52.1公里，均居全国各省首
江梅潭河口、西江、“四滩”整治工程。港口新增深圳盐田二
新改造车船完成投资5.64亿元，完成了全省公路站场总体布局

1、全国最大电子元器件厂家——广东风华高新技术集
2、广东省重点发展的大企业集团——广州钢铁集团公
3、全国最大型啤酒厂家之一的广东肇庆蓝带集团生产
4、普宁市工业郊移建成龙马工业区发展前景广阔
5、全国最大不锈钢器皿生产企业之一的新兴县三A集团
6、全国最大型抽水蓄能水电企业——广东抽水蓄能发电
7、省高新技术企业大型现代淀粉糖醇生产厂家怀集县
8、饲料机械生产规模和技术水平列全国前茅的新兴县

②

③

④

委员会

j综合部门，其工作宗旨是：按照建立社会主义市场经济的目标
工交经济的宏观调控和经济运行中重大问题综合协调，逐步建立
序，保证工交经济持续、快速、健康地发展。
企业改革与发展取得新的成就，工业经济保持了稳定的发展。
.5亿元，比上年增长13.8%，绝对值居全国第1位。工业品产销
.27个百分点。
的36.0%；完成出口交货值3344.1亿元，占工业销售产值的
的46.1%，占全国机电产品出口的52.5%。发电量1004.4亿千

高于全省平均增幅4.1个百分点；实现利税229.8亿元，增长
平均降幅低13.6个百分点。利润总额占全省工业企业利润总额
业机制转换，效益提高。据统计，1998年上半年全省国有小企
%。
州、湛江、汕头、深圳沿海主要港口完成货物吞吐量12866万
%。重点物资运输完成顺利，抗洪救灾物资紧急调运工作完成

及京九复线广东段改造、粤海铁路通道湛海线、梅坎铁路广东
路713公里，二级公路628公里。到年底，全省公路总里程达到
了西江、北江、莲沙容、榕江航道整治、连江航运枢纽改造和汀
增加港口吞吐能力1248万吨40万人次，码头岸线3046米。更
运站2749平方米。 （许应华 文/摄影）

⑥

公司
生产的设备

⑦

⑧

广东省高等教育厅

建国50年来，特别是改革开放20年来，广东高等教育紧紧围绕经济建设中心，通过不断深化体制改革和加大投入，促使广东高等教育事业迅速发展，综合效益也取得了显著的提高。

高教发展规模跃居全国前列。普通高校从1978年29所，增加到1998年43所，成人高校从1985年32所增加到1998年57所。1998年与1992年相比，普通高校本专科招生由3.55万人增加到6.1万人，在校生由9.7万人增加到18.5万人，在全国均排第五位；普通高校本专科生校均规模由2266人提高到4027人，超过全国3335人的校均规模，居全国第1位；成人高校招生5.13万人，在校生14.63万人，在全国分别排第5、6位。在校研究生由3453人增加到8043人，在全国排第7位。高等中专教育自学考试在籍考生达到50万人。1978—1998年，共培养专科以上各类毕业生99.84万人。

教育结构日趋优化。在普通高校中，研究生与本科生、专科生的比例日趋合理，研究生比例提高，本科生比例逐渐大于专科生；在专业结构方面，工科招生人数的比例由1992年的23%提高到1997的27%；普通高校的地区布局结构已基本形成，符合以珠江三角洲为中心，协同东西两翼，带动粤北山区经济发展的战略需要。

教学质量和科研水平显著提高。目前，一批具有优势和发展前景的学科跨入国家重点学科行列，全省高校有23个国家和省部委重点实验室，11个博士后流动站，15个国家重点学科（在全国排第8位）。1998年经国务院学位办批准，广东省新增博士授权单位2个；新增硕士授权单位2个。新增一级学科博士点14个，新增博士点29个，增长28.7%，居全国第一，新增硕士点79个，增长21.2%。广东省普通高校英语四级全国统考合格率高出全国平均水平9.7个百分点，通过率和极点分都居全国第5位。

目前，科技进步对广东省国内生产总值和社会劳动生产率增长的贡献率分别达39%和48%。

办学效益提高，办学条件得到较大改善。普通高校师生比由1978年的1:6.46提高到1:10.85，超过全国1:8.37的平均水平。普通高校校舍面积大幅度增加。从1978年的119.6万平方米，增加到1998年的817.2万平方米，增长了6.8倍，省属学校1978年有校舍面积22.5万平方米，1998年校舍面积533.7万平方米。教学仪器设备由1983年1.4亿元增加到1998年13.7亿元。

教师队伍实力增强，生活待遇明显改善。1998年全省专任教师16899人，教授、副教授占专任教师的37.8%，比1978年提高33.8个百分点；研究生毕业的教师占专任教师总数的39.4%（全国28.2%），比1985年提高28.5个百分点。通过自身培养和引进，两院院士共24名，其中高校占18名。年龄逐步年轻化。1997年，45岁以下的正、副教授占专任教师总数的9.7%。

1993年至1997年，通过各级政府拨款、华侨捐资、学校自筹和教职工个人集资的方法，共投入2亿元建设教职工住房。高校教工住宅面积从1978年的43.3万平方米增加到1998年的273万平方米。目前，高校教职工家庭人均居住面积11.73平方米，居全国第2位。

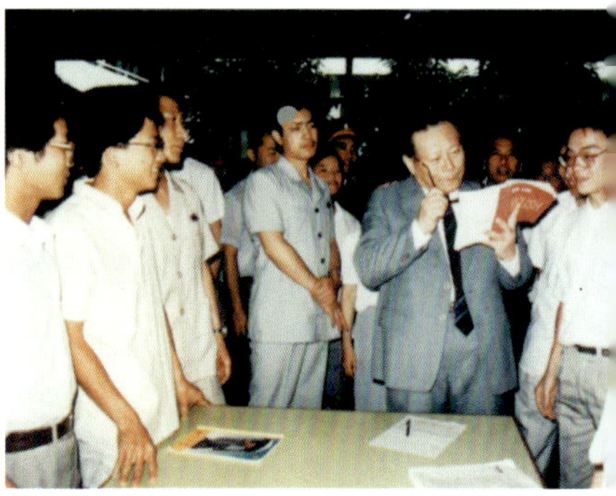

①

④

②

③

1、江泽民总书记与汕头大学学生在一起

2、民办白云职业技术学院汽车专业的学生在学习汽车维修

3、中共中央政治局委员、广东省委书记李长春（左三）在广东省委高校工委书记、广东省高教厅厅长许学强（左一）、华南师范大学党委书记黄茂春（右一）、校长颜泽贤（左二）陪同下观看华南师范大学校园建设规划模型。

4、广东省普通中专学校首届校园文化艺术节文艺汇演

广东省人民政府口岸办公室

改革开放以来，广东口岸事业发展迅速，通关环境不断改善，逐步形成了海陆空口岸俱全、全方位开放的格局，为全省发展外经贸和国际旅游业提供了良好的通关环境。

口岸通过能力不断扩大。截至1998年底，全省一类口岸从1978年的9个(含海南省)增至51个，占全国的22%；二类口岸从1978年的47个(含海南省)增至111个，占全国的46%，港澳货运车辆检查场53个。现有口岸通过能力：入出境旅客1亿人次以上；进出口货物1.5亿吨以上；入出境交通运输工具1500万辆（艘、列、架）次。经广东口岸入出境的旅客从1978年的339.4万人次增至1998年的10667(不含员工1535万人次)万人次，增长30.4倍，年平均增长18.8%；进出口货物从1978年的543万吨增至1998年的13868万吨，增长24.5倍，年平均增长17.6%；入出境交通运输工具从1978年的26.3万辆(艘、列、架)次增至1997年的1113万辆(艘、列、架)次，增长41.3倍，年平均增长20.6%；征收关税和进口环节税从1983年的近9亿元增至1998年的245.4亿元，增长26.3倍，年平均增长18.0%。

口岸各项改革不断深化和完善。围绕提高通关效率，着重对货物、旅客的查验方式进行了一系列改革。陆路口岸先后实行“红绿通道”和“敞开式”查验；货运口岸实行保税货物集中报关、转关分流等查验方法；港口口岸推行查验单位联合办公制度和报关、报检、报验“一条龙”服务，24小时不间断服务，一般情况不登轮查验等。在口岸现场推行办事处主任制度；建立、健全口岸各单位参加的各类联席会议制度，加强信息沟通，促进相互理解和支持，提高口岸运作的整体效率与效益。1995年起，按国务院的部署在深圳进行口岸管理体制改革试点，在建立新的查验监管体制、理顺查验工作关系和推动查验监管的手段日益现代化等方面取得了显著成效。

粤港口岸之间的合作进入新的层次。香港回归后，粤港口岸之间合作与管理的进程进一步加快。经粤港合作联席会议确定，从1998年10月15日起，先后延长罗湖口岸和皇岗、文锦渡、沙头角口岸客车、小汽车通道的开放时间，目前运作常，取得了良好的社会效益。拟分阶段在皇岗、文锦渡、沙头角口岸实施货车自由选择口岸出入境。

①

②

③

④-1

④

1、领导在讲话
2、珠海九洲港口岸远眺
3、广州港黄埔集装箱码头全集
4、东莞市庆祝北京、上海至九龙直通旅客列车常平口查验出境大会主义礼台
4-1、庆典大会
4-2、京九列车在常平停靠、查验出境，吸引了大批的新闻媒体前来采访庆典会场
5、南海客运港，1996年进出境旅客达34万人次，为地方经济发展作出了显著贡献
6、目前，世界上有九家大的船公司挂靠盐田国际，提供欧美及泛太平洋直航服务

④-2

⑤

⑥

广东省电

广东有电始于1888年（清光绪十四年）。当时两广总督张之洞从国外购进发电机，在广州总督府衙门安装发电，供电灯照明。1949年，全省发电设备容量5.8万千瓦，年发电量1.4亿千瓦时，分别居全国各省市的第10位和第11位。全省只广州有13.2千伏输电线路24.6公里，3个公用变电站，容量共1.5万千伏安。

新中国成立后，广东电力工业与共和国一起走过了50年的历程。从1949年至1978年，广东电力工业经历了3个时期。1950年至1955年为恢复生产、电力建设起步时期。1956年至1965年为"水火并举"、电力建设初步发展时期，这一时期流溪河中型水电站、新丰江大型水电站和广州西村、韶关、茂名火电厂等一批发电机组投产，广州电网扩展至珠江三角洲地区，形成珠江电网。1958年、1963年分别建成110千伏流溪河——广州和220千伏新丰江——广州输变电工程。1966年至1978年为克服困难、电力建设稳步发展时期，这期间建成潭岭、南水、长湖4座中型水电站，新建黄埔电厂和扩建韶关、茂名电厂等一批高温、高压火电机组，同时建成一批110千伏和220千伏输变电工程，珠江电网与韶关电网联成珠韶电网，珠韶电网与茂湛电网联成广东电网，梅县电网联入广东电网。至1978年，全省发电装机总容量为258.45万千瓦，发电量96.23亿千瓦时，110千伏及以上线路长4334.77公里，110千伏及以上主变容量303.29万千伏安。

1979年后，广东电力工业进入改革创新、振兴和快速发展时期。80年代前期，广东缺电严重，工厂"开三停四"，电网频繁拉闸限电，居民用电无保证，严重制约广东的经济发展和社会进步。省委、省政府毅然进行电力体制改革和实施"以电养电"政策，广东电力工业从此步入良性循环高速发展的阶段。1998年底，全省发电装机容量达到2906.95万千瓦，是1949年的501倍；年发电量1038.54亿千瓦时，是

①

②

③

力工业局

1949年的747倍。从1994年开始，发电装机和发电量均连续居全国各省市的首位。

在规模扩大的同时，广东电力工业的质量和效益，以及电网的自动化、现代化水平大大提高。1949年全省6000千瓦及以上的机组才3.65万千瓦，现在拥有核电单机90万千瓦、火电单机66万千瓦，30万千瓦及以上机组总容量已达1078万千瓦。80年代初，香港商人投资建设沙角B电厂（2*35万千瓦），从此拉开了外商投资中国电力工业的序幕；目前国内最大的核电站大亚湾核电站，是中外合资的大型能源建设项目，2台90万千瓦压水堆机组，电力分送广东和香港，促进了两地的经济繁荣；大亚湾核电站的配套工程广州抽水蓄能电站一期装机120万千瓦，1998年12月，二期5号机组已正式并网发电，是目前亚洲最大的抽水蓄能电站之一；沙角发电基地（A、B、C、厂）是我国目前最大的火电基地，总装机容量388万千瓦，其中C厂的3台66万千瓦机组，是我国目前单机容量最大的火电机组。全省还有黄埔发电厂、珠江电厂、妈湾电厂等装机容量超过百万千瓦的电厂，湛江、韶关、梅县、云浮、广州、中山、华能汕头等一批大中型火电厂，以及新丰江、枫树坝等一批大中型水电站。1997年全省农村管理区均已通电，1998年农户的通电率达到99.36%。1998全省110千伏及以上输电线路长22964公里，主变压器容量7184万千伏安。省网骨干架的电压等级已发展到500千伏超高压，珠江三角洲已形成500千伏环形骨干网架并连接粤东汕头，大大提高了供电的可靠性和经济性。广东电力工业已进入大机组、高参数、大电网、高电压、自动化的阶段。1998年省电网频率合格率99.98%，电压合格率99.91%，全省主要城市的供电可靠率达到99.8%以上。

1、目前国内最大的核电站大亚湾核电站，是中外合资的大型能源建设项目。
2、我国最大的抽水蓄能电站、全国第一个一流水力发电厂广州蓄能水电厂（4*30万千瓦）。
3、我国第一项投产达标的输变电工程惠州——汕头输变电工程。
4、总装机容量为388万千瓦的沙角发电基地是我国最大的火电基地。
5、惠州电力局荣获全国职工职业道德建设十佳单位称号。
6、全国电力系统“为人民服务，树行业新风”示范窗口之一——广州东区供电局营业部。

⑥

⑤

广东省地方税务局

广东地方税务局党组书记、局长吴升文

广东省地方税务局于1994年7月正式成立。全省地税系统主要负责征收管理营业税、资源税、土地使用税、个人所得税、企业所得税、外商投资企业和外国企业所得税、固定资产投资方向调节税、城市维护建设税、印花税、房产税、车船使用税、屠宰税、土地增值税等工商税收，同时，负责教育费附加、文化事业建设费的征收管理和涉税违章案件的补税罚款等工作。

地税机构成立以来，全省地税部门较好地实现了机构组建伊始提出的“一年起步，两年出成果，三年上台阶”的阶段性目标。1998年以来，广东省地税部门进一步贯彻国务院提出的“加强征管、堵塞漏洞、清缴欠税、惩治腐败”十六字工作方针，加大税收征管力度，采取强硬措施清理欠税，全年累计清理欠税近20亿元，查处了一批偷抗税案件，共查补税款入库26.3亿元。全省地税系统独立运转四年，累计组织地方工商税收1206亿元，税收收入年均增长14.13%，每年都超额完成省政府下达的征收任务。

几年来，全省地税系统踊现出全国系统先进集体17人、先进个人8名、省级系统先进集体220个，先进个人120名。

大型地方税务咨询活动

广东省地方税务局在省直机关“地税杯”第八套广播体操比赛中获一等奖。

广东省人事厅

1997年3月国家人事部领导、省人事厅领导在军医大考察博士后工作。

改革开放20年来，广东人事部门努力贯彻中央提出的干部“四化”方针，积极推动各项人事制度改革，全省干部队伍整体素质有了很大提高。1998年与1978年相比，全省专业技术人员占干部总数的比重由23.7%上升到65%，大专以上文化程度的人员比重由15.1%上升到48%。专业技术队伍的壮大和发展，大大缓解了经济发展与人才需求的矛盾。

广东省省直机关单位举行首次面向社会公开招考主任科员以下非领导职务工作人员，打破地域、身份界限，社会反映热烈，有5000多名人员参加报考。图为省人事厅、人事部考录司领导等到考场巡考。

广东省技术监督局

广东省技术监督局是统一管理和组织协调全省标准化、计量和质量工作的职能机构。其主要职责是：负责《中华人民共和国计量法》、《中华人民共和国标准化法》和《中华人民共和国产品质量法》的组织实施和行政执法工作，拟订标准化、计量和质量监督管理的地方性法规、规章；依法管理产品质量认证、质量体系认证工作，对工业产品生产许可证进行综合、协调和监督管理；统一管理质量监督工作，制定年度监督检验计划，组织对重点产品质量和市场商品质量实施国家监督；查处生产、经销假冒伪劣产品的违法行为；负责管理标准化工作，组织制订和审批、发布地方标准，监督标准的贯彻执行，推行国家标准和国外先进标准，指导企业标准化工作；统一管理计量工作，推行法定计量单位，组织执行国家计量制度，建立省级计量标准，组织制定地方检定规程，组织量值传递，推行工业计量现代化管理；协调各行业技术监督工作，负责对为社会提供公证数据的检测机构的审查、认可和监督，对市、县技术监督检测机构及行业、社会有关检验机构进行业务指导。

省“打假办”主任，省技术监督局葛弘毅局长在销毁假冒干红葡萄酒现场部署工作

自左至右依次为：张理中、王德荣、葛弘毅、梁岫珍（女）、赖天生

中国农业银行广东省分行

中国农业银行广东省分行经过近20年的改革和发展，已发展成为一家多功能综合性的国有商业银行，成为广东的金融支柱之一。

中国农业银行广东省分行本着“信誉至上、竭诚服务、高效廉洁、文明办行”的宗旨，积极营建良好的服务环境，将优质的金融服务和现代化的金融电子技术奉献社会。目前，该行已拥有国际先进水平的IBMES9672大型计算机网络系统和微机网络系统，建立了省行本部与广州、珠海、佛山、中山、东莞等城市跨区电子网络，实现了与广东国际金融网络的联网。电子化网络不仅使农业银行金穗信用卡实现跨行通存通取，并可为客户提供IC卡业务和各种代收代付业务。

本行拥有先进的电子汇兑系统，全行近千个网点均可办理电子汇兑业务，在全国范围内实现24小时内达帐。

本行将继续遵循为社会提供方便、快捷、高效、优质的服务条件，积极应用金融领域最新技术成果，致力于促进全省经济建设，服务于广大民众，共同开创美好的未来。

广东省农行积极营建良好的服务环境

广东省农行依靠最先进的电脑网络，不断推出新的业务品种。图为顺德农行的代收费业务深受客户的欢迎。

广东省农行全面开办住房信贷服务。图为农行支持的雅居乐花园。

广东省无线电管理委员会

随着国民经济的持续发展和改革开放的不断深入，广东无线电事业取得了辉煌的成就。截止1998年底，全省公众通信、专业通信、广播电视等各类无线电台(站)总数已近400万个。移动电话用户377万户，约占全国13%。已建成及在建的A级监测站有5个，B级和C级监测站共有17个。还完成了移动综合监测系统设备的配置和技术开发，实现了两站一车台三点联网自动测向定位，提高了监测管理的能力。同时，各级无线电管理机构坚持统一申报内容，规范审批程序，简化审批手续，提高工作效率的原则，针对本省实际情况加强频率台站规划，完成了大量新设台站的协调和审批工作，较好地满足了用户单位需要，加强对已设台站的检查指导；积极推广使用“微机网络台站管理系统”软件，建立起频率台站资料管理数据库，完善频率台站资料，为科学指配频率和台站管理工作提供可靠依据，逐步提高无线电管理的科学化、自动化水平。

广东省高技术研究发展中心

广东省高技术研究发展中心于1993年6月经省政府批准成立，是副厅级事业单位，由广东省科学院、中科院广州分院、广东省科委共同管理，以广东省科学院、中科院广州分院为主。主要方向和任务是围绕广东省高新技术及其产业发展的需要，以电子信息、生物工程、新材料和新药等高技术为重点，跟踪世界知识经济发展趋势，瞄准国内外市场，开展成果孵化、科技攻关、技术中介等多方面的综合科研技术服务工作，大力促进高新技术成果的商品化、产业化和国际化。

该中心面向国内外，实行开放、流动、联合、企业化管理的运行机制，积极拓展与企业、科研单位、大专院校以及境外有关方面的横向联系。对进驻孵化项目可提供实验孵化场地（13830 平方米实验大楼）、专家咨询、代办公司注册登记和税收减免等优质服务，管理服务实行低收费。

最近，经省政府批准，广东省生产力促进中心及广东省科技开发中心将并入广东省高技术研究发展中心，实行强强联合，特长互补，进一步形成和发挥整体优势，努力为广东省的经济发展作出贡献。

地址：广州市先烈中路100号
邮编：510070
电话：87619538（主任室）
87614314（综合部）
传真：87304525

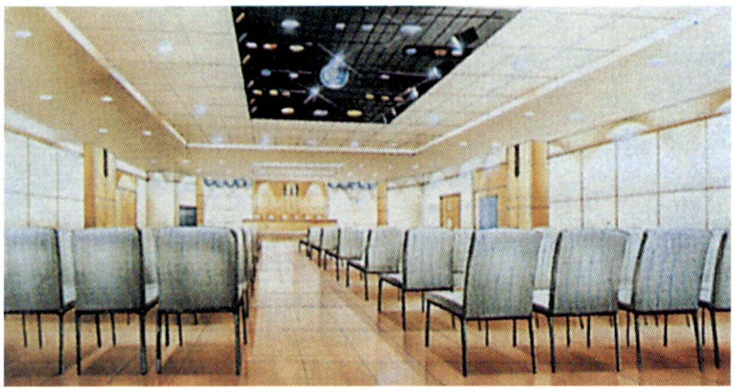

1
2 3

1.广东省高技术研究发展中心实验大楼

2.国际电脑网络Internet网

3.多功能活动大厅

广东省物价局

大年初一，蒋善利局长陪同李长春书记考察市场物价

近几年来，广东省物价局坚持从抓学习教育，抓职业道德，抓作风建设入手，努力提高干部职工的思想政治素质，增强大家“便民、为民、利民”服务意识，有效地促进了职业道德建设和两个文明建设，为进一步开创物价工作新局面，加快建立和完善社会主义市场经济条件下价格新体制和新机制，促进广东省经济发展，发挥了积极作用。

省物价局领导班子正在研究加强精神文明建设等问题。

蒋善利局长、甄正明副局长认真听取群众投诉，解答有关问题

广东省物价检查所

广东省物价检查所是经济监督工作的重要的行政执法机关。她成立于1984年4月，目前编制46名。

16年来，广东省物价检查所紧紧围绕省委和省政府的中心工作，为有效抑制改革开放以来出现的四次通货膨胀，为维护公平竞争价格秩序，维护社会稳定，作出了积极的贡献 。据统计，1984年至1998年间，省物价检查所带领全省各级物价检查所，共查处价格违法案件29.8万宗，查出价格违法所得金额17.9亿元，实施经济制裁总金额12.1亿元，其中收缴财政金额9.5亿元，退还用户金额2.6亿元。

价格监督检查工作是宏观调控的重要手段。作为行政执法机关，广东省物价检查所十分重视提高价格行政执法水平。全所价格监督检查干部都参加国家、省的法制培训并通过和获取相应的执法资格。严格依法办案，对重大案件实行集体审定，依照法定程序审理。建所以来，没有发生一宗错案，所有案件审理都经得起行政复议和行政诉讼的考验。

广东省烟草专卖局
中国烟草总公司广东省公司

广东省烟草专卖局和中国烟草总公司广东省公司成立16年来，充分利用广东改革开放先走一步的有利条件，以改革的观念，发展的观念指导行业工作，紧密结合广东的实际，积极探索，大胆创新，适时调整行业战略和行为工作重点，一步一个脚印地向前发展，不断增强全省行业的整体实力，经济效益连年增长，为我国的经济建设作出了应有的贡献。

16年来，广东烟草工商企业投入烟叶生产上的资金达4亿元，1998年全省烤烟种植面积33.7亩，收购烤烟66.25万担。全省初烤烟平均合格率为82.4%；复烤烟平均合格率为87.2%

1998年，全省卷烟生产145.66万箱，实现工业总产值50.22亿元，卷烟商业销售172.09万箱，其中：省内销售138.90万箱。实现工商（中央）税利32.14亿元。其中：工业税利为28.78亿元，利润2亿元，卷烟平均单箱工业税利1980元。1998年，全省烟草行业对外贸易纯出口创汇3793万美元。

1、现代化的卷接包生产车间
2、卷烟一厂卷接包车间
3、积极开展“两个精神文明”建设

①

③

②

佛山市

佛山位于广东省中南部，珠江三角洲腹地，东连广州，南邻港澳。佛山市辖城区、石湾区，代管顺德市、南海市、三水市、高明市。总面积3813.64平方公里，人口320.96万人。佛山是著名侨乡，祖籍佛山的华侨和港澳同胞103.4万人。

建国以来，特别是十一届三中全会后，佛山人发扬“团结、求实、勤奋、创新”的精神，加快改革开放的步伐，国民经济快速发展，综合实力不断增强，各项社会事业取得了丰硕的成果。1998年完成国内生产总值782.56亿元，比1978年增长25.3倍，翻了四番，平均年递增17.8%，人均国内生产总值24230元，平均每年递增20.5%。先后被评为全国城市综合实力50强、全国地级以上城市经济发展水平名列第7位、人均国内生产总值超万元以上城市排第5位。在第三届中国综合实力百强县（市）中，佛山地区的顺德、南海、三水、高明四市全部入围。经济的快速发展，使人民生活发生了巨大的变化，1998年农民人均纯收入5204元，职工年人均工资10936元，分别比1978年增长21.9倍和17.6倍，佛山市是全国24个率先进入小康水平城市之一。佛山城市建设日新月异，镇容村貌焕然一新，城乡居民居住环境进一步改善。佛山先后获“全国卫生城市”、“国家洁净城市”、“全国城市综合整治优秀地级市”称号，还被联合国评为“人类住区优秀范例”、“改善居住环境最佳范例优秀奖”备选实例。

优越的地理位置和日趋完善的基础设施形成了良好的投资环境，纵横交错的陆水空干线形成了现代化的立体交通网络。广茂铁路横贯东西与全国铁路联网，佛山火车站至香港九龙直通车是继广州之后第二个通香港的铁路口岸；公路四通八达，公里密度88.2公里/百平方公里；河道纵横、水运便捷，拥有50多条离要水道及20多个口岸，顺德、南海、高明均有港口直通香港；佛山机场已开通至国内20个大中城市的航班；邮电事业长足发展，1995年成为全国首个电话装机容量超百万门的地级市，1997年城乡交换机装机容量115.5万门，已装移动电话25万多部。佛山市是全国40个投资硬环境优秀城市之一。

佛山是历史文化名城，素有“武术之乡”、“田径之乡”、“美食之乡”之称，旅游资源十分丰富。有国家级重点文物保护单位、始建于北宋元丰年间，集古代陶塑、木雕、铸造和建筑艺术于一体的“东方民间艺术之宫”——祖庙；有名人南海康有为故居、黄飞鸿狮艺武术馆；有南国园林艺术特点的广东“四大名园”之称的佛山梁园和顺德清晖园；有广东“四大名山”之一的南海西樵山；有南海南国桃园、三水森林公园、高明狩猎场等；佛山秋色艺术、石湾陶瓷、顺德龙舟、南海舞狮等富有地方特色的岭南艺术和水乡风情，令人留连忘返；佛山盲公饼、柱候鸡、酝猪蹄，三水禾花雀，顺德大良炒牛奶、双皮奶、顶骨鳝，南海里水霸王鸭、西樵大饼，高明合水西瓜、杨梅山桔等风味小吃和土特产使人回味无穷。（郑乙星 供稿）

1
2
3
4
5

1.市区祖庙路
2.“东方民间艺术之宫”——佛山祖庙
3.住宅小区
4.环境优美的生活污水处理厂
5.高速公路立交桥

肇 庆 市

国家历史文化名城肇庆市是国家旅游局命名的首批“中国优秀旅游城市”，拥有国家级的星湖风景名胜区，是全国十个文明风景旅游区示范点之一。鼎湖山开设的国内首批“国际青年旅馆”，填补了旅游住宿业的一个空白。七星岩牌坊文化广场是全省十佳文化广场之一。

肇庆市交通便捷，市政公共设施日臻完善。城区和各县（市）景区、景点进一步绿化、美化、净化、亮化，夜星湖成为新的旅游景点。七星岩中心游览区由0.9平方公里扩大至2.88平方公里，景区面貌焕然一新。开发了被誉为“天然氧吧”的鼎湖山生态旅游。全市形成了以星湖风景名胜区为中心，连接悦城龙母祖庙、封开龙山、四会贞山、怀集燕岩、砚洲包公祠及城区其他景点的旅游网络。成立了旅游委员会，对全市旅游行业统一领导、统一规划、统一管理、统一协调。1998年全市接待游客439.87万人次，比1997年增长13.5%，旅游收入23.6亿元，比上年增长10.9%。

1、市委书记陈均伦（左）、市长梁伟发为中国优秀旅游城市（肇庆）牌匾揭幕

2、鼎湖山国际青年旅馆

3、七星岩五龙亭

4、全国最大的彩色音乐喷泉

①

②

③

④

阳江市

阳江市建于1988年2月，位于广东省西南沿海，全市总面积7813.4平方公里，现有人口246万人，海（岛）岸线长390.8公里，耕地172.8万亩，可供开发的滩涂19万亩，已探明的矿产资源43种，可供开发的水能30万千瓦。市内风景秀丽，旅游名胜遍布，有“东方夏威夷”美誉的海陵岛大角湾—马尾岛和溶岩地貌瑰丽多姿的阳春凌霄岩风景区是省级旅游渡假区。

建国50年来，特别是改革开放以来，全市经济建设和社会各项事业取得令人瞩目的成就，城乡面貌发生了翻天覆地的变化。经济实力明显增强，1998年全市国内生产总值141.7亿元，比解放初的1952年增长75倍，年均递增15.5%，其中建市10年年均递增17.4%，是阳江市经济发展最快的时期。投资环境日臻完善，改造或新建了325国道阳江段、江闸公路和站港公路，325国道、三茂铁路东西横贯全境，阳江港为国家一类口岸，阳江铁路和沿海高速公路阳江段正紧张施工，通讯、能源和市政建设也取得较快发展。区域经济发展迅速，具有阳江特色的加工业、“三高”农业、海洋渔业和旅游业已成为阳江的四大支柱产业。对外开放全方位推进，建市以来，阳江外贸出口和利用外资额分别以每年28%和23.2%的速度递增，一个全方位的对外开放格局已经形成。

①

②

③

④

1、市委书记石启仁（右一） 陪同省委领导同志视察阳江海洋渔业。

2、市委副书记、市长江泓（左二）视察市体育馆建设工程。

3、素有“东方夏威夷”、“南方北戴河”美誉的旅游度假区——海陵岛闸坡大角湾海滨浴场，已开设数十种游乐项目，1998年接待国内外游客逾百万人次。

4、阳江市民营经济蓬勃发展，已成为全市经济的“半壁江山”。图为著名的“喜之郎”公司阳东生产基地。

5、阳江拥有全国重点渔港6个，海洋资源非常丰富。图为国家一类渔港——东平渔港。

⑤

新 会 市

新会市地处珠江三角洲腹地，西江、潭江下游，濒临南海，有山、有水、有平原。面积1642平方公里，人口86万。

新会，是有1500多年璀灿历史的南粤文化名城，风光绚丽，人杰地灵。境内，有闻名遐迩的宋元海战古战场，有清朝捍卫海防之古炮台，有圭峰山国家级森林公园，有可以停泊外轮的天然良港，是梁启超、陈垣等名人的故乡。旅居海外和港澳台乡亲超过70万人，遍布世界45个国家和地区，是全国著名侨乡。新会农业发达，素称“鱼米之乡”、“水果之乡”和“蒲葵之乡”。

改革开放以来，新会的经济实力显著增强，投资环境改善，城乡建设日新月异。1998年全市国内生产总值92亿元，外贸出口总值7.6亿美元，利用外资1.22亿美元，城乡居民储蓄存款余额117亿元，地方财政收入4.12亿元。新会市连续三届被评为“全国综合实力百强县（市）”，1995年位居全国小康80强县（市）的第26位。

新会市市区鸟瞰

新会学宫

玉湖

银湖塔影

小鸟天堂

圭峰玉台寺

虎门古炮台

普宁市

市区一角

解放以来，特别是党的十一届三中全会以来，普宁市乘改革开放春风，抓住机遇，深化改革，扩大开放，扎实工作，加快市场化、工业化、城市化、现代化建设步伐，全市综合经济实力明显增强，人民生活水平不断提高，政治稳定，社会安定。1998年，国内生产总值127亿元，比1978年增长25倍，年均增长17.5%；地方一般预算性财政收入5.6亿元，比1978年增长26倍，年均增长18%。

实施农业产业化战略，加快农业发展步伐。改革开放以来，普宁市针对人多地少、产业结构不合理等实际，立足果乡资源优势，着力调整优化农业产业结构，大力发展以水果为主的种植业和畜牧养殖业，积极推广农业科技，初步形成了商品化、基地化、创汇型的产加销一条龙、农工贸一体化的农业产业化新格局。1998年，全市粮食总产量30.43万吨；家禽饲养量1420万只，水产品总产量7386吨；水果产量13.9万吨。1994年在全国100个水果总产量最高县（市）中列第32位。近几年来，先后被国家有关部门命名为“中国青梅之乡”、“中国青榄之乡”和“中国蕉柑之乡”。

实施兴工立市战略，工业成为全市经济支柱。普宁市抓住发展工业这个重点，以创办一批支撑本地市场的骨干企业和开拓国内外市场的拳头产品为发展目标，制订一系列扶持工业发展优惠措施，推动工业上规模、上档次、上效益，涌现了一批投资规模大、科技含量高、产品竞争力强的企业。1998年全市已拥有各类工业企业5000多家，全年工业产值192亿元；组建了11家工贸型企业集团，开辟了3个对外工业园区和12个工业小区；有9家企业被评定为全国大中型乡镇企业，有11家企业年产值超亿元，有41家企业获农业部全面质量管理达标证书，79家企业获省基础管理和现场质量管理达标证书，8家企业被评为质量信得过单位；微电脑呼吸机、串激微电机、钓鱼竿、液晶显示电话机、竹蔗茅根精、肌醇等一大批名优特产品在国内外市场有较强竞争力。

实施商贸活市战略，搞活市场大流通。普宁市坚持以市场为导向，实施商贸活市战略，为建设大市场，搞活大流通，发展大经济创造一个万商云集、货畅其流的宽松流通环境，建成了纺织品、服装、中药材、汽车零配件、蔬菜、水果、水产、副食品、粮食、茶叶等十大闻名遐迩的专业市场，市区流沙已成为粤东地区的重要信息中心和品集散地。1998年，全市集贸成交额121.8亿元，社会消费品零售额38.6亿元，分别比1978年增长301倍和35倍，年均增长33%19.5%。中药材专业市场成为国家17个定点中药材市场之一，服装布料、专业市场被评为“全国百强集贸市场”，并分别获得“全国文市场”称号，货运市场发展为粤东最大货运调度中心。1998年外贸口总额6.4亿美元，比1978年增长60倍，年均增长22.7%。

城市化建设步伐加快，投资环境日臻完善。近年来，投入巨资加基础设施建设。公路方面，完成国道324线和省道1930线、长池线宁路段的拓宽改造，山区公路实现水泥化，加快揭神线、普惠高速公建设，全市公路通车里程828公里，公路密度为51.1%。电力方面建成220千伏变电站1座，110千伏变电站7座，35千伏变电站3座，电站150座，火力发电厂2座，电网覆盖率100%，被评为全国“农村气化县（市）”。电信方面，程控电话装机容量19.5万门，开通移电话、无线寻呼、因特网、视聆通等业务，通信通邮能力居全国百强（市）第6位；市政建设方面，兴建一批民心工程、形象工程、生命程，城市道路、供水、排污、绿化等设施配套齐全，市区呈现一派美、文明、繁华景象，被省政府评为“广东省城镇规划建设管理近期标达标城市”和“广东省先进卫生城市”。

社会事业蓬勃发展，人民生活水平显著提高。1998年城镇居民均可支配收入7280元，农民人年纯收入3950元，比1978年增长31倍和32倍，平均每年增长18.9%和19.2%。教育、科技、卫生、育、文化等各项社会事业蓬勃发展，先后被命名为“全国体育先进（市）”、“全国广播电视先进县（市）”和：“广东省民族民间艺之乡”。

进出口货物查验场

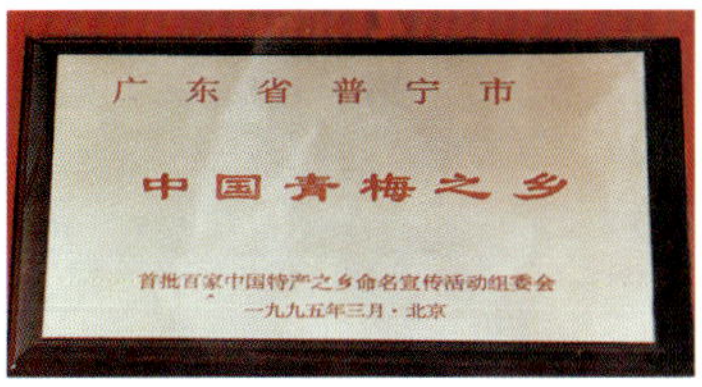

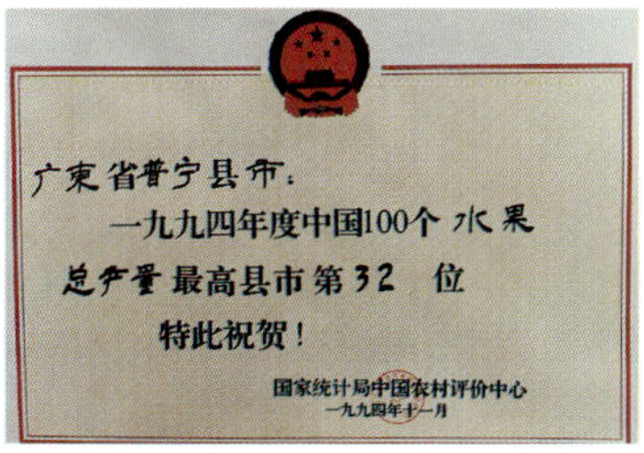

1998年10月21日，中共中央政治局委员、广东省委书记李长春在揭阳市和普宁市党政领导陪同下视察中国普宁中药材专业市场。

陆丰市

①

②

陆丰市地处粤东沿海石湾畔，吡邻港澳，介于深圳与汕头两个经济特区之间，辖21个镇（区）和3个国营农场、4个国营林场，总人口 122万人，陆地面积1681平方公里，海岸线长116.5公里，有乌坎甲子、碣石、湖东，金厢5个优良港口。

陆丰始建县于1375年前的唐武德五年（622年）。1995年1月19日经国务院批准撤县设市。陆丰海陆交通方便，324 国道和深汕高速公路横贯市境，乌坎港与甲子港均已对外通航，邮电通讯1992年跻身全国百强市（县）行列。全市现有各类工业企业7000多家，外向型企业占较大比重，主要出口工业产品有扬声器、地球仪及圣诞树、工艺系列产品数万个花色品种。农业为全国粮食生产基地市（县）和全国渔业百强市（县），拥有全国最大的现代养鲍基地，商贸活跃，以玄武山为中心的旅游业蒸蒸日上，每年接待中外游客达130多万人次。

③

④

1.陆丰海关
2.广汕高速公路陆丰出入口
3.陆城新貌
4.粤东名胜——陆丰碣石玄武山

兴 宁 市

兴宁市地处粤东北部，面积 2105平方公里，人口110万人。广梅汕铁路横跨腹地，205 国道贯穿其中，历来是粤、赣、闽三省商品集散地和陆路交通枢纽 。素有“文化之乡”、“足球之乡”和“华侨之乡”之称。每年考上大中专学生2000多人；先后为国家及各省队输送一大批足球运动员；旅居在外乡贤30多万人，分布40多个国家和地区。

改革开放以来 ，兴宁市经济和社会各项事业持续稳定快速发展。粮食生产连年丰收，全市29个镇有23个镇成为吨谷镇，粮食自给有余。以单丛茶、龙眼为主项的“三高”农业面积33.1万亩，产值9.1 亿元；南华茶业有限公司、铁山名茶场等一批农业龙头企业实力日益壮大，单丛、奇兰、黄金桂等9个茶叶品种获 97中国国际茶会“八金一银”奖。实施“公司+基地+农户”以推进农业产业化进程的做法，被国务院、中宣部专家学者肯定为“中国农村山区实施可持续发展战略的好形式”。加快企业改革步伐，创出10种转制做法被省定为困难地区国企转制模式推广。市属企业分别实行了股份制、职工全员持股、注资控股、租赁经营等转制形式。明珠阀股份有限公司列入省高新技术企业和重点发展的大型企业集团 。商业、供销、粮食、乡镇和集体企业推广国企经验，加大改革转制力度，发展后劲不断增强。发挥“商贸之乡”优势，加强和完善市场建设、管理，积极扶持个体、私营经济的发展。拥有各类市场42个25万平方米，年集贸成交额达8.98亿元，东岳宫市场评为全国“百强市场”和“广东省十佳文明市场”。城乡基础设施日臻完善，新建日产10万吨自来水厂1 间，城区自来水供给达100%；电力自给有余；邮电通讯超前发展，电话普及率达6.13；交通发达，公路密度为82.3 公里，市至镇及51%以上村公路实现水泥硬底化；城区面积达15.9平方公里。

龙珠系列酒

兴宁市水果综合开发公司龙珠龙眼酒厂系生产纯天然保健饮品的绿色企业。以岭南优质龙眼为主料的望牌金奖龙眼酒、龙珠春、龙珠娘酒等系列名酒，健身养颜抗衰老，醇香柔绵益尔康，先后获国家级金奖三项，是各界人士四季皆宜的保健精品。

①

广东明珠球阀集团股份有限公司是集科、工、贸于一体的省高新技术企业集团，明珠牌球阀为部、省优质产品和部A级产品，获国际标准产品认可证及中国石化“三新”金奖、省、市科技进步奖多项，在国内外享有极高的声誉。综合效益在全国阀门行业中排名第一。

1. 球阀部分产品。
2. 球阀部分产品。
3. 出口伊朗产品。

②

③

顺德市

被誉为广东经济发展"四小虎"之一的顺德市，位于珠江三角洲中部，毗邻广州、佛山、江门等大中城市，靠近香港、澳门，全市总面积806平方公里，常住人口100多万人，流动人口50多万人，旅居港澳台的乡亲及国外华侨40多万人。

改革开放以来，顺德市人民坚持以解放思想为先导，勇于改革创新，把握机遇求发展，全市经济和社会面貌发生了沧桑巨变。1998年与1978年相比，全市国内生产总值259.23亿元，增长19.4倍；出口总额19.85亿美元，增长37.2倍；全部财政收入34.85亿元（其中地方预算内财政收入11.89亿元），增长34.5倍。职工人均工资10964元，农民人均纯收入4552元，年末城乡居民储蓄余额362.3亿元，人均达到3.5亿元。

近年来，顺德市以建设现代化花园式河港城市为目标，加强规划，增加投入，城市建设面貌日新月异。图为顺德市城区中心占地二万六千平方米的钟楼公园。

顺德市鸟瞰

三水市

美丽富饶的三水市，位于广东省中部，珠江三角洲西北端，因西江、北江和绥江汇流于境内而得名。全市总面积874平方公里，辖11个镇（区），总人口38万。有海外华侨、港澳同胞20多万人，是广东著名的侨乡之一。

三水交通畅顺，境内的西、北、绥江，历来是粤西北和大西南通往珠江三角洲的主要交通枢纽和物资集散地。广三铁路、三茂铁路和321国道、广三高速公路横贯全境，三水南北大道一级化路纵贯全市。设有三水海关、对外口岸集装箱码头、进口货物保税仓、口岸车检场和大型铁路货场，每天有货轮往返香港。可靠泊3000吨级船舶，功能齐全的三水港口工业开发区已完成第一期工程。三水邮电通讯发达，电力充足，工商业发展迅速，旅游资源丰富。

1998年，全市人民努力克服亚洲金融危机和较大范围严重洪涝灾害带来的困难，保持了全市国民经济稳定发展，各项社会事业取得一定的进步，全年实现国内生产总值64.21亿元，比上年增长5.3%。

在世纪之交，三水市实施“名牌带动，生态规划，科教兴市” 的发展思路，稳定和加强第一产业，改造第二产业，大力发展第三产业。为了抓住机遇组织新的经济腾飞，创造三水新的辉煌，诚邀海内外各界朋友、各方有识之士前来投资置业。

①

1、三水市东平养殖有限公司是三水市西南镇与中国水科院长江水产研究所合作建立的中华鲟养殖开发基地，是我国南方目前最大的一个中华鲟养殖基地，该基地的鲟鱼人工孵化率在85%以上，成活率在95%以上，水平居国内前列。图为广东省省长卢瑞华在三水市、镇的领导陪同下到三水东平养殖有限公司视察。

2、三水孔圣园位于森林公园东部，占地面积300多亩，总投资约3000万元人民币。主体建筑有大成殿、崇圣祠、庑廊、乡贤祠、碑廊、乡宦祠等，处处体现了孔子圣迹和儒学文化，是集祠教化，旅游观光于一体的文化旅游圣地。

3、我国最大的现代化饮料生产企业—— 广东健力宝集团有限公司位于广东省三水市西南镇健力宝南路。

②

③

蕉岭县

蕉岭县位于广东省东北部山区，全县总面积957.1平方公里，辖12个镇，人口22万多人，旅居港澳台的乡亲及国外华侨50多万人，是广东省重点侨乡县之一。

50年前，蕉岭经济主要以农业为主，工业几乎空白，基础设施条件很差，经济基础十分薄弱。新中国成立后，蕉岭人民在党和政府的领导下，艰苦奋斗，治山治水，充分利用山区资源优势，发展地方经济。1998年，全县国内生产总值13.17亿元，工业总产值11.25亿元，农业总产值3.24亿元，财政收入5194万元，农民人均纯收入3766元。农业和农村经济全面的发展，传统农业正逐步向商品农业、“三高”农业和产业化方向发展，全县累计开发山地7万多亩，建立千亩优质茶果粟基地26个，发展小庄园10821个，培育了一批农业产业化的龙头企业。地方工业得到振兴，逐步形成了以水泥、电池、电力为支柱的门类较多的工业基础。第三产业日益繁荣，旅游业正在兴起。“南粤百景”之一的长潭旅游度假区正以其良好的投资环境和丰富的旅游资源，吸引着越来越多的海内外客商前来投资开发。基础设施日臻完善，交通建设全面完成了境内205国道改造任务，县城到乡镇基本实现道路水泥硬底化，公路密度达每平方公里62公里；全县电话普及率达13.01部/百人；全县水电装机容量达9.11万千瓦；城乡面貌焕然一新，1997年，被省授予“岭南杯”近期目标达标县城称号。人民生活水平不断提高，经省政府验收，蕉岭步入小康行列。

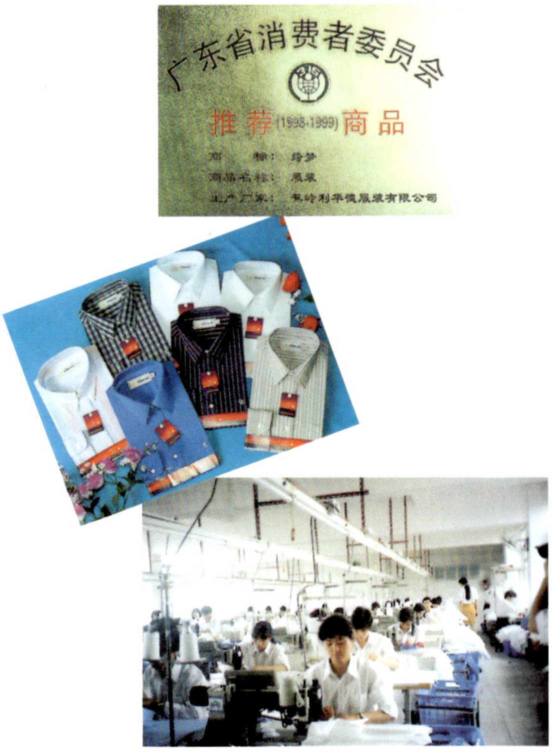

①

②

1、引进德国先进生产线的蕉岭县利华德公司，生产的“绮梦”牌衬衫，在市场上享有极高信誉。
2、全县以发展单丛茶、沙田柚、龙眼为龙头的“三高”农业已初具规模，产品在市场上享有盛誉。图为硕果累累的沙田柚种植基地。
3、按照较高标准改造的蕉北公路，改善了四个山区乡镇的交通条件，促进了社会经济的发展。

③

高　州　市

高州市位于广东省西南部，南近南海，西连广西、北靠云开山脉，扼粤桂六县要冲。始建于隋开皇十八年（公元598年）的高州城，一直为州、郡、路、府、道、专区行政治所和粤西的政治、经济、军事、文化中心。全市总面积3276平方公里，1998 年末全市总人口143 万人。现辖27个镇、6个街道办事处。有海外侨胞和港澳台同胞40多万人。

建国50 年以来特别是改革开放20 多年来，高州充分发挥本地资源优势，大力发展以水果为龙头的“三高”农业，建成了全国著名的水果生产基地，有全国水果第一县（市）之称。高州的储良龙眼、遁地雷香蕉、白糖罂荔枝在中国农业博览会上分别获得金、银、铜奖和名牌产品称号。鲜果畅销全国23个省、市、区的100多个大中城市，并跻身港澳地区及东南亚市场。

近年来，高州在巩固和发展“三高”农业的基础上，致力发展以乡镇企业为龙头的地方工业，先后形成橡胶加工，电力、电子、皮手套等工业门类，工业产品达5000多种，是粤西重要的工业生产基地之一，其皮手套生产量、出口量位居全国县（市）之首。 1998 年，全市国内生产总值达76.8亿元；工业总产值101.7 亿元，农业总产值42.0亿元，位居全省各县市之首。

高州先后取得了“全国农村综合实力百强县（市）和“全国明星县（市）”等10多个国家级奖项或称号。高州基础设施建设日新月异，投资环境日臻完善。207 国道和高水一级公路直至湛江、茂名东、西火车站以及水东港码头，水陆交通便利。高州广阔的发展前景和日新月异的生产发展形势，是有识之士投资的理想所在。

①

②

③

1. 高州香蕉生产基地
2. 高州——水东一级公路
3. 高州水库
4. 高州荔枝园

④

惠来县

惠来县地处粤东沿海。全县总面积1253平方公里，海岸线82公里。全县辖14个镇、3个乡、4个农林场。人口92万，是广东省著名侨乡之一。

近年来，县委、县政府确立“发挥优势，打好基础，稳中求快，借力发展”的战略方针，经济得到长足发展。1998年全县国内生产总值41.85亿元，工业产值48.37亿元，农业产值16亿元，农村经济总收入47.4亿元，农民人均纯收入2438.3元，财政总收入2.18亿元，外贸出口总额1.06万美元，实际利用外资5185万美元，出口创汇1907万美元。

荔枝生产基地

靖海港装卸点

潮 阳 市

潮阳市地处粤东、濒临南海，东北与汕头经济特区接壤，西与普宁市相连。已有1600多年历史，名胜古迹众多，先贤达仕辈出，文华物阜，环境优美，交通十分便利。全市总面积1255.6平方公里，管辖21个镇、5个街道，总人口217万人，旅外华侨和港澳台同胞200多万人，是全国著名的侨乡。

建国以来，尤其改革开放以来，潮阳市发挥地处沿海、紧靠特区、华侨众多、民资民力雄厚、商贸活跃的优势，实施工业立市、外向带动、科教兴市和可持续发展四大战略，推进全市经济和社会各项事业蓬勃发展。1998年，全市实现国内生产总值142亿元，比1978年增长19.4倍，年均递增17.2%；财政收入7.28亿元，比1952年增长55倍，1993年摘掉了财政补贴县的帽子；农民人均纯收入4930元，比1982年增长10.4倍。1992年和1993年，连续两年被评为全国农村综合实力百强县（市）行列，1996年进入小康达标县（市）行列，粮食生产连续10年实现“吨粮市”、“吨谷市”，水果、水产品总量分别进入全国百强县（市）先列。全市已有“三高”农业龙头企业6家，规模化生产基地10个，重点示范基地30个。全市拥有工业企业5700多家，乡镇企业13000多家，形成了电子电器、轻工机械、纺织服装、五金塑料、音像材料、精细化工、食品加工、医疗保健等八大支柱行业。到目前，全市公路通车里程达689公里，实现了镇镇村村通汽车和主干道路水泥化，324国道和深汕高速公路贯穿境内，形成四通八达的公路网络。潮阳港已被国家列为一类口岸。邮电通讯迅猛发展，目前已建成24个移动电话基地站，通讯事业跨进全国百强县市行列，名列第5位。

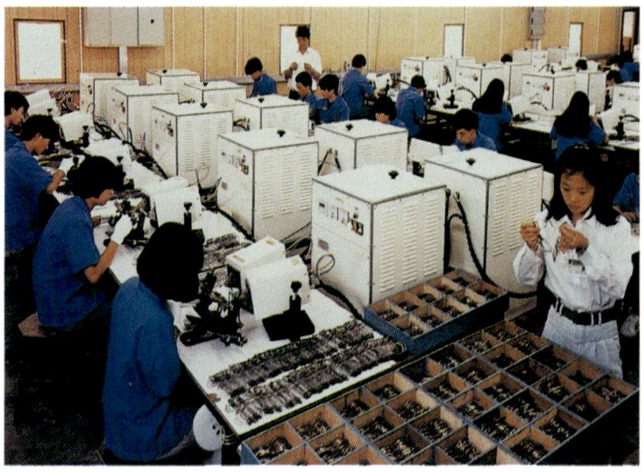

1 | 2
3 | 4

1.亚洲最大的眼镜生产基地马田眼镜厂电脑检测车间

2.五千吨级的潮阳港，国家一类口岸

3.市党政大楼

4.潮阳市连续十年获“吨谷市”称号。图为农民正忙于收割。

梅 县

梅县地处岭南之东，是著名的“华侨之乡”、“文化之乡”、“足球之乡”。1995年，梅县被国家命名为“金柚之乡”。

建国前的1949年，全县国内生产总值约7500万元，人均国内生产总值仅233元。建国后，特别是中共十一届三中全会以后，梅县的经济和社会各项事业得到快速发展。1998年，全县国内生产总值24.1亿元，比1978年增长6.2倍，人均国内生产总值4074元，增长5.2倍。

工业发展迅速。1998年，全县有工业企业6609家，其中镇以上工业319家。形成以建材、机电、轻纺、矿产、生化、农林特产加工等6大支柱产业为主，有20多个行业、30多个门类的工业生产体系。

农业生产向广度和深度发展。逐渐建立起粮食、水果、茶叶、经济竹林、蔬菜、生猪、三鸟、水产、烤烟、牧草等10大农业商品基地。1995年，梅县被国家评为“水果百强县”。1998年，全县金柚面积达18.9万亩，总产量20.1万吨，分别比1978年增长64倍和501倍。

乡镇企业蓬勃发展。建立了11个跨行业、跨门类的乡镇企业集团，其中梅雁、宝丽华两个集团股份公司被国家批准为上市公司。1998年，全县有乡镇企业2.64万个，总收入40亿元，实现利税3.2亿元。

交通运输、邮电业得到飞跃发展。建立起水、陆、空立体交通，县内村村通汽车，公路密度为每百平方公里55公里；邮电通讯实现电话程控化，传输数字化，移动电话覆盖全县。

对外经济活跃。实际利用外资累计达1.4亿美元，办起了“三资”、“三来一补”企业217家。目前，外资企业已成为发展梅县经济的重要支柱。

建国50年，梅县人民安居乐业，生活水平逐年提高。1998年，全县农民人均纯收入3770元，比1978年增长16倍，扣除价格因素，实际增长8.5倍。

梅县建成了全国最大的金柚生产基地

梅县瓜洲水电站全景

崛起中的梅县新县城，结束了有县无城的历史

潮 安 县

潮安县位于广东省东部，地处韩江中下游，总面积1238.77平方公里。1991年12月，潮州市升格扩大区域，潮安县恢复建制,县城设于庵埠镇。恢复建制后，潮安县确立了“农业稳县、工业立县、科技兴县”的发展思路，通过广大干部群众开拓进取，奋力拼搏，全县经济和社会各项事业全面发展，先后荣获全国农村综合实力百强县、全国邮电系统经济效益百强县、全国发展乡镇企业先进县。1998年全县实现国内生产总值62.44亿元，比1992年增长2.2倍；财政总收入2.74亿元，农民人均纯收入3340元；人口自然增长率控制在10.59‰以下。

①

②

1. 广东省副省长欧广源到潮安县东凤镇万亩高产片视察。
2. 潮安县食品行业之一——广东雅士利工业城外貌。
3. 潮安县城区新貌。

③

清新县

清新县1992年5月经国务院批准设立，辖区面积2579平方公里，总人口63.4万人。清新县位于广东省中部偏北，地处珠江三角洲与粤北山区结合地带，是著名的鱼米之乡。其中生产的清远麻黄鸡、乌鬃鹅驰名中外，盛产杉、松、竹等林木和柑、桔、橙、青梅等水果；骆坑、鱼坝笋和笔架茶等有较好声誉。

清新县矿产资源丰富，为建立发展建材、陶瓷、化工、矿产工业提供了良好的基础。

清新县风景优美，旅游资源丰富。

清新县基础设施建设日臻完善，发展迅速。京广铁路穿过清新县，附近有旧横石、琶江口、源潭等中转站；水路有北江航道与珠江水系连通，上通韶关，下接广州、香港，至香港水运里程约154海里，有定期货轮航班，出口商品就地检验后，即可由水陆两路直运香港、澳门。通信方面。全县已实现电话一体化、电话交换程控化、传输电路数字化，已建成了一个现代化电信服务系统。能源供水方面，全县先后建成110千伏安变电站台4座，已建成的小水电站装机容量达4万千瓦，全县282个管理区已通电。县城建成了日供水量2万多立方米的自来水工程，生产生活用电用水供应充足。

目前，清新县一、二、三产业占国内生产总值的比重分别为51%、28%、21%。清新县是粤北山区县，农业发展前景极为广阔，“粮、竹、桑、果、菜、鸡、鹅、鱼、猪”是全县农业发展的十字方针，并确立了“三高”农业发展的十大基地。优先发展享誉中外的清远鸡，香味可口的乌鬃鹅，饶有风味的麻竹笋、水产养殖及反季节蔬菜等五大重点。以水泥、花岗岩为主的建材业，以钾长石、石英石为主动脉的矿产品加工业，以瓷泥为主的陶瓷业，以笋竹加工为主的食品业，以清新县温矿泉为龙头的旅游业，正以十分强劲的走势迅速发展。

清新县外来投资企业的若干优惠办法：一、地价优惠；二、投资开发山地、坡地、旱地发展“三高”农业，平原区山地年亩地租不高于50元，山区地年亩地租不高于30元，坡地及低产瘦瘠耕地年地租不高于10元，租赁期为30—50年；三、收费低惠；四、实行引进项目奖。

清远三黄鸡

县 城 新 貌

紫金县

紫金县位于广东省中部偏东，东江中游东岸。总面积3627平方公里，总人口70万。1998年国内生产总值11.2亿元，比上年增长12.8%；农村人均纯收入2692元，比上年增长6.6%。

农业产业化已现雏型。全县水果面积23.1万亩，生猪、三鸟、水产总量分别比上年增长20%、30%和0.6%，粮食总产量增长10.1%，创办了规模较大的荔枝、龙眼、春甜桔，李、梅、榄，三黄胡须鸡、瘦肉型猪，甲鱼等“三高”农业基地。

工业企业改革进展加快，初步形成了具有紫金特色的采冶铸轧、建材、陶瓷、造纸、制药、农副产品加工等六大系列。

基础设施日臻完善，完成省道上等级改造211.5公里，县道247公里，水电总装机容量3.67万千瓦；实现城乡电话交换程控化、传输数字化，建设了一批县城“形象工程”，市容市貌日新月异。

脱贫奔康进程加快，镇级机动财力均达30万元以上，集体经济纯收入超过3万元的管理区占87%；绝对贫困人口下降到81户405人。

云安县

云安县地处粤西，位于西江中游南岸，是广东省最年轻的一个县。1996年1月9日经国务院批准设立，1996年7月11日正式挂牌成立，管辖原云城区的六都、高村、白石、镇安、富林、托洞、茶洞、南盛、达石9个镇，111个管理区，10个居委会，总面积1203平方公里，人口28余万人，县政府驻六都港城区明珠路。建县以来，云安县广大干部群众抓住机遇，开拓进取，奋力拼搏，充分发挥自我优势，全县改革开放和经济发展步伐明显加快。1998年全县国内生产总值7.04亿元；人均国内生产总值6104元，财政收入2062万元，分别比1997年增长9.7%、8.5%和9.5%。

六都港口码头

县城港城大道

六都 3×110 千伏变电站

信宜市

信宜市1995年撤县建市。全市总面积3084.5平方公里，总人口111万人，辖23个镇。1998年全市国内生产总值70.5亿元，财政总收入2.42亿元，农民人均纯收入3215元，分别比1978年增长14倍、13.6倍和23.1倍。

强化农业基础地位。从1995年起，信宜持续四年实现“吨谷市”。信宜怀乡三黄鸡驰名省内外，年饲养量6000万只以上。信宜是广东重点木材生产基地之一，活立木蓄积量971万 M^3，居全省第3位。信宜鉴江红糯荔枝及南肉桂分别获全国金质奖和名牌产品称号。信宜是全国水果百强县、全国100个农林牧渔业总产量最高县、全国造林绿化“百佳县（市）”之一。

努力发展工业经济。目前，信宜市已建立起林产化工、建材、机械、电子、家电、食品、工艺美术、造纸、印刷、纺织、制药、采掘等12个门类的工业企业。信宜松香厂的“云开牌”脂松香获国家金质奖。南玉工艺驰名中外，信宜工艺厂制作的大型玉雕“一帆风顺”为广东省人民政府祝贺香港回归的特别礼品，被香港市民评为最佳礼品。

重视基础设施建设。全市完成一级公路改造36.3公里，二级公路改造172公里。拥有电话总容量7万门，程控电话用户4.6万户，移动电话5000多户。全市已建成水电站221座，容量10.3万千瓦，发电量3.1亿千瓦时。是全国第二批农村水电初级电气化县（市）。

全市新建中学30所，新建中小学教学楼800幢，被评为省中小学校舍改危先进县，并通过了省“普九”教育的达标验收。

全市已建成水电站221座，装机容量10.3万千瓦，1998年全市发电量3.1亿千瓦时，1994年成为全国第二批农村水电初级电气化县（市）。

连南瑶族自治县

连南瑶族自治县位于广东省西北部高寒山区，既是全省三个少数民族自治县中少数民族人口最多的县份，又是一个“九山半水半分田”，以林为主、省市重点扶持的山区贫困县。全县总面积1231平方公里，素称“百里瑶山”，其中水田3200公顷，有林面积76798公顷，森林覆盖率达79.4%，列全省山区县之首。现辖12个镇（乡）84个行政村中，瑶族镇（乡）占9个半，村委会占55个。全县总人口14.7万人，其中以瑶族为主的少数民族人口7.5万人，占51.1%，是全国及至全世界唯一的排瑶聚居地。在特定的历史和自然环境下，排瑶人民形成了自己独特的传统文化和风俗习惯，创造了灿烂的文化艺术。

①

1、瑶族学生在老师的指导下上语音课。
2、“三资企业”——吴莲华礼服有限公司生产车间。
3、板洞水库及其梯级电站。
4、瑶族歌舞表演——耍歌堂。
5、县扶持农户发展“短、平、快”种养脱贫项目。

②

④

③

⑤

揭西县

揭西县位于揭阳、梅州、汕尾三市交界处，全县总面积1365平方公里，总人口83.48万人，海外侨胞和港澳台同胞约54万人，是著名的侨乡和革命老区。

改革开放以来，揭西的经济社会事业发展较快，综合实力明显增强。1998年全县国内生产总值37.4亿元，地方财政一般预算收入4630万元，农村人均收入2686元。公路通车里程816.2公里，其中水泥路304.5公里，被省评为“八五”期间交通建设先进县；全县程控电话容量7.1万门，电话普及率达每百人7.4部；全县拥有中小型水电站75座，装机容量9.34万千瓦，年发电量1.4亿千瓦时；教育事业成绩显著，1996年被评为全国“两基”工作先进县；1998年农村初级卫生保健工作顺利通过省的达标验收；劳务输出被省评为“全省劳务扶贫先进单位”；建立了城乡居民最低生活保障制度，拥军优属工作连续三次被授予“双拥模范县”称号。三山祖庙、广德庵、龙潭硿瀑布等名胜古迹游人日增。近几年开发的大洋旅游区颇具知名度，最近发现和开发的揭西冰臼群、黄满磜瀑布、棉湖古打铁街等新景点，显示了揭西旅游业良好的发展前景。

②

③

①

1.大洋旅游区一瞥
2.揭西县城河婆新貌
3.省道揭陆线灰寨至五经富路段

南海市西樵区

改革开放20年，西樵人民坚持以经济建设为中心，以农村为主战场，以发展非公有制经济为重点，优化产业结构，增创发展新优势，实施科技兴区，推进依法治区，更新观念，抓住机遇，知难而进，团结一致，艰苦奋斗，进一步推进西樵两个文明建设，实现跨世纪现代化发展目标。

地址：南海市西樵区登山大道
电话：0757-6888325
邮编：528211

芳村区

芳村区成立于1985年，地理位置十分优越，是广州市连接西南五省和广东西南部各省市的枢纽，全区面积42.6平方公里。

1998年，全区完成国内生产总值17.41亿元，比上年增长15.5%，农村经济总收入30.3亿元，增长13.3%，乡镇企业总收入25.2亿元，增长12.1%，社会消费品零售总额11.87亿元，增长16.2%，外贸出口总额11389万美元，增长9.7%，职工年人均工资11987元，增长9.9%。

大埔县

大埔县地处粤东北部，居韩江中上游，地域面积2467平方公里，辖20个镇，1个林场，246个村，人口50.72万，山地面积298万亩，耕地面积20.4万亩。旅外侨胞和港澳台同胞近50万人。大埔青山绿水，景色秀丽，人杰地灵，有丰富的山地、水力、瓷土、旅游等资源，是著名的华侨之乡、文化之乡、陶瓷之乡、名茶之乡。

改革开放20年，大埔面貌巨变。农业正向产业化经营推进，建成了5万亩茶叶、5万亩密柚、3万亩烤烟、1万亩蔬菜等“三高”农业基地，形成“东茶、西果、南瓷、北烟、中菜”的区域经济格局。工业拥有陶瓷为主的20多个行业，1998年工业产值11.46亿元。近年来，先后建起了装机3.6万千瓦的双溪水电厂和1万千瓦的梅潭水电站。全县水电站装机总容量8.99万千瓦，是全国第一批农村电气化试点县。全县已实现村村通公路，省道和县通镇公路全面进行改造硬底化；梅坎铁路大埔段将于今年底铺轨，2000年通车，从而形成公路、铁路、水路立体交通网络。全县城乡电话用户每百人9.8部，移动电话和无线寻呼覆盖全县。

1、大埔县委书记曾百友（右三）、县长刘振桓（右二）陪同梅州市委书记谢强华（左四）、市长魏潘尧（左二）视察正在建设中的梅潭水电站。

2、大埔县委书记曾百友（左二）、县长刘振桓（右二）深入到“三高”农业基地检查指导。

3、大埔县委书记曾百友（右二）、县长刘振桓（左一）陪同广东省副省长汤炳权视察大埔陶瓷生产厂。

4、大埔县城全景

梅江区

梅江区是1988年春新设立的梅州市直辖县级区，辖东山、城西、江南、五洲、金山5个市区街道办事处及市郊东郊、西郊、三角、长沙、城北5个农村乡镇，辖区面积298.6平方公里，人口30万人，共有60个村民委员会和50个街道居委会。全区在海外的华侨有28万多人，分布于40多个国家和地区。

建区10年来，梅江区抓住改革开放的大好时机，坚持走“化地缘优势为经济优势，聚内力、借外力上台阶”的发展路子，实现了全区经济持续健康发展，社会各项事业不断进步。1998年全区国内生产总值4.42亿元，比1988年增长1.4倍，工农业总产值9.74亿元，比1988年增长3.2倍，农民人均纯收入3891元，比1988年增长5.2倍。1997年秋通过广东省农村小康达标验收，在梅州市率先跨进小康县（区）的行列。从1992年起连续四次蝉联广东省委、省政府、省军区授予“双拥模范区”的光荣称号。

在新世纪即将到来之际，梅江区决心以党的十五大精神为动力，解放思想，扬梅江发展帆船，真抓实干，力争“两个文明”建设再上新台阶。

广州市天河区

天河区是正在建设中的广州市现代化城市的中心城区，位于广州市老城区东部，总面积147.77平方公里。辖11条行政街和沙河、东圃2个镇。1998年常住人口42.56万人。

近年来，天河区努力实施科教兴区、外向带动、“三二一”产业结构调整和可持续发展四大战略，积极增创体制、科技、第三产业和城市环境四大优势，两个文明建设不断取得新成就。1998年全区国内生产总值68.67亿元，工业总产值74.78亿元，农业总产值2.78亿元，社会消费品零售总额87.07亿元，外贸出口总额2.45亿美元，天河科技园技工贸总收入67.52亿元，财政总收入9.61亿元，财政支出5.89亿元，城镇职工人均工资13128元。

天河区人民正满怀信心，将改革开放和现代化建设事业全面推向21世纪，努力把天河区创建成为全省文明城区。

①

1、天河区政府
2、天河全瞰
3、天河公园
4、天河航天奇观馆

②

④

③

花都市狮岭镇

狮岭镇位于花都市西北面，南下广州35公里，北上清远36公里，距广州新国际机场10公里，花都港12公里。全镇总面积115平方公里，现辖17个自然村和1个居委会，总人口6万人。

1998年全镇实现社会总产值34.63亿元，工业产值24.8亿元，农业产值2.64亿元，农民人均收入5003元。1998年获得“广东省乡镇企业百强镇”称号。其主导产品皮革皮具享誉国内外，并形成了全国最大的皮革原辅材料集散地及皮革制品生产基地；“三高”农业的典范——“中华万亩荔枝园”为中国最大荔枝商品生产基地；马来西亚企业家也为其秀丽的风景所折服，并带来了“广州宝巾俱乐部”高尔夫球场；南方航空公司地面培训中心及高尚住宅小区落户狮岭；风景秀丽的盘古王公园历年来香火旺盛，游客络绎不绝。精神文明建设同步发展，狮岭镇先后获得“广东省、广州市先进卫生镇”、“广州市义务教育先进单位”、“广州市两基教育达标镇”称号。

渔涝镇

渔涝镇位于封开县中部，距县镇江口镇50公里，全镇总面积208.11平方公里，总人口33228人，下辖19个管理区。

渔涝镇经济稳步发展。1998年全镇完成农村社会总产值41703万元，其中农业总产值9190万元，工业总产值32121万元。财政收入370万元。

目前，渔涝镇人民正在满怀信心，积极发展经济，争取创造更大成绩。

镇领导班子成员

三华李

东莞市清溪镇

位于东莞最东面的清溪，曾经被称为东莞的“西伯利亚”。改革开放20年，这个边远区小镇已发展成为目前全国规模最大的电脑制造基地。

在经济发展的过程中，清溪坚持贯彻可持续发展战略，重视城镇的规划建设与环境保护，投资环境日益完善。近几年来，清溪优化产业结构，大力引进高新科技企业，先后有一大批电脑及相关产品的生产厂家落户，形成一个颇具规模的电脑制造基地。目前，清溪汇集了来自日本、台湾、香港等国家和地区的30多家电脑企业，总投资达2.2亿美元，占全镇引进外资总额的1/3。1998年，全镇电脑行业出口值达4亿美元，占全镇三资企业出口总值的1/2，以NEC、致福、光平、广宇、蓝天、等国际知名电脑企业为先导，一大批与之相关的配套企业相继跟进，生产包括电源供应器、机箱、主板、显示器、键盘、鼠标，电脑音箱在内的10多个品种的电脑零部件。1998年，由清溪加工出口的电脑机箱达1580万台，几乎占全球市场份额的20%，居世界首位。另外，电源供应器显示器的年产量也接近500万台，居世界前列。

蓬勃发展的电脑制造业不仅成为清溪工业经济的一大特色，，而且为当地的发展注入了新的内容。清溪镇委镇政府已初步制定了发展电脑制造业为主的高新技术产业基地的战略构想，力争在下世纪初把清溪建设成为世界知名的电脑生产基地。

清溪镇发展经济协调委员会
清溪镇人民政府对外经济贸易办公室
地址：清溪镇香芒西路44号镇政府大院
电话：(0769)7731058　　7732058
传真：(0769)7731369
清溪镇人民政府办公室
地址：清溪镇政府大院
电话：(0769)7312018　　7731017
传真：(0769)7732229　　7731016
香港同民发展有限公司
地址：香港九龙亚皆老街107-111号
皆旺商业大厦2205-2207室。
电话：(00852) 27899481　　27899629
传真：(00852) 27898473

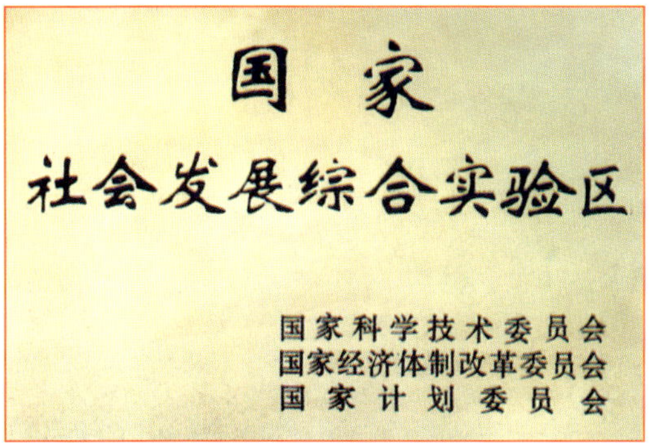
国　家
社会发展综合实验区
国家科学技术委员会
国家经济体制改革委员会
国家计划委员会

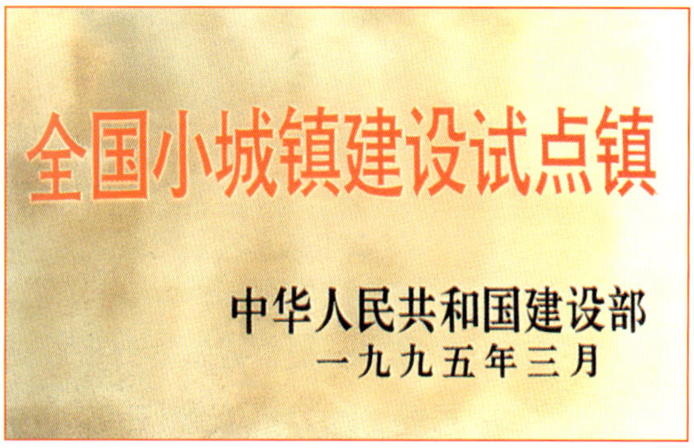
全国小城镇建设试点镇
中华人民共和国建设部
一九九五年三月

清溪

汕尾市城区

汕尾市城区是1988年3月经国务院批准设立的县级区，位于粤东沿海，海岸线绵延181公里，深汕高速公路贯穿境内，水陆沟通闽粤港澳。全区总面积320平方公里，总人口30.9万人。

建区以来，全区人民深化改革，扩大开放，把握机遇，开拓前进，取得了引人瞩目的成绩。1998年全区国内生产总值11.85亿元，财政总收入94234万元，分别比建区前的1987年增长5.1倍和14.9倍。以海洋产业为主体的“三高”农业发展较快，区内拥有全国规模较大的工厂化鲍鱼养殖基地、实力雄厚的海洋捕捞基地及对虾、牡蛎、网箱养鱼等海水养殖基地。全年农业总产值7.81亿元，比上年增长11.3%。

外资企业快速发展。全年实际利用外资2259万美元，比上年增长37%；外经企业工业产值6亿元；出口2700万美元，比上年增长48%。一般贸易出口2796万美元。

个体私营经济不断壮大，经营范围遍布三大产业，全年完成税利占本级财政收入七成多，成为新的经济增长点。乡镇企业全年总收入20.71亿元，比上年增长82%。

城乡面貌日新月异，基础设施日臻完善，教育、卫生、文化等社会事业有新发展。汕尾市城区先后荣获“全国军警民共建先进单位”、“全民国防教育先进单位”和三次荣获全省“双拥模范城”等光荣称号。

省委书记李长春同志视察汕尾捷胜工厂化养鲍基地

横　岗　镇

横岗镇地处深圳东部，距深圳市中心 18 公里，毗邻港澳，总面积 81.12 平方公里。全镇有 9 个行政村，1 个居民委员会，52 个自然村。1998 年底总人口 15.34 万人。

改革开放以前，横岗以传统的农业经济为主，工业基本上是一片空白，生产水平较低。1979 年，全镇工农业总产值仅 99 万元，其中 90% 为农业创造，农民年人均纯收入 57 元。改革开放以来，横岗镇逐步调整生产布局，不断优化产业结构，大力发展以“三来一补”为主的乡镇工业和创汇农业，取得了显著成绩。到 1998 年底，有初具规模的工业区 18 个，引进来料加工厂 827 家，“三资”企业 180 家，自营工业 8 家。农业结构由封闭自给型逐步向创汇开放型转变，全年农业总产值 8361 万元。与此同时，第三产业亦有较大的发展，商贸业已形成规模，金融业也有了长足发展。1998年，全镇三级总收入6.47 亿元，农民人均所得 8010元，财政收入达 1.43 亿元，工缴费结汇为 3.67 亿港元。

1990 年，横岗镇以其经济、文化等方面的辉煌成就，被评为“中国乡镇之星”。1995 年，横岗镇被评为“全国乡镇最佳投资环境 100 强”。1996年，横岗镇农村三级股份合作制被评为“中华之最”。1998 年，横岗镇被评为省卫生镇、省灭蝇先进镇。

①

②

1. 规划整齐的横岗镇街道　林楠摄
2. 镇委书记陈胜兴（前右一）、镇长钟华兴（前右二）到建设工地指导工作　林楠摄
3. 横岗镇上围新村农民住宅小区　林楠摄

③

新兴县新城镇

新兴县新城镇是新兴县人民政府所在地，是全县政治、经济、文化中心。全镇总面积65.65平方公里，其中城区面积18.5平方公里，总人口7.06万人。

新城镇交通十分便利，处于省道1967线和1968线的交汇点，北通肇庆、广州；西达阳春、高州；东出开平、高明、江门。处于城区北部的三茂铁路（设有火车站）更是全县客、货流通的大动脉。目前，全镇开通了国际长途直拨、移动通讯网络、无线寻呼和图文传真。生产建设用电充裕。全镇各居（村）委会均实现了通水、通电、通电话和道路硬底化。

改革开放以来，新城镇经济实现了以传统的农业为主向以二、三产业为主的转变。目前，新城镇已建成一批技术设备先进、有一定生产规模、经济效益好的工业企业。全镇镇办工业企业52间，其中年产值超亿元的有2间，超千万元的20多间。主要出口产品有不锈钢制品、轻纺针织、服装、竹木制品等。1998年，全镇国内生产总值3.65亿元，工业总产值11.37亿元，农业总产值1.11亿元。

几年来，新城镇充分发挥优势，先后筹资办起了总面积近30万平方米的沙洲、黄塘等13个经济开发小区，还和各村民委员会投资3000多万元建成7万多平方米的招商厂房，发展前景广阔。

新城镇将以良好的投资环境，优惠的政策措施，优质的服务，竭诚欢迎国内外客商来镇经商、置业、共谋发展大计。

地址：新兴县新城镇环城北路11号
电话：(0766)2881276　2881501

初具规模的综合开发区一角

生产不锈钢制品，年产值达1.5亿元的百利丰不锈钢有限公司厂区一角

新建好的招商楼恭侯客商前来发展

园洲镇

博罗县园洲镇位于珠江三角洲东部，东江中下游北岸，是著名的侨乡。

面积：辖区面积62平方公里，城建规划面积22平方公里，1992年城区面积不到0.3平方公里，如今城建面积达6平方公里。

人口：1998年底总人口7万，其中外来人口3.5万。

交通：南通石洲大桥可连东莞、深圳，北依罗浮山，距广汕公路仅5km，到深圳、广州、惠州均不到70Km。镇内区区相通，四通八达。往返园洲至香港的直通车每天两班，交通非常便利。

口岸：惠州海关驻园洲监管组已投入服务，查验场宽广，每天有60多辆车报关查验。1994年又先后成立“商检工作组”和“卫检工作组“。园洲深水码头正在筹建中，预计年吞吐量60万吨。

电力：电力充足，已建有1座3.5万伏和1座11万伏输变电站。

供水：第一水厂日可供水2万吨，第二水厂正在筹建中。

工业：大小工商企业1200家，以“制衣、电子”等为主要行业，其中三来一补企业200家，外资独资企业90家，累计引进外资29亿港元。园洲制衣业已形成市场，有150家制衣厂。占地120亩的成衣批发市场，是国内外制衣商客云集之地。

镇政府办公大楼外景

石洲大桥

市区工业区一角

11万伏变电站

揭阳市榕城区梅云镇

梅云镇位于揭阳市区西南部，南倚紫峰山，北临榕江南河，省道1930线及规划中的神泉铁路穿境而过，经济受市区辐射，工业发达，商贸繁荣，水陆交通得天独厚。境内丘陵地貌，土地利用潜力很大，旅游景点众多，山光水色相映成趣，享有“海滨邹鲁”之誉。全镇总面积25.32平方公里，人口55499人。全镇实现工农业总产值106212万元，人平纯收入3553元。

②

①

③

1、吉荣路
2、吉荣空调设备公司
3、庆展不锈钢
4、广东恒星集团有限公司

④

汕尾红海湾经济开发试验区

汕尾红海湾经济开发试验区于1992年11月经省政府批准设立。全区面积88平方公里，辖田乾、遮浪、东洲三个街道及龟龄岛，人口9.5万。地处汕尾市区东部的遮浪岛，三面环海，风景秀丽。《南海潮》、《和平年代》、《蜘蛛梦》等20多部电影、电视剧曾在该地拍摄外景，每年接待海内外游客20多万人次，是粤东旅游的黄金海岸。

建区以来，全区广大干部群众奋力开拓，艰苦创业，两个文明建设稳步发展，已初步形成修造船、服装、纺织品、建材等支柱产业。"大哥大"西服、田乾珠饰及鲍鱼、龙虾、海胆、对虾、牡蛎等海产品远销日本、香港及东南亚等地。工业开发、招商引资呈现良好的发展势头。方园1平方公里的龙腾工业区已有"兆兴集团工业园"等项目进行开发建设。基础设施建设突飞猛进，总投资8000多万元的红海湾大道已铺上水泥路；总投资1.2亿元的东洲小澳万吨级码头已投入2000万元进行辅助码头建设；堤路结合的白沙湖堤围加固达标工程已投入资金2000万元完成工程量的80%；总投资5200万元的供水工程已上马建设。"三高"农业蓬勃发展，已建立果、菜、花生等多个生产基地，淡水、海水养殖发展迅速。区内文化、教育、卫生、体育等也有长足进步，旅游，饮服等第三产业迅速崛起。

①

②

1、中共中央政治局委员、广东省委书记李长春在中共汕尾市书记吴华南（右二）、汕尾市市长徐尚武（右一）和红海湾开发区党政委书记、管委会主任朱华义（左一）的陪同下视察红海湾开发区。
2、红海湾万聪船舶修造厂工地一角。
3、全国491处重点渔港之一的红海湾开发区遮浪渔港。
4、遮浪海湾天然浴场。

③

④

潮阳市电信局

改革开放初期，潮阳的通信事业发展缓慢，设备陈旧，状况十分落后。市区只有容量 600门的准电子式自动交换机；农村是清一色的“摇把子”（磁石人工电话）；长途电路33条，农村中继电路96条，市区仅有电话 580部，农村电话1997部，电信业务总量 205万元。1985年底，全局固定资产不足300万元。

然而，十几年后的今天，潮阳的通信事业已经发生了巨大的变化：清一色的“摇把子”电话全部换上数字程控电话；架空明线全部变成光纤电缆，并进入地下管道，实现了传输数字化；单一的通信变为全方位、立体式的通信网络；狭窄的生产场地变为宽敞整洁的生产环境。潮阳电信事业在改革开放中实现快速发展的目标。1997年以来全市年 电信业务总量均超5亿元，全局固定资产已达12亿元，通信建设水平和经济效益，已进入全国通信行业的先进行列，在本系统“全国百强（县）市局”中，名列第4位。

①

②

1.通信机房一角。

2.潮阳市电信大楼。

河源市电信局

河源市电信局党组副书记、 副局长徐宝林

1998年10月26日，河源市电信局正式挂牌成立。全市有电信局所110处，职工1300余人，担负着全市1区5县1.58万平方公里，300万人口的通信任务。改革开放以来，河源市电信局以艰苦创业、开拓进取的精神，打破传统的经营保守观念，采用新技术，立足于高起点，以跳跃式加快发展河源通信。到1998年底，全市电信业务总量和业务收入分别比建市前的1987年增长35倍和47倍。全市城乡电话号码升到7位，统一长途区号，建立了本地网。城乡电话用户达到18万户，移动电话2.5万户，无线寻呼7万户，并开办了分组交换、DDN、电子邮箱、因特网、视聆通、磁卡电话等新业务。拥有固定资产近10亿元。

河源市电信局办公大楼

广州日报报业集团

广州日报报业集团是中国第一家报业集团，下属有《广州日报》、《广州英文早报》、《广州商报》、《广州文摘报》、《足球报》、《岭南少年报》、《现代育儿报》、《网络报》、《老人报》、《交通旅游报》等10家报纸以及《南方窗》、《新现代画报》、《体育大观》三个刊物，还有广州出版社及一批企业。

报业集团的主报——《广州日报》日发行量110多万份，其中85.4%以上是个人订户。该报在以广州为中心城市的珠江三角洲地区具有密集发行覆盖面。

《广州日报》每天以大量篇幅报道以广州为中心城市的华南地区各个领域的最新信息，传播国内外重要新闻，以高格调、坚持主流路线的严肃大报风格，形成了广州日报鲜明的特色。

广州日报1998年营业收入18亿元，广告收入7.2亿元，总资产25亿元，上缴税利1.4亿元，是广州市的上缴税利大户，被评为广州市国有资产十强单位。

1997年1月23日，广州日报被中宣部确定为全国新闻界“精神文明示范单位”。

引进德国曼·罗兰公司的高速轮转印刷生产线COLORMAN以及瑞士维发公司的高速轮转无轴传动印刷生产线。它们分别代表当今廿十世纪最高的印刷机制造技术以及廿十一世纪的最新技术。

目　　录
CONTENTS

第一部分　　概　述
PART　ONE　　OUTLINE

第二部分　　统计资料
PART TWO　　STATISTICS

二、综　　合
GENERAL SURVEY

三、要素市场主要指标
MAIN INDICATORS ON THE FACTOR MARKET

四、人　口
POPULATION

五、从业人员和职工工资
EMPLOYMENT AND WAGE

六、固定资产投资
INVESTMENT IN FIXED ASSETS

七、能源生产和消费

PRODUCTION AND CONSUMPTION OF ENERGY

八、财政、金融和保险
PUBLIC FINANCE, BANKING AND INSURANCE

九、物价指数

PRICE INDICES

十、人民生活
PEOPLE'S LIVELIHOOD

十一、农　业
AGRICULTURE

十二、工　业
INDUSTRY

十三、建　筑　业
CONSTRUCTION

十四、运输、邮电
TRANSPORTATION, POSTAL AND TELECOMMUNICATION SERVICES

十五、国内贸易
DOMESTIC TRADE

十六、对外经济与旅游
FOREIGN ECONOMY AND TOURISM

十七、教育、科技、文化
EDUCATION , SCIENCE TECHNOLOGY AND CULTURE

十八、体育、卫生、社会福利、环保和其他
SPORTS, PUBLIC HEALTH, SOCIAL WELFARE, ENVIRONMENTAL PROTECTION AND OTHERS

十九、经济地带主要指标
SPECIAL ECONOMIC REGIONS

二十、城市主要指标
CITIES

二十一、县区主要经济指标
COUNTIES AND DISTRICTS UNDER CITY ADMINISTRATION

二十二、乡镇主要经济指标
TOWNS AND VILLAGES

附　　录
APPENDIX

第一部分　概　　述

PART ONE OUTLINE

广东省统计局关于1998年国民经济和社会发展的统计公报

1999年2月23日

1998年，广东人民按照江泽民总书记关于"增创新优势，更上一层楼"的重要指示，努力克服亚洲金融危机的影响和省内部分地区遭受严重自然灾害带来的困难，振奋精神、开拓进取，国民经济保持持续快速健康发展，社会各项事业取得新的成绩。

一、综　　合

国民经济各项主要指标基本达到省九届人大一次会议提出的要求。据初步统计，全年国内生产总值7937.23亿元，比上年增长10.1%。其中，一产业增加值1010.47亿元，增长4.7%；二产业增加值3997.94亿元，增长11.4%；三产业增加值2928.82亿元，增长9.8%。

市场物价平稳下降。全年商品零售价格比上年下降3%，居民消费价格下降1.8%。这主要得益于农业连年丰收，也与近年"买方市场"逐步形成和企业自主约束机制增强所反映的宏观环境和微观基础的变化有关。

劳动就业工作进一步加强。国有企业下岗职工基本生活保障和再就业工作基本达到国务院提出的要求。据劳动部门统计，全年全省国有企业下岗职工实现再就业33.3万人，增长15.2%。下岗职工再就业率为59.5%。年末全省国有企业尚有下岗人员22.7万人，比上年末下降7.7%。全年城镇安置就业人数41.7万人，比上年增长14.9%。全省城镇人口登记失业率为2.3%。

经济结构继续得到调整。三次产业结构为12.7:50.4:36.9，一产业比重下降，二、三产业比重稳定上升。投资结构基本符合国家产业政策要求，基础产业和基础设施投资增加，一般加工工业重复建设现象减少，扭转了更新改造投资持续下滑的趋势。存量结构调整有新进展，在纺织、制糖、煤炭行业压缩调整的同时，电子通讯、电气机械等行业加速发展。

宏观经济效益稳定。以增加值计算的全社会劳动生产率21311元/人，实际比上年增长8.6%。其中一产业6613元/人，二产业32949元/人，三产业29797元/人。

经济体制改革稳步推进。国有企业改革继续实行"抓大放小"的方针，全省重点发展的大企业集团通过全面考核，由原来的70家调整为83家。国有工业小企业转制面已达65%以上。粮食流通体制改革取得阶段性成果，粮食储备体系和粮食风险基金制度进一进完善。要素市场建设有新的突破，省和各市都建立了建设工程交易中心。同时，农业产业化稳步发展，继续推进小城镇综合改革、县级综合改革。

全省经济和社会发展存在的问题是：受国内外市场约束的影响，出口增幅大幅回落，工业生产速度继续放缓，企业经济效益下滑，就业压力增大，城乡居民收入增幅偏低，金融风险的隐患依然存在，社会治安和环境保护的形势仍然严峻。

二、农　　业

深入贯彻党的十五届三中全会和省委八届二次全会精神，全面落实党在农村的基本政策，进一步调动了农民的生产积极性，农业经济继续保持良好的增长势头。粮食生产全面推广良种良法，连续第五年获得丰收。全年粮食总产量1930万吨，比上年增加28万吨；亩产375.2公斤，增加9.3公斤。油料作物生产再创历史新高，总产量达79.29万吨，比上年增长5.1%。水果、蔬菜生产继续保持较好的发展势头，全年总产量分别为453.12万吨和2149.17万吨，分别比上年增长9.3%和7.7%。

林业实施分类经营，加快了林业产业化进程，促进生态环境优化，林业第二次创业有了良好的开端。全年完成造林、更新和低产林改造总面积199.3千公顷。其中防护林25.3千公顷，比上年增长18.4%；封山育林面积 61.9 千公顷，增长 8.1%；森林覆盖率 56.6%。

畜牧、水产业继续稳步发展。全年肉类总产量 292.04 万吨，比上年增长 6%；水产品产量 554.28 万吨，增长 6.4%。其中海水产品产量 346.20 万吨，淡水产品产量 208.08 万吨，分别增长 4.7%和 9.3%。

农业生产条件基本稳定。全年农业机械动力 3447.97 万千瓦，下降 0.2%；化肥施用量(折纯)169.49 万吨，增长 0.1%；有效灌溉面积 1502.03 千公顷，下降 0.9%；农村用电量 274.94 亿千瓦小时，增长 13.5%。

三、工业和建筑业

工业生产平稳增长。全年完成工业增加值 3477.77 亿元，增长 11.6%。其中全部国有工业及年销售收入 500 万元以上非国有工业增加值 2490.87 亿元，增长 11.8%。国有及国有控股工业完成增加值 748.45 亿元，增长 5.6%；集体工业完成增加值 507.88 亿元，增长 10.8%；以“三资”工业为主的其他经济类型工业完成增加值 1532.81 亿元，增长 14.2%。轻工业增加值 1505.16 亿元，增长 11.2%；重工业增加值 985.71 亿元，增长 12.8%。

产品结构有所调整，技术含量高、市场需求较旺的产品生产增长较快。程控交换机比上年增长 92.7%，电子计算机增长 52.7%，移动通信设备增长 35.5%，半导体集成电路增长 36.2%，彩电增长 20.9%，录相机增长 51.6%，轿车增长 1.1 倍。一些生产过剩的一般日用消费品及机电设备的生产继续低速增长或下降。

工业经济效益有所下降。全年全部国有工业和年销售收入 500 万元以上非国有工业经济效益综合指数为 102.9，比上年下降 2.6 点。全年产品销售率为 96.3%，上升 0.3 个百分点；资产贡献率为 7.6%，下降 1 个百分点；资本保值增值率为 105.3%，下降 5.1 个百分点；企业亏损问题仍较突出，按企业个数计算的亏损面为 31.1%，比上年扩大 2.6 个百分点；盈亏相抵后实现利润 243.81 亿元，比上年下降 14.7%；亏损企业亏损额 204.96 亿元，比上年增长 13.8%。

建筑业生产稳定发展。全年四级及四级以上建筑业企业完成建筑业增加值 232.34 亿元，比上年增长 14.8%。施工单位工程个数 3.68 万个，其中投标承包 1.12 万个，实现利税 33.80 亿元。

矿产地质勘查取得新进展。全年全省共安排地质勘查项目 137 项，提交新发现矿产地 4 处，其中大中型矿产地 1 处；完成 1:5 万区域调查 3850 平方公里，完成机械岩心钻探工作量 19201.90 米。

四、固定资产投资

在国家扩大内需的政策拉动下，固定资产投资出现快速增长态势。全年全省完成固定资产投资 2594.48 亿元，比上年增长 12.9%。其中基本建设投资 1064.45 亿元，增长 17.8%；更新改造投资 312.90 亿元，增长 14.2%；房地产开发投资 594.01 亿元，增长 12.4%。全年基本建设和更新改造施工项目 8064 个，比上年增长 9.3%，其中新开工项目 3761 个，增长 6.4%；年末基本建设和更新改造项目计划总投资 6205.50 亿元，比上年增长 16.9%，其中新开工项目计划总投资 1222.52 亿元，增长 26.6%。

固定资产投资基本符合国家产业政策。在基本建设和更新改造投资中，农林牧渔水利业投资 60.35 亿元，比上年增长 53.5%；原材料工业投资 56.60 亿元，增长 16.8%；能源工业投资 197.84 亿元，增长 5.8%；交通运输业投资 264.09 亿元，增长 34.5%；邮电通讯业投资 159.36 亿元，增长 46.3%。

重点建设项目超额完成年计划。年初确定的 30 个省重点建设项目全年共完成投资 225.09 亿元，越出计划 25%。追加的 14 个重点建设项目也全部开工，到年底已完成投资 28.76 亿元。广州地铁一号线 16 个车站，18.48 公里的轨道线已于年底建成；总库容 3.23 亿立方米、水力发电装机容量为 3 万千瓦的阳江大河水库 9 月份开始蓄水；东江太园抽水站 9 月份建成投产。中美海底光缆通信工程，广州抽水蓄能电站二期工程、广州东南西环高速公路、广东电网节能降耗等重点项目也部分投产。

新增的主要生产能力和效益有：发电机组容量 97.7 万千瓦；变电设备能力(11 万伏及以上)764.65 万千伏安；输电线路(11 万伏及以上)912 公里；新建公路 578 公里，其中高速公路 19 公里；改建公路 3281 公里；城乡电话交换机109.5万门；数字移动电话260.4万户；长途自动电话交换机设备2.99万路端。

五、交通和邮电业

受经济环境影响，交通运输及邮电通信业的增长速度有所放缓。全年完成运输邮电业增加值681.31亿元，比上年增长6.2%。

全年完成货物周转量3295.70亿吨公里，比上年下降11.7%；其中铁路297.67亿吨公里，增长1.1%；公路324.31亿吨公里，增长20.4%；水运2652.26亿吨公里，下降15.8%；民航4.90亿吨公里，增长19.3%；管道16.57亿吨公里，增长9.1%。全省旅客周转量891.90亿人公里，增长0.9%。其中铁路193.95亿人公里，增长9.2%；公路529.09亿人公里，下降2.2%；水运12.77亿人公里，增长4.2%；民航156.09亿人公里，增长1.9%。沿海主要港口货物吞吐量12762万吨，比上年增长1%。

全年邮电业务总量完成418.18亿元，比上年增长26.6%。移动电话、数据通信等业务继续快速发展。年末城乡电话交换机总容量1393.85万门，长途电话业务电路27.19万条，固定电话用户958.45万户，移动电话用户362.69万户。每百人拥有电话21.11部。

六、国内贸易

国内消费平稳增长。全年社会消费品零售总额3248.54亿元，比上年增长11.3%，剔除价格因素实际增长14.7%。其中城镇2329.15亿元，农村919.39亿元，分别增长11.5%和10.7%。私营及个体经济发展迅速，零售额分别为206.86亿元和1215.70亿元，增长24.1%和13.5%；国有及国有控股企业零售额653.95亿元，增长5%；集体经济零售额518.93亿元，增长9.3%；外商投资等其他经济653.10亿元，增长12%。

城乡集市贸易市场商品丰富，成交额稳定增长。全年集市贸易成交额1644.12亿元，比上年增长11.9%。

生产资料销售出现止跌回升的势头。全年全社会批发零售贸易业对生产经营批发额1094.21亿元，比上年增长3.9%。

商业企业经济效益继续下滑。全年全省大中型批发零售贸易企业商品销售收入净额2248.09亿元，比上年下降1.5%；利润总额1.09亿元，下降72.3%。

七、对外经济贸易

对外贸易努力减轻亚洲金融危机的影响，全年进出口与上年基本持平，出口略有增长。据海关统计，全年进出口总额1300.03亿美元。其中出口757.24亿美元，增长1.6%；进口542.79亿美元，下降2.3%。一般贸易出口大幅度下降，进口回升；加工贸易进出口保持增长，但增速减缓。国有企业进出口下降，外商投资企业出口增长，进口下降。出口产品结构继续优化，机电产品占出口总额比重由上年的42.2%上升为45.8%，全年出口增长10.2%，对广东出口增长起主要拉动作用。亚洲出口市场萎缩，对日、韩、香港及东盟等国家和地区出口减少，对其他各大洲出口仍增长1成以上。

外商协议投资呈恢复性回升，实际利用外资稳定增长。全年新签订合同外资123.78亿美元，比上年增长28.3%；实际利用外资150.99亿美元，增长6.3%。外商直接投资仍是利用外资的主体，占实际利用外资总额的79.6%。截至1998年底，登记注册的外商投资企业实有数为5.77万家。

对外经济技术合作签订合同2405宗，比上年减少10.6%；合同金额2.67亿美元，下降33.2%；全年营业额3.23亿美元，增长25.4%。年末在外人数2.14万人，下降7.9%。

旅游业保持良好发展态势。全年经广东口岸入境的国际旅游者5157万人，比上年增长13.5%；城市住宿设施接待国内外游客6661.81万人次，增长4.8%，其中国际旅客增长6.7%，国内旅客增长4.6%。旅行社接待国内游客比上年增长24.8%，其中省内旅客增长31.4%。旅游总收入873.72亿元，增长

7.3%;其中旅游外汇收入29.42亿美元,增长5.1%。

八、金融和保险业

金融业积极贯彻中央银行的货币政策,改进金融服务,防范和化解金融风险,保持了各项信贷业务的健康、平稳发展。全年金融机构存款稳定增长。年末各项存款余额13293.07亿元,比上年末增长18.8%。其中:企业存款余额4675.80亿元,增长17%;城乡居民储蓄存款余额7549.91亿元,增长19.4%。贷款大幅增加,贷款结构趋于合理。年末各项贷款余额9523.56亿元,比上年末增长16.1%。其中:短期贷款余额7523.15亿元,增长13.6%;中长期贷款余额1060.02亿元,增长14.8%。全年现金净投放307.90亿元,比上年少投放48.62亿元。

证券市场和股票市场在规范和发展两方面都取得积极的成效。1998年全省新上市股票7只,筹集资金82.35亿元。年末全省在深沪证券交易所开户投资A股者631万户,比上年增长19.1%。境内上市公司共113家,上市股票141只,其中:A股109只,B股32只。总股本371.43亿股,比上年增长17.9%。上市公司股票市价总值2933.17亿元,全年上市股票成交金额3093.53亿元。

各项保险业务又有新的发展。省中保人寿保险公司各类保费64亿元,比上年增长28%,约占全国中保人寿保险系统的12%;人身险给付金额5.7亿元,增长58.1%。省中保财产保险公司各类保费收入58.11亿元,比上年增长2%,约占全国中保财产保险系统的13.5%;赔款金额29.48亿元,下降0.1%。

九、科学技术和教育

《中共广东省委、广东省人民政府关于依靠科技进步推动产业结构优化升级的决定》的贯彻落实,促进了全省科技与经济的紧密结合。全年获国家级科技进步奖25项。获省级科技成果奖238项,其中获省级科技进步奖214项,省自然科学奖24项。列入省及省以上优秀新产品230项,年新增产值99.5亿元。科技攻关、工业试验、火炬、星火、重大科技成果产业化等重点计划项目完成情况良好。高新技术产业竞争力增强,全省共认定高新技术企业815家,高新技术产品产值1480亿元。

科技队伍规模扩大,科技综合实力增强。全省国有企事业单位共有自然和社会科学技术人员90万人(未含中央驻粤单位人员),比上年增长2%。新建省级重点实验室5个,改造2个省属科研所的科研条件。全省已有8个山区市进行科技馆项目建设。全省县及县以上国有独立研究与开发机构、科技情报和文献机构共498个,高等院校办科研机构325个,大中型工业企业办技术开发机构721个;从事科技活动人员共14.5万人;科技活动经费使用总额82亿元,比上年增长22%。全省已建立省及省以上工程技术研究开发中心81个,拥有民营科技企业3400家,从业人员10万人。

技术市场成交活跃。全年签订各类技术合同6253项,合同金额24.8亿元,比上年增长26.6%。

综合技术服务质量提高。全省共有产品质量监督机构93个,全省各级技术监督部门共抽查了36998批次产品,抽样合格率81.2%。全省受理专利申请13473项,专利授权10707项,分别比上年增长4.8%和49.3%。测绘部门共测绘各种比例尺地图3134幅,出版商品性地图及图书103种。全省共建立超短波天气警报服务系统发射台53个,地震、海洋等部门的科技服务取得良好社会效益。

基础教育保持稳定。全省小学在校生918.02万人,小学学龄儿童入学率达99.7%。小学五年保留率为97.3%。初中在校生364.57万人,初中毛入学率达99.5%;初中三年保留率为90.5%。普通高中在校生59.04万人,职业高中在校生18.88万人。

高、中等教育取得新的成绩。全省共有研究生培养单位24个,招收研究生3090个,在学研究生8043人。普通高等学校43所,成人高等学校57所,全年共招生11.23万人,其中普通高校6.10万人,成人高校5.13万人。在校大学生33.13万人,其中普通高校18.5万人,成人高校14.64万人。高校在校和招生人数分别比上年增长4%和8%。普通中等专业技术学校共招生8.49万人,在校生27.91万人。成人中等专业学校招生8.76万人,在校生23.68万人。技工学校190所,共招生5万人,在校生14.5万人。

十、文化、卫生和体育

文化事业健康发展。全省现有各类专业艺术团体140个，群众艺术馆、文化馆139个，县级及以上公共图书馆120个，博物馆119个。广播电台97座，电视台61座。广播人口覆盖率92%，电视人口覆盖率92.4%。全年生产和销售故事片4部。出版图书3.27亿册，报纸27.26亿份，杂志2.44亿册。

卫生事业深入发展。全省有卫生机构8805个，床位15.84万张。各类卫生技术人员25.22万人，其中医生10.55万人，分别比上年增长2.6%和1.6%。初级卫生条件进一步改善，全省有农村乡镇卫生院1615个，床位4.12万张，卫生技术人员7.14万人。农村清洁卫生水普及率96.9%，自来水普及率67.4%。

体育事业蓬勃发展。在国内外重大比赛中共获19个世界冠军，26个亚洲冠军，4人9次破6项世界纪录，1人1次破1项亚洲纪录，5人破8项次全国纪录。全省认真贯彻《全民健身计划纲要》和《奥运争光计划纲要》，成功举办了第十届省运会。

十一、环境保护

环境保护事业有新发展，全省环境质量有所改善。年末全省环境保护系统有6932人，其中各类环境监测人员1979人，分别比上年增长8.7%和7.2%。全年完成环境污染限期治理项目546个，总投资4.88亿元。全省共建成烟尘控制区205个，控制面积1537平方公里。环境噪音达标区130个，面积792.71平方公里。自然保护区56个，面积5406平方公里。全省大中城市实施了机动车禁鸣嗽叭，珠江三角洲已全面推广无铅汽油。开展了珠江整治和酸雨防治工作。年内建设项目环境影响评价制度执行率97%。珠海市获联合国人居中心颁发的国际改善居住环境最佳范例奖，中山市被命名为国家环境保护模范城市。

十二、人口与人民生活

人口增长速度略有下降。根据1998年人口变动情况抽样调查推算，全省人口出生率16.51‰，死亡率5.61‰，自然增长率10.90‰，比上年下降0.6个千分点。年末全省常住人口7143.43万人，比上年增加92.28万人。

居民收入保持增长。全省城镇居民人均可支配收入8839元，农民人均纯收入3527元，扣除物价因素，分别比上年增长5%和3.4%。一部分低收入居民家庭生活比较困难。

全省职工工资总额885.9亿元，比上年增长3.2%。职工年平均工资10214元，增长5.3%，扣除物价因素，实际增长7.1%

城乡居民住宅建设速度有所回升。全年城镇竣工住宅面积3127.51万平方米，农村竣工住宅面积3973.12万平方米，比上年分别增长2.1%和4.2%。

职工社会保险制度进一步完善。年末全省396.35万职工参加失业保险，607.65万职工参加社会养老保险，796.89万职工参加工伤保险，119.24万职工参加医疗保险，217.10万职工参加生育保险，147万离退休人员享受了社会养老保险待遇。

社会福利事业继续发展，城乡居民最低生活保障制度进一步完善。全省各类社会福利院床位6.5万张，收养4.6万人。城镇各种社区服务设施4507个，便民利民服务网点1.78万个，其中社区服务中心730个；农村有1524个乡镇建立了社会保障网络设施。

注：1. 本公报各项统计数据为初步统计数。
2. 公报中国内生产总值、各产业增加值绝对数和劳动生产率按现价计算，增长速度按可比价格计算。
3. 本公报中各项指标对比基数，除工业部分对比基数调整为全部国有工业和年销售收入500万元以上非国有工业外，其余均为《广东统计年鉴—1998》公布的年报统计数。

Statistical Communique On National Economic and Social Development of Guangdong Province In 1998 Published by The Statistical Bureau of Guangdong Province

February 23, 1999

In 1998, in accordance with General Secretary Jiang Zemin's important instruction on "creating new advantages and scaling new heights", Guangdong's people overcame effects and difficulties brought about by thd Asian financial crisis and severe floods striking some areas in the province, still inspired their enthusiasm and kept forging ahead thus maintained the national economy a sustained, fast and healthy dcvelopment, and new achievements were seen in various social undertakings.

I. Gereral Outlook.

The major indexes of national economy for the year were basically met in line with the targets set by the First Session of the Ninth Provincial People's Congress. Preliminary statistics indicated that the gross domestic product (GDP) of the year was 793.72 billion yuan, up 10.1 per cent over the previous year. Of this total, the value—added of the primary industry was 101.05 billion yuan, up 4.7 per cent; the value—added of the secondary industry was 399.79 billion yuan, up 11.4 per cent; and that of the tertiary industry was 292.88 billion yuan, up 9.8 per cent.

The market prices declined steadily. The retail prices of commodities for the year went down by 3 per cent over 1997 and the consumer prices of households declined by 1.8 per cent. This was attributed mainly to the bumper harvests for years running in agriculture, and also related to the change of macroenvironment and microbasis brought about by the recent gradual formation of "buyer's market" and the strengthening of self—determination restricted mechanism of enterprises.

Work on employment was further strengthened. The requirements put forward by the State Council concerning the basic living security of laid—off workers from state—owned enterprises and the implementation of reemployment program were basically met. According to the statistics from the labour departments, 333 thousand laid—off workers of state—owned enterprises found new jobs in 1998, uped by 15.2 per cent. The reemployment rate of laid—off workers was 59.5 per cent. By the end of 1998, there were still 227 thousand laid—off workers from state—owned enterprises, down 7.7 per cent over that at the end of 1997. In 1998, 417 thousand people were employed in urban areas, uped by 14.9 per cent over the previous year. The urban unemployment rate registered in Guangdong was 2.3 per cent.

Continuous Progress had been made in economic structural adjustment. The structure of three industries was 12.7:50.4:36.9, of which the proportion of the primary industry showed a decline, and the secondary and tertiary industries went up steadily. The investment structure basically accords with the demands of the national industrial policies. The investment in basic industry and infrastructure increased, whereas the duplicated construction projects in general processing industries decreased. The continued downward trend in investment in innovation was reversed. New progress was made in stock structural adjustment, of which sectors such as electronic telecommumcations, electric equipment and the others were sped up while sectors like textile, sugar refining and coal mining were reduced and adjusted.

The macroeconomic efficiency was stable. The overall productivity across all sectors of the economy calculated as value—added was 21,311 yuan/person, up 8.6 per cent over 1997 in real value. Of this total, the overall productivity of the primary industry was 6,613 yuan/person, that of the secondary industry was 32,949 yuan/person and that of the tertiary industry was 29,797 yuan/person.

Steady progress was achieved in the reform of economic system. Continued following the policy of aiming at well—managing large enterprises while adopting more flexible policies toward small ones was seen in the reforms of state—owned enterprises. Through thorough assessment,the key conglomerations were adjusted from 70 to 83. The small state—owned enterprises implementing the reform of economic system came to over 65 per cent. Phased achievements were seen in the reform of graincirculation system. The systems of grain reserve and grain risk fund were further perfected. New breakthroughs were made in the establishment of factor market,and trading centers of construction projects were set up in the province and cities. Meanwhile,steady progress was achieved in agricultural industrilization,and further advance was made in overall reforms at county and town level.

The main problems remained in economic and social development include:the significant decline in the growth of export due to the sluggish domestic and overseas markets;the further slowdown of industrial production speed;the descent of economic efficiency of enterprises;the growing pressure of employment;the slow growth of urban and rural residents' income;the still hidden dangers from the financial crisis,and the severe situation in social security and enviroment protection.

Ⅱ. Agriculture

Deeply implementing the gists of the Third Plenary Session of the Fifteenth National Congress of CPC and the Second Plenary Session of the Eighth Congress of the Provincial Party Committee,with the basic policies of the party in rural area thoroughly carried out and the production initiative of farmers brought into further play,the agricultural economy continued to keep its good momentum of growth. Improved varieties and good methods were comprehensively spread on the grain production,leading to the fifth harvest in succession. The total output of grain for the year reached 19. 3 million tons with an increase of 28 thousand tons over the previous year; the yield per mu amounted to 375. 2 kilograms, with an increase of 9. 3 kilograms. The output of Oil products reached the historical peak once again,with the total amount of 792,900 tons,incveased 5. 1 per cent over 1997. The fruit and vegetable production kept fairly good momentum of development. Their total output of the year stood at 4,531. 2 thousand tons and 21,491. 7 thousand tons respctively,an increase of 9. 3 per cent and 7. 7 per cent as compared with the figures of the previous year.

Classified management was implemented in forestry,which accelerated the course of forestry industralization and promoted the optimization of ecological enviroment. A good beginning was seen in the second undertaking of forestry. The completed area of afforesting,reforesting and transforming low—yield forest land was 199,300 hectares. Of this total,the shelter—forest area was 25,300 hectares,up 18. 4 per cent;the area of closing hillsides to facilitate afforestation was 61,900 hectares,up 8. 1 per cent;and the forest—covering rate was 56. 6 per cent.

Animal husbandry and aquatic products industry kept stable development. The total meat production of the year was 2, 920. 4 thousand tons, up 6 per cent. The production of aquatic products was 5, 542. 8 thousand tons, up 6. 4 per cent. Of this total, the production of seawater products reached 3, 462. 0 thousand tons, and that of freshwater products came to 2,080. 8 thousand tons,up 4. 7 per cent and 9. 3 per cent respectively.

The agricultural production conditions were basically stable. The total agricultural machinery power of the year was 34,479. 7 thousand kw,down 0. 2 per cent;the consumption of chemical fertilizers (calculated with discount net approach) was 1,694. 9 thousand tons,up 0. 1 per cent;a total of 1,502. 03 thousand hectares of effective irrigating area were under irrigation system,down 0. 9 per cent;and the electricity consumed in rural areas was 27. 49 billion kwh,up 13. 5 per cent.

Ⅲ. Industry and Construstion

The industrial production kept steady growth. In 1998, the value—added of industry was 347.78 billion yuan, up 11.6 per cent. Of this total, the value—added of state—owned industrial enterprises and of non—state—owned industrial enterprises with an annual sales revenue over 5 million yuan totaled 249.09 billion yuan, up 11.8 per cent. The value—added created by state—owned enterprises and joint—ownership enterprises where state held the contolling share was 74.85 billion yuan, up 5.6 per cent. The value—added of collective enterprises was 50.79 billion yuan, up 10.8 per cent. The value—added of enterprises of other types of ownership mainly invested by joint—venture, cooperative operation and exclusively foreign—owned enterprises was 153.28 billion yuan, up 14.2 per cent. The value—added of light industry was 150.52 billion yuan, up 11.2 per cent, and that of heavy industry was 98.57 billion yuan, up 12.8 per cent.

The product structure was adjusted. Relative high growth was registered in the production of those products that enjoyed high technology and fairly brisk market demand. The production of program—controlled switchboards grew by 92.7 per cent, that of computers by 52.7 per cent, mobile communication equipment by 35.5 per cent, semi—conductor integrated circuits by 36.2 per cent, color TV sets by 20.9 per cent, videorecorders by 51.6 per cent, and that of cars rose by 110 per cent. The production of ordinary consumer goods and electric products which had an over production either grew slowly or dropped.

Economic efficiency of industry declined to some extent. The overall efficiency index for state—owned industrial enterprises and for non—state—owned industrial enterprises with an annual sales revenue over 5 million yuan was 102.9, dropped by 2.6 percentage points. The sales ratio of industrial products for the whole year was 96.3 per cent, 0.3 percentage points higher than the year before; the contribution rate of assets was 7.6 per cent, 1 percentage points lower than that in 1997; and the capital value of industrial enterprises at the end of the year was 105.3 per cent as compared with that at the beginning of the year, or dropped by 5.1 percentage points. The loss of enterprises was still severe. The lossmaking enterprises accounted for 31.1 per cent as calculated with the number of enterprises, uped by 2.6 percentage points over the previous year. The net industrial pre—tax profits reached 24.38 billion yuan, down 14.7 per cent as compared with the year before. The loss of loss—making enterprises was 20.50 billion yuan, up 13.8 per cent over 1997.

The construction industry developed steadily. In 1998, the value—added of construction enterprises at and above grade four reached 23.23 billion yuan, up 14.8 per cent over 1997. The total number of projects under construction reached 36,800, of which 11,200 projects were constructed through the bidding system. The total pre —tax profits were 3.38 billion yuan.

New progress was achieved in geological prospecting of minerals. In 1998, the geological prospecting projects of minerals in Guangdong were 137. Four new mineral deposits were discovered, one of which was the large and medium—sized mineral deposit. Geological survey was carried to cover 3,850 square kilometres of areas, the geological features of which were illustrated on 1:50,000 scale maps. The geological prospecting enterprises completed a total of 19,201.90 metres of drilling.

Ⅳ. Investment in Fixed Assets

With the policy of pushing forward domestic demand adopted by central government, an accelerated growth of investment in fixed assets was registered. The completed investment in fixed assets of Guangdong in 1998 was 259.45 billion yuan, representing an increase of 12.9 per cent over the previous year. Of this total, the investment in capital construction was 106.45 billion yuan, up 17.8 per cent, that in innovation projects reached 31.29 billion yuan, up 14.2 per cent, and that in real estate development was

59. 40 billion yuan, an increase of 12. 4 per cent. In 1998, a total of 8,064 projects were started through capital construction and innovation projects, up 9. 3 per cent over 1997, of which some 3,761 new projects were carried, up 6. 4 per cent. By the end of 1998, the total planned investment in capital construction and innovation projects topped 620. 55 billion yuan, an increase of 16. 9 per cent over 1997, of which the planned investment in new projects totaled 122. 25 billion yuan, up 26. 6 per cent.

The investment in fixed assets was basically in line with the industrial policy of central government. Among the total investment in capital construction and innovation, the completed investment in agriculture, forestry, animal husbandry, fishery and water conservancy was 6. 04 billion yuan, up 53. 5 per cent over the previous year; that in raw material industry was 5. 66 billion yuan, an increase of 16. 8 per cent; that in energy industry reached 19. 78 billion yuan, up 5. 8 per cent; that in transportation was 26. 41 billion yuan, up 34. 5 per cent; and that in posts and telecommunications was 15. 94 billion yuan, up 46. 3 per cent.

Key construction projects were found to overfulfil the annual plan. A total of 22. 51 billion yuan worth of investmant was completed on 30 provincial key projects which were set at the beginning of 1998, 25 per cent over the plan. All of the 14 additional key construction projects were started and the completed investment in these projects reached 2. 88 billion yuan by the end of the year. The year 1998 saw the completion of 16 stations and 18. 48 kilometre track line in No. 1 Guandzhou Subway, the water storage in September of Yangjiang River Reservior with 323 million cubic metres of storage and 30,000 kilowatts of hydropower generation; and the completion and putting into operation in September of Taiyuan Pumping Station of Dongjiang River. Some key projects were also seen to be partly put into operation, such as Sino—American submarine optical—fibre cable communication project, second phase project of Guangzhou pumped—storage power station, circular expressways of Guangzhou city and Guangdong electric network energy saving and reduction project, etc.

The newly—increased production capacity and efficiency in 1998 included; 977 thousand kilowatts of capacity of generator sets; 7,646. 5 thousand kilovolt—amperes of substation equipment (at and above 110 kilovolts); 912 kilometres of transmission lines (at and above 110 kilovolts); 578 kilometres of newly—constructed highways (including 19 kilometres of expressways); 3,281 kilometres of rebuilt highways; 1,095 thousand gates of the capacity of urban and rural telephone switchboards; 2,604 thousand of digital mobile tehephone users; and 29,900 terminals of long distance automatic telephone exchange equipment.

Ⅴ. Transportation, Post and Telecommunications

Due to the effect of economic enviroment, the growth speed of transportation, post and telecommunications slowed down to some extent. The value—added of these sectors in 1998 was 68. 13 billion yuan, an increase of 6. 2 per cent over 1997.

In 1998, the total volume of cargo transportation was 329. 57 billion ton—kilometres, a decline of 11. 7 per cent as compared with 1997. Of this total, the cargo transportation by railways was 29. 77 billion ton—kilometres, up 1. 1 per cent; by highways, 32. 43 billion ton—kilometres, up 20. 4 per cent; by waterways, 265. 23 billion ton—kilometres, down 15. 8 per cent; by airways, 490 million ton—kilometres, up 19. 3 per cent; and by pipelines, 1,657 million ton—kilometres, up 9. 1 per cent. The volume of passenger transportation in Guangdong was 89. 19 billion person—kilometres, an increase of 0. 9 per cent. Of which, that carried by railways was 19. 39 billion person—kilometres, up 9. 2 per cent; by highways, 52. 91 billion person—kilometres, down 2. 2 per cent; by waterways, 1. 28 billion person—kilometres, up 4. 2 per cent; and by civil aviation, 15. 61 billion person—kilometres, up 1. 9 per cent. Major coastal ports handled 127.62 million tons of cargo, up 1 per cent over the previous year.

The business transactions of postal and telecommunication services in 1998 totaled 41.82 bilion yuan, an increase of 26.6 per cent over 1997. The mobile telephone and data transmission services kept rapid development. By the end of 1998, the total capacity of urban and rural switchboards came to 13.94 million gates. The year 1998 also saw 271.9 thousand of long distance business lines, 9.58 million of telephone users and 3.63 million of mobile telephone users. There were 21.11 telephones per 100 persons.

Ⅵ. **Domestic Trade**

Domestic consumption was smoothly increased. In 1998, the total retail sales of consumer goods was 324.85 billion yuan, up 11.3 per cent over the previous year, representing a real growth of 14.7 per cent if price factor was deducted. Of this total, the retail sales of consumer goods in urban areas reached 232.91 billon yuan, and that in rural areas was 91.94 billion yuan, up 11.5 per cent and 10.7 per cent respectively. The private and individual outlets registered a rapid development, whose retail sales were 20.69 billion yuan and 121.57 billion yuan respectively, an increase of 24.1 per cent and 13.5 per cent. The retail sales of state—owned (including controlling shares owned by the state) outlets was 65.40 billion yuan, up 5 per cent; collective outlets, 51.89 billion yuan, up 9.3 per cent; and foreign outlets and outlets of other forms of ownership, 65.31 billion yuan, representing an increase of 12 per cent.

Commodities at free markets in urban and rural areas are abundant, with a stable growth of transaction. In 1998, the total volume of business reached 164.41 billion yuan, up 11.9 per cent over 1997. The sales of means of production showed a drop—lock and picking—up trend. The total sales of the wholesale and retail trades for the year was 109.42 billion yuan, an increase of 3.9 per cent over the previous year.

The economic efficiency of commercial enterprises kept a continuous slide. The annual net sales revenue of large and medium—sized wholesale and retail enterprises in Guangdong reached 224.81 billion yuan, a decline of 1.5 per cent over 1997; and the total profits was 109 million yuan, down 72.3 per cent.

Ⅶ. **Foreign Trade and Economic Relations**

In terms of foreign trade, efforts were made to lessen the effects brought about by Asian financial crisis. The total volume of exports and imports for the year was basically the same figure as that in the previous year, with a slight growth of exports. According to customs statistics. the total value of exports and imports in 1998 reached US$ 130.00 billion. Of this total, the value of exports was US$ 75.72 billion, up 1.6 per cent; and that of imports was US$ 54.28 billion, down 2.3 per cent. The exports of general trade dropped considerably, whearas its imports picked up. The exports and imports of processing trade maintained a growth, but the growth rate slowed down. The exports and imports by state—owned enterprises was down. The exports by foreign—funded enterprises rose but its imports declined. The structure of export commodities was further optimized; the share of machinery and electronic products in the total exports rose from 42.2 per cent to 45.8 per cent. The exports for the year was up 10.2 per cent, which played the major picking—up role in the growth of exports in Guangdong. Owing to the Asia export market shrinked, the exports to Japan, South Korea, Hong Kong and ASEAN conntries and regions declined, but to other continents still uped more than 10 per cent.

Recovery rise was seen in contracts involving utilization of foreign capital. The foreign capital actually utilized developed stably. In 1998, the newly signed contracts and agreements involving utilization of foreign capital stood at US$ 12.38 billion, up 28.3 per cent; and the foreign capital actually utilized amounted to US$ 15.10 billion, up 6.3 per cent. The foreign direct investment still played the main role in utilizing foreign capital,accounting for 79. 6 per cent of the total volume of foreign capital actually utilized. By the end of 1998,the number of registered foreign—funded enterprises reached 57,700.

2,405 contracts were signed by the province with foreign conntries in economic and techeological cooperation,a decline of 10. 6 per cent over the previous year. The contracted value stood at US$ 267 million,down 33. 2 per cent,and the business revenue reached US$ 323 million,uped by 25. 4 per cent. By the end of 1998, 21,400 people engaged in contracted projects abroad,dropped by 7. 9 per cent.

Tourism kept up a good developing state. In 1998, 51. 57 million tourists from overseas were received by Guangdong ports,up 13. 5 per cent over 1997. The accommodations in cities received 66. 62 million tourists from home and abroad, an increase of 4. 8 per cent over the previous year, of which tourists from overseas were up 6. 7 per cent and domestic tourists were up 4. 6 per cent. The domestic tourists received by travel agencies were up 24. 8 per cent, of which the tourists from verious places of Guangdong were up 31. 4 per cent. Total income from tourism reached 87. 37 billion yuan, up 7. 3 percent, of which income of foregn exchange from tourism was US $ 2. 94 billion, an increase of 5. 1 per cent.

Ⅷ. Banking and Insurance

Healthy and stable development was kept in various credit operations, thanks to the active implementation of monetary policy adopted by the Central Bank, the improved financial service, and the work on risk—prevention and elimination. Steady growth was seen in deposits in banking institutions for the year. Deposits in various forms at the end of 1998 totaled 1,329. 31 billion yuan,an increase of 18. 8 per cent. Of this total, the deposits of enterprises accounted for 467. 58 billion yuan, up 17 per cent; and the savings deposits by urban and rural residents reached 754. 99 billion yuan, up 19. 4 per cent. Significant growth was scored in loans,and the structure of loans tended to be rational. Banks granted 952. 36 billion yuan worth of net loans,up 16. 1 per cent as compared with that at the end of the previous year, of which,752. 52 billion yuan was granted in the form of short—term loans,up 13. 6 per cent, and 106 billion yuan in the form of mid—term and long—term loans,up 14. 8 per cent. In 1998,the cash money in circulation amounted to 30. 79 billion yuan,a decline of 4. 86 billion yuan over the previous year.

Security market and stock market registered active achievement in terms of both standardization and development. In 1998, 7 new listed stocks were issued in Guangdong, with capital paid—in topped 8. 24 billion yuan. At the end of 1998,a total of 6. 31 million investors of the province who invested in A shares opened accounts at Shanghai and Shenzhen stock exchanges, an increase of 19. 1 per cent over the previous year. The number of listed companies in domestic stock markets totaled 113,and a total of 141 listed stocks were issued,of which 109 was A shares and 32 was B shares. The total stock capital reached 37. 14 billion shares, up 17. 9 per cent over the previous year. The market value of shares of listed companies was worth of 293. 32 billion yuan. The transaction volume of listed stocks for the year topped 309. 35 billion yuan.

New progress was made in various insurance services. In 1998,the insurance premium in various forms in Guangdonsg Branch of PICC Life Insurance Company totaled 6. 4 billion yuan, up 28 per cent over the pervious year, or about 12 per cent of the total premium of life insurance companies in China. A sum of 570 million yuan was paid as reparations in life insurance programs,with an increase of 58. 1 per cent. The insurance premium in various forms in Guangdong Branch of PICC Property Insurance Company was 5. 82 billion yuan, up 2 per cent over 1997, or about 13. 5 per cent of the total permium of property insurance companies in China. The insurance companies paid an indemnity of 2. 95 billion yuan as reparations in insurance programs, a decline of 0. 1 per cent.

Ⅸ. Science and Education

Close combination of science and economy was promoted in Guangdong, thanks to the implementation of ' Decision on Pushing Forward Optimization and Updating of Industrial Structure by Means of Scientific and Technologic Progress' by Guangdong Province CPC Committee and People's Government. In 1998, Guangdong was awarded 25 national scientific and technological progress prizes. The year also saw 238 provincial scientific and technological achievement prizes, of which 214 results won scientific and technological progress prizes, and 24 results received natural science prizes from the province. Some 230 results were listed as high—quality new products at and above provincial level, with newly increased value topping 9. 95 billion yuan. Great progress was achieved in key projects, including: projects of tackling key scientific and technological difficulties, industrial trial—production tests, Torch Program, Spark Program and industrilization of great scientific and technological achievements, etc. High—tech industry became more competitive. A total of 815 enterprises was certified as high—tech enterprises and the output value of high—tech products reached 148 billion yuan.

Contingents of scientists and technicians were enlarged in size. The strength of overall science and technology was reinforced. There were 900 thousand technicians of natural sciences and social sciences in state—owned enterprises and institutions (excluding resident personnel in Guangdong from the central departments), up 2 per cent over the previous year. There were five newly built key laboratories at provincial level. The scientific research conditions of two research and development institutions under the control of the province were improved. In Guangdong, eight hilly cities were seen to conduct projects of scientific and technological halls. The number of state—owned independent research and development institutions, science—technology information and literature institutions at and above county level totaled 498. There were 325 research institutions affiliated to institutions of higher education and another 721 institutions for technological development to large and medium—sized industrial enterprises. A total of 145 thousand people were engaged in scientific and technological activities, involving an expenditure of 8. 2 billion yuan, up 22 per cent over 1997. Some 81 engineering research and development centers at and above provincial level were established. The year 1998 saw 3,400 civilian—run scientific and technological enterprises, with a total of 100 thousand employees.

Transactions in markets for the transfer of technology were brisk. In 1998, a total of 6,253 contracts on the transfer of technology were signed, involving a transaction value of 2. 48 billion yuan, up 26. 6 per cent over the previous year.

Improvement was made in overall technical services. In Guangdong, there were altogether 93 institutions that were responsible for the inspection and supervision of the quality of manufactured products. Surveys were conducted by authorized institutions at various levels to check the quality of 36, 998 batchs/times of products, with sampling qualified rate reaching 81. 2 per cent. A total of 13,473 applications for patent were received and 10,707 patents were authorized, up 4. 8 per cent and 49. 3 per cent over 1997 respectively. Surveying and mapping departments perpared 3,134 maps of various scales, and published 103 kinds of commercial maps and books. The year 1998 also saw the operation of 53 ultra-short wave weather warning service systems and transmission stations. Good social benefit were made in scientific and technological services provided by seismology and marine departments.

Elementary education kept steady situation. In Guangdong, pupils enrolled in primary schools numbered 9,180. 2 thousand, with the enrollment rate of primary school—age children being 99. 7 per cent and the reserve rate of fifth—year primary education being 97. 3 per cent. Students enrolled in junior secondary schools totaled 3,645. 7 thousand, with an enrollment rate of 99. 5 per cent and a third—year reserve rate of 90. 5 per cent. There were 590. 4 thousand students in regular senior secondary schools and 188. 8 thousand students in secondary vocational schools.

New achievements had been made in higher and secondary education. There were altogether 24 universities or institutions in Guangdong that offered courses leading to postgraduate degrees, with 8,043 enrolled graduate students, including 3,090 new entrants, There were 43 institutions of higher education and 57 schools of adult higher education, with a total of 112. 3 thousand new entrants. Of this total, 61 thousand students studied in regular institutions of higher education and 51. 3 thousand students studied in schools of adult higher education. There were 331. 3 thousand enrolled students receiving higher education, with 185 thousand in regular institutions of higher eduction and 146. 4 thousand in schools of adult higher education. The numbers of enrolled students and new entrants in universities or institutions rose by 4 per cent and 8 per cent respectively. There were 279. 1 thousand students studying in regular secondary specialized technical schools, including 84. 9 thousand new entrants; and 236. 8 thousand students studying in adult secondary specialized schools, including 87. 6 thousand new entrants. There were another 190 skilled workers' schools, with a total of 50 thousand entrants and 145 thousand enrolled students.

Ⅹ. **Culture, Public Health and Sports**

Cultural and art undertakings made healthy progress. There were 140 specialized art—performing groups in various forms, 139 mass art centers and culture centers, 120 public libraries and 119 museums at and above county level. There were also 97 broadcasting stations and 61 television stations. Radio programs covered 92 per cent of the total population in the province, and television programs covered 92. 4 per cent. In 1998, Guangdong produced and distributed 4 feature movies. Books issued 327 million copies; newspapers, 2,726 million copies; and magazines, 244 million copies.

Deep development was achieved in public health. There were 8,805 health care institutions, with a total of 158. 4 thousand beds. The year 1998 also saw 252. 2 thousand health workers in Guangdong, including 105. 5 thousand doctors, up 2. 6 per cent and 1. 6 per cent respectively. Primary health conditions were further improved. There were 1,615 health care institutions at township level in rural areas, with 41. 2 thousand beds and 71. 4 thousand health workers. The coverage rate of sanitary water in rural areas was 96. 9 per cent and the populizing rate of running water registered 67. 4 per cent.

Vigorous development was scored in sports. In 1998, athletes from Guangdong won 19 world champions and 26 Asian champions at domestic and international major sports games. Four athletes broke 6 world records on 9 occasions, one athlete broke 1 Asian record on 1 occasion, and five athletes broke 8 national records on 8 occasions. Guangdong conscientiously implemented Outline of National Fit—keeping Program and Outline of Winning Honor Program on Olympic Games. The Tenth Provincial Games was successfully held.

Ⅺ. **Environment Protection**

New pregress was made in environment protection. Environment quality was improved to some extent. By the end of 1998, there were 6,932 people working in environment protection agencies in Guangdong, including 1,979 people engaging in various environment monitoring, up 8. 7 per cent and 7. 2 per cent over 1997 respectively. A total of 564 projects against environmental pollution were completed within the specified time frame during the year, absorbing a total investment of 488 million yuan. Guangdong also established 205 soot emission control zones, covering an area of 1,537 square kilometres. There were another 130 zones covering 792. 71 square kilometres, where the noise pollution was put under specified level. The province had 56 natural protection areas, with an area of 5,406 square kilometres. No horn of motor vehicles was conducted in large and medium cities in the province. Unleaded gasoline was entirely popularized in the area of Pearl River Delta. Programs on Cleaning the Pearl River and preventing the acid rain were launched. Among all construction projects started in 1998, 97 per cent of them implemented the evaluation program on the impact of the projects in question against the environment. The Zhuhai City won the Best Example Award for International Improving Living Enviroment issued by People's Residence Center of United Nations and the Zhongshan City was awarded the title"National Evironment Protection Model City".

Ⅻ. Population and People's Livilihood

The growth of population showed a slight decline . In accordance with the estimates obtained from the sample survey on population changes in 1998,Guangdong had a crude birth rate of 16. 51 per thousand, a crude death rate of 5. 61 per thousand . The natural growth rate was 10. 90 per thousand,down 0. 6 thousandth points over 1997. By the end of 1998, the permanent population reached 71. 43 million, an increase of 922. 8 thousand over the previous year.

Residents income registered growth. In 1998, the annual per capita disposable income of urban households was 8,839 yuan and the per capita net income of rural households was 3,527 yuan, up 5 per cent and 3. 4 per cent over 1997 if prices change was excluded. Some low income families led a fairly difficult life.

The total wages of staff and workers in Guangdong totaled 88. 59 billion yuan, up 3. 2 per cent over the previous year. The annual average wage of staff and workers amounted to 10,214 yuan,up 5. 3 per cent of a real increase of 7. 1 per cent if increase in prices was excluded.

Some increase was found in residential construction of urban and rural households. A total of 31,275. 1 thousand square meters of floor space of residential construction were completed in urban areas, and 39,731. 2 thousand square meters of residential construction were built in rural areas, up 2. 1 per cent and 4. 2 per cent over the previous year respectively.

Social security system of staff and workers was further improved. By the end of 1998,some 3,963. 5 thousand staff and workers participated in the unemployment insurance; 6,076. 5 thousand in the social pension insurance;7,968. 9 thousand in the industrial accident insurance; 1,192. 4 thousand in the medical insurance; 2,171 thousand in the child—bearing insurance; and another 1. 47 million retired pensioners enjoyed the social pension insurance.

Social welfare work continued to develop. Minimum life guarantee system of urban and rural households was further improved. There were 65 thousand beds in social welfare institutions of various types in Guangdong in 1998, with 46 thousand inmates. The year also saw 4,507 community service facilities and 17. 8 thousand convenience—for—people service establishmemts in urban areas, including 730 community service centers. Social guarantee network facilities were established in 1,524 townships.

Notes:

1) All figures in the Communique are preliminary statistics.

2) Figures in value terms on gross domestic product, value—added of various sectors and labour productivity quoted in the Communiqne are at current prices, wheares growth rates are calculated at comparable prices.

3) Comparable bases of various indicators in the Communique are all annual report statistics published in Guangdong Statistical Yearbook 1998,with the exception of the comparable bases in industrial sector adjusted to all state—owned industry and non—state—owned industry with an annual sales revenue over 5 million yuan.

1999年广东主要经济指标的预测

对1999年我省主要经济指标的预测，必须建立在对国内外经济大环境分析的基础之上，根据其对社会总需求的影响及考虑社会需求变动对社会总供给变动的影响，从而测算出主要经济指标的变动。并且按总供求大体平衡的原则，对供求双方的相应指标加以修正。

此外，在预测过程中，还要正确认识以下两个问题：一是广东经济增长速度与全国平均增长速度存在的距差问题。进入90年代后，广东快于全国的距差有逐步缩小的趋势，这是符合经济发展规律的。二是影响经济发展的长期趋势与短期波动关系的问题。目前，我省经济正处于结构升级阶段，经济走势将是平稳的，但难有大的突破，短期的波动因素也将受此制约。因此，预测一年内经济指标的变动，应以长期趋势为基础，综合考虑短期波动因素。

一、1999年经济发展环境及制约因素分析

根据联合国和世界货币基金组织的预测，1999年的世界经济环境依然严峻，经济增长率约为1.8%，将比1998年略有回落。其中亚洲一些国家（地区）经济将出现恢复性增长，但一些国家（地区）还未能由降转升。美国经济增长率由于美元走软会有所回落。欧盟各国将由于1999月1月1日欧元的正式启用，其内部高达三分之二的相互贸易更加自由和经济，从而使该地区成为世界经济增长的新亮点。中东欧国家除俄罗斯外经济将继续保持增长，而拉美经济增长率将略有下降。同时，1999年的世界经济增长尚存在一些不确定因素，如亚洲金融风险的时滞影响、一些国家的政局动荡、局部地区的冲突等。从总体上看，1999年的国际环境比1998年难以有更大的改善，但也不会差太远。

在国内，1998年扩大内需、刺激经济增长的一系列政策措施经过9～12个月的时滞后，其效应将在1999年上半年明显地显现出来。而且国家积极的货币、财政政策也不会改变。亚洲的金融危机，正使我国对外资的吸引力逐步恢复，协议利用外资下降的趋势已经扭转。同时，如果美元走软，与美元挂钩的人民币对其他货币也会相对走软，这对我国扩大出口和刺激我国的国际旅游业将起到一定作用。目前生产能力、劳动力等生产要素充裕，农业连年丰收，基础设施逐步完善等都对经济的启动是有利的。

从上述国际国内环境看，对未来一年广东的经济增长存在的有利一面，但也应看到，要保持经济持续稳定增长，广东还面临一些不利因素。

从短期波动因素看：

1、东南亚各国货币贬值的“J曲线”效应。与我国经济关系较为密切的东南亚各国货币贬值，在短期内不会令这些国家的出口增加。但在中期（贬值后第2年起），货币贬值对其出口将呈正向效应。长期（贬值3～4年后）则表现为中性。如果以坐标表示，出口增长呈“J曲线”变化。也就是说，随着这些国家经济混乱的状态结束、出口逐步增加，将对我国出口产品竞争力构成一定影响。

2、国家财政政策的乘数效应。从1998年情况看，国家的财政、货币政策的乘数效应并不明显。政府可通过投资拉动钢材、水泥、设备等相关产品生产创造企业需求、就业需求，但目前政府投资对消化企业现有的过剩生产能力是有效的，对刺激新的企业投资需求作用则非常有限。要真正启动社会的最终需求，还要进一步扩大财政支出的规模。

3、“流动性陷井”效应。在通货紧缩的条件下，无论生产者、消费者或市场投资主体，往往对价格有一种动态预期。只要价格水平还在下降，就会预期利率继续下调，致使货币政策特别是利率杠杆失效。这就是经济学上通常所说的“流动性陷井”。目前我省生活资料价格与生产资料价格仍处于下降的状态，企业投资者在买方市场下“惜投”心理明显。居民收入增长缓慢加上住房、子女教育、社会保障制度改

革等的高支出预期，也使得社会总消费难有大的突破。在这种情况下启动经济，难度较大。

从长期趋势看：

1、金融问题突出。广东在前些年金融运行中遗留下来的矛盾和问题正在不断地暴露出来。金融机构的信贷资产不良率居高不下，由乱集资而引发的社会信用危机加深，加之相当一部分企业出现亏损，还贷能力欠佳，使得银行信贷扩张能力受到制约。

2、结构调整迟缓。目前，广东经济发展正处于产业升级阶段。但多年来重复建设、盲目建设所导致的产品、产业结构不合理及其所形成的一般粗加工产品积压过剩的状况未见明显改善。与需求错位的供给结构导致经济增长乏力。加上国有企业改革的进度及效果与预期目标还有相当距离，使得经济增长与企业经济效益低下的矛盾难以解决。1999年，国企改革进入关键的一年，如何解决国企改革中“减员增效”与“再就业”的矛盾将是我们面临的一道较大的难题。

根据上述分析，对1999年广东经济发展趋势的总体判断是：平稳发展仍然是主旋律，但经济增长速度将继续有所放缓。

二、对1999年广东主要需求指标的预测

投资需求：1999年，广东固定资产投资增长的趋势不会改变，1998年国家投放的2000亿元国债和贷款，仍有部分工作量结转至1999年上半年，且国家通过扩大投资增加内需的政策不会改变。但是，由于物价水平仍偏低，实际利率高企，企业和个人投资的积极性不会太高，加上广东的基数大，再考虑到财政支出及国外筹资的难度，1999年投资增长也不会太快。尤其是利用外资，广东固定资产投资资金约1/3来源于外资，根据1996、1997年协议利用外资额连续二年下降的资料推算，1999年实际利用外资将出现负增长（预计降幅为10～15%）。但是，为了保持对经济增长的拉力，1999年投资率至少要保持在32～33%的水平，即名义工作量仍然要达到2839亿元，新增工作量为180亿元，预计比1988年增长7%左右。

消费需求：在经济调整期，相对于其他需求因素，消费需求是相对稳定的。近期影响消费需求增长的因素主要是城乡居民收入状况和物价水平变动带来的心理预期。自1995年起，广东城乡居民实际收入增幅一直在低位徘徊，加上目前市场物价处于绝对下降的状态，预计1999年全社会消费品零售额实际增长率在10%左右，基本接近过去三年的年均增长值（10.4%），如果考虑到价格回升，名义增长仍有13个百分点左右的增幅。

出口需求。1999年美元偏软、东南亚汇率波动导致加工订单转移等因素都将有利于广东增加出口。更重要的是广东有5.77万家外商投资企业，由于其生产经营的惯性作用，可保证外贸出口的基本稳定。但同时也面临一些不利因素。一是广东加工贸易出口产品中，纺织，服装、箱包、鞋帽、玩具等与东南亚地区出口产品大致相同。在东南亚各国经济进入复苏阶段，在国际市场上广东的这部分产品出口毫无疑问将受到打击，这部分产品出口值约占广东出口总值的34%左右，影响较大。二是从进口情况分析，由于广东是加工贸易大省，进口的增长与出口增长存在相关关系。从1998年广东进口额增长呈迅速回落的趋势看，预示1999年加工出口也要走低。三是由于香港特区经济复苏缓慢，广东对香港出口也将继续受到影响，按运出运抵国原则统计，广东对香港出口所占比重达80%以上（海关按产销国原则统计为39%）。此外，国家对外贸易政策的变动，对广东出口的影响还难以确定。综合各种因素分析，预计1999年广东外贸出口总额只能与1998年持平。

根据上述需求指标的变动，可以测算出总需求增长8%左右。其中总消费增长10%左右，总投资增长6%左右，净流出（净出口和净调出）增长2—3%，根据目前三项需求在总需求中各自所占比重测算，总消费将拉动总需求增长5.5个百分点左右，其中居民消费增长基本稳定，政府消费放缓；总投资拉动2.4个百分点左右，其中固定资产形成比重提高，存货比重下降；净流出拉动0.13个百分点以内，其中净出口放缓，净调出有所增加。

三、对主要供给指标的测算

一产业：自1995年以来，广东农业生产已连续4年获得好收成。尽管1998年农产品价格回落，对来年生产不利，但1999年，我们要全面贯彻党的十五届三中全会精神，这对农业的持续稳定发展将产生积极影响。只要不发生大的自然灾害、农业增加值仍可望增长4～4.5%。

二产业：在投资的推动下，工业和建筑业均可保持稳定增长。工业生产继续呈重工业快于轻工业增长的态势，但受外贸出口影响，出口产品产值增幅将低于整个工业增长速度。受此拖累，整个工业增加值增幅比1998年回落1.5个百分点左右，即全年工业增加值增长9～10%。建筑业仍可保持10%左右的增幅。因而预计二产业将增长9～10%。

三产业：邮电业、保险业、旅游业将继续看好，但受工业生产、外贸出口和居民收入等因素影响，交通运输业、仓储业、批发零售业增幅会有所回落。房地产业受供大于求及农民自有住房投资放缓的影响，增长也不会太快。预计三产业增长8～9%，比1998年略有回落。

综上所述，三次产业增长率分别为4～4.5%、9～10%和8～9%。按照目前三大产业的结构测算，预计1999年GDP增长8.5%左右，与从总需求角度测算的增长8%基本吻合。其中一产业对GDP增长的贡献为0.5～0.6个百分点；二产业为5个百分点左右；三产业为3个百分点左右。1999的全国经济增长率预计为7%，广东上述预测值与之距差高于1个百分点而在2个百分点以内，是合乎规律的。从经济运行的惯性及广东现有的生产能力看，1999年广东经济增长率达到9%也是有可能的，但在计划安排时要留有余地，而且要避免存货过快增长，所以按增长8.5%安排工作较为稳妥。

四、物价及收入指标的预测

物价：据历史规律分析，物价波动有9个月左右的滞后期。由于1998年下半年起，广东固定资产投资增速明显加快，预计1999年三季度物价将出现回升，但受消费及投资者心理预期影响，物价回升将是缓慢的。预计全年零售价格升幅在3%之内，消费价格升幅在4%之内。

财政收放：1991～1997年广东地方财政收入增长对GDP增长的弹性为1.9，由于1998年受通货紧缩的影响，弹性下降为1.7。若按这一区间值推算，1999年全省财政收入仍可增长15%左右。

居民收入：居民收入增长与GDP增长也存在相关关系。90年代以来，广东城镇居民实际收入增长与GDP增长弹性系数为0.54，1998年为0.52。据此幅度推算，1999年城镇居民实际收入仍可增长4.0%。农村居民收入随物价水平回升而相应增加。

为了实现1999经济增长预期目标，建议政府在经济工作方面把握好以下几个关系：一是扩大内需与扩大外需并举，以扩大内需为重；二是增加投资与拓展消费并重，以拓展消费为主；三是增加需求总量与改善供给结构并行，注重改善供给结构；四是短期目标与中长期目标兼顾，着眼于中长期目标。

撰稿：陈铭津

通货紧缩与经济断层

——广东经济发展面临的挑战与抉择

在由工业化中期阶段向高级阶段演进的关键时期，广东经济发展过程中的各种深层次矛盾日趋凸现和显性化，通货紧缩和经济“断层”趋势逐步加深，引发经济“大调整”。在跨世纪的征程上，广东如何突破传统经济的樊篱和窠臼，摆脱现实的困境，健全宏观调控体系，引导和促进经济步入良性循环，值得关注。

通货紧缩：经济陷入大调整的表征

长期以来，对于世界上多数国家来说一个可怕的怪物就是通货膨胀，现在却要直面其反面的挑战：价格和经济增长的收缩，世界经济正小心翼翼地走在通货紧缩陡坡的边缘。何谓通货紧缩？按美国经济学家萨谬尔逊和斯蒂格里茨的定义，它是指“价格总水平的持续下降”。自1930年以来，世界首次进入了以消费价格下跌为标志的通货紧缩的新阶段。首先是原材料价格的突降，然后从1997年开始石油价格又猛跌了近一半，在过去两年中英国《经济学家》工业品价格指数也跌去30%，达到指数公布以来一个世纪中的最低点。全球的实际产量与潜在产量之间的产出差（Output Gap）达到30年代以来的最大值。

在全球生产过剩和物价下跌的大背景下，广东也发生了通货紧缩，且呈加速之势，经济陷入大调整之中。

其一，物价总水平不断回落，商品和服务价格不断下降，并超过了资本价格的下降幅度，导致了内生性通货紧缩。全省物价指数涨幅自1994年达到本轮经济景气扩张期的最高点之后逐步回落，1997年9月以来，广东零售价格已连续20多个月呈下降状态，1998年全省零售价格和消费品价格分别比上年下降3%和1.8%，今年以来物价仍然沿续了去年的走势。生产资料价格和农资价格也处于全面下降状态。1995年全省主要物资销售价格总指数比上年下降3.6%，其中线材下降14.9%，水泥下降10.2%，此后愈降愈烈，至1998年，主要物资销售价格总指数比上年下降11.0%。物价总水平的长时间持续下降，表明通货紧缩不仅已经来临，而且呈不断加深之势。尽管金融机构存贷款利率一降再降，但由于同期物价水平回落幅度更大，致使实际利率水平仍然较高，企业的实际利息负担接近改革开放以来的最高峰，一方面企业负担继续上升而投资下降，另一方面通货紧缩加深而导致总需求下降。

其二，贷款增速放缓，货币供应量增长呈逐步萎缩之势，货币流动性不断降低。金融机构各项贷款余额由1992年增长31.7%逐年回落到1998年的15.9%，下挫近16个百分点，表明储蓄倾向增强，消费和投资预期下降。1998年末，全省广义货币供应量（M2）比上年同期增长18.6%，狭义货币供应量（M1）增长12.9%，现金流通量（M0）增长10.9%，分别比上年同期增幅回落6.2、6.7和16.1个百分点，这与全省GDP的增速回落和物价持续负增长是相吻合的。全省的货币流动性近年来也一直保持减缓的趋势，从1996年末的42.0%下降至1997年末的40.3%，1998年末则为38.3%。货币结构流动性的下滑，反映出经济不景气，产业的投资回报率极低，而利率水平较高，经济生活中有利可图的机会减少，企业乐意把钱存入银行。货币供应增速和结构流动性下降，也反映出经济中通货紧缩的程度加剧。

其三，市场需求自我收缩机制逐步形成，最终需求增长明显乏力，对经济增长的拉力不足，企业经济效益不理想。在“双紧”政策的宏观调控大环境下，广东的投资增长率由1992年92.8%的历史巅峰逐步回落至1995年的8.7%，1996年则为零增长，1997年下降1.4%。前后落差之大，令人惊讶。1998年政府加大了投资力度，全年投资增长16.1%，出现恢复性增长。但由于积重难返，民间投资依然缺乏积极性，显示政府投资的带动、示范效应并不明显，导致投资中转化为消费资料的需求减小，对消费需求的拉动作用不大。目前政府消费缩减并向规范化方向转变，社会集体消费逐步转变为个人或家庭自主消费，城乡居民收入增长趋缓，都对即期消费需求的增长产生明显影响，以致消费对GDP增长的拉动作用明显减弱。1997年，全省城镇居民人均消费支出比上年实际下降0.3%，与1992年相比落差达10.6个百分点，居民边际消费倾向则下降1.4个百分点；农民人均生活费支出实际增长0.3%，增幅比1992年回落8.5个百分点，农民边际消费倾向则下降5.6个百分点；1992—1997年全省人均消费年增长率由18.3%回落到4.8%，最终消费率由57.3%回落到56.2%。前几年广东的消费市场处于一种"超稳定"结构，但增幅呈逐渐回落的态势，即期消费不甚理想，旺季不旺、淡季编淡的特征非常明显，消费品零售总额增长率从1993年的39.3%回落到1998的11.3%。由于投资与消费需求对经济增长的贡献度不断降低，经济的较高增长在很大程度上是由于国外需求保持高增长。但1998年受亚洲金融风暴的巨大冲击，外贸出口增幅锐减，全年外贸出口与上年基本持平，其中一般贸易出口自1997年10月以来就每况愈下，国外需求严重萎缩。

在需求疲软的情况下，企业订货不足，生产能力大量闲置，经济效益滑坡。伴随工业增长速度的回落，"速度型效益"特征明显，企业经济效益随之下滑。从1993年至1998年，全省工业企业每百元固定资产实现利税由18.9元降至8.9元，资金利税率由10.9%元降至5.8%，产值利税率由9.7%降至6.4%，每百元销售收入实现利税由10.1元降至6.7元。企业亏损问题仍较突出，1998年企业亏损面达31.1%，比上年扩大2.6个百分点；实现利润下降14.7%，亏损额上升13.8%，企业经营的困难程度进一步加深。

其四，失业下岗人员压力加大，城镇贫困家庭明显增多。根据"菲利普斯曲线"理论，在短期内物价上涨率与失业率之间可能存在着一定程度的替代关系，即通货膨胀率越高，失业率越低；反之，通货膨胀率越低，失业率越高。近年来广东经济增速持续减缓，通货膨胀压力逐步消失，加之各项改革不断推向深入，企业减员增效力度加大，个体工商户关门歇业增多，失业下岗人员呈不断扩大之势。1998年末，全省城镇职工下岗总数为22.67万人，失业人员达26.24万人。目前失业下岗人员已经形成一个新的贫困人员群体，他们月收入偏低，大部分人的医疗福利没有保障。在失业不断加剧和社会保障体系脆弱的情况下，失业下岗人员物质和心态的双重失衡有可能引发局部的社会风险。

其五，经济增长率持续下滑，经济活力不足，景气度不高。在全国经济走势明显互动的情况下，广东经济自1991年重新启动后，旋即进入了一个超高速增长时期，1992年和1993年全省GDP比上年分别增长22.1%和22.3%。经济高增长导致高通胀，1994年商品零售价格和居民消费价格分别上涨18.9%和21.7%；房地产、开发区、股票等炙手可热，经济"泡沫"膨胀。从1993年7月开始，中央政府采取紧缩措施，加强宏观调控，广东经济增幅逐渐步入下降通道。至1998年，全省GDP增长10.8%，1999年的预期目标为8.5%，比1994年的GDP增幅下挫62%。

从经济周期的历史透视，改革开发以来广东经济波动频繁，稳定性不高，不稳定系数①达4.148，比日本、韩国、台湾高2倍左右。目前已完整地发生了三次周期性波动，即1978—1983年为第一周期，1983—1986年为第二周期，1986—1990年为第三周期，三次周期的波幅分别为0.049、00.0399、0.0454，波动系数②分别为4.49%。3.52%、3.98%。本轮经济循环自1991年开始，1994年达到峰顶，此后开始收缩，但谷底在何处尚难以测定。波幅和波动系数分别为0.0511和4.45%，显示波动有所加剧。其显著特点一是呈"高位一平缓型"波动，谷底逐步抬高；二是经济波动的性质从政府推动的计划周期转向市场经济决策的商业周期；三是波长明显延伸，波动周期和景气收缩期分别已经达9年和5年，均为历史最长，短周期波动对此已无法解释，一些长期因素起着越来越大的作用，中波周期发展趋势明显，经济正陷入大调整之中。宏观经济景气监测预警系统显示，广东宏观经济景气近年来在振荡中逐年走低，1998年 经济仍处于偏冷状态，经济大调整的色彩浓厚。

通货紧缩是一柄双刃剑。在古典经济增长阶段，通缩通常伴随经济衰退。在政府干预、技术和知识对经济增长贡献份额大为提高的现代增长阶段，通货紧缩可能和较高的经济增长一同产生。对于经济建立在以知识为基础上的发达国家而言，无通货膨胀时代也许意味着经济发展进入"黄金地带"，但对发展中国家或地区而言，通货紧缩并不是一幅完全美丽的图画。尽管人们享受到价美物廉的实惠，但通缩直接导致企业“惜投”、居民“惜购”、银行“惜贷”，制约了社会有效需求的增长，最终导致经济增长乏力。

经济断层：广东经济大调整的症结

亚洲新兴国家的经济高速增长期一般为20年左右，广东的快速增长期也持续了近20年。当前广东经济转型出现“短路循环”和“青黄不接”，既有经济波动的因素，也有宏观调控的影响，还有亚洲金融危机的传导作用，但这些都是外部诱因，从内因上讲，断层加剧才是经济大调整和通货紧缩的根本原因。这是由经济成长从一个阶段转入下一个阶段的升级期所形成的特殊机理决定的，在进入新的经济成长阶段之前，新旧产业、技术、增长方式、管理模式、体制之间发生摩擦，演化成“断层危机”。

（一）产业结构性矛盾与结构断层。从90年代以来的情况看，结构性矛盾已成为广东国民经济运行过程中最尖锐的矛盾，主要体现在四个方面：一是生产结构与资源结构的矛盾。全省重复建设和重复生产严重，结构明显趋同，引致内部过度竞争和资源浪费，阻碍了生产要素的合理配置，造成生产能力利用率不足问题突出。据第三次工业普查，全省有204种主要产品生产能力利用率不足，约占被调查产品的1/3。在具有明显的资源指向型、粗放型特征的生产结构状态下，一方面导致经济低效运行，总增加值率几乎呈直线下降的趋势，1997年为32.6%，比1987年下降12.5个百分点，说明向社会提供的最终使用的产品与劳务相对减少；投资效果系数由1980年的1.053回落到1998年的0.274，投资的边际效应下降。另一方面资源紧缺约束则日趋强化。1978年全省物耗率为54.1%，到1997年上升至67.4%；全省人均耕地已从50年代的1.5亩降到0.5亩左右，约相当于全国的1/2，人口与耕地的矛盾突出。

二是供给结构与需求结构错位的矛盾。目前已经出现的供过于求或供求平衡的局面是在居民收入和消费都处于低水平的情况下出现的，是在产品供求结构不合理、特别是技术和资金密集型产品大量依赖进口的情况下出现的，基础并不巩固，有些产品和服务项目的缺口仍比较大，如部分基础产品、公共设施以及高新技术产品；国内市场上的电子信息、精细化工、饮料、成套设备、精密机床、远洋船舶等产品有50%以上依赖进口，表明有效供给不足。

三是企业的组织结构的不合理与增长方式转换的矛盾。工业化过程中的产业组织呈现两大发展趋势：一是生产要素愈来愈集中于专业化大型企业；二是生产要素向为大企业协作配套的小企业扩散。就广东而言，企业之间缺乏协作配套，产业关联度较低。在工业化国家，机械制造业通用零部件的专业化生产比重平均高达80—85%，铸锻件工艺专业化生产比重达90%，而我省均在20%以下；企业规模偏小，大型企业仅占1.4%，企业规模经济效益差，技术开发的扩张能力严重弱化。同时存量结构调整始终是小脚女人迈不开步子，大量长期资不抵债的企业“垂而不死”，违反了自然淘汰规律，阻碍了优势企业的扩张和新生代企业的崛起。

四是技术结构滞后与产业升级的矛盾。总体来讲，全省高新技术产业仍然相当幼稚，国民经济的整体素质和技术含量不高。技术进步对工业经济的贡献率约为40%左右，R&D经费占GDP的比重仅为0.3%，低于全国平均水平。根据1997年投入产出表分析，工业八大支柱产品部门中属于“技术密集型”产品部门的产出仅占支柱产品部门产出的30.1%，占全部工业总产出的21.0%，整个工业还属于“劳动密集型”传统产业结构。由于受到人才、技术、资金等因素的制约，在劳动密集型的加工工业向资金和技术密集型产业转型的过程中出现了“梗阻”，导致广东产业优势弱化。

（二）“投资无热点”与投资断层。在经济大调整当中，广东的投资呈大起大落的走势，“投资无热点”现象日渐明显。首先，制造业领域投资受到限制。80年代广东大力推进轻型化的经济发展战略，尤其是在“七五”时期，家电工业迅速崛起，并填补了国内的空白，先发优势明显。其间，全省制造业投资年均递增15.1 %。“八五”时期，制造业投资仍保持快速增长，年均递增30.8%。与此同时，广东原有特殊政策的“孤岛效应”、资金的“漏斗效应”、长期被压抑能量的“喷井效应”等宏观环境已发生较大变化，内地省份迅速迎头赶上，制造业领域已出现结构性过剩，市场销售难度加大，全省乡及乡以上工业2620种产品中，销售率在八成以下的有570种，占21.8%。表明制造业投资空间已不大，投资下降已成必然，1998年制造业投资比1995年下降13.4%。

其次，基础产业和基础设施建设出现间歇期。80年代末至90年代初，广东开始着手解决基础建设滞后于加工工业发展造成“瓶颈”的矛盾。“八五”时期，广东投入基础建设的资金是各历史时期中最多的，累计达2137亿元，比“七五”增长3.7倍，由于投入大幅度增加，“瓶颈”约束大为缓解，能源供应出现相对过剩。1995、1996、1997年全省能源投资分别比1994年下降39.0%、45.2%、29.0%；1996、1997年原材料投资分别比1995年下降15.0%、68.9%；1997年交通运输邮电通讯业投资则比1996年下降15.1%，基础建设投资疲态尽显。

第三，房地产开发业短期尚无法恢复元气。“八五”时期广东房地产开发行业投资出现过度膨胀，累计投资1459.87亿元，年均递增76.7%，比工业投资增长快45.9个百分点。但由于房价太高而超过居民承受能力的合理范围，住宅消费受到了极大抑制，导致大量商品房因滞销而积压，大量资金被套牢，全省沉淀在房地产开发上的资金至少在1000亿元以上。1996、1997年全省房地产开发投资分别比1995年下降6.2%、6.3%，房地产业元气大伤。

在传统投资领域出现相对过剩的情况下，新的投资热点尚未形成，投资市场的疲软在所难免。

（三）消费升级与消费断层。在计划经济时期，资源的短缺性特征明显。绝大数商品供不应求，生产是国民经济运行的中心环节，宏观经济管理的主要任务一方面是扩张生产、增加供给，另一方面则是抑制需求，防止过热和通胀，整个国民经济属于生产导向型。而在市场经济条件下，由于生产的发展和供求状况的改善，解决生产过剩——消费需求不足演变成宏观调控的永恒主题，国民经济的消费型特征凸现。经过近20年高速增长的量变积累和市场经济体制的逐步建立，我国经济已进入一个新的发展阶段。其显著特征之一就是生产和供给能力大大提高，买方市场开始出现。从生产资料到消费资料，从城镇市场到农村市场，99%以上的产品都处于供大于求或供求平衡状态，市场消费的排浪式、热点型现象销声匿迹，消费主导型经济时代已经来临。在消费升级的关键时刻，国内“市场分层化”受阻，广东经济发展出现了消费断层。

其一，城镇居民消费升级出现阻滞。当前广东城镇居民消费正由传统家电等耐用消费品向新型电子及十万元级商品转变，传统家电彩电、洗衣机、电冰箱、电风扇、空调已基本普及，家庭普及率分别达到119.1%、99.2%、78.2%、330.1%和63.7%，但家庭影碟机、录放像机、家用电脑、组合音响、摄像机、微波炉等电子产品的普及率分别只有24.3%、37.8%、9.1%、39.7%、2.2%和10.4%，家庭用汽车的普及率只有0.3%。居民消费升级转换滞缓，根子在于消费障碍，即在现实经济社会中存在一些不利于消费或阻碍潜在消费需求实现的因素，如消费基础条件、消费政策、流通体制、社会福利形式、消费观念、消费信贷、心理预期等等。从政策面看，住房分配制度不合理，二、三级市场未能放开，住房建设、消费、租赁、转让等循环不畅；商品房开发建设的苛捐杂税名目繁多，造成房价居高不下；消费信贷发展滞后，期限偏短；对私人购买小车的限制和高昂的养护费用，遏制了家庭用汽车的增长。从心理预期看，当前住房改革、医疗改革、养老保险、子女教育、企业减员增效和政府机构人员的精减改革等均已给城镇居民造成巨大的压力，直接导致心理预期暗淡，消费支出预期下降。从消费习惯看，中华民族素以节俭为美德，养成量入为出的消费习惯。这一状况在目前生产信贷过份超前、消费信贷严重滞后的合力作用下，一方面造成生产能力过剩，另一方面限制了消费需求的扩张。

其二、农村市场低迷。农村市场地位的下降缘于城乡二元经济结构所产生的消费断层问题。无论是收入水平、消费档次，还是消费构成，城乡差距至少在10—15年，正好相差一个消费级。1998年末，全省城镇居民人均可支配收入是农民人均纯收入的2.5倍，二者的差额是1980年的26.8倍，差距愈拉愈大；农村社会消费品零售总额只相当于城镇的39.5%，比1990年下降6.4个百分点。当城镇居民进入新的消费升级准备阶段时，农村居民未能及时填补市场空白。农村除自行车、缝纫机、手表、电风扇、收录机、液化气灶具等耐用消费品的普及率较高外，其余均低于50%，彩电、洗衣机、电冰箱的普及率分别为46.1%、18.9%、9.9%。农民的消费障碍主要是消费基础条件落后。一方面是近年来农民增产不增收，收入增长低迷，而农村乱收费有禁不止，支出水平难以提高；另一方面，农村电力设施不足、电力供应质量差、用电成本高、自来水普及率低，必然阻碍农村家用电器市场的开发。

（四）经济体制转型与体制断层。广东正处于体制转型的过程中，高度集中、铁板一块的计划经济体制坚冰已被打破，但旧体制仍在继续发挥作用，市场经济体制的雏型已初步形成，但仍残留着诸多计划经济的痕迹和烙印，并正在明显地制约甚至阻碍经济的进一步发展。近年来广东在改革方面步履蹒跚，常常“犹抱琵琶半遮面”，不显峥嵘。从全国范围看，广东在体制上的绝对优势已变为相对优势，部分优势甚至消失，改革释放的能量大大趋弱。在体制转型的过程中，由于旧体制的阴霾不散，而新体制的曙光时隐时现，出现体制真空，给人以“前不着村、后不挨店”的感觉。

首先，政企分开尚未迈出实质性步伐，政企关系的“管死”“放乱”死节难以理顺。在很大程度上政府主要还是运用行政手段对国有企业实行直接的、微观的管理，行政干预使企业在转换机制、经营者的选择、资产流动重组和法人财产权落实等遇到很大困难，出现“一管就死”的局面，也易于导致政府管理人滋生腐败。另一方面，企业内部经营机制没有得到根本性转变，公司制改造进展不快，全省企业法人中股份制企业数目仅占2%左右，而且法人治理结构不完善，企业的激励和约束机制不健全，企业优胜劣汰、管理人员能上能下、职员能进能出、收入能升能降的机制远未形成。政府如果全面放开对企业的管理和监督，就会导致国有资产流失的“黑洞”扩大，出现“一放就乱”的局面。不从体制上根本解开“管死”“放乱”这一死节，政企分开将成为一句空话。

其次，所有制结构调整“一山放出一山拦”。改革开放以来，广东大力发展非公有制经济，初步形成了“多轮并转”的格局。但国有资本过于分散、行业覆盖面广的问题还远未解决。在全省835个行业小类中，国有经济涉及的行业有744个，覆盖面达89.1%。国有企业规模小、布局分散、竞争力差，国有资本保值增值机制还没有形成。同时政府对非公有制经济尤其是中小企业扶持不够，管理服务跟不上，各种所有制企业公平竞争的环境尚未形成。

第三、要素市场体系不完善，社会保障体系不健全。资本市场发育缓慢，企业直接融资比重低，国有银行商业化道路任重道远；产权界定不明，产权市场尚未形成；市场秩序混乱，法律法规不健全，市场监管不力。社会保障体系远不适应市场经济的发展，非国有企业参保率未达到全国平均水平，无法满足企业改革和社会稳定的需要。

第四，政府对市场经济的宏观调控体系尚未确立。政府在很大程度上仍然依赖计划经济的方式和办法，主要运用行政手段来管理、调控市场经济条件下的国民经济运行，没有形成一套适应市场经济的管理、调控体系。

宏观调控：货币财政政策双失效的反思

由于适应市场经济运行的宏观调控体系的缺失，近年来实施货币财政政策远未达到预期的效果，值得反思。

（一）宏观调控的盲点：货币财政政策的双失效。针对经济领域存在的疲软苗头，中央在金融货币方面采取了一系列积极措施，先后6次降低存贷款利率，其中1998年全年新增贷款11491亿元，为历史最多的一年，但这些措施对于刺激投资和消费、启动经济而言，效果不太明显。于是中央开始采取积极的财政政策。据不完全统计，1998年中央政府共发行国债6150亿元，创历史最高记录。除了直接导致国家投资大幅度增长外，其实际效果仍旧欠佳，未能遏止经济增速下滑的势头。货币和财政政策的双“失效”，既有客观原因，也有“头痛医头、脚痛医脚”的主观失误。

第一、“流动性陷阱”效应显现。“流动性陷阱”的内涵包括：①经济处于严重的萧条之中，名义利率已下降为零或接近为零。②扩张性货币政策对名义利率的进一步下降已失去作用，因为名义利率不能为负。③由此利率对刺激投资和消费的回升也失去了杠杆作用。按照传统凯恩斯主义观点，经济处于“流动性陷阱”时，货币政策不起作用，只有靠财政来启动。美国经济学家克鲁格漫则不同意凯恩斯的观点，主张采用非传统的货币政策，即大量印制钞票，造成一个长达15年之久的、4%的通货膨胀预期，使实际利率为负，来刺激投资需求和消费需求。中国的情况与经典式的“流动性陷阱”尚有差别，但趋势性相近，因此，“流动性陷阱”是中国货币政策失效的一个重要原因。

第二、实践操作上的失误。中国的宏观调控长期以货币政策为主，1998年虽然采取了空前的财政手段，但由于操作上出现失误，南辕北辙的政策必然带来相互抵消的效果。增支和减税是扩张性财政政策的题中应有之义，二者不可偏废。国家在实施积极的财政政策的同时，却出现部分企业贷款交税的怪现象。尽管经济增长速度一路下滑，但财政收入却保持高速增长。1998年全国财政增收1003亿元，增长15.9%，快于GNP增长1倍多；广东的财政收入增长14.9%，比当年GDP增速快4.8个百分点。财政收入的增加意味着实际税率的提高，它直接降低了财政支出扩张的乘数效应。

第三、政府投资的局限性决定了投资效率低下。从投资 理论看，政府投资组合一般遵循“哑铃”模式，即投资集中于“低风险低收益”和“高风险高回报”的两级，减少“哑铃”长长的手柄——加工工业的投资。但财政投资的局限性较明显：一是重复建设。广东的公路、电讯、港口、机场、电力等目前已出现趋前性的过剩，将特别国债集中投向于基础设施，不仅会导致重复建设和投资体制的复归，而且效率低下。二是产业带动效应不理想。政府所投的产业关联度不高，并对私人投资产生一种“挤出效应”，对经济增长的财政乘数作用难以发挥。三是就业功能值得怀疑。基本建设项目多属资金密集型，能够吸纳的就业有限。发达国家一般不太愿用财政政策，皆因财政政策效率低下是一个通病。

第四、从深层次看，由于经济出现“断层”，财政货币政策“失灵”不足为奇。利率调整等货币政策是市场经济尤其是完全市场经济条件下一个极其重要的灵敏的宏观调控手段。在信贷资源比较宽裕、存大于贷的情况下，由于中国银行商业化改革逐步深化，金融监管加强，银行将更多地考虑资产和贷款的质量，避免重蹈“八五”时期放任自流贷款的覆辙，金融机构自然“惜贷”。伴随自负盈亏、自我约束机制的强化，企业将更多地考虑还贷能力。由于转轨尚在进行，机制尚未完善，相互磨合的过程还未完成，“市场缺陷”和“反应时滞”相互叠加，产生对利率反应不够灵敏的现象。

综而观之，政府主导的投资扩张方式，强化了政府主导型经济的影响，一些地方和部门出现“攀比速度”，这样做短期的增长目标可能达到了，但副作用不容低估。

（二）宏观调控的着眼点：慎防经济出现“滞胀”。根据经济成长规律，只有经过一定程度的振荡，经济发展才能重新恢复活力，并在调整中登上一个新的台阶。从历史上看，各国工业化在几个产业升级期都发生过经济成长“断层危机”。本世纪30年代西方世界的大危机，就发生在美、德、日等国家由初级工业化转向工业化阶段；美国80年代所发生的经济“滞胀”和日本90年代以来的持续性衰退则属于由工业时代向信息时代转变期的断层危机；这次金融危机则发生在东南亚国家由初级工业化向中级工业化的社会升级转换期，新加坡、南韩、香港、台湾等也面临向发达工业升级的阶段，其实质就是经济成长中的阶段性断层。当然，广东目前发生的经济断层有着特殊的机理，与上述国家的“断层危机”尤其是与美国30年代的大萧条时期的通货紧缩现象有着明显的不同。

从经济增长方面看，广东的经济增长速度虽比前几年有较大幅度的回落，但仍属世界上少数几个增长较快的地区之一，这种轻度通缩与美国大萧条时期的经济情况有着本质的区别。1929—1933年，美国物价总水平连续4年下降，累计共下降22.3个百分点，货币供应量1933年比1929年下降25.8%，投资、消费下降86.9%和19.2%。由于货币供应量的减少和社会有效求的明显萎缩，形成了物价总水平进一步下降、经济严重衰退和失业率飚升的恶性循环局面，其中美国1930—1933年间GNP分别下降9.9%、7.6%、14.9%和1.9%，失业率由1929年的3.2%急剧攀升到1933年的25.2%，经济陷入严重衰退之中。

从社会需求方面看，1929—1933年美国的货币供应量、投资、消费出现了逐年绝对下降的局面，社会需求严重萎缩。广东近年来社会需求增长虽呈逐年回落态势，但总体运行平稳，没有出现急剧下降的局面。

从发展趋势方面看，美国的经济萧条持续了4—5年之久，给美国社会、经济及人民生活带来了巨大的灾害。广东经济出现大调整，但并未引起人们的恐慌，社会基本稳定。不可回避的事实是，在进行了若干调控努力之后，经济增长率依然下滑，表明经济发展有其内在的规律，不以人们的意志为转移。坦然面对经济转型期出现的“滞缩”——经济发展速度下滑与价格下跌并存——也是实行市场经济迟早要面对的冷峻现实。倒是另一种状况更值得担忧——不顾一切地发行国债和扩大财政赤字，无效供给急剧膨胀，最后导致“滞胀”的出现——经济发展停滞、失业增加，但价格却出现大幅上扬。对这种顽症我们切不可掉以轻心。

（三）宏观调控的平衡点：努力实现“均衡通货”。宏观调控的一个重要理念就是在经济繁荣期反通货膨胀，在经济低潮期反通货紧缩，通过货币财政等手段来熨平经济波动的“峰”“谷”。这里涉及到通货膨胀的“容忍区间”即“物价上涨政策箱”问题。

广东经济还是一个发展中的经济，有理顺价格结构、福利分配转换为市场分配的任务，还有安排下岗人员再就业、农业剩余劳动力转移和新增劳动力就业，这就要求通过加快经济发展创造更多的就业机会，通货膨胀率自然会比欧美高一些。在过去20年中，被当作高通货膨胀年份有1985、1987—1989、1993—1995年，这些年份的广东零售物价上涨率分别为13.6%、11.7%、30.2%、21.0%、18.2%、18.9%和11.6%。这7年的通货膨胀有一部分是“赘余的”，需要由政府改革来抑制。为了测算“赘余”的量度，我们将1978—1998年的零售物价上涨率作一个平均化，所得值为“标准值”，计算结果是7.8%，约比全国高1个百分点。其中，前十年均值为8.5%，后10年均值为7.3%。考虑到广东加速工业化的压力今后10年要比过去20年小一些，通胀率理应呈下降趋势。我们认为今后10年的平均通胀率在6%左右，并以此作为抑制通货膨胀的政策“目标值”。

鉴于政策操作是一个过程，对通货膨胀的合理控制不应是一个点而是一个区间。为了使政策操作有一个可供参照的数量概念，我们将6%上下滑动3个百分点的区间即3%—9%作为今后10年控制通货膨胀的“容忍区间”。超过这个区间上限的部分，可以看成是通货膨胀的“赘余”，是高通货膨胀，政府应果断采取一些紧缩政策，将物价上涨率向下压。低于这个区间下限的部分，可以看成有通货紧缩的迹象，至于零值以下，可理解为“绝对通货紧缩”。政府应迅速采取一些宽松的政策，将物价上涨率向上推。

要在不同时点上将控制通货膨胀和控制通货紧缩结合起来，将总物价水平控制在“容忍区间”以内，关键是实行灵活、有弹性的货币政策，努力实现“均衡通货”，使货币供应量增长收敛于长期平均轨道。鉴于广东的货币供应量数据不全，我们以1991—1998年为时间样本，得出全国流通中现金（M 0）的均衡值为20.8%。随着经济市场化和金融深化，货币化程度不断提高，货币化加速程度呈减缓趋势。根据测算预测，今后应将现金增长速度下调到15%，并允许上下浮动5个百分点。当M 0增长率接近或达到20%时，应该将货币发行的闸门关紧一些；当M0增长率接近或达到10%时，闸门可放松一些，以确保经济增长收敛于均衡轨道。要实现“均衡通货”，关键是要有敏锐的政策预期，从“格林斯潘时代”即微调时代中吸取经验，做好微调工作。

（四）宏观调控的切入点：启动市场、扩大消费需求。根据投资乘数原理，政府增加支出是通过乘数效应来达到对国民经济的刺激作用的，乘数大小和边际消费倾向有关，边际消费倾向越大，或边际储蓄倾向越小，则乘数就越大，反之亦然，所以消费需求能否随投资需求相应扩张是调控政策成败的关键。由于投资需求拉动消费需求的传导机制受阻，表明扩大投资只能作为权宜之计。考虑到广东经济增长的主导因素已从基础“瓶颈”约束转向市场“瓶颈”约束，当前必须把宏观调控的切入点放在启动市场、启动消费需求上，以拉动经济的增长。

首先，要设法恢复居民正常的心理预期。当前广大消费者不大正常的心理预期产生的主要原因是收入分配政策不合理造成的，是低工资制度与社会保障高支出出现尖锐矛盾的结果。消费是收入的函数，在提高个人社会保障支出的同时，应相应地提高职工工资水平，建立劳动力再生产的补偿机制。应按每个职工的工作年限，由国家为其在个人医疗保险、退休保险和失业保险基金中建立一个基数，国家投入资金来源可以考虑发行国债筹集，如此可以有效地改变广大消费者的心理预期，刺激消费需求。

其次，要适时改变消费政策，改善消费需求的软环境。全面改革住房政策，开放住房二、三级市场；

彻底清理乱收费，切实将商品房的价格降低到居民能够承受的合理范围之内；通过立法的形式制定公正、公平、合理、稳定的房改政策。推行银行存款实名制，扩大消费信贷规模、品种和形式；取消活期存款的利息，取消对私人购买小车的限制，推行财政消费贴息政策，以改变目前发行国债用于基础设施建设的做法，这是缓解生产与消费之间矛盾、促进居民消费的有效手段。要优化供给，改进服务，打破垄断，扩大竞争，提高工作效率，降低费用，吸引消费。

第三，增加农民收入，启动农村市场。为了拓展新的消费空间，激活巨大的农村市场潜能，要增加对农村的财政转移支付和投资，大力完善农村电网、公路、自来水、通讯、农田水利等基础设施，改善农村的生存环境，增加农民就业机会；要建立农村科技服务网络，推广适用、先进的农业技术，改造和重组乡镇企业，加快农村产业结构调整的步伐，从根本上解决城乡差距扩大的问题。

增长空间：中长期公共政策的选择

从某种意义上说，经济断层是一种休养生息、积蓄能量和“以时间换空间”的过程。我们需要做的，只是设法缩短“断层”的时间和缩小“断层”的空间。为了实现反经济调整，一个可供考虑的选择是，政府将宏观调控政策的重点放在中长期发展目标上，以知识为动力，以信息化和全球化大市场为基础，以企业大规模兼并和重组为先导，加快经济转型与升级，建立低通胀、低失业、适度增长的“新经济”架构。从“新经济”的角度看，我们认为广东存在可持续适度增长的六大空间，这六大空间既是广东跨世纪的发展战略，也是中长期宏观经济政策的主要着力方向。

（一）城乡结构转换空间与城市化趋势。城市化趋势是社会经济结构变化最主要的物理特征。广东以往的城市化进程有两个基本特征：一是大中城市的功能多样化，但多为平面扩张；二是小型城镇激增，但呈现出无序化和自发性。1996年世界银行发展报告中预测的中低收入国家城市人口占总人口的比重为53%，目前广东为31%左右。国际上通行的城市化率与工业化率之比为1.4—2.5，而广东这一比例仅为0.73。显然，广东城市化的程度较低，而且城乡差距扩大，全省人口70%左右的农民，其消费结构远未达到足以支撑工业增长向重化工业以及技术密集型产业方式的转换。进一步拓展城乡结构转换的空间，实现农村城市化，消除二元经济障碍是广东走向现代化的必由之路。

如果说近十年广东城市化已经完成了大规模、低水平的数量扩张阶段的话，那么今后阶段的城市化则应进入一个调整功能、适度集中的新阶段，这主要是由现存大城市的调整性扩张和小城市的适度集中体现出来。其一，要进一步规划建设好广州、深圳两个中心城市，作为全省政治、经济、文化、信息、游乐的中心，其功能的扩张和完善，必然派生出对交通、供电、供水、供气、垃圾处理、住房及其他公共设施的巨大需求。据世界银行的专家估算，未来5年中国大城市扩张的投资需求约为5000亿美元。根据广东经济总量约占全国的1/10估算，未来5年广州、深圳的城市化建设约需投资500亿美元。其二，重组小城镇的功能。今后10年将是广东小城镇为吸纳更多的农村人口进城而实现城市规模经济的调整和竞争过程，并与大中城市形成互补的城市化网络。其三，改革现行的户籍管理制度，引导农村剩余劳动力向小城镇转移。实行按居住地划分城市和农村户口，按职业划分农业与非农人口的办法，逐步放宽农村人口进入城市落户的条件。

（二）体制结构调整空间与经济市场化趋势。市场化取向改革是广东经济获得快速发展最为根本的制度原因，同样，改革步伐的逐步放缓以及巨大的改革成本也是广东近年来经济增速下滑最为根本的制度因素。加快体制改革，尤其是促进非国有经济的成长，将换来经济快速增长的广阔空间。

在所有制结构改革上，广东应继续实施领先一步战略，大力发展混合所有制经济，全面重组国有经济，收缩国有经济的战线，让国有企业退出竞争性领域，逐步放开政府垄断性领域，为中小私营企业的发展创造公平竞争的社会氛围，力争在全国率先建立健全现代企业制度。在市场建设方面，要完善和强化市场价格机制的功能，冲破政府垄断价格的禁区；要突出产权市场、要素市场尤其是资本市场的建设，按照国际标准改造商业银行，完善证券市场，加强监管，防范和化解金融风险。在保障体系方面，政府可通过发行国债来支持扩大社会保险的覆盖面，通过立法的形式强制推行就业、养老、医疗、住房等保险或基金制度。这些改革的顺利推进离不开政府职能的转变。当前应以机构改革和推行公务员制度为契机，使政府彻底从微观经营与管理中脱离出来，将工作重心真正转移到制订政策和规划、加强监督、实行宏观调控以及无偿提供信息和咨询服务的轨道上来，从而减少“寻租”活动和官僚主义的危害，树立精干、高效、廉洁的政府形象。推行这些改革旨在减少非市场化份额，提高市场化比重，尽快健全市场经济体系，压缩改革的成本，使经济运行和市场竞争公平化、有序化和规范化。

（三）产业结构调整空间与结构高度化。产业优势是经济优势的核心。对产业政策和经济增长关系的数量研究表明，产业政策的正确与否对经济增长关系重大，尤其是正确的产业政策能够产生有机的累积效应。因此，制定正确明晰的产业政策，坚持先存量、后增量的原则，加大结构调整的力度，推进产业结构的高度化已成为广东摆脱经济困境的不二法门。

一般而言，发展中国家的产业结构调整均面临着传统产业高峰与高技术产业高峰相当接近的“双峰逼近效应”的压力，在传统工业的潜力仍没有发挥到极限的同时，高技术产业又亟待建设，否则必将在市场竞争中处于劣势地位，产业政策面临着两难抉择。我们认为必须对这两大产业进行全面整合和兼容发展。一方面要全面优化以家电、纺织、食品为代表的传统产业，适时将珠江三角洲地区高能耗、低附加值、粗加工工业转移到山区和内陆省份，积极推进企业兼并和重组，改变目前区域经济结构趋同化的局面，实现规模经济最优化。要对传统产业进行大规模的技术改造，将技改投资占全部投资的比重由目前的10%左右逐步提高到20%以上，全面提高传统产业的技术档次，使其能够为高新技术产业提供配套后援。另一方面，一个国家或地区经济从农业化发展到工业化乃至后工业社会，经济结构的每一次转换与升级，都是由一组新型产业和新的经济增长点推动的。广东应坚持以科技进步为依托，加大对高新技术产业的投入，力争在未来10年将全省研究与开发经费占GDP的比重提高到2%以上。要建立健全创业风险投资体系与机制，支持民营科技企业的发展，将现有的高科技园建设成为软硬件齐全的风险投资区和知识创新基地；要全力研究开发电子信息、生物工程、新型材料、光电仪一体化、高级精细化工、节能与环保等高新技术产业，建设面向21世纪的支柱产业，抢占新时代的制高点。高新技术产业的发展要为对传统产业进行“电子心脏移植”和改造提供相关支持，使两大产业间形成一条有机的产业链。

（四）国际市场的拓展空间与经济国际化趋势。广东的工业制成品1/3销往海外，外贸依存度高达79%，国外投资占省内总投资比重达48%，外资已进入绝大部分竞争性领域。开放促进了经济外向化格局的形成，但在全球经济一体化的新体系中，单纯的外向带动战略已经过时，今后的开放应全面与世界经济接轨，实现更高层次的经济国际化，推动市场和投资的开放和国际化。这意味着各经济体对投资和产品市场的占有，都主要地依赖自己的资源和产业比较优势和竞争优势，而不是主要依靠关税配额或许可证制度等贸易和投资的保护性措施。

加入世界贸易组织（WTO）将成为广东经济国际化这一过程的切入点。加入WTO将对广东的幼稚行业造成一定的冲击，但也给广东经济提供广阔的发展空间：一是使广东的体制及市场游戏规则更接近国际惯例，这使竞争和价格机制在更大程度上发挥作用，从而减少扭曲，提高效率；二是结构性资源配置的扭曲将进一步被校正，广东经济的真正比较优势将进一步发挥。由于贸易、投资歧视和反倾销行为的减少，广东的轻纺、工艺、食品、家电、机电等劳动密集型产业将因此受惠，尤其是纺织服装出口的各种关税和非关税壁垒限制一旦取消，纺织服装业在欧美市场上的份额将会大大提高；同时，可以通过WTO获得世界各国经济贸易信息，对于引进国外先进技术、资金和管理经验起到积极的推动作用，资本和技术密集型产业依然存在新的发展机遇。

（五）区域结构转换空间与发展适度均衡化趋势。在区域经济发展中，通常存在着一种“马太效应”。广东的珠江三角洲地区与东西两翼及山区亦是如此，区域经济发展原已失衡的天平继续向珠三角倾斜。以GDP为例，1980年珠江三角洲是山区的1.9倍，静态不平衡差③为47.9，到1997年，落差扩大至3.8倍，静态不平衡差达到73.8。但由于差距拉得过大，造成地区间经济发展出现脱节和断层，相互之间失去依托和互补的内生联系，落后地区丧失了保持与先发地区的同步追赶态势，其后果是危险的。

经济学家穆尔达尔创立的“不平衡增长理论”认为，不平衡发展会产生两种效应：一方面使先发地区发展更快，使后发地区发展更慢，形成所谓“回波效应”；但另一方面，它又可以形成“扩散效应”，即先发地区发展到一定程度后，由于自然资源限制及市场规律作用，造成生产成本上升，因而产生了向后发地区转移某些产业、资金、技术。广东中部沿海地带已拥有一批经济增长极，政府应在广大内陆山区选择和培养一些发展条件较好地区作为经济增长极，强化“造血”功能，以增强内陆山区的经济实力，形成逐步推进的总体发展格局；要根据比较利益的原则，充分发挥区域整合优势，形成各具特色的区域经济体系，提高资源配置效率和使用效率，珠江三角洲等沿海地区要形成强大的辐射源，发挥对周边地区的辐射功能和对山区的“反哺”功能；粤东、粤北、粤西山区应走出单纯资源加工型的圈子，在接受珠江三角洲地区部分产业转移的同时，注意做好产品结构和生产力布局的调整，加快发展，缩短与珠三角的差距，为全省经济的稳定增长开辟新的源泉。

（六）生态环境保护空间与发展可持续化趋势。高度工业化与生态环境恶化“二律背反”的冲突，给人类带来了严重的恶果。广东在工业化的过程中，部分地区饥不择食，已陷入环境污染和生态极度失衡的泥潭之中，重蹈了早期西方工业化国家的覆辙。1990—1996年，全省年废水排放量上升47.8%，废气排放量增长1.3倍，二氧化硫排放量上升92.4%，工业粉尘排放量增加1.9倍，工业固体废物排放量增长3.3倍，酸雨频率较高。环境问题产生和加剧与传统经济模式或发展理论有关，我们必须摒弃过去那种“先发展后治理”的理论，从战略上转变发展观，谋求建立在人口、生态和资源可承受基础上的人类可持续发展模式。

在公共政策方面，要继续运用法律手段实现可持续发展的目标，严格执行既定法律和标准；利用价格机制和税收杠杆控制破坏环境的行为，增加环保税收的比重；加强资源保护工作，保证所有建设项目都要有环境保护的规划和要求；利用新技术和装备改造传统的污染产业，限期建立城市污水处理装置和垃圾处理系统，严格控制烟尘和噪音污染源等。这些措施无疑会使直接经济运行的成本增加，但同时也会大大减少直接经济活动的外部效应，促进环境保护产业的发展。据联合国统计，全球环保市场份额约5000亿美元，环保产品占世界GNP的比重达到2%；广东的环保产业落后，发展的潜力十分巨大。通过可持续发展创造需求，将会使增长阻力转变为增长动力。

撰稿：卜新民　黄德发

---

①不稳定系数的计算公式为：

$$F = Antilog\sqrt{\frac{\sum(Log\frac{y_1}{y_{t-1}}-\frac{1}{N}\sum(Log\frac{y_1}{y_{t-1}})^2}{N}}-1$$

这里，y表示不变价产值，t表示时间，N表示年份减1。F由0→∞，F值越大，表示经济增长不稳定性越高。

②波动系数，即增长率变动的标准差，用以度量区间内增长率与平均增长率之间的平均差距，计算公式为：

$$B=\sqrt{\frac{\sum(x-\bar{x})^2}{n}}$$

③静态不平衡差是指两个地区之间在一定时点上经济总规模的差距，其计算公式为：

$$W=(1-\frac{Z_{min}}{Z_{max}})\times 100$$

广东国民经济所有制状况分析

改革开放以来，广东国民经济得到了迅速发展，综合经济实力显著增强，生产力得到进一步的解放和提高。随着改革开放的不断深入，特别是随着社会主义市场经济的确立和发展，按照“三个有利于”的标准，广东经济所有制改革不断推进，所有制结构得到调整和完善，初步形成了以公有制为主体、实现形式多样化和多种经济成分并存、共同发展的格局。正确认识和理解现阶段我省经济所有制的现状、特点及发展趋势，进一步调整和完善所有制结构，对于促进整体经济“再创新优势，更上一层楼”，具有十分重要的意义。

一、国民经济所有制的现状和特点

据初步测算，1997年全省国内生产总值完成7315.51亿元，其中公有经济实现4314.02亿元，非公有经济①实现3001.49亿元，分别占整个国民经济的59%和41%。在公有经济中，国有经济实现2809.09亿元，集体经济实现1504.93亿元，分别占国内生产总值的38.4%和20.6%。在混合所有制经济②中的公有经济实现增加值983.25亿元，占国内生产总值的13.4%，其中国有成份、集体成份分别占国内生产总值的10.8%和2.6%。

分行业来看，由于管理体制和经营活动性质、特点不同，各行业的所有制结构也有所差异。(1)第一产业，即农林牧渔业是整个国民经济的基础产业，其所有制结构的变化对全省国民经济所有制状况有着重要影响。1997年该行业986.82亿元增加值中，公有经济实现449.06亿元，占该行业的45.5%，其中集体经济占39.7%；包括个体、私营种养殖业等的非公有经济实现增加值537.76亿元，占该行业的54.5%。(2)第二产业是我省国民经济的主导产业，其占国内生产总值的比重多年来一直维持在50%左右，因而其所有制结构对整个经济所有制状况具有决定性的影响。1997年，第二产业增加值3647亿元中，公有经济、非公有经济分别实现2067.55亿元和1580.27亿元，分别占56.7%和43.3%。作为第二产业主体的工业实现增加值3158.74亿元，其中公有经济实现1667.54亿元，占工业增加值的52.8%；非公有经济实现增加值1491.20亿元，占47.2%。建筑业增加值489.08亿元中，公有、非公有经济分别占81.8%和18.2%。(3)第三产业包括的行业较多，随着国民经济的快速增长，第三产业得到不断发展和壮大，占国内生产总值的比重呈逐年上升趋势，其所有制结构对整个经济所有制状况起着越来越重要的作用。1997年全省第三产业实现增加值2680.87亿元，其中公有经济实现1797.41亿元，占第三产业增加值的67.0%，非公有经济实现883.46亿元，占33.0%。在第三产业中，公有经济成份比重较高的行业有：交通运输邮电业、金融保险业、政党机关及团体事业单位；而批发零售贸易餐饮业、房地产业等非公有经济成份相对较高。综观1997年各种经济成份的规模、结构及其发展动态，我省国民经济所有制状况有以下几个特点：

1、公有经济在国民经济中所占比重尽管不断下降，但其主体地位仍未改变。随着改革开放的不断深入，市场经济的确立和发展，全省经济所有制结构得到了逐步调整、完善。1997年，公有经济实现国内生产值4314.02亿元，占整个国民经济的59.0%，比1978年下降了39.7个百分点，其中国有经济和集体经济分别比1978年下降12.7个和26.9个百分点，公有经济在国民经济中占绝对优势的地位发生了明显变化。但从总体上看，公有经济在整个国民经济中仍处于主体地位，尤其是在部分行业，如具有垄断

① 公有经济包括国有经济、集体经济和混合所有制经济的国有和集体成分，其余为非公有制经济。
② 混合所有制经济包括联营经济、股份制经济、外商投资经济和港、澳、台投资经济。

性的基础产业部门（供水、煤气、电力、铁路、民航、邮电通讯等）、科教、卫生医疗、金融保险以及其他关系国民经济命脉的重要部门和关键领域，国有经济仍然占据绝对优势和较强的控制力。据测算，交通运输邮电业、金融保险业公有经济所占比重分别高达84.6%和93.4%。

2、非公有经济已成为社会主义市经济的重要组成部分。改革开放以来，由于始终不渝地坚持对外开放和鼓励支持个体、私营等非公有经济发展政策，全省的非公有经济得到了迅猛发展。1997年，非公有经济实现的国内生产总值3001.49亿元，占全省国内生产总值的41.0%，比1978年提高了39.7个百分点，比全国非公有经济比重高16.8个百分点，不仅已具相当规模，而且已扩展到国民经济各个行业。目前，非公有经济所占比重最高的行业是房地产业，占70.4%，农林牧渔业、工业和批发零售贸易、餐饮业所占比重在47—57%之间，比重较低的交通邮电业等也在15%以上，这表明非公有经济的快速发展已成为各行业乃至整个国民经济持续发展的重要力量，已成为社会主义市场经济的重要组成部分。

3、公有经济与非公有经济的关系得到逐步理顺。以公有制为主体，多种所有制经济共同发展，是我国社会主义初级阶段的一项基本经济制度。改革开放以来，尽管公有经济所占比重较1978年有较大的下降，但其实现的增加值仍占国内生产总值的59.0%，而且公有经济在科技投入、基础产业投资以及社会安全保障投入方面，发挥着其他所有制经济不可替代的作用。同时随着社会主义市场经济体制的建立，非公有经济也得到迅速发展，全省国内生产总值中有41.0%是由非公有制经济创造的，非公有经济的发展大大方便了人民生活，扩大了社会就业，促进了经济和市场繁荣，增加了社会积累，促进了整体经济的发展，并成为国民经济的重要组成部分。事实证明，以公有制为主体，多种经济成分共同发展的格局已经形成，公有经济与非公有经济的关系得到逐步的理顺。

二、正确认识和理解公有制与其他经济成分之间关系

从目前所有制的发展态势看，公有制经济所占份额将呈现稳中有降的态势，而非公有经济所占份额还将逐步提高。为此，我们必须正确认识和理解坚持公有经济的主体地位，正确处理公有经济与其他经济成分之间的关系。

首先，应不断完善和发展公有制经济的主导地位。我国是个社会主义国家，必须始终坚持生产资料的公有制作为社会主义经济制度的基础。同时改革开放以来的实践也证明，我省国民经济的快速发展，仍主要是由公有制经济推动的，在逐步建立和完善社会主义市场经济新体制中，公有制经济仍具有不可替代的重要作用。公有制的主体地位主要体现在：公有资产在社会总资产中占优势；国有经济控制国民经济命脉，对经济发展起主导地位。而这在不同的地方、不同的产业又有所不同。公有资产占优势要有量的优势，更要注意质的提高。国有经济起主导作用，主要表现在控制力上，对关系国民经济命脉及重要的行业和关键领域，如交通、邮电、通讯、能源、电力、冶金、金融等行业和领域，国有经济必须占支配地位。

其次，要坚持多种经济成分的共同发展。坚持公有经济的的主体地位，并不排斥非公有经济的发展，反之要大力提倡多种经济成分的共同发展。改革开放以来的实践证明，个体、私营、联营以及外商投资等非公有经济得到了前所未有的发展，非公有经济所占份额由1978年的1.3%提高到1997年的41%，非公有经济已成为社会主义市场经济的重要组成部分。事实上，在公有制经济占主体，国有经济控制力增强和国有资本整体质量提高的情况下，非公有经济的快速发展不会改变经济制度性质，反而更能促进整体经济的持续健康发展。非公有经济的快速发展，促进了全省生产力的提高；扩大了社会就业；促进了经济与市场的繁荣，方便了人民群众的生活；促进了国有企业的改革。因此，在坚持公有经济为主体的同时，大力发展非公有经济，促进共同发展，具有十分重要的现实意义。

三是要辩证地而不是僵化地看待公有经济、非公有经济及其两者关系。任何孤立地和僵化地处理公有经济、非公有经济及其两者关系，都是不正确的和有害的。无论是公有经济，还是非公有经济，其内涵及表现形式总是随着生产力发展的需要而不断更新，只要适应生产力发展的要求，适应当地省情和区

情，它就有存在的价值和必要。公有经济、非公有经济也并非是截然对立的，一方面，在一定的生产力水平下，它们各自以适当形式存在，在不同领域发挥着各自的优势；另一方面，作为适应生产力发展的生产关系形式，一定的条件下，可以相互结合和转换。

三、进一步完善和调整所有制结构的建议

江泽民总书记在十五大报告中明确提出：“继续调整和完善所有制结构，进一步解放和发展生产力，是经济体制改革的重大任务。”改革开放二十年来，随着所有制结构的不断调整，广东国民经济综合实力上了一个新的台阶。但是，在新形势下，社会经济发展实践对加快所有制改革提出了紧迫要求，所有制结构改革的任务仍较艰巨。当前，更要立足实际，以“三个有利于”为标准，努力实现所有制改革的新突破，并注意抓好以下几方面工作：

——进一步实施“抓大放小”战略，把握经济命脉。十四大以来，广东始终把企业改革作为经济体制改革的中心环节，以建立现代企业制度为国企改革的方向，进一步实施“抓大放小”战略，推动了国企改革向纵深发展。目前，全省4757家国有独立核算工业企业中，亏损企业数达2003家，其中小型亏损企业占全部亏损企业的79.3%；资产负债率平均为64.5%，而小企业高达72.5%；资产利税率，大型企业为3.7%，而小型企业仅为2.3%。因此，国有小企业不适应生产力发展的状况仍较为突出，应进一步合理收缩国有经济的覆盖面，从战略上调整国有经济布局，集中精力抓好关系国民经济命脉的关键行业和重要领域，继续因地制宜地、多种形式地、全面地做好“放小”工作。

——积极培育和大力发展混合所有制经济。改革开放以来，混合所有制经济的发展从小到大，至1997年，混合所有制经济中公有经济实现的增加值达983.52亿元，占全省GDP的13.4%，比全国高4.7个百分点，但总体上看，发展仍较为缓慢。混合所有制企业一般都是按照市场经济规律建立起来的，如股份制企业、股份合作制企业等，其具有投资主体多元化、投资结构相对合理、自我发展和自我约束力强、市场适应能力与竞争能力强等优势，因此，继续强化国有经济资本运作的力度和技巧，采用绝对控股或相对控股的方式让国有资本参股到非国有制企业中去经营，并逐步对国有企业尤其是那些效益差、负债率高、活力不足的中小型国有企业进行改组、改造，并发展成混合所有制经济，以充分吸纳各种社会资本，引进新的管理机制，实现社会资源的优化配置。由于混合所有制经济具有许多国有、集体及其他企业无法比拟的优点，在未来的经济发展中，混合所有制经济的发展前景较为广阔。

——继续采取有效措施，鼓励、引导和规范非公有制经济的发展。经过二十多年改革的实践和发展，非公有制经济不仅是公有制经济的有益补充，是建立和完善社会主义市场经济必不可少的一种所有制形式，而且它还具有运行机制灵活，自我发展、自我约束力较强的优势，因此，要继续鼓励、引导它们发展。要加大支持力度，鼓励非公有制企业积极参与公有制企业的改革重组，发展多种形式的混合经济成分，并建立规范的财产组织形式和运行制度，要进一步克服非公有经济特别是个体私营经济在贷款、投资等方面的体制和政策障碍，除个别关系到重大的国计民生领域外，要允许进入更广泛的领域，实现与其它经济成分的公平竞争。在鼓励非公有经济发展的同时，要采取措施，完善法律法规，加强宏观监督和政策指导，促使其在体制、机制上实现符合现代市场经济要求的创新。

撰稿：王国伟　陈春华

加大更改力度，回应新世纪的呼唤

——广东工业企业更新改造投资情况专项调查分析报告

世纪之交时的广东，正处在重大的历史转折时期；经济发展中结构调整、转型的内在要求和外在压力越来越强，需今后在增量与存量两个方向同时加大调整、转变的力度。为了解作为存量调整最重要形式的更新改造投资的状况，摸清更改投资主体—企业近年进行更新改造投资的势态，搞清存在的主要制约因素，省统计局和省经委联合组织了广东省工业企业更新改造投资专项调查（注），以便在我省发展的重大历史转折关头，为省委、省府的战略决策提供科学的依据。

一、目标与行为

1、对企业产品市场前景看好、市场竞争压力大和自身有明显缺陷需补强是近两年企业考虑进行更改的主要缘由。

调查总体在回答企业进行更新改造的背景情况（即缘由）时，若将企业按1997年在建、1997年新上和1998年准备新上等三类不同时点决策确定的项目的各项回答所占比重平均计（以下未经特别说明时，回答次数比重均按此法计算），认为“企业目前产品市场需求旺盛、供不应求”和“近年内企业相关产品的市场需求将激增”的缘由占29.6%，上为“企业产品生产规模小，市场占有率低或达不到最低经济规模”占16.2%；而认为“原设备工艺已老化陈旧，产品质量差、性能低、价格高已失去竞争力”、“原生产工序不配套”和“原产品已被市场淘汰”的比重合计占31.8%，三方面的缘由占77.6%。“上级部门要求建立”和“上级部门要求并给予资金支持”两个行政干预性的缘由合计占6.2%，认为资金充裕或解决了资金问题才得以进行的占6.7%。其余的比重都较低。

从不同时点确定的项目的时序看，企业认为规模小的缘由比重下降，而认为产品市道好和技术工艺、产品落后或不适应的比重上升。表明市场竞争的压力增大，企业对产品是工业企业市场竞争的根本所在的认识程度提高，从片面求规模、数量，转向依托企业现有基础、条件，通过更新改造提高企业技术含量，达到经济规模并提高生产能力。

各经济类型企业进行更改的主要缘由基本相同。出于规模、市道和产品及工艺技术等缘由所占比重差别很小，国有企业占76.9%、集体占76.2%、外商和港澳台投资企业（以下简称外港企业）占76.3%、其余各种经济型企业（以下简称其他企业）占76.9%。但由于各经济类型企业间在财产组织形式、运行机制、设备技术素质和市场行为上的差异，它们考虑进行更改的缘由在某些方面有明显差别：国有企业出于对企业产品市道看好的缘由相对最低。集体企业希望扩大生产规模从而提高市场占有率的愿望最强烈，受行政干预的程度最高，由于资金状况好而进行更改的情况最少。外港企业出于产品、工艺技术压力而进行更改的比重最低，对市道看好的比重与最好的其他经济类型相似。其他经济类型企业因自身规模实力已较强，因而对仅扩大规模、提高市场占有率的考虑相对最少，对市场的预期相对最好，对自身产品、工艺技术的危机感最强，而它们所受的行政干预程度又最低。这些差别从某种意义上说明：**国有企业活力不足；集体企业外延扩大再生产的冲动较强；外港企业市场活力较强且自己认为设备工艺和产品的水平尚可；其他经济类型企业规模实力较强，机制较优，同时忧患意识较浓，更改的内在动力较大。**

2、紧跟市场，提高企业竞争力是企业进行更新改造的主要目的。

调查总体更改项目的用途中，以增加新产品适应市场变化和采用新工艺技术生产质量更优的新产品为目标的比重最高，合计占各种回答总次数的46.6%；扩大生产规模，提高在国内同行业的竞争地位，占25.5%。以上以市场为目标，主动进行更改的的用途共占72.1%。由于原设备已到使用年限或原工艺、技术已被淘汰等被迫进行更改的的比重仅占10.0%。而目的在于“节能降耗”和“‘三废’处理”两个技术性色彩浓厚的用途比重为14.0%。

从时序看，致力于扩大生产规模以提高在国内同行业的竞争地位的用途比重逐年下降，节能降耗和“三废”处理用途的比重略降，而增加新品种、改进工艺技术、提高产品质量的比重和因产品、技术工艺落后被迫进行更改的比重上升，**即主动迎接市场挑战和被迫面对市场挑战的比重都在上升**。

外港企业用于增加新品种和采用新工艺的用途比重最高，占52.5%，国有企业最低，仅44.2%。国有企业在节能降耗、“三废”处理和改进落后的设备、工艺等方面的用途的比重相对最高。**说明国有企业“老化”问题相对突出，瞄准市场主动更改的余地较小，更改的水平不高**。

从1997年在建和1998年准备上马的两个不同时期决策更改项目的用途看。**各种经济类型单纯出于扩大生产规模的用途都下降，而增加新品种采用新工艺和工艺技术落后被迫进行更新改造的比重均上升，各经济类型进行更改的主体目标趋同，与国家提出“九五”更改重点是把着眼点放在增加品种、提高质量、降低能耗、提高技术水平，努力提高经济整体素质和生产要素的配置效率，提高结构优化效益、规模效益和科技进步效益的目标是一致的**。

3、企业享有相对条件下的比较充分的更改决策自主权。

“企业提出，上级主管部门批准”和“完全由企业自主作出”是1997年企业新上更改项目决策的最主要程式。二者合计占企业更改决策方式的95.7%，其中又以“企业提出，上级主管部门批准”为主程式，占总数的67.1%，即企业总体上能享有较充分的更改投资决策自主权，但大部分却是在经上级主管部门批准的约束条件下。而由“上级主管部门决定”的企业仅占3.1%。

国有、集体企业更改项目的自主决策程度较低，“完全由企业自主作出的”企业比重分别为21.8%和25.0%，比外港和其他经济类型的45.2%和35.3%低得多。完全由上级主管部门决定的更改决策，国有占3.2%，集体为3.6%，外港为2.4%，其他经济类型为2.9%。

在目前企业的更改决策过程中，政府的参与程度很高，也拥有很大的影响力。企业认为“自上级主管部门决定”和“由企业提出由上级部门批准”合计占决策方式的70.2%；国有企业为73.6%，集体为75.0%，外港为54.8%，其他为61.8%，均超过半数。

4、企业普遍注意决策的科学性，绝大部分企业在更改项目的决策过程中都程度不同地对项目进行过论证。

在问及企业1997年新上更改项目的论证方式时，只有2.6%的企业答是“未作论证，由企业领导或上级敲定”，97.4%的新上项目都经过了不同形式的论证。在各种形式的论证中以“企业内部讨论”为主，占各种论证形式的44.6%；多方反复论证占41.0%，“请专家论证”占14.4%。由于“企业内部论证”还不是严格意义上的论证，而真正意义上相对比较充分的“多方反复论证”和“聘请专家论证”只占55.4%，略超过半数。说明企业注意决策的科学性，但总体上论证还很不充分。

各经济类型中集体企业项目不经论证的比重最高，为7.1%，其他经济类型没有不经论证就上马的项目，国有和外港经济则居中，均为2.4%。采取企业内部讨论形式的比重外港和其他经济类型企业较高，为57.1%和50.0%，明显高于国有和集体的37.9%和37.7%。而采取比较充分的论证方式（专家论证和多方反复论证）的比重最高是国企，占59.7%，集体占55.2%，其他为50.0%，外港企业仅为40.5%，比最高的国个差近20个百分点。

5、更改项目大都选择性能较好，技术水平较高的关键技术设备。

调查企业中36.8%的企业1997年新上更改项目的关键技术和设备的来源是进口或引进，是比重最大的来源。国内自行采购占30.3%，企业自行研制开发占16.2%。由合资合作方提供占6.6%，来自社会招标最低，仅占4.0%。国有企业1997年新上更改项目的关键技术和设备中来自进口或引进的比重是各经济类型企业中最低的，仅占29.0%；而国内采购最高，为37.9%；集体企业类同国有企业，以国内采购为主。而外港企业和其他类型企业则是以进口或引进为主，分别占50.0%和47.1%，国内采购只占23.8%和11.8%。

58.9%的调查企业认为他们1996年、1997年建成投产的更改项目的主要设备工艺是属国内90年代或国际80年代水平，即大部分属国内先进水平，而属国际先进的国际90年代水平占17.1%。61.8%的国有企业认为近两年建成投产更改项目属国内先进水平；但与其它各经济类型相比属国际先进水平的最低，仅占15.7%；属国内80年代及以下的比重又最大，占22.5%。**说明国有企业更改项目的技术水平较低，如果长此下去，国有企业将处于越来越不利的市场地位。**

二、矛盾与问题

1、政府以不同方式对绝大部分企业更改项目给予了不同程度的支持，但仍不理想。

调查企业中认为政府或上级主管部门对他们1997年在建、1997年新上和1998年准备新上的更改项目给予支持的平均比重为87.9%，但明确表示没有得到政府支持的企业也占到12.1%。

政府对企业更改的扶持方式近年以服务型为主，即协助企业落实建设资金和帮助企业寻找合作伙伴占36.4%。**间接支持型，即给予一定时期项目产品的减免税或利润返还优惠和在征地、供水、供电等方面给予优惠，占**28.0%。**直接支持型，即政府或主管部门向项目注资及提供一定的周转金的比重占**10.9%。**而以行政命令要求上项目的方式占**13.0%，**比直接支持的比重还高。**

各经济类型中，其他经济企业得到政府的支持最多，它们中92.4%认为得到政府的支持；国企和集体则分别为91.0%和87.8%，外港企业认为得到政府支持的仅占74.0%，即有超过四分之一的外港企业更改项目没有得到政府的支持。这从侧面表明政府在对企业的行为上仍对所有制性质有所偏重。

从三类不同决策时间上马项目的时序看，政府或主管部门支持率在下降：认为1997年在建项目得到政府支持的企业占90.0%，1997年新上项目降到87.3%，而1998年准备新上项目又进一步降到86.5%。这应当引起各级政府的警觉。

2、资金偏紧，影响重大。

一是由于种种原因，特别是偏紧的金融大环境下，银行对企业更改的支持程度不高。被调查企业中57.9%的企业认为，他们1997年新上或在建更项目得到了银行的支持，认为银行不支持或心有余而力不足的企业占28.6%。还有13.5%的企业不便说明。国有、集体和其他经济得到银行支持的程度较高，程度也相近，分别为58.3%、60.0%和60.8%。外港企业明显偏低，仅52.5%。显然，银行对各经济类型的态度有倾向性。

二是偏紧的资金环境对我省工业更改投资及效果影响重大。企业普遍感到资金筹集困难。四成以上的被调查企业认为1997年新上更改项目筹集资金有困难（缺口在20%以上）。其中认为筹集缺口在50%以上，筹集很困难的企业占16.2%。认为缺口在20%以下的占43.4%。而资金充裕的企业仅占14.5%。国有和集体企业筹资的难度相对大于外港和其他经济，认为筹集困难，资金缺口在20%以上的占50.0%和46.4%；外港和其他经济由分别只有26.2%和28.6%。同时一些企业资金到位不理想。调查企业认为1997年新上或在建项目资金到位在八成以上的企业只占56.7%，到位在五至八成的占25.8%，到位五成以下的高达17.5%。企业认为到位差的各资金来源中，贷款占33.3%，自有资金30.8%，国内合作方占6.2%，外资4.7%。企业在筹资难、资金到位差时，不得不借助非常规的途径以解燃眉之急。采用延付工程款或由施工单位垫付工程款这种转嫁困难的方式占25.2%，采用挪用生产周转金、内部筹资、高息折借等非常规方式以求从企业自身渠道解决的合占36.6%；采用向政府借用财政周转金周转、向上级申请使用更改专项资金等向上求助的方法占24.4%；其它选择占13.8%。由于高息折借和挪用生产周转金对企业正常生产经营和未来发展具有很大的破坏性，而这两种方法又合占企业各种对策的22.9%，比重不低。因此更改资金困难的问题一定要引起各级的关注。

3、企业更改的内涵质量亟待提高。

1996年和1997年调查企业完成的更新改造投资按用途分，用于增加品种和提高产品质量的比重分别仅占13.0%和21.5%。虽为升势，但比重太低；而用于增产的投资比重却分别高达70.5%和58.3%，虽为降势，但仍是主要的用途。完成投资按建设性质分，新建和扩建在这两年占83.7%和72.7%，比重过高，相当部分仍是借更改的“内涵”之名，搞“外延”扩张。这不仅削弱了存量调整的能力，且在生产过剩的“买方市场”下很可能把企业拖入“泥潭”，这应引起各级领导和企业的高度注意。

4、项目效益和偿债能力欠佳。

一是由于市场变化和缺少流动资金，更改项目的达产达标率不高。调查企业中只有73.2%认为他们1997年建成投产或在建项目能达产达标，而超过四分之一的企业项目不能达产达标。各经济类型中达产达标最低的是集体企业，仅为62.5%，国有和外港为71.8%和79.3%，其他经济类型最高，为80.0%。造成企业更改项目不能达产达标的主要原因是市场需求变化（占29.9%）和筹措不到流动资金而无法正常生产（占25.3%）。而由于设计和工艺选择不当等决策失误原因占11.0%。由于技术力量弱掌握不了新技术和项目设备问题等实施和生产环节的原因占13.6%。

二是企业对更改项目偿债能力的预期不高。调查企业认为，他们1997年新上、在建或投产的更改项目能如期偿清债务的只占66.2%，而不能如期偿债的企业占33.8%，比重很高。外港和其他经济企业的预期偿债能力较好，分别有71.2%和76.0%的企业能如期偿清债务。而国有和集体企业相对较差，分别只占62.5%和64.1%。不能如期偿清债务的企业认为：由于资金不到位使工期拖长和流动资金缺乏等由于宏观经济大环境影响的原因占44.5%，是最主要的影响因素。由于债务过大、利息负担太重占21.0%。由于决策时不充分而对形势发展判断不准确或有误导致出现设计、论证时没有预测到的不利市场状况、现税费远高于设计论证时水平等原因占18.7%。直接由于决策和设计有误的原因占11.1%。

三是企业对更改项目效益的总体评价不理想。调查企业中认为更改项目效益能达预期目标的仅占70.9%，而近三成无法达到预期的效益目标。外港企业和其他经济类型企业认为能达到预期效益目标的企业相对较多，分别占72.9%和79.3%，国有和集体企业差距较大，分别只有69.9%和62.5%。

5、由于多种内外因困扰，调查企业今后两年内更改的意愿不够强烈。

调查企业中68.2%表示今后两年准备再上新的更改项目，比重不高。其中：其他经济类型企业今后两年进行更改的意愿最强，有78.4%的企业将再上新的更改项目，集体为73.7%，国企为71.0%，外港最低，仅为49.2%，尚不足半数。准备上更改项目的企业由于倍感市场竞争激烈，自身素质不适应而“需加大更新改造力度，上新的高质量、高性能的新产品以求突破”和“企业现有设备、工艺技术落后，不大规模更新改造就没有出路”的原因占53.6%。对形势和企业经营看好，认为企业相关产品将旺销和效益好有充足资金的缘由占26.1%。认为已寻找适合的更改投资伙伴而拟上新项目的占6.9%，寄希望企业能公开上市而准备上新项目的占2.4%。认为“国家和省将出台对更新改造更为有利的优惠政策”而上更新改造项目的理由仅占5.8%；显示出企业对政策调整及作用程度的预期很低。拟不上新项目的企业认为主要原因**一是目前企业经营十分困难或债务负担很重，无力进行，占**37.5%；**其二是对市场走向尚难作出准确判断，资金又很难筹措占**38.3%；**三是目前仍有项目在实施中，占**12.4%。其它原因影响程度都不高。如出于认为政策不够优惠或实际享受不到已有的优惠政策的仅占5.6%；由于技术力量缺乏难以组织实施新项目的原因占2.8%，表明技术力量和已有优惠政策的影响程度都很小。

三、抉择与希望

1、目前企业设备、工艺技术水平不高，在今后更趋激烈的国内外市场竞争中企业要进行更改的内在要求和外在压力都很大。

调查企业认为目前企业主要设备工艺水平处在国内80年代及以下的占37.1%，比重很高，处于国内90年代和国际80年代水平的占46.8%，而处于国际90年代水平的企业仅占16.1%。这种低水平多，高水平少的状况预示着，**我省工业企业在今后国内外市场竞争中面临大幅提高更改力度，尽快提升技术水平的巨大压力。**

从调查企业看，目前国有企业设备、工艺技术水平相对最低，主要设备和工艺技术水平属国内80年代及以下的要占49.3%，而属国际90年代水平的仅占9.6%，高低水平反差强烈，压力最大。集体和其他经济企业虽好于国有企业，但压力同样不小：低水平分别占37.5%和22.6%，高水平分别只占22.5%和9.4%。外港企业设备工艺的技术水平最高，低水平的企业仅占6.8%，而属于国际90年代水平的企业比重高达40.7%，这预示着他们将在国内竞争获得越来越大的优势。

2、采用国际国内最新水平设备工艺技术是企业今后进行更改时的主要选择。

调查企业中63.2%的企业将选择国际90年代技术水平为其今后两年内企业更改项目的技术水平，选国际80年代、国内90年代的企业占34.9%。选国际90年代水平的企业比重比近两年建成投产（采用同水平技术、工艺设备的更改项目企业）比重高39.3个百分点。这预示着**我省工业更改的技术水平存在着大幅提高，甚至跳升的可能**。但要将这股强烈的意愿导入企业未来的行动中还需要作许多艰苦的努力。

期望选国际最新水平最强烈的是外港企业，占70.8%，其他经济、国企和集体企业分别为62.5%、61.8%和61.1%，水平相似。选国内先进水平（国内90年代和国际80年代水平）最多的是集体和国有企业，分别占企业总数的36.1%和35.4%。外港和其他经济都拒绝在今后再采用国内80年代及以前水平的工艺、技术设备，而国有和集体中仍有2.8%和2.8%的企业今后仍愿意选择此水平的工艺、技术设备。

在各经济类型中由于国有企业目前工艺设备技术水平的相对最低，因而想通过更改提高自身工艺设备技术水平的愿望最强烈：他们今后新上更改项目选国内80年代及以下水平的企业，比目前主要工艺、技术设备处于国内80年代以下水平的企业比重低46.5个百分点，而希望采用国际90年代水平的企业比重比目前处在同水平的企业比重高出52.2个百分点。如果将这高低两水平意愿与现有水平之差加起来作为衡量企业技术工艺水平提升的期望标识的话，国有企业为98.7、集体为73.3、外港为36.9、其他经济企业为75.7。**显然国有企业的内在要求极其强烈，但同样也表明其难度最大，最需要扶持与帮助。**

3、今后一、二年内，企业进行更改的资金来源将进一步转向依靠自筹和利用外资，对国内贷款的期望下降。

调查企业从可能和可行两个方面综合判断，认为今后一、两年内新上更改项目的资金来源渠道中45.5%将依靠自己（其中自有23.7%、国内合作方提供10.4%、改制与资产重组11.4%），这一比重比1997年调查总体当年资金来源中自筹资金占的比重高0.3个百分点。来自国内贷款渠道占29.0%，比1997年实际的36.2%下降7.2个百分点，利用外渠道占14.1%，比1997年实际高4.0个百分点，来自预算内渠道4.0%，比1997年实际升3.6个百分点。而来自公开市场渠道的股票、债券为5.9%，比1997年实际降2.4个百分点。

总体看，企业今后更改的资金来源仍主要靠自筹和国内贷款，二者合计占企业的来源渠道的74.5%，但依靠贷款的预期下降，寄希望于自身的上升。希望国家扩大投资以争取到预算内的资金（项目）虽占比重不高，但上升较快，而对利用外资，不少企业仍寄以很大的希望。

4、政策期望：放水养鱼，培植企业自身的投入能力。

调查企业认为要加大企业的更新改造力度，鼓励进行更新改造最有效的措施是“对以生产高新技术产品为目的更新改造项目，项目投产后应给予一定时期、一定比例的税收返还优惠”和“用企业利润进行更新改造，可给予一定比例（如30%—40%）先提留所需资金进行项目建设，余下部分再缴纳所得税”，分别占各种拟出政策总选择的17.7%和16.9%。认为“提高折旧率”、“企业出售出租现有设备的收入全部留给企业用于更新改造”分别占5.2%和4.6%。以上属提高企业自身更改投入的能力的政策选择合计占44.4%。认为“银行应大幅度增加更新改造贷款所占比重并在贷款利率上比基本建设贷款更优惠”的占14.2%。其它属地方政府权限范围，给企业创造更优外部条件的政策，如“建立省技术改造投资风险基金，支持企业更新改造”（占8.7%）、“加快政企分开和建立现代企业制度的步伐，落实企业的经营自主权和投资决策权”（占8.3%），“清理对更改项目的各种收费、必交的费用以人大立法的形式明确下来，其它收费均属违法”（占7.5%）、“同等条件下，应优先支持有良好更新改造项目的企业上市”占(7.0%)、给予用地优惠（占6.5%）、支持大型企业集团建立财务中心（占0.9%）、提高地方债券规模中用于更新改造的比重（占1.8%）等七项政策选择共占总选择的40.7%。

企业认为影响程度最大的政策选择（首选）是："用企业利润进行更新改造，可给予一定比例（如30%—40%）先提留所需资金进行项目建设、余下的部分再缴纳所得税"占到48.0%，"对以生产高技术产品为目的的更改项目，项目投产后应给予一定时期、一定比例的税收返还优惠"占12.6%，再加上其它属提高企业自身投入能力的政策选择，合计占首选的65.4%。银行扩大更改贷款规模并给优惠利息占10.1%；外部条件性政策选择只占23.4%，其它占1.1%。

综合看：工业企业认为最希望得到，也是最有效的扶持、鼓励企业更新改造的政策取向首先是培植和发展企业自身投入的能力，特别是用企业利润进行更改时，应给一定比例的先提留，余额再征所得税的政策；其次是为企业更改创造良好的外部实施条件；最后才是银行更改贷款规模和利率水平调整。

从各经济类型企业对培植企业投入能力、金融政策和外部优良环境三方面的政策夙求程度相近，相互间的差别最大不超过三个百分点，平均为两个百分点左右。表明上述政策对各种经济类型将会有普遍的、同等的效用。

四、认识与建议

1、处于重大历史转折时期的广东能否加快更改步伐事关重大。

站在新世纪的门槛，我们对未来充满希望，倾听着新世纪的呼唤，我们又倍感挑战的严厉。由于起点低、科技不发达，工业化主要靠乡镇企业和香港一般加工工业转移，虽然我们迅速建起了巨大的生产能力，但伴生的产业、产品水平不高，结构不合理的问题也越积越严重。这在挟不同自然与经济、科技、社会资源禀赋条件相对优势的兄弟省市的强力竞争之下，在全球经济一体化、贸易自由化日盛，知识经济领尽风骚的新的国际经济格局下，矛盾突显，成为制肘今后发展的严重问题。由于生产能力总量大，低水平雷同突出，调整产业、产品存量结构的任务就显得更为艰巨。从第三次工业普查的数据看，我省属九十年代出厂的设备仅占19.5%，比全国低17.8个百分点。从调查总体看目前关键技术设备属国内80年代及以下水平的企业占近四成。这些都说明加大更新改造力度的外部压力和内在要求都极强烈。"九五"及以后一段时期，是我国实现分步走战略目标的关键时期，也是决定广东能否在下世纪的竞争中长盛不衰的决定性时期。各级政府务需提高加大更改力度，促进结构调整，培植后续竞争力量重要性、必要性和紧迫性的认识，并付诸切实行动。

2、在目前的管理体制下，政府对企业更新改造拥有很大的影响力，各级政府一定要用好并不断优化这种影响力。

从调查结果看，政府对各经济类型企业进行更改的决策、审批、实施等众多环节都有较强的干预力和影响力。因此说，一地区更新改造的力度大与不大、水平高与不高、效果好与不好都与当地政府有很大关系。各级政府应改革对企业更改的管理方式，将企业更改决策权完全交还企业；将项目的审批制改为备案制，而将相应的人力和物力用于建立起服务于企业进行更改的决策咨询、实施协助、协调银企关系、监督产业和环境政策的执行等方面。

政府应制定明晰的、企业能按其操作的产业政策和产品及技术发展序列。从调查看，企业对已有的政策和政策调整的感应程度并不高。这说明政府的力度不够，也说明其可操作性和对企业的实惠并不大。因此除要加大政策的力度外，还要提高明晰度和可操作性：在产业政策的调整与重订时，不仅要明确产业、行业的发展序列，还要明晰中、小类行业和产品类别，同时要与相关的具体的优惠政策相联系。而不能笼统指某一行业，其大类产品。

政府要大力支持企业向高水平、尤其是国际最新水平更改的意愿。对企业引进和进口国际先进水平的工艺、技术设备，各级政府应尽其所能帮助企业充分享受到相关的政策优惠，还应在设备贷款、换汇及退税等方式给予扶持和帮助，以促使企业向国际最新水平更改的意愿成为现实。

各种经济类型企业都是社会主义市场经济的组成部分，他们竞相发展是社会主义的重要特征。各级政府应按照党的十五大对社会主义基本经济制度的论述，纠正政府政策及其操作上自觉或不自觉地按所有制划界的不正确做法，让非公有制经济同样能享有应得到的政策优惠。

政府应协调好更改企业资金需求和银行供给的关系。一是对维持正常金融秩序要身体力行，克服地方保护主义，维护资金渠道的畅通；二是在资金供需矛盾比较突出时，政府应帮助银行理清轻重缓紧，把资金给予最需要、效益又相对较好的企业；三是在政策与法规允许的范围内为企业开辟其它的筹集更改资金的渠道，缓解银行的资金压力。如设立专项更改资金等，甚至可以考虑推进组建地方政策性投资（融资）银行。

更改事关企业竞争力兴衰，直接影响当地后续财源规模。各级政府应有长远目光，放水养鱼：在目前不景气，企业经营普遍面临较大困难的艰难调整期，政府应从地方财力中尽量挤出一部分，作为专项扶持资金，用于符合产业政策、前景远大、影响重大的项目的贷款贴息、项目施工及生产资金的周转及利润返还扶持等方面。

3、加强企业自身建设，提高经营、管理水平和更新改造投资决策及实施的科学性、预见性和规范化，进一步提高更改投资效果。

各类企业应进一步完善管理机制和运行体制。公司制企业应落实相应的组织管理体制，真正按现代化企业制度运作；非公司制企业应向公司企业的规范管理体制和运行机制靠拢。企业应特别注意加强更改决策的民主化、科学化，要充分听取意见，进行充分的论证，坚持抵制无理的行政干预行为。从此次调查看论证不充分、决策的科学性、预见性不高，是更改项目不能达产达标和难以如期清偿债务的重要原因：在更改项目不能达产达标原因中如果将“设备正常，但市场变化”视作决策预见性不高的话，则由于决策不适当原因总计就占到40.9%，成为最主要的原因。在不能如期偿债的原因中，如果加上可属决策时预见性不高的“现税费高于设计论证时的水平”和“出现了设计论证时没有预测到的不利市场状况”原因，则决策不够科学、预见性不强的原因，共占导致企业更改项目不能如期偿债原因的29.8%，成为最主要的原因。企业进行项目论证时不能仅做关于设备、工艺、理论效能等方面的论证，更重要的是要作市场分析和国家政策走向及经济发展趋势的分析论证，这样才能使项目经受得住未来现实的检验。

企业更改应力戒外延扩张的假更改，在目前的市场形势下应大力增新产品、新工艺、新技术在更改中占的份额。没有技术水平提高的更改必将贻患企业的未来。知识经济、全球经济一体化及东南亚金融风暴对各国经济的“洗礼”表明，谁能抢占科技发展的前沿，谁就是具有竞争优势，就能抵御大的风险。因此，企业进行更改时要在力所能及的前提下，尽量采用先进的工艺和技术设备，抢得发展的先机。

公司制企业特别是上市公司要掌握与运作现代市场条件下资金、资产的运作技巧，充分利用体制和政策优势筹集更改资金。

4、银行要合理操作，在积极支持企业更新改造和提高自身经营效果上寻找更佳的结合点。

银行贷款是企业更新改造资金的最主要来源（自筹中实际相当部分也是来自其它各种渠道的贷款），银行的支持和配合在很大程度将决定某一更改项目能否上马，能否达到预期的生产和效益目标。

在银根仍不宽松，特别是由于历史原因造成我省银行体系普遍资金运筹困难的现实情况下，银行就应更讲究信贷行为的科学性，要有战略眼光。一是由于更改项目建设周期相对较短，效果一般也相对较好，所以在固定资产投资规模中应优先供给更改项目贷款。二是对更改项目应进行合理的评估，按其决策的科学性、预见性程度、贷款规模大小、对当地的影响程度和还贷的保证程度等综合考虑，将贷款发放给最适当又最急需，将来还贷预期又较好的企业。对不作科学论证和市场分析或不很充分的项目就应拒贷。三是专业银行分行和各支行要加强相关信息及业务的沟通，积极筹措、调资金，为需求大，主理行单独解决不了的项目筹资；四是加强与当地政府领导和关部门的联系与沟通，积极消化不良贷款，提高当地的信贷评级。

5、尽可能给企业以他们最希望的扶持、鼓励政策。

从调查看企业最希望得到的优惠政策是“用企业利润进行更新改造，可给予一定比例（如30%—40%）的先提留所需资金进行项目建设，余下部分再缴纳所提税”，其次是“对以生产技术产品为目的更新改造项目，项目投产后应给予一定时期，一定比例的税收返还优惠”。对此，省和地方应视各自的情况，分层次尽可能回应企业。对其它已有的优惠政策应尽量争取进行调整以加大力度；能创造更优条件的就要努力为企业去争取。

对刚踏入工业化中期阶段的我省来说，工业是各产业的核心，是竞争力的基础，是第三产业发展、生长的最重要源泉。加快增量与存量调整步伐，尤其是加快工业更新改造的步伐，我们才能在新世纪的竞技舞台上赢得长久的强者荣耀。

注：此次专项调查的范围是广州、深圳、汕头、韶关、肇庆五市中1997年有计划总投资额100万元以上技术改造项目的工业企业和省重点70家大型企业集团中以工业为主的企业集团。全部调查企业（调查总体）共有365家。调查总体的显著特征一是公有制经济占大多数；其中国有企业占总体的58.1%，集体占11.0%，外商和港澳台投资企业占16.4%，其他经济企业占14.5%。二是调查企业规模较大，平均每个企业资产达6.77亿元之巨。其中大、中型企业分别占36.2%和31.0%，小型企业仅占32.9%；三是公司制企业较多，占调查总体的58.9%；四是企业技改项目的规模大，1997年调查总体在建项目的平均计划总投资为2515万元。显然，调查总体是我省工业经济中实力最强的一族，其所进行的技改项目当是全省工业技改项目中水平最高的一类。这种结构虽然与全省工业及工业更改项目水平间有偏差，但由于调查总体1997年完成的更新改造投资占全省同口径更改投资完成额的82.6%，是全省工业企业更新改造投资的主体，可以代表全省工业更新改造的主流和方向。

撰稿：欧卫东　秦定坚

广东“三资”工业企业效益比较分析及增效对策探讨

一、广东“三资”工业发展现状分析

改革开放以来，我国投资环境发生了巨大变化，吸引外资直接投资政策法规不断完善，与世界经济的融和程度不断提升。1986年在我国提出恢复在关贸总协定中的缔约国地位以后，关税水平连续下调，投资管制不断放松，我省抓住对外开放大格局逐步形成的有利时机，认真贯彻国务院制定的吸引外资的22条政策措施，大力发展“三资”企业。到1998年止，广东“三资”工业企业达到7844家（年销售收入500万元以上企业，下同），“三资”工业在我省整个工业中的份额达到36.9%，工业增加值占全省GDP的比重达到16.2%，“三资”工业在我省工业经济乃至整个国民经济中的地位举足轻重。

广东“三资”工业发展具有如下特点：

1. 发展速度迅猛，规模迅速扩大。我省“三资”工业发展是从1982年起步的。1982年，全省中外、中港合营及华侨港澳工商业者经营的工业企业21家，产值仅为1.0亿元。1990年以后发展步伐开始加快。1998年与1990年相比，“三资”工业企业由743家增加到7844家，年均递增34.3%；从业人员由40.6万人增加到279.63万人，年均递增58.0%；到1998年止，“三资”工业企业单位数占全省“500万元以上工业企业”的43.6%，从业人员占51.0%，工业总产值占57.6%，资产总额占49.5%。

2. 以轻型为主。在7844家“三资”企业中，轻工业5519家，占70.4%，重工业2325家，占29.6%；轻工产值3348亿元，占64.2%，重工产值1871亿元，占35.8%。在轻工业产值中，以农产品为原料的工业占41.4%，以非农产品为原料工业占58.6%。由此可见，我省整个工业的“轻型外向”发展格局，主要是由“三资”企业以轻型发展为主所决定的。

3. 劳动密集型行业及技术密集型的电子行业发展快。80年代初期，我省工业发展正处于劳动密集型的轻纺工业的上升期，外商和港澳台投资者对电子和服装纺织业的投资，加速了我省工业结构由劳动密集型向资金集型和技术密集型的转变。1998年，全省“三资”工业总产值5219.42亿元，其中：电子及通讯设备制造业产值1553.47亿元，占“三资”工业的29.8%，占全行业的77.3%。纺织业工业产值34.87亿元，占“三资”工业的0.7%，占全行业的8.1%。服装及其他纤维制品制造业产值107.25亿元，占“三资”工业的2.1%，占全行业的20.6%。食品加工业产值83.60亿元，占“三资”工业的5.0%，占全行业的36.6%。由此可见，在我省电子及通讯设备制造业和服装纺织业的发展中，外商和港澳台投资起到了决定性的推动作用。

4.“合资”为主要经营形式。在7844家“三资”工业中，中外合资经营企业606家，占7.7%，中外合作企业280家，占3.6%，外商独资企业432家，占5.5%；港澳台与中国大陆合资经营企业2458家，占31.3%，港澳台与中国大陆合作经营企业1300家，占16.6%，港澳台独资企业2706家，占34.5%。在全部“三资”工业中，中外合资和港澳台合资企业就有3064家，占39.1%。通过合资经营这一方式，双方共同承担风险，共享利益，中方可真正掌握到生产和资产经营的决窍，提高管理水平，而且还是中方获利的可靠方式之一。从资本金构成看，“三资”工业资本金达2074.06亿元，占“500万元上工业”的58.9%。在“500万元以上工业”的外商资本金615.22亿元中，“三资”工业占了93.9%，其中外商投资企业占61.6%，港澳台投资企业占36.1%。

二、“三资”工业企业的效益比较

改革开放以来，广东“三资”工业快速发展，对增加就业、弥补资金不足、拓展国际市场空间和传播先进的管理技术等方面 发挥了积极的作用。为了进一步分析“三资”工业发展的效益和亏损问题，我们选取国有工业和股份制工业的有关统计资料进行分析比较，从而揭示“三资”工业发展的优势所在和不足，以促使我省“三资”工业企业的健康快速发展。

1. **综合经济效益指数比较**。与国有工业和股份制工业比较，1998 年，股份制企业经济效益指数最高(132.73%)，外商投资企业次之（124.35%），而国有工业则低于 100%（为 95.35%），港澳台投资企业只有 103.62%，低于全省平均水平（104.60%）。再从计算工业经济效益综合指数的七项指标看，外商投资企业的大部分指标均优于国有工业、股份制工业和港澳台投资企业。值得一提的是，外商投资企业与股份制企业的各项指标特别接近，这主要与两种类型的企业在管理体制和运作方式上比较接近有关，其中：产品销售率、资产保值增值率、成本费用利润率和全员劳动生产率指标都相当接近。外商投资企业与国有工业相比，后者的劣势则明显地表现出来，其中外商投资企业全员劳动生产率是国有工业的 1.46 倍，资产负债率比国有工业低 4.73 个百分点，总资产贡献则高 0.15 个百分点，详见表一。

综合经济效益指数比较（1998 年）

表一　　单位%

	总计	国有工业	股份制工业	外商投资	港澳台投资
综合经济效益指数	104.60	95.35	132.73	124.35	103.62
总资产贡献率	7.37	7.03	9.30	7.18	6.75
资本保值增值率	120.60	106.66	143.04	101.05	140.15
资产负债率	62.19	61.35	56.71	56.52	62.38
流动资产周转率（次）	1.59	1.33	1.25	1.76	1.67
成本费用利润率	2.52	2.53	4.77	2.81	2.46
全员劳动生产率	44553	47019	61440	69007	40577
产品销售率	96.52	98.13	95.95	97.06	96.71

从动态情况看，全省工业综合经济效益指数从 1992 年以来一直徘徊不前、波动较大，但“三资”工业的经济效益指数除 1997 年受亚洲金融风波影响有所回落外，几乎是逐年上升，而且“三资”工业经济效益指数几乎每年都高于全部独立核算工业的平均水平。这说明，“三资”企业除了能创造出比内资企业更高的劳动生产率、有更快的资金周转速度外，国家对“三资”企业的优惠税收政策也是使“三资”企业有更好的经济效益的重要原因之一。近年来“三资”企业效益指数详见表二。

表二　　近年来“三资”工业综合经济效益指数

	1992 年	1993 年	1994 年	1995 年	1996 年	1997 年	1998 年
全省工业综合经济效益指数	97.39	117.34	102.66	97.35	105.03	104.01	104.60
#“三资”工业	96.02		107.49	109.22	135.99	142.02 107.65	124.35（外商） 103.62（港澳台）

注：综合经济效益指数从 1992 年起编制。1997 以前为全部独立核算工业，1998 年为全部国有工业及年销售收入 50 万元以上非国有工业。

2. **主要效益指标比较**。从表三可以看出，股份制企业销售利润率最高（4.3%），外商投资企业次之(2.7%)，港澳台投资企业为 2.4%，而国有工业仅为 2.4%，与全省 2.4%的平均水平相同。从资产利税率看，外商投资企业为 5.8%，股份制企业为 5.6%，而国有工业为 5.1%，而港澳台投资企业（4.0%）均低于全省 4.8%的平均水平。从表三的有关指标分析可以得出一个初步结论是：外商投资及股份制工业盈利能力较强，效益较好，而港澳台投资企业的各项指标比较接近全省平均水平，国有工业则效益较差，且企业负担较重，具体表现在国有工业的财务费用、管理费用均超过全省平均水平，详见表三。

主要效益指标比较（1998 年）

表三　　单位：%

	总计	国有工业	股份制工业	外商投资	港澳台投资
产品销售利润/产品销售收入	10.5	12.0	13.3	9.8	9.8
利润总额/产品销售收入	2.4	2.4	4.3	2.7	2.4
利润总额/资产总额	1.7	1.2	2.6	2.4	1.8
利润总额/资本金	6.4	5.9	10.5	7.1	5.8
利税总额/ 产品销售收入	6.7	10.1	9.5	6.6	5.1
利税总额/资产总额	4.8	5.1	5.6	5.8	4.0
利税总额/资本金	17.7	24.8	23.0	17.1	12.4
负债合计/资产总计	62.2	61.3	56.7	56.5	62.4
应交增值税/产品销售收入	3.2	4.7	4.5	2.9	2.4
管理费用/产品销售利润	57.9	62.4	51.2	67.1	54.7
财务费用/产品销售利润	30.9	36.7	31.2	20.8	29.5

3. **“三资”企业中不同经济类型企业的效益比较**。从“三资”企业的内部情况分析，外商投资企业的各项指标亦优于港澳台投资企业，其中：人均实现利税二者的比例 2.43：1，人均实现利润比例是 2.16：1，人均收入比例是 1.41：1，详见表四。

不同经济类型的“三资”企业效益指标比较（1998 年）

表四　　单位：%

	利润/销售收入	利税/销售收入	利润/资产总额	利税/资产总额	人均实现利润（万元）	人均利税总额（万元）	从业人员报酬（元/人）
总计	2.5	5.6	2.0	4.5	0.46	1.02	12443
外商投资经济	2.7	6.6	2.4	5.8	0.80	1.94	16312
中外合资经营	2.9	8.3	2.3	6.7	1.23	3.57	21558
中外合作经营	2.1	4.7	1.5	3.3	0.29	0.63	11911
外商独资	2.7	4.2	3.0	4.8	0.65	1.02	13424
港澳台投资经济	2.4	5.1	1.8	4.0	0.37	0.80	11544
与大陆合资经营	3.5	6.8	2.3	4.4	0.75	1.44	13685
与大陆合作经营	1.6	5.0	1.2	3.8	0.27	0.84	13812
港澳台独资	1.6	3.4	1.5	3.4	0.18	0.41	9504

4. **“三资”工业的规模、行业——效益指标比较**。从企业规模看，大型企业效益均优于中小型企业，表现出明显的规模效益特点。从销售利润率看，大型企业是中型企业的 6.3 倍，是小型企业的 6.3 倍；从人均实现利税看，大型企业是中型企业的 4.7 倍，是小型企业的 7.8 倍；从劳动者报酬看，大型企业人均收入是中型企业的 1.5 倍，是小型企业人均收入的 1.8 倍，再从轻重工业看，重工业效益优于轻工业，其中：重工业销售利润率比轻工业高 1.25 倍，人均利税比轻工业 1.1 倍，详见表五。

“三资”工业的规模、行业——效益指标比较（1998年）

表五 单位：%

	利润/销售收入	利税/销售收入	利润/资产总额	利税/资产总额	人均实现利润（万元）	人均利税总额（万元）	从业人员报酬（元/人）
总计	2.4	6.7	1.7	4.8	0.41	1.14	11877
大型企业	5.7	12.3	3.1	6.6	1.87	4.06	18630
中型企业	0.9	5.3	0.6	3.4	0.15	0.87	12105
小型企业	0.9	3.9	0.9	3.6	0.12	0.52	10291
轻工业	1.6	5.6	1.3	4.8	0.23	0.83	11266
以农产品为原料	1.2	6.1	1.1	5.3	0.16	0.80	11210
以非农产品为原料	1.9	5.1	1.6	4.4	0.31	0.86	11334
重工业	3.6	8.2	2.1	4.9	0.74	1.71	13003
采掘工业	6.3	13.2	3.7	7.8	0.90	1.87	10411
原料工业	5.6	12.1	2.6	5.7	1.68	3.76	13640
加工工业	2.0	5.1	1.4	3.7	0.34	0.89	12950

5. **企业亏损情况比较**。目前广东外商投资和港澳台投资企业亏损面达到39.1%和37.2%。人们不禁要问，为什么从效益上看，外商投资企业好，而亏损面又仍然那么大呢？这主要是规模较小的企业亏损较多，小企业技术力量、资金力量薄弱、竞争能力差，因而亏损企业占比重较大，而亏损面又以亏损企业个数占全部 企业数来计算有关，详见表六。

工业企业亏损情况表（1998年）

表六

	企业单位数		亏损企业数		亏损面（%）	亏损企业亏损额	
	（个）	比重（%）	（个）	比重（%）		（亿元）	比重（%）
总　计	17980	100.0	6129	100.0	34.1	261.59	100.0
国有工业	3683	20.5	1788	29.2	48.5	63.40	24.2
集体工业	4338	24.1	933	15.2	21.5	34.20	13.1
私营工业	969	3.9	140	2.3	14.4	3.25	1.2
联营工业	388	2.2	113	1.8	29.1	4.87	1.9
股份制工业	801	4.5	229	3.7	28.6	20.78	7.9
外商投资经济	1336	7.4	522	8.5	39.1	51.96	19.9
港澳台投资经济	6508	36.2	2419	39.5	37.2	83.63	32.0
其它工业	43	0.2	15	0.2	34.9	0.5	0.2

从“三资”工业内部不同经济类型的亏损构成看，外商投资经济亏损面大于港澳台投资经济，但从亏损企业亏损额来看，二者又刚好相反，前者亏损51.96亿元，占亏损总额的38.3%，而后者则亏损83.63亿元，占61.7%。在外商投资企业中，亏损额最大的是合资企业，亏损37.81亿元，占72.8%，其次是独资企业亏损8.60亿元，占16.6%，亏损最少的是合作企业亏损4.37亿元，占8.4%。在港澳台投资企业中，合资企业亏损43.08亿元，占51.5%；合作企业亏损15.68亿元，占18.7%；独资企业亏

损 21.76 亿元，占 26.0%，详见表七。

表七

	企业单位数（个）	亏损企业数（个）	亏损面（%）	亏损企业亏损额	
				（亿元）	比重（%）
总　计	7844	2941	37.5	135.58	100.0
1. 外商投资经济	1336	522	39.1	51.96	38.3
中外合资经营企业	606	261	43.1	37.81	72.8
中外合作经营企业	280	89	31.8	4.37	8.4
外商独资企业	432	165	38.2	8.60	16.6
2. 港澳台投资经济	6508	2419	37.2	83.60	61.7
与大陆合资经营企业	2458	903	36.7	43.08	51.5
与大陆合作经营企业	1300	471	36.2	15.68	18.7
港澳台独资企业	2706	1033	38.2	21.76	26.0

从规模——行业看企业亏损情况。第一，从规模看，大中小型企业亏损面均在37%以上，其中：大中型企业亏损面超过全省“三资”企业亏损面的平均数，而亏损额则是小型企业居多，达 71.3 亿元，占“三资”企业亏损总额的 52.6%。第二，从行业看，轻工业亏损面 36.4%，低于全部“三资”工业，而重工业亏损面则高于全部“三资”工业，达 40.0%。从亏损额看，轻工业亏损额 78.72 亿元，超过重工业亏损 56.82 亿元，详见表八。

表八　　“三资”工业的规模、行业——亏损情况表（1998 年）

	企业单位数（个）	亏损企业数（个）	亏损面（%）	亏损企业亏损额	
				（亿元）	比重（%）
总　计	7844	2941	37.5	135.58	100.0
大型企业	358	145	40.5	50.29	37.1
中型企业	407	177	43.5	13.99	10.3
小型企业	7079	2619	37.0	71.30	52.6
轻工业	5519	2010	36.4	78.72	58.1
以农产品为原料	3059	1103	36.1	43.32	55.0
以非农产品为原料	2460	907	36.9	35.40	45.0
重工业	2325	931	40.0	56.86	41.9
采掘工业	30	9	30.0	0.28	0.4
原料工业	365	166	45.5	17.61	31.0
加工工业	1930	756	39.2	38.97	68.6

三、总结与讨论

从以上分析可以看出，改革开放以来，广东“三资”工业发展取得了长足的进步，特别是进入90年代以后，规模不断扩大，科技含量不断提高，经济效益逐年提高，在与国有企业和股份制企业的比较中，更显示出其独特的优势。究其原因：一是“三资”工业有较灵活的经营机制，能够及时地调整产品结构以适应市场的变化；二是有比内资企业更优惠的各种政策；三是有一套严格规范的企业管理制度和有着比内资企业更丰富的管理经验和更高的管理水平；四是社会负担相对较轻；五是有先进的技术设备和较雄厚的技术力量。这些都是“三资”工业能够保持快速发展、“长盛不衰”的重要原因。当然，目前“三资”工业中也还存在很多问题，如钻国家政策的空子，搞假“三来一补”企业，实为独资企业，以达到逃税的目的；又如有些企业趁在境外结算之便搞“假亏损”，这不仅给统计核算带来困难，更给国家税收、股东权益带来危害，导致经济运行秩序的混乱、市场信号扭曲和市场道德基础遭到破坏。又如亚洲金融危机给企业带来的负面影响也不能低估，在我省“三资”企业中，订单减少、因合同价格下降而造成无法履行合同的情况十分突出。目前我省“三资”工业的效益情况优于其它类型工业，但并非“三资”工业的资源配置和要素利用就已经是最优化了，如何挖掘内部潜力，降耗增效仍然是“三资”企业要长期探索的课题。就目前来说，“三资”企业要着重抓好如下几个问题：

1. 抓住有利时机，加快设备更新步伐。目前，“三资”工业中很多设备和生产线是80年代末从港澳引进的，很大部分是当时港澳产业升级时的淘汰设备，相对落后陈旧，因此，要充分利用国家再给“三资”企业引进设备予免税的优惠政策，跟踪世界技术发展动向，高起点引进先进技术和设备，增强企业发展后劲。

2. 努力消除亚洲金融危机带来的负面影响。据了解，亚洲金融危机发生以来，企业订单明显减少，产品价格普遍下降20—30%，延续影响继续存在，给企业生产带来严重影响。因此，要千方百计扩大出口，开拓欧美市场，同时要注意调整产品结构，提高产品档次和竞争力。

3. 适当控制资产负债率，增强企业的抗风险能力。目前“三资”工业的资产负债率达60.8%，国际上一般认为安全“警戒线”是50%，过高的负债率将会加大企业风险，降低企业的偿还能力。

4. 努力降低各种费用。目前“三资”工业的管理费用水平仍然较高，其中 外商投资企业实现每百元销售利润要负担的管理费用为67.1元，港澳台投资企业也要负担54.7元。财务费用过高的状况仍然存在。

5. 适度扩大生产规模，降耗增效。实践证明，适度规模经营是降耗增效的有效途径。我省“三资”工业中大型工业效益明显高于中小型企业就是最好的例证，从亏损企业看也是如此，大多数亏损的都是小型企业，因此，要根据行业发展的特点，适度扩大经营规模，实现各种资源的有效配置，提高“三资”企业的经济效益。

撰稿：幸晓维

伟大的实践　历史的巨变

广东濒临南海，北回归线横贯全境，光、热资源充足，雨量充沛，河流众多，大地四季常青；全省地质条件多样，物产丰富；17.8 万平方公里土地以珠江水系为中心，以韩江流域和雷州半岛为翼端展开，宛如一只展翅的大鹏。

在中国近代史上，这里曾风云际会，英杰辈出；在中华民族解放与复兴的历程中，这里更上演过无数幕决定中国近代历史进程、激昂悲壮、可歌可泣的事件。

新中国成立 50 年来，勤劳、勇敢的南粤人民，在中国共产党领导下，奋发图强，披荆斩棘，虽经坎坷而不悔，历经磨难志不移，不断开拓前进；特别是在波澜壮阔的改革开放，建立社会主义市场经济体系，推进中华民族复兴伟业中，先行一步，勇于探索，为全国的发展提供了有益的经验，全省经济和社会发展取得了令人瞩目的成就。

欣喜与曲折

新中国成立时，广东经济基础十分薄弱。1949 年全省国内生产总值仅 20.27 亿元，人均只有 70 多元；经济以农业为主，第一产业占国内生产总值的比重达 60%。农业生产条件和生产力水平也很低，粮食亩产只有 95.6 公斤。全省基本没有什么象样的工业，大都是采掘、食品和日用品小企业，生产能力很低；年发电量仅有 0.74 亿度、原煤产量 7.23 万吨、水泥产量 3.28 万吨。基础设施十分落后；全省没有一条可贯通一个地区的公路，港口设备残破不堪。由于长期战乱和国民党的腐败统治，人民生活十分贫困。

新中国成立及随后的近 30 年中，广东人民在党的领导下在旧中国遗留的烂摊子上迅速重整河山，在南粤大地上扎下了社会主义的根基。但由于受左倾错误的影响，广东同全国一样，也经历了一段苦难、艰辛的发展之路。在这近 30 年中，人们曾经历了经济迅速恢复和蓬勃发展的喜悦岁月，也饱尝了坎坷挫折的艰辛磨难。

在 1949—1957 年我国三年经济恢复和第一个五年计划时期。我省抑制了旧中国遗留下来的恶性通货膨胀，安置了大量失业人员，广大农民分得了土地，成为当家作主的劳动者，生产热情空前高涨，生产力很快得以恢复。随后组织农业互助合作，对农业、手工业和私营工商业进行了社会主义改造，社会主义经济与政治制度开始根植于这块充满希望的大地。在这段时期，由于生产关系变革极大地促进了农业的发展，全省第一产业增加值由 1949 年的 12.18 亿元，迅速增加到 1957 年的 28.84 亿元。此间，广东根据自身的特点，重点发展制糖、造纸和有色金属矿产等工业，并新建了一批重点骨干企业，为广东工业化的起步奠定了基础；全省工业总产值由 1949 年的 6.91 亿元猛增到 33.86 亿元。这段时期全省共完成固定资产投资 14.4 亿元，社会主义建设事业蒸蒸日上；全省国内生产总值由 20.27 亿元，增加到 1957 年的 58.64 亿元，年均增长 10.5%。人民意气风发，经济蒸蒸日上，生活不断改善，到处洋溢着一片崭新的社会主义新气象。

1958－1962 年的“二五”时期。由于指导思想错误，急于求成，忽视客观规律，盲目“跃进”、“赶超”，刮起了“共产风”和“浮夸风”，国民经济遭受严重破坏，人民群众也备偿饥馑之苦。这一时期全省粮食、花生、蔗糖、肉类、水果、水产等主要农产品产量分别下降 7.7%、7.5%、58%、45.5%、66.8% 和 30.9%，农业生产力倒退到 1957 年以前的水平。工业生产力也受到严重摧残，一大批工厂下马。由于工农业生产被严重破坏，造成物资，特别是粮食一度极为紧缺，物价大幅上涨，经济发展和人民生活陷入极度的困难境地。

经济调整时期的1963—1965年。广东贯彻中央“调整、巩固、充实、提高”的八字方针和“工业七十条，”恢复农业生产，调整工业布局，压缩基建规模，精简就业职工，清退城市人员，加强农业和日用消费品生产，有效扭转了国民经济衰退和人民生活水平下降的困难局面。主要农产品迅速增加，工业也有长足发展；国内生产总值增长速度由“二五”时期的年均增长4.3%上升到6.3%，出现了全面复兴的好势头。

1966—1976年的十年“文化大革命”时期是建国以来全省经济和社会发展遭受劫难时间最长的时期。由于实行“以阶级斗争为纲”、“以粮为纲”和备战、备荒的方针，农业主要生产粮食，工业主要发展重工业和服务于粮食生产，特别是化肥生产，搞了很多的小化肥和小农具、农机厂；第三产业，特别是商饮业受长期实行生活资料配给制而难有什么发展。结果是国民经济严重失调，各种物资紧缺，主要生活必需品都长期凭票供应，加上“文革”对社会主义民主法制的严重践踏及对思想和文化的禁锢，人民的物质生活水平下降，精神生活也极度贫乏。

历史的重托

1978年，党的十一届三中全会顺应历史发展规律和全国人民的意愿，拨乱反正，彻底清算了“文化大革命”的严重错误，全党和全国人民回到了实事求是的正确路线上来；决定实行对内搞活，对外开放，以经济建设为中心的改革开放政策。1979年7月，党中央根据广东省委的要求和邓小平同志的意见，决定广东和福建实行特殊政策和灵活措施，在改革开放进程中先行一步，为全国探索新的发展道路。从此，改革的春风唤起南粤大地无尽的生机，开放的大潮卷起一轮轮发展的巨浪；广东开始义无反顾地踏上不断探索，不断实践，不断突破，不断前进的新征程；经济和社会尤如斩隘破关的江流，从此一泻千里，奔腾向前。

经过20年的孜孜求索和不懈奋斗，广东改革开放取得了显著的成绩，初步建立起了社会主义市场经济体系的基本框架，较好地完成了党中央交给广东“杀出一条血路”的历史重托，对全国改革开放大业的全面推进做出了自己特殊的贡献。

20年来，广东坚定不移地贯彻国家有关改革开放的各项方针政策，按照中央“先行一步”嘱托，在改革开放中不断探索，大胆实践，坚定地实践着先行者的职责。

1、先行一步，改革旧的经济管理体制。广东在对旧的经济管理体制的改革时，除坚定地贯彻全国统一的各项部署外，还积极、果敢地借先行一步之利对旧体制的诸多方面率先发起了冲击。

——兴办经济特区，在旧体制之外探索实现有中国特色社会主义的新途径。1980年，党中央、国务院根据广东省委的要求和邓小平同志的倡议，决定在我省的深圳、珠海和汕头市及福建省的厦门市划出一定的范围，兴办经济特区，作为全国、全省改革先行试验区及对外开放的窗口。经过20年的探索和实践，也经历了波折和起伏，我省三个经济特区的改革开放与发展都取得了很大的成功，尤其是在破除旧体制、建立新体制方面为全省和全国积累了丰富的经验；特区经济发展也取得了骄人的成绩，1998年与1980相比我省三个特区市GDP增长了37倍；特别是特区发展排头兵的深圳市，由一个小渔村发展成一个拥有建成区310.3平方公里，年末常住人口395万，国内生产总值达到1289.3亿元，享誉中外的现代化名城。

——率先进行财政管理体制改革，调整利益格局，充分调动各级积极性。1981年，省政府决定全省实行“划分收支，分级包干，权责结合”的新型财政管理体制，随后在1985年决定省对地、市、县全面实行“划分税种、核定收支、分级包干、一定五年”的改革。财政管理体制的改革极大地调动了各级推进改革开放和发展经济、聚财、理财的积极性。因此，这项改革对全省前十多年的改革和发展起了重大的促进作用，特别是为条件较好的珠江三角洲各市的发展积聚了巨大的财力，也有力地促进和保障了全省的改革、发展大业的推进。全省地方可支配的财力（以财政支出计）1998年达到823.43亿元，是1978年的30.6倍。

——率先改革旧的流通体制和价格体制，催生与培育市场力量和市场体系。1980年初，省政府公布了《关于农副产品采购若干问题的决定》，将原实行统派购的118种一、二类产品减少到47种；以后不断减少统派购产品数量和放宽日用工业品的购销管理范围并逐步放开价格；同时敞开城门让农民进城经商，发展非公有制的流通组织，改革批发和流通管理体制。到1992年全面放开粮食购销价格时，旧的以计划取代市场配置资源，公有制经济一统流通领域天下，价格与市场背离的计划经济流通体制已被彻底击碎。绝大部分商品由市场定价，流动由市场配置，各种经济成分、各种经营类型的流通组织共同发展的新流通体制随之建立起来，社会主义市场经济牢固地扎根在南粤大地。

——率先改革旧的投资体制，为经济建设提供了不竭的资金源泉。为了适应以市场为取向的改革不断向纵深发展和加快经济建设步伐的客观要求，就必须改变以往经济建设主要靠国家投资和银行贷款的旧投资体制，充分调动各方面的积极性。为此，广东率先在投资领域实行了“谁投资、谁受益”的改革。1979—1998年全省全社会固定资产投资增长97倍，20年间全省共完成了16957.4亿元的投资。这项改革举措尤其对以往完全靠政府投入但又长期投入不足，成为经济发展“瓶颈”的交通、电力、运输、电信等基础设施和基础产业的发展起到了巨大的推动作用。全省迅速建起了高质量的水陆空交通网，解决了行路难的问题，告别了电力短缺时代，电信能力也空前提高。

——率先对计划经济体制的微观基础——旧的国有企业管理体制和企业制度进行改革。随着全省改革开放进程的不断推进和市场化程度的日益加深，国有企业以承包制为载体的过渡性体制安排及对应的国有资产管理体制已无法适应形势发展的要求。国企经营和国有资产管理中普遍出现亏损增加、盈利下降、债台高筑，企业负盈不负亏，国家对企业承担无限责任和国有资产流失的困难局面，成为掣肘改革深化的拦路虎。对此广东较早就有比较清醒的认识，并较早在政企分离、所有权与经营权分开、推行现代企业制度和建立国有资产监督和管理新机制等方面进行了探索，并在深圳、顺德等地改革试验基础上推向全省。

——率先改革传统的分配制度。广东在初步打破“大锅饭”的旧分配格局后，根据自身的发展特点，通过推行劳动合同制，下放企业分配方式决定权，建立现代企业制度，规范企业初次分配，对企业领导人试行年薪制度，承认经营风险收入，让资金、土地、技术、无形资产等生产要素参与分配及财产所有权的有偿出让等各项改革试验，在国内较早地建立起效率优先、兼顾公平，按劳分配与按生产要素分配相结合的多种分配方式并存的新的分配制度，全面启动了社会主义市场经济的动力体系，也为市场体系发展与完善开辟了道路。

——率先改革传统的外贸体系。为充分发挥先行之利和毗邻港澳的优势，最大限度地利用国外的资金、技术和市场，加快经济发展，广东不断探索外贸体制的改革。一方面是让外贸企业自主经营、自负盈亏，把外贸企业推向市场；另一方面努力打破旧体制下外贸的垄断局面，授予一批生产企业自营进出口权，同时大力发展工贸、农贸、技贸公司，形成多家经营、多渠道出口的新格局。

——率先改革传统的金融体系。从1984年国务院批复深圳市银行体系改革请示开始，广东对传统金融体制改革迈开了实质性步伐。在随后不断探索在信贷规模，发行股票、债券，外汇调剂公开市场，设立地方性银行和金融机构，引进外资金融机构，建立证券市场等方面的改革与创新，并在许多方面取得了成功。

此外，广东还在农村土地产权制度、政府职能转变、科技教育体制改革等许多方面也都曾率先在全国进行过探索。

2、由封闭迈向开放，加速改革、发展步伐。20年来，广东充分利用国家赋予的先行一步的政策和毗连港澳的地缘优势，坚定不移地扩大对外开放，争取最大限度地利用国外的资金、技术、市场、管理，加快自身的改革和发展进程。

——由局部开放拓展为全面开放。我省在设立经济特区以后，不断争取扩大开放的范围：由1984年广州、湛江等被列为沿海开放城市，到1992年全省所有地级市全部被列入沿海开放区范围。实现了由特区到沿海主要城市，到珠江三角洲再到全地域的全面对外开放。广东一类口岸由改革开放初只有2个增加到1998年的51个。

——对外开放由单一领域扩展到各行各业，由少数国家或地区扩展到全球。改革开放之初我省的开放主要是在物质产品生产领域以众多“三来一补”企业大量进入为特征的低水平开放，而到1998年全省对外开放的领域已由物质生产扩大到商饮、房地产、社会服务、金融、科教文卫和社会服务业等大多数国民经济的经营和服务性领域；我省对外经贸往来由主要是与亚洲国家和地区扩展到全球200多个国家和地区。

——由以进带出，逐步向全面融入国际经济转变。改革开放之初，由于广东基础条件较差，经济实力和生产力水平都较低，对外开放许多是以进带出，利用国外的资金、技术和市场，发掘本地人力的资源潜力，搞出口加工。随着实力的不断增强，现在广东一大批企业已不满足“借船出海”的低层次开放，开始直接进军国际市场。全省已有不少企业在海外投资或将产品研究开发到生产销售的某些环节放在海外。

3、在建立与不断完善社会主义市场经济体系的创新方面走在全国前列。

——在各种经济成份竞相发展方面走在全国前列。改革开放不仅极大地促进了公有制经济的发展和进步，也使传统公有制经济以外的各种其它经济类型应运而生；外资、个体、私营和各种混合经济得到了前所未有的大发展。1996年全省基本单位普查时，非公有制经济企业法人和从业人员已占总体的39.6%和41.6%；而且各种经济类型的相互交融与渗透已达到相当的规模和程度，各种经济类型企业法人间相互交融的资本金达4695亿元，占全部企业法人1995年度实收资本金的44.9%。1998年，全省非公有制经济（国有、集体以外的其它各经济类型）产值已占工业总产值的71.0%，占社会消费品零售总额的64.6%，占出口总额的55.0%。据一项对应测算，1997年广东纯公有制经济以外的其它各类经济增加值占GDP的比重约比全国高近六成。

——宏观调控体系初步建立，效能不断提高。这是广东20年来坚定不移地以市场为取向改革的一个重要成果。一是通过改革政府机构，强化服务与调控功能，将一些原为纯政府机构的行业主管部门改为行业性公司，让他们以市场行为和市场手段，而不是行政手段指导与服务于经济发展。二是成立电力、交通、更改等各类建设基金，有偿使用，滚动发展。这些基金对增加基础产业的投资，解除制约经济发展的瓶颈起到了十分明显的促进作用。三是利用财政管理体制改革的成果和较雄厚的财力，充分利用先期的减免税利及后来的各种返还、退税、转移支付、贴息等手段调控地区、产业的发展。四是加强规划和协调，以指引经济的发展方向。

——搭起了比较完善的市场体系框架。一是建立起了相对完备的商品市场体系。通过改革，我省已彻底改变了由国家计划管理，公有制经济一统天下的旧体制，形成了多种经济成分平等竞争，多种流通渠道、多种经营方式并存和少流通环节的新体制；商品市场形式也由少到多，出现了专门店、连锁、代理、配送、货仓式、电视购物、网上购物等多种新的业态；城乡批发、零售和集贸市场亦都红红火火。1997年，全省商业网点共有124.02万个，城乡集市贸易市场4933个，1998年社会消费品零售总额3249亿元，占全国的11.1%。二是服务业市场已具相当水平，特别是交通、邮电、餐饮、旅业和中介服务等有很大发展。全省交通业已形成国营、集体、个人，各部门、地区、行业一齐上的多渠道、多层次、多形式的格局，1997年全省仅道路、水路运输业户就已达30多万户，约完成客、货运量4.79亿人次和1.45亿吨。电信业中国有电信企业一统天下的局面已有很大的突破，特别是在传呼、移动电话和网络传输等事业，各种利益主体的共同竞争使这些领域得到了前所未有的大发展。广东的餐饮业早在国内独树一帜，但享誉全国却是近20年的事。1997年各种经济类型、不同消费档次，不同业态、不同经营手法和特色的餐饮业网点共有12.55万家。随着生活水平的提高和对外交往的不断扩大，广东的旅业和旅游业市场也日益发达起来。1998年全省仅旅游宾馆就有1056家（其中星级的占41.8%），接待人次达3965.0万人。随着市场化进程和经济的不断发展，一些崭新的服务组织开始出现在经济舞台上，如律师、会计师、审计师、统计师事务所，评估公司，证券公司，拍卖行，典当行，代理公司，期货交易所，信息、咨询公司，行会和商会等市场中介服务组织。它们在市场运行中的“纽带、桥梁”和“催化、润滑”作用对维护市场体系的高效运转发挥着越来越大的作用，得到了迅猛的发展。三是要素市场从无到有，逐步形成了包括金融证券、产权、劳动力和人才、技术、信息市场等在内的要素市场体系。目前广东的金融证券市场已形成了有多种金融工具、多种信用形式，规模大且较完备的体系。现已形成有股票、债券、大额可转让存单、国债、特种金融债券、商业汇票、票据承兑贴现等信用形式，以同业拆借、证券、外汇市场为主体的金融市场体系。1998 年全省有上市公司 190 家，发行股数 29.73 亿股，总市值 2927 亿元；全省年末开户总数达 628.31 万户。1998 年全省职业介绍服务机构 1471 个，已建立起中国南方人才市场和各种众多的人才交流中心，由市场配置劳动力和人才资源的市场体系已初步确立。广东的技术市场亦已初具规模。1998 年全省签订各类技术合同 6253 项，合同金额 24.8 亿元，比 1987 年增长 25.3 倍。广东的产权市场也相当活跃。除通过证券市场的产权转换外，土地使用权转让和产权的拍卖市场也有一定的规模。

——社会保障体系建设走上了快车道。从 1983 年广东作为全国试点进行以退休费用统筹为重点的社会保障体制改革开始，到目前已在养老、失业、工伤、医疗、生育等方面建立起了相应的保险制度，社会覆盖面由国有企业扩大到集体企业、政府机关、外资企业和个体、私营企业，并由城市逐步向农村扩展。同时社会救济制度也在改革中得到完善，广东在国内较早实行了城乡居民最低生活保障制度，积极实行再就业工程，完善再就业服务体系。

崛起南天

建国 50 年来，广东发展虽经历过曲折，但全省人民在中国共产党领导下，最终战胜了各种困难、克服了各种障碍，不断发展进步。特别是改革开放 20 年来，广东经济和社会发展更是跻身全国前列。由以农业经济为主、人民生活水平较低，社会发展缓慢的省份发展成为经济实力雄厚，生产力水平较高，外向经济发达，社会发展已进入工业化中期和总体迈入小康的强省，取得了令世人瞩目的辉煌成就。

1、经济发展水平已居国内强省行列，对国家的贡献越来越大。

——经济迅速发展。建国 50 年来，特别是改革开放 20 年来经济增长迅速。1998 年同 1949 年相比，全省国内生产总值增长了 73.5 倍，年均增长 9.2%；而改革开放以来的 1979—1998 年年均增长高达 14.0%，比同期全国的平均增速高出 4.4 个百分点。全省 GDP 按可比价格计 20 年来已翻了 3.78 番。

——经济实力雄居国内前列。1998 年，广东 GDP 达到 7937 亿元、全社会固定资产投资 2668 亿元、社会消费品零售总额 3248 亿元、进出口总额 1300 亿美元、实际利用外资 151 亿美元，邮电业务总量 418 亿元、城乡居民储蓄存款余额 6653 亿元，均居国内前列，分别占全国的 9.98%、9.37%、11.14%、40.12%、25.77%、17.19%和 12.46%，均远远高于我省人口占全国 5.2%的比重，而且不少指标值已连续多年居国内各省市首位。

——传统产业不断进步，新兴行业正在崛起。农业是古老的产业，建国 50 年来有了很大的发展。特别是改革开放 20 年来，通过调整农业生产关系，发展“三高”农业，推进农业的产业化，现代农业的曙光已显现。1998 年全省农业总产值达 1692 亿元，分别是 1978 年和 1952 年的 3.6 和 8.8 倍。粮食、肉类、水产、水果产量分别比 1952 年增长 1.5、19.8、17.4 和 26.5 倍，比 1978 年分别增长 34%、399%、746%和 1441%。1998 年全省农业产业化创造的产值已相当于农业总产值的三成以上。广东工业发展前 29 年路程曲折，发展较慢。近 20 年来，在改革春风的沐浴下，通过大量投入、引进和改造，已建立起了一个具有宏大生产能力，外向度很高，新兴行业不断崛起的工业体系，“广货”饮誉中外。1998 年广东工业总产值达到 12372 亿元，按可比价计是 1952 年的 63.2 倍，是 1978 年的 45.9 倍；改革开放以来的年均增长速度为 21.1%，比 1953—1978 年的 10.6%高近一倍。全省工业结构已发生很大的变化，原有的纺织、食品等的主导地位已被电子、电气、电力等取代；近年重化工业也有很大的发展，高新技术产品产业正在崛起。广东不少新兴行业和产品在国内已占有重要地位：1998 年，广东电气、电子和仪器仪表及办公机械行业产值分别占全国的 22.9%、32.7%和 41.0%；广东的机电，特别是其中的家用电器业产品产量有相当部分在国内占相当份额：如照相机、电风扇、收音机的产量均占全国的 75%以上，组合音响占

68.5%，家用电冰箱占30.1%、房间空气调节器占39.9%、彩色电视机占33.6%、改革开放使我省交通、邮电业得到前所未有的大发展。铁路通车、公路营运里程1998年分别达2028公里和92713公里，分别比1950年增2.60和19.9倍；民航航线里程45.65万公里，比1955年增874倍，全省的客运量和货运量分别比1950年增加38.7倍和43.6倍；而这些辉煌的业绩主要是改革开放以来创造的。此期间新增的铁路通车里程、民航航线里程和客运量中分别有69.9%、95.6%和78.0%是近20年增加的。1998年邮电业务总量410.58亿元，是1952年的1173倍。城乡电话交换机总容量达1530.5万门，占全国的11.7%。广东的金融保险业已成为经济的重要组成部分。1998年我省全部金融机构各项存款余额达1.33万亿元，占全国的13.9%。广东的房地产业是改革开放后新兴的行业，现已迅速发展成经济增长的热点。1998年全省房地产业增加值达362.83亿元，占第三产业增加值的12.4%；房地产开发投资达602.72亿元，占全社会固定资产投资的22.6%，当年商品房实际销售面积1538.98万平方米，销售额530.22亿元，居国内首位，占全国的24.8%。

——广东对国家贡献加大。1998年我省GDP、出口额、实际利用外资约分别占全国的10%、41.2%和25.6%，分别比1978年（实际利用外资为1985年）提高4.9、27和5.9个百分点；对同期全国上述三指标增量的贡献率分别为10.2%、42.7%和26.1%。1998年，我省国、地税收入占全国的13.5%，远远高于GDP和人口在全国的比重。

2、社会发展水平跃居全国前列，已迈入工业化中期和小康社会的门槛。

——1949年，广东人均GDP只有70多元，而到1998年已达11110元，按可比价格计算比1952年增长18.8倍；按平均汇率计我省1998人均GDP年已达1300多美元。而在人均GDP近50年增加的11037元中，有97.3%是在改革开放20年来实现的。

——建国以来，特别是改革开放20年来广东的产业结构得到很大的提升。三大产业比由1949年的60.09:12.87:27.04变为1978年的29.76:46.61:23.69，进一步提升到1998年的12.73:50.36:36.90。宏观产业结构已与80年代中期国际上某些中上收入水平国家相若。1952年全省有79.7%的从业人员从事农业，到1978年仅降了6个百分点，而1998年第一产业从业人员比重已降到40.8%。1998年我省制造业中石油、化工、医药、化纤、黑色和有色金属冶炼及压延、专用设备、交通设备、电气、电子、仪表等资金、技术较密集行业的工业产值已超过工业总产值的一半，高新技术产品产值1480亿元，占工业总产值的12%。这些都表明，我省已进入工业化发展的中期阶段。

——从社会发展水平看。1998年我省城乡居民收入（城市为可支配收入、农民为纯收入）达5184.13元。其中城镇居民可支配收入为8839.7元，比1978年实际增长2.9倍；农民人均纯收入3527.14元，比1978年实际增长3.5倍。居民的恩格尔系数1998年已降至48.9%，总体上已进入了小康生活。1998年广东人口的平均预期寿命达74.1岁，比1981年提高2.6岁，比建国前提高一倍多。1996年国家统计局全国社会发展水平综合评价结果，广东位居全国各省区第一位。

3、培育起雄厚的竞争力基础，形成相对优良的发展条件。

——广东已积聚起巨大的投入能力。1978年以来全省累计完成全社会固定资产投资近1.7万亿元，为彻底改变广东经济基础薄弱、生产力水平不高、人民物质生活水平与质量低下的状况奠定了雄厚的物质基础。随着经济的发展，广东的财力迅速增强。20年间地方预算内财政支出增长了29.5倍，比1952—1978年的年均增长速度8.4%高10.2个百分点。广东现已有巨大的金融规模，1998年各种金融机构存款余额比同年全省GDP还高出67.5%；其中城乡居民储蓄存款有7549.9亿元，占全国的14.1%。

——基础设施跻身国内先进水平。一是交通、电信能力与素质较高。1998年我省公路通车里程，居国内首位；公路密度为52.12公里/百平方公里，比1978年时提高77.5%。等级路比重1998年占89.3%，比全国高5.6个百分点；而同年高速公路里程已达810公里，居国内首位。航运及航空运输能力也有长足的发展。1998年我省拥有码头泊位2368个，其中万吨级深水泊位106个，沿海港口货物吞吐量12762万吨，是1952年的35.7倍，1978年的4.5倍。1998年全省已有8个民航机场，国内航线90多条，国际航线13条；旅客运输量、吞吐量、飞行起降架次等均居国内首位。全省电信能力有很大的提高，全省电话交换机总容量1998年比1952年增长425.97倍。我省的电力生产已摆脱曾长期制约经济发展的瓶颈状态。1998年全省发电设备装机容量已达2906.95万千瓦，比1978年增长10.54倍，比1952年增390.8倍；1998年发电量达1004.4亿千瓦时，比1978年增长9.9倍。

——形成了发达的外向型经济和日益紧密的粤港澳经贸合作关系。20年来改革开放促使我省迅速地建立起了一个强大的对外经贸体系。1998年，全省进出口总额达1300亿美元，占全国的40.1%，其中出口757.24亿美元，占全国的41.2%；进出口总额和出口总额分别比1978年增长80.7倍和53.6倍；实际利用外资151亿美元，比1979年增长165倍，占全国的25.6%。1998年在我省登记的外商投资企业5.77万户，约占全国的四分之一。广东已连续多年保持了出口额、实际利用外资和外商投资企业登记数的全国第一。到我省投资的国家和地区已达80多个、国际跨国公司300多家；广东与世界上200多个国家和地区建立了贸易关系。广东改革开放20年来所取得的骄人成绩，除了先行一步及广大人民的努力奋斗外，还得益于我们充分利用并不断加深与港澳的经贸合作关系。1979—1998年，广东实际利用的港澳资金累计达703.15亿美元，相当于同期全省实际利用外资总额的73.1%；到1997年底止，港澳厂商在广东兴办“三资”企业就达4.78万家，吸纳数百万劳工。1979—1998年，我省对港澳的出口累计达到2892.79亿美元，占同期出口总额的83.4%。通过粤港澳经济合作和港澳市场，我省引进了大量先进设备和技术，学习并融汇了他们先进的管理方法和市场体系及调控管理办法，磨练出一大批国际经贸人才和企业家。随着港澳相继回归祖国大家庭，粤港澳经贸合作关系将更加紧密，层次、水平和效能将更高。

4、精神文明建设硕果累累。

改革开放以来广东各级党政领导始终牢记邓小平同志“两手抓、两手都要硬”的要求，在物质文明建设取得巨大成就的同时，精神文明建设也硕果累累。广东始终深刻认识精神文明建设对把握改革开放正确方向的重要作用，先后制定了一系列的决定、规划、纲要等指导文件，形成制度，常抓不懈。坚持实施以“先进的思想教育人，优秀的作品鼓舞人”。为弘扬中华民族的传统美德，我省编写了《新三字经》、《家庭美德五字谣》、《农民道德歌》等读物，精心组织了“文化精品”、“文化艺术上山下乡”等工程。同时，坚决打击刑事犯罪和“黄、赌、毒”，扫除精神垃圾污染。加强党风廉政建设，坚持不懈反腐败。先后制定了一系列的文件和规定，并抓住大案要案，依法严惩腐败。目前我省精神文明建设取得了丰硕的成果，适应社会主义市场经济发展要求的新的伦理道德逐步发展起来；热心公益、见义勇为、助人为乐蔚然成风；人们的道德自律精神增强；也建立起了一套比较完善的管理、考评体系。

争创新优势，迈向新世纪

建国以来，特别是改革开放20年来，广东社会主义建设取得了巨大的成绩，获得了在国内相对领先的竞争优势。但在国内全面深化改革，扩大开放，加快制度创新的新形势下，在全球科技飞速发展，经济竞争与交融更加炽热的世纪之交，各地都在全力施为，争取更快发展；国际上也瞄准中国这个大市场；国内外竞争空前激烈。广东“先行一步”建立起来的相对有利条件和优势，或已消失，或正在减弱，而我们长期高速发展所积滞的矛盾随形势的变化却开始突显出来；跨世纪的广东正面临严峻的挑战。

——生产力发展水平亟待转向更高层次。一是我省产业和产品水平仍不高。农业总体上仍处在的小生产状态；四成多的社会劳动者、只创造了12.7%社会增加值。我省工业虽然总量庞大，但水平低、雷同严重、缺乏支柱产业核心、产业组织松散等长期困挠我们的问题仍有待解决；大量生产能力过剩又大大加剧了我省工业技术经济结构调整的难度。我省的第三产业在90年代以来出现了发展素质退化的现象。由于更新改造投入比重下降，技术开发研究水平不高，装备水平也出现老化现象。我省研究开发能力弱的问题长期没有得到解决，大多数仍靠引进或模仿他人技术；1998年我省R&D占GDP的比重为0.44%，远低于全国的0.66%。

——改革开放进程滞后于市场经济发展的要求。集中表现在市场经济体系的发育程度仍滞后于客观形势的要求、国际经济参与程度很高，但参与水平、层次都较低。

——进一步加快发展与资源、环境约束增强的矛盾突出。1998年，我省年末耕地为3438.2万亩，比1978年减少17.5%，人均剩0.48亩，"吃饭"与发展的矛盾相当尖锐。目前我省的环境问题相当突出，空气污染严重，酸雨频率很高，江河水质严重下降，可持续发展面临严重挑战。

广东省委和省政府面对世纪之交新的国际、国内形势，遵照江泽民总书记"争创新优势，更上一层楼"的指示，带领全省人民，积极开拓进取，把广东改革开放和社会主义现代化建设事业全面推向21世纪。

——按照重点突破、整体推进、综合配套的总体要求，在深化、配套、攻克难点上下功夫，在建立新的经济体制上先走一步，加快建立社会主义市场经济体制，增创体制新优势。

——强化第一产业，提高第二产业，大力发展第三产业；以市场为导向，以效益为中心，以科技为依托，扶强项、创名牌、扩规模、上水平，调整优化经济结构，增创产业新优势。

——充分利用业已建立起的雄厚基础、广泛的渠道，港澳相继回归的机遇，实施外向带动战略，增创开放新优势。——全力发展科技、教育事业，让第一生产力升帐，迎接知识经济的挑战，广东将采取切实可行的措施，实施科教兴粤战略，增创科技新优势。

——保护与合理开发资源，优化生态环境，实施跨世纪"绿色工程"、"蓝天碧水工程"，严格控制人口增长，提高人口素质，实施可持续发展战略。

回顾50年的风雨路，广东人民倍感今天成就来之不易；展望新世纪的新征程，南粤儿女坚信在中国共产党领导下，坚持改革开放，沿着有中国特色的社会主义道路前进，这片热土必将更加繁荣兴旺。

撰稿：欧卫东、李更明

第二部分　统计资料

PART TWO STATISTICS

一　行政区划和自然资源

ADMINISTRATIVE DIVISION AND NATURAL RESOURCES

简要说明

一、本篇资料反映广东省行政区划、自然资源的开发和利用等情况。自然资源包括土地、气候、森林、水利、矿产资源情况。

二、本篇资料由广东省统计局综合处负责整理、编辑。

三、资料来源：

行政区划资料由省民政厅提供；

森林资源资料由省林业厅提供；

水利资料由省水力电力厅提供；

矿产资料来自省地质矿产局《地质矿产年报》；

海洋资料由省海洋与水产厅提供；

气象资料由省气象局提供。

ADMINISTRATIVE DIVISION AND NATURAL RESOURCES

Brief Introduction

Ⅰ. This chapter covers the data on divisions of administrative areas, natural conditions and the exploitation and utilization of the natural resources of Guangdong Province. Natural resources cover land, climate, forest, water conservancy, mineral resources and the lease and administrative allocation of the use right of the state—owned land.

Ⅱ. The data in this chapter are prepared and compiled by the Division of Integration of the Statistical Bureau of Guangdong province.

Ⅲ. The data resources come as follows:

The data on divisions of administrative areas are provided by the Civil Affairs Department of Guangdong Province.

The data on forest are provided by the Forestry Department of Guangdong Provine.

The data on water conservancy are provided by the Hydro—electric Power Department of Guangdong Province.

The data on mineral resources are prepared in accordance with the data in the "Annual Report on Geology and Mineral Resources" compiled by the Geology and Mineral Resources Bureau of Guangdong Province.

The data on ocean are provided by the Department of Ocean and Aquatic Products of Guangdong Province.

The data on meteorological phenomena are provided by the Meteorologic Bureau of Guangdong Province.

1-1 行 政 区 划

ADMINISTRATIVE DIVISION OF GUANGDONG PROVINCE

单位:个　　　　(number)

市　别 City	地级市 Number of City at Prefectural Level	县级市 Number of City at County Level	县 Number of County	自治县 Number of Autonomous County	市辖区 Number of District Under the Jurisdication of City	市辖镇 Number of Township Under the Jurisdication of City	乡 Township	民族乡 Ethnic Community Township	街道 Neighbourhoods
全省总计 Total	**21**	**33**	**43**	**3**	**43**	**1551**	**35**	**6**	**346**
广　州 Guangzhou	1	4			8	77			95
深　圳 Shenzhen	1				6	19			26
珠　海 Zhuhai	1		1		1	20			6
汕　头 Shantou	1	2	1		5	37			54
韶　关 Shaoguan	1	2	5	1	3	134	7	1	7
河　源 heyuan	1		5		1	115			4
梅　州 Meizhou	1	1	6		1	158	3		5
惠　州 Huizhou	1	1	3		1	84	1	1	5
汕　尾 Shanwei	1	1	2		1	47	2		6
东　莞 Dongguan	1					28			5
中　山 Zhongshan	1					22			6
江　门 Jiangmen	1	5			2	92			10
佛　山 Foshan	1	4			2	37			27
阳　江 Yangjiang	1	1	2		1	48			7
湛　江 Zhanjiang	1	3	2		4	98	5		23
茂　名 Maoming	1	3	1		1	102			16
肇　庆 Zhaoqing	1	2	4		2	113	2	1	11
清　远 Qingyuan	1	2	3	2	1	135	5	3	8
潮　州 Zhaozhou	1		2		1	48			9
揭　阳 Jieyang	1	1	3		1	71	10		6
云　浮 Yunfu	1	1	3		1	66			10

注：本行政区划截止 1998 年底。

Note：This administrative division is the status by the 1998 year-end.

1-2 自然资源
NATURAL RESOURCES

项　　目		Item		1998
一、土　　地		**Land**		
土地面积	（平方公里）	Total Land Area	(sq. km)	177901
#丘陵山地		Hills and Mountains		110527
台　地		Tableland		24012
平　原		Plain		41708
海洋滩涂面积	（万公顷）	Sea Beach Area	(10000 hectares)	20.42
海岛面积	（平方公里）	Area of Islands	(sq. km)	1599.9
大陆海岸线长度	（公里）	Length of Mainland Shore	(km)	3368.1
岛屿岸线长度	（公里）	Length of Island Shore	(km)	2414.4
岛屿个数	（个）	Number of Island		759
二、气　　候		**Climate**		
年平均降雨量	（毫米）	Annual Average Precipitation	(mm)	1609.0
年平均气温	（摄氏度）	Annual Average Temperature	(℃)	22.9
年日照时数	（小　时）	Annual Sunshine Hours	(hour)	1699.2
三、森　　林		**Forest**		
活立木蓄积量	（亿立方米）	Total Standing Stock Volume	(100 million cu. m)	3.0
森林覆盖率	（%）	Forest-coverage Rate	(%)	56.6
四、水力水产		**Hydropower and Aquatic Products**		
水力资源理论蕴藏量	（万千瓦）	Theoretical Hydropower Resources	(10000 kw)	1072.8
#可开发装机容量		Developable Resources		665.5
海水养殖可养面积	（万公顷）	Cultivatable Area in Marine Areas	(10000 hectares)	77.57
淡水可养面积	（万公顷）	Cultivatable Area in Fresh-Water Areas	(10000 hectares)	43.2
五、矿　　产		**Mineral**		
煤保有储量	（万吨）	Ensured Reserve of Coal	(10000 tons)	59783.5
铁矿石保有储量	（万吨）	Ensured Reserve of Iron Ore	(10000 tons)	56040.2
硫铁矿保有储量	（万吨）	Ensured Reserve of Sulphur OreP	(10000 tons)	44779.1

注：1、丘陵山地、台地和平原面积为1997年统计数据。
2、海岛面积、岛岸线长度、岛屿个数是指面积大于500平方米的岛屿。
Note: a) The figures of land area of hills, mountains, tableland and plain are data of year 1997.
b) Area of islands, length of island shore and the number of islands refer to the island which area is larger than 500 sq. m.

1-3 各地区年平均气温
ANNUAL TEMPERATURE IN MAJOR PARTS OF GUANGDONG

单位：℃ (℃)

年份 Year	粤北 Northern Part	粤东北 North-Eastern Part	粤西北 North-western Part	粤东 Eastern Part	粤中 Central Part	粤西 Western Part
1980	20.7	21.5	22.5	21.2	22.2	23.4
1985	20.2	20.9	22.0	21.1	21.6	22.6
1990	21.1	21.5	22.8	21.8	22.6	23.4
1995	20.0	20.0	22.2	21.6	22.3	23.0
1996	19.9	21.4	22.4	21.9	21.6	23.3
1997	20.4	21.3	22.7	22.1	22.0	23.7
1998	21.2	22.5	23.3	23.0	22.8	24.5

1-4 各地区年降雨量
ANNUAL PRECIPITATION IN MAJOR PARTS OF GUANGDONG

单位:毫米 (mm)

年份 Year	粤北 Northern Part	粤东北 North-Eastern Part	粤西北 North-western Part	粤东 Eastern Part	粤中 Central Part	粤西 Western Part
1980	1459.4	1461.7	1586.1	1369.1	1492.2	2274.0
1985	1360.2	1607.8	1726.9	1481.3	1706.0	2411.3
1990	1436.6	1709.0	1284.8	2236.9	1239.5	1510.2
1995	1506.9	1171.0	1766.4	1512.2	1752.4	2082.9
1996	1633.1	1361.5	1693.1	1409.0	1683.4	1222.6
1997	2045.3	1847.5	1815.3	2040.9	1997.3	2344.3
1998	1862.3	1458.2	1737.5	1593.6	1736.1	1266.4

1-5 各地区年日照时数
ANNUAL SUNSHINE HOURS IN MAJOR PARTS OF GUANGDONG

单位:小时 (hour)

年份 Year	粤北 Northern Part	粤东北 North-Eastern Part	粤西北 North-western Part	粤东 Eastern Part	粤中 Central Part	粤西 Western Part
1980	1754.1	1811.1	1945.8	1989.2	1921.8	2036.5
1985	1701.6	1926.7	1613.3	1900.6	1406.0	1868.4
1990	1613.9	1893.1	1542.8	1921.3	1648.7	1877.4
1995	1420.6	1868.7	1704.6	2038.3	1559.6	1828.3
1896	1626.5	1965.7	1796.9	2094.8	1564.7	2042.3
1997	1349.1	1490.2	1454.9	1985.8	1209.8	1895.1
1998	1578.3	1689.6	1546.1	1917.5	1469.4	1994.0

1-6 各市森林资源主要指标(1998年)

MAJOR INDICATORS OF FOREST RESOURCES BY CITY(1998)

单位:千公顷,万 m³ (1000 hectares,10000m³)

市别 City	林业用地 Area of Afforet-ed Land	有林地 Forest Land	未成林地 Unmature Wood Land	疏林地 Sparse Forest Land	灌木林地 Bush Land	无林地 Non-Forest Land	森林覆盖率(%) Forest-Coverage Rate	活立木总蓄积量 Standing Stock Volume	林木总生长量 Total Growing Volume of Wood	林木总消耗量 Total Consumed Volume of Wood
全省总计 Total	10827.6	9194.8	282.3	152.4	632.3	557.1	56.6	29983.3	1706.0	760.2
广州 Guangzhou	308.6	292.3	5.6	0.3	2.1	8.0	41.5	762.0	45.4	15.3
深圳 Shenzhen	89.7	77.9	3.7	0.2	6.9	0.9	47.4	109.6	9.7	3.8
珠海 Zhuhai	51.0	32.0	1.1	0.7	13.9	3.2	32.6	58.9	3.0	0.2
汕头 Shantou	64.9	63.3	0.3	0.2		1.2	32.1	75.5	4.9	0.3
韶关 Shaoguan	1375.8	1177.7	23.6	19.6	70.2	84.7	69.8	5308.4	247.9	124.4
河源 Heyuan	1215.0	1088.3	20.5	29.5	27.3	49.4	72.0	3023.1	166.8	63.6
梅州 Meizhou	1216.5	1071.0	29.7	24.1	37.7	53.9	70.9	2072.9	144.7	28.3
惠州 Huizhou	713.8	628.5	18.9	10.2	17.8	38.3	58.5	1597.6	101.0	42.8
汕尾 Shanwei	272.8	201.7	7.6	3.1	24.8	35.7	49.6	322.8	26.4	5.2
东莞 Dongguan	61.3	56.9	0.8	0.7	1.2	1.6	28.6	100.9	8.3	4.5
中山 Zhongshan	33.9	28.0	0.1	0.4	4.6	0.8	22.4	64.1	3.2	
江门 Jiangmen	443.2	341.4	21.0	3.0	50.8	27.0	43.5	925.0	76.9	20.6
佛山 Foshan	73.6	66.5	2.2	0.7	2.0	2.1	20.6	211.4	13.1	2.7
阳江 Yangjiang	424.2	332.0	15.4	6.6	52.7	17.4	52.1	1238.9	75.8	11.8
湛江 Zhanjiang	224.0	200.3	9.2	1.1	1.9	11.4	21.8	730.4	62.5	35.8
茂名 Maoming	575.7	512.6	12.4	11.4	9.0	30.3	54.1	1844.5	79.1	32.9
肇庆 Zhaoqing	1039.5	938.4	38.0	7.4	23.7	32.0	66.3	3997.3	200.6	78.9
清远 Qingyuan	1390.8	985.7	38.9	16.7	252.5	97.0	65.7	4482.5	229.1	87.3
潮州 Zhaozhou	184.4	173.0	1.6	1.2	3.7	4.9	57.6	247.0	18.7	8.1
揭阳 Jieyang	283.2	248.6	6.8	3.7	10.0	14.1	51.8	435.1	31.0	3.5
云浮 Yunfu	501.7	444.2	14.5	6.7	11.0	25.3	60.9	1459.8	81.4	22.8

注:全省总计含省直属林场、乳源林业局、省农垦总局及雷州林业局资料。

Note:This figures of total include forest centres under province authority,Ruyuan Forest Bureau,Department of Land Reclamation and Cultivation of province and Leizhou Forest Bureau.

主 要 统 计 指 标 解 释

森林面积 指生长着乔木和竹林，郁闭度在0.3以上(不包括0.3)的林地面积，即有林地面积。它是反映森林资源总面积的重要指标。森林面积包括天然林面积和人工林面积。但不包括灌木林地和疏林地面积。

森林覆盖率 通常是指森林面积占土地总面积之比，一般用百分数表示。但国家规定在计算森林覆盖率时，森林面积还包括灌木林面积、农田林网树占地面积以及四旁树木的覆盖面积。森林覆盖率，是反映一个国家和地区森林资源和绿化水平的重要指标。计算公式：

$$\text{森林覆盖率}(\%)=\frac{\text{森林面积}}{\text{土地总面积}}\times 100\%$$

活立木总蓄积量 指全部土地上树木蓄积的总量。包括森林蓄积、疏林蓄积、散生木蓄积和四旁树蓄积。

森林蓄积量 指森林面积上生长着的林木树干材积总量。它是反映一个国家或地区森林资源总规模和水平的重要指标。

矿产保有储量 指探明的矿产储量(包括工业储量和远景储量)扣除已开采部分和地下损失量后的年底实有储量。它反映国家矿产资源的现状。

Explanatory Notes on Main Statistical Indicators

Forest Area refers to the area of forest land where trees and bamboo grow with canopy density above 0. 3,including land woods and planted woods,but excluding bush land and thin forest land. It reflects the total area of afforestation.

Forest Coverage-rate refers to the ratio of area of afforested land to total area of land (measured in percentage). According to regulations of the government,calculating forest coverage-rate,in addition to afforested land,the ares of bush forest,the area of forest land inside farm land and the area of trees planted by the side of farm houses and along the roads ,rivers and fields should be included in the area of afforested land in the calculation of the forest coverage-rate. This indicators shows the forest resources and afforestation progress of a country or a region. The formula for calculating forest coverage-rate is as follows:

$$\text{Forestry Coverage-rate}(\%)=\frac{\text{Area of Afforested Land}}{\text{Area of Total Land}}\times 100\%$$

Total Standing Stock Volume refers to the toal stock volume of trees growing in land,including trees in forest,trees in spares forest,scattered trees and trees planted by the side of farm houses and along the roads,rivers and fields.

Stock Volume of Forest refers to total stock volume of wood growing forest area,which shows the total size level of forest resources of a country or a region.

Ensured Mineral Reserves refer to the actual mineral reserves ,which equal to the proven mineral reserves (including industrial reserves and prospective reserves) minus extracted parts and underground losses. This indicator shows the current condition of the mineral resources of a country.

二　综　合

GENERAL SURVEY

简要说明

一、本篇资料反映广东国民经济、科技、社会等方面的规模、水平、速度、结构、比例、效益的综合情况以及国民经济核算情况，分别由广东省统计局综合处和核算处整理提供。

二、综合统计资料是根据广东省统计局各专业统计年报资料以及国家统计局、广东省有关部门提供的统计资料加工整理而成。

三、国民经济核算资料主要包括国内生产总值及其有关资料。

国内生产总值是根据不同产业部门的特点和资料来源情况而分别采用生产法、收入法计算增加值，最后将各产业部门增加值求和得到，这一结果是广东省国内生产总值的标准数据。

按支出法计算的国内生产总值等于总消费、总投资、货物和服务净出口之和，它与按上述方法计算的国内生产总值不一定相等，两者之间存在统计误差。

分市的国民经济核算数据由各市统计局提供，各市数据相加不等于全省总计。

本统计年鉴公布的国民经济核算资料，最后一年数据不是最终数，还会发生变动；如果遇到普查年，在能够获得更为详细的基础资料的情况下，国内生产总值的历史数据也会发生变动。1996 年，根据第一次第三产业普查结果，对全省国内生产总值的历史数据做了调整，本年鉴的数据是调整后的数据。

GENERAL SURVEY

Brief Introduction

Ⅰ. The summary data in this chapter reflect the scale, level, speed, structure, ratio and efficiency concerning the national economy, science and technology, the social development of Guangdong Province and also cover the data on its national economic acconuts. The data are prepared and provided by the Division of Integration and the Division of National Economic Accouuting of the Statistical Bureau of Guangdong Province respectively.

Ⅱ. The summary data are processed and prepared in the light of the annual reports of various specialized fields provided by the Statistical Bureau of Guangdong Province and data provided by State Statistical Bureau and some related departments of Guangdong Province.

Ⅲ. The data on the national economic accounts mainly cover the gross domestic product (GDP) and related data.

The value added is calculated with the production approach and the income approach respectively in the light of the features of various sectors and the data sources. The GDP is the result of the sum of the value added of various sectors. The result is the standard data on GDP of Guangdong Province.

The GDP calculated with the expenditure approach equals to the sum of final consumption, total capital formation and the net export of goods and services. However, the GDP data with this approach may be unegual to the standard data on GDP calculated with the methods mentioned above. There is a statistical discrepancy between the two figures.

The data on the national economic accounts of each city are provided by the statistical bureau of each city. The summary data of cities are not equal to the total value of the province.

The data on the national accounts of the latest year published in this yearbook are not final and subject to changes. When the year happens to be a census year, the data of GDP of the past years may also be revised. In 1996, the GDP figures of the past years were adjused in accordance wih the result of the first tertiary industry census. The data published in this yearbook are the adjusted data.

2-1 各部门机构数
GRASSROOTS UNIT IN VARIOUS SECTORS

部门	sector	1990	1995	1998
农村基层组织（个）	Rural Grassroots (unit)			
镇政府	Town Government	1316	1592	1578
#乡政府	Township Government	338	63	38
村民委员会	Villagers' Committee	23858	22869	22945
村民小组	Villagers' Group	213137	206764	222565
国营农场（个）	State-Owned Farm (unit)	599	585	571
乡镇企业（万个）	Township Enterprise (10000 units)	119.65	144.66	72.16
工业企业（个）	Industrial Enterprise (units)	386832	470615	478198
乡及乡以上工业	Enterprise at Township and Higher Levels	30404	42680	
#国有工业	State-Owned	6886	6873	
集体工业	Collective Owned	20641	23556	
建筑业企业（个）	Construction Enterprise (unit)	686	1618	2961
#国有企业	State-Owned	176	468	729
邮电局所	Post and Telecommunications Office	2573	3580	
批发、零售贸易业网点（万个）	Establishment of Whole sale and Retail Sale Trades (10000 units)	78.19	121.19	
卫生事业（个）	Health Care Service (unit)	8989	8848	8805
#医院及卫生院	Hospitals	1885	2267	2373
#县及县以上医院	Hospital at and Above County	547	637	710
社会福利事业单位数	Social Welfare Institution	1313	1887	2029
教育事业	Education			
普通高等学校（所）	Regular Institution of Higher Education	45	42	43
中等学校（所）	Secondary School (unit)	4755	4760	4766
#普通中学	Regular Secondary School	3879	3845	3879
小学（万所）	Primary School (10000 units)	2.46	2.46	2.47
幼儿园（所）	Kindergarten	7469	7923	10147
艺术表演团体（个）	Art Performance Troupe	130	134	139
文化事业（个）	Cultural Institution	2303	2492	2946
文物事业（个）	Cultural Relics	119	133	147
广播电视（座）	Broadcasting and Television Station (unit)			
广播电台	Radio Station	87	96	97
电视台	Television Station	38	56	61
县、市有线广播站	Rediffusion Station in Countries and Cities	93	67	54
科学研究（县以上国有单位）（个）	Scientific Research Institution (state-owned units at and above county level) (unit)	294	298	295
自然科学和技术领域	Natural Sciences and Technology	267	271	269
社会、人文科学领域	Social Sciences and the Humanities	13	13	11
科学技术情报和文献机构	Scientific and Technical Information and Literature Institutions	14	14	15

2-2 国民经济和社会发展总量与速度指标

指　　标	Item	总量指标 1978	1980	1985
人口与就业	**Population And Employment**			
人　口　（万人）	**Population (10000 persons)**			
年底总人口	Year-end Population	5064.15	5227.67	5655.60
农业人口	Agricultural Population	4240.92	4317.96	4457.68
非农业人口	Non-agricultural Population	823.23	909.71	1197.92
男性人口	Male	2586.68	2671.28	2909.52
女性人口	Female	2477.47	2556.39	2746.08
就　业　（万人）	**Employment (10000 persons)**			
年底从业人员人数	Year-end Employees	2275.95	2367.78	2731.11
#职工人数	#Staff and workers	515.85	563.62	660.82
城镇登记失业人员数	Listed Unemployees in Urban Areas			
宏观经济	**Macroeconomic Indicator**			
国民核算(当年价)　（亿元）	**National Accunting (At current year prices) (100 million yuan)**			
国内生产总值	Gross Domestic Product	185.85	249.65	577.38
第一产业	Primary Industry	55.31	82.97	171.87
第二产业	Secondary Industry	86.62	102.53	229.82
第三产业	Tertiary Industry	43.92	64.14	175.69
支出法国内生产总值	Gross Domestic Expenditures	194.14	259.32	568.98
#最终消费	Total Consumption	125.71	187.00	372.95
居民消费	Resident Consumption	107.15	164.44	321.41
政府消费	Public Consumption	18.56	22.56	51.54
资本形成总额	Gross Capital Formation	54.79	63.63	214.97
固定资产形成总额	Gross Fixed Capital Formation	37.93	51.77	160.28
存货增加	Increase in Stock	16.86	11.86	54.69
固定资产投资　（亿元）	**Investment in Fixed Assets (100 million yuan)**			
全社会固定资产投资	Total Investment in Fixed Assets	27.23	38.29	184.59
#国有单位	#State-owned Units	20.04	25.72	131.11
集体单位	Collective Owned Units	0.84	1.68	24.18
个体经济	Individuals	6.35	10.89	29.30
财　政　（亿元）	**Public Finance (100 million yuan)**			
财政收入	Government Revenue	39.46	36.10	65.46
各项税收	Taxes	25.78	27.72	65.25
企业收入	Revenue From Enterprises	13.59	8.19	-0.75
其他收入	Other Revenue	0.09	0.19	0.96
财政支出	Total Expenditures	27.03	24.93	60.84
经济建设	Expenditures for Economic Construction	17.63	12.65	26.53
社会文教卫生科研费	Expenditures for Culture, Education, Health Care and Scientific Research	5.67	7.69	18.46
行政经费	Expenditures for Government Administration	2.06	2.90	6.49
其他支出	Other Expenditures	1.67	1.69	9.36
物价总指数（上年=100）	**Price Indices (Preceding year=100)**			
商品零售价格总指数	General Retail Price Index	100.4	108.5	113.6
居民消费价格总指数	General Consumer Price Index			114.8
农产品收购价格总指数	General Farm and Sideline Products Purchasing Price Index	101.7	110.9	114.9
利用外资　（亿美元）	**Utilization of Foreign Capital (100 million USD)**			
协议规定利用外资额	Amount of Foreign Capital for Utilization Through Signed Contracts or Agreements		13.89	25.65
实际利用外资额	Amount of Foreign Capital Actually Utilized		2.14	9.19
能源生产与消费(万吨标准煤)	**Production and Consumption of Energy (10000 tons of SCE)**			
能源生产总量	Total Energy Production			
能源消费总量	Total Energy Consumption			

PRINCIPAL AGGREGATE INDICATORS ON NATIONAL ECONOMIC AND SOCIAL DEVELOPMENT AND THEIR RELATED INDICES AND GROWTH RATES

Aggregate Indicator			速度指标(%) Index and Growth Rate						
			指数 Index (1998 为以下各年) (1998 as percentage of the following years)				平均增长速度 Average Annual Growth Rate		
1990	1997	1998	1978	1980	1990	1997	1979-1998	1981-1998	1991-1998
6246.32	7013.73	7115.65	140.5	136.1	113.9	101.5	1.7	1.7	1.6
4769.01	4840.23	4896.58	115.5	113.4	102.7	101.2	0.7	0.7	0.3
1477.31	2173.50	2219.07	269.6	243.9	150.2	102.1	5.1	5.1	5.2
3213.20	3620.32	3676.95	142.1	137.6	114.4	101.6	1.8	1.8	1.7
3033.12	3393.41	3438.70	138.8	134.5	113.4	101.3	1.7	1.7	1.6
3118.10	3701.90	3783.87	166.3	159.8	121.4	102.2	2.6	2.6	2.4
785.49	897.32	884.80	171.5	157.0	112.6	98.6	2.7	2.5	1.5
19.19	25.84	26.24			136.7	101.5			4.0
1559.03	7315.51	7919.12	1367.2	1080.8	324.3	110.2	14.0	14.1	15.8
384.59	986.82	1004.92	351.4	293.8	142.0	103.9	6.5	6.2	4.5
615.86	3647.82	3991.97	2415.7	1981.7	474.3	112.2	17.3	18.0	21.5
558.58	2680.87	2922.23	1663.1	1159.0	281.8	108.7	15.1	14.6	13.8
1541.99	7315.51	7919.12	1261.4	1010.3	325.1	110.2	13.5	13.7	15.9
916.14	4109.34	4375.41	1028.3	754.4	293.5	108.5	12.4	11.9	14.4
744.36	3172.80	3330.07	892.9	643.7	271.5	106.5	11.6	10.9	13.3
171.78	936.54	1045.34	1901.1	1571.7	389.5	115.1	15.9	16.5	18.5
511.35	2736.73	3051.96	1570.3	1511.0	384.1	112.5	14.8	16.3	18.3
393.26	2288.69	2651.24	2026.3	1619.3	421.6	116.7	16.2	16.7	19.7
118.09	448.04	400.72	708.3	1109.9	259.5	94.1	10.3	14.3	12.7
381.47	2298.14	2668.13	9798.5	6968.2	699.4	116.1	25.8	26.6	27.5
272.18	1066.81	1175.38	5865.2	4569.9	431.8	110.2	22.6	23.7	20.1
53.81	323.14	382.65	45553.6	22776.8	711.1	118.4	35.8	35.2	27.8
55.48	247.47	334.93	5274.5	3075.6	603.7	135.3	21.9	21.0	25.2
131.02	543.95	640.75	2694.1	2944.8	811.4	117.8	17.9	20.7	29.9
135.62	407.78	469.57	3555.0	3306.2	675.8	115.2	19.5	21.5	27.0
-24.24	91.86	61.74							
19.64	44.31	109.44							
150.69	682.66	825.61	3054.4	3311.7	547.9	120.9	18.6	21.5	23.7
36.92	157.91	166.83	946.3	1318.8	451.9	105.6	11.9	15.4	20.7
43.56	193.90	225.06	3969.3	2926.7	516.7	116.1	20.2	20.6	22.8
10.86	55.40	60.72	2947.6	2093.8	559.1	109.6	18.4	18.4	24.0
59.35	275.45	497.81	29809.0	29456.2	838.8	180.7	33.0	37.1	30.5
95.6	100.1	97.0	431.4	386.0	169.3	97.0	7.6	7.8	6.8
97.5	101.9	98.2			196.1	98.2			8.8
90.3	96.0	92.2	519.4	387.1	161.9	92.2	8.6	7.8	6.2
31.68	96.45	123.78		891.1	390.7	128.3		12.9	18.6
20.23	142.05	150.99		7055.6	746.4	106.3		26.7	28.6
1006.24	4078.59	3913.58			388.9	96.0			18.5
4063.51	7953.23	8375.92			206.1	105.3			9.5

续表 1 continued

指标	Item	总量指标 1978	1980	1985
产业	**Sector**			
农业	**Agriculture**			
耕地面积（千公顷）	Cultivated Land (1000 hectares)	2778.80	2750.71	2598.54
农林牧副渔劳动力（万人）	Number of Persons Engaged in Farming, Forestry, Animal Husbandry and Fishery (10000 persons)		1625.90	1597.59
农业总产值（亿元）	Gross Output Value of Farming, Forestry, Animal Husbandry and Fishery (100 million yuan)	74.33	81.88	152.63
主要农产品产量（万吨）	Output of Major Farm Products (10000 tons)			
粮 食	Grain			
油 料	Oil-Bearing Crops	36.04	51.20	57.91
糖 蔗	Sugarcane	835.42	834.73	1831.40
茶 叶	Tea	0.90	1.00	1.75
水 果	Fruits	29.40	29.10	116.28
肉 类	Meat			128.12
水产品	Aquatic Products	65.50	63.34	109.44
工业	**Industry**			
工业总产值（亿元）	Gross Industrial Output Value (100 million yuan)	199.65	234.35	505.08
主要工业产品产量	Output of Major Industrial Products			
布（亿米）	Cloth (100 millionm)	2.27	2.54	2.46
机制纸及纸板（万吨）	Machine-Made Paper and Paperboard (10000 tons)	27.47	30.50	52.63
糖（万吨）	Sugar (10000 tons)	96.15	76.48	143.52
家用电冰箱（万台）	Household Refrigerator (10000 units)		0.26	23.54
电视机（万台）	Television Set (10000 units)	1.72	9.08	108.43
#彩色电视机	#Color Television Set			78.99
家用洗衣机（万台）	Household Washing Machine (10000 units)		2.42	77.86
照相机（万架）	Camera (10000 units)			18.68
原 煤（万吨）	Coal (10000 tons)	1046.96	801.69	809.80
原 油（万吨）	Crude Oil (10000 tons)	10.22	8.10	10.02
发电量（亿千瓦时）	Electricity (100 million KWH)	92.32	108.94	167.13
钢（万吨）	Steel (10000 tons)	35.84	40.15	69.53
成品钢材（万吨）	Steel Products (10000 tons)	43.67	45.22	78.76
水 泥（万吨）	Cement (10000 tons)	369.08	386.57	1120.23
工业企业主要指标	Main Indicators of Industrial Enterprises			
固定资产原价（亿元）	Original Value of Fixed Assets (100 million yuan)	111.42	136.59	269.13
产品销售收入（亿元）	Sales Revenue (100 millionyuan)		189.97	412.77
利润和税金总额（亿元）	Pre-Tax Profits (100 million yuan)	32.91	38.51	75.99
建筑业	**Construction**			
建筑业企业年末人数（万人）	Number of Employed Persons in Construction Enterprises (10000 persons)			57.73
建筑业总产值（当年价）（亿元）	Gross Output Value (At current year prices) (100 million yuan)		9.97	50.45
施工房屋面积（万平方米）	Floor Space of Buildings Under Construction (10000 sq. m)			3040.5
竣工房屋面积（万平方米）	Floor Space of Buildings Completed (10000 sq. m)			1426.8
交通运输	**Transportation**			
货运量（万吨）	Freight Traffic (10000 tons)	15204	14201	15004
铁 路	Railways	3206	3110	3444
公 路	Highways	3967	3006	1947
水 运	Waterways	7887	7656	8745
管 道	Pipelines	143	427	864
空 运	Civil Aviation	1	2	4
客运量（万人）	Passenger Traffic (10000 persons)	15906	21444	38603
铁 路	Railways	2410	2811	3545
公 路	Highways	10897	15829	32485
水 运	Waterways	2546	2714	2340
空 运	Civil Aviation	53	90	233
沿海主要港口货物吞吐量（万吨）	Volume of Freight Handled at Major Coastal Ports (10000 tons)	2786	3075	5073

续表 2　continued

Aggregate Indicator			速度指标(%)　Index and Growth Rate						
1990	1997	1998	指数 Index(1998 为以下各年) (1998 as percentage of the following years)				平均增长速度 Average Annual Growth Rate		
			1978	1980	1990	1997	1979-1998	1981-1998	1991-1998
2528.83	2298.65	2292.13	82.5	83.3	90.6	99.7	-1.0	-1.0	-1.2
1600.85	1475.19	1507.78		92.7	94.2	102.2		-0.4	-0.7
589.49	883.08	925.83	359.6	326.4	157.1	104.8	6.6	6.8	5.8
1886.99	1902.00	1930.20			102.3	101.5			0.3
58.93	75.46	79.29	220.0	154.9	134.5	105.1	4.0	2.5	3.8
2093.46	1629.27	1616.94	193.5	193.7	77.2	99.2	3.4	3.7	-3.2
2.59	3.66	3.89	432.2	389.0	150.2	106.3	7.6	7.8	5.2
328.58	414.48	453.12	1541.2	1557.1	137.9	109.3	14.7	16.5	4.1
202.45	275.62	297.28			146.8	107.9			4.9
207.66	520.96	554.28	846.2	875.1	266.9	106.4	11.3	12.8	13.1
1907.34	10461.52	12190.38	4727.6	4027.6	665.9	116.5	21.3	22.8	26.7
4.59	12.94	8.32							
104.13	288.63	196.71							
184.50	128.36	152.85							
105.75	329.67	305.94							
327.60	1086.40	1209.77							
262.37	1021.24	1176.24							
143.01	205.62	175.28							
99.30	3589.62	4421.62							
889.76	839.94	299.87							
49.05	1418.07	1332.61							
343.98	981.15	1004.37							
116.96	248.70	263.69							
133.74	296.69	318.53							
2070.91	5147.87	5091.86							
843.88	5904.95	6968.36							
1287.91	7767.79	9243.42							
121.50	617.90	622.82							
66.84	141.89	142.82			213.7	100.7			10.0
113.40	732.97	800.00		8024.1	705.5	109.1		27.6	27.7
4477.3	14522.87	14972.28			334.4	103.1			16.3
2345.4	5271.22	5560.68			237.1	105.5			11.4
18792	24664	24155	158.9	170.1	128.5	97.9	2.3	3.0	3.2
4803	8430	8288	258.5	266.5	172.6	98.3	4.9	5.6	7.1
1690	1569	1476	37.2	49.1	87.3	94.1	-4.8	-3.9	-1.7
11200	12933	12097	153.4	158.0	108.0	93.5	2.2	2.6	1.0
1091	1707	2266	1584.6	530.7	207.7	132.7	14.8	9.7	9.6
8	25	28	2800.0	1400.0	350.0	112.0	18.1	15.8	17.0
34152	55050	66386	417.4	309.6	194.4	120.6	7.4	6.5	8.7
4467	6201	6743	279.8	239.9	151.0	108.7	5.3	5.0	5.3
27358	46247	57148	524.4	361.0	208.9	123.6	8.6	7.4	9.6
1857	1445	1300	51.1	47.9	70.0	90.0	-3.3	-4.0	-4.4
470	1157	1195	2254.7	1327.8	254.3	103.3	16.9	15.5	12.4
6895	12384	12866	461.8	418.4	186.6	103.9	8.0	8.3	8.1

续表 3　continued

指　　标	Item	总量指标 1978	1980	1985
邮电通信业	**Postal and Telecommunication Services**			
邮电业务总量(1990年不变价)(亿元)	Total Business Revenue (at 1990 constant prices) (100 million yuan)	1.59	1.86	3.63
函　件 (亿件)	Number of Letters Delivered (100 million pieces)			
报刊累计数 (万份)	Accumulated Number of Newspapers and Magazines Disrtributed (10000 copies)			
电话交换机容量 (万门)	Capacity of Telephone Exchanges (10000 lines)	21.1	24.2	40.0
城　市	Urban Areas	7.9	9.8	19.7
农　村	Rural Areas	13.2	14.4	20.3
电话机 (万部)	Number of Telephone Sets (10000 units)	17.5	18.9	36.6
城　市	Urban Areas	7.9	9.2	24.2
农　村	Rural Areas	9.6	9.7	12.4
国内商业	**Domestic Trade**			
社会消费品零售额 (亿元)	Total Retail Sales of Consumer Goods (100 million yuan)	79.86	117.67	289.23
对外经济贸易和国际旅游	**Foreign Trade and International Tourism**			
海关进出口总额 (亿美元)	Total Exports and Imports (100 millionUSD)			
进口额	Imports			
出口额	Exports			
国际游客入境人数 (万人次)	Number of Tourists from Abroad (10000 persons)	169.91	532.09	1675.69
金融保险	**Finance and Insurance**			
国家银行各项存款 (亿元)	Deposits of National Banking System (100 million yuan)	68.03	88.78	305.50
国家银行各项贷款 (亿元)	Loans of National Banking System (100 million yuan)	103.55	156.36	498.52
保　费 (亿元)	Amount Insured (100 million yuan)			1.74
教育、科技、文化	**Education, Science and Technology and Culture**			
教　育	**Education**			
专任教师数 (万人)	Full-time Teachers (10000 persons)			
普通高等学校	Institutions of Higher Education	0.90	0.95	1.36
中等学校	Secondary Schools	15.93	14.33	13.57
小　学	Primary Schools	26.09	28.14	26.81
在校学生数 (万人)	Students Enrollment (10000 persons)			
普通高等学校	Institutions of Higher Education	3.07	4.10	6.99
中等学校	Secondary Schools	316.96	260.00	255.91
小　学	Primary Schools	743.02	748.86	671.25
国家财政用于教育支出(亿元)	Government Expenditures on Education (100 million yuan)		4.88	10.69
科　技	**Science and Technology**			
从事科技活动人员 (人)	Number of Persons Engaged in Science and Technology (person)			
科技活动经费使用总额(万元)	Expenditures on Scientific and Technological Activities (10000 yuan)			
技术合同金额 (万元)	Amount of Technological Contracts (10000 yuan)			
文　化	**Culture**			
出版数量	Publications			
图　书 (亿册)	Number of Books Published (100 million copies)	1.72	1.68	3.99
杂　志 (万册)	Number of Magazines Issued (10000 copies)	1519	1927	12768
报　纸 (亿份)	Number of Newspapers Issued (100 million copies)	3.19	4.88	17.18
平均每周电视台自办节目播出时间 (小时)	Broadcasting Time for TV Programs Self-Production Per Week (hours)			

续表 4　continued

Aggregate Indicator			速度指标（%）Index and Growth Rate						
1990	1997	1998	指数 Index（1998 为以下各年）(1998 as percentage of the following years)				平均增长速度 Average Annual Growth Rate		
			1978	1980	1990	1997	1979-1998	1981-1998	1991-1998
26.30	330.38	418.18	26300.6	22482.8	1590.0	126.6	32.1	35.1	41.3
4.72	9.18	9.00			190.7	98.0			8.4
11.63	14.61	13.44			115.6	92.0			1.8
180.7	1405.3	1530.5	7253.6	6324.4	847.0	108.9	23.9	25.9	30.6
108.9	881.0	936.7	11857.0	9558.2	860.1	106.3	27.0	28.8	30.9
71.8	524.3	593.8	4498.5	4123.6	827.0	113.3	21.0	23.0	30.2
155.4	1005.4	1145.2	6544.0	6059.3	736.9	113.9	23.3	25.6	28.4
108.0	640.2	709.0	8974.7	7706.5	656.5	110.7	25.2	27.3	26.5
47.4	365.2	436.2	4543.8	4496.9	920.3	119.4	21.0	23.5	32.0
667.36	2918.66	3316.28	4152.6	2818.3	496.9	113.6	20.5	20.4	22.2
418.98	1301.20	1297.98			309.8	99.8			15.2
196.77	555.56	541.80			275.3	97.5			13.5
222.21	745.64	756.18			340.3	101.4			16.5
2527.54	4545.37	5157.04	3035.2	969.2	204.0	113.5	18.6	13.4	9.3
1137.20	6991.44	8575.72	12605.8	9659.5	754.1	122.7	27.4	28.9	28.7
1267.21	5140.17	5926.00	5722.8	3790.0	467.6	115.3	22.4	22.4	21.3
18.05	56.96	58.11			321.9	102.0			15.7
1.57	1.69	1.71	190.0	180.0	108.9	101.2	3.3	3.3	1.1
16.33	23.56	24.60	154.4	171.7	150.6	104.4	2.2	3.0	5.3
27.73	34.64	34.79	133.3	123.6	125.5	100.4	1.4	1.2	2.9
9.59	17.47	18.50	602.6	451.2	192.9	105.9	9.4	8.7	8.6
273.57	461.23	485.83	153.3	186.9	177.6	105.3	2.2	3.5	7.4
747.29	911.34	918.02	123.6	122.6	122.8	100.7	1.1	1.1	2.6
21.34	94.32	109.11			511.3	115.7			22.6
84576	140762	137737			162.9	97.9			6.3
128238	673026	819846			639.3	121.8			26.1
20262	195994	248122			1224.6	126.6			36.8
2.81	3.99	3.27	190.1	194.6	116.4	82.0	3.3	3.8	1.9
11325	23725	24325	1601.4	1262.3	214.8	102.5	14.9	15.1	10.0
13.81	28.84	27.97	876.8	573.2	202.5	97.0	11.5	10.2	9.2
	2283	2820				123.5			

续表 5 continued

指标	Item	总量指标		
		1978	1980	1985
家庭、生活、环境	**Family, People's Livelihood and Environment**			
家 庭	**Family**			
城镇居民平均每户家庭人口（人）	Average Household Size in Urban Areas (person)	4.84	4.60	4.19
农村居民平均每户家庭人口（人）	Average Household Size in Rural Areas (person)	5.99	6.18	5.95
婚 姻	**Marriages and Divorces**			
结婚数 （万对）	Number of Marriages (10000 couples)		39.15	37.68
离婚数 （万对）	Number of Divorces (10000 couples)		1.24	1.69
居 住	**Housing**			
城镇居民人均居住面积（平方米）	Per Capita Floor Space of Urban Residents (sq. m)	5.47	6.43	8.55
农村居民人均居住面积（平方米）	Per Capita Floor Space of Rural Residents (sq. m)	8.73	10.51	14.87
生 活	**People's Livelihood**			
城镇居民人均可支配收入 （元）	Per Capita Disposable Income of Urban Resident (yuan)	412.13	472.57	954.12
农村居民人均纯收入 （元）	Per capita Net Income of Rural Resident (yuan)	193.25	274.37	495.31
城乡居民储蓄存款余额 （亿元）	Outstanding Amount of Saving Deposits in Urban and Rural Areas (100 million yuan)	17.56	30.01	154.88
工资和福利	**Wages and Welfare**			
工资总额 （亿元）	Total Wages (100 million yuan)	30.59	42.83	88.91
职工平均工资 （元）	Average Wage of Staff and Workers (yuan)	615	789	1393
职工保险福利费 （亿元）	Insurance and Welfare Funds for Staff and Workers (100 million yuan)		6.09	19.58
离休、退休、退职工人数 （万人）	Number of Retired and Resigned Staff and Workers (10000 persons)			87.96
离退休、退职职工保险福利费 （亿元）	Insurance and Welfare Funds for Retired and Resigned Staff and Workers (100 million yuan)			7.22
卫 生	**Health Care**			
医 院 （个）	Number of Hospital (unit)	1968	1988	1853
医 生 （万人）	Number of Doctor (10000 persons)	4.79	5.51	6.56
医院床位数 （万张）	Number of Hospital Bed (10000 units)	8.41	8.50	9.82
市政建设	**City Construction**			
全年供水量 （亿吨）	Volume of Water Supply (100 million tons)			
下水道长度 （公里）	Length of Sewer Pipelines (km)			
煤 气（人工、天然气）供气总量 （万立方米）	Volume of Coal Gas and Natural Gas Supply in Urban Areas (10000 cu. m)			
年末实有公共汽（电）车总数（辆）	Total Number of Public Bus and Trolley Bus at Year-End (unit)			
年末实有铺装道路面积 （公顷）	Length of Paved Roads at Year-End (hectare)			
园林绿地面积 （公顷）	Areas of Green Land and Garden (hectare)			
环境、灾害	**Environment and Disaster**			
企事业单位污染治理资金（万元）	Funds Used for Pollution Treatment by Enterprises and Institutions (10000 yuan)			
环保投资占 GDP 比重(%)	Proportion of Expenditure on Environmental Protection to GDP (percent)			0.29
火灾发生数 （起）	Number of Fire Disaster (time)			
火灾损失 （万元）	Fire Loss (10000 yuan)			
交通事故发生数 （起）	Number of Traffic Accident (time)			
交通事故损失 （万元）	Loss of Traffic Accidents (10000 yuan)			

注：1. 人口按户籍人口统计。2. 1994 年起财政收入按税改新口径统计(即不含中央返还部分)。
3. 工、农业总产值 1978、1980 年为 1970 年不变价格，1985 年为 1980 年不变价格，1990、1997、1998 年为 1990 年不变价格。
4. 粮食产量为抽样调查数。5. 工业总产值 1997、1998 年为新规定口径。
6. 工业产品产量、工业企业主要指标 1998 年为全部国有工业及年销售收入 500 万元以上的非国有工业数，前后不可比。

Note: a) Figures of population are calculated according to the statistics of the household registration.
b) Figures of government revenue are calculated according to new approach of tax reform since 1994(excludes the return part from central government).

续表 6　continued

Aggregate Indicator			速度指标（%）　Index and Growth Rate						
1990	1997	1998	指数 Index（1998 为以下各年）(1998 as percentage of the following years)				平均增长速度 Average Annual Growth Rate		
			1978	1980	1990	1997	1979-1998	1981-1998	1991-1998
3.85	3.60	3.55	73.3	77.2	92.2	98.6	-1.5	-1.4	-1.0
5.65	5.17	5.15	86.0	83.3	91.2	99.6	-0.8	-1.0	-1.2
50.66	60.87	60.11		153.5	118.7	98.8		2.4	2.2
2.58	3.98	4.41		355.6	170.9	110.8		7.3	6.9
12.13	16.97	17.60	321.8	273.7	145.1	103.7	6.0	5.8	4.8
17.39	23.78	24.83	284.4	236.3	142.8	104.4	5.4	4.9	4.6
2303.15	8561.71	8839.68	2144.9	1870.6	383.8	103.2	16.6	17.7	18.3
1043.03	3467.69	3527.14	1827.5	1287.3	338.2	101.7	15.6	15.3	16.5
752.16	5504.50	6653.39	37889.5	22170.6	884.6	120.9	34.6	35.0	31.3
233.29	858.35	899.67	2941.1	2100.6	402.9	104.8	18.4	18.4	19.0
2929	9698	10233	1663.9	1297.0	349.4	105.5	15.1	15.3	16.9
64.36	222.89	243.25		3994.3	378.0	109.1		22.7	18.1
124.07	173.39	178.88			144.2	103.2			4.7
14.57	92.49	104.03			715.9	112.8			27.9
1885	2348	2373	120.6	119.4	125.9	101.1	0.9	1.0	2.9
8.11	10.38	10.55	220.3	191.5	130.1	101.6	4.0	3.7	3.3
11.41	14.45	14.76	175.5	173.6	129.4	102.1	2.9	3.1	3.3
20.55	35.09	35.26			171.6	100.5			7.0
3682	10137	10421			283.0	102.8			13.9
397	19169								
3199	8267	9513			297.4	115.1			14.6
	10945	11665				106.6			
12892	89821	94045			729.5	104.7			28.2
18331	53797	47325			258.2	88.0			12.6
0.37	1.27	1.49			402.7	117.3			19.0
1725	3563	4488			260.2	126.0			12.7
9102	10745	11314			124.3	105.3			2.8
25909	39086	38913			150.2	99.6			5.2
5044	26517	23036			456.7	86.9			20.9

c) Figures of the gross output value of industry and agricuture of 1978 and 1980 are calculated at 1970 constant prices, and those in 1985 at 1980 constant prices, 1990, 1997 and 1998 at 1990 contant prices.　d) The number of the yield of grain is obtained through sampling survey.

e) Figures of the gross industrial output value of 1997 and 1998 are in accordonce with the approach of new stipulate.　f) Figures of output of industrial products and main economic indexes of industrial enterprises in 1998 are for all state—owned industrial enterprises and non—state—owned industrial enterprises with annual sales revenue above 5 million yuan, so the figures are uncomparable with previous years.

2-3 国民经济和社会发展结构指标

STRUCTURAL INDICATORS ON NATIONAL ECONOMIC AND SOCIAL DEVELOPMENT

单位:%　　　　(%)

指　　标	Item	1990	1995	1997	1998
人口与就业	**Population and Employment**				
人　口	**Population**				
城乡结构	Urban and Rural Structure				
非农业	Non-Agriculture	23.7	30.0	31.0	31.2
农　业	Agriculture	76.3	70.0	69.0	68.8
性别结构	Sexual Structure				
男	Male	51.4	51.6	51.6	51.7
女	Female	48.6	48.4	48.4	48.3
就　业	**Employment**				
产业结构	Industrial Structure				
第一产业	Primary Industry	53.0	41.5	40.8	41.1
第二产业	Secondary Industry	27.2	33.8	32.9	32.1
第三产业	Tertiary Industry	19.8	24.7	26.3	26.8
经济类型结构	Structure by Ownership				
国有单位	State-owned	16.9	15.9	15.0	14.2
集体单位	Collective Owned	6.7	68.9	68.8	68.3
联营经济单位	Joint-Owned		0.2	0.2	0.1
股份制经济单位	Share Holding		0.7	0.8	1.3
外商投资经济单位	Foreign Funded		1.0	1.2	1.0
港澳台商投资经济单位	Funded by Entrepreneurs from Hong Kong, Macao and Taiwan		2.6	2.6	2.6
私营企业	Private		3.3	4.1	4.7
个　体	Individual		7.3	7.3	7.8
从事农林牧渔业的农民	Farmer Engaged in Faming Forestry, Animal Husbandry and Fishery	53.0	41.5	40.8	41.1
宏观经济	**Macroeconomy**				
国民核算	National Accounting				
国内生产总值产业结构	Industrial Structure				
第一产业	Primary Industry	24.7	15.1	13.5	12.7
第二产业	Secondary Industry	39.5	50.2	49.9	50.4
第三产业	Tertiary Industry	35.8	34.7	36.6	36.9
国内支出结构	Domestic Expenditure Structure				
总消费	Total Consumption	59.4	55.6	56.2	55.3
居民消费	Personal Consumption	48.3	45.1	43.4	42.1
农　民	Agricultural Residents	26.8	19.9	19.3	17.9
非农业居民	Non-agricultural Residents	21.5	25.2	24.1	24.2
社会消费	Social Consumption	11.1	10.5	12.8	13.2
总投资	Total Investment	33.2	41.5	37.4	38.5
固定资产	Fixed Assets	25.5	35.9	31.3	33.5
存　货	Goods in Stock	7.7	5.6	6.1	5.1
净出口	Net Export	7.4	2.8	6.4	6.2
投　资	**Investment**				
经济类型结构	Structure by Ownership				
国有单位	State-Owned	70.5	48.2	46.4	44.1
集体单位	Collective Owned	15.8	15.6	14.1	14.3
联营经济单位	Joint-Owned		0.7	0.8	0.3
股份制经济单位	Share Holding		4.7	5.5	9.8
外商投资经济单位	Foreign Funded		11.0	10.6	5.2
港澳台商投资经济单位	Funded by Entrepreneurs from Hong Kong, Macao and Taiwan		8.5	11.5	13.4
其他经济单位	Private		0.5	0.3	0.4
个　体	Individual	13.7	10.7	10.8	12.6

续表1 continued

单位:% (%)

指　　标	Item	1990	1995	1997	1998
资金来源结构	Structure of Funded Sources				
国家预算内资金	State Budgetary Appropriation		1.1	0.9	1.6
国内贷款	Domestic Loans		15.0	12.3	14.7
利用外资	Foreign Investment		18.5	19.9	13.9
自筹投资	Fundraising		37.5	41.8	43.3
其他投资	Others		27.9	25.1	26.4
财　政	**Government Finance**				
财政收入结构	Structure of Government Revenue				
各项税收	Taxes		78.9	75.0	73.3
企业收入	Revenue from Enterprises		7.0	16.9	9.6
其他收入	Other Revenue		14.1	8.1	17.1
财政支出结构	Structure of Government Expenditures				
经济建设	Expenditures for Economic Construction	24.5	26.4	23.1	20.2
社会文教	Expenditures for Culture and Education	28.9	29.9	28.4	27.3
行政经费	Expenditures for Government Administration	7.2	8.2	8.1	7.4
其他支出	Other Expenditures	39.4	35.5	40.3	45.2
利用外资	**Utilization of Foreign Capital**				
实际利用外资结构	Structure of Foreign Capital Actually Utilized				
对外借款	Loans from Abroad	21.8	15.2	9.2	13.5
外商直接投资	Direct Investment by Foreign Entrepreneurs	72.1	84.1	82.4	79.6
外商其他投资	Other Investment by Foreign Entrepreneurs	6.0	0.7	8.3	6.9
能源生产与消费	**Production And Consumption of Energy**				
能源生产总量结构	Structure of Total Energy Production				
原　煤	Coal	63.1	29.1	14.7	13.9
原　油	Petroleum Crude Oil	7.0	35.5	49.7	49.7
水　电	Hydropower	29.9	34.9	24.7	25.7
天然气	Natural Gas		0.5	10.9	10.7
一次能源消费总量结构	Structure of Total Primary Energy Consumption				
原　煤	Coal	56.5	56.4	54.2	54.4
原　油	Petroleum Crude Oil	35.3	28.5	30.1	29.9
水　电	Hydropower	8.2	14.9	15.3	15.3
天然气	Natural Gas		0.2	0.4	0.4
产业经济	**Industry Economy**				
农　业	**Agriculture**				
农林牧渔业产值结构	Structure of Gross Output Value				
农　业	Farming	52.1	46.8	45.9	45.7
林　业	Forestry	5.1	4.3	3.2	3.9
牧　业	Animal Husbandry	20.4	22.2	25.6	22.6
副　业	Sideline	8.8	7.6	5.6	6.9
渔　业	Fishery	13.6	19.2	19.8	20.9
工　业	**Industry**				
国有及年销售收入500万元以上非国有工业产值结构	Structure of Gross Industrial Output Value of State—Owned Enterprises and non—state—owned Enterprises with annual sales revenue above 5 million yuan.				
按轻重工业分	Grouped by Light and Heavy Industry				
轻工业	Light Industry				60.6
重工业	Heavy Industry				39.4
按经济类型分	Grouped by Ownership				
国有工业	State-owned				11.5
集体工业	Collective Owned				15.6
股份合作工业	Share Holding Cooperative Operation				
股份制工业	Share Holding				2.0
外商投资工业	Foreign Funded				9.8
港澳台商投资工业	Funded by Entrepreneurs from Hong Kong,Macao and Taiwan				38.4

续表 2 continued

单位：% (%)

指 标	Item	1990	1995	1997	1998
按企业规模分	Grouped by Size of Enterprise				
大型企业	Large				30.3
中型企业	Medium-sized				14.5
小型企业	Small				55.2
建筑业	**Construction**				
建筑施工企业产值结构	Structure of Gross Output Value of Construction Enterprises				
国有企业	State-owned		46.7	48.2	38.7
集体企业	Collective Owned		48.2	43.2	40.8
股份合作企业	Share Holding Cooperative operation				0.9
联营企业	Joint-owned				2.2
有限责任公司	Limited Liability Company				9.6
股份有限公司	Share Holding Limited Company				3.8
私营企业	Private				1.2
港澳台投资企业	Funded by Entrepreneurs from Hong Kong, Macao and Taiwan				1.9
外商投资企业	Foreign Funded				0.9
其他	Others				0.1
运输业	**Transportation**				
货运量结构	Structure of Freight Traffic				
铁 路	Railways	5.6	6.9	8.5	8.1
公 路	Highways	74.2	62.0	62.9	64.4
水 运	Waterways	18.9	29.7	26.9	25.2
民用航空	Civil Aviation	…	…	…	…
管道输油(气)	Pipelines	1.3	1.4	1.7	2.2
客运量结构	Structure of Passenger Traffic				
铁 路	Railways	5.7	4.8	5.0	5.1
公 路	Highways	90.6	90.4	91.6	91.9
水 运	Waterways	3.1	3.9	2.5	2.1
民用航空	Civil Aviation	0.6	0.9	0.9	0.9
国内商业	**Domestic Trade**				
社会消费品零售总额结构	Structure of Total Retail Sales of Consumer Goods by Area				
城 镇	Urban Areas	68.5	71.3	71.6	72.0
农 村	Rural Areas	31.5	28.7	28.4	28.0
批发零售贸易商品销售总额结构	Structure of Total Sales by Ownership				
国有商业	State-owned		26.5	21.3	19.7
集体商业	Collective Owned		17.1	16.3	15.6
私营企业	Private		4.0	5.7	6.2
个体经济	Individual Owned		33.1	36.7	38.8
联营经济商业	Joint-owned		0.9	1.2	1.1
股份制商业	Share Holding		3.1	2.8	2.7
外商投资商业	Foreign Funded		0.8	1.6	1.6
港澳台商投资商业	Funded by Entrepreneurs from Hong Kong, Macao and Taiwan		2.8	2.5	2.4
其他经济单位	Others		11.7	11.9	11.7
对外经济贸易和国际旅游	**Foreign Trade and International Tourism**				
出口商品结构	Structure of Exports				
初级产品	Primary Goods	9.8	6.6	6.4	5.3
工业制成品	Manufactured Goods	90.2	93.4	93.6	94.7
进口商品结构	Structure of Imports				
初级产品	Primary Goods	8.5	7.5	9.3	9.9
工业制成品	Manufactured Goods	91.5	92.5	90.7	90.1
国际游客出入境人数结构	Structure of Tourists from Abroad				

续表 3 continued

单位:% (%)

指 标	Item	1990	1995	1997	1998
外国人	Foreigners	3.5	4.6	4.4	4.0
华 侨	Overseas Chinese	0.3	0.2	0.1	0.1
港澳同胞	Compatriots from Hong Kong and Macao	94.3	92.9	92.7	93.3
台湾同胞	Compatriots from Taiwan	1.9	2.3	2.8	2.6
金融保险业	**Finance and Insurance**				
国家银行信贷存款结构	Structure of Credit Deposits of State Banks				
企业存款	Deposits of Enterprises	36.6	39.0	38.1	37.0
财政性存款	Treasury Deposits	7.1	4.4	3.1	2.9
城镇储蓄存款	Urban Saving Deposits	42.9	56.0	56.9	57.5
农业存款	Agricultural Deposits	9.1	0.4	0.3	0.3
信托类存款	Credit Deposits	0.3	0.1	…	…
其他存款	Other Deposits	4.0	0.0	1.5	2.3
国家银行信贷贷款结构	Structure of Credit Loans of State Banks				
短期贷款	Short-term Loans		74.7	86.4	83.8
中长期贷款	Medium-term and Long-term Loans		14.6	13.5	14.1
信托类贷款	Credit Loans		…	0.1	0.1
其他类贷款	Other Loans		10.8	0.0	2.0
保险业务结构	Structure of Insurance				
财产险	Property Insurance			15.2	13.8
农业险	Agricultural Insurance			0.4	0.3
机动车辆、船舶保险				33.1	29.6
人寿险	Life Insurance			46.7	52.4
其他业务	Other Business			4.6	3.9
教育、科技、文化	**Education,Science and Technology and Culture**				
教 育	**Education**				
在校学生结构	Structure of Student Enrolled				
大学生	Colleges and Universities	0.9	1.2	1.3	1.3
中学生	Secondary Shools	26.5	30.3	33.2	34.2
小学生	Primary Schools	72.5	68.5	65.6	64.5
专任教师结构	Structure of Full-time Teachers by Type				
大 学	Colleges and Universities	3.4	3.0	2.8	2.8
中 学	Secondary Schools	35.8	38.1	39.3	40.3
小 学	Primary Schools	60.8	58.8	57.8	56.9
科 技	**Science and Technology**				
从事科技活动人员	Structure of Persons Engaged in Science and Technology				
科学研究技术开发机构	Scientific Research and Technical Development Institutions	34.5	19.7	14.3	15.2
科技情报与文献机构	Scientific and Technical Information and Literature Institutions	0.5	0.3	0.2	0.3
全日制普通高等学校	Regular Institutions of Higher Education	41.6	42.7	34.0	33.0
大中型企业	Large and Medium-Sized Enterprises	23.4	37.3	51.5	51.5
科技活动经费使用总额	Expenditures for Scientific and Technological Activities				
科学研究技术开发机构	Scientific Research and Technical Development Institutions	47.2	41.5	33.2	27.7
科技情报与文献机构	Scientific and Technical Information and Literature Institutions	0.8	0.6	0.4	0.8
全日制普通高等学校	Regular Institutions of Higher Education	3.8	3.1	3.0	3.4
大中型企业	Large and Medium-Sized Enterprises	48.2	54.9	63.4	68.0

续表 4 continued

单位：% (%)

指　标	Item	1990	1995	1997	1998
文　化	**Culture**				
文化事业机构人员结构	Structure of Persons Engaged in Cultural Activities				
艺术事业	Arts	52.4	42.9	38.2	38.2
图书馆事业	Library	10.4	11.3	10.4	11.1
群众文化事业	Mass Culture	28.8	32.0	28.0	29.4
教育事业	Education	2.7	3.1	2.8	2.9
其他文化事业	Other Cultural Activities	5.7	10.7	20.6	18.5
生活、卫生、环境	**People's Livelihood, Health care and Environment**				
生　活	**People's Livelihood**				
城镇居民消费结构	Comsumption Structure of Urban Residents				
食品类	Food	57.2	48.0	46.0	44.1
衣着类	Clothing	6.9	6.7	6.2	5.6
用品及其他	Articles for Daily Use and Others	32.4	34.7	35.7	37.4
居住	Residence	3.5	10.6	12.1	12.9
农村居民消费结构	Consumption Structure of Rural Residents				
食品类	Food	57.7	54.5	52.3	51.1
衣着类	Clothing	4.2	4.0	4.0	3.8
用品及其他	Articles for Daily Use and Others	19.3	26.2	29.2	29.4
居住	Residence	18.7	15.3	14.6	15.8
福　利	**Social Welfare**				
职工劳保福利费用结构	Structure of Labor Insurance and Welfare Funds for Stuff and Workers				
国有单位	State-owned Units	79.7	81.2	80.0	75.6
城镇集体单位	Urban Collective Owned Units	17.8	13.4	12.4	12.4
其他单位	Others	2.5	5.4	7.6	12.0
离退休人员结构	Structure of Retired Staff and Workers				
国有单位	State-Owned Units	66.9	72.7	74.1	78.0
城镇集体单位	Urban Collective Owned Units	32.6	24.8	23.1	16.2
其他单位	Others	0.5	2.5	2.8	5.9
卫　生	**Health Care**				
医生结构	Doctors by Type				
中　医	Doctors of Traditional Chinese Medicine	25.0	22.1	20.6	20.1
西医师	Doctors of Western Medicine	54.4	57.6	59.6	60.8
西医士	Paramedics of Western Medicin	20.6	20.3	19.8	19.3
医院床位结构	Hospital Beds by Area				
县及以上医院	Hospitals at County and Higher Level	70.8	71.2	70.9	71.4
环境、灾害	**Environment and Disaster**				
工业治污资金使用结构	Uses of Funds in Pollution Treatment by Enterprises				
治理废水	Waste Water Treatment		47.3	65.3	68.2
治理废气	Waste Gas Treatment		34.8	20.9	23.5
治理固体废物	Solid Wastes Treatment		8.6	2.2	3.3
治理噪声	Noise Abatement		3.0	1.1	1.3
其　他	Others		6.3	10.5	3.7
火灾事故损失额结构	Structure of Fire Losses Converted into Cash				
特　大	Extraordinarily Serious Fires		4.6	15.0	12.1
重　大	Serious Fires		37.8	28.5	32.9
一　般	Ordinary Fires		7.6	56.5	55.1
交通事故损失额结构	Structure of Losses of Traffic Accidents Converted into Cash				
特　大	Extraordinarily Serious Accidents		9.4	12.8	9.2
重　大	Serious Accidents		19.6	22.2	24.8
一　般	Ordinary Accidents		71.0	65.0	66.1

注：由于数据计算进位的原因，部分结构总和不等于 100。
Note: Owing to the rounding of figures in adding process, some totals in this table are not equal to 100.

2-4 国民经济和社会发展比例和效益指标
INDICATORS ON PROPORTIONS AND EFFICIENCY IN NATIONAL ECONOMIC AND SOCIAL DEVELOPMENT

指　标	Item	1990	1995	1997	1998
人口与就业	**Population and Employment**				
人　口	**Population**				
出生率 (‰)	Birth Rate (‰)	22.26	18.10	16.90	16.51
死亡率 (‰)	Death Rate (‰)	5.76	5.70	5.40	5.61
自然增长率 (‰)	Natural Growth Rate (‰)	16.50	12.40	11.50	10.90
就　业	**Employment**				
就业者负担人口	Dependency Ratio	2.0	1.9	1.9	1.9
三次产业从业者比例	Employment Ratio by Type of Industry				
(以第一产业为 100)	(Employment in Primary Industry=100)				
第一产业	Primary Industry	100.0	100.0	100.0	100.0
第二产业	Secondary Industry	51.4	81.4	80.5	78.2
第三产业	Tertiary Industry	37.4	59.6	64.4	65.3
城镇登记失业率 (%)	Listed Unemployment Rate in Urban Areas (%)	2.20	2.09	2.25	2.3
宏观经济	**Macroeconomy**				
国民核算	**National Accounting**				
三次产业增加值比例	Ratio of Value-added by Type of Industry				
(以第一产业为 100)	(Value-added in Primary Industry=100)				
第一产业	Primary Industry	100.0	100.0	100.0	100.0
第二产业	Secondary Industry	160.1	331.0	369.7	397.2
第三产业	Tertiary Industry	145.2	228.8	271.7	290.8
全社会劳动生产率(元/人)	Overall Labor Productivity (yuan/person)	5062	16280	19762	20929
(按增加值计算)	(On Value-added)				
第一产业	Primary Industry	2348	5888	6529	6465
第二产业	Secondary Industry	8075	24257	29968	32857
第三产业	Tertiary Industry	8222	23112	27545	28802
固定资产投资	**Investment in Fixed Assets**				
全社会固定资产投资相当于国内生产总值比例(%)	Proportion of Investment in Fixed Assets to GDP (%)	24.5	40.6	31.4	33.7
基建、更改房屋建筑面积竣工率 (%)	Rate of Total Floor Space of Buildings Completed in Construction (%)	47.2	40.8	41.6	41.4
基建、更改固定资产交付使用率 (%)	Rate of Fixed Assets Completed in Construction and Put into Use (%)	71.5	60.8	74.1	84.2
财　政	**Finance**				
地方财政收入相当于国内生产总值比例(%)	Proportion of Local Government Revenue to GDP (%)	8.4	6.7	7.4	8.1
地方财政支出相当于国内生产总值比例(%)	Proportion of Local Government Expenditures to GDP (%)	9.7	9.2	9.3	10.4
物价指数	**Price Index**				
工农商品综合比价 (%)	Overall Industrial and Farm Products Price Parity Index (%)	107.6	90.0	105.2	106.0
利用外资	**Utilization of Foreign Capital**				
实际利用外资额相当于签订利用外资额比例(%)	Proportion of Foreign Capital Actually Used to Total Amount of Foreign Capital for Utilization by Signed Contracts or Agreements (%)	63.9	46.4	147.3	122.0
能源生产与消费	**Production and Consumption of Energy**				
能源生产弹性系数 (%)	Elasticity Ratio of Energy Production (%)	0.02	0.99	0.80	—
能源消费弹性系数 (%)	Elasticity Ratio of Energy Consumption (%)	0.35	0.62	0.25	0.52
每万元国内生产总值消耗的能源 (吨)	Energy Consumption per 10000 yuan GDP (ton)	2.6	1.3	1.1	1.0

续表1 continued

指　标	Item	1990	1995	1997	1998
产　业	**Sector**				
农　业	**Agriculture**				
人均耕地面积　（亩）	Per Capita Cultivated Land (mu)	0.62	0.52	0.49	0.48
农业从业者人均耕地面积　（亩）	Cultivated Land per Agricultural Labourer (mu)	2.32	2.36	2.34	2.28
每亩耕地农业机械总动力　（千瓦）	Total Power of Agricultural Machinery per Mu of Cultivated Land (kw)	0.34	0.48	0.48	0.49
每亩耕地用电量（千瓦小时）	Electric Power Consumption per Mu of Cultivated Land (kwh)	153.2	535.9	702.5	799.65
每亩耕地化肥施用量（折纯量）（公斤）	Chemical Fertilizer Consumption per Mu of Cultivated Land (kg)	42.8	56.3	49.1	49.3
每亩耕地生产的农业产值（元）（按当年价格计算）	Agricultural Output Value per Mu of Cultivated Land (at current year price) (yuan)	1584	4159	4804	4960
工　业	**Industry**				
独立核算企业效益	Economic Efficiency of Industrial Enterprises with Independent Accounting System				
资金利税率　（%）	Ratio of Pre-Tax Profits to Total Capital (%)	16.05	6.54	6.77	5.75
产值利税率　（%）	Ratio of Pre-Tax Profits to Gross Output Value (%)	8.80	7.04	7.53	6.40
国有独立核算企业效益	Economic Efficiency of State-owned Industrial Enterprises with Independent Accounting System				
资金利税率　（%）	Ratio of Pre-Tax Profits to Total Capital (%)	14.94	8.58	6.68	6.71
产值利税率　（%）	Ratio of Pre-Tax Profits to Gross Output Value (%)	11.82	11.50	10.69	11.22
建筑业	**Construction**				
技术装备率　（元/人）	Value of Machinery per Labourer (yuan/person)	2397	4372	6574	8317
全员劳动生产率　（元/人）（按增加值计算）	Overall Labor Productivity (In term of Value Added) (yuan/person)			11080	12708
运输业	**Transportation**				
客运量弹性系数（以当年GDP增长1%计算）	Elasticity Coefficient of Passenger Traffic (In term of 1% increased of current year GDP)		0.38	1.04	0.70
货运量弹性系数（以当年GDP增长1%计算）	Elasticity Coefficient of Freight Traffic (In term of 1% increased of current year GDP)		0.13	0.03	0.22
铁路网密度（公里/万平方公里）	Railway Density (km/10000 sp. km)	72.3	104.6	115.3	114.0
公路网密度（公里/万平方公里）	Highway Density (km/10000 sp. km)	3073	4753	5164	5211
铁路货运密度　（吨/公里）	Railway Freight Traffic Density (ton/km)	37319	41021	41102	40864
邮电通信业	**Postal and Telecommunication Services**				
邮电业务总量弹性系数（以当年GDP增长1%计算）	Elasticity of Postal and Telecommunications Services (In term of 1% increased of current year GDP)	3.77	2.92	1.67	2.63
平均每百人拥有电话机数（部）	Number of Telephone Sets Owned by 100 persons (unit)	2.45	10.63	17.75	21.33
国内商业	**Domestic Trade**				
批零和餐饮业人均消费品零售额　（元）	Per Capita Retail Sales of Consumer Goods of Wholesale and Retail Sale and Catering Trades (yuan)		55582	75197	
对外经济贸易	**Foreign Trade**				
进出口总额相当于国内生产总值比例　（%）	Proportion of Total Imports and Exports to GDP (%)	57.8	145.6	147.5	152.3
金融保险	**Finance and Insurance**				
银行存款相当于国内生产总值比例　（%）	Bank Deposits as Percentage of GDP (%)	77.5	81.2	95.6	108.37
银行贷款相当于国内生产总值比例　（%）	Bank Loans as Percentage of GDP (%)	86.1	60.0	70.3	75.0

续表 2　continued

指　标		Item		1990	1995	1997	1998
教育、科技、文化		**Education,Science and Technology and Culture**					
教　育		**Education**					
学龄儿童入学率	(%)	Rate of School-age Children Enrollment	(%)	99.29	99.71	99.77	99.73
小学升学率	(%)	Rate of Graduates of Primary Schools Entering Juunior Secondary Schools	(%)	87.56	95.38	95.91	96.07
学校教师负担系数	(%)	Student-teacher Ratio(in percentage)	(%)				
高等学校		Colleges and Universities		6.1	9.1	10.3	10.8
中等学校		Secondary Schools		16.8	18.8	19.6	19.7
小学学校		Primary Schools		26.9	27.5	26.3	26.4
科　技		**Science and Technology**					
研究与开发经费支出相当于国内生产总值比例	(%)	Research and Development Expenditures as Percentage of GDP	(%)	0.19	0.20	0.39	0.48
文　化		**Culture**					
每百万人有电影放映单位	(个)	Number of Film Projection Teams per Million Persons		75.3	59.3	49.6	43.9
每百万人有艺术表演团体	(个)	Number of Troupes per Million Persons		2.0	2.0	2.0	1.9
每百万人有公共图书馆	(个)	Number of Public Libraries per Million Persons		1.6	1.7	1.7	1.7
每百万人有博物馆	(个)	Number of Museums per Million Persons		1.6	1.7	1.7	1.7
生活、环境		**people's Livelihood and Environment**					
婚　姻		**Marriages and Divorces**					
离婚率	(‰)	Divorce Rate	(‰)	0.84	1.01		
生　活		**People's Livelihood**					
城镇与农村居民收入增长率比例		Proportion of Growth Rate of Annual Income of Urban Residents to that of Rural Residents		1.04	0.69	0.55	1.02
福　利		**Social Welfare**					
职工保险福利相当于工资总额比例	(%)	Insurance and Welfare Funds of Staff and Workers as Percentage of Total Wages	(%)		10.7	10.9	
卫　生		**Health Care**					
每千人医院数	(个)	Number of Hospital per 1000 persons	(unit)	0.03	0.03	0.03	0.03
每千人医生数	(人)	Number of Doctor per 1000 persons	(person)	1.30	1.46	1.48	1.48
每千人医院床位数	(张)	Number of Hospital Bed per 1000 persons		1.83	2.03	2.06	2.07
市政建设		**City Construction**	**(unit)**				
城市自来水普及率	(%)	Percentage of Households Which Have Access to Tap Water	(%)		83.0	89.7	91.9
城市用气普及率	(%)	Percentage of Households Which Have Access to Tap Gas	(%)		88.0	94.3	96.4
每万人绿地面积	(公顷)	Public Green Areas per 10000 persons	(hectare)	2.06	6.83	8.33	9.1
环境、灾害		**Environment and Disasters**					
平均每起火灾损失	(元)	Average Loss of per Fire Disaster	(yuan)		138909	30157	25210
平均每起交通事故损失	(元)	Average Loss of per Traffic Accident	(yuan)		681	6784	5920
环保投资占国内生产总值比重	(%)	Expenditures on Environment Protection as Percentage of GDP	(%)	0.37	0.64	1.27	1.49

注：1、地方财政收入未包中央返回部分。2、亩耕地用电量包括农村部分非生产用电。3、进出口总额相当于国内生产总值比例按当年汇率计算。

Note：a)The amount of local goverment revenue excluded the return part of central goverment.

b)The figures of electric power consumption per mu cultivated land included the part of non-productive consumption.

c)The figures of proportion of total imports and exports to GDP are calculated at the exchange rate of the current year.

2-5 改革开放前后国民经济和社会发展主要指标和增长速度

CHANGES OF MAIN INDICATORS AND GROWTH RATES ON NATONAL ECONOMIC AND SOCIAL DEVELOPMENT ROUND ABOUT REFORM AND OPENNING TO OUTSIDE

指标	Item	1952	1978	1998	年均增长速度 Average Annual Growth Rate 1953—1978	1979—1998
人口与就业	**Population and Employment**					
人口 （万人）	Population （10000 persons）					
年底总人口	Year—end Population	2910.45	5064.15	7115.65	2.2	1.7
非农业人口	Non—agricultural population	512.93	823.23	2219.07	1.8	5.1
农业人口	Agricultural porulation	2397.52	4240.92	4896.58	2.2	0.7
就业 （万人）	Employment （10000 persons）					
年底从业人员数	Year—end Employment	1271.21	2275.95	3783.87	2.3	2.6
职工人数	Staff and workers	51.41	515.85	884.8	9.3	2.7
宏观经济（当年价） （亿元）	**Macroeconomic Indicator （at current year prices） （100 million yuan）**					
国内生产总值	Gross Domestic Product	29.52	185.85	7919.12	5.2	14.0
第一产业	Primary Industry	14.39	55.31	1004.92	2.5	6.5
第二产业	Secondary Industry	6.70	86.62	3991.97	10.4	17.3
第三产业	Tertiary Industry	8.43	43.92	2922.23	4.3	15.1
人均国内生产总值 （元）	Per Capital GDP （yuan）	101	369	11143	3.0	12.0
最终消费	Total Consumption		125.71	4375.41		12.4
居民消费	Resident Consumption		107.15	3330.07		11.6
政府消费	Public Consumption		18.56	1045.34		15.9
固定资产投资 （亿元）	**Investment in Fixed Assets （100 million yuan）**					
固定资产投资额	Total Investment	0.93	27.23	2668.13	13.9	25.8
基本建设	Capital construction	0.93	17.85	1072.30	12.0	22.7
更新改造	Innovation		2.19	327.38		28.4
财政 （亿元）	**Finance （100 million yuan）**					
财政收入	Government Revenue	7.15	39.46	640.75	6.8	17.9
财政支出	Government Expenditures	3.32	27.03	825.61	8.4	18.6
农业	**Agriculture**					
农业总产值 （亿元）	Gross Output Value of Farming Foresty,Animal Husbandry and Fishery （100 million yuan）	21.01	74.33	925.83	3.5	6.6
主要农产品产量 （万吨）	Output of Major Farm Products （10000 tons）					
粮　食	Grain	797.4	1509.51	1930.20	2.5	1.2
油　料	Oil—bearing Crops	13.68	36.04	79.29	3.8	4.0
茶　叶	Tea	0.2	0.9	3.89	6.0	7.6
水　果	Fruits	16.5	29.4	453.12	2.2	14.7
肉　类	Meat			297.28		
水产品	Aquatic Products	30.13	65.5	554.28	3.0	11.3
工业	**Industry**					
工业总产值 （亿元）	Gross Industrial Output Value （100 million yuan）	14.95	199.65	12190.38	10.6	21.3
主要工业产品产量	Output of Major Industrial Products					
布 （亿米）	Cloth 100 million meter）	0.76	2.27	8.32	4.3	
机制纸及纸板 （万吨）	Machine—Made Paper and Paper board （10000 tons）	1.10	27.47	196.71	13.2	
家用电冰箱 （万台）	Household Refrigerators （10000 units）			305.94		
家用洗衣机 （万台）	Household Washing Machines （10000 units）			175.28		
电视机 （万台）	Television Sets （10000 units）		1.72	1209.77		
#彩色电视机	Color Television sets			1176.24		
照相机 （万架）	Camera （10000 units）			4421.62		

注:1、工、农业总产值 1952 年为 1957 年不变价格,1978 年为 1970 年不变价格,1998 年为 1990 年不变价格。

续表 continued

指标	Item	1952	1978	1998	年均增长速度 Average Annual Growth Rate 1953—1978	1979—1998
原　煤　（万吨）	Coal (10000 tons)	18.88	1046.96	299.87	16.7	
发电量　（亿千瓦时）	Electricity (100 million KWH)	1.22	92.32	1004.37	18.1	
钢　（万吨）	Steel (10000 tons)	0.03	35.84	263.69	31.3	
成品钢材　（万吨）	Steel Products (10000 tons)	0.08	43.67	318.53	27.4	
水　泥　（万吨）	Cement (10000 tons)	15.09	369.08	5091.86	13.1	
交通、邮电通信业	**Transportation, Postal and Telecommunication services**					
货运量　（万吨）	Freight Traffic (10000 tons)	856	15204	24155	11.7	2.3
客运量　（万人）	Passenger Traffic (10000 persons)	2229	15906	66386	7.9	7.4
邮电业务总量（亿元）（1990年不变价）	Total Business Revenue (100 million yuan) (at 1990 constant prices)	0.35	1.59	418.38	6.0	32.1
沿海主要港口货物吞吐量（万吨）	Volume of Freight Handled in Major Coastal ports (10000 tons)	358	2786	12866	8.2	8.0
电话机　（万部）	Number of Telephone Sets (1000 units)		17.5	1145.2		23.3
国内商业						
社会消费品零售额　（亿元）	Total Retail Sales of Consumer Goods (100 million yuan)	18.87	79.86	3316.28	5.7	20.5
对外经济贸易	**Foreign Trade**					
海关进出口额　（亿美元）	Total Exports and Imports (100 millionUSD)			1297.98		
进口额	Imports			541.80		
出口额	Exports			756.18		
人民生活	**People's Livelihood**					
居民消费水平	Per Capita Consumption		107.15	3330.07		18.7
农民	Peasants		68.58	1415.08		16.3
非农业居民	Non—agricultural Residents		38.57	1914.99		21.6
城乡居民储蓄存款余额　（亿元）	Outstanding Amount of Saving Deposits in Urban and Rural Areas (100 million yuan)		17.56	6653.39		34.6
职工工资总额　（亿元）	Total Wages (100 million yuan)	1.84	30.59	899.67	11.4	18.4
职工平均工资　（元）	Average Wage of Staff and workers (yuan)	387	615	10233	1.8	15.1
卫　生	**Health Care**					
医院、卫生院　（个）	Number of Hospital (unit)	183	1968	2373	9.6	0.9
医　生　（万人）	Number of Doctors (10000 persons)	1.62	4.79	10.55	4.3	4.0
医院、卫生院床位数　（万张）	Number of Hospital Beds (10000 units)	1.25	8.41	14.76	7.6	2.9
教育、文化	**Education and Culture**					
专任教师数　（万人）	Full-time Teachers (10000 persons)					
普通高等学校	Institutions of Higher Education	0.13	0.9	1.71	7.7	3.3
中等学校	Secondary Schools	0.99	15.93	24.6	11.3	2.2
小　学	Primary Schools	9.61	26.09	34.79	3.9	1.4
在校学生数　（万人）	Students Enrollment (10000persons)					
普通高等学校	Institutions of Higher Education	1	3.07	18.5	4.4	9.4
中等学校	Secondary Schools	24.1	316.96	485.83	10.4	2.2
小　学	Primary Schools	300	743.02	918.02	3.5	1.1
出版数量	Publications					
图　书　（亿册）	Number of Books Published (100 million copies)		1.72	3.27		3.3
杂　志　（万册）	Number of Magazines Issued (10000 copies)		1519	24325		14.9
报　纸　（亿份）	Number of Newspapers Issued (100 million copies)		3.19	27.97		11.5

Note: a) Figures of the gross output value of industry and agriculture of 1952 are calculated at 1952 constant prices, and those in 1978 at 1970 constant prices, 1998 at 1990 contant prices.

2-6 国民经济主要指标分月变化情况

（1998年，累计绝对数）

指　　标		Item		1 Jan
工业销售产值(现行价)	(亿元)	Gross Industrial Sales Value (at current prices)	(100 million yuan)	625.21
工业总产值(现行价)	(亿元)	Gross Industrial Output Value (at current prices)	(100 million yuan)	663.92
工业总产值(1990年不变价)	(亿元)	Gross Industrial Output Value(at 1990 constant prices)	(100 million yuan)	590.16
#出口产品产值		#Industrial Product Exports		207.28
#大中型工业		#Large and Medium-sized Industrial Enterprises		230.13
按轻重工业分		Grouped by Light and Heavy Industry		
轻　工　业		Light Industry		394.27
重　工　业		Heavy Industry		195.90
按经济类型分		Grouped by Ownership		
国有经济单位		State-owned Units		97.37
集体经济单位		Collective Owned Units		147.99
股份制企业		Share Holding		
外商及港澳台投资企业		Foreigns, Funded by Entrepreneurs from Hong Kong, Macao & Taiwan		
其它经济类型工业		Other Ownership		
固定资产投资额	(亿元)	Investment on Fixed Assets	(100 million yuan)	
#基本建设		Capital Construction		
更新改造		Innovation		
房地产开发		Real Estate Development		
基本建设和更新改造新增固定资产	(亿元)	Newly Increased Fixed Assets Through Capital Construction and Innovation	(100 million yuan)	
工资总额	(亿元)	Total Wages	(100 million yuan)	
财政收入	(亿元)	Government Revenue	(100 million yuan)	43.56
营业税		Industrial and Commercial Taxes		18.04
财政支出	(亿元)	Government Expenditures	(100 million yuan)	38.44
行政事业经费		Expenditure for Government Administration		28.42
金融机构存款余额	(亿元)	Outstanding Saving Deposits in Financial Institutions	(100 million yuan)	11012.99
金融机构贷款余额	(亿元)	Outstanding Loans in Financial Institutions	(100 million yuan)	8193.02
城乡居民储蓄存款余额	(亿元)	Outstanding Saving Deposits by Urban and Rural Residents	(100 million yuan)	6424.15
外贸出口总额(海关口径)	(亿美元)	Total Exports (Customs Statistics)	(100 million USD)	
#一般贸易		General Trade		
来料加工		Processing and Assembling with Customer's Materials		
进料加工		Processing and Assembling with Import Materials		
外贸进口总额	(亿美元)	Total Imports	(100 million USD)	
实际利用外资	(亿美元)	Foreign Capital Actually Utilized	(100 million USD)	7.91
#外商直接投资		Foreign Direct Investment		7.39
货运量	(万吨)	Freight Traffic	(10000 tons)	1688.1
客运量	(万人)	Passengers Traffic	(10000 persons)	4942.1
发　电　量	(亿千瓦时)	Electricity	(100 million kwh)	60.31
社会消费品零售总额	(亿元)	Total Retail Sales of Consumer Goods	(100 million yuan)	286.11
商品零售价格总指数	(%)	General Retail Price Index	(%)	98.3
居民消费价格总指数	(%)	General Consumer Price Index	(%)	99.6
独立核算工业主要经济效益指标		Major Economic Results Indicators of Industrial Enterprises with Independent Accounting System		
经济综合效益指数	(%)	Comprehensive Economic Efficiency Index	(%)	
产品销售率	(%)	Ratio of Sales to Products	(%)	94.17
产品销售收入	(亿元)	Sales Revenue	(100 million yuan)	
产成品存货	(亿元)	Stock	(100 million yuan)	
利税总额	(亿元)	Total Pre-Tax Profits	(100 million yuan)	
应收帐款净额	(亿元)	Net Amount of Accounts Receivable	(100 million yuan)	

注：1、工业总产值为全部国有工业及产销售收入在500万以上的非国有工业。2、1-12月累计数不等于年报数；金融机构存、贷款余额及城乡居民储蓄存款余额“累计”栏均为月末数。

MAJOR INDICATORS ON NATIONAL ECONOMY BY MONTH

(Accumulated Amounts at 1998)

月份 Month										
1—2 Until Feb.	1—3 Until Mar.	1—4 Until Apr.	1—5 Until May.	1—6 Until Jun.	1—7 Until Jul.	1—8 Until Aug.	1—9 Until Sep.	1—10 Until Oct.	1—11 Until Nov.	1-12 Until Dec.
1230.66	1969.66	2733.00	3500.92	4314.33	5132.10	5978.73	6847.72	7757.29	8649.31	9605.71
1300.11	2088.93	2883.65	3687.28	4525.87	5377.90	6240.40	7131.71	8069.99	8994.51	9978.49
1174.95	1884.05	2627.13	3365.64	4155.40	4942.48	5739.85	6567.16	7442.70	8305.92	9221.68
416.37	677.84	953.10	1224.90	1488.20	1779.82	2080.85	2401.95	2728.87	3042.89	3323.84
480.85	762.44	1048.93	1351.11	1681.25	1989.62	2291.14	2625.28	2961.45	3323.77	3763.00
791.23	1246.90	1716.66	2187.63	2708.20	3222.76	3735.98	4258.74	4822.35	5377.17	5965.52
383.72	637.15	910.47	1178.01	1447.21	1719.72	2003.87	2308.43	2620.35	2928.75	3256.16
183.51	289.65	392.18	497.08	596.46	694.33	792.18	898.96	1007.63	1120.31	1243.14
277.31	419.40	573.40	727.37	883.17	1047.53	1229.85	1408.65	1616.72	1822.99	2015.37
		198.46	259.89	326.05	400.91	457.97	514.09	581.51	649.92	726.49
		1336.57	1713.99	2143.14	2558.03	2976.96	3415.87	3856.34	4287.10	4764.08
		126.52	167.32	206.58	241.69	282.90	329.59	380.50	425.60	472.59
71.10	127.25	189.38	267.00	349.29	421.90	498.51	578.82	675.26	778.50	1067.53
14.15	25.16	32.84	51.23	77.14	92.97	124.73	158.98	184.76	202.94	312.90
24.13	68.41	100.63	143.48	185.38	228.50	273.88	318.18	358.86	404.10	594.01
5.79	13.94	26.47	55.88	87.07	128.36	187.50	182.27	243.15	277.19	
	214.90			424.33			633.70			
85.71	129.79	186.56	235.61	291.53	351.55	400.51	451.52	505.96	567.42	636.66
34.48	49.99	70.77	86.75	102.71	123.98	139.13	153.71	172.45	189.81	212.74
61.18	105.18	159.04	213.96	285.21	347.55	404.99	479.96	546.28	634.08	823.43
46.08	70.39	102.71	128.69	165.37	198.36	227.18	260.00	296.05	338.72	413.28
11276.99	11516.64	11645.09	11810.58	11943.45	12166.13	12374.45	12675.53	12840.86	12985.76	13253.78
8221.53	8355.64	8430.72	8525.03	8661.71	8747.49	8927.29	9093.66	9178.47	9297.84	9501.63
6684.89	6811.69	6878.96	6966.03	7003.59	7114.18	7162.44	7267.82	7383.15	7461.10	7547.93
		241.04	297.65	368.69	435.98	499.71	562.96	622.85	680.12	757.24
		61.42	108.79	88.68	104.01	115.33	125.66	134.81	142.80	152.54
		57.44		90.11	107.29	125.00	143.11	161.06	178.50	202.55
		114.59	177.66	177.80	210.03	242.93	276.34	308.07	339.06	381.08
55.58	98.20	164.47	181.44	258.26	306.13	349.70	395.20	439.23	483.87	542.79
17.53	30.59	42.63		73.44			109.36	121.20		150.00
14.29	25.05	33.46		55.65			85.76	95.56		
3043.3	4913.9	6983.9	8932.5	10741.0	12479.6	14246.0	16194.5	17935.3	19709.6	21553.7
10227.2	16169.7	21770.0	26363.3	31414.1	36647.8	41879.2	49124.8	54015.2	59550.7	62807.1
124.86	200.78	279.75	361.76	448.19	536.85	641.74	740.00	832.04	915.67	997.68
553.71	804.99	1044.71	1287.74	1535.70	1784.40	2043.50	2324.41	2621.88	2915.02	3248.54
97.8	98.1	98.0	98.0	97.9	97.7	97.4	97.2	97.1	97.0	97.0
99.6	99.3	99.3	99.2	99.2	98.9	98.7	98.4	98.3	98.2	98.2
95.94	94.82		96.71	98.23	98.88	100.12	100.42	101.24	101.97	102.87
94.66	94.29	94.78	94.95	95.33	95.43	95.81	96.02	96.13	96.16	96.26
1261.16	1890.73	2592.42	3352.65	4101.72	4939.12	5711.59	6518.77	7422.99	8466.53	9503.95
645.16	634.80	672.35	689.32	680.61	708.52	695.46	669.92	682.03	681.97	679.85
83.79	123.26	164.67	218.19	273.65	335.22	405.93	450.12	505.70	563.15	642.64
1447.97	1264.24	1376.16	1414.61	1434.77	1456.90	1518.57	1492.52	1505.68	1523.58	1468.99

Notes: a) Gross Industrial Output Value Including Industrial Enterprises at and above Township Level.

b) The Accumulated Amounts of Months 1-12 are not Equal to the Amounts in the Annual Report; The Saving Deposits and Loans "Accumulated" Columns are Amounts at Month End.

2-7 国民经济主要指标分月变化情况

（1998年，比上年同期增长%）

指 标	Item	1 Jan
工业总产值	Gross Industrial Output Value	3.7
按轻重工业分	Grouped by Light and Heavy Industry	
轻 工 业	Light Industry	3.7
重 工 业	Heavy Industry	3.7
按经济类型分	Grouped by Ownership	
国有经济单位	State-ownership	−2.2
集体经济单位	Collective Owned Units	3.5
股份制企业	Share Holding	
外商及港澳台投资企业	Foreign Funded and Funded by Entepreneurs from, Hong Kong, Macao & Taiwan	
其他经济类型工业	Other Ownership	
固定资产投资	Investment on Fixed Assets	
基本建设	Capital Construction	
更新改造	Innovation	
基本建设和更新改造新增固定资产	Newly Increased Fixed Assets through Capital Construction and Innovation	
工资总额	Total Wages	
财政收入	Government Revenue	5.8
营业税	Business Tax	−1.6
财政支出	Government Expenditures	−0.6
金融机构存款余额	Outstanding Saving Deposits in Financial Institutions	−146.18
金融机构贷款余额	Outstanding Loans in Financial Institutions	−8.33
城乡居民储蓄存款余额	Outstanding Saving Deposits by Urban and Rural Residents	102.17
外贸出口总额（海关口径）	Total Exports (customs statisties)	
#一般贸易	General Trade	
来料加工	Processing and Assembling with Customer's Materials	
进料加工	Processing and Assembling with Import Materials	
外贸进口总额	Total Imports	
实际利用外资	Foreign Capital Actually Utilized	5.5
货运量	Freight Traffic	−10.4
客运量	Passenger Traffic	20.7
发 电 量	Electricity	2.8
社会消费品零售总额	Total Retail Sales of Consumer Goods	14.6
商品零售价格总指数	General Retail Price Index	−1.7
居民消费价格总指数	General Consumer Price Index	−0.4
独立核算工业主要经济效益指标	Major Economic Results Indicators of Industrial Enterprises with Independent Accounting System	
经济综合效益指数	Comprehensive Economic Efficiency Index	
产品销售率	Ratio of Sales to Gross Products	0.6

注：金融机构存、贷款余额及城乡居民储蓄存款余额"比上年同期增长"栏为比上年末增长的绝对数。

MAJOR INDICATORS ON NATIONAL ECONOMY BY MONTH

(1998, Percentage increased over the same period of preceding year)

月份 Month										
1—2 Until Feb.	1—3 Until Mar.	1—4 Until Apr.	1—5 Until May.	1—6 Until Jun.	1—7 Until Jul.	1—8 Until Aug.	1—9 Until Sep.	1—10 Until Oct.	1—11 Until Nov.	1-12 Until Dec.
12.0	13.0	12.7	12.4	11.9	12.0	11.7	12.1	13.2	13.4	13.8
12.1	13.1	11.9	11.3	10.9	11.1	10.6	11.0	12.3	12.7	13.2
11.7	12.8	14.1	14.5	14.0	13.6	13.7	14.1	14.9	14.8	15.0
5.5	5.8	6.7	6.7	5.3	4.7	4.0	4.6	4.5	4.8	4.9
7.6	5.5	6.0	6.5	4.9	5.1	5.3	6.3	8.9	10.4	12.6
		10.7	16.4	13.2	15.0	14.4	14.0	16.9	19.4	22.7
		16.7	15.2	15.5	15.4	14.8	14.8	15.1	14.6	13.9
		27.8	24.3	28.7	28.0	30.2	32.7	36.1	33.8	34.6
38.4	26.4	20.3	18.7	13.7	13.2	14.2	15.3	16.3	18.5	18.2
—3.4	6.9	3.9	16.3	28.8	25.7	44.6	56.7	46.7	44.6	14.2
—0.8	—23.7	—24.1	—47.5	—26.6	—3.6	22.7	—1.3	6.4	—6.8	
	7.7			7.7			6.3			
20.7	19.5	19.4	18.9	17.9	19.3	18.5	18.2	16.9	18.1	14.9
10.7	14.2	17.4	18.6	17.0	20.7	18.6	17.6	17.1	16.1	17.9
4.7	16.8	18.6	17.7	18.2	18.2	16.5	19.2	16.6	18.0	18.6
97.86	337.51	459.41	624.90	575.77	980.45	1188.77	1489.85	1665.18	1800.08	2068.10
20.18	154.29	229.37	323.68	460.36	546.14	725.94	892.31	977.12	1096.49	1300.28
362.92	489.72	556.99	644.06	681.61	792.21	840.46	945.85	1061.18	1139.13	1225.95
14.6	16.2	16.3	16.2	10.7	9.2	8.1	6.2	3.5	1.3	1.6
		15.9	17.0	6.0	5.5	2.4	—3.2	—6.9	—11.4	—15.0
		9.9		7.0	5.4	5.7	5.3	3.3	2.9	5.2
		17.0	15.7	12.6	10.5	10.3	9.7	7.4	5.6	7.1
—2.1	16.4	9.1	11.8	5.9	3.8	3.3	2.9	0.8	—0.3	—2.3
24.9	20.2	5.8		12.8	16.5		10.8	4.6		5.6
—8.9	—9.2	—4.6	—3.6	—4.6	—4.7	—4.5	—3.8	—4.5	—4.8	—4.8
15.4	22.3	26.1	24.1	25.1	23.3	20.2	24.0	21.1	20.7	15.8
6.2	4.8	5.0	6.0	5.4	4.6	6.4	7.7	8.2	8.6	6.0
9.8	10.5	10.4	9.8	9.9	9.8	9.8	10.2	10.6	10.9	11.3
—2.2	—1.9	—2.0	—2.0	—2.1	—2.3	—2.6	—2.8	—2.9	—3.0	—3.0
—0.4	—0.7	—0.7	—0.8	—0.8	—1.1	—1.3	—1.6	—1.7	—1.8	—1.8
—0.41	—4.15		—5.09	—5.27	—3.59	—3.81	—4.53	—3.94	—3.24	—2.63
0.57	—0.92	—0.07	0.03	—0.04	—0.11	0.32	0.33	0.49	0.36	0.27

Note: The Saving Deposits and Loans "Increased Over the Same Period of Preceding Year" Columns are Absolute Amounts.

2-8 国内生产总值
GROSS DOMESTIC PRODUCT

单位:亿元 (100 million yuan)

年份 Year	国内生产总值 Gross Domestic Product	第一产业 Primary Industry	第二产业 Secondary Industry	工业 Industry	建筑业 Construction	第三产业 Tertiary Industry	农林牧渔服务业 Service for Agriculture, Forestry, Animal Husbandry and Fishery	地质勘查水利管理业 Geological Prospecting and Water Conservancy	交通运输仓储邮电通信业 Transportation, Storage, Post and Telecommunications
1978	185.85	55.31	86.62	76.12	10.49	43.92	0.16	0.35	10.05
1979	209.34	66.62	91.65	82.36	9.29	51.06	0.22	0.42	11.26
1980	249.65	82.97	102.53	89.87	12.66	64.14	0.26	0.52	13.72
1981	290.36	94.30	120.34	103.60	16.74	75.71	0.32	0.65	16.71
1982	339.92	118.17	135.37	113.13	22.24	86.39	0.40	0.77	18.34
1983	368.75	121.24	152.27	125.82	26.45	95.24	0.47	0.93	19.47
1984	458.74	145.25	187.55	154.33	33.22	125.93	0.63	1.21	25.68
1985	577.38	171.87	229.82	185.81	44.01	175.69	0.90	1.67	35.91
1986	667.53	188.37	255.88	208.46	47.42	223.28	1.16	2.16	40.18
1987	846.69	232.14	330.35	273.77	56.58	284.20	1.53	2.76	53.20
1988	1155.37	306.50	460.17	386.35	73.82	388.70	2.09	4.29	65.22
1989	1381.39	351.73	554.13	464.06	90.07	475.53	2.95	5.93	79.02
1990	1559.03	384.59	615.86	523.42	92.45	558.58	4.39	7.65	101.61
1991	1893.30	416.00	782.67	675.55	107.12	694.63	5.14	8.83	138.54
1992	2447.54	465.83	1100.32	899.28	201.04	881.39	6.02	9.46	174.28
1993	3431.86	559.67	1700.92	1380.19	320.73	1171.27	8.06	13.50	232.20
1994	4516.63	694.65	2242.00	1847.63	394.37	1579.98	9.93	16.49	334.20
1995	5733.97	868.99	2876.74	2413.83	462.91	1988.24	11.65	19.52	427.81
1996	6519.14	941.73	3269.35	2788.82	480.53	2308.06	12.98	21.11	497.68
1997	7315.51	986.82	3647.82	3158.74	489.08	2680.87	14.93	23.52	629.34
1998	7919.12	1004.92	3991.97	3463.12	528.85	2922.23	16.30	24.10	688.83

注：本表按当年价格计算。
Note: The data in value terms in this table are calculated at current prices.

续表 continued

单位:亿元 (100 million yuan)

年 份 year	批发和零售贸易餐饮业 Wholesale and Retail Sale Trades & Catering Services	金 融 保险业 Finance and Insurance	房地产业 Real Estate Trade	社 会 服务业 Social Services	卫生、体育社会福利事 业 Health Care, Sports and Social Welfare	教育、文化艺术和广播电影电视业 Education, Culture, Arts, Broadcasting, Film and Television	科学研究综合技术服务业 Scientific Research and Polytechnical Services	国家机关、政党机关和社会团体 Government Agencies, Party Agencies and Social Organizations	其 他 Others
1978	19.39	4.53	1.42	1.64	1.37	1.77	0.33	1.59	1.32
1979	23.52	4.74	1.62	1.81	1.61	2.06	0.38	1.83	1.61
1980	29.53	6.10	2.13	2.33	2.07	2.63	0.53	2.38	1.96
1981	33.57	6.76	2.79	2.85	2.61	3.47	0.67	2.94	2.38
1982	38.07	7.98	3.39	3.29	3.09	4.07	0.82	3.52	2.65
1983	41.42	8.94	4.09	3.83	3.52	4.85	0.95	3.95	2.82
1984	54.41	11.76	5.09	5.05	4.83	7.31	1.30	5.64	3.04
1985	79.86	12.74	6.16	6.28	6.32	12.65	1.67	8.16	3.38
1986	89.78	20.84	11.69	13.75	10.18	14.30	2.18	12.30	4.77
1987	104.17	34.25	16.44	23.52	11.18	16.30	2.73	14.98	3.13
1988	145.89	46.80	22.84	36.40	13.10	23.24	4.50	20.48	3.84
1989	136.65	72.70	41.36	47.99	15.72	31.09	6.21	31.97	3.94
1990	152.90	82.46	42.87	66.19	18.03	33.88	7.10	37.26	4.24
1991	185.77	94.83	54.09	87.98	20.43	38.64	7.95	47.54	4.88
1992	236.59	122.79	81.74	105.88	24.10	47.47	10.20	57.63	5.23
1993	326.02	146.02	123.22	135.90	33.23	60.98	12.21	71.89	8.05
1994	446.00	191.17	163.00	175.26	43.82	81.76	15.43	91.58	11.34
1995	568.65	214.50	214.53	236.44	52.44	101.49	17.78	110.30	13.13
1996	671.22	242.37	257.63	266.17	60.28	119.38	19.34	125.30	14.60
1997	760.25	271.07	303.36	309.34	65.06	133.92	21.34	133.18	15.56
1998	827.16	268.20	362.83	331.55	71.44	146.15	23.38	145.77	16.52

注：本表按当年价格计算。
Note: The data in value terms in this table are calculated at current prices.

2-9 国内生产总值指数
INDICES OF GROSS DOMESTIC PRODUCT

上年＝100 (preceding year＝100)

年份 Year	国内生产总值 Gross Domestic Product	第一产业 Primary Industry	第二产业 Secondary Industry	工业 Industry	建筑业 Construction	第三产业 Tertiary Industry	农林牧渔服务业 Service for Agriculture, Forestry, Animal Husbandry and Fishery	地质勘查水利管理业 Geological Prospecting and Water Conservancy	交通运输仓储邮电通信业 Transportation, Storage, Post and Telecommunications
1978	101.0	104.3	97.1			101.2			
1979	108.5	106.1	104.3	107.6	89.5	117.6	131.0	118.0	112.7
1980	116.6	112.7	116.9	113.2	136.6	122.1	113.3	121.9	119.5
1981	109.0	105.1	112.9	110.8	122.0	110.0	122.0	120.2	107.5
1982	112.0	111.9	111.5	108.1	124.9	112.5	120.5	118.6	117.4
1983	107.3	103.6	110.1	109.6	111.6	108.9	115.5	113.7	105.0
1984	115.6	112.5	118.8	120.5	113.0	115.7	125.9	123.9	105.7
1985	118.0	106.2	120.7	120.9	120.1	128.7	114.7	112.8	123.1
1986	112.7	105.6	108.1	108.8	105.4	124.7	120.2	118.3	120.9
1987	119.6	109.6	127.5	131.6	112.1	120.6	120.3	118.3	122.2
1988	115.8	106.6	124.9	128.0	111.4	113.7	119.4	117.9	121.8
1989	107.2	107.2	108.6	110.8	97.1	105.7	116.0	114.2	118.2
1990	111.6	107.3	112.7	114.4	102.7	113.4	119.9	117.3	106.8
1991	117.7	105.4	123.6	123.0	127.5	119.4	110.6	108.8	128.3
1992	122.1	105.6	133.4	130.8	149.8	119.0	109.0	107.3	120.9
1993	122.3	102.6	136.1	139.5	117.5	115.1	112.7	112.3	124.6
1994	119.1	103.2	125.5	126.9	116.7	116.8	109.3	106.5	127.4
1995	114.9	105.5	118.5	119.3	113.2	113.1	106.9	106.7	117.0
1996	110.7	105.0	112.4	113.6	103.0	109.9	103.9	104.7	109.2
1997	110.6	104.8	112.6	114.1	100.4	109.1	108.9	107.1	108.9
1998	110.2	103.9	112.2	112.6	108.1	108.7	111.3	104.8	106.5

注：本表按可比价格计算。
Note: The data in value terms in this table are calculated at comparable prices.

续表 continued

上年=100 (preceding year=100)

年 份 year	批发和零售贸易餐饮业 Wholesale and Retail Sale Trades & Catering Services	金 融 保险业 Finance and Insurance	房地产业 Real Estate Trade	社 会 服务业 Social Services	卫生、体育社会福利事 业 Health Care, Sports and Social Welfare	教育、文化艺术和广播电影电视业 Education, Culture, Arts, Broadcasting, Film and Television	科学研究综合技术服务业 Scientific Research and Polytechnical Services	国家机关、政党机关和社会团体 Government Agencies, Party Agencies and Social Organizations	其 他 Others
1978									
1979	123.1	103.1	115.2	126.0	114.5	114.2	113.5	112.2	118.1
1980	119.6	126.4	136.0	133.8	125.4	123.7	133.5	126.3	118.7
1981	106.8	106.4	129.5	123.1	114.3	119.5	122.5	112.1	110.1
1982	108.0	110.0	121.0	120.0	116.4	115.1	121.1	117.7	109.0
1983	106.9	110.0	117.9	115.5	112.8	117.9	116.3	111.2	105.5
1984	116.6	116.8	109.3	111.4	122.3	135.0	127.2	127.4	115.3
1985	127.6	130.0	148.3	121.3	139.0	149.4	115.4	145.8	105.6
1986	117.9	130.2	161.1	147.8	117.7	118.2	121.1	141.6	117.3
1987	116.5	140.3	132.2	139.9	115.4	109.3	121.3	111.5	60.2
1988	108.3	115.0	127.6	119.9	105.0	112.4	120.7	107.7	95.9
1989	80.1	133.0	141.4	107.1	95.2	113.3	117.0	132.2	87.7
1990	112.2	117.3	97.6	128.2	119.7	113.7	119.2	121.7	111.9
1991	119.6	107.2	114.3	126.0	112.5	116.7	111.2	126.6	114.2
1992	119.4	121.2	146.2	108.1	111.3	113.3	110.9	113.9	100.5
1993	119.4	101.4	127.4	102.4	112.3	110.1	112.3	107.5	128.4
1994	116.9	106.2	125.9	109.0	111.3	112.6	109.2	109.0	115.6
1995	113.4	100.6	120.7	116.3	107.2	110.6	106.0	107.6	108.1
1996	111.8	106.3	114.4	108.6	106.7	112.5	102.7	104.9	105.4
1997	111.2	108.4	110.2	105.7	106.0	111.4	108.1	104.0	104.3
1998	112.5	102.0	109.3	103.8	111.9	112.0	112.7	112.1	109.0

注：本表按可比价格计算。
Note: The data in value terms in this table are calculated at comparable prices.

2-10 国内生产总值指数

INDICES OF GROSS DOMESTIC PRODUCT

1978年=100 (1978=100)

年份 year	国内生产总值 Gross Domestic Product	第一产业 Primary Industry	第二产业 Secondary Industry			第三产业 Tertiary Industry			
				工业 Industry	建筑业 Construction		农林牧渔服务业 Service for Agriculture, Forestry, Animal Husbandry and Fishery	地质勘查水利管理业 Geological Prospecting and Water Conservancy	交通运输仓储邮电通信业 Transportation, Storage, Post and Telecommunications
1978	100.0	100.0	100.0	100.0	100.0	100.0	100.0	100.0	100.0
1979	108.5	106.1	104.3	107.6	89.5	117.6	131.0	118.0	112.7
1980	126.5	119.6	121.9	121.8	122.2	143.5	148.5	143.9	134.6
1981	137.9	125.8	137.6	135.0	149.1	157.8	181.2	172.9	144.8
1982	154.4	140.8	153.4	145.9	186.4	177.5	218.3	205.0	170.0
1983	165.6	145.9	168.8	159.9	208.0	193.3	252.2	233.2	178.6
1984	191.4	164.1	200.6	192.7	235.1	223.7	317.7	289.0	188.8
1985	225.7	174.2	242.1	233.0	282.4	287.9	364.4	326.0	232.5
1986	254.5	184.0	261.6	253.4	297.5	359.0	438.0	385.6	281.0
1987	304.5	201.7	333.4	333.4	333.5	433.0	527.1	456.3	343.4
1988	352.6	215.0	416.5	426.7	371.4	492.6	629.1	538.0	418.2
1989	377.9	230.6	452.1	472.8	360.6	520.5	729.6	614.3	494.3
1990	421.6	247.4	509.3	540.9	370.4	590.1	874.7	720.7	527.8
1991	496.1	260.9	629.7	665.4	472.2	704.6	967.8	784.1	677.2
1992	605.8	275.4	840.2	870.4	707.4	838.6	1054.9	841.3	818.6
1993	741.1	282.6	1143.5	1214.3	831.4	965.3	1189.0	945.1	1020.0
1994	882.5	291.7	1435.1	1540.5	970.5	1127.8	1300.1	1006.6	1299.0
1995	1014.3	307.7	1700.7	1837.3	1099.0	1275.2	1389.3	1074.4	1520.2
1996	1122.4	323.0	1911.3	2088.1	1132.3	1401.7	1443.2	1125.2	1659.9
1997	1241.0	338.4	2153.0	2383.5	1137.4	1529.4	1570.9	1205.3	1807.8
1998	1367.2	351.4	2415.7	2685.0	1229.4	1663.1	1748.6	1263.7	1924.9

注：本表按可比价格计算。

Note: The data in value terms in this table are calculated at comparable prices.

续表 continued

1978年=100 (1978=100)

年份 year	批发和零售贸易餐饮业 Wholesale and Retail Sale Trades & Catering Services	金融保险业 Finance and Insurance	房地产业 Real Estate Trade	社会服务业 Social Services	卫生、体育社会福利事业 Health Care, Sports and Social Welfare	教育、文化艺术和广播电影电视业 Education, Culture, Arts, Broadcasting, Film and Television	科学研究综合技术服务业 Scientific Research and Polytechnical Services	国家机关、政党机关和社会团体 Government Agencies, Party Agencies and Social Organizations	其他 Others
1978	100.0	100.0	100.0	100.0	100.0	100.0	100.0	100.0	100.0
1979	123.1	103.1	115.2	126.0	114.5	114.2	113.5	112.2	118.1
1980	147.3	130.4	156.6	168.6	143.5	141.3	151.6	141.7	140.2
1981	157.2	138.6	202.8	207.6	163.9	168.9	185.8	158.8	154.4
1982	169.7	152.6	245.3	249.1	190.8	194.4	224.9	186.9	168.3
1983	181.5	167.8	289.1	287.7	215.1	229.3	261.6	207.8	177.5
1984	211.7	196.0	316.0	320.4	263.0	309.4	332.9	264.7	204.7
1985	270.1	254.7	468.8	388.6	365.5	462.3	384.2	385.8	216.1
1986	318.5	331.7	755.1	574.4	430.2	546.5	465.3	546.4	253.5
1987	370.9	465.3	998.5	803.9	496.4	597.3	564.4	609.5	152.7
1988	401.6	535.1	1273.9	963.8	521.2	671.2	681.2	656.6	146.5
1989	321.8	711.7	1801.5	1032.0	496.3	760.4	797.2	868.3	128.4
1990	361.1	834.5	1758.4	1322.9	594.1	864.9	950.3	1056.5	143.7
1991	431.9	894.5	2009.4	1666.8	668.2	1009.8	1056.4	1337.3	164.2
1992	515.7	1084.5	2938.0	1801.1	743.9	1143.8	1171.5	1523.6	164.9
1993	615.7	1099.2	3743.4	1844.0	835.0	1259.4	1315.6	1637.6	211.8
1994	719.7	1167.2	4713.7	2010.7	929.3	1418.1	1437.0	1784.5	244.9
1995	816.3	1174.6	5688.8	2339.4	996.5	1568.4	1524.0	1919.6	264.8
1996	912.8	1248.8	6510.4	2539.8	1063.7	1764.8	1565.5	2014.0	279.1
1997	1014.7	1353.1	7175.3	2685.2	1127.6	1966.7	1692.7	2094.8	290.9
1998	1141.9	1380.2	7841.8	2786.9	1261.6	2201.9	1907.0	2349.1	317.0

注：本表按可比价格计算。
Nota: The data in value terms in this table are calculated at comparable prices.

2-11 国内生产总值产业构成
COMPOSITION OF GROSS DOMESTIC PRODUCT BY INDUSTRY

单位:% (%)

年 份 year	国内生产总值 Gross Domestic Product	第一产业 Primary Industry	第二产业 Secondary Industry	第三产业 Tertiary Industry
1978	100.0	29.8	46.6	23.6
1979	100.0	31.8	43.8	24.4
1980	100.0	33.2	41.1	25.7
1981	100.0	32.5	41.4	26.1
1982	100.0	34.8	39.8	25.4
1983	100.0	32.9	41.3	25.8
1984	100.0	31.7	40.9	27.4
1985	100.0	29.8	39.8	30.4
1986	100.0	28.2	38.3	33.5
1987	100.0	27.4	39.0	33.6
1988	100.0	26.5	39.8	33.7
1989	100.0	25.5	40.1	34.4
1990	100.0	24.7	39.5	35.8
1991	100.0	22.0	41.3	36.7
1992	100.0	19.0	45.0	36.0
1993	100.0	16.3	49.6	34.1
1994	100.0	15.4	49.6	35.0
1995	100.0	15.1	50.2	34.7
1996	100.0	14.4	50.2	35.4
1997	100.0	13.5	49.9	36.6
1998	100.0	12.7	50.4	36.9

注：本表按当年价格计算。
Note: The data in value terms in this table are calculated at current prices.

2-12 国内生产总值项目构成

COMPOSITION OF GROSS DOMESTIC PRODUCT BY ITEM

单位:亿元 (100 million yuan)

年 份 year	国内生产总值 Gross Domestic Product	劳动者报酬 Compensation of Laborers	固定资产折旧 Depreciation of Fixed Assets	生产税净额 Net Taxes on Product	营业盈余 Operating Surplus
1978	185.85	112.58	21.07	25.13	27.06
1979	209.34	126.64	23.67	28.07	30.97
1980	249.65	151.09	28.25	32.62	37.70
1981	290.36	175.16	33.28	38.66	43.26
1982	339.92	207.09	38.11	43.58	51.15
1983	368.75	222.02	41.82	48.33	56.58
1984	458.74	274.33	52.06	59.74	72.62
1985	577.38	343.38	65.66	74.24	94.11
1986	667.53	393.11	77.99	84.86	111.58
1987	846.69	486.39	99.73	108.63	151.93
1988	1155.37	662.14	135.89	149.93	207.41
1989	1381.39	769.17	169.99	176.84	265.39
1990	1559.03	864.69	192.05	197.92	304.38
1991	1893.30	1031.46	240.20	248.47	373.16
1992	2447.54	1287.81	328.48	352.00	479.25
1993	3431.86	1784.31	444.42	484.82	718.32
1994	4516.63	2328.84	619.75	645.10	922.94
1995	5733.97	2876.49	871.25	841.83	1144.40
1996	6519.14	3268.21	1020.08	1005.56	1225.29
1997	7315.51	3596.90	1126.64	1135.71	1456.26
1998	7919.12	4224.82	1251.72	1276.98	1165.60

注：本表按当年价格计算。
Note: The data in value terms in this table are calculated at current prices.

2-13 各行业增加值构成项目(1998年)

COMPOSITION OF VALUE ADDAD BY INDUSTRY (1998)

单位:亿元 (100 million yuan)

行业	Sector	国内生产总值 Gross Domestic Product	劳动者报酬 Compensation of Laborers	固定资产折旧 Depreciation of Fixed Assets	生产税净额 Net Taxes on Production	营业盈余 Operating Surplus
国内生产总值	Gross Domestic Product	7919.12	4224.82	1251.72	1276.98	1165.60
第一产业	Primary Industry	1004.92	870.27	43.20	21.10	70.35
农业	Agriculture	1004.92	870.27	43.20	21.10	70.35
第二产业	Secondary Industry	3991.97	2017.15	631.05	878.93	464.84
工业	Industry	3463.12	1688.92	567.83	792.26	414.11
建筑业	Construction	528.85	328.23	63.22	86.67	50.73
第三产业	Tertiary Industry	2922.23	1337.40	577.47	376.95	630.41
农林牧渔服务业	Service for Agriculture,Forestry Animal Husbandry and Fishery	16.30	11.19	3.74	0.58	0.79
地质勘查业、水利管理业	Geological Prospecting and Water Conservancy	24.10	13.14	4.33	0.06	6.57
交通运输、仓储及邮电通信业	Transportation,Storage,Post and Telecommunications	688.83	241.53	150.76	75.05	221.49
交通运输和仓储业	Transportation and Storage	458.07	201.18	91.36	58.71	106.82
邮电通信业	Post and Telecommunications	230.76	40.35	59.40	16.34	114.67
批发和零售贸易、餐饮业	Wholesale and Retail Sale Trades and Catering Services	827.16	501.86	71.75	163.84	89.71
批发和零售贸易业	Wholesale and Retail Sale Trades	572.44	340.90	42.97	122.08	66.49
餐饮业	Catering Services	254.72	160.96	28.78	41.76	23.22
金融保险业	Finance and Insurance	268.20	92.32	32.12	65.14	78.62
金融业	Finance	247.65	87.72	31.03	60.33	68.57
保险业	Insurance	20.55	4.60	1.09	4.81	10.05
其他	Others					
房地产业	Real Estate Trade	362.83	23.81	213.41	41.30	84.31
房地产管理业	Real Estate Management	31.74	10.04	5.24	4.36	12.10
房地产开发与经营业	Real Estate Development and Operation	131.08	13.77	8.16	36.94	72.21
城市居民自有住房	Urban Residents Owner-occupier	105.65		105.65		
农村居民自有住房	Rural Residents Owner-occupier	94.36		94.36		
社会服务业	Social Services	331.55	155.45	53.84	25.42	96.84
卫生、体育、社会福利业	Health Care, Sports and Social Welfare	71.44	47.90	9.32	0.23	13.99
教育、文艺、广播电影电视业	Education,Culture,Arts,Broadcasting,Film and Television	146.15	111.64	18.70	1.81	14.00
科学研究和综合技术服务业	Scinentific Research and Polyteachnical Services	23.38	11.92	5.30	1.38	4.78
国家机关、政党机关和社会团体	Govenment Agencies,Party Agencies and Social Organizations	145.77	112.72	12.21	2.14	18.70
其他行业	Others	16.52	13.92	1.99		0.61

注:本表按当年价格计算。
Note: The data in value terms in this table are calculated at current prices.

2-14 支出法国内生产总值

GROSS DOMESTIC PRODUCT CALCULATED WITH EXPENDITURE APPROACH

年 份 year	支出法国内生产总值（亿元） Gross Domestic Product with Expenditure Approach (100 million yuan)	最终消费 Final Consumption Expenditure	资本形成总额 Gross Capital Formation	货物和服务净出口 Net Export	资本形成率（投资率）（%） Capital Formation Rate(%)	最终消费率（消费率）（%） Final Consumption Rate (%)
1978	194.14	125.71	54.79	13.64	28.2	64.8
1979	215.43	144.37	53.89	17.17	25.0	67.0
1980	259.32	187.00	63.63	8.69	24.5	72.1
1981	305.22	206.27	90.03	8.92	29.5	67.6
1982	349.13	236.32	108.3	4.51	31.0	67.7
1983	367.36	254.89	110.25	2.22	30.0	69.4
1984	446.06	294.56	142.52	8.98	32.0	66.0
1985	568.98	372.95	214.97	-18.94	37.8	65.5
1986	650.99	440.60	234.43	-24.04	36.0	67.7
1987	815.05	542.27	287.70	-14.92	35.3	66.5
1988	1129.64	722.87	406.20	0.57	36.0	64.0
1989	1348.54	849.19	477.01	22.34	35.4	63.0
1990	1541.99	916.14	511.35	114.50	33.2	59.4
1991	1847.99	1077.04	601.05	169.90	32.5	58.3
1992	2440.58	1397.83	948.19	94.56	38.9	57.3
1993	3427.93	1819.59	1548.93	59.41	45.2	53.1
1994	4515.88	2444.70	1981.07	90.11	43.9	54.1
1995	5733.97	3189.84	2381.31	162.82	41.5	55.6
1996	6519.14	3621.80	2718.45	178.89	41.7	55.6
1997	7315.51	4109.34	2736.73	469.44	37.4	56.2
1998	7919.12	4375.41	3051.96	491.75	38.5	55.3

注：本表按当年价格计算。支出法国内生产总值不等于国内生产总值是由于计算误差的影响。

Note: The data in value terms in this table are calculated at current prices. The gross domestic product calculated with expenditure approach is not equal to gross domestic product listed in table due to statistical discrepancies.

2-15 资本形成总额及构成

GROSS CAPITAL FORMATION AND ITS COMPOSITION

年 份 year	资本形成总额 (亿元) Gross Capital Formation (100 million yuan)			比重(资本形成总额=100) Proportion(Gross capital Formation=100)	
		固定资产形成总额 Gross Fixed Capital Formation	存货增加 Changes in Inventories	固定资产形成总额 Gross Fixed Capital Formation	存货增加 Changes in Inventories
1978	54.79	37.93	16.86	69.2	30.8
1979	53.89	40.75	13.14	75.6	24.4
1980	63.63	51.77	11.86	81.4	18.6
1981	90.03	70.29	19.74	78.1	21.9
1982	108.30	93.48	14.82	86.3	13.7
1983	110.25	96.70	13.55	87.7	12.3
1984	142.52	129.59	12.93	90.9	9.1
1985	214.97	160.28	54.69	74.6	25.4
1986	234.43	181.19	53.24	77.3	22.7
1987	287.70	205.07	82.63	71.3	28.7
1988	406.20	288.79	117.41	71.1	28.9
1989	477.01	320.23	156.78	67.1	32.9
1990	511.35	393.26	118.09	76.9	23.1
1991	601.05	457.32	143.73	76.1	23.9
1992	948.19	759.16	189.03	80.1	19.9
1993	1548.93	1275.44	273.49	82.3	17.7
1994	1981.07	1639.83	341.24	82.8	17.2
1995	2381.31	2059.43	321.88	86.5	13.5
1996	2718.45	2240.76	477.69	82.4	17.6
1997	2736.73	2288.69	448.04	83.6	16.4
1998	3051.96	2651.24	400.72	86.9	13.1

注：本表按当年价格计算。
Note: The data in value terms in this table are calculated at current prices.

2-16 最终消费及构成

FIANL CONSUMPTION EXPENDITURE AND ITS COMPOSITON

年份 year	最终消费（亿元） Total Value (100 million yuan)	居民消费 Resident Consumption	农业居民 Peasants	非农业居民 Non-peasants	政府消费 Government Consumption	比重 Proportion 最终消费=100 Fianl Cousumption Expendiure=100 居民消费 Resident Consumption	政府消费 Government Consumption	居民消费=100 Resident Consumption=100 农业居民 Peasants	非农业居民 Non-peasants
1978	125.71	107.15	68.58	38.57	18.56	85.2	14.8	64.0	36.0
1979	144.37	126.03	84.15	41.88	18.34	87.3	12.7	66.8	33.2
1980	187.00	164.44	106.82	57.62	22.56	87.9	12.1	65.0	35.0
1981	206.27	180.32	112.56	67.76	25.95	87.4	12.6	62.4	37.6
1982	236.32	204.97	127.17	77.80	31.35	86.7	13.3	62.0	38.0
1983	254.89	221.38	134.32	87.06	33.51	86.9	13.1	60.7	39.3
1984	294.56	255.97	151.89	104.08	38.59	86.9	13.1	59.3	40.7
1985	372.95	321.41	194.62	126.79	51.54	86.2	13.8	60.6	39.4
1986	440.60	369.15	221.00	148.15	71.45	83.8	16.2	59.9	40.1
1987	542.27	458.31	260.55	197.76	83.96	84.5	15.5	56.9	43.1
1988	722.87	610.58	350.89	259.69	112.29	84.5	15.5	57.5	42.5
1989	849.19	697.40	391.15	306.25	151.79	82.1	17.9	56.1	43.9
1990	916.14	744.36	413.34	331.02	171.78	81.2	18.8	55.5	44.5
1991	1077.04	869.87	452.69	417.18	207.17	80.8	19.2	52.0	48.0
1992	1397.83	1091.21	538.65	552.56	306.62	78.1	21.9	49.4	50.6
1993	1819.59	1450.25	691.47	758.78	369.34	79.7	20.3	47.7	52.3
1994	2444.70	2010.67	927.70	1082.97	434.03	82.2	17.8	46.1	53.9
1995	3189.84	2586.46	1140.81	1445.65	603.38	81.1	18.9	44.1	55.9
1996	3621.80	2902.09	1255.11	1646.98	719.71	80.1	19.9	43.2	56.8
1997	4109.34	3172.80	1412.50	1760.30	936.54	77.2	22.8	44.5	55.5
1998	4375.41	3330.07	1415.08	1914.99	1045.34	76.1	23.9	42.5	57.5

注：本表按当年价格计算。
Note: The data in value terms in this table are calculated at current prices.

2-17 人均国内生产总值及人均消费水平

PER CAPITA GROSS DOMESTIC PRODUCT AND CONSUMPTION LEVEL

年 份 year	人均国内生产总值 Per Capita GDP		人均消费水平 Consumption Level Per Capita					
			居民 Residents		农业居民 Peasants		非农业居民 Nonpeasants	
	绝对数（元） Value (yuan)	增长速度（%） Growth Rate(%)	绝对数（元） Value (yuan)	增长速度（%） Growth Rate(%)	绝对数（元） Value (yuan)	增长速度（%） Growth Rate(%)	绝对数（元） Value (yuan)	增长速度（%） Growth Rate(%)
1978	369		213		164		447	
1979	409	6.8	246	10.6	200	16.9	462	-0.7
1980	480	14.8	316	21.5	251	23.2	606	16.5
1981	549	7.1	341	5.5	262	3.2	687	7.8
1982	631	10.0	381	7.8	291	7.5	765	7.3
1983	674	5.6	405	6.3	304	5.3	832	7.0
1984	827	13.9	461	12.1	342	12.5	939	8.5
1985	1025	16.3	571	11.1	440	12.4	1052	4.6
1986	1168	11.1	646	7.8	499	4.3	1156	9.5
1987	1450	17.0	785	5.5	591	3.8	1384	2.0
1988	1961	14.8	1036	3.7	784	5.6	1829	2.3
1989	2307	5.5	1165	3.5	863	5.9	2107	0.1
1990	2537	8.7	1211	9.2	890	8.0	2207	10.4
1991	3001	14.7	1379	11.6	953	6.2	2680	17.6
1992	3815	20.1	1701	18.3	1126	14.9	3381	19.6
1993	5254	20.2	2220	14.7	1453	15.2	4280	9.7
1994	6795	17.0	3025	14.8	1953	13.0	5708	12.9
1995	8495	13.2	3832	15.2	2407	10.8	7192	16.0
1996	9513	9.0	4235	6.5	2631	5.6	7912	5.8
1997	10428	8.0	4523	4.8	2916	8.3	8108	0.8
1998	11143	8.7	4686	5.1	2893	1.7	8642	7.4

注：本表绝对数按当年价格计算，增长速度按可比价格计算。
Note: The values in this table are calculated at current prices while the growth rate are calculated at comparable prices.

2-18 人均国内生产总值及人均消费水平指数

INDICES OF PER CAPITA GROSS DOMESTIC PRODUCT AND CONSUMPTION LEVEL

年份 year	人均国内生产总值 Per Capita GDP		人均消费水平 Consumption Level Per Capita					
			居民 Residents		农业居民 Peasants		非农业居民 Nonpeasants	
	绝对数（元） Value (yuan)	1978年为100（%） 1978=100 (%)	绝对数（元） Value (yuan)	1978年为100（%） 1978=100 (%)	绝对数（元） Value (yuan)	1978年为100（%） 1978=100 (%)	绝对数（元） Value (yuan)	1978年为100（%） 1978=100 (%)
1978	369	100.0	213	100.0	164	100.0	447	100.0
1979	409	106.8	246	110.6	200	116.9	462	99.3
1980	480	122.6	316	134.5	251	144.1	606	115.7
1981	549	131.3	341	141.8	262	148.7	687	124.8
1982	631	144.5	381	152.8	291	159.9	765	133.9
1983	674	152.6	405	162.5	304	168.4	832	143.2
1984	827	173.8	461	182.1	342	189.4	939	155.3
1985	1025	202.0	571	202.3	440	212.9	1052	162.4
1986	1168	224.5	646	218.0	499	221.1	1156	177.8
1987	1450	262.8	785	230.1	591	230.5	1384	181.5
1988	1961	301.5	1036	238.5	784	243.4	1829	185.7
1989	2307	318.1	1165	246.9	863	257.8	2107	185.9
1990	2537	345.7	1211	269.7	890	278.5	2207	205.2
1991	3001	396.4	1379	300.9	953	295.7	2680	241.4
1992	3815	475.9	1701	355.9	1126	339.8	3381	288.6
1993	5254	571.8	2220	408.3	1453	391.5	4280	316.5
1994	6795	669.1	3025	468.6	1953	442.4	5708	357.4
1995	8495	757.4	3832	539.8	2407	490.3	7192	414.5
1996	9513	825.5	4235	547.7	2631	517.7	7912	438.6
1997	10428	891.6	4523	602.3	2916	560.4	8108	442.2
1998	11143	969.6	4686	632.9	2893	570.1	8642	475.1

注：本表绝对数按当年价格计算，增长速度按可比价格计算。
Note: The values in this table are calculated at current prices while the indices are calculated at comparable prices.

2-19 各市国内生产总值(1998年)

GROSS DOMESTIC PRODUCT BY CITY (1998)

单位：万元 (million yuan)

市别 City		国内生产总值 Gross Domestic Product	第一产业 Primary Industry	第二产业 Secondary Industry	工业 Industry	建筑业 Construction	第三产业 Tertiary Industry	农林牧渔服务业 Service for Agriculture, Forestry, Animal Husbandry and Fishery	地质勘查水利管理业 Geological Prospecting and Water Conservancy	交通运输仓储邮电通信业 Transportation, Storage, Post and Telecommunications
广州	Guangzhou	18416052	888763	8264307	7142835	1121472	9262982	15394	19280	2162399
深圳	Shenzhen	12890190	164544	6445832	5174495	1271337	6279814	22932	38867	998213
珠海	Zhuhai	2635000	125412	1377907	1146713	231194	1131681	5326	4054	187822
汕头	Shantou	4231779	451745	2010235	1752614	257621	1769799	3979	7214	416905
韶关	Shaoguan	1821372	465322	830100	697500	132600	525950	2613	6199	121113
河源	Heyuan	793666	343309	199155	135014	64141	251202	2486	1859	57127
梅州	Meizhou	1523039	529042	543082	427004	116078	450915	3627	3438	156963
惠州	Huizhou	3560062	570608	2025235	1893589	131646	964219	5611	9341	269776
汕尾	Shanwei	1180978	394111	368273	280370	87903	418594	3663	4991	86478
东莞	Dongguan	3555119	306088	1913002	1785677	127325	1336029	2053	3363	358621
中山	Zhongshan	2490318	235905	1302114	1221381	80733	952299	3058	5643	199368
江门	Jiangmen	4818765	630002	2345751	2204368	141383	1843012	17856	15149	313876
佛山	Foshan	7825620	632016	4124880	3878184	246696	3068724	20412	50905	744215
阳江	Yangjiang	1416520	587349	424042	323673	100369	405129	1730	2784	107035
湛江	Zhanjiang	3593140	1053547	1290402	1035247	255155	1249191	4846	24364	312446
茂名	Maoming	4274942	1236181	1708863	1454678	254185	1329898	18773	8932	241739
肇庆	Zhaoqing	3619890	973670	1543499	1296256	247243	1102721	7513	7579	221557
清远	Qingyuan	1368604	592136	459622	338085	121537	316846	2657	1267	100370
潮州	Chaozhou	1700933	371626	761214	685875	75339	568093	1783	3576	110350
揭阳	Jieyang	3611220	710300	1897826	1739705	158121	1003094	7787	2539	205474
云浮	Yunfu	1639954	528314	677111	595783	81328	434529	2590	3351	103338

市别 City		批发和零售贸易餐饮业 Wholesale and Retail Sale Trades & Catering Services	金融保险业 Finance and Insurance	房地产业 Real Estate Trade	社会服务业 Social Services	卫生体育社会福利事业 Health Care, Sports and Social Welfare	教育、文化艺术和广播电影电视业 Education, Culture, Arts, Broadcasting, Film and Television	科学研究综合技术服务业 Scientific Research and Polytechnical Services	国家机关、政党机关和社会团体 Government Agencies, Party Agencies and Social Organizations	其他 Others
广州	Guangzhou	1756925	2149338	658664	1349343	236164	414849	129845	332157	38624
深圳	Shenzhen	1314408	1754661	808293	675368	196625	188601	65000	149716	67130
珠海	Zhuhai	346818	135992	84504	216811	17366	36415	2633	84305	9635
汕头	Shantou	620513	118226	168582	140173	32006	138947	8279	114975	
韶关	Shaoguan	163122	27077	24599	45129	29021	51080	3577	52420	
河源	Heyuan	73340	2370	20851	17369	9431	33875	952	30655	887
梅州	Meizhou	116224	−1798	30131	27760	17580	57965	2617	36408	
惠州	Huizhou	255660	−1563	77804	135294	47019	59202	5587	69414	31074
汕尾	Shanwei	121487	35318	40020	37701	18643	27942	751	33760	7840
东莞	Dongguan	237959	238897	75332	283098	24709	63491	3132	44743	631
中山	Zhongshan	311232	45569	130997	116157	25277	47963	3299	63736	
江门	Jiangmen	669112	162059	126201	164460	98506	111143	10204	119865	34581
佛山	Foshan	837177	434564	317930	257776	102255	117203	24425	161862	
阳江	Yangjiang	116338	15778	57616	42350	8139	22441	1680	27177	2061
湛江	Zhanjiang	433585	81703	143140	58734	31843	80071	6917	66088	5454
茂名	Maoming	492895	174084	126120	63056	36718	82110	4244	76758	4469
肇庆	Zhaoqing	343257	138806	78700	93766	42886	72838	3362	89523	2934
清远	Qingyuan	113180	−28611	20536	14544	17763	38887	2714	33539	
潮州	Chaozhou	143747	71263	57981	56314	20952	40706	1631	50345	9445
揭阳	Jieyang	450658	61958	64434	79904	13674	62997	2029	45584	6056
云浮	Yunfu	130387	10174	62001	45386	13463	34663	945	27946	285

注：本表按当年价格计算。
Note: The data in value terms in this table are calculated at current prices.

2-20 各市国内生产总值增长速度(1998年)

GROWTH SPEED OF GROSS DOMESTIC PRODUCT BY CITY(1998)

单位：% (%)

市 别 City		国内生产总值 Gross Domestic Product	第一产业 Primary Industry	第二产业 Secondary Industry			第三产业 Tertiary Industry			
					工 业 Industry	建筑业 Construction		农林牧渔服务业 Service for Agriculture, Forestry, Animal Husbandry and Fishery	地质勘查水利管理业 Geological Prospect-ing and Water Conser-vancy	交通运输仓储邮电通信业 Trans-portation, Storage, Post and Telecommu-nications
广 州	Guangzhou	13.1	4.0	12.6	12.9	10.1	14.7	3.9	2.9	20.0
深 圳	Shenzhen	14.5	3.2	16.6	16.9	14.7	11.9	2.9	5.7	10.3
珠 海	Zhuhai	11.9	4.6	12.6	13.5	8.1	11.7	6.5	11.4	12.1
汕 头	Shantou	13.6	6.0	16.0	18.0	−2.6	11.6	7.5	−1.0	16.9
韶 关	Shaoguan	10.3	5.6	13.9	8.8	49.0	8.6	9.4	1.8	14.0
河 源	Heyuan	11.3	7.4	12.6	16.2	5.5	14.3	45.3	12.8	12.5
梅 州	Meizhou	8.1	7.1	11.2	8.4	26.5	4.9	6.3	3.7	8.1
惠 州	Huizhou	15.7	12.0	17.2	18.2	1.4	13.4	6.3	3.7	16.1
汕 尾	Shanwei	13.4	8.5	18.4	19.7	13.5	12.7	15.4	20.9	12.5
东 莞	Dongguan	19.8	1.3	20.7	20.9	15.4	22.9	22.2	111.6	26.2
中 山	Zhongshan	13.2	2.6	15.4	15.0	22.3	13.0	9.2	−6.5	16.9
江 门	Jiangmen	9.1	1.4	13.0	13.9	−0.8	5.4	12.2	14.6	7.6
佛 山	Foshan	13.1	1.8	13.7	14.2	2.2	14.0	24.4	25.6	18.6
阳 江	Yangjiang	11.3	7.8	14.7	12.7	23.4	11.9	25.1	32.6	15.8
湛 江	Zhanjiang	8.3	10.2	7.6	5.7	16.1	7.5	0.8	−0.1	1.1
茂 名	Maoming	12.1	13.3	12.0	14.5	−0.2	11.1	10.1	9.1	9.5
肇 庆	Zhaoqing	13.2	7.8	15.8	15.9	15.3	13.0	−2.0	−2.6	17.0
清 远	Qingyuan	4.3	4.9	2.8	8.5	−10.2	6.4	12.2	3.1	4.6
潮 州	Chaozhou	12.0	6.2	13.3	13.8	6.8	13.2	12.1	15.2	18.1
揭 阳	Jieyang	17.2	6.5	21.6	22.5	10.8	13.9	16.8	6.6	11.8
云 浮	Yunfu	10.2	8.2	11.0	11.8	4.7	10.9	2.5	2.7	16.6

市 别 City		批发和零售贸易餐饮业 Wholesale and Retail Sale Trades & Catering Services	金 融保险业 Finance and Insur-ance	房地产业 Real Estate Trade	社 会服务业 Social Services	卫生体育社会福利事 业 Health Care, Sports and Social Welfare	教育、文化艺术和广播电影电视业 Education, Culture, Arts, Broad-casting, Film and Television	科学研究综合技术服务业 Scientific Research and Polytech-nical Services	国家机关、政党机关和社会团体 Government Agencies, Party Agencies and Social Organiza-tions	其 他 Others
广 州	Guangzhou	11.9	1.1	30.8	22.5	34.4	24.9	27.4	26.6	23.1
深 圳	Shenzhen	9.3	9.8	11.4	19.6	26.1	21.0	13.6	15.1	12.2
珠 海	Zhuhai	12.5	11.5	8.4	13.3	12.2	13.4	14.8	6.3	4.9
汕 头	Shantou	16.5	−15.4	3.3	10.3	16.7	17.1	16.0	13.6	
韶 关	Shaoguan	7.9	−15.4	12.8	10.2	8.1	8.4	9.2	6.8	
河 源	Heyuan	14.6	−65.5	42.2	15.8	24.8	19.6	11.3	18.6	19.1
梅 州	Meizhou	9.0	−118.2	2.4	3.6	11.2	7.6	9.2	4.7	−100.0
惠 州	Huizhou	15.5	−90.6	12.7	14.2	14.0	12.8	13.4	10.0	15.6
汕 尾	Shanwei	15.7	9.4	−2.7	16.5	18.3	21.0	36.7	14.3	12.1
东 莞	Dongguan	20.1	20.5	16.6	25.6	22.3	22.9	33.7	23.7	26.2
中 山	Zhongshan	15.2	−5.0	8.9	10.2	22.2	17.5	23.6	11.9	
江 门	Jiangmen	11.4	−24.9	14.2	16.2	15.6	8.6	17.6	9.2	12.6
佛 山	Foshan	12.8	10.1	15.6	7.3	16.2	8.6	22.1	12.4	
阳 江	Yangjiang	11.2	4.6	11.8	11.7	13.2	10.9	31.6	3.1	12.0
湛 江	Zhanjiang	10.7	1.2	20.9	8.0	5.1	9.0	1.1	10.0	9.6
茂 名	Maoming	13.9	10.4	8.1	12.1	12.0	9.6	6.9	7.6	8.3
肇 庆	Zhaoqing	13.1	13.2	16.3	9.2	8.2	6.8	−7.6	13.1	105.9
清 远	Qingyuan	6.4	25.1	26.1	6.7	8.9	13.0	−3.8	7.4	
潮 州	Chaozhou	18.5	16.0	8.5	14.9	11.3	7.8	36.9	7.1	−30.3
揭 阳	Jieyang	17.4	7.1	11.3	15.1	11.6	14.0	−2.8	10.7	−3.8
云 浮	Yunfu	13.6	−44.7	3.1	5.5	8.2	13.8	11.6	9.2	29.8

注：本表按当年价格计算。
Note: The data in value terms in this table are calculated at current prices.

2-21 各市国内生产总值产业构成(1998年)

COMPOSITION OF GROSS DOMESTIC PRODUCT BY INDUSTRY BY CITY(1998)

单位:% (%)

市 别 City		国内生产总值 Gross Domestic Product	第一产业 Primary Industry	第二产业 Secondary Industry	第三产业 Tertiary Industry
广 州	Guangzhou	100.0	4.8	44.9	50.3
深 圳	Shenzhen	100.0	1.3	50.0	48.7
珠 海	Zhuhai	100.0	4.8	52.3	42.9
汕 头	Shantou	100.0	10.7	47.5	41.8
韶 关	Shaoguan	100.0	25.5	45.6	28.9
河 源	Heyuan	100.0	43.3	25.1	31.6
梅 州	Meizhou	100.0	34.7	35.7	29.6
惠 州	Huizhou	100.0	16.0	56.9	27.1
汕 尾	Shanwei	100.0	33.4	31.2	35.4
东 莞	Dongguan	100.0	8.6	53.8	37.6
中 山	Zhongshan	100.0	9.5	52.3	38.2
江 门	Jiangmen	100.0	13.1	48.7	38.2
佛 山	Foshan	100.0	8.1	52.7	39.2
阳 江	Yangjiang	100.0	41.5	29.9	28.6
湛 江	Zhanjiang	100.0	29.3	35.9	34.8
茂 名	Maoming	100.0	28.9	40.0	31.1
肇 庆	Zhaoqing	100.0	26.9	42.6	30.5
清 远	Qingyuan	100.0	43.3	33.6	23.1
潮 州	Chaozhou	100.0	21.8	44.8	33.4
揭 阳	Jieyang	100.0	19.7	52.6	27.7
云 浮	Yunfu	100.0	32.2	41.3	26.5

注:本表按当年价格计算。
Note: The data in value terms in this table are calculated at current prices.

2-22 各市国内生产总值项目构成(1998年)

COMPOSITION OF GROSS DOMESTIC PRODUCT BY ITEM BY CITY(1998)

单位:万元 (10000 yuan)

市 别 City		国内生产总值 Gross Domestic Product	劳动者报酬 Compensation of Laborers	固定资产折旧 Depreciation of Fixed Assets	生产税净额 Net Taxes on Production	营业盈余 Operating Surplus
广 州	Guangzhou	18416052	7893828	2775024	2685906	5061294
深 圳	Shenzhen	12890190	4087577	2056174	1521140	5225299
珠 海	Zhuhai	2635000	830578	366905	343237	1094280
汕 头	Shantou	4231779	2209117	590370	332508	1099784
韶 关	Shaoguan	1821372	1199435	190136	206295	225506
河 源	Heyuan	793666	570412	96389	59086	67779
梅 州	Meizhou	1523039	1001196	225399	183882	112562
惠 州	Huizhou	3560062	1720145	641139	454757	744021
汕 尾	Shanwei	1180978	780281	121436	69584	209677
东 莞	Dongguan	3555119	1485344	728625	667573	673577
中 山	Zhongshan	2490318	1185699	500458	310368	493793
江 门	Jiangmen	4818765	2290175	863805	715809	948976
佛 山	Foshan	7825620	3110294	1992993	1186324	1536009
阳 江	Yangjiang	1416520	927906	164350	189096	135168
湛 江	Zhanjiang	3593140	1926347	514251	359375	793167
茂 名	Maoming	4274942	2433268	584838	598426	658410
肇 庆	Zhaoqing	3619890	2079666	403568	335314	801342
清 远	Qingyuan	1368604	867268	147378	110892	243066
潮 州	Chaozhou	1700933	927329	229584	164127	379893
揭 阳	Jieyang	3611220	2194731	399320	344837	672332
云 浮	Yunfu	1639954	951080	206102	190204	292568

注:本表按当年价格计算。
Note: The data in value terms in this table are calculated at current prices.

2-23 各市支出法国内生产总值(1998年)

GROSS DOMESTIC PRODUCT CALCULATED WITH EXPENDITURE APPROACH BY CITY(1998)

市别 City		支出法国内生产总值(万元) Gross Domestic Product with Expenditure Approach (10000 yuan)	最终消费 Final Consumption	资本形成总额 Gross Capital Formation	货物和服务净出口 Net Export	资本形成率(投资率)(%) Capital Formation Rate (%)	最终消费率(消费率)(%) Final Consumption Rate (%)
广州	Guangzhou	18240616	7885084	8780544	1574988	48.1	43.2
深圳	Shenzhen	12475987	4096524	5285479	3093984	42.4	32.8
珠海	Zhuhai	2628843	1109972	1289773	229098	49.1	42.2
汕头	Shantou	4195237	2543740	1651497	0	39.4	60.6
韶关	Shaoguan	1821372	1010949	723846	86577	39.7	55.5
河源	Heyuan	796752	813260	251504	−268012	31.6	102.1
梅州	Meizhou	1523039	1129766	382753	10520	25.1	74.2
惠州	Huizhou	3551821	1305420	1230769	1015632	34.7	36.8
汕尾	Shanwei	1061635	745324	177442	138869	16.7	70.2
东莞	Dongguan	3555119	1793034	1353175	408910	38.1	50.4
中山	Zhongshan	2490318	983006	1107524	399788	44.5	39.5
江门	Jiangmen	4944133	1561757	1942387	1439989	39.3	31.6
佛山	Foshan	7677720	3423448	3264094	990178	42.5	44.6
阳江	Yangjiang	1466229	802332	459879	204018	31.4	54.7
湛江	Zhanjiang	3587704	2480220	1049304	58180	29.2	69.1
茂名	Maoming	4247441	2126904	1630937	489600	38.4	50.1
肇庆	Zhaoqing	3619890	1882343	1688585	48962	46.6	52.0
清远	Qingyuan	1368604	1003641	563640	−198677	41.2	73.3
潮州	Chaozhou	1700933	970222	491562	239149	28.9	57.0
揭阳	Jieyang	3611277	2094096	1305137	212044	36.1	58.0
云浮	Yunfu	1637334	719590	564753	352991	34.5	43.9

注：本表按当年价格计算。
Note: The data in value terms in this table are calculated at current prices.

2-24 各市资本形成总额及构成(1998年)

GROSS CAPITAL FORMATION AND ITS COMPOSITION BY CITY(1998)

市别 City		资本形成总额(万元) Gross Capital Formation (10000 yuan)	固定资产形成总额 Gross Fixed Capital Formation	存货增加 Changes in Inventories	比重(资本形成总额=100) Proportion (Gross capital Formation=100): 固定资产形成总额 Gross Fixed Capital Formation	比重(资本形成总额=100) Proportion (Gross capital Formation=100): 存货增加 Changes in Inventories
广州	Guangzhou	8780544	7946751	833793	90.5	9.5
深圳	Shenzhen	5285479	4412388	873091	83.5	16.5
珠海	Zhuhai	1289773	966503	323270	74.9	25.1
汕头	Shantou	1651497	1311579	339918	79.4	20.6
韶关	Shaoguan	723846	435726	288120	60.2	39.8
河源	Heyuan	251504	215443	36061	85.7	14.3
梅州	Meizhou	382753	373114	9639	97.5	2.5
惠州	Huizhou	1230769	806328	424441	65.5	34.5
汕尾	Shanwei	177442	147132	30310	82.9	17.1
东莞	Dongguan	1353175	996349	356826	73.6	26.4
中山	Zhongshan	1107524	714599	392925	64.5	35.5
江门	Jiangmen	1942387	861038	1081349	44.3	55.7
佛山	Foshan	3264094	1856733	1407361	56.9	43.1
阳江	Yangjiang	459879	288489	171390	62.7	37.3
湛江	Zhanjiang	1049304	886465	162839	84.5	15.5
茂名	Maoming	1630937	1000521	630416	61.3	38.7
肇庆	Zhaoqing	1688585	1406591	281994	83.3	16.7
清远	Qingyuan	563640	576175	−12535	102.2	−2.2
潮州	Chaozhou	491562	411605	79957	83.7	16.3
揭阳	Jieyang	1305137	848132	457005	65.0	35.0
云浮	Yunfu	564753	311357	253396	55.1	44.9

注：本表按当年价格计算。
Note: The data in value terms in this table are calculated at current prices.

2-25 各市最终消费及构成(1998 年)

FINAL CONSUMPTION EXPENDITURE AND ITS COMPOSITION BY CITY (1998)

市别 City	最终消费(万元) Absolute figure (10000 yuan)	居民消费 Resident Consumption	农业居民 Peasants	非农业居民 Non-peasants	政府消费 Government Consumption	比重 Proportion 最终消费=100 Fianl Cousumption Expendiure=100 居民消费 Resident Consumption	政府消费 Government Consumption	居民消费=100 Resident Consumption=100 农业居民 Peasants	非农业居民 Non-peasants
广州 Guangzhou	7885084	5380297	961052	4419245	2504787	68.2	31.8	17.9	82.1
深圳 Shenzhen	4096524	3224490	135639	3088851	872034	78.7	21.3	4.2	95.8
珠海 Zhuhai	1109972	807963	110653	697310	302009	72.8	27.2	13.7	86.3
汕头 Shantou	2543740	2208699	1074221	1134478	335041	86.8	13.2	48.6	51.4
韶关 Shaoguan	1010949	898454	436109	462345	112495	88.9	11.1	48.5	51.5
河源 Heyuan	813260	724938	502403	222535	88322	89.1	10.9	69.3	30.7
梅州 Meizhou	1129766	975457	661975	313482	154309	86.3	13.7	67.9	32.1
惠州 Huizhou	1305420	1157677	535011	622666	147743	88.7	11.3	46.2	53.8
汕尾 Shanwei	745324	671082	486380	184702	74242	90.0	10.0	72.5	27.5
东莞 Dongguan	1793034	1532696	1131231	401465	260338	85.5	14.5	73.8	26.2
中山 Zhongshan	983006	768891	400097	368794	214115	78.2	21.8	52.0	48.0
江门 Jiangmen	1561757	1441304	689382	751922	120453	92.3	7.7	47.8	52.2
佛山 Foshan	3423448	2691023	955661	1735362	732425	78.6	21.4	35.5	64.5
阳江 Yangjiang	802332	693830	283955	409875	108502	86.5	13.5	40.9	59.1
湛江 Zhanjiang	2480220	2229490	1280714	948776	250730	89.9	10.1	57.4	42.6
茂名 Maoming	2126904	1855844	1131187	724657	271060	87.3	12.7	61.0	39.0
肇庆 Zhaoqing	1882343	1481404	876991	604413	400939	78.7	21.3	59.2	40.8
清远 Qingyuan	1003641	874881	576448	298433	128760	87.2	12.8	65.9	34.1
潮州 Chaozhou	970222	868588	519641	348947	101634	89.5	10.5	59.8	40.2
揭阳 Jieyang	2094096	1939231	1335216	604015	154865	92.6	7.4	68.9	31.1
云浮 Yunfu	719590	627496	334665	292831	92094	87.2	12.8	53.3	46.7

注:本表按当年价格计算。
Note: The data in value terms in this table are calculated at current prices.

2-26 各市人均国内生产总值及增长速度

PER CAPITA GROSS DOMESTIC PRODUCT AND ITS GROWTH RATE BY CITY

市别 City	绝对数(元/人) Value (yuan/penson)		增长速度(%) Growth rate(%)	
	1997	1998	1997	1998
广州 Guangzhou	24895	27474	11.7	11.6
深圳 Shenzhen	30619	33282	10.6	9.1
珠海 Zhuhai	21246	22348	5.5	5.1
汕头 Shantou	9106	10184	14.3	12.2
韶关 Shaoguan	5824	6049	8.0	9.0
河源 Heyuan	2495	2572	10.1	9.2
梅州 Meizhou	3090	3231	3.5	7.1
惠州 Huizhou	12099	13272	14.7	13.5
汕尾 Shanwei	4068	4601	8.8	12.1
东莞 Dongguan	20160	24031	16.4	18.4
中山 Zhongshan	17315	19272	12.6	11.8
江门 Jiangmen	12187	12749	6.5	8.4
佛山 Foshan	22747	24230	13.5	11.5
阳江 Yangjiang	5175	5758	8.7	10.6
湛江 Zhanjiang	5607	5686	5.1	6.5
茂名 Maoming	6760	7162	13.6	11.0
肇庆 Zhaoqing	9073	9773	12.5	11.5
清远 Qingyuan	3815	3691	3.6	3.0
潮州 Chaozhou	6445	7164	11.8	10.9
揭阳 Jieyang	6195	7022	17.1	14.0
云浮 Yunfu	6435	6681	4.1	8.6

注：本表绝对数按当年价格计算，增长速度按可比价格计算。
Note:The values in this table are calculated at current prices while the growth rate are calculated at comparable prices.

2-27 国民经济和社会发展主要指标占全国比重

PROPORTION OF MAIN INDICATORS ON NATIONAL ECONOMY AND SOCIAL DEVELOPMENT OF GUANGDONG TO THE WHOLE NATION

指标	Item	1997			1998		
		广东 Guangdong	全国 Whole Nation	广东占全国% As Percentage of the Whole Nation	广东 Guangdong	全国 Whole Nation	广东占全国% As Percentage of the Whole Nation
一、人口	**Population**						
年底总人数（万人）	Year-end Population (10000 persons)	7013.73	123626	5.7	7115.65	124810	5.7
二、土地面积（万平方公里）	**Land Areas (10000 sq. km)**	**18.00**	**960**	**1.9**	**18**	**960**	**1.9**
三、工农业总产值（当年价）（亿元）	**Gross Output Value of Industry and Agriculture (at current price) (100 million yuan)**	**14209.14**	**138321.38**	**10.1**	**15504.6**	**144796.8**	**10.7**
工业总产值	Gross Output Value of Industry	12372.68	113733.7	10.9	13799.16	119693.4	11.5
轻工业产值	Gross Output Value of Light Industry	8176.12	55701	14.7	8838.98	59009	15.0
重工业产值	Gross Output Value of Heavy Industry	4196.56	58032	7.2	4960.18	60684	8.2
农业总产值	Gross Output Value of Agriculture	1656.46	24587.68	6.7	1705.44	25103.40	6.8
四、国内生产总值（当年价）（亿元）	**Gross Domestic Product (at current year prices) (100 million yuan)**	**7315.51**	**74772**	**9.8**	**7919.12**	**79553**	**10.0**
五、人均国内生产总值（元）	**Per Capita Gross Domestic Product (yuan)**	**10428**	**6079**		**11129**	**6374**	
六、主要工农业产品产量	**Output of Major Farm Products and Industrial Products**						
粮食（万吨）	Grain (10000 tons)	1879.92	49417	3.8	1930.20	49000	3.9
油料（万吨）	Oil-bearing Crops (10000 tons)	75.46	2157.4	3.5	79.29	2313.9	3.4
猪牛羊肉（万吨）	Beef, Pork and Mutton (10000 tons)	275.62	4089.5	6.7	297.33		
水产品（万吨）	Aquatic Products (10000 tons)	520.96	3602	14.5	554.28	3906	14.2
水果（万吨）	Fruits (10000 tons)	414.48	5089.3	8.1	453.12	5452.9	8.3
茶叶（万吨）	Tea (10000 tons)	3.66	61.3	6.0	3.89	66.5	5.8
原煤（万吨）	Coal (10000 tons)	839.94	137300	0.6	299.87	125000	0.2
发电量（亿千瓦时）	Electricity (100 million kwh)	981.15	11356	8.6	1004.37	11670	8.6
水泥（万吨）	Cement (10000 tons)	5147.87	51174	10.1	5091.86	53600	9.5
布（亿米）	Cloth (100 million m)	12.94	248.8	5.2	8.32	241.0	3.5
机制纸及纸板（万吨）	Machine-Made Paper and Paperboard (10000 tons)	288.63	2733	10.6	196.71	2126	9.3
糖（包土糖）（万吨）	Sugar (10000 tons)	128.36	703	18.3	152.85	826	18.5
自行车（万辆）	Bicycles (10000 units)	657.66	2999.3	21.9	665.26	2312.5	28.8
缝纫机（万架）	Sewing Machines (10000 units)	111.96			97.62		
家用电冰箱（万台）	Household Refrigerators (10000 units)	329.67	1044.43	31.6	305.94	10600	28.9
家用洗衣机（万台）	Household Washing Machines (10000 units)	205.62	1254.5	16.4	175.28	1207.3	14.5
电视机（万台）	Television Sets (10000 units)	1086.40			1209.77		
#彩电	Color Television Sets	1021.24	2711.33	37.7	1176.24	3497.0	33.6
录音机（万台）	Recorders (10000 units)						
照相机（万台）	Cameras (10000 units)	3589.62			4421.62		
电风扇（万台）	Electric Fans (10000 units)	5435.34			5182.54		

续表 contiuned

指标	Item	1997 广东 Guangdong	1997 全国 Whole Nation	1997 广东占全国% As Percentage of the Whole Nation	1998 广东 Guangdong	1998 全国 Whole Nation	1998 广东占全国% As Percentage of the Whole Nation
七、固定资产投资	**Investment in Fixed Assets**						
全社会固定资产投资额(亿元)	Total Amount of Investment in Fixed Assets (100 million yuan)	2298.14	24941.1	9.2	2668.13	28457.5	9.4
#国有单位固定资产投资	State-Owned Units	1066.81	13091.7	8.1	1175.38	15662.0	7.5
基本建设投资	Investment in Capital Construction	903.26	9917.0	9.1	1072.30	11904.3	9.0
更新改造投资	Investment in Innovation	273.90	3921.9	7.0	327.38	4467.2	7.3
国有单位新增固定资产(亿元)	Newly Increased Fixed Assets of State-Owned Units (100 million yuan)	777.79	8271.4	9.4	955.14	9859.3	9.7
八、运输、邮电	**Transportation, Postal and Telecommunication Services**						
货物周转量(亿吨公里)	Freight Traffic (100 million ton km)	3837.78	38212	10.0	3453.92	37855	9.1
旅客周转量(亿人公里)	Passenger Traffic (100 million person km)	957.20	10019	9.6	994.84	10559	9.4
沿海主要港口货物吞吐量(万吨)	Volume of Freight Handled at Major Coastal Ports (10000 tons)	12384	90822	13.6	12866	92237	13.9
邮电业务总量(1990年不变价)(亿元)	Total Postal and Telecommunication Services (at 1990's coustant price) (100 million yuan)	330.38	1773.29	18.6	418.31	2431.21	17.2
九、财政金融	**Finance**						
财政收入 (亿元)	Government Revenue (100 million yuan)	543.95	8651.1	6.3	640.75	9853.0	6.5
财政支出 (亿元)	Government Expenditures (10^8 yuan)	682.66	9233.6	7.4	825.61	10771.0	7.7
城乡居民储蓄存款余额(亿元)	Outstanding Amount of Saving Deposits by Urban and Rural Residents (100 million yuan)	5504.50	46279.8	11.9	6653.39	53407.5	12.5
十、外贸外经旅游	**Foreign Trade and International Tourism**						
进口总额 (亿美元)	Total Imports (100 million USD)	555.56	1423.7	39.0	541.80	1401.7	38.7
出口总额 (亿美元)	Total Exports (100 million USD)	745.64	1827.9	40.8	756.18	1837.6	41.2
实际利用外资 (亿美元)	Total Foreign Funds Actually Utilized	142.05	644.08	22.1	150.99	585.57	25.8
旅游外汇收入 (亿美元)	Total Forign Exchange Earnings from International Tourism (100 million USD)	28.01	120.7	23.2	29.42	126.0	23.3
十一、商业与物价	**Domestic Trade and Price**						
社会消费品零售总额(亿元)	Total Amount of Retail Sales of Consumer Goods (100 million yuan)	2918.66	27298.9	10.7	3316.28	29152.5	11.4
商品零售价格指数(%)	General Retail Price Index (%)	100.1	100.8		97.0	97.4	
居民消费价格指数(%)	General Resident Consumer Price Index (%)	101.9	102.8		98.2	99.2	
十二、人民生活	**People's Livelihood**						
职工工资总额 (亿元)	Total Wages of Staff and Workers (100 million yuna)	858.35	9405	9.1	899.67	9297	9.7
城镇居民人均可支配收入(元)	Per Capita Disposable Income of Urban Resident (yuan)	8561.71	5160.32		8839.68	5425.1	
农民人均纯收入 (元)	Per Capita Net Income of Rural Resident (yuan)	3468	2090.13		3527.14	2162.0	
十三、教育、科技、卫生	**Education, Science and Technology and Health Care**						
高等学校在校学生数 (万人)	Students Enrolled in Colleges and Universities (10000 persons)	17.47	317.4	5.5	18.50	340.9	5.4
中等专业学校在校学生数 (万人)	Students Enrolled in Secondary Schools (10000 persons)	27.21	465.4	5.8	27.91	498.1	5.6
国有单位自然科学人员 (万人)	Number of Persons Engaged in Natural Science in State-owned Units (10000 persons)	100.46	2049.5	4.9	101.35	2091.4	4.8
医院病床位 (万张)	Number of Hospital Beds (10000 units)	14.45	290.3	5.0	14.76	291.4	5.1
专业卫生技术人员(万人)	Number of Medical Technical Personnel (10000 persons)	24.59	439.8	5.6	25.22	442.4	5.7

注：1. 全国1998年数为快报数。2. 中等专业学校包括：中等技术学校及中等师范学校。

Note: a) The 1998 data of whole nation are based on the quick report.

b) The figures of secondary schools include those of technical schools and teacher training schools.

2-28 广东六个部门投入产出基本流量表(1997年)
FINAL USE PART OF INPUT-OUTPUT TABLE OF GUANGDONG'S 6 SECTORS OF THE NATIONAL ECONOMY(1997)

单位:万元 (10000 yuan)

项目 Item	中间使用 Intermediate Use				
	农业 Agriculture	工业 Industry	建筑业 Construction	货运邮电业 Freight Transport & Postal Telecommunications Services	商业饮食业 Trade and Catering
总投入 Total Inputs	**16564500.00**	**135475761.10**	**15557900.00**	**10897400.00**	**17796800.00**
中间投入 Intermediate Input					
农业 Agriculture	2039729.18	4469126.56	0.00	1317.10	782535.11
工业 Industry	2944043.24	79211086.74	8886917.92	3448679.69	2954680.12
建筑业 Construction	0.00	882233.27	30490.85	143639.10	22750.36
货运邮电业 Freight Transport & Postal and Telecommunication Services	794320.25	5702845.11	396457.38	960410.03	772334.10
商业饮食业 Commerce and Catering	574874.43	8236330.71	943919.40	381946.65	1547794.78
服务业 Service Trades	343332.91	4958877.61	409314.44	645707.44	3857605.52
中间投入合计 Intermediate Input	6696300.00	103460500.00	10667100.00	5581700.00	9937700.00
最初投入 Primary Input					
固定资产折旧 Depreciation of Fixed Assets	424300.00	5100300.00	602000.00	1153696.44	733519.98
劳动者报酬 Compensation of Labores	8545900.00	12261500.01	3052500.00	2028137.44	4586013.23
生产税净额 Net Taxes on Product	207200.00	7358200.00	769200.00	534113.21	1183724.78
营业盈余 Operating Surplus	690800.00	7295261.10	467100.00	1599752.91	1355842.02
增加值合计 Total Value-added	9868200.00	32015261.10	4890800.00	5315700.00	7859100.00

续表1 contiued

项目 Item	中间使用 Intermediate Use		最终使用 Final Use		
			总消费 Total Consumption		
			居民消费 Resident Consumption		
	服务业 Servise Industry	中间使用合计 Total Intermediate Use	非农业居民 Nonpeasants	农村居民 Peasants	小计 Subtotal
总投入 Total Inputs	**28325300.00**	**224617661.10**	**17603000.00**	**14125000.00**	**31728000.00**
中间投入 Intermediate Input					
农业 Agriculture	178531.12	7471239.07	3620776.52	5664732.01	9285508.53
工业 Industry	7325880.36	104771288.07	8517593.89	4945188.90	13462782.78
建筑业 Construction	320337.12	1399450.69	5222.25	0.00	5222.25
货运邮电业 Freight Transport & Postal and Telecommunication Services	1370529.33	9996896.20	1466371.05	336214.92	1802585.97
商业饮食业 Commerce and Catering	2368637.31	14053503.27	1180143.11	1709039.26	2889182.37
服务业 Trades Industry	3127484.77	13342322.69	2812893.18	1469824.91	4282718.09
中间投入合计 Intermediate Input	14691400.00	151034700.00	17603000.00	14125000.00	31728000.00
最初投入 Primary Inputs					
固定资产折旧 Depreciation of Fixed Assets	3252583.58	11266400.00			
劳动者报酬 Compensation of Labores	5494949.33	35969000.00			
生产税净额 Net Taxes on Product	1304662.01	11357100.00			
营业盈余 Operating Surplus	3581705.08	14990461.10			
增加值合计 Total Value-added	13633900.00	73582961.10			

续表 2 contiued

项 目 Item	最终使用 Final Use 总消费 Total Consumption 社会消费 Pupblic Consumptio	总消费 Total Consumption	资本形成总额 Gross Capital Formation 固定资本形成总额 Fixed Assets Formation	存货增加 Inventory Increase	资本形成总额 Gross Capital Formation
总投入 Total Inputs	**9365400.00**	**41093400.00**	**22886900.00**	**4480400.00**	**27367300.00**
中间投入 Intermediate Input					
农业 Agriculture	0.00	9285508.53	648513.24	811346.70	1459859.94
工业 Industry	0.00	13462782.78	6338950.44	2876390.21	9215340.65
建筑业 Construction	0.00	5222.25	14153227.06	0.00	14153227.06
货运邮电业 Freight Transport & Postal and Telecommunication Services	0.00	1802585.97	1342898.63	541450.52	1884349.16
商业饮食业 Commerce and Catering	0.00	2889182.37	388829.81	251210.63	640040.44
服务业 Service Trades	9365400.00	13648118.09	14480.82	1.93	14482.75
中间投入合计 Intermediate Input	9365400.00	41093400.00	22886900.00	4480400.00	27367300.00
最初投入 Primary Input					
固定资产折旧 Depreciation of Fixed Assets					
劳动者报酬 Compensation of Labores					
生产税净额 Net Taxes on Product					
营业盈余 Operating Surplus					
增加值合计 Total Value-added					

续表 3 Contiued

项目 Item	最终使用 Final Use 调出 Value of Purchases	出口 Export	最终使用合计 Total Final Use	调进 Value of Sales	进口 Import	总产出 Total Input
总投入 Total Inputs	**26773253.10**	**62631065.00**	**157865018.10**	**38180760.00**	**46101297.00**	**298200622.20**
中间投入 Intermediate Input						
农业 Agriculture	1024620.17	1546300.05	13316288.69	2471612.33	1751415.43	16564500.00
工业 Industry	25086304.20	58505058.33	106269485.96	32633606.75	42931406.18	135475761.10
建筑业 Construction	0.00	0.00	14158449.31	0.00	0.00	15557900.00
货运邮电业 Freight Transport & Postal and Telecommunication Services	125826.47	274831.72	4087593.32	2191258.73	995830.79	10897400.00
商业饮食业 Commerce and Catering	535373.30	980132.65	5044728.76	883206.64	418225.39	17796800.00
服务业 Trades Industry	1128.97	1324742.24	14988472.05	1075.55	4419.20	28325300.00
中间投入合计 Intermediate Input	26773253.10	62631065.00	157865018.10	38180760.00	46101297.00	224617661.10
最初投入 Primary Inputs						
固定资产折旧 Depreciation of Fixed Assets						
劳动者报酬 Compensation of Labores						
生产税净额 Net Taxes on Product						
营业盈余 Operating Surplus						
增加值合计 Total Value-added						

2-29 广东六个部门投入产出直接消耗系数(1997年)

COEFFICIENT OF DIRECT CONSUMPTION TABLE FOR INPUT—OUTPUT OF GUANGDONGS'6 SECTORS OF THE NATIONAL ECONOMY (1997)

项　目　Item	农　业 Agriculture	工　业 Industry	建筑业 Construction	货运邮电业 Freight Transport & Postal and Telecommunication Services	商业饮食业 Commerce and Catering	服务业 service Trades
农业　Agriculture	0.123139	0.032988	0.000000	0.000121	0.043971	0.006303
工业　Industry	0.177732	0.584688	0.571216	0.316468	0.166023	0.258634
建筑业　Construction	0.000000	0.006512	0.001960	0.013181	0.001278	0.011309
货运邮电业 Freight Transport & Postal and Telecommunication Services	0.047953	0.042095	0.025483	0.088132	0.043397	0.048385
商业饮食业　Commerce and Catering	0.034705	0.060796	0.060671	0.035049	0.086970	0.083623
服务业　Service Trade	0.020727	0.036603	0.026309	0.059253	0.216758	0.110413

2—30 广东六个部门投入产出完全消耗系数(1997年)

COEFFICIEDNT OF OVERALL CONSUMPTION TABLE FOR INPUT—OUTPUT OF GUANGDONGS'6 SECTORS OF THE NATIONAL ECONOMY (1997)

项　目　Item	农　业 Agriculture	工　业 Industry	建筑业 Construction	货运邮电业 Freight Transport & Postal and Telecommunication Services	商业饮食业 Commerce and Catering	服务业 Service Trades
农业　Agriculture	0.171996	0.117788	0.075797	0.049290	0.093359	0.054969
工业　Industry	0.685141	1.808147	1.711531	1.095075	0.830894	0.980706
建筑业　Construction	0.006954	0.022726	0.016925	0.024495	0.012296	0.022073
货运邮电业 Freight Transport & Postal and Telecommunication Services	0.102985	0.156379	0.129652	0.165293	0.118003	0.122316
商业饮食业　Commerce and Catering	0.102605	0.215637	0.204111	0.135585	0.190120	0.185263
服务业　service Trade	0.087565	0.181921	0.160635	0.157586	0.334574	0.219692

2-31 广东六个部门最初投入结构系数(1997 年)

STRUCTURE COEFFICIENT OF PRIMARY INPUT FOR GUANGDONG'S 6 SECTORS OF NATIONAL ECONOMY(1997)

项 目	Item	农 业 Agriculture	工 业 Industry	建筑业 Construction	货运邮电 业 Freight Transport Postal Telecommunic Ations Services	商业饮食业 Trade and Catering	服务业 Servise Industry
固定资产折旧	Depreciation of Fixed Assets	0.042997	0.159308	0.123088	0.217036	0.093334	0.238566
劳动者报酬	Compensation of Labores	0.866004	0.382989	0.624131	0.381537	0.583529	0.403036
生产税净额	Net Taxes on Product	0.020997	0.229834	0.157275	0.100478	0.150618	0.095693
营业盈余	Operating Surplus	0.070003	0.227868	0.095506	0.300949	0.172519	0.262706
增加值合计	total value-added	1.000000	1.000000	1.000000	1.000000	1.000000	1.000000

2-32 广东六个部门影响力系数、感应度系数(1997 年)

INFLUENCE COEFFICIENT AND INDUCTION COEFFICIENT FOR GUANGDONG'S 6 SECTORS OF NATIONAL ECONOMY(1997)

项 目	Item	影响力系数 Influence Coefficient	感应度系数 Response Coefficient
农业	Agriculture	0.772741	0.559949
工业	Industry	1.254655	2.905595
建筑业	Construction	1.181600	0.395987
货运邮电业	Freight Transport & Postal and Telecommunication Services	0.941126	0.642849
商业饮食业	Commerce and catering	0.923904	0.728350
服务业	service Trades	0.925973	0.767270

主要统计指标解释

发展速度 用以反映社会经济发展程度的相对指标，根据两个不同时期发展水平的对比而得。由于比较的标准时期不同，发展速度可分为定期发展速度和环比发展速度两种。

增长速度 发展速度减－1（或100%）就是增长速度。即增长速度＝发展速度－1（或100%）。

平均每年增长速度 我国计算平均增长速度有两种方法，一种是习惯上经常使用的"水平法"，又称几何平均法，是以间隔最后一年的水平同基期水平对比来计算平均每年增长（或下降）的速度；另一种是"累计法"又称代数平均法或方程法，是以间隔年内各年水平的总和同基期水平对比来计算平均每年增长（或下降）的速度。具体计算方法，可参照中国财经出版社出版的《平均增长速度查对表》。

在一般正常情况下，两种方法计算的平均每年增长速度比较接近，但在经济发展不平衡出现大起大落时，两种方法计算的结果差别较大。

本《年鉴》内所列的平均每年增长速度都是用水平法计算的。从某年到某年平均增长速度的年份，均不包基期年在内。如1981－1998年平均每年增长速度，是以1980年为基期，1998年为报告期，年份从1981年算起，共18年。

当年价格 是报告期的实际价格，如工厂的出厂价格，农产品的收购价格，商品的零售价格等。按当年价格计算，是指一些以货币表现的物量指标，如工业总产值、国内生产总值等，按照当年的实际价格来计算总量。按当年价格计算的价值指标，在不同年份之间进行对比时，因为包含有各年间价格变动的因素，不能确切地反映实物量的增减变动。因此，在计算增长速度时都使用按可比价格计算的数字。

可比价格 指在不同时期的价值指标对比时，扣除了价格变动因素，而确切表示物量的变化。按可比价格计算有两种方法：一种是直接用于产品产量乘其不变价格；一种是指数法换算。

不变价格 用某一时期的同类产品的平均价格作为固定价格，来计算各个时期的产品价值。目的是为了消除各个时期价格变动的影响，保证各时期间、地区间的可比性。解放后，国家统计局先后五次制订了全国统一的工业产品和农业产品的不变价格，即从1949年至1957年使用1952年工（农）业产品不变价格，从1957年到1971年使用1957年不变价格，从1971年到1980年使用1970年不变价格，从1981年到1990年使用1980年不变价格。从1990年开始使用1990年不变价格。

指数法换算是用同一基期的指数相除。本《年鉴》所列"国内生产总值指数"等都是按可比价格计算的，如计算有关年份产值增长情况，可用定期指数（即简称年度为100的定基指数）直接进行对比。例如，求1998年国内生产总值为1980年的百分比，按表上1998年指数，1980年指数，两者相除即得，其余以此类推。

国内生产总值 指按国土原则计算的一个国家（或地区）物质生产部门和非物质生产部门在一定时期内所生产和提供最终使用的产品和劳务的货币表现。它不包括中间消耗的产品和劳务的价值。这些最终产品和劳务，不论是本国居民投资、本国居民生产的，还是外国居民投资、外国居民生产的，只要是在这个国家的领土范围之内，就全部计入这个国家（或地区）的国内生产总值。

国内生产总值从生产角度来说，是国民经济各部门的增加值之和；从分配角度来说，是这些部门劳动者收入、税金、利润、固定资产折旧等项目之和；从使用角度来说，是最终使用于消费、投资以及净出口的产品和劳务的价值总和。所以国内生产总值有三种计算方法，即生产法、分配法、使用法。国外净要素收入与国内生产总值之和，即为国民生产总值。

国内支出总额 指一个国家（或地区）所有常住单位在一定时期内用于最终消费和投资，以及净出口的货物和服务支出总额，它反映本期生产的国内生产总值的使用构成。这一总量就是支出法测算的国内生产总值，具体包括总消费、总投资和净出口。

总消费 指常住单位在一定时期内的货物和服务的全部最终消费支出，也就是常住单位为满足物质、文化和精神生活的需要，从本国经济领土或外国购买的货物和服务的消费支出（不包括非常住居民在本国经济领土内的消费支出）。总消费分为居民消费和社会消费。

（1）居民消费　指常住居民在一定时期内对于货物和服务的全部最终消费。包括居民以货币直接购买的各种消费品和直接支付的房租、交通、医疗、文教等各种服务费支出；居民本期自产自用的消费品和自有住房的虚拟消费；居民以实物工资形式获得的各种生活消费品等。不包括居民用于购买房屋和生产的支出。

（2）社会消费　指政府部门的总产出扣除其销售收入后的价值。也就是指社会公共服务部门将其生产活动总成果提供给政府，由政府部门购买并提供给全社会享用的社会消费支出。

总投资　指常住单位在一定时期内对固定资产和库存的投资支出合计，分为固定资产形成和库存增加两项。

（1）固定资产形成　指从常住单位在一定时期内购置、转入和自产自用的固定资产中，扣除已有固定资产的销售和转出后的价值。固定资产形成包括在一定时期内完成的建筑工程、安装工程和设备器具购置价值，以及新增役、种、奶、毛、娱乐用牧畜和新增经济林木价值等。

（2）库存增加　指常住单位一定时期内库存实物量变动的市场价值。期初与期末差额为正值表示库存增加，负债表示库存减少。具体包括本期购买的原材料、燃料和储备物资等商品库存；本期生产的产成品、半成品和在制品等产品库存。

净出口　指出口与进口的差额。出口包括常住单位向非常住单位出售或无偿转让的各种货物和服务的总值；进口包括常住单位从非常住单位购买或无偿得到的各种货物和服务的总值。由于服务活动提供与使用同时发生，因此服务的进出口业务并不发生出入境现象，应把常住单位从国外得到的服务作为进口，反之，非常住单位从我国得到的服务作为出口。

固定资产折旧　指一定时期内为弥补固定资产损耗而应提取的补偿价值，它反映了全部固定资产在本期生产中的资产转移价值。各类企业的固定资产折旧是指从成本费用中提取的折旧费。对不计提折旧的单位，如政府机关、事业单位、学校医院、部队和居民住房则应进行虚拟折旧。

劳动者报酬　指劳动者为常住单位提供劳务而获得的各种报酬，它反映劳动者参与增加值创造而获得的原始收入。具体包括从各种来源开支的货币工资和实物工资，即单位以工资、福利、社会保险等形式，从成本、费用和利润中为劳动者支付的各种开支，以及个体和其他劳动者通过参加社会生产活动所获得的各种劳动报酬。

生产税净额　指生产税与补贴之差，它反映政府从本期创造的增加值中所得到的原始收入份额。生产税是指政府对生产单位的生产经营活动所征收的各种税、附加和规费，具体包括销售（营业）税金及附加、增值税、管理费开支的税、应交纳的养路费、排污费和水电附加等，以及烟酒专卖上缴政府的专项收入。补贴与生产税相反，是政府对生产单位的单方面收入转移，因此视为负税处理，包括政策亏损补贴、粮食系统价格补贴、外贸企业出口退税收入等。

营业盈余　营业盈余　指常住单位创造的增加值扣除固定资产折旧价值、支付劳动者报酬和上缴政府生产税净额后的余额，它反映企业参与增加值创造而应得到的原始收入份额。该指标相当于企业的营业利润，但要扣除利税后项目中支付的工资、福利及公益金等。

三次产业　根据社会生产活动历史发展的顺序对产业结构的划分，产品直接取自自然界的部门称为第一产业，初级产品进行再加工的部门称为第二产业、为生产和消费提供各种服务的部门称为第三产业。它是世界上通用的产业结构分类，但各国的划分不尽一致。我国的三次产业划分是：

第一产业：农业（包括种植业、林业、牧业、副业和渔业）。

第二产业：工业（包括采掘工业、制造业、自来水、电力、蒸气、热水、煤气）和建筑业。

第三产业：除第一、第二产业以外的其他各业。由于第三产业包括的行业多、范围广，根据我国的实际情况，第三产业可分为两部分；一是流通部门，二是服务部门。具体又可分为四个层次：

第一层次：流通部门，包括交通运输业、邮电通讯业、商业、饮食业、物资供销和仓储业。

第二层次：为生产和生活服务的部门，包括金融、保险业，地质普查业，房地产、公用事业，居民服务业，咨询服务业和综合技术服务业，农、林、牧、渔、水利服务业和水利业，公路、内河（湖）航道养护业等。

第三层次：为提高科学文化水平和居民素质服务的部门，包括教育、文化、广播电视、科学研究、卫生、体育和社会福利事业等。

第四层次：为社会公共需要服务的部门，包括国家机关、政党机关、社会团体、以及军队和警察等。

投入产出表　是根据国民经济各部门产品生产中的投入来源和产品的分配使用去向排列而成的一张棋盘式平衡表，它充分揭示国民经济各部门、各产品之间的技术经济联系和相互依赖关系。投入产出表的投入，是指国民经济各部门、各产品在进行生产时所投入的各种原材料、烯料、动力，各种服务，以及所投入的劳动力，上缴的利润和税金等；投入产品的产品，是指国民经济各部门所生产的产品和服务及其分配使用去向。

直接消耗系数　亦称为投入系数，记为 $a_{ij}(i,j=1,2,\cdots,n)$，它是指在生产经营过程中第 j 部门（或产品）的单位总产出所直接消耗的第 i 部门（或产品）的数量。

直接消耗系数的计算方法为：用第 j 部门的总投入 X_j 去除该部门生产经营中所直接消耗的第 i 部门的产品或服务的数量 x_{ij}，用公式表示：

$$a_{ij}=\frac{x_{ij}}{X_j}\quad(i,j=1,2,\cdots,n)$$

完全消耗系数　通常记为 bij，它是指第 j 部门每提供一个单位最终使用时，对第 i 部门产品或服务的直接消耗和间接消耗之和。

利用直接消耗系数矩阵 A 计算完全消耗系数矩阵 B 的公式为：

$$B=(I-A)^{-1}-I$$

式中，I 为单位矩阵。

最初投入结构系数　指国民经济各部门的最初投入各项占该部门最初投入合计的比重。用公式表示：

$$L_{ij}=\frac{N_{ij}}{N_j}\quad(i=1,2,\cdots,p;j=1,2,\cdots,n)$$

式中，N_{ij} 为第 j 部门的第 i 种最初投入量；N_j 为第 j 部门的最 投入合计；p 为最初投入的种类

影响力系数　反映国民经济某一个部门增加一个单位最终使用时，对国民经济各部门所产生的生产需求波及程度。影响力系数的 F_j 计算公式如下：

$$F_j=\frac{\sum_{i=1}^{n}\bar{b}_{ij}}{\frac{1}{n}\sum_{i=1}^{n}\sum_{j=1}^{n}\bar{b}_{ij}}\quad(j=1,2,\cdots,n)$$

式中，$\sum_{i=1}^{n}\bar{b}_{ij}$ 为列昂惕夫逆 矩 阵的第 j 列这和；$\frac{1}{n}\sum_{i=1}^{n}\sum_{j=1}^{n}\bar{b}_{ij}$ 为列昂惕夫逆矩阵的列和的平均值。

感应度系数　反映当国民经济各部门均增加一个单位最终使用时，某一个部门由此而受到的需求感应程度，也就是需要该部门为其他部门的生产而提供的产出量。用公式表示：

$$E_j=\frac{\sum_{j=1}^{n}\bar{b}_{ij}}{\frac{1}{n}\sum_{i=1}^{n}\sum_{j=1}^{n}\bar{b}_{ij}}\quad(j=1,2,\cdots,n)$$

式中，$\sum_{j=1}^{n}\bar{b}_{ij}$ 为列昂惕夫逆矩阵的第 i 行之和；$\frac{1}{n}\sum_{i=1}^{n}\sum_{j=1}^{n}\bar{b}_{ij}$ 为列昂惕夫逆矩阵的行为和的平均值。

Explanatory Notes on Main Statistical Indicators

Development Rate is calculated by comparing the development levels of two different periods, which is a relative indicator to reflect the development extend of social economy. According to the different bases of comparison, development rates can be classified into fixed-base development rate and chain-base development rate.

Growth Rate is gained by development rate minus one (or 100%), i. e. growth rate=development rate-1 (or 100%) .

Average Annual Growth Rate. Two methods for calculcating average annual growth rate are applied in China, one is often called" level approach" or the method of calculating geometric average, which is derived by comparing the level of the last year of the interval with that of the beginning year; the other is called " accumulative approach" or algebraic average or equation method, which is derived by the summation of the actual figure of each year in the interval divided by the figure in the base year. The detailed calaulating methods can be found by reference to the " Check Table of Average Growth Rate" published by China Finanical Publishing House.

Usually the results calculated by the two methods are fairly close, but they differed sharply when uneven economic development occurred with striking fluctuations in growth.

The average annual growth rates listed in this statistical yearbook are calculated by " level approach" . The base years are not listed when the years are listed for average annual growth rates. For instance, the average annual growth rate of 18 years since 1981 is listed as average annual growth rate of 1981—1998, among which 1980 is the base year and 1998 is the reference year.

Current Price refers to the actual price in the reference period, such as factory price, purchasing price of agricultural products, retail price of commodities, etc. Total values of some quantum indicators in value terms at current prices, such as gross industrial output value, gross domestic product, etc, are calculated in accordance with actual prices of current year. When comparing indicators of value over time at current prices, they cannot accurately reflect the charges in real term due to price fluctuations of each year. That's why growth rate is calculated at comparable prices.

Comparable Prices are applied when comparing indicators of value over time to reflect accurately the changes in real term. Two methods are used for calculating comparable prices: 1. Multiplying the output of products by their constant prices of certain year; 2. Conversion of the data in current prices by relevant price index.

Constant Price refers to the average price of a given product in certain year, which is used for comparison of output value over time. As the output value at constant prices removes the factor of price changes, it reflects the trend of production development over time. Since 1949, with the changes in general price level, the State Statistical Bureau has issued nationally unified constant prices five times: the 1952 constant prices for 1949—1957; the 1957 constant prices for 1958—1970; the 1970 constant prices for 1971—1980; the 1980 constant prices for 1981—1990; and the 1990 constant prices have been used since 1991.

The index conversion method is derived by an index of the base year divided by another index of the same base year. The " indexes of gross domestic product" listed in this statistical yearbook are calculated at comparable prices. For example, the growth rate of output value of a year canbe derived by directly comparing with fixed-base index (i. e. 100) . The increase rate of gross domestic product in 1998 over 1980 can be derived by the index of 1998 divided by the index of 1980. And the analogs of this is also for the rest.

Gross Domestic Product is the final products and services in value terms during a certain period of time, which are produced and provided by both material production departments and non-material production departments in a country (or region) . It excludes the intermediate consumption of products and services. As long as the final products and services are produced and provided within the territory of a country regardless of the investment from native residents or from foreign residents and the products produced by native residents or by foreign residents, all are grouped into the gross domestic product of a country (or region) .

From the angle of production, gross domestic product is the summation of the value added of national economic sectors; from the angle of distribution, gross domestic product is the summation of the labour incomes, taxes, profits and the depreciation of fixed assets, etc; from the angle of use, gross domestic product is the value summation of products and services finally used on consumption, investment and net export. Gross domestic product is calculated with three approaches, i. e. product approach, income approach and expenditure approach. The sum of net foreign factor incomes and gross domestic product is gross national product.

Total Domestic Expenditure refers to the total expenditure on final consumption and investment and net export of goods and services by resident units of a country in a certain period of time, which reflects the composition of gross domestic product by its use. The total expenditiue is the gross domestic product calculated by expenditure approach, including total consumption, total investment and net export.

Total consumption refers to the total expenditure of resident units on final consumption of goods and services in a certain period, namely the expenditure of the resident units for purchases of goods and services from domestic economic territory and abroad to meet the requirements of material, cultural and spiritual life (excluding the expenditure of noon-resident units on consumption in the economic territory of the country) . The final consumption is classified into resident consumption and social consumption.

(1) Resident consumption refers to the total expenditure of resident households on the final consumption of goods and services in a certain period of time. It includes the expenditure on consumption of goods and services bought by the residents directly with money, as well as house rents, transportation expenses, medical fees and expenses on culture and education, etc; the fictitious expenditure on consumption, e. g. the goods and services produced and consumed by the households themselves and the residential buildings owned by the households; the expenditure on goods and services obtained by the residents in the form of payment in kind and in cash, etc. It excludes the expenditure on residential buildings and production purchased by the households.

(2) Social consumption refers to the value derived by the total output of the government departments minus their sales revenue, i. e. the expenditure on the consumption of the public services purchased and provided by the government to the whole society.

Total Investment refers to the summation of the fixed assets and stock invested by the resident units during a certain perod of time, including the total fixed assets formation and the increase in stock.

(1) Total fixed capital formation refers to the value of fixed assets purchased, transferred in by the resident units and those produced and used by themselves in a certain period deducting the value of fixed assets sold and transferred out . It can be classified into total tangible asets formation and total intangible assets formation. Ttotal tangible assets formation includes the value of the construction projects, installation projects completed and the equipment, apparatus and instruments purchased as well as the value of land improved, the value of draught animals, breeding stock, milk, wool and recreational animals and the newly increased economic forest in a certain period.

(2) Increase in stock refers to the market value of the change in stock in a certain period, i. e, the difference of value between the beginning and the end of the period. The increase in stock can be positive or negative. A positive value indicates the increase in stock while a negative value indicates the decrease in stock. The stock includes the raw materials, fuels and reserve materials purchased by the production units as well as the stock of finished products, semi-finished products, work-in-progress, etc.

Net Export of Goods and Services refers to the difference of the exports of goods and services minus the imports of goods and services. The imports include the value of various goods and services sold or gratuitously transferred by the resident units to the nonresident units. The imports include the value of various goods and services purchased or gratuitously acquired by the resident units from the nonresident units. Because the provision of services and the use of them happen simultaneously, the import and export of services do not appear to have the phenomena of crossing the border of the country . The acquisition of services by the resident units from abroad is usually treated as import while the acquisition of services by nonresident units in this country is usually treated as export. The export and import of goods are calculated at FOB.

Depreciation of Fixed Assets refers to the compensation value drawn for the purpose of compensating the wear loss of the fixed assets during a certain period of time. It reflects the value of transfer of the fixed asets in the production of the current period. The depreciation of fixed assets in various enterprises refers of the depreciation expenses actually drawn and calculated as part of the cost. In the units which do not draw the depreciation expenses, such as government agencies, institutions, schools, hospitals, troops and houses of residents, the depreciation of fixed assets is the fictitious depreciation.

Labourers' Remuneration refers to the various payment earned by the labourers by means of providing services to the resident units, which reflects the original incomes obtained by the labourers from the value added created. Specifically speaking, it includes the wages from various channels in monetary form and form in kind, i. e. the various expenses paid by the labourers'working units for them from cost, expenses and profits in wages or welfare or socal insurance forms as well as the various labourers' remuneration earned by the individuals and other labourers engaged in social productive activities.

Net Taxes on Production refers to the difference of the taxes on production minus the subsidies on production, which reflects part of the original income obtained by the govermment from the value added created in the current period. The taxes on production refers to the various taxes, extra charges and fees levied on the production units on their production and business activities. Specifically speaking, they include sales tax and extra charges, value added tax, various taxes paid in the administrative expenses, road toll payable, sewage charges, extra charges on water and electric power consumed, special revenue turned over to the government by the monopolized trade of tobacco and liquor, etc. In contrast to the taxes on production, the subsidies on production is the unilateral transfer of part of the government's revenue to the production units and is therefore treated as the negative taxes on production, They include subsidies on the loss due to implementation of government policies, price subsidies to the grain institutions, foreign trade corporations' recceipts from drawback, etc.

Operatinng Surplus refers to the balance of the value added created by the resident units deducting the labourers' remuneration, net taxes on production and the depreciation of fixed assets, which reflects part of the original income obtained by the enterprises from the value added created. It is equivalent to the business profit of the enterprises plus subsidies on production, but the wages and welfare expenses paid from the profits and the public welfare fund drawn from the post-tax profits should be deducted.

Three Industries Industry structure has been classified according to the historical sequence of development. Primary industry refers to extraction of natural resources; secondary industry involves processing of primary products; and tertiary industry provides services of various kinds for production and consumption. The above classification is universal although it varies to some extent from country to country. Industry in China comprises:

Primary industry: agriculture (including farming, forestry, animal husbandry, sideline production and fishery) .

Secondray industry: industry (including mining and quarrying, manufacturing, water supply, electricity generation and supply, steam, hot water, gas) and construction.

Tertiary industry: all other industries not included in primary or secondary industry.

Due to the fact that tertiary industry involves in a large variety of industries in China, it is divided into two sectors: circulation sector and service sector and further into four levels:

The first level: circulation sector, including transportation, postal and telecommunication services, commerce, catering trade, material supply and marketing, and storage.

The second level: service sector providing services for production and consumption, including banking, insurance, geological survey, real estates, public utilities, service for residents, consulatancy service, and comprehensive technical sevices, and service for agriculture, forestry, animal husbandry, fishery, water conservancy, and maintenance of roads and inland water ways, etc.

The third level: service sector for upgrading scientific, educational and cultural level of the people, including education, culture, broadcasting, television, scientific reseach, public health, sports, and social welfare, etc.

The fourth level: sector providing services for public needs, including government agencies, political and party organizations, social organizations, armies, and policemen.

Input-output Table is a chessboard balanced table arranged in accordance with input source in production and distribution and use direction of products of all sectors of the national economy. It fully discloses the technical-economic ties and interdependence between sectors and products of the national economy. The input in input-output table refers to all the input raw materials, fuels, power, services, labor force, profits and taxes turned over to the state, etc; the output in input-output table refers to products or services produced by all sectors of the national economy and their distribution and use direction.

Direct Consumption Coefficient is also named as input coefficient, marked with $a_{ij}(i,j = 1,2,\cdots,n)$. It refers to he volume in the i sector (or product) consumed directly by the productive unit of the j sector (or product) during the course of production and business.

Direct consumption coefficient is calculated by means of dividing the volume of products or services x_{ij} in the i sector consumed directly in the production and business of the j sector by the total input X_j in the j sector. The formula is:

$$a_{ij} = \frac{x_{ij}}{X_j} \quad (i,j = 1,2,\cdots,n)$$

Complete Consumption Coefficient is generally marked with b_{ij}. It refers to the sum of direct consumption and indirect consumption for products or services in the i sector when the j sector provides each unit final use.

The formula calculating complete consumption coefficient matrix B by direct consumption coefficient matrix A comes as follows:

$$B = (I - A)^{-1} - I$$

of which, I refers to unit matrix.

Primary Input Structure Coefficient refers to the proportion of each primary input of all sectors of the national economy in the total primary input of the sector. The formula is:

$$L_{ij} = \frac{N_{ij}}{N_j} \quad (i = 1,2,\cdots,p;\ j = 1,2,\cdots,n)$$

of which, N_{ij} refers to the primary input volume of Type i in the j sector; N_j refers to the total primary input in the j sector; p refers to the type of primary input.

Influence Coefficient reflects the influence on the production demand of all sectors of the national economy when a certain sector increases one unit final use. The formula of influence coefficient F_j comes as follows:

$$F_j = \frac{\sum_{i=1}^{n} \bar{b}_{ij}}{\frac{1}{n}\sum_{i=1}^{n}\sum_{j=1}^{n} \bar{b}_{ij}} \quad (j = 1,2,\cdots,n)$$

of which, $\sum_{i=1}^{n} \bar{b}_{ij}$ refers to the sum of column j in Leontieff inverse matrix; $\frac{1}{n}\sum_{i=1}^{n}\sum_{j=1}^{n} \bar{b}_{ij}$ refers to the average value of the sum in Leontieff inverse matrix.

Induction Coefficient reflects the induction to the demand received by a certain sector when all sectors of the national economy increase one unit final use, which is equal to the output value heeded to provide by this sector for the production of other sectors. The formula is:

$$E_j = \frac{\sum_{j=1}^{n} \bar{b}_{ij}}{\frac{1}{n}\sum_{i=1}^{n}\sum_{j=1}^{n} \bar{b}_{ij}} \quad (j = 1,2,\cdots,n)$$

of which, $\sum_{j=1}^{n} \bar{b}_{ij}$ refers to the sum of line i in Leontieff inverse matrix; $\frac{1}{n}\sum_{i=1}^{n}\sum_{j=1}^{n} \bar{b}_{ij}$ refers to the average value of the sum in Leontieff inverse matrix.

三　要素市场主要指标

MAIN INDICATORS ON THE FACTOR MARKET

简要说明

一、本篇资料反映广东土地、劳动力、技术、股票、房地产等要素市场方面的情况。

二、本篇资料由广东省统计局法规处整理、编辑。

三、资料来源：

1. 国有土地使用权出让、划拨情况来源于广东省国土厅。
2. 劳动力市场情况来源于广东省劳动厅。
3. 技术市场交易情况来源于广东省科委。
4. 股票发行情况资料来源于省证券委和深圳市证交所。
5. 城市房产市场交易情况来源于广东省建委。
6. 人才市场情况来源于广东省人事厅人才交流中心。

MAIN INDICATORS ON THE FACTOR MARKET

Brief Introduction

Ⅰ. Data in this chapter show the conditions of the factor market of Guangdong Province, including land, labor forece, technology, stock and real estate.

Ⅱ. Data in this chapter are prepared and compiled by the laws and Regulations Division, Statistical Bureau of Guangdong Province.

Ⅲ. Main sources of the data in this chapter:

1)Data on the selling and transfering of the use right of state—owned land are provided by the State—Owned Land Management Bureau of Guangdong Province.

2)Data on the labor force market are provided by the Labor Department of Guangdong Provice.

3)Data on the transaction in technical market are provided by the Committee of Science and Technology of Guangdong Province.

4)Data on the stock issuing are provided by the Committee of Securities of Guangdong Province and Shenzhen Stock Exchange.

5)Data on the transaction in the market of urban real estate are provided by the Committee of Construction of Guangdong Province.

3-1 国有土地使用权出让、划拨情况
BASIC STATISTICS ON LEASE AND ADMINISTRATIVE ALLOCATION OF THE USE RIGHT OF STATE-OWNED LAND

指标名称	Item	1994	1995	1997	1998
国有土地使用权出让	Lease of the Use Right of State-Owned Land				
出让地块 (宗)	Number of Blocks (block)	10026	9701	6797	10249
出让面积 (万平方米)	Area of Totally Leased Land (10000 sq. m)	10667	8527	7041	9537
土地使用权出让总收入(万元)	Total Revenue from Leasing of the Use Right (10000 yuan)	735436	489501	779106	689557
征地费	Exproriation Fee	88809	59731	68217	46522
开发费	Development Fee	144214	103379	114434	146619
净收益	Net Revenue	400176	264210	320637	462238
其他	Other Revenue	102237	62181	275818	34178
国有土地使用权划拨	Administrative Allocation of the Use Right of State-Owned Land				
划拨地块 (宗)	Number of Blocks (block)	11408	6476	7767	8078
划拨面积 (万平方米)	Area (10000 sq. m)	4750	6090	2327	5814

3-2 各市国有土地使用权出让与划拨情况(1998年)
LEASE AND ADMINISTRATIVE ALLOCATION OF THE USE RIGHT OF STATE-OWNED LAND BY CITY (1998)

市别 City	土地使用权出让 Lease of the Use Right of State-Owned Land						土地使用权划拨 Administrative Allocation of the Use Right		实现流转的土地数量(万平方米)
	地块(宗) Number of Blocks (block)	面积(万平方米) Area (10000 sq. m)	有偿出让收入(万元) Revenue (10000 yuan)				地块(宗) Number of Blocks (block)	面积(万平方米) Area (10000 sq. m)	Total Land Area Transferred (10000 sq. m)
			征地费 Expropriation Fee	开发费 Development Fee	净收益 Net Revenue	其他 Others			
全省总计 Total	**10249**	**9537**	**46522**	**146619**	**462238**	**34178**	**8078**	**5814**	**15351**
广州 Guangzhou	657	821		67358	249135		208	60	881
深圳 Shenzhen	558	1974			160291				1974
珠海 Zhuhai	469	296	3810	33515	1047				296
汕头 Shantou	352	303	21960	2796	6371	12437	18	37	340
韶关 Shaoguan	591	120	2678		2256	1426	1083	43	163
河源 Heyuan	185	390	1816	982	56	20	1158	520	910
梅州 Meizhou	143	331	2506	621	2311	2329	82	1510	1841
惠州 Huizhou	2608	1001	1620	1222	4592		5	18	1019
汕尾 Shanwei	233	191			55		78	84	275
东莞 Dongguan	42	75			2166		49	51	126
中山 Zhongshan	1479	1857	351		8500		66	92	1949
江门 Jiangmen	71	177	788	62	1188		2333	996	1173
佛山 Foshan	450	578	4205	14334	12286	13	468	165	743
阳江 Yangjiang	110	208	74		249		11	53	261
湛江 Zhanjiang	892	694	3778	18179	3541	550	944	531	1225
茂名 Maoming	373	3	25	3692	4536	87	95	39	42
肇庆 Zhaoqing	238	51	344	45	376	13	700	365	416
清远 Qingyuan	614	215	788	94	1422	40	706	847	1062
潮州 Chaozhou	3	7	136		198		30	37	44
揭阳 Jieyang	41	221	1509	3719	1622	17263	14	250	471
云浮 Yunfu	140	24	134		40		30	116	140

3-3 劳动力市场情况

MARKET OF LABOUR FORCE

指标名称	Item	1994	1995	1997	1998
职业介绍服务机构数（个）	Number of Labour Exchanges (unit)	1351	1489	1547	1471
劳动部门所属	Run by Labour Departments	1061	1065	1150	1070
非劳动部门所属	Run By Other Departments	290	424	397	401
年末实有外省劳动力(万人)	Number of Labourers from other Provinces at Year-end (10000 persons)	343.64	359.79	410.13	431.69
年新增加的外省劳动力(万人)	Number of Newly Increased Non-native Labourer from Other Provinces in the Year (10000 persons)	66.38	76.14	113.30	91.88
年末实有省内外来劳动力(万人)	Number of Nonnative Labourers Within the Province at Year-end (10000 persons)	301.53	255.68	245.69	226.85
城镇	Urban Area	63.61	60.45	73.78	56.89
农村	Rural Area	237.91	195.23	171.91	169.96
年末实有外出劳动力（万人）	Number of Out-going Labourers at Year-end (10000 persons)	196.13	178.94	180.84	176.34
城镇	Urban Area	25.56	26.26	30.11	31.18
农村	Rural Area	170.57	152.68	150.73	145.16

3-4 各市劳动力市场情况(1998年)

MARKET OF LABOUR FORCE BY CITY (1998)

单位:个、人 (unit,person)

市别 City	职业介绍服务机构 Number of Labour Exchanges			本年求职登记人数 Number of Job Seekers registered in the year	本年末实有外省劳动力 Number of labourers from other Provinces at the Year—end	本年新增加的外省劳动力 Number ot Newly Increaed labourers from other Provinces in the year	外来劳动力合计 Total nonnative Labourers	外出劳动力合计 Total Out ward Labourers
	合计 Total	劳动部门所属 Run by Labour Department	非劳动部门所属 Run By Other Departments					
总计 Total	**1471**	**1070**	**401**	**157.79**	**431.69**	**91.88**	**226.85**	**176.34**
广州 Guangzhou	221	72	149	17.11	32.23	6.25	30.64	3.98
深圳 Shenzhen	34	24	10	69.40	141.87	44.10	89.78	
珠海 Zhuhai	65	25	40	11.35	14.66	2.59	6.36	0.23
汕头 Shantou	24	22	2	2.40	5.96	3.05	2.22	7.18
韶关 Shaoguan	37	36	1	4.04	2.65	0.68	1.45	2.04
河源 Heyuan	126	123	3	2.62	1.76	0.44	0.62	22.84
梅州 Meizhou	85	81	4	6.45	3.61	1.13	1.97	18.43
惠州 Huizhou	80	56	24	4.38	21.32	1.45	9.94	6.00
汕尾 Shanwei	61	59	2	1.68	7.96	0.35	1.39	5.77
东莞 Dongguan	52	34	18	7.60	75.72	4.32	20.14	0.62
中山 Zhongshan	44	31	13	3.51	34.60	3.50	5.90	4.70
江门 Jiangmen	101	101		6.54	12.68	6.13	4.89	6.08
佛山 Foshan	107	39	68	6.89	52.64	10.06	35.39	2.70
阳江 Yangjiang	58	52	6	3.45	4.40	0.68	3.25	9.19
湛江 Zhanjiang	105	90	15	1.69	2.70	1.04	3.90	3.56
茂名 Maoming	11	7	4	3.15	3.45	1.20	2.66	49.13
肇庆 Zhaoqing	64	40	24	2.09	5.20	2.37	2.04	14.68
清远 Qingyuan	101	99	2	1.34	3.07	1.24	1.45	6.36
潮州 Chaozhou	7	4	3	0.56	1.95	0.67	0.50	0.58
揭阳 Jieyang	29	28	1	0.71	2.35	0.32	1.80	3.25
云浮 Yunfu	47	46	1	0.83	0.94	0.31	0.56	9.02

3-5 城市房地产市场交易情况
TRANSACTION IN THE MARKET OF URBAN REAL ESTATE

指 标 名 称	Item	1994	1995	1997	1998
房产买卖	**Real Estate Exchange**				
成交宗数 （宗）	Number of Transactions	82326	95305	185817	
成交面积 （万平方米）	Exchanged Area （10000 sq. m）	946	1304	1971	2973
#住 宅	Residential Buildings	832	1168	1696	2486
办公用房	Business Buildings	25	31	60	106
商业用房	Commercial Buildings	89	105	196	216
成交金额 （万元）	Total Amount of Transactions （10000 yuan）	1434450	2586660	5706342	7318604
#住 宅	Residential Buildings	1174529	2300408	4419003	5184323
办公用房	Business Buildings	54962	53587	423462	563281
商业用房	Commercial Buildings	204959	232665	786677	936960
契 税 （万元）	Contract Tax （10000 yuan）	23114	46202	72628	133455
房屋租赁	**House Leasing**				
出租面积 （万平方米）	Leased Area （10000 sq. m）	2953	2544	2997	3326
#住 宅	Residential Buildings	1997	1520	1522	1605
办公用房	Business Buildings	175	181	231	289
商业用房	Commercial Buildings	781	843	871	889
出租金额 （万元）	Rent （10000 yuan）	240669	240299	115523	145470
#住 宅	Residential Buildings	94184	55208	21726	27811
办公用房	Business Buildings	29112	68557	12878	16652
商业用房	Commercial Buildings	117373	116534	75923	76273
向个人出售住宅	**Residential Buildings Sold to Individuals**				
新建住宅面积（万平方米）	Floor Space of Newly Constructed Residential Buildings （10000 yuan）	644	842	783	1016
新建住宅回收资金（万元）	Funds Reclaimed on Newly Constructed Residential Buildings （10000 yuan）	349030	2372963	2099820	2659941
旧住宅面积 （万平方米）	Floor Space of Old Residential Buildings（10000 sq. m）	314	13	436	1585
旧住宅收回资金 （万元）	Funds Reclaimed on Old Residential Buildings （10000 yuan）	46357	2068	204148	867220

3-6 技术市场交易情况
TRANSACTION IN THE MARKET OF TECHNOLOGY

指标名称	Item	1994	1995	1997	1998
技术买方：项数　(项)	Technology Buyers: Number of Items (item)	5839	5098	6498	6253
金额　(万元)	Amount (10000 yuan)	95884	125972	195994	248122
工业企业项数　(项)	Number of Items By Industrial Enterprises (item)	3940	3347	4615	4045
金额　(万元)	Amount (10000 yuan)	69488	94147	125875	160296
科研机构项数　(项)	Number of Items By Scientific Technological Research Institutions (item)	193	177	175	208
金额　(万元)	Amount (10000 yuan)	2221	1544	3105	4495
各级管理部门项数　(项)	Number of Items By Management Departments at all Levels (item)	455	400	489	484
金额　(万元)	Amount (10000 yuan)	9124	12719	31570	37987
技术贸易机构项数　(项)	Number of Items By Technology Trade Organizations (item)	179	88	107	94
金额　(万元)	Amount (10000 yuan)	3124	1175	7035	2777
个人及个人合伙及其他项数(项)	Number of Items By Individusal,Cooperative Individuals and Others (item)	1072	1086	1112	1422
金额　(万元)	Amount (10000 yuan)	11927	16387	28409	42566
技术卖方：项数　(项)	Technology Sellers: Number of Items (item)	5839	5098	6498	6253
金额　(万元)	Amount (10000 yuan)	97424	125973	195994	248122
工业企业项数　(项)	Number of Items By Industrial Enterprises (item)	351	190	1488	350
金额　(万元)	Amount (10000 yuan)	14447	5170	21301	71409
科研机构项数　(项)	Number of Items By Scientific Technological Research Institutions (item)	1795	1635	1538	1906
金额　(万元)	Amount (10000 yuan)	28180	70271	76039	71381
大中专院校项数　(项)	Number of Items By Institutions of Higher Education (item)	326	263	492	359
金额　(万元)	Amount (10000 yuan)	4215	4376	21936	17140
技术贸易机构项数　(项)	Number of Items By Technology Trade Organizations (item)	2877	2657	2746	3461
金额　(万元)	Amount (10000 yuan)	47384	42397	70718	73217
个人及个人合伙及其他项数(项)	Number of Items By Individuals, Cooperative Individuals and Others (item)	490	353	234	177
金额　(万元)	Amount (10000 yuan)	3198	3759	6000	14974

3-7 各市人才流动机构情况(1998年)

STATUS OF QUALIFIED PERSONNEL FLOWED AND ORGANIZATION BY CITY(1998)

单位:个、人 (unit,person)

市别 City	挂牌人才市场 Regular Qualified Personnel Markets	人才流动机构情况 Status of Organizations of Qualified Personnel Flowed 市属 Under the Leadership of city 机构 Organ-ization	 人员 Person-nel	 县属 Under the Leadership of County 机构 Organ-ization	 人员 Person-nel	 民办 Run by the Local People 机构 Organ-ization	 人员 Person-nel	人才培训 Qualified Personnel Trained 次数 times	 人数 Persons	人才交流会次数 Number of Qualified Personnel Interex-chage Meetings	参加人才交流会应聘人才 Number of Engaged Personnel in Interexchange meetings
总计 Total	**74**	**21**	**357**	**180**	**455**	**73**	**363**	**1456**	**165347**	**623**	**2091236**
广州 Guangzhou	14	1	123	13	62	58	245		4792	76	101618
深圳 Shenzhen	15	1	107	6	63	8	48	27	1227	245	1520000
珠海 Zhuhai	3	1	12							1	16500
汕头 Shantou	4	1	15	8	2			3	85	49	55000
韶关 Shaoguan	1	1	9	61	103	1	1	136	17729		
河源 Heyuan	1	1	3	7	7			15	35085		
梅州 Meizhou	4	1	5	8	18					1	3500
惠州 Huizhou	5	1	3	6	8					83	19117
汕尾 Shanwei		1	2	6	8						
东莞 Dongguan	4	1	5							100	204685
中山 Zhongshan	1	1	5							1	10816
江门 Jiangmen	1	1	7	7	13					11	7200
佛山 Foshan	5	1	22	6	38			147	13000	6	51000
阳江 Yangjiang	1	1	5	4	7			10	800	5	4500
湛江 Zhanjiang	1	1	7	11	33	3	13	782	58619		
茂名 Maoming	6	1	4	5	16			9	606		
肇庆 Zhaoqing	2	1	8	8	17						
清远 Qingyuan	1	1	8	8	9					1	
潮州 Chaozhou	2	1	3	4	8			23	2500		
揭阳 Jieyang	2	1	3	7	19			304	30904		300
云浮 Yunfu		1	1	5	6						

3-8 各市股票发行、交易情况（1998年）

STATUS OF STOCK ISSUING AND EXCHANGE BY CITY(1998)

市别 City	股票发行 Stock Issuing				总股本（万股） Total Capital Stocks (10 thousand units)	个人股 Individual Holders		总市值（亿元） Total eurrent value (100 million)	年末全省在深沪两地开户投资者（万户） Investors of the province opened accounts at Shenzhen and Shanghai at the year-end (10000 units)
	上市公司（家） Listed companies (Number)	发行股票（只） Stocks listed	发行股数（万股） Number of Issued Stock (10 thousand units)	发行金额（万元） Amount of Issued Stocks (10000 yuan)		上市公共股 Listed Public Stocks	内部职工股 Inside Stocks		
总　计　Total	**109**	**116**	**2471706**	**1324511**	**3740962.30**	**1465266**	**25620.07**	**2927.00**	**628.31**
广　州　Guangzhou	12	14	98078	489325	605973.92	197483.31	6113.16	365.27	117.55
深　圳　Shenzhen	63	66	2174445	129940	2174445.00	890045.00		1834.23	270.51
珠　海　Zhuhai	6	7	19545	119944	191481.05	82477.24	1051.75	146.81	27.70
汕　头　Shantou	3	3	100443	58375	64754.13	22030.93	2080.00	49.73	15.67
韶　关　Shaoguan	2	2	10500	83580	72736.67	18800.00	1135.68	52.78	13.97
河　源　Heyuan									1.67
梅　州　Meizhou	2	2	2860	18510	53396.11	33599.31		43.55	9.36
惠　州　Huizhou	1	1	1780	11570	18810.88	8145.28		17.49	10.84
汕　尾　Shanwei									1.05
东　莞　Dongguan	3	3	22300	140014	174904.10	55671.16	4129.46	103.88	19.43
中　山　Zhongshan	1	1	2800	22400	26964.05	14184.14		16.66	12.51
江　门　Jiangmen	3	3	9550	62610	98611.45	41915.63	2750.00	64.80	27.88
佛　山　Foshan	4	5	14927	97091	135766.57	61918.11	1113.20	89.19	49.57
阳　江　Yangjiang									2.03
湛　江　Zhanjiang	1	1	2100	11928	17137.41	4767.21	2760.44	18.03	11.94
茂　名　Maoming	2	2	3109	8347	21099.20	6754.44	920.68	23.65	6.62
肇　庆　Zhaoqing	2	2	2610	18128	37520.88	14436.54		59.57	16.23
清　远　Qingyuan	1	1	1671	12330	12692.63	3174.33		11.66	3.96
潮　州　Chaozhou	2	2	3600	30179	23482.00	7013.07	3565.70	18.29	4.79
揭　阳　Jieyang	1	1	1388	10240	11186.25	2850.00		11.41	2.47
云　浮　Yunfu									2.56

注：1、表中数据均为境内上市公司（A、B股）（含粤在沪上市公司）数据，未包括境外上市公司（H股）；
2、发行股数和发行金额深圳市包括配股数。
3、深交所1998年成交金额8602.10亿元、交易税费80.21亿元。

Note: a) All of the data in this table are domestic listed companies (A. shares and B shares) (include the companies of Guangdong listed in Shanghai), excluded the companies listed abroad (H shares).
b) The number of issued stocks and amount of issued stocks in Shenzhen included the number of rationed Shares.
C) The total market value of Shenzhen stock exchange were 860210 million yuan, out put tax fee were 8021 million yuan.

四 人 口

POPULATION

简要说明

一、本篇资料反映广东 1998 年及主要年份人口方面的基本情况，包括总人口、农业人口和非农业人口、人口自然变动以及 1998 年分市总人口、迁移人口、育龄妇女婚育等数据资料。

二、本篇资料由广东省统计局人口与就业统计处整理提供。

三、本篇资料来源(1)表 4-1 中的常住人口数根据人口抽样调查和 1982 年、1990 年人口普查数据推算；妇女婚育状况为计划生育统计数。(2)表 4-3 中的 1949—1980 年数据是根据人口历史资料和户籍统计数据计算整理或推算；1981 年数据取自 1982 年人口普查资料，1982 年起为人口抽样调查数据。(3)表 4-2、4-4、4-5、4-6、4-7 为户籍统计数；表 4-8 为计划生育统计数。

POPULATON

Brief Introduction

Ⅰ. The data in this chapter show the basic conditions of Guangdong's population in 1998 and the previous years, including the total population, agricultural and non-agricultural population, natural growth changes of population as well as the total population, migration population and the status of marriage and bearing of women at child-bearing age in 1998 by city, etc.

Ⅱ. The tables in this chapter are prepared and provided by the Division of Population and Employment, Statistical Bureau of Guangdong Province.

Ⅲ. Data sourse in this chapter: 1. The figures of permanent population in Table 4-1 have been estimated in accordance with the sample surveys on population and the data of the population censuses of 1982 and 1990. The figures of the status of marriage and bearing of women are the annual reports of family planning statistics. 2. In Table 4-3, the data of 1949-1980 are estimated on the basis of historical population statistics or obtained from the household registration; the data of 1981 are taken from 1982 population census; since 1982, the figures have been collected from the sample surveys on puplation changes. 3. The figures in Tables 4-2, 4-4, 4-5, 4-6 and 4-7 are taken from the household registration; the data in Table 4-8 are obtained from the family planning statistics.

4-1 人口主要指标
MAIN POPULATION FIGURES

指　　标	Item	1980	1985	1990	1995	1997	1998
一、常住人口(万人)	Permanent Population (10000 Persons)	5230.00	5670.65	6346.22	6867.77	7051.15	7143.43
人口密度(人/平方公里)	Population Density (person/sq. km.)	294	319	357	386	397	402
二、户籍人口	Population of Household Registration						
年末总户数(万户)	Total Households(Year-end) (10000 Households)	1062.22	1205.64	1411.08	1631.03	1721.29	1773.61
年末总人口(万人)	Total Population(Year-end) (10000 Persons)	5227.67	5655.60	6246.32	6788.74	7013.73	7115.65
#农业人口	Agricultural Population	4317.96	4457.68	4769.01	4753.37	4840.22	4896.58
非农业人口比重(%)	Proportion of Non-agricultural Population (%)	17.40	21.18	23.65	29.98	30.99	31.19
性别比(女=100)	Sex Ratio (Female=100)	104.5	106.0	105.9	106.5	106.7	106.9
三、人口变动情况(‰)	Status of Population Changes (‰)						
出生率	Birth Rate	22.82	20.60	22.26	18.10	16.90	16.51
死亡率	Death Rate	5.48	6.33	5.76	5.70	5.40	5.61
自然增长率	Natural Growth Rate	17.34	14.27	16.50	12.40	11.50	10.90
迁入率	Immigration Rate	17.64	17.82	15.38	16.04	18.83	16.69
迁出率	Emigration Rate	15.83	15.12	12.56	13.31	14.22	13.33
总迁移率	Total Migration Rate	33.47	32.94	27.94	29.35	33.05	30.02
净迁移率	Net Migration Rate	1.81	2.70	2.82	2.73	4.61	3.36
跨省净迁移率	Net Migration Rate Between Provinces	1.01	0.39	0.35	1.09	2.09	1.38
四、妇女婚育状况(%)	Status of First Marriage and Contraception of Women (%)						
早婚率	Early Marriage Rate			2.56	1.41	0.92	0.61
晚婚率	Late Marriage Rate	84.69	67.58	68.29	71.3	71.98	74.25
节育率	Contraceptive Rate	69.97	85.96	87.72	85.99	87.81	88.97

4-2 年末总人口
TOTAL POPULATION(YEAR-END)

单位:万人　　　　(10000 Persons)

年　份 Year	总人口 Total Population	按性别分 By Sex 男 Male	女 Female	按农业、非农业分 By Agricultural & Non-agricultural Population 非农业人口 Non-Agricultural Population	农业人口 Agricultural Population	人口密度(人/平方公里) Population Density (Person/Sq. Km.)
1949	2782.72	1397.30	1385.42	437.46	2345.26	156
1952	2910.45	1457.24	1453.21	512.93	2397.52	164
1957	3301.79	1666.23	1635.56	597.13	2704.66	186
1962	3575.38	1799.73	1775.65	658.46	2916.92	201
1965	3865.51	1957.18	1908.33	679.99	3185.52	217
1970	4382.21	2222.88	2159.33	693.05	3689.16	246
1975	4858.48	2477.83	2380.65	759.84	4098.64	273
1978	5064.15	2586.68	2477.47	823.23	4240.92	285
1980	5227.67	2671.28	2556.39	909.71	4317.96	294
1981	5323.47	2722.78	2600.69	942.69	4380.78	299
1982	5415.35	2771.86	2643.49	971.46	4443.89	304
1983	5494.12	2818.92	2675.20	1001.05	4493.07	309
1984	5576.62	2865.90	2710.72	1097.36	4479.26	313
1985	5655.60	2909.52	2746.08	1197.92	4457.68	318
1986	5740.70	2955.68	2785.02	1254.60	4486.10	323
1987	5832.15	3003.09	2829.06	1309.91	4522.24	328
1988	5928.31	3053.50	2874.81	1366.54	4561.77	333
1989	6024.98	3106.37	2918.61	1422.75	4602.23	338
1990	6246.32	3213.20	3033.12	1477.31	4769.01	351
1991	6348.95	3266.26	3082.69	1540.92	4808.03	357
1992	6463.17	3327.67	3135.50	1640.80	4822.37	363
1993	6581.60	3390.37	3191.23	1808.09	4773.51	369
1994	6691.46	3450.68	3240.78	1964.72	4726.74	376
1995	6788.74	3501.19	3287.55	2035.37	4753.37	382
1996	6896.77	3559.54	3337.23	2107.80	4788.97	388
1997	7013.73	3620.32	3393.41	2173.50	4840.23	394
1998	7115.65	3676.95	3438.70	2219.07	4896.58	400

4-3 人口自然变动情况

STATUS OF POPULATION NATURAL CHANGES

单位：万人、‰ (10000 Persons，‰)

年份 Year	出生 Birth		死亡 Death		自然增长 Natural Growth of Population	
	出生人数 Number of Birth	出生率 Birth Rate	死亡人数 Number of Death	死亡率 Death Rate	自然增长人数 Number of Natural Growth	自然增长率 Natural Growth Rate
1949	95.98	36.00	39.99	15.00	55.99	21.00
1952	105.81	36.60	39.32	13.58	66.49	23.02
1957	114.81	35.24	27.24	8.36	87.57	26.88
1962	150.02	42.46	33.28	9.42	116.74	33.04
1965	137.53	36.10	25.95	6.81	111.58	29.29
1970	140.93	32.50	25.52	5.88	115.41	26.62
1975	110.61	22.95	29.38	6.10	81.23	16.85
1978	111.23	22.14	27.35	5.44	83.88	16.70
1980	118.31	22.82	28.40	5.48	89.91	17.34
1981	129.20	24.47	29.43	5.58	99.77	18.89
1982	123.98	23.09	31.79	5.92	92.19	17.17
1983	114.55	21.00	34.47	6.32	80.08	14.68
1984	114.86	20.75	34.37	6.21	80.49	14.54
1985	115.70	20.60	35.53	6.33	80.17	14.27
1986	126.23	22.15	32.48	5.70	93.75	16.45
1987	128.00	22.12	32.98	5.70	95.02	16.42
1988	122.90	20.90	29.81	5.07	93.09	15.83
1989	121.15	20.27	34.25	5.73	86.90	14.54
1990	140.11	22.26	36.25	5.76	103.86	16.50
1991	131.31	20.54	38.04	5.95	93.27	14.59
1992	125.17	19.31	40.00	6.17	85.17	13.14
1993	120.00	18.34	38.00	5.84	82.00	12.50
1994	121.00	18.20	38.00	5.78	83.00	12.42
1995	123.54	18.10	38.91	5.70	84.63	12.40
1997	118.40	16.90	37.83	5.40	80.57	11.50
1998	117.00	16.51	40.00	5.61	77.00	10.90

4-4 人口迁移变动情况

STATUS OF MIGRATION CHANGES

单位：万人、‰ (10000 Persons，‰)

年份 Year	迁入 Immigration		迁出 Emigration		总迁移 Total Migration		净迁移 Net Migration	
	迁入人数 Number of Immigration	迁入率 Immigration Rate	迁出人数 Number of Emigration	迁出率 Emigration Rate	总迁人数 Number of Total Migration	总迁移率 Total Migration Rate	净迁移人数 Number of Net Migration	净迁移率 Net Migration Rate
1962	74.75	21.16	93.01	26.32	167.76	47.48	-18.26	-5.16
1965	58.64	15.39	60.54	15.88	119.18	31.27	-1.90	-0.49
1970	61.79	14.25	69.60	16.05	131.39	30.30	-7.81	-1.80
1975	67.34	13.97	62.47	12.96	129.81	26.93	4.87	1.01
1978	81.83	16.29	75.58	15.04	157.41	31.33	6.25	1.25
1980	91.45	17.64	82.09	15.83	173.54	33.47	9.36	1.81
1981	82.58	15.65	72.08	13.66	154.66	29.31	10.50	1.99
1982	71.63	13.34	65.06	12.11	136.69	25.45	6.57	1.23
1983	66.26	12.14	59.35	10.88	125.61	23.03	6.91	1.26
1984	92.30	16.67	83.31	15.05	175.61	31.73	8.99	1.62
1985	100.10	17.82	84.90	15.12	185.00	32.94	15.20	2.70
1986	85.61	15.02	70.83	12.43	156.44	27.45	14.78	2.59
1987	92.89	16.05	73.26	12.66	166.15	28.71	19.63	3.39
1988	93.82	15.96	73.46	12.49	167.28	28.45	20.36	3.47
1989	95.26	15.94	73.87	12.36	169.13	28.30	21.39	3.58
1990	94.39	15.38	77.07	12.56	171.46	27.94	17.32	2.82
1991	97.23	15.44	83.74	13.30	180.97	28.74	13.49	2.14
1992	135.89	21.21	108.39	16.92	244.28	38.13	27.50	4.29
1993	158.20	24.25	128.06	19.63	286.26	43.88	30.14	4.62
1994	140.93	21.24	115.72	17.44	256.65	38.68	25.21	3.80
1995	108.09	16.04	89.74	13.31	197.83	29.35	18.35	2.73
1997	130.94	18.83	98.90	14.22	229.84	33.05	32.04	4.61
1998	117.93	16.69	94.18	13.33	212.11	30.02	23.75	3.36

4-5 各市年末人口数(1998年)

POPULATION BY CITY (YEAR-END,1998)

单位:人 (Person)

市别 City	总人口 Total Population	按性别分 By sex 男 Male	女 Female	按农业、非农业分 By Agriculture & Non-agriculture 非农业人口 Non-agricultural Population	农业人口 Agricultural Population
广州 Guangzhou	6741400	3469164	3272236	4172824	2568576
深圳 Shenzhen	1146028	597346	548682	899111	246917
珠海 Zhuhai	694798	359005	335793	479345	215453
汕头 Shantou	4179516	2117316	2062200	1414003	2765513
韶关 Shaoguan	3027746	1570442	1457304	1072666	1955080
河源 Heyuan	3114960	1596021	1518939	631722	2483238
梅州 Meizhou	4734234	2445577	2288657	945693	3788541
惠州 Huizhou	2699972	1373419	1326553	928074	1771898
汕尾 Shanwei	2582976	1356138	1226838	631170	1951806
东莞 Dongguan	1487694	749936	737758	378354	1109340
中山 Zhongshan	1300814	655689	645125	390060	910754
江门 Jiangmen	3788984	1926741	1862243	1428472	2360512
佛山 Foshan	3249817	1634402	1615415	1398832	1850985
阳江 Yangjiang	2459969	1313468	1146501	664359	1795610
湛江 Zhanjiang	6365140	3365730	2999410	1540240	4824900
茂名 Maoming	6068652	3192969	2875683	1168363	4900289
肇庆 Zhaoqing	3724677	1916608	1808069	932794	2791883
清远 Qingyuan	3729992	1932736	1797256	736030	2993962
潮州 Chaozhou	2385921	1221518	1164403	611078	1774843
揭阳 Jieyang	5200182	2683851	2516331	993233	4206949
云浮 Yunfu	2472978	1291379	1181599	774321	1698657

4-6 各市辖区年末人口数(1998年)

POPULATION OF DISTRICTS UNDER THE JURISDICTION OF CITY(YEAR-END,1998)

单位:人 (Person)

市别 City	总人口 Total Population	按性别分 By sex 男 Male	女 Female	按农业、非农业分 By Agriculture & Non-agriculture 非农业人口 Non-agricultural Population	农业人口 Agricultural Population
广州 Guangzhou	3993008	2081552	1911456	3306277	686731
深圳 Shenzhen	1146028	597346	548682	899111	246917
珠海 Zhuhai	400738	207610	193128	371116	29622
汕头 Shantou	1113200	563964	549236	831949	281251
韶关 Shaoguan	494608	267826	226782	431053	63555
河源 Heyuan	247521	126591	120930	164986	82535
梅州 Meizhou	299926	155276	144650	230419	69507
惠州 Huizhou	358723	181515	177208	287178	71545
汕尾 Shanwei	409146	213049	196097	171380	237766
东莞 Dongguan	1487694	749936	737758	378354	1109340
中山 Zhongshan	1300814	655689	645125	390060	910754
江门 Jiangmen	427851	216289	211562	333154	94697
佛山 Foshan	468430	237829	230601	411107	57323
阳江 Yangjiang	521388	270791	250597	295672	225716
湛江 Zhanjiang	1307334	685964	621370	588583	718751
茂名 Maoming	663738	347956	315782	302022	361716
肇庆 Zhaoqing	459087	234293	224794	311571	147516
清远 Qingyuan	521313	263366	257947	193284	328029
潮州 Chaozhou	335319	167496	167823	257521	77798
揭阳 Jieyang	624693	317704	306989	204134	420559
云浮 Yunfu	274860	142460	132400	168371	106489

4-7 各市年末迁移人口数(1998年)

NUMBER OF MIGRATORS BY CITY (YEAR-END,1998)

单位:人 (Person)

市别 City	迁入 Immigration		迁出 Emigration		净迁移 Net Migration	
	省内迁入 From Guangdong	省外迁入 From Other Provinces	迁往省内 To Guangdong	迁往省外 To Other Provinces	省内 From Guangdong	省外 From Other Provinces
广州 Guangzhou	104707	35863	78606	15522	26101	20341
深圳 Shenzhen	26961	24201	2827	9778	24134	14423
珠海 Zhuhai	13893	9181	5843	1729	8050	7452
汕头 Shantou	36216	6525	33460	4182	2756	2343
韶关 Shaoguan	48722	9861	46441	4553	2281	5308
河源 Heyuan	31828	5364	29413	3877	2415	1487
梅州 Meizhou	59906	8339	61581	4580	－1675	3759
惠州 Huizhou	47016	7247	35068	8455	11948	－1208
汕尾 Shanwei	26653	2388	25157	6069	1496	－3681
东莞 Dongguan	7588	4812	3562	7691	4026	－2879
中山 Zhongshan	17981	4755	15030	4359	2951	396
江门 Jiangmen	69042	11171	66701	20418	2341	－9247
佛山 Foshan	67758	11351	57956	7834	9802	3517
阳江 Yangjiang	22567	2568	26127	2092	－3560	476
湛江 Zhanjiang	60267	9822	49840	7046	10427	2776
茂名 Maoming	60320	13177	56086	4792	4234	8385
肇庆 Zhaoqing	36015	6165	35747	3610	268	2555
清远 Qingyuan	56572	6287	55291	4086	1281	2201
潮州 Chaozhou	25956	2830	27993	1472	－2037	1358
揭阳 Jieyang	98245	41918	74826	5164	23419	36754
云浮 Yunfu	33231	4015	24117	2808	9114	1207

4-8 各市育龄妇女初婚及节育情况

(1997年10月—1998年9月)

STATUS OF FIRST MARRIAGE WOMEN AT CHILD-BEARING AGE AND BIRTH CONTROL BY CITY

单位:人、% (Person,%)

市别 City	已婚育龄妇女人数 Number of Marri-aged Women at Child-bearing Age	女性初婚人数 Number of Women of First Marriage	#不足20周岁 Under 20	早婚率 Early Marriage Rate	#23周岁及以上 23 & Over	晚婚率 Late Marriage Rate	落实各种节育措施 Contraceptive User: 人数 Person	节育率 Contra-ceptive Rate	领取独生子女证 Women Signed One-child Certificate: 累计人数 Accumu-lative Total	领证率 Proportion of Signing Certifi-cate
全省合计 Total	**13083141**	**532587**	**3248**	**0.61**	**395462**	**74.25**	**11640201**	**88.97**	**1224662**	**9.36**
广州 Guangzhou	1315700	49207	6	0.01	41089	83.50	1164207	88.49	386051	29.34
深圳 Shenzhen	266695	9035			6787	75.12	237675	89.12	76485	28.68
珠海 Zhuhai	136197	4809			4060	84.43	121508	89.21	28329	－20.8
汕头 Shantou	809993	38874	177	0.46	31252	80.39	738599	91.19	74953	9.25
韶关 Shaoguan	532649	23000	63	0.27	18022	78.36	485576	91.16	89884	16.87
河源 Heyuan	520492	18073	115	0.64	11607	64.22	469795	90.26	11869	2.28
梅州 Meizhou	895587	33780	374	1.11	16896	50.02	795087	88.78	42560	4.75
惠州 Huizhou	495678	21918	5	0.02	17239	78.65	445517	89.88	31336	6.32
汕尾 Shanwei	435902	22072	783	3.55	15778	71.48	379691	87.10	6009	1.38
东莞 Dongguan	267982	12366	7	0.06	9260	74.88	233007	86.95	4971	1.85
中山 Zhongshan	258893	10120	38	0.38	8016	79.21	221204	85.44	17379	6.71
江门 Jiangmen	742847	30090	145	0.48	23995	79.74	651428	87.69	57395	7.73
佛山 Foshan	620639	22907	46	0.20	17589	76.78	536167	86.39	97602	15.73
阳江 Yangjiang	444349	19382	77	0.40	13136	67.77	408370	91.90	14393	3.24
湛江 Zhanjiang	1023177	36322	412	1.13	26913	74.10	899123	88.78	61775	6.03
茂名 Maoming	1053146	46952	292	0.62	32418	69.04	926728	88.00	40878	3.88
肇庆 Zhaoqing	695747	31003	25	0.08	24067	77.63	614539	88.33	72048	10.36
清远 Qingyuan	687732	26421	212	0.80	18424	69.73	623772	90.70	38388	5.58
潮州 Chaozhou	475586	14872	108	0.73	11814	79.44	442340	93.01	34326	7.22
揭阳 Jieyang	935706	38472	162	0.42	30022	78.04	827575	88.44	15981	1.71
云浮 Yunfu	468444	22912	201	0.88	17078	74.54	418293	89.29	22050	4.71

主要统计指标解释

总人口　指一定时点、一定地区范围内有生命的个人的总和。按不同统计范围分为常住人口和户籍人口；两种人口均指每年12月31日24时的人口。

性别比　总人口中男性人数与女性人数之比。通常用每100个女性人口相应有多少男性人口表示。其计算公式为：

$$性别比=\frac{男性人口数}{女性人口数}\times 100\%$$

出生率(粗出生率)　指一定时期内(通常为一年)出生人口与同期平均人数之比。其计算公式为：

$$出生率=\frac{年出生人口}{年平均人数}\times 1000‰$$

死亡率(粗死亡率)　指一定时期内(通常为一年)死亡人口与同期平均人数之比。期计算公式为：

$$死亡率=\frac{年死亡人口}{年平均人数}\times 1000‰$$

自然增长率　指一定时期内(通常为一年)人口自然增加数(出生人口减死亡人口)与同期平均人数(或期中人数)之比。
其计算公式为：

$$人口自然增长率=\frac{本年出生人口-本年死亡人口}{年平均人数}\times 1000‰$$

或　人口自然增长率=人口出生率-人口死亡率

迁入率(迁出率)　指一定时期内(通常为一年)迁入人口(迁出人口)与同期平均人数之比。

总迁移率　指一定时期内(通常为一年)迁入人口与迁出人口之和与同期平均人数之比。

净迁移率　指一定时期内(通常为一年)迁入人口与迁出人口之差与同期平均人数之比。

跨省净迁移率　指一定时期内(通常为一年)省外迁入人口和迁往省外(含出国)人口之差与同期平均人数之比。

妇女早婚率　指一定时期内(通常为一年)未达法定婚龄(女性为20周岁以下)初婚妇女人数与同期初婚妇女人数之比。

妇女晚婚率　指一定时期内(通常为一年)符合晚婚年龄(女性为23周岁及以上)初婚妇女人数与同期初婚妇女人数之比。

妇女节育率　指一定时期内(通常为一年)已落实节育措施的已婚育龄妇女人数与同期已婚育龄妇女人数之比。

Explanatory Notes on Main Statistical Indicators

Total Population refers to the total number of people alive at a certain point of time within a given area, which are classified with the permanent population and household registered population. The annual statistics of these types of population is taken at midnight, the 31st of December.

Sex Ratio refers to the proportion of male to female among the total population, which is often described as the proportion of 100 females to males. The following formula is used:

$$\text{Sex Ratio} = \frac{\text{number of males}}{\text{number of females}} \times 100\%$$

Birth Rate (or Crude Birth Rate) refers to the ratio of the number of births to the average population of the same period during a certain period of time (usually a year). The following formula is used:

$$\text{Birth Rate} = \frac{\text{number of births}}{\text{average number of population}} \times 1000‰$$

Death Rate (or Crude Death Rate) refers to the ratio of the number of deaths to the average population of the same period during a certain period of time (usually a year). The following formula is used:

$$\text{Death Rate} = \frac{\text{number of deaths}}{\text{average number of population}} \times 1000‰$$

Natural Growth Rate of Population refers to the ratio of natural increase in population (number of births minus number of deaths) in a certain period of time (usuall a year) to the average population (or mid—year population) of the same period. The following formulas are used:

$$\text{Natural Growth Rate of Population} = \frac{\text{no. of births} - \text{no. of deaths}}{\text{average number of population}} \times 1000‰$$

Or: Natural Growth Rate of Population = birth rate — death rate

Immigration Rate refers to the ratio of the number of immigrant population to the average population of the same period during a certain period of time (usually a year).

Emigration Rate refers to the ratio of the number of emigration population to the average population of the same period during a certain period of time (usually a year).

Total Migration Rate refers to the ratio of the sum of immigrant and emigrant population to the average population of the same period during a certain period of time (usually a year).

Net Migration Rate refers to the ratio of the difference between immigrant and emigrant population to the average population of the same period during a certain period of time (usually a year).

Net Migration Rate Between Provinces refers to the ratio of the difference between immigrant population from other provinces and emigrant population to other provinces (including those going abroad) to the average population of the same period during a certain period of time (usually a year).

Women Early Marriage Rate refers to the ratio of the number of first marriage wowen under lawful marriage age (under 20 for women) to the total first marriage womern of the same period during a certain period of time (usually a year).

Women Late Marriage Rate refers to the ratio of the number of first marriage women reached late marriage age (23 and over for women) to the total first marriage women of the same period during a certain period of time (usually a year).

Women Contraceptive Rate refers to the ratio of the number of the female contraceptive user at child—bearing age to the total married women at child—bearing age of the same period during a certain period of time (usually a year).

五　从业人员和职工工资

EMPLOYMENT AND WAGE

简要说明

一、本篇资料反映广东劳动力资源、就业与工资的基本情况，分列21个市的主要劳动统计数据。包括劳动力资源与分配平衡表，从业人员及职工人数，城乡私营企业和个体工商业从业人数，城镇登记失业人数及城镇新安置新就业人数，职工工资总额，平均工资情况等。

二、本篇资料由广东省统计局社会科技处整理提供。

三、本篇资料主要是根据国家统计调查制度搜集汇总，部分是由省劳动厅、省工商行政管理局等有关部门提供并经加工整理。

四、1998年，劳动统计年报中对全部调查单位改按企业登记注册类型分组，使统计口径发生变化。除5—2表中“按经济类型分组”和5—16表中国有单位、城镇集体单位、其他单位有关数据调整为与以前年份可比。即国有单位中不再包括国有联营和有限责任公司中的国有独资公司；城镇集体单位中不再包括集体联营和股份合作企业；其他单位则包括国有联营和有限责任公司中的国有独资公司，集体联营和股份合作企业。

EMPLOYMENT AND WAGES

Brief Introduction

Ⅰ. The data in this chapter show the basic conditions of labour resources, employment and wages of Guangdong Province and list the major labour statistics of twenty—one cities, including labour resources and its balanced sheet of allocation, the number of the employed persons and staff and workers, the number of persons employed in the Urban and rural private enterprises and in industry and commerce run by the individuals, the number of unemployed persons registered in the urban areas, the numder of newly employed persons in the urban areas, the total wages and average wage of the saff and workers, etc.

Ⅱ. The data in this chaper are prepared and provided by the Division of Social, Scienific and Technological Statistics, Satisical Bureau of Guangdong province.

Ⅲ. The data in this chapter are colleced and tabulated maily in accordance with the statistical survey sheme of the State Satistical Bureau, part of which are processed and prepared from the figures provided by the Labour Department of Guangdong Province, Guangdong Adminisration for Industry and Commerce and some other related organs.

Ⅳ. In 1998, the whohe units of inguiry in the year reports of labour statistics grouping by the type of enterprises register have changed, it makes the statistical scope have a change. Except the"grouping by type of ownership" in table 5—2 and related data to the units of state—owned, urban collective owned and others were adjusted as compare with this year befor. Namly it excluded the ventures exclusively with state—owned in state—owned units of state—owned affiliated business and limited liability companies, urban collective units excluded the collective owned affiliated business and cooperative operation with share holding other units include the ventures exclusively with state—ownde in the state—owned affilited business and limited liabicity companies, collective owned affitiated business and cooperative operation with share holding.

5-1 从业人员与职工工资主要指标

MAJOR INDICATORS OF EMPLOYED PERSONS AND WAGES OF STAFF AND WORKERS

指　　标	Item	1980	1985	1990	1995	1997	1998
从业人员人数　（万人）	Number of Employed Persons (10000persons)	2367.78	2731.11	3118.10	3551.20	3701.90	3783.87
职工人数	Number of Staff and Workers	563.62	660.82	785.49	911.90	897.32	884.80
国有单位	State-Owned Units	400.19	449.40	528.13	548.98	544.46	510.86
企　业	Enterprises			368.65	354.46	330.44	297.01
事业和机关	Institutions and Agencies			159.48	194.52	214.02	213.85
城镇集体单位	Urban Collective Owned Units	163.43	203.32	207.62	202.36	179.58	160.29
其他各种单位	Units of Other Types of Ownership		8.10	49.74	160.56	173.28	213.65
农村乡(镇)劳动者	Rural Employed Persons	1793.20	2038.60	2264.67	2394.40	2448.07	2507.57
城镇私营企业从业人员	Employed Persons in Urban Private Enterprises				76.00	105.80	126.42
城镇个体劳动者	Self-Employed Individuals in Urban Areas	10.96	31.69	67.94	129.90	138.00	154.94
其　他	Other Employees				39.00	112.71	110.14
第一产业劳动者	Employed Persons in Primary Industry	1673.57	1646.82	1651.71	1473.60	1511.38	1554.33
第二产业劳动者	Employed Persons in Secondary Industry	404.80	614.52	848.37	1199.00	1217.25	1214.96
第三产业劳动者	Employed Persons in Tertiary Industry	289.41	469.77	618.02	878.60	973.27	1014.58
离、退休及退职人员	Retirees and Resigned Persons		87.96	124.07	159.78	173.39	178.88
#国有单位	State-Owned Units		55.39	83.00	116.21	128.42	128.65
城镇待业人员就业数	Employees from Urban Unemployed Persons		34.94	42.84	43.67	36.34	40.27
#国有单位安置	Employed by State-Owned Units		14.61	17.05	14.52	9.76	7.33
城镇集体单位安置	Employed by Urban Collective Owned Units		15.20	13.98	12.32	6.18	6.86
职工工资总额　（亿元）	Total Wages of Staff and Workers (100 million yuan)	42.83	88.91	223.29	734.14	858.35	899.67
国有单位	State-Owned Units	32.00	63.42	154.96	458.86	539.95	530.11
城镇集体单位	Urban Collective Owned Units	10.83	23.85	50.06	124.32	120.36	105.59
其他各种单位	Units of Other Types of Ownership		1.64	18.27	150.96	198.04	263.98
劳保福利费用总额(亿元)	Total Expenditures on Labour Insurance and Welfare (100 million yuan)	6.09	19.58	64.36	176.83	222.89	243.25
职工平均工资　（元）	Per Capita Wage of Staff and Workers (yuan)	789	1393	2929	8250	9698	10233
国有单位	State-Owned Units	828	1458	3000	8540	10032	10432
城镇集体单位	Urban Collective Owned Units	691	1216	2508	6395	6814	6671
其他各种单位	Units of Other Types of Ownership		2209	3972	9546	11635	12410

5-2 城乡劳动力资源与分配平衡表

BALANCED SHEET OF RESOURCES AND DISTRIBUTION OF LABOR FORCE IN URBAN AND RURAL AREA

单位:万人 (10000 persons)

项目	Item	1997			1998		
		合计 Total	城镇 Urban Area	乡村 Rural Area	合计 Total	城镇 Urban Area	乡村 Rural Area
年末劳动力资源总数	**Total Number of Labor Force Resources at year－end**	**4590.10**	**1429.20**	**3160.70**	**4673.18**	**1462.17**	**3211.01**
一、从业人员总数	**Total Number of Employees**	**3701.90**	**1118.50**	**2583.40**	**3783.87**	**1156.94**	**2626.93**
按经济类型分组	Group by Ownership						
国有经济	State－Owned Units	556.60	515.10	41.50	537.67	505.49	32.18
集体经济	Collective Owned Units	2547.20	246.70	2300.50	2584.28	241.67	2342.61
私营经济	Private Enterprises	152.90	105.80	47.10	176.80	126.42	50.38
个体经济	Individuals	269.90	138.00	131.90	294.56	154.94	139.62
联营经济	Joint Ventures	5.80	4.80	1.00	2.38	2.13	0.25
股份制经济	Share Holding Units	28.70	24.30	4.40	47.81	39.67	8.14
外商投资经济	Foreign Funded Units	42.60	27.80	14.80	39.10	24.03	15.07
港澳台投资经济	Units Funded by Entrepreneurs from -Hong Kong, Macao and Taiwan	96.40	54.30	42.10	100.17	61.52	38.65
其他经济	Units of Other Types of Ownership	1.80	1.70	0.10	1.10	1.07	0.03
按国民经济行业分组	Group by Economic Sector						
农、林、牧、渔业	Farming, Forestry, Animal Husbandry and Fishery	1500.70	23.00	1477.70	1532.21	21.73	1510.48
采掘业	Mining and Quarrying	28.10	12.90	15.20	28.33	12.77	15.56
制造业	Manufacturing	778.00	333.20	444.80	776.29	331.83	444.46
电力煤气水的生产供应业	Electricity, Gas and Water Production and Supply	18.20	17.30	0.90	19.27	18.45	0.82
建筑业	Construction	286.30	74.60	211.70	286.62	77.04	209.58
地质勘查业、水利管理业	Geological Prospecting and Water Gonservancy	5.20	5.10	0.10	5.00	4.90	0.10
交通、仓储及邮电通信业	Transport, Storage, Post and Telecommunications	142.50	67.20	75.30	141.87	67.15	74.72
批发和零售贸易、餐饮业	Wholesale and Retail Trades and Catering Services	383.30	273.30	110.00	402.81	289.89	112.92
金融、保险业	Banking and Insurance	31.60	27.20	4.40	33.77	28.68	5.09
房地产业	Real Estate Trade	11.00	9.10	1.90	12.34	9.93	2.41
社会服务业	Social Services	69.60	61.00	8.60	75.17	66.38	8.79
卫生、体育和社会福利业	Health Care, Sports and Social Welfare	43.60	30.90	12.70	45.58	32.47	13.11
教育文化广播电影电视业	Education, Culture and Arts, Radio, Film and Television	119.00	90.60	28.40	121.18	93.53	27.65
科学研究综合技术服务业	Scientific Research and Polytechnical Services	9.00	7.20	1.80	8.97	7.06	1.91
国家、政党机关社会团体	Government Agencies, Party Agencies and Social Organizations	78.20	66.60	11.60	80.82	68.95	11.87
其他行业	Others	197.60	19.30	178.30	213.64	26.18	187.46
二、城镇待业人员	**Unemployed Persons in Urban Area**	**70.50**	**70.50**		**71.51**	**71.51**	
三、其他劳动力	**Other Laborers**	**658.00**	**225.30**	**432.70**	**670.00**	**230.51**	**439.49**
#16岁以上在校学生数	Enrolled Students over 16 Year's Old	160.80	131.60	29.20	167.14	137.99	29.15
家务劳动者	Household Workers	490.20	88.20	402.00	497.31	89.52	407.79

注:1.农村社会劳动者已扣除外出做临时合同工人数。

2.1997、1998年年末劳动力资源总数的城乡划分标准有调整,与以前年份不可比。

Note: a. The figures of rural social laborers is not included the number of temporary contract workers went outside the area.

b. The total number of labor force resources at 1997 year－end and 1998 year－end is incomparable with the previous years owing to adjustment of the dividing standard of the urban and rural areas.

5-3 从业人员年末人数

NUMBER OF EMPLOYED PERSONS AT YEAR—END BY YEAR

单位:万人　　(10000 persons)

年份 Year	合计 Total	职工人数 Staff and Workers	城镇私营企业从业人员年末人数 Enployed persons in Urban Private Enterprises	城镇个体劳动者人数 Individual Workers in Urban Area	农村社会劳动者人数 Social Laborers in Rural Area	其他 Others
1952	1271.21	51.41		179.00	1040.80	
1957	1537.40	240.80		11.00	1285.60	
1962	1633.53	267.93		10.30	1355.30	
1965	1636.13	311.06		7.57	1317.50	
1970	1889.60	356.90		5.00	1527.70	
1975	2153.87	431.61		4.06	1718.20	
1978	2275.95	515.85		2.60	1757.50	
1979	2304.95	535.37		2.58	1767.00	
1980	2367.78	563.62		10.96	1793.20	
1981	2423.79	587.34		10.75	1825.70	
1982	2521.38	608.12		11.96	1901.30	
1983	2569.70	612.65		18.55	1938.50	
1984	2637.49	631.77		24.92	1980.80	
1985	2731.11	660.82		31.69	2038.60	
1986	2811.92	686.20		33.72	2092.00	
1987	2910.99	720.34		42.54	2148.11	
1988	2994.72	747.67		59.43	2187.62	
1989	3041.27	762.61		58.11	2220.55	
1990	3118.10	785.49		67.94	2264.67	
1991	3259.20	827.58	19.58	68.23	2290.41	53.40
1992	3367.21	858.12	26.21	76.37	2336.13	70.38
1993	3433.91	877.16	39.51	103.72	2325.94	87.58
1994	3493.15	879.84	58.22	117.01	2345.19	92.89
1995	3551.20	911.90	76.00	129.90	2394.40	39.00
1996	3641.30	904.07	89.40	132.00	2406.07	109.76
1997	3701.90	897.32	105.80	138.00	2448.07	112.71
1998	3783.87	884.80	126.42	154.94	2507.57	110.14

5-4 按各种分组的从业人员年末人数

NUMBER OF EMPLOYED PERSONS AT YEAR-END BY OWNERSHIP,SECTOR AND INDUSTRY

单位:万人 (10000 persons)

指 标	Item	1980	1985	1990	1995	1997	1998
合 计	**Total Number of Employed Persons**	**2367.78**	**2731.11**	**3118.10**	**3551.20**	**3701.90**	**3783.87**
一、按经济类型分	**Grouped by Ownership**						
国有经济单位职工人数	Staff and Workers in State Owned Units	400.19	449.40	528.13	548.98	544.46	510.86
城镇集体经济单位职工人数	Staff and Workers in Urban Collective Owned Units	163.43	203.32	207.62	202.36	179.58	160.29
其他各种经济单位职工人数	Staff and Workers in Others Units		8.10	49.74	160.56	173.28	213.65
农村社会劳动者人数	Social Labourers in Rural Area	1793.20	2038.60	2264.67	2394.40	2448.07	2507.57
城镇私营企业从业人数	Employed Persons in Urban Private Enterprises				76.00	105.80	126.42
城镇个体劳动者人数	Self-Employed Individuals in Urban Area	10.96	31.69	67.94	129.90	138.00	154.94
其 他	Others				39.00	112.71	110.14
二、按国民经济行业分	**Grouped by Economic Sector**						
农、林、牧、渔、水利业	Farming,Forestry,Animal Husbandry, Fishery and Water Conservancy	1672.97	1642.47	1643.45	1463.00	1504.10	1535.59
工 业	Industry	314.30	428.88	593.01	813.40	824.30	823.89
地质普查和勘探业	Geological Prospecting	2.90	3.89	3.15	3.40	3.40	3.51
建 筑 业	Construction	85.03	148.36	184.50	286.30	286.30	286.62
交通运输、邮电通讯业	Transport,Post and Telecommunications	57.45	84.14	101.24	136.60	138.20	136.98
商业、饮食业、物资供销和仓储业	Wholesale and Retail Trades, Catering Services,Goods Supply and Marketing and Storage	105.73	180.30	233.93	345.80	387.60	407.70
房地产、公用事业、居民和服务业	Real Estate Trade,Pubilc Utilities, Consultative and Resident Services	16.70	25.65	40.52	72.60	80.60	87.51
卫生、体育和社会福利事业	Health Care,Sports and Social Welfare	17.54	26.58	30.78	38.70	43.60	45.58
教育、文化艺术和广播电视事业	Education,Culture and Arts,Radio, Film and Television	45.65	60.05	72.94	108.20	119.00	121.18
科学研究和综合技术服务事业	Scientific Research and Polytechnical Services	3.87	5.31	6.52	7.30	7.40	7.08
金融、保险业	Banking and Insurance	6.29	9.17	16.13	27.50	31.60	33.77
国家机关、政党机关和社会团体	Government Agencies,Party Agencies and Social Organizations	29.68	50.44	66.73	75.40	78.20	80.82
其他行业	Others	9.67	65.87	125.20	173.00	197.60	213.64
三、按产业分	**Grouped by Industry**						
第一产业	Primary Industry	1673.57	1646.82	1651.71	1473.60	1511.38	1554.33
第二产业	Secondary Industry	404.80	614.52	848.37	1199.00	1217.25	1214.96
第三产业	Tertiary Industry	289.41	469.77	618.02	878.60	973.27	1014.58
四、按物质和非物质生产部门分	**Grouped by Material Production Depertment and Non-Material Production Department**						
物质生产部门	Material Production Department	2246.49	2543.30	2864.32	3174.10	3275.45	3337.28
非物质生产部门	Non-Material Production Department	121.29	187.81	253.78	377.10	426.45	446.59

5-5 职 工 年 末 人 数

NUMBER OF STAFF AND WORKERS AT YEAR－END

单位:万人 (10000 persons)

项　　目	Item	1997 职工人数 Number of Staff and Workers of 1997	#国有单位 State-Owned Units	#城镇集体单位 Urban collective owned Units	1998 职工人数 Number of Staff and Workers of 1998	#国有单位 State-Owned Units	#城镇集体单位 Urban collective Owned Urban
合　计	**Total**	**897.32**	**544.46**	**179.58**	**884.80**	**510.86**	**160.28**
一、按国民经济行业分	**Grouped by Economic Sector**						
农、林、牧、渔业	Farming, Forestry, Animal Husbandry and Fishery	24.37	23.20	0.51	23.29	22.42	0.54
采　掘　业	Mining and Quarrying	10.89	9.99	0.73	10.62	9.64	0.65
制　造　业	Manufacturing	324.76	108.40	76.82	310.39	88.51	64.89
电力煤气水的生产供应业	Electricity, Gas and Water Production and Supply	17.82	14.11	1.55	18.88	15.17	1.33
建　筑　业	Construction	72.83	33.34	35.98	72.87	26.51	33.64
地质勘查业、水利管理业	Geological Prospecting and Water Conservancy	5.18	5.02	0.17	4.97	4.73	0.24
交通、仓储及邮电通信业	Transport, Storage, Post and Telecommunications	55.35	42.87	8.11	54.00	38.63	7.26
批发和零售贸易、餐饮业	Wholesale and Retail Trades and Catering Services	117.95	70.04	38.99	111.34	62.56	34.59
金融、保险业	Banking and Insurance	27.03	18.76	5.92	27.97	18.63	6.23
房 地 产 业	Real Estate Trade	9.77	6.32	1.38	11.06	6.36	1.39
社会服务业	Social Services	36.28	22.10	5.74	36.09	20.74	4.95
卫生、体育和社会福利业	Health Care, Sports and Social Welfare	30.32	29.09	1.09	31.53	30.14	1.14
教育、文化广播电影电视业	Education, Culture and Arts, Radio, Film and Television	82.52	81.63	0.66	85.51	84.51	0.71
科学研究综合技术服务业	Scientific Research and Polytechnical Services	7.11	6.74	0.19	6.99	6.48	0.28
国家、政党机关社会团体	Government Agencies, Party Agencies and Social Organizations	65.81	65.33	0.48	68.07	67.49	0.58
其他行业	Others	9.34	7.54	1.26	11.24	8.34	1.86
二、按产业分	**Grouped by Industry**						
第一产业	Primary Industry	27.75	26.42	0.67	26.65	25.56	0.76
第二产业	Secondary Industry	426.29	165.84	115.08	412.76	139.84	100.51
第三产业	Tertiary Industry	443.28	352.21	63.83	445.39	345.46	59.01

5-6 城镇待业人员就业去向

URBAN UNEMPLOYEES BY NEW EMPLOYMENT ASSIGNMENT

单位:万人 (10000 persons)

经　济　类　型	Ownership	1985	1990	1995	1997	1998
合　计	**Total**	**34.94**	**42.84**	**43.67**	**36.34**	**40.27**
一、国有单位	State－Owned Units	14.61	17.05	14.52	9.76	7.33
二、城镇集体单位	Urban Collective Owned Units	15.20	13.98	12.32	6.18	6.86
#县区以上集体单位	#Collective Owned Units at and above County/District Level	6.69	7.31	7.72		
三、其他单位	Other Units		5.91	7.79	10.29	11.84
四、城镇私营企业	Urban Private Enterprises			3.95	4.88	6.95
五、城镇个体劳动者	Urban Self－Employed Individuals	5.13	5.90	5.09	5.23	7.29

5-7 国有单位职工年末人数

NUMBER OF STAFF AND WORKERS OF STATE－OWNED UNITS AT YEAR－END

单位:万人 (10000 persons)

项目	Item	1980	1985	1990	1995	1997	1998
合计	**Total**	**400.19**	**449.40**	**528.13**	**548.98**	**544.46**	**510.86**
一、按隶属关系分	**Grouped by Leadership**						
中央	Under the Leadership of Central Government	32.60	62.05	64.26	71.01	69.38	65.30
省属	Under the Leadership of Province	91.18	83.31	72.43	66.46	61.63	52.42
省辖市属	Under the leadership of Cities Subordinated to Province		158.70	206.56	184.59	177.71	161.45
县(区)及县以下	Under the Leadership of at and Below County Level		145.34	184.88	225.59	234.65	230.55
其他	Others				1.38	1.09	1.14
二、按企业、事业和机关分	**Grouped by Enterprises,Institutions and Agencies**						
企业	Enterprises			368.65	354.46	330.44	297.01
#地方	Under the Leadership of Local Government			318.69	297.48	275.71	244.87
事业和机关	Institutions and Agencies			159.48	194.52	214.03	213.85
#地方	Under the Leadership of Local Government			145.18	179.54	198.59	199.96
三、按国民经济行业分	**Grouped by Economic Sector**						
农、林、牧、渔、水利业	Farming,Forestry,Animal Husbandry,Fishery and Water Conservancy	45.67	43.09	41.29	29.28	26.42	25.56
工业	Industry	136.79	155.73	182.18	146.06	132.50	113.33
地质普查和勘探业	Geological Prospecting	2.90	3.89	3.15	1.95	1.80	1.59
建筑业	Construction	16.28	22.78	23.50	38.06	33.34	26.51
交通运输、邮电通讯业	Transport,Post and Telecommunications	29.12	34.32	36.47	43.07	41.41	37.23
商业、公共饮食业、物资供销和仓储业	Wholesale and Retail Trades,Catering Services,Goods Supply and Marketing and Storage	73.59	65.83	79.47	74.22	71.49	63.95
房地产、公用事业、居民和咨询服务业	Real Estate Trade,Public Utilities,Consultative and Resident Services	10.65	15.63	20.04	26.91	28.42	27.10
卫生、体育和社会福利事业	Health Care,Sports and Social Welfare	7.86	11.13	14.50	26.33	29.09	30.14
教育、文化艺术和广播电视事业	Education,Culture and Art,Radio,Film and Television	42.16	45.37	57.03	70.66	81.63	84.51
科学研究和综合技术服务事业	Scientific Research and Polytechnical Services	3.75	4.77	5.43	6.79	6.74	6.48
金融、保险业	Banking and Insurance	3.74	5.76	10.32	17.73	18.76	18.63
国家机关、政党机关和社会团体	Government Agencies,Party Agencies and Social Organizations	27.68	41.10	54.75	67.92	72.87	75.83

5-8 城镇集体单位职工年末人数

STAFF AND WORKERS IN URBAN COLLECTIVE OWNED UNITS (AT YEAR-END)

单位：万人 (10000 persons)

行业	Sector	1980	1985	1990	1995	1997	1998
合计	**Total**	**163.43**	**203.32**	**207.62**	**202.36**	**179.58**	**160.28**
农、林、牧、渔、水利业	Farming, Forestry, Animal Husbandry, Fishery and Water Conservancy	1.39	1.45	1.23	0.60	0.67	0.76
工业	Industry	94.74	101.42	109.03	93.12	79.10	66.87
地质普查和勘探业	Geological Prospecting			…	…	0.01	0.01
建筑业	Construction	14.42	20.22	21.36	43.40	35.98	33.64
交通运输、邮电通讯业	Transport, Post and Telecommunications	21.37	17.79	13.87	9.54	8.04	7.16
商业、公共饮食业、物资供销和仓储业	Wholesale and Retail Trades, Catering Services, Goods Supply and Marketing and Storage	14.71	45.41	43.36	39.91	39.06	34.69
房地产、公用事业、居民和咨询服务业	Real Estate Trade, Public Utilities, Consultative and Resident Services	4.32	3.90	4.56	7.03	7.11	6.34
卫生、体育和社会福利事业	Health Care, Sports and Social Welfare	8.23	8.14	7.73	0.73	1.09	1.14
教育、文化艺术和广播电视事业	Education, Culture and Arts, Radio, Film and Television	0.71	0.52	0.51	0.53	0.66	0.71
科学研究和综合技术服务事业	Scientific Research and Polytechnical Services	0.03	0.06	0.06	0.18	0.19	0.28
金融、保险业	Bandking and Insurance	2.34	2.60	4.11	5.51	5.92	6.23
国家机关、政党机关和社会团体	Government Agencies, Party Agencies and Social Organizations	1.17	1.81	1.80	1.80	1.74	2.44

5-9 其他单位职工年末人数

STAFF AND WORKERS IN OTHER OWNERSHIP UNITS (AT YEAR-END)

单位：万人 (10000 persons)

项目	Sector	1985	1990	1995	1997	1998
合计	**Total**	**8.10**	**49.74**	**160.56**	**173.28**	**213.65**
一、按经济类型分	**Grouped by Ownership**					
联营经济	Joint Ventures	1.21	2.71	5.86	5.76	7.69
股份制经济	Share Holding Units			25.58	28.36	67.16
外商投资经济	Foreign Funded Units	0.99	6.48	35.34	42.38	38.82
港澳台投资经济	Units Funded by Entrepreneurs from Hong Kong, Macao and Taiwan	5.86	40.41	93.32	95.63	99.54
其他经济	Others	0.04	0.14	0.45	1.14	0.44
二、按国民经济行业分	**Grouped be Economic Sector**					
农、林、牧、渔、水利业	Farming, Forestry, Animal Husbandry, Fishery and Water Conservancy	0.13	0.22	0.31	0.66	0.33
工业	Industry	4.20	40.59	136.67	141.86	159.69
地质普查和勘探业	Geological Prospecting			…	…	…
建筑业	Construction	0.18	0.40	2.53	3.51	12.72
交通运输、邮电通讯业	Transport, Post and Telecommunications	0.23	0.40	1.97	4.23	7.73
商业、公共饮食业、物资供销和仓储业	Wholesale and Retail Trades, Catering Services, Goods Supply and Marketing and Storage	1.47	2.31	7.14	9.07	14.56
房地产、公用事业、居民和咨询服务业	Real Estate Trade, Public Utilities, Consultative and Resident Services	1.86	5.56	10.03	10.52	13.70
卫生、体育和社会福利事业	Health Care, Sports and Social Welfare		0.03	0.09	0.13	0.25
教育、文化艺术和广播电视事业	Education, Culture and Arts, Radio, Film and Television	0.03	0.18	0.28	0.23	0.28
科学研究和综合技术服务事业	Scientific Research and Polytechnical Services		0.05	0.11	0.19	0.24
金融、保险业	Bandking and Insurance		…	0.89	2.34	3.11
国家机关、政党机关和社会团体	Government Agencies, Party Agencies and Social Organizations			0.54	0.54	1.04

5-10 女职工年末人数

NUMBER OF FEMALE STAFF AND WORKERS (AT YEAR—END)

单位:万人 (10000 persons)

行业	Sector	1980	1985	1990	1995	1997	1998
合计	**Total**	**198.27**	**246.69**	**315.84**	**370.06**	**368.90**	**362.60**
农、林、牧、渔、水利业	Farming, Forestry, Animal Husbandry, Fishery and Water Conservancy	18.90	17.58	16.21	11.36	10.29	10.09
工业	Industry	95.48	119.09	161.57	186.22	174.39	165.29
地质普查和勘探业	Geological Prospecting	0.53	0.75	0.68	0.38	0.37	0.29
建筑业	Construction	7.08	7.60	6.90	8.96	8.78	8.59
交通运输、邮电通讯业	Transport, Post and Telecommunications	11.30	11.20	11.55	14.06	14.57	15.08
商业、公共饮食业、物资供销和仓储业	Wholesale and Retail Trades, Catering Services, Goods Supply and Marketing and Storage	29.87	43.14	52.67	54.23	53.37	42.83
房地产、公用事业、居民和咨询服务业	Real Estate Trade, Public Utilities, Consultative and Resident Services	6.74	9.79	14.24	20.09	20.17	21.26
卫生、体育和社会福利事业	Health Care, Sports and Social Welfare	8.52	10.28	12.09	15.49	17.41	19.77
教育、文化艺术和广播电视事业	Education, Culture and Arts, Radio, Film and Television	12.39	14.16	19.88	29.20	36.51	41.90
科学研究和综合技术服务事业	Scientific Research and Polytechnical Services	1.23	1.67	1.89	2.37	2.30	2.40
金融、保险业	Bandking and Insurance	1.48	2.44	5.14	9.66	11.15	12.64
国家机关、政党机关和社会团体	Government Agencies, Party Agencies and Social Organizations	4.75	8.99	13.02	18.04	19.59	22.46

5-11 城镇私营企业从业人员及个体劳动者年末人数

NUMBER OF EMPLOYED PERSONS IN URBAN PRIVATE ENTERPRISES AND SELF—EMPLOYED INDIVIDUALS (AT YEAR—END)

单位:万人 (10000 persons)

行业	Sector	1980	1985	1990	1995	1997	1998
合计	**Total**	**10.96**	**31.69**	**67.94**	**205.90**	**243.81**	**281.36**
农、林、牧、渔、水利业	Farming, Forestry, Animal Husbandry, Fishery and Water Conservancy	0.01	0.20	0.04	0.46	0.60	0.79
工业	Industry	1.27	4.33	12.73	47.34	52.00	56.89
建筑业	Construction	0.03	0.08	0.48	2.74	2.84	3.31
交通运输、邮电通讯业	Transport, Post and Telecommunications	0.07	0.88	2.50	5.92	5.81	6.57
商业、公共饮食业、物资供销和仓储业	Wholesale and Retail Trades, Catering Services, Goods Supply and Marketing and Storage	8.02	23.33	44.98	120.70	147.84	169.52
房地产、公用事业、居民和咨询服务业	Real Estate Trade, Public Utilities, Consultative and Resident Services	1.52	2.75	6.99	23.97	29.18	34.20
卫生、体育和社会福利事业	Health Care, Sports and Social Welfare	0.04	0.11	0.17	2.52	2.92	5.32
教育、文化艺术和广播电视事业	Education, Culture and Arts, Radio, Film and Television		0.01	0.05	0.71	0.83	1.50
科学研究和综合技术服务事业	Scientific Research and Polytechnical Services				1.54	1.79	3.26

5-12 离休、退休及退职人员人数

NUMBER OF RETIRED AND RESIGNED PERSONS

单位:万人 (10000 persons)

行业	Sector	1985	1990	1995	1997	1998
截至本年末止离休、退休、退职人数	**Number of Retired and Resigned Persons at Year—end**	**87.96**	**124.07**	**159.78**	**173.39**	**178.88**
一、国有单位	State—Owned Unit	55.39	83.00	116.21	128.42	128.65
离休	Retired Veterans	3.48	6.32	7.09	6.49	6.19
退休	Retired Persons	50.45	74.98	106.80	119.75	120.40
退职	Resigned Persons	1.46	1.70	2.32	2.18	2.06
二、城镇集体单位	Urban Collective Owned Units	32.40	40.50	39.58	40.11	40.87
离休	Retired Veterans		0.71	0.62	0.60	0.65
退休	Retired Persons		39.09	38.40	39.02	39.70
退职	Resigned Persons		0.70	0.56	0.49	0.52
三、其他各种单位	Other Units	0.17	0.57	3.99	4.86	9.36
离休	Retired Veterans		0.02	0.06	0.06	0.17
退休	Retired Persons		0.52	3.90	4.67	9.09
退职	Resigned Persons		0.03	0.03	0.13	0.10

5-13 各行业职工年末人数(1998年)

NUMBER OF STAFF AND WORKERS BY SECTOR (1998,YEAR—END)

单位:万人　　(10000 persons)

行业	Sector	职工人数 Number of Staff and Workers	国有单位 State-Owned Uints	城镇集体单位 Urban Collective Owned Uints	其他单位 Other Uints
合计	**Total**	**884.80**	**510.86**	**160.28**	**213.65**
一、按企业、事业和机关分	**Grouped by Enterprises, Institutions and Agencies**				
企业	Enterprises	665.96	297.01	155.60	213.35
#地方	Local Government	613.82	244.87	155.60	213.35
事业	Institutions	150.67	146.16	4.21	0.30
#地方	Local Government	140.77	136.27	4.21	0.30
机关	Agencies and Organizations	68.17	67.69	0.48	
#地方	Local Government	64.17	63.69	0.48	
二、按国民经济行业分	**Grouped by Economic Sector**				
农、林、牧、渔业	Farming,Forestry,Animal Husbandry and Fishery	23.29	22.42	0.54	0.33
采掘业	Mining and Quarrying	10.61	9.64	0.65	0.32
制造业	Manufacturing	310.38	88.51	64.89	156.98
电力煤气水的生产供应业	Electricity,Gas and Water Production and Supply	18.88	15.17	1.33	2.38
建筑业	Construction	72.87	26.51	33.64	12.72
地质勘查业、水利管理业	Geological Prospecting and Water Conservancy	4.97	4.73	0.24	
交通、仓储及邮电通信业	Transport,Storage,Post and Telecommunications	54.00	38.63	7.26	8.11
批发和零售贸易、餐饮业	Wholesale and Retail Trades and Catering Services	111.34	62.56	34.59	14.19
金融、保险业	Banking and Insurance	27.97	18.63	6.23	3.11
房地产业	Real Estate Trade	11.05	6.36	1.39	3.30
社会服务业	Social Services	36.09	20.74	4.95	10.40
卫生、体育和社会福利业	Health Care,Sports and Social Welfare	31.53	30.14	1.14	0.25
教育文化广播电影电视业	Education,Culture and Arts,Radio,Film and Television	85.50	84.51	0.71	0.28
科学研究综合技术服务业	Scientific Research Services and Polytechnical Services	7.00	6.48	0.28	0.24
国家、政党机关社会团体	Government Agencies, Party Agencies and Social Organizations	68.07	67.49	0.58	
其他行业	Others	11.24	8.34	1.86	1.04

5-14 各市职工年末人数及年平均人数

NUMBER OF STAFF AND WORKERS AND AVERAGE PERSONS BY CITY (AT YEAR-END)

单位:万人 (10000 persons)

市别	City	1997 合计 Total	1997 国有单位 State-Owned Uints	1997 城镇集体单位 Urban Collective Owned Uints	1997 其他单位 Other Uints	1998 合计 Total	1998 国有单位 State-Owned Uints	1998 城镇集体单位 Urban Collective Owned Uints	1998 其他单位 Other Uints
一、全部职工	**Total Number**								
广　州	Guangzhou	199.81	125.94	38.58	35.29	197.03	110.53	35.07	51.43
深　圳	Shenzhen	91.18	40.92	8.69	41.57	93.77	34.90	4.31	54.56
珠　海	Zhuhai	28.45	12.06	3.12	13.27	28.54	11.34	3.39	13.81
汕　头	Shantou	49.86	27.57	15.71	6.58	47.74	25.81	15.51	6.42
韶　关	Shaoguan	42.14	33.59	5.90	2.65	40.67	31.82	5.50	3.35
河　源	Heyuan	19.28	15.23	2.67	1.38	19.09	14.83	2.43	1.83
梅　州	Meizhou	31.73	25.95	4.28	1.51	31.22	25.27	3.97	1.98
惠　州	Huizhou	44.92	19.93	9.70	15.29	45.20	20.30	8.50	16.40
汕　尾	Shanwei	14.61	10.90	3.06	0.65	14.31	10.67	2.69	0.95
东　莞	Dongguan	16.50	7.30	5.42	3.78	16.87	7.79	5.54	3.54
中　山	Zhongshan	16.22	7.80	3.85	4.57	15.26	7.26	3.62	4.38
江　门	Jiangmen	48.52	23.63	12.87	12.01	45.57	21.80	11.13	12.64
佛　山	Foshan	54.34	25.96	13.99	14.38	52.92	24.12	10.97	17.83
阳　江	Yangjiang	20.09	13.27	5.34	1.48	20.37	13.38	5.12	1.87
湛　江	Zhanjiang	58.73	45.99	8.73	4.01	56.96	44.03	8.08	4.85
茂　名	Maoming	36.78	27.64	8.25	0.90	37.31	28.56	7.65	1.10
肇　庆	Zhaoqing	33.48	22.16	5.49	5.83	32.11	20.60	5.04	6.47
清　远	Qingyuan	24.97	18.00	4.01	2.96	23.74	16.94	3.20	3.60
潮　州	Chaozhou	19.00	10.62	6.52	1.87	19.00	10.80	6.29	1.91
揭　阳	Jieyang	27.26	17.29	8.38	1.58	27.40	17.25	7.86	2.29
云　浮	Yunfu	16.93	10.19	5.02	1.71	17.01	10.15	4.41	2.45
二、职工平均人数	**Average Persons**								
广　州	Guangzhou	199.41	125.67	38.59	35.15	197.75	111.13	34.78	51.84
深　圳	Shenzhen	89.50	40.22	8.52	40.76	92.86	34.53	4.24	54.09
珠　海	Zhuhai	27.73	11.86	3.04	12.83	28.21	11.19	3.38	13.64
汕　头	Shantou	48.85	27.40	15.32	6.13	47.95	26.16	15.42	6.37
韶　关	Shaoguan	42.37	33.90	5.85	2.62	40.84	32.27	5.36	3.21
河　源	Heyuan	17.34	13.75	2.30	1.29	18.34	14.30	2.32	1.72
梅　州	Meizhou	31.68	25.89	4.27	1.52	31.20	25.20	4.02	1.98
惠　州	Huizhou	43.87	19.78	9.23	14.86	44.84	20.03	8.45	16.36
汕　尾	Shanwei	14.22	10.74	2.85	0.63	14.15	10.40	2.82	0.93
东　莞	Dongguan	16.38	7.23	5.38	3.77	16.87	7.72	5.54	3.61
中　山	Zhongshan	15.96	7.72	3.71	4.53	15.25	7.23	3.61	4.41
江　门	Jiangmen	48.55	23.83	12.96	11.76	45.86	21.88	11.15	12.83
佛　山	Foshan	54.79	26.10	14.24	14.45	53.03	24.27	10.95	17.81
阳　江	Yangjiang	19.39	12.79	5.23	1.37	19.49	12.97	4.80	1.72
湛　江	Zhanjiang	57.08	44.50	8.54	4.04	56.33	43.50	7.98	4.85
茂　名	Maoming	36.39	27.46	8.04	0.89	36.76	28.11	7.56	1.09
肇　庆	Zhaoqing	32.82	21.89	5.22	5.71	31.86	20.46	4.90	6.50
清　远	Qingyuan	24.50	17.61	3.99	2.90	23.43	16.72	3.22	3.49
潮　州	Chaozhou	18.56	10.37	6.38	1.81	18.89	10.71	6.33	1.85
揭　阳	Jieyang	26.49	16.88	8.07	1.54	26.49	16.92	7.37	2.20
云　浮	Yunfu	16.66	10.10	4.91	1.65	16.23	9.94	4.07	2.22

5-15 各市国有单位各行业职工年末人数(1998年)

NUMBER OF STAFF AND WORKERS IN STATE-OWNED UNITS BY SECTOR BY CITY (1998)

单位:万人 (10000 persons)

市别 City	合计 Total	农林牧渔业 Farming, Forestry Animal Husbandry and Fishery	采掘业 Mining and Quarrying	制造业 Manufacturing	电力、煤气、供应业 Electricity, Gas and Water Production and Supply	建筑业 Construction	地质勘查水利管理业 Geological Prospecting and Water Conservancy	交通、仓储及邮电业 Transport, Storage, Post and Telecommunications	批发零售餐饮业 Wholesale and Retail Trade and Catering Services
广州 Guangzhou	110.53	2.27	0.40	21.50	2.29	8.38	0.69	14.09	12.89
深圳 Shenzhen	34.90	1.00	0.06	3.44	0.67	4.82	0.20	2.77	4.03
珠海 Zhuhai	11.34	1.48	0.02	1.35	0.21	0.35	0.04	0.83	1.44
汕头 Shantou	25.81	0.12	0.03	3.36	0.70	2.08	0.19	1.99	5.07
韶关 Shaoguan	31.82	0.73	3.50	8.74	1.20	1.16	0.32	2.08	3.15
河源 Heyuan	14.83	0.55	0.40	1.70	0.99	0.02	0.10	0.58	2.31
梅州 Meizhou	25.27	0.56	1.41	4.79	1.13	0.18	0.41	1.33	2.68
惠州 Huizhou	20.30	1.15	0.21	2.42	0.65	0.99	0.34	1.11	2.89
汕尾 Shanwei	10.67	0.75	0.27	0.58	0.38	0.23	0.14	0.54	1.62
东莞 Dongguan	7.79	0.07	0.01	0.97	0.33	0.14	0.09	0.53	0.78
中山 Zhongshan	7.26	0.07		1.04	0.12	0.26	0.07	0.59	0.60
江门 Jiangmen	21.80	0.34	0.07	4.75	0.49	0.19	0.13	1.26	3.32
佛山 Foshan	24.12	0.45	0.08	5.25	0.92	0.58	0.23	1.79	2.31
阳江 Yangjiang	13.38	0.96	0.25	2.13	0.32	0.69	0.13	0.64	1.89
湛江 Zhanjiang	44.03	6.43	0.96	7.91	0.98	3.15	0.67	3.56	5.04
茂名 Maoming	28.56	2.44	0.60	6.75	0.74	1.98	0.33	1.07	3.21
肇庆 Zhaoqing	20.60	0.76	0.25	3.44	0.60	0.89	0.19	1.00	2.28
清远 Qingyuan	16.94	1.11	0.28	2.46	0.76	0.25	0.11	1.01	1.64
潮州 Chaozhou	10.80	0.12	0.09	2.11	0.44	0.04	0.10	0.66	1.84
揭阳 Jieyang	17.25	0.89	0.05	2.26	0.86	0.11	0.14	0.68	2.56
云浮 Yunfu	10.15	0.17	0.70	1.56	0.39	0.02	0.11	0.52	1.01

市别 City	金融保险业 Banking and Insurance	房地产业 Real Estate Trade	社会服务业 Social Services	卫生、体育和社会福利事业 Health Care, Sports and Social Welfare	教育文化艺术广播电视事业 Educaation, Culture and Arts, Radio, Film and Television	科学研究综合技术服务事业 Scientific Research and Polytechnical Secrvices	国家机关政党机关社会团体 Government Agencies, Party Agencies and Social Organizations	其他行业 Others
广州 Guangzhou	3.37	1.37	7.89	6.46	14.34	3.49	10.32	0.78
深圳 Shenzhen	2.10	1.56	3.15	2.24	3.25	0.55	4.32	0.74
珠海 Zhuhai	0.67	0.14	0.94	0.60	1.18	0.15	1.93	0.01
汕头 Shantou	0.92	0.40	1.04	1.62	4.58	0.31	3.27	0.13
韶关 Shaoguan	0.65	0.28	0.65	1.34	3.81	0.16	3.58	0.47
河源 Heyuan	0.39	0.14	0.24	0.89	3.43	0.07	2.75	0.27
梅州 Meizhou	0.66	0.16	0.47	1.67	5.68	0.15	3.77	0.22
惠州 Huizhou	0.86	0.57	0.79	1.14	3.35	0.14	3.37	0.32
汕尾 Shanwei	0.39	0.09	0.10	0.57	2.72	0.05	2.11	0.13
东莞 Dongguan	0.72	0.01	0.12	0.90	1.57	0.05	1.34	0.16
中山 Zhongshan	0.56		0.38	0.64	1.50	0.07	0.94	0.42
江门 Jiangmen	1.14	0.20	0.58	1.59	4.12	0.12	3.27	0.23
佛山 Foshan	1.76	0.18	0.68	2.05	4.27	0.15	3.12	0.30
阳江 Yangjiang	0.38	0.15	0.26	0.58	2.38	0.05	2.56	0.01
湛江 Zhanjiang	0.95	0.24	0.94	1.95	6.11	0.38	4.54	0.22
茂名 Maoming	0.72	0.16	0.50	0.99	5.15	0.12	3.57	0.23
肇庆 Zhaoqing	0.72	0.28	0.66	1.47	4.01	0.14	3.43	0.48
清远 Qingyuan	0.54	0.11	0.37	1.02	3.82	0.11	3.02	0.33
潮州 Chaozhou	0.37	0.08	0.36	0.68	2.29	0.07	1.52	0.03
揭阳 Jieyang	0.45	0.17	0.42	1.05	4.63	0.10	2.76	0.12
云浮 Yunfu	0.31	0.07	0.20	0.69	2.32	0.05	2.00	0.03

5-16 职工工资总额与平均工资

TOTAL WAGES AND AVERAGE WAGE OF STAFF AND WORKERS

年 份 Year	工资总额（亿元）Total Wages (100 million yuan)				平均工资（元）Average Wage (yuan)			
	合 计 Total	国有单位 State-Owned Units	城镇集体单位 Urban Collective Owned Units	其他单位 Other Units	合 计 Total	国有单位 State-Owned Units	城镇集体单位 Urban Collective Owned Units	其他单位 Other Units
1952	1.84	1.79	0.05		387	392	271	
1957	11.05	7.46	3.59		458	592	312	
1962	13.65	10.43	3.22		501	570	359	
1965	16.07	11.45	4.62		527	615	389	
1970	18.59	12.80	5.79		532	583	447	
1975	24.31	17.78	6.53		575	611	494	
1978	30.59	22.67	7.92		615	638	558	
1979	35.56	26.37	9.19		685	718	605	
1980	42.83	32.00	10.83		789	828	691	
1981	49.40	37.01	12.39		873	912	774	
1982	56.69	43.03	13.66		961	1000	856	
1983	60.85	46.25	14.60		1021	1061	907	
1984	72.82	52.66	19.59	0.57	1187	1261	1017	1697
1985	88.91	63.42	23.85	1.64	1393	1458	1216	2209
1986	102.13	73.10	26.69	2.34	1541	1619	1330	2198
1987	121.10	84.99	31.99	4.12	1743	1805	1544	2469
1988	162.76	113.60	41.23	7.93	2250	2320	1979	3134
1989	200.39	139.38	47.74	13.27	2678	2763	2302	3641
1990	223.29	154.96	50.06	18.27	2929	3000	2508	3972
1991	268.19	179.81	60.15	28.23	3358	3383	2931	4558
1992	334.61	222.27	72.06	40.28	4027	4059	3510	5157
1993	455.33	300.91	83.79	70.63	5327	5431	4388	6435
1994	612.73	401.80	107.03	103.90	7117	7410	5565	8216
1995	734.14	458.86	124.32	150.96	8250	8540	6395	9546
1996	803.50	512.22	124.35	166.93	9127	9494	6799	10569
1997	858.35	539.95	120.36	198.04	9698	10032	6814	11635
1998	899.68	530.11	105.59	263.98	10233	10432	6671	12410

5-17 职工工资总额及平均工资（按经济类型分）
TOTAL WAGES AND AVERAGE WAGE OF STAFF AND WORKERS (BY ECONOMIC SECTOR)

项　目	Item	1980	1985	1990	1995	1997	1998
一、工资总额（亿元）	**Total Wages (100 million yuan)**	**42.83**	**88.91**	**223.29**	**734.14**	**858.35**	**899.68**
国有单位	State-Owned Units	32.00	63.42	154.96	458.86	539.95	530.11
城镇集体单位	Urban Collective Owned Units	10.83	23.85	50.06	124.32	120.36	105.59
其他各种单位	Other Units		1.64	18.27	150.96	198.04	263.98
在职工工资总额中：	Of Total Wages:						
（一）各种奖金和计件超额工资	Bonuses and Extra Piece Wages		19.78	51.67	183.26	196.84	
国有单位	State-Owned Units		13.29	36.78	122.96	132.99	
城镇集体单位	Urban Collective Owned Units		6.08	10.49	26.00	22.66	
其他各种单位	Other Units		0.41	4.40	34.30	41.19	
（二）各种津贴	Subsidies		13.09	52.59	131.95	172.09	
国有单位	State-Owned Units		10.70	42.36	106.72	141.31	
城镇集体单位	Urban Collective Owned Units		2.39	7.76	11.37	11.98	
其他各种单位	Other Units			2.47	13.86	18.80	
二、平均工资（元）	**Average Wage (yuan)**	**789**	**1393**	**2929**	**8250**	**9698**	**10233**
国有单位	State-Owned Units	828	1458	3000	8540	10032	10432
城镇集体单位	Urban Collective Owned Units	691	1216	2508	6395	6814	6671
其他各种单位	Other Units		2209	3972	9546	11635	12410
在职工工资总额中：	Of Total Wages:						
（一）各种奖金和计件超额工资	Bonuses and Extra Piece Wages		310	678	2059	2224	
国有单位	State-Owned Units		306	712	2288	2471	
城镇集体单位	Urban Collective Owned Units		310	526	1338	1283	
其他各种单位	Other Units		553	956	2169	2420	
（二）各种津贴	Subsidies		205	690	1483	1944	
国有单位	State-Owned Units		246	820	1986	2626	
城镇集体单位	Urban Collective Owned Units		122	389	585	678	
其他各种单位	Other Units			536	877	1104	

5-18 各行业职工工资总额及平均工资

TOTAL WAGES AND AVERAGE WAGE OF STAFF AND WORKERS BY SECTOR

项　　目	Item	1980	1985	1990	1995	1997	1998
一、工资总额(亿元)	**Total Wages (100 million yuan)**	**42.83**	**88.91**	**223.29**	**734.14**	**858.35**	**899.68**
农、林、牧、渔、水利业	Farming, Forestry, Animal Husbandry, Fishery and Water Conservancy	2.74	4.27	8.64	15.33	16.27	15.24
工　业	Industry	17.82	34.73	95.95	293.50	320.37	327.46
地质普查和勘探业	Geological Prospecting	0.31	0.71	1.07	1.71	1.66	1.47
建　筑　业	Construction	2.71	7.45	14.74	65.79	63.98	64.29
交通运输、邮电通讯业	Transport, Post and Telecommunications	4.44	7.82	16.64	57.01	72.45	74.17
商业、公共饮食业、物资供销和仓储业	Wholesale and Retail Trades, Catering Services, Goods Supply and Marketing and Storage	6.46	13.65	31.10	81.09	88.01	85.42
房地产、公用事业、居民和咨询服务业	Real Estate Trade, Public Utilities, Consultative and Resident Services	1.16	3.11	10.34	44.45	57.56	61.90
卫生、体育和社会福利事业	Health Care, Sports and Social Welfare	1.21	2.78	6.82	23.58	33.07	37.03
教育、文化艺术和广播电视事业	Education, Culture and Arts, Radio, Film and Television	2.96	6.39	15.79	58.78	79.35	88.77
科学研究和综合技术服务事业	Scientific Research and Polytechnical Services	0.31	0.73	1.68	7.24	9.41	10.61
金融、保险业	Banking and Insurance	0.42	1.16	4.14	25.66	36.72	42.97
国家机关、政党机关和社会团体	Government Agencies, Party Agencies and Social Organizations	2.29	6.11	16.38	59.99	79.48	90.35
二、平均工资(元)	**Average Wage (yuan)**	**789**	**1393**	**2929**	**8250**	**9698**	**10233**
农、林、牧、渔、水利业	Farming, Forestry, Animal Husbandry, Fishery and Water Conservancy	587	985	2046	5145	5877	5740
工　业	Industry	804	1389	3023	7995	9195	9610
地质普查和勘探业	Geological Prospecting	1054	1807	3325	8796	9144	9259
建　筑　业	Construction	935	1805	3346	8110	8982	9239
交通运输、邮电通讯业	Transport, Post and Telecommunications	903	1536	3355	10729	13594	14243
商业、公共饮食业、物资供销和仓储业	Wholesale and Retail Trades, Catering Services, Goods Supply and Marketing, Storage	761	1234	2530	6866	7391	7503
房地产、公用事业、居民和咨询服务业	Real Estate Trade, Public Utilities, Consultative and Resident Services	810	1538	3513	10215	12666	13284
卫生、体育和社会福利事业	Health Care, Sports and Social Welfare	771	1458	3112	8864	11148	11974
教育、文化艺术和广播电视事业	Education, Culture and Arts, Radio, Film and Television	710	1434	2778	8510	9847	10560
科学研究和综合技术服务事业	Scientific Research and Polytechnical Services	843	1542	3059	10385	13319	15268
金融、保险业	Banking and Insurance	721	1460	3013	10941	13779	15447
国家机关、政党机关和社会团体	Government Agencies, Party Agencies and Social Organizations	827	1471	2958	8694	10725	11523

5-19 国有单位企、事业和机关职工工资总额及平均工资
TOTAL WAGES AND AVERAGE WAGE OF STAFF AND WORKERS IN STATE-OWNED ENTERPRISES, INSTITUTIONS AND AGENCIES

项　目	Item	1987	1988	1990	1995	1997	1998
一、工资总额(亿元)	**Total Wages (100 million yuan)**	**85.01**	**113.60**	**154.96**	**458.86**	**539.95**	**530.11**
企　业	Enterprises	62.13	84.08	109.50	296.48	323.53	298.64
#地　方	Local Government	51.15	71.34	91.06	229.34	243.01	215.06
事业、机关	Institutions and Agencies	22.88	29.52	45.46	162.38	216.42	231.47
#地　方	Local Government	20.28	26.10	40.75	148.58	196.47	211.67
在职工工资总额中：	Of Total Wages:						
(一)各种奖金和计件超额工资	Bonuses and Extra Piece Wages	16.99	26.57	36.78	122.96	132.99	
企　业	Enterprises	14.86	22.38	30.92	96.21	97.01	
#地　方	Local Government	12.20	19.33	25.98	76.44	75.16	
事业、机关	Institutions and Agencies	2.13	4.19	5.86	26.75	35.98	
#地　方	Local Government	1.85	3.62	5.18	24.01	31.87	
(二)各种津贴	Subsidies	16.66	27.03	42.36	106.72	141.32	
企　业	Enterprises	10.31	17.48	24.59	49.71	58.28	
#地　方	Local Government	7.89	14.07	19.49	31.41	34.49	
事业、机关	Institutions and Agencies	6.35	9.55	17.77	57.01	83.04	
#地　方	Local Government	5.68	8.60	16.18	51.76	74.63	
二、平均工资(元)	**Average Wage (yuan)**	**1805**	**2320**	**3000**	**8540**	**10032**	**10432**
企　业	Enterprises	1815	2378	3044	8533	9867	10040
#地　方	Local Government	1745	2308	2927	7882	8893	8772
事业、机关	Institutions and Agencies	1784	2169	2899	8552	10290	22245
#地　方	Local Government	1770	2146	2855	8490	10079	21745
在职工平均工资中：	Of Average Wage:						
(一)各种奖金和计件超额工资	Bonuses and Extra Piece Wages	361	543	712	2288	2471	
企　业	Enterprises	434	633	860	2769	2959	
#地　方	Local Government	416	625	835	2627	2751	
事业、机关	Institutions and Agencies	166	308	373	1409	1711	
#地　方	Local Government	162	298	363	1372	1635	
(二)各种津贴	Subsidies	354	552	820	1986	2626	
企　业	Enterprises	302	495	684	1431	1777	
#地　方	Local Government	270	455	627	1079	1262	
事业、机关	Institutions and Agencies	495	702	1133	3002	3948	
#地　方	Local Government	497	707	1134	2957	3828	

5-20 国有单位职工工资总额及平均工资
TOTAL WAGES AND AVERAGE WAGE OF STAFF AND WORKERS IN STATE-OWNED UNITS

项目	Item	1980	1985	1990	1995	1997	1998
一、工资总额(亿元)	**Total Wages (100 million yuan)**	**32.00**	**63.42**	**154.96**	**458.86**	**539.95**	**530.11**
按隶属关系分	**Grouped by Leadership**						
中央	Under the Leadership of Central Government	3.20	10.55	23.15	80.14	99.53	102.47
省属	Under the Leadership of Province	7.34	11.20	20.98	58.36	69.56	61.04
省辖市属	Under the Leadership of Cities Subordinate to Province		24.48	67.00	174.76	203.21	196.50
县及县以下	Under the Leadership of At or Below County Level		17.19	43.83	144.38	166.34	168.73
其他	Others				1.22	1.31	1.36
按行业分	**Grouped by Economic Sector**						
农、林、牧、渔、水利业	Farming, Forestry, Animal Husbandry, Fishery and Water Conservancy	2.66	4.10	8.29	14.69	15.38	14.35
工业	Industry	11.66	21.77	53.93	112.88	114.84	101.66
地质普查和勘探业	Geological Prospecting	0.31	0.71	1.07	1.71	1.66	1.46
建筑业	Construction	1.54	4.64	8.81	36.21	36.38	26.93
交通运输、邮电通讯业	Transport, Post and Telecommunications	2.98	5.76	13.55	49.26	60.27	56.29
商业、公共饮食业、物资供销和仓储业	Wholesale and Retail Trades, Catering Services, Goods Supply and Marketing and Storage	5.61	8.56	21.59	52.60	54.96	47.55
房地产、公用事业、居民和咨询服务业	Real Estate Trade, Public Utilities, Consultative and Resident Services	0.87	2.29	6.77	27.33	34.73	34.47
卫生、体育和社会福利事业	Health Care, Sports and Social Welfare	0.64	1.80	4.73	22.78	31.84	35.35
教育、文化艺术和广播电视事业	Education, Culture and Arts, Radio, Film and Television	2.92	6.32	15.59	57.99	78.36	87.53
科学研究和综合技术服务业	Scientific Research and Poly-technical Services	0.31	0.72	1.64	6.85	8.74	9.54
金哨、保险业	Banking and Insurance	0.28	0.89	3.15	19.08	25.99	28.70
国家机关、政党机关和社会团体	Government Agencies, Party Agencies and Social Organizations	2.22	5.86	15.84	57.58	76.80	86.27
二、平均工资(元)	**Average Wage (yuan)**	**828**	**1458**	**3000**	**8540**	**10032**	**10432**
按隶属关系分	**Grouped by Leadership**						
中央	Under the Leadership of Central Government	1036	1741	3694	11393	14370	15700
省属	Under the Leadership of Province	822	1380	2921	8909	11422	11681
省辖市属	Under the Leadership of Cities Subordinate to Province		1591	3300	9517	11400	12122
县及县以下	Under the Leadership of At or Below County Level		1236	2449	6667	7272	7420
其他	Others				9398	12375	12133
按行业分	**Grouped by Economic Sector**						
农、林、牧、渔、水利业	Farming, Forestry, Animal Husbandry, Fishery and Water Conservancy	589	981	2031	5083	5826	5633
工业	Industry	889	1452	3059	7895	8775	8873
地质普查和勘探业	Geological Prospecting	1054	1807	3326	8798	9158	9245
建筑业	Construction	1008	2099	3792	9660	10967	10551
交通运输、邮电通讯业	Transport, Post and Telecommunications	1055	1731	3777	11612	14569	15125
商业、公共饮食业、物资供销和仓储业	Wholesale and Retail Trades, Catering Services, Goods Supply and Marketing and Storage	792	1331	2759	7283	7712	7382
房地产、公用事业、居民和咨询服务业	Real Estate Trade, Public Utilities, Consultative and Resident Services	853	1551	3454	10216	12394	12858
卫生、体育和社会福利事业	Health Care, Sports and Social Welfare	838	1654	3319	8831	11185	11962
教育、文化艺术和广播电视事业	Education, Culture and Arts, Radio, Film and Television	714	1436	2775	8493	9832	10537
科学研究和综合技术服务业	Scientific Research and Poly-etchnical Services	846	1543	3054	10232	13035	14804
金融、保险业	Banking and Insurance	796	1651	3204	11038	13970	15465
国家机关、政党机关和社会团体	Government Agencies, Party Agencies and Social Organizations	834	1476	2956	8640	10694	11512

5-21 城镇集体单位职工工资总额及平均工资

TOTAL WAGES AND AVERAGE WAGE OF STAFF AND WORKERS IN URBAN COLLECTIVE OWNED UNITS

项 目	Item	1980	1985	1990	1995	1997	1998
一、工资总额(亿元)	**Total Wages (100 million yuan)**	**10.83**	**23.85**	**50.06**	**124.32**	**120.36**	**105.59**
农、林、牧、渔、水利业	Farming, Forestry, Animal Husbandry, Fishery and Water Conservancy	0.07	0.15	0.26	0.37	0.44	0.57
工 业	Industry	6.16	12.10	27.41	57.12	52.96	42.52
地质普查和勘探业	Geological Prospecting			…	…		0.01
建 筑 业	Construction	1.17	2.76	5.71	27.53	24.34	22.23
交通运输、邮电通讯业	Transport, Post and Telecommunications	1.46	2.01	2.92	5.18	4.77	4.15
商业、公共饮食业、物资供销和仓储业	Wholesale and Retail Trades, Catering Services, Goods Supply and Marketing and Storage	0.85	4.76	8.71	20.84	21.84	18.61
房地产、公用事业、居民和咨询服务业	Real Estate Trade, Public Utilities, Consultative and Resident Services	0.29	0.51	1.30	5.44	6.77	5.98
卫生、体育和社会福利事业	Health Care, Sports and Social Welfare	0.57	0.98	2.08	0.69	1.08	1.21
教育、文化艺术和广播电视事业	Education, Culture and Arts, Radio, Film and Television	0.04	0.06	0.12	0.44	0.68	0.77
科学研究和综合技术服务业	Scientific Research and Poly-technical Services	…	0.01	0.02	0.21	0.25	0.49
金融、保险业	Banking and Insurance	0.14	0.27	0.99	4.89	5.50	6.79
国家机关、政党机关和社会团体	Government Agencies, Party Agencies and Social Organizations	0.08	0.24	0.54	1.61	1.73	2.27
二、平均工资(元)	**Average Wage (yuan)**	**691**	**1216**	**2508**	**6395**	**6814**	**6671**
农、林、牧、渔、水利业	Farming, Forestry, Animal Husbandry, Fishery and Water Conservancy	533	1030	2232	6335	6744	7749
工 业	Industry	682	1254	2640	6378	6797	6344
地质普查和勘探业	Geological Prospecting			1615	6368	4754	11008
建 筑 业	Construction	854	1454	2800	6679	6978	7009
交通运输、邮电通讯业	Transport, Post and Telecommunications	698	1155	2181	5905	6081	5853
商业、公共饮食业、物资供销和仓储业	Wholesale and Retail Trades, Catering Services, Goods Supply and Marketing and Storage	607	1062	2049	5360	5621	5351
房地产、公用事业、居民和咨询服务业	Real Estate Trade, Public Utilities, Consultative and Resident Services	702	1320	2943	7917	9628	9645
卫生、体育和社会福利事业	Health Care, Sports and Social Welfare	707	1198	2719	9556	9994	10835
教育、文化艺术和广播电视事业	Education, Culture and Arts, Radio, Film and Television	530	1146	2520	8424	10376	10973
科学研究和综合技术服务业	Scientific Research and Poly-technical Services	493	1472	2454	11652	13433	17800
金融、保险业	Banking and Insurance	608	1057	2531	9170	9512	10963
国家机关、政党机关和社会团体	Government Agencies, Party Agencies and Social Organizations	668	1361	3013	9075	9923	9284

5-22 其他单位职工工资总额及平均工资
TOTAL WAGES AND AVERAGE WAGE OF STAFF AND WORKERS IN OTHER OWNERSHIP UNITS

行业	Sector	1985	1990	1995	1997	1998
一、工资总额(亿元)	**Total Wages (100 million yuan)**	**1.64**	**18.27**	**150.96**	**198.04**	**263.98**
农、林、牧、渔、水利业	Farming, Forestry, Animal Husbandry, Fishery and Water Conservancy	0.02	0.09	0.27	0.46	0.32
工业	Industry	0.86	14.61	123.51	152.58	183.29
地质普查和勘探业	Geological Prospecting	0.00				
建筑业	Construction	0.05	0.22	2.06	3.26	15.13
交通运输、邮电通讯业	Transport, Post and Telecommunications	0.05	0.17	2.56	7.42	13.73
商业、公共饮食业、物资供销和仓储业	Wholesale and Retail Trades, Catering Services, Goods Supply and Marketing and Storage	0.33	0.80	7.65	11.20	19.25
房地产、公用事业、居民和咨询服务业	Real Estate Trade, Public Utilities, Consultative and Resident Services	0.31	2.27	11.79	16.06	21.45
卫生、体育和社会福利事业	Health Care, Sports and Social Welfare		0.01	0.11	0.15	0.47
教育、文化艺术和广播电视事业	Education, Culture and Arts, Radio, Film and Television	0.01	0.08	0.35	0.31	0.47
科学研究和综合技术服务业	Scientific Research and Polytechnical Services	0.01	0.02	0.19	0.43	0.59
金融、保险业	Banking and Insurance		…	1.68	5.23	7.48
国家机关、政党机关和社会团体	Government Agencies, Party Agencies and Social Organizations			0.80	0.94	1.80
二、平均工资(元)	**Average Wage (yuan)**	**2209**	**3972**	**9564**	**11635**	**12410**
农、林、牧、渔、水利业	Farming, Forestry, Animal Husbandry, Fishery and Water Conservancy	1886	3770	8712	7070	9373
工业	Industry	2293	3924	9177	10927	11516
地质普查和勘探业	Geological Prospecting					
建筑业	Construction	2612	5253	8466	10260	12249
交通运输、邮电通讯业	Transport, Post and Telecommunications	2379	4891	13222	18138	17674
商业、公共饮食业、物资供销和仓储业	Wholesale and Retail Trades, Catering Services, Goods Supply and Marketing and Storage	2206	3758	10921	12530	13149
房地产、公用事业、居民和咨询服务业	Real Estate Trade, Public Utilities, Consultative and Resident Services	1944	4193	11789	15456	15785
卫生、体育和社会福利事业	Health Care, Sports and Social Welfare		6161	12781	13093	18301
教育、文化艺术和广播电视事业	Education, Culture and Arts, Radio, Film and Television	3589	4637	12906	13757	16236
科学研究和综合技术服务业	Scientific Research and Polytechnical Services	2169	5399	18200	23650	25093
金融、保险业	Banking and Insurance		5310	20331	23097	24386
国家机关、政党机关和社会团体	Government Agencies, Party Agencies and Social Organizations			13671	17401	17654

5-23 按各种分组的职工工资总额及平均工资(1998年)

TOTAL WAGES AND AVERAGE WAGE OF STAFF AND WORKERS BY VARIOUS CHARACTERISTICS (1998)

项目 Item	工资总额(亿元) Total Wages (100 million yuan)				平均工资(元) Average Wage (yuan)			
	合计 Total	国有单位 State-Owned Units	城镇集体单位 Urban Collective Other Units	其他单位 Other Units	合计 Total	国有单位 State-Owned Units	城镇集体单位 Urban Collective Other Units	其他单位 Other Units
总计 Total	**899.67**	**530.11**	**105.59**	**263.98**	**10233**	**10432**	**6671**	**12410**
一、按企业、事业和机关分 Grouped by Enterprises, Institutions and Agencies								
企业 Enterprises	663.21	298.64	100.95	263.62	9995	10040	6569	12409
#地方 Local Government	579.64	215.06	100.95	263.62	9483	8772	6569	12409
事业 Institutions	159.02	154.55	4.11	0.35	10730	10749	9955	12463
#地方 Local Government	145.47	141.00	4.11	0.35	10507	10520	9955	12463
机关 Agencies and Organizations	77.44	76.92	0.52		11493	11496	11137	
#地方 Local Government	71.20	70.67	0.52		11224	11225	11137	
二、按国民经济行业分 Grouped by Economic Sector								
农、林、牧、渔业 Farming, Forestry, Animal Hus-bandry and Fishery	12.64	11.94	0.38	0.32	5441	5337	7369	9373
采掘业 Mining and Quarrying	6.82	6.11	0.40	0.31	6332	6230	6329	9425
制造业 Manufacturing	294.33	74.88	40.74	178.72	9455	8339	6263	11424
电力煤气水的生产供应业 Electricity, Gas and Water Production and Supply	26.30	20.66	1.37	4.27	14074	13815	10289	17803
建筑业 Construction	64.29	26.93	22.23	15.13	9239	10551	7009	12249
地质勘查业、水利管理业 Geological Prospecting and Water Conservancy	4.08	3.87	0.20		8286	8263	8763	
交通、仓储及邮电通信业 Transport, Storage, Post and Telecommunications	77.07	58.32	4.26	14.49	14281	15089	5934	17811
批发和零售贸易、餐饮业 Wholesale and Retail Trades and Catering Services	82.51	45.52	18.50	18.49	7371	7228	5333	12955
金融、保险业 Banking and Insurance	42.97	28.70	6.79	7.48	15447	15465	10963	24386
房地产业 Real Estate Trade	14.76	7.60	1.44	5.72	13709	12220	10741	17845
社会服务业 Social Services	47.14	26.87	4.54	15.73	13156	13051	9342	15149
卫生、体育和社会福利业 Health Care, Sports and Social Welfare	37.03	35.35	1.21	0.47	11974	11962	10835	18301
教育文化广播电影电视业 Education, Culture and Arts, Radio, Film and Television	88.77	87.53	0.77	0.47	10560	10537	10973	16236
科学研究综合技术服务业 Scientific Research and Polytechnical Services	10.61	9.54	0.49	0.59	15268	14804	17800	25093
国家、政党机关社会团体 Government Agencies, Party Agencies and Social Organizations	77.99	77.38	0.61		11583	11591	10580	
其他行业 Others	12.36	8.90	1.66	1.80	11157	10866	8885	17654

5-24 各市职工工资总额与平均工资

TOTAL WAGES AND NERAGE WAGE OF STAFF AND WORKERS BY CITY

市别 City	1997 合计 Total	1997 国有单位 State-Owned Units	1997 城镇集体单位 Urban Collective Owned Units	1997 其他各种单位 Other Units	1998 合计 Total	1998 国有单位 State-Owned Units	1998 城镇集体单位 Urban Collective Owned Units	1998 其他各种单位 Other Units
一、工资总额(亿元) Total Wages (100 million yuan)								
广州 Guangzhou	261.58	179.90	33.84	47.85	283.14	175.81	32.24	75.09
深圳 Shenzhen	147.95	74.48	8.79	64.68	168.35	71.25	4.74	92.36
珠海 Zhuhai	35.48	16.75	3.40	15.33	38.11	17.11	3.72	17.28
汕头 Shantou	37.69	23.71	7.86	6.13	37.81	24.09	7.68	6.04
韶关 Shaoguan	28.04	23.48	2.76	1.80	27.52	22.80	2.43	2.29
河源 Heyuan	8.64	6.92	0.94	0.78	8.76	7.05	0.75	0.96
梅州 Meizhou	17.47	15.02	1.58	0.87	17.91	15.29	1.44	1.18
惠州 Huizhou	30.57	13.90	5.23	11.44	33.29	14.66	4.86	13.77
汕尾 Shanwei	7.91	6.15	1.23	0.53	8.13	6.49	0.97	0.67
东莞 Dongguan	17.52	8.79	4.72	4.01	18.88	9.88	5.07	3.93
中山 Zhongshan	17.61	9.68	3.31	4.63	17.77	9.55	3.23	4.99
江门 Jiangmen	39.50	20.46	8.76	10.28	36.46	18.86	7.12	10.48
佛山 Foshan	59.10	29.14	14.15	15.81	57.99	28.17	10.86	18.96
阳江 Yangjiang	13.30	9.06	3.18	1.05	13.26	9.04	3.07	1.15
湛江 Zhanjiang	37.04	30.75	3.64	2.65	34.44	28.63	3.02	2.79
茂名 Maoming	25.41	20.51	4.29	0.62	24.78	20.69	3.41	0.68
肇庆 Zhaoqing	23.37	16.07	2.78	4.52	22.61	14.96	2.68	4.97
清远 Qingyuan	15.51	11.40	2.22	1.88	15.20	11.19	1.79	2.22
潮州 Chaozhou	9.04	5.74	2.23	1.07	9.03	5.93	1.93	1.17
揭阳 Jieyang	12.61	8.85	2.87	0.89	12.99	9.14	2.47	1.38
云浮 Yunfu	10.87	7.06	2.59	1.22	10.85	7.13	2.11	1.61
二、平均工资(元) Average Wages (yuan)								
广州 Guangzhou	13118	14316	8768	13611	14318	15819	9269	14600
深圳 Shenzhen	16531	18515	10320	15872	18130	20638	11169	16929
珠海 Zhuhai	12793	14114	11187	11951	13510	15295	11022	12510
汕头 Shantou	7716	8652	5129	10002	7884	9211	4980	9384
韶关 Shaoguan	6619	6926	4717	6891	6738	7065	4544	6814
河源 Heyuan	4983	5036	4088	6023	4778	4929	3219	5295
梅州 Meizhou	5516	5805	3700	5710	5739	6071	3593	5909
惠州 Huizhou	6967	7025	5667	7698	7425	7319	5752	8399
汕尾 Shanwei	5563	5726	4316	8408	5742	6236	3441	7013
东莞 Dongguan	10691	12160	8774	10610	11187	12788	9143	11108
中山 Zhongshan	11039	12544	8923	10208	11655	13204	8932	11425
江门 Jiangmen	8136	8588	6758	8739	7950	8621	6387	8283
佛山 Foshan	10788	11163	9939	10946	10936	11610	9913	10635
阳江 Yangjiang	6858	7086	6083	7689	6804	6967	6389	6206
湛江 Zhanjiang	6488	6909	4260	6562	6114	6581	3784	5754
茂名 Maoming	6983	7467	5337	6892	6741	7359	4515	6189
肇庆 Zhaoqing	7121	7343	5322	7916	7098	7308	5477	7682
清远 Qingyuan	6331	6476	5579	6481	6487	6696	5543	6159
潮州 Chaozhou	4872	5531	3501	5928	4782	5536	3042	6197
揭阳 Jieyang	4760	5246	3549	5775	4907	5401	3355	6046
云浮 Yunfu	6527	6993	5270	7421	6682	7168	5202	6566

5-25 各市在岗职工工资总额及平均工资(1998年)
TOTAL WAGES AND AVERAGE WAGE OF STAFF AND WORKERS AT THEIR POSTS BY CITY(1988)

市别 City	合计 Total	国有单位 State-Owned Units	城镇集体单位 Urban Collec-tive Owned Units	其他各种单位 Other Units
一、总额(万元) Total (10000 yuan)				
广州 Guangzhou	280.16	173.77	31.84	74.55
深圳 Shenzhen	167.49	70.70	4.72	92.07
珠海 Zhuhai	37.89	17.01	3.66	17.22
汕头 Shantou	37.13	23.64	7.48	6.01
韶关 Shaoguan	26.89	22.25	2.42	2.22
河源 Heyuan	8.66	6.96	0.74	0.96
梅州 Meizhou	17.58	15.01	1.42	1.15
惠州 Huizhou	32.97	14.39	4.82	13.76
汕尾 Shanwei	8.08	6.45	0.96	0.67
东莞 Dongguan	18.76	9.81	5.03	3.92
中山 Zhongshan	17.69	9.50	3.20	4.99
江门 Jiangmen	36.22	18.74	7.05	10.43
佛山 Foshan	57.59	27.96	10.77	18.86
阳江 Yangjiang	13.10	8.91	3.04	1.15
湛江 Zhanjiang	34.01	28.27	2.98	2.76
茂名 Maoming	24.31	20.30	3.33	0.68
肇庆 Zhaoqing	22.45	14.84	2.66	4.95
清远 Qingyuan	15.05	11.07	1.77	2.21
潮州 Chaozhou	8.87	5.81	1.90	1.16
揭阳 Jieyang	12.65	8.90	2.37	1.38
云浮 Yunfu	10.80	7.09	2.11	1.60
二、平均水平(元) Average (yuan)				
广州 Guangzhou	14692	16277	9551	14860
深圳 Shenzhen	18381	21161	11260	17068
珠海 Zhuhai	13929	15958	11834	12619
汕头 Shantou	9189	10532	6332	9682
韶关 Shaoguan	7438	7833	5033	7248
河源 Heyuan	6042	6046	5324	6391
梅州 Meizhou	6767	7036	5017	6439
惠州 Huizhou	7835	8035	6097	8442
汕尾 Shanwei	6814	6985	5612	7181
东莞 Dongguan	11422	13123	9362	11173
中山 Zhongshan	11816	13408	9134	11489
江门 Jiangmen	8287	8965	6885	8449
佛山 Foshan	11157	11849	10254	10755
阳江 Yangjiang	7512	7754	7120	6315
湛江 Zhanjiang	6985	7322	4992	6796
茂名 Maoming	7726	8270	5650	6576
肇庆 Zhaoqing	7475	7737	5926	7816
清远 Qingyuan	6980	7203	6263	6402
潮州 Chaozhou	6582	7001	5368	7102
揭阳 Jieyang	6199	6471	5134	6468
云浮 Yunfu	6990	7472	5595	6657

5-26 劳保福利费用总额
TOTAL EXPENDITURES ON LABOUR INSURANCE AND WELFARE

单位:亿元 (100 million yuan)

项目	Item	1980	1985	1990	1995	1997	1998
合计	**Total**	**6.09**	**19.58**	**64.36**	**176.83**	**222.89**	**243.25**
国有单位	State-Owned Units	4.90	15.52	51.29	143.60	178.39	183.79
#用于离休、退休、退职费	for the Retirees and Resigned Persons	1.62	5.26	10.90	51.48	74.14	81.12
城镇集体单位	Urban Collective Owned Units	1.19	3.91	11.48	23.66	27.66	30.18
#用于离休、退休、退职费	for the Retirees and Resigned Persons	0.39	1.94	3.61	11.22	15.35	16.81
其他各种单位	Other Units		0.15	1.59	9.57	16.84	29.28
#用于离休、退休、退职费	for the Retirees and Resigned Persons		0.02	0.06	1.95	3.00	6.10

注:劳保福利费用总额含在职职工和非在职职工。 Note: Expenditures on Labor Insurance and Welfare included those Expenditures on Registered and not Registered Staff and Workers.

5-27 国有单位在职职工劳保福利费用总额
TOTAL EXPENDITURES ON LABOUR INSURANCE AND WELFARE FOR STAFF AND WORKERS AT THEIR POSTS IN STATE-OWNED UNITS

单位:亿元 (100 million yuan)

项目	Item	1980	1985	1990	1995	1997	1998
合计	**Total**	**19.34**	**23.52**	**28.52**	**62.89**	**72.78**	**69.23**
医疗卫生费	Expenses for Medical Care	8.38	10.58	12.25	28.39	32.07	31.60
丧葬抚恤救济费	Funeral Expenses, Pensions and Relief	0.24	0.29	0.33	0.79		
生活困难补助	Subsidies for Living Expenses	0.57	0.68	0.71	1.20		
文体宣传费	Expenses for Recreational Activities, Sports and Publicity	0.49	0.59	0.99	2.87	3.37	3.51
集体福利事业补贴费和设施费	Subsidies for Public Welfare & Facilities	5.02	5.56	7.13	17.61	22.49	21.96
计划生育补贴	Subsidies for Family Planning	0.63	0.80	1.01	1.63		
冬季取暖补贴	Subsidies for Heating in Winter				0.21	0.19	
其他	Others	1.78	2.32	2.70	10.19	14.66	12.16

5-28 国有单位非在职职工劳保福利费用总额
TOTAL EXPENDITURES ON LABOUR INSURANCE AND WELFARE FOR STAFF AND WORKERS NOT AT THEIR POSTS IN STATE-OWNED UNITS

单位:亿元 (100 million yuan)

项目	Item	1980	1985	1990	1995	1997	1998
合计	**Total**	**13.80**	**18.50**	**22.77**	**80.71**	**105.61**	**114.56**
离休金	Pensions for Retired Veterans	0.98	1.17	1.27	5.21	6.68	6.63
退休金	Pensions for Retired Persons	6.66	8.12	9.47	45.70	66.65	73.68
退职生活费	Resignation Allowance for Living Expenses	0.14	0.16	0.16	0.57	0.81	0.81
医疗卫生费	Expenses for Medical Care	2.50	3.65	4.29	19.33	20.95	23.49
护理费	Expenses for Nursing and Tending	0.04	0.06	0.04			
生活补贴	Subsidies for Living Expenses	1.40	1.51	3.24	0.06		
交通费补贴	Transportation Subsidies	0.10	0.11	0.17	0.68		
丧葬抚恤救济费	Funeral Expenses, Pensions and Relief	0.16	0.18	0.23	0.77		
其他	Others	1.82	3.54	3.90	8.39	10.52	9.95

主要统计指标解释

劳动力资源总数 指在劳动年龄内，具有劳动能力，在正常情况下，可能或实际参加社会劳动的人口数。劳动力资源的范围为：劳动年龄内（16周岁以上），有劳动能力，实际参加社会劳动和未参加社会劳动的人员。劳动力资源也可划分为：经济活动人口和非经济活动人口。劳动力资源不包括下列人员：

（1）在押犯人；

（2）劳动年龄内丧失劳动能力的人员；

（3）16岁以下实际参加社会劳动的人员。

从业人员 指从事一定社会劳动并取得劳动报酬或经营收入的人员。包括：

（1）全部职工

（2）再就业的离退休人员

（3）私营业主

（4）个体户主

（5）私营和个体从业人员

（6）乡镇企业从业人员

（7）农村从业人员

（8）其他从业人员（包括民办教师、宗教职业者等）

这一指标反映了一定时期内全部劳动力资源的实际利用情况，是研究我国基本国情国力的重要指标。

各单位的从业人员是指在各级国家机关、政党机关、社会团体及企业、事业单位中工作，并取得劳动报酬的全部人员。包括职工、再就业的离退休人员、民办教师以及在各单位中工作的外方人员和港、澳、台方人员。

各单位的从业人员反映了各单位实际参加生产或工作的全部劳动力。

经济活动人口 指在16岁以上，有劳动能力，参加或要求参加社会经济活动的人口。包括：从业人员和失业人员。

国有经济单位职工 指在国有经济单位及其附属机构工作，并由其支付工资的各类人员，国有经济单位职工不包括：返聘的离退休人员、民办教师、在国有经济单位工作的外方人员和港、澳、台人员。

城镇私营和个体从业人员 城镇私营从业人员指在工商管理部门注册登记，其经营地址设在县城关镇（含城关镇）以上的私营企业从业人员。包括：私营企业投资者和雇工。城镇个体从业人员指在工商管理部门注册登记，并持有城镇户口或在城镇长期居住，经批准从事个体工商经营的从业人员。包括：个体经营者和在个体工商户劳动的家庭帮工和雇工。

城镇登记失业人员及失业率 指有非农业户口，在一定的劳动年龄内，有劳动能力，无业而要求就业，并在当地就业服务机构进行求职登记的人员。城镇登记失业率指城镇登记失业人数同城镇从业人数与城镇登记失业人数之和的比。计算公式为：

$$城镇登记失业率=\frac{城镇登记失业人数}{城镇从业人数+城镇登记失业人数}\times 100\%$$

职工 指在国有经济、城镇集体经济、联营经济、股份制经济、外商和港、澳、台投资经济、其他经济单位及其附属机构工作，并由其支付工资的各类人员。

合同制职工 指各单位根据国务院国发（1986）77号文件和国务院令第99号的规定，通过签订有固定期限劳动合同、无固定期限劳动合同和以完成一项工作为期限劳动合同所使用的职工。包括实行全员劳动合同制单位的全部职工。

城镇集体经济单位职工 指在城镇集体经济单位及其管理部门工作，并由其支付工资的各类人员。

其他经济单位职工 指在联营经济、股份制经济、外商投资经济、港、澳、台投资经济单位工作，并由其支付工资的各类人员。

职工工资总额 指各单位在一定时期内直接支付给本单位全部职工的劳动报酬总额。

工资总额的计算原则应以直接支付给职工的全部劳动报酬为根据。各单位支付给职工的劳动报酬以及其他根据有关规定支付的工资，不论是计入成本的还是不计入成本的，不论是按国家规定列入计征奖金税项目的，还是未列入计征奖金税项目的，不论是以货币形式支付的还是以实物形式支付的，均包括在工资总额内。

计件超额工资 是计件工资的一部分，指计件工人超额完成定额任务后所得的工资。即计件工人实得的全部计件工资减去应得的计件标准工资后的数额。某些企业的工人由于从事生产的工作物等级高于本人工资等级，因而其计件标准工资高于本人标准工资，其计件超额工资也应是全部工资减去应得的计件标准工资后的数额。

奖金 指支付给职工的超额劳动报酬和增收节支的劳动报酬。

津贴和补贴 指为了补偿职工特殊或额外的劳动消耗和因其他特殊原因支付给职工的津贴，以及为了保证职工工资水平不受物价影响支付给职工的物价补贴。

职工平均工资 指企业、事业、机关单位的职工在一定时期内平均每人所得的货币工资额。它表明一定时期职工工资收入的高低程度，是反映职工工资水平的主要指标。计算公式为：

$$\text{职工平均工资}=\frac{\text{报告期实际支付的全部职工工资总额}}{\text{报告期全部职工平均人数}}$$

职工平均实际工资 指扣除物价变动因素后的职工平均工资。计算公式为：

$$\text{职工平均实际工资}=\frac{\text{报告期职工平均工资}}{\text{报告期城镇居民消费价格指数}}$$

Explanatory Notes on Main Statistical Indicators

Labour Resources refer to the persons, under normal condition, who are capable to labour within the working age of the total population. The coverage of labour resources includes; labourers within the working age (16 and over 16) and those who are capable to labour, and actually engaged in or not engaged in social labour. Labuor resources also may be divided into economically active population and non—economically active population.

The following persons are not included in the labour resources:

1. Prisoners in custody;
2. Persons with the working age but disabled;
3. Persons actually engaged in social labour under aged 16.

Employed Persons refer to the persons who are engaged in social labour and receive remuneration payment of earn business income, including:

1. total staff and workers,
2. re—employed retirees,
3. employees of private enterprises,
4. employees of individual economy,
5. employed persons in private enterprises and individual economy,
6. employed persons in private enterprises in the urban areas,
7. employed persons in the rural areas,
8. other employed persons.

This indicator reflects the actual utilization of total labour force during a certain period of time and is often used for the research on Chins's economic affairs and national power.

Persons employed in various units refer to all the persons working in various levels of government agencies, political and party organizations, social organizations, enterprises and institutions and receiving payment, including staff and workers, reemployed retirees, teachers in the schools run by the local people, foreigners, and Chinese compatriots from Hong Kong, Macao and Taiwan working in various units. This indicator reflects the total mumber of laborers actually engaged in production of other operations in various units.

Economically Active Population refers to the population, the members of which are aged 16 and over, capable to labour, participating in or desirous to participate in the social and economic activities, including employed persons and unemployed persons.

Staff and Workers in State—owned Economic Units refer to the persons who work in the state—owned economic units or their attached units and are listed in their payrolls, excluding the retired persons invited to work in the units again, teachers in the schools run by the local people and foreigners and Chinese compatriots from Hong Kong, Macao and Taiwan and working in the state—owned economic units.

Persons Employed in Private Enterprises and Employed Individuals in Urban Areas: Persons employed in private enterprises refer to the persons employed in the private emterprises which have been registered at the department of industrial and commercial administration and are situated at a county town (i. e. a town where the county government is located) for business operation or at urban areas with the level higher than a county town, including investors and employees of private enterprises. The employed individuals in urban areas refer to persons who hold the certificates of private enterprises. The employed individuals in urban areas refer to persons who hold the certificates of residence in urban areas or have resided in the urban areas for a long time and have been registered at the departments of industrial and commercial administration and apporved to be engaged in individual industrial or commercial business, including self—employed persons as well sd helpers and hired labourers who work in the individual households engaged in industrial or commercial business.

Registered Unemployed Persons and Registered Unemployment Rate in Urban Areas: The registered unemployed persons in urban areas refer to the persons Who are registered as permanent residents in the urban areas engaged in non—agricultural activities, aged within the range of working age, capable to labour, unemployed but desirous to be employed and have been registered at the local employment service agencies to apply for a job. Registered unemployment rate in urban areas refers to the ratio of the number of the registered unemployed persons to the sum of the number of employed persons and the registered unemployed persons.

Staff and Workers refer to the persons who work in (and receive payment therefrom) enterprises and institutions of state ownership, collective ownership, joint ownership, share holding, foreign ownership, and ownership by entrepreneurs from Hong Kong, Macao and Taiwan, and other types of ownership and their affiliated units.

Contract Staff and Workers refer to the persons who are employed by enterprises and institutions by contract signed for a fixed term, non—fixed term or a term of a project according to the regulations in the Document No. 77 (1986) and the Decree No. 99 promulgated by the State Council.

Staff and Workers of Collective Owned Units in Urban Areas refer to the persons who work in collective owned units in urban areas and their administration departments and receive payment therefrom.

Staff and Workers in Units of Other Types of Owneship refer to those who work in (and receive payment therefrom) enterprises and institutions of joint ownership, share holding, forgign ownership, and ownership by entrepreneurs from Hong Kong, Macao and Taiwan.

Total Wages of Staff and Workers refer to the total remuneration payment to staff and workers in various units during a certain period of time.

The calculation of total wages is based on the total remuneration payment to staff and workers. Therefore, all the wages and salaries and other payments to staff and workers are included in the total wages regardless of their sources, categories and forms (in kind or cash).

Extra Piece Wages refer to the payment to workers for their extra work beyond labour quota, i. e. total amount of piece wages minus standard piece wages. For some enterprises, the standard of piece wages for some workers exceeds their normal payment. In this case, the extra piece wages are still calculated as total amount of wages minus standard piece wages.

Bouns refers to remuneration payment to workers for extra work and for increasing earnings and practising economy.

Subsidies and Allowances refer to subsidies paid to staff and workers for compensating special or exrta labuor and allowances paid to staff and workers to offset the impact of inflation on real wages.

Averge Wage of Staff and Workers refer to the average wage in monetary terms per person during a certain period of time for staff and workers in enterprises, institutions and government agencies, which reflects the general level of wage income during a certain period of time and is calculated as follows:

$$\text{Average Wage of Staff and Workers}=\frac{\text{Total Wages of Staff and Workers in Reference Period}}{\text{Average Number of Staff and Workers in Reference Period}}$$

Average Real Wage of Staff and Workers refer to the average wage of staff and workers after removing the effects of price changes. Which is calculated as follows:

Average Real Wage of Staff and Workes

$$= \frac{\text{Average Wage of Staff and Workers in Reference Period}}{\text{Consumer Price index of Urban Residence in Reference Period}}$$

六　固定资产投资

INVESTMENT IN FIXED ASSETS

简要说明

一、本篇资料反映广东省固定资产投资的基本情况，主要包括：全社会固定资产投资，国有单位固定资产投资，基本建设、更新改造、房地产开发投资情况以及各市固定资产投资的主要指标数据。

二、本篇资料由广东省统计局投资建筑处整理提供。

三、固定资产投资统计的资料来源主要为全面统计报表。按照现行的固定资产投资统计报表制度，全社会固定资产投资按经济类型可分为：国有经济、集体经济、联营经济、股份制经济、港澳台投资经济、外商投资经济、个人投资及其它经济投资；按计划管理口径又分为：基本建设投资、更新改造投资、房地产开发投资、其它投资四种。

INVESTMENT IN FIXED ASSETS

Brief Introduction

Ⅰ. The data in this chapter reflect the basic conditions of investment in fixed assets of Guangdong province, mainly including the total investment in fixed assets, the investment in fixed assets by the state-owned units, the investment in capital construction, the investment in innovation, the investment in real estate development and the main indicators of investment in fixed assets of various cities.

Ⅱ. The data in this chapter are prepared and provided by the Division of Investment and Construction Statistics, Statistical Bureau of Guangdong province.

Ⅲ. The data sources for the statistics of investment in fixed assets mainly come from the complete statistical report forms, According to the present regulations in the reporting scheme on the statistics of the investment in fixed assets, the investment in fixed assets in the whole country is classified by the following types of ownership: state-owned economy, collective economy, joint-owned economy, share-holding economy, economy funded by the entrepreneurs from Hong Kong, Macao and Taiwan, foreign-funded economy, individual investment and the economy of other types of ownership. It is also classified by the following four channels of planning administration according to the purpose of investment: the investment in capital construction, the investment in innovation, the investment in real estate development and other investment.

6-1　全社会固定资产投资主要指标
MAIN INDICATORS OF TOTAL INVESTMENT IN FIXED ASSETS

指　　标	Item	1990	1995	1997	1998
投资完成额　　（亿元）	Investment　(100 million yuan)	381.47	2327.22	2298.14	2668.13
按报表种类分	Grouped by Type of Report Form				
基本建设	Capital Construction	175.43	905.97	903.26	1072.30
#大中型项目	#Large and Medium Projects	92.56	332.32	281.48	424.29
更新改造	Innovation	59.10	255.61	273.90	327.38
#限额以上项目	#Above-Norm Projects	16.89	54.78	73.49	90.40
房地产开发	Real Estate Development	32.70	563.89	528.31	602.72
其它投资	Others	4.95	114.36	100.60	112.83
城镇集体	Urban Collective Owned Units	28.16	43.73	53.38	60.88
农村集体	Rural Collective Owned Units	25.65	195.75	196.61	220.84
城镇和工矿区私人	Individuals in Urban Areas and in Industrial and Mining Areas	9.52	52.41	39.77	48.13
农村私人	Individuals in Rural Areas	45.96	195.50	202.31	223.05
按经济类型分	Grouped by Type of Ownership				
国有经济	State-Owned	272.18	1122.84	1066.81	1175.38
集体经济	Collective Owned	53.81	363.67	323.14	382.65
#农　村	#Rural Collective Owned	25.65	195.75	196.61	220.84
个体经济	Individuals	55.48	249.78	247.47	334.93
#农　村	#Rural Individuals	45.96	195.50	202.31	223.05
联营经济	Joint-Owned		17.22	18.65	9.17
股份制经济	Share Holding		108.85	126.48	260.24
外商投资经济	Foreign Funded		254.88	243.88	139.12
港澳台投资经济	Funded by Entrepreneurs from Hong Kong, Macao and Taiwan		197.93	265.14	356.84
其他经济	Others		12.05	6.57	9.80
按构成分	Grouped by Use of Funds				
建筑安装工程	Construction and Installation	246.56	1507.92	1511.58	1688.14
设备工具器具购置	Purchases of Equipment and Instruments	103.97	464.75	464.55	546.06
其他费用	Others	30.94	354.55	322.01	433.93
按资金来源分	Grouped by Source of Funds				
国家预算内资金	State Budgetary Appropriations	13.77	25.02	20.69	44.02
国内贷款	Domestic Loans	67.41	348.81	283.82	391.15
利用外资	Foreign Investment	55.66	431.37	457.10	372.20
自筹资金	Fund Raising	119.93	873.35	959.70	1156.63
其它资金	Others	124.70	648.67	576.83	704.12
房屋建筑面积　（万平方米）	Floor Space of Buildings　(10000 sq. m)				
施工面积	Floor Space Under Construction	9164.23	21364.88	19089.47	20765.20
竣工面积	Floor Space Completed	6820.75	10689.48	10141.70	11364.72
#住宅	#Residential Buildings	5574.03	7308.18	6876.72	7713.39
实际销售商品房屋面积（万平方米）	Floor Space of Commodity Buildings Actually Sold　(10000 sq. m)	438.92	1000.41	1165.97	1538.93
#住　宅	#Residential Buildings		850.44	1020.53	1354.10
个人购买商品住宅（万平方米）	Commodity Residence Purchased by Individuals　(10000 sq. m)		680.97	801.48	1068.72

6-2 全社会固定资产投资总额

TOTAL INVESTMENT IN FIXED ASSETS

单位:亿元 (100 million yuan)

年份 Year	全社会投资总额 Total Investment	基本建设 Capital Construction	更新改造 Innovation	房地产开发 Real Estate Development	其他 Others	城镇集体 Urban Collective Owned Units	农村集体 Rural Collective Owned Units	城镇和工矿区私人 Individuals in Urban Areas and in Industrial and Mining Areas	农村私人 Individuals in Rural Areas
1978	27.23	17.85	2.19			0.47	0.37		6.35
1979	28.29	17.63	2.43			0.59	0.36		7.28
1980	38.29	22.05	3.67			1.09	0.59		10.89
"六五"时期 Sixth Five-Year Plan Period	548.80	246.86	98.26		8.94	29.71	42.49	14.40	108.14
1981	60.40	28.37	6.24			2.35	4.06	2.19	17.19
1982	84.73	33.86	17.91			3.64	7.86	1.93	19.53
1983	88.71	35.23	19.91		0.78	4.05	7.86	2.14	18.74
1984	130.37	55.33	21.89		3.43	6.18	12.02	3.03	28.49
1985	184.59	94.07	32.31		4.73	13.49	10.69	5.11	24.19
"七五"时期 Seventh Five-Year Plan Period	1549.91	680.30	282.17	129.10	22.06	137.12	81.26	57.48	160.42
1986	216.50	103.48	42.78	10.00	2.32	15.09	10.77	5.82	26.24
1987	251.01	107.27	51.36	16.29	4.04	21.91	12.06	8.00	30.08
1988	353.59	146.68	79.22	21.96	6.36	40.91	11.02	19.93	27.51
1989	347.34	147.44	49.71	48.15	4.39	31.05	21.76	14.21	30.63
1990	381.47	175.43	59.10	32.70	4.95	28.16	25.65	9.52	45.96
"八五"时期 Eighth Five-Year Plan Period	7498.19	2857.35	874.80	1459.87	452.82	255.11	788.56	172.60	637.08
1991	478.20	214.76	74.87	49.75	3.63	33.35	37.86	15.39	48.59
1992	921.75	338.69	128.57	125.57	10.46	77.70	131.62	21.60	87.54
1993	1629.87	546.63	183.87	316.53	175.31	44.66	195.06	40.33	127.48
1994	2141.15	851.30	231.88	404.13	149.06	55.67	228.27	42.87	177.97
1995	2327.22	905.97	255.61	563.89	114.36	43.73	195.75	52.41	195.50
"九五"时期 Ninth Five-Year Plan Period									
1996	2327.64	909.73	277.00	528.85	128.03	57.92	191.99	44.19	189.93
1997	2298.14	903.26	273.90	528.31	100.60	53.38	196.61	39.77	202.31
1998	2668.13	1072.30	327.38	602.72	112.83	60.88	220.84	48.13	223.05

注:1993 年以前年份房地产开发投资主要是商品房建设投资。
Note: Investment of Real Estate Development Before 1993 were mainly Investment of Commodity Buildings Development.

6-3 全社会固定资产投资(1998 年)

TOTAL INVESTMENT IN FIXED ASSETS (1998)

指 标 Indicator	全省合计 Province Total	基本建设 Capital Construction	更新改造 Innovation	房地产开发 Real Estate Development	其他 Others	城镇集体 Urban Collective Owned Units	农村集体 Rural Collective Owned Units	城镇和工矿区私人 Individuals in Urban Areas and in Industrial and Mining Areas	农村私人 Individuals in Rural Areas
一、投资总额(亿元)Total Investment (100 million yuan)	**2668.13**	**1072.30**	**327.38**	**602.72**	**112.83**	**60.88**	**220.84**	**48.13**	**223.05**
按隶属关系分 Grouped by Administrative Relationship									
中央项目 Central Government Projects	364.91	189.08	145.18	29.65	0.80	0.20			
地方项目 Local Projects	2303.22	883.22	182.20	573.07	112.03	60.68	220.84	48.13	223.05
按构成分 Grouped by Use of Funds									
建筑安装工程 Construction and Installation	1688.14	657.72	114.09	406.86	65.88	42.69	159.86	48.13	192.91
设备、工器具购置 Purchases of Equipment and Instruments	546.06	220.43	189.27	14.21	34.75	9.79	47.47		30.14
其他费用 Others	433.93	194.15	24.02	181.65	12.20	8.40	13.51		
二、财务拨贷款合计(亿元)Total Financial Appropriations (100 million yuan)	**2827.15**	**1056.24**	**323.26**	**788.23**	**108.26**	**59.14**	**220.84**	**48.13**	**223.05**
国家预算内资金 State Budgetary Appropriations	46.53	35.26	3.45	0.56	0.60	0.23	6.43		
国内贷款 Domestic Loans	414.58	173.35	49.47	148.68	15.43	12.19	15.46		
利用外资 Foreign Investment	394.40	218.68	17.78	71.06	41.00	4.91	40.97		
自筹资金 Fund Raising	1225.57	563.08	230.78	232.94	42.81	34.96	121.00		
其他资金 Others	746.07	65.87	21.78	334.99	8.42	6.85	36.98	48.13	223.05
三、新增固定资产(亿元)Newly Increased Fixed Assets (100 million yuan)	**2285.40**	**903.63**	**275.19**	**521.68**	**82.78**	**41.94**	**189.00**	**48.13**	**223.05**
四、房屋建筑面积(万平方米)Floor Space of Buildings (10000 sq. m)									
施工面积 Floor Space Under Construction	20765.20	3942.63	492.40	8130.79	388.25	461.46	2221.19	968.04	4160.44
竣工面积 Floor Space Completed	11364.72	1598.77	239.17	2319.09	202.05	255.89	1621.27	968.04	4160.44
#住宅 #Residential Buildings	7713.39	643.13	69.57	1803.10	57.44	108.60	293.13	894.82	3843.60

6-4 各市全社会固定资产投资额(1998年)

TOTAL INVESTMENT IN FIXED ASSETS BY CITY (1998)

单位:亿元　　　　(100 million yuan)

市别 City	合计 Total	基本建设 Capital Construc-tion	更新改造 Innova-tion	房地产开发 Real Estate Develop-ment	其他 Others	城镇集体 Urban Collec-tive Owned Units	农村集体 Rural Collec-tive Owned Units	城镇和工矿区私人 Individuals in Urban Areas and in Industrial and Mining Areas	农村私人 Individuals in Rural Areas
全省总计 Total	**2668.13**	**1072.30**	**327.38**	**602.72**	**112.83**	**60.88**	**220.84**	**48.13**	**223.05**
广州 Guangzhou	758.83	292.70	123.17	269.37	1.56	5.09	35.81	1.61	29.52
深圳 Shenzhen	519.99	278.90	20.15	167.49	9.55	13.83	16.76	4.08	9.23
珠海 Zhuhai	91.36	62.07	2.21	22.50		1.91	1.48	0.82	0.37
汕头 Shantou	126.18	31.30	6.81	24.80	27.13	4.77	19.64	1.30	10.43
韶关 Shaoguan	48.26	12.68	12.05	2.21	5.20	0.60	2.55	1.02	11.95
河源 Heyuan	20.93	9.77	2.83	0.74		0.45	2.21	1.13	3.80
梅州 Meizhou	35.04	9.34	2.52	2.79	6.25	0.35	7.83	1.47	4.49
惠州 Huizhou	60.37	26.54	6.72	5.54	0.04	1.57	12.59	1.11	6.26
汕尾 Shanwei	24.37	4.21	1.51	1.11	1.44	1.50	4.81	2.68	7.11
东莞 Dongguan	76.99	20.46	8.16	9.54	4.92	4.89	20.71	3.32	4.99
中山 Zhongshan	66.24	15.76	3.47	13.94	0.48	3.81	16.44	1.02	11.32
江门 Jiangmen	82.48	16.16	6.88	16.64	17.05	1.03	9.94	1.41	13.37
佛山 Foshan	149.15	10.64	13.79	39.65	8.50	11.24	30.43	1.08	33.82
阳江 Yangjiang	29.58	11.09	1.74	4.42	3.65	0.29	2.12	3.23	3.04
湛江 Zhanjiang	84.32	48.34	9.80	2.72	0.54	0.78	2.58	5.36	14.20
茂名 Maoming	90.56	32.27	15.21	3.01	7.14	1.24	5.51	3.78	22.40
肇庆 Zhaoqing	72.14	22.11	8.44	6.07	4.33	2.42	10.79	4.16	13.82
清远 Qingyuan	53.96	30.60	7.32	1.62	3.04	0.61	2.77	2.24	5.76
潮州 Chaozhou	31.49	8.34	5.61	4.67	5.33	1.78	2.36	0.38	3.02
揭阳 Jieyang	53.62	17.45	5.45	2.18	3.68	1.89	9.73	5.31	7.93
云浮 Yunfu	30.33	8.96	4.21	1.71	3.00	0.83	3.78	1.62	6.22

注:全省总计中含不分区部分。
Note: Province total contained the part of investment excluding in the cities.

6-5 国有经济固定资产投资主要指标

MAIN INDICATORS OF INVESTMENT IN FIXED ASSETS OF STATE-OWNED UNITS

指　　标	Indicator	1990	1995	1997	1998
一、建设项目个数(个)	**Number of Projects (unit)**				
施工项目	Projects Under Construction	6906	6748	6713	7561
全部建成投产项目	Projects Completed and Put into Use	3486	3217	3163	3962
二、投资总额(亿元)	**Total Investment (100 million yuan)**	**272.18**	**1122.84**	**1066.81**	**1175.38**
按构成分	Grouped by Use of Funds				
建筑安装工程	Constuction and Installation	160.31	680.01	674.01	714.73
设备、工器具购置	Purchase of Equipment and Instruments	82.22	254.30	237.63	256.89
其他费用	Others	29.65	188.53	155.17	203.76
按建设性质分	Grouped by Type of Construction				
#新　建	#New Construction	158.14	685.99	616.29	640.98
扩　建	Expansion	69.04	258.41	269.41	342.69
改　建	Reconstruction	27.67	101.85	99.91	102.95
按工程用途分	Grouped by Type of Use				
农林牧渔业用	Fariming, Forestry, Animal Husbantry and Fishery		8.35	13.29	15.53
工业、建筑业用	Industry and Construction		290.03	213.65	178.11
商业、运输邮电业用	Commerce, Transportation, Postal and Telecommunication Services		347.96	302.90	393.72
住　　宅	Residential Buildings		193.93	183.06	197.74
其　　他	Others		282.57	353.91	390.26
按资金来源分	Grouped by Source of Funds				
国家预算内资金	State Budgetary Appropriations	14.25	19.31	12.12	34.79
国内贷款	Domestic Loans	54.84	186.84	161.44	205.46
利用外资	Foreign Investment	47.07	142.71	145.73	50.19
自筹资金	Fund Raising	103.41	550.53	532.70	718.98
其他资金	Others	52.61	223.45	214.82	165.96
三、新增固定资产(亿元)	**Newly Increased Fixed Assets (100 million yuan)**	**205.08**	**634.07**	**777.79**	**955.14**
四、房屋建筑面积(万平方米)	**Floor Space of Buildings (10000 sq. m)**				
施工面积	Floor Space Under Construction	3995.91	7425.60	6389.18	6161.62
竣工面积	Floor Space Completed	1890.77	2486.51	2310.37	2202.99
#住宅	#Residential Buildings	985.65	1385.38	1240.55	1180.36

注:建设项目个数不含房地产开发部分。
Note: Number of Projects not Contained Real Estate Development Projects.

6-6 基本建设主要指标
MAIN INDICATORS OF CAPITAL CONSTRUCTION

指　　标	Indicator	1990	1995	1997	1998
一、建设项目个数(个)	**Number of Projects (unit)**				
施工项目	Number of Projects Under Construction	3389	4445	4521	5065
#大中型项目	#Large and Medium Projects	103	98	85	100
全部建成投产项目	Projects Fully Completed and Put into Use	1655	1819	1973	2272
#大中型项目	#Large and Medium Projects	25	22	15	15
二、投资总额(亿元)	**Total Investment (100 million yuan)**	**175.43**	**905.97**	**903.26**	**1072.30**
按构成分	Grouped by Use of Funds				
建筑安装工程	Construction and Installation	95.99	531.49	565.64	657.72
设备、工器具购置	Purchase of Equipment and Instruments	56.81	231.25	202.71	220.43
其他费用	Others	22.63	143.23	134.91	194.15
按建设性质分	Grouped by Type of Construction				
#新　建	New Construction	115.01	624.73	603.43	735.27
扩　建	Expension	37.81	184.73	215.72	250.86
改　建	Reconstruction	9.21	43.05	52.78	46.49
按工程用途分	Grouped by Use of Projects				
农林牧渔业用	Farming, Forestry, Animal Husbandry and Fishery		8.07	13.55	16.42
工业、建筑业用	Industry and Construction		380.29	303.75	338.17
商业、运输邮电业用	Commerce, Transportation, Postal and Telecommunication Service		262.39	230.85	266.69
住　宅	Residencial Buildings		77.62	77.83	90.01
其　他	Others		177.60	277.28	361.01
按资金来源分	Grouped by Source of Funds				
国家预算内资金	State Budgetary Appropriations	13.50	19.79	14.00	35.81
国内贷款	Domestic Loans	29.25	127.41	96.83	175.96
利用外资	Foreign Investment	37.56	217.37	254.18	221.97
自筹资金	Fund Raising	59.52	449.61	477.64	571.64
其他资金	Others	35.60	91.79	60.61	66.91
三、新增固定资产(亿元)	**Newty Increased Fixed Assets (100 million yuan)**	**110.38**	**509.60**	**644.33**	**903.63**
四、房屋建筑面积(万平方米)	**Floor Space of Buildings (10000 sq. m)**				
施工面积	Floor Space Under Construction	1775.04	3822.75	3790.47	3942.63
竣工面积	Floor Space Completed	808.30	1528.53	1532.42	1598.77
#住宅	#Residential Buildings	310.86	608.25	616.18	643.13

6-7 基本建设项目计划总投资及完成情况
PLANNING GROSS INVESTMENT OF CAPITAL CONSTRUCTION PROJECTS AND COMPLETED INVESTMENT

单位:亿元 (100 million yuan)

指　　标	Indicator	1990	1995	1997	1998
计划总投资	Planning Gross Investment	716.01	3176.89	4638.47	5121.48
自开始建设至本年底累计完成投资	Accumulative Investment Actually Made Since Starting of Construction up to the Year-end	391.63	1926.63	2526.90	2700.44
#本年完成投资	#Investment Made in the Year	175.43	905.97	903.26	1072.30
累计新增固定资产	Accumulative Newly Increased Fixed Assets	188.77	868.58	1161.55	1301.38
不增加固定资产投资	Investment not Increasing Fixed Assets	14.39	58.37	126.63	117.90
未完工程投资	Investment of Uncompteted Projects	188.47	999.68	1238.72	1281.16
全部建成尚需投资	Further Investinent Required for the Completion of Construction	324.38	1250.26	2111.57	2421.04
未完工程占用率(%)	Rate of Investment in Projects Uncompleted (%)	107.4	110.3	137.1	119.5
建设周期(年/月)	Period to Complete Planing Gross Investment (year/month)	4/1	3/6	5/2	4/9

6-8 基本建设大中型项目计划总投资及完成情况
PLANNING GROSS INVESTMENT OF LARGE AND MEDIUM CAPITAL CONSTRUCTION PROJECTS AND COMPLETED INVESTMENT

单位:亿元 (100 million yuan)

指　　标	Indicator	1990	1995	1997	1998
计划总投资	Planning Gross Investment	444.86	1556.56	2433.36	2805.66
自开始建设至本年底累计完成投资	Accumulative Investment Actually Made Since Starting of Construction up to the Year-end	205.58	880.48	1215.98	1309.65
#本年完成投资	#Investment Made in the Year	92.56	332.32	281.48	424.29
累计新增固定资产	Accumulative Newly Increased Fixed Assets	82.06	320.37	457.68	545.81
不增加固定资产投资	Investment not Increasing Fixed Assets	9.46	31.95	75.03	47.24
未完工程投资	Investment of Uncompteted Projects	114.06	528.16	683.27	716.60
全部建成尚需投资	Further Investment Required for the Completion of Construction	239.28	676.08	1217.38	1496.01
未完工程占用率(%)	Rate of Investment in Projects Uncompleted (%)	123.2	158.9	242.7	168.9
建设周期(年/月)	Period to Complete Planning Gross Investment (year/month)	4/10	4/8	8/8	6/7

6-9 国民经济各行业基本建设主要指标（1998年）

MAIN INDICATORS OF CAPITAL CONSTRUCTION BY SECTOR (1998)

行业	Sector	投资额（亿元） Investment(100 million yuan)	施工项目个数（个） Number of Under construction (unit)	全部建成投产项目个数（个） Number of Projects Completed and Put into Use (unit)	新增固定资产（亿元） Newly Increased Fixed Assets(100 million yuan)
全省总计	**Province Total**	**1072.30**	**5065**	**2272**	**903.63**
农、林、牧、渔业	**Farming, Forestry, Animal Husbandry and Fishery**	**7.76**	**124**	**71**	**5.09**
农业	Farming	2.32	32	19	0.95
林业	Forestry	0.93	29	20	0.58
畜牧业	Animal Husbandry	1.06	18	8	1.25
渔业	Fishery	2.36	11	3	1.45
农林牧渔服务业	Services	1.08	34	21	0.86
采掘业	**Mining and Quarrying**	**24.43**	**23**	**7**	**1.38**
煤炭采选业	Coal Mining and Dressing	0.07	2		
石油和天然气开采业	Petroleum and Natural Gas Extraction	23.74	9	1	0.86
黑色金属矿采选业	Ferrous Metals Mining and Dressing	0.27	2	1	0.15
有色金属矿采选业	Nonferrous Metals Mining and Dressing	0.07	4	2	0.10
非金属矿采选业	Nonmetal Minerals Mining and Dressing	0.28	5	2	0.26
其他矿采选业	Other Minerals Mining and Dressing				
木材及竹材采运业	Logging and Transport of Wood and Bamboo	0.01	1	1	0.01
制造业	**Manufacturing**	**150.16**	**429**	**169**	**254.54**
食品加工业	Food Processing	4.75	39	23	7.70
食品制造业	Food Production	2.26	17	5	2.59
饮料制造业	Beverage Production	0.47	8	2	0.16
烟草加工业	Tobacco Processing	0.43	4		
纺织业	Textile Industry	1.13	16	5	0.69
服装及纤维制品制造业	Garments and Other Fiber Products	2.22	12	4	3.39
皮革毛皮羽绒及制品业	Leather, Furs, Down and Related Products	0.62	6	3	0.98
木材加工及竹藤棕草制品业	Timber Processing, Bamboo, Cane, Palm Fiber and Straw Products	0.10	2	1	0.10
家具制造业	Furniture Manufacturing	0.36	4	2	0.16
造纸及纸制品业	Papermaking and Paper Products	7.53	16	8	3.69
印刷业、记录媒介的复制	Printing and Record Medium Reproduction	2.93	10	4	4.71
文教体育用品制造业	Cultural, Educational and Sports Goods	0.15	2	2	0.15
石油加工及炼焦业	Petroleum Processing and Coking	19.42	5	3	6.65
化学原料及制品制造业	Raw Chemical Materials and Chemical Products	6.57	31	10	169.76
医药制造业	Medical and Pharmaceutical Products	3.70	12	4	0.98
化学纤维制造业	Chemical Fiber	1.87	1	1	2.45
橡胶制品业	Rubber Products	0.11	2	1	0.08
塑料制品业	Plastic Products	7.76	22	10	6.30
非金属矿物制品业	Nonmetal Mineral Products	6.08	22	10	2.02
黑色金属冶炼及压延加工业	Smelting and Pressing of Ferrous Metals	23.64	5	1	0.78
有色金属冶炼及压延加工业	Smelting and Pressing of Nonferrous Metals	0.27	4	2	0.15

续表 1 continued

行业	Sector	投资额（亿元） Invest-ment(100 million yuan)	施工项目个数（个） Number of Under con-struction (unit)	全部建成投产项目个数（个） Number of Projects Completed and Put into Use (unit)	新增固定资产（亿元） Newly Increased Fixed Assets(100 million yuan)
金属制品业	Metal Products	5.04	24	9	3.22
普通机械制造业	Ordinary Machinery	1.08	12	8	0.09
专用设备制造业	Equipment for Special Purposes	1.04	18	6	0.19
交通运输设备制造业	Transport Equipment	4.59	36	11	5.35
电气机械及器材制造业	Electric Equipment and Machinery	4.79	23	12	5.55
电子及通信设备制造业	Electronic and Telecommunications Equipment	36.87	58	16	23.28
仪器仪表及文化、办公用机械制造业	Instruments,Meters,Cultural and Office Machinery	2.52	5	1	2.75
其他制造业	Other Manufacturing	1.85	13	5	0.63
电力、煤气及水的生产和供应业	**Electric Power,Gas and Water Production and Supply**	**168.54**	**369**	**180**	**146.34**
电力、蒸汽、热水生产和供应业	Electric Power,Steam and Hot Water Production and Supply	152.64	293	146	136.92
煤气的生产和供应业	Gas Production and Supply	4.26	6	2	3.91
自来水的生产和供应业	Tap Water Production and Supply	11.65	70	32	5.51
建筑业	**Construction**	**13.23**	**84**	**30**	**17.70**
土木工程建筑业	Civil Engineering Construction	12.71	78	28	17.15
线路、管道和设备安装业	Circuit,Pipelines and Equipment Installation	0.52	6	2	0.55
建筑物的装修装饰业	Buildings Fitting up and Decoration				
地质勘查、水利管理业	**Geological Prospecting and Water Conservancy**	**42.02**	**153**	**39**	**8.80**
地质勘查业	Geological Prospecting	0.66	17	5	1.51
水利管理业	Water Conservancy	41.36	136	34	7.29
交通运输、仓储及邮电通信业	**Transportation,Storage,Postal and Telecommunications Services**	**244.73**	**664**	**237**	**106.69**
铁路运输业	Railway Transport	17.42	16	4	8.68
公路运输业	Highway Transport	82.17	173	39	12.60
管道运输业	Pipeline Transport	0.09	1		0.09
水上运输业	Waterway Transport	5.52	21	7	3.60
航空运输业	Air Transport	1.81	11	4	0.91
交通运输辅助业	Transport Subsidiary Services	74.19	187	64	41.92
其他交通运输业	Other Transport	1.91	6	3	1.01
仓储业	Storage	4.30	41	15	2.62
邮电通信业	Postal and Telecommunication Services	57.33	208	101	35.26
批发和零售贸易餐饮业	**Wholesale & Retail Trade and Catering Services**	**12.33**	**195**	**88**	**10.04**
食品、饮料、烟草和家庭用品批发业	Wholesale Trade of Food,Beverage,Tobacco and Household Articles	4.62	83	36	2.80
能源、材料和机械电子设备批发业	Wholesale Trade of Energy,Materials and Electronic Equipment	1.09	27	12	1.09
其他批发业	Other Wholesale Trade	0.95	25	10	0.77

续表 2　continued

行　　业	Sector	投资额（亿元）Investment(100 million yuan)	施工项目个数（个）Number of Under construction (unit)	全部建成投产项目个数（个）Number of Projects Completed and Put into Use (unit)	新增固定资产（亿元）Newly Increased Fixed Assets(100 million yuan)
零售业	Retail Trade	4.63	50	27	3.62
商业经纪与代理业	Commercial Brokerage and Agencies	0.05	2		
餐饮业	Catering Trade	1.00	8	3	1.75
金融、保险业	**Finance and Insurance**	**5.40**	**86**	**42**	**5.27**
金融业	Finance	5.19	75	38	5.18
保险业	Insurance	0.21	11	4	0.09
房地产业	**Real Estate Management**	**30.46**	**94**	**46**	**21.91**
房地产开发与经营业	Real Estate Development and Operation	26.35	58	28	18.27
房地产管理业	Real Estate Management	4.11	36	18	3.64
房地产代理与经纪业	Real Estate Brokerage and Agencies				
社会服务业	**Social Services**	**198.97**	**417**	**160**	**185.24**
公共服务业	Public Services	186.64	333	120	170.79
居民服务业	Resident Services	1.21	12	6	0.48
旅馆业	Hotels	1.21	21	14	7.05
租赁服务业	Leasing Services	0.07	2		
旅游业	Tourism	2.53	22	11	0.95
娱乐服务业	Recreational Services	5.22	10	3	3.71
信息、咨询服务业	Information and Consultancy Services	0.01	1		
计算机应用服务业	Computer Application Services	0.12	3	1	
其他社会服务业	Other Social Services	1.96	13	5	2.26
卫生、体育和社会福利业	**Health Care,Sports and Social Welfare**	**18.95**	**266**	**113**	**13.79**
卫生	Health Care	14.17	205	91	11.25
体育	Sports	3.16	16	5	0.26
社会福利保障业	Social Welfare and Social Security	1.63	45	17	2.29
教育、文化艺术和广播电影电视业	**Education,Culture and Arts,Radio,Film and Television**	**62.60**	**881**	**468**	**51.80**
教育	Education	42.06	776	437	39.26
文化艺术业	Culture and Arts	16.16	68	20	11.38
广播、电影、电视业	Radio,Film and Television	4.37	37	11	1.16
科学研究和综合技术服务业	**Scientific Research and Polytechnical Services**	**3.47**	**104**	**34**	**2.10**
科学研究业	Scientific Research	1.45	64	27	1.60
综合技术服务业	Polytechnical Services	2.02	40	7	0.50
国家机关、政党机关和社会团体	**Government Agencies,Party Agencies and Social Organizations**	**78.66**	**1096**	**562**	**60.40**
#国家机关	Govenment Agencies	69.51	993	518	54.71
政党机关	Party Agencies	6.95	53	22	3.87
其他行业	**Other Sectors**	**10.59**	**80**	**26**	**12.54**

6-10 各市按国民经济行业分的基本建设投资（1998年）

INVESTMENT IN CAPITAL CONSTRUCTION BY SECTOR BY CITY (1998)

单位：万元 (10000 yuan)

市别 City	合计 Total	农、林、牧、渔业 Farming, Forestry Animeal Husbandry and Fishery	采掘业 Mining and Quarrying	制造业 Manufacturing	电力、煤气及水的生产和供应业 Electric Power, Gas and Water Production and Supply	建筑业 Construction	地质勘查业水利管理业 Geological Prospecting and Water Conservancy	交通运输仓储和邮电通信业 Transportation, Storage, Postal and Telecommunication Services
全省总计 Total	**10722993**	**77623**	**244335**	**1501575**	**1685394**	**132303**	**420211**	**2447329**
广州 Guangzhou	2927028	5155	1661	507391	167560	34888	5061	449251
深圳 Shenzhen	2788963	16010		313269	491104	49719	110285	513641
珠海 Zhuhai	620727	6539		63119	340285	1542	5908	94569
汕头 Shantou	313030	3393		22783	48337		9499	137683
韶关 Shaoguan	126810	1908	1041	10698	50709		4732	12482
河源 Heyuan	97684	3562	2204	13389	10884	4360	120	33983
梅州 Meizhou	93494	133	1044	1043	45655	1200	6248	7714
惠州 Huizhou	265438	2130		108052	28376	5818	3481	48526
汕尾 Shanwei	42075	609		2685	4948	1457	415	9021
东莞 Dongguan	204575	939		51726	38608	503	5359	23277
中山 Zhongshan	157554	34		51470	6781	699	13519	5864
江门 Jiangmen	161653	562		50974	9902	1548	6797	29130
佛山 Foshan	106390			5152	13166		20640	2799
阳江 Yangjiang	110920	954	13	1540	6117	15330	17097	42167
湛江 Zhanjiang	483372	17518	237449	10521	80416	854	10743	54042
茂名 Maoming	322693	1842	200	222323	8640	72	2223	31655
肇庆 Zhaoqing	221112	7279		17933	52280		16663	27631
清远 Qingyuan	305996	1487		28299	48419	7333	147718	19484
潮州 Chaozhou	83351			1595	2285	3080	11170	17084
揭阳 Jieyang	174499	7417		15613	18919	3820	22333	27372
云浮 Yunfu	89584	152	723	2000	3452	80	200	42460

市别 City	批发零售贸易和餐饮业 Wholesale & Retail Trade and Catering Services	金融、保险业 Finance and Insurance	房地产业 Real Estate Trade	社会服务业 Social Services	卫生、体育和社会福利业 Health Care, and Social Welfare	教育、文化艺术和广播电影电视业 Education, Culture, Arts, Radio, Film and Television	科学研究和综合技术服务事业 Scientific Research and Polytechnical Services	国家机关、政党机关和社会团体 Government Agencies, Party Agencies and Social Organizations	其他行业 Others
全省总计 Total	**123254**	**54039**	**304551**	**1989654**	**189536**	**625959**	**34747**	**786611**	**105872**
广州 Guangzhou	15808	12876	25702	1142817	48491	212489	23864	250148	23866
深圳 Shenzhen	58976	2700	249892	625062	37230	121344	2101	146819	50811
珠海 Zhuhai	7471	3164		37887	16565	13797	58	29088	735
汕头 Shantou	3880	1039	389	24688	11816	27531	3127	17905	960
韶关 Shaoguan	2445	4229	1285	3575	2964	19548	412	10564	218
河源 Heyuan	377	490	440	8968	1206	7499	210	7079	2913
梅州 Meizhou	1954	1028	1004	1050	2447	13265	264	9220	225
惠州 Huizhou	6550	214	6980	22099	6065	9350		16897	900
汕尾 Shanwei	814	456		3178	1011	1490	87	12184	3720
东莞 Dongguan	3335	11990	525	335	168	9641	1038	51647	5484
中山 Zhongshan	6240	2633		30579	9086	9637	1097	19915	
江门 Jiangmen	10	13	10250	5023	8690	21974	30	16618	132
佛山 Foshan	1250	690		11374	17792	13720	720	19069	18
阳江 Yangjiang	1441	437	146	3385	1845	7155	80	9013	4200
湛江 Zhanjiang	4043	271	863	8667	7281	31666		18422	616
茂名 Maoming	2758	2353	573	6144	1480	20554	299	21577	
肇庆 Zhaoqing	657	1814	1707	25316	3092	25648	100	40145	847
清远 Qingyuan	1873	1911	1023	10695	2324	10780	85	23345	1220
潮州 Chaozhou	2502		815	6	4602	11933	60	21272	6947
揭阳 Jieyang	870	5431	2957	18806	5381	19808	1010	22902	1860
云浮 Yunfu		300				17130	105	22782	200

注：全省总计中含不分区部分。
Note: Province total contained the part of investment excluding in the cities.

6-11 基本建设新增主要生产能力或效益

NEWLY INCREASED PRODUCTION CAPACITY OR BENEFIT THROUGH CAPITAL CONSTRUCTION

项目		Item		1990	1995	1997	1998
石油加工	(万吨/年)	Petroleum Processing	(ton/year)	356.00		200.00	500.00
油罐容量	(万立方米)	Oil Tank Capcity	(10000m^3)		25.00	39.00	5.00
铝加工	(吨/年)	Aluminium Processing	(kg/year)			3750.00	27.30
发电机组装机容量	(万千瓦)	Capacity of Generating Sets	(10000 kw)	74.07	178.62	146.53	33.82
#水力发电	(万千瓦)	Hydropower	(10000 kw)	1.87	12.57	15.38	11.37
火力发电	(万千瓦)	Thermal Power	(10000 kw)	65.92	165.45	130.60	20.05
输电线路(11万伏及以上)(公里)		Transmission Line (≥110000V)	(km)	739.16	1046.43	951.98	573.72
变电设备(11万伏及以上)(万千伏安)		Electric Substation Equipment(≥110000V)	(10000 KVA)	155.55	501.50	325.27	527.15
水　泥	(万吨/年)	Cement	(10000 tons/year)	49.00	89.60	16.00	
平板玻璃	(万重量箱/年)	Plate Glass	(10000 wt. cases/year)				
刨花板	(万立方米/年)	Shaving Board	(10000 m3/year)		0.50		
硫　酸	(吨/年)	Sulphuric Acid	(ton/year)				
油　漆	(吨/年)	Paint	(ton/year)				
塑料树脂及共聚物	(吨/年)	Plastic Resin and Copolymet	(ton/year)			200	36000
合成纤维聚合物	(吨/年)	Synthetic Fibre Polymer	(ton/year)				
化学原料药	(吨/年)	Chemical Raw Medicine	(ton/year)	972		10	850
化学纤维	(吨/年)	Chemical Fibre	(ton/year)	10000		8580	
新建铁路正线交付运营里程(公里)		Length of Newly Built Railway Trunk Lines Put into Operation	(km)		134.00		
增建铁路第二线交付运营里程(公里)		Length of Newly Built Railway Second Track Line Put into Operation	(km)			10.70	
新建公路	(公里)	Length of New Highway	(km)	109.80	866.77	1221.33	479.56
#高速公路	(公里)	Expressway	(km)		190.50	50.16	40.10
改建公路	(公里)	Length of Reconstructed Highway	(km)	459.94	947.21	1250.45	1535.90
#高速公路	(公里)	Expressway	(km)				
#一级公路	(公里)	First Class Highway	(km)	42.97	221.84	715.40	10.00
新建独立公路桥梁	(延长米)	Newly Built Highway Bridge(extend metre)		4553	11381	13288	7111
	(座)		(set)	16	49	31	78
新(扩)建港口码头(年吞吐量:万吨)		Newly Built or Expanded Ports(Annual Handling Capacity: 10000 tons)		165.50	1171.00	183.50	138.00
	(泊位:个)	Number of Berth	(unit)	10	15	12	18
新(扩)建客、货运站	(个)	Number of Newly Built or Expanded Passenger and Freight Station		1	2	4	3
	(平方米)		(sq. m)	2281	15608	33340	23500
长途电缆	(延长公里)	Long-Distance Cable	(extend km)	14.20	1257.50	9056.00	1598.50

续表 Continued

项　目	Item	1990	1995	1997	1998
市内电话自动交换机 （门）	Local Telephone Exchange (line)	222714	687440	228682	362803
长途自动电话交换设备 （路端）	Long Distance Telephone Exchange Equipments (circuit)	2010	51020	100000	2010
造林面积 （万亩）	Afforested Area (10000 mu)		1.50	4.69	21.92
水库容量(总库容) （亿立方米）	Reservoir Capacity (100 million m^3)	0.19	0.57	0.27	0.79
有效灌溉面积 （万亩）	Effective Irrigated Area (10000 mu)	20.61	2.17	31.80	39.36
除涝面积 （万亩）	Flooded or Waterlogged Area Under Control (10000 mu)	3.28	8.66	103.11	55.59
粮食仓库 （万公斤）	Grain Storehouse (10000 kg)	2585.00	501.00	8211.80	6007.00
（平方米）	(sq. m)	10914	1631	63935	32174
商业饮食服务网点 （处）	Number of Establishment in Commercial and Catering Services (unit)	58	70	160	49
（平方米）	(sq. m)	67661	215087	289877	182806
高等院校学生席位 （个）	Number of Student Seat of University and College	6202	4536	6800	12340
（平方米）	(sq. m)	50882	40499	51787	108948
中等学校学生席位 （个）	Number of Student Seat of Regular Secondary School	180798	286192	306963	184135
（平方米）	(sq. m)	583913	635303	803916	703204
小学校学生席位 （个）	Number of Student Seat of Primary School	244935	213895	205909	215319
（平方米）	(sq. m)	630240	537758	709404	754944
其它学校学生席位 （个）	Number of Student Seat of Other School		10092	9797	5833
（平方米）	(sq. m)		111701	49806	26328
公共图书馆:藏书量(万册(件))	Collections of Public Libraries (10000 volumes)	260.00	10.00		55
阅览室席位 （个）	Seating Capacity of Reading Room	3490	500		780
建筑面积(平方米)	Floor Space of Building (sq. m)	26104	1600		7518
医院病床 （张）	Number of Hospital Bed	1606	2481	2121	3218
城市自来水供水能力(万吨/日)	Capacity of City Tap Water Supply (10000 tons/day)	27.08	160.00	70.00	59.00
城市自来水管道长度 （公里）	Length of City Tap Water Pipe (km)	51.44	164.06	181.97	370.05
城市液化石油气储气能力 （吨）	City Storage Capacity of Liquefied Petroleum Gas (ton)		6100.00	2500.00	960000.00
城市道路扩建长度 （公里）	Length of City Road Extended (km)	34.93	89.08	84.34	121.65
城市道路扩建面积 （万平方米）	Area of City Road Extended (sq. m)	59.52	169.68	189.44	281.53
城市排水管道铺设长度 （公里）	Lenght of Sewer Pipelines (km)	15.98	70.12	28.54	47.79
城市污水处理能力 （万吨/日）	Disposal Capacity of Sewer (10000 tons/day)	0.60	7.40	3.18	19.84
城市防洪堤长度 （公里）	Lenght of City Embarkment (km)	2.00	18.44	80.55	50.87

6-12 建成投产的大中型基本建设项目(1998年)

LARGE AND MEDIUM-SIZED CAPITAL CONSTRUCTION PROJECTS COMPLETED AND PUT INTO USE (1998)

项　　目 Project	新增生产能力 Newly Increased Production Capacity	建设工期(年/月) Period to Com-Plete the Whole Project (year/month)
广州地铁一号线工程 Guangzhou Metro No. 1 Engineering	地铁交付运营里程 18.48 公里,地铁车辆 21 列 Length of Metro in Operation 18.48km, 21 Trains	5/0
番禺大桥 Panyu Bridge	新建独立公路桥梁 1 座,4870 延长米 One Newly Built Highway Bridge, 4870 extension metres	4/1
恒运热电 C 厂有限责任公司 Henyun Thermoelectricity Plant C Limited Liability Company	火力发电 21 万千瓦 Thermal Electricity 210000kw	2/8
深圳华安液化石油气有限公司低温常压液化石油气储存工程 Low Temperature and Atmosphiric Gas Storage Engineering of Shenzhn Huaan LPG Co., Ltd.	城市液化石油气储气能力 96 万吨 Capacity of LPG Storage in Urban Area 960000 tons	3/1
深圳机场航站楼扩建及配套 Shenzhen Airport Station Building Expanded and Completed Sets	候机楼 1 座,75489 平方米 One Airport Lounge Building 75489 sq. m	1/10
汕头海洋化学有限公司 EPS 工程 EPS Engineering of Shantou Ocean Chemistry Co., Ltd.	塑料树脂共聚物 3000 吨/年 Plastic Resin Copolymer 3000 tons/year	2/11
中联通有限公司汕头分公司 GSM 二期 Second Phpse project of China Unicom Co., Ltd. Shantou Branch Co. GSM	市内电话自动交换机 45000 门 Automatic Switchboard in Urban Area 45000 gates	0/7
茂名石化公司第四套常减压蒸馏装置 Fourth Constant Decom-pression and Distillation Sets of Maoming Petrochemical Co.	石油加工:蒸馏设备 500 万吨/年 Petroleum Proessing: Distillation Equipment 5 million tons/year	2/4
茂名三十万吨乙烯工程 Maoming 300 Thousand Tons Ethylene Engineering	乙烯 300000 万吨/年 Ethylene 300 thousand tons/year	5/1
江口水电站(肇庆) Zhaoqing Jiangkou Hydropower Station	水力发电 4 万千瓦 Hydropower Electricity 40000kw	3/10
梅县 B 电厂 Meixian Power Plant B	火力发电 2×12.5 万千瓦 Thermal Electricity 2×125000kw	5/0
东深供水工程太园抽水站 Dongshen Water Supply Engineering Taiyuan Pumping Station	供水 477.53 万吨/日 Water Supply 4775300 tons/day	1/8
中联通东莞分公司 GSM 二期 GSM Second Phase of China Unicom Dongguan Branch Co.	市内电话自动交换机 25000 门,载波 145 个,微波 10 跳,SDH 传输 5670 路 Local Automatic Switchboard 25000 gates, Carrier Wave 145, Microwave 10, SDH Transmission 5670lines	1/1
南方电力联营公司平罗二回 South Power Affiliated Business Co. Luoping No. 2 Circuit	输电线路长度(11 万伏及以上)637 公里 Length of Transmission Line (110000 volt and above) 637kw	1/11
孟洲坝水电站 Mengzhou Dam Hydropower Station	水力发电 5 万千瓦 Hydropower Electricity 50000kw	6/0

6-13 基本建设投资效益指标

BENEFICIAL INDICATORS OF INVESTMENT IN CAPITAL CONSTRUCTION

指标	Indicator	1990	1995	1997	1998
一、固定资产交付使用率	**Rate of Fixed Assets Put into Use**				
本年完成投资（亿元）	Investment Made in The Year (100 million yuan)	175.43	905.97	903.26	1072.30
本年新增固定资产（亿元）	Newly Increased Fixed Assets in The Year (100 million yuan)	110.38	509.60	644.33	903.63
固定资产交付使用率（%）	Rate of Fixed Assets Put into Use (%)	62.9	56.2	71.3	84.3
二、建成项目投产率	**Rate of Projects Completed and Put into Use**				
本年施工项目（个）	Number of Projects Under Construction	3389	4445	4521	5065
本年建成投资项目（个）	Projects Completed and Put into Use	1655	1819	1973	2272
建成项目投产率（%）	Rate of Projects Completed and Put into Use	48.8	40.9	43.6	44.9
三、房屋建筑面积竣工率	**Rate of Floor Space of Buildings Completed**				
本年房屋施工面积（万平方米）	Floor Space of Buildings under Construction (10000 sq.m)	1775.04	3822.75	3790.47	3942.63
本年房屋竣工面积（万平方米）	Floor Space of Buildings Completed (10000 sq.m)	808.30	1528.53	1532.42	1598.77
房屋面积竣工率（%）	Rate of Floor Space of Buildings Completed (%)	45.5	40.0	40.4	40.6
四、建设周期	**Period to Complete Planning Gross Investments**				
计划总投资（亿元）	Planning Gross Investment (100 million yuan)	716.01	3176.89	4638.47	5121.48
本年完成投资（亿元）	Investment Made in The Year (100 million yuan)	175.43	905.97	903.26	1072.30
建设周期（年/月）	Period to Complete Planning Gross Investments (year/month)	4/1	3/6	5/2	4/9

6-14 更新改造投资效益指标

BENEFICIAL INDICATORS OF INNOVATION INVESTMENT

指标	Indicator	1990	1995	1997	1998
一、固定资产交付使用率	**Rate of Fixed Assets Put into Use**				
本年完成投资（亿元）	Investment Made in The Year (100 million yuan)	59.10	255.61	273.90	327.38
本年新增固定资产（亿元）	Newly Increased Fixed Assets in The Year (100 million yuan)	57.38	188.76	227.89	275.19
固定资产交付使用率（%）	Rate of Fixed Assets Put into Use (%)	97.1	73.8	83.2	84.1
二、建成项目投产率	**Rate of Projects Completed and Put into Use**				
本年施工项目（个）	Number of Projects Under Construction	3399	2937	2857	3343
本年建成投资项目（个）	Projects Completed and Put into Use	1762	1568	1437	2063
建成项目投产率（%）	Rate of Projects Completed and Put into Use (%)	51.8	53.4	50.3	61.7
三、房屋建筑面积竣工率	**Rate of Floor Space of Buildings Completed**				
本年房屋施工面积（万平方米）	Floor Space of Buildings under Construction (10000 sq.m)	742.98	852.09	569.60	492.40
本年房屋竣工面积（万平方米）	Floor Space of Buildings Completed (10000 sq.m)	380.27	378.64	282.04	239.17
房屋面积竣工率（%）	Rate of Floor Space of Buildings Completed (%)	51.8	44.4	49.5	48.6
四、建设周期	**Period to Complete Planning Gross Investments**				
计划总投资（亿元）	Planning Gross Investment (100 million yuan)	189.09	713.13	670.95	796.36
本年完成投资（亿元）	Investment Made in The Year (100 million yuan)	59.10	255.61	273.90	327.38
建设周期（年/月）	Period to Complete Planning Gross Investments (year/month)	3/2	2/9	2/5	2/5

6-15 农业、能源、原材料、运输邮电业基本建设投资及比重

INVESTMENT AND PROPORTION IN CAPITAL CONSTRUCTION OF AGRICULTURE, ENERGY, RAW MATERIALS, TRANSPORTATION, POST AND TELECOMMUNICATIONS

年份 Year	投资额(亿元) Volume of Investment (100 million yuan)				比重(以投资总额为100) Proportion (total=100)			
	农业 Agriculture	能源 Energy	原材料 Raw Materials	运输邮电 Post and Telecommunications	农业 Agriculture	能源 Energy	原材料 Raw Materials	运输邮电 Post and Telecommunications
1980	3.26	2.88	2.96	2.86	14.8	13.1	13.4	13.0
1981	3.47	3.49	2.34	3.70	12.2	12.3	8.2	13.0
1982	3.27	3.23	1.82	4.24	9.7	9.5	5.4	12.5
1983	2.52	3.06	2.60	7.27	7.2	8.7	7.4	20.6
1984	2.85	4.61	2.70	11.24	5.2	8.3	4.9	20.3
1985	3.63	6.89	4.68	14.55	3.9	7.3	5.0	15.5
1986	3.51	23.10	6.35	16.07	3.4	22.3	6.1	15.5
1987	3.02	28.18	8.02	15.28	2.8	26.3	7.5	14.2
1988	3.67	26.57	16.36	23.04	2.5	18.1	11.2	15.7
1989	3.05	31.31	8.96	25.42	2.1	21.2	6.1	17.2
1990	4.68	58.80	7.06	32.97	2.7	33.5	4.0	18.8
1991	8.17	60.42	8.47	46.87	3.8	28.1	3.9	21.8
1992	6.65	74.95	16.84	105.85	2.0	22.1	5.0	31.3
1993	6.10	112.65	23.54	132.88	1.1	20.6	4.3	24.3
1994	8.44	249.02	62.39	227.49	1.0	29.3	7.3	26.7
1995	12.49	140.82	132.84	228.74	1.4	15.5	14.7	25.2
1996	25.37	134.32	102.16	253.52	2.8	14.8	11.2	27.9
1997	34.39	161.51	29.71	210.44	3.8	17.9	3.3	23.3
1998	49.12	200.13	36.45	240.43	4.6	18.7	3.4	22.4

6-16 农业、能源、原材料、运输邮电业更新改造投资及比重

INVESTMENT AND PROPORTION IN INNOVATION OF AGRICULTURE, ENERGY, RAW MATERIALS, TRANSPORTATION, POST AND TELECOMMUNICATIONS

年份 Year	投资额(亿元) Volume of Investment (100 million yuan)				比重(以投资总额为100) Proportion (total=100)			
	农业 Agriculture	能源 Energy	原材料 Raw Materials	运输邮电 Post and Telecommunications	农业 Agriculture	能源 Energy	原材料 Raw Materials	运输邮电 Post and Telecommunications
1980	0.04	0.51	0.67	0.40	1.1	13.9	18.3	10.9
1981	0.19	0.68	1.64	0.87	3.0	10.9	26.3	13.9
1982	0.78	1.01	2.87	3.39	4.4	5.6	16.0	18.9
1983	1.00	0.99	3.63	2.06	5.0	5.0	18.2	10.3
1984	0.83	1.49	3.75	2.18	3.8	6.8	17.1	10.0
1985	1.27	3.34	4.26	2.43	3.9	10.3	13.2	7.5
1986	0.98	3.72	6.53	3.83	2.3	8.7	15.3	9.0
1987	1.17	3.20	8.03	5.48	2.3	6.2	15.6	10.7
1988	1.05	4.58	12.99	9.90	1.3	5.8	16.4	12.5
1989	0.73	5.14	7.62	8.20	1.5	10.3	15.3	16.5
1990	1.02	7.42	8.62	10.04	1.7	12.6	14.6	17.0
1991	0.99	6.60	8.29	16.09	1.3	8.8	11.1	21.5
1992	1.50	8.62	18.82	34.05	1.2	6.7	14.6	26.5
1993	1.18	11.62	25.70	57.49	0.6	6.3	14.0	31.3
1994	1.54	14.29	30.85	86.80	0.7	6.2	13.3	37.4
1995	2.63	19.80	23.00	101.72	1.0	7.7	9.0	39.8
1996	4.78	9.88	30.28	122.65	1.7	3.6	10.9	44.3
1997	4.93	25.53	18.74	108.91	1.8	9.3	6.8	39.8
1998	6.20	19.09	22.33	165.43	1.9	5.8	6.8	50.5

6-17 更新改造主要指标
MAIN INDICATORS OF INNOVATION PROJECTS

指　　标	Indicator	1990	1995	1997	1998
一、建设项目个数（个）	**Number of Projects (unit)**				
施工项目	Number of Projects under Construction	3399	2937	2857	3343
#限额以上项目	#Projects of Above-Norm	81	111	156	221
全部建成投产项目	Projects Completed and Put into Use	1762	1568	1437	2063
#限额以上项目	#Projects of Above-Norm	15	41	50	67
二、投资总额（亿元）	**Total Investment (100 million yuan)**	**59.10**	**255.61**	**273.90**	**327.38**
按构成分	Grouped by Use of Funds				
建筑安装工程	Construction and Installation	30.27	127.68	114.45	114.09
设备、工器具购置	Purchase of Equipment and Instruments	24.93	105.16	142.14	189.27
其他费用	Others	3.90	22.77	17.31	24.02
按用途分	Grouped by Purpose				
增　产	Increasing Production	19.94	71.70	67.29	98.33
节约能源	Energy Saving	1.34	1.29	3.99	4.04
其他节约	Other Savings Measures	0.06	0.22	1.21	0.23
增加品种	Increasing Production Variety	6.14	10.14	16.39	14.55
提高产品质量	Improving Product Quality	2.12	5.49	11.46	9.21
三废治理	Treatment of Waste Water, Waste Gas and Solid Wastes	0.55	0.57	2.89	3.34
其　他	Others	28.95	166.20	170.67	197.68
按建设性质分	Grouped by Type of Construction				
#新建	New Constraction	10.21	27.96	20.32	25.70
扩　建	Expension	30.57	149.36	131.04	171.19
改　建	Reconstruction	14.41	50.21	61.34	64.05
按工程用途分	Grouped by Use of Projects				
农林牧渔业用	Farming, Forestry, Animal Husbandry and Fishery		0.95	1.51	2.18
工业、建筑业用	Industry and Construction		96.36	117.46	105.45
商业、运输邮电业用	Commerce, Transportation, Post and Telecommunications		102.15	112.97	164.45
住　宅	Residencial Buildings		12.44	8.83	9.57
其　他	Others		43.71	33.13	45.73
按资金来源分	Grouped by Source of Funds				
国家预算内资金	State Budgetary Appropriations	0.72	3.63	2.79	3.50
国内贷款	Domestic Loans	16.63	47.08	50.29	50.09
利用外资	Foreign Investment	6.84	40.97	29.75	18.01
自筹资金	Fund Raising	30.12	138.50	172.06	233.72
其他资金	Others	4.79	25.43	19.01	22.07
三、新增固定资产（亿元）	**Newly Icreased Fixed Assets (100 million yuan)**	**57.38**	**188.76**	**227.89**	**275.19**
四、房屋建筑面积（万平方米）	**Floor Space of Buildings (10000 sq. m)**				
施工面积	Floor Space Under Construction	742.98	852.09	569.60	492.40
竣工面积	Floor Space Completed	380.27	378.64	282.04	239.17
#住宅	#Residential Buildings	129.01	125.74	94.53	69.57

6-18 更新改造项目计划总投资及完成情况
PLANNING GROSS INVESTMENT OF INNOVATION PROJECTS AND COMPLETED INVESTMENT

单位:亿元 (100 million yuan)

指标	Indicator	1990	1995	1997	1998
计划总投资	Planning Gross Investment	189.09	713.13	670.95	796.36
自开始建设至本年底累计完成投资	Accumulative Investment Actually Made Since Starting of Construction up to the Year-end	137.39	514.69	498.86	583.51
#本年完成投资	#Investment Made in The Year	59.10	255.61	273.90	327.38
累计新增固定资产	Accumulative Newly Increased Fixed Assets	88.85	318.90	347.15	382.67
不增加固定资产投资	Investment not Increasing Fixed Assets	5.66	10.45	11.45	16.27
未完工程投资	Investment of Uncompteted Projects	42.88	185.34	140.26	184.57
全部建成尚需投资	Further Investinent Required for the Completion of Construction	51.70	198.44	172.09	212.85
未完工程占用率(%)	Rate of Investment in Projects Uncompleted (%)	72.6	72.5	51.2	56.4
建设周期(年/月)	Period to Complete Planning Gross Investment (year/month)	3/2	2/9	2/5	2/5

6-19 更新改造限额以上项目计划总投资及完成情况
PLANNING GROSS INVESTMENT AND COMPLETED INVESTMENT OF ABOVE-NORM INNOVATION PROJECTS

单位:亿元 (100 million yuan)

指标	Indicator	1990	1995	1997	1998
计划总投资	Planning Gross Investment	63.67	184.90	266.76	374.54
自开始建设至本年底累计完成投资	Accumulative Investment Actually Made Since Starting of Construction up to the Year-end	47.13	124.53	170.74	257.31
#本年完成投资	#Investment Made in The Year	16.89	54.78	73.49	90.40
累计新增固定资产	Accumulative Newly Increased Fixed Assets	27.39	78.30	107.23	142.88
不增加固定资产投资	Investment not Increasing Fixed Assets	1.31	2.69	6.45	9.64
未完工程投资	Investment of Uncompteted Projects	18.43	43.54	57.06	104.79
全部建成尚需投资	Further Investment Required for the Completion of Construction	16.54	60.37	96.02	117.23
未完工程占用率(%)	Rate of Investment in Projects Uncompleted (%)	109.1	79.5	77.6	115.9
建设周期(年/月)	Period to Complete Planning Gross Investment (year/month)	3/10	3/5	3/8	4/1

6-20 国民经济各行业更新改造主要指标(1998年)

MAIN INDICATORS OF INVESTMENT IN INNOVATION BY SECTOR (1998)

行业	Sector	投资额(亿元) Total (100 million yuan)	施工项目个数(个) Number of Project Under construction (unit)	全部建成投产项目个数(个) Number of Project Fully Completed and Put into Use (unit)	新增固定资产(亿元) Newly Increased Fixed Assets(100 million yuan)
全省总计	**Province Total**	**327.38**	**3343**	**2063**	**275.19**
农、林、牧、渔业	**Farming,Forestry,Animal Husbandry Fishery**	**0.61**	**29**	**23**	**0.54**
农业	Farming	0.35	6	3	0.15
林业	Forestry	0.12	10	9	0.11
畜牧业	Animal Husbandry				
渔业	Fishery	0.04	1	1	0.18
农林牧渔服务业	Services	0.11	12	10	0.11
采掘业	**Mining and Quarrying**	**2.64**	**29**	**14**	**2.35**
煤炭采选业	Coal Mining and Dressing	0.16	6	2	0.15
石油和天然气开采业	Petroleum and Natural Gas Extraction	0.66	11	9	0.54
黑色金属矿采选业	Ferrous Metals Mining and Dressing	0.21	2		0.10
有色金属矿采选业	Nonferrous Metals Mining and Dressing	1.12	7	1	1.53
非金属矿采选业	Nonmetal Minerals Mining and Dressing	0.49	3	2	0.03
其他矿采选业	Other Minerals Mining and Dressing				
木材及竹材采运业	Logging and Transport of Wood and Bamboo				
制造业	**Manufacturing**	**92.49**	**906**	**478**	**76.08**
食品加工业	Food Processing	1.35	42	30	0.81
食品制造业	Food Production	1.01	13	5	0.81
饮料制造业	Beverage Production	2.25	20	12	5.14
烟草加工业	Tobacco Processing	2.45	12	8	0.81
纺织业	Textile Industry	1.32	24	16	1.18
服装及纤维制品制造业	Garments and Other Fiber Products	0.19	3	1	0.18
皮革毛皮羽绒及制品业	Leather,Furs,Down and Related Products	0.06	2	1	0.04
木材加工及竹藤棕草制品业	Timber Processing, Bamboo,Cane,Palm Fiber and Straw Products	1.65	9	2	1.21
家具制造业	Furniture Manufacturing	0.04	3	2	0.01
造纸及纸制品业	Papermaking and Paper Products	3.37	19	11	2.55
印刷业、记录媒介的复制	Printing and Record Medium Reproduction	0.58	12	7	0.54
文教体育用品制造业	Cultural,Educational and Sports Goods	0.95	7	1	0.13
石油加工及炼焦业	Petroleum Processing and Coking	7.88	136	68	1.32
化学原料及制品制造业	Raw Chemical Materials and Chemical Products	9.69	101	60	5.08
医药制造业	Medical and Pharmaceutical Products	2.34	35	15	2.96
化学纤维制造业	Chemical Fiber	1.37	5	2	1.36
橡胶制品业	Rubber Products	0.52	7	3	1.48
塑料制品业	Plastic Products	1.53	11	4	0.29
非金属矿物制品业	Nonmetal Mineral Products	3.15	53	21	1.92
黑色金属冶炼及压延加工业	Smelting and Pressing of Ferrous Metals	4.44	24	12	6.94
有色金属冶炼及压延加工业	Smelting and Pressing of Nonferrous Metals	2.83	17	5	1.00

续表 1 continued

行　　业	Sector	投资额（亿元） Total (100 million yuan)	施工项目个数（个） Number of Project Under construction (unit)	全部建成投产项目个数（个） Number of Project Fully Completed and Put into Use (unit)	新增固定资产（亿元） Newly Increased Fixed Assets (100 million yuan)
金属制品业	Metal Products	1.04	17	9	0.39
普通机械制造业	Ordinary Machinery	1.82	37	13	1.34
专用设备制造业	Equipment for Special Purposes	1.18	20	8	0.44
交通运输设备制造业	Transport Equipment	6.93	105	65	6.03
电气机械及器材制造业	Electric Equipment and Machinery	3.77	49	23	3.02
电子及通信设备制造业	Electronic and Telecommunications Equipment	19.20	86	46	20.19
仪器仪表及文化办公用机械制造业	Instruments, Meters, Cultural and office Machinery	0.31	10	2	0.16
其他制造业	Other Manufacturing	8.78	27	26	8.74
电力、煤气及水的生产和供应业	**Electric Power, Gas and Water Production and Supply**	**14.96**	**246**	**186**	**11.24**
电力、蒸汽、热水生产和供应业	Electric Power, Steam and Hot Water Production and Supply	10.10	151	117	7.00
煤气的生产和供应业	Gas Production and Supply	0.29	9	4	0.19
自来水的生产和供应业	Tap Water Production and Supply	4.56	86	65	4.06
建筑业	**Construction**	**2.41**	**53**	**19**	**1.37**
土木工程建筑业	Civil Engineering Construction	2.06	47	17	0.97
线路、管道和设备安装业	Circuit, Pipelines and Equipment Installation	0.35	6	2	0.39
建筑物的装修装饰业	Buildings Fitting up and Decoration	0.01			
地质勘查、水利管理业	**Geological Prospecting and Water Conservancy**	**5.63**	**39**	**13**	**5.33**
地质勘查业	Geological Prospecting	0.04			0.04
水利管理业	Water Conservancy	5.59	39	13	5.29
交通运输、仓储及邮电通信业	**Transportation, Storage, Postal and Telecommunication Services**	**165.55**	**1338**	**916**	**145.30**
铁路运输业	Railway Transport	2.21	90	15	1.03
公路运输业	Highway Transport	13.14	49	15	11.03
管道运输业	Pipeline Transport	0.09	1	1	0.09
水上运输业	Waterway Transport	2.57	31	24	2.39
航空运输业	Air Transport	30.91	33	25	30.41
交通运输辅助业	Transport Subsidiary Services	17.55	263	172	14.30
其他交通运输业	Other Transport	0.02			0.02
仓储业	Storage	0.12	5	4	0.24
邮电通信业	Postal and Telecommunication Services	98.95	866	660	85.79
批发和零售贸易餐饮业	**Wholesale & Retail Trade and Catering Services**	**3.25**	**86**	**41**	**2.93**
食品、饮料、烟草和家庭用品批发业	Wholesale Trade of Food, Beverage, Tobacco and Household Articles	1.28	37	13	0.78
能源、材料和机械电子设备批发业	Wholesale Trade of Energy, Materials and Electronic Equipment	0.60	10	6	0.76
其他批发业	Other Wholesale Trade	0.04	3		…

续表 2　continued

行　　业	Sector	投资额(亿元) Total (100 million yuan)	施工项目个数(个) Number of Project Under construction (unit)	全部建成投产项目个数(个) Number of Project Fully Completed and Put into Use (unit)	新增固定资产(亿元) Newly Increased Fixed Assets (100 million yuan)
零售业	Retail Trade	1.03	25	15	1.11
商业经纪与代理业	Commercial Brokerage and Agencies	0.15	2	1	0.15
餐饮业	Catering Trade	0.14	9	6	0.12
金融、保险业	**Finance and Insurance**	**3.59**	**16**	**12**	**3.48**
金融业	Finance	3.00	14	10	2.89
保险业	Insurance	0.59	2	2	0.59
房地产业	**Real Estate Management**	**0.23**	**7**	**3**	**0.22**
房地产开发与经营业	Real Estate Development and Operation	0.06	3	1	0.01
房地产管理业	Real Estate Management	0.10	3	2	0.21
房地产代理与经纪业	Real Estate Brokerage and Agencies	0.07	1		
社会服务业	**Social Services**	**20.91**	**289**	**176**	**14.81**
公共服务业	Public Services	20.18	269	163	13.92
居民服务业	Resident Services	0.02	1	1	0.02
旅馆业	Hotels	0.35	8	5	0.36
租赁服务业	Leasing Services				
旅游业	Tourism	0.11	3	3	0.15
娱乐服务业	Recreational Services	…			…
信息、咨询服务业	Information and Consultancy Services	0.15	1	1	0.15
计算机应用服务业	Computer Application Services	0.01			0.01
其他社会服务业	Other Social Services	0.11	7	3	0.19
卫生、体育和社会福利业	**Health Care, Sports and Social Welfare**	**2.50**	**78**	**44**	**2.33**
卫生	Health Care	2.03	70	42	2.23
体育	Sports	0.47	8	2	0.11
社会福利保障业	Social Welfare and Social Security				
教育、文化艺术和广播电影电视业	**Education, Culture and Arts, Radio, Film and Television**	**3.53**	**73**	**49**	**3.34**
教育	Education	2.87	58	44	2.84
文化艺术业	Culture and Arts	0.38	8	2	0.28
广播、电影、电视业	Radio, Film and Television	0.27	7	3	0.22
科学研究和综合技术服务业	**Scientific Research and Polytechnical Services**	**1.22**	**35**	**24**	**1.34**
科学研究业	Scientific Research	0.62	14	9	0.59
综合技术服务业	Polytechnical Services	0.61	21	15	0.75
国家机关、政党机关和社会团体	**Government Agencies, Party Agencies and Social Organizations**	**4.80**	**99**	**55**	**2.63**
#国家机关	Government Agencies	4.53	93	52	2.51
政党机关	Party Agencies	0.14	2	1	0.02
其他行业	**Other Sectors**	**3.06**	**20**	**10**	**1.91**

6-21 各市按国民经济行业分的更新改造投资(1998年)

INVESTMENT IN INNOVATION BY SECTOR BY CITY (1998)

单位:万元 (10000 yuan)

市别 City	合计 Total	农、林、牧、渔业 Farming, Forestry Animal Husbandry and Fishery	采掘业 Mining and Quarrying	制造业 Manufacturing	电力、煤气及水的生产和供应业 Electric Power, Gas and Water Production and Supply	建筑业 Construction	地质勘查业水利管理业 Geological Prospecting and Water Conservancy	交通运输仓储和邮电通信业 Transportation, Storage, Postal and Telecommunication Services
全省总计 Total	**3273805**	**6109**	**26427**	**924907**	**149572**	**24127**	**56274**	**1655498**
广州 Guangzhou	1231665	1363	946	348371	42088	14000	17641	540383
深圳 Shenzhen	201514			158968	1394			10513
珠海 Zhuhai	22059			10618	6229			4912
汕头 Shantou	68093			17323	14852			28861
韶关 Shaoguan	120470	218	12890	32845	43325	5964	571	19396
河源 Heyuan	28327		185	301		901	300	26530
梅州 Meizhou	25158		75	5605	2732			15473
惠州 Huizhou	67220	345		7861	4007		2842	43794
汕尾 Shanwei	15094			112	389			5810
东莞 Dongguan	81640	15		22395				58467
中山 Zhongshan	34715			13305		169		20467
江门 Jiangmen	68853	106		40720	2904			14382
佛山 Foshan	137854			52769	7635	470	4991	48447
阳江 Yangjiang	17455		171	2450	2756			11976
湛江 Zhanjiang	98011	18	5704	20328	2607		976	66633
茂名 Maoming	152072	676	500	66489	4947	893	11019	48827
肇庆 Zhaoqing	84361	65	1289	64994	4147			5131
清远 Qingyuan	73162	192		10090	2639	1730	557	53260
潮州 Chaozhou	56086	2991		29926	1557		1768	15154
揭阳 Jieyang	54554	120		17741	1788		874	14616
云浮 Yunfu	42109		4667	1696	3576		14735	9133

市别 City	批发零售贸易和餐饮业 Wholesale & Retail Trade and Catering Services	金融、保险业 Finance and Insurance	房地产业 Real Estate Trade	社会服务业 Social Services	卫生、体育和社会福利业 Health Care, Sports and Social Welfare	教育、文化艺术和广播电影电视业 Education, Culture, Arts, Radio, Film and Television	科学研究和综合技术服务事业 Scientific Research and Polytechnical Services	国家机关、政党机关和社会团体 Government Agencies, Party Agencies and Social Organizations	其他行业 Others
全省总计 Total	**32463**	**35887**	**2344**	**209136**	**25008**	**35260**	**12209**	**48014**	**30570**
广州 Guangzhou	11751	33651	119	150855	9665	22012	7678	16636	14506
深圳 Shenzhen	4903		800	22613		365	1958		
珠海 Zhuhai	300								
汕头 Shantou	205			5088	489			1275	
韶关 Shaoguan	63	63	30	2275	942	100	5	1783	
河源 Heyuan						110			
梅州 Meizhou	25	140			111	30	61	846	60
惠州 Huizhou	2745			19	50	2638	23	161	2735
汕尾 Shanwei				138				8645	
东莞 Dongguan	24	170				85	334	103	47
中山 Zhongshan					680	94			
江门 Jiangmen	595	64	69	2834	838	613		4628	1100
佛山 Foshan	1807	911	740	14481	328	553	1850	2872	
阳江 Yangjiang				40					62
湛江 Zhanjiang	298		70	442	145	450		340	
茂名 Maoming	7070	190	516	2162	3765	2155	66	2797	
肇庆 Zhaoqing	865	353		362	2752	2929		1174	300
清远 Qingyuan	226	140		3720	263	41		244	60
潮州 Chaozhou	450			1727	514	572	234	1193	
揭阳 Jieyang				400	1570	1378		5067	11000
云浮 Yunfu	1136	205		1980	2896	1135		250	700

注:全省总计中含不分区部分。
Note: Province total contained the part of investment excluding in the cities.

6-22 更新改造新增主要生产能力或效益

NEWLY INCREASED PRODUCTION CAPACITY OR BENEFIT THROUGH INNOVATION

项目		Item		1990	1995	1997	1998
油罐容量	（万立方米）	Oil Tank Capacity	（10000 m³）	2.70	2.72		20.80
炼铁	（万吨/年）	Iron Smelting	（10000 tons/year）		12.00		
铜冶炼	（吨/年）	Copper Smelting	（ton/year）	2000		20000	
铝加工	（吨/年）	Aluminium Processing	（ton/year）		19000		
银电解	（公斤/年）	Silver Electrolysis	（kg/year）				
发电机组装机容量	（万千瓦）	Capacity of Generating Sets	（10000 kw）	18.17	13.77	5.30	0.71
水力发电	（万千瓦）	Hydropower	（10000 kw）	1.12	0.31	0.55	0.11
火力发电	（万千瓦）	Thermal Power	（10000 kw）	13.20	13.06	4.65	
其他发电	（万千瓦）	Others	（10000 kw）	3.85	0.40	0.10	0.60
输电线路(11万伏及以上)	（公里）	Transmission Line(≥110000V)	（km）	82.43	130.70	116.85	37.57
变电设备(11万伏及以上)	（万千伏安）	Electric Substation Equipments (≥110000V)	（10000 KVA）	47.80	208.30	47.25	64.30
水泥	（万吨/年）	Cement	（10000 tons/year）	85.60	329.40	72.00	25.00
硫酸	（吨/年）	Sulphuric Acid	（ton/year）	122500			
油漆	（吨/年）	Paint	（ton/year）	400	4100		4000
塑料树脂及共聚物	（吨/年）	Plastic Resin and Copolymer	（ton/year）		46580	6500	10800
合成纤维单体	（吨/年）	Synthon Monomer	（ton/year）	1000			
化学原料药	（吨/年）	Chemical Raw Medicine	（ton/year）	100.21	120.00	400.00	
中成药	（吨/年）	Traditional Chinese Patent Medicine	（ton/year）	2755	881	2775	716
铸铁件能力	（吨/年）	Capacity of Producting Iron Casting	（ton/year）	3000	3500		
小型拖拉机制造	（台/年）	Small Tractor Manufacturing	（unit/year）		3000		
医疗器械制造	（台/年）	Medal Instrument Manufacturing	（unit/year）			850	
彩色显像管	（万只/年）	Colour Kinescope	（10000/year）		90.00		30.00
棉印染	（万米/年）	Cotton Goods Printing and Dyeing	（10000 meters/year）	1470.00	3100.00		2180.40
毛纺锭	（锭）	Wool Spindle		800	12500		
机制糖:日处理原料	（吨）	Machine-processed Sugar: Daily Processing Raw Material	（ton）	8955	1500	1500	
年生产糖	（吨）	Annual Sugar Production	（ton）	104651	16500	15170	
机制纸及纸板	（万吨/年）	Machine-made Paper and Paperboard	（10000 tons/year）	1.95	4.02	9.53	0.83
塑料制品	（万吨/年）	Plastic Goods	（10000 tons/year）			1.10	0.30
家用空气调节器	（万台/年）	Household Air Conditioner	（10000 units/year）				
增建铁路第二线交付运营里程	（公里）	Length of Newly Built Railway Second Lines Put into Operation	（km）				
新建公路	（公里）	New Highway	（km）	2.50	7.57	7.42	38.70
#高速公路	（公里）	Expressway	（km）	2.50			

续表 continued

项目	Item	1990	1995	1997	1998
改建公路（公里）	Reconstructed Highway (km)	156.70	320.39	1061.72	724.54
#一级公路（公里）	#First Class Highway (km)	6.50	88.89	128.32	81.64
新建独立公路桥梁（延长米）	Newly Built Highway Bridge (m)	276	1187		449
（座）	(unit)	1	7		7
新(扩)建港口码头(年吞吐量:万吨)	Newly Built or Expanded Ports Annual Handling Capacity (10000 tons)	19.00	183.50	66.00	5.00
（泊位:个）	Number of Berth (unit)	2	6	9	1
长途电缆（延长公里）	Long-distance Cable (km)	61	1168	740	340.15
新建微波电路（公里）	Newly Built Microwave Circuit (km)	492	68		1890
市内电话自动交换机（门）	Local Telephone Exchange (line)	299672	1266705	463843	668484
长途自动电话交换设备（路端）	Long-distance Telephone Exchange Equipment (circurit)		73758	8469	42140
造林面积（万亩）	Afforested Area (10000 mu)		2.69	1.34	9.44
有效灌溉面积（万亩）	Effective Irrigated Area (10000 mu)	18.55	6.40	35.02	14.73
除涝面积（万亩）	Flooded or Waterlogged Area Under Control (10000 mu)	20.33		0.20	14.72
排灌装机（万千瓦）	Installed Capacity of Drainage and Irrigation			0.52	
粮食仓库（万公斤）	Grain Storehouse (10000 kg)	4830.00	310.00		2320.00
（平方米）	(sq. m)	25643	1405		13451
商业饮食服务网点（处）	Number of Establishment of Commerce and Catering Services (unit)	100	46	25	21
（平方米）	(sq. m)	154111	67841	78373	89998
中等学校学生席位（个）	Number of Student Seat of Regular Secondary School (unit)	7727	46797	17071	19083
（平方米）	(sq. m)	21227	104704	51253	38092
小学校学生席位（个）	Number of Student Seat of Primary School	37519	1580	5852	11250
（平方米）	(sq. m)	125392	7360	37595	30739
医院病床（张）	Hospital Bed	1480	902	200	860
城市自来水供水能力（万吨/日）	City Tap Water Supply Capacity (10000 tons/day)	25.70	58.56	33.00	11.10
城市自来水管道长度（公里）	Length of City Tap Water Pipe (km)	62.90	56.82	115.49	76.26
城市液化石油气储气能力（吨）	City Storage Capacity of Liquefied Petroleum Gas (ton)	5200	100		
城市道路扩建长度（公里）	Length of City Road Extended (km)	11.78	25.74	19.99	42.08
城市道路扩建面积（万平方米）	Area of City Road Extended (10000 m^2)	27.26	36.01	50.58	65.26
城市排水管道铺设长度（公里）	Length of Sewer Pipelines (km)	25.97	29.87	29.76	7.27
城市污水处理能力（万吨/日）	Disposal Capacity of Sewer (10000 tons/day)	0.96	1.00	5.81	0.10
城市防洪堤长度（公里）	Length of City Embarkment (km)	0.21	12.30	3.60	54.30

6-23 建成投产的更新改造限额以上项目(1998 年)

ABOVE-NORM INNOVATION PROJECTS COMPLETED AND PUT INTO USE (1998)

项　　目 Project	新 增 生 产 能 力 Newly Increased Production Capacity	建设工期(年/月) Period to Complete the Whole Project (year/month)
广州钢铁集团有限公司一电炉扩建 GuangZhou Iron & Steel Group Co. ,Ltd. —Electric Furnace Extended	电炉钢 40 万吨/年 Electrlc Steel 400 thousand tons/year	1/9
广州钢铁集团有限公司一电炉扩建供电配套改造 Guangzhou Iron & Steel Group Co. ,Ltd. -Electric Furnace Extended and Complete Sets for Power Suply		0/9
广州钢铁集团有限公司一轧一火成材 Guangzhou Iron & Steel Group Co. ,Ltd. -Steel Rolling,Quenching and Rolled Products		1/3
广州钢铁集团有限公司高炉煤粉喷吹 Guangzhou Iron & Steel Group Co. Ltd. -Blast Furnace Coal Dust Jetting		0/11
广州钢铁集团有限公司转炉 5# 高效连铸机改造 Guangzhou Iron & Steel Group Co. Ltd. -Tilting Converter 5 #High Efficiency Conticaster Reform	连铸 12 万吨/年 Continouos Casting 120000 tons/year	1/1
广州市原能化工厂 Guangzhou Yuanneng Chemical Plant		8/0
广州珠江轮胎有限公司扩至年产 150 万套斜高胎项目 Guangzhou Zhujiang Tyre Co. Ltd. -Expanding to 1. 5 Million Sets of Slant Height Tyres Project	轮胎外胎 50 万条/年,轮胎内胎 50 万条/年 Tyre 500000/year,tyre tube 500000/year	3/6
广州羊城汽车有限公司新塘基地 Guangzhou Yangcheng Automobile Co. ,Ltd. -Xintang Base		4/7
五羊一本田摩 托车工程 WuYang-Honda Motor Engineering	摩托车制造 300000 辆/年 Motors Manufacturing 300000/year	4/11
广州市珠江啤酒集团公司三期 15 万吨技改项目 Guangzhou Zhujiang Beer Group Co. ,Ltd. -third Phase 150 thousand tons/year Project of Technique Reform	啤酒 150000 吨/年 Beer 150000 ton/year	3/10
广州市珠江啤酒集团公司三期热电技改项目 Guangzhou Zhujiang Beer Group Co. ,Ltd. -Third Phase Thermal electricity Project Technique Reform	火力发电 1. 2 万千瓦 Thermal Electrlcity 12 thousand kw	4/5
广州生力啤酒有限公司第四次增资技改 Guangzhou Shengli Beer Co. ,Ltd- Fourth Capital-increase Technique Reform		2/7
珠江啤酒集团公司九五技改一期工程 Zhujiang Beer Group Co. ,Ltd. -95 Technique Reform First Phase Project	啤酒 100000 吨/年 Beer 100000 tons/year	2/2
广州奥桑味精食品有限公司味精扩产一期工程 Guangzhou Aoshang Gourmet and Food Co. ,Ltd. -Gourment Powder Production Extended First Phase Project		2/6
广州陈李济药厂易地扩建工程 Guangzhou Chen Li Ji Pharmactutical Factory Move Place Extension Project	中成药 1250 吨/年 Chinese patent Medicine 1250 tons/year	6/8
广州敬修堂(药业)股份公司松岗生产基地及配套工程 Guangzhou JingxiuTang(Pharmaceutica)Share Holding Co. ,-Ltd. Songgang Production Base and Related Project		5/6
广州市政园林局机场路扩宽和立交 Guangzhou Municipal Landscape Bureau-Jichang Road Width Extending and Grade Separation Project		7/11
广州市政园林局龙溪路 Guangzhou Municipal Lanscape Bureau Longxi Road	城市道路扩建长度 6. 33 公里,面积 19. 81 万平方米 Length of City Road Extended 6. 33 km,Area 198,100 sq. m	3/5
广州市政园林局西湾路扩宽 Guangzhou Municipal Administration Landscape Bureau-Xiwan Road Width Extending Project	城市排水管道铺设长度 6. 1km,城市永久性桥梁 14 座 Length of Sewer Pipelines 6. 1 km,14 lmmutability Bridge of City	4/0
广州市政园林局广中路 Guangzhou Municipal Landscape Bureau-Guangzhong Road Project		4/0
广州市交通发展集团有限公司天河客运站 Guangzhou Communication Development Group Co. ,Ltd. -Tianhe Passenger Service Station	新(扩)建客、货运站 1 个,26022 平方米 Newly Build or Extended One Passenger and Cargo Service Station,26022 sq. m	3/9
广州市天河区园林绿化管理办公室天河公园 Guangzhou Tianhe District Landscape Administer Office Tianhe Park Project		1/0
广州市坑道管理所业务大楼 Guangzhou Tunnel Management Service Business Building Project		3/8
广州市电信局省帧中继网广州节点扩容 Guangzhou Postal and Telecommunication Bureau Saving Frame Relay Net-Saving Frame Relay Metwork		0/4

续表 1 continued

项　　目 Project	新 增 生 产 能 力 Newly Increased Production Capacity	建设工期(年/月) Period to Complete the Whole Project (year/month)
Guangzhou Node Extending Capacity Project		
广州市电信局瑞贷四期市话扩容工程 Gunagzhou Postal and Telecommunication Bureau-Loan of Sweden Fourth Phase Local Telephone Capacity extending engineering	市内电话自动交换机 168500 门 Local Telephone Exchange 168500 Lines	1/9
广州市电信局局大客户工程(第二期) Guangzhou Postal and Telecommunication Bureau-Big User Project Second Phase	市内电话自动交换机 26376 门 Local Telephone Exchange 26376 Lines	1/7
广州市电信局配合机楼建设管道敷设工程(97 年) Guangzhou Postal and Communication Bureau-Pipeline Laying Project for Supporting Machine Building Construction		1/5
广州市电信局槎龙扩容二万门工程 Guangzhou Postal and Telecommunication Bureau-Chalong Telephone Capacity 20000 Lines Expansion Engineering	市内电话自动交换机 20000 门 Local Telephone Exchange 20000 Lines	1/1
广州市电信局#SDH 传输网 98 年扩容工程 Guangzhou Postal and Telecommunication Bureau: # SDH Transmission Network 98 Expansion Engineering		0/6
广州市电信局全国公用无线数据网广州节点 Guangzhou Postal and Telecommunication Bureau: Guangzhou Node of the Countrywide Public Wireless Data Networks		0/8
广州市电信局#DDN 新桥设备 97 年扩容 Guangzhou Postal and Telecommunication Bureau: # DON Equipment of New Bridge 97 Extending Project		0/6
广州市电信局省分组交换网广州节点设备扩容 Guangzhou Postal and Telecommunication Bureau-Equipment of Guangzhou Node of Provincial Grouping Exchange Network Expansion Project		0/5
广州市电信局#IC 卡公用电话扩容 Guangzhou Postal and Telecommunication Bureau-# C Card Public Telephone Capacity Expansion		0/5
番禺市人民医院#13 层医疗大楼 Panyu People's Hospital # 13 Floor Medical Treatment Building Project	医院病床 540 张 beds in hospital 540	3/1
禺山饮食服务(集团)公司禺山商业广场 Yushan Commercial Plaza of Panyu Catering Service (Group)Company		0/11
广东韶关活力股份有限公司十万吨啤酒扩建 100000 Tons Beer Expansion Project of Shanoguan Huoli Share Holding Co. Ltd.	啤酒 100000 吨/年 Beer 100000 ton/year	2/9
深圳广密磁碟公司磁芯生产线 Magnetic Core Production Line of Shenzhen Guangmi Magnetic Disc ComPany		1/6
深圳市莱英达集团美特二片项目 Meite Two-piece Project of Shenzhen Laiyingda Group Company		4/1
深圳中华自行车股份有限公司碳纤维自行车 Carbon Fibre Bicycle of Shenzhen China Bjcycle Share Holding Co. Ltd.		2/2
深圳华源股份有限公司 cd－rom 光盘驱动器 cd-rom Optical Disc Driver of Shenzhen Huayuan Share Holding Co. Ltd.	电子计算机外部设备 1200000 台/年 External Equipment of Electron Computer 1200000/year	2/7
深圳市华为技术有限公司 C&C08 一体化网络平台 C &Co8 Integration Network Platform of Shenzhen Huawei Technologies Co. Ltd.		1/0
深圳国家电子公司技改 Technologic Transformation of Shenzhen National Electronic Corporation		3/4
深圳中兴新通讯设备 ZXJ. 10 国产数字程控交换机 ZXJ. 10 Chinese-built Digital Program Controlled Telephone Exchanges of Shenzhen Zhongxing. New Communication Equipment Co. Ltd.		1/0
南澳县风能开发公司引进国外 1 万千瓦风力发电机 Import Foreign 10000 KW Wind-driven Generator of Nanao Wind Energy Development Co. Ltd.	其他发电 1 万千瓦 Other Electricity 10000kw	2/2

续表 2　Continued

项　　目 Project	新 增 生 产 能 力 Newly Increased Production Capacity	建设工期(年/月) Period to Complete the Whole Project (year/month)
潮阳市电信局移动交换扩容 Automobile Telephone Exchange Capacity Expansion of Chaoyang Communieation	市内电话自动交换机 5000 门 Bureau Local Telephone Exchanges 5000 lines	0/2
潮阳市峡山电信分局综合汇接局 Integration Converge Bureau of Chaoyang Xiashan Communication Branch	市内电话自动交换机 20000 门 Local Telephone Exchanges 20000 lines	0/2
汕头特区塑胶实业总公司新型建材生产线 New Type Building Material Production Line of Shantou SEZ Plastic & Rubber Industrial Corporation		1/4
汕头市超声电子(集团)公司多层印制板生产线 Multilayer Board Production Line of Shantou Chaosheng Electronic(Group)Company		2/1
新会市公安局交通警察大队交通中心 Traffic Center of Traffic Police Brigade of Xinhui Public Security Bureau		2/2
鹤山市晶宝企业集团公司水泥生产线 Cement Production Line of Heshan Jingbao Enterprise (Group)Company	水泥 20 万吨/年 Cement 200000 tons/year	2/11
鹤山市移动分局移动电话基站 Automobile Telephone Basic Station of Heshan Automobile Telephone Branch		0/11
湛江公路局 207 线城月路段改建工程 Rebuilding Project of Section of 207 Line Chengyue Road of Zhangjiang Highway Administration Bureau	改建公路 19.20 公里 Rebuild Highway 19.20km	1/9
湛江市邮电局三期三批瑞贷市话扩容工程 Loan of Sweden Third Phase Third Batch Local Telephone Capacity Expansion Project	市内电话自动交换机 2100 门 Local Telephone Exchanges 2100 lines 长途自动电话交换设备 10000 路端 Automatic Long-distance Telephone Exchange Equipment 10000 lines	2/8
湛江市邮电局九七工程 97 Project of Zhangjiang Postal & Communication Bureau		1/11
茂名市电信局本地 SDH 网工程 Local SDH network Project of Maoming Communication Bureau		0/2
茂名电力供水有限公司循环水系统改造工程 Diculatory Water System reformation Project of Maoming Water Supply Lo. Ctd.		3/0
封开县林产工业集团公司超级树脂系列产品 Super Resin Series Products of Fengkai Forest Products Industry(Group)Company		0/7
肇庆康蓝地板发展有限公司复合耐磨木地板生产线 Compound Wear-resisting Timber Floor Board Production Line of Zhaoqing Kanglan Floor Board Development Co. Ltd.		1/0
高要河台金矿方西矿床技改工程 Fangxi Mineral Doposit Technologic Transforrnation Propject of Gaoyao Hetai Gold Mine		1/9
四会市电信局综合大楼 General Building of Shihui Communication Bureau		5/7
国道 106 线英德至佛冈北段改建工程 North Section of Ringde-Fogang Highway Rebuild Project of National 106 #Highway	改建一级公路 53.44 公里 Rebuiling first Class Highway 53.44km. ect	1/1
中山市电信局第二长途局工程 Second Long-distance Bureau Project of Zhongshan Communication Burequ	长途自动电话交换设备 10020 路端 Automatic Long-distance Telephone 10020 lines	1/1
中山市复盛机电有限公司复盛机电 Fusheng Machinery & Electric Project of Zhongshan Fusheng Machinery & Electric Co. Ltd.		2/10
普宁市电信局#(生产综合楼)生产设备 Production Equipment of General Building of Puning Communication Bureau	市内电话自动交换机 10000 门 Local Telephone Automatic Exchanges 10000 lines 长途自动电话交换设备 12000 路端 Long-distance Automatic Exchange Equipment 12000 Lines	0/6
普宁市广东龙马电器工业公司#CD－R 光盘生产线 # CD-R Optical Production Line of Puning Guangdong Longma Eelectric Appliance Industrial Company		0/9
普宁市医药管理局普宁中药材专业市场 Puning Chinese Medical Material Market of Puning Medical Administration Bureau	商业饮食服务网点 1 处，42000 平方米 One Commercial & Catering Service Establishment，42000 sq. m	0/9
郁南县新堤防工程建设指挥部白木大堤扩建工程 Baimu Dam Expansion Project of Yunan New Embankment Project Construction Command Post	城市防洪堤长度 5 公里 City Embankment Length 5km	4/3

6-24 各市房屋建筑面积(1998 年)

FLOOR SPACE OF BUILDINGS BY CITY (1998)

市别 City	施工建筑面积(万平方米) Floor Space Under Construction (10000 sq. m)	#住宅 Residential Buildings	竣工建筑面积(万平方米) Floor Space Completed (10000 sq. m)	#住宅 Residential Buildings	竣工价值(亿元) Value Completed (100 million yuan)	#住宅 Residential Buildings
基本建设总计 Total Capital Construction	**3942.63**	**1475.30**	**1598.77**	**643.13**	**185.26**	**62.78**
广州 Guangzhou	1099.70	475.68	334.54	157.13	39.25	19.13
深圳 Shenzhen	871.45	402.03	268.44	121.82	54.91	16.96
珠海 Zhuhai	233.79	39.83	65.03	19.26	6.41	1.67
汕头 Shantou	165.82	38.13	62.14	16.46	7.09	1.64
韶关 Shaoguan	115.64	58.85	68.00	37.08	4.26	2.16
河源 Heyuan	63.19	21.62	42.71	15.25	2.32	0.85
梅州 Meizhou	77.32	25.76	49.16	19.59	3.77	1.12
惠州 Huizhou	114.26	38.69	79.45	25.67	4.78	1.36
汕尾 Shanwei	70.43	10.02	18.27	6.47	1.41	0.48
东莞 Dongguan	64.04	14.59	34.37	8.61	4.14	0.89
中山 Zhongshan	79.71	14.38	26.30	8.20	3.91	0.81
江门 Jiangmen	70.20	14.96	44.98	9.69	4.05	0.80
佛山 Foshan	87.58	16.19	42.95	4.43	7.91	0.41
阳江 Yangjiang	51.18	7.94	39.77	4.86	3.54	0.32
湛江 Zhanjiang	189.74	101.59	102.89	63.32	9.44	5.06
茂名 Maoming	130.24	68.76	54.86	34.25	5.00	2.59
肇庆 Chaoqing	113.65	34.42	66.35	23.68	5.84	1.75
清远 Qingyuan	109.58	38.52	66.83	28.34	5.11	2.22
潮州 Zhaozhou	63.12	8.16	42.93	5.03	4.61	0.49
揭阳 Jieyang	105.38	19.78	43.99	11.38	4.82	0.87
云浮 Yunfu	66.53	25.41	44.81	22.60	2.68	1.19
更新改造总计 Total Innovation	**492.40**	**152.93**	**239.17**	**69.57**	**22.24**	**5.79**
广州 Guangzhou	194.91	65.89	64.80	17.51	7.25	2.01
深圳 Shenzhen	6.64	0.65	4.96	0.65	0.87	0.19
珠海 Zhuhai	7.04		2.08		0.15	
汕头 Shantou	11.40	1.33	1.96	0.28	0.15	0.01
韶关 Shaoguan	29.80	22.33	19.16	14.08	1.44	0.97
河源 Heyuan	0.46		0.36		0.03	
梅州 Meizhou	7.69	3.78	4.44	3.09	0.29	0.19
惠州 Huizhou	28.24	8.35	19.55	3.24	1.57	0.20
汕尾 Shanwei	14.02	3.37	13.52	3.37	0.65	0.09
东莞 Dongguan	1.82		1.66		0.35	
中山 Zhongshan	3.46	0.83	2.62		0.25	
江门 Jiangmen	16.73	2.15	10.53	1.46	0.69	0.09
佛山 Foshan	29.42	7.55	11.92	4.41	1.06	0.55
阳江 Yangjiang	0.21		0.21		0.01	
湛江 Zhanjiang	11.31	3.30	7.79	1.96	0.63	0.16
茂名 Maoming	42.10	18.54	16.41	8.89	1.63	0.62
肇庆 Zhaoqing	35.13	6.24	16.48	4.28	1.22	0.26
清远 Qingyuan	4.31	1.95	2.28	0.79	0.28	0.09
潮州 Zhaozhou	15.45	1.10	11.85	1.10	0.85	0.06
揭阳 Jieyang	18.55	0.73	16.22	0.73	1.97	0.05
云浮 Yunfu	13.74	4.82	10.39	3.74	0.88	0.26

注:基本建设、更新改造总计中含不分区部分。
Note: Total capital construction and total innovation contained the part of investment excluding in the cities.

6-25 房地产开发投资情况(1998年)

INVESTMENT IN REAL ESTATE DEVELOPMENT (1998)

按登记注册类型分组 Registration Economic Type		开发企业个数(个) Number of Development Enterprise (unit)	完成投资额(亿元) Investment (100 million yuan)	# 商品房建设 Commodity Buildings	# 土地开发 Land Development	# 住宅 Residential Buildings
全省总计	**Province Total**	**3936**	**602.72**	**442.98**	**44.57**	**371.06**
内资企业	Internal Capital Trades	3165	436.10	317.89	34.41	279.09
国有企业	State-owned	1102	142.49	107.22	11.22	92.92
集体企业	Collective Owned	1185	81.46	59.74	7.95	54.83
股份合作企业	Cooperative operation with Share Holding	29	5.34	4.21	0.15	3.42
联营企业	Afficliated Business	106	12.08	8.77	0.91	6.83
有限责任公司	Limited Liabllity Companies	355	87.53	58.09	7.37	52.92
股份有限公司	Company Limited With Share Holding	167	45.96	34.58	2.41	29.20
私营企业	Private Owned	212	60.03	44.40	4.36	38.21
其他企业	Others Enterprises	9	1.21	0.88	0.03	0.77
港、澳、台商投资企业	Funded by Enterpreseneurs from Hong Kong, Maco & Taiwan	674	151.16	115.13	8.70	83.16
外商投资企业	Foreign Investment enterprises Enterprise	97	15.46	9.96	1.46	8.80

6-26 房地产开发房屋建筑面积及价值(1998年)

FLOOR SPACE OF BUILDINGS UNDER CONSTRUCTION AND VALUE OF REAL ESTATE DEVELOPMENT (1998)

按登记注册类型分组 Registration Economic Type		房屋建筑面积(万平方米) Floor Space of Building Construction (10000 sq. m)			竣工房屋价值(万元) Value of Buildings Completed (10000 yuan)	# 住宅 Residential Buildings
		施工面积 Floor Space of Buildings Under Construction	竣工面积 Floor Space of Buildings Completed	# 住宅 Residential Buildings		
全省总计	**Province Total**	**8130.79**	**2319.09**	**1803.10**	**3610833**	**2672888**
内资企业	Internal Capital Trades	6006.61	1836.89	1468.12	2891104	2199543
国有企业	State-Owned	2266.03	599.94	478.08	909502	713906
集体企业	Collective Owned	1475.59	588.94	486.32	643185	502778
股份合作企业	Cooperative Operation Sith Share Holding	100.70	22.22	19.14	25680	21665
联营企业	Afficliater Business	126.25	36.56	30.99	64144	56551
有限责任公司	Limited Liability Companies	977.79	245.96	189.40	440783	340739
股份有限公司	Company Limited With Share Holding	452.52	161.62	124.74	398985	286148
私营企业	Private Owned	588.38	180.53	138.45	407325	276342
其他企业	Others Enterprises	19.36	1.11	1.00	1500	1414
港、澳、台商投资企业	Funded byEnterpreseneurs from Hong Kong, Maco &Taiwan	1866.43	428.78	294.78	637045	423147
外商投资企业	Foreign Investment Enterprises	257.75	53.42	40.20	82684	50198

6-27 各市房地产开发投资情况(1998年)
INVESTMENT IN REAL ESTATE DEVELOPMENT BY CITY (1998)

市别 City		开发企业个数(个) Number of Development Enterprise (unit)	完成投资额(亿元) Investment (100 million yuan)	# 商品房建设 Commodity Buildings	# 土地开发 Land Development	# 住宅 Residential Buildings
广州	Guangzhou	1212	269.37	198.24	22.26	163.72
深圳	Shenzhen	303	167.49	134.11	6.05	99.89
珠海	Zhuhai	167	22.50	12.62	0.71	16.55
汕头	Shantou	279	24.80	17.50	0.51	17.59
韶关	Shaoguan	102	2.21	1.81	0.18	1.36
河源	Heyuan	37	0.74	0.27	0.41	0.19
梅州	Meizhou	59	2.79	2.10	0.35	1.74
惠州	Huizhou	332	5.54	4.48	3.46	0.05
汕尾	Shanwei	28	1.11	0.52	0.08	0.76
东莞	Dongguan	41	9.55	7.60	0.36	7.37
中山	Zhongshan	105	13.94	8.14	2.69	6.85
江门	Jiangmen	370	16.64	12.34	1.53	11.73
佛山	Foshan	292	39.65	28.21	3.38	24.70
阳江	Yangjiang	74	4.42	0.99	1.80	1.53
湛江	Zhanjiang	74	2.72	1.69	0.66	1.62
茂名	Maoming	88	3.01	1.13	1.27	1.14
肇庆	Zhaoqing	124	6.07	4.44	0.55	4.38
清远	Qingyuan	48	1.62	1.11	0.26	1.07
潮州	Chaozhou	88	4.67	3.44	0.56	3.10
揭阳	Jieyang	66	2.18	1.67		1.69
云浮	Yunfu	47	1.72	0.60	0.90	0.62

6-28 各市房地产开发房屋建筑面积及价值(1998年)
FLOOR SPACE OF BUILDINGS UNDER CONSTRUCTION AND VALUE OF REAL ESTATE DEVELOPMENT BY CITY (1998)

市别 City		房屋建筑面积(万平方米) Floor Space of Building Construction (10000 sq. m)			竣工房屋价值(万元) Value of Buildings Completed (10000 yuan)	# 住宅 Residential Buildings
		施工面积 Floor Space of Buildings Under Construction	竣工面积 Floor Space of Buildings Completed	# 住宅 Residential Buildings		
广州	Guangzhou	3269.52	758.62	571.27	973805	730741
深圳	Shenzhen	1656.65	463.31	356.30	1465010	1044859
珠海	Zhuhai	375.76	113.49	89.65	185293	142908
汕头	Shantou	542.48	159.51	113.76	150133	110228
韶关	Shaoguan	85.74	41.60	27.19	30518	19225
河源	Heyuan	7.91	2.00	1.16	2329	1335
梅州	Meizhou	48.76	24.76	17.30	22419	13035
惠州	Huizhou	114.49	43.29	31.86	27682	20286
汕尾	Shanwei	27.19	15.75	11.53	16431	14263
东莞	Dongguan	197.64	75.71	60.87	115584	73687
中山	Zhongshan	238.83	51.69	44.31	54276	45945
江门	Jiangmen	464.95	180.01	150.89	129753	106225
佛山	Foshan	615.79	213.70	178.20	270726	217195
阳江	Yangjiang	22.23	2.98	1.08	3222	778
湛江	Zhanjiang	76.57	17.14	13.84	15788	12936
茂名	Maoming	40.39	11.72	9.75	10772	8245
肇庆	Zhaoqing	138.90	57.07	51.11	47190	41405
清远	Qingyuan	24.84	12.50	11.12	8246	7405
潮州	Chaozhou	84.93	40.22	32.31	59736	43742
揭阳	Jieyang	73.85	26.00	22.65	16608	13951
云浮	Yunfu	23.37	8.02	6.94	5312	4494

6-29 商品房屋销售情况(1998年)
SALES OF COMMODITY BUILDINGS (1998)

按登记注册类型分组 Registration Economic Type		实际销售面积(万平方米) Floor Space of Commodity Buildings Actually Sold (10000 sq. m)	#住宅 Residential Buildings	个人购买的商品房屋(万平方米) Commodity Residences Purchased by Individuals (10000 sq. m)	实际销售额(万元) Sales of Commodity Buildings (10000 yuan)	#住宅 Residential Buildings
全省总计	**Province Total**	**1538.93**	**1354.10**	**1180.98**	**5302203**	**4163369**
内资企业	Internal Capital Trades	1222.56	1089.68	979.45	3953067	3142237
国有企业	State-Owned	413.44	364.15	333.31	1358834	1088998
集体企业	Collective Owned	394.39	352.70	307.70	784081	655614
股份合作企业	Cooperative Operation With Share Holding	15.54	14.46	15.17	43367	35634
联营企业	Afficliater Business	26.46	25.02	20.30	83856	75221
有限责任公司	Limited Liability Company	160.74	143.79	127.21	682629	575930
股份有限公司	Company Limited With Share Holding	78.66	71.54	71.35	341470	293682
私营企业	Private Owned	131.97	116.71	104.02	655282	413717
其他企业	Others Enterprises	1.35	1.32	0.38	3548	3441
港、澳、台商投资企业	Funded by Enterpreseneurs from Hong Kong, Maco & Taiwan	275.32	227.06	165.45	1248442	935712
外商投资企业	Foreign Investment Enterprises	41.06	37.36	36.08	100694	85420

6-30 各市商品房屋销售情况(1998年)
SALES OF COMMODITY BUILDINGS BY CITY (1998)

市别	City	实际销售面积(万平方米) Floor Space of Commodity Buildings Actually Sold (10000 sq. m)	#住宅 Residential Buildings	个人购买的商品房屋(万平方米) Commodity Residences Purchased by Individuals (10000 sq. m)	实际销售额(万元) Sales of Commodity Buildings (10000 yuan)	#住宅 Residential Buildings
广州	Guangzhou	405.05	349.30	234.60	1961381	1513338
深圳	Shenzhen	290.35	251.31	228.05	1720868	1304420
珠海	Zhuhai	77.21	66.90	61.73	261083	207915
汕头	Shantou	108.16	93.12	97.23	262356	220449
韶关	Shaoguan	26.80	22.83	21.49	29626	22884
河源	Heyuan	1.81	1.41	1.31	1642	1090
梅州	Meizhou	22.64	17.14	18.18	22567	15110
惠州	Huizhou	25.07	23.92	23.28	37978	36438
汕尾	Shanwei	4.76	4.31	3.89	4423	4152
东莞	Dongguan	38.33	33.70	25.15	100367	85369
中山	Zhongshan	38.88	37.58	21.57	92548	87103
江门	Jiangmen	119.67	109.24	110.71	167349	139568
佛山	Foshan	230.02	206.50	203.04	451663	367799
阳江	Yangjiang	4.01	1.98	2.29	5099	2158
湛江	Zhanjiang	14.67	14.50	12.73	20313	19935
茂名	Maoming	12.30	11.60	8.65	14734	13195
肇庆	Zhaoqing	53.29	50.35	49.85	73358	63592
清远	Qingyuan	9.90	9.28	9.44	8268	7198
潮州	Chaozhou	20.36	16.68	17.58	31509	23147
揭阳	Jieyang	26.69	24.41	23.14	27618	22140
云浮	Yunfu	8.96	8.04	7.08	7453	6369

6-31 全省完成投资额最大的50家房地产开发企业(1998年)
THE PROVINCE'S TOP 50 REAL ESTATE DEVELOPMENT ENTERPRISES OF TOTAL INVESTMENT COMPLETED (1998)

序号 Order	单位名称 Name of Enterprise	完成投资(万元) Investment completed (10000 yuan)
1	广州市城市建设开发集团有限公司 GUANGZHOU CITY CONSTRUCTION & DEVELOPMENT HOLDINGS ITD.	81594
2	熊谷蚬壳发展(广州)有限公司 KUMAGAI SMC DEVELOPMENT (GUANGZHOU) LIMITED	76512
3	深圳市万科房地产有限公司 SHENZHEN WANKE REAL ESTATE CO.,LTD.	67459
4	广东省信托房产开发公司 GUANGDONG TRUST & REAL ESTATE DEVELOPMENT CORP.	64547
5	广州市番禺祈福新村房地产有限公司 CLIFFORD ESTATES (PANYU) LIMITED COMPANY	58578
6	广州鹏城房产有限公司 GUANGZHOU PENGCHENG REAL ESTATE CO.,LTD.	52696
7	深圳南油(集团)有限公司 SHENZHEN NANYOU (HOLDINGS) LTD.	51659
8	汕头联泰(集团)有限公司 SHANTOU LIANTAI (HOLDINGS) LTD.	41900
9	深圳市城市建设开发(集团)公司 SHENZHEN CITY CONSTRUCTION & DEVELOPMENT (HOLDINGS) CORP.	40700
10	广州市侨鑫集团有限公司 GUANGZHOU QIAOXIN HOLDINGS LTD.	36977
11	深圳茂业(集团)有限公司 SHENZHEN MAOYE (HOLDINGS) LTD.	36600
12	广州大鹏房地产公司 GUNAGZHOU DAPENG REAL ESTATE CORP.	34449
13	广州保利房地产开发公司 GUANGZHOU BAOLI REAL ESTATE DEVELOPMENT CORP.	34264
14	深圳市长城地产(集团)股份有限公司 SHENZHEN CHANGCHENG REAL ESTATE (GROUP) CO.,LTD.	31238
15	广州市东方兴盛房产发展有限公司 GUANGZHOU DONGFANG KING PROPERTIES DEVELOPMENT CO.,LTD.	30986
16	广州珲祥房地产开发有限公司 GUANGZHOU HUIXIANG REAL ESTATE DEVELOPMENT CO.,LTD.	30500
17	深圳市赛格广场投资发展有限公司 SHENZHEN SEG PLAZA INVESTMENT & DEVELOPMENT CO.,LTD.	29446
18	广东华景新城房地产有限公司 GUANGDONG HUAJINGXINCHENG REAL ESTATE CO.,LTD.	28219
19	佛山市城南办公室 FOSHAN CHENGNAN OFFICE	28000
20	广州市恒大房地产开发有限公司 GUANGZHOU HENGDA REAL ESTATE DEVELOPMENT CO.,LTD.	27310
21	广州市国商大厦开发有限公司 GUANGZHOU GUOSHANG BUILDING DEVELOPMENT CO.LTD.	25334
22	深圳市物业发展(集团)股份有限公司 SHENZHEN PROPERTIES & RESOURCS DEVELOPMENT (GROUP)LTD. CO.	24200
23	广州市番禺粤海房地产有限公司 PANYU YUEHAI REAL ESTATE LIMITED COMPANY ,GUANGZHOU	23766
24	深圳百仕达实业有限公司 SHENZHEN STNOLINK ENTERPRISES CO.,LTD.	23193
25	广州远洋建设实业公司 COSCO GUANGZHOU CONSTRUCTION IUDUSTRY CO.	23005
26	广州英华房地产实业有限公司 GUANGZHOU YINGHUA REAL ESTATE CO.,LTD.	22725
27	金地(集团)股份有限公司 JINGDI (HOLDINGS) SHARE HOLDING CO.,LTD.	22647
28	广州世纪房地产实业有限公司 GUANGZHOU CENTURY REAL ESTATE IUDUSTRY CO.,LTD	22298
29	深圳市龙岗区房地产开发公司 LONGGANG DISTRICT REAL ESTATE DEVELOPMENT CORP.. SHENZHEN	22165
30	广东合生明晖房地产有限公司 GUANGDONG HESHENG MINGHUI REAL ESTATE CO.,LTD	22097
31	广州三新实业总公司 GUANGZHOU SANXIN INDUSTRY CORP.	22061
32	中山市港口镇地产房屋发展公司 GANGKOU TOWN PROPERTY DEVELOPMENT COMPANY,ZHONGSHAN	20500
33	顺德市碧桂园物业发展有限公司 BIGUIYUAN PROPERTY DEVELOPMENT CO.LTD.,SHUNDE	20000
34	广州百润置业有限公司 GUANGZHOU BAIRUN PROPERTY CO.,LTD.	19959
35	国都集团发展(深圳)有限公司 GUODU HOLDINGS DEVELOPMENT (SHENZHEN) CORP.LTD.	19837
36	深圳市建鹏达房地产开发公司 SHENZHEN JIANGPENGDA REAL ESTATE DEVELOPMENT CORP.	19754
37	瑞京隆房地产开发(深圳)有限公司 RUIJINGLONG REAL ESTATE DEVELOPMENT (SHENZHEN) CO.,LTD	18802
38	新世纪建设发展(深圳)有限公司 NEW CENTURY CONSTRUCTION & DEVELOPMENT (SHENZHEN) CO.,LTD	18513
39	广州合生科技园房地产有限公司 HESHENG SCIENTIFIC AND TECHNOLOGICAL ZONE REAL ESTATE CO.LTD.,GUANGZHOU	18500
40	深圳明悦房地产开发有限公司 SHENZHEN MINGYUE REAL ESTATE DEVELOPMENT CO.,LTD.	18462
41	深圳市新港鸿房地产有限公司 SHENZHEN XINGANGHONG REAL ESTATE CO.,LTD.	18454
42	深圳市元盛实业公司 SHENZHEN YUANSHENG INDUSTRY COMPANY	18200
43	广州豪城房产开发有限公司 GUANGZHOU HAOCHENG REAL ESTATE DEVELOPMENT CO.,LTD.	18129
44	南海黄歧沙新房地产发展有限公司 HUANGQI SAXIN REAL ESTATE DEVELOPMENT CO.LTD.,NANHAI	18056
45	深圳市麦高尔投资发展公司 SHENZHEN MAIGAOER INVESTMENT & DEVELOPMENT CORP.	18000
46	南海市吉鸿房地产开发有限公司 NANHAI JIHONG REAL ESTATE DEVELOPMENT CO.,LTD.	17319
47	深圳市新怡和事业发展有限公司 SHENZHEN XINYIHE DEVELOPMENT CO.,LTD	17000
48	广州永利房地产开发有限公司 GUANGZHOU YONGLI REAL ESTATE DEVELOPMENT CO.,LTD	16888
49	深圳市百货广场大厦开发有限公司 SHENZHEN MERCHANDISE PLAZA BUILDING DEVELOPMENT CO.,LTD	16871
50	广州市升恒房地产发展有限公司 GUANGZHOU SHENGHENG REAL ESTATE DEVELOPMENT CO.,LTD	16571

6-32 全省房地产企业资产总计最大的50家房地产开发企业(1998年)

THE PROVINCE'S TOP 50 REAL ESTATE DEVELOPMENT ENTERPRISES OF TOTAL ASSETS (1998)

序号 Order	单位名称 Name of Interprise	资产总计(万元) Total Assets (10000yuan)
1	广州市城市建设开发集团有限公司 GUANGZHOU CITY CONSTRUCTION & DEVELOPMENT HOLDINGS CO.,LTD.	849108
2	深圳经济特区房地产(集团)股份有限公司 SHENZHEN SPECIAL ECONOMIC ZONE REAL ESTATE(GROUP) SHARE HOLDING CO.,LTD.	554385
3	广东省信托房产开发公司 GUANGDONG TRUST & REAL ESTATE DEVELOPMENT CORP.	484947
4	祈福房地产开发(深圳)有限公司 QIFU REAL ESTATE DEVELOPMENT (SHENZHEN)CO.,LTD.	480781
5	深圳市城市建设开发(集团)有限公司 SHENZHEN CITY CONSTRUCTION & DEVELOPMENT (HOLDINGS) CORP.LTD	318002
6	顺德市新德业房地产集团有限公司 SHUNDE XINDEYE REAL ESTATE GROUP CO.,LTD.	284856
7	深圳招商房地产有限公司 REAL ESTATE CO.LTD.OF CHINA MERCHANTS SHEKOU INDUSTRIAL ZONE	266974
8	珠海格力房产有限公司 ZHUHAI GREE REAL ESTATE CO.,LTD.	238787
9	广州房地产实业集团 GUANGZHOU REAL ESTATE INDUSTRY GROUP CORP.	236922
10	中山市信联房地产投资公司 ZHONGSHAN XINLIAN REAL ESTATE DEVELOPMENT COMPANY	216804
11	深圳市物业发展(集团)股份有限公司 SHENZHEN PROPERTIES & RESOURCES DEVELOPMENT(GROUP) CO.,LTD.	205781
12	广州市番禺祈福新村房地产有限公司 CLIFFORD ESTATE PANYU LIMITED COMPANY	188376
13	顺德市碧桂园物业发展有限公司 BIGUIYUAN PROPERTY DEVELOPMENT CO.LTD, SHUNDE	184572
14	广东珠江投资公司 GUANGDONG ZHUJIANG INVESTMENT COMPANY	181150
15	深圳市长城地产(集团)股份有限公司 SHENZHEN CHANGCHENG REAL ESTATE(GROUP) SHARE HOLDING CO.,LTD.	179499
16	广州天龙房地产开发有限公司 GUANGZHOU TIANLONG REAL ESTATE DEVELOPMENT CO.,LTD	175710
17	东莞市常平镇房地产开发公司 CHANGPING TOWN REAL ESTATE DEVELOPMENT COMDANY,DONGGUAN	173000
18	深圳市振业股份有限公司 SHENZHEN ZHENYE(GROUP) SHARE HOLDING CO.,LTD	168972
19	番禺市房地产联合开发总公司 PANYU REAL ESTATE JOINT DEVELOPMENT CORPORATION	167370
20	深圳特区华侨城房地产开发公司 SHENZHEN OVERSEAS CHINESE TOWN REAL ESTATE DEVELOPMENT CO.	165459
21	广州市珠江实业集团有限公司 GUANGZHOU ZHUJIANG INDUSTRY (GROUP)CO.,LTD.	164686
22	深圳国企房地产开发有限公司 SHENZHEN GUOQI REAL ESTATE DEVELOPMENT CO.,LTD.	161932
23	佛山东建股份有限公司 FOSHAN DONGJIAN SHARE HOLDING CO.,LTD.	159326
24	熊谷组(深圳)有限公司 KUMAGAI GROUP (SHENZHEN)CO.,LTD.	154396
25	广州市国商大厦开发有限公司 GUANGZHOU GUOSHANG BUILDING DEVELOPMENT CO.,LTD.	148878
26	广州市广发房地产有限公司 GUANGZHOU GUANGFA REAL ESTATE CO.LTD.	147806
27	广东长城建设集团有限公司 GUANGZHOU CHANGCHENG CONSTRUCTION GROUP CO.,LTD.	132672
28	广州国际信托房地产开发公司 GRANGZHOU INTERNATIONAL TRUST REAL ESTATE DEVELOPMENT COMPANY	130580
29	熊谷蚬壳发展(广州)有限公司 KUMAGAI SMC DEVELOPMENT (GUANGZHOU) COMPANY LIMITED	127735
30	珠海经济特区珠光置业有限公司 ZHUHAI SEZ ZHUGUANG PROPERTY CO.,LTD.	127289
31	广州珠江实业开发股份有限公司 GUANGZHOU ZHUJIANG INDUSTRIAL DEVELOPMENT JOINT STOCK CO.,LTD.	120726
32	广州鹏城房产有限公司 GUANGZHOU PENGCHEN REAL ESTATE CO.,LTD.	117143
33	顺德市新诚置业发展公司 SHUNDE XINCHENG PROPERTY DEVELOPMENT COMPANY	116301
34	深圳庐山置业有限公司 SHENZHEN LUSHAN PROPERTY CO.,LTD.	116245
35	珠海经济特区房地产开发总公司 ZHUHAI SEZ REAL ESTATE DEVELOPMENT CORPORATION	116034
36	珠海市东大房产开发股份有限公司 ZHUHAI DONGDA PROPERTY DEVELOPMENT JOINT STOCK CO.,LTD.	113902
37	东莞市附城区房地产开发公司 DONGGUAN FUCHENG DISTRICT REAL ESTATE DEVELOPMENT COMPANY	110300
38	深华集团公司 SHENHUA GROUP CORPORATION	109605
39	深圳百仕达实业有限公司 SHENZHEN STNOLINK ENTERPRISES CO.,LTD.	108740
40	广州侨信房产开发有限公司 GUANGZHOU QIAOXIN PROPERTY DEVELOPMENT CO.,LTD.	106819
41	深圳市富源房地产开发有限公司 SHEN ZHEN FUYUAN REAL ESTATE DEVELOPMENT CO.,LTD.	103613
42	深圳新亚洲实业发展有限公司 SHENSHEN NEW ASIA INDUSTRIAL DEVELOPMENT CO.,LTD.	103460
43	大中华国际实业(深圳)有限公司 GREAT CHINA INTERNATIONAL ENTERPRISE(SHENZHEN)LTD	100000
44	顺德市振华房地产公司 SHUNDE ZHENHUA REAL ESTATE COMPANY	99822
45	深圳市建鹏达房地产开发公司 SHENZHEN JIANPENGDA REAL ESTATE DEVELOPMENT CORP.	99230
46	广州市广源实业总公司 GRANGZHOU GRANG YUAN INDUSTRIAL CORPORATION	98829
47	广州市越秀区北秀实业公司 YUE XIU DISTRICT BEIXIU INDUSTRIAL COMPANY,GUANGZHOU	97833
48	广州市银农城镇建设开发公司 YINGNONG TOWN CONSTRUCTION DEVELOPMENT CO.MPANY,GUANGZHOU	97078
49	惠州市大亚湾房地产开发总公司 HUIZHOU DAYAWAN REAL ESTATE DEVELOPMENT CORPORATION	92259
50	南海黄岐房地产总公司 NANHAI HUANGQI REAL ESTATE CORPORATION	91804

主要统计指标解释

固定资产投资额 是以货币表现的建造和购置固定资产活动的工作量，它是反映固定资产投资规模、速度、比例关系和使用方向的综合性指标。全社会固定资产投资包括国有经济单位投资、城乡集体经济单位投资、其它各种经济类型的单位投资和城乡居民个人投资。按照我国现行计划管理体制，全社会固定资产投资总额分为基本建设、更新改造、房地产开发投资和其它固定资产投资四个部分；城乡集体经济单位投资包括城镇集体所有制单位投资和农村集体所有制单位投资；其它各种经济类型单位投资包括联营经济、股份制经济、中外合资经济、中外合作经济、外资、与大陆合资经营、与大陆合作经营、港澳台独资及其它经济的单位投资；城乡居民个人投资包括城市、县城、镇、工矿区所辖范围内的个人建房和农村个人建房及购买生产性固定资产的投资。

基本建设投资 基本建设是企业、事业、行政单位以扩大生产能力或工程效益为主要目的的新建、扩建工程及有关工作。

更新改造投资 更新改造是指企业、事业单位对原有设施进行固定资产更新和技术改造，以及相应配套的工程和有关工作（不包括大修理和维护工程）。

房地产开发投资 包括各种经济类型的房地产开发公司、商品房建设公司及其它房地产开发单位统一开发的包括统代建、拆迁还建的住宅、厂房、仓库、饭店、宾馆、度假村、写字楼、办公楼等房屋建筑物和配套的服务设施、土地开发工程，如道路、给水、排水、供电、供热、通讯、平整场地等基础设施工程的投资。包括非房地产企业实际从事房地产开发或经营活动，不包括单纯的土地交易活动。

其它固定资产投资 全社会固定资产投资中未列入基本建设、更新改造和房地产开发投资的建造和购置固定资产的活动。包括：

(1) 国有单位按规定不纳入基本建设计划和更新改造计划管理，总投资在5万元以上的以下工程：①用油田维护费和石油开发基金进行的油田维护和开发工程；②煤炭、铁矿、森工等采掘采伐业用维简费进行的开拓延伸工程；③交通部门用公路养路费对原有公路、桥梁进行改建的工程；④商业部门用简易建筑费建造的仓库工程。

(2) 联营经济、股份制经济、外商投资经济、港澳台投资经济及其经济类型的企、事业单位建造和购置固定资产其计划总投资在5万元以上的、未列入基本建设计划和更新改造计划的项目。

集体单位固定资产投资 包括城镇集体经济单位和农村集体经济单位建造和购置固定资产计划总投资在5万元以上的项目。

城镇和工矿区私人建房投资和农村个人投资 城镇和工矿区私人建房包括市、县城、镇、工矿区所辖范围内的全部私人建房，不论其房主是否系本地的常住人口均应包括；农村个人投资包括农村个人建房及购置生产性固定资产的投资。

新增生产能力 指通过固定资产投资活动而增加的设计能力或工程效益，它是用实物形态表示的固定资产投资的成果。新增生产能力的计算，是以能独立发挥生产能力或效益的单项工程（或项目）为对象。当单项工程（或项目）建成，经有关部门鉴定合格，正式移交投入生产，即可计算新增生产能力。

新增生产能力的数量一般按设计能力计算。设计能力是指设计文件中规定的在正常情况下能够达到的生产能力，而不论投产后的实际产量如何。以设备数量、建筑物容积、面积、长度等表示的新增生产能力（或效益），则按建成的实际数量计算。

房屋建筑面积 房屋建筑面积是从房屋外墙线算起的各层平面面积的总和，包括房屋结构（如柱、墙）占用的面积和地下室面积。多层面积按各自然层面积总和计算，包括房屋内的楼隔层，突出墙面的眺望间、门斗、有柱雨罩的面积。不包括突出墙结构的构件、艺术装饰等所占面积，如台阶等。凹阳台、挑阳台按其水平投影面积一半计算建筑面积。

房屋竣工面积 指在报告期内房屋建筑按照设计要求已全部完工，达到住人和使用条件，经验收鉴定合格，正式移交使用单位的建筑面积。

房屋建筑面积竣工率 指一定时期内房屋竣工面积占同期房屋施工面积的比率。它是从房屋建筑施工速度的角度反映投资效果和建筑业经济效益的指标。

新增固定资产 指通过投资活动所形成的新的固定资产价值。包括已经建成投入生产或交付使用的工程价值和达到固定资产标准的设备、工具、器具的价值及有关应摊入的费用，它是以价值形式表示的固定资产投资成果的综合性指标，可以综合反映不同时期、不同部门、不同地区的固定资产投资成果。

固定资产交付使用率指一定时期新增固定资产与同期完成投资额的比率。它是反映各个时期固定资产动用速度，衡量建设过程中投资效果的一个综合性指标。

建设项目投产率 指一定时期内全部建成投产项目个数占同期正式施工项目个数的比率。它是从项目建设速度的角度反映投资效果的指标。

Explanatory Notes on Main Statistical Indicators

Amount of Investment in Fixed Assets refers to the volume of activities in construction and purchases off fixed assets in monetary terms. It is a comprehensive indicator which shows the size, pace, proprotional relations and use orientation of the investment in fixed assets. Total investment in fixed assets in the whole country includes the investment by the state-owned units, the investment by the urban and rural collective units, the investment by the units of other types of ownership and the investment by the individuals in the urban and rural areas. According to China's current planning management system, the investment in fixed assets in the whole country is classified into the following four parts: investment in capital construction, investment in invovation, investment in real estate development and other investment in fixed assets. The investment by the urban and rural collective units includes the investment by the urban collective units and the investment by the rural collective units. The investment by the units of other types of ownership includes the investment by the units of joint-owned economy, share-holding economy, Sino-foreign joint economy, Sino-foreign cooperative economy, economy exclusively with foreign investment, Mainland-Hong Kong or Mainland-Macao or Mainland-Taiwan joint economy, Mainland-Hong Kong or Mainland-Macao or Mainland-Taiwan cooperative economy, and economy exclusively with investment of Hong Kong or Macao or Taiwan. The investment by the individuals in the urban and rural areas includes the investment in personal house buildings in the areas under the jurisdiction of city, county, town and special industrial and mining areas as well as the investment in personal house buildings and purchase of productive fixed assets in the rural areas.

Investment in Capital Construction: Capital construction refers to the new construction projects or extension projects and the related work of the enterprises, institutions or administrative units mainly for the purpose of expanding production capacity or improving project effficiency.

Investment in Innovation: Innovation refers to the renewal of fixed assets and technological innovation of the original facilities by the enterprises and institutions as well as the corresponding supplementary projects and the related work (excluding major overhaul and maintenance projects).

Investment in Real Extate Development: It includes the investment by the real estate development companies, Commodity building construction companies and other real estate development units of various types of ownership in the construction of house buildings, such as residential buildings, factory buildings, warehouses, hotels, guesthouses, holiday villages, office buildings, and the complementary service facilities and land development projects, such as roads, water supply, water drainage, power-supply, heating, telecommunications, land levelling and other projects of infrastructure. It covers the activities of the non-real estate companies in real estate development or management, but excludes the activities in simple land transactions.

Other Investment in Fixed Assets refers to the construction and pruchases of fixed assets not listed in the investment in capital construction, investment in innovation and investment in real estate development. It includes:

Ⅰ. The following projects of the state-owned units with the total investment more than 50 thousand yuan, which are not included in the plan of capital construction and the plan of innovation: (1) projects of oil fields maintenance and exploitation with the oil fields maintenance funds and petroleum development funds; (2) opening and extending projects with the maintenance funds in coal, ore and other mining enterprises and logging enterprises; (3) project of reconstruction of the original highways and bridges with the highway maintenance funds in the department of communication; (4) projects of construction of warehouse with the funds of simple construction in the commercial department.

Ⅱ. The Projects of construction and purchases of fixed assets by the enterprises or institutions of joint-owned economy, share-holding economy, foreign-funded economy, economy funded by the entrepreneurs from Hong Kong, Macao and Taiwan and other economy with the planned total investment more than 50 thousand yuan which are not included in the plan of capital construction and the plan of innovation.

Investment in Fixed Assets by Collective Owned Units includes the projects of construction and purchases of fixed assets by the urban collective units and the rural collective units with the planned total investment more than 50 thousand yuan.

The Private Investment in House Construction in The Urban Areas and Industrial and Mining and Areas as Well as the Individual Investment in the Rural Areas: The Private house construction in the urban areas and industrial and mining areas includes all the private house construction under the jurisdiction of cities,counties,towns and mining areas includes all the private house construction under the jurisdiction of cities, counties, towns and industrial and mining areas, no matter whether its house-owner is the permanent resident in the locality or not. The investment by the individuals in the rural areas includes the investment in house construction and purchases of productive fixed assets by the individuals in the rural areas.

Newly Increase Production Capacity refers to the increase of designed capacity and project efficiency through investment in fixed assets, which reflects the accomplishment of investment in fixed assets in kind. The calculation of newly increased production capacity is based on individual projects which operate independently.

When an individual project is completed and checked and accepted and put into production, it is counted as newly increased production capacity.

Newly increased production capacity in terms of quantity is calculated in designed capecity in general, which refers to the production capacity of a project under normal conditions designed in construction documents regardless of the actual output.

Floor Space of Buildings under Construction and Completed refers to total floor space in each story of buildings calculated from the outside line of building walls, including the space occupied by constructions like pillars or walls and basements. The floor space of muti-story building includes the total floor space of each story, including areas occupied by seperating walls, watching rooms, doorways and pillars, but excluding protruding wall structures, artistic decoration, etc. (for exemple, flight of steps). The space of reccessed veranda and cantilevered balcony is counted by half of the projection area.

Floor Space of Buildings Completed refers to the floor space of buildings completed in the reference period, which have come up to the designed standards and have been put into use.

Completion Rate of Floor Space of Buildings refers to the ratio of the floor space of buildings completed in certain period of time to the floor space of the construction industry from the angle of the speed of project construction.

Newly Increased Fixed Assets refer to the newly increased value of fixed assets through investment, including the value of projects completed and put into production, the value of equipment, tools, and vessels considered as fixed assets, as well as the relevant expenses as investment in fixed assets. This is a comprehensive indicator of investment in fixed assets, reflecting the achievements of investment in fixed assets in different periods, different sectors and different regions.

Rate of Construction Projects Completed and Put into Use refers to the ratio of the number of construction projects completed and put into use in certain period of time to the number of projects under construction in the same period. This reflects the investment efficiency from the angle of the speed of projects construction.

Rate of Projects of Fixed Assets Completed and Put into Operation refers to the ratio of the newly increased fixed assets to the total investment made in the same period. This is a comprehensive indicator, zreflecting the speed of the employment of fixed assets and the investment efficiency.

七　能源生产和消费

PRODUCTION AND CONSUMPTION OF ENERGY

简要说明

一、本篇资料反映广东能源生产和消费情况，主要包括：能源生产、消费及品种构成；分行业能源消费总量；综合能源平衡；能源生产和消费弹性系数；能源加工转换效率；生活用能源消费；重点耗能工业企业等数据资料。

二、本篇资料由广东省统计局工业交通处整理提供。

三、能源统计资料取自全省能源平衡表和重点耗能工业企业能源购进、消费及库存表。

地区能源平衡表的编制范围为辖区内生产和消费能源的单位，其中全部国有工业和年销售收入500万元以上工业企业的能源消费根据国家统计局制发的报表制度由统计系统搜集资料逐级汇总上报；加工转换消费来源于重点耗能工业企业能源购进、消费及库存表；其他数据来源于有关厅(局)、公司或企业。

四、关于数据口径与计算的说明：

1、一次能源生产量与工业统计数字一致。

2、能源生产与消费弹性系数分别以能源生产、消费增长速度与国内生产总值增长速度相比求得。

3、能源平衡表中，进口量和出口量主要根据海关统计数据求得，电力折算标准煤系数按平均发电煤耗计算。

4、能源加工转换效率表中的电力折算标准煤系数采用当量值计算，每千瓦小时折0.1229千克标准煤。

PRODUCTION AND CONSUMPTION OF ENERGY

Brief Introduction

Ⅰ. The data in this chapter reflect the energy production and consumption of Guangdong Province, mainly including the energe production and consumption and their composition, the energy consumption by sector, the overall balance of energy, the elasticity coefficient of energy production and consumption, the efficiency of energy conversion and the consumption of energy for residential use, key energy—consumption industrial enterprises, etc.

Ⅱ. The data in this chapter are prepared and provided by the Division of Industrial and Transport Statistics, Statistical Bureau of Guangdong Province.

Ⅲ. The data in this chapter come from the energy balance sheet of the whole province and the sheets of energy purchase,consumption and storage of key energy—consumption industrial enterprises.

The coverage of the regional energy balance includes the units that produce and consume energy. Among them, the data on the energy consumption of all the state—owned industrial enterprises and the enterprises with yearly sales revenue over 5 million yuan are collected by the statistical agencies in accordance with the statistical reporting scheme stipulated by the State Statistical Bureau and tabulated and reported to the higher authorities level by level; the data on the energy processing,transformation and consumption are derived from the sheets of energy purchase, consumption and storage of key enery—consumption industrial enterprises, other data are provided by related government departments, companies and enterprises.

Ⅳ. Data coverage and calculation:

(1)The data on the production of primary energy are the same as the concerned data of the industrial statistics.

(2)The elasticity coefficient of energy production is calculated as the quotient of the growth rate of energy production divided by the growth rate of GDP; and the elasticity coefficient of energy consumption is calculated as the quotient of the growth rate of energy consumption divided by the growth rate of GDP.

(3)In the energy balance, the data on the imports and exports are the data from the customs statistics. The coefficient for conversion of electric power into the standard coal equivalent is calculated according to the average consumption of coal for generating electricity.

(4)In the table on the efficiency of energy conversion, the coefficient for conversion of electric power into the standard coal equivalent is calculated in the following way: 1 kwh of electric Power is converted into 0. 1229 kg standard coal equivalent.

7-1 能源生产总量及构成
TOTAL PRODUCTION OF ENERGY AND ITS COMPOSITION

项 目	Item	1990	1994	1995	1996	1997	1998
能源生产总量(万吨折标准煤)	Total Energy Production (10000 tons of SCE)	1006.24	2285.67	2622.53	3758.31	4078.59	3913.58
构 成 (%)	Composition (%)	100.0	100.0	100.0	100.0	100.0	100.0
原 煤	Coal	63.1	28.7	29.1	18.3	14.7	13.9
原 油	Crude oil	7.0	30.2	35.5	49.0	49.7	49.7
电 力	Electricity	29.9	41.1	34.9	25.5	24.7	25.7
天然气	Natural Gas			0.5	7.2	10.9	10.7

7-2 能源消费总量及构成
TOTAL CONSUMPTION OF ENERGY AND ITS COMPOSITION

项 目	Item	1990	1994	1995	1996	1997	1998
一、一次能源消费量(万吨折标准煤)	Primary Energy Consumption (10000 tons of SCE)	3690.25	5693.89	6147.61	6383.98	6586.97	6570.17
构 成 (%)	Composition (%)	100.0	100.0	100.0	100.0	100.0	100.0
原 煤	Coal	56.5	56.3	56.4	56.0	54.2	54.4
原 油	Crude oil	35.3	27.3	28.5	28.8	30.1	29.9
电 力	Electricity	8.2	16.4	14.9	15.0	15.3	15.3
天然气	Natural Gas			0.2	0.2	0.4	0.4
二、终端能源消费量(万吨折标准煤)	Total Energy Final Consumption (10000 tons of SCE)	3936.44	6479.77	7062.28	7456.35	7669.53	8083.38
构 成 (%)	Composition (%)	100.0	100.0	100.0	100.0	100.0	100.0
原 煤	Coal	33.6	27.3	27.0	24.2	22.9	20.8
油 品	oil products	22.4	20.5	20.9	20.2	19.2	21.5
电 力	Electricity	33.0	40.6	39.7	41.2	40.3	40.5
其 他	Others	11.0	11.6	12.4	14.4	17.6	17.2

7-3 综合能源平衡表
OVERALL ENERGY BALANCE

单位:万吨标准煤 (10000 tons of SCE)

项　目	Item	1990	1995	1997	1998
可供本地区消费的能源量	**Total Energy Available for Consumption by Locality**	**4044.28**	**7344.82**	**7953.21**	**8375.72**
年初库存量	Stock at Year-beginning	583.00	614.43	745.49	744.75
一次能源生产量	Primary Energy Output	1006.24	2622.53	4078.59	3913.58
回　收　能	Recovery of Energy		19.07	45.36	54.11
外省调入量	Allocation from Other Province	2955.36	4293.08	3639.71	4236.25
进　口　量	Imports	473.83	1575.45	3064.64	2954.24
我国轮、机在外国加油量	Petroleum Consumed by Chinese Airplanes and Ships Abroad	12.28			
本省调出量(-)	Allocatin over other Province(—)	-113.82	-609.34	-1171.57	-1055.83
出　口　量(-)	Exports(-)	-153.11	-509.37	-1672.44	-1674.88
外国轮、机在我国加油量(-)	Petroleum Consumed by Foreign Airplanes and Ships in China	-70.30	-50.82	-31.80	-30.35
年末库存量(-)	Stock at Year-end	-649.20	-610.24	-744.75	-766.16
加工转换投入(-)产出(+)量	**Input-Output in Processing and Transformation**	**-13.74**	**-11.86**	**-19.76**	**-14.61**
火力发电	Thermal Power				
供　热	Heating				
炼　焦	Coking	-4.21	-6.95	-4.55	-4.37
炼　油	Petroleum Refining	-6.90	-1.86	-10.00	-2.99
制　气	Gas Production		-3.05	-5.21	-7.25
损　失　量	**Losses**	**113.33**	**271.16**	**263.94**	**277.93**
#运输和输配损失	Losses in Transmission	104.17	266.75	259.39	273.43
终端消费量	**Final Consumption**	**3936.44**	**7062.28**	**7669.53**	**8083.38**
第一产业	Primary Industry	193.15	349.96	325.56	347.49
农、林、牧、渔业	Farming, Forestry, Animal Husbandry and Fishery	193.15	349.96	325.56	347.49
第二产业	Secondary Industry	2775.58	4626.99	5121.12	5283.44
工　业	Industry	2728.01	4521.20	5053.62	5209.39
#用作原材料、燃料	As Raw and Processed Materials & Fuel	335.68	99.90	98.21	104.25
建　筑　业	Construction	47.57	105.76	67.51	74.06
第三产业	Tertiary Industry	515.11	1093.40	1114.74	1274.00
交通运输仓储及邮电通信业	Transportation,Postal,Storage and Telecommunication Services	339.43	577.29	579.98	696.04
#远洋运输业	Ocean Transportation	58.92	143.20	148.20	122.91
批发和零售贸易业、餐饮业	Wholesale and Retail Sale Trades, Catering Trade	92.16	283.01	314.97	334.60
其　他	Others	83.52	233.10	219.78	243.34
生活消费	Residential Consumption	452.60	991.92	1108.10	1178.48
城　镇	Urban	296.73	659.27	720.79	765.15
乡　村	Rural	155.87	332.61	387.33	413.31
平衡差额	**Balance**	**-19.23**	**-0.48**	**-0.02**	**-0.23**
消费量合计	**Total Energy**	**4063.51**	**7345.30**	**7953.23**	**8375.92**

7-4 分行业能源消费总量和原煤、电力消费量(1998年)

CONSUMPTION OF TOTAL ENERGY, COAL AND ELECTRICITY BY SECTOR (1998)

行业	Sector	能源消费总量(万吨标准煤) Total Energy Consumption (10000 Tons of SCE)	原煤消费量(万吨) Coal Consumption (10000 Tons)	电力消费量(亿千瓦小时) Electricity Consumption (100 million KWH)
消费总量	**Total**	**8375.92**	**4999.41**	**987.85**
农、林、牧、渔业	**Farming, Forestry, Animal Husbandry and Fishery**	**347.49**	**70.67**	**32.75**
工业	**Industry**	**5500.17**	**4755.54**	**629.69**
采掘业	**Mining and Quarrying**	**108.72**	**33.96**	**16.72**
煤炭采选业	Coal Mining and Dressing	25.86	13.40	4.54
石油和天然气开采业	Petroleum and Natural Gas Extraction	40.43		3.32
黑色金属矿采选业	Ferrous Metals Mining and Dressing	3.79	0.61	0.68
有色金属矿采选业	Nonferrous Metals Mining and Dressing	12.41	17.71	2.34
非金属矿采选业	Nonmetal Minerals Mining and Dressing	22.58	2.24	4.83
其他矿采选业	Other Minerals Mining and Dressing	1.82		0.51
木材及竹材采运业	Logging and Transport of Wood and Bamboo	1.87		0.50
制造业	**Manufacturing**	**4801.96**	**2576.93**	**454.25**
食品加工业	Food Processing	312.04	496.21	18.15
食品制造业	Food Production	107.67	91.26	9.44
饮料制造业	Beverage Production	48.22	39.20	4.14
烟草加工业	Tobacco Processing	8.15	2.95	0.78
纺织业	Textile Industry	261.73	95.48	29.46
服装及其他纤维制品制造	Garments and Other Fiber Products	88.38	3.99	11.96
皮革毛皮羽绒及其制品业	Leather, Furs, Down and Related Products	38.63	6.27	6.55
木材加工及竹藤棕草制品业	Timber Processing, Bamboo, Cane, Palm Fiber & Straw Products	20.26	9.84	2.77
家具制造业	Furniture Manufacturing	7.63	0.26	1.44
造纸及纸制品业	Paper Making and Paper Products	206.31	202.85	22.03
印刷业记录媒介的复制	Printing and Record Medium Reproduction	17.03	2.00	2.68
文教体育用品制造业	Cultural, Educational and Sports Articles	44.90	1.88	8.30
石油加工及炼焦业	Petroleum Processing and Coking	648.99	100.14	9.80
化学原料及制品制造业	Raw Chemical Materials and Chemical Products	311.03	216.16	27.86
医药制造业	Medical and Pharmaceutical Products	47.65	33.70	4.70
化学纤维制造业	Chemical Fiber	51.62	12.02	9.72
橡胶制品业	Rubber Products	111.86	27.70	23.18
塑料制品业	Plastic Products	173.25	37.29	29.80
非金属矿物制品业	Nonmetal Mineral Products	1229.49	930.86	75.17
黑色金属冶炼及压延加工业	Smelting and Pressing of Ferrous Metals	271.98	56.94	21.37
有色金属冶炼及压延加工业	Smelting and Pressing of Nonferrous Metals	184.00	134.47	6.98
金属制品业	Metal Products	137.75	4.39	31.48
普通机械制造业	Ordinary Machinery	71.28	17.41	13.35
专用设备制造业	Equipment for Special Purposes	20.99	7.84	2.51
交通运输设备制造业	Transportation Equipment	33.97	5.53	6.22
电气机械及器材制造业	Electric Equipment and Machinery	90.37	4.58	16.99
电子及通信设备制造业	Electronic and Telecommunications Equipment	109.69	3.02	21.95
仪器仪表文化办公用机械	Instruments, Meters, Cultural and Office Machinery	16.68		3.32
其他制造业	Other Manufacturing Industry	130.27	32.69	32.13
电力煤气及水生产供应业	**Electric Power, Gas and Water Production and Supply**	**589.51**	**2144.65**	**158.72**
电力蒸汽热水生产供应业	Electric Power, Steam and Hot Water Produc-tion and Supply	496.30	2132.58	138.33
煤气的生产和供应业	Gas Production and Supply	26.29	12.07	1.72
自来水的生产和供应业	Tap Water Production and Supply	66.92		18.67
建筑业	**Construction**	**74.06**	**0.52**	**14.89**
交通运输、仓储及邮电通信业	**Transportation, Storage, Postal & Telecommuni-cations Services**	**697.89**	**68.30**	**15.34**
批发和零售贸易餐饮业	**Wholesale, Retail Trade and Catering Services**	**334.60**	**17.11**	**69.22**
其他行业	**Others**	**243.34**		**62.33**
生活消费	**Residential Consumption**	**1178.48**	**87.27**	**163.63**

7-5 平均每天各种能源消费量
AVERAGE DAILY ENERGY CONSUMPTION BY VARIETY

能源品种	Item	1990	1995	1997	1998
合　　计（吨标准煤）	**Total (tons of SCE)**	**112476**	**201241**	**217897**	**221462**
煤　　炭（吨）	Coal (tons)	50828	72961	68518	65723
焦　　炭（吨）	Coke (tons)	2871	3613	4356	4353
原　　油（吨）	Crude Oil (tons)	754	143	261	117
燃 料 油（吨）	Fuel Oil (tons)	4874	7195	8135	8478
汽　　油（吨）	Gasoline (tons)	3878	7700	7192	7720
煤　　油（吨）	Kerosene (tons)	866	1535	1774	1799
柴　　油（吨）	Diesel Oil (tons)	7025	11334	10610	14716
液化石油气（吨）	Liquefied Petroleum Gas (tons)	549	5110	8019	8332
电　　力（万千瓦时）	Electricity (10000 kwh)	9836	19698	23222	24974

7-6 平均每人年生活用能源
ANNUAL AVERAGE RESIDENTIAL ENERGY CONSUMPTION PER CAPITA

能源品种	Item	1990	1995	1997	1998
合　　计（千克标准煤）	**Total (kg of SCE)**	**72.04**	**146.11**	**158.00**	**165.62**
煤　　炭（千克）	Coal (kg)	56.77	40.07	22.76	16.28
汽　　油（千克）	Gasoline (kg)	1.65	4.50	4.51	4.78
煤　　油（千克）	Kerosene (kg)	1.95	1.18	0.72	0.58
柴　　油（千克）	Diesel Oil (kg)		0.37	0.54	0.62
液化石油气（千克）	liquefied Petroleum Gas (kg)	1.76	24.51	37.64	37.24
电　　力（千瓦小时）	Electricity (kwh)	63.90	165.24	190.11	229.96

7-7 分品种生活能源年消费总量
ANNUAL RESIDENTIAL ENERGY TOTAL CONSUMPTION BY VARIETY

能源品种	Item	1990	1995	1997	1998
合　　计（万吨标准煤）	**Total (10000 tons SCE)**	**454.71**	**991.92**	**1108.10**	**1178.48**
煤　　炭（万吨）	Coal (10000 tons)	348.03	272.01	159.61	115.82
汽　　油（万吨）	Gasoline (10000 tons)	10.44	30.54	31.64	34.00
煤　　油（万吨）	Kerosene (10000 tons)	11.98	8.00	5.02	4.15
柴　　油（万吨）	Diesel Oil (10000 tons)		2.54	3.79	4.42
液化石油气（万吨）	Liquefied Petroleum Gas (10000 tons)	10.78	166.41	264.02	265.00
电　　力（亿千瓦小时）	Electricity (100 million kwh)	39.17	112.18	133.34	163.63

7-8 能源加工转换效率
EFFCIENCY OF ENERGY CONVERSION

单位：%　　　　(%)

年份 Year	火力发电 Thermal Power Genertaion	供热 Heating	炼焦 Coking	炼油 Petroleum Refining	制气 Gas Production
1990	31.13	79.21	93.48	99.44	
1995	31.85	80.07	90.93	99.89	86.17
1997	33.99	82.07	93.70	99.49	78.38
1998	34.53	86.89	93.54	99.84	69.95

7-9 能源生产弹性系数
ELASTICITY COEFFICIENT OF ENERGY PRODUCTION

年份 Year	能源生产比上年增长% Growth Rate of Energy Production over Preceding Year(%)	电力生产比上年增长% Growth Rate of Electricity Production over Preceding Year(%)	国内生产总值比上年增长% Growth Rate of Gross Domestic Probuct(GDP) over Preceding Year(%)	能源生产弹性系数 Elasticity Coefficient of Energy Production	电力生产弹性系数 Elasticity Coefficient of Electricity Production
1986	1.03	8.00	12.7	0.08	0.63
1990	0.28	15.30	11.6	0.02	1.32
1992	30.29	16.22	22.1	1.37	0.73
1993	11.12	24.79	22.3	0.50	1.11
1994	41.60	34.55	19.1	2.18	1.81
1995	14.74	6.55	14.9	0.99	0.44
1996	43.30	10.70	10.7	4.05	1.00
1997	8.52	7.98	10.6	0.80	0.75
1998	-4.05	5.58	10.2		0.55

7-10 能源消费弹性系数
ELASTICITY COEFFICIENT OF ENERGY CONSUMPTION

年份 Year	能源消费比上年增长% Growth Rate of Energy Consumption Over Preceding Year(%)	电力消费比上年增长% Growth Rate of Electricity Consumption over Preceding Year(%)	国内生产总值比上年增长% Growth Rate of Gross Domestic Product(GDP) over Preceding Year(%)	能源消费弹性系数 Elasticity Coefficient of Energy Consumption	电力消费弹性系数 Elasticity Coefficient of Electricity Consumption
1986	8.37	4.73	12.7	0.66	0.37
1990	4.09	14.33	11.6	0.35	1.24
1992	11.06	20.34	22.1	0.50	0.92
1993	11.60	23.10	22.3	0.52	1.04
1994	15.70	16.98	19.1	0.82	0.89
1995	9.17	7.62	14.9	0.62	0.51
1996	5.45	8.89	10.7	0.51	0.83
1997	2.68	7.13	10.6	0.25	0.67
1998	5.31	7.51	10.2	0.52	0.74

7-11 重点耗能工业企业产值能耗(1998年)

ENERGY CONSUMPTION FOR OUTPUT VALUE OF KEY ENERGY CONSUMPTION INDUSTRIAL ENTERPRISES(1998)

行业	Sector	本期产值综合能耗(吨标准煤/万元) Total energy consumption fer output value in current year (Tons of SCE/10000 yuan)	去年同期产值综合能耗(吨标准煤/万元) Total energy consumption fer output value in preceding year (Tons of SCE/10000 yuan)	比去年同期增长(%) Growth rate over preceding year (%)	节能量(吨标准煤) Amount of Energy Saved (tons of SCE)
工业合计	**Industry**	**1.82**	**1.92**	**-5.21**	**1246734.44**
煤炭采选业	Coal Minimg and Dressing	10.48	10.28	1.95	-4391.76
石油和天然气开采业	Petroleum and Natural Gas Extraction	1.25	0.99	26.26	-111259.72
黑色金属矿采选业	Ferrous Metals Mining and Dressing	1.09	1.09		
有色金属矿采选业	Nonferrous Metals Mining and Dessing	2.02	2.01	0.50	-1718.24
非金属采选业	Nonmetal Minerals Mining and Dessing	1.58	1.68	-5.95	2954.13
食品加工业	Food Processing	2.64	3.01	-12.29	225028.45
食品制造业	Food Production	0.86	0.94	-8.51	15155.65
饮料制造业	Beverage Production	0.40	0.30	33.33	-35303.50
烟草加工业	Tobacco Processing	0.08	0.09	-11.11	2186.75
纺织业	Textile Industry	0.88	0.82	7.32	-73956.23
服装及其他纤维制品制造业	Garments and other Fiber Products	0.66	0.64	3.13	-2460.89
皮革、毛皮、羽绒及其制品业	Leather,Furs,Down and Related Products	0.15	0.15		
木材加工及竹、藤、棕、草制品业	Timber Processing,Bamboo,Cane,Palm Fiber and Straw Products	0.85	0.89	-4.49	4693.84
家具制造业	Furniture Manufacturing	0.10	0.07	42.86	-131.25
造纸制造业	Paper Making and Paper Products	2.56	2.92	-12.33	80080.92
石油加工业及炼焦业	Petrolum Processing and Coking	3.29	3.10	6.13	-172843.00
化学原料及化学制品制造业	Raw Chemical Materials and Chemical Products	2.45	2.57	-4.67	77546.53
医药制造业	Medical and Pharmaceutical Products	0.57	0.60	-5.00	1014.21
化学纤维制造业	Chemical Fiber Manufacturing	0.27	0.27		
橡胶制品业	Rubber Products	0.57	0.54	5.56	-7188.68
塑料制品业	Plastic Products	0.43	0.44	-2.27	1254.03
非金属矿物制品业	Nonmetal Mineral Products	4.70	4.55	3.30	-193711.86
黑色金属冶炼及压延加工业	Smelting and Pressing of Ferrous Metals	5.76	6.70	-14.03	370921.30
有色金属冶炼及压延加工业	Smelting and Pressing of Nonferrous Metals	1.01	1.71	-40.94	85941.10
金属制品业	Metal Products	0.21	0.23	-8.70	2886.81
普通机械制造业	Ordinary Machinery	0.73	0.71	2.82	-1605.65
专用设备制造业	Equipment for Special Purposes	0.20	0.13	53.85	-2195.40
交通运输设备制造业	Transportation Equipment	0.24	0.19	26.32	-15812.30
电气机械及器材制造业	Electric Equipment and Machinery	0.09	0.09		
电子及通信设备制造业	Electronic and Telecommunications Equipment	0.20	0.20		
仪器仪表及文化、办公用机械制造业	Instruments,Meters,Cultural and Office Machinery	0.91	0.84	8.33	-833.77
其他制造业	Other Manufacting Industry	2.77	2.80	-1.07	287.73
电力、蒸气、热水的生产和供应业	Electric Power, Steam and Hot Water Production and Supply	4.79	5.42	-11.62	447275.17
煤气生产和供应业	Gas Production and Supply	5.01	6.62	-24.32	20496.57
自来水的生产和供应业	Tap Water Production and Supply	4.19	4.15	0.96	-2763.51

主要统计指标解释

能源生产总量 指一定时期内全国(地区)一次能源生产量的总和,是观察全国(地区)能源生产水平、规模、构成和发展速度的总量指标。一次能源生产量包括原煤、原油、天然气、水电及其他动力能(如风能、地热能等)发电量。不包括低热值燃料生产量、生物质能、太阳能等的利用和由一次能源加工转换而成的二次能源产量。

能源消费总量 指一定时期内全国(地区)物质生产部门、非物质生产部门和生活消费的各种能源的总和,是观察能源消费水平、构成和增长速度的总量指标,能源消费总量包括原煤和原油及其制品、天然气、电力。不包括低热值燃料、生物质能和太阳能等的利用。能源消费总量分为三部分,即终端能源消费量、能源加工转换损失量和损失量。

(1)终端能源消费量 指一定时期内全国(地区)物质生产部门、非物质生产部门和生活消费的各种能源在扣除了用于加工转换二次能源消费量和损失量以后的数量。

(2)能源加工转换损失量 指一定时期内全国(地区)投入加工转换的各种能源数量之和与产出各种能源产品之和的差额。它是观察能源在加工转换过程中损失量变化的指标。

(3)能源损失量 指一定时期内能源在输送、分配、储存过程中发生的损失和由客观原因造成的各种损失量。不包括各种气体能源放空、放散量。

能源生产弹性系数 是研究能源生产增长速度与国民经济增长速度之间关系的指标。计算公式:

$$\text{能源生产弹性系数} = \frac{\text{能源生产总量年平均增长速度}}{\text{国民经济年平均增长速度}}$$

国民经济年平均增长速度,可根据不同的目的或需要,用国民生产总值,国内生产总值等指标来计算,本资料是采用国内生产总值指标计算的。

电力生产弹性系数 是研究电力生产增长速度与国民经济增长速度之间关系的指标。一般来说,电力的发展应当快于国民经济的发展,也就是说电力应超前发展。计算公式:

$$\text{电力生产弹性系数} = \frac{\text{电力生产量年平均增长速度}}{\text{国民经济年平均增长速度}}$$

能源消费弹性系数 是反映能源消费增长速度与国民经济增长速度之间比例关系的指标。计算公式:

$$\text{能源消费弹性系数} = \frac{\text{能源消费量年平均增长速度}}{\text{国民经济年平均增长速度}}$$

电力消费弹性系数 是反映电力消费增长速度与国民经济增长速度之间比例关系的指标。计算公式:

$$\text{电力消费弹性系数} = \frac{\text{电力消费量年平均增长速度}}{\text{国民经济年平均增长速度}}$$

能源加工转换效率 指一定时期内能源经过加工、转换后,产出的各种能源产品的数量与同期内投入加工转换的各种能源数量的比率。它是观察能源加工转换装置和生产工艺先进与落后、管理水平高低等的重要指标。计算公式:

$$\text{能源加工转换效率} = \frac{\text{能源加工、转换产出量}}{\text{能源加工、转换投入量}} \times 100\%$$

Explanatory Notes on Main Statistical Indicators

Total Energy Production refers to the total production of primary energy by all energy producing enterprises in the country (region) in a given period of time. It is a comprehensive indicator to show the capacity, scale, composition and development of energy production of the country (region). The production of primary energy includes that of coal, crude oil, natural gas, hydropower and electricity generated by other means such as wind power and geothermal power. However, it excludes the production of fuels of low calorific value, bioenergy, solar energy and the secondary energy converted from the primary energy.

Total Domestic Energy Consumption refers to the total consumption of energy of various kinds by material production sectors, non—material production sectors and households in the country (region) in a given period of time. It is a comprehensive indicator to show the scale, composition and development of energy consumption. The total energy consumption includes that of coal, crude oil and their products, natural gas and electricity. However, it excludes the consumption of fuel of low calorific value, bioenergy and solar energy. Total domestic energy consumption can be divided into three parts:

(1)Final Energy Consumption: It refers to the total energy consumption by material production sectors, non—material production sectors and households in the country (region) in a given period of time, but excludes the consumption in conversion of the primary energy into the secondary energy and the loss in the process of energy conversion.

(2)Loss During the Process of Energy Conversion: It refers to the total input of various kinds of energy for conversion, minus the total output of various kinds of energy in the country in a given period of time. It is an indicator to show the loss that occurs during the process of energy conversion.

(3)Loss: It refers to the total of the loss of energy during the course of energy transport, distribution and storage and the loss caused by any objective reason in a given period of time. The loss of various kinds of gasdue to gas discharges and stocktaking is excluded.

Elasticity Coefficient of Energy Producton is an indicator to show the relationship between the growth rate of energy production and the growth rate of the national economy. The formula is:

$$\text{Elasticity Coefficient of Energy Production} = \frac{\text{Average Annual Growth Rate of Energy Production}}{\text{Average Annual Growth Rate of National Economy}}$$

The average annual growth rate of the national economy can be shown by the gross national product, gross domestic product and other indicators, depending upon the purposes or needs. The gross domestic product is used in calculation of the ratio in this chapter.

Elasticity Coefficient of Electricity Production is an indicator to show the relationship between the growth rate of electricity production and the growth rate of the national economy. Generally speaking, the growth rate of electricity production should be higher than that of the national economy. Its formula is:

$$\text{Elasticity Coefficient of Electricity Production} = \frac{\text{Average Annual Growth Rate of Electricity Production}}{\text{Average Annual Growth Rate of National Economy}}$$

Elasticity coefficient of Energy Consumption is an indicator to show the relationship between the growth rate of energy consumption and the growth rate of the national economy. The formula is:

$$\text{Elasticity Coefficient of Energy Consumption} = \frac{\text{Average Annual Growth Rate of Energy Consumption}}{\text{Average Annual Growth Rate of National Economy}}$$

Elasticity coefficient of Electricity Consumption is an indicator to show the relationship between the growth rate of electricity, consumption and the growth rate of the national economy. The formula is:

$$\text{Elasticity Coefficient of Electricity Consumption} = \frac{\text{Average Annual Growth Rate of Electricity Consumption}}{\text{Average Annual Growth Rate of National Economy}}$$

Efficiency of Energy Processing and Conversion refers to the ratio of the total output of energy products of various kinds after processing and conversion and the total input of energy of various kinds for processing and conversion in the same reference period. It is an important indicator to show the current conditions of energy processing and conversion equipment, production technique and management. The formula is:

$$\text{Efficiency of Energy Processing \& Conversion} = \frac{\text{Output of Energy After Processing \& Conversion}}{\text{Input of Energy for Processing \& Conversion}} \times 100\%$$

八　财政、金融和保险

RUBLIC FINANCE,BANKING AND INSURANCE

简要说明

一、本篇资料反映广东财政、金融、保险等方面的基本情况。

二、本篇资料由广东省统计局综合处负责整理、编辑。

三、资料来源：

财政资料根据广东省财政厅财政收支决算总表等统计报表的有关项目加工整理。

金融资料根据中国人民银行广东省分行统计月报整理。

保险业务资料根据中保财产保险有限公司广东省分公司和中保人寿保险公司广东省分公司保险业务统计报表整理。

PUBLIC FINANCE, BANKING AND INSURANCE

Brief Introduction

Ⅰ. The data in this chapter show the basic conditions of public finance, banking and insurance of Guangdong Province.

Ⅱ. The data in this chapter are prepared by the Division of Integration Statistics, Satistical Bureau of Guangdong Province.

Ⅲ. Data sources:

The data on public finance are prepared in accordance with the total final accounts table of the revenue and expenditure and other statistical report forms provided by the Department of Finance of Guangdong Province.

The data on banking are prepared in accordance with the monthly bulletins of statistics provided by Guangdong Branch, the People's Bank of China.

The data on insurance are prepared in accordance with the satistical report forms provided by Guangdong Branch, Property Insurance Limited Company of PICC and Guangdong Branch, Life Insurance Limited Company of PICC.

8-1 财政收支基本情况

BASIC SITUATIONS OF GOVERNMENT REVENUE AND EXPENDITURE

单位:亿元 (100 million yuan)

指　　标	Item	1994	1995	1997	1998
一、财政收入	**Government Revenue**	**298.70**	**382.34**	**543.95**	**640.75**
各项税收	Taxes	275.66	353.64	494.76	545.62
#增值税	Value-Added Tax	54.35	63.12	82.15	92.75
营业税	Business Tax	106.68	145.85	181.54	213.97
企业所得税	Enterprise Income Tax	34.87	43.20	74.86	70.50
外商投资企业和外国企业所得税	Income Tax of Foreign Enterprises and Foreign Funded Enterprises	10.22	16.48	26.75	34.23
城市维护建设税	Tax on City Maintenance and Construction	14.48	17.02	20.64	24.30
个人所得税	Personal Income Tax	15.04	22.09	35.79	47.77
印花税	Stamp Tax	1.70	6.31	22.85	16.23
农业税	Agricultural and Animal Husbandry Taxes	7.59	8.89	9.96	9.63
国有资产经营收益	Operating Income from State-owned Assets	3.51	2.22	5.64	4.86
国有企业计划亏损补贴	Planned Subsidies for the Loss of State-owned Enterprises	-17.40	-17.52	-15.39	-13.60
罚没收入、行政性收费收入	Forfeit and Administrative Collect Fees		27.78	46.13	60.69
专项收入	Special Revenue	9.53	12.39		16.73
其他收入	Others	25.72	3.83	12.77	7.42
二、财政支出	**Government Expenditure**	**416.83**	**525.63**	**682.66**	**825.61**
基本建设支出	Expenditure for Capital Construction	55.25	72.23	95.53	124.29
企业挖潜改造资金	Innovation Funds of The Enterprises	32.01	38.14	47.75	50.03
科技三项费用	Expenditure For Science and Technology Promotion	3.01	3.73	6.31	7.40
支农支出	Expenditure for Supporting Rural Production	14.14	14.95	19.63	17.89
农林水利气象等部门事业费	Operating Expenses of The Department of Farming,Forestry,Water Conservancy and Meteorology etc.	11.55	14.03	16.48	17.65
文体广播事业费	Expenditure for Culture,Sports and Broadcasting	15.47	16.48	22.40	23.96
教育事业费	Expenditure for Education	66.95	84.56	94.32	109.11
科学事业费	Expenditure for Science	4.73	6.14	8.61	9.84
卫生经费	Expenditure for Public Health	23.15	28.04	37.00	39.29
抚恤和社会福利救济费	Pension and Relief Funds for Social Welfare	6.39	7.57	8.73	10.42
行政管理费	Expenditure for Government Administration	36.57	42.90	55.40	60.72
城市维护费	Expenditure for City Maintenance	25.41	31.45	36.54	41.96
政策性补贴支出	Expenditure for Policy Subsidies	11.71	12.35	16.82	17.36
其他支出	Others	49.33	65.19	75.08	120.99

注：本表按新预算科目编制，其中财政收入不包括中央返还部分。

Note：This table is compiled according to the new budgetary headings, of which figures of goverment revenue not include the return part from the central government.

8-2 财政收入

GOVERNMENT REVENUE

单位:亿元　　(100 million yuan)

年 份 Year	合 计 Total Revenue	各项税收 Taxes	工商税 Indusrial and Commercial Tax	农业税 Agriculural Tax	企业收入 Revenue from Enterprises	#工业 Industry	#商业 Commerce	其他收入 Other Revenue
1952	7.15	4.87	3.22	1.65	1.71	0.54	0.63	0.57
1957	10.45	7.74	5.94	1.80	2.17	1.11	0.46	0.54
1962	13.26	8.92	7.52	1.40	4.18	1.75	0.99	0.16
1965	19.59	11.73	10.18	1.55	7.72	4.25	2.49	0.14
1970	24.34	13.50	11.74	1.76	10.69	6.89	3.18	0.15
1975	34.37	19.37	17.63	1.74	14.93	10.75	4.40	0.07
1978	39.46	25.78	24.12	1.66	13.59	9.79	3.65	0.09
1979	34.28	25.98	24.62	1.36	8.27	7.59	2.09	0.30
1980	36.10	27.72	26.18	1.54	8.19	9.18	1.41	0.19
1981	39.45	30.84	29.39	1.45	8.31	7.17	2.83	0.30
1982	40.53	34.72	33.21	1.51	5.37	6.53	1.47	0.44
1983	42.28	38.52	36.66	1.86	3.23	6.33	1.98	0.53
1984	45.17	32.19	30.20	1.99	0.81	5.61	0.88	0.77
1985	65.46	65.25	62.73	2.52	-0.75	4.28	1.27	0.96
1986	79.82	73.29	70.81	2.48	4.11	4.97	1.90	2.42
1987	92.92	88.65	85.90	2.75	1.37	1.22	-1.28	2.90
1988	107.57	119.16	116.63	2.53	-19.00	3.91	0.17	3.32
1989	136.87	145.02	142.16	2.86	-22.99	3.69	0.87	14.84
1990	131.02	135.61	132.70	2.91	-24.24	3.05	0.46	19.64
1991	177.35	158.31	154.76	3.55	-5.63	2.09	0.13	24.67
1992	222.64	195.98	191.52	4.46	-5.94	1.25	-0.63	32.60
1993	346.56	310.78	306.36	4.42	-3.61	-0.41	0.80	39.39
1994	298.70	231.61	224.02	7.59	19.85	1.94	1.47	38.06
1995	382.34	301.52	292.63	8.89	26.82	1.40	0.91	54.00
1996	479.45	369.65	359.21	10.44	61.87	2.88	1.09	47.93
1997	543.95	407.78	397.82	9.96	91.86	14.03	1.03	44.31
1998	640.75	469.57	459.94	9.63	61.74	7.76	2.88	109.44

注:本表按原预算科目编制,其中各项税收仅包括工商税和农业税.

Note: This table is compiled according to the original budgetary headings, of which the taxes in this table only included industrial and commercial and agricaltural taxes.

8-3 财政支出
GOVERNMENT EXPENDITURE

单位:亿元 (100 million yuan)

年 份 Year	支出合计 Total Expenditure	1.经 济 建 设 Expendiure for Ecomomic Construction	#工交商业 Expenditure forIndustry, Transportation and Commerce	#农林水气 Expendiure for Agricature, Foresry, Water Conservancy and Meteorology	2.社会文教卫生科研费 Expenditure for Culture, Educaion Science & Health Care	3.行政经费 Expenditure for Government Administration	4.其他支出 Other Expenditure
1952	3.32	1.57	0.32	0.71	0.55	0.77	0.43
1957	4.74	1.63	0.98	0.52	1.91	1.12	0.08
1962	6.04	2.85	1.24	1.44	2.07	1.05	0.07
1965	9.12	5.41	1.86	1.64	2.33	1.09	0.29
1970	12.57	8.25	4.40	2.19	3.12	0.98	0.22
1975	17.11	10.12	4.96	2.49	4.70	1.63	0.66
1978	27.03	17.63	0.35	2.45	5.67	2.06	1.67
1979	28.03	15.80	0.40	3.26	6.79	2.40	3.03
1980	24.93	12.65	0.37	3.12	7.69	2.90	1.69
1981	27.18	13.13	0.39	3.36	9.10	3.53	1.42
1982	30.75	15.31	0.43	3.47	10.42	4.01	1.01
1983	34.27	16.43	0.60	3.65	11.80	4.61	1.43
1984	42.65	20.99	0.56	3.77	13.26	6.11	2.29
1985	60.84	26.53	0.69	5.88	18.46	6.49	9.36
1986	82.91	37.16	0.88	6.30	20.26	7.92	17.57
1987	89.87	33.47	2.92	6.95	26.92	8.57	20.91
1988	115.20	34.25	5.05	10.09	33.40	8.44	39.11
1989	141.16	40.48	7.89	12.22	41.01	10.39	49.28
1990	150.69	36.92	7.70	13.43	43.56	10.86	59.35
1991	182.48	51.78	7.16	14.22	49.50	12.93	68.27
1992	219.61	67.28	8.11	17.55	64.14	17.40	70.79
1993	331.27	95.81	9.08	25.03	95.38	26.34	113.74
1994	416.83	115.39	18.57	29.16	131.16	36.57	133.71
1995	525.63	138.75	17.72	33.19	157.21	42.90	186.77
1996	601.23	143.64	15.31	40.90	182.24	50.92	224.43
1997	682.66	157.91	18.02	38.41	193.90	55.40	275.45
1998	825.61	166.83	24.13	27.52	225.06	60.72	373.00

8-4 用于文教、卫生、科学部门的财政支出

GOVERNMENT EXPENDITURE FOR EDUCATION,HEALTH AND SCIENCE

单位:亿元 (100 million yuan)

年 份 Year	合 计 Total	文体广播事业费 Culure,Sports and Broadcasting	#计划生育 Brith Control	教 育 Education	卫 生 Health	#公费医疗 Free Medical Service	科 学 Science
1980	7.67	0.79	0.20	4.88	1.86	0.36	0.14
1985	17.12	2.36	0.52	10.69	3.75	1.17	0.32
1990	36.47	6.06	1.19	21.34	7.92	3.13	1.15
1991	41.43	6.63	1.47	24.01	9.17	3.62	1.62
1992	53.84	9.45	1.75	30.05	12.13	4.32	2.21
1993	80.87	11.67	2.13	48.32	17.97	6.31	2.91
1994	110.30	15.47	2.45	66.95	23.15	8.39	4.73
1995	135.22	16.48	3.01	84.56	28.04	10.54	6.14
1996	153.48	18.67	3.39	93.30	35.13	12.65	6.38
1997	162.33	22.40	4.29	94.32	37.00	13.82	8.61
1998	182.20	23.96	4.77	109.11	39.29	14.95	9.84

注：本表1980、1985年数字包括海南省。
Note:The data in 1980 and 1985 included Hainan Province.

8-5 各市财政收支

GOVERMENT REVENUE AND EXPENDITURE BY CITY

单位：亿元 (100 million yuan)

市 别	City	1994		1995		1997		1998	
		财政收入 Revenue	财政支出 Expenditure	财政收入 Revenue	财政支出 Expenditure	财政收入 Revenue	财政支出 Expenditure	财政收入 Revenue	财政支出 Expenditure
全省总计	**Total**	**298.70**	**416.83**	**382.34**	**525.63**	**543.95**	**682.66**	**640.75**	**825.61**
广 州	Guangzhou	62.87	73.74	97.08	111.24	97.72	138.99	132.19	175.11
深 圳	Shenzhen	74.40	74.62	88.02	93.40	142.06	139.42	164.39	176.77
珠 海	Zhuhai	13.16	14.57	15.18	16.57	15.39	21.27	17.89	22.52
汕 头	Shantou	12.03	18.16	14.53	22.12	14.58	24.55	16.47	26.92
韶 关	Shaoguan	5.61	11.59	5.92	13.16	6.25	15.38	7.32	16.50
河 源	Heyuan	1.31	4.80	1.76	6.06	1.75	10.29	2.03	10.40
梅 州	Meizhou	5.04	12.67	5.97	15.24	5.80	18.08	6.65	18.98
惠 州	Huizhou	7.44	11.22	7.69	11.83	7.61	13.24	9.43	14.97
汕 尾	Shanwei	2.33	4.48	2.87	5.98	2.99	7.54	3.56	8.65
东 莞	Dongguan	7.69	9.62	11.56	13.22	10.93	14.37	15.10	19.15
中 山	Zhongshan	6.74	7.95	8.07	9.57	9.49	11.25	11.70	13.59
江 门	Jiangmen	13.49	16.89	15.97	18.73	15.72	21.88	17.30	23.02
佛 山	Foshan	20.85	29.06	25.60	36.47	30.86	42.93	37.08	49.50
阳 江	Yangjiang	2.85	5.30	3.36	6.21	2.77	6.87	3.13	7.45
湛 江	Zhanjiang	9.12	16.21	11.09	20.77	9.25	20.82	10.36	22.84
茂 名	Maoming	5.82	10.85	7.27	11.73	7.44	14.67	8.26	16.34
肇 庆	Zhaoqing	7.17	14.82	6.09	11.78	6.89	14.22	8.41	15.51
清 远	Qingyuan	2.72	8.07	3.15	8.72	3.09	12.12	3.64	11.52
潮 州	Chaozhou	3.04	6.81	3.51	7.55	3.56	8.03	3.96	8.70
揭 阳	Jieyang	3.98	8.82	5.36	11.01	6.87	14.73	7.71	15.49
云 浮	Yunfu	0.80	1.63	2.52	5.83	2.70	7.88	3.20	8.50

8-6 国家银行存贷款余额
DEPOSIT AND LOAN BALANCE OF STATE BANKS

单位:亿元 (100 million yuan)

指 标	Item	1980	1985	1990	1995	1997	1998
一、银行存款余额	**Total Deposit Balance**	**88.78**	**305.50**	**1137.20**	**4369.87**	**6991.44**	**8575.72**
#财政存款	Treasury Deposits	21.06	28.13	80.84	193.66	216.79	257.89
企业存款	Enterprises Deposits	33.92	130.91	417.34	1705.04	2666.49	3162.18
城镇储蓄存款	Urban Saving Deposits	17.06	82.63	488.64	2450.15	3978.64	4935.92
农业存款	Rural Deposits	14.75	39.11	104.16	17.14	23.39	27.59
二、银行贷款余额	**Total Loan Balance**	**156.36**	**498.52**	**1267.21**	**3227.70**	**5140.17**	**5926.00**
#短期贷款	Short-term Loans	133.45	349.36	1006.36	2410.20	4439.13	4961.47
#工 业	Industrial Loans	31.86	102.73	371.37	940.54	1341.80	1468.75
商 业	Commercial Loans	101.26	240.47	551.14	908.06	1524.24	1723.19
中长期贷款	Medium and Long-term Loans	5.92	67.94	162.06	469.77	694.27	957.38

8-7 城乡居民储蓄存款余额及构成
RESIDENTS SAVING DEPOSITS AND ITS COMPOSITION

项 目	Item	1980	1985	1990	1995	1997	1998
一、绝对数 (亿元)	**Value (100 million yuan)**						
城乡居民储蓄年底余额	Residents Saving Deposits at Year—end	30.01	154.88	752.16	3457.98	5504.50	6653.39
城 镇 储 蓄	Urban Saving Deposits	17.06	82.63	488.64	2450.15	3978.64	4935.92
农 民 储 蓄	Rural Saving Deposits	12.95	72.25	263.52	1007.83	1525.86	1717.47
二、构 成 (%)	**Composition (%)**						
城乡居民储蓄年底余额	Residents Saving Deposits at Year—end	100.00	100.00	100.00	100.00	100.00	100.00
城 镇 储 蓄	Urban Saving Deposits	56.8	53.4	64.9	70.9	72.3	74.2
农 民 储 蓄	Rural Saving Deposits	43.2	46.6	35.1	29.1	27.7	25.8

注:城乡居民储蓄存款由国家银行、农村信用社储蓄存款组成。
Note:The amounts of saving deposits of urban and rural households consist of the saving deposits in state banks and rural credit cooperatives.

8-8 保险业务经济指标
ECONOMIC INDICATORS OF INSURANCE BUSINESS

单位：千元 (1000 yuan)

指　标	Item	1985	1990	1995	1997	1998
一、保　　费	**Premium**	**173613**	**1804871**	**6793497**	**10689015**	**12211479**
财产保险	Preperty Insurance	153685	813175	3919829	1626983	1680855
＃企事业财产险	Enterprise and Institution Property Insurance	49922	182985	490588	1228909	1321881
家庭财产险	Household Property Insurance	991	54811	79335	61280	93988
工程/责任/其它险	Insurance at Enginering, Responsible and other Insurance	95446	471586	3078825	336794	235006
机动车辆保险	Moter Vehicle Isurance				3252463	3397522
船舶保险	Hull Isurance				287547	217339
货物运输保险	Goods in Transit Insurance	7326	96618	180493	298044	253854
航空航天保险	Aviation and Space Flight Insurance				119431	102942
能源保险	Energy Insurance				67201	120202
出口信用保险	Export Credit Insurance				1752	4721
农业保险	Agricultural Insurance	282	21854	51684	42253	33506
＃种植业险	Planting				18021	17075
养殖业险	Breeding and Aquatics				24232	16431
普通寿险	Life Insurance				2914659	2040746
养老年金	Pension				389701	613146
意外险	Accidence Insurance	19646	495592	2821984	209862	268697
健康险	Health Insurance				184399	250104
个人营销	Personal Promotion				1294720	3227845
二、赔　　款	**Indemnity**	**76818**	**854687**	**2583052**	**3136324**	**3217606**
财产保险	Preperty Insurance	75123	325188	2273936	769110	902294
＃企事业财产险	Enterprise and Institution Property Insurance	13387	47556	228873	547727	730805
家庭财产险	Household Property Insurance	110	6941	46315	18661	22849
工程/责任/其它险	Insurance at Enginering, Responsible and other Insurance	6104	247820	1860812	202722	148640
机动车辆保险	Moter Vehicle Isurance				1681764	1636004
船舶保险	Hull Isurance				185781	144411
货物运输保险	Goods in Transit Insurance	581	21026	82563	126592	125801
航空航天保险	Aviation and Space Flight Insurance				73276	24940
能源保险	Energy Insurance				73180	80566
出口信用保险	Export Credit Insurance				1035	4940
农业保险	Agricultural Insurance	48	11423	41246	39522	29456
＃种植业险	Planting				13458	13609
养殖业险	Breeding and Aquatics				26064	15847
普通寿险	Life Insurance					
养老年金	Pension					
意外险	Accidence Insurance	1647	49648	267870	44057	69090
健康险	Health Insurance				142007	200104
个人营销	Personal Promotion					

注：1997年、1998年数为新口径数，与其它年份不可比。
Note: The statistical coverage in at 1997 and 1998 is according to the new stipulation, so the data of those years are uncomparable with previous years.

主要统计指标解释

财政收入　是国家为实现其职能的需要，在参与一部分社会产品的分配与再分配时，筹集的预算内财政资金，财政收入主要来源于各项税收和国营企业纯收入。

各项税收，包括工商税、农业税、盐税、建筑税和海关税等。

企业收入，包括国营企业所得税、调节税和上缴利润等。

财政支出　是国家为执行其职能，对财政预算收入资金的运用，财政支出主要有基本建设支出和行政支出。

基本建设支出是指国家预算内的基本建设拨款，不包括国家预算外自筹的各种基本建设资金。

行政事业费支出包括国家行政机关管理费支出和文教科学卫生事业费支出。

银行信贷存款　指企业、机关、团体或居民根据必须收回的原则，把货币资金存入银行或其他信用机构保管并取得一定利息的一种信用活动形式。根据存款对象的不同可划分为：企业存款、财政存款、机关团体存款、基本建设存款、城镇居民储蓄、农村存款等科目。它是银行信贷资金的主要来源。

银行信贷贷款　银行或其他信用机构根据必须归还的原则，按一定利率，为企业、个人等提供资金的一种信用活动形式。我国银行贷款，分流动资金贷款、固定资产贷款、城乡个体工商户贷款以及农户贷款等科目。

承保额　又叫保险金额。它是保险人对被保险人负担损失补偿或约定给付的金额，它是保险合同上的最高责任额，也是计算保费的依据。

保费　又叫保险费。是保险人根据保险合同的有关规定，为被保险人取得因约定危险事故发生所造成的经济损失补偿（或给付）权利，付给保险人的代价。包括财产保险和人身保险储金收入。

赔款　保险事故发生后，经查证确属保险责任范围以内的保险标的损失，保险人根据保险合同的规定履行赔偿义务，给予被保险人的款项叫做赔款。赔款可分为已决赔款和未决赔款两种。

Explanatory Notes on Main Statistical Indicators

Government Revenue refers to the revenue of the government finance by means of participating in the distribution and re—distribution of part of the social products, which is the financial resources for ensuring the government to function. The government revenue mainly comes from various tax revenues and net incomes of the state—owned enterprises.

Various tax revenues include tax on industry and commerce, tax on agriculture, tax on salt, tax on construction and tariff, etc.

Enterprise incomes include income tax, tax on adjustment and transfer of profits to the state of the state—owned enterprises.

Government Expenditure refers to the use of the govermnent financial revenue so as to exercise its function. The government expenditure mainly includes expenditure for capital construction and expenditure for administration.

Expenditure for capital construction refers to the appropriaton of funds for capital construction within the state budget, excluding the indepeddently raised funds of capital construction outside the state budget.

Expenditure for administration and institutions includes the administrative expenses of the government organs and the operating expenses of the departments of culture, education, science and public health.

Deposit is a form of credit by which enterprises, insitutions, organizations or residents can put money into banks and other credit institutions for safekeeping and interest earning under the principle of free withdrawal. According to the different depositors, deposits are divided into enterprise deposits, urban saving deposits, rural deposits of government agencies and organizations, capital construction deposits, urban saving deposits, rural deposits and other deposits. Deposits are major sources of the credit funds of banks.

Loan is a form of credit by which banks and other credit institutions provide funds at certain interest rate to enterprises and indivedvals in the light of the principle of unconditional repayment. Loans from Chinese banks include circulating capital loans, fixed assets loans, loans to urban and rural individuals engaged in industrial and commercial business and agricultural loans.

Amount Insured refers to the amount of compensation for the loss or a sum of money to be paid in the contract by the insurer to the insurant. It is the maximum amount of liabilities written in the insurance contract and is also used as a basis to calculate the premium.

Premium is the fee paid by the insurant for the insures to get the rigth of economic compensation in case loss cause by a dangerous accident appointed on the basis of the insurance contract. It includes the income from the deposit of property insurance and personal insurance.

Settled Claim is the compensation paid by the insurer to the insurant in accordance with the insurance contract for the loss which has been checked and found to be in the range of liability of the insurance after an accident has happened to the insured property or to a person who has insured his life. It is further divided into settled and unsettled claim.

九　物价指数

PRICE INDICES

简要说明

一、本篇资料反映生产、流通、消费等环节的价格变动情况。主要包括居民消费价格指数、商品零售价格指数、农业生产资料价格指数、农副产品收购价格指数、工业品出厂价格指数和原材料、燃料、动力购进价格指数。

二、本篇资料由广东省城市社会经济调查队物价处整理提供。

三、居民消费价格指数、商品零售价格指数采用分层抽样调查方法编制，即在全省选择不同经济区域的市、县以及有代表性的商品和服务项目作为样本，对市场价格进行经常性调查，以样本推断总体。编制过程的五大要素：

1、调查地区和调查点的选择。调查地区选择的方法是根据全省各市、县的经济发展状况，按分布合理、兼顾全局的原则抽选。在此基础上选定经营规模大、商品种类多的商店(包括农贸市场)作为经常性调查点，另外还选择了大量的小型及个体商业和服务单位作为辅助性调查点。

2、代表商品和代表规格品的选择。代表商品是选择那些消费量大、价格变动有代表性的商品；代表规格品的确定是根据商品零售资料、城市居民和农村居民的消费支出记帐资料及其他资料，按照有关规定筛选的。

3、价格调查方式。采用派员直接到调查点登记调查和聘请辅助调查员协助登记调查。

4、权数的确定。商品零售价格指数的计算权数是根据全社会商品零售额统计及有关资料确定，居民消费价格指数的计算权数主要是根据城乡居民家庭消费支出构成确定。

5、计算公式的选择。商品零售价格指数和居民消费价格指数都是采用派氏公式($K=\Sigma P_1Q_1/\Sigma P_0Q_1$)编制。

四、农副产品价格指数采用重点调查方法统计。

五、工业品出厂价格指数和原材料、燃料、动力购进价格指数均采用重点调查方法统计。

PRICE INDICES

Brief Introduction

Ⅰ. The data on the price indices in this chapter show the changing trend and the change rates in production. circulation, consumption and investment, etc, including mainly consumer price indices of residents, retail price indices, price indices of agricultural means of production, purchasing price indices of farm products, producers' price indices of industrial products, purchasing price indices of raw materials, fuels and power.

Ⅱ. The data is prepared and provided by the Urban Socio—ecomomic Survey Organization, Guangdong.

Ⅲ. The data for calculation of the consumer price indices of residents and the retail price indices in the province are collected with the stratified sampling method. Areas distributed in different ecomomic regions in the cities and counties of the province are selected as the sample areas and the representative commodities are selectd as the sample commodities. Regular surveys are conducted to collect the data on the market prices. The data on the population are estimated on the basis of the sample. There are 5 major steps in the process of calculation of the price indices:

(1). The selection of the areas and places for survey: In accordance with the economic development of various cities and counties within the province and the principle of rational distribution and comprehensive consideration, the sample areas are selected. On this basis, the large scale markets with a great deal of varieties of commodities (including fairs) are selected as the regular survey places. In addition, a large number of small size and individual commercial and service units are selected as the auxiliary survey places.

(2). The selection of the representative commodities and their specifications of varieties: The representative commodities are the commodities consumed in large quantity and representative in price changes. The representative specifications or varieties are determined according to the data on the retail sales of commodities and the account data of the residents of the urban households, the rural households and other data, following the related instructions for selection.

(3). The pattern of survey: Enumerators are sent to the survey places to take the records of the prices and assistant enumerators are invited to assist the survey work.

(4). The determination of the weights: The weights for calculation of the retail price indices are determined according to the total retail sales of commodities. The weights for calculation of the consumer price indices are determined according to the composition of the consumption expenditures of the urban households and the rural households.

(5). The determinaton of the formula for calculation: Both the retail price indices and the consumer price indices of residents are calculated with the Paasche formula:

$$K = P_1Q_1/P_0Q_1$$

Ⅳ. The data for calculation of the purchasing price indices of farm products are collected by the key unit survey.

Ⅴ. The data for the calculation of the producers' price indices of industrial products and the purchasing price indices of raw materials, fuels and power are collected by the key unit survey.

9-1 各种物价总指数

GENERAL PRICE INDICES

(上年＝100) (preceding year＝100)

年 份 Year	商品零售价格指数 General Retail Price Index	居民消费价格指数 General Consumer Price Index	城市居民消费价格指数 Urban Areas	农村居民消费价格指数 Rural Areas	农产品收购价格指数 General Purchasing Price Index of Farm Products	农村工业品零售价格指数 General Rural Retail Price Index of Industrial Products	工农业商品综合比价指数 General Price Parity Index of Indusrial and Farm Products
1951	98.2		98.5		98.0	105.9	108.1
1952	99.8		102.9		99.3	96.1	96.8
1953	101.0		102.7		122.6	94.2	76.8
1954	99.7		98.8		103.2	100.2	97.1
1955	100.3		99.6		96.9	101.8	105.1
1956	99.6		99.5		103.9	98.7	95.0
1957	102.3		103.4		103.8	101.0	97.3
1958	100.6		99.2		101.1	99.9	98.8
1959	101.2		100.6		101.9	100.4	98.5
1960	101.1		100.5		105.3	100.6	95.5
1961	112.1		112.0		120.7	107.4	89.0
1962	100.5		100.5		98.3	103.4	105.2
1963	98.1		99.4		98.0	98.4	100.4
1964	96.8		98.1		100.6	97.2	96.6
1965	98.6		97.6		99.6	97.9	98.3
1966	99.6		99.7		99.8	98.6	98.8
1967	100.3		100.4		100.9	99.7	98.8
1968	99.8		99.8		99.9	99.8	99.9
1969	99.7		101.8		100.0	99.7	99.7
1970	99.3		99.5		99.9	98.9	99.0
1971	99.6		100.2		104.5	99.2	94.9
1972	99.7		99.9		100.1	99.2	99.1
1973	100.0		100.0		100.3	100.0	99.7
1974	99.9		99.7		101.2	100.1	98.9
1975	100.0		100.0		100.1	100.0	99.9
1976	100.1		100.1		100.0	100.2	100.2
1977	100.1		100.0		100.1	100.0	99.9
1978	100.4		100.3		101.7	100.1	98.4
1979	103.0		104.6		121.0	100.3	82.9
1980	108.5		109.5		110.9	101.4	91.4
1981	109.3		106.3		108.0	101.9	94.4
1982	102.3		102.6		104.1	102.1	98.1
1983	100.7		102.8		100.0	100.5	100.5
1984	101.2	101.3	101.9	100.4	102.2	101.9	99.7
1985	113.6	114.8	117.1	111.2	114.9	104.5	90.9
1986	104.8	104.9	104.7	105.3	105.6	104.4	98.9
1987	111.7	111.2	112.8	109.7	111.5	109.4	98.1
1988	130.2	129.4	129.5	129.3	135.9	125.9	92.6
1989	121.0	122.1	121.9	122.4	125.3	119.5	95.4
1990	95.6	97.5	97.4	97.6	90.3	97.2	107.6
1991	100.6	101.2	102.3	99.9	98.4	100.8	102.4
1992	105.8	107.3	108.4	105.9	103.1	102.3	99.2
1993	118.2	121.6	122.0	120.6	117.3	115.5	98.5
1994	118.9	121.7	121.0	122.5	126.6	113.7	89.8
1995	111.6	114.0	113.1	115.3	119.0	107.1	90.0
1996	104.4	107.0	107.2	106.5	102.0	104.5	102.5
1997	100.1	101.9	102.1	101.5	96.0	101.0	105.2
1998	97.0	98.2	98.3	98.1	92.2	97.7	106.0

注：工农业商品综合比价指数是以农产品收购价格指数为100，下表同。

Note: The general purchasing price index of farm products is taken as 100 in calculating the general price parity index of industrial and farm products. The same as in the following table.

9-2 各种物价总指数
GENERAL PRICE INDICES

(1950=100) (1950=100)

年份 Year	商品零售价格指数 General Retail Price Index	城市居民消费价格指数 Consumer Price Index of Urban Areas	农产品收购价格指数 General Purchasing Price Index of Farm Products	农村工业品零售价格指数 General Rural Retail Price Index of Industrial Products	工农业商品综合比价指数 General Price Parity Index of Industrial and Farm Products
1951	98. 2	98. 5	98. 0	105. 9	108. 1
1952	98. 0	101. 4	97. 3	101. 8	104. 6
1953	99. 0	104. 1	119. 3	95. 9	80. 4
1954	98. 7	102. 9	123. 1	96. 1	78. 1
1955	99. 0	102. 5	119. 3	97. 8	82. 0
1956	98. 6	102. 0	124. 0	96. 5	77. 8
1957	100. 9	105. 5	128. 7	97. 3	75. 6
1958	101. 5	104. 7	130. 0	97. 3	74. 8
1959	102. 7	105. 3	132. 5	97. 7	73. 7
1960	103. 8	105. 8	139. 6	98. 3	70. 4
1961	116. 4	118. 5	168. 5	105. 6	62. 7
1962	117. 0	119. 1	165. 7	109. 1	65. 8
1963	114. 8	118. 4	162. 3	106. 9	65. 9
1964	111. 1	116. 2	163. 3	103. 9	63. 6
1965	109. 5	113. 4	162. 6	101. 7	62. 5
1966	109. 1	113. 1	162. 3	100. 3	61. 8
1967	109. 4	113. 6	163. 8	100. 0	61. 1
1968	109. 2	113. 4	163. 6	99. 8	61. 0
1969	108. 9	115. 4	163. 6	99. 5	60. 8
1970	108. 1	114. 8	163. 4	98. 4	60. 2
1971	107. 6	115. 0	170. 8	97. 6	57. 1
1972	107. 3	114. 9	171. 0	96. 8	56. 9
1973	107. 3	114. 9	171. 5	96. 8	56. 4
1974	107. 3	114. 6	173. 6	96. 9	55. 8
1975	107. 3	114. 6	173. 8	96. 9	55. 8
1976	107. 4	114. 7	173. 8	97. 1	55. 9
1977	107. 5	114. 7	174. 0	97. 1	55. 8
1978	108. 0	115. 0	177. 0	97. 8	55. 3
1979	111. 2	120. 3	214. 2	98. 1	45. 8
1980	120. 7	131. 7	237. 5	99. 5	41. 9
1981	131. 8	140. 0	256. 5	101. 4	39. 5
1982	134. 9	143. 6	267. 0	103. 5	38. 8
1983	135. 8	147. 6	267. 0	104. 0	39. 0
1984	137. 4	150. 4	272. 9	106. 0	38. 8
1985	156. 1	176. 1	313. 6	110. 8	35. 5
1986	163. 6	184. 4	331. 2	115. 7	34. 9
1987	182. 7	208. 0	369. 3	126. 6	34. 3
1988	237. 9	269. 4	501. 9	159. 4	31. 8
1989	287. 9	328. 4	628. 9	190. 5	30. 3
1990	275. 2	319. 9	567. 9	185. 2	32. 6
1991	276. 9	327. 3	558. 8	186. 7	33. 4
1992	293. 0	354. 8	576. 1	191. 0	33. 2
1993	346. 3	432. 9	675. 8	220. 6	32. 6
1994	411. 8	523. 8	855. 6	250. 8	29. 3
1995	459. 6	592. 4	1018. 2	268. 6	26. 4
1996	479. 8	635. 0	1038. 6	280. 7	27. 0
1997	480. 3	648. 3	997. 1	283. 5	28. 4
1998	465. 9	637. 3	919. 3	277. 0	30. 1

9-3 居民消费价格分类指数(1998年)

CONSUMER PRICE INDICES BY CATEGORY(1998)

(上年=100) (preceding year=100)

项 目	Item	全 省 Province Indices	城 市 Urban Indices	农 村 Rural Indices
居民消费价格指数	**General Consumer Price Index**	**98.2**	**98.3**	**98.1**
食品	**Food**	**96.0**	**96.3**	**95.4**
粮食	Grain	96.1	95.3	97.3
细粮	Flour and Rice	96.0	95.2	97.3
粗粮	Coarse Food Grain	100.0	100.1	98.1
淀粉及薯类	Starches and Tubers	98.4	98.6	97.4
干豆类及豆制品	Beans and Its Products	96.9	97.1	96.6
油脂	Oil or Fat	95.2	96.8	92.5
肉禽及其制品	Meal,Poultry and Their Products	92.1	92.6	91.2
蛋	Eggs	96.6	97.5	95.5
水产品	Aquatic Products	93.3	94.4	91.2
菜	Vegetables	96.5	95.0	99.0
鲜菜	Fresh Vegetables	96.5	94.6	100.0
干菜	Dried Vegetables	93.4	95.6	91.9
菜制品	Vegetable Products	102.6	102.1	103.0
调味品	Flavoring	99.3	99.6	99.0
糖	Carbohydrate	94.3	94.5	93.7
食糖	Sugar	89.7	90.1	89.2
糖果	Candy	97.7	97.3	98.3
烟草	Tobacco	99.3	98.5	100.7
酒和饮料	Liquor and Beverages	99.1	97.7	101.3
干鲜瓜果	Melons and Fruits	97.9	98.1	97.5
鲜果	Fresh Fruits	99.3	99.4	99.0
干果	Dried Fruits	91.4	90.5	92.7
糕点	Cake	101.9	102.2	101.2
奶及奶制品	Milk and Its Products	99.4	100.2	97.6
其他食品	Other Food	99.6	96.3	106.8
饮食业	Catering Trade	101.4	101.2	102.1
主食	Staple Food	107.2	108.7	101.5
炒菜	Fried Dishes	98.5	97.8	101.4
地方小吃	Local Snack	103.0	102.6	104.8
衣着	**Clothing**	**99.9**	**99.6**	**100.7**
服装	Garments	99.8	99.4	100.8
衣着材料	Clothing Material	99.6	98.0	101.3
棉布	Cotton Cloth	103.2	101.1	105.2
棉花化纤混纺布	Blend Cloth	97.3	95.1	100.2
化纤布	Chemical Fiber Cloth	99.2	97.5	101.0
呢绒	Woolen Fabric	101.0	100.6	101.4
绸缎	Silk and Satin	101.3	98.9	103.4

续表1 continued

(上年=100) (preceding year=100)

项目	Item	全省 Province Indices	城市 Urban Indices	农村 Rural Indices
毛线	Knitting Wool	98.8	99.9	97.9
鞋袜帽及其他衣着	Footwear, Hats & Other Clothing	100.5	100.6	100.1
鞋	Shoes	100.1	100.4	99.4
袜子	Socks and Stockings	101.5	101.9	100.6
帽子	Hats	100.5	102.0	96.8
其他衣着	Other Clothing	102.6	102.1	103.1
家庭设备及用品	**Household Facilities and Articles**	**98.0**	**97.9**	**98.0**
耐用消费品	Durable Consumer Goods	96.9	96.9	96.9
家具	Furniture	98.2	98.7	96.6
家庭设备	Household Facilities	96.3	95.8	97.1
室内装饰品	Interior Decorations	100.5	101.2	99.2
床上用品	Bed Articles	100.4	100.9	99.3
家庭日用杂品	Household Sundries for Daily Use	99.5	99.3	99.8
其他日用品	Other Articles for Daily Use	97.8	97.8	97.7
医疗保健用品	**Medicine and Medical Articles**	**102.2**	**100.7**	**104.4**
医疗器具及保健用品	Medical Appliances and Articles	100.8	100.7	101.2
中药材及中成药	Traditional Chinese Medicine	106.0	104.0	108.6
西药	Western Medicine	99.3	98.2	100.8
交通和通讯工具	**Means of Transportation and Communication**	**96.6**	**97.0**	**96.0**
交通工具	Means of Transportation	97.1	97.8	96.1
通讯工具	Means of Communication	95.4	95.0	95.9
娱乐教育文化用品	**Recreation, Education and Culture Articles**	**97.6**	**96.2**	**100.0**
文娱用耐用消费品	Durable Consumer Goods for Recreational Use	92.0	90.0	95.7
教材及参考书	Teaching Materials and Reference Books	103.0	104.1	102.1
文化娱乐用品	Cultural and Recreational Articles	104.5	103.9	105.9
文娱用品	Stationery and Recreational Articles	99.0	98.3	100.5
报纸杂志	Newspapers and Magazines	113.6	114.0	113.2
居住	**Residence**	**98.1**	**99.1**	**96.3**
住房	Housing	100.2	100.6	99.9
建筑材料	Building Materials	93.0	91.2	96.0
房租	Rent	115.0	114.8	120.6
水电燃料	Water, Electricity and Fuels	96.4	97.9	93.4
服务项目	**Services**	**105.9**	**105.4**	**107.0**
电讯费	Telecommunication	101.5	101.8	100.8
邮费	Postage	100.0	100.0	100.0
交通费	Traffic	102.2	102.5	101.1
洗理美容费	Bathing, Haircut and Cosmetology	105.5	103.9	108.2
文娱费	Recreation	103.4	103.7	102.1
学杂保育费	Tuition and Child Care	110.1	108.6	113.7
修理及其他服务费	Repair and Other Services	103.5	103.7	103.2
医疗保健服务费	Medical and Health Care Services	109.7	111.6	107.0

9-4 商品零售价格分类指数(1998年)
RETAIL PRICE INDICES BY CATEGORY OF COMMODITIES(1998)

(上年=100) (preceding year=100)

项目	Item	全省 Province Indices	城市 Urban Indices	农村 Rural Indices
商品零售价格指数	**General Retail Price Index**	**97.0**	**96.9**	**97.2**
食品	**Food**	**96.1**	**96.3**	**95.7**
粮食	Grain	95.7	94.7	97.0
细粮	Flour and Rice	95.7	94.6	97.1
粗粮	Coarse Food Grain	95.4	94.8	96.3
油脂	Oil or Fat	94.7	96.3	92.5
肉禽蛋	Meal,Poultry and Eggs	92.5	93.1	91.6
水产品	Aquatic Products	93.4	94.3	91.8
鲜菜	Fresh Vegetables	96.7	94.7	100.0
干菜	Dried Vegetables	96.2	96.6	95.5
鲜果	Fresh Fruits	98.0	97.5	99.1
干果	Dried Fruits	91.9	91.5	92.8
其他食品	Other Food	98.0	98.0	98.0
调味品	Condiments	99.0	99.0	99.1
食糖	Sugar	89.1	89.1	89.2
糖果	Candy	96.8	95.9	98.3
糕点	Cake	101.1	101.2	101.0
奶及奶制品	Milk and Its Products	99.3	100.1	97.6
罐头	Canned Food	100.1	96.5	106.7
饮食业	Catering Trade	102.2	102.3	102.0
主食	Staple Food	107.3	109.8	101.4
炒菜	Fried Dishes	99.6	99.1	101.2
地方小吃	Local Snack	105.1	105.2	104.9
饮料烟酒	**Beverages,Tobacco and Liquor**	**99.0**	**97.9**	**101.2**
饮料	Beverages	98.4	97.6	100.0
烟酒	Tobacco and Liquor	99.2	98.1	101.7
服装鞋帽	**Garments,Shoes and Hats**	**100.0**	**99.7**	**100.6**
服装	Garments	99.2	98.8	100.2
鞋	Shoes	100.3	100.6	99.7
其他衣着	Other Clothing	103.0	102.5	103.7
纺织品	**Textiles**	**100.1**	**99.3**	**101.1**
棉布	Cotton Cloth	103.8	102.6	105.6
棉花化纤混纺布	Blend Cloth	97.4	95.6	100.3
化纤布	Chemical Fiber Cloth	98.5	95.7	100.8
呢绒	Woolen Fabric	100.3	99.4	101.3
绸缎	Silk and Satin	99.3	96.9	102.0
其他纺织品	Other Textiles	101.0	102.0	99.2
中西药品	**Traditional Chinese and Western Medicines**	**103.0**	**102.2**	**104.3**
中药	Traditional Chinese Medicine	106.5	105.6	108.3
西药	Western Medicine	99.5	98.6	100.8
医疗用品	Medical Articles	100.2	100.2	100.3
化妆品	**Cosmetics**	**100.4**	**100.1**	**101.0**
书报杂志	**Bookes,Newspapers and Magazines**	**108.6**	**110.4**	**105.7**
文化体育用品	**Cultural and Sports Goods**	**97.0**	**95.6**	**99.9**
文化用品	Cultural Goods	96.5	94.9	100.2
体育用品	Sports Goods	98.5	98.1	99.1
日用品	**Articles for Daily Use**	**98.8**	**99.0**	**98.4**
一般日用品	Ordinary Articles for Daily Use	99.2	99.2	99.2
家具	Furniture	98.2	98.9	96.6
日用杂品	Sundries for Daily Use	99.0	98.8	99.3
家用电器	**Household Electric Appliances**	**94.8**	**94.3**	**95.9**
首饰	**Jewelry**	**91.6**	**91.3**	**92.6**
燃料	**Fuels**	**91.9**	**93.1**	**89.3**
建筑装璜材料	**Building Decoration Materials**	**95.3**	**94.8**	**96.2**
机电产品	**Mechanical and Electrical Products**	**92.9**	**92.3**	**94.1**

9-5 居民消费价格分类指数(1998年)

(上年同月=100)

项　目	Item	1月 January	2月 February	3月 March	4月 April
居民消费价格指数	**General Consumer Price Index**	**99.6**	**98.3**	**100.1**	**99.0**
食品	**Food**	**97.5**	**95.2**	**99.5**	**96.8**
粮食	Grain	93.0	92.5	92.2	91.9
细粮	Flour and Rice	93.0	92.5	92.1	91.8
粗粮	Coarse Food Grain	96.6	95.0	98.1	102.0
淀粉及薯类	Starches and Tubers	98.0	97.9	101.6	99.7
干豆类及豆制品	Beans and Its Products	101.5	98.8	98.6	98.1
油脂	Oil or Fat	99.7	98.6	97.5	97.0
肉禽及其制品	Meal,Poultry and Their Products	92.8	90.0	94.4	95.2
蛋	Eggs	83.8	84.0	86.5	90.7
水产品	Aquatic Products	93.0	88.9	92.2	92.9
菜	Vegetables	112.3	110.0	129.8	95.7
鲜菜	Fresh Vegetables	115.1	112.9	135.9	95.9
干菜	Dried Vegetables	93.8	90.1	90.7	91.5
菜制品	Vegetable Products	100.9	100.8	103.0	101.4
调味品	Flavoring	100.3	99.3	99.6	99.5
糖	Carbohydrate	96.9	95.4	95.5	96.0
食糖	Sugar	93.0	93.4	92.9	92.9
糖果	Candy	99.7	96.8	97.4	98.3
烟草	Tobacco	100.4	100.9	99.9	99.3
酒和饮料	Liquor and Beverages	101.1	100.0	99.7	99.5
干鲜瓜果	Melons and Fruits	93.2	90.8	98.4	105.6
鲜果	Fresh Fruits	92.0	89.6	99.2	108.6
干果	Dried Fruits	98.7	96.8	94.4	91.2
糕点	Cake	102.8	102.3	101.9	101.9
奶及奶制品	Milk and Its Products	100.6	100.0	100.0	100.1
其他食品	Other Food	102.2	99.5	100.9	99.1
饮食业	Catering Trade	102.9	99.8	101.4	101.1
主食	Staple Food	100.9	101.1	103.3	104.1
炒菜	Fried Dishes	102.9	97.7	98.7	98.2
地方小吃	Local Snack	104.5	103.8	106.4	105.3
衣着	**Clothing**	**100.6**	**100.4**	**100.5**	**101.1**
服装	Garments	100.4	100.3	100.2	101.2
衣着材料	Clothing Material	100.0	99.9	100.5	100.6
棉布	Cotton Cloth	104.4	103.8	103.8	103.9
棉花化纤混纺布	Blend Cloth	98.7	99.4	97.6	98.6
化纤布	Chemical Fiber Cloth	98.8	98.7	101.0	100.9
呢绒	Woolen Fabric	100.8	100.1	100.2	100.6
绸缎	Silk	103.3	102.9	104.3	101.6

CONSUMER PRICE INDICES BY CATEGORY(1998)

(same month of preceding year=100)

5 月 May	6 月 June	7 月 July	8 月 August	9 月 September	10 月 October	11 月 November	12 月 December
99.1	**98.9**	**97.6**	**96.6**	**96.8**	**97.3**	**97.3**	**97.8**
97.5	**97.3**	**95.0**	**93.1**	**94.4**	**95.3**	**94.6**	**95.7**
92.2	95.1	97.7	99.0	99.4	100.7	99.4	99.9
92.1	95.0	97.6	98.9	99.3	100.6	99.4	99.9
96.6	103.9	100.9	105.0	102.4	108.3	97.8	100.9
99.7	100.9	96.9	96.6	98.2	96.5	96.8	97.8
96.2	97.9	97.1	95.5	95.2	95.7	94.2	93.7
93.2	92.0	92.8	93.1	95.3	95.0	94.8	93.1
95.1	92.6	91.1	90.2	90.2	91.6	91.0	90.5
93.0	95.7	98.2	104.5	104.4	106.6	105.7	106.6
93.4	94.3	94.4	94.0	94.2	94.8	93.1	94.0
103.7	103.0	77.7	70.1	86.7	87.3	85.3	96.3
105.0	104.3	74.8	65.5	84.8	85.6	82.9	95.6
93.0	92.6	93.3	94.1	94.7	94.0	96.5	96.8
102.6	101.9	98.3	102.8	103.2	104.7	104.7	106.3
98.6	98.5	98.6	99.3	99.4	99.8	99.9	99.3
94.8	93.9	93.0	93.7	93.2	93.3	92.8	92.5
91.0	89.4	88.1	88.3	87.4	87.4	86.4	85.7
97.6	97.3	96.7	97.7	97.8	97.8	97.5	97.6
99.5	99.2	99.0	99.5	99.2	98.8	98.0	98.1
99.0	99.2	98.9	98.7	98.1	98.2	98.5	98.3
103.2	102.3	108.4	93.2	91.4	94.7	96.3	97.4
105.9	105.2	112.5	94.1	91.5	95.7	97.9	99.2
90.7	88.5	89.2	89.1	90.6	89.8	88.9	88.2
101.4	101.6	101.6	101.6	102.0	102.1	101.8	101.7
100.0	98.9	98.8	98.7	98.5	99.0	98.9	99.2
99.3	98.8	99.6	99.3	99.6	98.5	99.6	98.4
101.7	103.3	103.1	102.4	100.5	100.5	100.0	99.8
105.6	108.4	110.5	110.4	108.9	111.5	111.5	110.6
99.6	101.5	100.6	99.6	96.7	96.4	95.2	95.6
103.4	102.9	102.4	102.2	102.4	100.7	101.5	100.3
101.2	**101.7**	**101.0**	**99.6**	**98.1**	**98.0**	**98.5**	**98.3**
101.3	102.2	101.3	99.4	97.5	97.5	98.1	97.9
100.6	99.8	99.6	99.0	98.7	98.2	99.4	98.8
103.7	102.8	103.7	103.3	102.7	102.1	103.5	100.7
98.2	96.3	95.9	95.0	95.5	94.8	99.3	98.8
101.0	100.2	99.6	98.7	98.2	97.5	97.8	97.5
101.2	101.1	101.4	101.3	101.4	101.7	101.3	100.9
101.0	101.5	101.0	101.1	99.5	99.2	99.9	99.7

续表 1 continued

(上年同月=100)

项　目	Item	1 月 January	2 月 February	3 月 March	4 月 April
毛线	Knitting Wool	99.0	99.1	99.3	99.3
鞋袜帽及其他衣着	Footwear, Hats & Other Clothing	101.5	100.9	101.2	101.2
鞋	Shoes	101.7	100.8	100.9	100.8
袜子	Socks and Stockings	98.4	100.2	103.4	103.0
帽子	Hats	99.5	97.0	99.5	102.3
其他衣着	Other Clothing	102.3	102.1	101.8	102.3
家庭设备及用品	**Household Facilities and Articles**	**98.1**	**98.3**	**98.2**	**98.0**
耐用消费品	Durable Consumer Goods	96.0	96.1	96.6	96.5
家具	Furniture	97.2	97.6	98.1	98.4
家庭设备	Household Facilities	95.3	95.2	95.6	95.6
室内装饰品	Interior Decorations	102.4	102.7	102.1	101.9
床上用品	Bed Articles	100.9	100.8	100.9	101.2
家庭日用杂品	Household Sundries for Daily Use	101.3	101.3	100.5	100.1
其他日用品	Other Articles for Daily Use	98.8	99.4	99.7	98.3
医疗保健用品	**Medicine and Medical Articles**	**103.5**	**103.3**	**102.6**	**102.7**
医疗器具及保健用品	Medical Appliances and Articles	100.6	100.3	101.4	101.6
中药材及中成药	Traditional Chinese Medicine	107.0	107.5	105.7	107.1
西药	Western Medicine	100.9	100.1	100.2	99.2
交通和通讯工具	**Means of Transportation and Communication**	**97.2**	**97.2**	**96.8**	**96.5**
交通工具	Means of Transportation	97.3	97.5	97.2	97.0
通讯工具	Means of Communication	97.0	96.6	95.7	95.3
娱乐教育文化用品	**Recreation, Education and Culture Articles**	**97.6**	**97.9**	**97.4**	**97.5**
文娱用耐用消费品	Durable Consumer Goods for Recreational Use	91.7	91.2	91.6	91.8
教材及参考书	Teaching Materials and Reference Books	104.4	106.2	102.3	102.1
文化娱乐用品	Cultural and Recreational Articles	104.3	105.4	105.3	105.2
文娱用品	Stationery and Recreational Articles	99.8	100.2	100.3	100.0
报纸杂志	Newspapers and Magazines	111.7	113.4	113.3	113.8
居住	**Residence**	**100.1**	**100.2**	**98.6**	**98.6**
住房	Housing	105.7	104.6	100.8	100.6
建筑材料	Building Materials	99.0	96.2	93.1	93.0
房租	Rent	102.2	122.5	117.2	116.8
水电燃料	Water, Electricity and Fuels	95.6	96.6	96.8	97.0
服务项目	**Services**	**109.4**	**107.3**	**106.9**	**107.3**
电讯费	Telecommunication	104.7	104.7	102.0	101.9
邮费	Postage	100.0	100.0	100.0	100.0
交通费	Traffic	108.7	101.5	101.1	102.1
洗理美容费	Bathing, Haircut and Cosmetology	118.1	100.0	106.5	106.8
文娱费	Recreation	109.2	104.8	103.5	105.8
学杂保育费	Tuition and Child Care	111.6	113.2	112.8	112.7
修理及其他服务费	Repair and Other Services	105.8	104.8	103.1	103.4
医疗保健服务费	Medical and Health Care Services	109.8	109.6	112.0	112.0

(same month of preceding year=100)

5 月 May	6 月 June	7 月 July	8 月 August	9 月 September	10 月 October	11 月 November	12 月 December
98.9	99.4	99.0	99.1	98.2	97.9	98.3	98.0
101.2	100.8	100.8	100.4	99.6	99.6	99.4	99.4
100.5	100.1	100.4	99.8	99.0	99.2	99.1	98.9
104.2	104.7	100.4	102.2	101.5	100.2	99.3	100.5
103.0	102.5	100.2	100.4	100.4	100.2	100.2	100.5
103.3	103.0	103.9	103.8	102.4	102.3	101.6	101.9
97.9	**98.0**	**97.9**	**97.9**	**97.7**	**97.8**	**97.8**	**97.9**
96.6	96.7	96.8	97.1	97.2	98.0	98.0	98.1
98.8	98.4	98.2	97.6	98.5	99.0	98.2	98.7
95.5	95.7	96.0	96.9	96.7	97.2	97.7	97.8
101.5	101.7	99.3	98.8	99.2	99.0	98.7	98.9
101.3	101.6	100.8	100.9	100.9	99.2	98.5	98.0
99.9	100.2	99.6	98.8	97.7	98.0	98.2	98.4
97.8	97.6	97.9	97.5	96.9	96.8	96.6	97.0
102.8	**102.8**	**102.7**	**102.0**	**101.5**	**101.0**	**101.2**	**100.4**
101.4	102.0	100.7	100.3	100.4	100.5	100.5	100.4
107.3	106.8	107.8	106.4	105.1	103.8	104.2	102.7
99.1	99.5	98.7	98.6	98.6	98.8	98.8	98.5
96.4	**95.8**	**96.0**	**96.4**	**96.9**	**96.8**	**96.6**	**96.5**
97.2	96.1	96.6	96.5	97.1	97.6	97.3	97.3
94.5	95.1	94.6	96.0	96.3	94.9	94.9	94.3
97.1	**97.0**	**97.1**	**97.1**	**97.5**	**97.5**	**98.3**	**98.8**
91.5	91.4	91.8	92.0	91.9	92.0	93.2	94.1
102.1	102.2	101.9	101.4	103.3	103.4	103.4	103.3
104.6	104.2	103.8	104.1	104.2	104.0	104.4	104.7
99.0	98.4	97.8	98.3	98.4	98.2	98.8	99.2
114.0	113.8	113.8	113.8	113.8	113.8	113.8	113.8
97.5	**96.8**	**96.0**	**96.2**	**96.2**	**98.0**	**99.7**	**99.1**
100.0	99.2	99.4	98.9	98.3	98.3	98.3	97.7
92.8	91.8	91.3	91.1	92.0	92.3	92.1	91.5
115.3	114.2	116.6	115.5	110.6	110.5	110.9	110.1
95.5	95.0	93.2	94.0	94.8	97.6	100.9	100.3
107.2	**107.1**	**106.6**	**106.0**	**103.4**	**103.1**	**103.2**	**103.3**
101.7	100.9	100.5	100.3	100.2	100.3	100.4	100.4
100.0	100.0	100.0	100.0	100.0	100.0	100.0	100.0
102.2	102.5	102.0	100.7	101.1	101.4	101.5	101.6
105.2	105.4	103.8	104.0	104.4	103.9	104.1	103.9
105.0	104.0	103.4	101.0	100.1	100.8	101.4	101.9
112.7	112.7	112.5	112.7	105.6	104.8	104.8	104.8
103.1	103.8	103.0	102.8	103.1	102.9	103.4	102.9
113.6	112.2	112.2	109.5	106.9	106.2	106.1	106.7

9-6 商品零售价格分类指数(1998年)

(上年同月=100)

项目	Item	1月 January	2月 February	3月 March	4月 April
商品零售价格指数	**General Retail Price Index**	**98.3**	**97.2**	**98.9**	**97.7**
食品	Food	98.0	95.5	99.8	97.0
粮食	Grain	92.7	91.8	91.5	91.6
细粮	Flour and Rice	92.2	91.5	91.1	91.2
粗粮	Coarse Food Grain	98.9	95.8	96.6	97.5
油脂	Oil or Fat	99.7	98.2	97.2	96.4
肉禽蛋	Meal,Poultry and Eggs	92.2	89.7	93.6	94.6
水产品	Aquatic Products	93.5	89.4	92.3	93.2
鲜菜	Fresh Vegetables	114.9	112.5	132.3	96.7
干菜	Dried Vegetables	97.6	93.9	95.4	95.0
鲜果	Fresh Fruits	91.1	88.8	97.2	106.5
干果	Dried Fruits	98.5	97.1	95.3	91.2
其他食品	Other Food	99.8	98.7	98.6	98.6
调味品	Condiments	100.2	99.5	99.7	99.5
食糖	Sugar	92.5	92.5	92.0	92.7
糖果	Candy	99.6	96.8	97.2	97.3
糕点	Cake	101.5	100.9	100.4	100.6
奶及奶制品	Milk and Its Products	101.6	101.2	100.9	100.1
罐头	Canned Food	101.6	98.7	99.6	99.0
饮食业	Catering Trade	104.2	101.2	102.5	102.5
主食	Staple Food	100.3	100.0	102.5	103.8
炒菜	Fried Dishes	105.4	99.8	100.0	99.9
地方小吃	Local Snack	104.2	105.7	109.0	108.2
饮料烟酒	**Beverages,Tobacco and Liquor**	**101.0**	**100.2**	**99.3**	**99.0**
饮料	Beverages	100.3	98.9	98.6	98.2
烟酒	Tobacco and Liquor	101.3	100.8	99.6	99.3
服装鞋帽	**Garments,Shoes and Hats**	**101.0**	**101.2**	**101.1**	**101.2**
服装	Garments	100.5	101.2	100.9	101.1
鞋	Shoes	101.3	100.6	100.5	100.3
其他衣着	Other Clothing	102.8	102.1	102.5	103.2
纺织品	**Textiles**	**100.8**	**101.0**	**100.6**	**100.8**
棉布	Cotton Cloth	105.4	104.8	104.5	104.2
棉花纤混纺布	Blend Cloth	98.8	99.4	97.8	98.1
化纤布	Chemical Fiber Cloth	98.1	99.8	100.3	100.1
呢绒	Woolen Fabric	100.4	100.4	99.7	100.0
绸缎	Silk and Satin	99.7	100.0	101.5	100.6
其他纺织品	Other Textiles	101.7	102.1	101.0	101.5
中西药品	**Traditional Chinese and Western Medicines**	**103.4**	**103.3**	**102.8**	**103.3**
中药	Traditional Chinese Medicine	106.0	106.5	105.3	107.0
西药	Western Medicine	101.0	100.3	100.3	99.7
医疗用品	Medical Articles	100.5	99.9	100.5	100.7
化妆品	**Cosmetics**	**101.1**	**101.6**	**101.1**	**101.0**
书报杂志	**Books, Newspapers and Magazines**	**107.8**	**110.0**	**108.3**	**108.4**
文化体育用品	**Cultural and Sports Goods**	**98.5**	**98.3**	**97.8**	**97.8**
文化用品	Cultural Goods	98.2	97.9	97.5	97.6
体育用品	Sports Goods	99.4	99.6	98.5	98.5
日用品	**Articles for Daily Use**	**99.7**	**99.5**	**99.4**	**99.0**
一般日用品	Ordinary Articles for Daily Use	100.7	100.4	99.8	99.3
家具	Furniture	97.8	98.1	98.8	98.5
日用杂品	Sundries for Daily Use	100.2	99.4	99.1	99.3
家用电器	**Household Electric Appliances**	**94.1**	**93.7**	**93.9**	**94.6**
首饰	**Jewelry**	**93.3**	**96.5**	**97.1**	**91.7**
燃料	**Fuels**	**91.7**	**94.1**	**93.9**	**94.0**
建筑装璜材料	**Building Decoration Materials**	**97.7**	**96.2**	**96.3**	**96.1**
机电产品	**Mechanical and Electrical Products**	**94.7**	**93.2**	**93.3**	**93.4**

RETAIL PRICE INDICES BY CATEGORY OF COMMODITIES(1998)

(same month of preceding year=100)

5 月 May	6 月 June	7 月 July	8 月 August	9 月 September	10 月 October	11 月 November	12 月 December
97.9	**97.6**	**96.2**	**95.1**	**95.7**	**96.4**	**96.4**	**96.8**
98.0	97.6	94.7	92.5	94.4	95.4	94.7	95.8
91.9	94.6	96.9	98.4	99.1	100.6	99.6	99.9
91.5	94.4	97.0	98.8	99.5	101.0	100.1	100.5
97.3	97.5	96.0	93.3	93.5	94.5	92.7	91.4
92.6	91.2	91.8	92.9	95.1	94.3	94.5	92.2
94.8	92.8	91.6	91.2	91.5	92.9	92.6	92.3
93.5	94.6	94.1	93.7	94.0	94.5	93.2	94.3
107.3	104.5	75.5	66.2	85.4	86.4	83.7	95.5
95.1	95.4	95.8	96.6	96.6	96.3	98.0	98.4
103.6	102.9	110.0	93.8	91.6	95.7	98.1	96.6
91.9	89.5	89.6	89.6	91.2	90.2	89.6	89.5
97.8	97.6	97.5	97.5	97.4	97.5	97.4	97.2
98.4	98.2	98.4	98.8	98.9	99.1	99.2	98.4
90.6	89.2	87.8	87.5	86.7	86.8	85.8	85.4
96.5	96.4	95.6	96.4	96.6	96.5	96.5	96.3
100.2	101.2	101.5	101.2	101.4	101.5	101.4	101.3
100.0	98.5	98.4	98.4	97.7	98.4	98.2	98.5
99.3	99.2	101.7	100.7	100.8	99.7	100.9	99.8
102.8	104.4	103.4	102.6	101.2	101.5	100.2	100.1
105.2	108.5	111.0	110.9	109.2	112.2	112.2	111.3
100.8	102.9	100.6	99.4	97.4	97.9	95.4	95.9
106.3	105.3	105.0	104.5	104.8	102.8	103.7	102.4
98.7	**98.9**	**98.8**	**98.6**	**98.0**	**98.3**	**98.5**	**98.3**
97.6	97.7	97.8	98.2	97.9	98.4	98.7	98.7
99.2	99.4	99.3	98.8	98.1	98.2	98.4	98.1
101.2	**101.7**	**101.1**	**99.3**	**98.3**	**98.1**	**98.3**	**97.9**
100.8	101.7	100.2	97.9	96.6	96.5	96.8	96.3
100.6	100.8	101.1	100.2	99.4	99.3	99.5	99.4
103.7	103.4	104.4	103.2	103.4	102.6	102.1	102.1
100.8	**100.6**	**100.1**	**99.9**	**99.8**	**98.9**	**99.4**	**98.5**
104.5	104.1	104.1	103.2	103.2	102.4	103.3	101.4
97.7	97.3	96.8	96.3	95.5	95.4	97.9	97.2
100.2	99.9	98.1	97.8	97.5	97.3	97.8	97.0
100.4	100.0	100.2	100.1	100.5	100.6	100.7	100.6
100.3	99.7	98.7	98.4	98.0	97.7	98.6	98.4
101.7	101.8	101.7	102.1	102.1	99.9	98.6	97.8
103.2	**103.0**	**103.3**	**103.3**	**102.9**	**102.9**	**102.9**	**101.5**
107.0	106.3	108.0	107.9	107.0	106.3	106.5	104.5
99.5	99.8	98.7	98.7	98.7	99.5	99.3	98.4
100.3	100.5	100.0	100.3	99.9	100.0	100.0	100.1
100.6	**100.6**	**100.6**	**101.0**	**100.1**	**99.3**	**98.8**	**99.2**
108.4	**108.3**	**108.3**	**108.0**	**109.1**	**109.1**	**109.1**	**108.5**
96.9	**96.9**	**96.4**	**96.6**	**95.8**	**95.8**	**96.1**	**96.9**
96.4	96.4	95.5	95.8	95.3	95.3	95.5	96.5
98.5	98.4	99.1	98.9	97.4	97.3	97.9	98.0
99.1	**99.2**	**99.1**	**98.3**	**97.8**	**98.2**	**98.3**	**98.5**
99.1	99.2	99.1	98.6	97.9	98.5	98.8	99.0
99.1	99.1	99.0	97.4	97.5	97.6	97.6	98.1
99.2	99.2	99.2	99.2	98.2	98.2	98.3	98.0
94.1	**94.3**	**95.1**	**95.3**	**95.1**	**95.2**	**96.0**	**96.6**
90.3	**89.6**	**89.7**	**89.8**	**89.9**	**90.3**	**90.3**	**91.3**
91.9	**89.3**	**86.7**	**88.2**	**88.7**	**92.2**	**96.3**	**95.8**
95.3	**95.2**	**93.9**	**93.9**	**94.3**	**95.1**	**95.3**	**94.7**
93.9	**93.5**	**93.8**	**92.0**	**91.7**	**91.7**	**91.9**	**92.1**

9-7 各地区居民消费价格分类指数(1998年)

CONSUMER PRICE INDICES BY CATEGORY AND BY REGION(1998)

(上年=100) (preceding year=100)

地区 Region		总指数 General Index	食品 Food	#粮食 Grain	#油脂 Oil or Fat	#肉禽及其制品 Meat and Poultry	#蛋 Eggs	#水产品 Aquatic Products	#菜 Vegetables	#酒和饮料 Liquor and Beverages
广州	Guangzhou	97.7	95.7	96.5	96.9	90.3	98.8	95.8	91.2	97.3
深圳	Shenzhen	99.3	97.2	94.6	99.7	90.3	97.2	92.1	93.9	95.1
珠海	Zhuhai	98.4	94.4	91.9	95.9	92.6	97.2	92.1	92.7	96.8
汕头	Shantou	99.9	98.2	95.5	98.3	94.5	98.1	100.5	103.3	99.2
韶关	Shaoguan	97.8	96.9	96.0	88.6	96.7	97.8	89.6	100.6	98.2
河源	Heyuan	97.0	98.7	95.6	107.6	96.5	95.7	96.0	98.9	102.3
梅州	Meizhou	99.0	98.0	99.9	94.9	92.5	97.0	91.0	101.7	101.9
惠州	Huizhou	97.4	94.5	88.6	93.8	94.3	98.5	93.4	94.0	99.1
汕尾	Shanwei	98.1	98.1	102.6	103.6	94.8	99.4	95.8	99.7	97.7
东莞	Dongguan	99.9	99.5	93.4	94.2	97.3	97.7	94.9	100.4	95.5
中山	Zhongshan	99.5	94.9	95.9	104.8	87.5	97.9	92.2	96.8	103.2
江门	Jiangmen	99.4	97.4	99.7	99.5	96.4	94.5	92.5	99.4	103.0
佛山	Foshan	99.3	97.8	97.3	103.2	92.9	97.7	95.2	100.4	99.3
阳江	Yangjiang	99.1	98.5	99.7	95.1	92.5	98.1	100.8	104.7	101.7
湛江	Zhanjiang	96.9	93.9	91.4	93.1	93.3	93.3	92.5	90.5	97.2
茂名	Maoming	98.9	95.4	98.8	98.2	93.6	98.9	94.8	101.0	99.4
肇庆	Zhaoqing	98.2	97.0	95.8	96.5	97.8	94.7	91.9	93.3	99.9
清远	Qingyuan	98.1	95.5	93.7	93.5	92.6	96.6	90.8	96.5	96.2
潮州	Chaozhou	98.2	98.3	104.0	96.7	92.8	98.6	90.6	110.4	98.3
揭阳	Jieyang	98.8	95.0	100.1	90.8	89.1	93.5	93.1	96.3	99.2
云浮	Yunfu	99.4	96.2	92.1	96.2	93.8	92.3	96.9	104.5	99.5
普宁	Puning	98.2	97.3	99.3	89.5	89.9	92.1	92.8	113.6	99.6
顺德	Shunde	98.4	96.1	98.2	99.2	88.1	96.0	93.3	99.0	99.6
连州	Lianzhou	98.0	95.9	96.6	90.1	93.0	100.1	90.3	100.5	101.8
兴宁	Xingning	100.4	98.0	100.7	90.6	98.1	95.5	87.5	97.8	102.8
电白	Dianbai	95.7	92.7	101.8	87.5	89.0	92.5	90.1	98.3	98.4
鹤山	Heshan	98.9	95.0	96.9	89.4	89.2	93.4	95.5	94.1	102.6
廉江	Lianjiang	97.3	94.9	95.1	97.8	92.3	97.3	89.6	93.4	103.8

续表1 continued

(上年=100) (preceding year=100)

地 区 Region		#干鲜瓜果 Melons and Fruits	#饮食业 Catering Trade	衣 着 Clothing	家用设备及用品 Household Appliances	医疗保健用品 Medicine and Medical Articles	交通和通讯工具 Means of Transportation & Communication	娱乐教育文化用品 Recreational, Educational & Cultural Goods	居 住 Residence	服务项目 Services
广 州	Guangzhou	99.2	98.6	98.8	96.7	98.7	96.4	91.3	100.7	105.6
深 圳	Shenzhen	94.6	110.6	99.5	98.4	101.0	98.0	96.3	100.9	105.3
珠 海	Zhuhai	88.8	98.7	100.8	100.4	106.4	96.8	100.6	102.9	104.3
汕 头	Shantou	93.8	100.1	99.0	100.4	104.2	98.6	99.4	100.8	106.8
韶 关	Shaoguan	98.6	100.6	100.5	96.9	102.1	91.3	96.3	96.4	103.0
河 源	Heyuan	88.3	109.4	95.5	95.2	100.6	94.0	91.8	92.4	98.8
梅 州	Meizhou	103.3	108.2	101.6	99.0	95.7	99.5	97.9	94.3	106.1
惠 州	Huizhou	96.5	96.1	100.8	100.1	96.5	96.8	101.8	95.1	103.2
汕 尾	Shanwei	102.0	96.2	99.4	98.7	101.1	93.0	97.3	94.5	103.8
东 莞	Dongguan	97.5	113.5	99.4	98.0	102.9	97.4	97.0	96.4	108.4
中 山	Zhongshan	91.8	101.0	101.6	103.4	99.9	100.4	100.0	96.5	111.4
江 门	Jiangmen	102.9	96.1	100.1	99.4	93.9	104.7	100.8	111.1	97.5
佛 山	Foshan	108.1	98.2	100.7	97.3	104.8	98.0	100.4	97.5	106.7
阳 江	Yangjiang	99.2	99.9	90.0	95.6	95.7	91.2	95.5	99.1	111.9
湛 江	Zhanjiang	96.2	98.1	99.2	98.4	102.1	96.5	97.9	99.0	102.6
茂 名	Maoming	93.5	94.7	96.9	96.9	109.7	92.1	100.3	95.4	112.2
肇 庆	Zhaoqing	101.2	99.2	100.8	97.4	101.4	94.6	96.3	95.2	107.0
清 远	Qingyuan	104.9	101.1	99.9	97.7	100.4	96.9	103.7	98.7	104.6
潮 州	Chaozhou	99.2	99.4	94.9	93.5	106.1	86.8	93.5	100.6	107.9
揭 阳	Jieyang	102.5	100.5	98.6	97.8	103.4	94.3	102.5	117.9	100.2
云 浮	Yunfu	93.5	94.5	106.4	100.3	100.2	98.6	101.4	100.7	105.4
普 宁	Puning	98.6	100.0	98.2	98.2	97.8	98.4	104.1	95.1	101.0
顺 德	Shunde	93.8	103.3	100.4	98.3	104.2	94.3	99.6	96.0	107.4
连 州	Lianzhou	98.4	99.9	100.8	97.0	102.9	100.4	100.7	97.8	102.3
兴 宁	Xingning	98.2	107.7	105.4	97.8	104.9	91.8	104.4	102.7	107.8
电 白	Dianbai	100.2	93.7	100.3	96.8	104.8	93.9	99.6	91.4	102.5
鹤 山	Heshan	92.1	110.7	100.2	97.3	107.8	93.4	100.0	98.8	114.5
廉 江	Lianjiang	99.2	101.5	102.1	99.2	105.9	97.8	96.5	95.1	103.7

9-8 各地区商品零售价格分类指数(1998年)

RETAIL PRICE INDICES BY CATEGORY OF COMMODITIES BY REGION(1998)

(上年=100) (preceding year=100)

地区 Region		总指数 General Index	食品 Food	#粮食 Grain	#油脂 Oil or Fat	#肉禽蛋 Meat, Poultry & Eggs	#水产品 Aquatic Products	#鲜菜 Vegetables	#鲜果 Fresh Fruits	#干果 Dried Fruits
广州	Guangzhou	96.3	95.3	96.3	96.8	91.2	95.6	90.9	100.7	87.7
深圳	Shenzhen	97.5	97.2	93.5	99.7	91.8	92.9	94.0	94.3	99.1
珠海	Zhuhai	96.6	94.0	90.9	95.9	92.8	92.2	92.9	86.6	92.2
汕头	Shantou	98.0	98.3	95.6	98.3	94.9	99.9	103.1	93.0	95.7
韶关	Shaoguan	97.3	97.0	95.7	88.6	96.7	89.8	101.3	101.9	87.1
河源	Heyuan	96.6	98.7	95.6	107.6	96.6	96.0	99.6	88.8	91.1
梅州	Meizhou	98.2	98.1	99.7	94.9	92.9	91.3	100.6	104.5	93.1
惠州	Huizhou	96.9	94.4	89.0	93.8	94.6	93.0	94.1	97.8	86.2
汕尾	Shanwei	97.5	98.3	104.3	103.6	94.7	96.2	100.0	103.1	99.0
东莞	Dongguan	98.7	99.9	94.5	94.2	97.0	94.2	100.5	97.7	95.6
中山	Zhongshan	97.9	95.5	96.1	104.8	89.8	92.9	96.3	90.9	96.4
江门	Jiangmen	98.2	97.2	99.2	99.5	95.9	92.5	99.9	103.3	93.8
佛山	Foshan	97.0	97.4	97.8	103.2	93.4	95.2	101.2	109.5	78.9
阳江	Yangjiang	96.5	98.6	99.8	94.2	92.5	101.5	107.5	99.0	90.1
湛江	Zhanjiang	95.6	93.9	91.7	93.0	93.5	93.1	89.1	97.4	91.6
茂名	Maoming	96.8	95.2	97.0	97.9	94.3	92.9	100.6	96.2	85.8
肇庆	Zhaoqing	97.4	96.6	95.5	96.5	97.6	92.0	94.1	104.2	90.4
清远	Qingyuan	96.9	96.1	93.7	93.5	93.4	90.3	96.6	101.5	92.3
潮州	Chaozhou	96.6	98.3	103.6	91.8	93.4	91.0	111.1	108.5	98.6
揭阳	Jieyang	96.7	94.8	100.6	90.9	89.4	92.9	96.3	99.7	95.0
云浮	Yunfu	98.0	95.7	92.8	96.9	92.2	98.2	103.8	90.1	103.6
普宁	Puning	97.4	97.2	98.3	89.6	90.1	96.8	114.6	99.0	95.6
顺德	Shunde	98.1	96.9	98.2	99.3	88.2	94.5	98.1	94.6	94.8
连州	Lianzhou	97.6	96.0	96.6	89.4	94.9	90.0	99.7	98.0	97.1
兴宁	Xingning	98.6	98.4	100.2	90.6	97.9	88.1	97.5	105.0	84.1
电白	Dianbai	95.9	94.6	100.8	87.5	91.0	91.4	100.1	102.0	95.8
鹤山	Heshan	96.5	94.6	96.3	89.4	89.3	94.2	92.9	92.0	88.4
廉江	Lianjiang	97.3	96.0	96.2	97.8	93.6	89.2	96.5	106.4	91.3

续表 1 continued

(上年=100) (preceding year=100)

地 区 Region	#饮食业 Catering Trade	饮料烟酒 Beverages, Tobacco and Liquor	服装鞋帽 Clothing, Shoes and Hats	纺织品 Textiles	中西药品 Traditional Chinese & Western Medicines	化妆品 Cosmetics	书报杂志 Books, Newspapers and Magazines
广 州 Guangzhou	98.6	99.0	97.9	100.7	102.1	99.9	113.4
深 圳 Shenzhen	108.9	93.9	102.2	95.0	100.9	102.0	109.5
珠 海 Zhuhai	98.1	97.4	100.9	100.6	106.8	103.6	102.9
汕 头 Shantou	100.1	99.1	99.0	100.4	103.8	100.5	99.7
韶 关 Shaoguan	100.3	99.7	99.1	100.8	100.9	100.3	109.5
河 源 Heyuan	109.4	101.8	93.8	96.3	100.4	99.9	102.6
梅 州 Meizhou	109.5	100.4	101.4	100.0	95.9	95.1	103.2
惠 州 Huizhou	96.1	98.9	101.8	101.1	96.2	105.4	118.8
汕 尾 Shanwei	96.2	98.3	98.5	101.8	101.8	92.9	94.2
东 莞 Dongguan	111.5	99.6	103.0	85.8	103.5	95.0	111.0
中 山 Zhongshan	101.6	103.8	102.4	103.5	99.3	115.5	101.9
江 门 Jiangmen	96.1	98.2	99.1	95.8	94.4	114.5	107.7
佛 山 Foshan	97.3	99.9	99.1	99.3	108.1	98.8	109.8
阳 江 Yangjiang	99.8	99.2	93.4	74.9	95.8	94.2	100.7
湛 江 Zhanjiang	96.6	96.4	99.4	99.7	102.0	99.1	107.0
茂 名 Maoming	96.0	97.9	99.5	92.8	112.2	95.0	109.7
肇 庆 Zhaoqing	99.4	101.1	100.9	102.4	101.9	93.6	103.2
清 远 Qingyuan	100.1	94.1	99.9	99.9	100.2	101.6	108.5
潮 州 Chaozhou	99.8	102.0	94.4	100.2	105.9	103.6	106.8
揭 阳 Jieyang	100.3	97.9	97.8	101.1	104.4	95.8	117.5
云 浮 Yunfu	95.4	100.7	106.0	100.5	100.3	103.7	99.9
普 宁 Puning	100.0	100.1	98.1	96.4	97.5	98.2	108.3
顺 德 Shunde	103.5	100.9	100.5	100.4	101.8	98.5	100.1
连 州 Lianzhou	99.9	100.5	101.2	102.1	103.5	100.0	103.2
兴 宁 Xingning	107.7	103.3	105.6	106.4	104.9	96.1	105.8
电 白 Dianbai	93.9	99.2	100.5	99.2	104.6	113.8	103.2
鹤 山 Heshan	110.2	101.5	99.7	98.6	108.0	103.6	104.3
廉 江 Lianjiang	100.5	101.7	99.7	105.5	105.5	100.0	111.2

续表 2 continued

(上年=100) (preceding year=100)

地区 Region	文化体育用品 Cultural and Sports Goods	日用品 Articles for Daily Use	家用电器 Household Electric Appliances	首饰 Jewelery	燃料 Fuels	建筑装璜材料 Building Decoration Materials	机电产品 Mechanical and Electrical Products
广州 Guangzhou	93.6	99.6	92.0	90.6	90.6	88.9	90.0
深圳 Shenzhen	93.4	97.1	96.8	91.9	99.6	99.4	93.2
珠海 Zhuhai	99.8	100.7	98.3	88.2	89.8	97.8	91.8
汕头 Shantou	99.9	100.5	99.6	92.2	89.9	94.9	93.1
韶关 Shaoguan	100.4	97.7	95.0	93.2	87.7	94.4	88.9
河源 Heyuan	100.5	95.3	89.3	93.2	89.6	93.6	92.6
梅州 Meizhou	103.9	98.6	94.2	89.9	94.8	98.8	99.3
惠州 Huizhou	97.7	98.6	94.6	93.7	90.1	96.0	94.9
汕尾 Shanwei	103.2	98.4	96.2	98.0	88.8	94.1	91.6
东莞 Dongguan	100.9	100.0	93.3	92.7	92.5	96.9	93.5
中山 Zhongshan	99.6	102.0	98.0	88.5	90.0	97.6	96.6
江门 Jiangmen	101.0	103.5	92.8	90.4	90.5	101.1	100.2
佛山 Foshan	94.2	96.0	94.8	91.0	91.8	89.4	92.7
阳江 Yangjiang	102.8	100.3	92.9	93.3	89.8	94.8	93.7
湛江 Zhanjiang	98.0	99.5	96.5	90.9	91.9	88.3	97.7
茂名 Maoming	96.8	99.3	91.8	87.5	93.3	98.0	92.0
肇庆 Zhaoqing	97.5	98.6	95.6	93.9	90.0	95.5	97.1
清远 Qingyuan	100.2	100.1	97.6	100.9	89.7	92.9	95.2
潮州 Chaozhou	96.0	94.5	92.4	87.6	89.4	91.3	87.6
揭阳 Jieyang	100.5	100.6	96.3	75.2	95.2	96.4	92.5
云浮 Yunfu	100.7	99.5	99.9	102.0	90.7	97.5	100.0
普宁 Puning	96.6	98.9	101.5	87.7	91.5	93.6	97.1
顺德 Shunde	99.2	97.7	99.1	92.6	90.3	102.5	92.7
连州 Lianzhou	98.7	99.1	94.1	97.7	92.9	98.5	98.9
兴宁 Xingning	100.9	97.9	92.5	95.0	92.0	97.3	87.8
电白 Dianbai	97.9	96.2	97.2	81.7	90.7	87.0	93.6
鹤山 Heshan	106.0	97.5	93.4	91.5	86.2	97.6	90.8
廉江 Lianjiang	98.0	100.0	91.6	97.4	86.1	96.4	93.1

9-9 各市服务项目价格分类指数(1998年)
SERVICES PRICE INDICES BY CATEGORY AND BY CITY (1998)

(上年=100) (preceding year=100)

地区 Region		总指数 General Index	电讯费 Telecom-munica-tion	邮费 Postage	交通费 Traffic	洗理美容费 Bathing, Haircut and Cosmeto-logy	文娱费 Recre-ation	学杂保育费 Tuition and Child Care	修理及其他服务费 Repair and Other Services	医疗保健服务费 Medical & Health Care Services
广州	Guangzhou	105.6	101.7	100.0	104.7	106.0	105.6	107.1	102.9	118.2
深圳	Shenzhen	105.3	100.9	100.0	100.2	99.9	114.3	110.0	100.5	109.4
珠海	Zhuhai	104.3	95.6	100.0	100.2	106.5	99.7	104.1	110.0	118.3
汕头	Shantou	106.8	102.1	100.0	109.1	114.6	99.8	111.5	108.0	100.2
韶关	Shaoguan	103.0	100.8	100.0	100.0	101.6	99.7	106.5	101.6	103.2
河源	Heyuan	98.8	100.6	110.0	104.3	101.2	96.8	92.5	102.9	107.2
梅州	Meizhou	106.1	101.9	100.0	100.0	104.0	102.2	103.1	116.3	125.6
惠州	Huizhou	103.2	100.5	100.0	102.1	107.4	98.8	107.4	99.9	100.0
汕尾	Shanwei	103.8	102.4	100.0	105.5	94.6	96.0	111.0	101.1	101.2
东莞	Dongguan	108.4	102.0	100.0	106.0	106.5	101.0	116.1	110.7	100.0
中山	Zhongshan	111.4	99.9	100.0	105.1	108.0	107.9	129.5	110.9	101.5
江门	Jiangmen	97.5	100.9	105.2	104.5	101.2	94.3	87.9	97.4	103.1
佛山	Foshan	106.7	100.1	100.0	98.0	103.0	95.4	112.5	99.6	135.9
阳江	Yangjiang	111.9	110.2	100.0	102.6	111.1	109.6	115.9	112.5	120.0
湛江	Zhanjiang	102.6	112.2	100.0	100.0	97.9	93.6	104.3	105.3	100.0
茂名	Maoming	112.2	100.2	100.0	103.2	93.6	92.3	128.1	99.9	107.6
肇庆	Zhaoqing	107.0	99.8	100.0	94.1	100.0	97.2	117.9	106.2	108.9
清远	Qingyuan	104.6	101.4	100.0	100.4	102.7	99.7	102.5	100.5	133.5
潮州	Chaozhou	107.9	100.0	100.0	98.8	104.1	102.9	118.6	101.6	125.8
揭阳	Jieyang	100.2	101.0	107.8	100.1	96.1	100.0	101.8	97.1	100.0
云浮	Yunfu	105.4	102.9	88.7	95.9	98.7	97.8	118.2	103.0	112.8

9-10 各地区农业生产资料价格分类指数(1998年)
PRICE INDICES OF AGRICULTURAL MEANS OF PRODUCTION BY CATEGORY AND BY REGION(1998)

(上年=100) (preceding year=100)

地区 Region		总指数 General Index	小农具 Small Farm Tools	饲料 Forage	幼禽家畜 Young Live-stock & Fowls	半机械化农具 Semi-mechanized Farm Implements	机械化农具 Mechanized Farm Implements	化学肥料 Chemical Ferti-lizer	农药及农药械 Pesti-cide & Its Ap-pliances	农用机油 Oil for Farm Machi-nery
全省	Province	94.9	98.0	97.2	86.3	98.0	96.8	94.1	95.6	95.5
普宁	Puning	93.2	94.5	99.3	76.4	94.3	96.4	91.7	93.0	99.2
顺德	Shunde	94.0	94.4	100.0	100.0	93.6	99.7	91.1	87.7	93.3
连州	Lianzhou	95.4	92.2	101.1	81.7	107.2	94.5	90.7	107.4	94.2
兴宁	Xingning	90.7	89.5	96.3	69.6	100.0	99.6	94.5	95.4	92.5
电白	Dianbai	96.3	98.9	101.4	71.2	100.0	104.5	96.1	92.6	100.7
鹤山	Heshan	95.6	105.7	85.1	104.3	100.0	100.0	96.0	93.3	90.0
廉江	Lianjiang	95.7	102.1	101.4	87.0	104.1	81.1	96.7	98.1	97.4

9-11 农产品收购价格分类指数

FARM PRODUCTS PURCHASING PRICE INDICES BY CATEGORY OF COMMODITIES

(上年=100) (preceding year=100)

年份 Year	总指数 Generel Index	粮食 Grain	稻谷 Rice	黄豆 Soybean	经济作物 Industrial Crops	食用植物油及油料 Edible Vegetable Oil and Oil Bear-ing Crops	麻 Jute and Ambary Hemp	烟叶 Tobacco
1978	101.7	100.1	100.0	118.1	100.9	100.6	100.0	100.0
1979	121.0	121.7	118.3	113.6	115.9	136.4	100.0	102.8
1980	110.9	100.0	108.4	198.9	103.4	100.0	132.2	100.0
1981	108.0	100.7	103.1	112.1	111.3	100.0	116.1	110.7
1982	104.1	100.0	109.7	106.1	100.0	100.0	100.0	100.0
1983	100.0	100.0	99.7	100.6	99.8	100.0	100.0	94.5
1984	102.2	99.8	100.1	96.9	100.0	100.0	100.0	100.0
1985	114.9	110.1	107.8	103.9	101.6	106.2	104.7	94.6
1986	105.6	110.0	108.7	104.1	101.6	104.0	89.1	103.4
1987	111.5	111.3	111.5	110.5	108.5	102.1	112.1	132.2
1988	135.9	135.7	137.3	130.7	133.3	150.8	98.9	135.2
1989	125.3	131.4	142.6	125.5	145.5	139.7	115.0	123.2
1990	90.3	85.4	85.3	88.1	98.3	90.7	100.7	92.8
1991	98.4	96.4	99.6	92.0	100.7	102.1	106.3	96.0
1992	103.1	98.5	98.6	103.7	98.2	100.0	97.0	96.6
1993	117.3	128.2	129.7	121.4	103.7	123.7	101.9	100.4
1994	126.6	160.3	167.0	124.2	122.6	132.4	104.6	112.2
1995	119.0	124.1	126.4	108.2	127.5	119.6	109.3	124.6
1996	102.0	100.3	95.8	132.4	108.4	96.1	125.9	112.0
1997	96.0	85.4	82.1	100.6	105.1	100.4	113.2	100.4
1998	92.2	93.2	93.4	91.7	98.2	95.1	96.3	82.3

续表 1 continued

(上年=100) (preceding year=100)

年份 Year	糖料 Sugar-cane and Beet-roots	茶叶 Tea	竹木材 Bamboo and Timber	工业用油漆 Oil and Lacquer for Industrial Use	禽畜产品 Livestock Products, Poultry and Eggs	肉畜 Live-stock for Slaugh-tering	#肥猪 Fattened Hogs	禽蛋 Poultry Eggs	#鸡蛋 Hen's Eggs
1978	100.0	116.0	100.0	107.9	100.4	100.0	100.0	104.8	100.0
1979	116.9	108.5	107.7	118.2	119.6	121.3	140.3	107.3	131.7
1980	100.0	100.0	100.0	111.4	106.4	100.0	109.9	100.0	111.3
1981	117.4	120.0	117.5	98.5	103.9	104.5	113.7	100.0	123.3
1982	100.0	100.0	120.6	100.0	100.9	100.0	109.3	113.5	104.9
1983	100.0	100.0	100.0	100.0	97.4	97.1	97.5	100.0	109.1
1984	100.0	100.0	100.0	100.0	100.0	100.0	101.0	100.0	110.2
1985	100.0	101.2	143.1	100.0	126.7	131.2	135.8	111.0	105.6
1986	100.9	108.6	104.5	110.7	106.8	105.7	104.0	112.2	108.3
1987	107.4	115.8	131.7	129.2	107.7	108.3	108.8	111.7	114.1
1988	126.8	120.3	154.5	140.3	131.1	137.8	137.1	120.4	128.3
1989	158.1	113.3	119.9	102.2	123.7	120.4	120.3	129.1	117.3
1990	98.8	120.7	92.6	100.2	91.4	90.1	90.0	93.4	97.9
1991	100.1	111.9	115.3	109.1	90.5	86.1	85.9	94.1	93.8
1992	98.0	98.1	101.9	111.0	108.2	112.3	112.4	102.2	98.2
1993	94.9	113.2	105.2	129.4	120.0	119.0	118.9	122.5	112.0
1994	124.7	122.5	135.9	104.8	129.5	136.0	136.1	120.0	110.7
1995	135.6	118.4	93.5	94.5	122.0	125.6	125.7	114.4	107.3
1996	114.9	100.5	100.8	99.0	106.3	103.4	102.9	109.3	113.5
1997	112.2	96.3	99.3	141.2	92.7	101.1	100.9	87.1	84.3
1998	105.3	99.2	99.4	98.8	89.6	87.0	87.3	91.8	93.8

续表 2 continued

(上年=100) (preceding year=100)

年份 Year	皮张 Hides and Skins	鬃毛 Bristles	蚕茧蚕丝 Silkworn Cocoons and Silk	干鲜果 Dried and Fresh Fruits	干鲜菜及调味品 Dried and Fresh Vegetables and Condiments	#鲜菜 Fresh Vegetables	药材 Crude Drugs	土副产品 Local Products	水产品 Aquatic Products
1978	100.0	100.0	100.0	113.1	106.7	106.3	100.6	101.2	100.3
1979	111.8	105.4	119.6	101.1	110.8	112.2	101.3	96.8	114.2
1980	100.0	100.0	100.0	101.2	103.9	109.1	100.3	100.8	100.0
1981	100.0	100.0	100.0	100.0	107.7	114.8	100.0	100.4	100.0
1982	100.0	100.0	100.0	117.7	98.8	98.0	101.0	99.8	100.0
1983	100.0	99.0	100.0	103.0	100.0	101.5	107.3	100.0	100.0
1984	100.0	100.0	100.0	100.0	109.7	116.3	104.1	100.0	99.9
1985	100.0	114.5	141.4	109.7	130.7	164.5	124.7	109.9	152.1
1986	100.8	105.9	98.5	109.0	112.9	108.3	85.6	107.6	104.1
1987	86.0	101.6	116.7	100.4	137.6	144.4	104.2	147.8	110.3
1988	112.6	98.0	120.7	129.2	121.1	125.1	167.6	161.2	147.3
1989	119.1	112.2	276.1	109.9	117.7	131.1	82.9	105.6	111.4
1990	94.2	91.1	83.1	90.9	85.1	80.3	92.1	95.4	90.3
1991	102.5	116.1	109.8	101.2	104.0	103.0	117.4	93.2	111.8
1992	96.3	100.4	94.8	96.7	116.2	129.6	119.5	109.9	105.5
1993	109.9	117.0	85.3	116.7	131.4	152.2	93.2	128.2	150.0
1994	132.3	112.0	151.1	110.2	113.3	119.6	96.9	108.6	114.6
1995	139.1	135.4	126.2	115.9	110.8	109.2	125.9	124.0	110.3
1996	99.8	99.7	64.2	118.1	95.3	91.6	108.5	94.8	96.3
1997	79.6	97.0	119.2	89.0	102.0	101.8	116.8	112.4	94.7
1998	82.9	67.0	100.1	87.7	85.6	83.2	109.7	77.3	91.5

9-12 农产品收购价格分类指数
FARM PRODUCTS PURCHASING PRICE INDICES BY CATEGORY OF COMMODITIES

(1978年=100) (1978=100)

年份 Year	总指数 Generel Index	粮食 Grain	稻谷 Rice	黄豆 Soybean	经济作物 Indusrial Crops	食用植物油及油料 Edible Vegetable Oil and Oil Bearing Crops	麻 Jute and Ambary Hemp	烟叶 Tobacco
1978	100.0	100.0	100.0	100.0	100.0	100.0	100.0	100.0
1979	121.0	121.7	118.3	113.6	115.9	136.4	100.0	102.8
1980	134.2	121.7	128.2	226.0	119.8	136.4	132.2	102.8
1981	144.9	122.6	132.2	253.3	133.4	136.4	153.5	113.8
1982	150.9	122.6	145.0	268.8	133.4	136.4	153.5	113.8
1983	150.9	122.6	144.6	270.4	133.1	136.4	153.5	107.5
1984	154.2	122.3	144.7	262.0	133.1	136.4	153.5	107.5
1985	177.2	134.7	156.0	272.2	135.2	144.9	160.7	101.7
1986	187.1	148.1	169.6	283.3	137.4	150.7	143.2	105.2
1987	208.6	164.9	189.1	313.1	149.1	153.8	160.5	139.1
1988	283.5	223.7	259.7	409.2	198.7	232.0	158.7	188.0
1989	355.2	294.0	370.3	513.6	289.2	324.0	182.6	231.6
1990	320.7	251.0	315.8	452.5	284.2	293.9	183.8	215.0
1991	315.6	242.0	314.6	416.3	286.2	300.1	195.4	206.4
1992	325.4	238.4	310.2	431.7	281.1	300.1	189.5	199.3
1993	381.7	305.6	402.3	524.0	291.5	371.2	193.2	200.1
1994	483.2	489.9	671.8	650.9	357.4	491.5	202.0	224.6
1995	575.0	607.9	849.2	704.2	455.6	587.8	220.8	279.8
1996	586.5	609.8	813.5	932.4	493.9	564.9	278.0	313.4
1997	563.1	520.7	667.9	938.0	519.1	567.1	314.7	314.6
1998	519.2	485.3	623.8	860.1	509.8	539.3	303.1	258.9

续表 1　continued

(1978 年＝100)　　　　(1978＝100)

年份 Year	糖料 Sugar-cane and Beet-roots	茶叶 Tea	竹木材 Bamboo and Timber	工业用油漆 Oil and Lacquer for Industrial Use	禽畜产品 Livestock Products, Poultry and Eggs	肉畜 Livestock for Slaugh-tering	#肥猪 Fattened Hogs	禽蛋 Poultry Eggs	#鸡蛋 Hen's Eggs
1978	100.0	100.0	100.0	100.0	100.0	100.0	100.0	100.0	100.0
1979	116.9	108.5	107.7	118.2	119.6	121.3	140.3	107.3	131.7
1980	116.9	108.5	107.7	131.7	127.3	121.3	154.2	107.3	146.6
1981	137.2	130.2	126.5	129.7	132.2	126.8	175.3	107.3	180.7
1982	137.2	130.2	152.6	129.7	133.4	126.8	191.6	121.8	189.6
1983	137.2	130.2	152.6	129.7	129.9	123.1	186.8	121.8	206.8
1984	137.2	130.2	152.6	129.7	129.9	123.1	188.7	121.8	227.9
1985	137.2	131.8	218.4	129.7	164.6	161.5	256.2	135.2	240.7
1986	138.5	143.1	228.2	143.6	175.8	170.7	266.5	151.7	260.7
1987	148.7	165.7	300.6	185.5	189.3	184.9	290.0	169.4	297.5
1988	188.6	199.3	464.4	260.3	248.2	254.7	397.5	204.0	381.7
1989	298.1	225.9	556.8	266.0	307.1	306.7	478.2	263.3	447.7
1990	294.6	272.6	515.6	266.5	280.7	276.3	430.4	246.0	438.3
1991	294.9	305.0	594.5	290.8	254.0	237.9	369.7	231.4	411.1
1992	289.0	299.2	605.8	322.8	274.9	267.2	415.6	236.5	403.7
1993	274.2	338.7	637.3	417.6	329.8	318.0	494.1	289.8	452.1
1994	342.0	415.0	866.0	437.7	427.1	432.4	672.5	347.7	500.5
1995	463.7	491.3	809.8	413.6	521.1	543.1	845.3	397.8	537.0
1996	532.8	493.8	816.2	409.5	553.9	561.6	869.8	434.8	609.5
1997	597.8	475.5	810.5	578.2	513.5	567.8	877.6	378.7	513.8
1998	629.5	471.7	805.6	571.3	460.1	494.0	766.1	347.6	481.9

续表 2　continued

(1978 年＝100)　　　　(1978＝100)

年份 Year	皮张 Hides and Skins	鬃毛 Bristles	蚕茧蚕丝 Silkworn Cocoons and Silk	干鲜果 Dried and Fresh Fruits	干鲜菜及调味品 Dried and Fresh Vegetables and Condiments	鲜菜 Fresh Vegetables	药材 Crude Drugs	土副产品 Local Products	水产品 Aquatic Products
1978	100.0	100.0	100.0	100.0	100.0	100.0	100.0	100.0	100.0
1979	111.8	105.4	119.6	101.1	110.8	112.2	101.3	96.8	114.2
1980	111.8	105.4	119.6	102.3	115.1	122.4	101.6	97.6	114.2
1981	111.8	105.4	119.6	102.3	124.0	140.5	101.6	98.0	114.2
1982	111.8	105.4	119.6	120.4	122.5	137.7	102.6	97.8	114.2
1983	111.8	104.3	119.6	124.0	122.5	139.8	110.1	97.8	114.2
1984	111.8	104.3	119.6	124.0	134.4	162.6	114.6	97.8	114.1
1985	111.8	119.5	169.0	136.1	175.6	267.4	142.9	107.5	173.5
1986	112.7	126.5	166.6	148.3	198.3	289.6	122.4	115.6	180.6
1987	96.9	128.5	194.4	148.9	272.8	418.2	127.5	170.9	199.2
1988	109.1	126.0	234.6	192.4	330.4	523.2	213.7	275.5	293.5
1989	123.0	141.3	647.8	211.4	388.9	685.9	177.1	290.9	326.9
1990	122.4	128.8	538.3	192.2	331.0	550.8	163.1	277.5	295.2
1991	125.5	149.5	591.1	194.5	344.2	567.3	191.5	258.6	330.1
1992	120.9	150.1	560.4	188.1	400.0	735.2	228.9	284.2	348.2
1993	132.8	175.6	478.0	219.5	525.5	1119.0	213.3	364.4	522.3
1994	175.7	196.7	728.0	241.9	595.4	1338.3	206.7	395.7	598.6
1995	244.4	266.3	911.5	280.3	659.7	1461.4	260.2	490.7	660.2
1996	243.9	265.5	585.2	331.1	628.7	1338.7	282.4	465.2	635.8
1997	194.2	257.6	697.5	294.7	641.3	1362.8	329.8	522.9	602.1
1998	161.0	172.6	698.2	258.5	549.0	1133.8	361.8	404.2	550.9

9-13 主要食品全社会综合平均价格
THE WHOLE PROVINCE COMPREHENSIVE AVERAGE PRICE OF MAJOR FOOD

单位：元/公斤 (yuan/kg)

食品名称	Food	规格等级	Standards and Rate	1997	1998
大米	Rice	标二	Standard Two Grade	2.707	2.675
大米	Rice	优质米	High-Quality Rice	3.807	3.662
面粉	Wheat Flour	富强粉	Fuqiang Flour	3.324	3.620
面饼	Wheat Cake	富强粉	Fuqiang Flour	4.767	4.876
绿豆	Mung Bean	一等	First Rate	7.017	6.800
花生油	Peanut Oil	一级	First Rate	13.361	12.383
猪肉	Pork	鲜上肉	Fresh High Quality Pork	16.665	15.355
猪瘦肉	Lean Pork	鲜	Fresh	23.636	21.674
牛肉	Beef	净肉	Net Beef	20.797	18.769
白条鸡	Bare Chicken	开膛	Split	16.024	14.678
活鸡	Live Chicken	中等	Middling	18.648	18.223
活鸭	Live Duck	中等	Middling	11.490	11.111
鸡蛋	Hen's Eggs	新鲜	Fresh	7.669	7.104
松花蛋	Preserved Eggs			12.813	11.929
鲜带鱼	Fresh Hairtail			17.829	15.397
胖头鱼	Variegated Carp	鲜活	Fresh and Live	9.777	9.024
草鱼	Grass Carp	鲜活	Fresh and Live	11.503	10.387
小海米	Small Shrimps	二级	Second Rate	90.919	90.828
鲜菜	Fresh Vegetables	综合一等	Comprehensive up One Rate	4.195	4.048
豆腐	Bean Curd	水豆腐	Flowing Bean Curd	1.921	1.937
精盐	Refined Salt	再制盐	Made of Refined Salt Again	1.636	1.788
酱油	Soy Sauce	(瓶)	(Bottle)	4.584	3.950
味精	Gourmet Powder	一等	First rate	23.000	21.222
白砂糖	White Granulated Sugar	一级	First rate	5.194	4.835
白酒	Spirits	散装	In Bulk	4.561	4.597
啤酒	Beer	熟12度(瓶)	Ripe 12 Degree (Bottle)	3.863	3.875
花茶	Jasmine Tea	二级	Second Rate	22.512	21.994
乌龙茶	Oolong Tea	二级	Second Rate	21.648	21.475
香菇	Mushroom	一级	First Rate	72.242	66.246
花生米	Peanut Seed	一级	First Rate	8.102	7.535
面包	Bread	中等	Middling	9.301	9.571
奶粉	Milk Powder	国产	Domestic Products	9.929	10.088
汽水	Aerated Water	(小瓶)	(Small Bottle)	0.912	0.855

9-14 主要农产品收购价格

PURCHASING PRICE OF MAJOR FARM PRODUCTS

单位:元/百公斤 (yuan/100kg)

食品名称	Food	规格等级	Standards and Rate	1997	1998
小麦	Wheat	中等	Middling	180.00	174.38
籼稻	Long-Grained Nonglutinous Rice	中等	Middling	147.51	137.72
糯稻	Glutinous Rice	中等	Middling	245.92	217.67
籼米	Polished Long-grained Nonglutinous Rice	中等	Middling	231.96	217.22
黄豆	Soya Bean	中等	Middling	405.66	372.00
绿豆	Mung Bean	中等	Middling	671.25	582.73
花生油	Peanut Oil	二级	Second Rate	1298.79	1234.64
芝麻	Sesame	中等	Middling	1058.33	1025.45
茶油	Tea-Seed Oil	中等	Middling	2200.00	2183.33
黄红麻	Jute and Ambary Hemp	二等	Second Rate	340.00	348.67
烤烟	Flue-Cured Tobacco	金黄四级	Golden and Yellow Forth Rate	1040.02	826.79
糖蔗	Sugarcane	中等	Middling	27.99	25.81
绿毛茶	Raw Green Tea	三级	Third Rate	1641.58	1677.92
松原木	Raw Pine	二级	Second Rate	314.78	316.00
杉原木	Raw China Fir	二等	Second Rate	595.44	591.17
毛竹	Mao Bamboo	二等	Second Rate	590.01	556.65
桐油	Tung Oil	中等	Middling	1344.00	1415.00
香茅油	Citronella oil	中等	Middling		
肥猪	Fattened Hogs	折总肉	Amount to Total Meat	1098.23	958.80
菜牛	Beef Cattle	估净肉	Amount to Net Meat	1444.58	1166.35
鸡	Chicken	二等活公鸡	Second Rate live Chicken	1268.84	1158.19
鸭	Duck	二等活鸭	Second Rate live Duck	1002.66	924.51
鸡蛋	Hen's Eggs	新鲜完整	Fresh and Complete	791.43	742.50
鸭蛋	Duck's Eggs	新鲜完整	First and Complete	765.31	719.12
广柑	Citrus	一等	First Rate	228.00	217.09
香蕉	Bananas	一等	First Rate	205.19	167.08
菠萝	Pineapple	一等	First Rate	100.93	113.36
桑蚕茧	Silkworm Cocoons	茧层率16%	Content Cocoons 16 Percent	1334.71	1336.19
黑木耳	Black Edible Fungus	中等	Middling	1910.31	1648.53
香菇	Mushroom	中等	Middling	4967.92	4442.02
胡椒	Pepper	中等	Middling	4825.00	6175.00
松脂	Rosin	中等	Middling	279.31	184.34
蜂蜜	Honey	一等40度	First Rate Forty Degree	1586.87	1550.00
对虾	Prawn	一级	First Rate	11095.83	10110.42
草鱼	Grass Carp	1公斤以上	Exceed one Kg	922.81	824.17

9-15 工业品出厂价格分类指数(1998年)

EX—FACTORY PRICE INDICES OF INDUSTRIAL PRODUCTS(1998)

(上年=100) (preceding year=100)

项　目	Item	指数　Indices
全部工业品	Total Industry Products	94.84
轻工业	Light Industry	95.72
以农产品为原料	Using Farm Products as Raw Materials	97.37
以非农产品为原料	Using Non—Farm Products as Raw Materials	95.62
重工业	Heavy Industry	92.91
采　掘	Mining & Quarrying	89.28
原　料	Raw Materials	91.42
加　工	Manufacturing	96.10
生产资料	Means of Production	93.39
采　掘	Mining & Quarrying	89.28
原　料	Raw Materials	91.10
加　工	Manufacturing	98.06
生活资料	Consumer Goods	95.99
食　品	Food	95.94
衣　着	Clothing	96.66
一般日用品	Articles for Daily Use	92.96
耐用消费品	Durable Consumer Goods	94.89
按工业部门分	Grouped By Industry Deparment	
冶金工业	Metallurgical Industry	91.33
电力工业	Power Industry	100.03
煤炭工业	Coal Industry	100.90
石油工业	Petroleum Industry	84.32
化学工业	Chemical Industry	97.08
机械工业	Machine Buiding Industry	95.54
建筑材料工业	Building Materials Industry	99.72
森林工业	Timber Industry	89.21
食品工业	Food Industry	94.98
纺织工业	Textile Industry	91.82
缝纫工业	Tailoring Industry	95.06
皮革工业	Leather Industry	96.38
造纸工业	Paper Industry	88.66
文教艺术用品工业	Cultural,Educational & Handicrafes Articlts	92.95
其　它	Other	98.75

9-16 原材料、燃料、动力购进价格指数(1998年)

PURCHASING PRICE INDICES OF RAW MATERIALS,FUELS AND POWER (1998)

(上年=100) (preceding year=100)

项　目	Item	指数　Indices
全部原材料	Total Raw Materials	91.42
燃料、动力类	Fuels and Power	88.32
黑色金属材料类	Ferrous Materials	94.90
有色金属材料和电线类	Nonferrrous Materials & Wire	90.73
化工原料类	Chemical Materials	84.90
木材及纸浆类	Timber & Pulp	97.36
建筑材料及非金属矿类	Building Materials & Nonmetal Minerals	97.72
其它工业原材料及半成品类	Other Industry Raw Materials & Semi—Finished Products	95.20
农副产品类	Farm & Sideline Products	94.88
纺织原料类	Textile Raw Materials	92.34

主要统计指标解释

零售价格指数 是反映城乡商品零售价格变动趋势的一种经济指数。零售物价的调整变动直接影响到城乡居民的生活支出和国家的财政收入，影响居民购买力和市场供需平衡，影响消费与积累的比例。因此，计算零售价格指数，可以从一个侧面对上述经济活动进行观察和分析。

居民消费价格指数 是反映一定时期内城乡居民所购买的生活消费品价格和服务项目价格变动趋势和程度的相对数。是综合了城市居民消费价格指数和农民消费价格指数计算取得。利用居民消费价格指数，可以观察和分析消费品的零售价格和服务价格变动对城乡居民实际生活费支出的影响程度。

城市居民消费价格指数 是反映城市职工及其家庭所购买的生活消费品和服务项目价格变动趋势及其程度的相对数。编制城市居民消费价格指数，可以观察和分析消费品的零售价格和服务项目价格变动对职工货币工资的影响，作为研究职工生活和确定工资政策的依据。

农村居民消费价格指数 是反映农村居民家庭所购买的生活消费品的价格和服务项目价格变动趋势和程度的相对数。用它可以观察农村消费品的零售价格和服务项目价格变动对农村居民生活消费支出的影响，直接反映农民生活水平的实际变化情况，为分析和研究农村居民生活问题提供依据。

农产品收购价格指数 是反映国有商业、集体商业、个体商业、外贸部门、国家机关、社会团体等各种经济类型的商业企业和有关部门收购农产品价格的变动趋势和程度的相对数。农产品收购价格指数可以观察和研究农产品收购价格总水平的变化情况，以及对农民货币收入的影响，作为制订和检查农产品价格政策的依据。计算指数所选的商品有11个大类、包括276种农副土特产品。采用加权倒数平均公式(即按报告期实际收购金额加权综合法)计算。

农村工业品零售价格指数 是反映农村市场工业品零售价格水平变动趋势和程度的相对数。通过农村工业品零售价格指数，可以观察工业品零售价格变动对农民货币支出的影响。

工业品出厂价格指数 是反映主要工业产品出厂价格变动趋势和程度的相对数。编制该价格指数，可以观察和分析在生产环节中工业品价格变对企业经济效益及宏观经济运行的影响，并为工业增长速度的科学计算提供重要的依据。

原材料、燃料和动力购进价格指数 是反映工业企业购进原材料、燃料、动力价格的变动趋势和程度的相对数。编制该价格指数，可以从投入的角度，观察和分析物料投入价格水平变动对工业产出的影响。

Explanatory Notes on Main Statistical Indicators

Retail Price Index reflects the general change in retail prices of commodities. The change and adjustment in retail prices directly affect the living expenditure of urban and rural residents, government revenue, purchasing power of residents and the equilibrium of market supply and demand, and the ratio of consumption to accumulation. Therefore, the calculation of retail price index is useful to analyze the changes of the above economic activities.

Consumer Price Index reflects the relative change in prices of consumer goods and services purchased by urban and rural residents, and is a composite index derived from the urban consumer price index and the rural consumer price index. Consumer price index can be used to analyze the impact of consumer price change on actual expenditure for living cost of urban and rural residents.

Urban Consumer Price Index reflects the relative change in prices of consumer goods and services purchased by urban staff and workers and their famlies and can be used to observe and analyze the impact of price changes in consumer goods and services on money wages of staff and workers, and provide basis for policy making concerning the living cost and wages of staff and workers.

Rural Consumer Price Index reflects the relative change in prices of consumer goods and services purchased by rural households and can be used to observe the impact of change in prices of consumer goods and services on living expenditure and actual change in peasants' living cost. It provides basis for analysis and research on peasants' living cost and welfare.

Index of Purchasing Prices of Farm Products reflects the relative change in purchasing prices of farm products purchased by state—owned, collective owned, and individual commercial enterprises, foreign trade sectors, government agencies, social organizations and other units of various types of ownership. It is used to observe the impact of change in purchasing prices of farm products on money income of peasants and is calculated with the method of weighted harmonic mean, taking the amount of purchases during a given period as the weight. Number of products involved in the current calculation totalled 276 in 11 categories.

Retail Price Index of Rural Industrial Products reflects the relative change in prices of industrial products in rural market and can be used to observe the impact of the price change on farmers' money expenditure.

Ex—factory Price Index of Industrial Products reflects the relative change in ex—factory prices of main industrial produts. It can be used to observe and analyze the impact of ex—factory price change on enterprise efficiency in the course of manufacture and macroeconomic, and provides important data for scientific calculation of the growth rate of industry.

Index of Purchasing Price of Raw Materials, Fuels and power reflects the relative change in price of raw materials, fuels and power purchased by industry enterprises. In point of input, it can be used to observe and analyze the impact of price changes in raw materials, fuels and power on industrial output.

十　人民生活

PEOPLE'S　LIVELIHOOD

简要说明

一、本篇资料反映广东城乡居民生活状况，包括就业、居民收支、消费水平、住房及主要消费品消费量和拥有量等基本情况。

二、本篇资料分别由广东省城市社会经济调查队住户处和广东省农村社会经济调查队住户处整理提供。

三、本篇中有关城镇居民生活状况的数据来源于广东省城市社会经济调查队的城市住户抽样调查资料。主要内容包括家庭人口及其构成、家庭现金收支、主要商品购买数量及支出金额、劳动就业状况、居住状况和耐用消费品的拥有量等。

四、有关农村居民生活的统计资料主要来源于广东省农村社会经济调查队的农村住户抽样调查。主要内容包括农村居民家庭基本情况、农产品生产情况、家庭总收支和现金收支、出售产品和购买农业生产资料商品、主要消费品消费量、耐用消费品拥有量等。

PEOPLE' S LIVELIHOOD

Brief Introduction

Ⅰ. The data in this chapter show the basic conditions of the people's livelihood in the urban and rural areas of Guangdong Province including employment, income and expenditure of the residents, level of consumption, housing condition, consumption and possession of the major consumer goods, etc.

Ⅱ. The data in this chapter are prepared and provided respectively by the Division of Urban Household Surveys of the Urban Socio-economic Survey Organization and the Division of the Rural Household Surveys of Rural Socio-economic Survey Organization, Guangdong.

Ⅲ. The data on the livelihood of the urban residents come from the data collected by the sample survey on the urban households, which is organized by the Urban Socio-economic Survey Organization, Guangdong. The main content of the survey includes the population in the household and its composition, the cash income and expenditure of the household, the quantity of major commodities purchased and the expenditure for them, the employment of the household members, the housing condition and the ownership of the durable consumer goods.

Ⅳ. The data on the livelihood of the rural residents mainly come from the data collected by the sample survey on the rural households, which is organized by the Rural Socio-ecnomic Survey Organization, Guangdong. The main content of the survey includes the basic conditions of the rural households, the production of agricutural products, the total income and expenditure of the household, the cash income and expenditure of the household, the products sold and the means of agricaltural production purchased, the consumption of major consumer goods and the quantity of durable consumer goods owned.

10-1 人民生活主要指标
MAJOR INDICATORS ON PEOPLE'S LIVELIHOOD

指标	Item	1980	1985	1990	1995	1997	1998
居民消费水平（元）	Annua Per Capita Comsumption (yuan)	316	571	1211	3832	4523	4686
城镇居民	Urban Residents	606	1052	2207	7192	8108	8642
农　民	Rural Residents	251	440	890	2407	2916	2893
城镇居民家庭每一就业者负担人口（人）	Number of Dependents Per Urban Employee (person)	1.8	1.77	1.74	1.73	1.73	1.75
城镇居民家庭人均可支配收入（元）	Annual Per Capita Disposable Income of Urban Residents (yuan)	472.57	954.12	2303.15	7438.68	8561.71	8839.68
城镇居民家庭人均生活费支出（元）	Annual Per Capita Expenditure for Living Cost of Urban Residents (yuan)	485.78	889.53	1983.86	6253.68	6853.48	7054.08
商品支出	Per Capita Expenditure on Commodities	451.80	814.35	1749.76	5124.12	5310.40	5304.00
吃	Food	318.12	518.89	1134.84	3003.05	3151.63	3112.56
穿	Clothing	54.72	62.48	137.12	421.73	427.73	396.60
用	Household Facilities and Articles	68.64	218.29	423.79	1560.30	1567.59	1648.80
烧	Fuels	10.32	14.69	54.01	139.04	163.45	146.04
非商品支出	Per Capita Expenditure on Non-Commodities	33.96	75.18	234.10	1129.56	1543.08	1750.08
城镇居民人均居住面积（平方米）	Per Capita Living Floor Space of Urban Residents (m^2)	6.43	8.55	12.13	16.24	16.97	17.60
每百户城镇居民家庭耐用消费品拥有量	Number of Major Durable Consumer Goods Owned Per 100 Urban Households						
彩色电视机（台）	Color TV Set (unit)		34.94	74.53	104.97	119.13	123.21
电　冰　箱（台）	Refrigerator (unit)		23.06	52.80	74.00	78.16	78.59
洗　衣　机（台）	Washing Machine (unit)		50.13	80.73	94.01	99.16	97.05
摩　托　车（辆）	Motorcycle (unit)			3.33	22.59	37.23	42.48
农民家庭每个劳动力负担人口（人）	Number of Dependents Per Rural Laborer (person)	2.17	1.77	1.74	1.72	1.67	1.65
农民人均纯收入（元）	Annual Per Capita Net Income of Rural Residents (yuan)	274.37	495.31	1043.03	2699.24	3467.69	3527.14
农民人均生活费支出（元）	Annual Per Capita Expenditure for Living Cost of Rural Residents (yuan)	222.22	388.00	932.63	2255.01	2617.65	2683.18
#食　品	Food	134.12	234.19	538.18	1228.00	1369.04	1370.70
衣　着	Clothing	19.58	19.55	39.48	91.31	104.25	100.97
居　住	Residence	39.69	76.72	174.60	345.65	381.14	423.33
家庭设备、用品及服务	Household Facilities, Articles and Services	10.93	19.55	50.28	140.54	162.66	158.82
文化教育娱乐用品及服务	Recreational, Educational and Cultural Articles and Services	7.40	15.95	66.99	245.16	314.73	318.17
农民人均生活用房面积（平方米）	Per Capita Living Floor Space of Rural Residents (m^2)	10.51	14.87	17.39	20.83	23.78	24.83
农村每百户耐用品拥有量	Number of Major Durable Goods Owned Per 100 Rural Households						
电　视　机（台）	Television Set (unit)	1.38	9.98	50.31	86.20	92.85	99.38
电　冰　箱（台）	Refrigerator (unit)		0.03	1.17	7.90	9.92	11.02
摩　托　车（辆）	Motorcycle (unit)		0.34	1.84	15.73	26.56	34.02
电　话　机（部）	Telephone Set (unit)			1.2	9.4	20.94	26.09

10-2 城镇居民家庭基本情况
BASIC CONDITIONS OF URBAN HOUSEHOLDS

项目	Item	1985	1990	1995	1997	1998
一、调查户数 (户)	Number of Households Surveyed (household)	1600	1500	1550	1600	1600
二、平均每户家庭人口 (人)	Average Household Size (person)	4.19	3.85	3.58	3.60	3.55
三、平均每户就业人口 (人)	Average Number of Employed Persons Per Household (person)	2.37	2.21	2.07	2.08	2.03
四、平均每户就业率 (%)	Percentage of Employment per Household (%)	56.6	57.3	57.8	57.7	57.2
五、平均每人可支配收入 (元)	Per Capita Disposable Income (yuan)	954.12	2303.15	7438.68	8561.71	8839.68
#平均每人工资性收入 (元)	Per Capita Wage Income (yuan)	753.70	1527.47	4908.21	6213.39	6365.02
六、平均每人消费性支出 (元)	Per Capita Expenditure on Consumption (yuan)	889.53	1983.86	6253.68	6853.48	7054.08
1. 商品支出	Expenditure on Commodities	814.35	1749.76	5124.12	5310.40	5304.00
食品	Food	518.89	1134.84	3003.05	3151.63	3112.56
衣着	Clothing	62.48	137.12	421.73	427.73	396.60
用品	Household Facilities and Articles	218.29	423.79	1560.30	1567.59	1648.8
燃料	Fuels	14.69	54.01	139.04	163.45	146.04
2. 非商品支出	Expenditures on Non-Commodities	75.18	234.10	1129.56	1543.08	1750.08
#房租	Rent	7.15	12.24	120.16	232.79	230.04
水电费	Tap Water and Electricity fees	17.28	56.91	194.52	262.14	310.68
七、平均每人居住面积（平方米）	Per Capita Living Floor Space (sq.m)	8.55	12.13	16.24	16.97	17.60
八、平均每人购买商品情况	Per Capita Purchases of Major Commodities					
粮食 (公斤)	Grain (kg)	118.70	116.48	87.94	80.04	77.62
猪肉 (公斤)	Pork (kg)	21.21	22.42	20.82	20.67	20.05
牛羊肉 (公斤)	Beef and Mutton (kg)	2.36	2.38	2.07	2.08	2.20
家禽 (公斤)	Poultry (kg)	6.72	8.41	14.38	15.30	13.97
蛋 (公斤)	Eggs (kg)	4.40	4.78	7.01	7.18	6.72
鱼 (公斤)	Fish (kg)	16.41	17.38	20.31	20.08	20.23
食用植物油 (公斤)	Edible Vegetable Oil (kg)	4.09	4.45	6.98	6.92	7.37
鲜菜 (公斤)	Fresh Vegetable (kg)	95.05	100.70	102.71	99.41	103.24
卷烟 (盒)	Cigarettes (pack)	18.59	16.39	15.37	13.92	16.11
酒 (公斤)	Liquor (kg)	3.17	3.20	3.21	2.40	2.81
棉布 (米)	Cotton Cloth (m)	0.96	0.44	0.12	0.07	0.07
呢绒绸缎 (米)	Woolen Fabric, Silk and Satin (m)	0.16	0.13	0.06	0.02	
皮鞋 (双)	Leather Shoes (pair)	0.30	0.36	0.41	0.38	0.39
九、平均每百户主要消费品年末拥有量	Number of Major Durable Consumer Goods Owned by Per 100 Households at Year-end					
摩托车 (辆)	Motorcycle (unit)		3.33	22.58	37.23	42.48
家用汽车 (辆)	Car (unit)				0.30	0.39
洗衣机 (台)	Washing Machine (unit)	50.13	80.73	94.01	99.16	97.05
电冰箱 (台)	Refrigerator (unit)	23.06	52.80	74.00	78.16	78.59
彩色电视机 (台)	Color TV set (unit)	34.94	74.53	104.97	119.13	123.21
影碟机 (台)	Video Disc Player (unit)				24.28	40.32
家用电脑 (台)	Computer (unit)				9.05	12.34
组合音响 (台)	Hi-fi Stereo Component System (unit)		9.40	31.27	39.67	39.89
摄像机 (台)	Pickup Camera (unit)				2.22	1.34
微波炉 (台)	Microwave Oven (unit)				10.37	16.98
空调器 (台)	Air-Conditioner (unit)		2.87	41.20	63.68	71.05
移动电话 (台)	Mobile Telephone (unit)				7.30	14.66

10-3 城镇居民人均可支配收入及消费性支出
PER CAPITA DISPOSABLE INCOME AND EXPENDITURE ON CONSUMPTION OF URBAN RESIDENTS

年份 Year	人均可支配收入（元） Per Capita Disposable Income (yuan)	比上年增长% Increase Rate Over Preceding Year		人均消费性支出（元） Per Capita Expenditure On Consumption (yuan)	比上年增长% Increase Rate Over Preceding Year (%)	
		名义增长 Namely Increase	实际增长 Real Increase		名义增长 Namely Increase	实际增长 Real Increase
1978	412.13			399.96		
1979	416.33	1.0	-3.4	424.56	6.2	1.5
1980	472.57	13.5	3.7	485.76	14.4	4.5
1981	560.69	18.6	11.6	517.44	6.5	0.2
1982	631.45	12.6	9.8	592.08	14.4	11.5
1983	714.20	13.1	10.0	660.12	11.5	8.5
1984	818.37	14.6	12.4	744.36	12.8	10.7
1985	954.12	16.6	-0.4	889.56	19.5	2.1
1986	1102.09	15.5	10.3	998.88	12.3	7.2
1987	1320.89	19.9	6.3	1215.84	21.7	7.9
1988	1583.13	19.9	-7.4	1506.99	23.9	-4.3
1989	2086.21	31.8	8.1	1921.05	27.5	4.6
1990	2303.15	10.4	13.3	1983.86	3.3	6.0
1991	2752.18	19.5	16.8	2388.77	20.4	17.7
1992	3476.70	26.3	16.5	2830.62	18.5	10.4
1993	4632.38	33.2	9.2	3777.43	33.4	10.3
1994	6367.08	37.4	13.6	5181.30	37.2	13.4
1995	7438.68	16.8	3.3	6253.68	20.7	6.7
1996	8157.81	9.7	2.3	6736.09	7.7	0.5
1997	8561.71	5.0	2.8	6853.48	1.7	-0.3
1998	8839.68	3.2	5.0	7054.09	2.9	4.7

注：1、可支配收入是指居民家庭实际收入扣除个人所得税和家庭副业生产支出以及记帐补贴后的实际收入。
2、消费性支出指用于日常生活的全部支出，包括食品、衣着、家庭设备用品及服务、医疗保健、交通和通讯、娱乐教育文化服务、居住、杂项商品和服务等八大类支出。

Note: a. Disposable income refers to the real income of the sample household, i.e. total household income minus income tax and expenditure on household sideline production, and survey subsidy items.
b. Expenditures on consumption refers to total expenditure of the sample household for consumption for dailylife, including the following 8 items: food, clothing, household facilities and articles and service, medicines and medical Service, transportation and communication, recreation, education and cultural services, housing, miscellaneous commodities and services.

10-4 按收入等级分的城镇居民家庭平均每人全年现金收入（1998年）

单位：元

项　目	Item	总平均 Average	最低收入户 lowest Income Households first decile	#困难户 Difficult Households first five percent
一、实际收入	Real Income	8904.83	3868.31	3406.81
#可支配收入	Disposable Income	8839.68	3822.57	3361.62
1. 国有单位职工收入	Income of Staff and Workers in State-Owned Units	4861.56	1552.62	1176.05
工资性收入	Wages	4448.09	1451.25	1097.93
非工资性收入	Other Income From Their Working Units	413.47	101.37	78.12
2. 集体单位职工收入	Income of Staff and Workers in Collective Owned Units	830.21	560.78	504.35
工资性收入	Wages	792.51	540.57	489.17
非工资性收入	Other Income From Their Working Units	37.70	20.21	15.18
3. 其他经济类型单位职工收入	Income of Staff and Workers in Other Ownership Unites	673.24	374.80	392.64
4. 个体经营者净收益	Net Profits of Self-Employed Individuals	410.50	262.32	179.10
5. 个体被雇者收入	Income of Employed Individuals	182.87	206.77	241.78
6. 离退休再就业人员收入	Income of Reemployed Retirees	59.73	37.12	65.34
7. 其它就业人员收入	Income of Other Employees	49.48	90.81	61.78
8. 其它劳动收入	Part-time Income	184.48	152.56	180.52
9. 财产性收入	Property Income	383.27	99.33	76.32
#利　息	Interest	108.49	7.88	8.03
红　利	Bonus	48.20	1.66	0.47
其它财产租金收入	Other Property and Rent Income	226.58	89.79	67.82
10. 转移性收入	Transfer Income	1262.01	518.64	528.93
#离退休金	Pension	727.19	232.24	227.49
赡养收入	Supporting Income	108.09	82.87	105.21
赠送收入	Giving income	251.95	125.08	110.09
11. 家庭副业生产收入	Production Income of Household Sideline Products	7.46	12.57	
二、借贷收入	Loan Income	2033.04	1105.22	1318.16
#提取储蓄存款	Withdraw Saving Deposit	1658.60	655.17	781.12
提取储金会款	Withdraw Saving Fund	11.74	0.70	
收回借出款	Paid-back Loan	69.15	75.24	122.46
收回储蓄性保险本金	Withdraw Saving Premium	4.56		
兑售有价证券	Securities Encashed and Sold	93.93	17.64	3.98
为购置房屋从银行贷款	Loan from Bank for Buying Housing			
其它借贷收入	Other Loan Income	94.22	141.63	99.59

PER CAPITA ANNUAL CASH INCOME OF URBAN HOUSEHOLDS BY LEVEL OF INCOME (1998)

(yuan)

低收入户 Low Income Households (second decile)	中等偏下户 Lower Middle Income Households (second quintile)	中等收入户 Middle Income Households (third quintile)	中等偏上户 Upper Middle Income Households (fourth quintile)	高收入户 High Income Households (ninth decile)	最高收入户 Highest Income Households (tenth decile)
5137.19	6563.11	8298.38	10525.61	13290.32	18832.74
5093.17	6513.96	8243.48	10448.03	13201.51	18705.92
2371.98	3169.97	4524.10	6265.62	8244.25	10315.89
2258.05	2959.24	4185.23	5680.89	7522.65	9170.44
113.93	210.73	338.87	584.73	721.60	1145.45
750.36	868.92	912.64	896.45	609.75	1082.02
725.56	824.36	883.49	853.15	573.00	1012.91
24.79	44.56	29.15	43.30	36.76	69.11
309.00	654.70	555.36	755.25	739.15	1592.31
369.90	362.92	430.57	307.33	789.10	524.47
145.56	204.56	240.64	152.79	207.82	44.32
18.96	31.02	52.73	37.78	63.63	271.67
125.20	51.75	50.39	14.48	19.46	4.35
168.60	166.04	131.35	234.74	214.15	275.32
158.50	216.66	292.74	422.78	887.93	1006.92
9.79	37.11	58.72	94.80	308.14	464.71
19.83	10.23	14.00	18.39	203.79	211.72
128.88	169.33	220.02	309.59	376.00	330.49
719.14	835.79	1101.41	1426.73	1514.83	3687.53
498.56	512.07	744.03	807.63	920.04	1743.04
46.59	56.31	73.07	129.60	174.98	307.44
96.72	175.00	173.17	304.45	261.15	863.97
	0.77	6.45	11.66	0.24	27.95
750.49	1294.34	1381.30	2289.82	3622.81	5885.90
608.21	1008.80	1180.52	1944.72	3097.18	4780.52
0.07	0.74	6.93	12.08	8.43	82.17
1.84	24.24	14.80	38.12	316.47	180.02
0.02	2.79	1.70	8.87	8.41	13.60
0.21	4.41	43.03	147.12	71.23	560.60
67.36	99.54	87.33	53.02	108.17	146.47

10-5 按收入等级分的城镇居民家庭平均每人全年现金收入构成（1998 年）

单位：%

项　目	Item	总平均 Average	最低收入户 lowest Income Households (first decile)	#困难户 Difficult Households (first five percent)
一、实际收入	Real Income	100	100	100
#可支配收入	Disposable Income	99.33	98.8	98.7
1. 国有单位职工收入	Income of Staff and Workers in State-Owned Units	54.6	40.1	34.5
工资性收入	Wages	50.0	37.5	32.2
非工资性收入	Other Income From Their Working Units	4.6	2.6	2.3
2. 集体单位职工收入	Income of Staff and Workers in Collective Owned Units	9.3	14.5	14.8
工资性收入	Wages	8.9	13.8	14.4
非工资性收入	Other Income From Their Working Units	0.4	0.5	0.4
3. 其他经济类型单位职工收入	Income of Staff and Workers in Other Ownership Units	7.5	9.7	11.5
4. 个体经营者净收益	Net Profits of Self-Employed Individuals	4.6	6.8	5.3
5. 个体被雇者收入	Income of Employed Individuals	2.0	5.4	7.1
6. 离退休再就业人员收入	Income of Reemployed Retirees	0.7	1.0	1.9
7. 其它就业人员收入	Income of Other Employees	0.6	2.3	1.8
8. 其它劳动收入	Part-time Income	2.1	3.9	5.4
9. 财产性收入	Property Income	4.3	2.6	2.2
#利　息	Interest	1.2	0.2	0.2
红　利	Bonus	0.5		
其它财产租金收入	Other Property and Rent Income	2.6	2.3	2.0
10. 转移性收入	Transfer Income	14.2	13.4	15.5
#离退休金	Pension	8.2	6.0	6.7
赡养收入	Supporting Income	1.2	2.1	3.1
赠送收入	Giving Income	2.8	3.2	3.2
11. 家庭副业生产收入	Production Income of Household sideline Products	0.1	0.3	
二、借贷收入	Loan Income	100	100	100
#提取储蓄存款	Withdraw Saving Deposit	81.6	59.3	59.3
提取储金会款	Withdraw Saving Fund	0.6	0.1	
收回借出款	Paid-back Loan	3.4	6.8	9.3
收回储蓄性保险本金	Withdraw Saving Insurance Premium	0.2		
兑售有价证券	Securities Encashed and Sold	4.6	1.6	0.3
为购置房屋从银行贷款	Loan from Bank for Buying Housing			
其它借贷收入	Other Loan Income	4.6	12.8	7.6

PER CAPITA COMPOSITION OF ANNUAL CASH INCOME OF URBAN HOUSEHOLDS BY LEVEL OF INCOME (1998)

(%)

低收入户 Low Income Households (second decile)	中等偏下户 Lower Middle Income Households (second quintile)	中等收入户 Middle Income Households (third quintile)	中等偏上户 Upper Middle Income Households (fourth quintile)	高收入户 High Income Households (ninth decile)	最高收入户 Highest Income Households (tenth decile)
100	100	100	100	100	100
99.1	99.3	99.3	99.3	99.4	99.3
46.2	48.3	54.5	59.5	62.0	54.8
44.0	45.1	50.4	54.0	56.6	48.7
2.2	3.2	4.1	5.6	5.4	6.1
14.6	13.2	11.0	8.5	4.6	5.7
14.1	12.6	10.6	8.1	4.3	5.4
0.5	0.7	0.4	0.4	0.3	0.4
6.0	10.0	6.7	7.2	5.6	8.5
7.2	5.5	5.2	2.9	5.9	2.8
2.8	3.1	2.9	1.5	1.6	0.2
0.4	0.5	0.6	0.4	0.5	1.4
2.4	0.8	0.6	0.1	0.1	
3.3	2.6	1.6	2.2	1.6	1.6
3.1	3.3	3.5	4.0	6.7	5.3
0.2	0.6	0.7	0.9	2.3	2.5
0.4	0.2	0.2	0.2	1.5	1.1
2.5	2.6	2.7	2.9	2.8	1.8
14.0	12.7	13.3	13.6	11.4	19.6
9.7	7.8	9.0	7.7	6.9	9.3
0.9	0.9	0.9	1.2	1.3	1.6
1.9	2.7	2.1	2.9	2.0	4.6
		0.1	0.1		0.1
100	100	100	100	100	100
81.0	77.9	85.5	84.9	85.5	81.2
		0.5	0.5	0.2	1.2
0.2	1.9	1.1	1.7	8.7	3.1
	0.2	0.1	0.4	0.2	0.2
	0.3	3.1	6.4	2.0	9.5
9.0	7.7	6.3	2.3	3.0	2.5

10-6 城镇居民家庭平均每人全年消费性支出（1998年）

单位：元

项　目	Item	总平均 Average	最低收入户 lowest Income Households (first decile)	#困难户 Difficult Households (first five percent)
消费性支出	Total Expenditure for Consumption	7054.09	3884.03	3600.93
食　品	Food	3112.52	2058.62	1913.47
#粮食	Grain	263.24	233.20	229.47
肉禽及其制品	Meat, Poultry and Related Products	895.44	650.72	632.62
蛋类	Eggs	51.20	42.89	41.51
水产品	Aquatic Products	346.80	225.91	214.73
奶及奶制品	Milk and Dairy Products	48.90	20.15	9.60
衣　着	Clothing, Headgear and Footweer	396.65	148.63	117.62
#服装	Clothing	286.70	103.05	82.27
家庭设备用品及服务	Household Facilities, Articles and Services	515.20	172.00	155.36
#耐用消费品	Durable Consumer Goods	257.70	66.60	66.11
医疗保健	Medicine and Medical Services	290.82	161.20	173.50
交通通讯	Transportation and Communications	640.56	212.67	162.28
娱乐教育文化服务	Recreation, Education and Cultural Articles and Services	798.82	486.33	443.13
#文娱用耐用消费品	Durable Consumer Goods for Recreational Use	186.86	26.18	28.49
居　住	Residence	908.10	544.25	553.86
#住房	Housing	443.08	223.19	259.51
杂项商品	Miscellaneous Commodities	391.43	100.34	81.71

10-7 城镇居民家庭平均每人全年消费性支出构成（1998年）

单位：%

项　目	Item	总平均 Average	最低收入户 lowest Income Households (first Decile)	#困难户 Difficult Households (First Five Percent)
消费性支出	Total Expenditure for Consumption	100	100	100
食　品	Food	44.1	53.0	53.1
#粮食	Grain	3.7	6.0	6.4
肉禽及其制品	Meat, Poultry and Related Products	12.7	16.8	17.6
蛋类	Eggs	0.7	1.1	1.2
水产品	Aquatic Products	4.9	5.8	6.0
奶及奶制品	Milk and Dairy Products	0.7	0.5	0.3
衣　着	Clothing, Headgear and Footweer	5.6	3.8	3.3
#服装	Clothing	4.1	2.7	2.3
家庭设备用品及服务	Household Facilities, Articles and Services	7.3	4.4	4.3
#耐用消费品	Durable Consumer Goods	3.7	1.7	1.8
医疗保健	Medicine and Medical Services	4.1	4.2	4.8
交通通讯	Transportation and Communications	9.1	5.5	4.5
娱乐教育文化服务	Recreation, Education and Cultural Services	11.3	12.5	12.3
#文娱用耐用消费品	Durable Consumer Goods for Recreational Use	2.6	0.7	0.8
居　住	Residence	12.9	14.0	15.4
#住房	Housing	6.3	6.7	7.2
杂项商品	Miscellaneous Commodities	5.6	2.6	2.3

PER CAPITA ANNUAL EXPENDITURE FOR CONSUMPTION OF URBAN HOUSEHOLDS (1998)

(yuan)

低收入户 Low Income Households (second decile)	中等偏下户 Lower Middle Income Households (second quintile)	中等收入户 Middle Income Households (third quintile)	中等偏上户 Upper Middle Households Income (fourth quintile)	高收入户 High Income Households (ninth decile)	最高收入户 Highest Income Households (tenth decile)
4583.94	5485.27	6585.63	8189.16	10430.44	12926.18
2414.48	2825.29	3139.54	3455.85	3876.39	4368.30
239.16	250.26	272.61	275.88	278.40	296.19
747.48	859.17	920.11	979.39	1052.53	1063.37
46.38	51.53	49.00	56.45	55.15	56.43
279.93	318.80	359.81	391.08	403.64	461.63
25.83	42.83	45.18	52.34	85.98	89.39
201.41	271.52	364.12	486.74	717.44	788.39
137.69	192.69	225.27	352.74	532.88	595.18
304.64	282.08	393.33	697.93	866.52	1290.55
130.51	107.31	168.00	380.40	501.47	705.96
160.41	215.65	287.82	330.95	378.20	626.36
242.93	352.33	594.68	768.39	1169.46	1633.40
533.64	615.58	688.00	914.16	1309.63	1425.23
64.98	100.56	153.86	256.31	432.82	409.26
572.52	713.83	794.61	1101.45	1432.65	1534.54
179.14	291.29	334.68	592.68	850.92	905.49
153.91	208.99	323.65	433.69	680.15	1259.40

PER CAPITA ANNUAL EXPENDITURE FOR CONSUMPTION OF URBAN HOUSEHOLDS (1998)

(%)

低收入户 Low Income Households (second decile)	中等偏下户 Lower Middle Income Households (second quintile)	中等收入户 Middle Income Households (third quintile)	中等偏上户 Upper Middle Households Income (fourth quintile)	高收入户 High Income Households (ninth decile)	最高收入户 Highest Income Households (tenth decile)
100	100	100	100	100	100
52.7	51.5	47.7	42.2	37.2	33.8
5.2	4.6	4.1	3.4	2.7	2.3
16.3	15.7	14.0	12.0	10.1	8.2
1.0	0.9	0.7	0.7	0.5	0.4
6.1	5.8	5.5	4.8	3.9	3.6
0.6	0.8	0.7	0.6	0.8	0.7
4.4	4.9	5.5	5.9	6.9	6.1
3.0	3.5	3.9	4.3	5.1	4.6
6.6	5.1	6.0	8.5	8.3	10.0
2.8	2.0	2.5	4.6	4.8	5.5
3.5	3.9	4.4	4.0	3.6	4.9
5.3	6.4	9.0	9.4	11.2	12.6
11.6	11.2	10.4	11.2	12.6	11.0
1.4	1.8	2.3	3.1	4.1	3.2
12.5	13.0	12.1	13.5	13.7	11.9
3.9	5.3	5.1	7.2	8.2	7.0
3.4	4.0	4.9	5.3	6.5	9.7

10-8 按收入等级分的城镇居民家庭平均每人全年购买主要食品数量（1998年）

PER CAPITA ANNUAL PURCHASES OF MAJOR FOOD COMMODITIES OF URBAN HOUSEHOLDS BY LEVEL OF INCOME (1998)

项目 Item	总平均 Average	最低收入户 Lowest Income Households (first decile)	#困难户 Difficult Households (first five percent)	低收入户 Low Income Households (second decile)	中等偏下户 Lower Middle Income Households (second quintile)	中等收入户 Middle Income Households (third quintile)	中等偏上户 Upper Middle Income Households (fourth quintile)	高收入户 High Income Households (ninth decile)	最高收入户 Highest Income Households (tenth decile)
粮食（公斤）Grain (kg)	77.62	77.42	76.54	74.97	76.40	79.59	78.07	77.39	78.64
#粗粮（公斤）Coarse Grain (kg)	1.20	0.76	0.69	0.72	1.13	1.20	1.36	1.74	1.55
细粮（公斤）Fine Grain (kg)	76.42	76.66	75.84	74.25	75.28	78.39	76.71	75.65	77.09
#富强粉（公斤）Fu-qiang Flour (kg)	0.72	1.08	1.66	0.86	0.81	0.60	0.54	0.81	0.43
大米（公斤）Rice (kg)	64.76	65.98	65.47	64.33	64.37	66.20	64.29	63.18	63.95
食用油（公斤）Edible Oil (kg)	7.84	7.04	6.64	7.14	7.84	8.48	8.04	7.42	8.18
鲜菜（公斤）Fresh Vegetables (kg)	103.24	90.94	83.36	92.52	99.23	102.26	109.13	111.13	110.74
干菜（公斤）Dried Vegetables (kg)	0.56	0.46	0.48	0.45	0.55	0.56	0.60	0.73	0.54
猪肉（公斤）Pork (kg)	20.05	16.83	15.86	17.73	19.14	21.00	21.68	22.07	21.12
牛羊肉（公斤）Beef and Mutton (kg)	2.20	1.40	1.13	1.92	2.40	2.16	2.24	2.65	2.61
家禽（公斤）Poultry (kg)									
蛋（公斤）Eggs (kg)	6.72	5.79	5.59	6.26	6.82	6.35	7.33	7.24	7.27
鱼（公斤）Fish (kg)	20.12	17.12	16.73	18.57	20.01	21.40	21.94	19.78	20.81
虾（公斤）Shrimp (kg)	0.87	0.51	0.54	0.78	0.84	0.96	0.94	1.01	1.03
食糖（公斤）Sugar (kg)	2.65	2.54	2.47	2.53	2.78	2.69	2.52	2.69	2.82
糖果（公斤）Candy (kg)	0.96	0.53	0.58	0.56	0.74	0.96	1.16	1.34	1.72
卷烟（盒）Cigarettes (pack)	16.11	15.27	12.16	12.59	17.57	16.39	15.91	16.58	17.24
白酒（公斤）Spirits (kg)	1.16	1.05	0.96	1.00	1.23	1.47	0.96	1.16	1.02
果酒（公斤）Fruit Wine (kg)	0.04	0.02	0.01	0.03	0.03	0.03	0.05	0.05	0.04
啤酒（公斤）Beer (kg)	1.27	0.58	0.61	1.02	1.21	1.10	1.63	1.88	1.55
其它酒（公斤）Other Liquor (kg)	0.34	0.10	0.04	0.26	0.26	0.26	0.51	0.41	0.72
苹果（公斤）Apple (kg)	6.22	4.06	3.37	4.57	5.82	6.49	7.12	8.22	7.20
柑橙（公斤）Citrus (kg)	3.61	1.88	1.49	2.52	3.29	3.73	3.96	5.27	5.06
香蕉（公斤）Banana (kg)	3.41	2.01	1.57	2.34	2.83	3.73	4.24	4.12	4.58
西瓜（公斤）Watermelon (kg)	5.63	2.51	2.22	3.85	5.10	5.69	6.40	8.63	7.99
葡萄（公斤）Grapes (kg)	0.81	0.37	0.32	0.52	0.63	0.86	0.89	1.46	1.20
桔子（公斤）Orange (kg)	1.04	0.61	0.53	0.86	1.01	1.00	0.97	1.88	1.22
干果（公斤）Dried Fruits (kg)	0.41	0.37	0.43	0.31	0.44	0.42	0.43	0.40	0.46
坚果及果仁（公斤）Nuts and Kernels (kg)	1.89	1.25	1.44	1.73	1.93	2.30	2.35	3.05	2.90
糕点（公斤）Cake (kg)	3.13	1.67	1.60	2.35	2.59	3.45	3.67	3.54	4.87
鲜乳（公斤）Fresh Milk (kg)	2.05	0.77	0.33	1.23	1.20	1.94	2.37	4.14	4.01
奶粉（公斤）Milk Powder (kg)	0.30	0.13	0.06	0.14	0.31	0.26	0.33	0.47	0.49
酸奶（公斤）Yoghurt (kg)	0.34	0.20	0.05	0.19	0.23	0.34	0.43	0.52	0.62
茶叶（公斤）Tea (kg)	0.41	0.35	0.40	0.34	0.35	0.52	0.39	0.43	0.50

10-9 按收入等级分的城镇居民家庭平均每人全年购买非食品数量（1998 年）

PER CAPITA ANNUAL PURCHASES OF MAJOR NON-FOOD COMMODITIES OF URBAN HOUSEHOLDS BY LEVEL OF INCOME (1998)

项　目　Item	总平均 Average	最低收入户 Lowest Income Households (first decile)	#困难户 Difficult House holds (first five percent)	低收入户 Low Income Households (second decile)	中等偏下户 Lower Middle Income Households (second quintile)	中等收入户 Middle Income Households (third quintile)	中等偏上户 Upper Middle Income Households (fourth quintile)	高收入户 High Income Households (ninth decile)	最高收入户 Highest Income holds Households (tenth decile)
呢大衣（件）Woolen Coat (piece)	0.01				0.01	0.01	0.01	0.01	0.04
风雨衣（件）Mackintosh (piece)	0.02			0.01	0.02	0.02	0.03	0.04	0.03
西　服（件）Suit (piece)	0.14	0.06	0.06	0.11	0.11	0.12	0.18	0.22	0.21
茄克衫（件）Jacket (piece)	0.05	0.02	0.01	0.05	0.04	0.04	0.07	0.09	0.06
羽绒衣（件）Down Coat (piece)								0.02	0.01
毛线衣（件）Woolen Sweater (piece)	0.16	0.06	0.07	0.05	0.10	0.17	0.18	0.27	0.35
衬　衫（件）Shirt (piece)	0.65	0.21	0.14	0.39	0.46	0.81	0.71	0.97	1.12
连衣裙（件）Woman's Dress (piece)	0.11	0.03	0.02	0.03	0.06	0.12	0.15	0.20	0.22
单　裙（件）Skirt (piece)	0.09	0.03	0.01	0.04	0.05	0.10	0.12	0.14	0.18
裤　子（件）Trousers (piece)	0.81	0.38	0.34	0.46	0.67	0.81	0.94	1.29	1.30
童　装（件）Child's Clothing (piece)	1.45	0.78	0.76	0.88	1.42	1.40	1.68	1.91	2.13
棉　布（米）Cotton Cloth (m)	0.07	0.04	0.07	0.03	0.05	0.06	0.12	0.11	0.09
棉花化纤混纺布（米）Cotton and Chemical Fibric Blend Cloth (m)	0.09	0.06	0.07	0.07	0.09	0.07	0.12	0.17	0.10
化纤布（米）Chemical Fibre Cloth (m)	0.18	0.01	0.01	0.10	0.14	0.23	0.19	0.19	0.37
呢　绒（米）Woolen Fabric (m)							0.01	0.01	
绸　缎（米）Silk and Satin (m)	0.01				0.01	0.02		0.01	
毛线（公斤）Knitting Wool (kg)	0.02	0.01	0.01	0.01	0.02	0.04	0.03	0.01	0.03
皮　鞋（双）Leather Shoes (pair)	0.39	0.19	0.16	0.22	0.31	0.38	0.48	0.54	0.65
旅游鞋（双）Tourist Shoes (pair)	0.07	0.05	0.03	0.06	0.05	0.10	0.07	0.09	0.12
布　鞋（双）Cloth Shoes (pair)	0.08	0.05	0.04	0.07	0.10	0.08	0.08	0.09	0.10
雨　鞋（双）Galoshes (pair)	0.01	0.02	0.01	0.01	0.01	0.01	0.01	0.02	
凉　鞋（双）Sandals (pair)	0.33	0.30	0.30	0.27	0.29	0.35	0.31	0.34	0.47
拖　鞋（双）Slippers (pair)	0.64	0.46	0.43	0.46	0.57	0.67	0.61	0.85	0.99
其它鞋（双）Other Shoes (pair)	0.63	0.48	0.51	0.48	0.57	0.63	0.74	0.75	0.73
各种袜子（双）Socks (pair)	1.68	1.15	1.18	1.02	1.23	1.70	2.01	2.37	2.73
各种帽子（双）Hats (piece)	0.04	0.02	0.01	0.03	0.03	0.05	0.05	0.05	0.08
床　罩（条）Bedspread (piece)	0.01	0.01		0.01	0.01	0.02	0.01	0.02	0.04
肥　皂（块）Soap (piece)	2.50	2.30	2.79	2.01	2.23	2.83	2.35	2.64	3.41
洗衣粉（公斤）Washing Powder (kg)	1.96	1.63	1.29	1.58	1.79	2.13	2.16	2.04	2.37
煤　炭（公斤）Coal (kg)	28.58	46.28	65.69	51.18	27.87	27.35	23.12	11.81	12.89
液化石油气（公斤）Liquefied Petroleum Gas (kg)	45.41	38.43	34.62	43.87	44.53	45.89	47.57	44.91	53.06
管道煤气（立方米）Pipeline Petroleum Gas (cm. m)	5.52	1.60	0.92	3.80	4.17	5.32	7.29	9.87	7.70

10-10 按收入等级分的城镇居民家庭平均每百户年底耐用消费品拥有量（1998 年）

NUMBER OF DURABLE CONSUMER GOODS OWNED PER 100 URBAN HOUSEHOLDS AT YEAR-END BY LEVEL OF INCOME (1998)

项　目　Item	总平均 Average	最低收入户 Lowest Income Households (first decile)	#困难户 Difficult House holds (first five percent)	低收入户 Low Income Households (second decile)	中等偏下户 Lower Middle Income Households (second quintile)	中等收入户 Middle Income Households (third quintile)	中等偏上户 Upper Middle Income Households (fourth quintile)	高收入户 High Income Households (ninth decile)	最高收入户 Highest Income Households (tenth decile)
毛皮大衣（件）Fur Coat (piece)	43.13	18.89	22.82	30.48	40.07	48.48	51.24	48.14	54.21
呢大衣（件）Woolen Coat (piece)	83.39	54.48	30.59	69.93	67.93	92.76	88.07	96.14	115.86
毛毯（条）Woolen Blanket (piece)	175.68	131.45	138.69	147.18	152.83	199.11	197.73	191.59	187.31
地毯（平方米）Carpet (piece)	31.24	20.00	25.08	0.83	3.10	60.55	10.14	89.53	54.49
组合家具（套）Composite Furniture (piece)	60.79	43.45	47.65	38.62	52.97	66.83	68.42	70.48	78.90
沙发床（个）Soft Bed (piece)	65.52	42.21	46.90	45.66	60.99	66.55	73.38	85.52	80.00
沙发（个）Sofa (piece)	139.01	96.42	97.31	118.07	117.87	133.18	168.83	174.21	161.66
大衣柜（个）Wardrobe (piece)	162.99	129.11	127.65	147.73	149.04	162.49	175.11	191.73	188.14
写字台（张）Writing Desk (piece)	123.27	98.08	106.34	106.21	111.52	129.73	137.11	137.24	134.48
摩托车（辆）Motorcycle (unit)	42.48	16.00	16.05	26.62	37.66	43.59	53.59	64.69	47.86
自行车（辆）Bicycle (unit)	203.73	201.11	188.34	209.24	209.52	218.97	197.18	196.01	179.59
家用汽车（辆）Car (unit)	0.39	0.41		0.41	0.21		0.21		2.21
缝纫机（台）Sewing Machine (unit)	75.39	74.49	67.72	79.18	79.66	76.97	70.07	74.63	72.28
洗衣机（台）Washing Machine (unit)	97.05	85.11	84.01	91.45	94.14	100.55	100.62	100.14	103.18
电风扇（台）Electric Fan (unit)	327.06	290.08	296.18	310.35	314.14	346.42	328.63	344.28	347.59
电冰箱（台）Refrigerator (unit)	78.59	63.86	66.70	73.38	72.83	81.17	80.34	88.69	91.31
彩色电视机（台）Color TV Set (unit)	123.21	88.83	86.52	114.48	118.76	121.45	130.69	141.24	145.79
影碟机（台）Video Disec Player (unit)	40.32	15.03	12.53	26.76	33.18	44.21	48.41	54.34	55.18
录放像机（台）Video Recorder (unit)	34.28	13.52	11.03	29.11	31.31	35.31	41.73	43.45	40.00
家用电脑（台）Computer (unit)	12.34	3.31	3.01	6.21	8.26	11.17	13.93	22.48	24.69
组合音响（台）Hi-Fi Stereo Component System (unit)	39.89	18.62	19.06	29.79	34.21	41.17	44.97	51.18	58.62
收录机（台）Radio Cassette Player (unit)	64.62	60.00	57.18	65.11	61.79	67.03	64.21	70.21	64.83
摄像机（台）Pickup Camera (unit)	1.34			0.41	1.10	1.10	2.21	2.48	1.66
照相机（架）Camera (unit)	44.63	15.45	12.53	37.24	32.48	40.89	54.55	58.48	79.31
钢琴（架）Piano (unit)	1.81	0.41		0.41	0.83	1.45	2.83	3.31	3.73
其它中高档乐器（件）Other Medium and High Grade Musical Instrument (unit)	5.25	3.59	0.75	1.66	3.66	2.97	6.28	4.69	16.83
微波炉（台）Microwave Oven (unit)	16.98	5.11	4.76	9.93	11.03	16.90	21.45	24.28	31.73
空调器（台）Air Conditioner (unit)	71.05	28.69	23.32	37.66	51.17	66.00	90.96	106.21	121.65
电炊具（台）Electric Cooking Appliances (unit)	95.12	69.38	70.23	69.66	77.86	100.28	101.18	125.24	128.28
淋浴热水器（台）Shower Water Heater (unit)	91.08	61.52	56.93	73.79	88.90	98.10	101.04	99.04	100.41
排油烟机（台）Range Hood (unit)	67.31	46.34	41.13	53.11	66.35	70.28	70.69	79.04	80.00
吸尘器（台）Dust Catcher (unit)	5.27	1.24	0.75	2.89	2.48	6.07	6.07	10.62	8.69
健身器材（件）Sports Appliance (piece)	6.29	0.41		3.86	4.14	4.34	8.97	8.55	15.18
移动电话（台）Mobile Telephone (unit)	14.66	2.89	0.75	5.24	7.86	9.38	20.90	31.45	30.76

10-11 城镇居民家庭年末居住情况

RESIDENTIAL CONDITION OF URBAN HOUSEHOLDS AT YEAR-END

单位:户 (household)

项　目	Item	1985	1990	1995	1997	1998
调查户数	Number of Households Surveyed	1600	1500	1550	1600	1600
一、按居住面积分	By Floor Space					
无房户	No housing	7		1		
4平方米以下	Below 4 sq. m	285	126	26	15	19
4-6平方米	4-6 sq. m	276	110	58	38	34
6-8平方米	6-8 sq. m	285	170	126	105	91
8平方米以上	Above 8 sq. m	747	1094	1339	1442	1456
二、按自来水使用情况分	By Using of Tap Water					
无自来水	No Tap Water	58	14	1	2	4
独用自来水	Private Tap Water	1273	1388	1483	1554	1552
公用自来水	Public Shared Tap Water	262	98	66	44	44
三、按卫生设备拥有情况分	By Sanitary Equipment					
无卫生设备	No Sanitary Equipment	652	326	106	77	69
有浴室厕所	With Toilet and Shower Room	552	787	1213	1267	1195
有厕所无浴室	With Toilet No Shower Room	220	262	159	188	266
公用卫生设备	Public Sanitary Equipment	169	125	72	68	70
四、按厨房使用情况分	By Using of Kitchen					
无厨房	No Kitchen	101	37	36	20	16
独用厨房	Private Kitchen	1324	1390	1480	1551	1553
公用厨房	Public Kitchen	168	73	34	29	31
五、按房屋产权分	By Property of Dwelling					
公　房	Public Housing	1148	1077	589	567	473
租赁私房	Rent Housing	90	47	29	14	35
自 有 房	Private-Owned Housing	344	372	931	689	718
部分产权的自有房	Partly-Owned Housing				330	374
其　它	Others	11	4	1		
六、按燃料使用情况分	By Using of Fuel					
管道煤气	Pipeline Petroleum Gas		8	112	128	129
液化石油气	Liquefied Petroleum Gas	413	926	1292	1387	1405
煤	Coal	930	519	127	81	64
其　它	Others	250	47	19	4	2
七、按住宅建筑式样分	By Types of House Construction					
1. 家庭单栋配套住房	Independent House				144	150
2. 单元式配套住宅	Flat				1227	1238
一居室	Single Room				47	57
二居室	Two Rooms				394	351
三居室	Three Rooms				570	567
四居室及以上	Four or More than Four Rooms				216	263
3. 普通楼房	Ordinary Multi-Storey Building				106	77
4. 普通平房	Ordinary Single-Storey Housing				123	135

10-12 农村居民家庭基本情况

BASIC CONDITIONS OF RURAL HOUSEHOLDS

项　目	Item	1980	1985	1990	1995	1997	1998
一、调查户数　(户)	Number of Households Surveyed (Household)	580	2936	2560	2480	2560	2560
二、调查户人口、劳动力　(人)	Number of Residents and Laborers Surveyed (person)						
常住人口	Number of Permanent Residents in the Households Surveyed	3586	17477	14459	13289	13231	13186
平均每户常住人口	Average Number of Permanent Residents Per Household	6.18	5.95	5.65	5.36	5.17	5.15
平均每户整半劳动力	Average Number of Able-bodied and Semi-ablebodied Laborers per Household	2.85	3.37	3.25	3.11	3.10	3.13
平均每个劳动力负担人口	Number of Dependents per Laborer	2.17	1.77	1.74	1.72	1.67	1.65
平均每百个劳动力的文化程度	Education Level of Per 100 Laborers						
文盲或半文盲	Illiterate and Semi-illiterate	23.92	19.71	13.76	7.41	5.94	5.06
小学程度	Primary School	43.80	42.57	44.34	39.99	36.53	34.75
初中程度	Junior Secondary School	24.31	27.92	32.93	40.65	45.44	47.36
高中程度	Senior Secondary School	7.92	9.48	8.38	9.95	10.07	10.31
中专程度	Specialized Secondary School	0.05	0.27	0.48	1.66	1.63	2.07
大专程度	College and Higher Level	…	0.05	0.11	0.34	0.39	0.45
三、平均每人经营耕地面积(亩)	Per Capita Area of Cultivated Land Under Management (mu)	1.10	1.05	1.04	0.90	0.88	0.93
#承包耕地面积	Contracted Cultivated Land		0.94	0.94	0.77	0.77	0.82
四、平均每户年末生产性固定资产原值(元)	Original Value of Productive Fixed Asset Owned by Per Household at Year-end (yuan)		770.49	1385.96	2744.85	3004.71	2964.17
役畜、产品畜	Draught Animals and Commodity Animals		336.65	390.70	657.45	684.96	590.32
大中型铁木农具	Large and Medium lron and Wood Farm Implements		67.47	105.42	175.41	181.63	206.42
农林牧渔机械	Farming,Forestry,Animal Husbandry and Fishery Machinery		54.92	188.33	261.16	373.41	390.36
工业机械	Industrial Machinery		15.57	69.60	64.17	48.61	98.17
运输机械	Transportation Machinery		81.40	287.82	681.26	726.15	589.62
生产用房	Buildings for Productive Use		153.23	255.65	647.81	762.44	818.07
其　他	Others		61.25	88.44	257.60	227.51	271.21
五、平均每百户年末拥有主要固定资产	Major Fixed Assets Owned by Per 100 Households at Year-end						
汽　车　(辆)	Motor Vehicle (unit)		0.26	0.44	1.15	0.96	1.04
大中型拖拉机　(台)	Large and Medium Tractor (unit)		0.10	0.29	0.38	0.44	0.47
小型及手扶拖拉机　(台)	Small and Walking Tractor (unit)		3.19	5.90	7.19	8.50	8.50
机动脱粒机　(台)	Motorized Threshing Machines (unit)		1.92	3.36	7.38	9.18	9.72
胶轮大车　(辆)	Carts With Rubber Tires (unit)		1.03	1.86	1.94	1.89	2.56
胶轮手推车　(辆)	Hand Carts with Rubber Tires (unit)		16.77	15.30	25.36	25.06	25.65
抽水机　(台)	Water Pump (unit)		0.33	1.58	4.17	4.36	5.36
水　泵　(台)	Pump (unit)		0.67	2.71	7.93	8.70	10.15
机动船　(条)	Motorized Boat (unit)		0.92	0.61	1.29	0.82	0.68

10-13 农民平均每人纯收入及生活消费支出

PER CAPITA NET INCOME AND LIVING EXPENDITURE OF RURAL RESIDENTS

年份 Year	人均纯收入（元） Per Capita Net Increase	增长速度(%) Income Rate(%)			人均生活消费支出（元） Per Capi-ta Liv-ing Ex-penditure (yuan)	增长速度(%) Increase Rate (%)		
		名义增长（上年为100） Namely Increase (Preceding Year=100)	实际增长（上年为100） Real Increase (Preceding Year=100)	实际增长（1978年为100） Real Income (1978=100)		名义增长（上年为100） Namely Increase (Preceding Year=100)	实际增长（上年为100） Real Increase (Preceding Year=100)	实际增长（1978年为100） Real Increase (1978=100)
1949	55.62				67.85			
1952	85.32				78.76			
1965	107.73	16.2			99.11	17.5		
1974	153.01				152.65			
1975	143.83	-6.0			151.42	-0.8		
1976	152.66	6.1			182.64	20.6		
1977	179.12	17.3			189.86	4.0		
1978	193.25	7.9		100.00	184.89	-2.6		100.00
1979	222.72	15.2	13.6	113.60	205.18	11.0	10.1	110.10
1980	274.37	23.2	19.4	135.64	222.22	8.3	3.9	114.39
1981	325.37	18.6	11.4	151.10	266.05	19.7	12.1	128.23
1982	381.79	17.3	12.7	170.29	312.44	17.4	16.2	149.00
1983	395.92	3.7	7.0	182.21	328.76	5.2	6.3	158.39
1984	425.34	7.4	7.2	195.33	346.19	5.3	5.0	166.31
1985	495.31	16.5	9.8	214.47	388.00	12.1	5.7	175.79
1986	546.43	10.3	7.6	230.77	454.06	17.0	11.1	195.30
1987	662.24	21.2	11.1	256.39	545.25	20.1	9.5	213.85
1988	808.70	22.1	2.7	263.31	684.67	25.6	3.2	220.69
1989	955.02	18.1	2.0	268.58	870.59	27.2	7.3	236.80
1990	1043.03	9.2	1.6	272.88	932.63	7.1	-0.3	236.09
1991	1143.06	9.6	9.4	298.53	942.40	1.1	1.2	238.92
1992	1307.65	14.4	10.4	329.58	1060.29	12.5	8.8	259.94
1993	1674.78	28.1	6.1	349.68	1391.01	31.2	6.8	277.62
1994	2181.52	30.3	3.8	362.97	1882.00	35.3	3.6	287.61
1995	2699.24	23.7	6.5	386.56	2255.01	19.8	5.3	302.85
1996	3183.46	17.9	7.6	415.94	2584.16	14.6	6.9	323.75
1997	3467.69	8.9	4.2	433.41	2617.65	1.3	0.3	324.72
1998	3527.14	1.7	3.4	448.15	2683.18	2.5	3.8	337.06

注：农村居民现金纯收入受：农村生活消费品价格指数和农村服务项目价格指数以及农业生产资料价格指数的影响(购买生产性固定资产部分)；实物纯收入受自产自用产品价格指数影响。名义增长扣除物价因素影响后为实际增长。

Note: The figures of per capita net income are affected by the price indices of rural living comsumer goods, rural Services and agricultural producer goods; and the figures of real net income are affected by the price of products for self-consumption. While the price factor deducted from the namely increase rate, that is the real increase rate.

10-14 农村居民家庭房屋情况
HOUSING CONDITION OF RURAL HOUSEHOLDS

项　目	Irem	1980	1985	1990	1995	1997	1998
一、平均每户年内新建房屋	Rooms Newly Built Within the Year Per Household						
间　数　（间）	Number of Room (room)	0.28	0.24	0.19	0.22	0.27	0.27
面　积　（平方米）	Floor Space (sq.m)	5.26	5.77	4.19	5.11	5.02	5.76
#砖木结构　（平方米）	Brick and Wood Structure (sq.m)		3.53	1.49	0.64	0.45	0.90
钢筋混凝土结构（平方米）	Reinforced Concrete Structure (sq.m)		1.61	2.53	3.87	4.43	4.75
在新建房屋面积中	In the Floor Space of Newly Built Rooms						
生活用房　（平方米）	Living Floor Space (sq.m)		4.77	3.23	4.67	4.70	5.30
楼　房　（平方米）	Floor Space of Multi-Storey Buildings		1.50	1.79	0.75	1.27	0.78
每间房屋价值　（元）	Value per Room (yuan)		1291.04	3084.69	7286.47	5825.84	7091.59
每平方米价值　（元）	Value per Square Meter (yuan)		53.82	137.33	308.20	308.01	329.54
二、平均每户年末生活住房	Living Rooms Per Household at Year-end						
间　数　（间）	Number of Room (room)	3.99	4.47	4.65	5.24	6.08	5.97
每间房屋价值　（元）	Value Per Room (yuan)	714.27	1058.96	2090.88	3865.37	4442.49	5000.87
三、平均每人年末生活住房	Per Capita Living Floor Space						
面积　（平方米）	Floor Space (sq.m)	10.51	14.87	17.39	20.83	23.78	24.83
#砖木结构	Brick Wood Structure		11.48	10.67	10.55	9.63	9.28
钢筋混凝土结构	Reinforced Concrete Structure		1.04	2.63	8.57	11.94	13.27

10-15 农村居民家庭按人均纯收入水平分组的户数及构成
NUMBER OF RURAL HOUSEHOLDS AND ITS COMPOSITION GROUPED BY LEVEL OF PER CAPITA ANNUAL NET INCOME

分　组	By Groups	1980	1985	1990	1995	1997	1998
一、调查户数（户）	Number of Households Surveyed	580	2936	2560	2480	2560	2560
300 元以下	Under 300 yuan	371	666	25	3	2	
300-600 元	300-600 yuan	195	1510	370	7		
600-1000 元	600-1000 yuan	13	565	1053	99	23	23
1000-1500 元	1000-1500 yuan	1	146	659	329	128	122
1500-2000 元	1500-2000 yuan		25	263	468	274	294
2000 元以上	2000 yuan and Over		24	190	1574	2133	2121
二、构成（%）	Composition	100.0	100.0	100.0	100.0	100.0	100.0
300 元以下	Under 300 yuan	64.0	22.7	1.0	0.1	0.1	
300-600 元	300-600 yuan	33.6	51.4	14.5	0.3		
600-1000 元	600-1000 yuan	2.2	19.3	41.1	4.0	0.9	0.9
1000-1500 元	1000-1500 yuan	0.2	5.0	25.7	13.3	5.0	4.8
1500-2000 元	1500-2000 yuan		0.8	10.3	18.9	10.7	11.5
2000 元以上	2000 yuan and Over		0.8	7.4	63.4	83.3	82.8

10-16 农村居民家庭主要农产品生产情况

PRODUCTION CONDITION OF MAJOR AGRICULTURAL PRODUCTS OF RURAL HOUSEHOLDS

项目	Item	1980	1985	1990	1995	1997	1998
平均每户主要农作物播种面积（亩）	Sown Area of Major Crops Per Household (mu)		11.71	10.67	10.12	9.04	11.77
粮 食	Grain		8.96	8.35	6.48	5.83	7.27
油 料	Oil-bearing Crops		0.91	0.77	0.71	0.52	0.69
麻 类	Fiber Crops		0.10	…	…	…	…
糖 料	Sugar Crops		0.64	0.32	0.26	0.27	0.25
烟 叶	Tobacco		0.10	0.14	0.04	0.11	0.09
蔬 菜	Vegetables		0.96	0.98	2.59	2.26	3.30
果用瓜	Melons		0.04	0.11	0.04	0.05	0.17
平均每人主要农林产品产量（公斤）	Per Capita Output of Major Farm and Forestry Products (kg)						
粮 食	Grain	20.31	425.66	504.08	404.73	445.42	441.89
#稻谷	Rice		361.81	428.47	348.38	380.34	384.61
油 料	Oil-bearing Crops	5.14	17.38	17.47	18.71	16.87	18.08
麻 类	Fiber Crops	0.55	3.93	0.94	…	0.01	…
糖 料	Sugar Crops	31.96	417.11	253.32	215.10	232.54	234.59
烟 叶	Tobacco	0.21	1.39	2.87	1.00	3.12	2.31
蔬 菜	Vegetables	120.36	203.82	205.02	330.99	397.42	398.88
果用瓜	Melons	5.85	7.91	27.98	7.96	9.19	14.14
水 果	Fruits		13.65	54.11	59.82	49.49	57.85
茶 叶	Tea		0.08	0.14	0.08	0.51	0.49
平均每户出售和自宰畜禽量及其他	Sold and Slaughtered livestock, Poultry and Other Animal Products per Household						
出售和自宰肉猪头数（头）	Number of Sold and Slaughtered Fattened Hogs (head)	1.59	1.96	2.12	2.03	2.15	2.11
猪肉产量 （公斤）	Pork (kg)	124.92	158.20	186.97	178.31	173.08	181.56
出售和自宰家禽只数（只）	Number of Sold and Slaughtered Poultry (head)	16.35	29.76	24.71	47.13	50.98	40.53
出售和自宰兔只数 （只）	Number of Sold and Slaughtered Rabbits (head)	0.13	0.08	0.02	0.03	0.35	0.36
蛋类产量 （公斤）	Poultry Eggs (kg)		8.36	10.07	6.92	7.17	6.69
蜂蜜产量 （公斤）	Honey (kg)		0.39	0.03	0.05	0.12	0.15
蚕茧产量 （公斤）	Silkworm Cocoon (kg)		3.93	4.80	5.94	1.87	2.21
牛、羊奶产量 （公斤）	Milk (kg)		0.25	0.15	1.16	1.42	1.20
水产品产量 （公斤）	Aquatic Products (kg)		102.51	98.64	119.92	141.56	154.95

注：1980 年生产情况，只反映农民自营地的农产品产量和家庭饲养的牧业产品产量，未包括集体统一经营部分。
Note: The figures of 1980 were not included the part of collective units operation.

10-17 农村居民家庭出售主要农产品数量
SOLD AMOUNT OF MAJOR FARM PRODUCTS BY RURAL HOUSEHOLDS

项　　目	Item	1980	1985	1990	1995	1997	1998
平均每人出售量	Per Capita Sold Amount						
粮食（原粮）（公斤）	Grain (Unprocessed Food Grain) (kg)	9.95	82.33	125.00	61.96	77.02	69.05
油　料　（公斤）	Oil-Bearing Crops (kg)		5.21	4.89	4.08	2.99	4.00
麻　类　（公斤）	Fibre Crops (kg)		3.56	0.94	…	0.01	…
糖　料　（公斤）	Sugar Crops (kg)		293.56	258.39	164.65	207.13	218.17
烟　叶　（公斤）	Tobacco (kg)		1.11	2.53	0.82	2.71	1.95
蔬　菜　（公斤）	Vegetables (kg)		76.18	95.92	206.29	267.43	261.70
果用瓜　（公斤）	Melons (kg)		6.82	25.62	5.69	8.17	12.62
水　果　（公斤）	Fruits (kg)		12.45	48.47	48.55	42.96	47.90
茶　叶　（公斤）	Tea (kg)		0.04	0.08	0.04	0.40	0.38
平均每户出售量	Per Household Sold Amount						
生　猪　（头）	Fattened Hog (head)		1.88	2.06	1.62	1.86	1.89
猪　肉　（公斤）	Pork (kg)		155.98	178.18	162.92	160.02	162.33
肉　牛　（头）	Beef Cattle (head)		0.04	0.01	0.01	0.02	0.03
兔　（只）	Rabbit (head)		0.08	0.01	0.03	0.27	0.08
家　禽　（只）	Poultry (head)	8.36	19.51	14.51	34.29	37.02	27.99
蛋　类　（公斤）	Eggs (kg)		3.66	4.58	0.61	0.69	1.07
蜂　蜜　（公斤）	Honey (kg)		0.39	0.03	0.05	0.11	0.09
蚕　茧　（公斤）	Silkworm Cocoon (kg)		3.93	4.80	5.88	1.87	2.17
牛羊奶　（公斤）	Milk (kg)		0.25	0.13	1.13	1.42	1.10
水产品　（公斤）	Aquatic Products (kg)		87.97	89.09	102.40	125.56	138.13

10-18 农村居民家庭平均每户购买农业生产资料
PURCHASES OF AGRICULTURAL PRODUCER GOODS PER RURAL HOUSEHOLD

项　　目	Item	1980	1985	1990	1995	1997	1998
化　肥　（公斤）	Chemical Fertilizer (kg)		452.16	641.33	487.58	550.74	526.14
饼　肥　（公斤）	Cake Fertilizer (kg)		23.53	14.47	5.09	22.08	14.04
农　药　（公斤）	Pesticide (kg)		7.06	8.79	9.65	10.93	10.17
农用薄膜　（公斤）	Agricultural Plaslic Film (kg)		0.38	0.58	0.57	0.58	0.59
生产用柴油　（公斤）	Production Diesel Oil (kg)		10.44	15.69	21.38	17.04	17.06
生产用汽油　（公斤）	Production Petrol (kg)		0.57	2.52	7.92	9.81	9.06
生产用煤　（公斤）	Production Coal (kg)		23.87	14.84	13.95	36.67	18.86
小型和手扶拖拉机（辆）	Small and Walking tractor (unit)		0.01	0.01	…	…	…
役畜、产品畜　（头）	Drought Animal and Commodity Animal (head)		0.06	0.04	0.04	0.05	0.05

注：1980年出售情况，只反映农民自营地的农产品产量和家庭饲养的牧业产品产量，未包括集体统一经营部分。
Note: The figures of 1980 excluded the part of collective units operation.

10-19 农村居民家庭平均每人总收入和纯收入及构成
PER CAPITA GROSS AND NET INCOME AND THEIR COMPOSITION OF RURAL HOUSEHOLDS

项 目	Item	1980	1985	1990	1995	1997	1998
一、总收入（元）	Gross Income (yuan)	306.61	677.17	1488.92	3536.30	4516.65	4462.15
基本收入	Basic Income	280.95	631.79	1427.03	3291.31	4218.43	4155.70
劳动者的报酬收入	Labourers, Remuneration	129.55	82.44	245.52	712.24	908.60	995.49
在集体组织中劳动的报酬	From Collective Organization	118.25	25.99	47.17	145.07	193.25	237.29
在企业劳动得到的报酬	From Enterprises		18.77	57.24	527.57	692.41	720.91
其他单位劳动得到的报酬	From Other Units	11.30	37.68	141.11	39.60	22.94	37.29
家庭经营收入	Income from Household Business	151.40	549.35	1181.51	2579.07	3309.83	3160.21
转移性收入	Transfer Income	25.06	42.41	53.17	194.93	246.12	248.82
财产性收入	Property Income	0.60	2.97	8.72	50.06	52.10	57.63
总收入构成（%）	Composition of Gross Imcome (%)	100.0	100.0	100.0	100.0	100.0	100.0
基本收入	Basic Income	91.6	93.3	95.8	93.1	93.4	93.1
劳动者的报酬收入	Labourers, Remuneration	42.2	12.2	16.4	20.1	20.1	22.3
家庭经营收入	Income from Household Business	49.4	81.1	79.4	73.0	73.3	70.8
转移性收入	Transfer Income	8.2	6.3	3.6	5.5	5.4	5.6
财产性收入	Property Income	0.2	0.4	0.6	1.4	1.2	1.3
二、纯收入（元）	Net Income (yuan)	274.37	495.31	1043.03	2699.24	3467.69	3527.14
按收入来源分	By Source of Income						
基本收入	Basic Income	252.71	455.66	990.87	2468.88	3191.88	3246.95
劳动者的报酬收入	Labourers, Remuneration	129.55	82.44	245.52	712.24	908.60	995.49
家庭经营纯收入	Income from Household Business	123.16	373.22	745.35	1756.64	2283.28	2251.46
转移性收入	Transfer Income	21.06	36.68	43.44	180.30	223.71	222.56
财产性收入	Property Income	0.60	2.97	8.72	50.06	52.10	57.63
按收入来源分构成（%）	By Source of Income	100.0	100.0	100.0	100.0	100.0	100.0
基本收入	Basic Income	92.1	92.0	95.0	91.5	92.0	92.1
劳动者的报酬收入	Labourers, Remuneration	47.2	16.6	23.5	26.4	26.2	28.2
家庭经营纯收入	Income form Household Business	44.9	75.4	71.5	65.1	65.8	63.9
转移性收入	Transfer Income	7.7	7.4	4.2	6.7	6.5	6.3
财产性收入	Property Income	0.2	0.6	0.8	1.8	1.5	1.6
按收入性质分	By Type of Income						
生产性纯收入	Productive Income	252.71	455.66	990.87	2468.88	3191.88	3173.49
农业生产性收入	Agricultural Productive Income	223.84	322.55	601.69	1253.80	1600.14	1506.03
非农业生产性收入	Non-agricultural Productive Income	28.87	133.11	389.18	1215.08	1591.74	1667.46
非生产性纯收入	Non-productive Income	21.66	39.65	52.16	230.36	275.81	353.65
按收入性质构成分（%）	Composition Type of Income (%)	100.0	100.0	100.0	100.0	100.0	100.0
生产性纯收入	Productive Income	92.1	92.0	95.0	91.5	92.0	90.0
农业生产性收入	Agricultural Productive Income	81.6	65.1	57.7	46.5	46.1	42.7
非农业生产性收入	Non-agricultural Productive Income	10.5	26.9	37.3	45.0	45.9	47.3
非生产性纯收入	Non-productive Income	7.9	8.0	5.0	8.5	8.0	10.0

10-20 农村居民家庭平均每人家庭经营纯收入及构成
PER CAPITA NET INCOME FROM HOUSEHOLD BUSINESS AND ITS COMPOSITION OF RURAL HOUSEHOLDS

项　　目	Item	1980	1985	1990	1995	1997	1998
家庭经营纯收入（元）	Net Income from Household Business (yuan)	123.16	373.22	745.35	1756.64	2283.28	2251.46
农业收入	Farming	34.07	183.63	392.54	825.84	1040.53	1010.76
林业收入	Forestry	1.75	9.75	5.46	19.36	18.45	16.92
牧业收入	Animal Husbandry	48.18	78.66	127.97	236.44	300.88	259.54
渔业收入	Fishery	3.15	21.15	35.85	112.11	160.94	158.21
手工业收入	Handicraft	5.26	10.72	15.73	30.89	42.01	29.10
采集捕猎收入	Gathering and Hunting	16.18	18.64	24.14	29.16	37.33	31.50
工业收入	Industry		2.77	21.27	24.83	33.08	45.88
建筑业收入	Construction	6.82	17.46	36.65	140.01	205.35	210.39
运输业收入	Transportation	2.15	9.05	22.83	76.97	94.98	96.32
商业收入	Commerce	1.02	7.12	31.15	105.25	149.62	146.11
饮食业收入	Catering Trade	0.95	1.59	2.24	15.16	15.49	29.59
服务业收入	Service Trade	1.05	4.97	16.06	45.07	58.37	73.46
其他家庭经营收入	Other Household Business	2.58	7.71	13.46	95.55	126.25	143.68
家庭经营纯收入构成（%）	Composition of Net Income from Household Business (%)	100.0	100.0	100.0	100.0	100.0	100.0
农业收入	Farming	27.7	49.2	52.7	47.0	45.6	44.9
林业收入	Forestry	1.4	2.6	0.7	1.1	0.8	0.8
牧业收入	Animal Husbandry	39.1	21.1	17.2	13.5	13.2	11.5
渔业收入	Fishery	2.6	5.7	4.8	6.4	7.0	7.0
手工业收入	Handicraft	4.3	2.9	2.1	1.8	1.8	1.3
采集捕猎收入	Gathering and Hunting	13.1	5.0	3.2	1.7	1.6	1.4
工业收入	Industry		0.7	2.9	1.4	1.4	2.0
建筑业收入	Construction	5.5	4.7	4.9	7.9	9.0	9.3
运输业收入	Transportation	1.7	2.4	3.1	4.3	4.2	4.3
商业收入	Commerce	0.8	1.9	4.2	6.0	6.6	6.5
饮食业收入	Catering Trade	0.8	0.4	0.3	0.9	0.7	1.3
服务业收入	Service Trade	0.9	1.3	2.1	2.6	2.6	3.3
其他家庭经营收入	Other Household Business	2.1	2.1	1.8	5.4	5.5	6.4

10-21 农村居民家庭平均每人总支出及构成
PER CAPITA TOTAL EXPENDITURE AND ITS COMPOSITION OF RURAL HOUSEHOLDS

项　　目	Item	1980	1985	1990	1995	1997	1998
一、总支出（元）	Total Expenditure (yuan)	266.85	585.45	1410.21	3151.31	3745.64	3677.53
家庭经营费用支出	Expenditure on Household Business	30.68	151.70	373.64	714.47	884.83	779.37
农业生产支出	Farming	5.42	57.04	150.97	235.90	270.97	246.12
林业生产支出	Forestry	0.26	0.61	0.79	1.72	0.77	1.00
牧业生产支出	Animal Husbandry	19.97	66.10	160.86	254.90	420.87	333.18
渔业生产支出	Fishery	0.60	12.54	29.28	50.69	104.42	115.63
手工业生产支出	Handicraft	0.69	4.82	5.18	3.19	4.56	4.48
工业生产支出	Industry		1.74	6.19	3.88	10.08	9.96
建筑业支出	Construction		0.24	0.59	9.06	23.56	6.88
运输业支出	Transportation	1.01	2.69	12.52	24.74	25.62	24.39
商业支出	Commerce	0.32	2.44	2.26	14.95	7.62	9.03
饮食业支出	Catering Trade		0.55	0.68	0.94	5.21	14.09
服务业支出	Service Trade	0.50	0.91	1.31	5.95	7.71	7.38
其他经营支出	Others	1.69	2.02	3.01	8.55	3.43	7.23
购置生产性固定资产支出	Expenditure on Purchasing Productive Fixed Assts	1.04	16.34	24.87	25.40	29.49	16.23
#大中型铁木农具	Large and Medium Iron and Wood Farm Implements	0.50	1.15	1.45	0.89	0.79	0.60
农林牧渔业机械	Farming, Forestry, Animal Husbandry and Fishery Machinery	0.50	3.65	8.84	2.93	3.80	2.06
运输机械	Tansportation Machinery		6.62	12.31	5.29	9.76	3.22
缴纳税款	Taxes Paid	0.52	8.16	21.79	39.62	39.73	41.28
上交集体的承包任务	Contract Payment to Collective Units		7.12	23.13	30.54	55.64	43.78
集体提留和摊派	Collective Drawing and Apportion		0.52	1.24	3.65	7.60	5.96
生活消费支出	Expenditure for Comsumption	222.22	388.00	932.63	2255.01	2617.65	2683.18
其他非生产性支出	Other Non-productive Expenditure	12.39	13.61	32.91	82.62	110.71	107.73
寄给和带给在外人口	Send to Outsiders	1.67	0.91	2.76	4.61	8.06	6.50
赠送农村以外亲友	Present to Kinsfolk not in Rural Area	2.32	4.80	4.11	4.95	6.03	3.89
其他支出	Other Expenditure	8.40	7.90	26.04	73.06	96.62	97.34
二、总支出构成（%）	Composition of Total Expenditure (%)	100.0	100.0	100.0	100.0	100.0	100.0
家庭经营费用支出	Expenditure on Household Business	11.5	25.9	25.5	22.7	23.6	21.2
购置生产性固定资产支出	Expenditure on Purchasing Productive Fixed Assts	0.4	2.8	1.8	0.8	0.8	0.4
缴纳税款	Taxes Paid	0.2	1.4	1.6	1.3	1.1	1.1
上交集体的承包任务	Contract Payment to Collective Units		1.2	1.6	1.0	1.4	1.2
集体提留和摊派	Collective Drawing and Apportion		0.1	0.1	0.1	0.2	0.2
生活消费支出	Expenditure for Consumption	83.3	66.3	66.1	71.5	69.9	73.0
其他非生产性支出	Other Non-productive Expenditure	4.6	2.3	2.3	2.6	3.0	2.9

注：实行家庭联产承包责任制前（1980 年的数字），家庭经营费用支出，实际上是家庭副业支出。全面推行联产承包责任制后，家庭经营费用支出，包括家庭副业支出和承包经营费用支出。

Note: The figures of the expenditure on household business 1980 in fact were the expenditure of household sideline. And since that time the figures included both the expenditure of household sideline and constract business.

10-22 农村居民家庭平均每人生活消费支出

PER CAPITA LIVING EXPENDITURE OF RURAL HOUSEHOLDS

单位：元 (yuan)

项　　目	Item	1980	1985	1990	1995	1997	1998
生活消费支出	Living Expenditure	222.22	388.00	932.63	2255.01	2617.65	2683.18
一、食　　品	Food	134.12	234.19	538.18	1228.00	1369.04	1370.70
主　　食	Staple Food	62.58	73.17	143.85	328.46	331.22	353.30
副　　食	Non-staple Food	56.89	125.27	288.81	684.88	785.77	757.15
其他食品	Other Food	13.40	26.39	75.61	144.48	168.79	169.10
在外饮食	Dining Out	1.25	9.36	23.03	59.47	71.39	79.75
食品加工费	Food Prodcessing Service Fees			6.88	10.71	11.87	11.40
二、衣　　着	Clothing	19.58	19.55	39.48	91.31	104.25	100.97
三、居　　住	Residence	39.69	76.72	174.60	345.65	381.14	423.33
住　　房	Housing	21.06	50.93	124.34	210.52	231.07	258.79
电　　费	Electric Expenses	2.10	3.53	15.77	40.19	51.40	58.54
燃　　料	Fuels	16.53	22.26	34.24	58.40	70.68	65.43
其　　他	Others			0.25	36.54	27.99	40.57
四、家庭设备、用品及服务	Household Facilities, Articles and Servises	10.93	19.55	50.28	140.54	162.66	158.82
#耐用消费品	Durable Consumer Goods	2.39	7.46	25.51	42.53	38.87	41.92
家庭日用杂品	Household Articles for Daily use	8.31	11.41	22.69	83.94	100.54	101.06
五、医疗保健	Medical and Health Care Services	4.45	11.66	32.63	67.51	100.45	101.06
#医疗卫生保健用品	Medicines and Medical and Health Care Facilities and Articles	2.67	7.94	22.82	37.34	53.06	46.71
医疗保健服务费	Medicine and Health Care Services Fees	1.34	3.72	9.81	28.62	42.03	51.67
六、交通和通讯	Transportation and Communications	3.75	5.13	14.56	82.08	115.00	143.27
交通、通讯工具	Transportation and Communication Tools	2.88	3.00	6.91	47.14	52.31	62.09
交通费	Transportation Fees	0.78	1.92	7.16	19.73	31.14	34.94
邮电费	Postal and Communication Fees	0.09	0.21	0.49	10.88	23.57	37.44
交通、通讯修理费	Maintenance Expenses of Transportation and Communication Tools				4.33	7.98	8.80
七、文化教育娱乐用品及服务	Cultural, Educational and Recreational Articles and Services	7.40	15.95	66.99	245.16	314.73	318.17
文化教育娱乐用品	Cultural, Educational and Recreational Articles	2.87	7.16	25.06	39.47	52.25	59.89
文化教育娱乐服务	Cultural, Educational and Recreational Services	4.53	8.79	41.93	205.68	262.48	258.28
#学杂费	Tuition and Miscellaneous	2.94	6.76	36.77	187.33	239.36	234.17
技术培训费	Technical Training Fees		0.71	2.15	6.05	6.81	4.23
文娱费	Recreational Fees	0.49	0.62	1.38	6.63	9.58	13.37
八、其他商品和服务	Other Commodities and Services	2.30	5.25	15.91	54.76	70.38	66.86

10-23 农村居民家庭平均每人非储蓄借贷性现金收入
PER CAPITA NON-SAVING AND NON-CREDIT CASH INCOME OF RURAL HOUSEHOLDS

单位：元 (yuan)

项　目	Item	1980	1985	1990	1995	1997	1998
年内现金收入	Cash Income Within Current Year	186.04	500.36	1177.66	2891.32	3747.03	3692.86
一、基本收入	Basic Income	161.92	447.63	1074.73	2601.23	3377.66	3307.03
劳动者的报酬收入	Labourers' Remuneration	57.86	81.21	242.51	708.89	905.29	993.73
在集体组织中劳动的报酬	From Collective Organization	52.89	25.11	44.50	142.00	190.91	235.73
在企业劳动得到的报酬	From Enterprises		18.50	57.24	527.28	691.44	720.71
其他单位劳动得到的报酬	From Other Units	4.97	37.60	140.77	39.61	22.94	37.29
家庭经营现金收入	Cash Income from Household Business	104.06	366.42	832.22	1892.34	2472.37	2313.30
出售产品的现金收入	By Selling Products	78.51	308.56	656.66	1271.06	1647.64	1429.03
出售农业产品	Farming Products	29.44	111.20	285.75	557.61	703.26	637.29
#出售粮食	Grain	7.78	30.65	85.92	112.11	125.25	105.88
出售林业产品	Forestry Products	2.51	9.84	5.76	16.76	11.39	11.47
出售牧业产品	Animal Husbandry Products	33.92	133.37	268.56	535.45	662.63	502.93
出售渔业产品	Fishery Products	7.38	29.04	62.09	151.02	252.61	259.99
出售手工业产品	Handicraft Products	4.08	16.07	21.43	5.51	9.34	9.43
出售采集捕猎产品	Gathering and Hunting Products	0.63	2.52	4.19	3.68	4.76	6.66
出售工业产品	Industrial Products		4.67	7.23	0.28	1.52	0.80
出售其他产品	Other Products	0.55	1.85	1.65	0.75	2.13	0.46
工业加工费的现金收入	From Industrial Products Processing			21.37	28.98	42.14	57.42
建筑业的现金收入	From Construction	8.07	18.32	39.09	152.90	233.16	226.55
运输业的现金收入	From Transportation	5.36	12.16	37.10	110.33	124.62	125.87
商业的现金收入	From Commerce	3.08	9.98	34.43	122.02	162.47	161.76
饮食业的现金收入	From Catering Trade	2.30	2.23	3.07	16.68	21.39	45.54
服务业的现金收入	From Service Trade	2.81	6.13	18.11	52.89	68.29	84.29
其他家庭经营的现金收入	From Other Household Business	3.93	9.04	22.39	137.48	172.66	182.84
二、转移性现金收入	Transfer Cash Income	21.38	45.24	80.39	232.55	294.78	296.59
在外人口寄回和带回的现金	Cash Sent Back by Outsiders	9.62	19.46	23.25	77.88	103.80	113.31
亲友赠送的现金	Cash Presented by Kinsfolk	7.48	14.66	38.70	65.58	87.84	85.86
#农村外部亲友赠送	From Kinsfolk not in Rural Area	4.09	10.66	9.18	19.82	26.01	25.49
调查补贴	Survey Subsidy	1.71	4.79	7.68	11.94	19.43	22.92
其他转移性现金收入	Other Transfer Cash Income	2.57	6.33	10.76	77.15	83.71	74.50
三、财产性现金收入	Property Cash Income	2.74	7.49	22.54	57.54	74.59	89.24
出售财物的现金	Cash from Selling Property	2.14	4.52	13.82	28.68	22.49	31.97
其他财产性现金收入	Other Property Cash Income	0.60	2.97	8.72	28.86	52.10	57.27

10-24 农村居民家庭平均每人非储蓄借贷性现金支出

PER CAPITA NON-SAVING AND NON-CREDIT CASH EXPENDITURE OF RURAL HOUSEHOLDS

单位：元 (yuan)

项　　目	Item	1980	1985	1990	1995	1997	1998
年内现金支出	Cash Expenditure Within Current Year	165.75	437.67	1089.40	2609.02	3178.22	3130.22
一、生产费用支出的现金	Cash Expenditure on Production	24.84	139.65	324.10	655.61	839.53	723.75
家庭经营费用支出	Expenditure on Household Business	23.80	123.43	299.25	630.21	810.04	707.52
农业生产支出	Farming Production	4.33	50.78	127.82	216.96	254.18	232.82
林业生产支出	Forestry Production	0.16	0.59	0.37	1.57	0.73	0.64
牧业生产支出	Animal Husbandry Production	15.84	44.35	109.50	294.76	367.52	277.31
渔业生产支出	Fishery Production	0.39	12.17	28.68	46.61	100.15	113.66
手工业生产支出	Handicraft Production	0.43	4.82	4.84	3.16	4.39	4.31
工业生产支出	Industry Production		1.64	6.07	3.87	10.07	9.93
建筑业支出	Construction	0.12	0.24	0.58	8.68	23.54	6.80
运输业支出	Transportaton	0.59	2.69	12.48	24.58	25.61	24.38
商业支出	Commerce	0.19	2.43	2.15	14.93	7.61	9.02
饮食业支出	Catering Trade	0.16	0.55	0.64	0.94	5.15	14.09
服务业支出	Expenditure on Service Trade	0.20	0.91	1.30	5.95	7.71	7.37
其他现金支出	Other Cash Expenditure	1.39	2.26	4.82	8.20	3.38	7.19
购买生产性固定资产支出	Expenditure on Purchasing Productive Fixed Assets	1.04	16.22	24.85	25.40	29.49	16.23
二、缴纳税款	Tax Paid	0.52	4.02	8.06	16.02	14.29	16.06
三、上交集体承包任务的现金	Cash Contract Payment to Collective Units		5.96	13.44	18.37	42.81	32.31
四、集体提留和摊派的现金	Drawing and Apportion Cash by Collective Units		0.52	1.24	3.65	7.60	5.96
五、生活消费支出的现金	Living Cash Expenditure	128.00	266.35	686.43	1790.33	2093.55	2171.31
食　品	Food	53.10	133.51	322.57	794.04	876.42	887.12
#主　食	Staple Food	8.45	13.53	18.62	73.19	60.21	77.78
副　食	Non-staple Food	33.32	86.21	203.78	513.48	579.02	565.23
衣　着	Clothing	19.49	19.44	38.20	89.73	103.65	100.24
居　住	Residence	26.61	55.88	145.43	317.26	351.34	396.17
家庭设备、用品及服务	Household Facilities, Articles and Services	10.90	19.53	50.14	139.78	161.58	158.41
医疗保健	Medicines and Medical Services	4.45	11.66	32.63	67.51	100.45	101.06
交通和通讯	Transportation and Telecommunictions	3.75	5.13	14.56	82.08	115.00	143.27
文化教育娱乐用品及服务	Cultural, Educational and Recreational Articles and Service	7.40	15.95	66.99	245.16	314.73	318.17
其他商品和服务	Other Commodities and Services	2.30	5.25	15.91	54.77	70.38	66.87
六、其他非生产性现金支出	Other Non-productive Cash Expenses	12.39	21.17	56.13	125.04	180.44	180.83
寄给和带给在外人口的现金	Cash Sent to Outsiders	1.67	0.90	2.53	3.98	7.62	5.37
赠送亲友的现金	Cash Present to Kinsfolk	6.10	12.92	30.63	64.12	77.44	79.70
其他现金支出	Other Cash Expenditure	4.62	7.35	22.97	56.94	95.38	95.76

10-25 农村居民家庭平均每人主要食品及衣着消费量
PER CAPITA CONSUMPTION OF MAJOR FOOD AND CLOTHING OF RURAL HOUSEHOLDS

项　　目		Item		1980	1985	1990	1995	1997	1998
粮食（原粮）	（公斤）	Crain (Crude Grain)	(kg)	292.00	256.11	260.30	252.19	244.69	258.38
#稻　谷	（公斤）	Rice	(kg)	265.00	244.30	248.17	223.43	217.11	233.93
蔬　菜	（公斤）	Vegetables	(kg)	115.50	118.51	112.77	112.36	111.88	118.45
食　油	（公斤）	Edible Oil	(kg)	2.39	3.15	4.85	7.17	6.52	6.58
肉　类	（公斤）	Meat	(kg)	6.55	12.61	15.42	17.63	19.73	20.48
家　禽	（公斤）	Poultry	(kg)	2.15	3.41	4.43	7.38	8.75	8.89
蛋　类	（公斤）	Eggs	(kg)	0.79	1.16	1.73	2.98	3.31	2.96
水产品	（公斤）	Aquatic Products	(kg)	4.22	8.44	9.50	12.04	12.47	12.74
食　糖	（公斤）	Sugar	(kg)	4.22	3.83	3.96	2.87	2.89	3.02
卷　烟	（盒）	Cigarettes	(pack)		20.34	22.20	21.84	22.29	21.73
酒　类	（公斤）	Liquor	(kg)	1.54	3.40	5.10	3.62	3.44	3.63
茶　叶	（公斤）	Tea	(kg)		0.32	0.52	0.55	0.55	0.53
水　果	（公斤）	Fruits	(kg)		2.38	7.32	12.81	12.18	12.58
棉　布	（米）	Cotton Cloth	(m)	3.30	1.14	0.36	0.11	0.17	0.13
化纤布	（米）	Chemical Fibre Cloth	(m)	0.80	1.83	1.89	1.22	1.40	1.19
呢　绒	（米）	Woolen Fabric	(m)	0.10	0.11	0.08	0.04	0.02	0.01
毛线及毛线织品	（公斤）	Knitting Wool and Woolen Knitwear	(kg)	0.04	0.02	0.02	0.03	0.05	0.02
胶鞋、球鞋、皮鞋	（双）	Rubber, Gymshoes and Leather Shoes	(pair)	0.59	0.39	0.78	0.55	0.69	0.61

10-26 农村居民家庭平均每百户主要耐用物品年末拥有量
NUMBER OF DURABLE CONSUMER GOODS OWNED PER 100 RURAL HOUSEHOLDS AT YEAR-END

项　　目		Item		1980	1985	1990	1995	1997	1998
自行车	（辆）	Bicycle	(unit)	75.00	126.87	186.09	216.85	215.00	207.89
缝纫机	（架）	Sewing Machine	(unit)	38.45	57.12	69.77	74.52	76.21	75.35
手　表	（只）	Wristwatch	(unit)	80.86	171.63	224.84	244.19	249.06	250.16
电风扇	（台）	Electric Fan	(unit)		54.97	163.48	266.69	279.96	287.03
洗衣机	（台）	Washing Machine	(unit)		0.17	4.26	14.88	18.91	20.27
电冰箱	（台）	Refrigerator	(unit)		0.03	1.17	7.90	9.92	11.02
摩托车	（辆）	Motorcycle	(unit)		0.34	1.84	15.73	26.56	34.02
收音机	（台）	Radio Set	(unit)	55.34	52.04	41.21	36.37	37.07	36.41
黑白电视机	（台）	Black and White TV Set	(unit)	1.38	8.14	40.51	51.85	46.76	43.95
彩色电视机	（台）	Color TV Set	(unit)		1.84	9.80	34.35	46.09	55.43
收录机	（台）	Radio Cassette Player	(unit)		13.86	41.33	49.44	50.27	48.98
照相机	（架）	Camera	(unit)		0.27	0.70	1.98	1.95	2.03
录像机	（台）	Video Recorder	(unit)				2.30	3.87	5.51
空调机	（台）	Air Conditioner	(unit)				0.65	0.66	1.29
电话机	（台）	Telephone Set	(unit)				9.40	20.94	26.09
热水器	（台）	Water Heater	(unit)				5.56	10.27	12.50
电饭锅	（个）	Electric Rice Cooker	(unit)				43.95	43.13	43.63
液化气灶具	（个）	Liquefied Petroleum Gas Cooker	(unit)				53.15	74.10	81.80

10-27 农村居民家庭平均每人粮食收支平衡及收支构成
PER CAPITA GRAIN BALANCE AND ITS COMPOSITION OF RURAL HOUSEHOLDS

项　　目	Item	1980	1985	1990	1995	1997	1998
一、粮食收支平衡（公斤）	Grain Balance (kg)						
年初粮食结存	Stock of Grain at Year-Beginning	103.15	160.60	266.24	281.89	287.77	302.14
年内粮食收入	Grain Income Within Current Year	369.50	463.03	572.53	458.22	500.18	500.49
从集体统一经营中得到的粮食	From Collective Units Operation	329.87	0.04	0.02	2.34	1.92	1.19
家庭经营生产的粮食	From Household Operation	20.31	425.65	504.08	404.73	445.42	441.89
购入粮食	Bought Grain	16.22	29.28	19.88	48.98	51.59	55.50
借入粮食	Borrowed Grain		1.87	1.30	0.67	0.28	0.17
收回借出粮	Recall of Loaned Grain		2.37	0.86	0.86	0.62	0.92
其他粮食收入	Other Grain Income	3.10	3.82	1.39	0.64	0.35	0.82
年内粮食支出	Grain Expense Within Current Year	343.10	453.36	500.83	405.21	414.23	417.99
主食用粮	Staple Food Grain	292.00	256.11	260.30	252.18	244.69	258.38
#稻　谷	Rice	265.00	244.30	248.17	223.43	217.11	233.93
其他生活用粮	Other Living Expense of Grain	2.05	4.75	5.61	2.21	2.01	3.10
出售（含国家征购）	Sold Grain (Include Purchases by the State)	9.95	99.12	145.35	61.96	77.02	69.05
#出售给国家的	Sold to the State		61.54	91.87	11.17	15.92	19.22
种　籽	Seed		12.51	8.48	5.92	4.42	3.87
饲　料	Forage	36.80	68.39	62.41	55.60	56.83	51.57
借出粮食	Loaned Grain		0.69	0.92	0.33	0.53	3.17
归还借粮	Return of Borrowed Grain		1.45	1.23	0.31	0.23	0.31
上交集体的承包任务	Paid Grain to Collective Units in Accordance with Contracts		5.94	10.54	8.33	8.88	8.43
其他粮食支出	Other Grain Expenses	2.30	4.40	5.99	18.37	19.62	20.11
年末粮食结存	Stock of Grain at Year-end	129.55	170.27	292.94	334.90	373.72	384.64
二、粮食收支构成（%）	Composition Grain Income and Expense Structure (%)						
粮食收入构成	Grain Income Within Current Year	100.0	100.0	100.0	100.0	100.0	100.0
从集体统一经营中得到的粮食	From Collective Units Operation	89.3	…	…	0.5	0.3	0.2
家庭经营生产的粮食	From Household Operation	5.5	91.9	95.5	88.4	89.1	88.3
购入粮食	Bought Grain	4.4	6.4	3.8	10.7	10.3	11.1
借入粮食	Borrowed Grain		0.4	0.2	0.1	0.1	…
收回借出粮	Recall of Loaned Grain		0.5	0.2	0.2	0.1	0.2
其他粮食收入	Other Grain Income	0.8	0.8	0.3	0.1	0.1	0.2
粮食支出构成	Grain Expense Within Current Year	100.0	100.0	100.0	100.0	100.0	100.0
主食用粮	Staple Food Grain	85.1	56.5	52.0	62.2	59.1	61.8
其他生活用粮	Other Living Expense of Grain	0.6	1.0	1.1	0.5	0.5	0.8
出　售	Sold Grain	2.9	21.9	29.0	15.3	18.6	16.5
种　籽	Seed		2.8	1.7	1.5	1.1	0.9
饲　料	Forage	10.7	15.1	12.5	13.7	13.7	12.3
借出粮食	Loaned Grain		0.1	0.2	0.1	0.1	0.8
归还借粮	Return of borrowed Grain		0.3	0.2	0.1	0.1	0.1
上交集体的承包任务	Paid Grain to Collective Units in Accordance with Contracts		1.3	2.1	2.1	2.1	2.0
其他粮食支出	Other Grain Expenses	0.7	1.0	1.2	4.5	4.7	4.8

主要统计指标解释

居民消费水平　居民消费水平是指按人口平均计算的居民消费额。居民消费水平表明国家对人民的物质文化生活需要的满足程度，它是反映一个国家（或地区）的经济发展水平和人民物质文化生活水平的综合指标。

居民消费水平，可以按国民收入口径，即居民物质产品消费进行计算，也可以按国内生产总值口径，即包括劳务以内的总消费进行计算。根据计算居民消费的不同价格，可以计算出按当年价格计算的居民消费和按可比价格计算的居民消费水平，后者便于观察居民实际消费水平的增长变化。为了观察居民消费的实物构成，还可以进一步计算各种消费品的平均消费的数量和金额，以反映居民在取得基本生存资料的基础上逐步向需要享受资料和发展资料的方向发展的趋势。

城镇居民家庭可支配收入　是指居民家庭在支付个人所得税之后，所余下的实际收入。即用实际收入减掉个人所得税减掉家庭副业生产支出以及记帐补贴。

城镇居民家庭消费性支出　是指调查户用于日常生活的全部支出，包括购买各种商品支出和文化生活、服务等非商品支出。

农民家庭总收入　是指农民家庭年内通过各种生产和提供劳务活动所获得的全部现金和实物收入，从国家财政和农村外部其他居民阶层获得收入。借贷性收入、农村内部的赠送收入、出售原有财物的收入不包括在内。总收入包括三个部分，即基本收入、转移性收入和财产性收入。

农民家庭纯收入　是指总收入扣除相应的各项费用支出后，归农民所有的收入。它可以用于生产和非生产投资，改善物质和文化生活，以及用于再分配的支出和结余的收入。这个指标用来观察农民实际收入水平，以及农民扩大再生产和改善生活的能力。

纯收入＝总收入－家庭经营费用支出－生产性固定资产折旧－缴纳税款－上缴集体的承包任务－调查补贴

Explanatory Notes on Statistical Indicators

Consumption Level of Residents refers to per capita consumption of residents. It shows the level of the people's material and cultural life. It is a comprehensive indicator to reflect the economic development of a country (or region) and the level of the material and cultural life of the people.

Consumption level of residents can be calculated either in terms of national income (i. e. the material product consumption of residents) of in terms of gross domestic product (i. e. the total consumption including that of service). In accordance with the different prices to calculate the consumption of residents, the consumption of residents at current prices and that at comparable prices are obtained respectively. The latter is used to reflect the growth changes of actual consumption of residents. In order to obeserve the composition of residential consumption in kind, the volume and value of average consumption of various consumer goods can be further calculated to show the trend of asking for means of enjoyment and development on the basis of satisfying the need of existence.

Disposable Income of Urban Households refers to the actual income of the sample households which can be used for daily expenses, i. e. total income minus income tax, expenditure for household sideline production and survey subsidy.

Expenditure for Consumption of Urban Households refers to total expenditure of the sample households for consumption in daily life, including expenditure for various commodities and expenses for non-commodity items such as culture and service, etc.

Total Income of Rural Households refers to the total cash income and the income in kind of the rural housholds during a year by means of production and services, including the income obtained from the government revenue and other residents outside the rural coverage. The income from loans, grants inside the rural area and selling their own properties is excluded. The total income includes basic income, transfer income and property income.

Net Income of Rural Households refers to the income of the rural households after thed eduction of various expanses from the total income. The net income can be spent for investments in productive and nonproductive construction, for improving the material and cultural life as well as the expenditures for redistribution and the balance income. It is an indicator to show the actual level of the income and the ability of expanding reproduction and improving living conditions of the rural households.

Net Income = Total Income — Expenses for Household Business Depreciation for Productive Fixed Assets — Tax Payments — contracted Profits to the Collective-Survey Subsidies

十一　农　业

AGRICULTURE

简要说明

一、本篇资料反映广东省农业生产和农村经济的基本情况。内容主要包括农村劳动力、耕地、农业产值、主要产品产量等统计数据以及农业自然灾害、国营农场、乡镇企业等方面的统计资料。

二、本篇资料主要由广东省统计局农村处整理提供。

三、本篇资料主要来源于广东省农林牧渔业综合统计报表。农林牧渔业综合统计报表制度的统计范围包括各市县区的各种经济类型的全部农林牧渔业以及各非农行业附属的农林牧渔业生产单位。

AGRICULTURE

Brief Introduction

Ⅰ. The data in this chapter show the basic conditions of agricultural production and rural economy, mainly including the rural labour force, the cultivated land, the output of farming, animal husbandry, side—line production and fishery, the output of major products as well as the natural calamity in agriculture, the state—owned farms and the township enterprises.

Ⅱ. The data in this chapter are mainly prepared and provided by the Division of Rural Socio—economic Statistics of the Statistical Bureau of Guangdong Province.

Ⅲ. The data in this chapter mainly come from the statistical reporting summary tables on farming, forestry, animal husbandry and fishery of Guangdong Province. The statistical coverage of the statistical reporting summary scheme includes all the productive units of farming, forestry, animal husbandry and fishery and those related non—agricultural affiliated units with various ownership in the cities and counties and distrcts of Guangdong Province.

11-1 农业主要指标

MAJOR INDICATORS ON AGRICULTURE

指标 Item	1985	1990	1995	1997	1998	1998比1997增长% Increased Rate in 1998 over 1997
乡镇户数(万户) Number of Rural Household (10000 households)	988.50	1141.71	1283.73	1287.14	1319.82	2.5
乡镇劳动力(万人) Number of Rural Laborer (10000 persons)	2090.60	2363.37	2519.21	2588.89	2632.70	1.7
#外出劳动力 Outward Laborer	146.70	274.45	433.70	384.95	320.79	-16.7
第一产业 Primary Industry	1597.60	1600.85	1431.98	1475.19	1507.78	2.2
第二产业 Secondary Industry	268.30	387.36	584.04	590.43	598.99	1.4
第三产业 Tertiary Industry	224.70	375.16	503.19	523.27	525.93	0.5
耕地面积(万亩) Cultivated Land (10000 mu)	3897.81	3793.25	3475.97	3447.97	3438.20	-0.3
实际机耕面积(万亩) Area Actually Ploughed by Tractors (10000 mu)	1137.00	1296.94	1116.28	1143.65	1166.67	2.0
有效灌溉面积(万亩) Effective Irrigated Area (10000 mu)	2699.74	2692.69	2232.41	2273.93	2253.05	-0.9
农业机械总动力(亿瓦特) Total Power of Agricultural Machinery (100 million w)	85.32	127.88	166.96	166.04	169.82	2.3
化肥施用量(折纯)(万吨) Consumption of Chemical Fertilizers (in purified) (10000 tons)	102.67	162.41	195.71	169.33	169.49	0.1
农药施用量(万吨) Consumption of Pesticides (10000 tons)	7.27	7.95	8.04	7.96	8.51	6.9
农村用电量(万千瓦时) Electricity Consumed in Rural Areas (10000 kwh)	266399	581030	1862658	2422170	2749356	13.5
农副产品出口生产基地数(个) Number of Production Base for Export Farm and Sideline Products		485	584	591	485	-17.9
农业总产值(亿元) Gross Output Value of Agriculture (100 million yuan)	245.21	600.71	1445.48	1656.46	1705.44	4.8
农业增加值(亿元) Value Added of Agriculture (10^8 yuan)	171.87	384.59	868.99	986.82	1004.93	3.9
主要产品产量(万吨) Output of Major Products (10000 tons)						
粮食 Grains	1604.37	1896.29	1803.33	1966.75	2007.74	2.1
糖蔗 Sugarcane	1831.40	2093.46	1472.21	1629.27	1616.94	-0.8
花生 Peanuts	57.07	57.95	69.98	74.10	78.05	5.3
水果 Fruits	116.28	328.58	414.51	414.48	453.12	9.3
水产品 Aquatic Products	109.44	207.66	354.34	520.96	554.28	6.4
猪肉 Pork	97.59	145.35	188.75	176.59	189.27	7.2
造林面积(万亩) Afforested Area (10000 mu)	918.00	467.93	31.02	7.44	91.16	1125.3
乡镇企业单位数(万个) Number of Township and Village Enterprises (10000 units)	68.66	119.65	144.66	85.25	72.16	-15.4
乡镇企业人数(万人) Employees in Township and Village Enterprises (10000 persons)	401.45	658.33	1072.11	1005.94	987.40	-1.8
乡镇企业总收入(亿元) Gross Income of Township and Village Enterprises (100 million yuan)	192.26	785.39	4622.35	5908.04	6597.15	11.7
乡镇企业固定资产原值(亿元) Amount of Original Value of Township and Village Enterprises (100 million yuan)	65.86	306.32	1704.65	2100.45	2424.80	15.4

注:1、表中产值按当年价格计算,增长速度按可比价格计算。2、1997年起水产品产量按新标准计算。3、1997年起乡镇企业按新口径统计。

Note:a) The output value in this table are calculated at current prices. while the related growth rate are calculated at comparable prices. b)The output of aquatic products since 1997 is calculated in accordance with new criterions. c)Township and village enterprises since 1997 were calculated in accordance with the new stipulations

11-2 农村经济主要比例关系和效益指标

MAJOR INDICATORS ON PROPORTIONS AND EFFICIENCY IN RURAL ECONOMY

指　标	Item		1980	1985	1990	1995	1998
一、各产业劳动力比例(%)	**Proportions on Laborers of Industry**	(%)	**100**	**100**	**100**	**100**	**100**
第一产业	Primary Industry		89.4	76.4	67.7	56.8	57.2
第二产业	Secondary Industry		7.5	12.8	16.4	23.2	22.8
第三产业	Tertiary Industry		3.1	10.8	15.9	20.0	20.0
二、劳动生产条件	**Production Condition**						
复种指数　(%)	Multiple Crop Area	(%)	217	206	225	229	242
平均每亩耕地化肥施用量(公斤)	Amount of Chemical Fertilizers Consumed Per Mu of Cultivated Land	(kg)	80.8	26.3	42.9	56.0	49.4
平均每亩耕地农药施用量(公斤)	Amount of Pesticides Consumed Per Mu of Cultivated Land	(kg)	3.0	1.9	2.0	2.3	2.5
三、投入产出率(%)	**Input-output Rate**	(%)					
农业	Agriculture						41.1
种植业	Faming						32.3
林业	Forestry						24.3
牧业	Animal Husbandry						58.0
渔业	Fishery						41.7
四、产出率	**Output Rate**						
耕地(元/亩)	Cultvated Land	(yuan/mu)					1571
园地(元/亩)	Garden Plot	(yuan/mu)					1561
淡水养殖水面(元/亩)	Freshwater Area	(yuan/mu)					3603
生猪出栏率(%)	Slaughtered Fatlened Hog Rate	(%)					148
五、劳动生产率(每个劳动力创造或生产的)	**Labor Productivity**	**(per Capita Output)**					
农业总产值　(元)	Gross Outpnt Ualue of Agriculture	(yuan)	776	1535	3753	10094	11311
农业增加值　(元)	Value Added of Agriculture	(yuan)				6068	6665
粮食产量　(公斤)	Output of Grain	(kg)	1034	1096	1341	1555	1665
糖蔗产量　(公斤)	Output of Sugarcane	(kg)	513	1251	1480	1269	1341
水果产量　(公斤)	Output of Fruits	(kg)	109	79	232	357	376
水产品产量　(公斤)	Output of Aquatic Products	(kg)	39	2054	3082	4277	5994

11-3 农副产品人均拥有量

PER CAPITA OUTPUT OF MAIN AGRICULTURAL PRODUCTS

单位:公斤/人 (kilogram)

年份 Year	粮食 Grain		#稻谷 Rice		花生 Peanuts	
	按总人口 By Total Population	按农业人口 By Agricultural Population	按总人口 By Total Population	按农业人口 By Agricultural Population	按总人口 By Total Population	按农业人口 By Agricultural Population
1949	246.47	311.00	223.29	281.75	2.38	3.01
1952	273.98	328.73	242.97	291.52	4.54	5.44
1957	305.03	376.00	257.16	316.99	5.11	6.29
1962	260.00	319.59	229.42	282.00	4.36	5.36
1965	317.59	391.36	284.21	350.22	6.72	8.28
1970	292.96	353.69	264.03	318.76	7.34	8.86
1975	301.45	365.74	267.85	324.98	6.55	7.95
1978	298.08	364.92	262.35	321.18	6.94	8.50
1980	321.73	398.79	291.51	361.33	9.56	11.86
1985	283.68	367.06	257.14	332.72	10.09	13.06
1990	303.60	403.42	270.09	358.90	9.28	12.33
1991	295.09	398.33	260.14	351.16	8.84	11.93
1992	280.11	380.12	247.91	336.42	9.33	12.66
1993	249.79	339.53	218.60	297.16	10.12	13.76
1994	250.53	350.02	216.08	301.89	9.60	13.41
1995	267.55	380.45	230.55	327.82	10.38	14.76
1996	276.57	396.43	237.84	340.86	10.68	15.31
1997	282.77	408.50	240.01	346.72	10.65	15.39
1998	282.16	413.30	237.30	347.59	10.97	16.07

年份 Year	糖蔗 Sugarcane		水果 Fruits		水产品 Aquatic Products	
	按总人口 By Total Population	按农业人口 By Agricultural Population	按总人口 By Total Population	按农业人口 By Agricultural Population	按总人口 By Total Population	按农业人口 By Agricultural Population
1949	24.04	30.34			7.55	9.52
1952	91.21	109.44	5.67	6.80	10.35	12.42
1957	130.15	160.43	7.14	8.80	15.11	18.62
1962	50.51	62.09	2.16	2.66	9.64	11.85
1965	165.03	203.36	5.19	6.40	12.80	15.78
1970	149.91	180.98	8.22	9.93	13.08	15.79
1975	146.47	177.71	6.55	7.94	14.79	17.94
1978	164.97	201.96	5.81	7.11	12.93	15.83
1980	159.68	197.92	5.57	6.90	12.12	15.02
1985	323.82	419.00	20.56	26.60	33.25	44.18
1990	335.17	445.37	52.60	69.90	33.25	44.18
1991	360.12	486.12	62.74	83.81	35.86	47.91
1992	351.38	476.84	70.19	95.24	38.84	52.71
1993	245.79	334.11	61.70	83.87	41.66	56.63
1994	210.53	294.14	60.51	84.53	47.33	66.12
1995	218.43	310.59	61.43	87.74	52.57	74.75
1996	203.58	291.75	55.74	79.89	57.74	82.81
1997	234.25	338.40	59.59	86.09	74.53	107.66
1998	227.24	332.85	63.68	93.28	77.90	114.10

11-4 农村基层组织情况

BASIC CONDITIONS OF RURAL GRASS-ROOTS UNITS

指　标	Item	1980	1985	1990	1995	1997	1998
一、农村基层组织(个)	**Rural Grass-roots Unit**						
镇政府	Number of Town Government		132	1316	1592	1567	1578
乡政府	Number of Township Government	1629	1541	338	63		38
村民委员会	Number of Villagers' Committee		18484	23858	22869	23153	22945
村民小组	Number of Villagers' Group		126418	213137	206764	218451	222565
二、乡镇户数(万户)	**Number of Rural Household (10000 household)**	**889.20**	**988.50**	**1141.71**	**1283.73**	**1287.14**	**1319.82**
#农业户数	Number of Agricultural Household	852.70	903.20	997.83	1024.01	1083.50	1092.41
三、乡镇人口 (万人)	**Population in Rural Areas (10000 person)**	**4419.80**	**4778.30**	**5241.91**	**5622.31**	**5610.33**	**5644.63**
#农业人口	Agricultural Population	4217.65	4370.90	4700.52	4639.23	4858.46	4857.80
四、乡镇劳动力(万人)	**Number of Rural Laborer (10000 person)**	**1817.60**	**2090.60**	**2363.37**	**2519.21**	**2588.89**	**2632.70**
#外出劳动力	Outward Laborer	24.40	146.70	274.45	433.70	384.95	320.79
按性别分	Grouped by Sex						
男劳动力	Male	918.40	1073.80	1218.95	1301.24	1342.99	1367.17
女劳动力	Female	899.20	1016.80	1144.42	1217.97	1245.90	1265.53
按部门分	Grouped by Sector						
#农、林、牧、副、渔劳动力	Farming, Forestry, Animal Husbandry, Sideline and Fishery	1625.90	1597.59	1600.85	1431.98	1475.19	1507.78
工业劳动力	Industry	81.50	161.77	248.57	352.37	371.19	379.95
建筑业劳动力	Construction	54.30	105.11	138.79	180.88	186.91	187.31
交通运输业劳动力	Transportation		30.92	48.02	70.52	71.98	72.00
商饮、物资供销和仓储业劳动力	Commerce and Catering Trade, Materials Supply and Marketing and Storage		44.26	63.83	92.18	104.24	108.31

11-5 耕　地　面　积

AREA OF CULTIVATED LAND

单位:万亩　　(10000 mu)

项　目	Item	1980	1985	1990	1995	1997	1998
年末实有耕地面积	Area of Cultivated Land at Year-end	4126.07	3897.81	3793.25	3475.97	3447.97	3438.20
水(旱)田	Paddy Field	3192.88	2961.34	2849.78	2547.98	2521.30	2505.47
旱　地	Dry Field	933.19	936.47	943.47	927.99	926.67	932.73
当年增加耕地面积	Increase of Cultivated Land in the Year	9.71	17.62	32.27	41.66	26.86	16.62
#新开荒	Newly Reclaimed Wasteland	3.73	5.28	16.04	11.46	9.16	5.65
围海造田	Cultivated Seashore Land	0.47		3.09	1.57	1.00	0.06
当年减少耕地面积	Decrease of Cultivated Land in the Year	37.09	118.97	25.90	52.78	35.40	26.39
#国家基建占地	Occupied by Capital Construction	3.81	20.28	4.00	7.44	8.33	6.44
种果占用	Occupied by Fruits Planting	4.61	52.74	4.42	4.89	7.60	4.06
年末耕地面积中粮食实际占用	Actully Occupied by Grain in Cultivated Land	3177.20	2702.32	2602.11	2245.12	2187.64	2205.81

注:1995、1997、1998年国家基建占地为广东省国土厅统计年报数。

Note: Cultivated land occupied by capital construction of 1995, 1997 and 1998 are obtained from the annual statistics by the Land Management Department of Guangdong Province.

11-6 农村劳动力当年转移情况

TRANSFERENCE OF RURAL LABORERS

单位:%　　　　(percent)

项　　目	Item	1990	1997	1998
一、当年转移的劳动力占总劳动力比重	**Transferred Laborers as Percentage of Total Laborer Force in Current Year**	**3.7**	**6.3**	**7.3**
二、转移劳动力的性别和文化技术素质情况	**Percentage of Transferred Laborers By Sex and Educational Level**			
性别	By Sex	100.0	100.0	100.0
男劳动力	Male	59.1	53.8	60.5
女劳动力	Female	40.9	46.2	39.5
文化程度	By Educational Level	100.0	100.0	100.0
文盲与半文盲	Illiterate and Semi-illiterate	0.5	1.3	0.9
小学程度	Primary School	25.6	18.0	19.5
初中程度	Junior Secondary School	57.4	65.7	62.2
高中程度	Senior Secondary School	16.2	11.1	13.0
中专程度	Specialized Secondary School	0.3	3.0	3.3
大专及其以上程度	College and Higher Level	…	0.9	1.1
专业技术	By Status of Technical Training	100.0	100.0	100.0
受过各种专业培训的劳动力	Joined Various Technical Training	20.6	18.4	20.4
没有受过专业培训的劳动力	Unjoined An Technical Training	79.4	81.6	79.6
三、劳动力转移行业分布	**Industrial Sectors of Laborers Transfer to**	**100.0**	**100.0**	**100.0**
转向乡镇外农业	Agriculture Outside Villages and Towns		0.6	0.4
转向工业	Industry	41.2	37.7	34.5
转向建筑业	Construction	25.7	10.9	12.8
转向交通运输业	Transportation	5.4	4.1	3.3
转向邮电通讯业	Postal and Telecommunication Service		0.9	0.2
转向商业、饮食业	Commerce,Catering Trade	} 11.5	18.9	19.5
转向服务业	Service Tyades		15.2	14.8
转向文教卫生业	Culture Education and Health Care	1.0	2.2	3.4
转向其他行业	Others	15.2	9.5	11.1
四、劳动力转移地域分布	**Location of Transferred Laborers**	**100.0**	**100.0**	**100.0**
#本省内转移	Transferred Inside Province	98.3	97.4	99.3
转向城市	Transferred to Urban Area	57.6	71.4	62.2
五、当年返回农业的劳动力占总劳动力比重	**Laborers Transferred Back to Agriculture In Current Year As Percentage of Total Laborers**	**0.6**	**0.2**	**0.8**
#由城市返回	Transferred Back from Urban Area	0.4	0.2	0.4

注：1.本表数据根据农村经济调查点调查推算。2.1990年不含转向乡镇外从事农业的劳动力。
Note:a) Data in this table are obtained from the agricultural economic sample surveys.
b) The data refer to 1990 including the laborers transferred to engage in agriculture outside the township.

11-7 农村劳动力素质结构

STRUCTURE OF EDUCATIONAL LEVEL OF RURAL LABORERS

单位:%　　(percent)

项　目	Item	1990	1997	1998
一、文化程度	**Educational Level**	**100.0**	**100.0**	**100.0**
文盲与半文盲	Illiterate and Semi-illiterate	18.5	5.7	5.0
小学程度	Primary School	43.5	36.6	34.6
初中程度	Junior Secondary School	28.6	45.7	47.7
高中程度	Senior Secondary School	9.2	10.0	10.4
中专程度	Specialized Secondary School	0.2	1.7	1.9
大专及其以上程度	College and Higher Level	…	0.3	0.4
二、专业技术情况	**Status of Technical Training**	**100.0**	**100.0**	**100.0**
受过各种专业培训的劳动力	Joined Various Technical Training	10.8	12.1	13.5
没有受过专业培训的劳动力	Unjoined An Technical Training	89.2	87.9	86.5

注：本表数据根据农村经济调查点调查推算。
Note: Data in this table are obtained from the agricultural economic sample surveys.

11-8 农村三次产业劳动力素质结构

STRUCTURE OF EDUCATIONAL LEVEL OF RURAL LABORERS BY INDUSTRY

单位:%　　(percent)

项　目	Item	从事第一产业的劳动力 Laborers Engaged in Primary Industry			从事第二、三产业的劳动力 Laborers Engaged in Secondary and Tertiary Industry		
		1990	1997	1998	1990	1997	1998
一、性别	**Sex**	**100.0**	**100.0**	**100.0**	**100.0**	**100.0**	**100.0**
男劳动力	Male	48.8	46.9	44.8	62.0	64.3	64.9
女劳动力	Female	51.2	53.1	55.2	38.0	35.7	35.1
二、文化程度	**Educational Level**	**100.0**	**100.0**	**100.0**	**100.0**	**100.0**	**100.0**
文盲与半文盲	Illiterate and Semi-illiterate	22.4	7.8	7.3	4.5	0.5	0.7
小学程度	Primary School	45.8	42.8	42.8	35.7	20.9	19.3
初中程度	Junior Secondary School	23.8	40.3	41.2	45.3	59.2	59.8
高中程度	Senior Secondary School	7.7	8.1	7.8	14.2	14.9	15.3
中专程度	Specialized Secondary School	0.2	0.9	0.8	0.3	3.7	4.0
大专及以上程度	College and Higher Level	…	0.1	0.1	…	0.8	0.9
三、专业技术状况	**Status of Technical Training**	**100.0**	**100.0**	**100.0**	**100.0**	**100.0**	**100.0**
受过各种专业培训的	Joined Various Technical Training	7.7	3.8	4.2	21.6	33.2	30.5
没有受过专业培训的	Unjoined An Technical Training	92.3	96.2	95.8	78.4	66.8	69.5

注：本表数据根据农村经济调查点调查推算。
Note: Data in this table are obtained from the agricultural economic sample surveys.

11-9 农 业 总 产 值
GROSS OUTPUT VALUE OF AGRICULTURE

单位:亿元 (100 million yuan)

年份 Year	农业总产值 Gross Output Value	种植业产值 Farming	林业产值 Forestry	牧业产值 Animal Husbandry	副业产值 Sideline	渔业产值 Fishery
按1957年不变价格计算 Calculated at constant price of 1957						
1949	15.72	12.26	0.05	1.85	1.06	0.50
1952	21.01	15.41	0.17	2.72	1.71	1.00
1957	28.16	20.59	0.86	2.96	2.04	1.71
1962	23.71	17.91	1.11	2.19	1.49	1.01
1965	35.52	24.68	1.68	5.21	2.35	1.60
1970	40.89	27.97	2.16	5.54	3.16	2.06
按1970年不变价格计算 Calculated at constant price of 1970						
1975	64.02	44.77	3.24	10.17	2.75	3.09
1978	74.33	49.14	4.09	11.02	7.23	2.85
1979	73.69	50.55	3.48	11.53	5.46	2.67
1980	81.88	53.56	4.43	11.51	9.45	2.93
1981	83.81	53.47	4.89	13.54	8.72	3.19
按1980年不变价格计算 Calculated at constant price of 1980						
1981	109.10	68.83	6.99	16.83	10.91	5.54
1982	126.89	80.07	7.80	20.35	11.99	6.68
1983	130.20	76.07	8.21	21.89	15.90	8.13
1984	142.27	81.57	8.63	24.04	18.85	9.18
1985	152.63	82.58	9.05	27.69	22.61	10.70
1986	162.08	83.68	10.14	30.08	25.46	12.72
1987	177.63	91.55	9.76	32.15	28.67	15.50
1988	191.25	92.90	13.05	35.02	32.94	17.34
1989	206.26	99.50	13.58	37.77	36.11	19.30
1990	221.46	107.41	12.61	41.32	38.87	21.25
按1990年不变价格计算 Calculated at constant price of 1990						
1990	589.49	307.19	29.97	120.08	51.81	80.44
1991	625.72	321.16	29.71	130.34	56.43	88.08
1992	663.69	334.09	30.42	140.36	58.29	100.53
1993	689.05	320.78	30.94	156.46	60.09	120.78
1994	719.79	330.93	31.61	162.38	60.64	134.23
1995	779.62	364.56	33.29	173.01	58.90	149.86
1996	827.05	377.02	34.28	189.67	60.62	165.46
1997	883.08	409.29	34.65	198.97	61.47	178.70
1998	925.83	423.11	35.89	209.23	63.86	193.74

11-10 农业总产值指数

INDICES OF GROSS OUTPUT VALUE OF AGRICULTURE

单位:%　　　　(%)

年 份 Year	农业总产值 Gross Output Value	种植业产值 Farming	林业产值 Forestry	牧业产值 Animal Husbandry	副业产值 Sideline	渔业产值 Fishery
1949	100.0	100.0	100.0	100.0	100.0	100.0
1952	133.7	125.7	340.0	147.0	161.3	200.0
1957	179.1	167.9	1720.0	160.0	192.5	342.0
1962	150.8	146.1	2220.0	118.4	140.6	202.0
1965	226.0	201.3	3360.0	281.6	221.7	320.0
1970	260.2	228.1	4320.0	299.5	298.1	412.0
1975	278.9	306.6	4410.0	367.5	218.5	483.1
1978	323.8	336.5	5566.9	398.2	574.5	445.6
1979	321.1	346.2	4736.7	416.6	433.8	417.4
1980	356.7	366.8	6029.7	415.9	750.9	458.1
1981	365.1	366.2	6655.8	489.3	692.9	498.7
1982	424.7	426.0	7427.1	591.1	761.5	601.4
1983	435.8	404.7	7817.5	636.4	1009.8	731.9
1984	476.2	433.9	8217.4	698.9	1197.1	826.4
1985	510.8	439.3	8617.3	805.0	1435.9	963.2
1986	542.5	445.2	9655.2	874.4	1616.9	1145.1
1987	594.5	487.0	9293.4	934.6	1820.8	1395.4
1988	640.1	494.2	12426.1	1018.1	2092.0	1561.0
1989	690.3	529.3	12930.8	1098.0	2293.3	1737.4
1990	741.2	571.4	12007.2	1201.2	2468.6	1912.9
1991	786.4	597.4	11903.0	1303.8	2688.7	2094.6
1992	834.5	621.4	12186.3	1404.1	2777.7	2390.6
1993	866.4	596.6	12394.6	1565.2	2863.5	2872.1
1994	905.1	615.5	12663.6	1624.4	2889.7	3191.8
1995	980.3	678.0	13336.6	1730.7	2806.9	3563.5
1996	1039.9	701.2	13733.2	1897.4	2888.9	3934.5
1997	1110.6	761.5	13884.3	1990.4	2929.3	4249.3
1998	1164.4	787.2	14381.2	2093.0	3043.2	4606.9

11-11 农业总产值和指数

GROSS OUTPUT VALUE AND INDICES OF AGRICULIURE

年份 Year	农业总产值 Gross Output Value	#种植业 Farming	林业 Forestry	牧业 Animal Husbandry	渔业 Fishery
一、绝对值(亿元) Output Value(100 million yuan)					
1978	85.94	55.78	4.98	15.98	5.42
1979	91.53	58.97	7.67	13.58	3.09
1980	126.25	82.58	6.83	17.75	4.52
1981	133.85	85.40	7.81	21.62	5.09
1982	135.52	85.52	8.33	21.73	7.13
1983	169.96	99.30	10.72	28.57	10.61
1984	200.07	114.71	12.13	33.81	12.91
1985	245.21	120.89	21.09	54.68	20.35
1986	279.15	136.86	24.38	60.74	25.35
1987	348.61	175.75	16.74	77.81	30.14
1988	473.78	226.97	27.66	113.75	54.46
1989	548.60	266.53	28.00	133.97	62.85
1990	600.71	297.97	28.46	143.00	69.18
1991	654.82	321.84	29.64	155.23	80.20
1992	737.11	360.80	32.86	174.77	99.90
1993	899.03	411.48	35.51	222.33	153.90
1994	1151.38	549.76	41.07	278.14	202.16
1995	1445.48	694.55	46.12	347.16	272.53
1996	1577.89	737.35	49.64	396.09	304.53
1997	1656.46	760.32	52.10	423.51	327.34
1998	1705.44	769.85	54.65	439.30	347.21
二、指数(1978=100) Indices (1978=100)					
1978	100.0	100.0	100.0	100.0	100.0
1979	99.2	102.9	85.1	104.6	93.7
1980	110.2	109.0	108.3	104.4	102.8
1981	112.8	108.8	119.6	122.9	111.9
1982	131.2	126.6	133.4	148.4	135.0
1983	134.6	120.3	140.4	159.8	164.3
1984	147.1	128.9	147.6	175.5	185.5
1985	157.8	130.5	154.8	202.2	216.2
1986	167.5	132.3	173.4	219.6	257.0
1987	183.6	144.7	166.9	234.7	313.2
1988	197.7	146.9	223.2	255.7	350.3
1989	213.2	157.3	232.3	275.7	389.9
1990	228.9	169.8	215.7	301.7	429.3
1991	243.0	177.5	213.8	327.4	470.1
1992	257.7	184.7	218.9	352.6	536.5
1993	267.6	177.3	222.6	293.1	644.5
1994	279.5	182.9	227.5	407.9	716.3
1995	302.7	201.6	239.6	434.8	800.1
1996	320.9	207.5	246.5	476.3	882.9
1997	342.7	225.3	249.2	499.6	953.5
1998	359.3	232.9	258.1	525.4	1033.7

注：本表绝对数按现价计算,指数按可比价计算。
Note:Data in terms of value in this table are calculated at current prices,while the related indices are calculated at comparable prices.

11-12 农作物播种面积
TOTAL SOWN AREA OF FARM CROPS

单位:万亩 (10000 mus)

年份 Year	农作物总播种面积 Total Sown Area	一、粮食作物 Grain Crops	#稻谷 Rice	#薯类 Tubers	二、大豆 Soybean	三、经济作物 Economic Crops
1949	7928.93	7174.20	6189.30	743.70	138.87	232.56
1952	8413.24	7413.90	6080.40	998.40	140.71	359.85
1957	9490.39	8080.00	6061.40	1226.18	143.80	602.91
1962	8531.36	7151.30	5483.70	1181.25	116.00	470.20
1965	8699.62	6884.40	5413.60	983.47	113.00	944.17
1970	9381.99	6958.20	5657.68	902.43	116.45	1089.12
1975	10255.25	7556.31	5871.37	918.44	197.60	1223.18
1978	9962.46	7603.47	5790.39	873.02	163.71	1277.28
1979	9492.62	7300.54	5691.88	845.65	185.91	1258.28
1980	8954.84	6908.02	5596.10	800.67	198.18	1213.98
1981	8567.83	6548.40	5450.29	767.07	199.33	1302.19
1982	8539.77	6475.65	5373.51	778.51	218.52	1327.84
1983	8364.03	6485.66	5406.97	780.98	197.43	1126.05
1984	8313.00	6269.47	5272.01	765.51	193.21	1213.32
1985	8036.82	5750.76	4815.81	730.83	175.22	1417.68
1986	8037.18	5731.76	4804.77	745.48	177.59	1334.07
1987	8064.78	5679.94	4750.06	743.22	174.25	1324.67
1988	8063.89	5598.29	4678.26	726.61	172.60	1318.08
1989	8322.71	5777.18	4768.32	743.93	173.64	1324.88
1990	8507.35	5822.06	4763.67	751.70	172.44	1338.43
1991	8489.09	5643.92	4596.92	746.74	163.30	1374.36
1992	8231.36	5303.82	4313.79	710.56	157.48	1393.07
1993	7718.41	4840.76	3944.83	681.66	160.54	1295.77
1994	7807.99	4959.10	4005.47	747.93	157.12	1224.21
1995	7957.19	5052.24	4052.13	775.96	155.84	1185.17
1996	8156.22	5120.09	4066.33	778.70	155.04	1202.15
1997	8267.25	5144.06	4055.92	772.52	149.14	1211.80
1998	8310.73	5147.65	4029.10	768.09	146.06	1185.21

续表 continued

单位:万亩 (10000 mus)

年 份 Year	# 糖 蔗 Sugarcane	# 花 生 Peanuts	# 黄红麻 Jute and Ambary Hemp	#红(土)烟 Crude Tobacco	#黄(烤)烟 Flue-cured Tobacco	四、其他作物 Other Crops
1949	43.40	113.00	5.58	7.50	4.50	383.30
1952	89.89	200.37	12.11	16.30	7.23	498.78
1957	145.43	302.54	33.75	24.11	10.03	663.68
1962	92.24	293.92	19.34	23.31	6.19	793.88
1965	222.82	431.83	25.96	22.61	7.68	758.05
1970	255.04	465.08	34.63	21.14	11.50	1218.22
1975	276.42	475.31	69.32	34.28	23.02	1278.16
1978	258.96	486.62	94.93	27.25	41.94	918.00
1979	227.15	519.73	58.62	25.65	33.79	747.89
1980	218.57	553.24	42.05	21.87	16.75	634.66
1981	272.52	591.41	46.56	24.58	20.48	517.91
1982	331.53	588.01	28.01	24.99	23.74	517.76
1983	312.86	489.74	18.68	21.66	21.59	554.89
1984	341.02	523.56	29.92	21.87	17.19	637.00
1985	442.83	545.78	58.31	28.69	26.56	693.16
1986	405.07	560.80	14.53	23.67	18.20	793.76
1987	344.72	533.13	10.00	19.65	21.77	885.92
1988	354.90	497.82	10.43	22.18	39.21	974.92
1989	338.02	486.05	8.22	47.31	24.94	1047.01
1990	419.73	485.96	7.26	21.89	46.66	1174.42
1991	453.90	472.15	8.12	22.63	59.30	1307.51
1992	461.14	471.88	9.52	22.07	57.01	1376.99
1993	353.65	499.78	7.31	15.58	58.34	1421.34
1994	325.62	505.35	4.45	11.45	41.70	1467.56
1995	320.18	499.60	4.05	8.43	35.90	1563.94
1996	329.28	497.42	3.82	8.22	36.88	1678.94
1997	334.02	499.70	5.88	12.09	43.36	1762.26
1998	325.59	510.83	2.51	11.02	39.28	1831.81

11-13 农 作 物 产 量

TOTAL OUTPUT OF FARM CROPS

单位:万吨 (10000 tons)

年 份 Year	粮 食 Grain	# 稻 谷 Rice	# 薯 类 Tubers	大 豆 Soybean	糖 蔗 Sugar-cane	花 生 Peanuts	黄红麻 Jute and Ambary Hemp	红(土)烟 Crude Tobacco	黄(烤)烟 Flue-Cured Tobacco
1949	685.85	621.35	55.85	4.62	66.91	6.63	0.48	0.58	0.23
1952	797.40	707.15	76.50	5.41	265.47	13.20	1.44	1.29	0.34
1957	1007.15	849.10	130.15	4.39	429.72	16.86	3.98	1.63	0.49
1962	929.60	820.25	89.15	3.84	180.60	15.60	2.22	1.15	0.26
1965	1227.65	1098.60	106.90	4.74	637.93	25.97	3.99	1.49	0.59
1970	1283.82	1157.04	103.10	5.79	656.93	32.16	6.24	1.60	0.70
1975	1464.58	1301.35	122.27	9.13	711.61	31.84	13.77	2.52	1.54
1978	1509.51	1328.56	121.04	7.99	835.42	35.17	18.07	1.97	2.76
1979	1605.36	1435.22	125.15	9.56	742.90	40.70	13.25	1.86	2.14
1980	1681.91	1523.92	123.68	11.47	834.73	50.00	10.18	1.68	1.04
1981	1521.00	1372.22	122.53	12.01	1235.50	57.39	12.96	2.09	1.59
1982	1795.72	1627.37	138.98	14.44	1496.10	61.90	7.53	2.38	2.29
1983	1817.48	1673.12	138.98	10.80	1159.83	48.08	4.84	1.69	1.72
1984	1819.33	1666.08	130.21	11.90	1454.15	53.40	6.48	1.95	1.55
1985	1604.37	1454.29	131.88	11.32	1831.40	57.07	11.30	2.60	2.29
1986	1567.00	1421.55	128.01	12.27	1622.13	60.40	3.57	1.83	1.67
1987	1701.81	1536.46	146.48	12.43	1338.60	53.50	2.13	1.91	2.14
1988	1636.70	1472.95	143.42	12.32	1538.68	51.80	2.15	2.31	3.49
1989	1817.21	1630.29	153.47	13.25	1681.34	55.38	1.04	2.57	4.58
1990	1896.29	1687.00	167.05	13.87	2093.46	57.95	1.04	2.44	4.64
1991	1873.50	1651.65	176.59	12.60	2286.38	56.11	1.49	2.65	5.81
1992	1810.40	1602.27	170.28	13.94	2271.06	60.30	1.88	2.48	6.14
1993	1629.11	1425.81	169.20	15.28	1603.11	66.02	1.33	1.74	5.96
1994	1662.66	1434.04	194.68	15.44	1397.22	63.71	0.68	1.22	4.08
1995	1803.33	1553.90	209.40	16.50	1472.21	69.98	0.79	1.08	3.96
1996	1891.43	1626.29	210.28	17.32	1392.00	73.05	0.72	1.11	4.18
1997	1966.75	1669.33	228.35	17.61	1629.27	74.10	0.95	1.88	5.45
1998	2007.74	1688.53	238.28	17.32	1616.94	78.05	0.42	1.82	4.79

11-14 主要农作物播种面积、亩产及总产量

SOWN AREA, YIELD AND TOTAL OUTPUT OF MAJOR FARM CROPS

单位：万亩、公斤、万吨 (10000 mus, kilograms, 10000 tons)

作物名称 Farm Crop	1990			1997			1998		
	播种面积 Sown Area	亩产 Yield per mu	总产量 Total Output	播种面积 Sown Area	亩产 Yield per mu	总产量 Total Output	播种面积 Sown Area	亩产 Yield per mu	总产量 Total Output
农作物播种面积 Total	**8507.35**			**8267.65**			**8310.73**		
一、粮食作物 Grain Crops	**5822.06**	**326**	**1896.74**	**5144.06**	**382**	**1966.75**	**5147.65**	**390**	**2007.74**
按品种分 By Crop									
稻谷 Rice	4763.67	354	1687.00	4055.92	412	1669.33	4029.10	419	1688.53
小麦 Wheat	136.86	160	21.94	29.13	191	5.55	26.73	191	5.11
旱粮 Upland Grain	169.83	120	20.30	286.49	222	63.52	323.73	234	75.82
薯类 Tubers	751.70	222	167.05	772.52	296	228.35	768.09	310	238.28
按季节分 By Harvest Season									
春收 Spring Harvested	430.49	183	78.76	385.06	255	98.03	393.84	272	107.07
夏收 Summer Harvested	2527.67	349	882.14	2252.38	402	905.33	2257.93	403	909.75
#早稻 Early Rice	2308.96	364	839.70	1951.03	422	823.21	1943.35	423	822.02
秋收 Autumn Harvested	2863.90	327	935.39	2506.62	384	963.39	2495.88	397	990.92
#晚稻 Late Rice	2454.71	345	847.30	2104.89	402	846.12	2085.75	415	866.51
二、大豆 Soybean	**172.44**	**80**	**13.87**	**149.14**	**118**	**17.61**	**146.06**	**119**	**17.32**
三、经济作物 Economic Crops	**1338.43**			**1211.79**			**1185.21**		
甘蔗 Sugarcane and Fruit-Cane	435.90	4968	2165.54	361.51	4880	1764.28	353.85	4965	1756.90
糖蔗 Sugarcane	419.73	4988	2093.46	334.02	4878	1629.27	325.60	4966	1616.94
果蔗 Fruit-Cane	16.17	4458	72.08	27.49	4912	135.01	28.25	4954	139.96
油料作物 Oil-Bearing Crops	514.67	115	58.93	525.25	144	75.46	533.98	148	79.29
#花生 Peanuts	485.96	119	57.95	499.70	148	74.10	510.83	153	78.05
芝麻 Sesame	5.42	42	0.23	4.17	56	0.23	3.89	59	0.23
油菜籽 Rape seeds	23.22	32	0.74	21.38	53	1.13	19.27	53	1.02
麻类 Fiber Crops	7.91	134	1.06	5.95	161	0.96	2.51	169	0.42
#黄红麻 Jute and Ambary Hemp	7.26	143	1.04	5.88	162	0.95	2.49	169	0.42
烟叶 Tobacco	68.55	103	7.08	55.45	132	7.33	50.30	132	6.62
黄(烤)烟 Flue-Cured Tobacco	46.66	99	4.64	43.36	126	5.45	39.28	122	4.79
红(土)烟 Crude Tobacco	21.89	111	2.44	12.09	156	1.88	11.02	165	1.82
木薯 Cassava	264.45	816	215.74	208.89	1026	214.37	193.72	1077	208.72
药材 Medicinal Plants	17.28			19.61			16.37		
其他经济作物 Other Economic Crops	29.67			35.14			34.47		
四、其他作物 Other Crops	**1174.42**			**1762.66**			**1831.81**		
#蔬菜 Vegetables	776.00	1259	967.83	1416.62	1409	1995.99	1489.38	1443	2149.17

11-15 农业机耕、农田水利、化肥和农药施用量及农村用电量

STATISTICS ON TRACTOR PLOUGHING, WATER CONSERVANCY, CONSUMPTION OF CHEMICAL FERTILIZERS AND PESTICIDES AND ELECTRICITY CONSUMPTION IN RURAL AREAS

项　目	Item	1980	1985	1990	1995	1997	1998
一、实际机耕面积(万亩)	Area Actually Ploughed by Tractors (10000 mu)	1682.30	1137.00	1296.94	1116.28	1143.65	1166.67
二、有效灌溉面积(万亩)	Effective Irrigated Area (10000 mu)	2920.28	2699.74	2692.69	2232.41	2273.93	2253.05
占耕地面积　(%)	As percentage of Total Cultivated Land (%)	70.8	69.3	71.1	64.2	65.9	65.5
三、旱涝保收面积(万亩)	Dried and Flooded Area Under Control and Ensuring Stable Yields (10000 mu)	2195.20	1956.97	2004.15	1645.58	1561.54	1590.40
占耕地面积　(%)	As percentage of Total Cultivated Land (%)	53.6	50.2	52.9	47.3	45.3	46.3
四、化肥施用量　(万吨)	Consumption of Chemical Fertilizers (10000 tons)						
实　物　量	Gross Weight	333.54	363.95	541.40	601.09	597.83	601.52
#氮　肥	Nitrogenous Fertilizer	223.99	227.73	281.60	271.75	258.69	251.96
磷　肥	Phosphate Fertilizer	85.85	89.42	134.32	146.00	149.33	151.59
钾　肥	Potash Fertilizer	15.39	32.20	59.55	78.69	75.99	76.56
折　纯　量	Effective Weight (in Purified)	77.00	102.67	162.41	195.71	169.33	169.49
#氮　肥	Nitrogenous Fertilizer	54.03	69.37	95.82	99.49	95.84	96.85
磷　肥	Phosphate Fertilizer	15.27	14.62	20.08	27.16	19.97	19.29
钾　肥	Potash Fertilizer	6.36	13.97	27.57	34.14	32.57	33.97
五、农药施用量　(万吨)	Consumption of Pesticides (10000 tons)	12.21	7.27	7.95	8.04	7.96	8.51
六、农村小型水电站(个)	Number of Small Hydropower Station in Rural Areas (unit)	11100	6664	10124	7988	5420	6052
发电能力　(万千瓦)	Generating Capacity (10000 kw)	42.95	69.68	81.47	130.14	126.38	126.42
七、农村用电量(万千瓦时)	Consumption of Electricity in Rural Areas (10000 kwh)	125496	266399	581030	1862658	2422170	2749356
八、农村机械总动力(亿瓦特)	Total Power of Agricultural Machinery (100 million w)	59.60	85.32	127.88	166.96	166.04	169.82

11-16 水产品产量及养殖面积

OUTPUT OF AQUATIC PRODUCTS AND CULTURED AREA

指　标	Item	1980	1985	1990	1995	1997	1998
一、水产品产量(万吨)	**Total Aquatic Products (10000 tons)**	**63.34**	**109.44**	**207.66**	**354.34**	**520.96**	**554.28**
海水产品	Seawater Aquatic Products	41.54	58.74	124.53	197.21	330.66	346.20
捕　捞	Catches	40.78	56.26	110.74	161.42	192.21	195.45
养　殖	Artificially Cultured	0.76	2.48	13.79	35.79	138.45	150.75
淡水产品	Freshwater Aquatic Products	21.80	50.70	83.13	157.13	190.30	208.08
捕　捞	Catches	0.85	1.93	4.19	7.36	10.21	12.00
养　殖	Artificially Cultured	20.95	48.77	78.94	149.77	180.09	196.08
二、养殖面积　(万亩)	**Cultured Area (10000 mu)**	**300.43**	**435.24**	**515.50**	**668.73**	**791.72**	**807.86**
海水养殖	Seawater	32.31	84.19	138.50	174.23	256.51	264.67
淡水养殖	Freshwater	268.12	351.05	377.00	494.50	535.21	543.19

注：1997 年起水产品产量按新标准计算。
Note: Aguatic products since 1997 is calculated in accordance with new criterions.

11-17 茶叶、桑、水果面积及产量

PLANTED AREA AND OUTPUT OF TEA, MULBERRY AND FRUITS

指标	Item	1980	1985	1990	1995	1997	1998
一、茶叶年末实有面积(万亩)	Planted Area of Tea at Year-end (10000 mu)	54.08	58.49	64.42	68.74	67.39	65.15
茶叶总产量 (万吨)	Output of Tea (10000 tons)	1.00	1.75	2.59	3.96	3.66	3.89
二、桑地年末实有面积(万亩)	Planted Area of Mulberry at Year-end (10000 mu)	21.10	41.73	29.71	37.76	22.50	21.65
蚕茧总产量 (万亩)	Output of Mulberry (10000 mu)	2.17	2.70	2.55	3.32	2.11	2.07
三、水果年末实有面积(万亩)	Planted Area of Fruits at Year-end (10000 mu)	177.40	387.83	967.11	1103.46	1293.11	1384.24
水果当年收获面积(万亩)	Harvested Area of Fruits in current year (10000 mu)		191.70	446.73	615.39	690.61	728.52
水果总产量 (万吨)	Gross Output of Fruits (10000 tons)	29.10	116.28	328.58	414.51	414.48	453.12
#柑桔橙年末实有面积(万亩)	Planted Area of Citrus at Year-end (10000 mu)	40.00	114.73	288.99	169.84	139.11	126.83
柑桔橙当年收获面积(万亩)	Harvested Area of Citrus in Current Year (10000 mu)		41.07	162.46	134.90	108.71	98.43
柑桔橙总产量 (万吨)	Output of Citrus (10000 tons)	11.66	36.41	151.42	107.43	86.69	75.69
香(大)蕉年末实有面积(万亩)	Planted Area of Bananas at Year-end (10000 mu)	9.40	69.31	103.10	131.41	113.47	119.15
香(大)蕉当年收获面积(万亩)	Harvested Area of Bananas in Current Year (10000 mu)		42.09	86.19	114.79	98.79	105.53
香(大)蕉总产量(万吨)	Output of Bananas (10000 tons)	3.41	48.37	105.39	157.60	133.42	164.21
菠萝年末实有面积(万亩)	Planted Area of Pineapple at Yearend (10000 mu)	32.40	37.07	51.15	38.60	36.41	40.62
菠萝当年收获面积(万亩)	Harvested Area of Pineapple in Current Year (10000 mu)		21.94	34.09	29.79	25.79	27.23
菠萝总产量 (万吨)	Output of Pineapple (10000 tons)	2.54	6.10	21.47	26.30	25.18	31.98
荔枝年末实有面积(万亩)	Planted Area of Lychee at Yearend (10000 mu)	35.60	60.31	178.99	294.17	403.51	445.55
荔枝当年收获面积(万亩)	Harvested Area of Lychee in Current Year (10000 mu)		26.21	39.23	112.33	165.60	166.00
荔枝总产量 (万吨)	Output of Lychee (10000 tons)	3.59	6.84	9.73	26.91	40.95	32.70

11-18 农业自然灾害情况

STATISTICS OF AGRICULTURAL NATURAL CALAMITIES

项目	Item	1994	1995	1997	1998
农作物受灾面积(万亩)	Areas of Farm Crops Covered by Natural Calamities (10000 mu)	2583.66	1719.05	1292.72	1102.04
#成灾面积	Areas Affected	1823.90	1141.70	750.78	607.05
绝收面积	Areas Without Output	418.35	162.02	168.56	131.82
受灾人数 (万人)	Number of Persons Affected (10000 persons)	3094	2927	2712	2053
死亡人数 (人)	Number of Dead Person (person)	529	355	401	178
受伤人数 (人)	Number of Wounded Person (person)	6706	3444	9022	54923
倒塌房屋 (间)	Number of Broken Building (room)	733393	166736	162016	68400
损坏房屋 (间)	Number of Damaged Building (room)	1034888	700458	355142	312359
无家可归人数 (人)	Number of Homeless Person (person)	696144	68489	56967	64390
死亡大牲畜 (头)	Number of Dead Large Animal (head)	12386	6877		41379
死亡生猪 (头)	Number of Dead Hog (head)	137151	46875		
直接经济损失(亿元)	Volume of Direct Economic Lost (100 million yuan)	230	119.69	117.6	111.5

11-19 主要热带、亚热带作物面积及产量

PLANTED AREA AND OUTPUT OF MAJOR TROPICAL AND SEMI-TROPICAL PRODUCTS

项目	Item	1980	1985	1990	1995	1997	1998
一、橡胶年末实有面积(万亩)	Actually Planted Area of Rubber at Year-end (10000 mu)	147.82	137.52	128.70	103.94	76.98	67.81
橡胶当年收获面积(万亩)	Harvested Area of Rubber in Current Year (10000 mu)			91.51	84.69	67.09	52.80
橡胶总产量(万吨)	Total Output of Rubber (10000 tons)	2.15	2.72	3.58	2.98	2.57	2.53
二、椰子年末实有面积(万亩)	Actually Planted Area of Coconut at Year-end (10000 mu)	0.41	0.14	0.18	0.78	1.03	0.97
椰子当年收获面积(万亩)	Harvested Area of Coconut in Current Year (10000 mu)			0.12	0.12	0.31	0.34
椰子总产量(万个)	Total Output of Coconut (10000 units)	13.00	10.00	37.03	64.00	85.00	330.00
三、槟榔年末实有面积(万亩)	Actually Planted Area of Areca at Year-end (10000 mu)	0.05	0.02	0.05	0.07	0.06	0.05
槟榔当年收获面积(万亩)	Harvested Area of Areca in Current Year (10000 mu)			0.02	0.06	0.05	0.05
槟榔总产量(吨)	Total Output of Areca (ton)	…	1.00	12.00	13.00	9.00	10.00
四、胡椒年末实有面积(万亩)	Actually Planted Area of Pepper at Year-end (10000 mu)	5.91	3.41	5.53	3.23	3.47	3.61
胡椒当年收获面积(万亩)	Harvested Area of Pepper in Current Year (10000 mu)			4.08	2.79	2.88	2.68
胡椒总产量(吨)	Total Output of Pepper (ton)	932.00	1175.00	5369.37	2373.00	3296.00	3311.00
五、香(疯)茅年末实有面积(万亩)	Actually Planted Area of Lemongrass at Year-end (10000 mu)	22.57	6.02	7.14	2.22	0.72	0.68
香(疯)茅当年收获面积(万亩)	Harvested Area of Lemongrass in Current Year (10000 mu)			7.20	1.93	0.63	0.53
香(疯)茅总产量(吨)	Total Output of Lemongrass (ton)	1318.40	493.00	730.42	661.00	152.00	121.00
六、剑(番)麻年末实有面积(万亩)	Actually Planted Area of Sisal Hemp at Year-end (10000 mu)	16.15	9.40	10.52	8.79	8.84	9.42
剑(番)麻当年收获面积(万亩)	Harvested Area of Sisal Hemp in Current Year (10000 mu)			8.03	8.16	8.66	8.73
剑(番)麻总产量(万吨)	Total Output of Sisal Hemp (100000 tons)	1.02	1.15	1.59	1.72	1.58	1.65

11-20 造林面积及主要林产品产量

AFFORESTED AREA AND MAJOR FOREST PRODUCTS

项目	Item	1980	1985	1990	1995	1997	1998
当年造林面积(万亩)	Total Afforested Area in Current Year (10000 mu)	556	918.00	467.93	31.02	7.44	91.16
人工造林	Artificial Afforested	301	529.00	388.26	31.02	7.44	90.96
飞机播种	Sown by Airplane	255	389.00	79.67			0.20
年末实有育苗面积(万亩)	Actual Area of Grown Seedlings at Year-end (10000 mu)	2.73	4.78	8.20	3.51	4.41	6.24
当年幼林抚育面积(万亩)	Area of Tending Young Forest in Current Year (10000 mu)	471	496.39	804.40	679.62	555.30	403.99
当年迹地更新面积(万亩)	Area of Slash Reforestation in Current Year (10000 mu)	69	115.42	78.80	129.86	131.61	153.25
主要林产品产量	Output of Major Forest Products						
油桐籽(吨)	Tung-Oil Seeds (ton)	976	865	2622	3536	5858	4885
油茶籽(吨)	Tea-Oil Seeds (ton)	13109	16303	23736	24997	30706	28515
松脂(万吨)	Rosin (10000 ton)	11.98	9.59	10.02	11.46	15.57	13.10

11-21 牲畜头数及肉类产量
NUMBER OF LIVESTOCK AND OUTPUT OF MEAT

项　目	Item	1980	1985	1990	1995	1997	1998
一、黄、水牛年末存栏头数(万头)	Number of Cattle and Buffalo on Hand at Year-End (10000 heads)	306.02	414.58	473.54	468.97	364.61	413.33
黄　牛	Cattle	96.99	159.02	198.33	209.49	156.79	181.59
#从事农事劳役的	For Drought on Farming	68.09	118.23	136.71	145.93	110.26	124.36
水　牛	Buffalo	209.03	255.56	275.21	259.48	207.82	231.74
#从事农事劳役的	For Drought on Farming	155.92	204.43	212.18	190.96	156.01	167.88
二、奶牛年末存栏头数(万头)	Number of Milch Cow on Hand at Year-End (10000 heads)	1.52	2.01	2.95	2.56	2.63	2.98
牛奶产量　(万吨)	Output of Milk (10000 tons)	2.18	4.09	5.51	5.49	6.03	6.97
三、山羊年末存栏只数(万只)	Number of Goat on Hand at Year-End (10000 heads)	13.38	10.23	14.21	27.30	24.39	28.06
四、生猪年末存栏头数(万头)	Number of Hog on Hand at Year-End (10000 heads)	1704.59	1884.02	2058.89	2183.95	1642.42	1768.66
#能繁殖母猪(万头)	Number of Female Hog with Fertility (10000 heads)	115.70	154.49	141.98	137.25	116.00	124.78
生猪全年饲养量(万头)	Total Number of Hog Raised in the Whole Year (10000 heads)	2730.69	3169.22	3851.74	4579.16	3863.49	4194.47
肉猪出栏头数(万头)	Number of Slaughtered Fattened Hog (10000 heads)	1026.10	1285.20	1792.85	2395.21	2221.07	2425.81
五、肉类产量　(万吨)	Output of Meat (10000 tons)		128.12	202.45	305.06	275.62	297.28
#猪　肉	Pork	62.62	97.59	145.35	188.75	176.59	189.27
牛　肉	Beef	0.55	1.46	2.88	5.68	2.75	3.06
羊　肉	Mutton	0.03	0.09	0.15	0.44	0.49	0.45
禽　肉	Meat of Poultry		28.95	54.02	109.94	95.32	103.97
兔　肉	Rabbit Meat		0.03	0.05	0.25	0.44	0.44

注：1996年起按农业普查结果调整，1996年以前仍按原来口径不变。
Note: The figures since 1996 are adjusted in accordance with the results of agricuitural census while those before 1996 are calculated in accordance with the original approach.

11-22 国有农、林、牧、渔场基本情况
BASIC STATISTICS ON STATE FARMS OF FARMING, FORESTRY, ANIMAL HUSBANDRY AND FISHERY

项　目	Item	1985	1990	1995	1997	1998
个　数　(个)	Number of Farm (unit)	577	599	585	668	571
#农　场	Number of Agricultural Farm	164	274	252	238	247
人　口　(万人)	Population (10000 persons)	83.58	83.92	77.43	72.63	74.79
劳动力　(万人)	Labor Force (10000 persons)	44.85	44.55	36.06	30.47	28.91
年末耕地面积(万亩)	Cultivated Land at Year-End (10000 mu)	91.99	90.13	93.67	91.96	89.18
粮食播种面积(万亩)	Total Sown Area of Grain (10000 mu)	52.15	50.61	34.23	26.59	29.67
粮食总产量　(万吨)	Total Output of Grain (10000 tons)	13.04	15.26	11.23	11.81	9.69
糖蔗播种面积(万亩)	Sown Area of Sugarcane (10000 mu)	38.60	43.64	46.90	57.22	47.70
糖蔗总产量　(万吨)	Output of Sugarcane (10000 tons)	187.02	253.62	247.36	328.55	277.27
花生播种面积(万亩)	Sown Area of Peanuts (10000 mu)	8.79	7.37	5.60	5.57	6.70
花生总产量　(万吨)	Output of Peanuts (10000 tons)	0.85	0.87	0.71	0.76	0.85
造林面积　(万亩)	Area of Afforestation (10000 mu)	37.83	30.88	13.23	5.78	7.51
橡胶年末实有面积(万亩)	Planted Area of Rubber at Year-End (10000 mu)	112.80	105.41	93.36	66.33	56.84
橡胶总产量(干胶片)(万吨)	Output of Rubber (Dry Rubber) (10000 tons)	2.64	3.38	2.64	2.17	2.26
牛年末存栏头数(万头)	Number of Cattle and Buffalo on Hand at Year-End (10000 heads)	8.79	9.21	8.00	6.64	8.55
生猪年末存栏头数(万头)	Number of Hog on Hand at Year-end (10000 heads)	42.05	49.16	48.89	43.70	52.25
水产品产量　(万吨)	Output of Aquatic Products (10000 tons)	1.30	1.80	6.18	5.07	5.71
大中型农用拖拉机(混合台)	Number of Large and Medium Agricultural Tractor (unit)	1946	1631	1078	838	765
小型及手扶拖拉机(台)	Number of Mini-tractor (unit)	5445	5439	4616	3963	3923
农用载重汽车　(辆)	Number of Truck for Agricultural Use (unit)	2270	1900	1442	1226	1577

11-23 主要农副产品产量与最高年份比较(1998 年)

OUTPUT OF MAJOR AGRICULTURAL PRODUCTS IN COMPARISON WITH PEAK YEAR (1998)

指　　标　　Item		1998	建国以来最高年 Peak year After 1949		
			年份 Peak year	产　量 Output	1998 为建国以来最高年份 % As Percentage of 1998 to Peak year
一、粮食总产量　(万吨)　Total Output of Grain	(10000 tons)	2007.74	1997	1966.75	102.1
春　　收　　Spring Harvested		107.07	1997	98.03	109.2
夏　　收　　Summer Harvested		909.75	1997	905.33	100.5
秋　　收　　Autumn Harvested		990.92	1997	963.39	102.9
#稻　谷　　Output of Rice		1688.53	1990	1687.00	100.1
早　　稻　　Early Rice		822.02	1983	862.25	95.3
晚　　稻　　Late Rice		866.51	1990	847.30	102.3
二、大　　豆　(万吨)　Soybean	(10000 tons)	17.32	1997	17.61	98.4
三、经济作物　(万吨)　Economic Crops	(10000 tons)				
甘　　蔗　　Sugarcane and Fruit-Cane		1756.90	1992	2376.62	73.9
#糖　蔗　　Sugarcane		1616.94	1992	2271.06	71.2
油料作物　　Oil-bearing Crops		79.29	1997	75.46	105.1
#花　生　　Peanuts		78.05	1997	74.10	105.3
黄　红　麻　　Jute and Ambary Hemp		0.42	1978	18.07	2.3
烟　　叶　　Tobacco leaves		6.62	1992	8.62	76.8
#黄(烤)烟　　Flued-Cured Tobacco		4.79	1992	6.14	78.0
红(土)烟　　Crude Tobacco		1.82	1991	2.66	68.4
四、其他作物　　Other Crops					
#蔬　　菜　(万吨)　Vegetables	(10000 tons)	2149.17	1997	1995.99	107.7
五、水　　果　(万吨)　Fruits	(10000 tons)	453.12	1992	453.62	99.9
六、水　产　品　(万吨)　Aquatic Products	(10000 tons)	554.28	1997	520.96	106.4
七、生猪年末存栏量(万头)Number of Hog on Hand at Year-end	(10000 heads)	1768.66	1995	2183.95	81.0
八、生猪出栏头数(万头)　Number of Slaughtered Fattened Hog	(10000 heads)	2425.81	1995	2395.21	101.3
九、猪肉产量　(万吨)　Output of Pork	(10000 tons)	189.27	1995	188.75	100.3
十、三鸟饲养量　(万只)　Number of Poultry Raised	(10000 unit)	101809.14	1995	100729.14	101.1

注：1997 年起水产品产量按新标准计算。
Note: The output of aquatic products since 1997 are calculated in accordance with new criterion.

11-24 乡镇企业基本情况
BASIC STATISTICS ON TOWNSHIP AND VILLAGE ENTERPRISES

项目	Item	1985	1990	1995	1997	1998
一、企业单位数(万个)	Number of Enterprises (10000 units)	68.66	119.65	144.66	85.25	72.16
乡(镇)办	Run by Townships and Towns	2.10	2.39	2.80	2.59	2.44
村办	Run by Villages	9.51	8.96	10.54	9.49	9.03
联户	Run by Cooperative Households	4.84	5.88	6.26		
个体	Run by Individuals	52.21	102.42	125.06		
二、企业人数(万人)	Number of Staff and Workers Employed (10000 persons)	401.45	658.33	1072.11	1005.94	987.40
乡(镇)办	Run by Townships and Towns	109.33	154.86	229.07	236.74	232.45
村办	Run by Villages	140.61	182.77	340.46	360.99	370.95
联户	Run by Cooperative Households	38.22	56.02	70.54		
个体	Run by Individuals	113.29	264.68	432.04		
三、总收入(亿元)	Gross Income (100 million yuan)	192.26	785.39	4622.35	5908.04	6597.15
乡(镇)办	Run by Townships and Towns	80.71	310.16	1635.33		
村办	Run by Villages	63.33	199.00	1343.18		
联户	Run by Cooperative Households	13.40	59.58	363.29		
个体	Run by Individuals	34.82	216.64	1280.55		
四、实交国家税金(亿元)	Taxes Paid (100 million yuan)	8.30	25.16	133.74	116.93	122.44
五、纯利润(亿元)	Net Profits (100 million yuan)	19.78	54.73	289.08	263.76	275.01
六、工资总额(亿元)	Wages (100 million yuan)	37.06	139.26	563.75	324.49	554.69
七、年末固定资产原值(亿元)	Original Value of Fixed Assets (100 million yuan)	65.86	306.32	1704.65	2100.45	2424.80
八、总产值(亿元)	Gross Output Value (100 million yuan)					
按不变价格计算	Calculated at Constant Prices	174.85	730.34	4438.24	6083.82	6811.35
乡(镇)办	Run by Townships and Towns	77.22	309.22	1599.59	2175.42	2461.59
村办	Run by Villages	55.88	176.37	1272.66	1798.72	1969.25
联户	Run by Cooperative Households	11.80	57.32	306.47		
个体	Run by Individuals	29.95	187.43	1259.52		
按当年价格计算	Calculated at Current Prices	179.02	740.32	4837.65	6688.92	7373.99
乡(镇)办	Run by Townships and Towns	78.97	308.42	1746.05	2357.35	2589.93
村办	Run by Villages	57.09	182.15	1415.88	2012.66	2196.55
联户	Run by Cooperative Households	12.30	58.75	331.14		
个体	Run by Individuals	30.66	191.00	1344.58		

注：1. 表中指标1997、1998年数据按新口径统计。
2. 1985年总产值按1980年不变价格计算，1990、1997、1998年按1990年不变价格计算。

Note: a) The figures in 1997, 1998 are calculated in according with new approach.
b) Gross output value of 1985 are calculated at 1980 constant price, while gross output of 1990, 1997 and 1998 are calculated at 1990 Constant price.

11-25 乡镇工业企业主要产品产量
OUTPUT OF MAJOR PRODUCTS OF TOWNSHIP AND VILLAGE INDUSTRIAL ENTERPRISES

产品名称	Item	1985	1990	1995	1997	1998
铁矿石（万吨）	Iron Ore (10000 tons)	125.69	142.00	484.00	341.00	
生铁（万吨）	Pig Iron (10000 tons)	1.08	3.78	17.42		
石灰石（万吨）	Limestone (10000 tons)		2992			
发电量(亿千瓦时)	Electricity (100 million kwh)	15.38	24.12	114.45	87.00	
#水电	Hydroelectricity	9.46	14.77	41.32		
原煤（万吨）	Coal (10000 tons)	264.88	416.00	813.00	584.00	571
硫铁矿(生产量)(万吨)	Pyrite Ore (10000 tons)	16.82	43.00	86.00		
磷肥(折合100%)(吨)	Phosphate Fertilizer (In 100% effective element) (tons)	1473	3277	13305		
水泥（万吨）	Cement (10000 tons)	229.68	712.00	2451.00	2075	1854
砖（亿块）	Brick (100 million pieces)	93.00	208.32	494.00	394.00	450
瓦（亿片）	Brickbat (100 million pieces)	27.98	47.62	57.10	66.00	71
石灰（万吨）	Lime (10000 tons)	172	651	596		
木材(交售量)(万立方米)	Timber (sales) (10000 cu. m)	33.66	80.00	335.70		
松香（吨）	Rosin (tons)	3361	17506	40386		
布（万米）	Cloth (10000 m)	9278	19202	192100	158096	176900
丝(桑蚕丝)（吨）	Silk (Mulberry silkwork) (tons)	112	1419	1056	190	250
丝织品（万米）	Silk Products (10000 m)	4900	2698	3644	3576	3854
皮革制品（万件）	Leather Products (10000 pieces)	4797	16844	11200		
机制纸及纸板(万吨)	Machine Made Paper and Paperboards (10000 tons)	6.66	20.42	101.00	188.00	232
原盐(万吨)	Salt (10000 tons)	8.80	12.78	11.00		
糖（万吨）	Sugar (10000 tons)	3.89	4.05	7.00	6.00	7
日用陶瓷器(万件)	Household Ceramics (10000 pieces)	38130	85603	201800	22047	20251
食用植物油(万吨)	Edible Vegetable Oil (10000 tons)	4.36	7.52	21.00	18.00	21
粮食加工（万吨）	Grain Processing (10000 tons)	384	1247	1526		
饲料(万吨)	Forage (10000 tons)		39.62	141.00		
服装(万件)	Garments (10000 pieces)	14143	72633	444900	386697	384828
皮鞋(万双)	Leather Shoes (10000 pairs)	282	5928	40196	49016	52602
电风扇(万台)	Electric Fan (10000 units)	696	2204	4624		
木制家具（万件）	Timber Furniture (10000 pieces)	1153	3548	7799	38201	30170
铁制家具（万件）	Iron Furniture (10000 pieces)	508	1685	2629		
清凉饮料（万吨）	Cold Drink (10000 tons)			18.00		
罐头食品（万吨）	Canned Food (10000 tons)		1.88	8.00	5.00	4
饮料酒(万吨)	Alcoholic Beverage (10000 tons)		7.14	35.00	22.00	23

注：表中指标1997、1998年数据按新口径统计。

Note: The figures in 1997、1998 are calculated in according with new approach.

11-26 各市农村基层组织情况(1998年)

BASIC CONDITIONS OF RURAL GRASS-ROOTS UNITS BY CITY (1998)

市别 City	乡镇个数(个) Number of Town and Township (unit)	乡镇户数(万户) Number of rural household (10000 households)	#农业户数 Agricultural Household	乡镇人口(万人) Rural Population (10000 persons)	#农业人口 Agricultural Population
广州 Guangzhou	77	82.55	65.73	300.08	257.06
深圳 Shenzhen	19	10.56	7.05	33.61	24.58
珠海 Zhuhai	20	8.83	5.97	33.72	23.04
汕头 Shantou	37	72.26	55.14	334.51	274.19
韶关 Shaoguan	141	50.24	41.53	219.73	194.33
河源 Heyuan	115	64.96	49.11	296.65	243.04
梅州 Meizhou	161	88.77	77.88	395.51	353.67
惠州 Huizhou	85	50.36	36.81	228.88	176.91
汕尾 Shanwei	49	48.25	35.91	248.32	196.07
东莞 Dongguan	28	36.46	28.93	133.99	109.68
中山 Zhongshan	22	29.53	22.82	111.15	91.08
江门 Jiangmen	92	79.26	68.18	291.04	246.82
佛山 Foshan	37	70.26	51.60	242.23	190.59
阳江 Yangjiang	48	49.19	40.57	203.14	172.72
湛江 Zhanjiang	104	113.44	99.15	526.29	468.84
茂名 Maoming	102	115.91	102.47	519.34	475.80
肇庆 Zhaoqing	115	68.03	62.60	324.48	282.06
清远 Qingyuan	140	74.81	63.92	326.22	296.32
潮州 Chaozhou	48	47.44	41.53	205.04	177.18
揭阳 Jieyang	81	99.93	89.78	456.75	420.12
云浮 Yunfu	66	58.77	45.72	213.96	183.70

市别 City	乡镇劳动力(万人) Rural Labor Force (10000 persons)	按性别分 By Sex		按产业分 By Industry		
		男劳动力 Male	女劳动力 Female	第一产业劳动力 Primary Industry	第二产业劳动力 Secondary Industry	第三产业劳动力 Tertiary Industry
广州 Guangzhou	156.00	76.30	79.70	88.49	41.51	25.99
深圳 Shenzhen	15.48	7.43	8.05	2.75	5.58	7.15
珠海 Zhuhai	18.10	9.16	8.94	9.46	3.53	5.11
汕头 Shantou	151.89	81.76	70.13	72.51	49.52	29.86
韶关 Shaoguan	91.81	46.59	45.22	67.45	5.78	18.58
河源 Heyuan	120.28	60.74	59.54	70.88	8.01	41.39
梅州 Meizhou	174.64	86.68	87.96	104.57	27.31	42.76
惠州 Huizhou	104.87	54.12	50.75	67.50	20.22	17.15
汕尾 Shanwei	104.12	59.50	44.62	58.76	22.59	22.77
东莞 Dongguan	66.16	32.97	33.19	20.53	29.74	15.89
中山 Zhongshan	56.85	28.12	28.73	21.71	18.74	16.40
江门 Jiangmen	154.57	80.06	74.51	86.87	33.90	33.80
佛山 Foshan	122.14	60.97	61.17	41.70	50.82	29.62
阳江 Yangjiang	109.02	58.19	50.83	73.48	18.29	17.25
湛江 Zhanjiang	245.29	130.89	114.40	181.91	31.81	31.57
茂名 Maoming	227.49	120.55	106.94	141.78	47.99	37.72
肇庆 Zhaoqing	157.65	79.32	78.33	88.26	29.55	39.84
清远 Qingyuan	146.50	75.07	71.43	97.71	14.18	34.61
潮州 Chaozhou	90.29	46.82	43.47	46.62	25.01	18.66
揭阳 Jieyang	210.50	115.59	94.91	105.29	56.03	49.18
云浮 Yunfu	109.04	56.34	52.70	59.57	27.14	22.33

注:乡镇个数为省民政厅统计年报数。
Note:The number ot township and villages come from Civil Administration Bureau of Gongdong Province Statisties.

11-27 各市耕地面积（1998年）

CULTIVATED LAND BY CITY (1998)

单位：万亩 (10000 mu)

市别 City		年末实有耕地面积 Cultivated Land at year-end	水(旱)田 Paddy Field	旱地 Dry Field	当年增加耕地面积 Increase of Cultivated Land in Current year	#新开荒 Newly Reclaimed Wasteland	当年减少耕地面积 Decrease of Cultivated Land in Current year	#国家基建占用 Capital Construction	#农业结构调整 Structure Adjustment In Agriculture
广州	Guangzhou	188.16	167.63	20.53	1.72	0.04	3.07	3.54	1.07
深圳	Shenzhen	6.20	4.70	1.50	0.21	0.14	0.36	0.07	0.01
珠海	Zhuhai	38.06	29.58	8.48	0.30	0.22	0.40		0.29
汕头	Shantou	72.38	60.13	12.25	0.50	0.09	0.46	0.03	0.04
韶关	Shaoguan	201.32	155.89	45.43	0.88	0.49	0.87	0.24	0.13
河源	Heyuan	165.41	131.94	33.47	0.40	0.12	0.60		0.08
梅州	Meizhou	202.26	166.02	36.24	0.51	0.13	0.87	0.48	0.16
惠州	Huizhou	197.98	146.33	51.65	0.84	0.38	0.52	1.01	0.20
汕尾	Shanwei	105.93	72.80	33.13	0.46	0.45	0.38	0.01	0.11
东莞	Dongguan	66.30	52.82	13.48	0.02		0.01	0.01	
中山	Zhongshan	64.09	34.79	29.30	3.22	0.05	1.15		0.62
江门	Jiangmen	242.74	203.33	39.41	0.36	0.08	3.79	0.08	0.44
佛山	Foshan	129.65	82.48	47.17	0.18	0.07	1.65		0.69
阳江	Yangjiang	164.21	124.45	39.76	0.40	0.27	1.05		0.25
湛江	Zhanjiang	526.29	256.62	269.67	2.80	1.06	3.31	0.23	1.57
茂名	Maoming	254.58	200.20	54.38	1.25	1.01	1.90		1.36
肇庆	Zhaoqing	206.38	174.25	32.13	0.90	0.23	2.11	0.23	0.31
清远	Qingyuan	272.31	178.91	93.40	1.23	0.66	1.69	0.30	0.38
潮州	Chaozhou	62.03	47.35	14.68	0.12	0.07	0.46		0.11
揭阳	Jieyang	147.11	114.33	32.78	0.09		1.14	0.18	0.46
云浮	Yunfu	124.80	100.92	23.88	0.23	0.09	0.62	0.02	0.07

注：国家基建占用耕地为省国土厅统计年报数。

Note: Data on cultivated land occupied by capital construction are obtained from the annual statistics of the Bureau of Land Management.

11-28 各市乡镇企业基本情况（1998年）

BASIC STATISTICS ON TOWNSHIP AND VILLAGE ENTERPRISES BY CITY (1998)

市别 City		企业单位数（个） Number of Enterprise	企业人数（人） Number of Employee	总产值（万元）（1990年不变价） Gross Output Value (at 1990 constant price) (10000 yuan)
广州	Guangzhou	92902	1102100	11419223
深圳	Shenzhen	53096	1229866	1700284
珠海	Zhuhai	8495	140735	1854351
汕头	Shantou	26445	569847	4935203
韶关	Shaoguan	127263	381465	1546947
河源	Heyuan	40834	115278	248819
梅州	Meizhou	146073	486147	1286617
惠州	Huizhou	63964	524497	2954603
汕尾	Shanwei	48781	292734	1351386
东莞	Dongguan	38323	1233009	3406887
中山	Zhongshan	26775	468078	4161998
江门	Jiangmen	103085	703351	7049169
佛山	Foshan	56672	1035737	12420743
阳江	Yangjiang	35909	185887	897741
湛江	Zhanjiang	92112	411196	2907903
茂名	Maoming	142573	771339	5176915
肇庆	Zhaoqing	95189	521364	3546308
清远	Qingyuan	63881	225712	600430
潮州	Chaozhou	42616	470437	2722351
揭阳	Jieyang	50540	540982	5337573
云浮	Yunfu	47522	317540	1972237

11-29 各市农业总产值(1998年)

GROSS OUTPUT VALUE OF AGRICULTURE BY CITY (1998)

单位:亿元 (100 million yuan)

市别 City		农业总产值 Gross Output Value	种植业产值 Farming	林业产值 Forestry	牧业产值 Animal Husbandry	副业产值 Sideline	渔业产值 Fishery
广州	Guangzhou	154.02	77.04	1.26	43.93	5.24	26.55
深圳	Shenzhen	29.82	7.97	0.68	13.92	0.65	6.60
珠海	Zhuhai	19.92	7.59	0.20	2.67	1.12	8.34
汕头	Shantou	80.29	33.53	0.56	16.15	10.64	19.41
韶关	Shaoguan	69.90	40.44	4.27	14.26	5.18	5.75
河源	Heyuan	53.44	30.21	2.74	8.65	9.51	2.33
梅州	Meizhou	81.69	48.04	1.73	25.32	2.51	4.09
惠州	Huizhou	92.52	46.38	3.88	14.86	6.50	20.90
汕尾	Shanwei	69.04	21.49	1.00	10.73	3.81	32.01
东莞	Dongguan	53.60	22.06	0.55	19.34	2.34	9.31
中山	Zhongshan	34.68	15.26	0.37	4.56	0.34	14.15
江门	Jiangmen	121.43	55.09	1.53	30.34	3.78	30.69
佛山	Foshan	114.46	39.95	0.26	26.04	1.06	47.15
阳江	Yangjiang	88.16	31.87	2.29	18.19	6.12	29.69
湛江	Zhanjiang	175.09	82.64	3.07	23.98	21.80	43.60
茂名	Maoming	195.26	82.63	5.02	66.75	16.22	24.64
肇庆	Zhaoqing	145.89	62.05	11.32	37.19	19.96	15.37
清远	Qingyuan	86.23	50.48	5.23	19.95	5.79	4.78
潮州	Chaozhou	67.34	26.19	1.49	12.10	14.77	12.79
揭阳	Jieyang	109.73	57.12	1.76	21.88	16.92	12.05
云浮	Yunfu	81.71	35.46	5.44	24.17	10.24	6.40

注：本表按当年价格计算。 Note: Data in this table are calculated at current prices.

11-30 各市农业总产值(1998年)

GROSS OUTPUT VALUE OF AGRICULTURE BY CITY (1998)

单位:亿元 (100 million yuan)

市别 City		农业总产值 Gross Output Value	种植业产值 Farming	林业产值 Forestry	牧业产值 Animal Husbandry	副业产值 Sideline	渔业产值 Fishery
广州	Guangzhou	76.79	33.56	0.52	21.75	5.10	15.86
深圳	Shenzhen	10.92	2.40	0.10	4.81	0.46	3.15
珠海	Zhuhai	11.05	4.03	0.14	1.16	1.11	4.61
汕头	Shantou	40.86	15.18	0.12	6.51	7.72	11.33
韶关	Shaoguan	41.01	21.18	3.60	6.99	4.71	4.53
河源	Heyuan	27.98	14.48	1.96	3.74	6.43	1.37
梅州	Meizhou	54.08	35.55	1.63	11.90	1.89	3.11
惠州	Huizhou	44.26	22.44	1.99	6.03	4.23	9.57
汕尾	Shanwei	36.39	9.45	0.28	5.01	1.95	19.70
东莞	Dongguan	25.58	8.85	0.20	8.35	1.91	6.27
中山	Zhongshan	26.23	9.59	0.31	3.16	0.35	12.82
江门	Jiangmen	63.81	22.29	0.89	14.18	2.84	23.61
佛山	Foshan	66.13	17.58	0.17	15.14	1.12	32.12
阳江	Yangjiang	53.49	14.82	1.27	7.79	3.23	26.38
湛江	Zhanjiang	116.73	55.47	2.17	13.60	13.61	31.88
茂名	Maoming	139.40	66.57	4.38	29.66	11.63	27.16
肇庆	Zhaoqing	80.98	32.00	7.62	17.78	12.19	11.39
清远	Qingyuan	42.13	22.45	3.36	8.23	4.69	3.40
潮州	Chaozhou	36.01	10.39	0.37	4.78	14.01	6.46
揭阳	Jieyang	57.51	25.22	0.90	9.51	14.72	7.16
云浮	Yunfu	46.21	20.25	3.91	11.19	6.28	4.58

注：本表按 1990 年不变价格计算。 Note: Data in this table are calculated at 1990 constant prices.

11-31 各市造林面积、水产品产量、牲畜头数及猪肉产量(1998年)

AFFORESTED AREA,OUTPUT OF AQUATIC PRODUCTS,NUMBER OF LIVESTOCK AND OUTPUT OF PORK BY CITY (1998)

市别 City	造林总面积(万亩) Afforested Area (10000 mu)	水产品产量(万吨) Output of Aquatic Products (10000 tons)	#淡水养殖 Freshwater Culturing	黄牛年末存栏头数(万头) Number of Cattle on Hand at Year-end (10000 heads)	水牛年末存栏头数(万头) Number of Buffalo on Hand at Year-end (10000 heads)	生猪年末存栏头数(万头) Number of Hog on Hand at Year-end (10000 heads)	肉猪出栏头数(万头) Number of Slaughtered Fattened Hog (10000 heads)	猪肉产量(万吨) Output of Pork (10000 tons)
广州 Guangzhou		30.68	19.87	3.47	6.66	87.11	136.63	10.31
深圳 Shenzhen	4.93	5.83	0.80	0.08	0.02	30.09	59.27	4.28
珠海 Zhuhai	0.64	9.74	4.73	0.05	0.19	15.01	21.61	1.48
汕头 Shantou	0.08	30.95	3.44	0.75	0.32	36.78	75.87	5.56
韶关 Shaoguan		7.05	6.89	12.22	18.24	111.97	127.77	10.30
河源 Heyuan	10.37	2.56	2.34	10.24	14.48	64.25	60.89	4.93
梅州 Meizhou	4.62	6.25	5.96	9.41	13.79	160.75	197.81	15.53
惠州 Huizhou	8.98	12.39	6.04	12.60	12.78	62.63	74.95	5.44
汕尾 Shanwei	6.50	51.22	1.93	9.10	3.54	46.23	53.21	4.27
东莞 Dongguan		9.70	5.93	0.65	0.40	77.69	144.04	12.39
中山 Zhongshan		19.20	17.31	0.03	0.11	18.21	32.48	2.53
江门 Jiangmen		64.32	16.34	1.31	11.89	81.27	168.13	10.78
佛山 Foshan	0.17	39.81	38.97	0.20	2.88	65.92	105.73	7.95
阳江 Yangjiang		72.60	4.77	13.30	19.62	84.30	77.98	6.38
湛江 Zhanjiang	0.71	74.52	6.41	39.47	25.24	126.37	164.20	12.64
茂名 Maoming		55.04	14.79	28.93	38.16	202.30	295.23	24.64
肇庆 Zhaoqing	22.23	19.44	18.81	11.47	27.88	168.26	213.23	17.52
清远 Qingyuan	14.12	5.01	4.76	15.36	22.01	101.75	134.86	10.38
潮州 Chaozhou	2.68	15.93	4.05	3.06	1.42	53.94	75.15	5.37
揭阳 Jieyang	2.73	13.65	5.10	6.52	3.42	103.53	117.86	9.37
云浮 Yunfu	12.41	6.46	6.35	3.34	8.70	70.32	88.91	7.23

注:1. 水产品产量按新标准计算。
2. 造林总面积包括荒山造林,迹地更新和低产林改造三项指标。
3. 畜牧头数、猪肉产量按农业普查结果调整。

Note: a)Figures of aquatic products are calculated in accordcnce with new criterions.
b)Data on afforested area include afforestation in barren hill, slash reforestation and transformation of low-yield forest.
c)Data on number of livestock and output of pork are adjusted in accordance with the results of agricural census.

11-32 各市主要农作物播种面积、亩产及总产量(1998年)

SOWN AREA, YIELD AND TOTAL OUTPUT OF MAJOR FARM CROPS BY CITY(1998)

单位:亩、公斤、吨 (mu, kilogram, Ton)

市别 City	一、粮食作物 Grain Crops 播种面积 Sown Area	亩产 Yield Per Mu	总产量 Total Output	#稻谷 Rice 播种面积 Sown Area	亩产 Yield Per Mu	总产量 Total Output
广州 Guangzhou	2703993	382	1032994	2516410	392	985908
深圳 Shenzhen	11742	322	3781	3123	238	743
珠海 Zhuhai	260280	371	96650	239319	377	90331
汕头 Shantou	1419288	542	769672	997098	550	548179
韶关 Shaoguan	2653928	421	1116753	2188271	461	1009733
河源 Heyuan	3081214	415	1277803	2501749	459	1148452
梅州 Meizhou	3951715	399	1576421	3152007	440	1386501
惠州 Huizhou	2975989	372	1106027	2448873	389	952545
汕尾 Shanwei	1935685	341	660167	1207503	360	435001
东莞 Dongguan	624383	396	247194	558668	401	223938
中山 Zhongshan	744635	379	282174	690625	379	261574
江门 Jiangmen	4038252	344	1389879	3619293	360	1301203
佛山 Foshan	1248176	359	448155	1149257	365	419657
阳江 Yangjiang	2610689	345	899847	2014781	368	741400
湛江 Zhanjiang	4747399	339	1609439	3395612	367	1246612
茂名 Maoming	4345095	414	1796895	3100322	460	1424755
肇庆 Zhaoqing	3733809	406	1517336	3074127	443	1360746
清远 Qingyuan	3982402	352	1399905	3043373	400	1216051
潮州 Chaozhou	1179812	457	538827	811752	492	399695
揭阳 Jieyang	2843749	454	1291919	1784085	479	854673
云浮 Yunfu	2384250	426	1015546	1794702	489	877629

市别 City	二、大豆 Soybean 播种面积 Sown Area	亩产 Yield Per Mu	总产量 Total Output	三、经济作物 Economic Crops 播种面积 Sown Area	#糖蔗 Sugarcane 播种面积 Sown Area	亩产 Yield Per Mu	总产量 Total Output
广州 Guangzhou	21829	131	2857	374353	110120	7941	874504
深圳 Shenzhen				6770			
珠海 Zhuhai	3008	202	608	204807	193645	6877	1331769
汕头 Shantou	9551	139	1324	47761			
韶关 Shaoguan	176768	128	22674	1033872	53912	4118	221996
河源 Heyuan	190398	113	21438	410088	21232	4001	84957
梅州 Meizhou	146495	109	15970	526036	1743	4560	7948
惠州 Huizhou	134391	103	13833	511697	80229	4946	396810
汕尾 Shanwei	36207	103	3735	220904	36850	3832	141216
东莞 Dongguan	7028	108	758	72519	47772	8512	406644
中山 Zhongshan	7303	214	1564	52332	40306	5971	240684
江门 Jiangmen	67011	117	7837	665460	141005	5058	713222
佛山 Foshan	4393	143	630	139722	15918	4811	76575
阳江 Yangjiang	136241	101	13804	560369	72236	3862	278945
湛江 Zhanjiang	54805	123	6744	3096429	2137946	4608	9851393
茂名 Maoming	97316	147	14269	924658	88659	4552	403581
肇庆 Zhaoqing	44202	132	5847	1003101	98903	5953	588753
清远 Qingyuan	148774	105	15643	1092753	87261	4556	397597
潮州 Chaozhou	17524	128	2240	81480	11509	5297	60960
揭阳 Jieyang	50177	135	6770	247057	15820	5500	87004
云浮 Yunfu	107168	137	14666	579907	869	5524	4800

续表 continued

单位:亩、公斤、吨 (mu,kilogram,ton)

市别 City	# 花生 Peanuts 播种面积 Sown Area	亩产 Yield Per Mu	总产量 Total Output	# 黄红麻 Jute And Ambary Hemp 播种面积 Sown Area	亩产 Yield Per Mu	总产量 Total Output
广州 Guangzhou	145964	160	23320			
深圳 Shenzhen	3224	154	498			
珠海 Zhuhai	6010	136	816			
汕头 Shantou	43607	182	7918			
韶关 Shaoguan	487536	189	92324	165	291	48
河源 Heyuan	283345	148	42064	105	314	33
梅州 Meizhou	188407	132	24784	924	248	229
惠州 Huizhou	387286	143	55254			
汕尾 Shanwei	167455	111	18558	100	400	40
东莞 Dongguan	16824	154	2588			
中山 Zhongshan	8941	191	1705			
江门 Jiangmen	330713	142	46925			
佛山 Foshan	66510	154	10221	15	133	2
阳江 Yangjiang	345880	124	42773	230	130	30
湛江 Zhanjiang	716514	151	108246	1430	329	470
茂名 Maoming	566513	175	99056	6597	161	1063
肇庆 Zhaoqing	351209	162	56945	3773	134	505
清远 Qingyuan	513912	140	71774			
潮州 Chaozhou	48121	158	7614	58	190	11
揭阳 Jieyang	173250	162	28138	1039	170	177
云浮 Yunfu	257039	152	38962	10488	154	1612

市别 City	# 烟叶 Tobacco 播种面积 Sown Area	亩产 Yield Per Mu	总产量 Total Output	四、其他作物 Other Crops 播种面积 Sown Area	# 蔬菜 Vegetables 播种面积 Sown Area	亩产 Yield Per Mu	总产量 Total Output
广州 Guangzhou	1890	157	296	1792786	1669548	1535	2562844
深圳 Shenzhen				162013	153026	1214	185747
珠海 Zhuhai				134452	99216	1380	136945
汕头 Shantou				582946	545639	2514	1372006
韶关 Shaoguan	250209	118	29537	1443626	1109006	1230	1364324
河源 Heyuan	113	97	11	614645	454582	1065	484197
梅州 Meizhou	79395	112	8897	1004161	734351	1374	1009183
惠州 Huizhou				803471	703475	1422	1000479
汕尾 Shanwei				448076	376643	1087	409352
东莞 Dongguan				397896	385151	1736	668753
中山 Zhongshan				409716	318354	1438	457682
江门 Jiangmen	2013	182	367	1118494	868731	1321	1147598
佛山 Foshan	70	129	9	1129718	864593	1866	1612938
阳江 Yangjiang	1257	148	186	688124	655043	887	580819
湛江 Zhanjiang	23595	172	4054	1609397	1373843	1109	1522931
茂名 Maoming	59712	207	12368	1351120	1233780	1432	1767236
肇庆 Zhaoqing	41600	135	5624	1186446	887058	1673	1483872
清远 Qingyuan	31084	97	3002	1559966	1022931	1067	1091041
潮州 Chaozhou				355407	261869	2137	559710
揭阳 Jieyang	820	101	83	847654	677233	2146	1453055
云浮 Yunfu	11269	154	1734	678028	499714	1243	621016

11-33 各市水果面积及产量(1998年)

PLANTED AREA AND OUTPUT OF FRUITS BY CITY (1998)

单位：万亩、万吨 (10000mu，10000 tons)

市别 City	水果合计 Fruits			#柑桔橙 Citrus			#香(大)蕉 Banana		
	年末面积 year-end Area	收获面积 Harvest-ed Area	总产量 Total Output	年末面积 year-end Area	收获面积 Harvest-ed Area	总产量 Total Output	年末面积 year-end Area	收获面积 Harvest-ed Area	总产量 Total Output
广州 Guangzhou	88.05	38.07	29.26	3.81	3.22	2.47	8.63	8.46	15.53
深圳 Shenzhen	21.51	7.52	3.43	2.62	2.37	2.20	0.25	0.23	0.13
珠海 Zhuhai	6.61	3.67	1.98	0.16	0.12	0.17	1.15	1.00	1.58
汕头 Shantou	16.14	10.13	11.00	0.78	0.73	1.44	2.71	2.52	5.54
韶关 Shaoguan	29.85	22.06	10.57	17.87	14.20	7.15	0.17	0.17	0.13
河源 Heyuan	58.52	27.49	10.86	12.20	8.08	3.80	0.92	0.94	0.43
梅州 Meizhou	107.25	65.92	55.55	9.94	7.29	6.95	5.61	4.84	3.92
惠州 Huizhou	65.32	29.84	17.43	11.48	8.68	7.62	3.88	3.04	2.79
汕尾 Shanwei	49.52	24.29	7.32	1.86	1.21	1.43	3.14	2.25	1.79
东莞 Dongguan	31.09	12.60	11.41	2.53	1.92	2.23	4.64	4.37	7.90
中山 Zhongshan	12.05	10.00	20.81	0.34	0.30	0.45	8.94	8.79	19.82
江门 Jiangmen	37.46	14.49	8.43	1.01	0.71	0.61	3.48	2.82	4.07
佛山 Foshan	9.48	5.39	5.64	0.57	0.42	0.38	3.43	3.23	4.43
阳江 Yangjiang	65.75	19.54	6.90	3.18	1.63	0.68	3.07	2.19	1.82
湛江 Zhanjiang	94.33	50.58	58.40	2.33	1.68	1.04	16.18	12.70	22.81
茂名 Maoming	377.43	194.68	96.44	3.97	2.37	1.41	33.74	30.99	52.55
肇庆 Zhaoqing	49.79	38.36	30.28	19.35	17.00	14.90	6.44	5.74	6.97
清远 Qingyuan	39.79	17.42	9.33	11.69	8.00	5.47	0.51	0.45	0.40
潮州 Chaozhou	28.28	17.74	9.45	0.94	0.78	1.08	1.53	1.28	1.84
揭阳 Jieyang	117.95	72.25	31.08	8.29	8.08	9.67	5.56	4.86	5.59
云浮 Yunfu	78.09	46.49	17.54	11.92	9.61	4.54	5.18	4.66	4.20

市别 City	#菠萝 Pineapple			#荔枝 Lychee			#龙眼 Longan		
	年末面积 year-end Area	收获面积 Harvest-ed Area	总产量 Total Output	年末面积 year-end Area	收获面积 Harvest-ed Area	总产量 Total Output	年末面积 year-end Area	收获面积 Harvest-ed Area	总产量 Total Output
广州 Guangzhou	0.72	0.64	0.27	42.48	9.47	1.59	9.62	3.22	0.98
深圳 Shenzhen	0.68	0.61	0.35	13.60	2.38	0.21	2.28	0.59	0.08
珠海 Zhuhai	0.03	0.03	0.02	4.72	2.14	0.09	0.29	0.17	
汕头 Shantou	0.18	0.10	0.08	2.85	0.77	0.40	0.32	0.09	0.04
韶关 Shaoguan				0.03			0.02	0.01	
河源 Heyuan	0.13	0.07	0.03	9.51	1.86	0.48	3.68	1.18	0.18
梅州 Meizhou	0.28	0.16	0.08	7.86	3.29	1.34	5.69	1.55	0.84
惠州 Huizhou	1.29	0.93	0.34	28.94	7.60	2.20	8.10	2.30	0.84
汕尾 Shanwei	3.66	3.13	0.76	21.62	7.40	1.25	3.24	0.79	0.17
东莞 Dongguan	0.03	0.02	0.03	20.89	4.69	0.29	1.65	0.52	0.09
中山 Zhongshan	0.10	0.06	0.04	1.49	0.28	0.12	0.53	0.13	0.05
江门 Jiangmen	0.27	0.23	0.20	18.26	4.89	1.33	10.72	3.28	0.49
佛山 Foshan	0.03	0.03	0.02	2.39	0.51	0.10	1.55	0.20	0.05
阳江 Yangjiang	0.64	0.33	0.22	32.29	7.13	1.59	11.91	2.05	0.54
湛江 Zhanjiang	21.76	12.02	25.07	19.67	6.07	1.17	12.83	4.19	0.94
茂名 Maoming	0.49	0.36	0.18	151.95	78.04	14.81	103.25	37.44	8.81
肇庆 Zhaoqing	0.50	0.49	0.22	5.03	1.98	0.68	3.46	1.54	0.58
清远 Qingyuan	0.03	0.03	0.01	3.34	0.61	0.07	2.88	0.33	0.07
潮州 Chaozhou	1.95	1.56	0.74	6.15	3.08	0.99	3.37	1.66	0.40
揭阳 Jieyang	7.20	5.92	3.14	28.06	11.98	2.42	9.69	1.90	0.62
云浮 Yunfu	0.64	0.52	0.17	24.42	11.80	1.58	12.03	4.39	1.24

主要统计指标解释

农业增加值　农业增加值是指农业部门(包括国有、集体单位及农户)在一定时期内生产经营活动所提供的社会劳动量的货币表现。它反映了农业生产经营活动的最终成果和对社会的贡献。

农业增加值的计算方法有两种:(1)生产法,是从生产角度进行计算的一种方法。即用农业总产出减去农业中间消耗求得。由于农户没有健全的核算记录,故农业增加值一般是采用生产法计算的。(2)分配法,是从分配角度进行计算的一种方法。是通过农业生产单位在生产经营和劳务活动过程中形成的不含中间消耗的各种收入来计算。具体包括农业劳动者收入、福利基金、利税、固定资产折旧及大修理和其他。

农业总产值　是以货币表现的农林牧副渔五业生产的全部产品的总量。它反映一定时期内农业生产的总规模和总成果,是观察农业生产水平和发展速度,分析农业内部结构,研究农业与工业及其与国家建设的关系,研究农业生产与人口增长及提高人民生活关系的重要指标;同时,也是计算农业净产值,增加值以及农业商品率的基础资料。

农业总产值的计算,一般采用"产品法",即凡有产品产量的,都按单位产品价格乘产量的办法求得每种产品产量的产值。少数生产周期较长当年没有产成品或产品产量不容易统计的产值,则采用间接方法进行匡算。先求得农、林、牧、副、渔五业的产值,然后相加求得农业总产值。

耕地面积　是指可以用来种植各种农作物,经常进行耕种的土地面积,包括熟地、当年新开荒地、连续撩荒未满三年的土地和当年的休闲地(轮歇地)的面积。以种植农作物为主,并附带种植桑、茶、果树和其他林木的土地、以及沿海、沿湖地区已围垦利用的"海涂"、"湖田"等面积也包括在内。但不包括专业性的桑田、茶园、果园、果木苗圃、林地、芦苇地和天然草地。

农作物播种面积　是指一定生产季节结束时实际播种或移植有农作物的面积。播种面积的大小,反映农作物的生产规模和耕地的利用程度。正确地核算播种面积,对于组织农业生产活动,计算农作物产量,研究农作物的种植结构和分布情况以及制定各项增产技术措施,都是非常必要的。

播种面积的统计年度,凡是能在本日历年度内(自1月1日至12月31日)收获的农作物(包括上年秋冬播和本年春播、夏播以及南方地区的晚秋播而在本年收获的全部作物)播种面积,都包括在内。

农作物总产量　是指在一定时期内(通常是一年)生产的各种农作物产品总产量。它是衡量农业生产成果,统筹安排城乡人民生活,研究生产、积累和消费比例关系及编制国民经济计划的基本数据。不论是种植在耕地上或非耕地上的农作物产量,都包括在内。有的农作物收割期较长,虽在当年冬季就开始收割,但需跨年延到来年春季才能收完的,仍计算为本年农作物总产量。

农作物总产量是指全社会的产量,包括国有农场等国有经济单位的产量、集体统一经营的和农户承包地的产量,还包括农民自留地、工矿企业职工农属办的农场和其他单位生产的农作物产量。

农作物总产量是统计晒干入库的产量。有些地区,粮食脱粒、晒干、入库比较迟,是按照折干比例折成晒干的粮食产量进行统计的。

农业机械总动力　是指主要用于农、林、牧、副、渔业的各种动力机械的动力总和。包括耕作机械、排灌机械、收获机械、农产品加工机械、运输机械、植保机械、牧业机械、林业机械、渔业机械和其他农业机械。内燃机按引擎马力计算,电动机功率折成马力计入。

乡镇企业　是指农村乡(包区、镇)、村组各级集体办、联户办和个体办的,从事工业、建筑业、交通运输业、商业饮食业、服务业和其他生产经营活动的经济组织,以及农村乡(包括区、镇)、村集体举办的农业企业。乡镇企业必须同时具备以下四个条件:

(1)有固定的(或相对固定的)生产经营组织、场所、设备和从事生产经营的人员。

(2)常年从事生产经营活动,或从事季节性生产经营,全年开工时间在三个月以上。

(3)具备独立核算的条件,或虽非独立核算单位但有单独的帐目。

(4)有当地工商行政或有关部门颁发的营业(经营)执照。此条件农业企业除外。

乡镇企业总产值　是以货币表现的乡镇农业、工业、建筑业、交通运输业、商业饮食业、服务业和其它企业的经营收入、产品销售收入、劳务收入和其它收入。

(1)农业企业以实际收入计算;

(2)工业企业以产品销售收入和其它收入计算;

(3)建筑业收入总包单位以全价计算总收入,非总包单位以实际收入计算;

(4)交通运输业以实际收入计算;

(5)商业的零售商店按零售额计算总收入,批发部门、代购代销、物资供销、仓储等均以手续费计算总收入。饮食业按营业额计算总收入;

(6)服务业以实际收入计算;

(7)其它企业以实际收入计算;

Explanatory Notes on Main Statistical Indicators

Value Added of Agriculture refers to the quantity of social labour of the activities of production and management of agriculture in monetary terms in a given period of time. It shows the final results of the activities of production and management of agriculture and is contributions to the society.

The value added of agriculture is calculated with two approaches: (1) Production approach is a method from the production angle i. e. total output of agriculture minus intermediate consumption of agriculture. The value added of agriculture is usually calculated with the production approach due to no complete accounting records of the rural huoseholds available; (2)Distribution approach is a method from the distribution angle, i. e. various incomes from the avtivities of produvtion and management of the productive units of agriculture without intermediate consumption, including incomes of the rural labourers, welfare runds, profit and tax, depreciation of fixed assets and major overhaul and others.

Gross Output Value of Agriculture refers to the total volume of products of farming, forestry, animal husbandry, sideline production and fishery in monetary terms, which reflects the total scale and total results of agricultural production during a given period of time. It is an important indicator to observe the production level and development speed of agriculture, to analyse the inner structure of agriculture, to study the relationship between agriculture and industry as well as that between agriculture and the national construction to review the connection of agricultural production with the growth of population and the improvement of people's life. It is also the basic data to calculate the net output of agriculture, value added and rate of commercialization of agricultural products.

The gross output value of agriculture is calculated with the "production approach", i. e. the gross output value of each single product is obtained by multiplying the output of each product by its price. For a small number of products, annual output of which is not available or difficult to get due to the long production/growing process involved, the output output value is estimated through an indirect approach. The sum of output value of all products of farming, forestry, animal husbandry, sideline production and fishery is then equal to the gross output value of agriculture.

Area of Cultivated land refers to farmland which is plowed constantly for growing crops, including cultivated land, newly reclaimed wasteland in the current year, farmland left without cultivation for less than three years and fallow land in the current year, rotation land, rotation land of grass and crops, farmland with some fruit trees, mulberry trees and other trees and reclaimed seashore land and lakeshore land, etc. The land of specialized mulberry fields, tea plantations, orchards, nurseies of young plants, forest land, reed land, natural and man—mande grassland are not included in cultivated land.

Sown Area of Crops rrfers to area of land sown or transplanted crops at the end of a production season, which reflects the scale of crops and the use of cultivated area. It's very imperative to calculate the sown area correctly in order to organize the production activities of agriculture, calcuate the yield of crops, study the composition and distribution of crops and work out the technical measures to increase production.

The statistical year of sown area refers to area of land sown during the year (form Jan, Ist to Dec, 31)with a harvest of crops (including all those sown in the autumn and winter of the preceding year, in the spring and summer of the current year in the late autumn in the southern regions.)

Total Output of Crops refers to the total output of fatrm crops of various kinds during a given period of time (usually a year). It's the basic figure to examine the production results of agriculture, make overall arrangements of the life of the urban and rural households, study the porporionate relationships between production, accumulation and consumption and work out a plan of national economy. It covers the output of crops regardless of being in cultivated area or non—cultivated area. For some crops with a fairly long reaping period, though they begin reaping in the winter of the current year until the spring of the following year, they should be included in the total output of crops of the current year.

The totsl output of crops refers to the total output of the whole society, including the output from the state—owned units (i. g. state—owned farms), collectiveowned units and contracted land of peasants as well as the rural household plots, the farms owned by the rural family members of staff and worker of industrial and mining enterprises and orhers.

The total output of crops is the output of dry crops in inventory. In some areas, it is estimated with the conversion of dry crops due to the delay of threshing, drying and putting in inventory.

Total Power of Farm Machinery refers to total mechanical power of machinery used in farming, forestry, animal husbandry, and fishery, including ploughing, irrigation and drainage, harvesting, transport, plant protection, stock breeding, forestry and fishery. The power of internal combustion engines is required to convert huorsepowers into watts and the power of electric motors is required to be converted into watts.

Township Enterprises refer to economic organizations owned by the collective of various levels, joint households and individuals of towns and villages and engaged in the activities of industry, construction, transportation, commerce, catering, service and other business operation as well as the agricultural enterprises owned by the collective at township and village level.

Township enterprises must satisfy the following four items:

(1)Having a regular (or fairly regular)operational organiziation, location, equipment and personnel;

(2) Engaged in the activities of business operation for yeaes of seasonal operation with theree months and more of a year;

(3)Qualifying with independent accounting system or with seperate accounts though not a unit with independent accountiong system;

(4)Having a business (operation)license issued by the local administration department for industry and commerce of other related departments. This item excludes the agricultural enterprises.

Gross Output Value of Township Exerprises refers to the operation income, sales income of products, serivce income and other incomes in monetary terms of the township enterprises engaged in agiculture, industry, construction, transportaiton, commerce, catering, service and others.

(1)The output value of agricultural enterprises is calculated according to actual income;

(2)The output value of industrial entrprises is calculated according to sales income of products and other incomes;

(3)The total income of the overall contractor units of construction is calculated according to complete price, but that of the non—overall conrtactor units is calculated according to actual income;

(4)The output value of transportation enterprises is calculated according to actual income;

(5)The total income of retail shops is calculated according to retail sales. As for the wholesale departments, purchasing and marketing agencies, material supply and marketing centers and storage activities, etc, their total income is calculated according to commission charges. The total income of catering enterprises is calculated according to turnover;

(6)The output value of service enterprises is calculated according to actual income;

(7)The output value of other enterprises is calculated according to actual income.

十二 工 业

INDUSTRY

简要说明

一、本篇主要包括以下几部分资料：

1、全省工业总产值及指数。

2、规模以上工业企业(即全部国有工业及年销售收入500万元以上非国有工业)按经济类型、企业规模、行业和地区分组的企业单位数和工业总产值(1995年及以后工业总产值按新规定计算)。

3、规模以上工业企业按国有、集体、其它、三资、股份制等经济类型分组的主要经济指标和经济效益指标。

4、规模以下工业主要指标。

5、主要工业产品生产能力。

6、主要工业产品产量。

7、工业总产值、资本金、固定资产净值、产品销售收入、资金利税率最大的前50名工业企业名录。

二、本篇资料由广东省统计局工业交通处整理提供。

三、本篇资料主要是根据国家统计局工业统计报表制度经各市、县统计局收集、汇总整理的，其中1995年度资料通过第三次全国工业普查取得。

INDUSTRY

Brief Introduction

Ⅰ. The data in this chapter cover the following data:

(1)The gross industrial output value and its indicators of the province;

(2)The number of industrial enterprises and the gross industrial output value of the industrial enterprises at township and higher level,all state—owned industrial enterprises and non—state—owned industrial enterprises with 5 million yuan or over of yearly sales revenue. classified by ownership, by enterprise scale,by industrial branch and by region (the data on gross industrial output value in 1995 and after 1995 were calculated in accordance with the new stipulations);

(3)The main economic indicators and main indicators on economic benefit of the industrial enterprises at township and higher levels classified by ownership (e. g. state—owned,collective owned,other types,township,foreign—funded,shareholding enterprises,etc);

(4)The main indicators of the village enterprises;

(5)The production capacity of major industrial products;

(6)The output of major industrial products;

(7)The list of the top fifty industrial enterprises with independent accounting systems of gross industrial output value,total capital assets,net value of fixed assets,revenue of product sales and profit and tax rate to assets.

Ⅱ. The data in this chapter are prepared and provided by the Division of Industry and Transportation of the Statistical Bureau of Guangdong Province.

Ⅲ. The data in this chapter are collected,tabulated and prepared by the municipal and county statistical bureaus mainly in accordance with the industrial staistical reporting scheme of the State Statistical Bureau. Among them,the annual data of 1995 were collected in the Third National Industrial Census.

12-1 工 业 主 要 指 标
MAIN INDICATORS OF INDUSTRY

指　　标	Item	1980	1985	1990	1995	1997	1998
一、全部工业							
1、工业企业(单位)数　(个)	Number of Industrial Enterprises　(unit)		225232	437833	386832	470615	478198
＃乡及乡以上工业企业(单位)数	Number of Industrial Enterprises at and Above Township level.	20874	23879	30404	42680	39567	
2、工业总产值　(亿元)	Gross Industrial Output Value (100 million yuan)	234.35	505.08	1907.34	7458.54	10461.52	12190.38
轻　工　业	Light Industry	147.59	341.08	1317.01	4653.35	6913.19	7726.37
重　工　业	Heavy Industry	86.76	164.00	590.33	2805.19	3548.33	4464.01
国有工业	State-Owned Industry	147.92	265.13	750.14	1067.06	1166.33	1040.47①
集体工业	Collective Owned Industry	81.93	202.67	692.64	2407.62	3362.99	2407.69②
股份合作工业	Share Holding Cooperative Enterprises					193.87	230.06③
股份制工业	Share Holding Enterprises				371.98	503.20	890.89④
外商、港澳台投资工业	Enterprises Funded by Foreigner and entrepreneurs form HongKong, Macao and Taiwan		14.32	131.40	2841.43	4150.32	5464.58⑤
其他经济类型工业	Enterprises of Other Types of Ownership	4.5	8.93	260.21	87.44	159.51	2156.69⑥
3、固定资产投资　(亿元)	Investment in Fixed Assets (100 million yuan)			134.55	449.83	421.62	453.22
＃基本建设	Capital Construction			96.85	345.12	307.29	343.13
4、实际利用外资　(万美元)	Foreign Capital Actually Used(USD 10000)	13188	56210	56986	795083	998477	967799
5、工业短期贷款　(亿元)	Short-term Loans to Industrial Enterprises	32.90	102.73	371.50	940.54	1341.80	1468.75
二、独立核算工业	The industrial enterprises with independent accounting Systems						
全员劳动生产率(元/人)	Overall Labor Productivity　(yuan/person)	2514	3991	8289	28485	40040	44553
资产总计　(亿元)	Total Capital　(100 million yuan)				8669.71	11290.25	12851.26
负债总计　(亿元)	Total Liabilities　(100 million yuan)				5653.25	7263.37	7992.05
利润总额　(亿元)	Total Pre-tax Profits　(100 million yuan)	19.41	39.09	37.04	171.87	270.90	224.89
＃亏损企业亏损额	Amount of loss of Unprofitable Enterprises	2.4	1.87	37.18	165.76	221.44	261.59
从业人员平均人数(万人)	Average on Persons Engaged	182.39	298.66	390.28	537.83	522.94	548.59

注：1、工业总产值1980年按1970年不变价计算，1985年按1980年不变价计算，1990-1998年按1990年不变价格计算。
2、1998年①－⑥项产值与1997年及以前数据不可比。1998年国有工业数不包括附营工业。
3、“独立核算工业”一项，1998年统计范围为全部国有工业及年销售收入500万元以上非国有工业。
4、全员劳动生产率1990年前按净产值计算，1995年起按增加值计算。

Note: 1. The gross industrial output value in 1980 is calculated at 1970 constant prices, in 1985 is calculated at 1980 constant prices, and the value in 1990-1998 are calculated at 1990 constant prices.
2. The output value of item ① to ⑥ of 1998 can't be directly compared with the years before. The state－owned enterprises exclude the attached business in 1998.
3. The figure of "industrial enterprises with independent accounting systems" in 1998 is the statistics for all state－owned enterprises and non－state－owned enterprises with sales above 5 million yuan.
4. The figures of overall labor productivity before 1990 are calculated by net output value, and those figures are calculated by value added since 1995.

12-2 工业企业单位数及产值

NUMBER OF ENTERPRISES AND GROSS OUTPUT VALUE OF INDUSTRY

项　　目	Item	1990	1995	1997①	1997	1998
一、工业企业单位数(个)	**Total Number of Industrial Enterprises (unit)**	**30404**	**42680**	**39567**	**20117**	**17980**
按经济类型分	**Grouped by Ownership**					
#国有经济	State-Owned Enterprises	6886	6873	6203	4757	3683
集体经济	Collective Owned Enterprises	20641	23556	21044	4395	4338
股份合作经济	Share Holding Cooperative Enterprises					130
股份制经济	Share Holding Enterprises		297	313		801
外商投资经济	Foreign Funded Enterprises	563	2154	2647	1448	1336
港澳台投资经济	Enterprises Funded by Entrepreneurs from HongKong, Macao and Taiwan	180	8776	7941	6061	6508
按轻重工业分	**Grouped by Light & Heavy Industry**					
轻　工　业	Light Industry	20205	26113	23848	12658	11095
以农产品为原料	Using Farm Products as Raw Materials	12065	15878	14192	7546	6298
以非农产品为原料	Using Non-farm Products as Raw Materials	8140	10235	9656	5112	4797
重　工　业	Heavy Industry	10199	16567	15719	7459	6885
采掘工业	Mining and Quarrying	1228	1561	1458	522	343
原料工业	Raw Materials Industry	2903	4616	4406	2118	1914
加工工业	Processing Industry	6068	10390	9855	4819	4628
按企业规模分	**Grouped by Size of Enterprises**					
大型企业	Large	312	515	655	651	751
中型企业	Medium-sized	724	1263	1432	1396	1358
小型企业	Small	29368	39731	37480	18070	15871
二、工业总产值(亿元)	**Gross Industral Output Value (100 million yuan)**	**1609.32**	**5581.74**	**7474.44**	**7865.98**	**9063.72**
按经济类型分	**Grouped by Ownership**					
#国有经济	State-Owned Enterprises	750.14	1067.06	1166.33	991.96	1040.47
集体经济	Collective Owned Enterprises	467.57	1213.83	1495.08	1405.38	1417.61
股份合作经济	Share Holding Cooperative Enterprises				155.80	183.34
股份制经济	Share Holding Enterprises		371.98	503.20	726.01	890.89
外商投资经济	Foreign Funded Enterprises	111.86	909.30	1651.27	1627.48	1738.29
港澳台投资经济	Enterprises Funded by Entrepreneurs from HongKong, Macao and Taiwan	22.54	1932.12	2499.04	2816.04	3481.13
按轻重工业分	**Grouped by Light & Heavy Industry**					
轻　工　业	Light Industry	1086.78	3426.23	4605.58	4929.71	5490.54
以农产品为原料	Using Farm Products as Raw Materials	583.88	1630.31	2067.69	2157.71	2339.11
以非农产品为原料	Using Non-Farm Products as Raw Materials	502.90	1795.92	2537.89	2772.00	3151.43
重　工　业	Heavy Industry	522.54	2155.51	2868.86	2936.27	3573.18
采掘工业	Mining and Quarrying	29.45	72.75	115.50	101.59	114.40
原料工业	Raw Materials Industry	192.49	522.02	625.06	643.05	742.58
加工工业	Processing Industry	300.60	1560.74	2128.30	2191.63	2716.20
按企业规模分	**Grouped by Size of Enterprises**					
大型企业	Large	422.61	1499.82	2244.25	2245.56	2747.66
中型企业	Medium-sized	318.15	822.41	1171.05	1180.27	1313.27
小型企业	Small	868.56	3257.52	4059.14	4440.15	5002.79

注：1. 本表1990、1995、1997年(标有符号"①"一栏)三栏统计范围为乡及乡以上工业。1997、1998年为全部国有工业及年销售收入500万元以上的非国有工业。2. 本表工业总产值从1995年起按新规定计算。3. 本表产值均为1990年不变价格。4. 1998年国有工业单位不包括附营单位。

Note: a) The statistics in the table of 1990, 1995 and 1997(Labeled①) covered Township and higher level industrial enterprises. while the coverage in 1997 and 1998 covered the whole state—owned enterprises and non—state—owned enterprises with sales above 5000 thousand yuan.

b) The data of gross industrial output value since 1995 were calculated in accordance with the new stipulations.

c) Values in this table are based on 1990 constant prices.

d) State—owned industrial enterprises don't include their susidary.

12-3 工业总产值
GROSS INDUSTRIAL OUTPUT VALUE

单位:亿元 (100 million yuan)

年份 Year	工业总产值 Gross Industrial Output Value	按轻重分 Grouped by Light & Heavy Industry 轻工业 Light Industry	重工业 Heavy Industry	乡及乡以上工业总产值 Gross Industrial Output Value at and Above Township level	按经济类型分 Grouped by Ownership 国有经济 State-owned Enterprises	集体经济 Collective Owned Enterprises	其他经济类型 Others	城镇合作城镇个体和村及村以下工业 Industry of Town Cooperative and Individual Industry and Industry at and Under Village Level
按1957年不变价格计算 calculated at constant prices of 1957								
1949	7.58	6.64	0.94	4.52	4.52			3.06
1952	14.95	13.10	1.85	10.37	10.23	0.14		4.58
1957	31.89	26.19	5.70	28.40	22.00	6.40		3.49
1962	39.64	30.40	9.24	37.52	28.49	9.03		2.12
1965	64.17	45.91	18.26	60.96	49.25	11.71		3.21
1970	104.46	67.68	36.78	100.87	79.22	21.65		3.59
按1970年不变价格计算 calculated at constant prices of 1970								
1975	157.17	95.49	61.68	152.18	112.96	39.22		4.99
1978	199.65	114.43	85.22	187.56	135.41	52.15		12.09
1979	214.55	129.29	85.26	198.48	143.66	54.82		16.07
1980	234.35	147.59	86.76	217.21	147.92	64.79	4.50	17.14
按1980年不变价格计算 calculated at constant prices of 1980								
1980	236.37	148.86	87.51	219.08	149.19	65.35	4.54	17.29
1981	272.12	176.33	95.79	243.51	164.35	76.60	2.56	28.61
1982	294.66	194.66	100.00	264.67	176.94	84.55	3.18	29.99
1983	329.99	213.72	116.27	297.17	196.94	94.72	5.51	32.82
1984	396.20	262.65	133.55	355.80	224.10	117.88	13.82	40.40
1985	505.08	341.08	164.00	442.66	265.13	154.28	23.25	62.42
1986	584.76	403.97	180.79	505.42	286.53	181.52	37.37	79.34
1987	778.26	537.88	240.38	656.73	348.95	236.16	71.62	121.53
1988	1050.77	727.32	323.45	886.25	432.67	325.80	127.78	164.52
1989	1221.93	839.70	382.23	1018.81	458.82	349.41	210.58	203.12
1990	1430.80	1020.37	410.43	1195.90	501.25	380.44	314.21	234.90
按1990年不变价格计算 calculated at constant prices of 1990								
1990	1907.34	1317.01	590.33	1609.32	750.14	467.57	391.61	298.02
1991	2453.57	1671.87	781.70	2071.78	903.88	564.56	603.34	381.79
1992	3352.80	2257.70	1095.10	2769.13	1088.63	749.30	931.20	583.67
1993	4669.05	3099.77	1569.28	3715.64	1129.28	958.79	1627.57	953.41
1994	6219.87	4111.66	2108.21	4595.86	1097.42	1167.20	2331.24	1624.01
1995	7458.54	4653.35	2805.19	5581.74	1067.06	1213.83	3300.85	1876.80
1996	8815.47	5730.88	3084.59	6443.93	1086.78	1390.19	3966.95	2371.54
1997	10461.52	6913.19	3548.33	7474.44	1166.33	1495.08	4813.03	2987.08
1998	12190.38	7726.37	4464.01					

注：1.1998年因统计口径改变，乡及乡以上产值及分组数据与1997年及以前数据不可比。2.1995年起，工业总产值按新规定计算。

Note: The data of gross industrial output value since 1995 were calculated in accordance with the new stipulations. The data of gross industrial output value at township and higher level enterprises in 1998 can't be directly compared with the years before due to the approcach has changed.

12-4 工 业 总 产 值 指 数

INDICES OF GROSS INDUSTRIAL OUTPUT VALUE

单位:%　　　　(%)

年份 Year	工业总产值 Gross Industrial Output Value	按轻重分 Grouped by Light & Heavy Industry: 轻工业 Light Industry	重工业 Heavy Industry	乡及乡以上工业总产值 Gross Industrial Output Value at and Above Township level	按经济类型分 Grouped by Ownership: 国有经济 State-owned Enterprises	集体经济 Collective Owned Enterprises	其他经济类型 Others	城镇合作城镇个体和村及村以下工业 Industry of Town Cooperative and Individual Industry and Industry at and Under Village Level
1949	100.0	100.0	100.0	100.0	100.0			100.0
1952	197.2	197.3	196.8	229.4	226.3	100.0		149.7
1957	420.7	394.4	606.4	628.3	486.7	4571.4		114.1
1962	523.0	457.8	983.0	830.1	630.3	6450.0		69.3
1965	846.6	691.4	1942.6	1348.7	1089.6	8364.3		104.9
1970	1378.1	1019.3	3912.8	2231.6	1752.7	15464.3		117.3
1975	2129.7	1404.3	7342.9	3474.4	2561.5	29644.7		141.8
1978	2705.3	1682.8	10145.2	4282.2	3070.5	39418.0		343.5
1980	3175.5	2170.4	10328.6	4959.1	3354.2	48972.0	100.0	486.9
1981	3655.8	2570.9	11305.7	5512.1	3695.0	57402.5	56.4	805.7
1982	3958.6	2838.2	11802.6	5991.1	3978.1	63360.1	70.1	844.6
1983	4433.2	3116.1	13722.9	6726.8	4427.8	70981.3	121.5	924.3
1984	5322.7	3829.5	15762.4	8054.0	5038.4	88336.9	304.7	1137.8
1985	6779.6	4993.9	19294.1	10106.4	5971.4	117951.0	503.9	1638.3
1986	7849.1	5914.7	21269.4	11539.3	6453.4	138776.7	809.9	2082.4
1987	10446.4	7875.3	28278.0	14993.9	7859.3	180550.4	1552.2	3189.7
1988	14104.2	10649.1	38047.9	20234.0	9744.9	249082.5	2769.3	4318.0
1989	16401.6	12294.4	44965.1	23260.5	10333.9	267132.9	4563.8	5331.1
1990	19205.4	14939.5	48285.9	27303.7	11289.4	290856.3	6810.1	6165.4
1991	24708.7	18977.0	63552.9	35114.9	13612.7	351094.5	10492.0	7904.6
1992	33764.6	25626.6	89032.5	46934.4	16395.0	465982.3	16193.4	12084.3
1993	47019.6	35184.6	127583.7	62976.9	17007.2	596262.1	28303.1	19739.3
1994	62637.1	46670.3	171399.1	77895.9	16527.4	725870.2	40539.8	33623.3
1995	78252.3	55062.5	237353.5	97380.0	16620.5	794234.6	58511.3	41926.2
1996	92488.7	67812.8	260994.1	112421.9	16927.6	909630.7	70318.7	52978.3
1997	109758.4	81802.9	300232.2	130400.3	18166.7	978262.4	85316.4	66728.9
1998	127897.0	91425.2	377709.9					

注:1998年因统计口径改变,不直接计算乡及乡以上产值及分组指数。

Note: Due to statistical approach changed in 1998, so the industrial output value and the grouping index at township and higher level enterprises hasn't been calculated directly.

12-5 按经济类型分的工业总产值及指数
INDICES AND GROSS OUTPUT VALUE OF INDUSTRY BY OWNERSHIP

年 份 Year	绝 对 数(亿元) Gross Output Value of Industry(100 million yuan)					指数(1978=100) Indices				
	工业总产值 Total	国有工业 State-Owned	集体工业 Collective Owned	城乡个体工业 Individual	其他经济工业 Others	工业总产值 Total	国有工业 State-Owned	集体工业 Collective Owned	城乡个体工业 Individual	其他经济工业 Others
1978	206.56	131.83	73.28		1.45	100.0	100.0	100.0		
1979	221.46	142.64	77.34		1.48	107.5	106.1	110.4		
1980	248.68	146.95	95.08	0.05	6.60	117.4	109.2	127.6	100	100
1981	282.95	165.53	112.49	0.13	4.80	134.5	120.3	174.2	260.0	56.4
1982	313.76	178.78	129.39	0.28	5.31	145.7	129.5	160.7	540.0	70.1
983	356.91	204.68	149.25	0.69	2.29	163.4	144.1	194.0	1360.0	121.5
1984	433.40	240.19	185.17	1.23	6.81	196.4	164.0	239.2	2460.0	304.7
1985	534.72	298.42	200.98	14.14	21.18	249.6	194.0	306.3	28060.0	512.6
1986	632.89	334.59	243.27	19.93	35.10	289.0	209.7	365.2	38380.0	823.9
1987	878.29	427.10	343.59	34.88	72.72	384.6	255.4	491.6	64800.0	1597.0
1988	1318.90	594.98	520.99	55.58	147.35	519.3	316.7	672.2	91040.0	2817.2
1989	1647.24	714.93	607.02	72.85	252.44	603.9	335.8	744.8	119360.0	4642.7
1990	1902.25	765.43	659.65	91.19	385.98	707.1	366.9	820.7	144520.0	6927.5
1991	2524.12	973.59	828.68	118.96	602.89	909.6	442.1	987.9	223129.0	10672.9
1992	3479.39	1202.46	1174.42	184.60	917.91	1243.0	532.5	1364.9	358714.0	16472.6
1993	5237.37	1445.38	1711.62	315.42	1764.95	1731.0	552.4	1903.9	605041.0	28791.1
1994	7273.95	1562.24	2444.46	555.04	2712.21	2305.9	536.8	2682.2	1045236.5	41238.8
1995	9720.54	1709.89	3054.13	921.84	4034.68	2880.8	539.8	3039.0	1460985.5	59520.2
1995(新规定)	8849.90	1465.82	2797.76	854.70	3731.62					
1996	10530.93	1544.58	3552.70	970.51	4463.14	3404.9	549.8	3793.5	1618115.9	71531.2
1997	12372.69	1574.39	4042.39	1472.59	5283.32	4040.7	590.0	4245.7	2392267.9	86788.4
1998	13799.16									

注:1、绝对数按现价计算,指数按可比价计算。1998 年因统计口径改变不计算分组指数。
2、本表产值从 1995 年起按新规定计算。3.城乡个体工业包括私营。

Note:a)Values in this table are based on current prices,indices are based on comparable prices. Due to the statistical approach change in 1998,the grouping index hasn't been calculated.

b) The data of output value in this table from 1995 are calculated in accordance with the new stipulations.

c)The industry of individual of urban—rural areas included private enterprises.

12-6 乡及乡以上工业总产值及指数

INDICES AND GROSS OUTPUT VALUE OF INDUSTRAL ENTERPRISES AT AND ABOVE TOWNSHIP LEVEL

单位：亿元 (100 million yuan)

年份 Year	总产值 Gross Output Value	轻工业 Light Industry Enterprises	重工业 Heavy Industry Enterprises	#大中型工业 Large And Medium Enterprises	总产值指数(1978=100) Gross Output Value Indices (1978=100)	轻工业 Light Industry Enterprises	重工业 Heavy Industry Enterprises	#大中型工业 Large And Medium Enterprises
1978	180.73	102.32	78.41	49.34	100.0	100.0	100.0	100.0
1979	194.64	110.28	84.36	54.91	105.8	105.3	106.4	109.5
1980	212.69	128.17	84.52	56.33	115.8	127.7	100.7	103.1
1981	241.93	152.97	88.96	66.89	128.7	151.3	102.1	133.0
1982	263.02	164.17	98.85	75.37	139.9	164.2	111.2	148.5
1983	293.70	180.60	113.10	92.78	157.1	184.5	124.7	181.5
1984	359.87	223.29	136.58	110.63	188.1	226.1	142.8	209.9
1985	471.83	289.68	182.15	166.11	236.0	279.6	179.8	302.0
1986	550.49	344.70	205.79	210.27	269.5	327.7	194.7	379.7
1987	747.47	472.45	275.02	299.19	350.1	426.5	252.2	522.3
1988	1118.00	718.03	399.97	459.74	472.5	582.1	332.2	720.2
1989	1399.45	893.20	506.25	622.42	543.2	594.3	389.2	863.6
1990	1605.80	1057.02	548.78	734.35	637.6	795.5	435.8	1042.2
1991	2144.93	1371.46	773.47	1057.02	820.0	1009.7	622.1	1476.1
1992	2884.35	1796.12	1088.23	1408.48	1096.0	1331.0	854.4	1980.5
1993	4252.70	2515.77	1736.93	1891.29	1470.7	1751.6	1188.8	2412.8
1994	5565.48	3224.69	2340.79	2563.27	1819.1	2135.9	1507.6	2863.3
1995(原规定) Original Stipulations	6502.97	3776.94	2726.03	2824.61				
1995(新规定) New Stipulations	7189.24	4148.78	3040.46	3227.59	2274.1	2581.8	1993.2	3519.7
1996	7490.49	4344.25	3146.24	3470.81	2625.4	2989.5	2290.2	4253.6
1997	8442.32	4914.09	3528.23	3950.86	3045.3	3470.5	2652.8	5176.4
1998	9738.56	5765.51	3973.05	4060.93				

注：1、绝对数按现价计算，指数按可比价计算。
2、本表产值从1995年起按新规定计算。
3、1998年为全部国有工业及年销售收入500万元以上非国有工业。

Nota：a) Values in this table are based on current prices, indices are based on comparable prices.
b) The data of output value in this table from 1995 are calculated in accordance with the new stipulations.
c) The data in 1998 covered whole state—owned enterprises and non—state—owned enterprises with annual sales revenue abcve 5000 thousand yuan.

12—7 工业总产值构成及增长速度

COMPOSITION AND GROWTH SPEED OF GROSS INDUSTRIAL OUTPUT VALUE

指标	Item	现价(亿元) Current prices (100 million yuan)		1990年不变价(亿元) constant prices at 1990(100 million yuan)		
		1998	比重(%) Proportion (%)	1997	1998	增长速度(%) Growth speed (%)
全部工业总产值	**Gross Industrial Output Value**	**13799.16**	**100.0**	**10461.52**	**12190.38**	**16.5**
轻工业	Light Industry	8838.98	64.1	6913.19	7726.37	11.8
重工业	Heavy Industry	4960.18	35.9	3548.33	4464.01	25.8
1、500万元以上	Above 500 thousand yuan	9738.56	100.0	7865.98	9063.72	15.2
轻工业	Light Industry	5765.51	59.2	4929.71	5490.54	11.4
重工业	Heavy Industry	3973.05	40.8	2936.27	3573.18	21.7
2、500万元以下	Below 500 thousand yuan	3835.89	100.0	2393.59	2953.64	23.4
轻工业	Light Industry	2903.27	75.7	1811.95	2235.52	23.4
重工业	Heavy Industry	932.62	24.3	581.64	718.12	23.5
3、附营工业	Attached Business	224.71	100.0	201.95	173.03	—14.3
轻工业	Light Industry	170.08	75.7	171.53	130.96	—23.7
重工业	Heavy Industry	54.63	24.3	30.42	42.07	38.3

12—8 按经济类型分工业总产值

GROSS INDUSTRIAL OUTPUT VALUE BY OWNERSHIP

单位:亿元 (100 million yuan)

指标	Item	1997				1998			
		全部工业总产值(1990年不变价) Gross Industrial Output Value (Constant Price at 1990)	500万元以上工业 Upwards 500 thousand yuan	500万元以下工业 Below 500 thousand yuan	附营工业 Add—runned	全部工业总产值(1990年不变价) Gross Industrial Output Value (Constant Price at 1990)	500万元以上工业 Upwards 500 thousand yuan	500万元以下工业 Below 500 thousand yuan	附营工业 Add—runned
合计	**Total**	**10461.52**	**7865.98**	**2393.59**	**201.95**	**12190.38**	**9063.72**	**2953.64**	**173.03**
国有经济	State—Owned	991.96				1040.47			
集体经济	Collective Owned	2332.95	1405.38	725.62	201.95	2407.69	1417.61	817.05	173.03
股份合作制经济	Cooperative with ShareHolding	193.87	155.80	38.07		230.06	183.34	46.72	
股份制经济	Share Holding	726.01	726.01			890.89	890.89		
外商及港澳台经济	Foreign, Hong Kong, Macao & Taiwan Funded	4658.84	4443.52	215.32		5464.58	5219.42	245.16	
其他经济	Others	1557.89	143.31	1414.58		2156.70	311.99	1844.71	

12—9 分行业工业总产值增长速度(1998年)
GROWTH RATE OF GROSS INDUSTRIAL OUTPUT VALUE BY SECTOR(1998)

指 标	Item	绝对数(亿元) Value (100 million yuan)		1998比1997增长(%) Increase Rate in 1998 over 1997(%)
		1997	1998	
总 计	**Total**	**7865.98**	**9063.72**	**15.2**
#煤炭采选业	Coal Mining and Dressing	4.07	2.86	−29.7
石油和天然气开采	Petroleum and Natural Gas Extraction	42.76	42.84	0.2
黑色金属矿采选业	Ferrous Metal Minerals Mining and Dressing	5.71	6.23	9.1
有色金属矿采选业	Nonferrous Metals Minerals Mining and Dressing	12.52	13.27	6.0
非金属矿采选业	Nonmetal Minerals Mining and Dressing	49.59	49.02	−1.1
其他矿采选业	Other Minerals Mining and Dressing	2.21	0.46	−79.2
木材及竹材采运业	Logging and Transport of Timber and Bamboo	1.86	1.03	−44.6
食品加工业	Food Processing	253.24	228.56	−9.7
食品制造业	Food Manufacturing	164.61	174.47	6.0
饮料制造业	Beverage Manufacturing	127.92	145.00	13.4
烟草加工业	Tobacco Processing	47.70	48.41	1.5
纺织业	Textile Industry	415.61	432.38	4.0
服装及其他纤维制品制造业	Garments and Other Fiber Products	447.02	520.04	16.3
皮革、毛皮、羽绒及其制品业	Leather,Furs,Down and Related Products	275.67	282.19	2.4
木材加工及竹、藤、棕、草制品业	Timber Processing,Bamboo,Cane,Palm Fiber & Straw Products	71.13	76.13	7.0
家具制造业	Furniture Manufacturing	63.15	72.23	14.4
造纸及纸制品业	Papermaking and Paper Products	164.81	189.80	15.2
印刷业、记录媒介的复制	Printing and Record Medium Reproduction	93.00	109.18	17.4
文教体育用品制造业	Cultural,Educational and Sports Goods	137.70	177.86	29.2
石油加工及炼焦业	Petroleum Processing and Coking	99.41	100.04	0.6
化学原料及制品制造业	Raw Chemical Materials and Chemical Products	366.60	402.05	9.7
医药制造业	Medical and Pharmaceutical Products	142.08	156.87	10.4
化学纤维制造业	Chemical Fiber	125.49	118.07	−5.9
橡胶制品业	Rubber Products	56.40	67.64	19.9
塑料制品业	Plastic Products	359.28	388.05	8.0
非金属矿物制品业	Nonmetal Mineral Products	358.14	438.83	22.5
黑色金属冶炼及压延加工业	Smelting and Pressing of Ferrous Metals	76.51	76.06	−0.6
有色金属冶炼及压延加工业	Smelting and Pressing of Nonferrous Metals	97.87	156.21	59.6
金属制品业	Metal Products	374.65	478.44	27.7
普通机械制造业	Ordinary Machinery Manufacturing	147.00	155.85	6.0
专用设备制造业	For Special Purposes Equipment Manufacturing	96.79	102.78	6.2
交通运输设备制造业	Transport Equipment Manufacturing	319.31	320.85	0.5
电气机械及器材制造业	Electric Equipment and Machinery	766.79	921.31	20.2
电子及通信设备制造业	Electronic and Telecommunication Equipment	1491.01	2009.45	34.8
仪器仪表及文化、办公用机械制造业	Instruments,Meters,Cultural and Office Machinery	190.60	259.20	36.0
其他制造业	Other Manufacturing	270.79	190.86	−29.5
电力蒸汽热水生产供应业	Electric Power,Steam and Hot Water Production and Supply	118.44	119.80	1.1
煤气的生产和供应业	Gas Production and Supply	5.08	7.01	38.0
自来水的生产和供应业	Tap Water Production and Supply	23.13	22.10	−4.5

注:1.本表统计范围为全部国有工业企业及年销售收入在500万元以上的非国有工业。2.本表产值为1990年不变价。

Note:a)The statistical coverage of this table covered for whole state—owned enterprises and non—state—owned enterprises with annual sales revenue above 5000 thousand yuan. b)The figures of gross output value is calculated at 1990 constant prices.

12-10 农村工业、城镇合作经营及个体工业总产值及指数

INDICES AND GROSS OUTPUT VALUE OF RURAL INDUSTRY, TOWN COOPERATIVE INDUSTRY AND INDIVIDUAL INDUSTRY

年份 year	绝对数(亿元) Gross Output Value of Industry(100 million yuan)						指数(1978=100) Indices (1978=100)			
	农村工业 Rural	#乡办工业 Township	#村办工业 Village	#村以下办工业 Village Level Below	城镇联营工业及个体工业 Town Coopera-tive and Individual	#城镇个体工业 Town Individual	农村工业 Rural	#乡办工业 Township	#村办工业 Village	城镇联营工业及个体工业 Town Coopera-tive and Individual
1978	38.81	12.98	25.83				100.0	100.0	100.0	
1979	40.87	14.05	26.82				119.2	106.3	132.9	
1980	52.66	16.77	35.89		0.05	0.05	132.6	124.0	141.7	100.0
1981	61.52	20.63	40.89		0.13	0.13	179.9	143.2	218.7	260.0
1982	73.60	23.14	50.46		0.28	0.28	191.7	156.3	229.2	540.0
1983	87.77	25.25	62.52		0.68	0.68	210.5	172.4	250.8	1360.0
1984	107.37	35.07	72.30		1.23	1.23	264.8	223.3	308.7	2460.0
1985	103.43	45.29	34.97	23.17	4.75	4.75	372.7	309.1	440.7	9660.0
1986	132.11	56.94	40.60	34.57	7.22	3.58	476.1	395.5	561.5	14180.0
1987	204.09	84.47	69.16	50.46	11.20	5.46	697.6	554.4	849.3	20800.0
1988	317.66	137.98	104.32	79.97	16.62	7.84	947.8	806.3	1153.3	27220.0
1989	382.80	157.91	126.19	98.70	22.89	10.21	1141.6	889.3	1408.9	37540.0
1990	441.51	171.14	150.77	119.60	26.07	11.66	1301.2	992.4	1628.3	43680.0
1991	614.33	272.92	195.21	146.20	37.78	17.69	1914.9	1851.2	2067.8	60726.2
1992	860.96	371.12	316.19	227.65	51.20	25.11	2629.3	2099.4	3211.3	79712.0
1993	1414.44	520.92	519.62	373.90	91.15	49.45	4234.2	3349.9	5197.4	142819.0
1994	2216.18	636.09	907.20	672.89	128.36	71.91	6593.4	4108.7	9024.6	198373.3
1995	3058.43	1030.35	1297.76	730.32	318.85	261.83	8682.5	6727.4	10776.7	372068.2
1996	3932.13	1131.30	1735.88	1064.95	239.61	155.63	10231.5	7380.3	13159.5	294705.8
1997	4855.40	1272.97	1987.24	1595.19	347.94	244.07	12314.9	8215.8	16401.0	416994.0
1998	4753.71	1357.36			202.85	143.70				

注：本表绝对数按当年价计算，指数按可比价计算。
Note: Values in this table are based on current prices, indices are based on comparable prices.

12-11 各市工业企业单位数和工业总产值

NUMBER OF INDUSTRIAL ENTERPRISES AND GROSS OUTPUT VALUE AT AND ABOVE TOWNSHIP LEVEL BY CITY

市别 City	工业企业单位数(个) Number of Industrial enterprises				工业总产值(亿元) Gross Output Value of Industry(10^8 yuan)			
	1990	1995	1997	1998	1990	1995	1997	1998
广州 Guangzhou	4273	8508	7528	2830	402.19	1054.04	1383.50	1835.95
深圳 Shenzhen	2432	2799	2635	2090	186.04	900.13	1256.28	1660.67
珠海 Zhuhai	855	1464	1573	809	55.82	303.55	427.23	514.85
汕头 Shantou	1569	1831	1679	708	66.51	207.61	274.35	293.81
韶关 Shaoguan	1462	1981	1975	429	59.31	93.81	107.38	98.74
河源 Heyuan	946	932	743	186	7.48	19.56	22.00	22.04
梅州 Meizhou	1764	2017	1898	415	31.65	67.27	68.95	62.49
惠州 Huizhou	1558	2710	2909	1006	35.82	313.96	520.52	530.01
汕尾 Shanwei	592	570	440	114	4.78	19.65	21.22	18.72
东莞 Dongguan	1129	2431	2043	1500	51.51	192.30	268.07	481.26
中山 Zhongshan	685	1189	916	806	68.37	278.84	362.71	446.17
江门 Jiangmen	1931	2553	2500	1482	134.21	531.78	726.84	785.96
佛山 Foshan	1863	2084	1889	1797	234.24	798.87	986.50	1272.65
阳江 Yangjiang	571	823	795	246	18.80	55.23	56.83	53.54
湛江 Zhanjiang	1350	1555	1424	445	70.06	160.02	167.14	151.42
茂名 Maoming	1256	1447	1423	487	56.61	123.09	158.96	149.15
肇庆 Zhaoqing	1816	2350	2359	988	43.80	207.97	325.68	333.74
清远 Qingyuan	1202	1712	1618	370	17.38	48.94	64.28	61.37
潮州 Chaozhou	883	1223	759	328	17.16	45.97	63.94	65.80
揭阳 Jieyang	1117	1191	1273	582	18.31	58.98	86.90	114.06
云浮 Yunfu	1117	1311	1188	362	25.14	100.18	125.17	111.34

注：1. 本表1997年及以前统计范围为乡及乡以上工业，1998年为全部国有工业和年销售收入500万元以上非国有工业。2. 本表产值按1990年不变价计算。
Note: a) The data in this table covered township and higher level enterprises before1997, while those covered whole state-owned and non-state-owned enterprises with annual sales revenue above 5000 thousand yuan in 1998. b) The figures are based on 1990 constant prices.

12-12 各市各行业工业企业单位数(1998年)

单位:个

行业	Item	全省 Province	广州 Guangzhou
全省总计	**Province Total**	**17980**	**2830**
按经济类型分	**Grouped by Ownership**		
#国有经济	State-owned Enterprises	3683	622
集体经济	Collective Owned Enterprises	4338	601
股份制经济	Share Holding Enterprises	801	115
外商投资经济	Foreign Funded Enterprises	1336	235
港澳台投资经济	Enterprises Funded by Entreprenuers from HongKong, Macao and Taiwan	6508	1063
按轻重工业分	**Grouped by Light & Heavy Industry**		
轻工业	Light Industry	11095	1733
以农产品为原料	Using farm Products as Raw Materials	6298	933
以非农产品为原料	Using Non-farm Products as Raw Materials	4797	800
重工业	Heavy Industry	6885	1097
采掘工业	Mining and Quarrying	343	41
原料工业	Raw Materials Industry	1914	254
加工工业	Manufacturing Industry	4628	802
按企业规模分	**Grouped by Size of Enterprise**		
大型企业	Large	751	248
中型企业	Medium-sized	1358	360
小型企业	Small	15871	2222
按行业分	**Grouped by Sector**		
#煤炭采选业	Coal Mining and Dressing	22	
石油和天然气开采	Petroleum and Natural Gas Extraction	3	2
黑色金属矿采选业	Ferrous Metal Minerals Mining and Dressing	33	
有色金属矿采选业	Nonferrous Metal Minerals Mining and Dressing	63	1
非金属矿采选业	Nonmetal Minerals Mining and Dressing	188	35
其他矿采选业	Other Minerals Mining and Dressing	2	
木材及竹材采运业	Logging and Transport of Timber and Bamboo	44	3
食品加工	Food Processing	593	62
食品制造业	Food Manufacturing	470	87
饮料制造业	Beverage Manufacturing	293	45
烟草加工业	Tobacco Processing	23	2
纺织业	Textile Industry	949	125
服装及其他纤维制品制造	Garments and Other Fiber Products	1653	244
皮革毛皮羽绒及其制品业	Leather, Furs, Down and Related Products	638	119
木材加工及竹藤棕草制品业	Timber Processing, Bamboo, Cane, Palm Fiber Straw Products	248	32
家具制造业	Furniture Manufacturing	300	44
造纸及纸制品业	Papermaking and Paper Products	624	76
印刷业记录媒介的复制	Printing and Record Medium Reproduction	391	81
文教体育用品制造业	Cultural, Educational and Sports Goods	460	84
石油加工及炼焦业	Petroleum Processing and Coking	35	8
化学原料及制品制造业	Raw Chemical Materials and Chemical Products	855	195
医药制造业	Medical and Pharmaceutical Products	249	58
化学纤维制造业	Chemical Fiber	104	14
橡胶制品业	Rubber Products	175	51
塑料制品业	Plastic Products	1126	147
非金属矿物制品业	Nonmetal Mineral Products	1419	154
黑色金属冶炼及压延加工业	Smelting and Pressing of Ferrous Metals	150	15
有色金属冶炼及压延加工业	Smelting and Pressing of Nonferrous Metals	197	26
金属制品业	Metal Products	1198	198
普通机械制造业	Ordinary Machinery Manufacturing	463	110
专用设备制造业	For Special Purposes Equipment Manufacturing	406	98
交通运输设备制造业	Transport Equipment Manufacturing	521	147
电气机械及器材制造业	Electric Equipment and Machinery	1185	203
电子及通信设备制造业	Electronic and Telecommunication Equipment	1195	149
仪器仪表及文化办公用机械制造业	Instruments, Meters, Cultural and Office Machinery	289	63
其他制造业	Other Manufacturing	615	94
电力蒸汽热水生产供应业	Electric Power, Steam and Hot Water Production and Supply	583	35
煤气的生产和供应业	Gas Production and Supply	31	3
自来水的生产和供应业	Tap Water Production and Supply	185	20

注:本表统计范围为全部国有工业及年销售收入500万元以上非国有工业。

NUMBER OF INDUSTRIAL ENTERPRISES BY SECTOR BY CITY (1998)

(unit)

深圳 Shenzhen	珠海 Zhuhai	汕头 Shantou	韶关 Shaoguan	河源 Heyuan	梅州 Meizhou	惠州 Huizhou	汕尾 Shanwei	东莞 Dongguan
2090	**809**	**708**	**429**	**186**	**415**	**1006**	**114**	**1500**
144	92	170	331	134	232	194	50	29
68	117	243	39	8	92	224	22	204
139	28	37	16	8	16	16	1	17
301	99	66	5	1	7	59	19	135
1310	449	173	18	28	51	470	18	1085
1258	574	521	155	82	146	640	74	1017
544	338	320	116	53	96	366	53	530
714	236	201	39	29	50	274	21	487
832	235	187	274	104	269	366	40	483
8	4	2	48	14	23	22	1	3
79	38	48	125	58	150	79	22	95
745	193	137	101	32	96	265	17	385
67	43	10	21	4	5		1	16
59	52	30	56	20	45	31	8	27
1964	714	668	352	162	365	975	105	1457
			9		9			
			4	4	4	4		
		2	16	5	3	5	1	
7	4	2		1	6	10	1	2
				1		1		
1			19	3	1	5		1
24	21	34	17	13	14	21	14	13
30	26	29	5	6	4	18	5	20
22	14	9	10	4	12	19	5	8
1	3		3		1			
64	46	59	26	7	18	51	10	102
181	148	116	4	6	9	122	7	161
65	19	14	5	2	1	73	2	70
8	10	3	8		8	12		11
39	14	3	14		7	9		30
54	26	17	13	4	13	28	3	90
45	9	28	14	5	7	9	3	22
85	27	13	4	1	2	26	7	100
2								1
74	38	38	31	9	21	37	2	56
27	10	11	5	10	6	15		4
4	5	10		1	1	2		3
21	1	3	1	4	1	3		28
202	59	60	3		3	70	1	136
70	36	17	44	19	78	53	4	73
4	4	1	10	10	19	1		1
9	2	3	9	2	7	7		8
163	34	22	12	4	4	64	1	101
30	11	14	20	4	19	16	1	22
45	18	29	16	3	6	17	3	24
60	28	13	14	6	22	23	6	16
171	45	42	12	7	13	59	1	141
371	86	24	12	5	18	140	7	161
104	18	10		3	2	16	1	23
75	30	47	3	2	8	38	3	40
19	11	28	56	30	60	24	22	10
5	1	3	1		1			
8	5	4	9	5	7	8	4	22

Note: The statistical coverage of this table covered the whole state-owned enterprises and non-state-owned enterprises with annual sales revenue above 5000 thousand yuan.

续表 1　continued

单位:个

行　　业	Item	中　山 ZhongShan	江　门 Jiangmen
全省总计	**Province Total**	**806**	**1482**
按经济类型分	**Grouped by Ownership**		
#国有经济	State-owned Enterprises	46	215
集体经济	Collective Owned Enterprises	218	527
股份制经济	Share Holding Enterprises	41	57
外商投资经济	Foreign Funded Enterprises	41	99
港澳台投资经济	Enterprises Funded by Entreprenuers from HongKong, Macao and Taiwan	404	377
按轻重工业分	**Grouped by Light & Heavy Industry**		
轻　工　业	Light Industry	570	965
以农产品为原料	Using Farm Products as Raw Materials	329	567
以非农产品为原料	Using Non-farm Products as Raw Materials	241	398
重　工　业	Heavy Industry	236	517
采掘工业	Mining and Quarrying		13
原料工业	Raw Materials Industry	38	166
加工工业	Manufacturing Industry	198	338
按企业规模分	**Grouped by Size of Enterprise**		
大型企业	Large	59	52
中型企业	Medium-sized	49	130
小型企业	Small	698	1300
按行业分	**Grouped by Sector**		
煤炭采选业	Coal Mining and Dressing		1
石油和天然气开采	Petroleum and Natural Gas Extraction		
黑色金属矿采选业	Ferrous Metal Minerals Mining and Dressing		1
有色金属矿采选业	Nonferrous Metal Minerals Mining and Dressing		
非金属矿采选业	Nonmetal Minerals Mining and Dressing		11
其他矿采选业	Other Minerals Mining and Dressing		
木材及竹材采运业	Logging and Transport of Timber and Bamboo		
食品加工业	Food Processing	22	63
食品制造业	Food Manufacturing	18	40
饮料制造业	Beverage Manufacturing	11	16
烟草加工业	Tobacco Processing		3
纺织业	Textile Industry	62	86
服装及其他纤维制品制造	Garments and Other Fiber Products	103	155
皮革毛皮羽绒及其制品业	Leather,Furs,Down and Related Products	40	61
木材加工及竹藤棕草制品业	Timber Processing,Bamboo,Cane,Palm Fiber Straw Products	4	21
家具制造业	Furniture Manufacturing	14	17
造纸及纸制品业	Papermaking and Paper Products	25	70
印刷业记录媒介的复制	Printing and Record Medium Reproduction	13	28
文教体育用品制造业	Cultural,Educational and Sports Goods	28	16
石油加工及炼焦业	Petroleum Processing and Coking		
化学原料及制品制造业	Raw Chemical Materials and Chemical Products	31	81
医药制造业	Medical and Pharmaceutical Products	10	17
化学纤维制造业	Chemical Fiber	18	9
橡胶制品业	Rubber Products	8	17
塑料制品业	Plastic Products	62	88
非金属矿物制品业	Nonmetal Mineral Products	25	100
黑色金属冶炼及压延加工业	Smelting and Pressing of Ferrous Metals	9	33
有色金属冶炼及压延加工业	Smelting and Pressing of Nonferrous Metals	8	11
金属制品业	Metal Products	84	143
普通机械制造业	Ordinary Machinery Manufacturing	21	45
专用设备制造业	For Special Purposes Equipment Manufacturing	7	33
交通运输设备制造业	Transport Equipment Manufacturing	10	46
电气机械及器材制造业	Electric Equipment and Machinery	62	120
电子及通信设备制造业	Electronic and Telecommunication Equipment	56	44
仪器仪表及文化办公用机械制造业	Instruments,Meters,Cultural and Office Machinery	7	12
其他制造业	Other Manufacturing	30	50
电力蒸汽热水生产供应业	Electric Power,Steam and Hot Water Production and Supply	5	30
煤气的生产和供应业	Gas Production and Supply	2	5
自来水的生产和供应业	Tap Water Production and Supply	11	9

续表 2 continued

(unit)

佛 山 Foshan	阳 江 Yangjiang	湛江 Zhanjiang	茂 名 Maoming	肇 庆 Zhaoqing	清 远 Qingyuan	潮 州 Chaozhou	揭 阳 Jieyang	云 浮 Yunfu
1797	**246**	**445**	**487**	**988**	**370**	**328**	**582**	**362**
170	57	203	137	246	228	83	184	116
680	63	106	203	441	37	116	159	170
160	18	30	12	27	6	27	23	7
108	12	20	13	24	26	11	46	9
484	19	53	35	187	46	74	111	53
1010	176	283	266	551	159	257	451	207
547	76	175	174	394	106	128	314	139
463	100	108	92	157	53	129	137	68
787	70	162	221	437	211	71	131	155
7	3	10	42	53	19	4	7	19
183	34	59	90	135	114	32	54	61
597	33	93	89	249	78	35	70	75
136	5	37	8	18	3	8	7	3
193	23	74	39	52	22	24	33	31
1468	218	334	440	918	345	296	542	328
			1		2			
		1						
	2		4	3	3	1		3
	1	4	7	7	6	1	1	3
8	1	7	30	39	3	2	6	13
			2	4	5			
55	13	58	32	41	19	10	35	12
27	3	21	12	22	11	27	46	13
19	6	10	8	27	17	5	17	9
1	2	3			1		2	1
153	5	8	8	41	11	5	38	24
94	14	8	10	51	16	43	114	47
49	8	14	34	38	4	5	11	6
11	4	12	8	84	4	2	1	3
27	6	7	15	45	1		3	5
71	8	16	23	40	13	5	15	14
46	5	16	6	19	7	17	7	4
26	4	1		14	6	4	11	1
6		2	15	1				
65	8	24	38	47	23	9	8	20
12	3	12	6	23	6	5	4	5
10		8	3	3	1		9	3
17	1	3	8	5	2	1	3	1
125	9	23	19	35	11	14	40	15
285	10	43	63	105	70	88	29	53
5	2	1	12	7	2	2	10	2
76	6	1	3	7	3	1	3	5
141	73	27	18	39	5	8	34	23
66	9	11	9	33	6	3	8	5
35	4	18	9	17	7	4	6	7
45	4	24	2	20	16	3	13	3
193	3	15	12	30	11	11	19	15
51	4	5	3	34	7	8	6	4
12	1	4		5		1	5	2
31	9	15	29	47	6	15	34	9
19	14	11	28	43	55	23	35	25
2		4	3			1		
12	4	8	7	12	10	4	9	7

12-13 各市各行业工业总产值(1998 年)

单位:万元

行业	Item	全省 Province	广州 Guangzhou
全省总计	**Province Total**	**90637246.30**	**18359478.70**
按经济类型分	**Grouped by Ownership**		
#国有经济	State-owned Enterprises	10404727.60	2904175.20
集体经济	Collective Owned Enterprises	14176085.60	2851429.70
股份制经济	Share Holding Enterprises	8908947.90	923934.10
外商投资经济	Foreign Funded Enterprises	17382887.70	4225640.60
港澳台投资经济	Enterprises Funded by Entrepreneurs from HongKong, Macao and Taiwan	34811281.60	6433414.10
按轻重工业分	**Grouped by Light & Heavy Industry**		
轻工业	Light Industry	54905434.50	11632253.30
以农产品为原料	Using Farm Products as Raw Materials	23391098.70	6051787.50
以非农产品为原料	Using Non-farm Products as Raw Materials	31514335.80	5580465.80
重工业	Heavy Industry	35731811.80	6727225.40
采掘工业	Mining and Quarrying	1143983.30	580681.60
原料工业	Raw Materials Industry	7425826.80	1876231.20
加工工业	Manufacturing Industry	27162001.70	4270312.60
按企业规模分	**Grouped by Size of Enterprise**		
大型企业	Large	27476586.30	7119715.80
中型企业	Medium-sized	13132714.00	2145027.00
小型企业	Small	50027946.00	9094735.90
按行业分	**Grouped by Sector**		
#煤炭采选业	Coal Mining and Dressing	28631.10	
石油和天然气开采	Petroleum and Natural Gas Extraction	428417.00	339257.00
黑色金属矿采选业	Ferrous Metal Minerals Mining and Dressing	62263.20	
有色金属矿采选业	Nonferrous Metal Minerals Mining and Dressing	132670.30	489.90
非金属矿采选业	Nonmetal Minerals Mining and Dressing	490220.50	239759.60
其他矿采选业	Other Minerals Mining and Dressing	4627.50	
木材及竹材采运业	Logging and Transport of Timber and Bamboo	10324.60	1175.10
食品加工	Food Processing	2285638.60	378485.60
食品制造业	Food Manufacturing	1744688.70	692104.40
饮料制造业	Beverage Manufacturing	1449984.80	391589.50
烟草加工业	Tobacco Processing	484134.60	218219.50
纺织业	Textile Industry	4323767.90	689064.00
服装及其他纤维制品制造业	Garments and Other Fiber Products	5200356.00	1160277.60
皮革毛皮羽绒及其制品业	Leather,Furs,Down and Related Products	2821883.80	1023148.10
木材加工及竹藤棕草制品业	Timber Processing,Bamboo,Cane,Palm Fiber Straw Products	761308.60	139757.50
家具制造业	Furniture Manufacturing	722301.60	219555.20
造纸及纸制品业	Papermaking and Paper Products	1897995.40	539510.20
印刷业记录媒介的复制	Printing and Record Medium Reproduction	1091806.80	145997.30
文教体育用品制造业	Cultural,Educational and Sports Goods	1778591.40	505004.40
石油加工及炼焦业	Petroleum Processing and Coking	1000382.90	276971.80
化学原料及制品制造业	Raw Chemical Materials and Chemical Products	4020531.70	1707923.70
医药制造业	Medical and Pharmaceutical Products	1568678.40	479950.70
化学纤维制造业	Chemical Fiber	1180734.00	85724.00
橡胶制品业	Rubber Products	676375.50	3516[illegible]
塑料制品业	Plastic Products	3880532.70	611878.30
非金属矿物制品业	Nonmetal Mineral Products	4388334.20	634641.90
黑色金属冶炼及压延加工业	Smelting and Pressing of Ferrous Metals	760641.30	298325.60
有色金属冶炼及压延加工业	Smelting and Pressing of Nonferrous Metals	1562149.20	322905.50
金属制品业	Metal Products	4784351.70	785294.70
普通机械制造业	Ordinary Machinery Manufacturing	1558542.40	551590.90
专用设备制造业	For Special Purposes Equipment Manufacturing	1027762.90	280140.40
交通运输设备制造业	Transport Equipment Manufacturing	3208483.90	1564442.60
电气机械及器材制造业	Electric Equipment and Machinery	9213116.90	1506985.10
电子及通信设备制造业	Electronic and Telecommunication Equipment	20094540.00	1169597.20
仪器仪表及文化办公用机械制造业	Instruments,Meters,Cultural and Office Machinery	2592041.50	352597.30
其他制造业	Other Manufacturing	1908628.60	392133.60
电力蒸汽热水生产供应业	Electric Power,Steam and Hot Water Production and Supply	1197991.90	209380.20
煤气的生产和供应业	Gas Production and Supply	70100.90	11689.50
自来水的生产和供应业	Tap Water Production and Supply	220962.30	82215.90

注:1.本表统计范围为全部国有工业及年销售收入 500 万元以上的非国有工业企业。2.本表产值按 1990 年不变价计算。

GROSS OUTPUT VALUE OF INDUSTRY BY SECTOR BY CITY (1998)

(10000 yuan)

深圳 Shenzhen	珠海 Zhuhai	汕头 Shantou	韶关 Shaoguan	河源 Heyuan	梅州 Meizhou	惠州 Huizhou	汕尾 Shanwei	东莞 Dongguan
16606668.50	**5148520.80**	**2938119.80**	**987406.00**	**220427.20**	**624908.60**	**5300056.80**	**187197.40**	**4812585.30**
888920.40	205576.80	276367.70	633485.10	123926.80	276201.30	144427.50	14121.30	106924.50
143099.20	284619.80	1068711.50	43081.30	11488.30	127161.60	439075.50	50604.60	425617.60
1355822.70	1093474.90	290903.90	41438.40	10003.30	66020.80	27524.20	213.90	94419.90
5513991.00	1237873.60	385021.60	5567.30	800.00	13751.90	1159423.60	60837.20	1257087.00
7087245.20	2190132.20	859136.50	229561.30	63983.80	121569.00	3453760.80	50676.40	2884210.50
7205925.80	3786777.80	2055256.10	389186.30	121656.80	264442.50	3736844.10	142568.40	2504450.10
1928046.90	963396.90	1345398.40	193128.00	71844.60	167152.60	784702.60	88373.00	1291981.20
5277878.90	2823380.90	709857.70	196058.30	49812.20	97289.90	2952141.50	54195.40	1212468.90
9400742.70	1361743.00	882863.70	598219.70	98770.40	360466.10	1563212.70	44629.00	2308135.20
4830.20	3187.00	2990.00	45213.30	23227.20	32514.10	12165.60		2694.50
430987.90	80742..80	215298.40	426823.40	49580.60	186778.20	186051.90	8585.00	453011.80
8964924.60	1277813.20	664575.30	126183.00	25962.60	141173.80	1364995.20	36044.00	1852428.90
5391201.90	2529610.80	318725.90	595394.30	39243.00	73406.40		2557.60	867703.40
3592856.10	319662.70	205534.90	190890.80	51962.00	208539.00	1596546.00	20961.40	201791.90
7622610.50	2299247.30	2413859.00	201120.90	129222.20	342963.20	3703510.80	163678.40	3743090.00
			14445.10		8357.80			
			12640.40	20163.40	5052.80	127.80		
		2990.00	16220.00	778.70	17999.50	3937.90		
4149.70	3187.00	9529.90		217.70	1014.00	3020.70	239.90	2186.10
				227.50		4400.00		
680.50			1907.80	1839.90	90.00	707.40		508.40
317148.30	72284.80	93152.60	11140.10	8295.20	12054.60	32406.00	17857.20	31720.90
76984.00	113254.80	93006.10	928.80	2171.90	868.50	14959.40	6718.60	64738.10
109781.10	43139.90	39542.90	10560.40	3502.40	5509.30	46821.80	14242.70	69905.00
43868.30	31106.40		73980.60		56987.00			
177114.80	187923.70	316037.40	46817.60	9810.30	25082.90	147448.70	23803.80	268776.50
346436.70	282333.60	469742.20	2642.90	17141.60	19952.10	306911.70	14843.00	318981.40
178353.00	65968.40	79299.30	2595.40		6752.00	145327.60	1940.00	211547.80
55668.50	17179.50	73052.00	6535.40	5800.00	13833.50	6413.50		25109.80
64324.10	33090.90	4011.00	11959.20		5599.90	14324.40		44337.90
169608.60	87696.70	44317.60	7674.20	3017.50	9338.50	35776.20	1226.00	177966.10
253145.20	9224.00	100472.30	8167.50	890.70	4011.70	19136.30	734.50	45303.40
274241.00	87878.30	27162.00	4354.90	163.40	1053.60	62224.20	9560.00	295185.30
2920.20								1075.10
235797.80	272992.80	244114.30	35879.40	6772.40	31147.80	46978.90	1518.00	188694.80
372423.50	130681.00	63045.20	12497.00	27360.50	14980.00	25061.90		41205.40
31439.80	22718.00	25036.90		2096.70	24971.20	4044.30		3537.50
71365.20	5156.00	2624.30	4.50		96.20	3320.70		58738.00
576641.80	238261.30	245195.20	1515.60	13450.00	884.00	278137.70	7603.30	247422.20
325786.90	65100.20	34509.50	39274.50	8809.50	139777.50	68554.80	99.00	113152.50
49620.60	7800.30	422.60	176561.70	14018.50	9371.80	450.00		410.80
57783.40	1911.90	39860.40	161848.70	1287.00	16539.30	120555.10		44847.90
554032.40	147259.10	100406.40	5700.60	4800.20	3402.90	204488.60	648.70	217805.90
40370.40	41376.60	15106.00	43536.20	1024.30	20164.80	42656.50	96.70	41695.20
144369.50	72818.30	79383.90	18968.20	85.80	759.80	40616.30	1135.80	76931.10
234992.00	181160.50	54953.30	1002.60	1012.50	42087.60	166172.10	7993.40	30619.60
772155.00	1090022.10	129557.00	20928.40	3985.40	24187.20	353163.60	20070.00	391764.00
9671961.50	1182489.20	308228.40	189485.80	32100.60	63260.10	2717633.80	41641.30	1379949.00
857815.40	577744.30	33529.10		1538.40	1003.90	292893.60	61.00	111917.70
296371.00	53522.50	138568.80		2867.20	7803.50	68866.90	5489.20	62444.20
206368.20	17728.10	51270.40	44175.60	24555.20	27363.10	18610.60	8585.00	214102.20
15798.60	0.10	15389.00	122.80		809.80			
17151.50	5510.50	4603.60	3334.10	642.80	2740.40	3907.80	1090.30	30005.50

Note: a) The statistical coverage of this table covered whole stater—owned enterprises and non—state—owned enterprises with annual sales revenue above 5000 thousand yuan. b) The figures of gross output value is calculated at 1990 constant prices.

续表 1 continued

单位：万元

行业	Item	中山 ZhongShan	江门 Jiangmen
全省总计	**Province Total**	**4461686.40**	**7859557.90**
按经济类型分	**Grouped by Ownership**		
#国有经济	State-owned Enterprises	200168.50	1050686.60
集体经济	Collective Owned Enterprises	1192724.10	1529765.50
股份制经济	Share Holding Enterprises	187849.20	1172583.00
外商投资经济	Foreign Funded Enterprises	305291.90	1238532.00
港澳台投资经济	Enterprises Funded by Entreprenuers from HongKong, Macao and Taiwan	2449740.90	2234026.80
按轻重工业分	**Grouped by Light & Heavy Industry**		
轻　工　业	Light Industry	3492146.80	5495205.10
以农产品为原料	Using Farm Products as Raw Materials	1318746.60	2490984.80
以非农产品为原料	Using Non-farm Products as Raw Materials	2173400.20	3004220.30
重　工　业	Heavy Industry	969539.60	2364352.80
采掘工业	Mining and Quarrying		14491.70
原料工业	Raw Materials Industry	197877.50	491535.40
加工工业	Manufacturing Industry	771662.10	1858325.70
按企业规模分	**Grouped by Size of Enterprise**		
大型企业	Large	1331911.80	2193418.00
中型企业	Medium-sized	354420.40	1115600.50
小型企业	Small	2775354.20	4550539.40
按行业分	**Grouped by Sector**		
#煤炭采选业	Coal Mining and Dressing		4.40
石油和天然气开采	Petroleum and Natural Gas Extraction		
黑色金属矿采选业	Ferrous Metal Minerals Mining and Dressing		840.00
有色金属矿采选业	Nonferrous Metal Minerals Mining and Dressing		
非金属矿采选业	Nonmetal Minerals Mining and Dressing		13647.30
其他矿采选业	Other Minerals Mining and Dressing		
木材及竹材采运业	Logging and Transport of Timber and Bamboo		
食品加工业	Food Processing	62905.50	244588.70
食品制造业	Food Manufacturing	46106.80	226088.80
饮料制造业	Beverage Manufacturing	151380.90	33032.10
烟草加工业	Tobacco Processing		3525.00
纺织业	Textile Industry	287557.40	870757.00
服装及其他纤维制品制造	Garments and Other Fiber Products	329679.70	476330.20
皮革毛皮羽绒及其制品业	Leather, Furs, Down and Related Products	164716.20	198587.40
木材加工及竹藤棕草制品业	Timber Processing, Bamboo, Cane, Palm Fiber Straw Products	6844.80	45353.70
家具制造业	Furniture Manufacturing	21868.20	42267.10
造纸及纸制品业	Papermaking and Paper Products	104589.70	259069.20
印刷业记录媒介的复制	Printing and Record Medium Reproduction	66322.20	58236.40
文教体育用品制造业	Cultural, Educational and Sports Goods	176882.50	53465.30
石油加工及炼焦业	Petroleum Processing and Coking		
化学原料及制品制造业	Raw Chemical Materials and Chemical Products	228196.30	314108.30
医药制造业	Medical and Pharmaceutical Products	65933.10	93403.70
化学纤维制造业	Chemical Fiber	126906.10	455012.00
橡胶制品业	Rubber Products	28036.80	48904.40
塑料制品业	Plastic Products	214969.00	340646.20
非金属矿物制品业	Nonmetal Mineral Products	150356.90	293250.90
黑色金属冶炼及压延加工业	Smelting and Pressing of Ferrous Metals	31008.00	66417.40
有色金属冶炼及压延加工业	Smelting and Pressing of Nonferrous Metals	63421.20	33551.50
金属制品业	Metal Products	352447.10	771451.00
普通机械制造业	Ordinary Machinery Manufacturing	73108.80	352352.80
专用设备制造业	For Special Purposes Equipment Manufacturing	10046.60	54996.10
交通运输设备制造业	Transport Equipment Manufacturing	23829.70	313315.20
电气机械及器材制造业	Electric Equipment and Machinery	668042.50	871841.00
电子及通信设备制造业	Electronic and Telecommunication Equipment	841002.60	948618.60
仪器仪表文化办公用机械制造	Instruments, Meters, Cultural and Office Machinery	25188.60	124578.60
其他制造业	Other Manufacturing	101519.80	173762.00
电力蒸汽热水生产供应业	Electric Power, Steam and Hot Water Production and Supply	23833.60	53050.40
煤气的生产和供应业	Gas Production and Supply	2384.70	13937.60
自来水的生产和供应业	Tap Water Production and Supply	12601.10	10567.60

续表 2 continued

(10000 yuan)

佛　山 Foshan	阳　江 Yangjiang	湛江 Zhanjiang	茂　名 Maoming	肇　庆 Zhaoqing	清　远 Qingyuan	潮　州 Chaozhou	揭　阳 Jieyang	云　浮 Yunfu
12726518.40	**535368.20**	**1514199.30**	**1491542.10**	**3337367.90**	**613656.90**	**658022.10**	**1140581.30**	**1113376.70**
1033051.10	72181.50	688639.80	763961.40	546594.30	105381.40	73196.10	101614.80	195125.50
3316282.70	104854.80	194269.10	432224.60	903692.10	82830.00	204033.20	286665.90	483854.50
2564346.60	91393.00	165813.00	51857.00	475441.60	36131.50	135026.70	92021.30	32729.80
1227774.70	28507.30	116877.70	42856.80	125960.10	151207.60	35023.20	200339.30	50523.30
4021995.90	105405.10	321335.90	72906.80	1155971.40	157329.50	188662.00	392934.70	337282.80
7871174.80	384814.10	901039.50	497622.40	1710468.60	390888.70	507737.10	996856.80	818119.40
2811489.20	199896.80	670096.30	333897.00	1145434.10	172833.60	243383.20	622559.20	495966.20
5059685.60	184917.30	230943.20	163725.40	565034.50	218055.10	264353.90	374297.60	322153.20
4855343.60	150554.10	613159.80	993919.70	1626899.30	222768.20	150285.00	143724.50	295257.30
13762.90	40235.10	106229.00	76023.20	113765.40	10439.30	5218.20	10855.30	45459.70
1160088.90	50120.10	220955.50	773417.90	357078.50	108220.90	32701.30	22895.60	96844.00
3681491.80	60198.90	285975.30	144478.60	1156055.40	104108.00	112365.50	109973.60	152953.60
4813174.80	72803.10	566447.70	655937.10	646498.70	24046.70	107113.00	81515.00	46161.30
1604230.20	111983.70	343825.50	128433.80	336734.30	116788.70	64672.60	261173.70	161078.80
6309113.40	350581.40	603926.10	707171.20	2354134.90	472821.50	486236.50	797892.60	906136.60
			5785.30		38.50			
		89160.00						
	2062.10		4797.40	8633.00	433.00	465.00		7048.30
	38173.00	13657.00	13864.30	13522.20	6238.10	3400.00	855.30	544.40
14779.00	106.30	5262.90	50925.80	90226.90	2747.50	1353.20	10000.00	37867.00
			1050.00	1383.30	982.20			
325104.50	25288.20	385007.90	54013.60	59276.10	21383.40	35907.80	39304.70	58312.90
98725.10	2236.90	11950.10	12409.70	125168.50	12889.40	39834.40	69843.30	33701.10
326486.20	6976.60	17194.90	30793.00	104863.90	4367.10	16641.10	12401.80	11252.20
19924.00	1072.80	35179.00			150.00			122.00
713138.40	66287.70	36434.30	29636.40	148219.40	88206.90	3842.90	86423.70	101384.10
569375.00	23037.90	12308.00	17207.10	146698.40	23917.80	79675.70	345775.10	237088.30
265036.60	27248.70	71737.50	86187.80	251464.20	5031.80	9255.70	17053.00	10633.30
115471.00	6631.20	38540.20	7933.80	184935.10	4183.50	2438.90	1500.00	4126.70
90059.50	15772.40	7490.00	23644.00	113885.90			1702.00	8409.90
222207.00	12696.80	43694.40	30699.30	90052.60	10658.90	5573.20	15277.10	27345.60
286718.30	6665.10	21887.40	2832.10	39926.00	3190.10	14166.70	3633.50	1146.10
175482.50	9916.20	130.00		37096.90	9167.90	8385.60	41077.90	159.30
14558.50		79201.00	622736.30	2920.00				
306141.50	5149.20	62097.00	120927.20	144909.40	17897.70	15193.20	5976.10	28116.50
100330.20	9930.00	27413.30	3770.50	32500.40	30635.30	8311.80	17428.10	11816.80
219487.20		17189.00	5953.50	95606.80	32984.40		25183.80	2842.80
39487.80	2212.80	3581.90	27045.00	20390.40	5288.40	714.00	7130.00	584.20
725697.20	9708.80	64739.20	22916.40	73531.90	26961.00	46731.40	103982.50	29659.70
1695619.40	15722.70	51287.50	107206.10	223412.00	97934.70	169283.10	26935.70	127618.90
24405.00	17508.30	678.00	35112.60	14375.10		10242.20	1029.70	2883.10
605007.10	14124.00	7194.40	4013.20	32845.90	12825.60	88.90	2482.00	19056.50
970529.00	136379.40	53140.20	19612.50	166325.50	4588.20	13389.40	134115.90	138534.00
156107.00	24002.50	19821.80	10799.50	85998.60	22204.00	1625.40	2002.60	12901.80
105192.50	5117.60	67013.20	15595.90	38757.60	1610.40	2178.30	7242.80	4802.80
384444.40	2499.40	65240.80	4154.00	85449.20	23799.80	1478.20	19250.00	587.00
3026628.80	15365.90	56191.90	32173.00	73444.20	19298.70	29741.80	55519.50	52051.80
638647.10	5113.90	30490.00	1278.90	651403.00	90956.60	85042.30	18367.10	27273.00
134617.00	1157.00	43842.50		26778.20		3.70	4213.80	2561.40
191131.20	21372.90	34710.70	57666.80	113081.60	10811.30	40665.90	44156.00	91683.50
141600.50	4497.70	30338.80	23218.10	34784.10	20329.40	10262.00	16441.90	17496.80
2328.70		5426.60	1630.00			583.50		
19300.20	1334.20	4968.20	3953.00	5501.60	1945.90	1546.80	4276.40	3764.90

12-14 工业企业主要指标

MAIN INDICATORS OF INDUSTRIAL ENTERPRISES

年份 Year	平均职工人数（万人） Average Number of Employees (10000 persons)	总产值（亿元） Gross Output Value of Industry (100 million yuan)	固定资产原价（亿元） Original Value of Fixed Assets (100 million yuan)	产品销售收入（亿元） Sales Revenue (100 million yuan)	利税总额（亿元） Total Pre-Tax Profits (100 million yuan)	百元固定资产实现利税（元） Pre-tax Profits-per 100 yuan of Original Value of Fixed Assets (yuan)	资金利税率（%） Ratio of Pre-Tax Profits to Total Capital (%)	产值利税率（%） Ratio of Pre-tax Profits to Gross Output Value (%)	百元销售收入实现利税（元） Pre-Tax Profits per 100 yuan of Sales Revenue (yuan)	全员劳动生产率（元/人） Overall Labor Productivity (yuan/person)
1978	170.51	168.91	111.42		32.91	29.54	29.41	19.48		9906
1979	171.76	181.96	129.09	170.09	34.48	26.71	25.36	18.45	20.27	10594
1980	182.39	198.83	136.59	189.97	38.51	28.19	27.45	19.37	20.27	10902
1981	189.08	226.26	152.58	215.09	42.12	27.60	27.13	18.61	19.58	11966
1982	194.33	245.54	172.00	231.20	44.62	25.94	25.41	18.17	19.30	12635
1983	197.50	275.25	226.58	226.91	48.59	21.45	24.46	17.65	21.42	13937
1984	241.42	336.45	221.46	313.33	56.83	25.66	24.96	16.89	18.14	13937
1985	298.66	438.91	269.13	412.77	75.99	28.23	25.87	17.31	18.41	14696
1986	323.16	522.35	335.19	498.80	80.90	24.14	20.86	15.49	16.22	16164
1987	353.95	711.04	433.95	692.47	102.24	23.56	21.18	14.38	14.76	20089
1988	382.19	1056.47	540.37	1016.20	140.65	26.03	22.45	13.31	13.84	27643
1989	387.90	1321.33	700.66	1222.20	138.71	19.80	16.05	10.50	11.35	34064
1990	390.28	1379.98	843.88	1287.91	121.50	14.40	12.35	8.80	9.43	35359
1991	433.18	2018.62	1339.04	1875.02	188.08	14.05	14.88	9.32	10.03	46600
1992	450.99	2696.47	1485.36	2537.84	248.78	22.32	10.02	9.23	9.80	59790
1993	478.39	4085.35	2099.09	3920.98	397.40	18.93	10.79	9.73	10.14	85379
1994	537.57	5325.35	3309.63	4826.68	478.41	14.46	9.20	8.98	9.91	99063
1995	537.83	6325.19	4298.15	6195.84	445.53	10.37	6.32	7.04	7.19	117606
1996	529.13	7308.51	5066.23	6808.08	489.26	9.66	6.27	6.69	7.19	36094
1997	522.94	8201.71	5904.95	7767.79	617.90	10.46	6.77	7.53	7.95	40040
1998	548.59	9738.56	6968.36	9243.42	622.82	8.94	5.75	6.40	6.74	44553

注：1、利税总额包括增值税。
2、全员劳动生产率 1996 年后按工业增加值计算。
3、1998 年统计口径为全部国有工业及年销售收入在 500 万元以上的非国有工业。1997 年以前为独立核算工业企业。
4、平均职工人数从 1998 年起用年末从业人员数。

Note: a) Total pre-tax profits included added-value tax.
b) The figures of overall labor productivity sine 1996 were calculated by added-value of industry.
c) The statistical coverage of year in 1998 covered whole state—owned enterprises and non—state—owned enterprises with annual sales revenue above 5000 thousand yuan.
d) Since 1998, the average nurnber of stalf and workers refers to the number of employee at year—end.

12-15 国有工业企业主要指标
MAIN INDICATORS OF STATE-OWNED INDUSTRIAL ENTERPRISES

年份 Year	平均职工人数（万人） Average Number of Employees (10000 persons)	总产值（亿元） Gross Output Value of Industry (100 million yuan)	固定资产原价（亿元） Original Value of Fixed Assets (100 million yuan)	产品销售收入（亿元） Sales Revenue (100 million yuan)	利税总额（亿元） Total Pre-Tax Profits (100 million yuan)	百元固定资产实现利税（元） Pre-tax Profits-per 100 yuan of Original Value of Fixed Assets (yuan)	资金利税率（%） Ratio of Pre-Tax Profits to Total Capital (%)	产值利税率（%） Ratio of Pre-tax Profits to Gross Output Value (%)	百元销售收入实现利税（元） Pre-Tax Profits per 100 yuan of Sales Revenue (yuan)	全员劳动生产率（元/人） Overall Labor Productivity (yuan/person)
1978	120.35	122.28	96.06		26.09	27.16	25.74	21.34		10159
1979	121.97	132.30	103.51	126.87	26.89	25.96	23.95	20.31	21.18	10847
1980	126.09	136.30	107.27	127.97	28.33	25.90	25.01	20.57	22.19	10829
1981	132.60	153.54	118.82	147.85	31.18	26.24	25.99	20.31	21.09	11579
1982	139.90	165.82	131.82	158.43	33.29	25.26	24.79	20.08	21.01	11853
1983	142.18	188.09	147.53	178.04	38.18	25.88	25.58	20.30	21.45	13228
1984	143.08	222.35	162.13	205.73	44.02	27.15	26.60	19.80	21.39	15540
1985	144.14	277.87	203.80	265.05	56.34	27.64	27.36	20.28	21.26	19278
1986	150.14	312.74	235.47	305.42	59.70	25.36	23.70	19.09	19.55	20829
1987	156.48	400.55	294.46	402.63	72.44	24.60	23.40	18.09	17.99	25598
1988	162.43	555.41	328.58	545.00	91.05	27.71	24.83	16.39	16.71	34194
1989	162.85	670.95	404.50	631.61	94.11	23.26	20.05	14.93	14.90	41200
1990	163.80	713.88	488.36	689.83	84.35	17.27	14.94	11.82	12.23	43582
1991	173.85	906.72	612.24	853.62	116.26	18.99	17.32	12.82	13.62	52155
1992	171.60	1118.86	751.42	1073.94	131.24	17.47	16.50	11.73	12.22	65202
1993	153.26	1371.58	856.85	1372.66	169.40	19.77	12.67	12.35	12.34	89494
1994	152.25	1498.80	1076.47	1400.87	176.81	16.42	11.17	11.80	12.62	98443
1995	142.83	1396.35	1315.16	1499.25	160.57	12.21	8.58	11.50	10.71	97763
1996	137.50	1476.12	1599.77	1555.28	139.01	8.69	6.49	9.42	8.94	34057
1997	124.71	1505.06	1794.89	1657.79	160.92	8.97	6.68	10.69	9.71	36596
1998	102.67	1453.79	1790.91	1616.64	163.10	9.11	6.71	11.22	10.09	47019

12-16 工业企业主要经济效益指标(1998 年)

项　　目	Item	总资产贡献率(%) Total assets Contribution Ratio
全省总计	**Province Total**	**7.37**
按经济类型分	**Grouped by Ownership**	
国有经济	State-owned Enterprises	7.03
集体经济	Collective Owned Enterprises	6.44
股份制经济	Share Holding Enterprises	9.30
外商投资经济	Foreign Funded Enterprises	7.18
港澳台投资经济	Enterprises Funded by Entreprenuers from HongKong, Macao and Taiwan	6.75
按轻重工业分	**Grouped by Light & Heavy Industry**	
轻　工　业	Light Industry	7.12
以农产品为原料	Using Farm Products as Raw Materials	7.61
以非农产品为原料	Using Non-farm Products as Raw Materials	6.67
重　工　业	Heavy Industry	7.59
采掘工业	Mining and Quarrying	10.43
原料工业	Raw Materials Industry	8.62
加工工业	Manufacturing Industry	6.16
按企业规模分	**Grouped by Size of Enterprise**	
大型企业	Large	9.58
中型企业	Medium-sized	5.60
小型企业	Small	5.84
按行业分	**Grouped by Sector**	
#煤炭采选业	Coal Mining and Dressing	2.02
石油和天然气开采	Petroleum and Natural Gas Extraction	12.51
黑色金属矿采选业	Ferrous Metal Minerals Mining and Dressing	9.37
有色金属矿采选业	Nonferrous Metal Minerals Mining and Dressing	8.20
非金属矿采选业	Nonmetal Minerals Mining and Dressing	9.20
其他矿采选业	Other Minerals Mining and Dressing	0.90
木材及竹材采运业	Logging and Transport of Timber and Bamboo	3.35
食品加工业	Food Manufacturing	3.79
食品制造业	Food Manufacturing	5.89
饮料制造业	Beverage Manufacturing	9.74
烟草加工业	Tobacco Processing	48.67
纺织业	Textile Industry	2.83
服装及其他纤维制品制造	Garments and Other Fiber Products	5.14
皮革毛皮羽绒及其制品业	Leather,Furs,Down and Related Products	4.57
木材加工及竹藤棕草制品业	Timber Processing,Bamboo,Cane,Palm Fiber Straw Products	6.94
家具制造业	Furniture Manufacturing	8.29
造纸及纸制品业	Papermaking and Paper Products	6.54
印刷业记录媒介的复制	Printing and Record Medium Reproduction	5.22
文教体育用品制造业	Cultural,Educational and Sport Goods	5.38
石油加工及炼焦业	Petroleum Processing and Coking	9.07
化学原料及制品制造业	Raw Chemical Materials and Chemical Products	10.03
医药制造业	Medical and Pharmaceutical Products	7.85
化学纤维制造业	Chemical Fiber	3.47
橡胶制品业	Rubber Products	6.78
塑料制品业	Plastic Products	5.95
非金属矿物制品业	Nonmetal Mineral Products	3.15
黑色金属冶炼及压延加工业	Smelting and Pressing of Ferrous Metals	4.23
有色金属冶炼及压延加工业	Smelting and Pressing of Nonferrous Metals	8.34
金属制品业	Metal Products	5.10
普通机械制造业	Ordinary Machinery Manufacturing	5.59
专用设备制造业	For Special Purposes Equipment Manufacturing	4.86
交通运输设备制造业	Transport Equipment Manufacturing	4.59
电气机械及器材制造业	Electric Equipment and Machinery	6.65
电子及通信设备制造业	Electronic and Telecommunications Equipment	9.30
仪器仪表文化办公用机械	Instruments,Meters,Cultural and Office Machinery	5.08
其他制造业	Other Manufacturing	6.12
电力蒸汽热水生产供应业	Electric Power,Steam and Hot Water Production and Supply	11.10
煤气的生产和供应业	Gas Production and Supply	1.34
自来水的生产和供应业	Tap Water Production and Supply	11.43

注:本表统计范围为全部国有工业及年销售收入 500 万元以上的非国有工业企业。

MAIN ECONOMIC RESULTS INDICATORS OF INDUSTRIAL ENTERPRISES (1998)

资本保值增值率(%) Rate of Maintenance and add Value of Capital	资产负债率(%) Assets-Liability Rate	流动资产周转率(次) Ratio of Turnover of Circulating Funds	成本费用利润率(%) Ratio of Profits to Cost	全员劳动生产率(元/人) Overall Labor Productivity (yuan/person)	产品销售率(%) Sale Rate of Industrial Products	综合指数(%) Aggregative index
120.60	**62.19**	**1.59**	**2.52**	**44553**	**96.52**	**104.60**
106.66	61.25	1.33	2.53	47019	98.13	95.35
86.52	75.42	1.73	0.22	31629	94.40	79.99
143.04	56.71	1.25	4.77	61440	95.95	132.73
101.05	56.52	1.76	2.81	69007	97.06	124.35
140.15	62.38	1.67	2.46	40577	96.71	103.62
116.24	63.15	1.64	1.62	38054	96.23	97.14
115.46	63.49	1.68	1.27	33783	96.20	92.28
116.95	62.84	1.61	1.95	43178	96.26	102.98
124.61	61.32	1.52	3.71	56546	96.94	115.35
105.41	35.05	1.48	6.90	85716	97.46	126.69
122.92	60.66	1.67	5.90	80147	98.06	124.15
130.20	64.16	1.43	2.01	44484	96.31	104.13
123.53	59.18	1.38	6.15	99451	98.07	152.94
100.82	66.75	1.38	0.91	43896	95.55	92.17
124.80	63.60	1.80	0.95	32124	95.92	90.30
126.43	83.98	0.67	−6.67	3713	102.03	21.91
100.23	15.91	1.43	12.16	830470	98.43	282.70
228.84	40.99	1.64	6.12	28443	96.79	124.51
132.73	56.78	1.32	3.85	21467	94.91	99.19
99.81	62.07	1.81	2.75	38566	94.93	103.31
40.25	46.86	4.50	0.11	52460	99.34	108.62
123.13	40.65	1.49	−3.65	5372	101.55	51.56
113.01	73.40	1.86	−2.24	49836	96.89	73.89
121.33	59.30	1.64	0.00	43653	95.65	91.97
102.75	61.88	1.75	4.51	83543	94.52	131.26
110.74	46.70	1.50	9.20	359527	99.65	346.84
107.33	71.44	1.42	−1.67	33858	94.01	66.77
126.57	60.38	1.95	0.51	20615	97.57	83.86
112.22	63.94	1.96	0.98	21057	95.69	81.69
119.19	68.49	1.57	1.08	37987	99.42	92.96
128.74	65.66	1.76	1.36	33397	97.34	96.74
128.00	64.59	1.72	1.98	42616	97.21	98.98
133.83	61.00	1.45	0.59	23133	96.51	83.06
130.59	46.72	1.45	2.97	18885	96.74	88.15
121.41	74.61	2.39	1.13	108247	101.90	114.92
115.30	63.45	1.51	5.30	69752	95.62	132.08
99.04	58.89	0.96	3.09	80847	92.30	126.38
105.68	75.91	1.24	−4.51	37463	97.97	65.97
113.89	64.14	1.47	2.17	26836	95.69	89.51
142.90	57.11	1.63	2.07	35410	95.20	99.20
147.01	74.26	1.19	−4.73	29386	92.50	56.35
104.47	55.60	1.74	0.42	44311	95.80	84.21
209.57	63.48	1.70	−0.08	41655	96.20	109.70
125.30	66.57	1.65	0.10	35904	94.58	86.91
125.56	64.98	0.99	1.68	35405	96.31	88.82
99.61	68.76	1.00	0.61	34215	94.35	75.68
113.25	67.68	1.02	−1.48	54964	98.16	83.71
113.12	67.72	1.43	1.46	45860	97.11	100.71
130.33	61.26	1.95	4.27	61360	97.39	141.65
154.03	55.40	2.37	1.41	55371	98.58	114.74
95.94	62.07	1.97	1.63	30970	95.60	91.56
121.62	51.93	1.63	14.06	195739	98.63	160.47
130.52	58.40	1.55	−3.44	−70877	99.41	19.42
104.92	43.15	1.42	36.58	113598	98.64	233.19

Not:The statistical coverage of this table covered whole state—owned enterprises and non—state—owned enterprises with annua sales revenue above 5000 thousand yuan.

12-17 各市工业企业主要经济效益指标(1998年)

MAIN ECONOMIC RESULTS INDICATORS OF INDUSTRIAL ENTERPRISESBY CITY(1998)

市别 City	总资产贡献率(%) Total assets Contri-bution Ratio	资本保值增值率(%) Rate of Capital Maintenance and Ap-preciation	资产负债率(%) Assets-Liability Ratio	流动资产周转率(次) Ratio of Turnover of Circula-ting Fund (times)	成本费用利润率(%) Ratio of Profits to Cost	全员劳动生产率(元/人) Overall Labour Productivity (yuan/person)	产品销售率(%) Sales Rate of Industrial Products	综合指数(%) Aggregative Index
全省总计 Total	**7.37**	**120.60**	**62.19**	**1.59**	**2.52**	**44553**	**96.52**	**104.60**
广州 Guangzhou	8.05	120.07	63.39	1.45	2.39	58931	97.60	108.16
深圳 Shenzhen	10.26	133.33	54.48	1.75	7.16	67309	97.23	143.07
珠海 Zhuhai	4.81	113.88	60.09	1.59	1.52	55257	97.26	111.17
汕头 Shantou	6.04	116.50	50.12	1.69	2.26	45344	93.22	102.96
韶关 Shaoguan	6.48	101.52	63.81	1.27	0.59	21412	99.71	74.64
河源 Heyuan	6.39	109.01	55.13	2.10	1.86	23226	96.40	90.21
梅州 Meizhou	7.97	96.10	67.76	1.16	2.40	24047	96.56	82.93
惠州 Huizhou	7.35	71.60	57.95	2.24	2.54	37166	96.41	104.77
汕尾 Shanwei	5.69	88.41	48.81	1.98	0.04	30417	92.55	80.45
东莞 Dongguan	7.80	162.66	51.29	1.69	4.16	22010	98.82	104.64
中山 Zhongshan	4.83	121.40	65.35	1.85	0.56	42913	94.63	94.96
江门 Jiangmen	5.11	113.15	70.95	1.62	−0.71	44871	93.01	88.17
佛山 Foshan	7.34	130.21	71.69	1.35	0.46	43143	96.10	95.21
阳江 Yangjiang	4.62	112.67	60.89	1.73	−2.20	24988	95.83	72.04
湛江 Zhanjiang	4.67	103.24	62.81	1.05	−3.05	57744	94.32	69.75
茂名 Maoming	5.43	131.01	72.39	2.05	0.61	38792	98.84	87.61
肇庆 Zhaoqing	8.53	92.89	64.23	1.97	3.00	38777	96.47	106.77
清远 Qingyuan	3.20	111.29	65.90	1.19	−2.71	27628	96.20	60.31
潮州 Chaozhou	3.38	123.00	57.41	1.23	−0.83	22932	95.43	70.03
揭阳 Jieyang	8.03	124.60	49.86	2.12	1.43	36997	94.03	103.56
云浮 Yunfu	7.08	104.35	64.54	2.15	1.33	31979	94.25	94.75

市别 City	总资产贡献率比去年增长百分点 The Percent Point of Total Assets Contribution Rate Increased Contrast with Preceding Year	资本保值增值率比去年增长百分点 The Percent Point of Rate of Maintenance and Add Value of Capital Contrast with Preceding Year	资产负债率比去年增长百分点 The Percent Point of Assets Liability Rate Increased Contrast with Preceding Year	流动资产周转率比去年增长(次数) Rate of Turnover of Circulating Funds Increased Contrast with Preceding Year(times)	成本费用利润率比去年增长百分点 The Percent Point of Rate of Profits to Cost Increased Contrast with Preceding Year	全员劳动生产率比去年增长(%) Overall Labor Productivity Increased Contrast with Preceding Year(%)	产品销售率比去年增长百分点 The Percent Point of Sales Rate of Indutrial Products Increased Contrast with Preceding Year	综合指数比去年增长百分点 The Percent Point of Aggregative Index Increased Contrast with Preceding Year
全省总计 Total	**−1.03**	**−5.10**	**−0.07**	**0.01**	**−0.71**	**6.68**	**0.27**	**−2.63**
广州 Guangzhou	−1.69	−25.37	3.06	0.03	−1.56	7.60	0.95	−9.37
深圳 Shenzhen	−0.69	6.96	−3.03	0.11	−1.34	17.19	0.19	1.69
珠海 Zhuhai	−0.11	4.94	0.08	0.20	−0.46	9.68	0.28	4.74
汕头 Shantou	0.24	−8.58	4.89	0.06	−0.07	14.63	−0.85	2.13
韶关 Shaoguan	−1.63	−1.95	0.39	−0.16	−1.79	5.99	1.52	−10.10
河源 Heyuan	1.06	27.99	−5.13	0.25	2.35	29.91	0.40	21.38
梅州 Meizhou	−0.20	−6.52	0.39	−0.05	2.17	23.75	−1.57	8.44
惠州 Huizhou	−1.20	−1.44	1.89	0.05	−1.10	14.59	−0.08	−0.98
汕尾 Shanwei	0.03	−21.70	5.26	−0.25	0.48	19.10	0.50	−1.87
东莞 Dongguan	0.32	−29.83	−3.66	−0.15	1.09	8.33	−0.10	0.85
中山 Zhongshan	−0.13	0.66	−2.75	0.17	0.00	−19.33	−0.37	−0.55
江门 Jiangmen	0.44	2.89	−2.63	−0.04	0.50	9.45	−0.27	6.89
佛山 Foshan	−1.18	2.77	−1.82	−0.04	−0.19	3.21	0.10	−0.32
阳江 Yangjiang	−0.90	−10.80	−2.94	−0.41	−0.30	−12.46	−2.06	−10.40
湛江 Zhanjiang	−3.14	−9.76	1.65	−0.25	−5.38	−4.42	0.70	−28.47
茂名 Maoming	−2.98	25.87	−3.81	−0.15	0.19	−3.89	2.56	−0.29
肇庆 Zhaoqing	−0.83	20.66	2.22	0.00	−0.44	2.77	0.19	0.60
清远 Qingyuan	−0.16	5.04	1.82	0.00	0.02	1.38	2.45	0.86
潮州 Chaozhou	−2.69	−18.19	8.25	−0.15	−1.73	−3.11	3.10	−14.86
揭阳 Jieyang	−1.08	−9.42	1.28	−0.23	−0.48	10.44	0.47	−5.47
云浮 Yunfu	0.11	4.14	2.79	−0.05	0.20	9.90	−2.64	1.39

注:1、本表统计范围为全部国有及销售收入500万元以上非国有工业企业。

Note: The statistical coverage of this table covered whole state—owned enterprises and non—state—owned enterprises with annual sales revenue above 5000 thousand yuan.

12-18 各市国有工业企业主要经济效益指标(1998年)
MAIN ECONOMIC RESULTS INDICATORS OF STATE-OWNED INDUSTRIAL ENTERPRISES BY CITY (1998)

市 别 City	总资产贡献率(%) Total assets Contribution Ratio	资本保值增值率(%) Rate of Capital Maintenance and Ap-preciation	资产负债率(%) Assets-Liability Ratio	流动资产周转率(次) Ratio of Turnover of Circulating Fund (times)	成本费用利润率(%) Ratio of Profits to Cost	全员劳动生产率(元/人) Overall Labour Productivity (yuan/person)	产品销售率(%) Sales Rate of Industrial Products	综合指数(%) Aggregative Index
全省总计 Total	**7.03**	**106.66**	**61.25**	**1.33**	**2.53**	**47019**	**98.13**	**95.35**
广州 Guangzhou	9.79	105.66	63.19	1.26	5.61	70629	99.02	117.71
深圳 Shenzhen	8.42	93.37	41.75	1.39	9.29	94199	99.28	150.89
珠海 Zhuhai	1.57	110.40	59.35	1.35	−6.49	46576	99.14	59.75
汕头 Shantou	4.75	118.08	64.94	1.59	1.01	30481	91.47	81.33
韶关 Shaoguan	5.84	103.70	65.41	1.18	−1.42	19173	99.47	63.03
河源 Heyuan	8.48	139.53	50.08	2.19	7.40	26197	94.69	120.66
梅州 Meizhou	7.55	99.41	68.34	1.15	−0.17	20329	97.61	70.43
惠州 Huizhou	3.43	91.60	45.68	1.65	1.06	29285	93.49	75.03
汕尾 Shanwei	3.71	104.64	52.86	2.08	−1.81	17274	94.15	64.07
东莞 Dongguan	17.09	172.54	40.71	2.47	13.09	138002	97.59	192.44
中山 Zhongshan	8.40	115.66	60.78	1.86	0.71	84297	99.61	118.35
江门 Jiangmen	6.25	89.10	72.48	1.22	−0.46	50878	95.02	84.57
佛山 Foshan	7.10	107.50	70.46	1.30	2.29	43681	97.70	98.08
阳江 Yangjiang	2.08	67.50	68.30	2.13	−8.42	20006	115.03	35.34
湛江 Zhanjiang	4.96	114.39	59.33	0.85	−1.33	66389	94.90	76.28
茂名 Maoming	4.56	121.31	78.99	1.96	−1.90	43451	100.70	71.27
肇庆 Zhaoqing	4.47	78.87	74.99	1.19	−0.02	38287	99.40	72.69
清远 Qingyuan	3.95	158.93	63.38	1.24	−4.65	19328	97.59	54.19
潮州 Chaozhou	6.94	126.80	53.06	1.27	2.50	16649	98.20	85.01
揭阳 Jieyang	6.41	98.07	56.85	1.47	1.18	20533	94.84	79.23
云浮 Yunfu	4.97	103.08	65.58	1.05	2.95	25899	94.77	79.69

市 别 City	总资产贡献率比去年增长百分点 The Percent Point of Total Assets Contribution Rate Increased Contrast with Preceding Year	资本保值增值率比去年增长百分点 The Percent Point of Rate of Maintenance and Add Value of Capital Contrast with Preceding Year	资产负债率比去年增长百分点 The Percent Point of Assets Liability Rate Increased Contrast with Preceding Year	流动资产周转率比去年增长(次数) Rate of Turnover of Circulating Funds Increased Contrast with Preceding Year(times)	成本费用利润率比去年增长百分点 The Percent Point of Rate of Profits to Cost Increased Contrast with Preceding Year	全员劳动生产率比去年增长(%) Overall Labor Productivity Increased Contrast with Preceding Year(%)	产品销售率比去年增长百分点 The percent point of SaleS Rate of Indutrial Products Increased Contrast with Preceding Year	综合指数比去年增长百分点 The Percent Point of Aggregative Index Increased Contrast with Preceding Year
全省总计 Total	**−0.78**	**−8.05**	**−0.15**	**−0.01**	**−0.50**	**7.67**	**0.20**	**−1.70**
广州 Guangzhou	−0.70	−24.17	0.72	0.02	−1.15	7.39	−0.45	−5.82
深圳 Shenzhen	−0.32	1.83	−2.46	0.07	−1.62	17.24	−1.52	−1.11
珠海 Zhuhai	0.27	5.28	0.08	0.16	0.30	7.33	0.27	5.85
汕头 Shantou	0.09	−41.79	5.73	0.03	−0.08	21.47	3.45	−5.43
韶关 Shaoguan	−1.50	−3.06	0.41	−0.17	−1.81	7.41	1.23	−10.75
河源 Heyuan	1.23	35.55	−7.21	0.23	4.97	34.68	1.47	32.07
梅州 Meizhou	−0.39	−0.22	−0.63	−0.13	1.84	24.01	−0.79	6.97
惠州 Huizhou	0.69	−6.81	−2.43	0.04	0.42	46.04	−5.08	6.11
汕尾 Shanwei	−0.81	6.96	−3.46	0.50	−0.62	12.06	−8.31	2.19
东莞 Dongguan	3.04	71.18	−13.01	0.12	5.37	10.95	−0.08	41.72
中山 Zhongshan	−1.67	27.36	−6.37	−0.04	−2.38	14.56	−0.79	−2.52
江门 Jiangmen	3.00	4.79	−6.96	0.08	5.14	42.44	2.09	36.35
佛山 Foshan	−2.51	−4.40	0.15	−0.03	−0.16	−8.58	3.27	−2.95
阳江 Yangjiang	−0.76	−61.86	−2.05	−0.56	−1.05	−4.27	−1.38	−19.02
湛江 Zhanjiang	−2.82	−9.74	1.11	−0.19	−5.96	−7.59	−3.08	−30.56
茂名 Maoming	−2.72	−0.22	−0.83	−0.28	0.23	1.60	5.79	−3.77
肇庆 Zhaoqing	−0.24	18.61	2.84	0.12	−0.14	8.15	0.15	4.84
清远 Qingyuan	−0.17	40.95	−3.71	−0.12	−0.96	16.04	0.53	2.26
潮州 Chaozhou	0.00	−60.84	12.70	−0.06	0.26	0.00	5.50	−8.03
揭阳 Jieyang	−2.00	−41.19	5.87	−0.35	−1.72	9.00	−0.44	−18.70
云浮 Yunfu	0.08	−5.30	2.23	−0.01	0.25	0.71	12.80	4.67

12-19 工业企业主要财务指标(1998年)

MAIN FINANCIAL INDICATORS OF INDUSTRIAL ENTERPRISES(1998)

单位:亿元 (100 million yuan)

指 标 Item		全省总计 Province Total	国有经济 State-Owned Enterprises	集体经济 Collective Owned Enterprises	其他经济 Others	轻工业 Light Industry	重工业 Heavy Industry
一、实收资本	**Total Capital**	**3519.15**	**657.58**	**351.57**	**2510.00**	**1770.58**	**1748.57**
#外 商	Foreign Capital	615.22	15.79	14.40	585.03	364.59	250.62
二、年末资产合计	**Total Assets at Year-end**	**12851.26**	**3209.15**	**1540.62**	**8101.49**	**6084.65**	**6766.60**
流动资产合计	Total Circulating Funds	5846.30	1196.34	751.92	3899.04	3167.53	2678.77
存 货	Stock	1778.52	317.59	246.16	1214.77	1034.97	743.55
#产成品	Finished product	651.72	106.61	109.29	435.82	396.70	255.02
流动资产年平均余额	Annual Average Balance of Circulating Funds	5825.10	1218.00	782.64	3824.46	3199.74	2625.36
固定资产合计	Total Fixed Assets	5737.86	1659.63	610.61	3467.62	2312.70	3425.15
固定资产原价合计	Original Value of Fixed Assets	6968.36	1790.91	807.43	4370.02	2933.76	4034.60
#生产经营用	Use for Production and Operating	5946.99	1476.56	669.90	3800.53	2468.47	3478.51
固定资产净值年平均余额	Annual Average Balance of Net Value of Fixed Assets	4893.50	1213.42	565.95	3114.13	2079.88	2813.62
三、年末负债合计	**Total Liabilities at Year-end**	**7992.05**	**1965.71**	**1161.99**	**4864.35**	**3842.51**	**4149.54**
流动负债合计	Total Liquid Liabilities	5874.02	1278.71	917.73	3677.58	3210.90	2663.12
长期负债合计	Long-term Liabilities	2034.19	668.50	226.38	1139.31	586.23	1447.96
四、所有者权益合计	**Creditors' Equity**	**4859.21**	**1243.44**	**378.63**	**3237.14**	**2242.14**	**2617.07**
#股 本	Captital Stock						
五、损益及分配	**Profit & Loss Appropriation**						
产品销售收入	Sales Revenue	9243.42	1616.64	1354.05	6272.73	5251.28	3992.15
产品销售费用	Cost of Sales	384.24	36.72	68.03	279.49	270.37	113.87
产品销售税金及附加	Sales Tax & Extra Charges	103.24	47.81	13.07	42.36	65.65	37.59
产品销售利润	Sales Profit	970.99	194.57	120.47	655.95	472.01	498.98
管理费用	Management Fee	562.45	121.41	70.21	370.83	301.10	261.35
#税 金	Tax	12.61	2.92	2.61	7.08	6.87	5.74
营业利润	Operating Profit	184.37	24.63	13.00	146.74	71.08	113.29
利润总额	Total Profit	224.89	39.08	2.99	182.82	82.06	142.83
亏损企业亏损额	Loss Amount of Loss-making Enterprises	261.59	63.40	34.20	163.99	148.98	112.61
利税总额	Total Pre-tax Profits	622.82	163.10	56.80	402.92	293.89	328.94
应交增值税	Value Added Tax Payable	294.70	76.20	40.73	177.77	146.18	148.52

注:本表统计范围为全部国有工业和年销售收入500万元以上的非国有工业。

Note:The statistical coverage of this table covered whole state—owned enterprises and non—state—owned enterprises with annual sales revenue above 5000 thousand yuan.

12-20 各市按经济类型分的工业企业资本金(1998年)
TOTAL CAPITAL OF INDUSTRIAL ENTERPRISES BY OWNERSHIP BY CITY (1998)

单位:亿元 (100 million yuan)

市别 City		资本金合计 Total Capital	#国有经济 Seate-Owned Enter-prises	#集体经济 Collective Owned Enter-prises	#联营经济 Joint Owned Enter-prises	#股份制经济 Share Holding Enterprises	#外商投资经济 Foreign Funded Enterprises	#港澳台投资经济 Enterprises Funded by Enterpreneurs from Hongkong, Macao and Taiwan
广州	Guangzhou	826.13	177.02	69.20	25.09	39.09	169.56	334.05
深圳	Shenzhen	533.29	31.89	9.41	10.35	47.55	108.13	308.28
珠海	Zhuhai	154.45	17.50	3.99	1.54	15.22	44.34	68.13
汕头	Shantou	181.05	22.51	28.26	0.11	61.43	27.06	40.39
韶关	Shaoguan	67.66	44.68	1.84	2.74	5.85	1.00	11.13
河源	Heyuan	26.55	5.39	3.48	0.24	3.04	2.62	4.11
梅州	Meizhou	50.13	23.13	4.28	0.10	4.06	0.77	17.26
惠州	Huizhou	119.47	18.82	8.98	2.66	1.36	19.37	66.23
汕尾	Shanwei	14.03	4.03	1.45	0.60	0.00	5.29	2.27
东莞	Dongguan	322.34	6.28	21.76	0.85	3.58	57.71	230.32
中山	Zhongshan	145.06	6.08	29.92	0.38	9.53	23.41	74.45
江门	Jiangmen	183.15	24.42	26.13	3.46	27.62	22.27	69.92
佛山	Foshan	423.05	55.60	87.27	4.95	54.89	63.81	146.04
阳江	Yangjiang	20.12	13.10	0.74	0.12	0.77	0.01	5.20
湛江	Zhanjiang	129.47	81.73	12.89	0.20	7.25	12.38	14.62
茂名	Maoming	92.82	59.05	8.68	0.43	3.06	14.82	5.24
肇庆	Zhaoqing	82.96	17.74	12.78	1.11	7.06	10.85	32.74
清远	Qingyuan	53.13	23.06	3.87	1.85	2.29	5.33	14.75
潮州	Chaozhou	30.67	4.78	6.68	0.07	5.58	0.60	11.96
揭阳	Jieyang	34.80	8.68	5.91	0.13	3.48	7.89	7.97
云浮	Yunfu	28.80	12.10	4.06	0.36	0.49	1.63	10.15

12-21 各市按经济类型分的工业企业资产(1998年)
TOTAL ASSETS OF INDUSTRIAL ENTERPRISES BY OWNERSHIP BY CITY (1998)

单位:亿元 (100 million yuan)

市别 City		资产合计 Total Assets	#国有经济 Seate-Owned Enter-prises	#集体经济 Collective Owned Enter-prises	#联营经济 Joint Owned Enter-prises	#股份制经济 Share Holding Enterprises	#外商投资经济 Foreign Funded Enterprises	#港澳台投资经济 Enterprises Funded by Enterpreneurs from Hongkong, Macao and Taiwan
广州	Guangzhou	3178.00	850.55	366.02	120.49	180.96	532.05	1075.54
深圳	Shenzhen	2153.07	202.55	44.64	38.77	193.17	379.56	1217.20
珠海	Zhuhai	499.49	59.90	29.84	3.21	71.70	113.78	209.37
汕头	Shantou	377.32	80.18	73.09	1.40	72.27	52.53	94.04
韶关	Shaoguan	292.17	225.63	6.57	9.38	19.32	1.72	27.90
河源	Heyuan	84.52	25.41	11.61	0.44	12.40	7.17	12.60
梅州	Meizhou	178.55	92.84	17.72	0.67	22.60	1.00	37.57
惠州	Huizhou	353.83	61.90	23.17	3.76	3.84	48.51	208.50
汕尾	Shanwei	33.08	12.68	3.86	0.88	0.22	10.55	4.32
东莞	Dongguan	926.71	76.30	91.02	2.38	26.84	154.17	571.79
中山	Zhongshan	485.02	47.06	142.47	1.27	33.37	47.37	207.66
江门	Jiangmen	775.86	152.20	142.62	10.42	164.30	79.41	197.09
佛山	Foshan	1710.33	271.71	409.18	20.75	299.96	189.65	483.57
阳江	Yangjiang	50.61	33.09	1.32	0.42	1.90	0.14	13.08
湛江	Zhanjiang	484.76	340.01	35.33	1.33	26.81	33.25	46.76
茂名	Maoming	472.94	374.67	27.18	1.22	12.69	41.31	11.75
肇庆	Zhaoqing	310.24	116.47	39.35	2.09	44.09	21.62	83.47
清远	Qingyuan	153.94	68.89	10.36	3.28	6.97	20.96	36.05
潮州	Chaozhou	111.55	23.85	25.11	0.10	32.49	2.43	25.07
揭阳	Jieyang	99.36	31.13	16.74	1.28	8.93	15.46	23.59
云浮	Yunfu	119.89	62.11	23.42	0.75	5.96	3.97	23.57

12-22 国有工业企业主要经济效益指标
MAIN ECONOMIC RESULTS INDICATORS OF STATE-OWNED INDUSTRIAL ENTERPRISES

年份 Year	产值利税率(%) Ratio of Pre-tax to Gross Output Value	资金利税率(%) Ratio of Pre-tax Profits to Total Capital	销售利税率(%) Pre-tax Profits Margin On Sales	每百元固定资产原值实现的产值(元) Output Value Per 100 Yuan of Original Value of Fixed Assets (yuan/person)	每百元固定资产原值实现的利税(元) Pre-tax Profits Per 100 Yuan of Original Value of Fixed Assets	企业亏损面(%) Ratio of Loss Making Enterprises	流动资金周转天数(天) Number of Days of Turnover Circulating Funds	全员劳动生产率(元/人) Overall Labor Productivity (yuan/person)
1980	20.57	25.01	22.19	121.34	25.90	28.53	105.43	10829
1985	20.28	27.36	21.26	123.14	27.64	14.98	95.55	17410
1990	11.82	14.94	12.23	96.62	17.27	32.14	107.17	28806
1995	11.50	8.58	10.71	106.18	12.21	39.94	246.62	27434
1996	9.42	6.49	8.94	92.27	8.69	40.86	247.32	34057
1997	10.69	6.68	9.71	83.85	8.97	42.11	257.84	36596
1998	11.22	6.71	10.09	81.18	9.11	48.54	271.23	47019

注:1、本表中有关财务指标 1993 年由于财务会计制度改革,因而 1995 以后的数字与往年不可比;
2、全员劳动生产率 1990 年以后数为增加值计算,以前各年为净产值计算;
3、流动资金周转次数,1994 年以来为定额流动资金计算。

Note:a)The figures of the financial indicators from the year 1995 in this table are in comparable with the previous years owing to the reform of the accounting system in 1993.
b)The figures of overall labor productivity were calculated by value added and the previous years were calculated by net output value.
c)The figures of the number of days of turnover circulating funds were calculated by quota circulating funds since 1994.

12-23 各市大中型工业企业主要指标(1998 年)
MAIN INDICATORS OF LARGE AND MEDIUM-SIZED INDUSTRIAL ENTERPRISES BY CITY(1998)

单位:亿元 (100 million yuan)

市别 City	企业单位数(个) Number of Enterprises	#大型 Large	工业总产值(当年价) Gross Output Value of Industry (at current prices	#大型 Large	资本金合计 Total Capital	#大型 Large	资产总计 Total Assets	#大型 Large
全省总计 Total	**2109**	**751**	**4169.16**	**2933.97**	**1695.06**	**1243.08**	**7273.73**	**5423.04**
广州 Guangzhou	608	248	1165.83	923.24	508.94	387.93	2032.83	1562.15
深圳 Shenzhen	126	67	803.88	525.82	216.30	178.87	1199.16	1007.22
珠海 Zhuhai	95	43	226.55	191.71	90.15	63.26	336.75	262.45
汕头 Shantou	40	10	48.16	31.64	81.53	64.71	133.02	85.70
韶关 Shaoguan	77	21	103.03	78.05	48.54	35.70	222.30	163.97
河源 Heyuan	24	4	11.64	5.79	10.75	5.96	22.55	9.51
梅州 Meizhou	50	5	35.77	7.53	31.13	4.09	90.76	19.87
惠州 Huizhou	31		109.10		18.84		98.24	
汕尾 Shanwei	9	1	3.96	0.30	4.49	0.01	9.14	0.20
东莞 Dongguan	43	16	157.03	137.73	61.20	52.99	348.32	317.72
中山 Zhongshan	108	59	179.58	144.18	70.17	58.43	260.66	218.42
江门 Jiangmen	182	52	282.46	180.16	86.01	57.91	447.25	303.72
佛山 Foshan	329	136	565.82	405.78	201.27	152.67	929.96	689.05
阳江 Yangjiang	28	5	18.84	6.19	11.62	6.29	41.46	16.40
湛江 Zhanjiang	111	37	148.61	107.74	96.06	75.90	371.38	288.55
茂名 Maoming	47	8	137.84	118.84	70.23	60.79	381.80	332.03
肇庆 Zhaoqing	70	18	80.79	45.98	32.57	16.48	146.58	68.64
清远 Qingyuan	25	3	15.04	3.18	15.79	6.15	47.18	15.59
潮州 Chaozhou	32	8	14.84	7.73	12.06	5.95	53.81	30.91
揭阳 Jieyang	40	7	34.63	7.34	12.36	4.24	40.67	16.21
云浮 Yunfu	34	3	25.75	5.05	15.05	4.74	59.91	14.75

注:统计范围为国有大中型工业及年销售收入 500 万元以上非国有大中型工业。

Note:The statistical coverage of this table covered whole state-owned enterprises and non-state-owned enterprises with annual sales revenue above 5000 thousand yuan.

12—24 工业经济成分构成(1998年)
COMPOSITION OF OWNERSHIP INDUSTRIAL ENTERPRISES (1998)

单位:%

项目	Item	工业总产值 Gross Industrial Value	总资产 Total Assets	从业人员 Persons Engaged
总计	**Total**	**100.0**	**100.0**	**100.0**
公有经济	Public—Owned Enterprises	41.9	41.9	41.5
国有经济	State-Owned Enterprises	26.9	26.9	27.0
集体经济	Collective Owned Enterprises	15.0	15.0	14.5
非公有经济	Non—Publie—owned Enterprises	58.1	58.1	58.5
私有经济	Private owned Enterprises	4.8	4.8	4.8
港澳台经济	Enterprises Funded by Overseas Chinese from HongKong, Macao and Taiwan	32.3	32.3	32.5
外商投资经济	Foreign Funded Enterprises	21.0	21.0	21.2

注:表中工业总产值及从业人员统计范围为全社会,总资产为全部国有企业及年销售收入在500万元以上的非国有企业。

Note: The statistical coverage of gross industrial output value and persons engaged in this table is caculated with all units in the province, while the capital is for whole state—owned enterprises and non—state—owned enterprises with annual sales revenue above 5000 thousand yuan.

12—25 工业六大产业工业总产值(1998年)
GROSS INDUSTRIAL OUTPUT VALUE OF 6 INDUSTRIES (1998)

单位:亿元 (100 million yuan)

指标	Item	工业总产值 Gross Industrial Value	
		绝对数 Value	比重(%) Proportion
500万元以上工业总产值	**Goss Industrial Output Value upwards 500 shousand yuan**	**9739**	**100.0**
三大支柱产业	Top 3 Pillar of Industries	3660	37.6
1、电子信息	Electron and Information	1599	16.4
2、电气机械及专用设备	Electric Machines and For Special Purposes Equipments	1229	12.6
3、石油及化学	Petroleum and Chemistry	832	8.5
三大传统产业	Top 3 Traditional Industries	2503	25.7
1、纺织服装	Textile and Garments	1164	11.9
2、食品饮料	Food and Beverage	772	7.9
3、建筑材料	Building Materials	567	5.8

注:工业总产值按1998年现行价格计算。

Note: The gross industrial output value is calcutated by current prices in 1998.

12-26 工业企业主要指标(1998年)

单位:亿元

行业	Item	企业单位数(个) Number of Enterprise	亏损企业 Loss-making Enterprise
全省总计	**Province Total**	**17980**	**6129**
按经济类型分	**Grouped by Ownership**		
国有经济	State-owned Enterprises	3683	1788
集体经济	Collective Owned Enterprises	4338	933
股份制经济	Share Holding Enterprises	801	229
外商投资经济	Foreign Funded Enterprises	1336	522
港澳台投资经济	Enterprises Funded by Entrepreneurs from HongKong,Macao and Taiwan	6508	2419
按轻重工业分	**Grouped by Light & Heavy Industry**		
轻工业	Light Industry	11095	3594
以农产品为原料	Using Farm Products as Raw Materials	6298	2076
以非农产品为原料	Using Non-Farm Products as Raw Materials	4797	1518
重　工　业	Heavy Industry	6885	2535
采掘工业	Mining and Quarrying	343	99
原料工业	Raw Materials Industry	1914	775
加工工业	Manufacturing Industry	4628	1661
按企业规模分	**Grouped by Size of Enterprise**		
大型企业	Large	751	304
中型企业	Medium-sized	1358	682
小型企业	Small	15871	5143
按行业分	**Grouped by Sector**		
#煤炭采选业	Coal Mining and Dressing	22	12
石油和天然气开采	Petroleum and Natural Gas Extraction	3	1
黑色金属矿采选业	Ferrous Metal Minerals Mining and Dressing	33	7
有色金属矿采选业	Nonferrous Metal Minerals Mining and Dressing	63	23
非金属矿采选业	Nonmetal Minerals Mining and Dressing	188	43
其他矿采选业	Other Minerals Mining and Dressing	2	
木材及竹材采运业	Logging and Transport of Timber and Bamboo	44	19
食品加工业	Food Processing	593	229
食品制造业	Food Manufacturing	470	175
饮料制造业	Beverage Manufacturing	293	118
烟草加工业	Tobacco Processing	23	7
纺织业	Textile Industry	949	388
服装及其他纤维制品制造	Garments and Other Fiber Products	1653	478
皮革毛皮羽绒及其制品业	Leather,Furs,Down and Related Products	638	197
木材加工及竹藤棕草制品业	Timber Processing,Bamboo,Cane,Palm Fiber and Straw Products	248	47
家具制造业	Furniture Manufacturing	300	82
造纸及纸制品业	Papermaking and Paper Products	624	192
印刷业记录媒介的复制	Printing and Record Medium Reproduction	391	142
文教体育用品制造业	Cultural,Educational and Sports Goods	460	166
石油加工及炼焦业	Petroleum Processing and Coking	35	11
化学原料及制品制造业	Raw Chemical Materials and Chemical Products	855	281
医药制造业	Medical and Pharmaceutical Products	249	68
化学纤维制造业	Chemical Fiber	104	41
橡胶制品业	Rubber Products	175	57
塑料制品业	Plastic Products	1126	344
非金属矿物制品业	Nonmetal Mineral Products	1419	691
黑色金属冶炼及压延加工业	Smelting and Pressing of Ferrous Metals	150	36
有色金属冶炼及压延加工业	Smelting and Pressing of Nonferrous Metals	197	85
金属制品业	Metal Products	1198	380
普通机械制造业	Ordinary Machinery Manufacturing	463	174
专用设备制造业	For Special Purposes Equipment Manufacturing	406	147
交通运输设备制造业	Transport Equipment Manufacturing	521	191
电气机械及器材制造业	Electric Equipment and Machinery	1185	374
电子及通信设备制造业	Electronic and Telecommunications Equipment	1195	407
仪器仪表文化办公用机械	Instruments,Meters,Cultural and Office Machinery	289	109
其他制造业	Other Manufacturing	615	163
电力蒸汽热水生产供应业	Electric Power,Steam and Hot Water Production and Supply	583	165
煤气的生产和供应业	Gas Production and Supply	31	14
自来水的生产和供应业	Tap Water Production and Supply	185	63

注:本表统计范围为全部国有工业及年销售收入在500万元以上的非国有工业企业。
Note:The statistical this table covered whole state—owned enterprises and non—state—owned enterprises with annual sales revenue over 5000 thousand yuan.

MAIN INDICATORS OF INDUSTRIAL ENTERPRISES (1998)

(100 million yuan)

工业总产值（当年价）Gross Industrial Output Value (at Current Prices)	工业总产值（不变价）Gross Industrial Output Value(at 1990 Constant prices)	工业增加值 Value Added of Industry	资本金合计 Total Capital	国有资本金 State-Owned Capital	集体资本金 Collective owned Capital	年末资产总计 Total Assets at Year-end
9738.56	**9063.72**	**2444.05**	**3519.15**	**787.52**	**426.46**	**12851.26**
1453.79	1040.47	482.66	657.58	484.58	5.43	3209.15
1480.13	1417.61	337.25	351.57	13.81	210.54	1540.62
810.18	890.89	222.65	303.22	80.23	26.87	1240.79
1639.20	1738.29	364.00	598.84	51.49	34.56	1756.62
3863.63	3481.13	920.58	1475.22	136.74	110.31	4610.49
5765.51	5490.54	1353.80	1770.58	280.63	228.42	6084.65
2764.63	2339.11	655.53	876.94	147.23	104.45	2921.91
3000.88	3151.43	698.27	893.64	133.39	123.98	3162.74
3973.05	3573.18	1090.25	1748.57	506.89	198.03	6766.60
217.74	114.40	89.83	44.43	34.92	3.09	250.55
1296.22	742.58	425.49	838.22	320.06	71.18	3398.56
2459.10	2716.20	574.93	865.92	151.92	123.76	3117.49
2933.97	2747.66	882.05	1243.08	394.55	90.66	5423.04
1235.19	1313.27	315.59	451.99	169.57	57.23	1850.69
5569.40	5002.79	1246.41	1824.09	223.40	278.57	5577.53
5.36	2.86	1.42	5.63	5.55	0.06	19.45
134.24	42.84	69.39	13.42	13.42		144.94
8.87	6.23	2.53	5.46	4.89	0.58	15.35
12.55	13.27	3.01	4.80	2.77	0.60	16.43
56.38	49.02	13.78	15.26	8.05	1.84	51.82
0.47	0.46	0.07	0.05	0.05		0.22
1.53	1.03	0.32	1.32	1.25	0.01	5.05
333.08	228.56	58.77	68.54	27.51	6.66	336.93
195.19	174.47	45.91	91.61	18.99	5.63	261.84
179.84	145.00	51.51	84.74	20.63	6.85	255.02
63.51	48.51	41.09	19.63	18.53		70.39
488.47	432.38	100.89	172.48	22.11	23.52	598.61
584.90	520.04	133.74	145.30	3.56	22.25	420.76
316.70	282.19	69.11	69.86	5.66	8.42	241.41
81.06	76.13	16.08	24.45	3.87	2.69	92.37
80.80	72.23	18.31	22.96	0.79	4.03	72.36
228.36	189.80	49.18	92.05	14.84	15.19	290.79
108.17	109.18	27.33	53.47	8.69	9.06	158.74
202.32	177.86	53.92	74.11	2.42	7.59	179.75
201.89	100.04	40.13	67.59	0.59	1.26	363.21
423.14	402.05	107.74	161.34	29.16	12.61	601.44
145.37	156.87	48.83	70.32	13.14	4.11	246.57
90.35	118.07	12.17	36.64	10.74	3.84	215.13
72.25	67.64	16.70	31.42	1.27	2.71	96.35
411.45	388.05	91.23	169.64	12.05	23.07	467.12
467.54	438.83	114.77	284.82	61.18	67.26	959.46
109.50	76.06	22.81	33.21	16.95	1.70	154.12
153.47	156.21	28.73	52.66	12.35	8.36	193.29
491.71	478.44	101.25	165.28	11.94	30.42	534.63
152.25	155.85	38.13	65.48	13.05	6.83	250.66
112.18	102.78	30.63	44.95	12.00	6.95	189.77
328.35	320.85	80.92	131.05	38.67	9.15	545.07
832.70	921.31	194.27	235.61	22.07	52.39	932.74
1599.20	2009.45	347.20	310.53	40.16	30.39	1281.39
283.90	259.20	58.09	59.95	3.82	6.65	185.18
205.73	190.86	52.29	54.09	4.32	7.61	154.75
490.26	119.80	267.80	490.90	232.29	26.71	1946.88
10.66	7.01	−6.19	21.28	13.85	1.18	51.11
74.48	22.10	40.15	67.10	54.16	8.28	248.14

续表 1 continued

单位:亿元

行业	Item	流动资产合计 Total Circulating Funds	产成品 Finished Products
全省总计	**Province Total**	**5846.30**	**651.72**
按经济类型分	**Grouped by Ownership**		
#国有经济	State-owned Enterprises	1196.34	106.61
集体经济	Collective Owned Enterprises	751.92	109.29
股份制经济	Share Holding Enterprises	611.04	83.92
外商投资经济	Foreign Funded Enterprises	924.97	82.73
港澳台投资经济	Enterprises Funded by Entrepreneurs from HongKong,Macao and Taiwan	2122.02	241.17
按轻重工业分	**Grouped by Light & Heavy Industry**		
轻工业	Light Industry	3167.53	396.70
以农产品为原料	Using Farm Products as Raw Materials	1479.46	177.03
以非农产品为原料	Using Non-farm Products as Raw Materials	1688.07	219.67
重工业	Heavy Industry	2678.77	255.02
采掘工业	Mining and Quarrying	98.58	5.12
原料工业	Raw Materials Industry	947.43	48.86
加工工业	Manufacturing Industry	1632.76	201.05
按企业规模分	**Grouped by Size of Enterprise**		
大型企业	Large	2145.76	204.51
中型企业	Medium-sized	867.80	96.38
小型企业	Small	2832.75	350.83
按行业分	**Grouped by Sector**		
#煤炭采选业	Coal Mining and Dressing	8.65	0.59
石油和天然气开采	Petroleum and Natural Gas Extraction	51.61	0.30
黑色金属矿采选业	Ferrous Metal Minerals Mining and Dressing	5.36	0.60
有色金属矿采选业	Nonferrous Metal Minerals Mining and Dressing	7.84	1.68
非金属矿采选业	Nonmetal Minerals Mining and Dressing	24.86	2.10
其他矿采选业	Other Minerals Mining and Dressing	0.05	
木材及竹材采运业	Logging and Transport of Timber and Bamboo	1.07	0.03
食品加工业	Food Processing	174.57	21.93
食品制造业	Food Manufacturing	114.53	14.54
饮料制造业	Beverage Manufacturing	98.27	9.09
烟草加工业	Tobacco Processing	37.32	0.06
纺织业	Textile Industry	285.92	44.50
服装及其他纤维制品制造	Garments and Other Fiber Products	247.78	31.58
皮革毛皮羽绒及其制品业	Leather,Furs,Down and Related Products	147.25	13.37
木材加工及竹藤棕草制品业	Timber Processing,Bamboo,Cane,Palm Fiber and Straw Products	45.72	7.37
家具制造业	Furniture Manufacturing	41.60	7.41
造纸及纸制品业	Papermaking and Paper Products	124.95	13.79
印刷业记录媒介的复制	Printing and Record Medium Reproduction	68.31	5.60
文教体育用品制造业	Cultural,Educational and Sports Goods	97.82	12.62
石油加工及炼焦业	Petroleum Processing and Coking	64.72	5.29
化学原料及制品制造业	Raw Chemical Materials and Chemical Products	265.88	27.60
医药制造业	Medical and Pharmaceutical Products	138.90	13.73
化学纤维制造业	Chemical Fiber	73.72	7.62
橡胶制品业	Rubber Products	46.39	7.56
塑料制品业	Plastic Products	219.15	29.88
非金属矿物制品业	Nonmetal Mineral Products	360.71	53.81
黑色金属冶炼及压延加工业	Smelting and Pressing of Ferrous Metals	62.07	7.42
有色金属冶炼及压延加工业	Smelting and Pressing of Nonferrous Metals	86.55	11.76
金属制品业	Metal Products	286.23	40.01
普通机械制造业	Ordinary Machinery Manufacturing	131.93	20.54
专用设备制造业	For Special Purposes Equipment Manufacturing	103.25	15.26
交通运输设备制造业	Transport Equipment Manufacturing	306.25	34.03
电气机械及器材制造业	Electric Equipment and Machinery	536.28	79.50
电子及通信设备制造业	Electronic and Telecommunications Equipment	798.43	82.57
仪器仪表文化办公用机械	Instruments,Meters,Cultural and Office Machinery	109.43	11.22
其他制造业	Other Manufacturing	94.37	14.05
电力蒸汽热水生产供应业	Electric Power,Steam and Hot Water Production and Supply	498.66	0.73
煤气的生产和供应业	Gas Production and Supply	16.83	0.75
自来水的生产和供应业	Tap Water Production and Supply	61.58	0.49

续表 2 continued

(100 million yuan)

流动资产年平均余额 Average Balance of Circulating Funds	固定资产合计 Total Fixed Assets	固定资产原价 Original Value of Fixed Assets	固定资产净值平均余额 Average Balance of Net Value of Fixed Assets	年末负债合计 Total Liabilities at Year-end	流动负债 Liquid Liabilities	年末所有者权益合计 Total Creditoprs' Equity at at Year-end
5825.10	**5737.86**	**6968.36**	**4893.50**	**7992.05**	**5874.02**	**4859.21**
1218.00	1659.63	1790.91	1231.42	1965.71	1278.71	1243.44
782.64	610.61	807.43	565.95	1161.99	917.73	378.63
589.15	496.22	607.43	421.22	703.63	555.28	537.16
881.10	675.41	861.48	610.67	992.91	822.04	763.71
2118.14	2105.24	2667.15	1900.94	2867.10	2077.49	1734.39
3199.74	2312.70	2933.76	2079.88	3842.51	3210.90	2242.14
1513.55	1151.65	1470.11	1026.65	1855.20	1525.18	1066.71
1686.19	1161.05	1463.65	1053.23	1987.32	1685.71	1175.43
2625.36	3425.15	4034.60	2813.62	4149.54	2663.12	2617.07
100.09	63.65	83.46	56.09	87.84	61.23	162.72
961.29	2215.64	2510.65	1733.81	2061.66	1017.00	1336.90
1563.98	1145.86	1440.49	1023.72	2000.04	1584.90	1117.44
2117.13	2740.88	3074.16	2155.86	3209.34	2017.70	2213.70
853.01	783.02	999.33	669.09	1235.42	946.02	615.27
2854.95	2213.96	2894.87	2068.55	3547.29	2910.30	2030.24
8.53	10.25	15.24	9.20	16.76	13.96	3.20
51.11	16.11	21.70	14.74	23.06	9.17	121.88
5.19	6.31	7.87	5.57	6.29	5.40	9.06
8.53	7.37	10.35	6.43	9.33	6.28	7.10
26.92	23.16	27.33	19.08	32.17	26.16	19.65
0.10	0.15	0.16	0.14	0.10	0.08	0.12
1.02	2.28	2.77	2.14	2.05	1.44	3.00
178.04	132.92	175.07	119.05	247.31	207.07	89.62
112.78	118.14	140.15	103.74	155.27	128.10	106.57
100.37	119.90	147.90	95.22	157.81	118.48	97.21
42.43	31.61	38.49	26.21	32.87	27.88	37.52
298.26	252.84	340.74	234.96	427.67	331.47	170.94
266.91	137.07	187.74	130.70	254.04	226.55	166.72
148.78	69.67	95.11	71.41	154.37	144.03	87.04
47.23	38.87	48.00	35.14	63.26	47.51	29.10
42.02	22.66	30.02	21.55	47.51	39.39	24.84
120.87	134.10	147.33	105.54	187.83	139.01	102.96
66.08	72.00	96.29	66.16	96.84	81.33	61.90
125.38	67.27	86.34	71.62	83.99	73.25	95.76
86.51	260.49	136.89	78.91	271.00	62.42	92.21
256.46	290.22	255.53	174.65	381.59	252.88	219.85
136.57	75.86	88.15	66.21	145.20	124.44	101.37
68.34	122.41	139.41	105.92	163.30	107.04	51.83
46.41	35.71	44.27	31.38	61.79	48.89	34.55
227.77	182.78	255.92	173.17	266.76	223.75	200.37
351.85	507.59	610.70	433.49	712.52	491.52	246.95
63.50	82.80	104.13	70.12	85.69	61.66	68.43
83.81	90.22	154.54	78.55	122.70	88.24	70.59
280.92	192.87	247.65	187.21	355.92	306.03	178.71
135.42	91.72	112.69	81.19	162.89	135.60	87.78
103.26	63.64	81.95	59.67	130.49	102.33	59.28
296.56	180.80	202.70	157.08	368.91	297.91	176.15
532.75	297.65	389.55	277.41	631.68	552.27	301.05
736.24	360.30	460.26	322.09	784.97	657.45	496.42
112.36	59.96	83.94	53.62	102.60	94.41	82.58
88.20	48.31	66.44	43.28	96.05	84.51	58.70
496.53	1340.60	1693.98	1206.88	1011.02	463.56	935.86
17.63	26.70	30.05	22.90	29.85	19.86	21.26
52.93	164.32	190.13	130.24	107.06	71.06	141.08

续表 3 continued

单位:亿元

行业	Item	产品销售收入 Sales Revenue	产品销售税金及附加 Sales tax and Extra Charges
全省总计	**Province Total**	**9243.42**	**103.24**
按经济类型分	**Grouped by Ownership**		
#国有经济	State-owned Enterprises	1616.64	47.81
集体经济	Collective Owned Enterprises	1354.05	13.07
股份制经济	Share Holding Enterprises	735.15	4.88
外商投资经济	Foreign Funded Enterprises	1549.62	15.24
港澳台投资经济	Enterprises Funded by Entrepreneurs from HongKong,Macao and Taiwan	3544.79	13.32
按轻重工业分	**Grouped by Light & Heavy Industry**		
轻 工 业	Light Industry	5251.28	65.65
以农产品为原料	Using Farm Products as Raw Materials	2539.11	46.73
以非农产品为原料	Using Non-farm Products as Raw Materials	2712.17	18.92
重 工 业	Heavy Industry	3992.15	37.59
采掘工业	Mining and Quarrying	148.08	4.55
原料工业	Raw Materials Industry	1604.34	22.27
加工工业	Manufacturing Industry	2239.72	10.76
按企业规模分	**Grouped by Size of Enterprises**		
大型企业	Large	2925.31	59.91
中型企业	Medium-sized	1177.04	10.47
小型企业	Small	5141.08	32.86
按行业分	**Grouped by Sector**		
#煤炭采选业	Coal Mining and Dressing	5.69	0.02
石油和天然气开采	Petroleum and Natural Gas Extraction	73.29	3.34
黑色金属矿采选业	Ferrous Metal Minerals Mining and Dressing	8.49	0.23
有色金属矿采选业	Nonferrous Metal minerals Mining and Dressing	11.25	0.12
非金属矿采选业	Nonmetal Minerals Mining and Dressing	48.82	0.77
其他矿采选业	Other Minerals Mining and Dressing	0.45	
木材及竹材采运业	Logging and Transport of Timber and Bamboo	1.52	0.09
食品加工业	Food Processing	330.76	1.10
食品制造业	Food Manufacturing	184.53	0.94
饮料制造业	Beverage Manufacturing	175.98	4.61
烟草加工业	Tobacco Processing	63.71	24.76
纺织业	Textile Industry	423.51	1.70
服装及其他纤维制品制造	Garments and Other Fiber Products	519.92	2.36
皮革毛皮羽绒及其制品业	Leather,Furs,Down and Related Products	292.23	1.19
木材加工及竹藤棕草制品业	Timber Processing,Bamboo,Cane,Palm Fiber and Straw Products	74.00	0.50
家具制造业	Furniture Manufacturing	73.85	0.80
造纸及纸制品业	Papermaking and Paper Products	207.79	0.86
印刷业记录媒介的复制	Printing and Record Medium Reproduction	95.67	0.29
文教体育用品制造业	Cultural,Educational and Sports Goods	181.63	0.59
石油加工及炼焦业	Petroleum Processing and Coking	206.39	14.25
化学原料及制品制造业	Raw Chemical Materials and Chemical Products	386.99	10.24
医药制造业	Medical and Pharmaceutical Products	130.91	0.89
化学纤维制造业	Chemical Fiber	84.41	0.39
橡胶制品业	Rubber Products	68.42	1.18
塑料制品业	Plastic Products	370.74	1.78
非金属矿物制品业	Nonmetal Mineral Products	418.52	3.89
黑色金属冶炼及压延加工业	Smelting and Pressing of Ferrous Metals	110.30	0.29
有色金属冶炼及压延加工业	Smelting and Pressing of Nonferrous Metals	142.51	0.99
金属制品业	Metal Products	462.12	2.21
普通机械制造业	Ordinary Machinery Manufacturing	134.73	0.61
专用设备制造业	For Special Purposes Equipment Manufacturing	103.62	0.60
交通运输设备制造业	Transport Equipment Manufacturing	301.52	9.53
电气机械及器材制造业	Electric Equipment and Machinery	762.71	2.88
电子及通信设备制造业	Electronic and Telecommunications Equipment	1436.69	2.40
仪器仪表文化办公用机械	Instruments,Meters,Cultural and Office Machinery	265.96	0.51
其他制造业	Other Manufacturing	173.48	1.00
电力蒸汽热水生产供应业	Electric Power,Steam and Hot Water Production and Supply	807.24	4.26
煤气的生产和供应业	Gas Production and Supply	27.34	0.07
自来水的生产和供应业	Tap Water Production and Supply	75.35	0.96

续表 4　continued

(100 million yuan)

利润总额 Total Profits	亏损总额 Total Loss	利税总额 Total Pre-tax Profits	本年应交增值税 Value Added Tax Payable in Current Year	本年销项税额 Sales Tax in Current Year	本年进项税额 Import Tax in Current Year	全部从业人员年平均人数(万人) Average Number of Staff and Workers (10000 Persons)
224.89	**261.59**	**622.82**	**294.70**	**904.93**	**644.18**	**548.59**
39.08	63.40	163.10	76.20	221.65	151.64	102.67
2.99	34.20	56.80	40.73	154.06	121.21	106.62
31.87	20.78	69.89	33.13	106.00	75.90	36.24
42.44	51.96	102.30	44.62	117.65	75.60	52.75
84.87	83.63	182.53	84.35	253.51	180.57	226.88
82.06	148.98	293.89	146.18	478.26	347.94	355.78
31.30	74.65	155.24	77.22	235.67	164.91	194.05
50.76	74.33	138.64	68.96	242.58	183.03	161.73
142.83	112.61	328.94	148.52	426.67	296.24	192.81
9.39	1.52	19.61	5.67	14.34	8.82	10.48
89.24	43.94	194.76	83.25	220.41	144.61	53.09
44.20	67.15	114.56	59.61	191.92	142.81	129.24
166.05	96.89	360.11	134.16	374.08	250.32	88.69
10.64	48.43	62.31	41.19	124.98	88.88	71.90
48.20	116.26	200.40	119.35	405.87	304.97	388.01
−0.47	0.50	−0.04	0.41	0.92	0.51	3.82
7.67	0.06	14.02	3.01	7.47	4.45	0.84
0.47	0.09	1.04	0.33	0.83	0.52	0.89
0.42	0.20	0.98	0.43	1.17	0.77	1.40
1.28	0.70	3.58	1.53	4.09	2.66	3.57
		0.01		0.01		0.01
−0.06	0.09	0.09	0.06	0.09	0.03	0.60
−7.60	15.56	1.07	7.57	26.81	19.89	11.79
−0.01	10.53	10.03	9.10	24.47	15.64	10.52
7.18	4.67	20.85	9.06	25.27	16.47	6.17
3.33	0.17	34.08	5.99	10.63	4.73	1.14
−7.16	17.88	2.72	8.19	34.28	27.44	29.80
2.60	8.94	13.65	8.70	33.56	26.99	64.88
2.84	2.32	7.50	3.47	15.49	12.31	32.82
0.79	1.48	3.67	2.37	8.60	6.42	4.24
0.98	1.92	4.09	2.31	6.05	4.06	5.48
4.03	5.57	12.32	7.43	23.28	16.09	11.54
0.56	4.16	4.20	3.35	10.06	7.28	11.81
5.20	2.42	7.84	2.05	7.89	6.03	28.55
2.25	0.63	24.79	8.29	33.34	25.83	3.71
18.39	17.63	47.97	19.34	48.31	31.25	15.45
3.82	7.85	13.14	8.43	20.99	12.90	6.04
−4.00	9.03	−1.23	2.38	9.39	7.09	3.26
1.45	1.74	4.29	1.66	5.72	4.30	6.22
7.48	7.66	17.01	7.75	30.28	23.17	25.76
−20.75	36.67	1.03	17.89	54.42	39.15	39.06
0.46	2.37	3.77	3.02	20.55	17.90	5.15
−0.11	4.90	6.77	5.88	20.06	15.89	6.90
0.45	12.32	13.71	11.04	42.54	32.92	28.20
2.26	4.58	7.98	5.11	16.73	11.94	10.77
0.64	3.85	4.98	3.74	11.64	8.69	8.95
−4.49	15.87	15.50	10.46	37.44	28.50	14.71
10.35	20.99	36.53	23.30	87.83	67.39	42.36
59.03	18.51	90.76	29.33	91.48	70.02	56.58
3.66	2.63	6.76	2.59	7.31	4.68	10.49
2.74	2.25	7.10	3.35	14.84	11.87	16.88
100.19	11.42	156.85	52.39	103.46	53.95	13.68
−1.02	1.61	0.10	1.05	3.34	2.33	0.87
20.16	2.01	23.46	2.34	4.17	2.06	3.53

12-27 国有工业企业主要指标(1998年)

单位:亿元

行　业	Item	企业单位数(个) Number of Enterprise	亏损企业 Loss-making Enterprise
全省总计	**Province Total**	**3683**	**1788**
按轻重工业分	**Grouped by Light & Heavy Industry**		
轻　工　业	Light Industry	1754	857
以农产品为原料	Using Farm Products as Raw Materials	1168	579
以非农产品为原料	Using Non-farm Products as Raw Materials	586	278
重　工　业	Heavy Industry	1929	931
采掘工业	Mining and Quarrying	165	83
原料工业	Raw Materials Industry	726	313
加工工业	Manufacturing Industry	1038	535
按企业规模分	**Grouped by Size of Enterprise**		
大型企业	Large	195	93
中型企业	Medium-sized	560	328
小型企业	Small	2928	1367
按行业分	**Grouped by Sector**		
#煤炭采选业	Coal Mining and Dressing	17	11
石油和天然气开采	Petroleum and Natural Gas Extraction	3	1
黑色金属矿采选业	Ferrous Minerals Mining and Dressing	19	6
有色金属矿采选业	Nonferrous Minerals Mining and Dressing	39	22
非金属矿采选业	Nonmetal Minerals Mining and Dressing	54	30
其他矿采选业	Other Minerals Mining and Dressing	2	
木材及竹材采运业	Logging and Transport of Timber and Bamboo	42	19
食品加工业	Food Processing	280	153
食品制造业	Food Manufacturing	161	80
饮料制造业	Beverage Manufacturing	129	65
烟草加工业	Tobacco Processing	17	7
纺织业	Textile Industry	145	91
服装及其他纤维制品制造	Garments and Other Fiber Products	72	28
皮革毛皮羽绒及其制品业	Leather,Furs,Down and Related Products	33	13
木材加工及竹藤棕草制品业	Timber Processing,Bamboo,Cane,Palm Fiber and Straw Products	40	16
家具制造业	Furniture Manufacturing	29	16
造纸及纸制品业	Papermaking and Paper Products	93	44
印刷业记录媒介的复制	Printing and Record Medium Reproduction	143	67
文教体育用品制造业	Cultural,Educational and Sports Goods	24	11
石油加工及炼焦业	Petroleum Processing and Coking	3	
化学原料及制品制造业	Raw Chemical Materials and Chemical Products	223	111
医药制造业	Medical and Pharmaceutical Products	98	35
化学纤维制造业	Chemical Fiber	17	8
橡胶制品业	Rubber Products	24	10
塑料制品业	Plastic Products	69	36
非金属矿物制品业	Nonmetal Mineral Products	330	209
黑色金属冶炼及压延加工业	Smelting and Pressing of Ferrous Metals	29	16
有色金属冶炼及压延加工业	Smelting and Pressing of Nonferrous Metals	36	21
金属制品业	Metal Products	121	70
普通机械制造业	Ordinary Machinery Manufacturing	167	92
专用设备制造业	For Special Purposes Equipment Manufacturing	159	92
交通运输设备制造业	Transport Equipment Manufacturing	211	93
电气机械及器材制造业	Electric Equipment and Machinery	138	62
电子及通信设备制造业	Electronic and Telecommunications Equipment	110	46
仪器仪表文化办公用机械	Instruments,Meters,Cultural and Office Machinery	49	18
其他制造业	Other Manufacturing	67	28
电力蒸汽热水生产供应业	Electric Power,Steam and Hot Water Production and Supply	374	107
煤气的生产和供应业	Gas Production and Supply	18	7
自来水的生产和供应	Tap Water Production and Supply	97	46

MAIN INDICATORS OF STATE-OWNED INDUSTRIAL ENTERPRISES (1998)

(100 million yuan)

工业总产值（当年价） Gross Industrial Output Value (at Current Prices)	工业总产值（不变价） Gross Industrial Output Value(at 1990 Constant Prices)	工业增加值 Value Added of Industry	资本金合计 Total Capital	国有资本金 State-owned Capital	集体资本金 Collective Owned Capital	年末资产总计 Total Assets at Year-end
1453.79	**1040.47**	**482.66**	**657.58**	**484.58**	**5.43**	**3209.15**
541.67	452.83	163.10	197.99	159.22	2.25	1001.39
345.16	271.69	98.46	97.25	78.39	1.47	519.57
196.51	181.14	64.64	100.74	80.83	0.78	481.82
912.12	587.64	319.56	459.59	325.36	3.18	2207.76
160.53	61.09	76.61	34.72	34.08	0.11	215.15
501.50	262.98	172.96	324.04	223.94	1.46	1431.62
250.08	263.57	69.99	100.83	67.34	1.60	560.98
760.67	453.24	293.68	349.23	231.21	1.03	1738.43
346.70	316.14	102.93	144.02	116.29	0.83	770.39
346.42	271.10	86.05	164.34	137.08	3.57	700.33
4.95	2.65	1.29	5.60	5.55	0.05	144.94
134.24	42.84	69.39	13.42	13.42		13.90
6.38	3.79	1.91	4.89	4.89		13.40
6.80	5.22	1.68	2.88	2.50		11.23
7.95	6.48	2.68	8.10	7.45	0.06	23.94
0.47	0.46	0.07	0.05	0.05		0.22
1.31	0.87	0.25	1.20	1.19		4.65
100.30	71.05	15.17	21.67	19.41	0.71	117.75
37.71	27.98	11.46	11.50	8.70	0.21	51.47
29.29	19.97	8.19	10.04	9.00	0.11	61.92
50.84	40.72	34.52	13.28	13.27		56.51
55.87	48.96	9.88	18.48	10.42	0.16	116.38
11.31	10.74	2.85	3.37	2.44	0.09	21.27
7.39	6.28	2.05	4.22	3.90	0.02	10.39
8.04	7.63	1.91	2.91	1.81	0.11	13.36
2.08	2.06	0.52	0.52	0.48		5.45
16.99	14.35	3.85	4.51	3.51	0.09	27.85
13.60	19.82	3.71	6.83	5.41	0.03	30.68
2.89	2.61	0.62	0.87	0.26		3.85
175.24	84.19	37.83	60.33	0.02		336.59
48.95	46.65	10.37	16.93	11.74	0.15	88.77
36.30	41.76	10.88	10.45	8.06	0.07	64.33
11.09	16.87	−0.64	7.77	5.21		54.32
6.24	6.83	1.30	2.38	0.66		14.03
8.62	9.53	1.77	3.60	1.90		15.67
61.32	48.79	14.56	29.17	23.19	0.87	151.20
42.03	26.07	8.18	15.75	12.76	0.02	65.76
32.96	39.96	5.44	11.25	10.40		84.00
19.22	18.30	4.87	7.67	4.76	0.08	42.90
47.54	50.40	11.92	15.96	8.32	0.45	102.23
22.38	22.61	5.57	13.98	8.88	0.42	61.93
53.57	48.63	13.70	39.78	26.67	0.26	194.85
61.20	67.25	14.99	13.31	8.28	0.12	94.83
71.60	89.74	26.35	10.91	6.65	0.05	98.64
15.33	15.62	4.47	4.58	2.57	0.39	24.36
8.62	8.18	0.67	2.35	1.56	0.09	9.25
172.28	48.04	112.40	194.48	167.51	0.62	764.28
5.72	4.56	−7.02	12.78	12.74	0.01	32.99
55.06	11.91	33.04	49.78	48.98	0.16	172.85

续表 1　continued

单位:亿元

行　　业	Item	流动资产合计 Total Circulating Funds	产成品 Finished Products
全省总计	**Province Total**	**1196.34**	**106.61**
按轻重工业分	**Grouped by Light & Heavy Industry**		
轻　工　业	Light Industry	408.48	45.62
以农产品为原料	Using Farm Products as Raw Materials	217.09	28.78
以非农产品为原料	Using Non-farm Products as Raw Materials	191.39	16.83
重　工　业	Heavy Industry	787.87	60.99
采掘工业	Mining and Quarrying	79.87	3.19
原料工业	Raw Materials Industry	415.72	15.96
加工工业	Manufacturing Industry	292.28	41.84
按企业规模分	**Grouped by Size of Enterprises**		
大型企业	Large	585.96	41.00
中型企业	Medium-sized	323.77	36.39
小型企业	Small	286.61	29.22
按行业分	**Grouped by Sector**		
#煤炭采选业	Coal Mining and Dressing	8.55	0.57
石油和天然气开采	Petroleum and Natural Gas Extraction	51.61	0.30
黑色金属矿采选业	Ferrous Minerals Mining and Dressing	4.34	0.46
有色金属矿采选业	Nonferrous Minerals Mining and Dressing	5.20	1.08
非金属矿采选业	Nonmetal Minerals Mining and Dressing	9.91	0.94
其他矿采选业	Other Minerals Mining and Dressing	0.05	
木材及竹材采运业	Logging and Transport of Timber and Bamboo	0.97	0.02
食品加工业	Food Processing	44.87	9.14
食品制造业	Food Manufacturing	20.10	2.84
饮料制造业	Beverage Manufacturing	21.41	1.77
烟草加工业	Tobacco Processing	29.48	0.18
纺织业	Textile Industry	46.34	7.37
服装及其他纤维制品制造	Garments and Other Fiber Products	14.49	1.13
皮革毛皮羽绒及其制品业	Leather,Furs,Down and Related Products	4.65	0.67
木材加工及竹藤棕草制品业	Timber Processing,Bamboo,Cane,Palm Fiber and Straw Products	4.89	0.56
家具制造业	Furniture Manufacturing	1.98	0.31
造纸及纸制品业	Papermaking and Paper Products	10.59	1.63
印刷业记录媒介的复制	Printing and Record Medium Reproduction	10.94	1.55
文教体育用品制造业	Cultural,Educational and Sports Goods	1.62	0.29
石油加工及炼焦业	Petroleum Processing and Coking	53.89	4.09
化学原料及制品制造业	Raw Chemical Materials and Chemical Products	34.69	4.77
医药制造业	Medical and Pharmaceutical Products	32.23	3.86
化学纤维制造业	Chemical Fiber	13.11	1.00
橡胶制品业	Rubber Products	7.03	1.07
塑料制品业	Plastic Products	7.51	0.86
非金属矿物制品业	Nonmetal Mineral Products	47.87	5.60
黑色金属冶炼及压延加工业	Smelting and Pressing of Ferrous Metals	32.34	3.01
有色金属冶炼及压延加工业	Smelting and Pressing of Nonferrous Metals	20.67	2.75
金属制品业	Metal Products	21.15	2.53
普通机械制造业	Ordinary Machinery Manufacturing	52.02	7.71
专用设备制造业	For Special Purposes Equipment Manufacturing	32.09	4.56
交通运输设备制造业	Transport Equipment Manufacturing	112.43	12.97
电气机械及器材制造业	Electric Equipment and Machinery	51.79	7.05
电子及通信设备制造业	Electronic and Telecommunications Equipment	58.08	7.82
仪器仪表文化办公用机械	Instruments,Meters,Cultural and Office Machinery	14.88	3.56
其他制造业	Other Manufacturing	5.80	1.06
电力蒸汽热水生产供应业	Electric Power,Steam and Hot Water Production and Supply	249.86	0.69
煤气的生产和供应业	Gas Production and Supply	11.79	0.66
自来水的生产和供应业	Tap Water Production and Supply	44.90	0.04

续表 2 continued

(100 million yuan)

流动资产年平均余额 Annual Average Balance of Circulating Funds	固定资产合计 Total Fixed Assets	固定资产原价 Original Value of Fixed Assets	固定资产净值平均余额 Average Balance of Net Value of Fixed Assets	年末负债合计 Total Liabilities at Year-end	流动负债 Liquid Liabilities	年末所有者权益合计 Total Creditors' Equity at Year-end
1218.00	**1659.63**	**1790.91**	**1213.42**	**1965.71**	**1278.71**	**1243.43**
413.48	480.81	577.24	394.60	755.37	550.48	246.02
231.80	245.61	305.14	202.33	421.63	312.63	97.94
181.69	235.20	272.10	192.27	333.74	237.85	148.08
804.51	1178.82	1213.68	818.82	1210.34	728.24	997.42
79.41	49.39	67.23	43.72	64.40	42.46	150.75
442.98	920.65	904.54	606.07	719.18	377.48	712.44
282.12	208.78	241.91	169.03	426.76	308.30	134.22
613.53	947.80	945.04	618.28	934.68	526.54	803.75
319.65	367.25	443.50	307.03	530.07	392.45	240.32
284.81	344.57	402.38	288.12	500.97	359.73	199.36
8.41	10.21	15.15	9.16	16.64	13.84	3.16
51.11	16.11	21.70	14.74	23.06	9.17	121.88
4.30	5.65	7.28	5.05	5.24	4.60	8.16
5.64	4.97	7.39	4.27	6.57	4.44	4.66
10.16	12.09	14.78	9.51	12.78	10.23	11.15
0.10	0.15	0.16	0.14	0.10	0.08	0.12
0.93	2.09	2.58	1.95	1.87	1.29	2.78
48.12	64.58	84.73	57.11	111.66	88.07	6.10
20.22	25.98	31.70	21.56	35.16	26.98	16.31
24.49	29.05	34.14	16.48	45.90	31.94	16.02
34.44	25.91	30.81	21.11	29.63	24.67	26.87
47.09	52.10	66.14	45.74	108.58	72.54	7.80
15.34	4.53	5.85	4.27	19.32	16.21	1.95
4.84	4.40	6.06	4.27	5.58	4.46	4.81
4.68	6.95	8.60	6.23	10.28	5.81	3.07
2.02	2.81	3.68	2.71	4.83	2.52	0.62
10.67	13.83	17.56	12.07	24.48	17.40	3.37
11.60	15.26	20.24	12.40	20.69	16.32	9.99
1.57	1.46	1.65	1.11	2.71	2.04	1.14
76.02	246.12	120.46	65.00	252.83	51.04	83.76
35.29	44.48	52.51	36.41	73.35	50.96	15.42
31.08	20.06	23.30	16.88	50.73	41.78	13.60
11.92	34.21	37.30	31.48	53.50	34.36	0.82
7.20	6.09	7.49	4.90	10.60	9.13	3.43
7.52	5.29	6.74	4.43	13.71	10.06	1.96
49.29	84.53	93.60	68.51	127.30	83.40	23.90
32.11	48.89	58.02	42.48	44.18	32.36	39.82
21.60	38.09	47.22	28.44	44.88	27.28	20.88
21.43	16.71	17.64	11.59	36.19	27.98	6.71
52.35	37.17	42.65	30.40	71.73	54.64	30.50
33.05	22.52	30.17	18.77	47.30	34.37	14.63
103.99	65.86	66.77	51.77	145.58	107.37	49.27
49.61	33.21	37.70	25.87	75.77	61.18	19.06
53.55	31.00	40.69	27.10	85.06	51.46	13.58
14.04	7.13	8.27	5.47	18.22	14.53	6.14
6.69	2.71	3.30	2.25	6.79	5.48	2.46
253.99	482.57	561.58	385.64	239.17	171.56	525.11
12.61	19.61	20.73	16.46	16.13	12.34	16.86
38.78	115.11	134.37	89.56	67.34	44.60	105.51

续表 3 continued

单位:亿元

行业	Item	产品销售收入 Sales Revenue	产品销售税金及附加 Sales tax and Extra Charges
全省总计	**Province Total**	**1616.64**	**47.81**
按轻重工业分	**Grouped by Light & Heavy Industry**		
轻工业	Light Industry	491.65	26.41
以农产品为原料	Using Farm Products as Raw Materials	310.95	24.88
以非农产品为原料	Using Non-Farm Products as Raw Materials	180.70	1.53
重工业	Heavy Industry	1124.98	21.40
采掘工业	Mining and Quarrying	96.88	3.83
原料工业	Raw Materials Industry	833.67	15.85
加工工业	Manufacturing Industry	194.44	1.71
按企业规模分	**Grouped by Size of Enterprise**		
大型企业	Large	894.73	34.54
中型企业	Medium-sized	349.72	6.87
小型企业	Small	372.18	6.40
按行业分	**Grouped by Sector**		
#煤炭采选业	Coal Mining and Dressing	5.20	0.02
石油和天然气开采	Petroleum and Natural Gas Extraction	73.29	3.34
黑色金属矿采选业	Ferrous Minerals Mining and Dressing	6.14	0.20
有色金属矿采选业	Nonferrous Minerals Mining and Dressing	5.65	0.09
非金属矿采选业	Nonmetal Minerals Mining and Dressing	6.15	0.12
其他矿采选业	Other Minerals Mining and Dressing	0.45	
木材及竹材采运业	Logging and Transport of Timber and Bamboo	1.34	0.09
食品加工业	Food Processing	94.42	0.53
食品制造业	Food Manufacturing	32.31	0.20
饮料制造业	Beverage Manufacturing	34.54	1.94
烟草加工业	Tobacco Processing	50.70	21.62
纺织业	Textile Industry	43.36	0.17
服装及其他纤维制品制造	Garments and Other Fiber Products	10.07	0.06
皮革毛皮羽绒及制品业	Leather,Furs,Down and Related Products	5.81	0.05
木材加工及竹藤棕草制品业	Timber Processing,Bamboo,Cane,Palm Fiber and Straw Products	5.37	0.04
家具制造业	Furniture Manufacturing	1.78	0.04
造纸及纸制品业	Papermaking and Paper Products	13.21	0.11
印刷业记录媒介的复制	Printing and Record Medium Reproduction	11.55	0.08
文教体育用品制造业	Cultural,Educational and Sports Goods	2.65	0.04
石油加工及炼焦业	Petroleum Processing and Coking	176.40	11.45
化学原料及制品制造业	Raw Chemical Materials and Chemical Products	44.80	0.26
医药制造业	Medical and Pharmaceutical Products	29.93	0.21
化学纤维制造业	Chemical Fiber	10.39	0.02
橡胶制品业	Rubber Products	6.02	0.19
塑料制品业	Plastic Products	6.87	0.09
非金属矿物制品业	Nonmetal Mineral Products	53.66	0.36
黑色金属冶炼及压延加工业	Smelting and Pressing of Ferrous Metals	46.82	0.11
有色金属冶炼及压延加工业	Smelting and Pressing of Nonferrous Metals	31.75	0.27
金属制品业	Metal Products	16.26	0.15
普通机械制造业	Ordinary Machinery Manufacturing	33.86	0.17
专用设备制造业	For Special Purposes Equipment Manufacturing	20.07	0.12
交通运输设备制造业	Transport Equipment Manufacturing	50.58	0.83
电气机械及器材制造业	Electric Equipment and Machinery	50.64	0.33
电子及通信设备制造业	Electronic and Telecommunications Equipment	49.69	0.21
仪器仪表文化办公用机械	Instruments,Meters,Cultural and Office Machinery	11.34	0.08
其他制造业	Other Manufacturing	5.80	0.05
电力蒸汽热水生产供应业	Electric Power,Steam and Hot Water Production and Supply	490.39	3.50
煤气的生产和供应业	Gas Production and Supply	21.99	0.07
自来水的生产和供应	Tap Water Production and Supply	55.30	0.63

续表 4 continued

(100 million yuan)

利润总额 Total Profits	亏损总额 Total Loss	利税总额 Total Pre-tax Profits	本年应交增值税 Value Added Tax Payable in Current Year	本年销项税额 Sales Tax in Current Year	本年进项税额 Import Tax in Current Year	职工平均人数(万人) Average Number of Staff and Workers (10000 persons)
39.08	**63.40**	**163.10**	**76.20**	**221.65**	**151.64**	**102.67**
-6.29	36.62	42.33	22.21	61.68	40.83	42.49
-13.32	20.05	27.22	15.66	41.14	26.18	27.06
7.03	16.57	15.11	6.55	20.54	14.65	15.43
45.38	26.78	120.77	54.00	159.97	110.81	60.18
7.53	1.22	15.58	4.22	10.08	5.88	7.94
42.65	12.68	100.92	42.42	123.21	84.60	27.78
-4.80	12.88	4.26	7.35	26.68	20.33	24.46
54.05	21.50	132.49	43.90	128.17	86.88	29.72
-7.24	22.53	16.29	16.67	47.00	32.83	32.24
-7.73	19.38	14.31	15.64	46.48	31.92	40.72
-0.49	0.49	-0.08	0.40	0.89	0.49	3.68
7.67	0.06	14.02	3.01	7.47	4.45	0.84
0.33	0.08	0.77	0.24	0.59	0.35	0.72
0.17	0.19	0.44	0.18	0.49	0.34	0.89
-0.17	0.41	0.39	0.44	0.78	0.35	1.94
-0.07	0.09	0.06	0.05	0.08	0.03	0.05
-9.25	9.86	-5.22	3.50	10.21	7.03	6.58
-0.15	0.96	1.43	1.38	4.14	2.81	3.18
-0.17	0.92	3.37	1.60	4.20	2.67	1.82
1.82	0.17	28.45	5.01	8.48	3.51	0.99
-4.28	4.68	-2.70	1.41	5.74	4.41	5.92
-0.75	1.01	-0.38	0.32	1.45	1.15	2.35
0.02	0.12	0.20	0.13	0.69	0.56	0.13
-0.29	0.60	0.05	0.30	0.65	0.37	0.61
-0.19	0.21	-0.06	0.10	0.25	0.16	0.34
-0.60	0.68	0.14	0.63	2.09	1.46	1.53
-0.20	1.19	0.56	0.68	1.74	1.10	1.89
-0.14	0.19	-0.01	0.10	0.42	0.33	0.53
2.57		22.02	8.00	30.34	23.10	3.12
-1.98	2.67	0.15	1.87	5.45	3.95	5.02
-3.44	5.15	-1.32	1.91	4.57	2.68	2.38
-3.27	3.36	-2.70	0.55	1.69	1.18	0.93
-0.26	0.32	0.23	0.30	0.95	0.69	0.86
-0.52	0.65	-0.13	0.30	0.94	0.65	0.71
-5.71	6.01	-2.62	2.73	7.76	5.27	8.96
-0.30	1.49	1.16	1.34	13.11	11.94	3.04
-2.72	2.79	-0.52	1.93	5.35	3.48	2.33
-1.22	1.67	-0.52	0.55	2.42	1.99	2.27
-1.69	2.26	-0.33	1.19	4.96	3.90	5.07
-2.17	2.55	-1.32	0.73	3.04	2.36	3.99
-3.43	4.61	-1.38	1.23	6.04	5.36	5.57
-0.44	1.81	2.29	2.40	8.35	6.11	4.30
3.40	1.34	5.33	1.67	5.93	4.41	3.13
-0.07	0.67	0.51	0.51	1.48	1.02	1.18
0.04	0.25	0.33	0.24	0.69	0.48	0.94
48.24	1.91	78.39	26.66	62.27	38.15	10.12
0.06	0.47	1.14	1.01	2.74	1.63	0.75
18.74	1.47	20.96	1.58	3.18	1.67	2.60

12-28　集体工业企业主要指标(1998年)

单位:亿元

行业	Item	企业单位数(个) Number of Enterprise	亏损企业 Loss-making Enterprise
全省总计	**Province Total**	**4338**	**933**
按轻重工业分	**Grouped by Light & Heavy Industry**		
轻工业	Light Industry	2607	494
以农产品为原料	Using Farm Products as Raw Materials	1446	261
以非农产品为原料	Using Non-farm Products as Raw Materials	1161	233
重工业	Heavy Industry	1731	439
采掘工业	Mining and Quarrying	116	4
原料工业	Raw Materials Industry	529	199
加工工业	Manufacturing Industry	1086	236
按企业规模分	**Grouped by Size of Enterprise**		
大型企业	Large	69	24
中型企业	Medium-sized	229	109
小型企业	Small	4040	800
按行业分	**Grouped by Sector**		
#煤炭采选业	Coal Mining and Dressing	3	1
石油和天然气开采	Petroleum and Natural Gas Extraction		
黑色金属矿采选业	Ferrous Minerals Mining and Dressing	12	
有色金属矿采选业	Nonferrous Minerals Mining and Dressing	15	
非金属矿采选业	Nonmetal Minerals Mining and Dressing	85	3
其他矿采选业	Other Minerals Mining and Dressing		
木材及竹材采运业	Logging and Transport of Timber and Bamboo	1	
食品加工业	Food Processing	107	18
食品制造业	Food Manufacturing	98	14
饮料制造业	Beverage Manufacturing	59	11
烟草加工业	Tobacco Processing		
纺织业	Textile Industry	165	44
服装及其他纤维制品制造	Garments and Other Fiber Products	410	75
皮革毛皮羽绒及其制品业	Leather,Furs,Down and Related Products	123	22
木材加工及竹藤棕草制品业	Timber Processing,Bamboo,Cane,Palm Fiber and Straw Products	108	7
家具制造业	Furniture Manufacturing	85	8
造纸及纸制品业	Papermaking and Paper Products	203	45
印刷业记录媒介的复制	Printing and Record Medium Reproduction	69	13
文教体育用品制造业	Cultural,Educational and Sports Goods	80	6
石油加工及炼焦业	Petroleum Processing and Coking	10	3
化学原料及制品制造业	Raw Chemical Materials and Chemical Products	201	37
医药制造业	Medical and Pharmaceutical Products	42	6
化学纤维制造业	Chemical Fiber	25	9
橡胶制品业	Rubber Products	36	9
塑料制品业	Plastic Products	278	52
非金属矿物制品业	Nonmetal Mineral Products	528	217
黑色金属冶炼及压延加工业	Smelting and Pressing of Ferrous Metals	44	6
有色金属冶炼及压延加工业	Smelting and Pressing of Nonferrous Metals	82	30
金属制品业	Metal Products	359	79
普通机械制造业	Ordinary Machinery Manufacturing	111	22
专用设备制造业	For Special Purposes Equipment Manufacturing	91	11
交通运输设备制造业	Transport Equipment Manufacturing	96	24
电气机械及器材制造业	Electric Equipment and Machinery	323	71
电子及通信设备制造业	Electronic and Telecommunications Equipment	135	33
仪器仪表文化办公用机械	Instruments,Meters,Cultural and Office Machinery	33	7
其他制造业	Other Manufacturing	160	24
电力蒸汽热水生产供应业	Electric Power,Steam and Hot Water Production and Supply	85	13
煤气的生产和供应业	Gas Production and Supply	3	1
自来水的生产和供应业	Tap Water Production and Supply	73	12

注:本表统计范围为年销售收入500万元及以上的集体工业。

MAIN INDICATORS OF COLLECTIVE OWNED INDUSTRIAL ENTERPRISES (1998)

(100 million yuan)

工业总产值（当年价） Gross Industrial Output Value (at Current Prices)	工业总产值（不变价） Gross Industrial Output Value (at 1990 Constant Prices)	工业增加值 Value Added of Industry	资本金合计 Total Capital	国有资本金 State-owned Capital	集体资本金 Collective Owned Capital	年末资产总计 Total Assets at Year-end
1480.13	**1417.61**	**337.25**	**351.57**	**13.81**	**210.54**	**1540.62**
890.10	868.39	199.50	185.92	6.22	111.13	817.42
469.43	433.37	105.41	86.10	2.28	45.08	345.61
420.67	435.02	94.09	99.82	3.94	66.06	471.81
590.03	549.22	137.74	165.65	7.58	99.40	723.20
37.23	31.73	9.04	4.27	0.02	2.51	16.49
199.51	161.85	48.45	75.38	5.28	40.75	300.57
353.30	355.64	80.26	86.00	2.28	56.14	406.14
132.55	133.82	36.80	54.70	2.00	35.62	255.23
141.06	143.15	32.63	52.33	4.82	31.34	239.71
1206.51	1140.65	267.81	244.55	6.98	143.57	1045.67
0.21	0.13	0.05	0.01		0.01	0.07
2.19	1.80	0.55	0.58		0.58	1.75
2.81	2.24	0.72	0.57		0.51	1.55
31.90	27.47	7.68	3.10	0.02	1.41	13.09
0.12	0.10	0.04	0.01		0.01	0.04
37.57	30.59	6.52	5.14	0.31	3.05	17.61
29.66	26.50	6.26	5.99	0.15	2.16	22.02
28.75	27.51	7.92	4.26	0.01	2.36	21.40
68.67	64.96	17.65	16.08	0.58	9.30	65.96
139.26	130.13	32.27	25.60	0.24	10.31	89.34
38.82	37.19	7.10	5.97	0.29	2.99	23.80
31.62	30.46	7.40	3.47	0.13	1.80	18.54
19.83	18.05	4.11	3.95		2.12	16.85
54.32	48.00	11.02	12.13	0.17	8.19	54.71
20.04	19.51	4.66	3.81	0.91	2.27	20.42
31.30	30.70	6.53	6.28	0.26	3.52	21.38
5.75	4.73	1.17	1.31		1.07	6.50
63.70	57.35	14.79	13.16	0.07	7.79	46.59
14.21	14.78	3.89	2.41	0.14	1.20	11.64
12.66	15.50	2.94	4.11	0.04	3.15	22.63
6.39	6.20	1.46	1.76	0.04	1.43	10.25
84.09	82.65	20.81	17.40	0.57	10.34	78.82
168.30	166.97	34.95	59.07	2.57	43.86	263.50
12.07	10.74	2.92	1.85		1.08	7.75
58.83	59.43	12.50	14.49	0.19	6.80	50.51
108.38	102.76	22.73	21.73	0.50	12.91	111.77
23.96	22.33	5.78	5.25	0.26	2.81	28.03
23.99	22.60	5.42	6.63	0.01	4.22	35.25
35.30	32.51	8.16	9.15	0.06	6.22	48.13
165.86	185.91	35.05	40.17	0.64	28.84	193.51
55.78	61.50	12.83	9.21	0.45	5.40	44.14
14.82	14.14	3.92	3.61		3.23	14.93
44.05	42.82	10.34	7.91	0.16	4.46	34.36
30.85	11.06	12.07	26.87	3.26	9.03	90.66
0.26	0.25	0.06	0.07		0.07	0.56
13.82	8.05	4.98	8.47	1.76	6.04	52.53

Note: The statistic coverage of in this table covered collective owned enterprises with annual sales revenue above 5000 thousand yuan.

续表 1 continued

单位:亿元

行业	Item	流动资产合计 Total Circulating Funds	产成品 Finished Products
全省总计	**Province Total**	**751.92**	**109.29**
按轻重工业分	**Grouped by Light & Heavy Industry**		
轻　工　业	Light Industry	418.94	61.38
以农产品为原料	Using Farm Products as Raw Materials	177.81	27.37
以非农产品为原料	Using Non-farm Products as Raw Materials	241.14	34.01
重　工　业	Heavy Industry	332.97	47.91
采掘工业	Mining and Quarrying	10.35	0.61
原料工业	Raw Materials Industry	117.21	12.68
加工工业	Manufacturing Industry	205.41	34.62
按企业规模分	**Grouped by Size of Enterprise**		
大型企业	Large	103.51	13.49
中型企业	Medium-sized	112.10	14.87
小型企业	Small	536.31	80.93
按行业分	**Grouped by Sector**		
#煤炭采选业	Coal Mining and Dressing	0.03	
石油和天然气开采	Petroleum and Natural Gas Extraction		
黑色金属矿采选业	Ferrous Minerals Mining and Dressing	0.90	0.10
有色金属矿采选业	Nonferrous Minerals Mining and Dressing	0.96	0.10
非金属矿采选业	Nonmetal Minerals Mining and Dressing	8.43	0.41
其他矿采选业	Other Minerals Mining and Dressing		
木材及竹材采运业	Logging and Transport of Timber and Bamboo	0.03	
食品加工业	Food Processing	11.11	0.95
食品制造业	Food Manufacturing	12.11	2.29
饮料制造业	Beverage Manufacturing	9.81	1.71
烟草加工业	Tobacco Processing		
纺织业	Textile Industry	29.47	4.32
服装及其他纤维制品制造	Garments and Other Fiber Products	49.37	7.93
皮革毛皮羽绒及其制品业	Leather,Furs,Down and Related Products	12.92	1.69
木材加工及竹藤棕草制品业	Timber Processing,Bamboo,Cane,Palm Fiber and Straw Products	11.56	2.55
家具制造业	Furniture Manufacturing	8.75	1.67
造纸及纸制品业	Papermaking and Paper Products	26.21	3.96
印刷业记录媒介的复制	Printing and Record Medium Reproduction	8.79	0.74
文教体育用品制造业	Cultural,Educational and Sports Goods	11.21	0.74
石油加工及炼焦业	Petroleum Processing and Coking	3.00	0.33
化学原料及制品制造业	Raw Chemical Materials and Chemical Products	24.25	3.02
医药制造业	Medical and Pharmaceutical Products	7.15	1.38
化学纤维制造业	Chemical Fiber	8.01	0.51
橡胶制品业	Rubber Products	3.64	0.93
塑料制品业	Plastic Products	41.89	5.26
非金属矿物制品业	Nonmetal Mineral Products	104.57	15.33
黑色金属冶炼及压延加工业	Smelting and Pressing of Ferrous Metals	5.38	0.82
有色金属冶炼及压延加工业	Smelting and Pressing of Nonferrous Metals	25.34	5.04
金属制品业	Metal Products	58.95	10.00
普通机械制造业	Ordinary Machinery Manufacturing	16.11	3.51
专用设备制造业	For Special Purposes Equipment Manufacturing	18.80	2.97
交通运输设备制造业	Transport Equipment Manufacturing	27.71	3.30
电气机械及器材制造业	Electric Equipment and Machinery	111.78	19.78
电子及通信设备制造业	Electronic and Telecommunications Equipment	26.87	3.10
仪器仪表文化办公用机械	Instruments,Meters,Cultural and Office Machinery	7.25	1.08
其他制造业	Other Manufacturing	22.72	3.37
电力蒸汽热水生产供应业	Electric Power,Steam and Hot Water Production and Supply	25.42	0.01
煤气的生产和供应业	Gas Production and Supply	0.21	
自来水的生产和供应业	Tap Water Production and Supply	11.23	0.40

续表 2　continued

(100 million yuan)

流动资产年平均余额 Annual Average Balance of Circulating Funds	固定资产合计 Total Fixed Assets	固定资产原价 Original Value of Fixed Assets	固定资产净值平均余额 Average Balance of Net Value of Fixed Assets	年末负债合计 Total Liabilities at Year-end	流动负债 Liquid Liabilities	年末所有者权益合计 Total Creditors' Equity at Year-end
782. 64	**610. 61**	**807. 43**	**565. 95**	**1161. 99**	**917. 73**	**378. 63**
438. 81	295. 05	387. 12	274. 99	590. 18	493. 58	227. 24
190. 62	128. 07	169. 75	117. 55	234. 79	189. 02	110. 82
248. 19	166. 97	217. 37	157. 44	355. 38	304. 56	116. 42
343. 83	315. 56	420. 31	290. 96	571. 81	424. 15	151. 38
12. 56	4. 62	6. 14	4. 34	9. 50	8. 21	6. 98
125. 48	162. 47	212. 96	151. 73	252. 09	164. 88	48. 47
205. 79	148. 48	201. 21	134. 90	310. 22	251. 05	95. 92
111. 17	115. 74	152. 47	106. 86	199. 71	147. 42	55. 53
119. 33	94. 48	134. 34	85. 89	194. 79	146. 85	44. 93
552. 14	400. 39	520. 62	373. 20	767. 49	623. 46	278. 18
0. 05	0. 03	0. 05	0. 02	0. 05	0. 05	0. 02
0. 83	0. 60	0. 53	0. 46	0. 96	0. 74	0. 78
1. 04	0. 51	0. 68	0. 45	0. 55	0. 30	1. 00
10. 62	3. 47	4. 86	3. 39	7. 92	7. 10	5. 17
0. 02	0. 01	0. 01	0. 01	0. 02	0. 02	0. 01
12. 10	6. 06	8. 28	5. 64	10. 70	8. 90	6. 91
12. 08	8. 76	10. 54	7. 37	14. 73	11. 88	7. 30
10. 39	7. 64	10. 35	6. 94	13. 88	10. 90	7. 53
33. 48	27. 56	38. 78	25. 37	48. 06	36. 65	17. 90
53. 46	31. 62	40. 93	30. 32	58. 21	51. 59	31. 13
13. 46	8. 55	9. 85	7. 11	15. 57	12. 82	8. 22
12. 94	5. 84	7. 59	5. 61	11. 63	9. 83	6. 91
8. 85	4. 59	5. 96	4. 11	13. 12	9. 78	3. 73
27. 43	20. 33	28. 12	19. 38	38. 59	29. 20	16. 12
8. 53	7. 89	9. 71	6. 39	13. 83	9. 64	6. 59
11. 74	7. 64	10. 36	6. 95	11. 97	11. 10	9. 41
2. 89	2. 94	3. 53	2. 58	5. 23	4. 67	1. 27
23. 68	18. 05	21. 97	16. 96	33. 27	29. 58	13. 33
6. 96	3. 38	4. 58	3. 24	8. 32	7. 59	3. 33
8. 67	12. 06	15. 47	11. 24	19. 64	11. 28	2. 99
3. 55	3. 42	4. 64	3. 24	9. 68	5. 46	0. 57
44. 15	27. 21	40. 40	26. 10	55. 34	45. 22	23. 48
102. 17	139. 11	184. 90	128. 85	239. 82	165. 95	23. 68
5. 70	1. 98	2. 62	1. 65	5. 49	4. 53	2. 27
28. 75	23. 04	29. 64	21. 85	36. 44	30. 12	14. 07
62. 16	32. 47	43. 38	31. 13	87. 41	75. 84	24. 36
16. 59	8. 33	10. 34	6. 85	21. 40	18. 28	6. 63
19. 35	9. 76	12. 32	8. 57	26. 32	19. 79	8. 93
28. 74	14. 48	16. 00	11. 91	37. 69	35. 53	10. 43
119. 68	54. 55	73. 91	54. 79	161. 46	144. 16	32. 06
25. 66	11. 36	15. 12	10. 72	30. 71	27. 42	13. 43
7. 57	5. 62	7. 02	5. 50	7. 86	7. 32	7. 08
19. 39	8. 74	12. 03	7. 97	24. 13	19. 82	10. 23
29. 23	57. 07	81. 44	54. 18	63. 37	34. 59	27. 29
0. 20	0. 10	0. 12	0. 08	0. 52	0. 50	0. 04
10. 55	35. 84	41. 41	29. 00	28. 09	19. 60	24. 43

续表 3 continued

单位:亿元

行业	Item	产品销售收入 Sales Revenue	产品销售税金及附加 Sales tax and Extra Charges
全省总计	**Province Total**	**1354.05**	**13.07**
按轻重工业分	**Grouped by Light & Heavy Industry**		
轻工业	Light Industry	809.60	7.51
以农产品为原料	Using Farm Products as Raw Materials	428.13	3.38
以非农产品为原料	Using Non-farm Products as Raw Materials	381.47	4.13
重工业	Heavy Industry	544.45	5.56
采掘工业	Mining and Quarrying	34.01	0.59
原料工业	Raw Materials Industry	187.23	1.86
加工工业	Manufacturing Industry	323.21	3.11
按企业规模分	**Grouped by Size of Enterprise**		
大型企业	Large	119.55	0.67
中型企业	Medium-sized	125.76	0.90
小型企业	Small	1108.75	11.51
按行业分	**Grouped by Sector**		
#煤炭采选业	Coal Mining and Dressing	0.22	
石油和天然气开采	Petroleum and Natural Gas Extraction		
黑色金属矿采选业	Ferrous Minerals Mining and Dressing	2.41	0.03
有色金属矿采选业	Nonferrous Minerals Mining and Dressing	2.79	0.03
非金属矿采选业	Nonmetal Minerals Mining and Dressing	28.76	0.53
其他矿采选业	Other Minerals Mining and Dressing		
木材及竹材采运业	Logging and Transport of Timber and Bamboo	0.10	
食品加工业	Food Processing	35.07	0.16
食品制造业	Food Manufacturing	28.41	0.23
饮料制造业	Beverage Manufacturing	27.82	0.15
烟草加工业	Tobacco Processing		
纺织业	Textile Industry	58.84	0.67
服装及其他纤维制品制造	Garments and Other Fiber Products	126.15	0.89
皮革毛皮羽绒及其制品业	Leather,Furs,Down and Related Products	34.17	0.35
木材加工及竹藤棕草制品业	Timber Processing,Bamboo,Cane,Palm Fiber and Straw Products	29.26	0.28
家具制造业	Furniture Manufacturing	18.18	0.12
造纸及纸制品业	Papermaking and Paper Products	52.78	0.42
印刷业记录媒介的复制	Printing and Record Medium Reproduction	17.24	0.12
文教体育用品制造业	Cultural,Educational and Sports Goods	27.05	0.24
石油加工及炼焦业	Petroleum Processing and Coking	5.44	0.02
化学原料及制品制造业	Raw Chemical Materials and Chemical Products	55.40	0.54
医药制造业	Medical and Pharmaceutical Products	12.60	0.11
化学纤维制造业	Chemical Fiber	11.92	0.13
橡胶制品业	Rubber Products	5.91	0.09
塑料制品业	Pastic Products	76.27	0.85
非金属矿物制品业	Nonmetal Mineral Products	157.71	1.81
黑色金属冶炼及压延加工业	Smelting and Pressing of Ferrous Metals	11.57	0.08
有色金属冶炼及压延加工业	Smelting and Pressing of Nonferrous Metals	56.13	0.58
金属制品业	Metal Products	103.51	0.79
普通机械制造业	Ordinary Machinery Manufacturing	21.83	0.19
专用设备制造业	For Special Purposes Equipment Manufacturing	24.03	0.27
交通运输设备制造业	Transport Equipment Manufacturing33.44	0.74	
电气机械及器材制造业	Electric Equipment and Machinery	144.37	1.36
电子及通信设备制造业	Electronic and Telecommunications Equipment	48.03	0.40
仪器仪表文化办公用机械	Instruments,Meters,Cultural and Office Machinery	14.05	0.06
其他制造业	Other Manufacturing	39.05	0.39
电力蒸汽热水生产供应业	Electric Power,Steam and Hot Water Production and Supply	28.46	0.18
煤气的生产和供应业	Gas Production and Supply	0.20	
自来水的生产和供应业	Tap Water Production and Supply	15.17	0.27

续表 4 continued

(100 million yuan)

利润总额 Total Profits	亏损总额 Total Loss	利税总额 Total Pre-tax Profits	本年应交增值税 Value Added Tax Payable in Current Year	本年销项税额 Sales Tax in Current Year	本年进项税额 Import Tax in Current Year	职工平均人数(万人) Average Number of Staff and Workers (10000 persons)
2.99	**34.20**	**56.80**	**40.73**	**154.06**	**121.21**	**106.62**
5.23	16.68	33.47	20.73	86.37	69.31	69.41
6.87	3.94	20.68	10.43	44.30	35.24	35.13
−1.64	12.75	12.79	10.30	42.08	34.07	34.29
−2.23	17.51	23.33	20.00	67.69	51.90	37.21
1.55	0.01	3.18	1.04	2.58	1.64	1.76
−5.39	9.41	4.30	7.83	24.88	19.04	10.86
1.60	8.10	15.85	11.14	40.24	31.21	24.59
−7.59	9.39	−3.11	3.82	16.74	13.80	7.61
−3.90	6.41	1.85	4.85	16.81	12.30	11.19
14.49	18.40	58.06	32.06	120.52	95.10	87.82
		0.01	0.01	0.03	0.02	0.03
0.15		0.25	0.08	0.22	0.16	0.14
0.11		0.27	0.12	0.36	0.24	0.34
1.28	0.01	2.64	0.83	1.97	1.22	1.16
0.01		0.01				0.10
0.47	0.34	1.26	0.63	1.75	1.25	1.09
0.3	0.24	1.23	0.69	3.08	2.41	1.76
0.41	0.11	1.06	0.51	3.79	3.31	1.37
1.26	0.70	3.76	1.83	6.66	5.41	5.44
1.47	1.44	4.84	2.47	11.60	9.38	12.10
0.78	0.16	1.92	0.79	3.29	2.58	4.29
0.79	0.02	2.00	0.93	3.56	2.65	1.61
0.23	0.50	0.85	0.51	1.59	1.15	1.35
0.59	0.54	2.58	1.58	6.58	5.09	3.61
0.30	0.07	0.93	0.51	2.39	1.96	1.49
0.78	0.08	1.69	0.67	2.94	2.37	4.32
	0.16	0.13	0.10	0.64	0.55	0.38
0.25	1.30	2.00	1.22	5.93	4.80	2.28
0.68	0.05	1.57	0.79	1.71	0.94	0.76
−0.30	0.34	0.06	0.22	1.20	0.99	0.56
	0.10	0.30	0.21	0.70	0.49	0.94
1.26	1.17	4.08	1.97	7.90	6.36	7.28
−6.61	10.75	1.72	6.52	20.21	15.03	13.54
0.11	0.13	0.51	0.32	1.29	1.17	0.39
0.02	0.96	3.08	2.49	8.41	7.50	2.90
0.12	1.91	4.06	3.15	12.28	9.59	7.02
0.48	0.23	1.44	0.77	2.76	2.01	1.80
0.68	0.24	1.92	0.96	3.00	2.10	1.59
−0.03	0.99	1.79	1.08	4.59	3.64	1.63
−5.36	8.36	0.18	4.18	18.50	15.80	10.57
1.83	0.30	3.14	0.91	4.79	4.00	6.56
0.40	0.18	0.89	0.43	1.12	0.76	1.99
0.82	0.23	2.14	0.94	4.46	3.69	4.53
−1.27	2.36	0.75	1.83	3.97	2.18	0.97
−0.02	0.02	−0.02		0.03	0.03	0.01
0.98	0.22	1.74	0.50	0.79	0.37	0.74

12-29　其他工业企业主要指标（1998 年）

单位：亿元

行　　业	Item	企业单位数（个）Number of Enterprise	亏损企业 Loss-making Enterprise
全省总计	**Province Total**	**1184**	**211**
按轻重工业分	**Grouped by Light & Heavy Industry**		
轻　工　业	Light Industry	693	101
以农产品为原料	Using Farm Products as Raw Materials	366	63
以非农产品为原料	Using Non-farm Products as Raw Materials	327	38
重　工　业	Heavy Industry	491	110
采掘工业	Mining and Quarrying	23	3
原料工业	Raw Materials Industry	188	53
加工工业	Manufacturing Industry	280	54
按企业规模分	**Grouped by Size of Enterprise**		
大型企业	Large	15	6
中型企业	Medium-sized	39	18
小型企业	Small	1130	187
按行业分	**Grouped by Sector**		
#煤炭采选业	Coal Mining and Dressing		
石油和天然气开采	Petroleum and Natural Gas Extraction		
黑色金属矿采选业	Ferrous Minerals Mining and Dressing	1	1
有色金属矿采选业	Nonferrous Minerals Mining and Dressing	5	1
非金属矿采选业	Nonmetal Minerals Mining and Dressing	18	1
其他矿采选业	Other Minerals Mining and Dressing		
木材及竹材采运业	Logging and Transport of Timber and Bamboo		
食品加工业	Food Processing	59	11
食品制造业	Food Manufacturing	20	3
饮料制造业	Beverage Manufacturing	13	3
烟草加工业	Tobacco Processing	3	
纺织业	Textile Industry	34	10
服装及其他纤维制品制造	Garments and Other Fiber Products	64	14
皮革毛皮羽绒及其制品业	Leather, Furs, Down and Related Products	28	4
木材加工及竹藤棕草制品业	Timber Processing, Bamboo, Cane, Palm Fiber and Straw Products	24	2
家具制造业	Furniture Manufacturing	35	3
造纸及纸制品业	Papermaking and Paper Products	50	8
印刷业记录媒介的复制	Printing and Record Medium Reproduction	18	3
文教体育用品制造业	Cultural, Educational and Sports Goods	13	2
石油加工及炼焦业	Petroleum Processing and Coking	9	1
化学原料及制品制造业	Raw Chemical Materials and Chemical Products	65	9
医药制造业	Medical and Pharmaceutical Products	16	4
化学纤维制造业	Chemical Fiber	4	1
橡胶制品业	Rubber Products	11	
塑料制品业	Plastic Products	66	5
非金属矿物制品业	Nonmetal Mineral Products	130	39
黑色金属冶炼及压延加工业	Smelting and Pressing of Ferrous Metals	54	5
有色金属冶炼及压延加工业	Smelting and Pressing of Nonferrous Metals	21	11
金属制品业	Metal Products	146	15
普通机械制造业	Ordinary Machinery Manufacturing	33	10
专用设备制造业	For Special Purposes Equipment Manufacturing	20	3
交通运输设备制造业	Transport Equipment Manufacturing	35	11
电气机械及器材制造业	Electric Equipment and Machinery	70	7
电子及通信设备制造业	Electronic and Telecommunications Equipment	56	11
仪器仪表文化办公用机械	Instruments, Meters, Cultural and Office Machinery	8	3
其他制造业	Other Manufacturing	36	5
电力蒸汽热水生产供应业	Electric Power, Steam and Hot Water Production and Supply	15	3
煤气的生产和供应业	Gas Production and Supply	2	1
自来水的生产和供应业	Tap Water Production and Supply	2	1

注：本表统计范围为年销售收入 500 万元以上的其他经济类型工业。

Note: The statistical coverage of in this table covered other ownership industrial enterprires with annual sales revenue over 5000 thousand yuan.

MAIN INDICATORS OF OTHER OWNERSHIP INDUSTRIAL ENTERPRISES (1998)

(100 million yuan)

工业总产值（当年价） Gross Industrial Output Value (at Current Prices)	工业总产值（不变价） Gross Industrial Output Value(at 1990 Constant Prices)	工业增加值 Value Added of Industry	资本金合计 Total Capital	国有资本金 State-owned Capital	集体资本金 Collective owned Capital	年末资产总计 Total Assets at Year-end
351.85	**311.99**	**79.32**	**102.55**	**19.09**	**22.30**	**361.71**
201.82	183.18	43.53	44.89	6.15	6.36	150.82
92.48	77.72	22.17	24.14	4.66	2.71	74.35
109.35	105.46	21.36	20.75	1.48	3.65	76.47
150.02	128.81	35.78	57.66	12.95	15.94	210.88
6.46	6.29	1.57	0.80		0.23	2.19
53.19	37.22	13.63	26.20	4.90	7.57	111.17
90.37	85.31	20.59	30.66	8.04	8.14	97.52
41.84	37.05	14.57	19.68	7.47	3.06	87.53
22.90	15.02	6.26	11.14	3.05	3.17	44.59
287.11	259.92	58.49	71.73	8.58	16.07	229.59
0.16	0.15	0.03				0.04
0.77	0.89	0.23	0.31		0.05	0.75
5.64	5.35	1.35	0.60	0.10	0.18	1.58
12.36	9.29	2.06	1.66	0.42	0.25	6.90
8.11	6.83	1.51	2.84	0.14	0.01	7.85
5.08	2.93	0.82	1.08	0.33	0.07	4.16
8.19	4.96	5.10	2.87	2.87		9.11
8.30	8.01	1.57	1.79	0.08	0.17	6.91
18.41	16.84	4.13	8.37	0.04	0.78	16.69
5.29	5.02	1.14	0.71	0.01	0.03	2.92
5.27	4.74	1.10	1.56	0.78	0.53	5.79
11.31	10.15	2.04	1.32		0.63	5.34
7.69	6.65	1.65	1.15	0.08	0.41	4.30
2.88	2.55	0.51	0.51	0.01	0.13	4.12
2.16	1.98	0.41	0.39	0.15	0.06	1.24
2.30	1.69	0.60	0.28	0.01	0.03	1.91
19.72	17.37	3.23	3.05	0.96	0.88	12.21
6.02	5.81	1.88	1.65	0.71	0.36	5.08
0.47	0.45	0.10	0.10		0.01	0.31
3.12	2.98	0.82	1.04		0.10	2.73
10.15	9.29	2.29	2.97	0.26	0.35	8.20
31.29	26.84	6.25	15.97	2.04	6.69	44.46
12.06	10.80	2.20	1.11	0.01	0.32	4.75
4.03	3.63	0.67	2.49		0.12	5.87
42.01	37.73	7.73	7.25	0.05	1.34	25.25
6.57	6.67	1.19	2.16	0.33	0.13	6.56
6.00	5.53	1.54	2.35	0.43	0.54	9.60
25.95	25.85	4.90	6.95	0.63	0.57	27.38
24.94	23.87	5.45	5.05	0.17	2.44	26.25
29.95	32.49	7.82	12.38	6.16	2.65	34.12
1.79	1.72	0.69	0.87			2.07
12.36	9.59	2.29	0.95	0.11	0.39	2.54
11.32	3.21	5.98	10.70	2.20	2.04	64.05
0.10	0.07	0.02	0.03	0.01		0.40
0.08	0.05	0.02	0.04		0.04	0.26

续表 1 continued

单位:亿元

行 业	Item	流动资产合计 Total Circulating Funds	产成品 Finished Produacts
全省总计	**Province Tota**	**165.83**	**22.00**
按轻重工业分	**Grouped by Light & Heavy Industry**		
轻 工 业	Light Industry	78.24	11.80
以农产品为原料	Using Farm Products as Raw Materials	35.83	5.76
以非农产品为原料	Using Non-farm Products as Raw Materials	42.41	6.05
重 工 业	Heavy Industry	87.59	10.20
采掘工业	Mining and Quarrying	1.24	0.27
原料工业	Raw Materials Industry	33.59	2.96
加工工业	Manufacturing Industry	52.76	6.97
按企业规模分	**Grouped by Size of Enterprise**		
大型企业	Large	33.41	1.74
中型企业	Medium-sized	19.42	2.12
小型企业	Small	113.00	18.15
按行业分	**Grouped by Sector**		
# 煤炭采选业	Coal Mining and Dressing		
石油和天然气开采	Petroleum and Natural Gas Extraction		
黑色金属矿采选业	Ferrous Minerals Mining and Dressing	0.04	0.01
有色金属矿采选业	Nonferrous Minerals Mining and Dressing	0.36	0.09
非金属矿采选业	Nonmetal Minerals Mining and Dressing	0.92	0.16
其他矿采选业	Other Minerals Mining and Dressing		
木材及竹材采运业	Logging and Transport of Timber and Bamboo		
食品加工业	Food Processing	3.79	0.68
食品制造业	Food Manufacturing	2.87	0.41
饮料制造业	Beverage Manufacturing	1.96	0.28
烟草加工业	Tobacco Processing	5.63	0.28
纺织业	Textile Industry	2.48	0.26
服装及其他纤维制品制造	Garments and Other Fiber Products	6.36	1.15
皮革毛皮羽绒及其制品业	Leather,Furs,Down and Related Products	2.08	0.38
木材加工及竹藤棕草制品业	Timber Processing,Bamboo,Cane,Palm Fiber and Straw Products	3.69	1.11
家具制造业	Furniture Manufacturing	2.69	0.64
造纸及纸制品业	Papermaking and Paper Products	2.53	0.20
印刷业记录媒介的复制	Printing and Record Medium Reproduction	1.62	0.16
文教体育用品制造业	Cultural,Educational and Sports Goods	0.62	0.23
石油加工及炼焦业	Petroleum Processing and Coking	0.58	0.14
化学原料及制品制造业	Raw Chemical Materials and Chemical Products	6.82	0.79
医药制造业	Medical and Pharmaceutical Products	3.18	0.62
化学纤维制造业	Chemical Fiber	0.20	0.02
橡胶制品业	Rubber Products	1.37	0.56
塑料制品业	Plastic Products	4.27	0.71
非金属矿物制品业	Nonmetal Mineral Product	14.02	2.12
黑色金属冶炼及压延加工业	Smelting and Pressing of Ferrous Metals	3.05	0.74
有色金属冶炼及压延加工业	Smelting and Pressing of Nonferrous Metals	2.80	0.91
金属制品业	Metal Products	14.78	1.92
普通机械制造业	Ordinary Machinery Manufacturing	4.32	0.50
专用设备制造业	For Special Purposes Equipment Manufacturing	5.05	1.08
交通运输设备制造业	Transport Equipment Manufacturing	14.83	0.76
电气机械及器材制造业	Electric Equipment and Machinery	14.90	1.91
电子及通信设备制造业	Electronic and Telecommunications Equipment	19.49	2.28
仪器仪表文化办公用机械	Instruments,Meters,Cultural and Office Machinery	1.41	0.17
其他制造业	Other Manufacturing	1.93	0.69
电力蒸汽热水生产供应业	Electric Power,Steam and Hot Water Production and Supply	14.88	0.02
煤气的生产和供应业	Gas Production and Supply	0.28	
自来水的生产和供应业	Tap Water Production and Supply	0.03	

续表 2　continued

(100 million yuan)

流动资产年平均余额 Average Balance of Circulating Funds	固定资产合计 Total Fixed Assets	固定资产原价 Original Value of Fixed Assets	固定资产净值平均余额 Average Balance of Net Value of Fixed Assets	年末负债合计 Total Liabilities at Year-end	流动负债 Liquid Liabilities	年末所有者权益合计 Total Creditors' Equity at Year-end
169.52	**154.32**	**191.81**	**151.97**	**218.67**	**163.41**	**143.04**
81.84	55.34	66.77	50.16	88.92	74.09	61.90
38.05	27.50	33.55	24.04	40.32	32.67	34.03
43.79	27.84	33.23	26.12	48.60	41.42	27.87
87.67	98.98	125.04	101.81	129.74	89.32	81.14
1.23	0.91	1.10	0.84	1.01	0.91	1.19
34.40	65.64	79.99	60.85	71.99	39.17	39.18
52.05	32.43	43.95	40.12	56.75	49.24	40.77
33.10	40.69	50.36	40.47	56.62	30.64	30.91
18.39	18.53	24.77	14.76	30.01	24.33	14.58
118.03	95.09	116.68	96.74	132.04	108.44	97.55
0.04				0.05	0.05	
0.38	0.39	0.41	0.21	0.37	0.34	0.38
0.88	0.62	0.85	0.73	0.66	0.59	0.92
4.88	2.29	3.00	2.04	5.07	4.34	1.82
3.11	4.79	4.16	3.81	2.74	2.22	5.11
1.88	1.85	1.83	1.16	2.72	2.19	1.45
5.52	3.40	4.51	2.67	2.66	2.66	6.45
2.91	3.93	4.96	3.84	5.50	4.15	1.40
6.81	4.24	5.24	3.99	7.09	5.77	9.59
2.01	0.81	1.50	0.73	1.01	0.85	1.91
3.68	1.22	1.59	1.24	4.51	4.36	1.28
3.15	1.87	2.46	1.81	3.22	2.45	2.12
2.71	1.45	1.90	1.36	2.84	2.04	1.46
1.27	1.19	1.47	0.98	4.16	2.82	−0.04
0.70	0.54	0.64	0.54	0.52	0.38	0.72
0.69	1.23	1.32	1.17	0.56	0.48	1.35
7.40	4.64	6.05	4.11	7.85	6.88	4.36
3.24	1.34	1.75	1.46	2.66	2.60	2.42
0.19	0.11	0.15	0.11	0.21	0.14	0.10
1.48	1.13	1.68	1.15	1.36	1.23	1.37
3.95	3.48	4.97	3.15	4.81	4.36	3.40
14.40	27.14	34.62	23.36	29.89	24.76	14.57
3.42	1.66	1.89	1.47	3.22	2.29	1.53
2.61	2.80	3.42	2.43	3.71	3.41	2.16
15.41	9.05	11.19	18.77	12.82	11.95	12.43
4.05	1.81	2.52	1.65	4.24	3.78	2.32
4.87	3.67	4.96	3.46	6.61	5.99	2.99
15.18	9.23	10.06	8.72	16.79	13.00	10.60
15.13	7.60	9.77	7.11	21.69	18.07	4.56
18.37	8.85	12.46	8.60	17.85	15.61	16.27
1.38	0.57	1.00	0.56	0.42	0.40	1.65
2.14	0.56	0.66	0.49	1.28	1.14	1.26
15.38	40.52	48.49	38.80	39.07	12.01	24.98
0.28	0.12	0.12	0.11	0.41	0.09	−0.01
0.04	0.23	0.23	0.18	0.12	0.01	0.15

续表 3 continued

单位:亿元

行业	Item	产品销售收入 Sales Revenue	产品销售税金及附加 Sales Tax and Extra Charges
全省总计	**Province Total**	**321.76**	**8.08**
按轻重工业分	**Grouped by Light & Heavy Industry**		
轻工业	Light Industry	184.32	6.63
以农产品为原料	Using Farm Products as Raw Materials	89.24	3.99
以非农产品为原料	Using Non-farm Products as Raw Materials	95.08	2.64
重工业	Heavy Industry	137.44	1.45
采掘工业	Mining and Quarrying	3.77	0.09
原料工业	Raw Materials Industry	53.79	0.59
加工工业	Manufacturing Industry	79.88	0.77
按企业规模分	**Grouped by Size of Enterprise**		
大型企业	Large	41.23	4.54
中型企业	Medium-sized	22.26	0.14
小型企业	Small	258.27	3.41
按行业分	**Grouped by Sector**		
#煤炭采选业	Coal Mining and Dressing		
石油和天然气开采	Petroleum and Natural Gas Extraction		
黑色金属矿采选业	Ferrous Minerals Mining and Dressing	0.13	
有色金属矿采选业	Nonferrous Minerals Mining and Dressing	0.73	
非金属矿采选业	Nonmetal Minerals Mining and Dressing	2.99	0.09
其他矿采选业	Other Minerals Mining and Dressing		
木材及竹材采运业	Logging and Transport of Timber and Bamboo		
食品加工业	Food Processing	11.81	0.05
食品制造业	Food Manufacturing	8.46	0.14
饮料制造业	Beverage Manufacturing	4.97	0.02
烟草加工业	Tobacco Processing	8.72	3.14
纺织业	Textile Industry	8.68	0.04
服装及其他纤维制品制造	Garments and Other Fiber Products	16.85	0.23
皮革毛皮羽绒及其制品业	Leather,Furs,Down and Related Products	5.10	0.06
木材加工及竹藤棕草制品业	Timber Processing,Bamboo,Cane,Palm Fiber and Straw Products	4.75	0.04
家具制造业	Furniture Manufacturing	11.50	0.43
造纸及纸制品业	Papermaking and Paper Products	7.50	0.08
印刷业记录媒介的复制	Printing and Record Medium Reproduction	2.48	0.02
文教体育用品制造业	Cultural,Educational and Sports Goods	2.11	0.03
石油加工及炼焦业	Petroleum Processing and Coking	2.51	0.02
化学原料及制品制造业	Raw Chemical Materials and Chemical Products	19.12	0.12
医药制造业	Medical and Pharmaceutical Products	4.23	0.04
化学纤维制造业	Chemical Fiber	0.47	
橡胶制品业	Bubber Products	3.13	0.02
塑料制品业	Plastic Products	9.40	0.12
非金属矿物制品业	Nonmetal Mineral Products	30.00	0.49
黑色金属冶炼及压延加工业	Smelting and Pressing of Ferrous Metals	11.46	0.04
有色金属冶炼及压延加工业	Smelting and Pressing of Nonferrous Metals	4.17	0.01
金属制品业	Metal Products	34.39	0.51
普通机械制造业	Ordinary Machinery Manufacturing	6.42	0.05
专用设备制造业	For Special Purposes Equipment Manufacturing	5.28	0.03
交通运输设备制造业	Transport Equipment Manufacturing	25.04	1.57
电气机械及器材制造业	Electric Equipment and Machinery	22.92	0.17
电子及通信设备制造业	Electronic and Telecommunications Equipment	27.11	0.21
仪器仪表文化办公用机械	Instruments,Meters,Cultural and Office Machinery	1.36	
其他制造业	Other Manufacturing	6.17	0.10
电力蒸汽热水生产供应业	Electric Power,Steam and Hot Water Production and Supply	11.62	0.20
煤气的生产和供应业	Gas Production and Supply	0.10	
自来水的生产和供应业	Tap Water Production and Supply	0.08	

续表 4 continued

(100 million yuan)

利润总额 Total Profits	亏损总额 Total Loss	利税总额 Total Pre-tax Profits	本年应交增值税 Value Added Tax Payablevin CurrentYear	本年销项税额 Sales Tax in Current Year	本年进项税额 Import Tax in Current Year	职工平均人数(万人) Average Number of Staff and Workers (10000 persons)
6.15	**7.16**	**24.35**	**10.11**	**36.90**	**27.66**	**18.92**
2.41	3.39	14.33	5.28	21.52	16.89	11.47
1.30	1.43	8.00	2.70	9.10	6.76	5.56
1.11	1.96	6.33	2.58	12.42	10.13	5.91
3.74	3.77	10.02	4.83	15.38	10.77	7.45
0.19	0.01	0.38	0.10	0.27	0.18	0.22
1.98	2.30	4.73	2.16	5.91	3.83	2.35
1.57	1.46	4.91	2.57	9.19	6.76	4.87
1.68	1.98	8.16	1.95	5.68	3.79	1.03
1.29	1.11	2.83	1.40	3.17	1.79	1.18
3.19	4.07	13.36	6.76	28.06	22.08	16.70
		0.01	0.01	0.02	0.01	0.01
0.07	0.01	0.11	0.04	0.04	0.01	0.11
0.13		0.29	0.06	0.23	0.17	0.12
0.08	0.13	0.31	0.18	0.55	0.37	0.39
−0.02	0.16	0.24	0.12	0.91	0.81	0.31
0.09	0.08	0.37	0.26	0.70	0.45	0.17
0.85		4.74	0.75	1.44	0.71	0.09
−0.13	0.25	0.05	0.14	0.80	0.67	0.65
0.04	0.39	0.56	0.30	1.18	1.00	1.91
0.04	0.04	0.14	0.04	0.46	0.46	0.39
0.28		0.53	0.21	0.65	0.46	0.31
0.32	0.01	1.23	0.49	0.98	0.57	0.34
0.13	0.02	0.54	0.33	1.07	0.78	0.45
−0.29	0.32	−0.21	0.06	0.28	0.22	0.23
0.11		0.23	0.09	0.14	0.05	0.14
0.07	0.01	0.12	0.03	0.17	0.15	0.07
0.52	0.03	1.03	0.38	1.99	1.64	0.47
0.11	0.04	0.33	0.18	0.54	0.37	0.22
0.01		0.03	0.01	0.05	0.04	0.04
0.10		0.20	0.08	0.41	0.33	0.24
0.17	0.11	0.50	0.21	1.10	0.91	0.72
−1.46	2.16	0.13	1.10	3.64	2.60	2.39
0.20	0.08	0.50	0.26	0.96	0.74	0.34
−0.30	0.35	−0.19	0.10	0.59	0.49	0.36
0.68	0.28	2.19	1.00	3.89	2.94	2.20
0.04	0.14	0.21	0.12	0.77	0.65	0.35
0.09	0.09	0.30	0.18	0.76	0.58	0.28
0.67	0.30	2.90	0.66	3.97	3.37	0.67
−0.50	1.26	0.37	0.69	3.17	2.70	1.86
0.87	0.59	1.92	0.83	3.18	2.35	1.72
	0.05	0.03	0.02	0.04	0.02	0.17
0.18	0.05	0.40	0.12	0.54	0.42	0.91
3.02	0.16	4.28	1.06	1.68	0.62	0.29
−0.01	0.01	−0.01				
−0.01	0.02	−0.01				0.01

12-30 股份制工业企业主要指标(1998年)

单位:亿元

行业	Item	企业单位数(个) Number of Enterprise	亏损企业 Loss-making Enterprise
全省总计	**Province Total**	**801**	**229**
按轻重工业分	**Grouped by Light & Heavy Industry**		
轻工业	Light Industry	447	119
以农产品为原料	Using Farm Products as Raw Materials	211	62
以非农产品为原料	Using Non-farm Products as Raw Materials	236	57
重工业	Heavy Industry	354	110
采掘工业	Mining and Quarrying	5	
原料工业	Raw Materials Industry	94	37
加工工业	Manufacturing Industry	255	73
按企业规模分	**Grouped by Size of Enterprises**		
大型企业	Large	111	35
中型企业	Medium-sized	109	48
小型企业	small	581	146
按行业分	**Grouped by Sector**		
#煤炭采选业	Coal Mining and Dressing		
石油和天然气开采	Petroleum and Natural Gas Extraction		
黑色金属矿采选业	Ferrous Minerals Mining and Dressing	1	
有色金属矿采选业	Nonferrous Minerals Mining and Dressing	2	
非金属矿采选业	Nonmetal Minerals Mining and Dressing	2	
其他矿采选业	Other Minerals Mining and Dressing		
木材及竹材采运业	Logging and Transport of Timber and Bamboo		
食品加工业	Food Processing	33	11
食品制造业	Food Manufacturing	27	8
饮料制造业	Beverage Manufacturing	11	4
烟草加工业	Tobacco Processing	1	
纺织业	Textile Industry	25	10
服装及其他纤维制品制造	Garments and Other Fiber Products	39	12
皮革毛皮羽绒及其制品业	Leather,Furs,Down and Related Products	8	5
木材加工及竹藤棕草制品业	Timber Processing,Bamboo,Cane,Palm Fiber and Straw Products	6	3
家具制造业	Furniture Manufacturing	7	
造纸及纸制品业	Papermaking and Paper Products	25	6
印刷业记录媒介的复制	Printing and Record Medium Reproduction	18	4
文教体育用品制造业	Cultural,Educational and Sports Goods	6	4
石油加工及炼焦业	Petroleum Processing and Coking	1	
化学原料及制品制造业	Raw Chemical Materials and Chemical Products	67	12
医药制造业	Medical and Pharmaceutical Products	19	3
化学纤维制造业	Chemical Fiber	11	5
橡胶制品业	Rubber Products	3	
塑料制品业	Plastic Products	57	9
非金属矿物制品业	Nonmetal Mineral Products	78	41
黑色金属冶炼及压延加工业	Smelting and Pressing of Ferrous Metals	7	3
有色金属冶炼及压延加工业	Smelting and Pressing of Nonferrous Metals	13	2
金属制品业	Metal Products	46	10
普通机械制造业	Ordinary Machinery Manufacturing	26	8
专用设备制造业	For Special Purposes Equipment Manufacturing	29	5
交通运输设备制造业	Transport Equipment Manufacturing	24	10
电气机械及器材制造业	Electric Equipment and Machinery	75	20
电子及通信设备制造业	Electronic and Telecommunications Equipment	74	15
仪器仪表文化办公用机械	Instruments,Meters,Cultural and Office Machinery	12	4
其他制造业	Other Manufacturing	19	4
电力蒸汽热水生产供应业	Electric Power,Steam and Hot Water Production and Supply	19	7
煤气的生产和供应业	Gas Production and Supply	2	2
自来水的生产和供应业	Tap Water Production and Supply	7	1

注:本表统计范围为年销售收入500万元以上的股份制工业。
Note:The statistical coverage of in this table covered share holding industrial enterprises with annual sales revenue above 5000 thousand yuan.

MAIN INDICATORS OF SHARE HOLDING INDUSTRIAL ENTERPRISES (1998)

(100 million yuan)

工业总产值（当年价） Gross Industrial Output Value (at Current Prices)	工业总产值（不变价） Gross Industrial Output Value(at 1990 Constant Prices)	工业增加值 Value Added of Industry	资本金合计 Total Capital	国有资本金 State-owned Capital	集体资本金 Collective owned Capital	年末资产总计 Total Assets at Year-end
810.18	**890.89**	**222.65**	**303.22**	**80.23**	**26.87**	**1240.79**
559.36	606.27	149.39	149.27	37.73	17.55	707.55
174.35	152.14	41.25	55.01	15.99	6.69	251.10
385.01	454.13	108.14	94.26	21.73	10.86	456.45
250.82	284.62	73.26	153.95	42.50	9.32	533.24
1.48	4.49	0.23	0.44	0.27	0.04	1.34
86.32	49.30	30.66	79.03	18.44	0.40	196.06
163.02	230.84	42.37	74.48	23.79	8.88	335.84
501.16	585.24	146.89	196.27	50.53	12.19	851.09
85.50	80.06	20.17	44.51	19.85	6.99	158.60
223.52	225.58	55.59	62.44	9.85	7.69	231.11
0.14	0.49	0.04				0.16
1.26	3.89	0.18	0.32	0.27	0.04	0.93
0.09	0.10	0.01	0.13			0.26
48.58	28.00	10.19	13.93	4.90	1.62	76.23
21.82	24.06	5.55	6.49	2.65	0.98	28.11
6.10	3.49	2.26	3.90	1.50	1.09	13.35
0.11	0.10	0.03	0.02	0.02		0.13
44.25	45.86	9.28	10.16	3.13	0.01	63.28
17.84	16.96	4.30	4.57		0.95	18.91
5.28	5.62	1.42	2.84	0.11	1.05	7.74
2.12	2.04	0.20	0.74	0.40	0.01	6.21
4.36	4.22	1.12	2.32		0.22	4.19
12.04	12.03	3.09	2.82	0.39	0.30	12.52
2.97	2.50	0.74	1.10	0.18	0.13	4.80
7.26	4.36	3.43	1.51	1.00	0.01	10.92
0.27	0.32	0.04	0.02	0.01		0.22
61.17	57.57	13.53	22.50	8.39	0.96	81.85
27.20	32.34	11.00	14.56	3.32	1.16	52.16
38.80	52.99	4.71	15.02	4.89	0.17	106.53
0.91	0.70	0.10	0.14			1.48
37.86	42.16	9.70	10.66	3.42	2.78	56.14
49.61	56.50	11.52	37.63	14.79	3.74	134.56
6.74	5.35	1.20	3.12	0.63	0.02	14.04
6.98	7.94	1.85	1.41	0.49	0.20	8.56
11.64	11.32	1.74	5.47	0.50	0.72	15.98
11.45	11.71	2.41	6.80	2.44	0.79	18.26
9.72	9.57	2.60	4.12	1.61	0.38	20.08
11.15	9.94	2.80	3.98	1.56	0.42	19.97
212.06	255.12	63.33	32.80	3.07	4.28	192.73
77.72	139.35	20.28	20.40	4.77	1.55	115.08
10.37	15.28	3.66	4.41	0.21	1.19	18.05
18.87	20.07	7.29	2.23	0.87	0.36	8.38
38.94	7.30	21.16	61.33	11.08	0.02	115.07
1.01	0.31	0.09	0.75	0.27		3.55
3.24	1.16	1.78	4.96	3.12	1.73	9.22

续表 1 continued

单位:亿元

行业	Item	流动资产合计 Total Circulating Funds	产成品 Finished Prodacts
全省总计	**Province Total**	**611.04**	**83.92**
按轻重工业分	**Grouped by Light & Heavy Industry**		
轻工业	Light Industry	383.85	54.27
以农产品为原料	Using Farm Products as Raw Materials	129.96	15.52
以非农产品为原料	Using Non-Farm Products as Raw Materials	253.88	38.76
重工业	Heavy Industry	227.19	29.64
采掘工业	Mining and Quarrying	0.57	0.24
原料工业	Raw Materials Industry	50.37	3.83
加工工业	Manufacturing Industry	176.25	25.58
按企业规模分	**Grouped by Size of Enterprises**		
大型企业	Large	413.90	54.23
中型企业	Medium-sized	75.23	10.32
小型企业	Small	121.90	19.38
按行业分	**Grouped by Sector**		
#煤炭采选业	Coal Mining and Dressing		
石油和天然气开采	Petroleum and Natural Gas Extraction		
黑色金属矿采选业	Ferrous Metals Mining and Dressing	0.07	0.02
有色金属矿采选业	Nonferrous Metals Mining and Dressing	0.39	0.19
非金属矿采选业	Nonmetal Minerals Mining and Dressing	0.11	0.02
其他矿采选业	Other Minerals Mining and Dressing		
木材及竹材采运业	Logging and Transport of Timber and Bamboo		
食品加工业	Food Processing	45.22	3.23
食品制造业	Food Manufacturing	14.30	1.93
饮料制造业	Beverage Manufacturing	4.40	0.16
烟草加工业	Tobacco Processing	0.10	
纺织业	Textile Industry	31.80	4.35
服装及其他纤维制品制造	Garments and Other Fiber Products	10.58	2.84
皮革毛皮羽绒及其制品业	Leather,Furs,Down and Related Products	3.41	0.25
木材加工及竹藤棕草制品业	Timber Processing,Bamboo,Cane,Palm Fiber and Straw Products	1.76	0.42
家具制造业	Furniture Manufacturing	2.15	0.53
造纸及纸制品业	Papermaking and Pager Products	5.29	0.46
印刷业记录媒介的复制	Printing and Record Medium Reproduction	2.45	0.17
文教体育用品制造业	Cultural,Educational and Sports Goods	5.15	0.53
石油加工及炼焦业	Petroleum Processing and Coking	0.14	0.02
化学原料及制品制造业	Raw Chemical Materials and Chemical Products	37.03	5.12
医药制造业	Medical and Pharmaceutical Products	31.09	2.19
化学纤维制造业	Chemical Fiber	38.22	4.15
橡胶制品业	Rubber Products	1.00	0.50
塑料制品业	Plastic Products	27.67	4.06
非金属矿物制品业	Nonmetal Mineral Products	65.43	10.45
黑色金属冶炼及压延加工业	Smelting and Pressing of Ferrous Metals	4.10	0.77
有色金属冶炼及压延加工业	Smelting and Pressing of Nonferrous Metals	4.39	0.59
金属制品业	Metal Products	9.15	2.58
普通机械制造业	Ordinary Machinery Manufacturing	9.85	1.89
用设备制造业	For Special Purposes Equipment Manufacturing	11.21	2.58
交通运输设备制造业	Transport Equipment Manufacturing	10.43	0.98
电气机械及器材制造业	Electric Equipment and Machinery	125.36	22.39
电子及通信设备制造业	Electronic and Telecommunications Equipment	66.72	8.50
仪器仪表文化办公用机械	Instruments,Meters,Cultural and Office Machinery	12.03	1.07
其他制造业	Other Manufacturing	5.35	0.83
电力蒸汽热水生产供应业	Electric Power,Steam and Hot Water Production and Supply	18.87	
煤气的生产和供应业	Gas Production and Supply	2.83	0.01
自来水的生产和供应业	Tap Water Production and Supply	2.54	0.05

续表 2 continued

(100 million yuan)

流动资产年平均余额 Average Balance of Circulating Funds	固定资产合计 Total Fixed Assets	固定资产原价 Original Value of Fixed Assets	固定资产净值平均余额 Average Balance of Net Value of Fixed Assets	年末负债合计 Total Liabilities at Year-end	流动负债 Liquid Liabilities	年末所有者权益合计 Total Creditors' Equity at at Year-end
589.15	**496.22**	**607.43**	**421.22**	**703.63**	**555.28**	**537.16**
366.64	252.60	307.14	207.34	399.55	336.03	307.99
125.39	91.24	117.12	75.05	146.20	121.06	104.90
241.25	161.35	190.02	132.30	253.36	214.97	203.09
222.52	243.62	300.29	213.88	304.07	219.25	229.17
0.51	0.68	0.92	0.65	0.78	0.54	0.56
52.15	129.62	153.49	119.32	91.03	62.09	105.03
169.86	113.32	145.89	93.91	212.26	156.61	123.58
406.44	347.38	426.02	292.65	462.25	359.84	388.83
68.68	61.49	78.27	54.24	96.35	76.60	62.25
114.04	87.35	103.14	74.34	145.03	118.84	86.08
0.01	0.06	0.06	0.05	0.04	0.02	0.12
0.41	0.49	0.66	0.46	0.59	0.37	0.34
0.09	0.13	0.20	0.14	0.15	0.15	0.10
42.65	21.56	27.56	17.47	46.92	41.95	29.31
14.38	10.40	11.89	8.97	16.26	11.55	11.85
3.97	7.23	8.22	3.83	8.35	6.15	5.00
0.09	0.02	0.02	0.02	0.09	0.07	0.03
30.99	25.44	34.70	22.34	32.60	26.47	30.68
10.77	6.08	8.62	4.49	13.34	12.04	5.57
3.83	3.02	3.64	2.93	4.72	4.13	3.01
2.09	3.92	4.67	3.25	4.33	2.41	1.88
1.58	1.65	2.31	1.63	1.56	1.20	2.63
4.53	5.81	8.21	5.90	9.53	6.85	2.99
2.28	1.98	2.79	1.83	2.92	2.66	1.88
4.79	4.96	3.58	3.39	5.45	3.15	5.47
0.14	0.07	0.12	0.08	0.19	0.13	0.03
34.27	35.55	45.99	25.63	40.83	32.36	41.02
32.26	15.09	17.72	12.27	29.47	27.07	22.69
34.33	61.19	66.78	49.55	66.38	47.43	40.15
1.06	0.18	0.21	0.16	0.85	0.85	0.63
26.73	16.72	25.46	14.36	35.77	27.44	20.37
65.46	56.31	73.63	49.27	91.61	62.37	42.95
4.06	7.18	8.04	6.43	9.25	6.55	4.79
4.82	3.60	3.95	3.26	5.09	4.22	3.47
8.19	5.44	7.57	5.19	9.55	8.22	6.43
9.43	6.48	7.83	5.62	9.83	7.27	8.43
11.06	6.70	7.77	5.37	13.18	10.04	6.90
9.38	7.19	8.64	6.71	13.48	12.40	6.49
119.63	48.62	63.01	42.38	102.11	91.89	90.62
61.81	32.02	34.81	23.42	70.16	55.72	44.92
11.54	3.47	4.58	2.38	7.98	7.93	10.07
5.02	2.42	3.18	2.07	5.22	4.47	3.15
21.71	88.59	103.86	85.22	38.72	23.40	76.34
2.88	0.41	0.67	0.37	2.83	2.56	0.73
2.50	5.59	5.60	4.14	3.06	2.88	6.15

续表 3 continued

单位:亿元

行业	Item	产品销售收入 Sales Revenue	产品销售税金及附加 Sales Tax and Extra Charges
全省总计	**Province Total**	**735.15**	**4.88**
按轻重工业分	**Grouped by Light & Heavy Industry**		
轻工业	Light Industry	500.98	3.38
以农产品为原料	Using Farm Products as Raw Materials	160.92	1.89
以非农产品为原料	Using Non-farm Products as Raw Materials	340.06	1.48
重工业	Heavy Industry	234.17	1.51
采掘工业	Mining and Quarrying	1.41	0.01
原料工业	Raw Materials Industry	83.28	0.54
加工工业	Manufacturing Industry	149.48	0.96
按企业规模分	**Grouped by Size of Enterprise**		
大型企业	Large	451.82	2.45
中型企业	Medium-sized	82.14	0.94
小型企业	Small	201.18	1.49
按行业分	**Grouped by Sector**		
#煤炭采选业	Coal Mining and Dressing		
石油和天然气开采	Petroleum and Natural Gas Extraction		
黑色金属矿采选业	Ferrous Minerals Mining and Dressing	0.07	
有色金属矿采选业	Nonferrous Minerals Mining and Dressing	1.22	0.01
非金属矿采选业	Nonmetal Minerals Mining and Dressing	0.13	
其他矿采选业	Other Minerals Mining and Dressing		
木材及竹材采运业	Logging and Transport of Timber and Bamboo		
食品加工业	Food Processing	50.63	0.14
食品制造业	Food Manufacturing	17.59	0.21
饮料制造业	Beverage Manufacturing	5.46	0.91
烟草加工业	Tobacco Processing	0.12	0.01
纺织业	Textile Industry	35.76	0.20
服装及其他纤维制品制造	Garments and Other Fiber Products	15.84	0.09
皮革毛皮羽绒及其制品业	Leather,Furs,Down and Related Products	4.88	0.02
木材加工及竹藤棕草制品业	Timber Processing,Bamboo,Cane,Palm Fiber and Straw Products	1.91	0.02
家具制造业	Furniture Manufacturing	3.76	0.11
造纸及纸制品业	Papermaking and Paper Products	11.70	0.04
印刷业记录媒介的复制	Printing and Record Medium Reproduction	2.83	0.02
文教体育用品制造业	Cultural,Educational and Sports Goods	7.23	0.07
石油加工及炼焦业	Petroleum Processing and Coking	0.26	
化学原料及制品制造业	Raw Chemical Materials and Chemical Products	57.42	0.47
医药制造业	Medical and Pharmaceutical Products	27.19	0.14
化学纤维制造业	Chemical Fiber	42.25	0.18
橡胶制品业	Rubber Products	0.60	0.01
塑料制品业	Plastic Products	32.49	0.25
非金属矿物制品业	Nonmetal Mineral Products	45.15	0.45
黑色金属冶炼及压延加工业	Smelting and Pressing of Ferrous Metals	6.11	0.02
有色金属冶炼及压延加工业	Smelting and Pressing of Nonferrous Metal	6.91	0.08
金属制品业	Metal Products	10.19	0.04
普通机械制造业	Ordinary Machinery Manufacturing	9.47	0.10
专用设备制造业	For Special Purposes Equipment Manufacturing	8.90	0.09
交通运输设备制造业	Transport Equipment Manufacturing	9.77	0.14
电气机械及器材制造业	lectric Equipment and Machinery	178.71	0.49
电子及通信设备制造业	Electronic and Telecommunications Equipment	75.34	0.27
仪器仪表文化办公用机械	Instruments,Meters,Cultural and Office Machinery	7.86	0.02
其他制造业	Other Manufacturing	15.34	0.04
电力蒸汽热水生产供应业	Electric Power,Steam and Hot Water Production and Supply	37.75	0.22
煤气的生产和供应业	Gas Production and Supply	1.21	
自来水的生产和供应业	Tap Water Production and Supply	2.81	0.02

续表 4　continued

(100 million yuan)

利润总额 Total Profits	亏损总额 Total Loss	利税总额 Total Pre-tax Profits	本年应交增值税 Value Added Tax Payable in Current Year	本年销项税额 Sales Tax in Current Year	本年进项税额 Import Tax in Current Year	职工平均人数(万人) Average Number of Staff and Workers (10000 persons)
31.87	**20.78**	**69.89**	**33.13**	**106.00**	**75.90**	**36.24**
20.24	13.44	44.13	20.52	70.74	51.79	21.68
1.94	5.83	9.52	5.68	19.16	13.65	9.41
18.29	7.61	34.62	14.84	51.59	38.14	12.26
11.64	7.34	25.76	12.62	35.25	24.11	14.56
0.02		0.08	0.06	0.21	0.16	0.07
8.21	1.72	15.09	6.34	13.11	6.79	3.44
3.41	5.63	10.59	6.22	21.92	17.15	11.05
26.20	13.73	51.96	23.31	72.36	50.32	16.00
0.01	4.35	4.35	3.40	11.45	8.43	6.48
5.66	2.71	13.57	6.42	22.19	17.16	13.76
		0.01	0.01	0.01	0.01	0.02
0.02		0.07	0.05	0.20	0.15	0.04
						0.01
−1.91	3.43	−0.59	1.18	4.63	3.48	1.77
1.37	0.26	2.63	1.05	2.85	1.83	1.18
0.28	0.15	1.53	0.33	0.89	0.57	0.29
		0.02	0.01	0.02	0.02	0.02
1.21	0.67	2.57	1.17	4.15	3.05	2.23
−0.08	0.64	0.30	0.29	1.48	1.21	1.83
−0.06	0.07	0.02	0.06	0.50	0.45	0.34
−0.33	0.34	−0.25	0.07	0.30	0.23	0.24
0.23		0.50	0.15	0.50	0.43	0.34
0.03	0.52	0.48	0.41	1.61	1.21	0.46
−0.01	0.07	0.14	0.14	0.46	0.33	0.24
1.03	0.01	1.55	0.45	1.09	0.64	1.75
		0.02	0.01	0.04	0.03	0.01
2.49	0.30	5.30	2.34	8.65	6.35	2.79
0.02	2.08	2.26	2.11	5.56	3.46	1.17
0.32	4.07	1.61	1.11	4.55	3.43	0.89
0.01	0	0.06	0.05	0.10	0.05	0.02
0.91	0.28	2.32	1.16	5.54	4.47	1.79
−4.28	4.61	−1.40	2.43	7.89	5.96	4.21
−0.21	0.25	0.08	0.26	0.83	0.57	0.49
0.27	0.05	0.56	0.21	0.87	0.68	0.32
−0.05	0.41	0.25	0.25	1.23	1.01	1.15
0.48	0.12	1.06	0.48	1.30	0.93	1.07
0.12	0.22	0.83	0.63	1.47	0.85	0.95
0.09	0.34	0.49	0.26	1.33	1.41	0.79
12.84	0.65	21.71	8.38	30.98	22.87	4.99
7.07	0.86	10.12	2.78	7.35	5.88	3.31
0.74	0.05	1.07	0.31	0.79	0.52	0.29
0.54	0.06	0.99	0.42	2.21	1.80	0.54
8.33	0.10	12.97	4.42	6.28	1.86	0.47
−0.04	0.04	−0.03	0.01	0.16	0.15	0.03
0.54	0.03	0.73	0.17	0.14		0.10

12-31 "三资"工业企业主要指标(1998年)

单位:亿元

行业	Item	企业单位数(个) Number of Enterprises	亏损企业 Loss-making Enterprise
全省总计	**Province Total**	**7844**	**2941**
按经济类型分	**Grouped by Ownership**		
外商投资经济	Foreign Funded Enterprises	1336	522
港澳台投资经济	Enterprises Funded by Overseas Chinese from HongKong,Macao and Taiwan	6508	2419
按轻重工业分	**Grouped by Light & Heavy Industry**		
轻工业	Light Industry	5519	2010
以农产品为原料	Using Farm Products as Raw Materials	3059	1103
以非农产品为原料	Using Non-farm Products as Raw Materials	2460	907
重工业	Heavy Industry	2325	931
采掘工业	Mining and Quarrying	30	9
原料工业	Raw Materials Industry	365	166
加工工业	Manufacturing Industry	1930	756
按企业规模分	**Grouped by Size of Enterprise**		
大型企业	Large	358	145
中型企业	Medium-sized	407	177
小型企业	Small	7079	2619
按行业分	**Grouped by Sector**		
#煤炭采选业	Coal Mining and Dressing		
石油和天然气开采	Petroleum and Natural Gas Extraction		
黑色金属矿采选业	Ferrous Minerals Mining and Dressing		
有色金属矿采选业	Nonferrous Minerals Mining and Dressing	2	
非金属矿采选业	Nonmetal Minerals Mining and Dressing	27	9
其他矿采选业	Other Minerals Mining and Dressing		
木材及竹材采运业	Logging and Transport of Timber and Bamboo	1	
食品加工业	Food Processing	106	35
食品制造业	Food Manufacturing	162	69
饮料制造业	Beverage Manufacturing	78	35
烟草加工业	Tobacco Processing	2	
纺织业	Textile Industry	575	231
服装及其他纤维制品制造	Garments and Other Fiber Products	1060	349
皮革毛皮羽绒及其制品业	Leather,Furs,Down and Related Products	444	153
木材加工及竹藤棕草制品业	Timber Processing,Bamboo,Cane,Palm Fiber and Straw Products	70	19
家具制造业	Furniture Manufacturing	140	54
造纸及纸制品业	Papermaking and Paper Products	245	88
印刷业记录媒介的复制	Printing and Record Medium Reproduction	137	53
文教体育用品制造业	Cultural,Educational and Sports Goods	336	143
石油加工及炼焦业	Petroleum Processing and Coking	12	7
化学原料及制品制造业	Raw Chemical Materials and Chemical Products	291	108
医药制造业	Medical and Pharmaceutical Products	70	19
化学纤维制造业	Chemical Fiber	47	18
橡胶制品业	Rubber Products	101	38
塑料制品业	Plastic Products	652	242
非金属矿物制品业	Nonmetal Mineral Products	338	178
黑色金属冶炼及压延加工业	Smelting and Pressing of Ferrous Metals	16	6
有色金属冶炼及压延加工业	Smelting and Pressing of Nonferrous Metals	44	21
金属制品业	Metal Products	519	205
普通机械制造业	Ordinary Machinery Manufacturing	123	41
专用设备制造业	For Special Purposes Equipment Manufacturing	101	35
交通运输设备制造业	Transport Equipment Manufacturing	148	51
电气机械及器材制造业	Electric Equipment and Machinery	570	213
电子及通信设备制造业	Electronic and Telecommunications Equipment	815	302
仪器仪表文化办公用机械	Instruments,Meters,Cultural and Office Machinery	185	77
其他制造业	Other Manufacturing	329	102
电力蒸汽热水生产供应业	Electric Power,Steam and Hot Water Production and Supply	86	34
煤气的生产和供应业	Gas Production and Supply	6	3
自来水的生产和供应业	Tap Water Production and Supply	6	3

注:本表统计范围为年销售收入500万元及以上的外商投资和港澳台投资工业。

MAIN INDICATORS OF CHINESE-FOREIGN JOINT STOCK, JOINT VENTURES AND EXCLUSIVELY FOREIGN-OWNED INDUSTRIAL ENTERPRISES (1998)

(100 million yuan)

工业总产值（当年价） Gross Industrial Output Value (at Current Prices)	工业总产值（不变价） Gross Industrial Output Value (at 1990 Constant Prices)	工业增加值 Value Added of Industry	资本金合计 Total Capital	国有资本金 State-owned Capital	集体资本金 Collective owned Capital	年末资产总计 Total Assets at Year-end
5502.83	**5219.42**	**1284.58**	**2074.06**	**188.24**	**144.87**	**6367.11**
1639.20	1738.29	364.00	598.84	51.49	34.56	1756.62
3863.63	3481.13	920.58	1475.22	136.74	110.31	4610.49
3537.97	3348.15	789.90	1178.89	70.29	87.89	3366.85
1658.99	1385.83	383.02	607.83	45.30	46.58	1711.21
1878.98	1962.32	406.88	571.07	24.99	41.31	1655.64
1964.86	1871.27	494.68	895.17	117.95	56.98	3000.26
11.03	9.96	2.08	4.15	0.54	0.17	15.12
452.80	228.95	159.10	332.13	67.11	21.00	1354.43
1501.03	1632.35	333.49	558.89	50.29	35.81	1630.71
1408.23	1399.04	364.00	607.34	103.33	26..32	2412.42
627.86	749.11	150.68	196.45	24.83	14.32	626.12
3466.74	3071.27	769.90	1270.27	60.07	104.23	3328.57
0.92	1.03	0.20	0.72			1.98
10.01	8.86	1.85	3.32	0.48	0.17	12.79
0.10	0.07	0.04	0.12	0.06		0.36
126.07	83.60	23.95	24.68	2.46	1.00	114.12
97.36	88.64	21.06	64.55	7.18	2.21	151.75
106.97	89.64	31.08	65.26	9.74	3.22	150.36
4.36	2.63	1.43	3.46	2.36		4.64
307.79	261.42	61.69	125.25	7.56	13.82	344.17
397.25	344.73	89.77	101.11	0.83	8.93	270.80
259.39	227.66	57.18	55.82	1.35	4.17	195.77
34.01	31.26	5.46	15.78	0.61	0.25	48.47
39.83	34.87	9.99	14.52	0.31	1.07	39.88
135.38	107.25	28.97	70.97	10.69	5.83	189.63
67.83	63.85	17.50	41.07	2.15	6.45	97.46
158.58	138.02	42.91	65.06	0.75	4.01	142.21
18.33	9.11	0.50	5.66	0.55	0.16	18.00
227.50	221.22	65.30	105.27	7.84	2.80	370.06
60.30	59.16	20.78	39.98	0.52	1.29	109.55
27.32	32.26	5.05	9.65	0.60	0.51	31.34
55.58	50.92	13.02	26.10	0.58	1.17	67.86
264.80	237.03	54.81	131.52	5.89	9.59	297.07
154.12	137.04	46.78	141.30	18.33	11.83	360.85
36.60	23.10	8.30	11.36	3.56	0.26	43.58
50.40	44.98	8.21	23.02	1.26	1.24	62.51
300.46	298.50	62.41	122.26	6.13	15.12	331.54
62.44	64.48	16.75	35.21	1.70	2.57	94.95
48.68	41.42	15.13	17.49	1.06	1.28	58.74
200.83	202.32	50.99	70.81	9.72	1.63	251.90
365.62	386.60	74.45	142.60	9.91	15.74	420.23
1279.36	1553.47	255.28	244.68	22.03	8.07	921.21
241.36	212.21	45.14	46.46	1.04	1.84	125.73
120.79	109.16	31.49	39.99	1.62	2.24	98.97
236.62	50.14	116.11	197.48	48.25	15.00	911.74
3.57	1.82	0.66	7.66	0.83	1.10	13.60
2.28	0.92	0.33	3.85	0.30	0.31	13.28

Note: The statistical coverage to in this table covered foreign funded and funded by entrepreneurs from HongKong, Macao & Taiwan industrial enterprises with annual sales revenue above 5000 thousand yuan.

续表 1　continued

单位:亿元

行　　业	Item	流动资产合计 Total Circulating Funds	产成品 Finished Products
全省总计	**Province Total**	**3046.99**	**323.90**
按经济类型分	**Grouped by Ownership**		
外商投资经济	Foreign Funded Enterprises	924.97	82.73
港澳台投资经济	Enterprises Funded by Overseas Chinese from HongKong,Macao and Taiwan	2122.02	241.17
按轻重工业分	**Grouped by Light & Heavy Industry**		
轻　工　业	Light Industry	1860.94	221.34
以农产品为原料	Using Farm Products as Raw Materials	909.42	98.20
以非农产品为原料	Using Non-farm Products as Raw Materials	951.52	123.14
重　工　业	Heavy Industry	1186.05	102.56
采掘工业	Mining and Quarrying	6.43	0.79
原料工业	Raw Materials Industry	328.95	13.17
加工工业	Manufacturing Industry	850.67	88.60
按企业规模分	**Grouped by Size of Enterprise**		
大型企业	Large	958.63	92.36
中型企业	Medium-sized	330.92	31.98
小型企业	Small	1757.44	199.56
按行业分	**Grouped by Sector**		
#煤炭采选业	Coal Mining and Dressing		
石油和天然气开采	Petroleum and Natural Gas Extraction		
黑色金属矿采选业	Ferrous Minerals Mining and Dressing		
有色金属矿采选业	Nonferrous Minerals Mining and Dressing	0.93	0.22
非金属矿采选业	Nonmetal Minerals Mining and Dressing	5.43	0.57
其他矿采选业	Other Minerals Mining and Dressing		
木材及竹材采运业	Logging and Transport of Timber and Bamboo	0.07	
食品加工业	Food Processing	66.20	7.37
食品制造业	Food Manufacturing	64.80	7.02
饮料制造业	Beverage Manufacturing	59.40	4.84
烟草加工业	Tobacco Processing	2.10	0.13
纺织业	Textile Industry	175.27	27.99
服装及其他纤维制品制造	Garments and Other Fiber Products	166.34	18.53
皮革毛皮羽绒及其制品业	Leather,Furs,Down and Related Products	124.11	10.39
木材加工及竹藤棕草制品业	Timber Processing,Bamboo,Cane,Palm Fiber and Straw Products	23.82	2.73
家具制造业	Furniture Manufacturing	25.48	4.24
造纸及纸制品业	Papermaking and Paper Products	79.30	7.47
印刷业记录媒介的复制	Printing and Record Medium Reproduction	43.72	2.85
文教体育用品制造业	Cultural,Educational and Sports Goods	79.11	10.78
石油加工及炼焦业	Petroleum Processing and Coking	7.11	0.72
化学原料及制品制造业	Raw Chemical Materials and Chemical Products	162.09	13.66
医药制造业	Medical and Pharmaceutical Products	63.37	5.51
化学纤维制造业	Chemical Fiber	14.19	1.94
橡胶制品业	Rubber Products	33.35	4.50
塑料制品业	Plastic Products	133.95	18.79
非金属矿物制品业	Nonmetal Mineral Products	127.00	19.97
黑色金属冶炼及压延加工业	Smelting and Pressing of Ferrous Metals	17.19	2.08
有色金属冶炼及压延加工业	Smelting and Pressing of Nonferrous Metals	33.32	2.46
金属制品业	Metal Products	178.57	22.34
普通机械制造业	Ordinary Machinery Manufacturing	49.27	6.74
专用设备制造业	For Special Purposes Equipment Manufacturing	34.91	3.75
交通运输设备制造业	Transport Equipment Manufacturing	140.02	15.56
电气机械及器材制造业	Electric Equipment and Machinery	230.09	28.09
电子及通信设备制造业	Electronic and Telecommunications Equipment	580.26	59.23
仪器仪表文化办公用机械	Instruments,Meters,Cultural and Office Machinery	74.18	5.33
其他制造业	Other Manufacturing	57.97	8.03
电力蒸汽热水生产供应业	Electric Power,Steam and Hot Water Production and Supply	189.47	0.02
煤气的生产和供应业	Gas Production and Supply	1.73	0.08
自来水的生产和供应业	Tap Water Production and Supply	2.88	

续表 2　continued

(100 million yuan)

流动资产年平均余额 Average Balance of Circulating Funds	固定资产合计 Total Fixed Assets	固定资产原价 Original Value of Fixed Assets	固定资产净值平均余额 Average Balance of Net Value of Fixed Assets	年末负债合计 Total Liabilities at Year-end	流动负债 Liquid Liabilities	年末所有者权益合计 Total Creditors' Equity at Year-end
2999.24	**2780.65**	**3528.63**	**2511.61**	**3869.01**	**2899.53**	**2498.10**
881.10	675.41	861.48	610.67	992.91	822.04	763.71
2118.14	2105.24	2667.15	1900.94	2876.10	2077.49	1734.39
1881.72	1212.80	1574.78	1137.94	1988.54	1740.14	1378.31
918.28	651.02	833.99	599.94	999.36	859.86	711.85
963.44	561.78	740.79	538.00	989.18	880.28	666.46
1117.52	1567.85	1953.85	1373.67	1880.47	1159.39	1119.79
6.15	7.94	7.91	6.43	12.01	8.98	3.11
304.83	934.74	1156.34	793.46	924.17	371.54	430.25
806.55	625.17	789.59	573.78	944.28	778.88	686.43
909.89	1275.92	1487.77	1090.28	1518.58	920.46	893.84
320.62	237.81	313.08	204.00	377.70	300.04	248.43
1768.74	1266.93	1727.78	1217.33	1972.74	1679.03	1355.83
1.06	1.01	1.21	1.03	1.26	0.82	0.72
5.02	6.75	6.52	5.22	10.59	8.02	2.19
0.07	0.18	0.18	0.18	0.16	0.13	0.20
66.68	37.75	50.22	36.25	70.30	61.16	43.82
62.69	67.92	81.40	61.78	85.99	75.14	65.75
58.53	72.07	90.89	64.93	82.72	65.54	67.64
2.38	2.28	3.15	2.42	0.48	0.48	4.16
183.23	143.19	195.52	137.07	231.58	190.33	112.59
179.84	88.10	123.92	85.13	155.15	140.08	115.65
124.52	52.16	73.25	55.64	127.44	121.73	68.33
23.85	20.94	25.54	18.80	32.51	25.09	15.96
25.82	11.67	15.57	11.22	24.37	23.03	15.51
74.56	92.16	90.79	66.24	111.11	82.50	78.52
41.55	45.33	61.43	44.23	54.23	48.94	43.23
106.49	52.64	70.05	50.60	63.21	56.47	79.00
6.77	10.14	11.46	10.08	12.20	6.09	5.80
154.86	186.60	127.71	90.72	224.97	132.18	145.08
61.22	34.84	39.36	31.38	51.68	43.24	57.87
13.23	14.85	19.71	13.54	23.58	13.83	7.76
33.13	24.35	30.25	21.93	39.32	32.23	28.54
141.30	126.23	173.16	121.69	154.80	134.38	142.27
118.92	198.20	220.66	161.40	220.59	152.70	140.26
18.21	23.08	33.56	18.18	23.57	15.93	20.01
25.99	22.65	70.26	22.53	32.51	23.14	30.00
170.14	126.23	164.17	117.67	203.76	178.11	127.78
52.67	37.74	49.10	36.45	55.35	51.34	39.60
33.89	18.57	23.90	21.12	34.07	30.60	24.66
137.89	83.24	100.07	77.22	153.22	127.52	98.68
226.25	151.06	201.82	144.84	268.22	234.71	152.01
537.42	267.05	349.28	247.68	545.76	476.47	375.46
77.83	43.16	63.03	39.70	68.13	64.24	57.61
54.45	33.54	46.92	30.37	58.05	53.06	40.91
176.06	670.95	897.64	642.14	629.73	221.97	282.01
1.66	6.46	8.41	5.88	9.96	4.37	3.64
1.07	7.56	8.52	7.36	8.45	3.98	4.83

续表 3 continued

单位:亿元

行业	Item	产品销售收入 Sales Revenue	产品销售税金及附加 Sales Tax and Extra Charges
全省总计	**Province Total**	**5094.42**	**28.56**
按经济类型分	**Grouped by Ownership**		
外商投资经济	Foreign Funded Enterprises	1549.62	15.24
港澳台投资经济	Enterprises Funded by Overseas Chinses from HongKong,Macao and Taiwan	3544.79	13.32
按轻重工业分	**Grouped by Light & Heavy Industry**		
轻工业	Light Industry	3236.20	21.55
以农产品为原料	Using farm Products as Raw Materials	1531.54	12.46
以非农产品为原料	Using Non-Farm Products as Raw Materials	1704.66	9.09
重工业	Heavy Industry	1858.22	7.01
采掘工业	Mining and Quarrying	11.05	0.03
原料工业	Raw Materials Industry	443.58	3.26
加工工业	Manufacturing Industry	1403.58	3.72
按企业规模分	**Grouped by Size of Enterprise**		
大型企业	Large	1341.11	17.58
中型企业	Medium-sized	587.23	1.55
小型企业	Small	3166.08	9.43
按行业分	**Grouped by Sector**		
#煤炭采选业	Coal Mining and Dressing		
石油和天然气开采	Petroleum and Natural Gas Extraction		
黑色金属矿采选业	Ferrous Minerals Mining and Dressing		
有色金属矿采选业	Nonferrous Minerals Mining and Dressing	0.87	
非金属矿采选业	Nonmetal Minerals Mining and Dressing	10.09	0.03
其他矿采选业	Other Minerals Mining and Dressing		
木材及竹材采运业	Logging and Transport of Timber and Bamboo	0.09	
食品加工业	Food Processing	129.58	0.23
食品制造业	Food Manufacturing	97.20	0.16
饮料制造业	Beverage Manufacturing	101.38	1.54
烟草加工业	Tobacco Processing	4.17	
纺织业	Textile Industry	275.37	0.61
服装及其他纤维制品制造	Garments and Other Fiber Products	349.99	1.07
皮革毛皮羽绒及其制品业	Leather,Furs,Down and Related Products	241.81	0.71
木材加工及竹藤棕草制品业	Timber Processing,Bamboo,Cane,Palm Fiber and Straw Products	32.70	0.12
家具制造业	Furniture Manufacturing	37.97	0.10
造纸及纸制品业	Papermaking and Paper Products	121.09	0.20
印刷业记录媒介的复制	Printing and Record Medium Reproduction	60.78	0.05
文教体育用品制造业	Cultural,Educational and Sports Goods	142.48	0.21
石油加工及炼焦业	Petroleum Processing and Coking	21.79	2.76
化学原料及制品制造业	Raw Chemical Materials and Chemical Products	208.30	8.84
医药制造业	Medical and Pharmaceutical Products	55.62	0.39
化学纤维制造业	Chemical Fiber	19.38	0.06
橡胶制品业	Bubber Products	52.77	0.88
塑料制品业	Plastic Products	239.39	0.45
非金属矿物制品业	Nonmetal Mineral Products	129.11	0.60
黑色金属冶炼及压延加工业	Smelting and Pressing of Ferrous Metals	34.33	0.03
有色金属冶炼及压延加工业	Smelting and Pressing of Nonferrous Metals	43.33	0.05
金属制品业	Metal Products	287.72	0.43
普通机械制造业	Ordinary Machinery Manufacturing	62.44	0.10
专用设备制造业	For Special Purposes Equipment Manufacturing	43.83	0.07
交通运输设备制造业	Transport Equipment Manufacturing	180.84	6.23
电气机械及器材制造业	Electric Equipment and Machinery	363.33	0.52
电子及通信设备制造业	Electronic and Telecommunications Equipment	1164.36	1.20
仪器仪表文化办公用机械	Instruments,Meters,Cultural and Office Machinery	231.33	0.35
其他制造业	Other Manufacturing	106.40	0.42
电力蒸汽热水生产供应业	Electric Power,Steam and Hot Water Production and Supply	238.76	0.14
煤气的生产和供应业	Gas Production and Supply	3.84	
自来水的生产和供应业	Tap Water Production and Supply	2.00	0.04

续表 4 continued

(100 million yuan)

利润总额 Total Profits	亏损总额 Total Loss	利税总额 Total Pre-tax Profits	本年应交增值税 Value Added Tax Payable in Current Year	本年销项税额 Sales Tax in Current Year	本年进项税额 Import Tax in Current Year	全部从业人员平均人数(万人) Average Number of Staff and Workers (10000 persons)
127.31	**135.58**	**284.83**	**128.97**	**371.17**	**256.16**	**279.63**
42.44	51.96	102.30	44.62	117.65	75.60	52.75
84.87	83.63	182.53	84.35	253.51	180.57	226.88
58.29	78.72	156.67	76.83	235.37	167.13	208.44
33.62	43.32	88.59	42.51	121.04	82.36	115.37
24.67	35.40	68.09	34.32	114.33	84.78	93.07
69.02	56.86	128.16	52.13	135.80	89.03	71.18
-0.01	0.28	0.23	0.20	1.15	0.95	0.32
41.96	17.61	69.57	24.36	52.92	30.11	8.38
27.06	38.97	58.36	27.57	81.74	57.97	62.48
75.41	50.29	149.56	56.57	139.87	86.91	33.34
20.01	13.99	36.09	14.53	45.55	32.87	20.27
31.89	71.30	99.18	57.87	185.75	136.38	226.02
0.05		0.09	0.04	0.07	0.03	0.02
-0.06	0.28	0.12	0.16	1.06	0.91	0.29
		0.01	0.01	0.02	0.01	0.01
2.70	1.79	4.99	2.07	9.65	7.74	1.86
-1.53	8.91	4.44	5.82	13.39	7.72	4.03
6.53	3.41	14.35	6.28	15.47	9.32	2.44
0.65		0.86	0.21	0.70	0.48	0.04
-5.17	11.54	-0.93	3.63	16.86	13.84	15.43
1.59	5.47	7.98	5.32	17.85	14.26	46.19
2.01	1.92	5.17	2.45	10.54	8.25	26.57
0.34	0.53	1.33	0.87	3.44	2.71	1.47
0.35	1.19	1.51	1.06	2.65	1.69	3.02
3.85	3.80	8.48	4.44	11.73	7.38	5.36
0.77	2.51	2.75	1.93	5.05	3.56	7.87
3.41	2.13	4.36	0.74	3.29	2.63	21.79
-0.41	0.46	2.51	0.15	2.14	2.00	0.13
17.13	13.32	39.41	13.44	26.06	14.36	4.69
6.38	0.50	10.10	3.34	8.35	5.32	1.41
-0.76	1.27	-0.22	0.48	1.90	1.45	0.85
1.60	1.32	3.49	1.02	3.56	2.75	4.16
4.49	5.44	8.86	3.93	13.69	9.87	15.16
-2.44	12.85	3.18	5.02	14.52	9.96	9.61
0.66	0.43	1.52	0.84	4.36	3.47	0.88
2.63	0.75	3.82	1.14	4.81	3.70	0.99
0.88	8.05	7.37	6.06	21.95	16.66	15.30
2.93	1.83	5.57	2.54	6.83	4.34	2.43
1.86	0.76	3.08	1.15	3.17	2.67	2.00
-1.77	9.59	11.62	7.16	21.26	14.53	5.90
3.61	8.91	11.63	7.51	26.40	19.61	20.35
30.61	15.05	50.51	18.70	59.87	45.49	40.72
2.59	1.69	4.26	1.33	3.88	2.36	6.85
1.12	1.66	3.16	1.62	6.86	5.43	9.85
41.83	6.87	60.38	18.40	29.24	11.13	1.82
-1.01	1.07	-0.98	0.03	0.49	0.52	0.08
-0.09	0.28	0.04	0.09	0.06	0.01	0.08

12-32 大中型工业企业主要指标(1998 年)

单位:亿元

行业	Item	企业单位数(个) Number of Enterprise	亏损企业 Loss-making Enterprise
全省总计	**Province Total**	**2109**	**986**
按轻重工业分	**Grouped by Light & Heavy Industry**		
轻工业	Light Industry	1175	558
以农产品为原料	Using Farm Products as Raw Materials	690	341
以非农产品为原料	Using Non-Farm Products as Raw Materials	485	217
重工业	Heavy Industry	934	428
采掘工业	Mining and Quarrying	25	10
原料工业	Raw Materials Industry	301	149
加工工业	Manufacturing Industry	608	269
按企业规模分	**Grouped by Size of Enterprises**		
大型企业	Large	751	304
中型企业	Medium-sized	1358	682
按行业分	**Grouped by Sector**		
#煤炭采选业	Coal Mining and Dressing	6	6
石油和天然气开采	Petroleum and Natural Gas Extraction	2	
黑色金属矿采选业	Ferrous Metals Mining and Dressing	3	
有色金属矿采选业	Nonferrous Metals Mining and Dressing	6	1
非金属矿采选业	Nonmetal Minerals Mining and Dressing	8	3
其他矿采选业	Other Minerals Mining and Dressing		
木材及竹材采运业	Logging and Transport of Timber and Bamboo		
食品加工业	Food Processing	106	74
食品制造业	Food Manufacturing	91	43
饮料制造业	Beverage Manufacturing	67	28
烟草加工业	Tobacco Processing	8	
纺织业	Textile Industry	165	98
服装及其他纤维制品制造	Garments and Other Fiber Products	50	29
皮革毛皮羽绒及其制品业	Leather,Furs,Down and Related Products	41	14
木材加工及竹藤棕草制品业	Timber Processing,Bamboo,Cane,Palm Fiber and Straw Products	18	5
家具制造业	Furniture Manufacturing	10	4
造纸及纸制品业	Papermaking and Pager Products	57	22
印刷业记录媒介的复制	Printing and Record Medium Reproduction	45	18
文教体育用品制造业	Cultural,Educational and Sports Goods	30	11
石油加工及炼焦业	Petroleum Processing and Coking	6	3
化学原料及制品制造业	Raw Chemical Materials and Chemical Products	114	48
医药制造业	Medical and Pharmaceutical Products	72	19
化学纤维制造业	Chemical Fiber	25	13
橡胶制品业	Rubber Products	23	7
塑料制品业	Plastic Products	99	35
非金属矿物制品业	Nonmetal Mineral Products	217	158
黑色金属冶炼及压延加工业	Smelting and Pressing of Ferrous Metals	14	10
有色金属冶炼及压延加工业	Smelting and Pressing of Nonferrous Metals	33	18
金属制品业	Metal Products	93	54
普通机械制造业	Ordinary Machinery Manufacturing	71	33
专用设备制造业	For Special Purposes Equipment Manufacturing	58	26
交通运输设备制造业	Transport Equipment Manufacturing	86	35
电气机械及器材制造业	Electric Equipment and Machinery	170	75
电子及通信设备制造业	Electronic and Telecommunications Equipment	153	46
仪器仪表文化办公用机械	Instruments,Meters,Cultural and Office Machinery	35	15
其他制造业	Other Manufacturing	17	5
电力蒸汽热水生产供应业	Electric Power,Steam and Hot Water Production and Supply	80	17
煤气的生产和供应业	Gas Production and Supply	5	2
自来水的生产和供应业	Tap Water Production and Supply	23	9

注:本表统计范围为大中型国有工业及年销售收入 500 万元以上非国有工业企业,下同。

MAIN INDICATORS OF LARGE AND MEDIUM －SIZED INDUSTRIAL ENTERPRISES (1998)

(100 million yuan)

工业总产值（当年价） Gross Industrial Output Value (at Current Prices)	工业总产值（不变价） Gross Industrial Output Value(at 1990 Constant Prices)	工业增加值 Value Added of Industry	资本金合计 Total Capital			年末资产总计 Total Assets at Year-end
				国有资本金 State-owned Capital	集体资本金 Collective owned Capital	
4169.16	**4060.93**	**1197.64**	**1695.06**	**564.12**	**147.89**	**7273.73**
2175.37	2271.59	540.54	728.98	206.09	83.21	3008.61
962.36	791.15	250.46	359.04	105.20	28.53	1407.44
1213.01	1480.44	290.08	369.94	100.89	54.67	1601.17
1993.79	1789.34	657.10	966.08	358.03	64.68	4265.12
152.23	54.39	74.34	30.05	28.97	0.11	195.99
829.11	406.90	320.04	552.06	230.99	18.55	2471.90
1012.46	1328.05	262.72	383.97	98.07	46.02	1597.23
2933.97	2747.66	882.05	1243.08	394.55	90.66	5423.04
1235.19	1313.27	315.59	451.99	169.57	57.23	1850.69
4.46	2.30	1.11	5.19	5.19		18.19
134.19	42.79	69.38	13.02	13.02		142.99
5.36	2.99	1.63	4.66	4.66		11.93
3.67	2.86	0.90	1.87	1.51		6.76
4.54	3.45	1.32	5.31	4.59	0.11	16.12
138.85	95.86	22.03	33.08	18.67	1.84	203.74
101.02	94.99	25.75	54.24	12.27	3.22	160.97
132.86	102.15	39.94	64.65	16.36	3.07	192.30
56.00	42.35	36.47	17.52	16.51		58.18
190.11	161.86	34.80	63.86	15.61	8.73	297.97
49.76	50.80	6.87	14.69	1.30	3.19	68.80
75.24	64.02	16.67	17.23	4.09	2.60	74.55
26.92	25.99	5.25	10.38	2.69	0.86	38.28
4.70	4.45	1.05	1.66	0.09	0.81	7.49
73.27	63.08	17.93	36.63	11.97	2.12	132.92
20.77	34.80	5.49	11.53	3.70	1.69	42.69
38.81	33.22	10.56	13.06	1.52	1.10	38.86
194.00	93.87	38.80	65.32	0.44	0.93	354.29
208.02	204.71	54.54	100.80	21.06	3.45	401.49
95.19	106.37	31.97	49.98	10.87	0.87	177.77
57.43	80.76	6.72	23.53	8.83	2.49	157.53
26.72	27.18	6.86	11.50	0.39	0.79	43.13
90.13	108.43	20.27	49.15	7.90	10.44	169.84
156.83	144.89	47.70	124.98	40.04	15.93	435.29
69.95	42.82	15.91	22.72	14.87	0.10	121.64
58.61	64.09	11.09	20.77	11.15	2.55	97.37
109.70	118.45	21.67	50.30	5.74	13.40	174.46
76.66	85.23	20.66	31.86	7.84	1.91	144.85
33.25	33.70	9.30	17.26	6.48	2.03	78.84
182.64	189.44	46.49	76.40	26.60	1.13	367.53
422.98	517.08	110.16	118.45	15.94	33.27	549.53
809.17	1209.63	186.05	139.97	26.95	17.81	729.89
85.36	95.41	14.15	17.84	2.35	0.81	59.94
17.88	19.45	5.78	4.60	1.11	0.85	16.18
354.81	78.00	217.86	339.79	165.58	7.22	1485.28
3.15	1.37	0.27	12.05	11.59		22.00
55.73	11.80	34.24	49.07	44.49	2.56	172.65

Note: The statistical coverage of in this table statistics for large and medium—sized state—owned industrial enterprises and non—state—owned enterprises with annual sales revenue above 5000 thousand yuan, the samebelow.

续表 1 continued

单位:亿元

行业	Item	流动资产合计 Total Circulating Funds	产成品 Finished Prodacts
全省总计	**Province Total**	**3013.56**	**300.90**
按轻重工业分	**Grouped by Light & Heavy Industry**		
轻工业	Light Industry	1499.94	184.49
以农产品为原料	Using Farm Products as Raw Materials	661.68	69.54
以非农产品为原料	Using Non-farm Products as Raw Materials	838.26	114.95
重工业	Heavy Industry	1513.62	116.41
采掘工业	Mining and Quarrying	73.49	2.28
原料工业	Raw Materials Industry	606.60	22.01
加工工业	Manufacturing Industry	833.53	92.12
按企业规模分	**Grouped by Size of Enterprise**		
大型企业	Large	2145.76	204.51
中型企业	Medium-sized	867.80	96.38
按行业分	**Grouped by Sector**		
#煤炭采选业	Coal Mining and Dressing	8.06	0.54
石油和天然气开采	Petroleum and Natural Gas Extraction	50.69	0.30
黑色金属矿采选业	Ferrous Minerals Mining and Dressing	3.72	0.35
有色金属矿采选业	Nonferrous Minerals Mining and Dressing	2.90	0.68
非金属矿采选业	Nonmetal Minerals Mining and Dressing	8.13	0.41
其他矿采选业	Other Minerals Mining and Dressing		
木材及竹材采运业	Logging and Transport of Timber and Bamboo		
食品加工业	Food Processing	98.16	11.54
食品制造业	Food Manufacturing	65.85	7.59
饮料制造业	Beverage Manufacturing	75.82	6.12
烟草加工业	Tobacco Processing	29.37	0.47
纺织业	Textile Industry	131.54	18.71
服装及其他纤维制品制造	Garments and Other Fiber Products	33.80	5.43
皮革毛皮羽绒及其制品业	Leather,Furs,Down and Related Products	46.86	2.54
木材加工及竹藤棕草制品业	Timber Processing,Bamboo,Cane,Palm Fiber and Straw Products	16.62	1.25
家具制造业	Furniture Manufacturing	3.38	0.34
造纸及纸制品业	Papermaking and Paper Products	49.32	5.70
印刷业记录媒介的复制	Printing and Record Medium Reproduction	17.85	1.46
文教体育用品制造业	Cultural,Educational and Sports Goods	17.86	1.49
石油加工及炼焦业	Petroleum Processing and Coking	60.77	4.42
化学原料及制品制造业	Raw Chemical Materials and Chemical Products	153.32	14.61
医药制造业	Medical and Pharmaceutical Products	102.73	9.19
化学纤维制造业	Chemical Fiber	54.38	5.56
橡胶制品业	Rubber Products	18.23	2.98
塑料制品业	Plastic Products	73.77	8.84
非金属矿物制品业	Nonmetal Mineral Products	165.00	20.37
黑色金属冶炼及压延加工业	Smelting and Pressing of Ferrous Metals	45.22	4.85
有色金属冶炼及压延加工业	Smelting and Pressing of Nonferrous Metals	34.55	4.24
金属制品业	Metal Products	90.20	11.78
普通机械制造业	Ordinary Machinery Manufacturing	76.35	12.34
专用设备制造业	For Special Purposes Equipment Manufacturing	43.83	6.82
交通运输设备制造业	Transport Equipment Manufacturing	213.91	23.27
电气机械及器材制造业	Electric Equipment and Machinery	320.86	47.36
电子及通信设备制造业	Electronic and Telecommunications Equipment	458.10	51.32
仪器仪表文化办公用机械	Instruments,Meters,Cultural and Office Machinery	31.59	4.34
其他制造业	Other Manufacturing	8.61	2.70
电力蒸汽热水生产供应业	Electric Power,Steam and Hot Water Production and Supply	353.35	0.56
煤气的生产和供应业	Gas Production and Supply	6.23	
自来水的生产和供应业	Tap Water Production and Supply	41.99	0.21

续表 2 continued

(100 million yuan)

流动资产年平均余额 Average Balance of Circulating Funds	固定资产合计 Total Fixed Assets	固定资产原价 Original Value of Fixed Assets	固定资产净值平均余额 Average Balance of Net Value of Fixed Assets	年末负债合计 Total Liabilities at Year-end	流动负债 Liquid Liabilities	年末所有者权益合计 Total Creditors' Equity at at Year-end
2970.15	**3523.90**	**4073.49**	**2824.95**	**4444.76**	**2963.72**	**2828.97**
1481.16	1174.77	1467.21	996.42	1959.06	1574.92	1049.55
667.93	583.38	733.42	491.43	914.47	707.39	492.97
813.24	591.39	733.79	504.99	1044.59	867.53	556.58
1488.99	2349.13	2606.28	1828.53	2485.70	1388.80	1779.42
72.98	40.00	56.16	35.90	54.72	35.08	141.27
632.88	1716.76	1830.26	1294.35	1427.13	596.34	1044.77
783.12	592.37	719.86	498.28	1003.86	757.38	593.37
2117.13	2740.88	3074.16	2155.86	3209.34	2017.70	2213.70
853.01	783.02	999.33	669.09	1235.42	946.02	615.27
7.99	9.15	13.88	8.26	15.47	12.93	2.72
50.16	15.59	21.06	14.40	22.87	8.95	120.12
3.71	5.03	6.35	4.52	4.34	3.88	7.59
3.27	3.04	4.78	2.49	3.40	2.12	3.36
7.85	7.19	10.09	6.23	8.64	7.19	7.48
98.55	84.29	113.54	75.00	159.26	130.54	44.48
65.45	74.82	89.73	68.12	93.10	74.59	67.86
77.20	87.76	109.56	66.93	111.36	85.11	80.94
33.67	27.94	33.48	22.45	23.34	18.95	34.85
136.97	128.43	176.23	115.22	235.22	170.41	62.76
37.88	22.36	32.88	19.74	53.49	43.29	15.31
44.96	21.92	29.94	21.31	55.03	52.27	19.52
17.68	18.95	23.49	16.33	23.00	12.66	15.27
3.36	3.54	4.76	3.39	5.91	3.23	1.58
46.18	68.15	64.08	45.37	89.37	54.36	43.55
17.74	19.87	28.26	17.39	28.45	22.28	14.24
17.36	16.75	19.11	14.55	19.90	15.40	18.96
82.80	256.33	131.32	74.75	264.96	56.67	89.33
148.19	220.00	164.95	112.20	257.15	149.56	144.34
102.46	51.80	62.47	44.55	105.43	91.50	72.34
51.90	88.59	100.62	75.18	113.22	79.02	44.30
17.60	16.02	19.06	12.85	27.62	20.83	15.51
74.64	67.96	97.53	63.40	109.05	83.28	60.79
157.97	225.86	262.61	182.03	304.50	192.42	130.79
45.57	69.74	88.55	58.85	65.10	44.48	56.53
36.26	53.20	66.33	43.01	65.03	43.12	32.33
89.05	64.59	81.99	57.82	121.63	99.93	52.83
78.87	53.95	65.70	46.69	95.74	78.57	49.11
45.36	25.20	34.32	22.19	57.19	41.99	21.65
201.41	121.65	133.39	100.01	250.13	197.40	117.40
323.28	165.16	217.42	146.47	375.92	324.04	173.61
403.30	201.50	249.83	167.00	442.25	355.93	287.63
29.55	22.27	30.76	18.13	33.72	29.36	26.21
8.38	5.88	7.88	5.02	11.20	8.16	4.98
359.04	1067.45	1323.39	966.27	720.84	297.75	764.43
6.93	14.79	15.26	12.64	9.53	7.40	12.47
37.04	116.42	137.78	93.42	60.86	42.94	111.79

续表 3 continued

单位:亿元

行业	Item	产品销售收入 Sales Revenue	产品销售税金及附加 Sales Tax and Extra Charges
全省总计	**Province Total**	**4102.35**	**70.38**
按轻重工业分	**Grouped by Light & Heavy Industry**		
轻　工　业	Light Industry	2001.72	44.28
以农产品为原料	Using Farm Products as Raw Materials	906.69	35.88
以非农产品为原料	Using Non-farm Products as Raw Materials	1095.03	8.40
重　工　业	Heavy Industry	2100.62	26.10
采掘工业	Mining and Quarrying	89.75	3.60
原料工业	Raw Materials Industry	1101.34	18.56
加工工业	Manufacturing Industry	909.54	3.95
按企业规模分	**Grouped by Size of Enterprise**		
大型企业	Large	2925.31	59.91
中型企业	Medium-sized	1177.04	10.47
按行业分	**Grouped by Sector**		
#煤炭采选业	Coal Mining and Dressing	4.68	0.01
石油和天然气开采	Petroleum and Natural Gas Extraction	73.24	3.34
黑色金属矿采选业	Ferrous Minerals Mining and Dressing	5.16	0.16
有色金属矿采选业	Nonferrous Minerals Mining and Dressing	3.21	0.03
非金属矿采选业	Nonmetal Minerals Mining and Dressing	3.46	0.06
其他矿采选业	Other Minerals Mining and Dressing		
木材及竹材采运业	Logging and Transport of Timber and Bamboo		
食品加工业	Food Processing	141.54	0.67
食品制造业	Food Manufacturing	91.99	0.41
饮料制造业	Beverage Manufacturing	128.15	4.00
烟草加工业	Tobacco Processing	56.53	22.00
纺织业	Textile Industry	157.79	0.47
服装及其他纤维制品制造	Garments and Other Fiber Products	47.12	0.12
皮革毛皮羽绒及其制品业	Leather,Furs,Down and Related Products	71.82	0.05
木材加工及竹藤棕草制品业	Timber Processing,Bamboo,Cane,Palm Fiber and Straw Products	25.78	0.07
家具制造业	Furniture Manufacturing	4.64	0.01
造纸及纸制品业	Papermaking and Paper Products	69.46	0.13
印刷业记录媒介的复制	Printing and Record Medium Reproduction	18.54	0.07
文教体育用品制造业	Cultural,Educational and Sports Goods	38.12	0.06
石油加工及炼焦业	Petroleum Processing and Coking	198.33	14.21
化学原料及制品制造业	Raw Chemical Materials and Chemical Products	198.25	8.56
医药制造业	Medical and Pharmaceutical Products	90.93	0.37
化学纤维制造业	Chemical Fiber	60.50	0.30
橡胶制品业	Rubber Products	25.14	0.91
塑料制品业	Plastic Products	82.83	0.41
非金属矿物制品业	Nonmetal Mineral Products	140.12	1.12
黑色金属冶炼及压延加工业	Smelting and Pressing of Ferrous Metals	73.17	0.12
有色金属冶炼及压延加工业	Smelting and Pressing of Nonferrous Metals	53.43	0.38
金属制品业	Metal Products	103.79	0.15
普通机械制造业	Ordinary Machinery Manufacturing	60.26	0.22
专用设备制造业	For Special Purposes Equipment Manufacturing	31.17	0.16
交通运输设备制造业	Transport Equipment Manufacturing	159.97	6.46
电气机械及器材制造业	Electric Equipment and Machinery	366.91	1.07
电子及通信设备制造业	Electronic and Telecommunications Equipment	722.17	0.70
仪器仪表文化办公用机械	Instruments,Meters,Cultural and Office Machinery	89.00	0.06
其他制造业	Other Manufacturing	12.62	0.02
电力蒸汽热水生产供应业	Electric Power,Steam and Hot Water Production and Supply	633.16	3.02
煤气的生产和供应业	Gas Production and Supply	3.44	
自来水的生产和供应业	Tap Water Production and Supply	55.51	0.47

续表 4 continued

(100 million yuan)

利润总额 Total Profits	亏损总额 Total Loss	利税总额 Total Pre-tax Profits	本年应交增值税 Value Added Tax Payable in Current Year	本年销项税额 Sales Tax in Current Year	本年进项税额 Import Tax in Current Year	职工平均人数(万人) Average Number of Staff and Workers (10000 persons)
176.69	**145.33**	**422.42**	**175.35**	**499.06**	**339.21**	**160.59**
46.53	90.15	173.43	82.61	242.17	165.37	85.13
19.79	43.24	100.17	44.50	114.57	71.58	45.80
26.74	46.92	73.26	38.11	127.60	93.80	39.33
130.15	55.17	248.99	92.74	256.89	173.83	75.46
7.97	0.64	15.49	3.93	9.49	5.57	6.37
88.29	23.16	166.48	59.63	154.60	99.29	26.64
33.90	31.37	67.02	29.18	92.80	68.98	42.45
166.05	96.89	360.11	134.16	374.08	250.32	88.69
10.64	48.43	62.31	41.19	124.98	88.88	71.90
−0.47	0.47	−0.08	0.38	0.83	0.46	3.49
7.73		14.07	3.01	7.46	4.45	0.82
0.33		0.68	0.19	0.47	0.29	0.60
0.16	0.02	0.28	0.09	0.29	0.20	0.56
0.22	0.15	0.54	0.27	0.43	0.17	0.91
−9.67	12.79	−4.24	4.76	16.10	11.55	6.83
0.36	7.07	6.80	6.03	14.25	8.31	4.48
7.95	3.05	19.52	7.57	20.50	13.06	3.82
3.44		30.73	5.29	9.43	4.17	0.77
−7.41	10.67	−3.27	3.67	13.98	10.70	12.01
−2.02	2.80	−1.31	0.60	3.38	3.04	4.44
0.51	0.42	0.91	0.35	3.13	2.81	5.36
0.36	0.75	1.50	1.07	3.11	2.03	0.96
0.17	0.16	0.32	0.14	0.48	0.33	0.29
3.26	3.17	7.69	4.30	10.60	6.32	3.59
−0.11	1.07	1.04	1.07	2.74	1.83	1.34
1.53	0.30	2.14	0.55	2.02	1.52	4.54
2.27	0.36	24.61	8.13	32.44	25.07	3.52
13.46	13.21	36.17	14.14	29.45	16.42	6.96
0.04	7.23	6.45	6.05	15.67	9.95	3.76
−2.22	6.63	0.02	1.94	7.29	5.39	1.89
0.71	0.47	2.42	0.81	2.57	1.80	2.12
0.64	3.19	4.10	3.06	11.88	8.98	3.27
−8.87	14.90	−0.49	7.26	20.29	13.73	13.79
0.10	1.92	2.46	2.23	16.98	14.93	3.71
−2.53	3.00	0.13	2.28	8.14	5.96	2.95
−1.65	5.89	1.90	3.41	12.41	9.73	5.24
1.59	2.27	4.45	2.64	8.42	5.93	4.94
−0.48	1.91	1.19	1.50	4.67	3.25	3.37
−4.12	11.87	8.74	6.40	22.74	17.47	7.65
6.66	14.42	22.97	15.23	56.63	42.77	15.20
48.81	6.53	68.05	18.53	56.49	42.92	16.53
1.48	0.94	2.31	0.76	1.53	0.77	2.33
0.16	0.09	0.51	0.33	1.66	1.36	0.86
94.82	6.08	137.62	39.78	77.07	39.54	5.58
−0.40	0.43	−0.32	0.08	0.50	0.42	0.40
20.01	0.98	21.95	1.47	2.99	1.55	1.62

12-33 乡属工业企业主要指标(1998年)

单位:亿元

行业	Item	企业单位数(个) Number of Enterprises (unit)	#亏损企业 Loss-making Enterprises
全省总计	**Province Total**	**3272**	**824**
按轻重工业分	**Grouped by Light & Heavy Industry**		
轻工业	Light Industry	2097	484
以农产品为原料	Using Farm Products as Raw Materials	1236	277
以非农产品为原料	Using Non-farm Products as Raw Materials	861	207
重工业	Heavy Industry	1175	340
采掘工业	Mining and Quarrying	107	3
原料工业	Raw Materials Industry	344	141
加工工业	Manufacturing Industry	724	196
按企业规模分	**Grouped by Size of Enterprise**		
大型企业	Large	61	20
中型企业	Medium-sized	125	61
小型企业	Small	3086	743
按行业分	**Grouped by Sector**		
#煤炭采选业	Coal Mining and Dressing	3	
黑色金属矿采选业	Ferrous Minerals Mining and Dressing	10	
有色金属矿采选业	Nonferrous Minerals Mining and Dressing	15	1
非金属矿采选业	Nonmetal Minerals Mining and Dressing	79	2
食品加工业	Food Processing	85	12
食品制造业	Food Manufacturing	72	23
饮料制造业	Beverage Manufacturing	47	7
纺织业	Textile Industry	196	57
服装及其他纤维制品制造	Garments and Other Fiber Products	334	87
皮革毛皮羽绒及其制品业	Leather,Furs,Down and Related Products	161	31
木材加工及竹藤棕草制品业	Timber Processing,Bamboo,Cane,Palm Fiber and Straw Products	97	5
家具制造业	Furniture Manufacturing	70	11
造纸及纸制品业	Papermaking and Paper Products	128	32
印刷业	Medium Reproduction	25	9
文教体育用品制造业	Cultural,Educational and Sports Goods	62	22
石油加工及炼焦业	Petroleum Processing and Coking	8	1
化学原料及制品制造业	Raw Chemical Materials and Chemical Products	132	24
医药制造业	Medical and Pharmaceutical Products	33	4
化学纤维制造业	Chemical Fiber	24	7
橡胶制品业	Rubber Products	28	9
塑料制品业	Plastic Products	197	46
非金属矿物制品业	Nonmetal Mineral Products	360	161
黑色金属冶炼及压延加工业	Smelting and Pressing of Ferrous Metals	36	5
有色金属冶炼及压延加工业	Smelting and Pressing of Nonferrous Metals	28	14
金属制品业	Metal Products	232	67
普通机械制造业	Ordinary Machinery Manufacturing	66	15
专用设备制造业	For Special Purposes Equipment Manufacturing	52	3
交通运输设备制造业	Transport Equipment Manufacturing	45	10
电气机械及器材制造业	Electric Equipment and Machinery	208	49
电子及通信设备制造业	Electronic and Telecommunications Equipment	153	49
仪器仪表及文化、办公用机械制造业	Instruments,Meters,Cultural and Office Machinery Manufacturing	29	12
其他制造业	Other Manufacturing	157	23
电力、蒸汽、热水生产和供应业	Electric Power,Steam and Hot Water Production and Supply	57	7
自来水的生产和供应业	Tap Water Production and Supply	43	5

注:本表统计范围为年销售收入500万元以上的乡属工业。

MAIN INDICATORS OF TOWNSHIP-RUN INDUSTRIAL ENTERPRISES (1998)

(100 million yuan)

工业总产值（当年价） Gross Industrial Output Value (at Current Prices)	工业总产值（不变价） Gross Industrial Output Value(at 1990 Constant Prices)	工业增加值 Value Added of Industry	资本金合计 Total Capital	国有资本金 State-owned Capital	集体资本金 Collective owned Capital	年末资产总计 Total Assets at Year-end
1357.36	**1288.01**	**299.78**	**420.57**	**4.45**	**97.91**	**1323.50**
942.27	907.30	211.52	265.87	2.19	54.34	828.71
482.34	433.97	106.84	137.28	0.54	29.75	414.83
459.94	473.33	104.68	128.59	1.66	24.59	413.89
415.09	380.70	88.26	154.70	2.26	43.56	494.79
25.49	21.74	6.04	3.41	0.01	2.39	10.12
112.16	93.05	27.69	47.00	1.23	19.53	177.03
277.44	265.92	54.53	104.30	1.02	21.65	307.64
169.72	178.08	41.72	66.99	0.18	12.36	227.02
106.25	111.60	25.55	36.83	0.80	14.32	141.73
1081.39	998.32	232.51	316.75	3.47	71.23	954.75
0.37	0.19	0.12	0.03		0.01	0.10
1.52	1.14	0.38	0.38		0.38	1.10
2.57	2.05	0.63	0.56	0.01	0.49	1.24
21.03	18.36	4.91	2.43		1.50	7.68
46.68	39.65	11.03	8.99	0.11	2.44	38.75
21.02	18.51	4.32	8.55	0.05	2.02	20.92
37.27	32.50	9.73	12.35	0.10	3.43	38.59
100.76	92.46	20.01	34.65	0.14	7.42	109.40
112.16	101.53	26.64	34.44	0.03	6.02	84.84
74.79	67.94	16.09	13.96	0.05	2.32	46.28
20.55	19.27	4.67	3.73	0.17	0.55	11.32
17.50	15.56	3.44	3.76		0.70	9.67
30.88	26.39	5.61	9.33	0.03	2.79	32.82
8.36	8.38	1.72	4.59		0.72	12.54
27.30	23.98	8.51	10.26		0.78	21.58
1.96	1.33	0.50	0.17		0.05	0.78
52.55	51.16	12.26	12.13		2.80	37.84
12.94	12.70	4.01	3.45		1.32	14.27
8.77	8.60	1.86	2.85		0.58	7.22
13.13	11.02	2.97	4.06		0.93	11.52
58.52	54.93	11.42	27.00	0.46	3.37	55.69
96.58	88.90	19.24	58.63	1.36	23.37	200.85
12.68	11.51	2.84	3.53	0.01	0.57	13.98
23.56	23.09	5.47	9.45	0.03	1.11	22.88
113.17	113.43	21.54	36.87	0.49	8.26	119.35
15.48	14.28	3.41	5.11	0.14	1.26	13.70
13.48	12.07	3.69	4.20	0.16	1.06	16.33
26.46	25.21	5.58	6.93	0.02	3.29	20.58
182.43	205.85	44.41	40.53	0.25	8.28	164.51
112.97	110.07	19.45	24.73	0.12	2.31	80.07
10.59	10.56	2.17	5.77	0.21	0.48	−12.37
55.26	50.66	12.61	14.01	0.33	2.15	37.87
17.94	10.28	6.85	9.73	0.05	2.20	38.47
6.13	4.44	1.68	3.42	0.14	2.94	18.36

Note: The statistical coverage of in this table covered township—runned industrial enterprises with annual sales revenue above 5000 thousand yuan.

续表1 continued

单位:亿元

行业	Item	流动资产合计 Total Circul -ating Funds	产成品 Finished Prodacts
全省总计	**Province Total**	**670.93**	**92.44**
按轻重工业分	**Grouped by Light & Heavy Industry**		
轻工业	Light Industry	458.87	67.85
以农产品为原料	Using Farm Products as Raw Materials	223.00	33.44
以非农产品为原料	Using Non-farm Products as Raw Materials	235.88	34.41
重工业	Heavy Industry	212.06	24.60
采掘工业	Mining and Quarrying	6.00	0.83
原料工业	Raw Materials Industry	67.05	5.05
加工工业	Manufacturing Industry	139.02	18.72
按企业规模分	**Grouped by Stze of Enterprise**		
大型企业	Large	103.49	14.14
中型企业	Medium-sized	73.88	9.96
小型企业	Small	493.56	68.34
按行业分	**Grouped by Sector**		
#煤炭采选业	Coal Mining and Dressing	0.06	
黑色金属矿采选业	Ferrous Minerals Mining and Dressing	0.56	0.05
有色金属矿采选业	Nonferrous Minerals Mining and Dressing	0.76	0.09
非金属矿采选业	Nonmetal Minerals Mining and Dressing	4.62	0.69
食品加工业	Food Processing	26.55	3.38
食品制造业	Food Manufacturing	9.29	1.91
饮料制造业	Beverage Manufacturing	13.13	1.61
纺织业	Textile Industry	55.70	11.73
服装及其他纤维制品制造	Garments and Other Fiber Products	53.32	7.49
皮革毛皮羽绒及其制品业	Leather,Furs,Down and Related Products	26.66	2.64
木材加工及竹藤棕草制品业	Timber Processing,Bamboo,Cane,Palm Fiber and Straw Products	5.42	0.85
家具制造业	Furniture Manufacturing	5.57	0.99
造纸及纸制品业	Papermaking and Paper Products	15.49	1.90
印刷业	Medium Reproduction	6.16	0.25
文教体育用品制造业	Cultural,Educational and Sports Goods	10.87	0.66
石油加工及炼焦业	Petroleum Processing and Coking	0.40	0.03
化学原料及制品制造业	Raw Chemical Materials and Chemical Products	22.08	3.17
医药制造业	Medical and Pharmaceutical Products	7.82	0.99
化学纤维制造业	Chemical Fiber	2.77	0.26
橡胶制品业	Rubber Products	6.51	0.48
塑料制品业	Plastic Products	24.96	3.79
非金属矿物制品业	Nonmetal Mineral Products	69.20	8.01
黑色金属冶炼及压延加工业	Smelting and Pressing of Ferrous Metals	6.16	1.28
有色金属冶炼及压延加工业	Smelting and Pressing of Nonferrous Metals	7.38	0.95
金属制品业	Metal Products	69.84	8.24
普通机械制造业	Ordinary Machinery Manufacturing	7.97	1.61
专用设备制造业	For Special Purposes Equipment Manufacturing	7.53	0.98
交通运输设备制造业	Transport Equipment Manufacturing	10.22	1.41
电气机械及器材制造业	Electric Equipment and Machinery	97.43	18.64
电子及通信设备制造业	Electronic and Telecommunications Equipment	48.11	3.23
仪器仪表及文化、办公用机械制造业	Instruments,Meters,Cultural and Office Machinery Manufacturing	5.56	0.67
其他制造业	Other Manufacturing	23.77	4.24
电力、蒸汽,热水生产和供应业	Electric Power,Steam and Hot Water Production and Supply	14.09	0.02
自来水的生产和供应业	Tap Water Production and Supply	4.96	0.21

续表 2　continued

(100 million yuan)

流动资产年平均余额 Annual Average Balance of Circulating Funds	固定资产合计 Total Fixed Assets	固定资产原价 Original Value of Fixed Assets	固定资产净值平均余额 Average Balance of Net Value of Fixed Assets	年末负债合计 Total Liabilities at Year-end	流动负债 Liquid Liabilities	年末所有者权益合计 Total Creditors' Equity at Year-end
664.63	**539.21**	**684.72**	**511.24**	**865.95**	**712.58**	**457.56**
450.63	299.41	388.88	281.04	513.88	448.80	314.84
224.75	159.31	206.19	149.26	249.82	213.01	165.01
225.88	140.09	182.70	131.77	264.06	235.79	149.83
214.00	239.81	295.84	230.20	352.07	263.78	142.72
7.29	3.78	4.85	3.57	4.40	3.25	5.72
69.38	94.72	124.38	89.95	151.58	99.54	25.46
137.34	141.31	166.61	136.68	196.10	160.99	111.54
97.19	103.67	119.60	91.83	139.92	116.04	87.10
73.42	53.04	75.20	48.70	117.85	88.87	23.89
494.03	382.50	489.92	370.72	608.18	507.67	346.57
0.08	0.04	0.08	0.03	0.07	0.07	0.04
0.49	0.53	0.43	0.39	0.51	0.34	0.59
0.85	0.46	0.49	0.47	0.51	0.27	0.73
5.87	2.76	3.84	2.68	3.30	2.58	4.37
26.23	9.79	12.55	8.90	20.66	17.44	18.09
8.16	10.53	13.61	9.89	15.79	14.17	5.13
12.85	19.89	24.22	17.97	26.18	16.03	12.41
58.06	44.41	58.31	41.34	70.48	61.23	38.92
53.16	26.11	36.32	25.93	43.22	40.33	41.62
28.37	16.28	21.93	16.65	25.94	23.66	20.35
6.88	5.24	6.42	4.95	6.35	5.43	4.97
6.42	3.72	4.97	3.53	4.56	3.92	5.10
14.30	15.11	17.08	13.06	22.90	20.30	9.93
5.19	5.11	6.46	4.46	7.94	6.44	4.60
10.60	8.81	11.50	8.41	10.10	8.61	11.47
0.47	0.20	0.24	0.17	0.32	0.21	0.46
21.36	12.89	17.46	12.81	12.02	17.32	16.82
6.41	5.26	6.31	4.74	9.95	7.55	4.32
3.42	4.12	5.17	4.21	4.83	4.08	2.40
6.38	4.29	6.61	4.27	7.83	6.68	3.69
26.93	24.77	32.72	23.55	29.59	26.37	26.11
66.02	117.04	131.85	101.41	162.35	111.86	38.50
6.26	5.56	6.12	4.85	9.12	6.20	4.87
8.42	11.91	13.87	11.97	13.92	8.88	8.96
66.31	39.55	49.68	47.35	80.98	73.52	38.37
8.27	4.95	6.80	5.21	7.61	6.85	6.09
7.76	7.04	8.97	6.58	9.98	7.44	6.35
9.16	7.76	9.69	7.35	12.72	11.58	7.86
93.63	51.76	67.73	48.40	117.52	104.02	46.98
47.38	25.23	33.96	24.24	48.50	46.01	31.57
5.91	5.34	6.74	4.98	6.67	6.56	5.61
22.54	11.71	16.11	10.77	22.17	20.65	15.70
15.21	20.62	34.30	20.96	29.44	17.05	9.03
4.82	10.42	11.65	8.76	12.81	8.92	5.56

续表 3 continued

单位:亿元

行　　业	Item	产品销售收入 Sales Revenue	产品销售税金及附加 Sales Tax and Extra Charges
全省总计	**Province Total**	**1244.60**	**6.85**
按轻重工业分	**Grouped by Light & Heavy Industry**		
轻　工　业	Light Industry	855.94	4.14
以农产品为原料	Using Farm Products as Raw Materials	437.90	2.36
以非农产品为原料	Using Non-farm Products as Raw Materials	418.04	1.78
重　工　业	Heavy Industry	388.65	2.71
采掘工业	Mining and Quarrying	24.02	0.22
原料工业	Raw Materials Industry	106.57	0.93
加工工业	Manufacturing Industry	258.07	1.55
按企业规模分	**Grouped by Size of Enterprise**		
大型企业	Large	154.89	0.16
中型企业	Medium-sized	95.44	0.38
小型企业	Small	994.27	6.30
按行业分	**Grouped by Sector**		
#煤炭采选业	Coal Mining and Dressing	0.39	
黑色金属矿采选业	Ferrous Minerals Mining and Dressing	1.54	0.02
有色金属矿采选业	Nonferrous Minerals Mining and Dressing	2.54	0.03
非金属矿采选业	Nonmetal Minerals Mining and Dressing	19.56	0.17
食品加工业	Food Processing	43.78	0.08
食品制造业	Food Manufacturing	18.86	0.08
饮料制造业	Beverage Manufacturing	33.47	0.20
纺织业	Textile Industry	93.56	0.34
服装及其他纤维制品制造	Garments and Other Fiber Products	99.52	0.72
皮革毛皮羽绒及其制品业	Leather,Furs,Down and Related Products	68.38	0.43
木材加工及竹藤棕草制品业	Timber Processing,Bamboo,Cane,Palm Fiber and Straw Products	18.49	0.15
家具制造业	Furniture Manufacturing	16.76	0.09
造纸及纸制品业	Papermaking and Paper Products	6.92	0.01
印刷业记录媒介的复制	Printing and Record Medium Reproduction	6.92	0.01
文教体育用品制造业	Cultural,Educational and Sports Goods	24.13	0.05
石油加工及炼焦业	Petroleum Processing and Coking	1.94	0.01
化学原料及制品制造业	Raw Chemical Materials and Chemical Products	43.05	0.23
医药制造业	Medical and Pharmaceutical Products	10.95	0.07
化学纤维制造业	Chemical Fiber	7.52	0.12
橡胶制品业	Rubber Products	12.94	0.01
塑料制品业	Plastic Products	52.69	0.31
非金属矿物制品业	Nonmetal Mineral Products	86.73	1.11
黑色金属冶炼及压延加工业	Smelting and Pressing of Ferrous Metals	12.32	0.05
有色金属冶炼及压延加工业	Smelting and Pressing of Nonferrous Metals	21.08	0.10
金属制品业	Metal Products	107.73	0.59
普通机械制造业	Ordinary Machinery Manufacturing	15.67	0.07
专用设备制造业	For Special Purposes Equipment Manufacturing	14.17	0.15
交通运输设备制造业	Transport Equipment Manufacturing	26.05	0.30
电气机械及器材制造业	Electric Equipment and Machinery	162.16	0.32
电子及通信设备制造业	Electronic and Telecommunications Equipment	106.24	0.22
仪器仪表文化办公用机械	Instruments,Meters,Cultural and Office Machinery	10.69	0.06
其他制造业	Other Manufacturing	51.68	0.27
电力蒸汽热水生产供应业	Electric Power,Steam and Hot Water Production and Supply	17.36	0.15
自来水的生产和供应业	Tap Water Production and Supply	7.31	0.16

续表 4　continued

(100 million yuan)

利润总额 Total Profits	亏损总额 Total Loss	利税总额 Total Pre-tax Profits	本年应交增值税 Value Added Tax Payable in Current Year	本年销项税额 Sales Tax in Current Year	本年进项税额 Import Tax in Current Year	职工平均人数(万人) Average Number of Staff and Workers (10000 persons)
10.76	**27.34**	**43.05**	**25.45**	**104.98**	**83.47**	**103.36**
12.23	14.84	32.22	15.84	72.24	58.93	78.45
4.90	7.62	15.29	8.03	34.81	27.80	49.13
7.34	7.22	16.93	7.82	37.43	31.14	29.32
−1.48	12.50	10.83	9.60	32.73	24.54	24.91
1.05	0.06	1.85	0.57	1.72	1.26	1.55
−2.65	5.77	2.22	3.94	12.49	8.97	6.08
0.12	6.67	6.77	5.09	18.52	14.31	17.28
2.41	3.64	6.18	3.60	17.64	14.28	7.41
−0.56	3.98	3.03	3.21	11.39	8.23	6.85
8.91	19.72	33.84	18.64	75.95	60.95	89.10
0.02		0.03	0.01	0.03	0.02	0.13
0.11		0.18	0.05	0.12	0.09	0.12
0.10		0.23	0.11	0.33	0.22	0.25
0.82	0.05	1.40	0.41	1.24	0.92	1.05
0.49	0.64	1.40	0.82	2.54	1.72	1.10
−0.38	0.87	0.14	0.45	1.95	1.55	1.03
0.05	0.85	1.15	0.90	4.67	3.83	1.24
−0.18	2.54	1.57	1.41	7.16	6.14	5.59
1.60	1.46	3.72	1.40	6.25	5.04	20.97
1.05	0.33	2.41	0.94	4.18	3.36	9.28
0.63	0.12	1.31	0.53	2.37	1.85	1.10
0.31	0.13	0.76	0.37	1.23	0.94	1.04
0.39	0.47	1.13	0.54	2.63	2.15	2.47
−0.10	0.24	0.13	0.21	0.78	0.58	4.52
0.51	0.16	0.71	0.16	0.72	0.60	3.96
0.01	0.02	0.03	0.01	0.16	0.15	0.03
2.86	0.29	4.09	1.00	3.75	2.90	1.40
0.93	0.07	1.60	0.61	1.58	1.00	0.49
−0.21	0.36	0.08	0.18	0.61	0.46	0.39
0.02	0.47	0.20	0.17	0.48	0.31	1.41
0.60	1.29	1.67	0.76	4.09	3.52	3.58
−5.24	7.49	−1.12	3.01	10.32	7.45	8.26
0.17	0.03	0.61	0.38	1.35	1.17	0.46
0.14	1.19	0.46	0.22	1.98	1.76	0.74
−0.69	2.84	1.56	1.66	7.93	6.54	6.30
0.18	0.21	0.69	0.44	1.55	1.14	1.03
0.73	0.02	1.58	0.69	1.71	1.55	0.66
0.23	0.22	1.07	0.53	2.47	1.94	0.91
3.49	2.35	7.47	3.66	18.02	14.62	8.58
0.11	2.06	1.38	1.06	4.98	4.66	7.98
−0.29	0.45	−0.06	0.17	0.42	0.30	0.90
1.40	0.27	2.73	1.06	4.38	3.45	5.71
0.35	0.77	1.76	1.26	2.56	1.35	0.41
0.55	0.05	0.98	0.27	0.43	0.18	0.28

12-34 500万元以下非国有工业企业及全部个体经营单位主要经济指标
MAIN ECONOMIC INDICATORS OF NON-STATE-OWNED INDUSTRIAL ENTERPRISES WITH ANNUAL SALES REVENUE UNDER 5 MILLION YUAN AND INDIVIDUAL ENTERPRISES

指　　标	Item	企业单位数（个）Number of Enterprise	现价工业总产值（亿元）Gross Output Value of Industry at Current Price (100 million yuan)	年末全部从业人员（人）Numder of Employed Persons at Year-end
总　计	**Total**	**453339**	**3835.89**	**6206132**
按轻重工业分	Grouped by Light & Heavy Industry			
轻工业	Light Industry	341446	2903.27	4951709
重工业	Heavy Industry	111893	932.62	1254423
按经济成分分	Grouped by Ownership			
集体企业	Collective Enterprises	58306	1061.09	2115245
股份合作企业	Share Holding Cooperative Enterprises	2615	60.68	99180
私营企业	Private Enterprises	95904	1136.73	1431843
#城镇私营企业	#Private Enterprises in Cifies and Towns	16424	156.92	245091
联营企业	Joint-owned Enterprises	19691	221.11	222123
#城镇联营企业	# Joint-owned Enterprises in Cifies and Towns	4392	59.15	67035
个体经营	Individual Enterprises	253703	940.80	1249918
#城镇个体企业	#Individual Enterprises Iin Cifies and Towns	42969	143.70	217572
外商及港澳台商投资企业	Enterprises Invested by Foreigners or Investors from Hong Kong,Macao and Taiwan	15460	318.39	966650
其他企业	Other Enterprises	7660	97.08	121173
在总计中:农村工业	Of Total:Rural Industry	339182	2992.61	4792778
全部工业生产活动单位	All Industrial Production Units	6879	224.71	3728

12-35 全省工业总产值最大的50家工业企业(1998年)
THE PROVINCE' S TOP 50 INDUSTRIAL ENTERPRISES OF GROSS OUTPUT VALUE (1998)

序号 Order	企业名称	Name of Enterprise	工业总产值(不变价)(万元) Gross Industrial Output Value (at constant prices) (10000 yuan)
1	深圳市华为技术有限公司	HUAWEI TECHNOLOGIES CO. ,LTD,SHENZHEN	1320131
2	深圳康佳集团股份有限公司	KONKA GROUP JOINT STOCK CO. ,LTD,SHENZHEN	1187554
3	长城国际信息产品(深圳)有限公司	CHANGCHENG INTERNATIONAL INFORMATION PRODUCTS (SHENZHEN)CO. ,LTD	1181592
4	深圳希捷科技有限公司	SEAGATE TECHNOLOGY(SHENZHEN)CO. ,LTD,SHENZHEN	875919
5	珠海格力电器股份有限公司	GREE ELECTRIC APPLIANCES INCORPORATED CO. OF ZHUHAI	874042
6	惠州TCL王牌电器有限公司	TCL ELECTRIC APPLIANCE HOLDING COMPANY LIMITED	848365
7	广东科龙电器股份有限公司	GUANGDONG KELON ELECTRIC HOLDING COMPANY LTD.	672363
8	广东美的集团股份有限公司	GUANGDONG MD HOLDING CO. ,LTD	613951
9	中国石化茂名石油化工公司	MAOMING PETROCHEMICAL CORP. OF SINOPEC	572293
10	佳能珠海有限公司	CANON ZHUHAI INC.	476862
11	广东福地彩色显像管股份有限公司	GUANGDONG FORTUNE COLOR PICTURE TUBE CO. ,LTD.	464345
12	五羊一本田摩托(广州)有限公司	WUYANG-HONDA MOTORS (GUANGZHOU)CO. ,LTD.	459393
13	高路华电视机厂	CONROWA TV PRODUCT CO. ,LTD, GUANGDONG	431296
14	中国长城计算机深圳股份有限公司	CHINA GREAT WALL COMPUTER SHENZHEN CO. ,LTD	422081
15	深圳中兴新通讯设备有限公司	ZHONGXING NEW COMMUNICATION EQUIPMENT CO. LTD. ,SHENZHEN	402856
16	广州宝洁有限公司	PROCTER & GAMBLE(GUANGZHOU)CO. LTD.	367446
17	中国海洋石油南海东部公司	NANHAI EAST OIL CORP. ,CNOOC	338762
18	广东省开平涤纶企业集团股份有限公司	KAIPING POLYESTER ENTERPRISES GROUP CO. LTD. ,GUANGDONG	323816
19	中山东茗影音电子有限公司	DONGMING VISUAL-AUDIO ELECTONIC CO. LTD. ,ZHONGSHAN	315810
20	深圳三洋华强激光电子有限公司	SHENZHEN SANYO HUAQIANG OPTICAL TECHNOLOGY CO. ,LTD	284549
21	深圳开发科技股份有限公司	SHENZHEN KAIFA TECHNOLOGY JOINT STOCK CO. ,LTD	283998
22	广东美雅集团股份有限公司	GUANGDONG MEIYA GROUP STOCK CO. ,LTD	268000
23	中国石化广州石油化工总厂	SINOPEC GUANGZHOU PETROCHEMICAL COMPLEX	266710
24	广东风华高新科技集团有限公司	FENGHUA ADVANCED TEHNOLOGY GROUP LTD. ,GUANGDONG	262453
25	深圳三星电管有限公司	SANXING ELECTRON TUBE CO. LTD. ,SHENZHEN	257512
26	深圳赛格日立彩色显示器件有限公司	SHENZHEN SEG HITACHI COLOR DISPLAY DEVICES CO. ,LTD	236616
27	依利安达(广州)电子有限公司	ELEC & ELTED(GUANGZHOU)ELECTRONIC COMPANY LIMITED	236512
28	广东省台山市机械厂	TAISHAN MECHINERY PLANT OF GUANGDONG PROVINCE	235003
29	深圳市先科电子有限公司	XIANKE ELECTRONIC CO. LTD. ,SHENZHEN	234833
30	松下万宝(广州)空调器有限公司	MATSUSHITA-WANBAO(GUANGZHOU)AIR CONDITIONER CO. LTD.	225923
31	开平依利安达电子有限公司	ELEC & ELTED ELECTRONIC CO. LTD. ,KAIPING	215209
32	中山市嘉华电子工业有限公司	ZHONGSHAN KAWA ELECTRONIC(GROUP)CO. ,LTD.	203800
33	麦科特集团(惠州)光学机电有限公司	MARKET GROUP OPTICAL INDUSTRY CORPORATION	201873
34	顺德格兰仕电器厂有限公司	GALANZ ELECTRIC APPLIANCE FACTORY CO. LTD. ,SHUNDE	200271
35	信华精机有限公司	SHINWA INDUSTRIES (CHINA)LTD.	198120
36	东莞诺基亚移动电话有限公司	NOKIA AUTOMOBILE TELEPHONE CO. LTD. ,DONGGUAN	196388
37	广东健力宝饮料厂	GUANGDONG JIANLIBAO NATURAL BEVERAGE CO. ,LTD.	178730
38	广州华凌空调设备有限公司	HUALING AIR CONDITION EQUIPMENT CO. LTD. ,GUANGZHOU	174384
39	中山市中粤嘉财入谷电子厂	ZHONGYUE JIACHAI-IRITANI ELECTRONIC FACTORY,ZHONGSHAN	173575
40	广东省韶钢集团公司	SHAOGUAN IRON & STEEL GROUP LIMITED COMPANY OF GUANGDONG PROVINCE	173503
41	飞利浦达消费通信(深圳)有限公司	PHILLIPDA CONSUMPTION COMMUNICATION(SHENZHEN) CO. LTD.	168868
42	深圳长科国际电子有限公司	CHANGKE INTERNATIONAL ELECTRONIC CO. LTD. ,SHENZHEN	165311
43	珠海三美电机有限公司	ZHUHAI MITSUMI ELECTRIC CO. ,LTD.	165307
44	广东松日电器有限公司	GUANGDONG SONGRI ELECTRIC APPLIANCES CO. ,LTD.	165164
45	广州广船国际股份有限公司	CUANGZHOU SHIPYARD INTERNATIONAL COMPANY LIMITED	161183
46	深圳三九药业有限公司	SHENZHEN SANJIU PHARMACEUTIC CO. LTD.	159514
47	顺德惠而浦蚬华微波制品有限公司	WHIRLPOOL XIANHUA MICROWAVE PRODUCTS CO. LTD. ,SHUNDE	158823
48	高丰纺织染联合企业有限公司	GAOFENG TEXTILE & DYEING JOINT ENTERPRISES CO. ,LTD.	158367
49	深圳海量存储设备有限公司	HAILIANG MEMORY EQUIPMENT CO. LTD. ,SHENZHEN	151077
50	广州京安云豹汽车有限公司	JINGAN YUNBAO AUTOMOBILE CO. LTD. ,GUANGZHOU	149178

12-36 全省资本金最大的50家工业企业(1998年)
THE PROVINCE' S TOP 50 INDUSTRIAL ENTERPRISES OF TOTAL CAPITAL ASSETS (1998)

序号 Ord -er	企业名称 Name of Enterprise	资本金(万元) Total Capital (10000 yuan)
1	华能国际电力开发公司广东分公司 HUANENG INTERNATIONAL EIECTRIC POWER DEVELOPMENT CORPORATION GUANGDONG BRANCH	484567
2	中国石化茂名石油化工公司 MAOMING PETROCHEMICAL COPR. OF SINOPEC	434941
3	广东核电合营有限公司 GUANGDONG NUCLEAR POWER JOINT VENTURE CO. ,LTD	331148
4	湛江发电厂 ZHANJIANG POWER PLANT	238069
5	广东省广合电力有限公司沙角发电厂C厂 GUANGDONG GUANG-HOPE ELECTRIC POWER CO. ,LTD SHAJIAO POWER PLANT C	210340
6	广东省东江一深圳供水工程管理局 DONGJIANG-SHENZHEN WATER SUPPLY PROJECT ADMINISTRATION BUREAU OF GUANGDONG PROVINCE	192872
7	中国石化广州石油化工总厂 SINOPEC GUANGZHOU PETROCHEMICAL COMPLEX (GPC)	168069
8	广州电力工业局 GUANGZHOU ELECTRIC POWER BUREAU	157319
9	深圳三九药业有限公司 SHENZHEN SANJIU PHARMACEUTICAL CO. LTD.	146250
10	广东省中润集团有限公司工业城 INDUSTRIAL TOWN OF GUANGDONG ZHONGRUN (GROUP) CO. LTD.	141400
11	广州乙烯股份有限公司 GUANGZHOU ETHYLENE JOINT STOCK COMPANY LIMITED	134217
12	湛江三星企业集团股份公司 ZHANJIANG SAN XING ENTERPRISE GROUP INC. ,LTD.	126000
13	深圳市华为技术有限公司 HUAWEI TECHNOLOGIES CO. ,LTD,SHENZHEN	122631
14	南海龙光集团公司 NANHAI HONOUR GROUP COMPANY	120310
15	中山发电厂 ZHONGSHAN POWER PLANT	116485
16	广州本田汽车有限公司 GUANGZHOU HONDA AUTOMOBILE COMPANY LTD.	115868
17	中国海洋石油南海西部公司 NANHAI WEST OIL CORPORATION,CNOOC	112742
18	广州市煤气公司 GUANGZHOU GAS COMPANY	108508
19	广东省韶钢集团公司 SHAOGUAN IRON & STEEL GROUP LIMITED COMPANY OF GUANGDONG PROVINCE	103998
20	广州东方电力有限公司 GUANGZHOU ORIENTAL POWER CO. ,LTD.	99000
21	广东粤嘉电力有限公司 GUANGDONG YUEJIA ELECTRIC POWER CO. ,LTD.	98600
22	广东福地彩色显像管股份有限公司 GUANGDONG FORTUNE COLOR PICTURE TUBE CO. ,LTD	97057
23	黄埔发电厂 HUANGPU POWER PLANT	95749
24	广东省佛山电力工业局 FOSHAN ELECTRIC POWER BUREAU	95504
25	广东科龙电器股份有限公司 GUANGDONG KELON ELECTRICAL HOLDING COMPANY LTD.	88201
26	广州造纸有限公司 GUANGZHOU PAPER COMPANY LTD.	82759
27	南海市发电一厂有限公司 NANHAI POWER NO. 1 PLANT CO. ,LTD	82196
28	深圳供电局 SHENZHEN POWER SUPPLY BUREAU	80342
29	英德市白石窑水电厂 YINGDE BAISHIYAO HYDROELECTRIC POWER PLANT	80000
30	深圳市赛格三星股份有限公司 SHENZHEN SEG SANXING SHARE HOIDING CO. LTD.	78597
31	深圳市自来水(集团)公司 SHENZHEN WATER SUPPLY(GROUP) CO. ,LTD.	77922
32	广东韶关岭南铅锌集团有限公司 LINGNAN LEAD-ZINC GROUP (SHAOGUAN) CO. ,LTD. , GUANGDONG	74042
33	番禺富来防伪包装有限公司 FULAI PREVENTING FORGE PACKAGE CO. LTD.	72100
34	佛山市沙口发电厂有限公司 FOSHAN SHAKOU POWER PLANT CO. ,LTD.	71271
35	威望(珠海)磁讯有限公司 HANNY MAGNETICS(ZHUHAI) LTD.	69740
36	广东半球实业集团公司 GUANGDONG HEMISPHERE ENTERPRISES GROUP CORPORATION	69307
37	珠海经济特区电力开发(集团)公司 ELECTRIC POWER DEVELOPMENT(GROUP)CO. OF ZHUHAI SEZ.	69241
38	深圳三星电管有限公司 SANXING ELECTRONI TUBE CO. LTD. ,SHENZHEN	68934
39	深圳市西部电力有限公司 SHENZHEN WEST POWER CO. ,LTD	68000
40	安利(中国)日用品有限公司 ANLI (CHINA) DAILY NECESSITIES CO. ,LTD.	64624
41	广州钢铁股份有限公司 GUANGZHOU IRON AND STEEL(GROUP) CO. ,LTD	63246
42	南京汽车工业联营公司南海汽车厂 NANJING AUTOMOBILE INDUSTRY JIONT COMPANY NANHAI FACTORY	62733
43	珠海麒麟统一啤酒有限公司 ZHUHAI KIRIN PRESIDENT BREWERY CO. ,LTD	61397
44	深圳超薄浮法玻璃有限公司 SHENZHEN ULTRATHIN FLOAT GLASS CO. ,TLD.	60574
45	汕头市自来水总公司 SHANTOU TAP WATER CORPOATION	59500
46	深圳开发科技股份有限公司 SHENZHEN KAIFA TECHNOLOGY CO. ,LTD	56379
47	广东佛陶集团钻石陶瓷有限公司 FOSHAN CERAMICS GROUP CORPORATION DIAMOND CERAMICS CO. ,LTD.	56070
48	深圳妈湾电力有限公司 SHENZHEN MAWAN POWER CO. ,LTD	56000
49	番禺市港华煤气有限公司 PANYU GANGHUA GAS COMPANY LTD.	54898
50	深圳赛格日立彩色显示器件有限公司 SHENZHEN SEG HITACHI COLOR DISPLAY DEVICES CO. ,LTD.	54504

12-37 全省固定资产净值最大的50家工业企业(1998年)
THE PROVINCE'S TOP 50 INDUSTRIAL ENTERPRISES OF NET VALUE OF FIXED ASSETS (1998)

序号 Order	企业名称 Name of Enterprise	固定资产净值(万元) Net Value of Fixed Assets (10000 yuan)
1	广东核电合营有限公司 GUANGDONG NUCLEAR POWER JIONT VENTURE CO.,LTD	2435192
2	广东省广合电力有限公司沙角发电厂C厂 GUANGDONG GUANG-HOPE ELECTRIC POWER CO.,LTD SHAJIAO POWER PLANT C	1238352
3	广州电力工业局 GUANGZHOU ELECTRIC POWER BUREAU	509511
4	华能国际电力开发公司广东分公司 HUANENG INTERNATIONAL ELECTRIC POWER DEVELOPMTNT CORPORATION GUANGDONG BRANCH	399833
5	中国石化茂名石油化工公司 MAOMING PETROCHEMICAL CORP. OF SINOPEC	388194
6	广州东方电力有限公司 GUANGZHOU ORIENTAL POWER CO.,LTD.	346398
7	深圳供电局 SHENZHEN POWER SUPPLY BUREAU	316501
8	深圳妈湾电力有限公司 SHENZHEN MAWAN POWER CO.,LTD	288284
9	广东省韶钢集团公司 SHAOGUAN IRON & STEEL GROUP LIMITED COMPANY OF GUANGDONG PROVINCE	275984
10	广东省开平涤纶企业集团股份有限公司 KAI PING POLYESTER ENTERPRISES GROUP CO.LTD., GUANGDONG	270355
11	广东省佛山电力工业局 FOSHAN ELECTRIC POWER BUREAU	261972
12	中国石化广州石油化工总厂 SINOPEC GUANGZHOU PETROCHEMICAL COMPLEX(GPC)	261723
13	深圳市西部电力有限公司 SHENZHEN WEST POWER CO.,LTD.	250132
14	中山发电厂 ZHONGSHAN POWER PLANT	248348
15	广东抽水蓄能电站联营公司 GUANGDONG PUMPED STORAGE POWER STATION JOINT VENTURE COPRORATION	231942
16	广州市自来水公司 GUANGZHOU WATER SUPPLY COMPANY	230368
17	广东省中润集团有限公司工业城 INDUSTRIAL TOWN OF GUANGDONG ZHONGRUN GROUP CO.,LTD.	222299
18	深圳三星电管有限公司 SANXING EIECTRON TUBE CO.,LTD.,SHENZHEN	214539
19	江门电力工业局 JIANGMEN ELECTRIC POWER BUREAU	190362
20	广东省东江一深圳供水工程管理局 DONGJIANG-SHENZHEN WATER SUPPLY PROJECT ADMINISTRATION BUREAU OF GUANGDONG PROVINCE	184593
21	湛江发电厂 ZHANJIANG POWER PLANT	177411
22	广东科龙电器股份有限公司 GUANGDONG KELON ELECTRICAL HOLDING COMPANY LIMITED	169362
23	佛山市沙口发电厂有限公司 FOSHAN SHAKOU ELECTRIC POWER PLANT CO.,LTD.	168481
24	顺德市德胜电厂有限公司 SHUNDE DESHENG POWER PLANT CO.,LTD	167596
25	广东韶关岭南铅锌集团有限公司 LINGNAN LEAD-ZINC GROUP(SHAOGUAN) CO.,LTD.	164227
26	广州珠江电力有限公司 GUANGZHOU ZHUJIANG ELECTRIC POWER CO.,LTD.	151899
27	惠州电力工业局 HUIZHOU ELECTRIC POWER BUREAU	149702
28	茂名腈纶化学工业公司 MAOMING ACRYLIC FIBER & CHEMICAL INDUSTRY CORPORATION	143459
29	广州钢铁股份有限公司 GUANGZHOU IRON AND STEEL(GROUP) CO.,LTD	136595
30	珠海电力工业局 ZHUHAI ELECTRIC POWER BUREAU	120850
31	广东美雅集团股份有限公司 GUANGDONG MEIYA GROUP STOCK CO.,LTD	120537
32	黄埔发电厂 HUANGPU POWER PLANT	117866
33	广东福地彩色显像管股份有限公司 GUANGDONG FORTUNE COLOR PICTURE TUBE CO.,LTD	113401
34	湛江三星企业集团股份公司 ZHANJIANG SANXING ENTERPRISE GROUP CO.,LTD	113326
35	广州市煤气公司 GUANGZHOU GAS COMPANY	113288
36	东莞市沙角发电总厂 DONGGUAN SHAJIAO POWER GENERAL PLANT	112615
37	中国海洋石油南海西部公司 NANHAI WEST OIL CORPORATION,CNOOC	111939
38	佛山市彩色显像管公司 FOSHAN COLOR PICTURE TUBE COMPANY	111624
39	东莞电力工业局 DONGGUAN ELECTRIC POWER BUREAU	109796
40	深圳美视电力工业有限公司 SHENZHEN MEISHI ELECTRIC POWER SYSTEM CO.,LTD	107645
41	南海龙光集团公司 NANHAI HONOUR GROUP COMPANY LIMITED	104465
42	广州广船国际股份有限公司 GUANGZHOU SHIPYARD INTERNATIONAL COMPANY LIMITED	102843
43	深圳超薄浮法有限有限公司 SHENZHEN ULTRATHIN FLOAT GLASS CO.,LTD.	100808
44	南海联星五金铸造厂 NANHAI LIANXING HARDWARE CASTING FACTORY	100000
45	深圳市自来水(集团)公司 SHENZHEN WATER SUPPLY (GROUP) CO.,LTD.	94188
46	大东骏通(东莞)电子有限公司 DADONG JUNTONG (DONGGUAN) ELECTRONIC CO.,LTD.	88112
47	广州造纸有限公司 GUANGZHOU PAPER CO., LTD.	87962
48	肇庆电力工业局 ZHAOQING ELECTTIC POWER INDUSTRY BUREAU	85386
49	深圳市赛格三星股份有限公司 SHENZHEN SEG SANXING SHARE HOLDING CO.,LTD.	85289
50	珠海市供水总公司 ZHUHAI WATER SUPPLY CORPORATION	83898

12-38 全省产品销售收入最大的50家工业企业(1998年)
THE PROVINCE'S TOP 50 INDUSTRIAL ENTERPRISES OF SALES REVENUE (1998)

序号 Order	企业名称 Name of Enterprise	产品销售收入(万元) Sales Revenue (10000 yuan)
1	中国石化茂名石油化工公司 MAOMING PETROCHEMICAL CORP. OF SINOPEC	1098554
2	深圳市华为技术有限公司 HUAWEI TECHNOLOGIES CO. TLD. ,SHENZHEN	713018
3	深圳康佳集团股份有限公司 KONKA GROUP JOINT STOCK CO. ,LTD.	711412
4	中国石化广州石油化工总厂 SINOPEC GUANGZHOU PETROCHEMICAL COMPLEX (GPC)	663990
5	广东科龙电器股份有限公司 GUANGDONG KELON ELECTRIC COMPANY LTD.	658849
6	深圳希捷科技有限公司 SEAGATE TECHNOLOGY (SHENZHEN) CO. ,LTD	658735
7	广州电力工业局 GUANGZHOU ELECTRIC POWER BUREAU	638328
8	广东核电合营有限公司 GUANGDONG NUCLEAR POWER JIONT VENTURE CO. ,LTD.	603255
9	中国海洋石油南海东部公司 NANHAI EAST OIL CORPORATION,CNOOC	516564
10	深圳供电局 SHENZHEN POWER SUPPLY BUREAU	516063
11	广东省佛山电力工业局 FOSHAN ELECTRIC POWER BUREAU	513330
12	广州宝洁有限公司 PROCTER & GAMBLE (GUANGZHOU) CO. ,LTD.	508322
13	东莞电力工业局 DONGGUAN ELECTRIC POWER BUREAU	474172
14	珠海格力电器股份有限公司 GREE ELECTRIC APPLIANCES INC. OF ZHUHAI	429730
15	广东省广合电器股份限公司沙角发电厂C厂 GUANGDONG GUANG-HOPE ELECTRIC POWER CO. ,LTD SHAJIAO POWER PLANT C	376153
16	惠州TCL王牌电器有限公司 TCL ELECTRIC APPLIANCE (HOLDINGS)COMPANY LIMITED	367270
17	广东美的集团股份有限公司 GUANGDONG MD HOLDING CO. ,LTD	362290
18	广东省韶钢集团公司 SHAOGUAN IRON & STEEL GROUP LIMITED COMPANY OF GUANGDONG PROVINCE	350949
19	五羊一本田摩托(广州)有限公司 WUYANG-HONDA MOTORS (GUANGZHOU) CO. ,LTD	319050
20	中山东茗影音电子有限公司 DONGMING VISUAL-AUDIO ELECTRONIC CO. LTD. ,ZHONGSHAN	303048
21	深圳开发科技股份有限公司 SHENZHEN KAIFA TECHNOLOGY CO. ,LTD	282163
22	爱普生技术(深圳)有限公司 EPSON ENGINEERING (SHENZHEN) COMPANY LIMITED	282133
23	佳能珠海有限公司 CANON ZHUHAI INCORPORATION	280070
24	深圳三洋华强激光电子有限公司 SHENZHEN SANYO HUAQIANG OPTICAL TECHNOLOGY CO. ,LTD.	275858
25	南海油脂工业(赤湾)有限公司 SOUTHSEA OILS & FATS INDUSTRIAL (CHIWAN) CO. ,LTD.	262957
26	长城国际信息产品(深圳)有限公司 CHANGCHENG INTERNATIONAL INFORMATION PRODUCTS (SHENZHEN) CO. ,LTD.	258343
27	东莞福安纺织印染有限公司 DONGGUAN FUAN TEXTILES CO. , LTD.	253953
28	广东省东江一深圳供水工程管理局 DONGJIANG-SHENZHEN WATER SUPPLY PRROJECT ADMINISTRATION BUREAU OF GUANGDONG PROVINCE	248166
29	广东省开平涤纶企业集团股份有限公司 KAIPING POLYESTER ENTERPRISES GROUP INC. LTD.	234593
30	广州钢铁股份有限公司 GUANGZHOU IRON AND STEEL (GROUP) CO. ,LTD.	232476
31	江门电力工业局 JIANGMEN ELECTRIC POWER BUREAU	231828
32	广东福地彩色显像管股份有限公司 GUANGDONG FORTUNE COLOR PICTURE TUBE CO. ,LTD	230867
33	中国海洋石油南海西部公司 NANHAI WEST OIL CORPORATION,CNOOC	215805
34	友利电电子(深圳)有限公司 UNIDEN ELECTRONICS PRODUCTS (SHENZHEN) CO. ,LTD.	208102
35	理光(深圳)工业发展有限公司 RICOH ASIA INDUSTRY DEVELOPMENT(SHENZHEN)CO. LTD.	203433
36	麦科特集团(惠州)光学机电有限公司 MARKET GROUP HUIZHOU OPTICAL INDUSTRY CORPORATION	201873
37	广州卷烟二厂 GUANGZHOU NO. 2 CIGARETTE FACTORY	200936
38	深圳三九药业有限公司 SHENZHEN SANJIU PHARMACEUTICAL CO. ,LTD.	199745
39	深圳中兴新通讯设备有限公司 ZHONGXING NEW COMMUNICATION EQUIPMENT CO. LTD. , SHENZHIEN	197683
40	东莞诺基亚移动电话有限公司 NOKIA AUTOMOBILE TELEPHONE CO. LTD. ,DONGGUAN	196388
41	广州广船国际股份有限公司 GUANGZHOU SHIPYARD INTERNATIONAL JOINT STOCK COMPANY LIMITED	186508
42	广东韶关岭南铅锌集团有限公司 LINGNAN LEAD-ZINC GROUP (SHAOGUAN) CO. ,LTD.	185054
43	湛江东兴石油企业有限公司 ZHANJIANG DONGXING OIL ENTERPRISE CO. ,LTD	183923
44	中山市嘉华电子工业有限公司 ZHONGSHAN KAWA ELECTRONIC (GROUP) CO. ,LTD.	170290
45	信华精机有限公司 SHINWA INDUSTRIES (CHINA) LTD.	170249
46	飞利浦达消费通信(深圳)有限公司 PHILLIPDA CONSUMPTION COMMUNICATION (SHENZHEN) CO. ,LTD.	168404
47	深圳三星电管有限公司 SANXING ELECTRON TUBE CO. LTD. ,SHENZHEN	168301
48	三洋电机(蛇口)有限公司 SANYO ELECTRIC (SHEKOU)CO. ,LIMITED	165481
49	广东美雅集团股份有限公司 GUANGDONG MEIYA GROUP STOCK CO. ,LTD	165098
50	唯冠科技(深圳)有限公司 WEIGUAN TECHOLOGY (SHENZHEN) CO. ,LTD.	165047

12-39 全省资金利税率最大的50家工业企业(1998年)
THE PROVINCE'S TOP 50 INDUSTRIAL ENTERPRISES OF RATIO OF PRE-TAX PROFITS TO ASSETS (1998)

序号 Ord-er	企业名称 Name of Enterprise	每百元资金实现的利税(元) Ratio of Pre-tax Profits to Assets (yuan)
1	梅县梅雁蓝藻有限公司 MEIYAN CYANOPHYCEAE CO. LTD. ,MEIXIAN	203.16
2	顺德大良汽车修配厂 SHUNDE DALIANG MOTOR REPAIR SHOP	129.49
3	珠海市恒佳玩具厂 ZHUHAI HENGJIA TOY FACTORY	100.00
4	东莞清溪威华鞋厂 DONGGUAN QINXI WEIHUA SHOES MAKING FACTORY	99.65
5	南海市环球陶瓷厂 NANHAI GLOBE CERAMIC FACTORY	99.53
6	封开县金装镇农机厂 FENGKAI JINZHUANG TOWN FARM MACHERY FACTORY	99.47
7	连州市市府进出口汽车维修公司 LIANZHOU CITY GOVERNMENT IMPORT & EXPORT MOTOR REPAIR COMPANY	99.26
8	深圳市施辉五金电镀有限公司 SHIHUI METALS ELECTROPIATE CO. LTD. ,SHENZHEN	99.11
9	珠海市丽采帐蓬装饰有限公司 LICAI TENT ORNAMENT CO. LTD. ,SHENZHEN	98.39
10	深圳市龙岗区坪地中心国兴中子厂 LONGGANG PINGDI CENTER GUOXING NEUTRON FACTORY, SHENZHEN	98.22
11	珠海经济特区香洲华德制衣厂 ZHUHAI SEZ XIANGZHOU HUADE GARMENTS FACTORY	98.02
12	珠海定辉工服制造有限公司 ZHUHAI DINGHUI WORK CLOTHES MANUFACTURING CO. LTD.	97.62
13	珠海市前山新富丽制衣厂 QIANSHAN NEW FULI GARMENTS FACTORY,ZHUHAI	97.50
14	珠海市前山乐富制衣厂 QIANSHAN LEFU GARMENTS FACTORY,ZHUHAI	96.83
15	东莞市茶山泰正塑胶五金制品厂 CHASHAN TAIZHENG PLASTIC,RUBBER & METALS PRODUCT FACTORY,DONGGUAN	96.77
16	罗定市华石玉器加工厂 LUODING HUASHI JUDEWARE WORKSHOP	96.63
17	东莞篁村区烟花炮竹厂 HUANGCUN DISTRICT FIREWORKS & FIRECRACKER FACTORY, DONGGUAN	96.25
18	珠海经济特区派力不锈钢制品有限公司 ZHUHAI SEZ PAILI STAINLESS STEEL PRODUCTS CO. LTD.	96.00
19	江门华基箱包制品厂 JIANGMEM HUAJI BOX & BAG PRODUCTS FACTORY	95.87
20	湛江市霞山肉类联合加工厂 ZHANJIANG XIASHAN MEATS JOINT PROCESSING FACTORY	95.29
21	深圳港精电器元件有限公司 SHENZHEN GANGJING ELECTRIC APPLIANCE COMPONENTS CO. LTD.	95.00
22	东莞凤岗雁田茂森精艺金属制造厂 FENGGANG YANTIAN MAOSEN PRECISION METAL PRODUCTS FACTORY,DONGGUAN	94.98
23	封开金庄塑料材料厂 FENGKAI JINZHUANG PLASTIC MATERIAL FACTORY	94.97
24	珠海市前山镇长沙塑胶铁线厂 QIANSHAN TOWN CHANGSHA PLASTIC ADHESIVE IRON WIRE FACTORY,ZHUHAI	94.90
25	深圳华众玩具有限公司 SHENZHEN HUAZHONG TOY CO. ,LTD.	94.42
26	珠海市顺景纸品有限公司 ZHUHAI SHUNJING PAPER PRODUCTS CO. LTD.	94.33
27	珠海市金鼎镇协俊玩具厂 ZHUHAI JINDING TOWN XIEJUN TOY FACTORY	93.65
28	富源办公自动化产品深圳有发公司 FUYUAN OFFICE AUTOMATION PRODUCTS ZHENZHEN YOUFA COMPANY	93.43
29	封开金庄黄金生产公司 FENGKAI JINZHUANG GOLD PRODUCTION COMPANY	93.12
30	信宜市东镇镇南桥玉器厂 XINYI DONGZHEN TOWN NANQIAO JUDEWARE WORKSHOP	93.10
31	珠海市唐家南艺精品厂 ZHUHAI TANGJIA TOWN NANYI EXQUISITE PRODUCTS FACTORY	92.88
32	珠海市香洲森华制衣厂 ZHUHAI XIANGZHOU SENHUA GARMENTS FACTORY	92.60
33	四会市大德纸业 SIHUI DADE PAPER INDUSTRY	92.44
34	珠海市香洲区前山界涌兴华家具厂 XIANGZHOU DISTRICT QIANSHAN JIECHONG XINHUA FURNITURE FACTORY	92.40
35	国兴继电器有限公司 GUOXIN RELAY CO. ,LTD.	91.81
36	清新县艺强五金文具厂 QIANXIN YIQIANG METALS & STATIONERY FACTORY	91.78
37	深圳市盛亿佳建材有限公司 SHENZHEN SHENGYIJIA BUILDING MATERIAL CO. ,LTD.	91.09
38	广州汇昌电器有限公司 GUANGZHOU HUICHANG ELECTRIC APPLIANCE CO. ,LTD.	91.04
39	广东省深圳沙角B电厂有限公司 SHENZHEN SHAJIAO POWER PLANTYBYCO. ,LTD. , GUANGDONG	90.74
40	珠海市前山镇康发制厂 QIANSHAN TOWN KANGFA FACTORY,ZHUHAI	89.69
41	封开县大洲镇大富石材厂 FENGKAI DAZHOU TOWN DAFU STONE MATERIAL FACTORY	89.44
42	中山凯丽鞋业有限公司 ZHONGSHAN KAILI SHOES INDUSTRY CO. ,LTD.	88.56
43	惠阳凯美精细化工有限公司 HUIYANG KAIMEI FINE CHEMICAL INDUSTRY CO. ,LTD.	88.40
44	珠海市唐家制衣厂 ZHUHAI TANGJIA GARMENTS FACTORY	87.16
45	深圳市龙岗区横岗镇投资股份有限公司 LONGGANG HENGGANG TOWN INVESTMENT SHARE HOLDING CO. LTD. ,SHENZHEN	86.21
46	深圳佳音电声实业有限公司 SHENZHEN JIAYING ELECTRIC AUDIO INDUSTRY CO. LTD.	85.73
47	广东省蓝盾印刷厂 GUANGDONG BLUE SHIELD PRESS	85.60
48	珠海市前山迪信安保器材制品厂 QIANSHAN DIXIN SAFETY & PROTECTIVE EQUIPMENT PRODUCT FACTORY,ZHUHAI	85.53
49	深圳市坪地中心福泰洋伞厂 SHENZHEN PINGDI CENTER FUTAI UMBRELLA FACTORY	85.41
50	东莞企石东业工艺厂 QISHI DONGYE TECHNOLOGICAL FACTORY,DONGGUAN	85.18

12-40 工业产品产量

OUTPUT OF INDUSTRIAL PRODUCTS

产品名称		Item		1995	1997	1998
化学纤维	(万吨)	Chemical Fiber	(10000 tons)	33.94	36.39	34.21
#合成纤维		Synthetic Fiber		32.42	36.38	33.94
纱	(万吨)	Yarn	(10000 tons)	15.90	15.98	13.93
#纯棉纱		Pure Cotton Yarn		10.67	10.26	
布	(亿米)	Cloth	(100 million m)	11.65	12.94	8.32
#纯棉布		Pure Cotton Cloth		8.05	9.55	6.13
丝	(万吨)	Silk	(10000 tons)	0.27	0.14	0.10
呢绒	(万米)	Woolen Piece Goods	(10000 m)	1263.30	1117.86	1354.55
机制纸及纸板	(万吨)	Machine-made Paper and Paperboard	(10000 tons)	288.10	288.63	196.71
家具	(万件)	Furniture	(10000 units)	15969.02	10418.98	
家用电冰箱	(万台)	Household Refrigerator	(10000 units)	213.23	329.67	305.94
冷冻箱	(万台)	Freezer	(10000 units)	13.87	5.36	2.82
冷藏箱	(万台)	Refrigerator	(10000 units)	10.44	5.28	
家用洗衣机	(万台)	Household Washing Machine	(10000 units)	187.51	205.62	175.28
吸尘器	(万台)	Dust Catcher	(10000 units)	566.99	631.84	146.78
电风扇	(万台)	Electric Fan	(10000 units)	7999.52	5435.34	5182.54
房间空气调节器	(万台)	House Air Conditioner	(10000 units)	256.79	442.85	462.05
#窗式		Window Air Conditioner		93.46	146.39	
分体式		Separete Air Conditioner		125.55	216.04	
排油烟机	(万台)	Smoke Absorber	(10000 units)	179.78	66.49	34.95
电淋浴器	(万台)	Electric Shower	(10000 units)	8.59	17.24	
微波炉	(万台)	Microwave Oven	(10000 units)	67.24	289.61	
日用精铝制品	(万吨)	Fine Aluminum Products for Daily-Use	(10000 tons)	16.64	3.86	1.30
日用陶瓷器	(亿件)	Household Ceramics	(100 million pcs)	3.91	26.57	14.97
日用玻璃制品	(万吨)	Daily-Use Glassware	(10000 tons)	159.67	81.91	47.60
合成洗涤剂	(万吨)	Synthetic Detergents	(10000 tons)	34.90	30.72	24.13
原盐	(万吨)	Salt	(10000 tons)	25.55	12.02	21.60
糖	(万吨)	Sugar	(10000 tons)	107.22	128.36	152.85
卷烟	(万箱)	Cigarettes	(10000 cases)	157.27	157.68	152.85
罐头	(万吨)	Canned Food	(10000 tons)	14.06	9.70	6.59
饮料酒(混合量)	(万吨)	Alcoholic Beverages	(10000 tons)	132.52	151.47	
#白酒(商品量)		Spirits(commodity)		34.77	33.46	23.48
啤酒		Beer		93.86	115.26	129.31
乳制品	(万吨)	Dairy Products	(10000 tons)	1.39	1.02	0.75
中成药	(万吨)	Traditional Chinese Patent Medicine	(10000 tons)	8.16	6.37	5.51
化学原料药	(万吨)	Chemical Raw Medicine	(10000 tons)	2.48	2.38	2.06
家用电子消毒碗柜	(万台)	Household Electric Disinfect Cabinet	(10000 units)	121.05	67.67	
电视机	(万台)	Television Sets	(10000 units)	882.80	1086.40	1209.77
#彩色电视机		Color TV Sets		763.92	1021.24	1176.24
组合音响	(万部)	Hi-Fi Stereo Compoment System	(10000 units)	2094.09	1596.79	677.21
照相机	(万架)	Camera	(10000 units)	3277.71	3589.62	4421.62
缝纫机	(万架)	Sewing Machine	(10000 units)	126.92	111.96	97.62
表	(万只)	Watch	(10000 units)	38512.21	24615.24	19605.68
收音机	(万台)	Radio	(10000 units)	7341.19	4208.97	2550.32
农用化肥	(万吨)	Chemical Fertilizer	(10000 tons)	53.90	59.25	53.97
#氮肥		Nitrogen Fertilizer		35.23	38.09	35.01
磷肥		Phosphate Fertilizer		18.67	29.31	18.97
化学农药	(万吨)	Chemical Pesticide	(10000 tons)	2.02	1.08	0.78
乙烯	(万吨)	Ethylene	(10000 tons)	0.11	31.37	30.44
合成橡胶	(万吨)	Synthetic Rubber	(10000 tons)	5.30	1.36	1.65
轮胎外胎	(万条)	Tires	(10000 units)	755.15	328.86	358.87
交流电动机	(万千瓦)	Alternating Current Motor	(10000 kw)	399.67	215.50	153.35
汽车	(万辆)	Motor Vehicle	(10000 units)	2.64	0.98	1.03
#载重汽车		Truck		0.33	0.45	0.49
客车		Bus		0.74	0.35	0.16
轿车		Car		1.12	0.16	0.33

续表 1 continued

产 品 名 称	Item	1995	1997	1998
摩托车 （万辆）	Motorcycle （10000 units）	82.29	124.39	128.38
自行车 （万辆）	Bicycle （10000 units）	744.86	657.66	665.26
#赛车型自行车	Racing Bicycle	304.02	31.88	
小型拖拉机 （万台）	Mini-tractor （10000 units）	4.60	2.17	1.38
内燃机 （万千瓦）	Internal Combustion Engine （10000 kw）	114	71.22	49.95
移动通信设备 （万部）	Mobile Communication Equipment （10000 units）	541.81	202.25	155.68
#手持机	Hand Telephone	5.75	31.74	
无线寻呼系统设备	Wireless Pageing Equipment	56.02	66.52	
电话单机 （万部）	Telephone Set （10000 units）	8141.80	7196.23	5290.15
传真机 （万部）	Fax Machine （10000 units）	130.07	117.36	83.84
磁带(折6.30毫米)（亿米）	Tape(converted into 6.30 mm) （100million m）	479.79	434.30	233.84
软磁盘 （亿片）	Floppy Disc （100million units）	8.06	3.07	2.64
唱片 （万片）	Gramophone Record （10000 units）	195.00	160.00	
激光盘 （万片）	Compact Disc （10000 units）	1600.55	845.40	
电子计算机 （部）	Computer （units）	54.00	55.00	84.00
微型电子计算机 （万部）	Micro-computer （10000 units）	41.67	79.59	74.82
半导体集成电路 （亿块）	Semiconductor Intergrated Circuit （1000million units）	44.62	4.21	4.80
原煤 （万吨）	Coal （10000 tons）	1069.38	839.94	299.87
原油 （万吨）	Crude Oil （10000 tons）	650.97	1418.07	1332.61
汽油 （万吨）	Gasoline （10000 tons）	286.47	312.82	315.98
柴油 （万吨）	Diesel Oil （10000 tons）	377.36	412.56	400.84
天然气 （亿立方米）	Natural Gas （1000million cu. m）	1.03	36.80	34.59
发电量 （亿千瓦小时）	Electricity （1000million kwh）	821.06	981.15	1004.37
#水电	Hydropower	131.10	153.84	125.32
生铁 （万吨）	Pig Iron （10000 tons）	140.95	174.70	181.05
钢 （万吨）	Steel （10000 tons）	207.44	248.70	263.69
成品钢材 （万吨）	Rolled Steel Products （10000 tons）	247.26	296.69	318.53
铁合金 （万吨）	Ferroalloy （10000 tons）	2.84	1.12	
焦炭 （万吨）	Coke （10000 tons）	54.47	54.70	54.10
水泥 （万吨）	Cement （10000 tons）	5317.92	5147.87	5091.86
平板玻璃 （万重量箱）	Plate Glass （10000 wt. cases）	854.78	812.74	612.08
木材 （万立方米）	Timber （10000 cn. m）	306.71	277.48	119.99
硫酸 （万吨）	Sulphuric Acid （10000 tons）	111.58	137.85	134.16
纯碱 （万吨）	Soda Ash （10000 tons）	13.61	19.81	
烧碱 （万吨）	Caustic Soda （10000 tons）	15.97	15.35	15.02
合成氨 （万吨）	Synthetic Ammonia （10000 tons）	52.61	57.25	52.83

注：1. 纱包括纯棉纱、棉混纺纱、纯化纤纱，不包括棉线、代用纤维纱和手工纺纱。
2. 布包括纯棉布、棉混纺布、纯化纤布，不包括代用纤维布、手工织布。
3. 农用化肥按有效成分 100%计算。
4. 发电设备指 500 千瓦以上的，包括水轮发电机组、汽轮发电机和燃气轮发电机。
5. 原煤包括无烟煤、烟煤、褐煤，不包括石煤。
6. 原油包括天然原油和人造原油，1995 年不包括人造原油。
7. 成品钢材已剔除重复加工的钢材。
8. 1998 年统计范围为全部国有工业及年销售收入 500 万元以上非国有工业，1997 年以前为全社会数。

Note: a) Yarn includes pure and blended cotton yarn, pure chemical-fiber yarn, but excludes cotton thread, substitute fiber yarn and hand-made yarn.
b) Cloth includes pure and blended cotton cloth, pure chemical-fiber cloth and canvas, but excludes substitute fiber cloth, hand-woven cloth and cord fabric.
c) The output of chemical fertilizesr is calculated on the basis of 100% effective content.
d) Power generating equipment refers to units with a generating capacity of 500 kw and over, including hydro- turbine generating units, steam turbine generating units and gas turbine generating units.
e) Coal includes anthracite, bituminous coal and lignite, but excludes stone coal.
f) Crude oil includes natural and synthetic crude oil. But the synthetic crude oil was excluded in 1995.
g) The output of rolled steel products excluded the steel products reprocessed.
h) In 1998, the Statistical coverage of this table Covered for whole state-owned enterprises and non-state-owned enterprises with annual sales revenue above 500 thousand yuan, and statisties before 1997 are for all society.

12-41 主要工业产品年生产能力

PRODUCTION CAPACITY OF MAIN INDUSTRIAL PRODUCTS

生产能力名称		Item		1995	1997	1998
钢	(万吨)	Steel	(10000 tons)	218.8	211.9	263.6
#电炉钢	(万吨)	Electric Steel	(10000 tons)	117.1	108.7	142.0
转炉钢	(万吨)	Converter Steel	(10000 tons)	101.6	101.6	121.6
生铁	(万吨)	Pig Iron	(10000 tons)	131.1	160.0	167.5
钢材	(万吨)	Rolled-Steel	(10000 tons)	323.7	384.9	415.1
铁合金	(万吨)	Ferroalloy	(10000 tons)	0.9	1.1	—
机械化焦碳	(万吨)	Mechanized Coke	(10000 tons)	53.4	53.4	52.4
铁矿石开采	(万吨)	Iron Ore Mining	(10000 tons)	745.0	865.7	854.7
电解铜	(万吨)	Electrolytic Coppers	(10000 tons)	3.7	5.0	5.0
电解铝	(万吨)	Electrolytic Aluminum	(10000 tons)	1.2	1.2	1.2
电解铅	(万吨)	Electrolytic Lead	(10000 tons)	3.6	6.0	6.0
发电设备装机容量	(万千瓦)	Generating Equipment	(10000 kw)	2271.7	2812.6	2906.9
#水电	(万千瓦)	Hydropower	(10000 kw)	245.7	498.9	401.2
火电	(万千瓦)	Thermal power	(10000 kw)	1625.3	2132.9	2171.6
化学医药(二十四大类)	(万吨)	Chemical Medicine (24 Classes)	(10000 tons)	2.6	4.2	4.0
原煤	(万吨)	Coal	(10000 tons)	322.0	240.0	240.0
原油加工量	(万吨)	Crude Oil Processing	(10000 tons)	1370.0	1770.0	2120.0
轮胎外胎	(万条)	Tires (Cover)	(10000 units)	315.0	410.0	419.0
轮胎内胎	(万条)	Inner Tube of Tire	(10000 units)	207.0	237.0	235.0
水泥	(万吨)	Cement	(10000 tons)	7000.0	8400.0	7846.0
平板玻璃	(万重量箱)	Plate Glass	(10000 wt. cases)	900.0	1000.0	834.2
汽车	(万辆)	Truck	(10000 units)	16.7	6.2	5.5
小型拖拉机	(万台)	Mini-tractor	(10000 units)	9.4	8.6	8.5
硫酸(折100%)	(万吨)	Sulphuric Acid (coverted into 100%)	(10000 tons)	117.9	143.8	142.8
合成氨	(万吨)	Synthetic Ammonia	(10000 tons)	70.5	67.7	63.5
化学肥料(折100%)	(万吨)	Chemical Fertilizer (coverted into 100%)	(10000 tons)	71.0	71.5	68.7
化学农药(折100%)	(万吨)	Chemical Pesticide (coverted into 100%)	(10000 tons)	1.7	1.6	1.6
塑料	(万吨)	Plastics	(10000 tons)	28.3	50.3	46.8
化学纤维	(万吨)	Chemical Fiber	(10000 tons)	38.8	35.5	42.8
#合成纤维	(万吨)	Synthetic Fiber	(10000 tons)	35.7	34.9	42.2
手表	(万只)	Watch	(10000 units)	115.0	311.2	274.0
机制纸及纸版	(万台)	Machine-made Paper and Paperboard	(10000 units)	107.2	113.3	125.9
缝纫机(按二班计)	(万架)	Sewing Machine (calculated in two shifts)	(10000 units)	99.3	58.6	
自行车(按二班计)	(万辆)	Bicycle (calculated in two shifts)	(10000 units)	740.8	660.0	
机制糖(处理原料量)	(万吨)	Machine-Processed Suger	(10000 units)	16.8	17.9	12.09
卷烟(按二班计)	(万箱)	Cigarettes(calculated in two shifts)	(10000 cases)	157.7	152.3	153.9
啤酒	(万吨)	Beer	(10000 tons)	104.5	121.2	140.7
白酒	(万吨)	Spirits	(10000 tons)	16.2	19.7	21.5
家用电冰箱	(万台)	Household Refrigerator	(10000 units)	160.6	175.0	145.0
(容积500升及以下)		(content under 500 ltres)				
家用洗衣机	(万台)	Household Washing Machine	(10000 units)	359.0	359.0	329.0
(洗衣容量6KG以下)		(content under 6 KG)				
家用空气调节器	(万台)	Household Air Conditioner	(10000 units)	283.0	415.0	
排油烟机	(万台)	Smoke Absorber	(10000 units)	15.0	54.7	
微波炉	(万台)	Microwave Oven	(10000 units)	15.0	5.5	
家用电子消毒碗柜	(万台)	Household Electric Disinfect Cabinet	(10000 units)	72.0	12.0	
彩色电视机	(万台)	Color TV Set	(10000 units)	1047.0	1550.0	2057.0
合成洗涤剂	(万吨)	Synthetic Detergents	(10000 tons)	20.3	21.1	24.9
原盐	(万吨)	Salt	(10000 tons)	33.7	30.9	28.2
灯泡	(亿只)	Bulb	(100million units)	1.0	4.5	5.8
罐头	(万吨)	Canned Food	(10000 tons)	20.1	30.9	7.4

主要统计指标解释

工业　指从事自然资源的开采，对采掘品和农产品进行加工和再加工的物质生产部门。具体包括：(1)对自然资源的开采，如采矿、晒盐、森林采伐等(但不包括禽兽捕猎和水产捕捞)；(2)对农副产品的加工、再加工，如粮油加工、食品加工、轧花、缫丝、纺织、制革等；(3)对采掘品的加工、再加工，如炼铁、炼钢、化工生产、石油加工、机器制造、木材加工等，以及电力、自来水、煤气的生产和供应等；(4)对工业品的修理、翻新，如机器设备的修理、交通运输工具(包括小卧车)的修理等。

1984 年以前农村的村及村以下办工业归属农业，1984 年以后划归工业。

工业统计调查单位　工业统计调查单位为分两类：独立核算法人工业企业和工业生产活动单位。

(1)独立核算法人工业企业　是指从事工业生产经营活动的单位。独立核算法人工业企业应同时具备以下条件：①依法成立，有自己的名称、组织机构和场所，能够承担民事责任；②独立拥有和使用资产，承担负债，有权与其他单位签订合同；③独立核算盈亏，并能够编制资产负债表。

(2)工业生产活动单位　是指在一个场所从事一种或主要从事一种工业生产活动的经济单位。它包括独立核算工业企业按主营业务活动(即工业生产活动)划分的主营业务活动单位和非工业企业所属的工业生产活动单位(即原非独立核算工业生产单位)。工业生产活动单位，一般应同时具备以下三个条件：①具有一个场所，从事一种或主要从事一种工业活动；②单独组织工业生产、经营或业务活动；③单独核算收入和支出。

国有经济工业(即过去的全民所有制工业或国营工业)　指生产资料归国家所有的一种经济类型。包括中央和地方各级国家机关、部队、科研机构、学校、人民团体和国有经济企事业单位等举办的国有经济工业。1957 年以前的公私合营和私营工业，后均改造为国营工业，1992 年改为国有工业，这部分工业的资料不单独分列时，均包括在国有工业内。

集体经济工业　指生产资料归公民集体所有的一种经济类型，是社会主义公有制经济的组成部分。包括城乡所有使用集体投资举办的企业，以及部分个人通过集资自愿放弃所有权并依法经工商行政管理机关认定为集体所有制的企业。

其他经济类型工业　指除国有经济、集体经济、城乡、个体经济以外的其他经济类型工业企业(单位)。包括私营经济、联营经济、股份合作制经济、股份制经济(单位)、外商投资经济(中外合资经营、中外合作经营、外资企业)和港、澳、台投资经济(与大陆合资经营、与大陆合作经营、港、澳、台独资企业)及其他经济类型的工业。

轻工业　指主要提供生活消费品和制作手工工具的工业。按其所使用的原料不同，可分为两大类：(1)以农产品为原料的轻工业，是指直接或间接以农产品为基本原料的轻工业。主要包括食品制造、饮料制造、烟草加工、纺织、缝纫、皮革和毛皮制作、造纸以及印刷等工业；(2)以非农产品为原料的轻工业，是指以工业品为原料的轻工业。主要包括文教体育用品、化学药品制造、合成纤维制造、日用化学制品、日用玻璃制品、日用金属制品、手工工具制造、医疗器械制造、文化和办公用机械制造等工业。

重工业　是指为国民经济各部门提供物质技术基础的主要生产资料的工业。按其生产性质和产品用途，可分为下列三类：(1)采掘(伐)工业，是指对自然资源的开采，包括石油开采、煤炭开采、金属矿开采、非金属矿开采和木材采伐等工业；(2)原材料工业，指向国民经济各部门提供基本材料、动力和燃料的工业。包括金属冶炼及加工、炼焦及焦炭化学、化工原料、水泥、人造板以及电力、石油和煤炭加工等工业；(3)加工工业，是指对工业原材料进行再加工制造的工业。包括装备国民经济各部门的机械设备制造工业、金属结构、水泥制品等工业，以及为农业提供的生产资料如化肥、农药等工业。

根据上述划分原则，修理业中以重工业产品为修理作业对象的划为重工业，反之划为轻工业。

工业总产值　是以货币表现的工业企业在一定时期内生产的已出售或可供出售工业产品总量，它反映一定时间内工业生产的总规模和总水平。它包括：在本企业内不再进行加工，经检验、包装入库(规定不需包装的产品除外)的成品价值，工业性作业价值，自制半成品、在产品期末期初差额价值。工业总产值采用“工厂法”计算，即以工业企业作为一个整体，按企业工业生产活动的最终成果来计算，企业内部不允许重复计算，不能把企业内部各个车间(分厂)生产的成果相加。但在企业之间、行业之间、地区之间存在着重复计算。

轻重工业总产值的划分也是按“工厂法”计算的，即一个工业企业在正常情况下生产的主要产品的性质属于轻工业，则该企业的全部总产值作为轻工业总产值；一个工业企业生产的主要产品的性质属于重工业，则该企业的全部总产值作为重工业总产值。

工业增加值　是指工业行业在报告期内以货币表现的工业生产活动的最终成果。

固定资产原价　固定资产原值指企业在建造、购置、安装、改建、扩建、技术改造某项固定资产时所支出的全部货币总额。它一般包括买价、包装费、运杂费和安装费等。

固定资产净值　是指固定资产原价减去历年已提折旧额后的净额。

流动资产　流动资产是指可以在一年或者超过一年的一个营业周期内变现或者耗用的资产，包括现金及各种存款、短期投资、应收及预付货款、存货等。

利税总额　指企业利润总额、产品销售税金及附加和应交增值税之和。

产品销售收入　指企业销售产品的销售收入和提供劳务等主要经营业务取得的业务总额。

产品销售成本　指企业销售产品和提供劳务等主要经营业务的实际成本。

产品销售税金及附加　指企业销售产品和提供工业性劳务等主要经营业务应负提的城市维护建设税、消费税、资源税和教育费附加。

产品销售利润　指企业销售产品和提供工业性劳务等主要经营业务收入扣除其成本、费用、税金手的利润。

利润总额　指企业实现的利润。

应交增值税　指企业在报告期内应交纳的增值税额。

资本金　指企业在工商行政管理部门登记的注册资金合计。企业资本金按投资主体可分为国家资本金、集体资本金法人资本金、个人资本金和外商资本金等。资本金合计包括企业各种投资主体注册的全部资本金。

总资产　指企业拥有或控制的全部资产。包括流动资产、长期投资、固定资产、无形及递延资产、其他长期资产、递延税项等，即为企业资产负债表的资产总计项。

(1) 流动资产　指企业可以在一年内或者超过一年的一个生产周期内变现耗用的资产合计。包括现金及各种存款、短期投资、应收及预付款项、存货等。

(2) 固定资产　指企业固定资产净值、固定资产清理、在建工程、待处理固定资产损失所占用的资金合计。

(3) 无形资产　指企业长期使用而没有实物形态的资产。包括专利权、非专利技术、商标权、著作权、土地使用权、商誉等。

总负债　指企业承担并需要偿还的全部债务。包括流动负债和长期负债、递延税项等，即为企业资产负债表的负债合计项。

(1) 流动负债　指企业在一年内或者超过一年的一个营业周期内需要偿还的债务合计，其中包括短期借款、应付及预收款项、应付工资、应交税金和应交利润等。

(2) 长期负债　指企业在一年以上或者超过一年的一个生产周期以上需要偿还的债务合计，其中包括长期借款、应付债务、长期应付款项等。

所有者权益　指企业投资人对企业净资产的所有权。企业净资产等于企业全部资产减去全部负债后的余额，其中包括投资者对企业的最初投入，以及资本公积金、盈余公积金和未分配利润，对股份制企业即为股东权益。

工业经济效益综合指数　是指现行综合评价工业经济效益总体水平及工业经济运行质量的指数。它是以若干项代表性经济效益指标，分别除以各项指标的标准值，再乘以各自的权数，加总后除以总权数求得。其计算公式为：

$$工业经济效益综合指数=(\frac{某项经济效益指标报告期数值}{该项指标标准值}\times 权数)\div 总权数$$

上式总权数为100。

(1)产品销售率　是指反映工业产品已实现销售的程度，是分析工业产销衔接情况、研究工业产品满足社会需求的指标。计算公式是：

$$产品销售率(\%)=\frac{现价工业销售产值}{现价工业总产值}\times 100\%$$

(2)总资产贡献率　是指企业在一定时期内全部资产获利能力，是企业经营业绩和管理水平的集中体现，是评价和考核企业盈利能力的核心指标。计算公式为：

$$总资产贡献率(\%)=\frac{利润总额+税金总额+利息支出}{平均资产总额}\times 100\%$$

税金总额为产品销售税金及附加与应交值增值税之和，平均资产总额为期初、期末资产总计的算术平均值。

(3)资本保值增值率　是反映企业净资产变动状况的一个重要指标，是企业发展能力的集中体现。它是指报告期末所有者权益总额与上年同期期末所有者权益总额的比率。计算公式为：

$$资本保值增值率(\%)=\frac{报告期期末所有者权益}{上年同期期末所有者权益}\times 100\%$$

所有者权益等于资产总计减负债总计

(4)资产负债率　是指反映企业经营风险的大小，反映企业利用债权人提供的资金从事经营活动的能力。计算公式为：

$$资产负债率(\%)=\frac{负债总计}{资产总计}\times 100\%$$

资产及负债均为报告期末数

(5)流动资产周转率　是指一定时期内流动资产完成的周转次数，反映投入工业企业流动资金的周转速度，一般以一年时间内周转多少次表示。计算公式为：

$$流动资产周转次数=\frac{产品销售收入}{流动资产平均余额}\times\frac{12}{累计月数}$$

(6)成本费用利润率　是指工业企业投入生产成本及费用的经济效益，同时也反映企业降低成本所取得的经济效益。计算公式是：

$$成本费用利润率(\%)=\frac{利润总额}{成本费用总额}\times 100\%$$

成本费用总额为产品销售成本、销售费用、管理费用、财务费用之和。

(7)全员劳动生产率　是指反映企业的生产效率和劳动投入的经济效益。一般用平均每人一年创造的工业增加值表示。计算公式为：

$$全员劳动生产率(元/人)=\frac{工业增加值}{全部职工平均人数}\times\frac{12}{累计数}$$

Explanatory Notes on Main Statistcal Indicators

Industry refers to the material production sector which is engaged in extraction of natural resoures and processing and reprocessing of minerals and agricultural products, including (1) extraction of natural resources, such as mining, salt production, logging (but not including hunting and fishing); (2) processing and reprocessing of farm and sideline products, such as rice husking, flour milling, wine making, oil pressing, cotton ginning, silk reeling, spinning and weaving, and leather making; (3) manufacture of industrial products, such as steel making, iron smelting, chemicals manufacturing, petroleum processing, machine building, timber processing; water and gas production and electricity generation and supply; (4) repairing of industrial products such as the repairing of machinery and means of transport (including cars).

Prior to 1984, the rural industy run by villages and cooperative organizations under village was classified into agriculture. Since 1984, it has been grouped into industry.

Units of Industrial Statistics and Inquiry: They are classified into two categories (1) corporate industrial enterprises with independent accounting systems (2) Industrial establishmeants.

(1) Corporate industrial enterprises with independent accounting systems refer to enterprises engaging in industrial production activities, which meet the following requirements: 1. They are established legally, having their own names, organizations, location, able to take civil liability; 2. They possess and use their assets independently, assume liabilities, and are entitled to sign contracts with other units; 3. They are financially independent and compile their own balance sheets.

(2) Industrial establishments refer to economic units which located in one single place and engaged entirely or primarily in one kind of industrial activity, including financially independent industrial enterprises and units engaged in industtrial activities under the non-industrial enterprises (or financially dependent). Industrial establishments generally meet the following requirements: ① They have each one location and are engaged in one kind of industrial activity each; ② They operate and manage their industrial production activities separately; ③ They have accounts of income and expenditure separately.

Staet-ownde Industry refer to industrial enterprises where the means of production or income are owned by the state. Joint state-private industries and private industries which existed before 1957 have been transformed into state industries. Statistics on these enterprises has been included in the state-owned industries since 1957 when separation of data was no longer necessary.

Collective Owned Industry refers to industrial enterprises where the means of production are owned collectively, including urban and rural enterprises invested by collectives and some enterprises which were formerly owned privately but have been registered in industrial and commercial administration agency as collective units through raising fund from the public.

Industry of Other Types of Ownerships refers to industrial enterprises (units) of the ownerships other than the state-owned economy, collective economy, private economy, individual economy and joint-owned economy. They include the enterprises of share-holding economy (companies limited by shares and companies limited with liabilities), foreign-funded economy (Sino-foreign joint ventures, Sino-foreign cooperative operation and ventures exclusively with foreign investment), economy funded by the entrepreneurs from Hong Kong. Macao and Taiwan (joint ventures and cooperative enterprises with the mainland as well as ventures exclusively with their own investment) and other types of ownership.

Light Industry refers to industry which produces consumer goods and hand tools. It consists of two categories, depending on the materials used:

(1) Industries using farm products as raw materials. These are branches of light industry which directly or indirectly use farm products as basic raw materials, including the manufacture of food and beverages, tobacco processing, textile, clothing, fur and leather manufacturing, paper making, printing, etc.

(2) Industries using non-farm products as raw materials. These are branches of light industry which use manufactured goods as raw materials, including the manufacture of cultural, educational articles and

sports goods, chemicals, synthetic fiber, chemical products for daily use, glass products for daiy use, metal products machinery.

Heavy Industry refers to the industry which produces capital goods, and provides various sectors of the national economy with necessary material and technical basis. It consists of the following three branches according to the purpose of production or the sue of products:

(1)Mining, quarrying and logging industry refers to the industry that extracts natural resources, including exrtaction of petroleum, coal, metal and non-metal ores and logging.

(2)Raw materials industry refers to the industry that provides various sectors of the national economy with raw materials, fuels and power, It includes smelting and processing of metals, coking and coke chemistry, chemical materials and building materials such as cement, plywood, and power, petroleum refining and coal dressing.

(3)Manufacturing industry refers to the industry that processes raw materials. It includes machine-building industry which equips sectors of the national economy, indusrty of metal structure and cement products, industries producting means of agricultural production, such as chemical fertilizers and pesticides.

According to the above principle of classification. the repairing trades which are engaged primarily in repairing products of heavy industry are classified into heavy industry while these engaged in repairing products of light industry are classified into light industry.

Gross Industrial Output Value is the total ovlume of industrial products sold or available for sale in value terms which reflects the total achievements and overall scale of industrial production during a given period. It includes the value of the finished products, which are not to be further processed in the enterprises and have been in the value of the semi-finised products and products in process between the beginning and closing of the period (only the emterprises with long production cycle are required to calculate the changes). The gross industrial output value is calculated with "factory method". No double calculations are to be made within the same enerprise. However, double counting does occur among different enterprises.

Output value of light and heavy industries is also classified with the "factory" nethod. Under mormal conditions, if the major products of an industrial enterprise belong to light industry products, the gross output value of that enterprise is classified wholly into light industry; the same principle applies to heavy industry.

Value Added of Industry refers to the final results of industrial production of the industrial tradein money terms during the referehce period.

Net Value of Fixed Assets is obtained by deducting depreciation over years from the original value of fixed assets.

Working Capital (Circulating Assets) refers to assets which can be cashed in or spent or consumed in an operating cycle of one year or over one year, which includes cash, various deposits, short term investment, and receivable payments, and advance payments, stock, etc.

Total Value of Profit and Tax (Pre-tax Profits) refers to the sum of the total profits, products sales tax and surcharges and the value added tax payable of industrial enterprises. It is also called pre-tax profits.

Sales Revenue of Industrial Products refers to the revenue from the sales of products by industrial enterprises and the revenue from services provided and etc.

Sales Cost of Industrial Products refers to the actual cost of products of industrial enterprises and industrial services provided, etc.

Tax and Extra Charges on Sales of Products refer to the tax on city maintenance and construction, consumption tax, resources tax and extra charges for education, which should be borne by the enterprises in selling products and providing industrial services.

Sales Profit of Products refers to the profit gained by the enterprises by deducting cost, charges and taxes from the business income of the enterprises obtained in seling products and providing industrial services.

Total Profits refer to the profits gained by the enterprises.

Value Added Tax Payable refers to the amount of the value added tax which should be paid by the enterpries in the reporting period.

Capital refers to the corporation's capital registered in the departments of administration for industry and commerce. According to the different nature of investors, corporations' capital can be divided into state capital, legal person's capital, personal capital, foreign capital, etc. Total capital includes total registered capital of all investors in the corporation.

Total Assets refer to all assets which are owned or controlled by enterprises, inccluding circulating assets, long-term investment, fixed assets, intangible assets and deferred assets, other long-term assets, and deferred taxes, etc. The summation of above items is equal to total assets shown in the balance sheets of the enterprises.

(1)Circulating assets(working capital)refer to assets which can be cashed in or spent or consumed in an operating cycle of one year or over one year, including cash, all kinds of deposits, short-term investment, receivables, advance payment, stock, etc.

(2)Fixed assets refer to the net value of fixed assets, clearance of fixed assets, project under construction, fixed assets losses in suspense. These are corporations' fund holdings.

(3)Intangible assets refer to the assets without material form used by enterprises over a long time, such as patents, non-patent technologies, trade marks, copyright, land use right, business reputation, etc.

Total Liabilities refer to the debts that enterprises are responsible for repayment, including liquid liabilities, long-term liabilities and deferred taxes, etc. Total liabilities correspond to the summation item of liabilit. es shown in the balance sheets of the enterprise.

(1)Liquid liabilities (also called quick liabilities or immediate liabilities) refer to enterprises total debt payable within an operating cycle of one year or over one year, including short term loans, payables and advance payments, wages payable, taxes payable and profit payable, etc.

(2)Long-term liabilities refers to total debt payable within an operation cycle of one year or over one year, including long-term loans, payable liabilities, long-term payables, etc.

Creditors' Equity refers to investors' ownership of net assets of the enterprise. It is equal to the total assets of the enterprise minus its total liabilities, including the primary input from investors, capital accumulation fund, surplus accumulation fund and undistributed profit. It is the stock holders' equity in stock companies.

Aggregative Index on Economic Results of Industry refers to the current comprehensive index to evaluate the general level of economic Results of industry and the performance quality of industrial economy. It is calculated as follows:

$$\text{Aggregative Index on Economic Results of Industry} = \Sigma\left(\frac{\text{Value of an Indicator on Economic Results in Reference Period}}{\text{Standard Value of the Indicator}} \times \text{Weight}\right) \div \text{Total Weight}$$

(Total Weight=100)

(1)Sales Rate of Industrial Products refers to the indicator to reflect the extent of industrial output sold, which is used to analyse the dovetail of industrial production and marketing as well as study the industrial products to meet social need.

$$\text{Sales Rate of Industrial Products}(\%) = \frac{\text{Total Sales (at Current Prices)}}{\text{Gross Output Value (at Current Prices)}} \times 100\%$$

(2)Contribution Rate of Total Assets refers to the capability of making profits of total assets in a given period, which gives a concentrated picture of operational achievement and management level of an enterprise. It is the main indicator t o evaluate the capability of making profits. The formula used is:

$$\text{Contribution Rate of Total Assets}(\%)=\frac{\text{Total profits}+\text{Total Taxes}+\text{Interest Expenditure}}{\text{Average Assets}\times 12/\text{Number or Cumulative Months}}\times 100\%$$

Total taxes include sales tax and extra charges of products as well as the value added tax payable. Average assets refer to the arithmetic average of total assets at the beginning and end of a period.

(3)Value preserving and Increasing Rate of Capital is an important indicator to reflect the changes of net assets of an enterprise, which embodies a concentrated picture of development capability. It is the ratio of the reference period over the same period of the previous year. The formula is as follows:

$$\text{Value Preserving and Increasing Rate of Capital}(\%)=\frac{\text{Total Creditors' Equity at the End of Reference Period}}{\text{Total Creditors' Equity of the Same Period of the Previous Year}}\times 100\%$$

Creditors' equity is equal to the total assets of the enterprise minus its total liabilities.

(4)Assets and Liabilities Rate reflects the size of operational risks of an enterprise, which shows the capability to engage on operational activities with the funds provided by creditors. The formula is as follows:

$$\text{Assets and Liabilities Rate}(\%)=\frac{\text{Total Liabilities}}{\text{Total Assets}}\times 100\%$$

Assets and liabilities refer to the values in reference period.

(5)Rate of Turnover of Working Capital refers to the number of times of turnover of working vapital in a given period of time, which reflects the speed of the turnover of working capital. It is usually expressed by number of times of turnover in a year. The formala is as follows:

$$\text{Number of Times of Turnover of Working Capital}=\frac{\text{Sales Revenue of Produvts}}{\text{Average Balance of Total Working Capital}}\times\frac{12}{\text{Number of cumulative Months}}$$

(6)Ratio of Profits to Total Industrial Costs refers to both the economic results of input cost and the economic results realized by reducing costs. The formula used is:

$$\text{Ratio of Profits to Total Industrial Cost}(\%)=\frac{\text{Total Profits}}{\text{Total Costs}}\times 100\%$$

Total industrial cost is the summation of sales cost, marketing expense, management expense and financial expenes.

(7)Overall Labour Productivity of Industrial Enterprises reflects the productive and economic results of an enterprise. It is usually expressed by per capita annual value added of industry. The formula is as follows:

$$\text{Overall Labour Productivity (yuan/person)}=\frac{\text{Value Added of Industry}}{\text{Average Balance of Total Working Capital}}\times\frac{12}{\text{Number of cummulative Months}}$$

十三 建筑业

CONSTRUCTION

简要说明

一、本篇资料反映广东省建筑业概况和发展情况。主要包括建筑业企业生产经营的资料，指标有企业个数、从业人员数、建筑业总产值、房屋建筑面积、机械设备价值、利润总额、劳动生产率、工程质量优良品率、技术装备率以及各市建筑业总产值、大中型建筑业企业生产和财务主要指标等。

二、本篇资料由广东省统计局投资建筑处整理提供。

三、本篇资料是依据国家统计局制定的“建筑业统计报表制度”规定收集的年报资料，其统计范围包括：广东境内各种经济类型（除个体外）的具有法人资格的独立核算建筑业企业和辖区内其它行业的企、事业单位附营的建筑业活动单位。

Construction

Brief Introduction

Ⅰ. The data in this chapter show the genaral situation and the development of the construction in Guangdong Province. They cover mainly the situation of production and management of the enterprises of construction, including the number of enterprises, the number of employed persons, gross output value of construction, floor space of the buildings, value of the mechanical equipment, total profits, labour productivity, percentage of high quality projects, per capita machinery and gross output value of construction of the cities, the main indicators of production and finance of large and medium-sized construction erterprises, etc.

Ⅱ. The data in this chapter are prepared and provide by the Division of Statistics on Investment and Construction, Statistical Bureau of Guangdong Province.

Ⅲ. The data in this chapter are collected in accordance with the ″Reporting Scheme of Construction Statistics″ stipulated by the State Statistical Bureau. The coverage of construction statictics includes the construction enterprises of various ownership (excluding individual enterprises) with qualification of legal person and independent accounting systems and other construction units affiliated with the enterprises and in stituations of other industries under the jurisdiction of Guangdong Province.

13-1 建筑业企业主要经济指标
MAIN ECONOMIC INDICATORS ON CONSTRUCTION ENTERPRISES

指　标	Item	1997 合计 1997 Total	#国有 State-Owned	1998 合计 1998 Total	#国有 State-Owned
建筑业企业个数（个）	Number of Construction Enterprise	2399	662	2961	729
从业人员（万人）	Number of Persons Egnaged (10000 persons)	141.89	56.22	142.82	48.46
自有固定资产原价（亿元）	Fixed Assets Owned (original value) (100 million yuan)	267.96	138.39	284.24	135.94
自有固定资产净值（亿元）	Fixed Assets Owned (net value) (100 million yuan)	189.58	93.02	191.26	86.35
自有机械设备台数（万台）	Number of Machinery and Equipment Owned (10000 set)	56.88	18.34	55.37	15.62
自有机械设备净值（亿元）	Net Value of Machinery and Equipment Owned (100 million yuan)	95.47	45.55	93.88	40.30
自有机械设备总功率（万千瓦）	Total Power of Machinery and Equipment Owned (10000 kw)	815.30	368.37	823.83	389.10
建筑业总产值（亿元）	Gross Output Value of Construction (100 million yuan)	732.97	352.98	800.00	329.98
#建筑安装工程	Consturuction and Installation	723.34	349.17	786.00	324.67
建筑业增加值（亿元）	Value Added of Construction (100 million yuan)	170.13	84.96	176.70	74.27
#本年固定资产折旧	Depreciation of Fixed Assets in The Year	14.51	7.91	14.94	7.34
主管业务应付工资	Main Business Wages Payable	98.00	49.04	104.71	43.26
主管业务应付福利费	Main Business Welfare Expenses Payable	10.36	5.82	9.63	4.84
工程结算税金及附加	Taxes and Extra Charges on Project Settle Accounts	22.30	10.25	26.02	10.60
管理费用中的税金	Taxes in Management Expenses	1.43	0.57	1.46	0.50
营业利润	Operating Profit	14.41	5.91	14.89	4.29
施工面积（万平方米）	Floor Space of Buildings Under Construction ($10000\ m^2$)	14522.87	5621.82	14972.28	4982.07
竣工面积（万平方米）	Floor Space of Buildings Completed ($10000\ m^2$)	5271.22	1698.48	5560.68	1574.30
利润总额（亿元）	Total Profits (100 million yuan)	14.53	5.09	15.55	4.40
利税总额（亿元）	Total Pre-tax Profits (100 million yuan)	38.26	15.90	43.03	15.50
劳动生产率	Overall Labor Productivity				
按总产值计算（元/人）	In Terms of Gross Output Value (yuan/person)	50939	64245	57498	68655
按增加值计算（元/人）	In Terms of Value Added (yuan/person)	11080	14189	12708	20346
技术装备率（元/人）	Value of Machines per Labourer (yuan/person)	6728	8102	6574	8317
动力装备率（千瓦/人）	Power of Machines per Labourer (kw/person)	5.7	6.6	5.8	8.0
房屋建筑面积竣工率（%）	Rate of Floor Space of Buildings Completed (%)	36.3	30.2	37.1	31.6
工程质量优良品率（%）	Rate of High Quality Projects (%)	45.3	61.8	58.7	57.8
产值利润率（%）	Ratio of Profit to Gross Output Value (%)	2.0	1.4	1.9	1.3
产值利税率（%）	Ratio of Pre-tax Profit to Gross Output Value (%)	5.2	4.5	5.4	4.7

注：1、1998年起建筑业企业按登记注册类型分，与以前年份不可比。
2、从1998年开始建筑业增加值的计算公式有改变（详见指标解释），1997年建筑业增加值已按新的计算公式重新计算。

Note a) Data concerning construction enterprises are uncomparable with those in the previons years after construction enterprises have been classified by registered type since 1998.
b) The calculating formula of value-added of construction has been charged since 1998 (see explanatory notes on indicators for details) The value-added of construction in 1997 was calculated according to new formula.

13-2 建筑业总产值（1998年）

GROSS OUTPUT VALUE OF CONSTRUCTION (1998)

单位：万元 (10000 yuan)

项　目	Item	建筑业总产值 Gross Output Value	建筑工程产值 Output Value of Construc-tion	安装工程产值 Output Value of Installation	房屋构筑物修理产值 Output Value of Building Repair and Maintenance	非标准设备制造产值 Output Value of Non-standard Manu-facturing
总　计	**Total**	**7999963**	**7089604**	**770393**	**118037**	**21929**
一、按登记注册类型分组	**Grouped by Type of Registration**					
内资企业	Internal Capital Enterprises	7778577	6966918	683106	106624	21929
国有企业	State-owned Enterprises	3095774	2683855	361394	34743	15782
集体企业	Collective Owned Enterprises	3265209	3064927	139329	55713	5240
股份合作企业	Cooperative Operation With Share Holding	68769	61687	7082		
联营企业	Joint Owned Enterprises	176103	133313	38691	4018	81
有限责任公司	Limited Liability Company	770113	674577	86260	8495	781
股份有限公司	Company Limited With Share Holding	300909	258799	39755	2355	
私营企业	Private Enterprises	97487	85827	10315	1300	45
其他企业	Other Enterprises	4213	3933	280		
港、澳、台商投资企业	Enterprises Funded by Entrepreneurs from Hong Kong, Macao & Taiwan	150641	112017	28379	10245	
外商投资企业	Foreign Investment Enterprises	70745	10669	58908	1168	
二、按行业类别分	**Grouped by Branch**					
土木工程建筑业	Civil Engineering	6928719	6602399	249295	68579	8446
线路管道设备安装业	Line and Equipment Installation	493621	195190	283501	1593	13337
建筑物装修装饰业	Building Fitting Up and Decoration	577623	292015	237597	47865	146
三、按主管系统分	**Grouped by Department Responsible for Enterprises**					
建设部系统	Ministry of Construction	6151409	5651666	412389	80334	7020
冶金工业系统	Metallurgical Industry	68172	53012	10854	3972	334
有色工业系统	Nonferrous Metals Industry	66786	55431	5771	5270	314
煤炭工业系统	Coal Industry	19453	17375	80	1998	
石油工业系统	Petroleum Industry	17720	4410	12272	30	1008
化学工业系统	Chemical Industry	29069	12873	13525	1496	1175
石化总公司系统	Petrochemical Corporation	44854	10209	28143	2060	4442
水利电力系统	Water Conservancy and Electric Power	342872	219921	115582	1359	6010
机械工业系统	Machinery Industry	69197	54689	13680	58	770
林 业 系 统	Forestry	19150	18480	347	323	
国防工业系统	Defence Industry	15884	7869	8013		2
建 材 系 统	Building Materials	4103	3798	31	274	
轻纺工业系统	Light and Textile Industry	28023	26642		1381	
铁 道 系 统	Railways	74163	73116	30	1017	
交 通 系 统	Communications	394898	390213	3825	601	259
邮 电 系 统	Post and Telecommunications	53714	39591	14123		
农牧渔业系统	Farming, Animal Husbantry and Fishery	59868	57874	1132	817	45
商 业 系 统	Commerce	26168	18789	6540	839	
广播电影电视系统	Radio, Film and Television	2022		2022		
公安劳改系统	Public Security	7469	6681	268	520	
其 他 系 统	Others	504969	366965	121766	15688	550

13-3 各市建筑业总产值（1998年）

GROSS OUTPUT VALUE OF CONSTRUCTION BY CITY (1998)

单位：万元 (10000 yuan)

市别 City	合计 Total	内资企业 Internal Capital Enterprises	国有企业 State-owned Enterprises	集体企业 Collective Owned Enterprisesd	股份合作企业 Cooperative Operation with Share Holding	联营企业 Joint Owned Enterprises
总计 Total	**7999963**	**7778577**	**3095774**	**3265209**	**68769**	**176103**
广州 Guangzhou	2287004	2209493	1168683	684307	2265	7345
深圳 Shenzhen	1457056	1360374	788288	130978	7672	57943
珠海 Zhuhai	317915	316903	95370	96354		96931
汕头 Shantou	712073	699561	303390	353999		336
韶关 Shaoguan	151462	151462	94910	55017		
河源 Heyuan	32342	32206		31050		
梅州 Meizhou	134466	134466	9955	118028		
惠州 Huizhou	148230	147643	69190	64485	1409	1001
汕尾 Shanwei	32289	32289	6013	26276		
东莞 Dongguan	359209	359209	15365	336685		
中山 Zhongshan	185503	185146	26854	138699	1348	141
江门 Jiangmen	368502	356493	14883	219569	36370	
佛山 Foshan	508927	501715	70695	227183		
阳江 Yangjiang	150796	150796		150486		
湛江 Zhanjiang	280104	272661	149728	102922		
茂名 Maoming	342986	342462	161703	179190		173
肇庆 Zhaoqing	152551	152502	64981	75691	10129	
清远 Qingyuan	84214	82807	39757	37005	2050	87
潮州 Zhaozhou	115118	114803	3738	95115	1000	
揭阳 Jieyang	118804	115174	8838	87005	6526	12146
云浮 Yunfu	60412	60412	3433	55165		

市别 City	有限责任企业 Limited Liability Enterprises	股份有限企业 Enterprise Limited with Share Holding	私营企业 Private Enterprises	其他企业 Other Enterprises	港澳台商投资企业 Funded by Entrepreneurs from Hong Kong, Macao& Taiwan	外商投资企业 Foreign Investment Enterprises
总计 Total	**770113**	**300909**	**97487**	**4213**	**150641**	**70745**
广州 Guangzhou	312966	15161	17566	1200	76983	528
深圳 Shenzhen	171354	197062	7077		35932	60750
珠海 Zhuhai		28248			1012	
汕头 Shantou	38832	315	2689		12512	
韶关 Shaoguan			1535			
河源 Heyuan	529	627				136
梅州 Meizhou	505		5978			
惠州 Huizhou	9173	1847	503	35	1	586
汕尾 Shanwei						
东莞 Dongguan			7159			
中山 Zhongshan	5790	1258	11056		164	193
江门 Jiangmen	31314	52279	468	1610	12009	
佛山 Foshan	164803		37946	1088	7212	
阳江 Yangjiang			310			
湛江 Zhanjiang	18144	307	1280	280	4243	3200
茂名 Maoming	1395				524	
肇庆 Zhaoqing	1320		382		49	
清远 Qingyuan	1503	1219	1186			1407
潮州 Zhaozhou	11394	1204	2352			315
揭阳 Jieyang	659					3630
云浮 Yunfu	432	1382				

13-4 建筑业建筑房屋面积（1998 年）

FLOOR SPACE OF BUILDINGS CONSTRUCTED BY CONSTRUCTION ENTERPRISES (1998)

单位：万平方米 (10000 sq. m)

项目	Item	房屋建筑施工面积 Floor Space of Buildings Under Construction	#本年新开工 New Buildings	#投标承包面积 Floor Space Through Tender for the Construction	房屋建筑竣工面积 Floor Space of Buildings Completed
总计	**Total**	**14972.28**	**5932.23**	**6680.40**	**5560.68**
一、按登记注册类型分组	**Grouped by Type of Registration**				
内资企业	Internal Capital Enterprises	14887.12	5908.63	6636.80	5528.50
国有企业	State-owned Enterprises	4775.53	1609.28	2658.62	1486.93
集体企业	Collective Owned Enterprises	7734.19	3489.51	2619.26	3262.32
股份合作企业	Cooperative Operation With Share Holding	199.99	38.84	116.31	47.40
联营企业	Joint Owned Enterprises	242.47	91.55	46.17	62.58
有限责任公司	Limited Liabiling Company	1211.99	430.65	763.29	426.18
股份有限公司	Company Limited With Share Holding	571.43	173.97	365.25	169.99
私营企业	Private Enterprises	139.98	68.00	56.36	71.41
其他企业	Other Enterprises	11.54	6.83	11.54	1.69
港、澳、台商投资企业	Enterprises Funded by Entrepreneurs from Hong Kong, Macao & Taiwan	71.59	19.45	37.37	26.71
外商投资企业	Foreign Investment Enterprises	13.57	4.15	6.23	5.47
二、按行业类别分	**Grouped by Branch**				
土木工程建筑业	Civil Engineering	14725.77	5836.51	6534.58	5482.32
线路管道设备安装业	Line and Equipment Installation	151.15	45.26	100.42	52.65
建筑物装修装饰业	Building Fitting Up and Decoration	95.36	50.46	45.40	25.71
三、按主管系统分	**Grouped by Department Responsible for Enterprises**				
建设部系统	Ministry of Construction	13503.56	5242.63	6085.81	5055.65
冶金工业系统	Metallurgical Industry	58.65	22.69	22.09	22.91
有色工业系统	Nonferrous Metals Industry	77.39	33.35	16.68	41.56
煤炭工业系统	Coal Industry	33.79	10.69	9.81	8.53
石油工业系统	Petroleum Industry	5.84	3.36	1.60	2.67
化学工业系统	Chemical Industry	24.15	9.93	17.56	9.80
石化总公司系统	Petrochemical Corporation	6.41	5.19	0.80	4.24
水利电力系统	Water Conservancy and Electric Power	201.03	83.82	148.69	54.07
机械工业系统	Mechinery Industry	165.67	75.98	135.94	41.31
林业系统	Forestry	21.75	8.78	4.24	6.60
国防工业系统	Defence Industry	16.66	5.27	5.15	8.91
建材系统	Building Materials	7.22	3.23	1.18	2.99
轻纺工业系统	Light and Textile Industry	28.06	18.86	2.74	7.31
铁道系统	Railways	9.04	3.20	0.23	2.43
交通系统	Communicaltions	30.28	5.65	2.39	1.18
邮电系统	Post and Telecommunications	2.77	2.49	2.18	1.85
农牧渔业系统	Farming, Animal Husbantry and Fishery	110.94	51.91	27.58	46.02
商业系统	Commerce	45.33	20.84	17.93	17.98
广播电影电视系统	Radio, Film and Television				
公安劳改系统	Public Security	7.36	5.15	3.88	1.85
其他系统	Others	616.38	319.21	173.92	222.82

13-5 建筑业工程质量（1998年）

CONSTRUCTION QUALITY OF CONSTRUCTION ENTERPRISES (1998)

项　目	Item	已验收鉴定的单位工程个数（个） Number of Checked Projects	优良工程个数（个） Number of High Quality Projects	单位工程优良品率（%） Percentage of High Quality Projects (%)	已验收鉴定的房屋竣工面积（万平方米） Floor Space of Checked Buildings Completed (10000 sq. m)	优良工程面积（万平方米） Floor Space of High Quality Projects (10000 sq. m)	房屋竣工面积优良品率（%） Percentage of Floor Space of High Quality Buildings (%)
总　计	**Total**	**19078**	**6405**	**33. 6**	**5026. 07**	**2112. 43**	**42. 0**
一、按登记注册类型分组	**Grouped by Type of Registration**						
内资企业	Internal Capital Enterprises	18684	6240	33. 4	4995. 66	2099. 33	42. 0
国有企业	State-owned Enterprises	5328	2436	45. 7	1286. 84	756. 09	58. 8
集体企业	Collective Owned Enterprises	11397	2924	25. 7	2995. 50	964. 83	32. 2
股份合作企业	Cooperative Operation With Share Holding	122	61	50. 0	40. 47	24. 40	60. 3
联营企业	Joint Owned Enterprises	253	157	62. 1	56. 10	25. 50	45. 5
有限责任公司	Limitel Liability Company	955	449	47.0	392. 46	194. 87	49. 7
股份有限公司	Company Limited With Share Holding	356	169	47. 5	162. 40	105. 26	64. 8
私营企业	Private Enterprises	269	43	16. 0	60. 20	28. 02	46. 5
其他企业	Other Enterprises	4	1	25. 0	1. 69	0. 36	21. 3
港、澳、台商投资企业	Enterprises Funded by Entrepreneurs from Hong Kong, Macao & Taiwan	166	97	58. 4	26. 63	11. 95	44. 9
外商投资企业	Foreign Investment Enterprises	228	68	29. 8	3. 78	1. 15	30. 4
二、按行业类别分	**Grouped by Branch**						
土木工程建筑业	Civil Engineering	14560	4676	32. 1	4934. 82	2066. 86	41. 9
线路管道设备安装业	Line and Equipment Installation	3791	1295	34. 2	41. 99	32. 73	77. 9
建筑物装修装饰业	Building Fitting Up and Decoration	727	434	59. 7	49. 26	12. 84	26. 1
三、按主管系统分	**Grouped by Department Responsible for Enterprises**						
建设部系统	Ministry of Construction	13418	4449	33. 2	4627. 16	1938. 85	41. 9
冶金工业系统	Metallurgical Industry	84	40	47. 6	14. 84	4. 55	30. 7
有色工业系统	Nonferrous Metals Industry	267	80	30. 0	30. 22	19. 44	64. 3
煤炭工业系统	Coal Industry	23	17	73. 9	8. 53	5. 16	60. 5
石油工业系统	Petroleum Industry	25	17	68. 0	1. 03		
化学工业系统	Chemical Industry	135	121	89. 6	4. 19	0. 61	14. 6
石化总公司系统	Petrochemical Corporation	345	3	0. 9	3. 95	0. 84	21. 3
水利电力系统	Water Conservancy and Electric Power	1717	388	22. 6	32. 34	16. 48	51. 0
机械工业系统	Mechinery Industry	164	45	27. 4	43. 54	38. 54	88. 5
林业系统	Forestry	22	6	27. 3	6. 35	2. 03	32. 0
国防工业系统	Defence Industry	24	12	50. 0	5. 31	2. 82	53. 1
建材系统	Building Materials	14	2	14. 3	1. 68	0. 31	18. 5
轻纺工业系统	Light and Textile Industry	20	5	25. 0	17. 77	4. 82	27. 1
铁道系统	Railways	90	85	94. 4	1. 43	1. 28	89. 5
交通系统	Communications	216	126	58. 3	0. 77		
邮电系统	Post and Telecommunications	520	460	88. 5	1. 32	0. 19	14. 4
农牧渔业系统	Farming, Animal Husbantry and Fishery	268	127	47. 4	30. 36	14. 76	48. 6
商业系统	Commerce	93	13	14. 0	15. 31	4. 22	27. 6
广播电影电视系统	Radio, Film and Television	6	1	16. 7			
公安劳改系统	Public Security	19	2	10. 5	1. 85	0. 97	52. 4
其他系统	Others	1608	406	25. 2	178. 12	56. 56	31. 8

13-6 建筑施工企业个数及技术装备（1998年）

NUMBER OF CONSTRUCTION ENTERPRISES AND THEIR POWER OF MACHINERY AND EQUIPMENT (1998)

项目	Item	施工企业个数（个）Number of Construction Enterprises	年底自有机械设备总台数（台）Number of Machinery and Equipment Owned Year-End	自有机械设备年末净值（万元）Net Value of Machinery and Equipment Owned Year-End (10000 yuan)	自有机械设备年末总功率（万千瓦）Total Power of Machinery and Equipment Owned Year-End (10000 kw)	建筑企业年末人数（万人）Number of Persons Engaged (10000 persons)
总计	**Total**	**2961**	**553685**	**938850**	**823. 83**	**142. 82**
一、按登记注册类型分组	**Grouped by Type of Registration**					
内资企业	Internal Capital Enterprises	2850	543149	923167	809. 97	141. 03
国有企业	State-owned Enterprises	686	148424	386019	370. 01	45. 42
集体企业	Collective Owned Enterprises	1721	335755	402347	349. 42	76. 58
股份合作企业	Cooperative Operation With Share Holding	24	4915	6300	4. 47	1. 08
联营企业	Joint Owned Enterprises	44	6739	7066	7. 28	1. 95
有限责任公司	Limitel Liability Company	206	31626	78318	49. 76	10. 99
股份有限公司	Company Limited With Share Holding	46	8955	33368	23. 28	3. 55
私营企业	Private Enterprises	117	6523	9071	5. 44	1. 35
其他企业	Other Enterprises	6	212	678	0. 31	0. 11
港、澳、台商投资企业	Enterprises Funded by Entrepreneurs from Hong Kong, Macao & Taiwan	79	8124	13114	8. 54	1. 43
外商投资企业	Foreign Investment Enterprises	32	2412	2569	5. 32	0. 36
二、按行业类别分	**Grouped by Branch**					
土木工程建筑业	Civil Engineering	2217	497883	854723	769. 24	132. 36
线路管道设备安装业	Line and Equipment Installation	249	17719	55057	32. 55	5. 04
建筑物装修装饰业	Building Fitting Up and Decoration	495	38083	29070	22. 04	5. 42
三、按主管系统分	**Grouped by Department Responsible for Enterprises**					
建设部系统	Ministry of Construction	2156	461914	684921	546. 81	117. 06
冶金工业系统	Metallurgical Industry	10	1910	3187	3. 42	1. 12
有色工业系统	Nonferrous Metals Industry	27	2859	6038	7. 00	1. 11
煤炭工业系统	Coal Industry	7	1273	3088	1. 65	0. 31
石油工业系统	Petroleum Industry	4	954	3400	2. 96	0. 23
化学工业系统	Chemical Industry	7	1608	2056	1. 99	0. 45
石化总公司系统	Petrochemical Corporation	14	3082	6071	5. 02	0. 74
水利电力系统	Water Conservancy and Electric Power	106	19897	66382	122. 48	4. 83
机械工业系统	Mechinery Industry	11	1168	2960	2. 07	0. 98
林业系统	Forestry	9	1975	6960	4. 37	0. 52
国防工业系统	Defence Industry	6	771	1381	0. 76	0. 21
建材系统	Building Materials	9	1200	508	0. 83	0. 10
轻纺工业系统	Light and Textile Industry	6	2047	2525	0. 63	0. 27
铁道系统	Railways	11	1930	6914	7. 12	0. 86
交通系统	Communicaltions	66	12329	86779	63. 38	4. 87
邮电系统	Post and Telecommunications	11	1268	2678	1. 58	0. 28
农牧渔业系统	Farming, Animal Husbantry and Fishery	30	5955	8791	9. 09	1. 35
商业系统	Commerce	26	2260	2544	1. 73	0. 45
广播电影电视系统	Radio, Film and Television	3	108	883	0. 52	0. 05
公安劳改系统	Public Security	6	368	377	0. 47	0. 13
其他系统	Others	436	28809	40407	39. 95	6. 90

13-7 建筑业企业资产（1998年）
ASSETS OF CONSTRUCTION ENTERPRISES (1998)

单位：万元 (10000 yuan)

项目	Item	资产合计 Total Assets	#流动资产 Circulating Funds	固定资产 Fixed Assets	专项工程 Special Projects	无形及递延资产 Intangible and Deferred Assets
总计	**Total**	**14963172**	**12037668**	**2060125**	**174430**	**175834**
一、按登记注册类型分组	**Grouped by Type of Registration**					
内资企业	Internal Capital Enterprises	14535986	11707019	1980254	173693	167181
国有企业	State-owned Enterprises	6385430	5151014	894503	77777	52113
集体企业	Collective Owned Enterprises	5326029	4301262	767291	56081	59211
股份合作企业	Cooperative Operation With Share Holding	165504	140877	18813	26	2881
联营企业	Joint Owned Enterprises	103443	83233	14406	843	822
有限责任公司	Limitel Liability Company	1488736	1231005	152887	21316	26069
股份有限公司	Company Limited With Share Holding	824873	610478	108386	16630	21822
私营企业	Private Enterprises	229529	178521	22310	1020	4132
其他企业	Other Enterprises	12442	10629	1658		131
港、澳、台商投资企业	Enterprises Funded by Entrepreneurs from Hong Kong, Macao & Taiwan	293568	230027	51032	136	6264
外商投资企业	Foreign Investment Enterprises	133618	100622	28839	601	2389
二、按行业类别分	**Grouped by Branch**					
土木工程建筑业	Civil Engineering	13239955	10759426	1776720	145880	151703
线路管道设备安装业	Line and Equipment Installation	862221	628689	167050	22291	8685
建筑物装修装饰业	Building Fitting Up and Decoration	860996	649553	116355	6259	15446
三、按主管系统分	**Grouped by Department Responsible for Enterprises**					
建设部系统	Ministry of Construction	11539590	9411093	1489536	136279	143584
冶金工业系统	Metallurgical Industry	75478	64135	8005	966	181
有色工业系统	Nonferrous Metals Industry	128683	107575	16840	483	1206
煤炭工业系统	Coal Industry	24409	18582	5490	5	104
石油工业系统	Petroleum Industry	18694	11829	6093		
化学工业系统	Chemical Industry	42067	25772	14886	126	46
石化总公司系统	Petrochemical Corporation	103915	92296	10526		588
水利电力系统	Water Conservancy and Electric Power	709047	504661	125545	12150	6758
机械工业系统	Mechinery Industry	89200	71099	10363	492	810
林业系统	Forestry	25287	16794	8204	11	26
国防工业系统	Defence Industry	47978	22279	6676	393	1750
建材系统	Building Materials	9930	8946	737		65
轻纺工业系统	Light and Textile Industry	17271	8953	4079	305	38
铁道系统	Railways	82836	64479	15385	1616	89
交通系统	Communicaltions	1031664	806829	173155	11092	10433
邮电系统	Post and Telecommunications	56109	47189	7455		370
农牧渔业系统	Farming, Animal Husbantry and Fishery	77184	49435	22184	1208	2154
商业系统	Commerce	44401	37435	5574	33	293
广播电影电视系统	Radio, Film and Television	9674	5521	4114		16
公安劳改系统	Public Security	12795	12284	511		
其他系统	Others	816960	650482	124767	9271	7323

13-8 建筑业企业负债及所有者权益（1998 年）

LIABILITIES AND CREDITOR'S EQUITY OF CONSTRUCTION ENTERPRISES (1998)

单位：万元 (10000 yuan)

项目	Item	负债合计 Total Liabilities	流动负债 Liquid Liabilities	长期负债 Long-Term Liabilities	所有者权益 Creditor's Equity	#实收资本 Capital Stock
总计	**Total**	**12002339**	**11293601**	**708738**	**2960833**	**2008612**
一、按登记注册类型分组	**Grouped by Type of Registration**					
内资企业	Internal Capital Enterprises	11706666	11025016	681650	2829320	1911234
国有企业	State-owned Enterprises	5200924	4905446	295478	1184506	702171
集体企业	Collective Owned Enterprises	4213914	3965802	248112	1112115	876445
股份合作企业	Cooperative Operation With Share Holding	130920	125495	5425	34584	29580
联营企业	Joint Owned Enterprises	69249	66544	2705	34193	22152
有限责任公司	Limitel Liability Company	1261470	1200192	61278	227265	157503
股份有限公司	Company Limited With Share Holding	635525	593068	42457	189348	87151
私营企业	Private Enterprises	184326	158846	25480	45204	34250
其他企业	Other Enterprises	10338	9623	715	2105	1982
港、澳、台商投资企业	Enterprises Funded by Entrepreneurs from Hong Kong, Macao & Taiwan	210568	205989	4579	83001	59494
外商投资企业	Foreign Investment Enterprises	85105	62596	22509	48512	37884
二、按行业类别分	**Grouped by Branch**					
土木工程建筑业	Civil Engineering	10738422	10091081	647341	2501533	1729448
线路管道设备安装业	Line and Equipment Installation	652711	631673	21038	209511	113415
建筑物装修装饰业	Building Fitting Up and Decoration	611206	570847	40359	249789	165749
三、按主管系统分	**Grouped by Department Responsible for Enterprises**					
建设部系统	Ministry of Construction	9432756	8899163	533592	2106834	1476256
冶金工业系统	Metallurgical Industry	55941	55584	357	19537	12364
有色工业系统	Nonferrous Metals Industry	109341	103448	5893	19342	14778
煤炭工业系统	Coal Industry	17220	15824	1396	7190	5387
石油工业系统	Petroleum Industry	10984	10948	36	7710	7486
化学工业系统	Chemical Industry	26764	24781	1983	15302	6117
石化总公司系统	Petrochemical Corporation	93566	93566		10349	8109
水利电力系统	Water Conservancy and Electric Power	518160	464334	53826	190888	95970
机械工业系统	Mechinery Industry	67556	65807	1749	21644	12816
林业系统	Forestry	16688	13521	3167	8599	6944
国防工业系统	Defence Industry	40287	27709	12578	7691	5148
建材系统	Building Materials	8028	6735	1293	1903	1833
轻纺工业系统	Light and Textile Industry	11887	11678	209	5384	4148
铁道系统	Railways	67780	66184	1596	15056	10112
交通系统	Communicaltions	788433	743120	45313	243231	150126
邮电系统	Post and Telecommunications	46258	46230	28	9850	4926
农牧渔业系统	Farming, Animal Husbantry and Fishery	53296	42602	10694	23888	19353
商业系统	Commerce	36005	35137	868	8396	7779
广播电影电视系统	Radio, Film and Television	6203	6168	35	3472	699
公安劳改系统	Public Security	11566	11523	43	1228	925
其他系统	Others	583620	549538	34082	233340	157336

13-9 建筑业企业总收入（1998年）

TOTAL INCOME OF CONSTRUCTION ENTERPRISES (1998)

单位：万元 (10000 yuan)

项目	Item	企业总收入 Total Income of Enterprises	工程结算收入 Revenue of Project Settled Accounts	#工程结算成本 Costs of Project Settled Accounts	工程结算利润 Profits of Project Settled Accounts	其他业务收入 Other Revenue from Business
总计	**Total**	**8010539**	**7752775**	**6842918**	**649667**	**257764**
一、按登记注册类型分组	**Grouped by Type of Registration**					
内资企业	Internal Capital Enterprises	7783452	7538004	6656310	627674	245448
国有企业	State-owned Enterprises	3430776	3309914	2948662	259870	120862
集体企业	Collective Owned Enterprises	2905109	2867781	2533097	228924	37328
股份合作企业	Cooperative Operation With Share Holding	63761	63483	55491	6199	278
联营企业	Joint Owned Enterprises	155559	149035	125650	17228	6524
有限责任公司	Limitel Liability Company	707109	675195	592893	61460	31914
股份有限公司	Company Limited With Share Holding	441075	392985	332887	44719	48090
私营企业	Private Enterprises	78046	77594	66026	8933	452
其他企业	Other Enterprises	2017	2017	1604	341	
港、澳、台商投资企业	Enterprises Funded by Entrepreneurs fromHong Kong, Macao & Taiwan	147406	140231	122134	13961	7175
外商投资企业	Foreign Investment Enterprises	79681	74540	64474	8032	5141
二、按行业类别分	**Grouped by Branch**					
土木工程建筑业	Civil Engineering	6862828	6669216	5920933	523346	193612
线路管道设备安装业	Line and Equipment Installation	522792	492139	419635	56452	30653
建筑物装修装饰业	Building Fitting Up and Decoration	624919	591420	502350	69869	33499
三、按主管系统分	**Grouped by Department Responsible for Enterprises**					
建设部系统	Ministry of Construction	5969565	5784265	5118477	464236	185300
冶金工业系统	Metallurgical Industry	93657	85506	79122	4723	8151
有色工业系统	Nonferrous Metals Industry	62415	60334	55393	3104	2081
煤炭工业系统	Coal Industry	28247	28090	26275	893	157
石油工业系统	Petroleum Industry	16817	16437	13687	2469	380
化学工业系统	Chemical Industry	37743	35190	30886	3309	2553
石化总公司系统	Petrochemical Corporation	40439	40217	35472	3534	222
水利电力系统	Water Conservancy and Electric Power	444490	426712	361816	52010	17778
机械工业系统	Mechinery Industry	92240	90868	79512	8752	1372
林业系统	Forestry	13994	13878	12516	902	116
国防工业系统	Defence Industry	24737	18412	15691	2211	6325
建材系统	Building Materials	3301	3245	2892	218	56
轻纺工业系统	Light and Textile Industry	27642	27075	24985	1152	567
铁道系统	Railways	80455	77457	67406	7449	2998
交通系统	Communicaltions	505631	497849	447290	37060	7782
邮电系统	Post and Telecommunications	25284	23549	19276	3498	1735
农牧渔业系统	Farming, Animal Husbantry and Fishery	56648	56488	48470	6318	160
商业系统	Commerce	27332	26836	23312	2550	496
广播电影电视系统	Radio, Film and Television	2243	2214	1674	466	29
公安劳改系统	Public Security	7215	7207	6374	562	8
其他系统	Others	450444	430946	372392	44251	19498

13-10 建筑业企业利税总额（1998 年）

TOTAL PRE-TAX PROFITS OF CONSTRUCTION ENTERPRISES (1998)

项　目	Item	利税总额合计（万元）Total Pre-tax Profits (10000 yuan)	利润总额 Total Profits	工程结算税金及附加 Taxes and Extra Charges on Project Settle Accounts	管理费用中的税金 Taxes in management Expenses	产值利税率 Ratio of Pre-tax Profits to Output Value (%)	资产利税率 Ratio Pre-tax Profits to Assets (%)
总　计	**Total**	**430313**	**155499**	**260190**	**14624**	**5. 4**	**2. 9**
一、按登记注册类型分组	**Grouped by Type of Registration**						
内资企业	Internal Capital Enterprises	419806	151424	254020	14362	5. 4	2. 9
国有企业	State-owned Enterprises	146651	40605	101382	4664	4. 7	2. 3
集体企业	Collective Owned Enterprises	175006	62144	105760	7102	5. 4	3. 3
股份合作企业	Cooperative Operation With Share Holding	3186	1206	1793	187	4. 6	1. 9
联营企业	Joint Owned Enterprises	11873	5646	6157	70	6. 7	11. 5
有限责任公司	Limitel Liability Company	35371	13314	20842	1215	4. 6	2. 4
股份有限公司	Company Limited With Share Holding	42509	26234	15379	896	14. 1	5. 2
私营企业	Private Enterprises	5133	2271	2635	227	5. 3	2. 2
其他企业	Other Enterprises	77	4	72	1	1. 8	0. 6
港、澳、台商投资企业	Enterprises Funded by Entrepreneurs from Hong Kong, Macao & Taiwan	5153	943	4136	74	3. 4	1. 8
外商投资企业	Foreign Investment Enterprises	5354	3132	2034	188	7. 6	4. 0
二、按行业类别分	**Grouped by Branch**						
土木工程建筑业	Civil Engineering	360943	123365	224938	12640	5. 2	2. 7
线路管道设备安装业	Line and Equipment Installation	30508	13522	16052	934	6. 2	3. 5
建筑物装修装饰业	Building Fitting Up and Decoration	38862	18612	19200	1050	6. 7	4. 5
三、按主管系统分	**Grouped by Department Responsible for Enterprises**						
建设部系统	Ministry of Construction	334061	120514	201552	11995	5. 4	2. 9
冶金工业系统	Metallurgical Industry	2665	990	1661	14	3. 9	3. 5
有色工业系统	Nonferrous Metals Industry	1709	−233	1838	104	2. 6	1. 3
煤炭工业系统	Coal Industry	983	49	922	12	5. 1	4. 0
石油工业系统	Petroleum Industry	629	337	281	11	3. 6	3. 4
化学工业系统	Chemical Industry	1419	356	995	68	4. 9	3. 4
石化总公司系统	Petrochemical Corporation	1519	306	1211	2	3. 4	1. 5
水利电力系统	Water Conservancy and Electric Power	24797	11373	12886	538	7. 2	3. 5
机械工业系统	Mechinery Industry	4779	2157	2605	17	6. 9	5. 4
林业系统	Forestry	519	50	459	10	2. 7	2. 1
国防工业系统	Defence Industry	2131	1601	510	20	13. 4	4. 4
建材系统	Building Materials	173	38	135		4. 2	2. 7
轻纺工业系统	Light and Textile Industry	1083	114	937	32	3. 9	6. 3
铁道系统	Railways	2933	260	2602	71	4. 0	3. 5
交通系统	Communications	18603	4306	13499	798	4. 7	1. 8
邮电系统	Post and Telecommunications	2241	1422	775	44	4. 2	4. 0
农牧渔业系统	Farming, Animal Husbantry and Fishery	3404	1518	1700	186	5. 7	4. 4
商业系统	Commerce	867	−141	974	34	3. 3	2. 0
广播电影电视系统	Radio, Film and Television	197	123	74		9. 7	2. 0
公安劳改系统	Public Security	284	8	271	5	3. 8	2. 2
其他系统	Others	25317	10351	14303	663	5. 0	3. 1

13-11 一、二级建筑业企业生产情况主要指标（1998 年）
MAIN PRODUCTION INDICATORS OF THE FIRST AND SECOND LEVEL CONSTRUCTION ENTERPRISES（1998）

项目	Item	施工企业个数（个）Number of Construction Enterprises (unit)	建筑业总产值（万元）Gross Output Value of Construction (10000 yuan)	竣工产值（万元）Output Value of Completed Projects (10000 yuan)	房屋建筑竣工面积（万平方米）Floor Space of Buildings Completed (10000 sq.m)	建筑业全员劳动生产率（元/人）Overall Labor Productivity (yuan/pirses)
总计	**Total**	**881**	**5906848**	**4341793**	**3544.86**	**63763**
一、按登记注册类型分组	**Grouped by Type of Registration**					
内资企业	Internal Capital Enterprises	829	5730145	4243043	3523.15	63024
国有企业	State-owned Enterprises	404	2854946	2093108	1346.53	71324
集体企业	Collective Owned Enterprises	308	1724780	1315705	1582.40	47086
股份合作企业	Cooperative Operation With Share Holding	8	57887	28292	36.47	66790
联营企业	Joint Owned Enterprises	16	160829	95280	56.77	88669
有限责任公司	Limitel Liability Company	67	616201	470739	313.84	75380
股份有限公司	Company Limited With Share Holding	17	270735	214413	153.48	90805
私营企业	Private Enterprises	9	44767	25506	33.66	105260
港、澳、台商投资企业	Enterprises Funded by Entrepreneurs from Hong Kong, Macao & Taiwan	38	122371	76426	21.71	91151
外商投资企业	Foreign Investment Enterprises	14	54332	22324		144924
二、按行业类别分	**Grouped by Branch**					
土木工程建筑业	Civil Engineering	681	5068031	3730918	3481.10	60086
线路管道设备安装业	Line and Equipment Installation	56	388056	273733	41.03	100118
建筑物装修装饰业	Building Fitting Up and Decoration	144	450761	337142	22.73	102093
三、按主管系统分	**Grouped by Department Responsible for Enterprises**					
建设部系统	Ministry of Construction	681	4509754	3494687	3306.00	60057
冶金工业系统	Metallurgical Industry	5	55681	38991	18.28	69437
有色工业系统	Nonferrous Metals Industry	11	58789	40562	33.93	59849
煤炭工业系统	Coal Industry	5	19058	11341	8.53	57647
石油工业系统	Petroleum Industry	2	16821	13527	1.02	72659
化学工业系统	Chemical Industry	4	28643	35192	9.32	70375
石化总公司系统	Petrochemical Corporation	4	36396	28050	1.35	66807
水利电力系统	Water Conservancy and Electric Power	27	263345	129574	28.89	80910
机械工业系统	Mechinery Industry	5	65891	82193	41.31	72503
林业系统	Forestry	4	17931	5655	6.08	38955
国防工业系统	Defence Industry	3	12754	6095	1.30	77296
轻纺工业系统	Light and Textile Industry	4	27503	20134	6.21	69189
铁道系统	Railways	7	70919	28455	0.66	96976
交通系统	Communications	34	365689	217506	0.47	100439
邮电系统	Post and Telecommunications	4	50123	23044	1.32	157028
农牧渔业系统	Farming, Animal Husbantry and Fishery	6	35070	18610	18.24	57539
商业系统	Commerce	5	10309	10841	6.38	54489
广播电影电视系统	Radio, Film and Television	1	903	1018		36100
其他系统	Others	69	261269	136318	55.57	73680

13-12 一、二级建筑业企业财务状况主要指标（1998年）
MAIN FINANCIAL INDICATORS OF THE FIRST AND SECOND LEVEL CONSTRUCTION ENTERPRISSES（1998）

单位：万元 (10000 yuan)

项目	Item	企业总收入 Total Income of Enterprises	#工程结算收入 Revenue of Project Settled Accounts	#工程结算成本 Costs of Project Settled Accounts	利润总额 Total Profits	营业利润 Operating Profit
总计	**Total**	6250458	6035475	5361669	112742	108982
一、按登记注册类型分组	**Grouped by Type of Registration**					
内资企业	Internal Capital Enterprises	6070196	5862685	5210597	107948	103429
国有企业	State-owned Enterprises	3176791	3071878	2742908	38673	40221
集体企业	Collective Owned Enterprises	1641106	1618449	1451959	25228	24442
股份合作企业	Cooperative Operation With Share Holding	55791	55546	48843	784	970
联营企业	Joint Owned Enterprises	140744	134565	113290	5481	9657
有限责任公司	Limitel Liability Company	597049	571535	504488	11006	11648
股份有限公司	Company Limited With Share Holding	418839	370905	314461	25247	14955
私营企业	Private Enterprises	39876	39807	34648	1529	1536
港、澳、台商投资企业	Enterprises Funded by Entrepreneurs from Hong Kong，Macao & Taiwan	114261	111456	97488	2087	2984
外商投资企业	Foreign Investment Enterprises	66001	61334	53584	2707	2569
二、按行业类别分	**Grouped by Branch**					
土木工程建筑业	Civil Engineering	5353387	5191184	4636616	83734	83392
线路管道设备安装业	Line and Equipment Installation	404975	379268	327443	9993	9465
建筑物装修装饰业	Building Fitting Up and Decoration	492096	465023	397610	19015	16125
三、按主管系统分	**Grouped by Department Responsible for Enterprises**					
建设部系统	Ministry of Construction	4641638	4474896	3989657	87488	74349
冶金工业系统	Metallurgical Industry	64156	63030	58672	434	1428
有色工业系统	Nonferrous Metals Industry	53349	51433	47520	−724	−829
煤炭工业系统	Coal Industry	27851	27694	25917	52	83
石油工业系统	Petroleum Industry	13939	13563	11175	178	6
化学工业系统	Chemical Industry	37274	34764	30547	307	744
石化总公司系统	Petrochemical Corporation	32226	32083	28329	150	168
水利电力系统	Water Conservancy and Electric Power	383476	366779	312311	8126	14670
机械工业系统	Mechinery Industry	81040	79750	70286	2101	2013
林业系统	Forestry	12736	12688	11453	50	50
国防工业系统	Defence Industry	21523	15198	13000	1419	1350
轻纺工业系统	Light and Textile Industry	26856	26289	24252	113	174
铁道系统	Railways	75536	73255	63616	167	353
交通系统	Communications	481296	474838	427122	3731	5494
邮电系统	Post and Telecommunications	20244	19659	15925	1348	1179
农牧渔业系统	Farming，Animal Husbantry and Fishery	33567	33499	28452	814	764
商业系统	Commerce	11596	11551	9964	38	−97
广播电影电视系统	Radio，Film and Television	1238	1209	789	92	92
其他系统	Others	230917	223297	192682	6858	6991

13-13 全省施工产值最大的50家建筑业企业（1998年）
THE PROVINCE'S 50 TOP CONSTRUCTION ENTERPRISES OF GROSS OUTPUT VALUE OF CONSTRUCTION (1998)

序号 Order	单位名称	Name of Interprise	施工产值（万元）Gross Output Value of Construction (10000 yuan)
1	珠海市建安集团公司	ZHUHAI CONSTRUCTION & INSTALLATION GROUP CO.	96352
2	广东省长大公路工程有限公司	GUANGDONG GHANGDA HIGHWAY ENGINEERING CO., LTD.	95825
3	江苏省建筑安装工程公司深圳一公司	THE FIRST COMPANY OF SHENZHEN OF JIANGSU CONSTRUCTION & INSTALLATION ENGINEERING CO.	86780
4	广东省电力工业局第一工程局	GUANGDONG ELECTRIC POWER BUREAU THE FIRST ENGINEERING BUREAU	70529
5	汕头市建安（集团）公司	SHANTOU CONSTRUCTION & INSTALLATION (GROUP) CO.	63213
6	茂名市建筑工程总公司	MAOMING ARCHITECTURAL ENGINEERING GENERAL COMPANY	52686
7	深圳市市政工程总公司	SHENZHEN MUNICIPAL ENGINEERING CORPORATION	49560
8	深圳中国华西企业有限公司	CHINA HUAXI ENTERPRISES COMPANY LIMITED, SHENZHEN	48770
9	中建二局深圳南方建筑公司	SHENZHEN SOUTH CONSTRUCTION CO. OF CHINA CONSTRUCTION SECOND ENGINEERING BUREAU	43805
10	广东省工业设备安装公司	GUANGDONG INDUSTRIAL EQUIPMENT INSTALLATION COMPANY	43538
11	顺德市诚业建筑集团有限公司	SHUNDE CHENGYE CONSTRUCTION GROUP LIMITED COMPANY	42665
12	广州市市政工程总公司	GUANGZHOU MUNICIPAL ENGINEERING CORP.	42484
13	珠海市建筑工程总公司	ZHUHAI ARCHITECTURAL ENGINEERING GENERAL COMPANY	40003
14	南海市第二建筑工程总公司	NANHAI SECOND CONSTRUCTION GENERAL COMPANY	38942
15	广东火电工程总公司	GUANGDONG THERMAL POWER ENGINEERING GENERAL COMPANY	38888
16	广州市第一建筑工程有限公司	GUANGZHOU NO. 1 CONSTRUCTION ENGINEERING CO., LTD.	37865
17	广东省水利水电第二工程局	NO. 2 WATER CONSERVANCY AND HYDROELECTRIC ENGINEERING BUREAU OF GUANGDONG PROVINCE	36646
18	广东省第三建筑工程公司	THE THIRD CONSTRUCTION ENGINEERING CORPORATION OF GUANGDONG PROVINCE	35639
19	广州市机电安装有限公司	GUANGZHOU MECHANICAL & ELECTRICAL INSTALLATION CO., LTD.	35498
20	中港第四航务局第一工程公司	THE FIRST ENGINEERING COMPANY OF ZHONGGANG THE FOURTH HARBOR ENGINEERING BUREAU	34946
21	广东省邮电工程公司	POST AND TELECOMMUNICATIONS ENGINEERING CO. OF GUANGDONG PROVINCE	34917
22	开平二建集团股份有限公司	KAIPING SECOND CONSTRUCTION GROUP CO., LTD.	33836
23	深圳市建业建筑工程公司	SHENZHEN JIANYE CONSTRUCTION ENGINEERING CO., LTD.	33208
24	中建四局深圳建筑工程公司	SHENZHEN CONSTRUTION ENGINEERING CO. OF CHINA CONSTRUCTION FOURTH ENGINEERING BUREAU	32328
25	广东省第七建筑集团有限公司	GUANGDONG NO. 7 CONSTRUCTION GROUP CO., LTD.	32174
26	交通部第四航务工程局第一工程公司	THE FIRST ENGINEERING COMPANY OF THE FOURTH HARBOR ENGINEERING BUREAU OF THE MINISTRY OF COMMUNICATIONS	32152
27	深圳潮阳建筑工程公司	CHAOYANG CONSTRUCTION ENGINEERING COMPANY OF SHENZHEN	32111
28	深圳华兴建设公司	SHENZHEN HUAXING BUILDING COMPANY	32025
29	广东省航务工程总公司	GUANGDONG NAVIGATIONN FAIRS ENGINEERING GENERAL CO.	31677
30	深圳市金众股份有限公司	SHENZHEN JINZHONG CO., LTD.	30828
31	广东省第一建筑工程公司	GUANGDONG NO. 1 CONSTRUCTION ENGINEERING CORPORATION	30578
32	中国石化茂名石油化工公司建设公司	CONSTRUCTION ENGINEERING COMPANY OF SINOPEC MAOMING PETROCHEMICAL CORPORATION	30423
33	湛江市建筑工程集团公司	ZHANJIANG CITY CONSTRUCTION ENGINEERING GROUP CORPORATION	30180
34	铁道部大桥工程局第三桥梁工程处	THE THIRD BRIDGE ENGINEENING DEPARTMENT OF BRIDGE ENGINEERING BUREAU, RAILWAY MINISTRY	30035
35	广东省第四建筑工程公司	GUANGDONG FOURTH BUILDING CONSTRUCTION CORPORATION	29364
36	深圳市特皓股份有限公司	SHENZHEN TEHAO CO., LTD.	28843
37	广州市建筑置业公司	GUANGZHOU CONSTRUCTION & REAL ESTATE COMPANY	28398
38	开平市建安集团有限公司	KAIPING CONSTRUCTION GROUP LTD. CO.	28338
39	汕头市达濠建筑总公司	SHANTOU CITY DAHAO BUILDING GENERAL CO.	28263
40	汕头市建安实业总公司	SHANTOU CONSTRUCTION & INSTALLATON ENTERPRISE GENERAL CO.	28102
41	广州市住宅建设发展有限公司	GUANGZHOU RESIDENTIAL CONSTRUCTION DEVELOPMENT LIMITED COMPANY	27488
42	深圳市建筑工程公司	SHENZHEN CONSTRUCTION ENGINEERING COMPANY	27484
43	广州市第三建筑工程有限公司	GUANGZHOU 3RD CONSTRUCTION ENGINEERING CO., LTD.	26513
44	汕头市南华建筑总公司	SHANTOU NANHUA CONSTRUCTION GENERAL CO.	26297
45	顺德市碧桂园建筑工程有限公司	SHUNDE BIGUIYUAN CONSTRUCTION INGINEERING CO., LTD.	25927
46	广州市第二建筑工程公司	GUANGZHOU NO. 2 CONSTRUCTI ON ENGINEERING CO., LTD.	25427
47	深圳市第三建筑工程有限公司	THE THIRD CONSTRUCTION ENGINEERING CO. LTD. OF SHENZHEN	25068
48	汕头市达濠市政建设有限公司	SHANTOU DAHAO MUNICIPAL CONSTRUCTION CO., LTD.	25064
49	江苏省建筑安装工程公司珠海公司	ZHUHAI COMPANY OF JIANGSU CONSTRUCTION & INSTALLATION ENGINEERING CO.	25019
50	广东省南海市建筑工程公司	NANHAI CONSTRUCTION ENGINEERING COMPONY	24730

13-14 全省资产合计最大的50家建筑业企业（1998年）
THE PROVINCE'S 50 TOP CONSTRUCTION ENTERPRISES OF TOTAL ASSETS (1998)

序号 Order	企业名称 Name of Interprise	资产合计（万元） Total Assets (10000 yuan)
1	番禺市桥梁开发建设工程公司 PANYU BRIDGE DEVELOPMENT BUILDING ENGINEERING CO.	182182
2	江苏省建筑安装工程公司深圳一公司 THE FIRST COMPONY OF SHENZHEN OF JIANGSU CONSTRUCTION & INSTALLATLON ENGINEERING COMPANY	181796
3	广东省长大公路工程有限公司 GUANGDONG CHANGDA HIGHWAY ENGINEERING CO., LTD.	176911
4	佛山市第一建筑集团公司 FOSHAN FIRST CONSTRUCTION GROUP COMPANY	167913
5	深圳市市政工程总公司 SHENZHEN MUNICIPAL ENGINEERING CORPORATION	156466
6	广东省第六建筑工程公司 GUANGDONG NO. 6 AACHITECTURE GROUP CO., LTD.	149416
7	中山市第一建筑工程公司 ZHONGSHAN FIRST CONSTRUCTION ENGINEERING CO.	147864
8	花都市路桥工程发展公司 HUADU ROAD AND BRIDGE DEVELOPMENT ENGINEERING CO.	145892
9	广州市市政工程总公司 GUANGZHOU MUNICIPAL ENGINEERING CORPORATION	138379
10	广东省南海市建筑工程公司 NANHAI CONSTRUCTION ENGINEERING CORP. OF GUANGDONG PROVINCE	137167
11	顺德市诚业建筑集团有限公司 SHUNDE CHENGYE CONSTRUCTION GROUP LIMITED COMPANY	122733
12	广州市第一建筑工程有限公司 GUANGZHOU NO. 1 CONSTRUCTION ENGINEERING CO., LTD.	118005
13	佛山公路工程公司 FOSHAN HIGHWAY ENGINEERING CO.	108144
14	广州市公路局公路工程公司 GUANGZHOU HIGHWAY BUREAU HIGHWAY ENGINEERING CO.	101393
15	汕头市达濠区市政工程总公司 SHANTOU DAHAO DISTRICT MUNICIPAL ENGINEERING GENERAL CO.	97804
16	深圳市金众股份有限公司 SHENZHEN JINZHONG CO., LTD	97392
17	铁道部建厂工程局深圳建筑工程处 SHENZHEN CONSTRUCTION ENGINEERING DEPARTMENT OF RAILWAY MINISTRY CONSTRUCTION ENGINEERING BUREAU	96545
18	佛山市房屋建筑工程总公司 FOSHAN BUILDING CONSTRUCTION ENGINEERING CO.	93580
19	开平市二建集团股份有限公司 KAIPING SECOND CONSTRUCTION GROUP CO., LIMITED	92064
20	广东省电力工业局第一工程局 GUANGDONG ELECTRIC POWER BUREAU THE FIRST ENGINEERING BUREAU	92012
21	广州市住宅建设发展有限公司 GUANGZHOU RESIDENCE CONSTRUCTION DEVELOPMENT LIMITED CO.	90489
22	中山市市政工程公司 ZHONGSHAN MUNICIPAL ENGINEERING CORP	89500
23	汕头市达濠建筑总公司 SHANTOU CITY DAHAO BUILDING GENERAL CO.	89459
24	深圳市建业建筑工程有限公司 SHENZHEN JIANYE CONSTRUCTION ENGINEERING CO., LTD.	88927
25	番禺市建筑安装工程公司 PANYU CONSTRUCTION & INSTALLATION ENGINEERING CO.	85605
26	广州市自来水专业工程队 GUANGZHOU TAP WATER SUPPLY SPECIALITY ENGINEERING TEAM	85377
27	深圳市特皓股份公司 SHENZHEN TEHAO CO., LTD.	83535
28	江门市开平市建安集团有限公司 KAIPING CONSTUCYION & INSTALLATION GROUP CO. LTD. OF JIANGMEN	81334
29	广东省工业设备安装公司 GUANGDONG INDUSTRIAL EQUIPMENT INSTALLATION COMPANY	80544
30	广州市建筑置业公司 GUANGZHOU CONSTRUCTION & REAL ESTATE COMPANY	79737
31	茂名石油化工公司建设公司 CONSTRUCTION ENGINEERING COMPANY OF SINOPEC MAOMING PETROCHEMICAL CORPORATION	78710
32	广东省水利水电第二工程局 NO. 2 WATER CONSERVANCY AND HYDROELECTRIC ENGINEERING BUREAU OF GUANGDONG PROVINCE	78668
33	广东省水利水电第二工程局深圳工程分公司 SHENZHEN BRANCH OF NO. 2 WATER CONSERVANCY AND HYDROELECTRIC ENGINEERING BUREAU OF GUANGDONG PROVINCE	77223
34	广东火电工程总公司 GUANGDONG THERMAL POWER ENGINEERING GENERAL COMPANY	75172
35	广州市第三建筑工程有限公司 GUANGZHOU NO. 3 CONSTRUCTION ENGINEERING CO., LTD.	74742
36	深圳市机电设备安装股份有限公司 SHENZHEN MACHANICAL & ELECTRICAL EQUIPMENT INSTALLATION SHARE HOLDING CO., LTD.	73175
37	南海市第二建筑工程总公司 NANHAI SECOND CONSTRUCTION ENGINEERING GENERAL CO.	72738
38	广州市建筑机械施工有限公司 GUANGZHOU BUILDING MACHINERY CONSTRUCTION CO., LTD.	69946
39	广东省第七建筑工程公司 GUANGDONG NO. 7 CONSTRUCTION ENGINEERING CO.	69501
40	深圳华泰企业公司 SHENZHEN HUATAI ENTERPRISE CO.	66616
41	广东省第三建筑工程公司 THE THIRD CONSTUCTION ENGINEERING CORPORATION OF GUANGDONG PROVINCE	65774
42	深圳市越众实业股份有限公司 SHENZHEN YUEZHONG INDUSTRY SHARE HOLDING CO., LTD.	63060
43	广州市第四建筑工程有限公司 GUANGZHOU NO. 4 CONSTRUCTION ENGINEERING CO., LTD.	59231
44	汕头市市政工程总公司 SHANTOU MUNICIPAL ENGINEEING GENERAL CORP.	58857
45	广州白云第一建筑集团公司 GUANGZHOU BAIYUN NO. 1 CONSTRUCTION GROUP CO.	57184
46	广东省航务工程总公司 GUANGDONG NAVIGATIONAL FAIRS ENGINEERING GENERAL CO.	56912
47	汕头市建筑工程总公司 SHANTOU CONSTRUCTION ENGINEERING GENERAL CO.	56724
48	惠州市公路建设总公司 HUIZHOU HIGHWAY CONSTRUCTION GENERAL CO.	55797
49	中建三局深圳第一建筑安装工程公司 SHENZHEN FIRST CONSTRUCTION INSTALLATION ENGINEERING CO. OF CHINA CONSTRUCTION THIRD BUREAU	54997
50	汕头市建安（集团）公司 SHANTOU CONSTRUCTION & INSTALLATION GROUP CO.	53519

主要统计指标解释

建筑业统计单位 指从事房屋、构筑物建造和设备安装活动的生产单位。根据不同的组织方式，建筑业统计的调查单位可分为法人建筑业企业和附营建筑活动单位。法人建筑业企业是指专门组织的独立核算的法人建筑业企业。它应同时具备的条件是：①依法成立，有自己的名称、组织机构和场所，能够承担民事责任；②独立拥有和使用资产，承担负债，有权与其它单位签订合同；③独立核算盈亏，能够编制资产负债表。附营建筑活动单位是指建筑业以外行业的企业、事业单位为完成本单位固定资产建造任务而自行组织的建筑施工单位。它应同时具备的条件是：①具有一个场所，从事或主要从事建筑安装活动；②单独组织生产经营活动；③在企业内部单独核算收支。

建筑业总产值（即自行完成施工产值） 指建筑业企业或附营建筑施工单位自行完成的按工程进度计算的建筑安装生产总值。建筑业产值包括：

①建筑工程产值：指列入建筑工程预算内的各种工程价值。

②设备安装工程产值：指设备安装工程价值。

③房屋、构筑物修理产值：指房屋、构筑物修理所完成的价值，但不包括被修理房屋、构筑物本身的价值和生产设备修理价值。

④非标准设备制造产值：指加工制造没有定型的、非标准的生产设备的加工费和原材料价值，不论是现场还是附属加工厂为本单位承建工程制造的非标准设备的价值，都应计算产值。

竣工产值 指在报告期内，按照设计所规定的工程内容全部完成，达到了设计规定的交工条件，经有关部门检查验收鉴定合格的单位工程价值之和。

建筑业增加值 指建筑业企业在报告期内以货币表现的建筑业生产经营活动的最终成果。目前建筑业增加值采用分配法计算，即从收入的角度出发，根据生产要素在生产过程中应得的收入份额计算。具体计算公式为：

建筑业增加值＝本年提取的固定资产折旧＋主管业务应付工资＋主管业务应付福利费＋管理费用中的劳动待业保险金＋管理费用中的税金＋工程结算税金及附加＋营业利润。

房屋建筑施工面积 指在报告期内施工的全部房屋建筑面积。包括本期内新开工的、上期施工跨入本期继续施工、上期停建本期复工的房屋建筑面积；不包括上期开工后又停工，本期未施工的房屋建筑面积。

房屋建筑竣工面积 指在报告期内，按照设计所规定的工程内容全部完成，达到了设计规定的交工条件，经有关部门检查验收鉴定合格的房屋建筑面积。

自有机械设备年末总台数 指归本企业（或单位）所有，属于本企业固定资产的生产性机械设备年末总台数。包括施工机械、生产设备、运输设备以及其它设备。

自有机械设备年末总功率 指本企业（或单位）自有施工机械、生产设备、运输设备以及其它设备等列为在册固定资产的生产性机械设备年末总功率，按设定能力或查定能力计算。包括机械本身的动力和为该机械服务的单独动力设备，如电动机等。计算单位用千瓦，动力换算可按1马力＝0.735千瓦折合成千瓦数。电焊机、变压器、锅炉不计算动力。

工程结算收入 指企业（或单位）按工程的分部分项自行完成的建筑产品价值并已与甲方在报告期内办理结算手续的工程价款收入，以及向甲方收取的除工程价款以外的按规定列作营业收入的各种款项，如临时设施费、劳动保险费、施工机械调迁费等以及向甲方收取的各种索赔款。

工程结算成本 指在报告期内与发包单位办理工程价款结算的已完工程实际成本。

企业总收入 指与企业生产经营直接有关的各项收入，包括工程结算收入和其他业务收入，即：

企业总收入＝工程结算收入＋其他业务收入

Explanatory Notes on Main Statistical Indicator

Statistical Unit in Construction refers to the establishment engaged in the construction of buildings and structures and in the installation of equipment. They can be divided into two categories: corporate construction enterprises and affiliated construction units, depending upon their way of organization. A corporate construction enterprise is a legal entity with independent accounting systems, especially set up to undertake construction activities. It should meet the following 3 requirements: ①being set up in line with relevant legal basis, having its full name, organizaion and location, and capable of taking civil liabilities; ②independently possessing and using its assets and assuming is liabilities, and entitled to sign contracts with other institutions; and ③making independent accounts of its profits and losses, and capable of compiling its own balance sheet. On the other hand, the affiliated construction units are subsidiary constructing units that are established by enterprises or institutions in other industries to take construction prjects to build up their fixed assets. They should also meet 3 requirements: ①engaged exclusively or mainly in construction and installation activities with a fixed site; ②organizing independently their production/management; and ③with independent accounting capability in the enterprises to which they are attached.

Gross Output Value of Construction (Output Value of Projects Under Construction) refers to the gross output value of construction and installation projects that are undertaken by construction enterprises or affiliated constructing units, calculated in line with the planned schedule. It inclueds:

(1) Output value of construction projects, that is the value of projects covered by the project budgets;

(2) Output value of installation projects, that is the value of the installation of equipment;

(3) Output value of repair of buildings and structures, that is the value created through the repairs of buildings or structures, but does not include the value of buildings or structures being repaired and the value of the repair of production equipment;

(4)Output value of manufactured non-standard equipment, that is the value of non-standard production equipment (including raw materials and manufacturing cost) made for the construction project, irrespective of whether the equipment is manufactured on the construction site or by subsidiary workshops.

Output Value of Building Completed refers to the sum of values of unit projects that completed in the reference period in accordance with the requirments of the design, up to the standard for putting them into use, and have been checked and accepted by concerned departments as qualiified ones.

Value Added of Construction refers to the final result of the activities of production and management of construction in monetary terms in the reference period. At present, the value added off construction is calculated with the method of distrbution. In other words, it is the sum of incomes of various production factors in the production process. The formual is as follows:

Value added of construction = depreciation of fixed assets in the year + main business wages payable + main business welfare expenses payable + insurance premium for waiting for employment in the administrative expenses + tax in the administrative expense + taxes and surcharges on project settlement + Operating profit.

Floor Space of Buildings Under Construction refers to floor space of buildings under construction during the reference period, including newly started buildings, buildings started earlier and continued during the reference period, and buildings suspended earlier but restarted during the reference period.

Buildings started and then suspended earlier that have not been restarted during the reference time are excluded.

Floor Space of Buildings Completed refers to the floor space of buildings that are completed in the reference period in accordance with the requirements of the design, up to the standard for putting them into use. and have been checked and accepted by concerned departments as qualified ones.

Total Number of Machinery and Equipment Owned by the Construction Enterprises (or Units) by the End of year refers to the number of machines and equipment owned by the enterprises (or units), and listed as the fixed assets of the enterprises (or units) by the end of the year, including machinery and equipment for construction, production and transportation.

The Power of the Machinery and Equipment Owned by the Construction Enterpriises (or units) by the End of year refers to the total power of machinery and equipment owned by the enterprises (or units), and listed as the fixed assets of the enterprises (or units) by the end of the year, including machinery and equipment for construction, production and transportation. The power of the machinery is calculated on the basis of the designed or verified capacity, covering the power of the machinery/equipment and the separate power equipment serving the machinery/equipment (such as electric motors), but excluding welders, transformers and boilers. The units used for the calculation of power is kilowatt, with horsepower converted to kilowatt by 1 horsepower=0.735 kilowatt.

Income from Settlement of Projects refers to the income received by the construction enterprise/unit from the completed portion of the project through settlement procedures with the contractee during the reference period, and other charges to the contractee as operational costs, such as facillity fee, labour insurance premium, moving cost of construction unit, as well as various types of claims to the contractee.

Cost of Settlement of Projects refers to the actual cost of the completed projects through settlement procedures with the contractee during the reference period.

Total Revenue of Enterpprises refers to the sum of income from production and operation of enterprises, including income from settlement of projects and other operational income, namely:

$$\frac{\text{Total Revenue}}{\text{of Enterprise}} = \frac{\text{Income from Settlement}}{\text{of Projects}} + \text{Other Operational Income}$$

十四　运输、邮电

TRANSPORTATION,POSTAL AND TELECOMMUNICATION SERVICES

简要说明

一、本篇资料反映广东运输、邮电通信业发展的基本状况。

交通运输业资料主要包括：五种运输方式的线路里程、运输设备拥有量、各种运输方式完成的货物运输量和旅客运输量、港口设备拥有量、港口货物吞吐量、运输主要技术经济指标等。

邮电通信业资料主要包括：邮电业务量、邮电通信工具、邮电通信网、企业主要财务指标、邮电通信水平等。

二、本篇资料由广东省统计局工业交通统计处整理、编辑。

三、资料分别来源于各市统计局以及省内铁路、交通、邮电等部门。管道运输资料由有关管道运输单位提供。

TRANSPORTATION,POSTAL AND TELECOMMUNICATION SERVICES

Brief Introduction

Ⅰ. The data in this chapter cover mainly the basic conditions of the development of transport, post and elecommunications in Guandong Province.

The data on transport cover mainly the length of the routes of five means of transportation, the ownership of the transport equipment, the freight traffic and passenger traffic accomplished by various means of transportation, the ownership of the port equipment, the cargo handled at ports, the main technological and economic indicators of transport, etc.

The data on post and telecommunications cover mainly the postal and telecommunication services, means of post and telecommumications, network of post and telecommumications, main financial indicators of postal and telecommunication enterprises and the level of the development of the postal and telecommcnication services, etc.

Ⅱ. The data in this chaper are prepared and compiled by the Division of Indusrial and Transportation Statisics of the Statisical Bureau of guangdong Province.

Ⅲ. The data in this chaper come respectively from the statistical bureaus of cities and the provincial departments of railways, transportation, post and telecommunications, etc. Thedata on the pipeline transport are provided by Maoming Petrochemical Corporation and Guangzhou Petrochemical Corporation.

14-1 运输邮电主要指标
MAIN INDICATORS OF TRANSPORTATION, POSTAL AND TELECOMMUNICATION SERVICES

指 标	Item	1990	1995	1997	1998	1998比1997增长% Increase Rate in 1998 over 1997
铁路营业里程 (公里)	Length of Railways in Operation (km)	1287	1861	2051	2028	－1.1
公路通车里程 (公里)	Length of Highways (km)	54671	84563	91862	92713	0.9
内河通航里程 (公里)	Length of Navigable Inland Waterways (km)	10857	10808	10808	10808	
民航航线里程 (公里)	Length of Civil Aviation Routes (km)	107979	296226	463953	456473	－1.6
港口码头泊位 (个)	Number of Berths in Coastal Ports (unit)	1938	2285	2368	2339	－1.2
#万吨级泊位 (个)	Berths at 10000 ton Class (unit)	61	93	106	116	9.4
码头泊位长度 (米)	Length of Quay Line (m)	81605	111262	128668	129563	0.7
公路桥梁 (座)	Highway Bridges (unit)	11067	15859	17373	18589	7.0
#永久式 (座)	Permanent (unit)	10996	15806	17319	18578	7.3
民用汽车 (辆)	Civil Motor Vehicles (unit)	402086	1147348	1234317	1355074	9.8
机动船艘数 (艘)	Number of Motor Vessels (unit)	40473	33117	29250	22899	－21.7
吨位数 (净载重吨)	Tonnage (deadweight ton)	7611980	7888261	6567844	5393301	－17.9
民用飞机 (架)	Civil Aircraft (unit)	73	97	94	95	1.1
邮电局所 (处)	Number of Post and Telecommunication Office	2573	3580	3978		
长途自动交换机容量(路)	Capacity of Automatic Long-distance Telephone Exchanges (line)	38030	449548	530068	541150	2.1
电话交换机总容量(万门)	Total Capacity of Telephone Exchanges (10000 lines)	180.7	1007.1	1405.3	1530.5	8.9
#市话交换机容量	Capacity of Urban Telephone Exchanges	108.9	569.8	881.0	936.7	6.3
电话机总数 (万部)	Number of Telephone sets (10000 unit)	155.43	729.93	1005.43	1145.18	13.9
平均百人电话拥有量(部/百人)	Number of Telephone Sets Owned Per 100 Persons (unit/100 persons)	2.45	10.63	17.75	21.33	20.2
长途电话电路 (路)	Number of Long-distance Telephone Lines (line)	20845	159162	205748	271933	32.2
客运量 (万人)	Passenger Traffic (10000 persons)	78046	130998	123649	132462	7.1
旅客周转量 (亿人公里)	Passenger-Kilometers (100 million passenger km)	453.21	936.29	957.20	994.84	3.9
货运量 (万吨)	Freight Traffic (10000 tons)	85809	111063	99763	101933	2.2
货物周转量 (亿吨公里)	Freight Ton-kilometers (100 million ton-km)	2598.88	4642.91	3837.78	3453.92	－10.0
港口货物吞吐量 (万吨)	Volume of Freight Hndled in Coastal Ports (10000 tons)	11904	18933	20358	20863	2.5
港口旅客吞吐量 (万人)	Volume of Passengers Handled in Coastal Ports (10000 persons)	2686	2795	2144	1887	－12.0
航站旅客吞吐量 (万人)	Volume of Passenger Handled at Airports (10000 persons)	687	1963	1981	2010	1.5
邮电业务总量(亿元)(1990年不变价)	Business Volume of Post and Telecommuunications (100 million yuan)(1990 constant prices)	26.30	204.93	330.38	418.18	26.6

14-2 全社会旅客运输量
TOTAL PASSENGER TRAFFIC

年份 Year	客运量(万人) Passenger Traffic(10000 Persons)					旅客周转量(亿人公里) Passenger—Kilometers(100 million passenger km)				
	合计 Total	铁路 Railways	公路 Highways	水路 Waterways	民航 Civil Aviation	合计 Total	铁路 Railways	公路 Highways	水路 Waterways	民航 Civil Aviation
1985	49848	3357	41826	4427	238	270.23	50.41	178.27	20.46	21.09
1986	126890	3742	113561	9295	292	450.35	56.70	346.81	19.82	27.02
1987	158715	4129	144684	9557	345	796.86	66.98	678.04	21.20	30.64
1988	218915	4828	204278	9420	389	402.34	82.53	261.18	22.43	36.20
1989	66727	4882	58110	3377	358	447.62	84.38	309.25	20.50	33.49
1990	78046	4467	70681	2428	470	453.21	82.56	307.40	19.68	43.57
1991	83460	5004	75570	2317	569	526.66	102.11	348.85	20.89	54.81
1992	93678	6243	83128	3503	804	624.55	131.99	385.76	25.75	81.05
1993	95468	6835	84708	3078	847	696.92	161.04	422.88	25.60	87.40
1994	125036	6920	111447	5636	1033	929.48	164.11	619.52	33.21	112.64
1995	130998	6283	118406	5146	1163	936.29	163.11	613.07	31.13	128.98
1996	128831	5593	117815	4232	1191	938.65	153.86	626.60	20.65	137.54
1997	123649	6201	113259	3032	1157	957.20	177.61	616.48	17.21	145.90
1998	132462	6743	121795	2729	1195	994.84	194.16	630.65	13.87	156.16

14-3 全社会货物运输量
TOTAL FREIGHT TRAFFIC

年份 Year	货运量(万吨) Freight Traffic(10000 tons)						货物周转量(亿吨公里) Freight Ton—Kilometers(100 million ton—km)					
	合计 Total	铁路 Railways	公路 Highways	水路 Waterways	民航 Civil Aviation	管道 Pipelines	合计 Total	铁路 Railways	公路 Highways	水路 Waterways	民航 Civil Aviation	管道 Pipelines
1984	33152	2844	18984	10467	3	854	1618.72	91.51	75.75	1445.95	0.26	5.25
1985	58726	3000	42813	12045	4	864	1767.86	102.29	156.45	1503.47	0.38	5.27
1986	65078	4269	49030	10831	4	944	1845.33	130.02	127.28	1581.60	0.45	5.98
1987	74571	4493	57393	11664	5	1016	1982.59	142.56	179.41	1653.81	0.54	6.27
1988	79811	4504	57717	16583	6	1001	2209.11	151.55	216.22	1834.41	0.67	6.26
1989	85054	4888	63254	15820	6	1086	2419.57	168.39	301.16	1942.79	0.71	6.52
1990	85809	4803	63709	16198	8	1091	2598.88	179.54	346.27	2065.69	0.90	6.48
1991	94136	5347	69784	17718	10	1277	3181.83	206.18	386.49	2580.79	1.06	7.31
1992	113119	6089	84181	21346	12	1491	3560.59	239.34	583.36	2727.97	1.41	8.51
1993	125273	6595	87567	29660	14	1437	3797.09	261.91	428.17	3097.19	1.70	8.12
1994	119901	6971	81361	30165	20	1384	4326.09	280.31	443.54	3592.35	2.39	7.50
1995	111063	7634	68884	32952	21	1572	4642.91	290.78	352.45	3990.19	2.75	6.74
1996	95598	8138	60131	25699	24	1606	3761.09	294.12	327.81	3129.27	3.27	6.62
1997	99763	8430	62728	26873	25	1707	3837.78	294.45	341.08	3185.26	3.99	13.00
1998	101933	8288	65682	25669	28	2266	3453.92	290.65	371.08	2750.19	4.90	37.10

14-4 客货运输量和邮电业务总量
PASSENGER AND FREIGHT TRAFFIC AND BUSINESS VOLUME OF POST AND TELECOMMUNICATIONS

年份 Year	客运量（万人） Passenger Traffic (10000 persons)	旅客周转量（亿人公里） Passenger-kilometers (100 million passengers)	货运量（万吨） Freight Traffic (10000 tons)	货物周转量（亿吨公里） Freight Ton-kilometers (100 million ton-km)	沿海主要港口货物吞吐量（万吨） Volume of Freight Handled in Major Coastal Ports (10000 tons)	邮电业务总量（亿元） Business Volume of Post and Telecommunications (100 million yuan)
1952	2229	10.97	856	14.55	358	0.35
1957	5972	27.17	3942	47.48	1137	0.60
1962	8892	38.06	4940	58.93	1326	1.15
1965	7721	31.36	7196	128.33	1798	1.03
1970	9189	40.92	9518	341.67	1667	1.06
1975	12646	59.21	13216	803.69	2188	1.36
1978	15906	75.89	15204	1038.88	2786	1.59
1979	18279	93.74	14004	1437.96	3056	1.70
1980	21444	113.62	14201	1412.67	3075	1.86
1981	23028	126.00	13088	1191.19	3167	2.03
1982	27558	140.93	13690	1249.84	3502	2.08
1983	29535	157.67	13739	1375.89	3642	2.31
1984	35366	197.98	13738	1359.24	3739	2.76
1985	38603	233.85	15004	1607.96	5073	3.63
1986	34742	222.18	15660	1700.16	5431	4.50
1987	36185	255.60	17287	1877.86	6300	6.18
1988	37476	298.79	19173	1953.57	7075	13.46
1989	34633	292.16	19434	2090.81	7231	18.30
1990	34152	301.08	18792	2214.38	6895	26.30
1991	36720	349.89	20800	2752.17	7828	38.89
1992	41667	426.45	23409	2916.95	9010	57.06
1993	45650	473.64	25043	3029.90	10753	94.25
1994	46551	533.14	24838	3642.45	11793	142.78
1995	49220	556.17	24636	3363.32	11904	204.93
1996	49602	555.82	24599	3184.92	11863	265.56
1997	55050	601.97	24664	3204.70	12384	330.38
1998	66386	673.91	24155	2693.22	12866	418.18

注：1. 邮电业务总量按 1990 年不变价格计算。 2. 本表统计范围为交通系统内。
Note: a) Business volume of post and telecommunications is calculcated at 1990 constant prices.
b) The statistical coverage in this table is within the transportation departments.

14-5 交通部门客货运输量
PASSENGER AND FREIGHT TRAFFIC IN TRANSPORTATION DEPARTMENT

项　　目	Item	1980	1985	1990	1995	1997	1998
一、客　运　量（万人）	**Passenger Traffic（10000 persons）**	**21444**	**38603**	**34152**	**49220**	**55050**	**66386**
铁　路	Railways	2811	3545	4467	6283	6201	6743
公　路	Highways	15829	32485	27358	40005	46247	57148
水　路	Waterways	2714	2340	1857	1769	1445	1300
民　航	Civil Aviation	90	233	470	1163	1157	1195
二、旅客周转量（亿人公里）	**Passenger-Kilometers （100 million passenger. km）**	**113.62**	**233.85**	**301.08**	**556.17**	**601.97**	**673.91**
铁　路	Railways	28.52	52.57	82.57	163.11	177.61	194.16
公　路	Highways	62.71	142.22	157.02	249.38	270.20	316.54
水　路	Waterways	17.11	18.40	17.92	14.71	8.26	7.05
民　航	Civil Aviation	5.28	20.66	43.57	128.97	145.90	156.16
三、货　运　量　（万吨）	**Freight Traffic　（10000 tons）**	**14201**	**15004**	**18792**	**24636**	**24664**	**24155**
铁　路	Railways	3110	3444	4803	7634	8430	8288
公　路	Highways	3006	1947	1690	2019	1569	1476
水　路	Waterways	7656	8745	11200	13390	12933	12097
民　航	Civil Aviation	2	4	8	21	25	28
管　道	Pipeline	427	864	1091	1572	1707	2266
四、货物周转量（亿吨公里）	**Freight Ton-Kilometers （100million ton-km）**	**1412.67**	**1607.96**	**2214.38**	**3363.32**	**3204.70**	**2693.22**
铁　路	Railways	84.86	112.90	179.53	290.78	294.45	290.65
公　路	Highways	8.09	5.54	6.12	9.74	8.26	7.95
水　路	Waterways	1318.01	1483.88	2021.34	3053.32	2885.00	2352.62
民　航	Civil Aviation	0.10	0.37	0.90	2.75	3.99	4.90
管　道	Pipeline	1.61	5.27	6.49	6.73	13.00	37.10

14-6 运输线路长度
LENGTH OF TRANSPORTATION ROUTES

单位：公里　　(km)

项　　目	Item	1980	1985	1990	1995	1997	1998
铁路营业里程	Length of Railways in Operation	1006	1026	1287	1861	2051	2028
中央铁路	National Railways	702	703	680	684	782	773
地方铁路	Local Railways	304	323	607	1177	1269	1255
公路通车里程	Length of Highways	49405	51288	54671	84563	91862	92713
内河通航里程	Length of Navigable Inland Waterways	10808	10775	10857	10808	10808	10808
民用航空航线里程	Length of Civil Aviation Routes	23357	53668	107979	296226	463953	456473
输油汽管道里程	Length of Petroleum and Gas Pipelines	182	182	182	325	555	1515

注：从1998年开始，南海西部油田的2条输气管线纳入统计范围。
Note：since 1998，the two gas pipelines of Nanhai Western Oil Field was brought into the statistical coverage.

14-7 运输工具拥有量
NUMBER OF MEANS OF TRANSPORT OWNED

项目		Item		1990	1995	1997	1998
一、铁路		**Railways**					
铁路机车	(台)	Locomotives	(unit)	273	431	478	488
铁路客货车	(辆)	Passenger Coaches and Freight Cars	(unit)	1627	2798	2768	2900
客车	(辆)	Passenger Coaches	(unit)	1093	1710	1805	1920
货车	(辆)	Freight Cars	(unit)	534	1088	963	980
二、公路		**Highways**					
(一)民用汽车	(辆)	Civil Motor Vehicles	(unit)	402086	1147348	1234317	1355074
载客汽车	(辆)	Buses and Cars	(unit)	148023	447346	560555	626501
	(客位)		(seat)	2045643	3845569	5535849	6177601
普通载货汽车	(辆)	Ordinary Trucks	(unit)	247225	662338	638795	688178
	(吨位)		(ton)	873258	2258385	2055402	2456183
专用载货汽车	(辆)	Trucks for Special Use	(unit)	565	8321	12264	15093
	(吨位)		(ton)	7110	51847	30109	148481
其他专用汽车	(辆)	Other Vehicles for Special Use	(unit)	1938	14819	14339	14780
特种汽车	(辆)	Special Vehicles	(unit)	4335	14524	8364	10522
(二)轮胎式拖拉机	(台)	Wheeled Tractors	(unit)	327079	324955	202452	188280
#手扶拖拉机	(台)	Walking Tractors	(unit)	307447	286742	152788	141483
(三)摩托车	(辆)	Motorcycles	(unit)	797338	3429133	4458065	5264483
(四)其他机动车	(辆)	Other Motor Vehicles	(unit)	30341	52903	21304	10734
(五)载货挂车	(辆)	Articulated Trailers	(unit)	5916	3451	3039	2773
三、水运		**Waterways**					
(一)机动船	(艘)	Motor Vessels	(unit)	40473	33117	29250	22899
	(净载重吨位)		(deadweight tonnage)	7611980	7888261	6567844	5393301
	(客位)		(seat)	140616	171298	152434	153429
货船	(艘)	Cargo Vessels	(unit)	37940	30496	27002	20907
	(净载重吨位)		(deadweight tonnage)	7597033	7880904	6562376	5389677
客货船	(艘)	Passenger-Cargo Vessels	(unit)	245	642	453	169
	(净载重吨位)		(deadweight tonnage)	14947	7357	5468	3624
	(客位)		(seat)	30092	26108	18179	12763
客船	(艘)	Passenger Vessels	(unit)	1719	1516	1395	1421
	(客位)		(seat)	110524	145190	134255	140666
拖船	(艘)	Drawing Vessels	(unit)	569	463	400	402
	(千瓦)		(kw)	97747	245198	230632	225378
(二)驳船	(艘)	Barges	(unit)	5869	2014	1521	1268
	(净载重吨位)		(deadweight tonnage)	458921	601040	318001	289623
	(客位)		(seat)	987	160	299	658
(三)帆船	(艘)	Sailing Boats	(unit)	593	85	41	
	(净载重吨位)		(deadweight tonnage)	33152	4961	70	
四、民航		**Civil Avation**					
民用飞机	(架)	Number of Civil Aircraft	(unit)	73	97	94	95

14-8 各市机动车拥有量(1998年)

MOTOR VEHICLES OWNED BY CITY (1998)

单位:辆 (unit)

市别 City		总计 Total	汽车 Vehicles						摩托车 Motor-cycles	拖拉机(台) Trac-tors
				客车 Buses and Cars	普通货车 Ordinary Trucks	专用货车 Trucks for special Use	其他专用汽车 Other Trucks for Special Use	特种车 Special Vehicles		
广州	Guangzhou	1107515	300279	158392	131064	5571	3487	1765	803126	4011
深圳	Shenzhen	243705	187434	109906	70202	1820	3231	2275	56266	4
珠海	Zhuhai	76273	49359	29463	18767	394	644	91	25282	1632
汕头	Shantou	369857	55302	29576	24133	361	1157	75	307397	7158
韶关	Shaoguan	167491	28522	11173	15893	198	92	1166	125799	13170
河源	Heyuan	87338	15091	6441	8348	27	22	253	68758	3489
梅州	Meizhou	280010	25177	8479	16121	66	135	376	225758	29075
惠州	Huizhou	196734	44061	18365	23687	979	354	676	141484	11189
汕尾	Shanwei	108152	12422	6876	5012	271	3	260	91652	4078
东莞	Dongguan	499701	113435	47769	63465	969	1140	92	382010	4255
中山	Zhongshan	344934	58486	24633	32660	417	669	107	284780	1668
江门	Jiangmen	526109	67516	28402	38091	374	463	186	444903	13690
佛山	Foshan	1019966	161055	51885	103950	1340	1920	1960	851685	7226
阳江	Yangjiang	194646	14775	5890	8700	101	60	24	172648	7223
湛江	Zhanjiang	245569	51085	19279	30514	541	598	153	191009	2490
茂名	Maoming	408438	53285	18218	33758	712	286	311	340525	14628
肇庆	Zhaoqing	283237	29168	12497	16203	194	195	79	240693	13376
清远	Qingyuan	199465	27164	11040	15100	309	177	538	139014	33287
潮州	Chaozhou	138399	19431	7994	11117	150	115	55	112221	6747
揭阳	Jieyang	161535	21819	11170	10446	128	32	43	130140	9576
云浮	Yunfu	159497	20208	9053	10947	171		37	129333	9956

14-9 各市公路基本情况(1998年)

BASIC CONDITIONS OF HIGHWAYS BY CITY (1998)

单位:公里 (km)

市别 City		通车里程 Length of Highways	按等级分 by Class		按路面分 by Pavement		晴雨通车里程 Length of Highways in Any Weathers	桥梁 Bridges	
			等级路 Expressways and Class I to IV Highways	等外路 Highways Below Class IV	有路面里程 Paved Highways	无路面里程 Not-paved Highways		座 Unit	米 Meter
广州	Guangzhou	4367	3047	1320	4080	287	4367	1503	64095
深圳	Shenzhen	1102	1100	2	1099	3	1099	380	13750
珠海	Zhuhai	864	824	40	864		846	225	17833
汕头	Shantou	1533	1495	38	1533		1508	370	11086
韶关	Shaoguan	8383	6662	1721	8191	192	8204	1073	31896
河源	Heyuan	8395	7363	1032	8277	118	7771	1157	32582
梅州	Meizhou	8744	7854	890	8681	63	8681	1704	43599
惠州	Huizhou	6563	6327	236	6563		6551	1063	34233
汕尾	Shanwei	2156	2023	133	1887	269	2044	531	14802
东莞	Dongguan	1971	1880	91	1960	11	1963	455	34528
中山	Zhongshan	742	672	70	742		742	404	22105
江门	Jiangmen	3971	3941	30	3971		3930	1181	41472
佛山	Foshan	3248	2964	284	3248		3248	1072	71694
阳江	Yangjiang	3197	3037	160	2770	427	3197	624	22336
湛江	Zhanjiang	6364	4989	1375	6024	340	6364	636	21676
茂名	Maoming	7445	7049	396	7166	279	7141	1612	44998
肇庆	Zhaoqing	6602	6375	227	6602		6496	1031	32401
清远	Qingyuan	8248	7190	1058	8172	76	8163	1316	52456
潮州	Chaozhou	1775	1411	364	1775		1734	391	13056
揭阳	Jieyang	3038	2775	263	3038		3037	767	23605
云浮	Yunfu	3195	2998	197	3076	119	3195	629	16863
高速公路公司		810	810		810		810	465	83451

14-10 公路通车里程和桥梁数

LENGTH OF HIGHWAYS AND NUMBER OF BRIDGES

项　　目		Item		1990	1995	1997	1998
一、通车里程	**（公里）**	**Length of Highways**	**（km）**	**54671**	**84563**	**91862**	**92713**
#晴雨通车里程		Length of Highways in All Weathers		49773	78974	87467	91091
（一）按等级分		By Class					
1.等级路		Expressways and Class Ⅰ to Ⅳ Highways		37086	70413	79430	82786
高速公路		Expressways		23	358	785	810
一　级		First Class		106	2731	4053	4766
二　级		Second Class		1898	6374	10299	10927
三　级		Third Class		3195	5190	6215	8280
四　级		Fourth Class		31864	55760	58078	58003
2.等外公路		Highways below Class Ⅳ		17585	14150	12432	9927
（二）按路面分		By Pavement					
1.有路面里程		Paved Highways		46850	77879	85717	90529
高级、次高级		High Class，Second-high Class		12008	22565	29376	32936
中　级		Medium Class		10923	13860	13582	14300
低　级		Low Class		23919	41454	42759	43293
2.无路面里程		Not-paved Highways		7821	6684	6145	2184
二、桥　　梁	**（座）**	**Bridges**	**（unit）**	**11067**	**15859**	**17373**	**18589**
	（米）		**（m）**	**329729**	**569525**	**661499**	**744517**
#永久式	（座）	Permanent	（unit）	10996	15806	17319	18578
	（米）		（m）	327618	568022	660038	744256
半永久式	（座）	Semi-permanent	（unit）	53	43	42	11
	（米）		（m）	1602	1327	1207	261
三、渡　　口	**（个）**	**Ferries**	**（unit）**	**42**	**37**	**32**	**33**

14-11 输油(气)管道长度和运输量

LENGTH AND TRAFFIC OF PETROLEUM AND GAS PIPELINES

项目		Item		1990	1995	1997	1998
总计		**Total**					
条数	(条)	Number of Pipelines	(unit)	9	26	33	44
输油(气)里程	(公里)	Length of Pipelines	(km)	181.85	324.90	555.32	1515.45
输油(气)延展里程	(公里)	Extention Length of Pipelines	(km)	192.25	339.68	570.90	1523.03
输油(气)量	(万吨)	Pipeline Traffic	(10000 tons)	1091	1572	1707	2266
输油(气)周转量	(万吨公里)	Ton-kilometers	(10000 ton-km)	64863	67382	130017	371024
一、输原油管道		**Crude Oil Pipelines**					
条数	(条)	Number of Pipelines	(unit)	1	4	4	5
输油里程	(公里)	Length of Pipelines	(km)	105.09	173.79	340.29	342.77
输油延展里程	(公里)	Extention Length of Pipelines	(km)	115.49	186.97	353.47	355.95
输油量	(万吨)	Pipeline Traffic	(10000 tons)	568	1134	1241	1342
输油周转量	(万吨公里)	Ton-kilometers	(10000 ton-km)	59707	64063	125067	134595
二、成品油管道		**Refined Oil Pipelines**					
条数	(条)	Number of Pipelines	(unit)	8	22	23	28
输油里程	(公里)	Length of Pipelines	(km)	76.76	151.11	188.92	200.78
输油延展里程	(公里)	Extention Length of Pipelines	(km)	76.76	152.71	191.32	203.18
输油量	(万吨)	Pipeline Traffic	(10000 tons)	523	438	454	552
输油周转量	(万吨公里)	Ton-kilometers	(10000 ton-km)	5156	3319	4838	5705
三、输气管道		**Gas Pipelines**					
条数	(条)	Number of Pipelines	(unit)			6	8
输气里程	(公里)	Length of Pipelines	(km)			26.11	895.10
输气延展里程	(公里)	Extention Length of Pipelines	(km)			26.11	895.10
输气量	(万吨)	Pipeline Traffic	(10000 tons)			12	357
输气周转量	(万吨公里)	Ton-kilometers	((10000 ton-km)			112	230341

14-12 民航航站吞吐量

VOLUME OF CIVIL AVIATION HANDLED AT AIRPORTS

年份 Year	合计 Total			进港 Entry			出港 Exit		
	架次(万次) Sorties (10000 sorties)	旅客(万人) Passeneger Traffic (10000 persons)	货、邮、行(万吨) Freight Traffic (10000 tons)	架次(万次) Sorties (10000 sorties)	旅客(万人) Passeneger Traffic (10000 persons)	货、邮、行(万吨) Freight Traffic (10000 tons)	架次(万次) Sorties (10000 sorties)	旅客(万人) Passeneger Traffic (10000 persons)	货、邮、行(万吨) Freight Traffic (10000 tons)
1980	1.6	161	2.9	0.8	81	1.4	0.8	80	1.5
1985	4.0	318	6.2	2.0	160	3.0	2.0	158	3.2
1990	6.2	687	13.5	3.1	343	5.9	3.1	344	7.6
1995	17.7	1963	39.5	8.8	963	14.1	8.9	1000	25.4
1996	18.2	2025	45.6	9.1	993	15.9	9.1	1032	29.7
1997	19.0	1981	49.0	9.5	974	16.7	9.5	1007	32.3
1998	20.8	2010	55.8	10.4	986	20.8	10.4	1024	35.0

14-13 货物吞吐量(全港)

VOLUME OF FREIGHT HANDLED (WHOLE PORTS)

单位:万吨 (10000 tons)

项目	Item	1980	1985	1990	1995	1997	1998
总计	**Total**	**7059**	**8811**	**11904**	**18933**	**20358**	**20863**
一、沿海主要港口合计	**Total Volume in Major Constal Ports**	**3075**	**5073**	**6895**	**11904**	**12384**	**12866**
广州港	Guangzhou	1824	3446	4163	7299	7518	7863
湛江港	Zhanjiang	1075	1231	1557	1895	2050	1844
汕头港	Shantou	176	201	279	716	884	904
蛇口港	Shekou		130	480	1001	659	472
赤湾港	Chiwan		65	412	777	674	596
妈湾港	Mawan			4	149	237	232
盐田港	Yantian				67	362	555
SCT 码头	SCT Port						400
二、地方港口合计	**Total Volume in Local Ports**	**3984**	**3738**	**5009**	**7029**	**7974**	**7997**
广州	Guangzhou	283	255	936	1042	871	853
深圳	Shenzhen	30	131	267	1018	1129	1103
珠海	Zhuhai		155	269	467	724	645
汕头	Shantou	523	224	279	221	383	331
韶关	Shaoguan	75	44	72	129	146	141
河源	Heyuan		72	90	22	43	62
梅州	Meizhou	206	134	92	223	216	218
惠州	Huizhou	524	107	83	41	19	15
汕尾	Shanwei		27	46	55	52	43
东莞	Dongguan		276	314	317	437	516
中山	Zhongshan		239	300	357	482	564
江门	Jiangmen		494	615	767	735	820
佛山	Foshan	1309	552	675	774	928	921
阳江	Yangjiang		31	19	33	32	27
湛江	Zhanjiang	266	177	260	424	383	412
茂名	Maoming		34	42	345	599	515
肇庆	Zhaoqing	500	503	421	225	210	191
清远	Qingyuan	268	240	201	243	217	189
潮州	Chaozhou		43	28	28	53	54
揭阳	Jieyang				31	121	191
云浮	Yunfu				187	129	128
省航务管理局	Port Administration Bureau of Guangdong Province				80	65	58

14-14 货物吞吐量(本港)
VOLUME OF FREIGHT HANDLED (LOCAL PORTS)

单位:万吨 (10000 tons)

项目	Item	1990	1995	1997	1998
合计	**Total**	**7598**	**12927**	**13811**	**13772**
一、沿海主要港口	**Total Volume in Major Coastal Ports**	**5355**	**9552**	**9391**	**9687**
广州港	Guangzhou	2750	5369	5161	5328
湛江港	Zhanjiang	1511	1728	1798	1553
汕头港	Shantou	254	716	884	904
蛇口港	Shekou	478	911	659	472
赤湾港	Chiwan	358	612	290	243
妈湾港	Mawan	4	149	237	232
盐田港	Yantian		67	362	555
SCT Port	SCT Port				400
二、地方港口	**Total Volume in Local Ports**	**2243**	**3375**	**4420**	**4085**
外贸	International Trade	203	809	2150	1666
内贸	Domestic Trade	2040	2566	2270	2419
1.进口合计	Total Imports	1257	2278	3195	2995
外贸	International Trade	92	589	1728	1248
内贸	Domestic Trade	1165	1689	1467	1747
2.出口合计	Total Exports	986	1097	1225	1090
外贸	International Trade	111	220	422	418
内贸	Domestic Trade	875	877	803	672

14-15 旅客吞吐量
VOLUME OF PASSENGERS HANDLED

单位:万人 (10000 persons)

项目	Item	1980	1985	1990	1995	1997	1998
合计	**Total**	**1678.1**	**2704.2**	**2685.7**	**2794.8**	**2143.7**	**1886.5**
#出口	Exports	1660.7	1605.0	1320.6	1387.9	1062.6	946.3
一、沿海主要港口	**Major Coastal Ports**	**470.1**	**460.2**	**707.2**	**664.4**	**419.7**	**356.5**
#出口	Exports	452.7	397.0	341.7	318.2	207.6	180.3
广州港	Guangzhou	439.8	354.3	434.8	307.1	109.7	68.7
#出口	Exports	438.3	345.5	206.5	141.0	51.8	32.1
湛江港	Zhanjiang	3.7	1.8	9.2	49.1	43.0	32.9
#出口	Exports	1.7	0.8	4.4	25.4	21.0	16.6
汕头港	Shantou	26.6	21.2	33.2	12.8	2.1	0.4
#出口	Exports	12.7	10.2	15.4	6.1	0.9	0.2
蛇口港	Shekou		82.9	230.0	295.4	264.9	254.5
#出口	Exports		40.5	115.4	145.7	133.9	131.4
二、地方港口	**Local Ports**	**1208.0**	**2244.0**	**1978.5**	**2130.4**	**1724**	**1530**
#出口	Exports	1208.0	1208.0	978.9	1069.7	855	766

14-16 港 口 设 备 拥 有 量
NUMBER OF PORT FACILITIES OWNED

项目	Item	1990	1995	1997	1998
一、沿海主要港口	**Major Coastal Ports**				
码头泊位个数 (个)	Number of Berths (unit)	860	936	1062	1071
#万吨级泊位	Berths at 10000 Ton Class	60	84	94	98
码头泊位长度 (米)	Length of Quay Line (m)	49592	59519	71988	72880
浮筒数 (个)	Floats (unit)	40	32	34	34
总面积 (万平方米)	Total Area (10000 sq. m)	201.1	330.7	395.2	432.9
#仓库	Warehowses	59.6	77.3	83.4	92.1
堆场	Store Sites	138.2	247.2	304.0	336.6
总容量 (万吨)	Total Capacity (10000 tons)	368.8	836.8	965.2	804.5
#仓库	Warehouses	60.8	147.7	165.6	168.8
堆场	Store Sites	290.2	689.1	794.2	635.7
机械实有数 (台)	Actual Number of Machinery (unit)	2253	3535	3539	3430
#起重机械	Lifting Machinery	693	695	751	798
二、地方港口	**Local Ports**				
码头泊位个数 (个)	Number of Berths (unit)	1078	1349	1306	1268
#万吨级泊位	Berths at 10000 Ton Class	1	9	12	18
码头泊位长度 (米)	Length of Quay Line (m)	32013	51743	56680	56683
总面积 (万平方米)	Total Area (10000 sq. m)	97	168	277	267
#仓库	Warehouses	16	21	47	50
堆场	Store Sites	81	131	200	187
总容量 (万吨)	Total Capacity (10000 tons)	180	402	652	702
#仓库	Warehouses	23	50	143	183
堆场	Store Sites	157	352	509	519
机械实有数 (台)	Actual Number of Machinery (unit)	631	833	1100	1175
#起重机械	Lifting Machinery	252	314	366	379

14-17 沿海主要港口国际标准集装箱吞吐量
VOLUME OF INTERNATIONAL STANDARD CONTAINERS HANDLED IN MAJOR COASTAL PORTS

单位:TEU

港口名称 Name of Port	1997			1998		
	合计 Total	进口 Imports	出口 Exports	合计 Total	进口 Imports	出口 Exports
总计 Total	**1736299**	**795766**	**940533**	**2876943**	**1346247**	**1530696**
广州港 Guangzhou	687303	325189	362114	841385	401420	439965
湛江港 Zhanjiang	43672	21378	22294	33466	16106	17360
汕头港 Shantou	74228	37500	36728	63449	31470	31979
蛇口港 Shekou	75659	21846	53813	141966	48405	93561
赤湾港 Chiwan	210243	104216	106027	273227	141339	131888
妈湾港 Mawan	6798	4903	1895	27452	27452	
盐田港 Yantian	638396	280734	357662	1038074	448871	589203
SCT码头 SCT Port				457924	231184	226740

14-18 公路、水路、民航运输主要技术经济指标
PRINCIPAL ECONOMIC AND TECHNICAL INDICATORS OF HIGHWAYS,WATERWAYS AND CIVIL AVIATION

项　　目	Item	1997	1998
一、公　　路	**Highways**		
载货汽车完好率 (%)	Unharmed Rate of Truck (%)	91.1	92.9
载货汽车工作率 (%)	Operation Rate of Truck (%)	62.1	66.1
载货汽车实载率 (%)	Carrying Rate of Truck (%)	65.0	60.2
载货汽车车吨年产量 (吨公里)	Annual Production of Truck (ton-km)	30359	32353
载货汽车单车年产量 (吨公里)	Annual Production of Single Truck (ton-km)	316467	370186
载货汽车每百吨公里耗汽油(升)	Gasoline-consumption of Truck Per Hundred Ton-kilometer (liter)	6.2	6.3
载货汽车每百吨公里耗柴油(升)	Diesel-consumption of Truck Per Hundred Ton-kilometer (liter)	4.2	4.4
载客汽车完好率 (%)	Unharmed Rate of Buses and Cars (%)	95.5	96.6
载客汽车工作率 (%)	Operation Rate of Buses and Cars (%)	87.0	89.7
载客汽车实载率 (%)	Carrying Rate of Buses and Cars (%)	61.1	62.5
载客汽车车座年产量 (人公里)	Annual Seat-production of Buses and Cars (pearson-km)	57689	65135
载客汽车单车年产量 (人公里)	Annual Production of Single Busor Car (pearson-km)	1852862	1919575
二、水　　运	**Waterways**		
部直属轮船营运率 (%)	Operation Rate of Ship Directly under the Ministry (%)	97.7	96.6
部直属轮船吨船年产量 (吨公里)	Annual Freight Traffic of Ship Directly under the Ministry (ton-km)	61277	50071
地方航运轮驳船营运率 (%)	Operation Rate of Local Barge (%)	92.1	86.6
地方航运轮驳船货运吨船年产量(吨公里)	Annual Freight Traffic of Local Barge (ton-km)	13759	13765
三、民　　航	**Civil Aviation**		
飞行班次 (班次)	Number of Flight	96262	104220
飞行里程 (万公里)	Distance of Flight (10000 km)	12160	13943
飞行小时 (小时)	Time of Flight (h)	196865	222561
#运输飞机	Transportation Airplane	192746	218831
专业飞机	Special Airplane	4119	3730
载　运　率 (%)	Carrying Rate (%)	56.4	54.4
客　座　率 (%)	Seating Rate (%)	64.8	60.8

14-19 铁路运输主要技术经济指标

PRINCIPAL ECONOMIC AND TECHNICAL INDICATORS OF RAILWAY TRANSPORT

项 目	Item	1997	1998
货车周转时间 (天)	Turning Around Time of Freight Trains (day)		
羊城公司	Yangcheng Company	1.29	1.38
广深公司	Guangzhou-Shenzhen Company	1.08	1.14
省地方铁路公司 (准轨)	Guangdong Province Local Railway Company	0.64	0.65
三茂公司	Shanshui-Maoming Company	1.20	1.04
广梅汕公司	Guangzhou,Meizhou-Shantou Company	1.68	1.59
平南公司	Pinghu-Nantou Joint-stock Company	1.92	1.50
货车静载重 (吨)	Static Load of Freight Trains (ton)		
羊城公司	Yangcheng Company	54.3	54.5
广深公司	Guangzhou-Shenzhen Company	47.0	47.6
省地方铁路公司 (准轨)	Guangdong Province Local Railway Company	61.7	61.0
三茂公司	Shanshui-Maoming Company	57.3	57.5
广梅汕公司	Guangzhou,Meizhou-Shantou Company	52.2	53.9
平南公司	Pinghu-Nantou Joint-stock Company	53.3	54.9
货物列车旅行速度(公里/小时)	Running Speed of Freight Trains (km/hr)		
羊城公司	Yangcheng Company	33.6	33.4
广深公司	Guangzhou-Shenzhen Company	25.8	24.7
省地方铁路公司 (准轨)	Guangdong Province Local Railway Company	50.0	50.0
三茂公司	Shanshui-Maoming Company	28.5	30.4
广梅汕公司	Guangzhou,Meizhou-Shantou Company	30.9	30.1
平南公司	Pinghu-Nantou Joint-stock Company	24.0	26.0
货物列车运行正点率 (%)	Punctuality Rate of Freight Trains in Running (%)		
羊城公司	Yangcheng Company	96.9	97.7
广深公司	Guangzhou-Shenzhen Company	91.2	98.9
省地方铁路公司 (准轨)	Guangdong Province Local Railway Company		80.0
三茂公司	Shanshui-Maoming Company	98.3	99.1
广梅汕公司	Guangzhou,Meizhou-Shantou Company	96.1	95.1
平南公司	Pinghu-Nantou Joint-stock Company		
货运机车日产量(万吨公里)	Average Daily Ton-kilometers of Freight Locomotives (10000 ton-km)		
羊城公司	Yangcheng Company	102.9	97.7
广深公司	Guangzhou-Shenzhen Company		
省地方铁路公司 (准轨)	Guangdong Province Local Railway Company	7.9	8.4
三茂公司	Shanshui-Maoming Company	64.5	67.2
广梅汕公司	Guangzhou,Meizhou of Shantou Company	72.6	74.5
平南公司	Pinghu-Nantou Joint-stock Company		
内燃机车万吨公里耗油(千克)	Oil Comsumption of Diesel Locomotives (kg/10000 ton-km)		
羊城公司	Yangcheng Company	24.2	25.1
广深公司	Guangzhou-Shenzhen Company		
省地方铁路公司 (准轨)	Guangdong Province Local Railway Company		
三茂公司	Shanshui-Maoming Company	25.8	27.8
广梅汕公司	Guangzhou,Meizhou-Shantou Company	30.5	29.8
平南公司	Pinghu-Nantou Joint-stock Company		
电力机车万吨公里耗电(千瓦时)	Electricity Consumption of Electric Locomotives (kwh/10000 ton-km)		
羊城公司	Yangcheng Company	95.4	98.5
广深公司	Guangzhou-Shenzhen Company		
省地方铁路公司 (准轨)	Guangdong Province Local Railway Company		
三茂公司	Shanshui-Maoming Company		
广梅汕公司	Guangzhou,Meizhou-Shantou Company		
平南公司	Pinghu-Nantou Joint-stock Company		

14-20 交通运输部门主要财务指标(1998 年)
MAIN FINACIAL INDICATORS OF TRANSPORTAION DEPARTMENTS(1998)

单位:万元 (10000 yuan)

指标名称	Item	总计 Total	公路 Highway	水运 Waterway	港口 Port	铁路 Railway	民航 Civil Aviation
企业个数(个)	Number of Enterprises (unit)	121	55	23	27	6	10
#亏损企业	Loss-making Enterprises	38	12	11	8	2	5
资本金	Total Capital	3481937	102021	406659	774701	1185859	1012697
流动资产	Total Circulating Assets	2287858	160100	515256	371382	244238	996882
#存货	Inventory	246687	9399	23815	11133	21845	180495
长期投资	Long-term Investment	1016635	60040	388811	156157	36548	375079
固定资产	Total Fixed Assets	6491449	249689	648897	1099282	2070044	2423537
固定资产原价	Original Value of Fixed Assets	7451427	295881	1255253	1274858	1523735	3101700
#生产经营用	Production and Operating	6389089	222424	1107050	982181	1482409	2595025
累计折旧	Accumulated Depreciation	2345578	98163	673871	295915	343016	934613
#本年折旧	Depreciation of Current Year	494139	20631	152983	42903	56831	220791
无形及递延资产	Intangible and Deferred Assets	390002	41172	9059	283475	1446	54850
#无形资产	Intangible Assets	347241	36539	3667	268845	11	38179
资产合计	Total Assets	10210763	514725	1562099	1910766	2362834	3860339
流动负债	Liquid Liabilities	1907432	165957	401454	344325	391825	603871
长期负债	Long-term Liabilities	3747446	115843	341302	616372	682536	1991393
负债合计	Total Liabilities	5654960	281877	742757	960697	1074363	2595266
所有者权益	Creditor's Equity	4555803	232848	819342	950069	1288471	1265073
营运业务收入	Operating Revenue	2371307	159361	403087	334074	330918	1143867
营运业务成本	Operating Costs	1796358	107291	381565	187917	222865	896720
营运费用	Operating Expenses	101977	1393		56	309	100219
营运税金及附加	Tax and Extra Charges on Business Operating	69991	5456	7856	11618	11142	33919
营运业务利润	Operating Profits	287937	4522	13666	134427	96602	38720
管理费用	Management Expenses	275997	46076	52327	87123	37615	52856
#税金	Tax	5622	940	1013	1292	463	1914
财产保险费	Property Insurance	15060		12622	1754		684
劳动、待业保险金	Labor and Unemployment Insurance	56743	12948	16032	10450	11601	5712
财务费用	Financial Expenses	223631	3913	31233	21707	56531	110247
#利息支出	Interest Expenditure	192553	3963	29716	14643	58269	85962
利润总额(亏损为一)	Total Profits	-33649	6387	15836	47406	-15214	-88064
#应交所得税	Income Tax Payable	15114	1277	756	2576	419	10086
本年应付工资总额	Total Wages Payable of Current Year	374287	29770	91152	97923	96814	58628
本年应付福利费总额	Total Welfare Payable of Current Year	62659	4077	14910	19475	14363	9834

14-21 各市邮电业务总量（1998 年）

POSTAL AND TELECOMMUNICATION SERVICES BY CITY (1998)

市别 City		业务总量（万元）（1990年不变价） Business Volume (10000 yuan) (at 1990 constant price)	函件（万件） Letters (10000 Pcs)	报刊累计数（万份） Newspaper and Magazine Circulation (10000 copies)	电报（万份） Telegrams (10000 Pcs)	长途电话（万次） Long-Distance Calls (10000 sheets)	市内电话（万户） Local (Urban) Telephone Subscribers (10000 subscribers)	农村电话（万户） Rural Telephone Subscribers (10000 subscribers)
总计	**Total**	**4181750**	**90028**	**134367**	**672**	**412657**	**583**	**376**
广州	Guangzhou	860288	27959	22102	60	90356	165	24
深圳	Shenzhen	760583	16262	14325	197	85055	75	33
珠海	Zhuhai	132533	2133	2786	29	12952	20	2
汕头	Shantou	235030	2632	7757	30	23973	46	21
韶关	Shaoguan	62434	1872	4303	17	5614	21	9
河源	Heyuan	36120	1378	3036	11	3505	9	9
梅州	Meizhou	70724	1644	7230	14	5269	19	17
惠州	Huizhou	151230	3135	4111	19	15619	18	17
汕尾	Shanwei	66082	548	2859	8	4817	6	16
东莞	Dongguan	372578	10765	7153	105	50777	13	37
中山	Zhongshan	170988	3655	4340	14	15418	10	23
江门	Jiangmen	174747	2171	10598	21	14008	33	20
佛山	Foshan	362241	4107	13934	24	39576	28	49
阳江	Yangjiang	46570	873	3058	8	2634	10	8
湛江	Zhanjiang	122749	2417	5548	22	7862	29	17
茂名	Maoming	84869	2777	4324	21	7361	19	13
肇庆	Zhaoqing	72994	1669	4446	14	4985	17	7
清远	Qingyuan	51200	1027	3465	14	4062	11	6
潮州	Chaozhou	65386	930	2841	16	6082	11	17
揭阳	Jieyang	104023	1423	3676	19	9771	15	24
云浮	Yunfu	37462	651	2475	9	2961	8	7

14-22 邮电通信主要设备
MAIN FACILITIES OF POST AND TELECOMMUNICATIONS

项　目	Item	1980	1985	1990	1995	1997	1998
邮运汽车(辆)	Mail Car(unit)	247	383	613	1173	1536	1657
邮路长度(公里)	Length of Postal Routes(km)	220963	224922	96269	113240	135520	137289
农村投递路线(公里)	Length of Rural Delivery Routes(km)			142790	152152	159716	159337
电报报路(路)	Number of Telegram-lines (line)	374	462	712	1593	1503	938
长途自动交换机容量(万路)	Capacity of Long-distance Anto-exchanges(10000 lines)		0.2	3.8	45.0	53.0	54.1
自动转报设备容量(线)	Capacity of Auto-reversing Direction Eguipment(lines)				480	324	420
用户电报交换机容量(线)	Capacity of User Telegram Exchanges(lines)		1860	4068	3904	4392	4392
电话交换机容量(万门)	Total Capacity of Exchanges(10000 lines)	24.2	40.0	180.7	1007.1	1405.3	1530.5
#市话	Capacity of Local Telephone Exchanges	9.8	19.7	108.9	569.8	881.0	936.7
电话机总数(万部)	Number of Telephone Sets(10000 lines)	18.9	36.6	155.4	729.9	1005.4	1145.2
#市话	Number of Local Telephone Sets	9.2	24.2	108.0	452.5	640.2	709.0

注：1985年以前的"农村投递路线"含在"邮路长度"中。
Note: Before 1985, the "length of postal routes" included the "length of rural delivery routes".

14-23 邮电通信水平
LEVEL OF POSTAL AND TELECOMMUNICATION SERVICES

项　目		Item	1990	1995	1997	1998
全省平均每人每年发函件数	(件)	Annual Average Number of Letters Mailed Per Capita	8.7	14.4	13.9	12.6
全省平均每百人每年订报刊数	(份)	Annual Average Number of Newspaper & Magazine Subscribed per 100 Persons	16.6	18.0	16.9	15.4
电话普及率	(部/百人)	Coverage Rate of Telephone (set/per hundred persons)	2.45	10.63	17.75	21.33
设有邮电局所的乡(镇)比重	(%)	Percentage of Townships with Post and Telecommunication Offices	95.8	95.5	96.1	
已装电话交换机的乡(镇)比重	(%)	Percentage of Townships with Equipping Telephone Exchange	89.0	90.5	98.6	
已通电话的行政村比重	(%)	Percentage of Villages with Telephone Communication	77.6	96.0	97.3	99.3
进入长话自动网的县(市)比重	(%)	Percentage of Counties Connected Auto-exchange Net of Long Distance Call			100.0	100.0
进入分组交换网的县(市)比重	(%)	Percentage of Counties Connected Package Switch Net			98.7	100.0
进入数字数据网的县(市)比重	(%)	Percentage of Counties Connected Numberal Data Net			97.5	100.0
开通电子信箱的县(市)比重	(%)	Percentage of Counties with Establishing E-mail			100.0	100.0
开通电子数据交换的县(市)比重	(%)	Percentage of Counties with Establishing Electronic Data Exchange			1.1	16.5

14-24 邮电通信企业主要财务指标(1998年)

MAIN FINANCIAL INDICATORS OF POSTAL AND TELECOMMUNICATION ENTERPRISES(1998)

单位:万元 (10000 yuan)

指标	Item	合计 Total	中央邮电 National	农村电话 Rural
企业个数(个)	Number of Enterprises (unit)	332	230	102
#亏损企业	Loss-making Enterprises	213	134	79
资本金合计	Total Capital	1899386	1176265	723121
流动资产年末合计	Total Circulating Assets at Year-end	2676447	2022327	654120
长期投资年末合计	Total Long-term Investment at Year-end	174046	161555	12491
固定资产年末合计	Total Fixed Assets at Year-end	5326583	3965579	1361004
无形及递延资产年末合计	Total Intangible and Deferred Assets at Year-end	56827	56195	632
其他资产年末合计	Total Other Assets at Year-end	106	102	4
流动负债年末合计	Total Liquid Liabilities at Year-end	2100237	1662931	437306
长期负债年末合计	Long-term Liabilities at Year-end	829348	641779	187569
所有者权益年末合计	Creditor's Equity at Year-end	5304424	3901048	1403376
主营业务收入	Main Business Revenue	3200097	2436282	763815
营业成本	Business Cost	1551653	1096880	454773
营业税金及附加	Business Taxes and Surcharges	104165	79541	24624
主营业务利润	Main Business Profit	1054074	1023882	30192
其他业务利润	Other Business Profit	9168	8499	669
管理费用	Management Expenses	315820	269484	46336
财务费用	Financial Expenses	31860	21012	10848
营业利润	Business Profit	715562	741885	−26323
附属企业利润	Subsidiary Business Profit	622	622	
投资收益	Revenue from Investment	8318	7945	373
营业外收入	Non-business Income	9452	8008	1444
营业外支出	Non-business Expenditure	34752	27109	7643
利润总额	Total Profits	708809	740866	−32057

主要统计指标解释

公路里程 指在一定时期内实际达到《公路工程技术标准 JTJ01-88》规定的等级公路，并经公路主管部门正式验收交付使用的公路里程数。其计算单位为公里。它包括大中城市的郊区公路以及通过小城镇街道部分的公路里程，也包括桥梁、渡口的长度，但不包括大中城市的街道、厂矿、林区生产用道和农业生产用道的里程。两条或多条公路共同经由同一路段，只计算一次，不得重复计算里程长度。公路里程是反映公路建设发展规模的重要指标，也是计算运输网密度等指标的基础资料。

货(客)运量 指运输业实际运送的货物(旅客)数量。货运按吨计算，客运按人计算。货物不论运输距离长短，货物类型，均按实际重量统计；旅客不论行程远近或票价多少，均按一人一次作为客运量统计。半价票，小孩票也按一人统计。货(客)运量反映运输业为国民经济和人民生活服务的数量，也是制定和检查运输生产计划，研究运输发展规模和速度的重要指标。

货物(旅客)周转量 指运输业运送的货物(旅客)与其相应运输距离的乘积之和，通常以吨公里和人公里为计算单位。计算货物周转量通常按发出站与到达站之间的最短距离，也就是计费距离计算。它是反映运输业生产总成果的重要指标，也是编制和检查运输生产计划，计算运输效率，劳动生产率以及核算运输单位成本的主要基础资料。

货物吞吐量 是指经由水运进、出港区范围，并经过装卸的货物数量。货物吞吐量分别按国内进口(卸船)、出口(装船)，外贸进口、出口统计。货物吞吐量按货物实际重量吨统计，以货物交接清单或货单上记载的重量吨为准。如无实际重量吨，可根据船舶装载情况来推算。在本港区内的水运转口分别按进口和出口各计算一次吞吐量。货物吞吐量是衡量港口生产规模的一个主要数量指标。

邮电业务总量 指以货币表现的邮电部门为用户传递信息和提供其他邮电服务的总量。它用各种邮电分类业务量，如函件件数、电报份数、长话张数、市内电话和农村电话的年均户数、订销报刊、累计份数等，分别乘以相应的平均单价(不变价)，加总后再加上出租电路和设备收入，代用户维护电话交换机和线路等设备的收入，其他业务收入求得。邮电业务总量综合反映了一定时期邮电工作的总成果，是研究邮电业务量构成和发展趋势的重要指标。

市内电话用户 指接入县城(包括个别城镇)及县以上城市的市内电话网上，并按市内电话进行经营管理的电话。按计费办法分为包月制和计次制两种。计量单位为“户”。

市话包月制用户是指不管用户通话次数多少，按月缴纳固定月租费的用户。

市话计次制用户指用户每月除缴纳基本月租费外，还要依通话次数多少，缴纳通话费的用户。

市内电话用户包括普通电话、合用电话、同线电话、用户中继线、公用电话。市内电话用户正机(不包括副机)一机为一户；用户中断线以中断线对数，一对按一户计算(包括双向中继、单出中继、单进中继)；公用电话及同线电话以一部话机作为一户计算；合用电话以正户作为一户计算。

农村电话用户 指县境以内，以县城为中心(除市话用户外)联通县、乡(镇)、村等农村用户的电话。分为地方国营、乡镇经营、各种联营、个人经营等。由邮电部门管理的作为地方国营。目前邮电业务量和产品产量只统计地方国营部分。

农村电话用户按计费办法分为包月制用户和计张制用户两种，计量单位为“户”。

包月制用户是根据农村电话月租费计费等级和用户种类收取固定费用的用户。

计张制用户是指用户除缴纳月租费外，还根据通话张数多少缴纳通话费的用户。

农村电话用户包括普通电话、合用电话、同线电话、用户中断线、公用电话等。普通电话每一部正机为一户，合用电话只统计正户，同线电话每一部话机作一户，收取中继线月租费的连接到乡(镇)、村经营的交换机、国营农(牧)场和石矿等用户小交换机上的中继线，以每一对中继线作一户统计，公用电话每一部话机作一户。

移动电话用户 指在邮电部门登记，通过移动电话交换机进入移动电话网、占有移动电话号码的电话用户计时单位为“户”。用户数字以实际办理登记手续进入邮电部门移动电话网的户数进行计算，一部或一台移动电话统计为一户。

Explanatory Notes on Main Statisical Indicators

Length of Highways refers to the length of highways which are built in conformity with the grades specified by the highway engineering standard formulated by the Ministry of Communications, and have been formally checked and accepted by the departments of highways and put into use. The length of highways includes that of the suburb highways at large and medium—sized cities, highways passing through streets at small cities and towns ,and also the length of bridges and ferries. It does not include the lengh of streets in big and medium—sized cities and highways built for the production purpose at factories, mines, forest areas and agricultural areas. If two or more highways go the same section of the way, the lengh of the section is only calculated for once and no duplication is allowed. The length of highways is an important indicator to show the development of the highway construction and to provide essential information to calculate the transport network density.

Freight (Passenger) Traffic refers to the volume of freight (passenger) transported with various means. Freight transport is calculated in tons and passenger traffic is calculated in the number of persons. Despite the type of freight and travelling distance, the freight transport is calculated in the actual weight of the goods; and despite the travelling distance and ticket price,the passenger traffic is calculated by the principle that one person can be counted only once in one travel. The passenger who travel with a half—price ticket or a child ticket is also calculated as one person. The freight (passenger) traffic provides a quantiative measure to show how the transoport industry serves the naional economy and people,and is also an important indicaor for planning the transport industry serves the national economy and people, and is also an important indicator for planning the transport industry and for studying the development scale and speed of the transport industry.

Freight Ton—kilometers (Passenger—kilometers) refer to the sum of the products of the volume of transported cargo(passengers)multiplying by the transport distance,usually using ton—kilometre and passnger—kilometre as units for measurement. Normally, the shortest distance between the departure station and the destination station (i. e. ,the payable distance)is the basis to calculate the freight ton—kilometers. This is an important indicator to show the total results of the transport industry, to prepare and examine the transport plan and to measure the efficiency, the labour productivity and the unit cost of transport.

Volume of Freight Handled refers to the volume of cargo passing in and out the harbour area and having been loaded and unloaded. The volume of freight handled may be classified as import, export, or as domestic trade and foreign trade. The volume of freight handled is calculated in the actual weight ton of the goods, based on the weight ton under the delivery order or bill of loading. If no actual weight ton available, it can be estimated according to the loading of goods. As for the transit goods in the harbour area, the volume of freight handled is calculated according to the import and export respecively. It is a major indicator to show the scale of the port production.

Business Volume of Post and Telecommunications refers to the total amount of the information delivered and other post and telecommunication services provided by the post and telecommunication departments for the customers. It is derived by first multiplying the business volume of different types, such as number of letters, telegrams, long distance calls, city and rural telephone subscribers and accumulated number of newspapers and journals subscribed and sold, etc. by their respeetive average unit price(fixed price) and then adding these products together; plus the income from maintenance of telephone exchanges and lines, and the income from other business operations. The business volume of post and telecommumications indicates the total achievements made by the post and telecommumication department during a given period of time in a comprehensive way, and is an important indicator to study the compositon and development of the post and telecommumication business.

Local(Urban) Telephones refer to telephones connected to urban telephone network(at and above county level). The telephone charge is either monthly fixed rate or numerical rate.

The subscribers paying with urban monthly fixed rate refer to the subscrilers who pay the telephone charges with monthly fixed rate regardless of the message calls.

The subscirbers paying with numerical rate refer to the subscribers who pay the telephone charges with the message calls besides the basic monthly fixed rate.

The urban telephones include general telephone, sharing telephone, party—line telephone, subscriber trunkline and public telephone. One host telephone is treated as a subscriber (excluding sub—telephone); A pair of trunk lines is counted as a subscriber (including two—way trunk, single—out trunk and single—in trunk); One public telephone or one party line telephone is counted as a subscriber; The main user of sharing telephone is counted as a subscriber.

Rural Telephones refer to telephones connected to rural at and below county level, With the county town at the core(except urban telephones). They are classified into local state—owned, township—owned, various jointly—managed and individually—operated. The telephones in the charge of the administration of post and telecommumication departments are treated as local state—owned. At present, the statistical coverage of business volume and product output of post and telecommunications only includes that of local state—owned.

The rual telephone charge is either monthly fixed rate or numerical rate.

The subscribers paying with monthly fixed rate refer to the subscribers who pay the telephone charges with fixed rate in accordance with the levels of monthly fixed rate and types of subscribers of rural telephones.

The subscribers paying with numerical rate refer to the subscribers who pay the telephone charges in line with the message calls besides the monthly fixed rate.

The rural telephones include general telephone, sharing telephone, party—line telephone, subscriber trunk line and public telephone. Each host general telephone is treated as a subscriber; Only the main user of sharing telephone is counted; Each party—line telephone is treated as a subscriber; A pair of trunk lines is treated as a subscriber; A public telephone is counted as a subscriber.

Mobile Telephone Subscribers refer of the persons who own mobile telepbone number connected with the mobile telephone communication network and registered by post and telecommunicaion organization. The number of subscribers is calculated only when the subseribers who have gone through all the register formalities and entered into the mobile telephone network. One mobile telephone is treated as a subscriber.

十五 国内贸易

DOMESTIC TRADE

简要说明

一、本篇资料反映广东省国内市场发展情况和批发零售贸易业、餐饮业经营情况。主要内容有批发零售贸易业和餐饮业法人单位、网点、人员，批发零售贸易业商品流通，大中型批发零售贸易企业、餐饮企业财务状况，社会消费品零售总额，城乡集市贸易，全省销售额最大的 50 家批发零售贸易企业和营业额最大的 30 家餐饮业企业名录等。

二、本篇资料由广东省统计局贸易外经处整理提供。

三、本篇资料是根据国家统计局的“批发零售贸易业、餐饮业统计报表制度”，通过全面调查、重点调查、抽样调查推断等，自下而上逐级综合汇总而得。其中城乡集市贸易情况由省工商行政管理部门提供。

四、各表的调查范围：

法人单位、网点、人员表及商品购、销、存总额、类值和数量表，为各种经济类型的独立核算的批发零售贸易业法人企业及其他行业独立核算法人企业(行政事业单位)中从事批发、零售贸易活动的活动单位。

财务状况表，为各种经济类型的独立核算的大中型批发零售贸易法人企业和餐饮业法人企业。

社会消费品零售总额表，为有零售业务的各种经济类型的企业、行政事业单位以及农民对非农业居民的零售。

DOMESTIC TRADE

Brief Introducion

Ⅰ. The data in this chapter show the development of Guangdong's domestic market and the sales of the commodities in wholesale and retail sale trades as well as catering trade, including mainly the organization, personnel, number of shops of the wholesals and retail sale trades as well as catering trade, the circulation of commodities in the wholesale and retail sale trades, the financial condition of the large and medium—sized enterprises of the wholesale and retail sale trades as well as catering trade, the total sales of the consumer goods in the whole province, the urban and rural free markets (fair trade), the top 50 wholesale and retail sale trade enterprises of sales volume, and the top 30 catering enterprises of turnover in the province.

Ⅱ. The data in this chapter are prepared and provided by the Division of Trade and Foreign Economic Statistics of the Statistical Bureau of Guangdong Province.

Ⅲ. The data in this chapter are tabulated and reported to the higher authorities level by level in accordance with the statistical reporting scheme on wholesale and retail sale trades as well as catering trade, stipulated by the State Statistical Bureau. The method used in data collection is complete enumeration, and key unit surveys as well as sample surveys, etc. Among them, the data on the urban and rural fair trade are provided by the Administration for Industry and Commerce of Guangdong Province.

Ⅳ. The statistical coverage of the tables: All the corporate enterprises of wholesale and retail sale trades as well as catering trade of various types of ownership with independent accounting system and the units of wholesale and retail sale trades attached to the corporate units with independent accounting system in other sectors (administrative and institutional units) are included in the data on the organization, number of outlets, personnel as well as total purchases, total sales, total inventory, sales and inventory values by classification, and sales and inventory volumes.

All the large and medium—sized corporate enterprises of wholesale and ratail sale trades as well as catering trade of various types of ownership with independent accounting system are included in the data on the financial condition.

All the enterprises administrative and institutional units of various types of ownership as well as peasants engaged in retail sale business are included in the data on the total sales of the consumer goods in the whole province.

15-1 国内贸易主要指标
MAIN INDICATORS OF DOMESTIC TRADE

指　　标	Item	1980	1990	1995	1997	1998
网点数　　（万个）	Number of Establishments （10000 units）	12.89	78.19	121.19	124.02	
批发零售贸易业	Wholesale and Retail Trades	10.39	71.07	109.95	111.47	
餐　饮　业	Catering Trade	2.50	7.12	11.24	12.55	
从业人员数　　（万人）	Number of Persons Engaged （10000 persons）	57.00	212.56	414.56	388.14	
批发零售贸易业	Wholesale and Retail Trades	44.59	178.82	349.81	318.97	
餐　饮　业	Catering Trade	12.41	33.74	64.75	69.17	
社会消费品零售总额（亿元）	Total Retail Sales of Consumer Goods （100 million yuan）	117.67	667.36	2304.15	2918.66	3316.28
国有经济	State-Owned	59.14	259.05	609.65	622.87	653.80
集体经济	Collective Owned	50.73	127.26	394.78	474.74	518.87
私营经济	Private			92.99	166.64	206.62
个体经济	Individual	1.20	181.12	762.06	1071.05	1285.32
联营经济	Joint Owned			21.70	36.17	38.06
股份制经济	Share Holding			71.06	80.52	90.98
外商投资经济	Foreign Funded			18.02	45.45	52.85
港澳台投资经济	Funded by Entrepreneurs from Hong Kong, Macao & Taiwan			64.65	73.39	81.10
其他经济	Others	6.60	99.93	269.24	347.83	388.68
总额中：城　镇	Of Total: Urban Areas	66.72	457.34	1643.26	2088.36	2387.2
乡　村	Rural Areas	50.95	210.02	660.89	830.30	929.08
居民购买住房　（亿元）	Purchasing House by Resident （100 million yuan）			127.87	213.24	219.70
贸易业商品购进总额（亿元）	Total Purchases （100 million yuan）			5008.96	5749.88	6299.47
商品销售总额	Total Sales			5448.94	6323.08	6721.19
商品库存总额	Total Inventory			595.03	586.18	539.79
餐饮业总收入　（亿元）	Catering Trade Revenue （100 million yuan）				434.03	486.88
＃商品零售额	＃Retail Sales of Consumer Goods	7.30	71.11	293.87	411.48	472.13
城乡集市贸易市场数（个）	Number of Free Markets （unit）	1891	3287	4406	4933	5229
＃乡　村	Rural Areas	1787	2620	3022	3242	3362
城乡集市贸易成交额（亿元）	Transaction Value of Free Markets	22.72	256.69	1064.26	1469.84	1644.12
＃乡　村	Rural Areas （100 million yuan）	20.65	159.16	510.35	750.54	809.39

15-2 按属性分贸易企业单位数(1998年)
NUMBER OF TRADE UNITS BY CHARACTER OF ENTERPRISE(1998)

单位:个 (unit)

项目	Item	合计 Total	按企业属性分 By Character of Enterprise 法人 Corporate Unit	活动单位 Establishment
总计	**Total**	**80132**	**58130**	**22002**
按登记注册类型分	**By Type of Registration**			
内资企业	Internal Capital Enterprise	79764	57826	21938
国有企业	State－owned	20261	13372	6889
集体企业	Collective Owned	47524	33083	14441
股份合作企业	Share Holding Cooperative Operation	1737	1665	72
国有联营企业	State－owned Affiliated Business	283	236	47
集体联营企业	Collective Owned Affiliated Business	118	111	7
国有与集体联营企业	State－Collective Owned Affiliated Business	101	91	10
其他联营企业	Other Affiliated Business	225	211	14
国有独资企业	State－owned Monopoly Venture	240	142	98
其他有限责任公司	Other Limited Liability Companies	872	810	62
股份有限公司	Share Holding Limited Company	707	594	113
私营独资企业	Private Venture Exclusively	5533	5421	112
私营合伙企业	Private Partnership	266	243	23
私营有限责任公司	Private Limited Liability Company	1563	1538	25
私营股份有限公司	Private Share Holding Limited Company	62	62	
其他企业	Other Enterpirses	272	247	25
港、澳、台商投资企业	Enterprise Funded by Entrepreneurs from Hong Kong,Macao & Taiwan	231	194	37
合资经营企业(港或澳、台资)	Joint Venture	91	77	14
合作经营企业(港或澳、台资)	Cooperative Operation	74	63	11
港、澳、台商独资经营企业	Venture Exclusively	61	49	12
港、澳、台商投资股份有限公司	Share Holding Limited Company	5	5	
外商投资企业	Foreign Investment Enterprise	137	110	27
中外合资经营企业	Sino－Foreign Joint Venture	70	57	13
中外合作经营企业	Sino－Foreign Cooperative Operation	50	39	11
外资企业	Foreign Funded	17	14	3
外商投资股份有限公司	Share Holding Limited Company			
零售企业	**Retail Sales Trade**	**39521**	**23422**	**16099**
按经营方式分组	By Operating System			
独立商店	Detached Store	35031	21156	13875
连锁总店	General Chain Store	177	138	39
连锁分店	Branch Chain Store	885	126	759
其他	Others	3428	2002	1426
按业态分组	By Operating Form			
百货商店	Department Store	7966	3821	4145
超级市场	Super Market	653	437	216
专业商店	Monopoly Store	10326	4914	5412
其他	Others	20576	14250	6326

15-3 按行业分贸易企业单位数(1998年)

NUMBER OF TRADE UNITS BY SECTOR OF ENTERPRISE(1998)

单位:个 (unit)

项目	Item	按行业分 By Sector		按所在地分 By Location		
		批发 Wholesale	零售 Retail Sales	市 City	县 County	县以下 Under County Level
总计	**Total**	**40611**	**39521**	**57429**	**5350**	**17353**
按登记注册类型分	**By Type of Registration**					
内资企业	Intenal Capital Enterprise	40404	39360	57079	5342	17343
国有企业	State—owned	11848	8413	12786	3114	4361
集体企业	Collective Owned	21719	25805	33824	2019	11681
股份合作企业	Share Holding Cooperative Operation	1074	663	1694	12	31
国有联营企业	State—owned Affiliated Business	198	85	266	4	13
集体联营企业	Collective Owned Affiliated Business	79	39	105	2	11
国有与集体联营企业	State—Collective Owned Affiliated Business	61	40	85	7	9
其他联营企业	Other Affiliated Business	155	70	201	1	23
国有独资企业	State—owned Monopoly Venture	108	132	233	5	2
其他有限责任公司	Other Limited Liability Companies	641	231	765	14	93
股份有限公司	Share Holding Limited Company	480	227	629	8	70
私营独资企业	Private Venture Exclusively	2831	2702	4631	88	814
私营合伙企业	Private Partnership	143	123	203	19	44
私营有限责任公司	Private Limited Liability Company	893	670	1375	33	155
私营股份有限公司	Private Share Holding Limited Company	30	32	46	10	6
其他企业	Other Enterpirses	144	128	236	6	30
港、澳、台商投资企业	Enterprise Funded by Entrepreneurs from Hong Kong,Macao & Taiwan	134	97	220	7	4
合资经营企业(港或澳、台资)	Joint Venture	55	36	88	3	
合作经营企业(港或澳、台资)	Cooperative Operation	41	33	71	2	1
港、澳、台商独资经营企业	Venture Exclusively	36	25	56	2	3
港、澳、台商投资股份有限公司	Share Holding Limited Company	2	3	5		
外商投资企业	Foreign Investment Enterprise	73	64	130	1	6
中外合资经营企业	Sino—Foreign Joint Venture	38	32	65	1	4
中外合作经营企业	Sino—Foreign Cooperative Operation	25	25	48		2
外资企业	Foreign Funded	10	7	17		
外商投资股份有限公司	Share Holding Limited Company					
零售企业	**Retail Sales Trade**		**39521**	**25250**	**3007**	**11264**
按经营方式分组	By Operating System					
独立商店	Detached Store		35031	22511	2490	10030
连锁总店	General Chain Store		177	126	19	32
连锁分店	Branch Chain Store		885	591	93	201
其他	Others		3428	2022	405	1001
按业态分组	By Operating Form					
百货商店	Department Store		7966	4210	717	3039
超级市场	Super Market		653	609	15	29
专卖商店	Monopoly Store		10326	5574	1279	3473
其他	Others		20576	14857	996	4723

15-4 按属性分贸易企业从业人员数(1998年)
NUMBER OF PERSONS ENGAGED BY CHARACTER OF ENTERPRISE(1998)

单位:人 (Person)

项目	Item	合计 Total	按企业属性分 By Character of Enterprise	
			法人 Corporate Umit	活动单位 Establishment
总计	**Total**	**1300535**	**1165292**	**135243**
按登记注册类型分	**By Type of Registration**			
内资企业	Intenal Capital Enterprise	1275668	1141602	134066
国有企业	State—owned	592199	528477	63722
集体企业	Colliective Owned	520491	459009	61482
股份合作企业	Share Holding Cooperative Operation	15184	13536	1648
国有联营企业	State—owned Affiliated Business	8418	8104	314
集体联营企业	Collective Owned Affiliated Business	1557	1511	46
国有与集体联营企业	State—Collective Owned Affiliated Business	2844	2677	167
其他联营企业	Other Affiliated Business	4448	4253	195
国有独资企业	State—owned Monopoly Venture	12319	10995	1324
其他有限责任公司	Other Limited Liability Companies	21101	19325	1776
股份有限公司	Share Holding Limited Company	27164	24718	2446
私营独资企业	Private Venture Exclusively	45436	44839	597
私营合伙企业	Private Partnership	2212	2084	128
私营有限责任公司	Private Limited Liability Company	16212	16088	124
私营股份有限公司	Private Share Holding Limited Company	2184	2184	
其他企业	Other Enterpirses	3899	3802	97
港、澳、台商投资企业	Enterprise Funded by Entrepreneurs from Hong Kong,Macao & Taiwan	16706	15889	817
合资经营企业(港或澳、台资)	Joint Venture	5049	4620	429
合作经营企业(港或澳、台资)	Cooperative Operation	6002	5763	239
港、澳、台商独资经营企业	Venture Exclusively	4568	4419	149
港、澳、台商投资股份有限公司	Share Holding Limited Company	1087	1087	
外商投资企业	Foreign Investment Enterprise	8161	7801	360
中外合资经营企业	Sino—Foreign Joint Venture	5135	4931	204
中外合作经营企业	Sino—Foreign Cooperative Operation	2217	2097	120
外资企业	Foreign Funded	809	773	36
外商投资股份有限公司	Share Holding Limited Company			
零售企业	**Retail Sales Trade**	**488142**	**398628**	**89514**
按经营方式分组	By Operating System			
独立商店	Detached Store	391930	319522	72408
连锁总店	General Chain Store	22431	20271	2160
连锁分店	Branch Chain Store	13849	6545	7304
其他	Others	59932	52290	7642
按业态分组	By Operating Form			
百货商店	Department Store	155463	126871	28592
超级市场	Super Market	30564	24792	5772
专卖商店	Monopoly Store	114341	86688	27653
其他	Others	187774	160277	27497

15-5 按行业分贸易企业从业人员数(1998年)
NUMBER OF PERSONS ENGAGED BY SECTOR IN TRADE(1998)

单位:人 (Person)

项目	Item	按行业分 By Sector		按所在地分 By Location		
		批发 Wholesals	零售 Retail Sales	市 City	县 County	县以下 Under County Level
总 计	**Total**	**812393**	**488142**	**971055**	**113456**	**216024**
按登记注册类型分	**By Type of Registration**					
内资企业	Internal Capital Enterprise	802306	473362	946712	113167	215789
国有企业	State－owned	411244	180955	440582	76038	75579
集体企业	Collective Owned	300634	219857	359576	34754	126161
股份合作企业	Share Holding Cooperative Operation	8627	6557	14783	67	334
国有联营企业	State－owned Affiliated Business	5872	2546	8225	78	115
集体联营企业	Collective Owned Affiliated Business	935	622	1390	19	148
国有与集体联营企业	State－Collective Owned Affiliated Business	2051	793	1758	67	1019
其他联营企业	Other Affiliated Business	2646	1802	3715	3	730
国有独资企业	State－owned Monopoly Venture	4368	7951	12143	42	134
其他有限责任公司	Other Limited Liability Companies	14200	6901	19623	153	1325
股份有限公司	Share Holding Limited Company	14159	13005	25827	506	831
私营独资企业	Private Venture Exclusively	24463	20973	38103	676	6657
私营合伙企业	Private Partnership	1258	954	1630	129	453
私营有限责任公司	Private Limited Liability Company	9112	7100	13626	556	2030
私营股份有限公司	Private Share Holding Limited Company	292	1892	2075	55	54
其他企业	Other Enterpirses	2445	1454	3656	24	219
港、澳、台商投资企业	Enterprise Funded by Entrepreneurs from Hong Kong,Macao & Taiwan	6817	9889	16433	141	132
合资经营企业(港或澳、台资)	Joint Venture	3139	1910	4946	103	
合作经营企业(港或澳、台资)	Cooperative Operation	1192	4810	5940	20	42
港、澳、台商独资经营企业	Venture Exclusively	2370	2198	4460	18	90
港、澳、台商投资股份有限公司	Share Holding Limited Company	116	971	1087		
外商投资企业	Foreign Investment Enterprise	3270	4891	7910	148	103
中外合资经营企业	Sino－Foreign Joint Venture	1523	3612	4929	148	58
中外合作经营企业	Sino－Foreign Cooperative Operation	1035	1182	2172		45
外资企业	Foreign Funded	712	97	809		
外商投资股份有限公司	Share Holding Limited Company					
零售企业	**Retail Sales Trade**		**488142**	**342700**	**42670**	**102772**
按经营方式分组	By Operating System					
独立商店	Detached Store		391930	276340	34103	81487
连锁总店	General Chain Store		22431	20236	1162	1033
连锁分店	Branch Chain Store		13849	10702	1074	2073
其他	Others		59932	35422	6331	18179
按业态分组	By Operating Form					
百货商店	Department Store		155463	117016	12068	26379
超级市场	Super Market		30564	29261	582	721
专卖商店	Monopoly Store		114341	67007	16276	31058
其他	Others		187774	129416	13744	44614

15-6 零售企业营业面积(1998年)
BUSINESS AREA FOR RETAIL SALES TRADES(1998)

单位:平方米 (sq. m)

项目	Item	合计 Total	按属性分 By Character of Enterprise		按所在地分 By Location		
			法人 Corporate unit	活动单位 Establish-ment	市 City	县 County	县以下 Under County Level
总计	**Total**	**7624878**	**5876425**	**1748453**	**5041395**	**571971**	**2011512**
一、按登记注册类型分	**By Type of Registration**						
内资企业	Internal Capital Enterprise	7219712	5514078	1705634	4650654	557811	2011247
国有企业	State-owned	2510408	1888152	622256	1690597	327952	491859
集体企业	Colliective Owned	3349183	2402559	946624	1734075	182260	1432848
股份合作企业	Share Holding Cooperative Operation	106696	72159	34537	100897	1372	4427
国有联营企业	State-owned Affiliated Business	117899	114597	3302	103992	12593	1314
集体联营企业	Collective Owned Affiliated Business	28713	28183	530	19215	100	9398
国有与集体联营企业	State-Collective Owned Affiliated Business	50935	41149	9786	37427	70	13438
其他联营企业	Other Affiliated Business	45297	40773	4524	43352		1945
国有独资企业	State-owned Monopoly Venture	116282	99229	17053	116282		
其他有限责任公司	Other Limited Liability Companies	138723	120137	18586	136493	95	2135
股份有限公司	Share Holding Limited Company	244869	209992	34877	223559	14215	7095
私营独资企业	Private Venture Exclusively	267060	259994	7066	220952	11228	34880
私营合伙企业	Private Partnership	32787	31485	1302	29121	1400	2266
私营有限责任公司	Private Limited Liability Company	153663	149960	3703	140574	5934	7155
私营股份有限公司	Private Share Holding Limited Company	40281	40281		39786	418	77
其他企业	Other Enterpirses	16916	15428	1488	14332	174	2410
港、澳、台商投资企业	Enterprise Funded by Entrepreneurs from Hong Kong,Macao & Taiwan	226914	197579	29335	224504	2160	250
合资经营企业(港或澳、台资)	Joint Venture	82113	60237	21876	80313	1800	
合作经营企业(港或澳、台资)	Cooperative Operation	104437	103836	601	104407	30	
港、澳、台商独资经营企业	Venture Exclusively	21439	14581	6858	20859	330	250
港、澳、台商投资股份有限公司	Share Holding Limited Company	18925	18925		18925		
外商投资企业	Foreign Investment Enterprise	178252	164768	13484	166237	12000	15
中外合资经营企业	Sino-Foreign Joint Venture	157202	151424	5778	145202	12000	
中外合作经营企业	Sino-Foreign Cooperative Operation	20506	13025	7481	20491		15
外资企业	Foreign Funded	544	319	225	544		
外商投资股份有限公司	Share Holding Limited Company						
二、按经营方式分	**By Operating System**						
独立商店	Detached Store	5307859	3999319	1308540	3440639	397136	1470084
连锁总店	General Chain Store	443198	394689	48509	395508	24264	23426
连锁分店	Branch Chain Store	334632	159455	175177	276674	5781	52177
其他	Others	1539189	1322962	216227	928574	144790	465825
三、按业态分	**By Operating Form**						
百货商店	Department Store	2355860	1842302	513558	1649425	149026	557409
超级市场	Super Market	500321	380656	119665	483449	11239	5633
专卖商店	Monopoly Store	2059633	1561182	498451	1295509	201729	562395
其他	Others	2709064	2092285	616779	1613012	209977	886075

15-7 各市贸易业法人和产业活动单位基本情况(1998年)

BASIC DATA OF NUMBER OF CORPORATE UNITS AND ESTABLISHMENT IN TRADE BY CITY(1998)

单位:个 (unit)

市别 City	单位数 Unit	内资 Internal Capital	国有 State-Owned	集体 Collective Owned	股份合作 Share Holding Cooperative Operation	国有联营 State-owned Affiliated Business	集体联营 Collective Owned Affiliated Business	国有与集体联营 State-collective Owned Affiliated Business
法人单位 Coprorate unit								
合计 Total	**58130**	**57826**	**13372**	**33083**	**1665**	**236**	**111**	**91**
广州 Guangzhou	29516	29397	2421	21108	971	31	18	34
深圳 Shenzhen	945	881	464	81	20	76	8	7
珠海 Zhuhai	1830	1803	452	661	14	34	23	16
汕头 Shantou	5594	5578	1163	3538	5	26	18	4
韶关 Shaoguan	1576	1570	734	558	9	2	1	3
河源 Heyuan	759	756	470	252		2		
梅州 Meizhou	1052	1048	604	383		2	3	
惠州 Huizhou	1801	1789	924	463	22	28	2	4
汕尾 Shanwei	428	427	287	114	1	3	1	1
东莞 Dongguan	977	961	401	389	1	3	1	4
中山 Zhongshan	1453	1451	301	798	4		4	1
江门 Jiangmen	2009	2001	839	906	10	6	1	5
佛山 Foshan	2136	2131	467	747	590	5	12	4
阳江 Yangjiang	894	893	390	222		3	3	
湛江 Zhanjiang	1546	1542	606	740	2	1	2	
茂名 Maoming	827	826	535	244		5	3	1
肇庆 Zhaoqing	1346	1343	688	453	3	2	3	2
清远 Qingyuan	697	692	424	229	8	4	2	
潮州 Chaozhou	762	758	237	387		1		
揭阳 Jieyang	1610	1607	721	688	5	1	5	4
云浮 Yunfu	372	372	244	122		1	1	1
活动单位 Establishment								
合计 Total	**22002**	**21938**	**6889**	**14441**	**72**	**47**	**7**	**10**
广州 Guangzhou	764	759	234	461	8			
深圳 Shenzhen	656	622	377	132	9	8		
珠海 Zhuhai	498	494	193	293	1			1
汕头 Shantou	420	419	83	334				
韶关 Shaoguan	1440	1440	724	677		5	3	4
河源 Heyuan	1857	1853	453	1399				
梅州 Meizhou	3595	3595	1188	2382				
惠州 Huizhou	1789	1782	602	1105	2	24	1	1
汕尾 Shanwei								
东莞 Dongguan	535	533	59	422	1		2	
中山 Zhongshan	162	162	9	152				
江门 Jiangmen	1193	1193	212	968		4		
佛山 Foshan	895	893	306	533	8			1
阳江 Yangjiang	963	963	272	686				
湛江 Zhanjiang	859	859	231	605	6	1	1	
茂名 Maoming	553	553	206	338		1		
肇庆 Zhaoqing	1834	1834	540	1251	5	2		3
清远 Qingyuan	1172	1167	397	697	30			
潮州 Chaozhou	456	456	119	335		1		
揭阳 Jieyang	1371	1371	327	1041		1		
云浮 Yunfu	990	990	357	630	2			

续表1 Continued

单位:个 (unit)

市别 City	其他联营 Other Affiliated Business	国有独资公司 State—owned Monopoly Venture	其他有限责任公司 Other Limited Liability Companies	股份有限公司 Share Holding Limited Company	私营独资 Private Venture Exclusively	私营合伙 Private Partnership	私营有限责任公司 Private Limited Liability Company	私营股份有限公司 Private Share Holding Limited Company
法人单位 Corporate unit								
合计 Total	**211**	**142**	**810**	**594**	**5421**	**243**	**1538**	**62**
广州 Guangzhou	163	48	249	312	3709	96	101	1
深圳 Shenzhen	15	40	84	33	21	7	18	4
珠海 Zhuhai	5	9	75	19	47	20	418	3
汕头 Shantou	10	13	134	28	222	15	381	11
韶关 Shaoguan	1	8	9	16	187	11	24	7
河源 Heyuan			2	1	22	5	2	
梅州 Meizhou	1	2	9	2	22	1	16	3
惠州 Huizhou	1	3	19	9	129	12	108	10
汕尾 Shanwei			4		4	3	7	
东莞 Dongguan		2	25	3	51	14	59	
中山 Zhongshan	5		57	4	114	14	137	3
江门 Jiangmen	1		25	36	154	8	6	1
佛山 Foshan	3	4	56	59	43	11	113	9
阳江 Yangjiang	5		2	5	261		1	
湛江 Zhanjiang	1	1	23	11	51	3	93	6
茂名 Maoming				27	10			
肇庆 Zhaoqing		2	17	4	167		1	1
清远 Qingyuan		1	3	2	7		9	3
潮州 Chaozhou		1	3	4	87	12	26	
揭阳 Jieyang		6	14	19	113	11	18	
云浮 Yunfu		2						
活动单位 Establishmeat								
合计 Total	**14**	**98**	**62**	**113**	**112**	**23**	**25**	
广州 Guangzhou	5		6	10	33	1		
深圳 Shenzhen	3	56	14	14	6		3	
珠海 Zhuhai		1	2	3				
汕头 Shantou	1			1				
韶关 Shaoguan	2				4	19		
河源 Heyuan								
梅州 Meizhou	3	1	4	1	9			
惠州 Huizhou			3		27		8	
汕尾 Shanwei								
东莞 Dongguan		39	7	3				
中山 Zhongshan						1		
江门 Jiangmen			1	5		2		
佛山 Foshan		1	2	32			10	
阳江 Yangjiang				1	3			
湛江 Zhanjiang			3	8	3			
茂名 Maoming			1		7			
肇庆 Zhaoqing			15		17			
清远 Qingyuan			4	35			4	
潮州 Chaozhou					1			
揭阳 Jieyang					2			
云浮 Yunfu								

续表 2 Continued

单位:个 (unit)

市 别 City	其他内资 Other Internal Capital	港澳台商投资 Enterprise Funded by Entrepreneurs from Hong Kong,Maco & Taiwan	与港澳台商合资经营 Joint Venture	与港澳台商合作经营 Cooperative Operation	港澳台商独资 Venture Exclusively	港澳台投资股份有限 Share Holding Limited Company	外商投资 Foreign Investment Enterprise	中外合资经营 Sino-Foreign Joint Venture
法人单位 Corporate unit								
合 计 Total	**247**	**194**	**77**	**63**	**49**	**5**	**110**	**57**
广 州 Guangzhou	135	73	27	30	16		46	28
深 圳 Shenzhen	3	45	22	7	13	3	19	14
珠 海 Zhuhai	7	17	10	6		1	10	3
汕 头 Shantou	10	4	1	2	1		12	3
韶 关 Shaoguan		3		2	1		3	1
河 源 Heyuan		3	1		2			
梅 州 Meizhou		4		3		1		
惠 州 Huizhou	55	8	5	2	1		4	4
汕 尾 Shanwei	2						1	
东 莞 Dongguan	8	13	2		11		3	1
中 山 Zhongshan	9	1			1		1	
江 门 Jiangmen	3	5	4	1			3	2
佛 山 Foshan	8	4	1	2	1		1	
阳 江 Yangjiang	1						1	
湛 江 Zhanjiang	2	4		2	2			
茂 名 Maoming	1	1	1					
肇 庆 Zhaoqing		2	1	1			1	
清 远 Qingyuan		4	2	2			1	1
潮 州 Chaozhou		2		2			2	
揭 阳 Jieyang	2	1		1			2	
云 浮 Yunfu	1							
活动单位 Establishmeat								
合 计 Total	**25**	**37**	**14**	**11**	**12**		**27**	**13**
广 州 Guangzhou	1	4	2		2		1	
深 圳 Shenzhen		16	4	4	8		18	12
珠 海 Zhuhai		2	2				2	
汕 头 Shantou		1		1				
韶 关 Shaoguan	2							
河 源 Heyuan	1	3	1		2		1	
梅 州 Meizhou	7							
惠 州 Huizhou	9	5		5			2	
汕 尾 Shanwei								
东 莞 Dongguan		1		1			1	
中 山 Zhongshan								
江 门 Jiangmen	1							
佛 山 Foshan							2	1
阳 江 Yangjiang	1							
湛 江 Zhanjiang	1							
茂 名 Maoming								
肇 庆 Zhaoqing	1							
清 远 Qingyuan		5	5					
潮 州 Chaozhou								
揭 阳 Jieyang								
云 浮 Yunfu	1							

续表 3 Continued

单位：个 (unit)

市别 City	中外合作经营 Sino－Foreign Cooperative Operation	外资企业 Foreign Funded	外资投资股份有限公司 Share Holding Limited Company	零售企业单位数 Retail Sales Trade Unit	经营方式分 By Operating System			
					独立分店 Branch Detached Store	连锁总店 General Chain Store	连锁分店 Branch Chain Store	其他 Others
法人单位 Corporate Unit								
合计 Total	**39**	**14**		**23422**	**21156**	**138**	**126**	**2002**
广州 Guangzhou	11	7		12647	11979	24	13	631
深圳 Shenzhen	4	1		345	240	25	12	68
珠海 Zhuhai	4	3		599	500	2	7	90
汕头 Shantou	8	1		2569	2278	12	8	271
韶关 Shaoguan	2			584	489	5	44	46
河源 Heyuan				377	297	9	1	70
梅州 Meizhou				377	313	6		58
惠州 Huizhou				790	694	14	1	81
汕尾 Shanwei	1			198	37		1	160
东莞 Dongguan	1	1		511	445	6	18	42
中山 Zhongshan	1			563	538	6	4	15
江门 Jiangmen	1			403	348	1	3	51
佛山 Foshan	1			577	442	10	3	122
阳江 Yangjiang	1			347	342	1	1	3
湛江 Zhanjiang				492	414	3	2	73
茂名 Maoming				307	291	1	3	12
肇庆 Zhaoqing	1			464	443	2	2	17
清远 Qingyuan				340	275	7	1	57
潮州 Chaozhou	2			294	211	1		82
揭阳 Jieyang	1	1		496	453	3	1	39
云浮 Yunfu				142	127		1	14
活动单位 Establishment								
合计 Total	**11**	**3**		**16099**	**13875**	**39**	**759**	**1426**
广州 Guangzhou		1		411	375	3	12	21
深圳 Shenzhen	6			516	249	7	230	30
珠海 Zhuhai	2			336	261			75
汕头 Shantou				278	244		6	28
韶关 Shaoguan				1111	1022	3	42	44
河源 Heyuan	1			1533	1412		66	55
梅州 Meizhou				2880	2806	2	7	65
惠州 Huizhou		2		1321	1128	1	61	131
汕尾 Shanwei								
东莞 Dongguan	1			399	263	3	57	76
中山 Zhongshan				109	2			107
江门 Jiangmen				765	707		1	57
佛山 Foshan	1			550	372	2	155	21
阳江 Yangjiang				626	621		1	4
湛江 Zhanjiang				692	546	8	10	128
茂名 Maoming				295	286	1	4	4
肇庆 Zhaoqing				1448	1384	1	49	14
清远 Qingyuan				860	734	7	44	75
潮州 Chaozhou				289	239		1	49
揭阳 Jieyang				963	547		2	414
云浮 Yunfu				717	677	1	11	28

续表 4　Continued

单位：个　　　　(unit)

市　别 City	按业态分 By Operating Form 百货商店 Department Store	按业态分 By Operating Form 超级市场 Super Market	按业态分 By Operating Form 专卖店 Monopoly Store	按业态分 By Operating Form 其他 Others	零售业营业面积（平方米） Business Area of Retail Sales Trade (sq. m)	零售业从业人员（人） Persons Engaged of Retail Sales Trade (Person)	贸易企业单位所在地 Location of Trade Unit 市 City	贸易企业单位所在地 Location of Trade Unit 县 Courty	贸易企业单位所在地 Location of Trade Unit 县以下 Under County Level
法人单位 Corporate Unit									
合　计　Total	**3821**	**437**	**4914**	**14250**	**5876425**	**398628**	**49536**	**2434**	**6160**
广　州　Guangzhou	1640	306	934	9767	1355009	121913	28642		874
深　圳　Shenzhen	84	19	125	117	808602	39558	945		
珠　海　Zhuhai	102	7	317	173	267499	13169	1599	194	37
汕　头　Shantou	411	14	904	1240	225363	21559	4775	40	779
韶　关　Shaoguan	100	7	340	137	171738	13563	1054	255	267
河　源　Heyuan	73	3	135	166	117406	10420	191	205	363
梅　州　Meizhou	138	2	145	92	200472	13034	392	295	365
惠　州　Huizhou	288	7	235	260	223466	19788	1043	282	476
汕　尾　Shanwei	7	4	36	151	213466	11709	223	70	135
东　莞　Dongguan	202	10	205	94	287103	9017	977		
中　山　Zhongshan	60	12	386	105	138205	6326	1453		
江　门　Jiangmen	70	8	91	234	145586	14994	1702		307
佛　山　Foshan	82	11	141	343	332909	14625	1869		267
阳　江　Yangjiang	5	1	102	239	12018	8431	619	92	183
湛　江　Zhanjiang	53	2	155	282	181731	15523	1148	104	294
茂　名　Maoming	82	6	171	48	448903	16792	437	32	358
肇　庆　Zhaoqing	93	2	220	149	158723	11337	806	191	349
清　远　Qingyuan	86	10	91	153	373662	11498	349	149	199
潮　州　Chaozhou	36	3	34	221	67010	4684	431	83	248
揭　阳　Jieyang	129	2	119	246	63638	11882	744	351	515
云　浮　Yunfu	80	1	28	33	83916	8806	137	91	144
活动单位 Establishment									
合　计　Total	**4145**	**216**	**5412**	**6326**	**1748453**	**89514**	**7893**	**2916**	**11193**
广　州　Guangzhou	26	13	28	344	19508	2477	577		187
深　圳　Shenzhen	66	36	275	139	193896	7294	656		
珠　海　Zhuhai	34	9	70	223	66338	2468	201	136	161
汕　头　Shantou	88		69	121	22752	1690	254	4	162
韶　关　Shaoguan	251	34	672	154	100053	6310	365	422	653
河　源　Heyuan	460	4	366	703	101516	5113	193	338	1326
梅　州　Meizhou	451	4	1654	771	159654	10404	850	640	2105
惠　州　Huizhou	288	5	345	683	103324	5156	612	256	921
汕　尾　Shanwei									
东　莞　Dongguan	101	53	112	133	102515	3402	535		
中　山　Zhongshan	2		8	99	4818	305	161		1
江　门　Jiangmen	221	3	41	500	116829	5490	452		741
佛　山　Foshan	212	11	200	127	101422	4732	579		316
阳　江　Yangjiang	123	2	250	251	26707	4077	347	60	556
湛　江　Zhanjiang	210	1	260	221	137913	5819	193	65	601
茂　名　Maoming	144	13	109	29	93574	4483	207	18	328
肇　庆　Zhaoqing	416	12	506	514	117800	7236	708	268	858
清　远　Qingyuan	233	4	185	438	133771	3693	359	206	607
潮　州　Chaozhou	55	11	39	184	42475	1700	287	42	127
揭　阳　Jieyang	351		45	567	15316	3591	150	267	954
云　浮　Yunfu	413	1	178	125	88272	4074	207	194	589

15-8 社会消费品零售总额(按经济类型分)
TOTAL VALUE OF RETAIL SALES OF CONSUMER GOODS BY OWNERSHIP

单位:亿元 (100 million yuan)

年 份 Year	合 计 Total	国有经济 State-Owned	集体经济 Collective Owned	私营经济 Private	个体经济 Individual	联营经济 Joint Owned	股份制经济 Share Holding	外商投资经济 Foreign Funded	港澳台投资经济 Funded by Entrepreneurs from Hong Kong, Macao & Taiwan	其他经济 Others
1952	18.87	1.26	0.95	16.17						0.49
1957	30.48	8.46	7.62	2.11						12.29
1962	40.81	18.51	18.44		1.07					2.79
1965	40.19	21.34	17.24		0.52					1.09
1970	49.19	24.23	23.14		0.41					1.41
1975	66.73	35.00	29.12		0.20					2.41
1978	79.86	40.41	36.49		0.33					2.63
1979	92.69	46.67	42.08		0.51					3.43
1980	117.67	59.14	50.73		1.20					6.60
1981	142.38	72.46	57.26		3.50					9.16
1982	164.23	86.79	58.84		6.87					11.73
1983	183.62	98.75	56.00		13.16					15.71
1984	226.13	117.60	59.49		25.91					23.13
1985	289.23	131.18	78.89		45.22					33.94
1986	327.02	146.28	79.12		61.04					40.58
1987	405.19	171.74	92.24		90.06					51.15
1988	568.07	248.39	115.08		134.85					69.75
1989	636.15	258.04	119.27		171.65					87.19
1990	667.36	259.05	127.26		181.12					99.93
1991	786.64	298.02	131.17		235.40					122.05
1992	984.16	367.57	162.24		297.07					157.28
1993	1371.02	504.06	243.68	3.61	402.16	6.15	21.30	6.41	14.88	168.77
1994	1851.36	538.15	343.82	54.46	565.79	20.81	46.39	9.91	51.99	220.04
1995	2304.15	609.65	394.78	92.99	762.06	21.70	71.06	18.02	64.65	269.24
1996	2577.93	611.28	434.09	128.61	904.41	25.43	69.94	29.56	66.34	308.27
1997	2918.66	622.87	474.74	166.64	1071.05	36.17	80.52	45.45	73.39	347.83
1998	3316.28	653.80	518.87	206.62	1285.32	38.06	90.98	52.85	81.10	388.68

15-9 社会消费品零售总额(按行业及城乡分)

TOTAL VALUE OF RETAIL SALES OF CONSUMER GOODS BY SECTOR AND URBAN-RURAL AREA

单位:亿元 (100 million yuan)

年份 Year	社会消费品零售总额 Total Value of Retail Sales of Consumer Good	按行业分 By Sector				按城乡分 By Urban-Rural Area	
		批发和零售贸易、餐饮业 Wholesale, Retail Sales and Catering Trade	# 餐饮业 Catering Trade	制造业 Manufacturing	其他行业 Others	城镇 Urban Area	乡村 Rural Area
1952	18.87	16.71	1.90	1.42	0.74	9.50	9.37
1957	30.48	26.15	2.50	2.44	1.89	15.67	14.81
1962	40.81	35.79	4.97	1.76	3.26	17.63	23.18
1965	40.19	37.21	2.73	1.41	1.57	18.29	21.90
1970	49.19	45.17	2.95	1.67	2.35	21.65	27.54
1975	66.73	60.03	4.39	2.69	4.01	34.17	32.56
1978	79.86	72.31	5.39	3.13	4.42	38.42	41.44
1979	92.69	82.85	6.09	4.64	5.20	43.25	49.44
1980	117.67	101.82	7.30	6.75	9.10	66.72	50.95
1981	142.38	123.41	8.85	6.11	12.86	71.19	71.19
1982	164.23	142.05	10.19	5.84	16.34	82.77	81.46
1983	183.62	156.46	11.58	7.53	19.63	97.32	86.30
1984	226.13	186.10	16.04	11.12	28.91	131.61	94.52
1985	289.23	236.12	26.74	16.24	36.87	178.45	110.78
1986	327.02	264.27	28.68	18.65	44.10	172.67	154.35
1987	405.19	332.00	37.83	19.88	53.31	214.34	190.85
1988	568.07	465.09	50.79	27.50	75.48	306.19	261.88
1989	636.15	516.93	65.69	30.79	88.43	345.43	290.72
1990	667.36	535.03	71.11	29.22	103.11	457.34	210.02
1991	786.64	623.27	87.87	35.52	127.85	531.57	255.07
1992	984.16	756.55	111.76	48.10	179.51	679.96	304.20
1993	1371.02	1041.01	164.38	77.22	252.79	976.17	394.85
1994	1851.36	1403.82	234.75	110.06	337.48	1337.25	514.11
1995	2304.15	1712.37	293.87	121.81	469.97	1643.25	660.90
1996	2577.93	2030.78	352.00	140.23	406.92	1851.00	726.93
1997	2918.66	2332.86	411.48	160.33	425.47	2088.36	830.30
1998	3316.28	2681.65	496.88	169.33	465.30	2387.20	929.08

15-10 各市社会消费品零售总额(1998年)

TOTAL VALUE OF RETAIL SALES OF CONSUMER GOODS BY CITY (1998)

单位:亿元 (100 million yuan)

市别 City			总计 Total	按经济类型分 By Ownership					
				国有 State-Owned	集体 Collective Owned	个体 Individual	股份制 Share Holding	外商投资 Foreign Funded	港澳台投资 Funded by Entrepreneurs from HongKong, Macao & Taiwan
合	**计**	**Total**	3316.28	653.80	518.87	1285.32	90.98	52.85	81.10
广	州	Guangzhou	904.57	253.62	214.67	218.55	43.15	26.77	32.52
深	圳	Shenzhen	419.64	88.67	8.45	115.57	24.37	15.94	26.92
珠	海	Zhuhai	100.31	24.53	18.46	33.50	0.20	1.39	2.71
汕	头	Shantou	178.11	18.68	31.08	87.12	0.53	3.82	0.29
韶	关	Shaoguan	72.67	19.96	8.23	24.47	0.42	0.20	0.15
河	源	Heyuan	28.81	3.18	2.39	18.83	0.05	0.07	0.17
梅	州	Meizhou	57.60	9.46	8.90	34.20	0.10		
惠	州	Huizhou	110.18	19.60	17.10	45.30	0.81	0.90	1.62
汕	尾	Shanwei	65.58	8.82	5.80	41.34			
东	莞	Dongguan	130.25	20.82	30.04	40.68	0.36	1.29	4.60
中	山	Zhongshan	85.53	7.51	17.02	41.48			3.06
江	门	Jiangmen	165.05	28.31	31.99	71.90	1.98	0.35	1.33
佛	山	Foshan	275.93	27.27	35.80	144.61	14.47	1.20	1.69
阳	江	Yangjiang	61.65	12.15	14.55	24.15	0.09		
湛	江	Zhanjiang	157.58	27.89	21.96	72.63	3.15	0.46	3.83
茂	名	Maoming	142.47	25.08	18.21	72.76	0.55	0.12	0.31
肇	庆	Zhaoqing	105.25	19.87	8.96	52.54	0.04		1.48
清	远	Qingyuan	61.73	7.54	3.27	38.15	0.34	0.18	0.33
潮	州	Chaozhou	49.19	7.69	6.26	24.50	0.35		
揭	阳	Jieyang	95.91	12.94	6.85	56.46	0.04	0.16	
云	浮	Yunfu	48.29	10.21	8.89	26.60			0.10

市别 City			按行业分 By Sector				按城乡分 By Urban and Rural Area	
			批发和零售贸易、餐饮业 Wholesale, Retail Sales and Catering Trade	# 餐饮业 Catering Trade	制造业 Manufacturing	其他行业 Others	城镇 Urban Area	乡村 Rural Area
合	**计**	**Total**	2681.65	496.88	169.33	465.30	2387.20	929.08
广	州	Guangzhou	759.45	158.38	56.08	89.04	830.33	74.24
深	圳	Shenzhen	316.66	84.15	4.00	98.98	352.92	66.72
珠	海	Zhuhai	89.35	17.50	3.75	7.21	89.59	10.72
汕	头	Shantou	151.63	19.03	1.39	25.09	114.96	63.15
韶	关	Shaoguan	54.49	6.60	2.10	16.08	53.90	18.77
河	源	Heyuan	25.45	3.18	0.33	3.03	15.01	13.80
梅	州	Meizhou	46.80	5.02	5.38	5.42	29.29	28.31
惠	州	Huizhou	90.70	15.66	6.36	13.12	76.47	33.71
汕	尾	Shanwei	51.65	5.58	2.46	11.47	36.97	28.61
东	莞	Dongguan	98.44	16.85	8.97	22.84	43.41	86.84
中	山	Zhongshan	73.91	16.76	3.03	8.59	41.31	44.22
江	门	Jiangmen	131.77	21.49	12.26	21.02	83.85	81.20
佛	山	Foshan	231.58	47.27	7.15	37.20	165.02	110.91
阳	江	Yangjiang	47.58	6.81	3.98	10.09	37.77	23.88
湛	江	Zhanjiang	119.79	18.92	15.45	22.34	117.45	40.13
茂	名	Maoming	105.69	14.04	16.71	20.07	86.31	56.16
肇	庆	Zhaoqing	83.40	13.81	4.20	17.65	59.85	45.40
清	远	Qingyuan	50.15	7.46	0.66	10.92	40.89	20.84
潮	州	Chaozhou	42.08	6.55	1.62	5.49	27.64	21.55
揭	阳	Jieyang	74.21	6.23	5.68	16.02	56.70	39.21
云	浮	Yunfu	36.89	5.58	7.79	3.61	27.58	20.71

15-11 各市餐饮业销售情况(1998年)

STATUS OF CETERING ENTERPRISES BY CITY(1998)

单位:万元　平方米　　(10000 yuan　square metre)

市别 City		营业总收入 Total Operating Revenue	商品零售额 Retail Sales of Consumer Goods	营业面积 Business Area
总计	**Total**	**4868751.9**	**4721298.3**	
限额以上企业	**Above-quota enterprises**	**1359298.8**	**1316202.2**	**1653473**
广州	Guangzhou	596233.0	590552.0	638228
深圳	Shenzhen	340161.3	338541.3	189422
珠海	Zhuhai	59662.0	57378.0	61912
汕头	Shantou	22751.5	22751.5	42684
韶关	Shaoguan	3498.1	2471.8	5456
河源	Heyuan	3590.4	2932.0	5090
梅州	Meizhou			
惠州	Huizhou	36248.5	35722.1	76400
汕尾	Shanwei	832.0	800.0	5760
东莞	Dongguan	107409.0	94172.0	193449
中山	Zhongshan	9030.4	8565.2	2950
江门	Jiangmen	52002.6	46122.9	140757
佛山	Foshan	87041.4	77587.1	201127
阳江	Yangjiang			
湛江	Zhanjiang	14210.8	13827.7	37446
茂名	Maoming	7447.0	6729.4	15750
肇庆	Zhaoqing	5220.7	5220.7	7530
清远	Qingyuan	9513.5	8887.5	17947
潮州	Chaozhou	2435.0	2256.0	1325
揭阳	Jieyang	1102.0	902.0	1360
云浮	Yunfu	909.6	783.0	8880
限额以下企业	**Below-quota enterprises**	**3509453.1**	**3405096.1**	
广州	Guangzhou	998419.0	993281.0	
深圳	Shenzhen	248958.6	246123.8	
珠海	Zhuhai	120881.0	118983.0	
汕头	Shantou	177175.2	167522.1	
韶关	Shaoguan	67524.1	64946.7	
河源	Heyuan	31246.3	30421.3	
梅州	Meizhou	51510.3	50179.0	
惠州	Huizhou	124134.2	122485.9	
汕尾	Shanwei	57357.0	54469.0	
东莞	Dongguan	80919.0	74353.0	
中山	Zhongshan	159048.1	159044.6	
江门	Jiangmen	188607.2	170952.5	
佛山	Foshan	401084.9	396904.0	
阳江	Yangjiang	70742.0	68048.0	
湛江	Zhanjiang	184808.4	175374.5	
茂名	Maoming	140070.2	133664.9	
肇庆	Zhaoqing	132906.8	132906.8	
清远	Qingyuan	65919.4	65679.5	
潮州	Chaozhou	65428.0	63267.0	
揭阳	Jieyang	78278.7	61408.0	
云浮	Yunfu	64434.7	55081.5	

15-12 大中型批发零售贸易业商品购进、销售、库存总额（1998年）

TOTAL PURCHASES,SALES AND INVENTORY IN LARGE AND MEDIUMI-SIZED WHOLESALE AND RETAIL SALE TRADES(1998)

单位：亿元　　　　(10000 million yuan)

项　目	Item	购进总额 Total Purchases	#从生产者购进 From Producers	#进　口 Imports
总　　计	**Total**	**2243.2**	**1232.3**	**168.8**
#国有及国有控股	#State—owned and Its Holding Company	1214.0	696.9	97.4
一、按登记注册类型分	**By Type of Registration**			
内资企业	Internal Capital Enterprise	2161.9	1192.5	158.9
国有企业	State—owned	1521.6	848.2	109.7
集体企业	Collective Owned	224.9	86.3	20.1
股份合作企业	Share Holding Cooperative Operation	15.9	8.2	1.5
联营企业	Affiliated Business	92.3	56.2	2.9
国有联营企业	State—owned	58.5	43.0	2.7
集体联营企业	Collective Owned	1.3	0.4	0.1
国有与集体联营企业	State-Collective Owned	24.1	11.3	0.1
其他联营企业	Other Affiliated Business	8.5	1.5	
有限责任公司	Limited Liability Company	196.3	127.6	17.7
国有独资企业	State-owned Monopoly Venture	58.9	34.6	8.2
其他有限责任公司	Other Limited Liability Companies	137.4	93.1	9.4
股份有限公司	Share Holding Limited Company	88.0	54.7	4.5
私营企业	Private Enterprise	22.7	11.3	2.5
私营独资企业	Venture Exlusively	1.3	0.6	
私营合伙企业	Partnership			
私营有限责任公司	Limited Liability Company	14.7	6.4	2.5
私营股份有限公司	Share Holding Limited Company	6.7	4.3	
其他企业	Other Enterprises			
港、澳、台商投资企业	Funded by Entrepreneurs from Hong Kong,Macao & Taiwan	46.5	27.5	1.7
合资经营企业(港或澳、台资)	Joint Venture	17.1	3.7	1.6
合作经营企业(港或澳、台资)	Cooperative Operation	22.4	17.8	0.2
港、澳、台商独资经营企业	Veture Exclusively	0.6	0.5	
港、澳、台商投资股份有限公司	Share Holding Limited Company	6.5	5.5	
外商投资企业	Foreign Investment Enterprise	34.8	12.3	8.2
中外合资经营企业	Sino—Foreign Joint Venture	32.7	12.2	8.2
中外合作经营企业	Sino—Foreign Cooperative Operation	2.1	0.1	
外资企业	Foreign Funded			
外商投资股份有限公司	Share Holding Limited Company			

续表1 Continued

单位:亿元 (100 million yuan)

项目	Item	购进总额	Total Purchases #从生产者购进 From Producers	#进口 Imports
二、按经济组织类型分	**By Type of Economic Organization**			
独资企业	Venture Exclusively	1748.4	935.6	129.8
国有企业	State—Owned	1521.6	848.2	109.7
集体企业	Collective Owned	224.9	86.3	20.1
私营独资企业	Private	1.3	0.6	
港、澳、台商独资经营企业	Funded by Entrepreneures from Hong Kong, Macao & Taiwan	0.6	0.5	
外资企业	Foreign Funded			
合作、合伙企业	Cooperative Operation and Partnership	132.7	82.3	4.6
股份合作企业	Share Holding Cooperative Operation	15.9	8.2	1.5
国有联营企业	State-owned Affiliated Business	58.5	43.0	2.7
集体联营企业	Collective Owned Affiliated Business	1.3	0.4	0.1
国有与集体联营企业	State-Collective Owned Affiliated Business	24.1	11.3	0.1
其他联营企业	Other Affiliated Business	8.5	1.5	
私营合伙企业	Private Partnership			
港或澳、台资合作经营企业	Cooperative Operation Funded by Enterpreneurs from Hong Kong, Macao and Taiwan	22.4	17.8	0.2
中外合作经营企业	Sino—Foreign Cooperative Operation	2.1	0.1	
其他企业(内资)	Other Enterprises(Internal Capital)			
股份有限公司	Share Holding Limited Company	101.3	64.5	4.5
股份有限公司(内资)	Internal Capital	88.0	54.7	4.5
私营股份有限公司	Private	6.7	4.3	
港、澳、台商投资股份有限公司	Investment Company Funded by Enterpreneurs from Hong Kong,Macao & Taiwan	6.5	5.5	
外商投资股份有限公司	Investment Company by Foreigner			
有限责任公司	Limited Liability Company	260.8	149.9	30.0
国有独资公司	State-owned Monoply Venture	58.9	34.6	8.2
私营有限责任公司	Priavte Limited Liability Company	14.7	6.4	2.5
港澳台合资经营企业	Joint Venture Funded by Enterpreneurs from Hong Kong,Macao & Taiwan	17.1	3.7	1.6
中外合资经营企业	Sino-Foreign Joint Venture	32.7	12.2	8.2
其他有限责任公司	Others	137.4	93.1	9.4

续表 2 Continued

单位:亿元 (100 million yuan)

项目	Item	购进总额	Total Purchases # 从生产者购进 From Producers	# 进口 Imports
三、按国民经济行业分	**By Economic Sector**			
食品、饮料、烟草批发业	Wholesale Trade for Food, Beverage and Tobacco	453.0	207.3	20.8
棉、麻、土畜产品批发业	Wholesale Trade for Cotton, Fiber, Local and Livestock Products	50.5	39.0	1.5
纺织品、服装和鞋帽批发业	Wholesale Trade for Textile Products, Garments, Shoes and Hats	186.9	151.3	16.4
日用百货批发业	Wholesale Trade for Article of Daily Use	63.8	32.6	9.9
日用杂品批发业	Wholesale Trade for Sundry Goods for Daily Use	19.9	15.3	1.2
五金、交电、化工批发业	Wholesale Trade for Hardwares, Electric Appliances and Chemicals	84.8	53.8	8.4
药品及医疗器械批发业	Wholesale Trade for Medicines and Medical Appliances	116.7	59.2	4.4
能源批发业	Wholesale Trade for Energy	226.0	93.6	22.2
化工材料批发业	Wholesale Trade for Chemical Materials	68.3	39.7	15.6
木材批发业	Wholesale Trade for Timber	4.8	4.1	0.7
建筑材料批发业	Wholesale Trade for Building Materials	23.9	11.8	2.2
矿产品批发业	Wholesale Trade for Ore Products	3.2	3.2	
金属材料批发业	Wholesale Trade for Metals	202.5	151.1	2.1
机械、电子设备批发业	Wholesale Trade for Machinery and Electronic Equipment	141.8	91.7	12.5
汽车、摩托车及零配件批发业	Wholesale Trade for Spare and Component Parts for Automobiles and Motorcycles	32.2	17.9	1.8
再生物资回收批发业	Wholesale Trade for Collection of Materials for Regeneration	5.4	0.7	
工艺美术批发业	Wholesale Trade for Handicraft Articles	21.2	17.1	0.1
图书报刊批发业	Wholesale Trade for Books and Newspapers	15.2	10.4	0.6
农业生产资料批发业	Wholesale Trade forAgricultural Producer Goods	92.5	22.5	18.2
其他类未包括的批发业	Wholesale Trade for Others	73.5	43.1	9.2
食品、饮料和烟草零售业	Retail Sale Trade for Food, Beverage and Tobacco	62.6	28.5	0.2
日用百货零售业	Retail Sale Trade for Articles of Daily Use	168.5	73.3	8.5
纺织品、服装和鞋帽零售业	Retail Sale Trade for Textile Products, Garments, Shoes and Hats	10.5	5.7	
日用杂品零售业	Retail Sale Trade for Sundry Goods for Daily Use	1.5	0.6	
五金、交电、化工零售业	Retail Sale Trade for Hardwares, Electric Appliances and Chemicals	29.9	10.6	3.3
药品及医疗器械零售业	Retail Sale Trade for Medicines and Medical Appliances	11.8	2.6	
图书报刊零售业	Retail Sale Trade for Books and Newspapers	8.0	3.6	0.1
其他零售业	Retail Sale Trade for Others	64.5	41.9	8.9

续表 3 Continued

单位:亿　元 (100 million yuan)

项　目	Item	销售总额 Total sales	批　发 Wholesale	#对生产经营单位批发 To Production & Operating Units	零　售 Retail Sales	年末库存总额 Inventory (year—end)
总　　计	**Total**	**2516.0**	**2114.0**	**389.6**	**402.0**	**206.0**
#国有及国有控股	#State—owned and Its Holding Company	1367.1	1177.5	206.9	189.6	102.2
一、按登记注册类型分组	**By Type of Registration**					
内资企业	Internal Capital Enterprise	2418.7	2082.9	383.8	335.8	197.5
国有企业	State—owned	1713.8	1532.2	236.8	181.6	121.4
集体企业	Collective Owned	245.1	201.4	50.8	43.7	36.4
股份合作企业	Share Holding Cooperative Operation	16.4	12.7	1.5	3.6	2.9
联营企业	Affiliated Business	100.1	81.8	24.4	18.3	6.4
国有联营企业	State—owned	64.7	50.9	12.6	13.9	4.8
集体联营企业	Collective Owned	1.3	1.0	0.1	0.3	0.1
国有与集体联营企业	State-Collective Owned	25.0	23.7	11.2	1.2	0.9
其他联营企业	Other Affiliated Business	9.1	6.2	0.5	2.8	0.7
有限责任公司	Limited Liability Company	220.9	174.1	37.2	46.9	19.6
国有独资企业	State-owned Monopoly Venture	67.4	46.3	3.3	21.0	7.4
其他有限责任公司	Other Limited Liability Companies	153.6	127.7	33.9	25.8	12.2
股份有限公司	Share Holding Limited Company	98.5	65.1	24.6	33.4	8.8
私营企业	Private	23.9	15.6	8.5	8.3	2.0
私营独资企业	Venture Exlusively Enterprise	1.3	0.6	0.6	0.7	0.2
私营合伙企业	Partnership					
私营有限责任公司	Limited Liability Company	16.1	12.8	6.1	3.3	1.0
私营股份有限公司	Share Holding Limited Company	6.6	2.3	1.8	4.3	0.8
其他企业	Other Enterprises					
港、澳、台商投资企业	Funded by Entrepreneurs from Hong Kong,Macao & Taiwan	55.7	11.9	0.7	43.8	5.3
合资经营企业(港或澳、台资)	Joint Venture	21.3	4.2	0.4	17.1	2.9
合作经营企业(港或澳、台资)	Cooperative Operation	27.7	6.2		21.5	1.8
港、澳、台商独资经营企业	Veture Exclusively	1.7	1.5	0.4	0.2	
港、澳、台商投资股份有限公司	Share Holding Limited Company	5.1			5.1	0.6
外商投资企业	Foreign Investment Enterprise	41.6	19.2	5.1	22.4	3.2
中外合资经营企业	Sino—Foreign Joint Venture	39.3	18.8	5.1	20.5	3.0
中外合作经营企业	Sino—Foreign Cooperative Operation	2.3	0.4		1.9	0.2
外资企业	Foreign Funded					
外商投资股份有限公司	Share Holding Limited Company					

续表 4　Continued

单位:亿　元　　(100 million yuan)

项　目　Item	销售总额 Total sales	批　发 Wholesale	#对生产经营单位批发 To Production & Operating Units	零　售 Retail Sales	年末库存总额 Inventory (year—end)
二、按经济组织类型分　By Type of Economic Organization					
独资企业　Venture Exclusively	1961.8	1735.7	288.5	226.2	158.0
国有企业　State—Owned	1713.8	1532.2	236.8	181.6	121.4
集体企业　Collective Owned	245.1	201.4	50.8	43.7	36.4
私营独资企业　Private	1.3	0.6	0.6	0.7	0.2
港、澳、台商独资经营企业　Funded by Entrepreneures from Hong Kong,Macao & Taiwan	1.7	1.5	0.4	0.2	
外资企业　Foreign Funded					
合作、合伙企业　Cooperative Operation and Partnership Operation	146.2	101.2	25.9	45.3	11.3
股份合作企业　Share Holding Cooperative Operation	16.4	12.7	1.5	3.6	2.9
国有联营企业　State-owned	64.7	50.9	12.6	13.9	4.8
集体联营企业　Collective Owned Affiliated Business	1.3	1.0	0.1	0.3	0.1
国有与集体联营企业　State-Collective Owned Affiliated Business	25.0	23.7	11.2	1.2	0.9
其他联营企业　Other Affiliated Business	9.1	6.2	0.5	2.8	0.7
私营合伙企业　Private Partnership					
港或澳、台资合作经营企业　Cooperative Operation Funded by Enterpreneurs from Hong or Macao and Taiwan	27.7	6.2		21.5	1.8
中外合作经营企业　Sino—Foreign Cooperative Operation	2.3	0.4		1.9	0.2
其他企业(内资)　Other Enterprises(Internal Capital)					
股份有限公司　Share Holding Limited Company	110.1	67.4	26.	42.8	10.2
股份有限公司(内资)　Internal Capital	98.5	65.1	24.6	33.4	8.8
私营股份有限公司　Private	6.6	2.3	1.8	4.3	0.8
港、澳、台商投资股份有限公司　Investment Company Funded by Enterpreneurs from Hong Kong,Macao & Taiwan	5.1			5.1	0.6
外商投资股份有限公司　Investment Company by Foreigner					
有限责任公司　Limited Liability Company	297.6	209.8	48.8	87.7	26.5
国有独资公司　State-owned Monopoly Ventures	67.4	46.3	3.3	21.0	7.4
私营有限责任公司　Priavte Limited Liability Company	16.1	12.8	6.1	3.3	1.0
港澳台合资经营企业　Joint Venture Funded by Enterprene-urs from Hong Kong,Macao & Taiwan	21.3	4.2	0.4	17.1	2.9
中外合资经营企业　Sino-Foreigh joint Ventures	39.3	18.8	5.1	20.5	3.0
其他有限责任公司　Others	153.6	127.7	33.9	25.8	12.2

续表 5　Continued

单位:亿　元　　　　(100 million yuan)

项　目	Item	销售总额 Total sales	批发 Wholesale	#对生产经营单位批发 To Production & Operating Units	零售 Retail Sales	年末库存总额 Inventory (year—end)
三、按国民经济行业分	**By Economic Sector**					
食品、饮料、烟草批发业	Wholesale Trade for Food, Beverage and Tobacco	501.8	474.1	42.3	27.7	27.0
棉、麻、土畜产品批发业	Wholesale Trade for Cotton, Fiber, Local and Livestock Products	54.8	54.5	4.8	0.3	2.8
纺织品、服装和鞋帽批发业	Wholesale Trade for Textile Products, Garments, Shoes and Hats	226.5	225.1	14.4	1.4	9.0
日用百货批发业	Wholesale Trade for Article of Daily Use	68.4	63.1	5.3	5.4	8.3
日用杂品批发业	Wholesale Trade for Sundry Goods for Daily Use	22.7	21.7	3.2	0.9	1.2
五金、交电、化工批发业	Wholesale Trade for Hardwares, Electric Appliances and Chemicals	97.7	90.7	13.7	7.1	8.9
药品及医疗器械批发业	Wholesale Trade for Medicines and Medical Appliances	131.1	106.0	21.6	25.1	17.5
能源批发业	Wholesale Trade for Energy	246.0	228.6	66.3	17.4	13.4
化工材料批发业	Wholesale Trade for Chemical Materials	76.6	75.6	25.0	0.9	6.6
木材批发业	Wholesale Trade for Timber	8.5	8.5	1.9		0.8
建筑材料批发业	Wholesale Trade for Building Materials	24.6	24.4	5.6	0.2	2.1
矿产品批发业	Wholesale Trade for Ore Products	4.0	4.0			0.2
金属材料批发业	Wholesale Trade for Metals	210.5	208.7	87.4	1.8	17.6
机械、电子设备批发业	Wholesale Trade for Machinery and Electronic Equipment	159.4	157.1	39.2	2.3	11.0
汽车、摩托车及零配件批发业	Wholesale Trade for Spare and Component Parts for Automobiles and Motorcycles	35.2	18.0	4.6	17.2	6.8
再生物资回收批发业	Wholesale Trade for Collection of Materials for Regeneration	6.2	5.8	4.9	0.4	0.3
工艺美术批发业	Wholesale Trade for Handicraft Articles	24.2	24.1	0.7		1.0
图书报刊批发业	Wholesale Trade for Books and Newspapers	17.9	16.9	0.4	1.0	2.5
农业生产资料批发业	Wholesale Trade forAgricultural Producer Goods	104.3	99.5	20.3	4.8	10.4
其他类未包括的批发业	Wholesale Trade for Others	77.8	76.4	9.4	1.3	5.0
食品、饮料和烟草零售业	Retail Sale Trade for Food, Beverage and Tobacco	64.7	35.3	1.0	29.4	5.9
日用百货零售业	Retail Sale Trade for Articles of Daily Use	211.8	23.2	3.4	188.6	32.7
纺织品、服装和鞋帽零售业	Retail Sale Trade for Textile Products, Garments, Shoes and Hats	13.2	7.4	0.2	5.8	1.0
日用杂品零售业	Retail Sale Trade for Sundry Goods for Daily Use	1.6	0.7	0.2	0.8	0.5
五金、交电、化工零售业	Retail Sale Trade for Hardwares, Electric Appliances and Chemicals	33.4	18.1	4.1	15.3	4.7
药品及医疗器械零售业	Retail Sale Trade for Medicines and Medical Appliances	12.7	3.4	0.1	9.4	2.1
图书报刊零售业	Retail Sale Trade for Books and Newspapers	8.0	1.4		6.6	2.2
其他零售业	Retail Sale Trade for Others	72.3	41.4	9.7	30.9	4.5

15-13 各市批发零售贸易业商品购、销、存总额(1998 年)
TOTAL PURCHASES,SALES AND INVENTORY IN WHOLESALE AND RETAIL SALE TRADES BY CITY (1998)

单位:亿元 (100 million yuan)

市别 City	商品购进总额 Total Purchases	从生产者购进 From Producers	商品销售总额 Total Sales	批发 Wholesale	对生产经营单位批发 To Production & Operating Units	零售 Retail Sales	年末库存总额 Inventory (year-end)
合计 Total	**2243.19**	**1232.19**	**2515.96**	**2113.99**	**389.64**	**401.97**	**206.00**
广州 Guangzhou	935.91	511.36	1071.01	913.58	137.43	157.43	96.74
深圳 Shenzhen	343.38	189.74	395.63	279.24	91.19	116.39	37.19
珠海 Zhuhai	71.11	27.15	76.41	62.50	4.05	13.91	4.80
汕头 Shantou	71.53	34.90	75.52	69.69	13.09	5.83	4.66
韶关 Shaoguan	27.12	17.06	30.99	26.73	2.29	4.26	1.76
河源 Heyuan	5.00	1.52	6.50	6.22	0.37	0.28	0.14
梅州 Meizhou	12.51	6.16	16.44	14.59	1.49	1.85	0.45
惠州 Huizhou	42.39	32.25	52.23	48.92	0.46	3.31	0.95
汕尾 Shanwei	10.52	4.90	10.99	10.14	0.58	0.85	0.49
东莞 Dongguan	77.93	44.00	86.32	69.69	7.23	16.63	9.16
中山 Zhongshan	55.67	34.89	61.43	55.11	9.54	6.32	5.22
江门 Jiangmen	136.51	71.54	151.19	134.65	21.51	16.54	9.47
佛山 Foshan	239.63	128.82	244.93	207.23	64.56	37.70	23.92
阳江 Yangjiang	4.54	0.36	13.78	13.45	0.36	0.33	0.62
湛江 Zhanjiang	47.37	20.44	51.74	47.20	4.93	4.54	3.59
茂名 Maoming	55.62	44.33	58.92	53.30	8.72	5.62	2.34
肇庆 Zhaoqing	32.92	21.86	34.72	30.67	13.47	4.05	2.71
清远 Qingyuan	5.85	0.68	6.68	5.74	2.59	0.94	0.59
潮州 Chaozhou	3.47	0.39	3.90	3.82	0.25	0.08	0.05
揭阳 Jieyang	54.72	33.78	56.62	52.45	5.30	4.17	0.90
云浮 Yunfu	9.49	5.99	10.01	9.07	0.23	0.94	0.25

15-14 各市城乡集市贸易成交额
TRANSACTION VALUE OF FREE MARKETS IN URBAN AND RURAL AREAS BY CITY

单位:亿元 (100 million yuan)

市别 City	1990	1993	1994	1995	1997	1998
合计 Total	**256.69**	**583.54**	**779.27**	**1064.26**	**1469.84**	**1644.13**
广州 Guangzhou	42.21	87.49	123.61	208.04	294.50	361.39
深圳 Shenzhen	24.50	92.71	105.80	142.67	162.71	193.00
珠海 Zhuhai	6.30	16.49	22.94	28.45	35.88	35.56
汕头 Shantou	31.73	27.61	37.67	48.70	70.84	78.81
韶关 Shaoguan	8.60	12.39	16.92	16.09	22.81	22.81
河源 Heyuan	5.03	7.06	8.85	10.72	14.47	14.95
梅州 Meizhou	9.94	15.18	21.23	25.08	27.74	28.68
惠州 Huizhou	12.11	27.13	32.49	34.58	39.36	43.24
汕尾 Shanwei	7.82	18.46	21.17	28.61	33.42	33.42
东莞 Dongguan	6.75	11.22	20.99	46.59	107.15	106.87
中山 Zhongshan	7.03	24.18	29.84	43.54	61.99	65.70
江门 Jiangmen	10.67	20.54	27.77	31.08	41.09	44.33
佛山 Foshan	16.09	36.93	51.69	69.08	94.71	100.97
阳江 Yangjiang	8.14	15.00	19.78	25.26	32.96	32.80
湛江 Zhanjiang	19.88	41.12	50.64	66.31	81.91	87.16
茂名 Maoming	13.99	26.71	35.65	47.04	63.95	68.89
肇庆 Zhaoqing	12.68	23.70	32.17	27.97	39.41	43.11
清远 Qingyuan	7.47	17.12	29.13	36.46	44.39	46.24
潮州 Chaozhou	5.75	14.22	15.65	19.35	30.25	34.42
揭阳 Jieyang		48.28	75.28	96.56	154.02	183.42
云浮 Yunfu				12.08	16.28	18.36

15-15 大中型批发零售贸易企业商品销售、库存类值(1998年)

TOTAL VALUE OF SALES AND INVENTORY IN WHOLESALE AND RETAIL SALE TRADES BY CATEGORY OF COMMODITIES(1998)

单位：亿元 (100 million yuan)

项　目	Item	销售额 Total Sales	批　发 Wholesale	#对生产经营单位批发 To Production & Operating Units	出　口 Export	零　售 Retail Sales	年　末 库存额 Inventory (year-end)
总　　计	**Total**	**2516.00**	**2114.00**	**389.64**	**619.98**	**402.00**	**206.01**
食品、饮料、烟酒类	Food,Beverage,Tabacco and Liquor	623.27	527.23	38.30	60.51	96.04	38.73
针、纺织品类	Knitted Goods and Textiles	84.90	75.05	9.47	65.08	9.85	10.09
服装、鞋帽类	Garments,Shoes and hats	158.73	123.03	0.51	112.53	35.70	9.15
化妆品类	Cosmetics	16.42	7.82	0.12	0.43	8.60	1.83
钟表、眼镜类	Timepiece and Glasses	14.52	9.94	0.04	4.96	4.58	1.85
日用品类	Articles for Daily Use	106.43	74.84	1.21	67.89	31.60	10.05
五金、电工器具类	Hardwares,Electic Appliances	26.85	21.99	1.21	12.71	4.86	3.11
生活电器类	Household Electric Appliances	151.77	117.12	1.21	98.19	34.65	9.91
音像器材类	Sound and Photo Appliances	22.77	10.99	0.78	4.65	11.78	2.58
自行车、摩托车类	Bicycles,Motorcycles	27.35	20.72	3.94	3.10	6.63	2.45
体育、娱乐用品类	Sports and Recreational Articles	17.39	12.68	0.47	11.90	4.70	1.67
文化、办公用品类	Articles For Culture and Office Use	22.74	15.22	4.21	4.22	7.52	3.34
金银珠宝类	Jewelry	17.26	4.44	0.27	2.48	12.82	4.68
家具类	Furnitures	11.92	8.67	0.35	7.81	3.26	0.56
中西药品类	Medicines	114.77	70.18	4.25	10.79	44.58	15.74
书报杂志类	Books and Newspapers	30.71	21.99	0.27	0.12	8.72	6.18
汽车类	Vehicles	89.10	70.61	30.24	3.60	18.49	9.85
建筑材料类	Building Materials	27.26	26.21	9.66	6.01	1.05	2.90
木材类	Timber	9.04	8.88	2.92	3.47	0.16	0.58
化工材料及制品类	Chemical Materials and Products	212.72	211.19	54.98	18.79	1.53	19.90
黑色金属材料类	Ferrous Metal Matterials	145.60	144.60	62.65	14.57	1.00	11.29
有色金属材料类	Nonferrous Metal Materials	36.23	36.15	16.72	8.06	0.08	2.60
机电设备及零件类	Mechanical and Electrical Products and Accessories	70.83	66.17	15.78	26.60	4.66	7.50
煤炭及制品类	Coal and Coal Products	17.71	16.70	9.27	0.19	1.00	2.39
石油及制品类	Petroleum and Petroleum Products	273.86	237.40	77.62	3.10	36.46	14.21
种子饲料类	Seeds and Forage	14.11	13.95	4.75	0.99	0.16	0.76
棉麻、土畜产品类	Cotton,Fiber,Local and Livestock Products	14.70	14.38	1.71	8.66	0.32	2.20
再生资源类	Materials for Regeneration	10.64	10.36	6.51	0.74	0.28	0.35
其他类	Others	146.40	135.49	30.22	57.83	10.92	9.56

15-16 大中型批发零售贸易业商品销售、库存数量(1998年)

VOLUME OF SALES AND INVENTORY IN LARGE AND MEDIUM-SIZED WHOLESALE AND RETAIL SALE TRADES(1998)

商品名称	Commodity	1997 销售 Total Sales	1997 批发 Whole-sale	1997 零售 Retail Sales	1997 年末库存 Inventory (year-end)	1998 销售 Total Sales	1998 批发 Whole-sale	1998 零售 Retail Sales	1998 年末库存 Inventory (year-end)
粮食 (万吨)	Grain (10000 tons)	347.59	295.56	52.03	52.17	291.83	232.72	59.11	52.61
食用植物油(万吨)	Edible Vegetable Oil (10000 tons)	9.15	6.82	2.33	0.69	11.07	8.15	2.92	0.56
猪和猪肉 (万吨)	Hog and Pork (10000 tons)	40.66	35.01	5.65	2.73	55.73	51.06	4.67	1.76
食糖 (万吨)	Sugar (10000 tons)	42.17	41.33	0.84	2.71	38.53	37.52	1.01	2.29
棉花 (万吨)	Cotton (10000 tons)	0.87	0.84	0.03	0.05				
布 (亿米)	Cloth (100 million m)	9.74	9.59	0.15	0.39	2.23	2.13	0.10	0.26
#棉布	Cotton Cloth	7.83	7.80	0.03	0.15	1.14	1.10	0.04	0.14
呢绒 (亿米)	Woolen Fabric(100 million m)	0.02	0.02	…	…	0.02	0.02		
绸缎 (亿米)	Silk and Satin (100 million m)	0.16	0.15	0.01	0.01	0.09	0.09		0.03
各种服装 (亿件)	Garments (100 million unit)	3.59	3.15	0.44	0.21	2.85	2.29	0.56	0.16
鞋 (万双)	Footwear (10000 pairs)	17130	15464	1665	1926	18027.96	16253.65	1774.31	788.80
#皮鞋	Leather Shoes	1914	1223	691	257	1166.86	536.98	629.88	95.00
黄金饰品 (万元)	Gold Ornament (10000 yuan)	131667	20844	110822	59555	134.85	27.42	107.43	29.99
照相机 (万架)	Camera (10000 units)	16.50	2.60	13.90	3.79	21.31	1.62	19.69	3.36
自行车 (万辆)	Bicycle (10000 units)	122.93	89.36	33.57	11.59	77.80	53.34	24.46	6.90
摩托车 (万辆)	Motorcycle (10000 units)	30.04	22.41	7.63	2.68	13.95	7.11	6.84	1.52
电视机 (万台)	TV Set (10000 units)	172.31	145.76	26.55	11.82	281.57	245.74	35.83	9.79
#彩色电视机	Color TV Set	166.96	141.87	25.09	10.47	275.04	242.76	32.28	9.23
录音机 (万台)	Recorder (10000 units)	133.98	114.24	19.74	5.23	136.18	118.75	17.43	4.09
#组合音响	Hi-Fi Stero Component System	3.89	1.00	2.89	1.10	7.60	3.24	4.36	0.73
摄像机 (万台)	Pickup Camera (10000 units)	0.84	0.36	0.48	0.17	0.99	0.30	0.69	0.12
录像机 (万台)	Video Recorder (10000 units)	29.26	27.68	1.58	0.39	2.09	0.49	1.60	0.27
影碟机 (万台)	Video Disc Player(10000 units)	4.44	1.14	3.30	0.48	8.21	1.20	7.01	0.76
#进口影碟机	Import Video Disc Player	1.19	0.02	1.17	0.16	1.52	0.18	1.34	0.14
家用电脑 (万台)	Household Computer (10000 units)	1.52	0.66	0.86	0.35	0.58	0.14	0.44	0.13
家用电风扇(万台)	Household Fan (10000 units)	480.55	422.33	58.22	24.93	486.52	432.34	54.18	19.70
家用洗衣机(万台)	Household Washing Machine (10000 units)	52.49	33.48	19.01	7.39	42.63	24.72	17.91	6.13
家用电冰箱(万台)	Household Refrigerator (10000 units)	42.71	26.33	16.38	4.38	46.28	26.68	19.60	5.61
房间空调器(万台)	House Air Conditioner (10000 units)	35.29	22.20	13.09	4.03	39.00	22.19	16.81	2.94
微波炉 (万台)	Microwave Oven (10000 units)	20.37	10.92	9.45	2.15	14.96	7.54	7.42	0.97
抽油烟机 (万台)	Range Hood (10000 units)	14.60	3.50	11.10	2.57	13.95	3.25	10.70	2.53
化学肥料 (万吨)	Chemical Fertilizer (10000 units)	775.80	775.80	…	94.13	446.63	446.17	0.46	31.12
化学农药 (万吨)	Chemical Pesticide (10000 tons)	12.80	12.80	…	0.88	8.89	8.83	0.06	0.66
农用塑料薄膜(万吨)	Agricultural Plastic Film (10000 tons)	0.48	0.48	…	0.19	0.90	0.89	0.01	0.10
汽车 (万辆)	Vehicle (10000 units)	6.03	5.32	0.71	0.74	6.39	5.18	1.21	0.89
#轿车 (万辆)	Car (10000 units)	1.91	1.50	0.41	0.20	1.83	1.41	0.42	0.12
生铁 (万吨)	Pig Iron (10000 units)	6.37	6.37	…	0.61	10.15	10.13	0.02	0.55
钢材 (万吨)	Rolled-Steel (10000 tons)	304.43	304.22	0.21	25.43	368.78	365.83	2.95	36.43
水泥 (万吨)	Cement (10000 tons)	156.63	152.85	3.78	10.31	109.23	109.17	2.06	11.10
平板玻璃(重量箱)	Plate Glass (wt. cases)	1705780	1705780		296868				
原木 (立方米)	Logs (cubic metre)	168455	168254	201	4534	140034	139316	718	3014
锯材 (立方米)	Sawn Wood (cubic metre)	35059	34863	196	3782	41418	41188	230	8274
煤炭 (万吨)	Coal (10000 tons)	249.00	248.00	1.00	71.00	0.02	0.02		
焦炭 (万吨)	Coke (10000 tons)	2.29	2.29		0.02	2.43	2.43		0.03
原油 (万吨)	Crude Oil (10000 tons)					0.50	0.49	0.01	0.14
汽油 (万吨)	Gasoline (10000 tons)	363.07	317.20	45.87	20.04	307.52	266.38	41.14	13.53
柴油 (万吨)	Diesel Oil (10000 tons)	513.85	477.71	36.14	23.97	441.32	406.16	35.16	12.89
煤油 (万吨)	Kerosene (10000 tons)	51.31	50.36	0.94	4.31	47.16	46.94	0.22	3.57
燃料油 (万吨)	Fuel Oil (10000 tons)	221.87	221.87		15.95	168.16	167.76	0.40	21.21

15-17 大中型批发、零售贸易、餐饮企业财务状况

FINANCIAL INDICATORS OF LARGE AND MEDIUM－SIZED ENTERPRISES IN WHOLESALE,RETAIL SALE AND CATERING TRADES

单位:万元 (10000 yuan)

指标	Item	贸易企业 Sale Trades 1997	贸易企业 Sale Trades 1998	餐饮企业 Catering Trade 1997	餐饮企业 Catering Trade 1998
一、资本金	**Capital**				
资本金合计	Total Capital	2138037.5	2422224.6	450588.5	430652.5
#国家资本金	National Capital	1485849.6	1488660.9	133846.6	84404.3
外商资本金	Foreigner Capital	190293.1	89957.8	223187.2	50794.6
二、年末资产负债	**Assets and Liability (year-end)**				
流动资产合计	Circulating Assets	9494889.1	10896911.2	2394340.3	361048.3
#存货	Inventory	2060874.7	2196728.9	31925.3	32516.6
固定资产合计	Fixed Assets	3141591.9	3338707.2	579829.5	714953.7
固定资产原价	Original Value of Fixed Assets	3198684.5	3535757.5	680533.4	877492.3
#生产经营用	For Production and Operation	2012364.0	2613214.6	403534.1	490519.4
累计折旧	Accumulated Depreciation	745488.1	858760.8	133227.5	218358.8
#本年提取折旧	Depreciation of Deducted in the Year	123575.5	142544.6	34510.2	52525.8
无形及递延资产合计	Intangible and Deferred Assets	449975.1	585394.4	113596.6	176240.6
资产总计	Total Assets	14615281.8	16308912.1	1063203.8	1277070.0
流动负债合计	Liquid Liabilities	10462687.4	11722561.2	517033.1	750641.4
长期负债合计	Long-Term Liabilities	762305.4	1096079.8	181276.9	176611.4
所有者权益合计	Creditors' Equity	3329137.5	3411268.2	348380.4	331947.4
三、损益及分配	**Profit and Loss Apportionment**				
商品销售收入(营业收入)	Sales Revenue (income on business)	21338025.6	23395906.3	674867.1	772952.0
商品销售成本(营业成本)	Cost of Goods Sales (cost on Business)	19501933.3	21283382.9	314815.7	357841.3
经营费用(营业费用)	Operating Expenses (expense on business)	783687.0	841781.2	239796.0	298704.1
商品销售税金及附加费	Sales Tax and Extra Charges	41092.4	42255.6	30114.2	35533.9
商品销售利润	Sales Profits	882560.1	9061723.0	27128.0	
主营业务利润	Main Business Profits	915646.9	936585.9	77506.6	80872.7
管理费用	Management Expenses	893856.4	923930.4	103846.9	111225.7
#税金	Taxs	22466.5	20216.6	2570.2	2361.3
财务费用	Financial Expenses	406189.4	375654.7	25529.0	35840.2
营业利润	Business Profit	-129038.7	－89728.9	-31904.6	－57420.3
应交所得税	Income Tax Payable	83190.7	72999.8	4170.9	4575.2
应付利润	Total Profits Payable	71714.0	64152.6	3276.0	3395.0
四、工资福利及增值税	**Wages,Welfare Expenses and Value Added Taxes**				
本年应付工资总额	Total Wages Payable in the Year	396433.6	407681.9	84195.4	110282.4
本年应付福利费总额	Welfare Expenses Payable in the Year	64143.5	59058.1	11631.7	10019.7
本年应交增值税额	Increment Value Tax Payable in the Year	329647.9	239711.4	1124.9	

15-18 各市大中型批发、零售贸易、餐饮企业主要财务状况(1998年)

FINACIAL INDICATORS OF LARGE AND MEDIUM-SIZED ENTERPRISES IN WHOLESALE, RETAIL SALE AND CATERING TRADES BY CITY (1998)

单位:万元 (10000 yuan)

市别 City		汇总企业数(个) Number of Enterprise (unit)	资本金合计 Total Capital	资产总计 Total Assets	负债合计 Total Liabilities	商品销售(营业)收入 Sales (Business) Revenue	商品销售(营业)成本 Cost of Goods Sales (Business)	商品销售(营业)利润 Sales (Business) Profits
一、贸易业	Trades	2083	2422224.6	16308912.1	12897643.9	23395906.3	21283382.9	906172.3
广州	Guangzhou	687	949581.0	7065105.0	5557169.0	9543033.0	8753116.0	382937.0
深圳	Shenzhen	337	783381.8	3958699.5	2769884.9	3711310.0	3193980.4	237831.8
珠海	Zhuhai	70	103088.0	512997.1	340518.7	670482.5	616552.8	28399.9
汕头	Shantou	76	66279.4	415149.2	333214.2	718492.3	679545.8	18040.4
韶关	Shaoguan	35	29049.3	123427.9	90167.0	309615.7	280032.0	16805.5
河源	Heyuan	9	3407.9	14711.3	12462.1	60467.1	57187.5	2087.1
梅州	Meizhou	16	4892.5	38110.7	23607.7	153112.0	141824.6	7418.2
惠州	Huizhou	31	13808.8	148682.9	146149.3	517474.3	483717.1	25667.6
汕尾	Shanwei	21	5017.2	55189.2	40341.9	116284.9	111929.9	2433.3
东莞	Dongguan	93	62174.4	499869.9	428131.9	783010.8	733489.8	25002.4
中山	Zhongshan	59	38377.3	341114.0	324545.3	631247.7	595873.9	15607.5
江门	Jiangmen	166	76540.3	989769.5	976806.3	1500004.5	1371224.4	35641.3
佛山	Foshan	219	160636.5	1117589.9	982542.3	2401570.4	2102841.1	63794.3
阳江	Yangjiang	8	8335.8	72916.3	69075.7	118093.5	111343.9	3891.4
湛江	Zhanjiang	62	59104.7	334757.7	260226.3	502112.6	473276.5	8822.9
茂名	Maoming	61	18680.3	174292.1	158467.5	545487.8	521809.6	13487.7
肇庆	Zhaoqing	54	14100.2	151244.3	149716.5	315224.0	288320.5	2620.9
清远	Qingyuan	15	2826.0	30043.2	24130.6	64606.8	59900.9	2861.7
潮州	Chaozhou	9	5951.3	53075.9	42354.4	71885.7	70087.1	451.6
揭阳	Jieyang	36	14202.0	165756.6	125284.6	565483.3	544437.9	10015.2
云浮	Yunfu	19	2790.0	46409.9	42847.7	96907.4	92891.2	2354.6
二、餐饮业	Caterings	516	430652.5	1277070.0	945122.6	772952.0	357841.3	
广州	Guangzhou	157	101566.0	364558.0	295540.0	312622.0	153270.0	
深圳	Shenzhen	28	40536.9	104797.5	57660.0	87480.7	39266.0	
珠海	Zhuhai	15	8812.2	23772.9	19996.6	21752.0	12909.0	
汕头	Shantou	5	1329.8	6572.6	6785.7	4045.4	2623.0	
韶关	Shaoguan	5	5491.2	6414.2	3271.9	4555.0	1859.5	
河源	Heyuan	4	2716.3	5253.2	2677.7	1552.7	958.8	
梅州	Meizhou							
惠州	Huizhou	55	27020.9	66668.9	43332.4	42997.4	18876.4	
汕尾	Shanwei	1	170.8	854.4	100.6	222.9	133.2	
东莞	Dongguan	80	109008.9	349829.0	234263.5	103991.2	40819.3	
中山	Zhongshan	5	2308.0	2877.2	2464.1	7785.6	4137.2	
江门	Jiangmen	50	34092.4	117225.6	84974.1	55170.2	24612.8	
佛山	Foshan	66	66407.0	161461.8	146321.0	89347.4	36615.6	
阳江	Yangjiang							
湛江	Zhanjiang	11	5770.8	11154.2	6586.3	7754.7	4860.2	
茂名	Maoming	11	13239.4	18852.8	13919.6	11361.1	5566.8	
肇庆	Zhaoqing	7	1934.1	4875.6	15338.1	5492.1	2795.3	
清远	Qingyuan	12	2667.5	18320.2	9251.0	10785.6	4979.5	
潮州	Chaozhou	2	437.5	2292.9	1855.4	842.9	329.9	
揭阳	Jieyang	1	5192.8	6104.4	663.1	2283.5	1076.5	
云浮	Yunfu	1	1950.0	5184.6	121.5	2909.6	2152.3	

15-19 各市大中型批发、零售贸易、餐饮业增加值(1998年)

VALUE ADDED OF LARGE AND MEDIUM-SIZED ENTERPRISES IN WHOLESALE AND RETAIL SALE TRADES BY CITY (1998)

单位:万元　　　　(10000 yuan)

市　别	City	增加值合计 Total Value Added	本年提取固定资产折旧 Depreciation of Fixed Assets Deducted in the Year	本年应付工资总额 Total Wages Payable in the Year	本年应付福利费 Welfare Expenses Payable in the Year	劳动就业保险费 Employment Insurance	商品销售税金及附加费 Taxes and Extra Charges on Goods Sales	利润总额 Total Profits	管理费用费中:税金 Taxes in Management Expenses
一、贸易业	**Sale Trades**	802341.1	142544.6	407681.9	59058.1	55914.9	42255.6	74669.4	20216.6
广　州	Guangzhou	393172.0	54600.0	207701.0	32034.0	31706.0	16091.0	43450.0	7590.0
深　圳	Shenzhen	230453.7	41186.1	92450.7	10271.6	7735.8	7911.6	65283.2	5614.7
珠　海	Zhuhai	27744.5	5138.9	9218.5	1924.8	758.7	1083.4	8873.9	746.3
汕　头	Shantou	13264.0	3011.7	8950.9	1614.2	2155.2	759.3	−4245.5	1018.2
韶　关	Shaoguan	13797.8	1889.5	3966.5	881.5	879.3	936.5	4880.1	364.4
河　源	Heyuan	920.9	237.2	453.8	63.3	122.2	47.6	−82.4	79.2
梅　州	Meizhou	7928.0	464.4	2524.4	357.0	255.0	1067.6	3099.2	160.4
惠　州	Huizhou	343.0	627.9	2520.0	424.3	98.5	471.2	−3870.0	71.1
汕　尾	Shanwei	1766.9	190.9	1062.2	146.7	93.2	215.2	−33.5	92.2
东　莞	Dongguan	21728.7	4713.3	12366.0	1568.5	1870.6	1130.3	−222.1	302.1
中　山	Zhongshan	5496.8	2358.1	7304.9	1027.0	1430.8	490.1	−7409.1	295.0
江　门	Jiangmen	9391.7	5924.3	13765.1	2123.9	2564.3	2196.2	−18179.4	997.3
佛　山	Foshan	47516.1	17332.7	26663.9	4190.8	3552.9	4104.8	−10061.0	1732.0
阳　江	Yangjiang	1583.2	201.1	1009.7	121.9	146.1	67.3	−35.2	72.3
湛　江	Zhanjiang	6685.2	2024.6	5959.5	739.2	1086.5	1074.2	−4677.8	479.0
茂　名	Maoming	7403.8	1046.3	4566.7	511.5	483.2	536.8	−53.5	312.8
肇　庆	Zhaoqing	1949.3	670.1	3303.6	485.8	643.4	2948.2	−6217.6	115.8
清　远	Qingyuan	1575.4	210.4	713.8	101.5	11.1	136.1	334.2	68.3
潮　州	Chaozhou	2248.5	125.1	841.1	69.6	158.0	75.8	944.7	34.2
揭　阳	Jieyang	5768.7	412.6	1385.7	267.5	76.6	783.1	2788.9	54.3
云　浮	Yunfu	1602.9	179.4	953.9	133.5	87.5	129.3	102.3	17.0
二、餐饮业	**Catering**	158683.1	52525.8	110282.4	10019.7	2839.1	3553.9	−54879.1	2361.3
广　州	Guangzhou	65262.0	11228.0	43800.0	4396.0	2228.0	13689.0	−10373.0	294.0
深　圳	Shenzhen	23424.1	4335.7	10604.6	700.0	216.0	3676.6	3743.2	148.0
珠　海	Zhuhai	2808.2	680.9	2268.9	175.0	17.7	930.4	−1268.3	3.6
汕　头	Shantou	437.3	137.1	471.0	36.6	7.3	271.9	−497.8	11.2
韶　关	Shaoguan	821.9	656.0	479.9	38.8	5.3	219.4	−583.5	6.0
河　源	Heyuan	524.8	176.9	315.6			95.7	−63.4	
梅　州	Meizhou								
惠　州	Huizhou	2232.4	2890.7	4905.0	529.1	93.3	2316.3	−9413.3	911.3
汕　尾	Shanwei	17.0		8.6			12.0	−3.6	
东　莞	Dongguan	33051.4	20732.8	19343.3	1256.0	171.8	5239.1	−14011.7	320.1
中　山	Zhongshan	1336.6	119.3	1092.7	29.8	45.8	385.8	−337.0	0.2
江　门	Jiangmen	7979.7	2980.1	6518.7	905.0	150.0	2796.7	−5463.9	93.1
佛　山	Foshan	17213.8	7171.5	15117.0	1406.1	−236.0	4013.3	−10571.1	313.0
阳　江	Yangjiang								
湛　江	Zhanjiang	−638.7	10.3	635.5	137.2	2.6	445.6	−1870.9	1.0
茂　名	Maoming	1409.1	376.3	1445.1	166.2	85.2	552.5	−1231.0	14.8
肇　庆	Zhaoqing	246.1	133.4	1066.2	65.8	23.9	377.1	−1420.8	0.5
清　远	Qingyuan	2215.0	716.3	1846.7	145.1	21.1	405.5	−1111.4	191.7
潮　州	Chaozhou	−171.7	24.5	155.2	14.4	7.1	42.0	−414.9	
揭　阳	Jieyang	511.1	156.0	197.4	18.6		65.0	74.1	
云　浮	Yunfu	3.0		11.0				−60.8	52.8

15-20 城乡集市贸易情况

FREE MARKETS IN URBAN AND RURAL AREAS

项　目	Item	1985	1990	1995	1997	1998
一、集贸市场总数(个)	**Number of Free Markts (unit)**	**2598**	**3287**	**4406**	**4933**	**5229**
城　　市	Urban Areas	246	667	1384	1691	1867
综合市场数	Comprehenive Markets		456	456	656	605
农副产品市场	Markets of Agricultural and Subsidiary Products		51	488	504	691
工业品市场	Markets of Industrial Products		130	434	512	562
其他市场	Others		30	6	19	9
农　　村	Rural Areas	2352	2620	3022	3242	3362
综合市场数	Comprehenive Markets		2249	2008	1761	1951
农副产品市场	Markets of Agricultural and Subsidiary Products		81	787	1176	1120
工业品市场	Markets of Industrial Products		152	208	304	290
其他市场	Others		138	19	1	1
二、集市贸易成交额(万元)	**Transaction Value (10000 yuan)**	**57895**	**2566896**	**10642568**	**14698405**	**16441218**
城　　市	Urban Areas	117713	975289	5539020	7193050	8347288
农　　村	Rural Areas	540182	1591607	5103548	7505355	8093930
三、各类产品成交额(万元)	**Transaction Value by Various Proudcts (10000 yuan)**					
粮 油 类	Grain and Edible Oil	26622	131557	805901	1053524	1179367
肉禽蛋类	Meats,Poutry and Eggs	209800	1061093	3554446	4408755	4616685
水产品类	Aquatic Products	56615	286083	1316137	1643678	1793905
蔬菜类	Vegetables	25395	177125	812462	1341095	1787983
干鲜果类	Dried and Fresh Fruit	28857	246964	1066173	1429517	1684679
日用杂品类	Miscellaneous Articles for Daily Use	3606	17787			
棉烟麻类	Cotton,Tabacco and Hemp Fiber	5623	19802	48354	138405	159686
柴草类	Firewood and Straw	30222	11003			
饲料农具种苗类	Forage,Farm Implements,Seeds and Sprouts	7943	22052			
大牲畜类	Large Domestic Animals	19309	33526	74037	97098	91200
家畜幼禽类	Other Domestic Animals and Young Fowls	50592	96767	188309	247979	247702
工业品类	Industrial Products	100263	343836	2045336	3576642	3779505
废旧物品类	Waste and Obsolete Materials	2740	10995			
其　他　类	Others	90308	108306	731413	761712	1100506
四、主要农产品成交量(吨)	**Transaction Volume of Main Agricultural Products (ton)**					
粮　　食	Grain	259798	508807	1657337	2051001	2280788
食　　油	Edible Oil	8735	54986	269100	389073	475290
猪　　肉	Pork	446763	827658	1308225	1441534	1626767
牛 羊 肉	Beef and Mutton		87352	153092	191439	209470
鲜　　蛋	Eggs	52607	130165	267744	333811	360226
家　　禽	Poultry		213657	362426	425612	469249

15-21 全省销售额最大的50家批发零售贸易企业(1998年)
THE PROVINCE'S TOP 50 WHOLESALE AND RETAIL SALES TRADE ENTERPRISES OF SALES VALUE(1998)

序号 Order	企业名称	Name of Enterprise	商品销售总额(万元) Total Sales (10000 yuan)
1	广东物资集团公司	GENERAL PRODUCTS OF GUANGDONG HOLDINGS COMPANY	707443.0
2	广东省烟草公司	TOBACCO CORPORATION OF GUANGDONG PROVINCE	542620.0
3	广东省石油企业集团公司	PETROLEUM ENTERPRISE GROUP CORPORATION OF GUANGDONG PROVINCE	463142.0
4	惠州TCL电器销售有限公司	TCL ELECTRIC APPLIANCE MARKETING CO. LTD. ,HUIZHOU	365209.4
5	广东省轻工业品进出口(集团)公司	GUANGDONG LIGHT INDUSTRIAL PRODUCTS IMP. & EXP. CORP. (GROUP)	226295.0
6	广州宝钢南方贸易有限公司	GUANGZHOU BAOSTEEL SOUTHERN TRADING CO. ,LTD.	221434.0
7	广东省纺织品进出口(集团)公司	GUANGDONG TEXTILES IMP. & EXP . CORPORATION(GROUP)	202504.0
8	深圳石油公司	SHENZHEN PETROLEUM CO.	191700.0
9	中国烟草总公司深圳市公司	GHINA NATIONAL TOBACCO CO. SHENZHEN BRANCH	189457.0
10	广州市医药公司	GUANGZHOU MUNICIPAL PHARMACEUTICALS CORPORATION	185731.0
11	广东省电力工业燃料公司	GUANGDONG ELECTRIC POWER FUEL CORPORATION	163179.0
12	广东省农业生产资料总公司	GUANGDONG AGRICULTRAL MEANS OF PRODUCTION CORPORATION	162265.0
13	广州纺织品进出口公司	GUANGZHOU TEXTILES IMP. & EXP. CORPORATION	156289.0
14	中国农业生产资料广州公司	CHINA AGRICULTURAL MEANS OF PRODUCTION COMPANY GUANGZHOU BRANCH	152242.0
15	广州石油企业集团有限公司	GUANGZHOU PETROLEUM GROUP CO. ,LTD.	139609.0
16	广州经济技术开发区中穗石油化工发展公司	GUANGZHOU ECONOMIC & TECHNOLOGICAL ZONE ZHONGSUI PETROCHEMICAL DEVELOPMENT COMPANY	138193.0
17	深圳市三九医药贸易有限公司	SHENZHEN SANJIU MEDICINES TRADING CO. ,LTD.	127460.9
18	肇庆蓝带啤酒销售有限公司	BLUE RIBBON BEER MARKETING CO. , LTD.	126431.6
19	广东省新华书店	GUANGDONG XINHUA BOOK STORE	123107.0
20	中国北方工业广州公司	CHINA NORTH INDUSTRIES GUANGZHOU CORPORATION	114618.0
21	深圳市国有免税商品(集团)有限公司	SHENZHEN STATE-OWNED TAX-FREE GOODS CO. ,LTD(GROUP)	110473.0
22	广东省邮电器材公司	GUANGDONG POST & COMMUNICATION EQUIPMENT COMPANY	105937.0
23	广州市广州百货大厦	GUANGZHOU MERCHANDISE BUILDING	103972.0
24	中山市食品水产进出口集团公司	ZHONGSHAN FOODSTUFFS & AQUATIC IMPORT & EXPORT GROUP CORPORATION	103413.9
25	广东省烟草公司韶关分公司	GUANGDONG PROVINCE TOBACCO COMPANY SHAOGUAN BRANCH	101754.9
26	佛山市金属材料资源开发公司	FOSHAN METAL MATERIAL RESOURCES DEVELOPMENT CO.	99560.5
27	广州市化工原料公司	GUANGZHOU CHEMICAL MATERIALS CORP.	97256.0
28	广州友谊商店股份有限公司	GUANGZHOU FRIENDSHIP SHARE HOLDING CO. ,LTD.	95948.0
29	华南蓝天航空油料有限公司	SOUTH CHINA BLUESKY AVIATION OIL CO. ,LTD.	94200.0
30	深圳市食品总公司	SHENZHEN FOODSTUFFS GENERAL CO.	91753.0
31	广东省番禺市供销合作社沙园集团公司	SHAYUAN (GROUP)CORPORATION OF PANYU SUPPLY AND MARKETING CO-OPERATIVE	90349.9
32	深圳招商石化有限公司	CHINA MERCHANTS PETROCHEMICAL CO. LTD	90270.0
33	江门宏达企业(集团)公司	JIANGMEN HONGDA ENTERPRISES(GROUP)CO.	88072.0
34	广东省丝绸(集团)公司	GUANGDONG SILK CORPORATION (GROUP)	86609.0
35	中国石化销售茂名公司	CHINA PETROCHEMICAL MARKETING MAOMING CO.	86032.0
36	广州广钢集团贸易有限公司	GUANGZHOU IRON AND STEEL GROUP TRADING CO. LTD.	83625.0
37	佛山市兴华集团股份有限公司	FOSHAN XINGHUA GROUP HOLDING CORPORATION	83014.0
38	广东省烟草公司梅州分公司	GUANGDONG TOBACCO CORPORATION MEIZHOU BRANCH	82108.2
39	广东省食品进出口集团公司	GUANGDONG FOODSTUFTS IMPORT AND EXPORT(GROUP) CORPORATION	81160.0
40	广州正大万客隆(佳景)有限公司	GUANGZHOU CHIA TAI MAKRO CO. ,LTD	80290.0
41	广州市烟草贸易中心	GUANGZHOU TOBACCO TRADING CENTRE	79933.0
42	中国化工供销华南公司	CHINA NATIONAL CHEMICAL SUPPLY & SALES(SOUTH CHINA) CORPORATION	79684.0
43	佛山市升平百货总公司	FOSHAN SHENGPING GENERAL MERCHANDISE CORP.	79653.3
44	新会市粮食总公司	XINHUI GRAIN CORPORATION	77581.0
45	广东省烟草公司湛江分公司	GUANGDONG PROVINCE TOBACCO COMPANY ZHANJIANG BRANCH	76970.2
46	广东省土产进出口(集团)公司	GUANGDONG NATIVE PRODUCTS IMPORT & EXPORT CORPORATION(GROUP)	76814.0
47	深圳市燃气集团有限公司	SHENZHEN GAS CORPORATION LTD .	76691.0
48	广州越秀企业(集团)公司	GUANGZHOU YUE XIU ENT ERDRISES (HILDINGS)CORP.	76092.0
49	广东新协力集团有限公司	GUANGDONG NEW XIELI GROUP CO. ,LTD.	76000.0
50	深圳万佳股份有限公司	VANGUARD SUPER DEPARTMENT CO. ,LTD.	74026.8

15-22 全省营业额最大的30家餐饮企业(1998年)

THE PROVINCE'S TOP 30 CATERING ENTERPRISES OF TURNOVER (1998)

序号 Order	企业名称	Name of Enterprise	营业额(万元) Turnover (10000 yuan)
1	广州酒家企业集团	GUANGZHOU RESTAURANT ENTERPISE GROUP	36362
2	广东广信麦当劳食品有限公司	GUANGDONG GUANGXIN MCDONALD'S FOOD COMPANY LIMITED	35639
3	麦当劳餐厅(深圳)有限公司	SHENZHEN MCDONALD'S FOOD COMPANY LIMITED	34284
4	广州白云国际机场旅客服务公司	GUANGZHOU BAIYUN INTERNATIONAL AIRPORT PASSENGER SERVICE CO. LTD.	19824
5	广东肯德基有限公司	GUANGDONG KENTUCKY CO. LIMITED	17671
6	白天鹅宾馆(餐厅)	WHITE SWAN HOTEL(DINING HALL)	15781
7	深圳肯德基有限公司	SHENZHEN KENTUCKY CO. ,LTD.	12896
8	广州荔湾区清平饭店集团有限公司	GUANGZHOU QINGPING RESTAURANT GROUP COMPANY LIMITED	10058
9	佛山宾馆	FOSHAN HOTEL	7569
10	花都市新世纪酒店	HUADU NEW CENTURY HOTEL	7250
11	广州莲香楼	GUANGZHOU LIANXIANGLOU	6859
12	深圳香蜜湖好世界海鲜大酒楼有限公司	SHENZHEN HONEY LAKE GOOD WORLD SAEFOOD MARKET CO. ,LTD.	6359
13	珠海银都酒店	ZHUHAI YINDO HOTEL	6092
14	广东新白云宾馆有限公司	GUANGDONG NEW BAIYUN HOTEL CO. ,LTD.	5953
15	广州东山利苑酒家	GUANGZHOU DONGSHAN LE YUAN RESTAURANT	5841
16	深圳好世界海鲜大酒楼有限公司	SHENZHEN GOOD WORLD SEAFOOD MARKET CO. ,LTD .	5620
17	番禺市中国旅行社番禺宾馆	PANYU HOTEL	5578
18	深圳华强好世界海鲜大酒楼有限公司	SHENZHEN HUA QIANG GOOD WORLD SEAFOOD MARKET CO. ,LTD	5488
19	广州市泮溪酒家	GUANGZHOU BANXI RESTAURANT	5238
20	广州华厦大厦企业有限公司华厦大酒店	HOTEL LANDMARK CANTON	5082
21	珠海渡假村有限公司餐饮部	ZHUHAI HOLIDAY RESORT CO. ,LTD.	4993
22	佛山市珠江饮食有限公司	FOSHAN PEARLRIVER CATERING LIMITED	4992
23	广州南海渔村有限公司	GUANGZHOU SOUTH SEA FISHING VILLAGE CO. , LTD.	4671
24	江门市侨都大酒店	JIANGMEN HOTEL CAPITAL	4639
25	东莞麦华食品有限公司	DONGGUAN MAIHUA FOOD CO. ,LTD	4499
26	中山市海港大酒楼	ZHONGSHAN SEAPORT RESTAURANT	4465
27	东莞金湖大酒店	DONGGUAN GOLDEN LAKE HOTEL	4369
28	深圳市新城酒家企业公司	SHENZHEN NEW TOWN RESTAURANT ENTERPRISE CO.	4317
29	东莞宾馆	DONGGUAN HOTEL	4044
30	东莞银城酒店	DONGGUAN SILVERLAND HOTEL	3956

15-23 广东民营会员企业前37家(1998年)

THE PROVINCE'S TOP 37 ENTERPRISES RUN BY PRIVATE MEMBERSHIP(1998)

企业名称 Name of Enterprise	营收总额 (万　元) Total Operating Revenue (10000 yuan)	缴税总额 (万　元) Total Pre-tax Profits (10000 yuan)	主营业务 Main Business	法人代表姓名 Name of Corporate Representative	地　区 Location	电　话 Telephone Namber
广州番禺祈福新村房地产有限公司	153691	13672	房地产	孔庆煊	广州	84771409
广东恒业集团有限公司	139380	387	饲料	陈丹	湛江	2705325
广东温氏食品集团有限公司	107000	13	种鸡、饲料	温鹏程	云浮新兴	2281173
广东宜华企业(集团)有限公司	70000	1407	木地板、饰线	刘绍嘉	汕头	0754-5162136
侨兴集团	57164		电讯设备	吴瑞林	惠州	2808188
广东湛大集团有限公司	56314	256	饲料	封亚军	湛江	3301561
潮阳市桂光集团有限公司	53476	1653	服装	张桂溪	汕头	0661-7818093
中国大酒店	466667		酒店	黄潮生	广州	86666888
广东捷昌集团有限公司	35000	2000	酒类、服装	杨旭恩	揭阳	2348056
广州市攀达企业集团有限公司	31167	421	烟花制造	赵伟平	广州	85590108
广东永发企业集团公司	30542	565	食品、灯饰、服装	何文德	揭阳	2285904
汕头经济特区大城企业公司	30102	185	钢材	王勇民	汕头	0754-8884646
广州立白企业集团有限公司	27425	356	洗涤用品	陈凯旋	广州	83503249
汕头市东风印刷厂	24400	1067	印刷	黄炳文	汕头	8225139
广东启业工贸总公司	23850	349	电话机	陈玩怀	揭阳	2347103
广东岸华集团有限公司	20780	523	珍珠、对虾	谢永新	湛江徐闻	4869999
汕头市龙湖区东南包装材料厂	20000	300	纸制品	陈娴凤	汕头	8864286
广东曲江县华能金属材料有限公司	20000	15	钢材	黄爱平	韶关	0751-6661688
普宁二和丽源纺织有限公司	19700	110	印花、染整	周日贤	揭阳	2342168
汕头兴业建设有限公司	19600	782	建筑	林晋文	汕头	8899388
广东榕泰集团	19311	344	制造、加工	杨启昭	揭阳	8676616
广东雷伊股份有限公司	18375	393	服装、鞋类	陈鸿成	揭阳	0663-2357888
广东明晶实业集团有限公司	18000	300	房产、仓储	凌安	湛江赤坎	3326203
广东汾煊食品工业有限公司	16500	495	食品	林顺和	潮安	6665938
广东康美药业股份有限公司	16098	398	药品生产	马兴田	揭阳	2581998
汕头市新艺实业总公司	15322	380	针纺织、丝绸	陈木森	汕头	7380373
广东长城集团公司	14805	678	陶瓷出口	蔡延祥	潮州	6875189
广东威华水电集团有限公司	13566	208	水电、中纤板	李建华	梅州	2241971
广州海印实公司	12620	1100	物业开发出租	邵建明	广州	83795881
广东华湖渔业用品(集团)有限公司	12465	146	安全网	方木宇	揭阳	6686689
湛江荣利橡胶制品有限公司	12250	358	胶手套、白糖	林水栖	湛江麻章	3302267
梅县凯跃水泥实业公司	11032	813	水泥	刘金成	梅州	2678402
广东康辉集团公司	10500	381	食品加工	郭　然	潮安	6665614
广州雄丰玻璃工艺制品有限公司	10473	694	玻璃制品	陈小平	广州	86413436
广东金汉集团公司	10255	402	进出口	林金汉	潮州	0768-2296277
广东金安城集团公司	10235	396	陶瓷制品	蔡玉照	潮州	2202990
广州市恒山机器有限公司	9481	1174	微控制电脑	黄志军	广州	85551920

主要统计指标解释

社会消费品零售总额 指各种经济类型的批发零售贸易业、餐饮业、制造业和其他行业，对城乡居民和社会集团的消费品零售额，以及农民对非农业居民零售额的总和。

批发零售贸易业商品购进总额 指从本企业以外的单位和个人购进（包括从国外直接进口）作为转卖或加工后转卖的商品金额。本指标由″从生产者购进额″、″从批发零售贸易业购进额″、″进口额″和″其他项目″组成。这个指标反映批发零售贸易企业从国内、国外市场上购进商品的总量。

批发零售贸易业商品销售总额 指对本企业以外的单位和个人出售的商品（包括对国（境）外直接出口及售给本单位消费用的商品）。本指标由″对生产经营单位批发额″、″对批发零售贸易业批发额″、″出口额″和″对居民和社会集团商品零售额″项目组成。这个指标反映批发零售贸易企业在国内市场上销售商品以及出口商品的总量。

批发 指除零售以外的一切商品销售活动，包括对生产经营单位批发、对批发零售贸易业批发和出口。

对生产经营单位批发 指售给国民经济和社会各部门作为生产或经营使用的商品。

零售 指售给城乡居民直接用于生活消费的商品和社会集团直接用于公用消费的商品。

批发零售贸易业年末库存总额 指批发零售贸易企业已取得所有权的全部商品。这个指标反映批发零售贸易企业的商品库存情况，对市场商品供应的保证程度。

批发零售贸易业餐饮业法人单位 指各种经济类型独立核算法人批发零售贸易企业、餐饮企业的单位个数。法人单位应同时具备以下条件：1. 依法成立，有自己的名称、组织机构和场所，能够独立承担民事责任；2. 独立拥有和使用资产，承担负债，有权与其他单位签订合同；3. 独立核算盈亏，并能够编制资产负债表。

批发零售贸易业餐饮业网点 指各种经济类型独立核算法人批发零售贸易企业、餐饮企业设立的从事商品批发贸易、零售贸易业务的自然单位数和从事餐饮活动的自然单位数（批发零售贸易企业本身应作为一个网点计算），以及各行业附设的从事商品批发贸易、零售贸易业务的自然单位数和从事餐饮活动的自然单位数。

批发零售贸易业餐饮业人员 即从业人员，指从事批发零售贸易业、餐饮业劳动并取得劳动报酬或经营收入的人员。

批发贸易业 是指从工农业生产者或从商品流通企业购进商品，转卖给工业、农业、建筑业、运输邮电业、餐饮业、服务业等生产经营单位作为生产经营用，以及将商品转卖给其他批发贸易企业或零售贸易企业的商品流通企业。

零售贸易业 是指从工农业生产者、批发贸易业或居民购进商品，转卖给城乡居民作为生活消费和售给社会集团作为公共消费的商品流通企业。

餐饮业 是指从事食品的烹饪、调制并直接售给居民和社会集团的机构。

城乡集市贸易成交额 指在农村集市和城市集市上买卖双方（包括农民、非农业居民、机关、团体、工商企业、个体商贩）成交的全部商品金额。目前农民在集市外对非农业居民的零售额也统计在内。不包括城市工业品市场的成交额。

资本金 指批发零售贸易业、餐饮业企业在工商行政管理部门登记的注册资金。资本金按投资主体分为国家资本金、法人资本金、个人资本金和外商资本金等。

流动资产合计 指可以在一年内或者超过一年的一个营业周期内变现或者耗用的资产，包括货币资金、短期投资、应收票据、应收帐款、坏帐准备、应收帐款净额、预付帐款、其他应收款、存货、待转其他业务支出、待摊费用、待处理流动资产净损失、一年内到期的长期债券投资、其他流动资产等项。

固定资产合计 指核算使用期限超过一年，单位价值在规定标准以上，并且在使用过程中保持原有物质形态的资产。

无形及递延资产 指企业长期使用但是没有实物形态的资产和不能全部计入当年损益，应当在以后年度分期摊销的各项费用。包括专利权、著作权、土地使用权、非专利技术、商誉和开办费、租入固定资产的改良支出等。

所有者权益合计 指企业投资人对企业净资产的所有权，包括企业投资人对企业的最初投入资本以及形成的资本公积金、盈余公积金和未分配利润等。

股本 指股份制企业按照章程和投资协议的规定，股东实际投入企业的股本。

商品销售收入（营业收入） 指批发零售贸易企业商品销售收入、接受其他单位委托代销商品的收入和餐饮企业的营业收入（包括餐费收入、冷热饮收入、服务收入和其他收入）。

商品销售成本 指批发零售贸易企业已销商品应负担的进货原价和餐饮企业的原材料成本、商品进价成本。

经营费用 指批发零售贸易企业在购、销、存过程中发生的各项经营费用和餐饮企业经营中发生的各项费用。包括运输费、装卸费、包装费、保险费、广告费、商品损耗、进出口商品累计佣金、经营人员的工资及福利费等。

商品销售税金及附加费 指批发零售贸易企业销售商品应负担的税金和餐饮企业应由各项经营业务负担的税金及附加。包括营业税、城市维护建设税、出口关税和教育费附加等。

商品销售利润 指批发零售贸易企业由于销售商品得到的利润。

管理费用 指企业的行政管理部门为组织和管理企业经营活动所发生的费用。包括管理人员的工资及福利费、业务招待费、工会经费、职工教育经费、劳动保险费、董事会会费、涉外费、租赁费、咨询费、诉讼费、房产税、土地使用税、车船使用税、土地损失补偿费、技术转让费、技术开发费、无形资产摊销、坏账损失、上交上级管理费及其它管理费用等。根据管理费用的发生额分析填列。

利润总额 指企业全年实现的利润。包括营业利润、投资净收益及营业外收支净额。

增值税 指企业在报告期内应交纳的增值税额合计。计算公式为：本年应交增值税＝销项税额＋出口退税＋进项税额转出数－进项税额

Explanatory Notes on Main Statistical Indicators

Total Retail Sales of Consumer Goods refer to the sum of retail sales of consumer goods by the establishments in wholesale trade, retail sale trade, catering trade, manufacturing industry and other industries of various types of ownership, to urban and rural residents and social groups, and by the farmers to non—agricultural residents.

Total Purchases of Conmodities by Wholesale and Retail Trade refer to the purchases of commodities by the establishments from other establishments or individuals (including direct import from abroad) for the purpose of reselling, either with or without further processing of the comodities purchased. This indicator includes the purchases from producers, the purchase from wholesale and retail sale trade, imports and others. It is used to show the total value of purchases of commodities by wholesale and retail establishments from domestic and overseas markets.

Total Sales of Commodities by Wholesale and Retail Trade refer to selling of commodities (including commodities for self—consumpton) by the establishments to other establishments and individuals (including direct export). This indicator includes the value of wholesale to establishments of production and operation, the value of wholesale to wholesale and retail sale trade, exports and sales to urban and rural residents and social groups. It is used to show the total value of sales of commodities at domestic markets and export.

Wholesale refers to all selling activities of commodities except retail sale, including wholesale to production and operation units, wholesale to wholesale and retail sale trade and export.

Wholesale to Prlduction and Operation Units refers to commodities sold to national economy and social departments for their production and operation.

Retail Sale refers to commodities sold to urban and rural residents directly for living consumption and to social groups directly for public consumption.

Total Commodity Stock of Wholesale and Retail Enterprises at Year—end refer to the total commodities possessed by wholesale and retail sale enterprises, which reflects the commldity stock level of various wholesale and retail sale enterprises and the potential for market supply.

Corporate Enterprises in Wholesale and Retail Sale Trades and Catering Trade refer to the number of corporate enterprises of various types of ownership in the wholesale and retail sale trade and catering trade with independent accounting system. An enterprise can be called a corporate enterprise only when it meets the following requirements: (1) It is estalished according to law; it has its own name, organization and location for business operation and can assume the civil responsibility; (2) It owns and uses its assets independently; assumes the liabilities and is entitled to sign contracts with other units; (3) It has the independent accounting system and is able to compile balance sheet.

Establishment in Wholesale and Retail Sale Trade and Catering Trade refers to the number units set up by the wholesale and retail sale and cataring enterprises and engaged in the business of wholesale and retail sale and catering trades including those units attached to other industries but engaged in wholesale or retail sale and catering trades (the wholesale or retail sale enterprise itself should be counted as one establishment).

Pesonnel Engaged in Wholesale and Ratail Sale Trade and Catcring Trade refers to the persons who are engaged in the business of wholesale and retail sale and catering trades, and receive payment for labour or business income.

Wholesale Trade refers to the commodity circulation enterprises which purchase commodities from producers in industry and agriculture or from commodity circulation enterprises for the purpose of reselling them to esablishments in industry, agriculture, constructon, transportation, post and telecommunications, catering trade and services for their production and operation as well as reselling them to other wholesale or retail sale enterprises.

Retail Sale Trade refers to the commodity circulation enterprises which purchase commodities from producers in industry and agriculture, wholesale trade or residents for the purpose of reselling them to urban and rural residents for living consumption and to social groups for public consumption.

Catering Trade refers to the establishments engaged in food cooking, seasoning and selling food directly to residents and social groups.

Volume of Business (Transaction Value) at Urban and Rural Free Markets refers to the value of all goods changed hands between sellers and buyers, including farmers, non—agricultural residents, institutions, organizations, enterprises and private peddlers, at urban and rural free markets. At present, also included is the retail sales of farmers to non—agricultural residents outside free market, excluding the volume of business at the urban industrial product market.

Capital refers to the capital registered by the wholesale and retail sale and catering enterprises in the departments of administration for industry and commerce. According to the different nature of investors, the capital can be divided into state capital, legal persons's capital, personal capital and foreign capital, etc.

Circulating Assets refer to the assets which can be cashed in or spent or consumed in an operating cycle of one year or over one year, including cash, short term investment, notes receivable, accounts receivable, bad debt reserve, net accounts receivable, advance payment, other receivable, stock, and other operating expenses, to be transfered deferred expenses, net losses of circulating assets to be settled after approval, long term bond investment at the expiration of a year and other circulating assets.

Fixed Assets refer to the assets whose accounting operational cycle is over a year and unit value is up to the stipulated standard, and in their original form in the operating process.

Intangible Assts and Deferred Assets refer to the assets without material form used by enterprises over a long time, which can't be connted all into the profits and losses of the current year and should amortize various expenses in the following years, including patents, copyright, land use right, non—patent technologies, business reputation, organization expenses and improvement expenses on the leased fixed assets, etc.

Creditor's Equity refers to investors's ownership of net assets of the enterprise, including the primary input from investors, capital accumulation fund, surplus accumulation fund and undistributed profits, etc.

Capital Stock refers to the capital actually put into the share—holding enterprise by the stock holders in accordance with the regulations and investment agreements.

Sales Revenue of Commodities (Business Income) refers to this income from the sales of commodities by the wholesale and retail sale enterprises, the income from the sales on commission and the business income by the catering enterprises (including food income, cold and hot drink income, service income and other incomes).

Sales Cost of Commodities refers to the prime cost which should be paid by the wholesale and retail sale enterprises for the sold commodities, the cost of raw materials and prime cost of commodities of the catering enterprises.

Operational Expenses refer to the various operational expenses in the purchase, and stock process of the wholesale and retail sale enterprises, and various expenses in the operational process of the catering enterprises, including traffic expense, loading and unloading chareg, packing charge, insurance expense, advertising fee, wear loss of commodities, acumulative commission of import and export commodities, wages and welfare expense of business personnel.

Tax and Extra Charges on Sales of Commodities refer to the tax which should be paid by the wholesale and retail sale enterprises for selling commodities and the tax and extra charges which should be paid by the catering enterprises for various business operation, including business tax, tax on city maintenance and construction, export tariff and extra charges for education, etc.

Sales Profit of Commoditles refers to the profit gained by the wholesale and retail sale enterprises in selling commodities.

Administrative Expenses refer to the expenses in the activities of organizing and managing enterprise operation by the administrative department of the enterprise, including wages and welfare expense of managerial staff, business entertainment expense, expense of trade union, expense of education for staff and workers, ladout insurance expense, membership fee of board of directors, expense concerning foreign affairs, leasing expense, consulting fee, litigation cost, tax on real estates, tax on the use of land, tax on the use of vehicles, compensation expense for the land loss, technical transfer expense, technical development expense, amortization of intangile assets, bad debt loss, administrative expense handed over to higher authorities and other expenses, etc. It is reported in line with the analysis of emergence value of management expenses.

Total Profits refer to the profits gained by the enterprises during the year, including business profit, net income of investment and net value beyond operating expenditure and receipt.

Value Added Tax refers to the amount of the value added tax which should be paid by the enterprises in the reference period. The formula is as follows:

$$\begin{array}{c}\text{Value Added Tax}\\\text{Paid in Current Year}\end{array} = \text{Sales Tax} + \text{Export Rebate} + \begin{array}{c}\text{Transfer Volume}\\\text{of Purchace Tax}\end{array} - \text{Purchase Tax}$$

十六　对外经济与旅游

FOREIGN ECONOMY AND TOURISM

简要说明

一、本篇资料综合反映广东对外贸易、利用外资、对外承包工程和劳务合作、“三资”企业工商登记、华侨和港澳台同胞捐赠以及国际旅游等历年概况和近年发展的详细情况。

二、本篇资料由广东省统计局贸易外经处负责整理、编辑。

三、资料来源及统计范围：

1、人民币对美元、日元、港元的年平均汇价资料来源于外汇管理部门，是根据当年国家外汇管理局提供的每日汇价进行加权平均计算而得出的。

2、广东进出口贸易的规模、结构情况的资料，主要来源于广州海关，统计范围为在广东境内海关报关注册登记的经营单位(包括有进出口经营权和无进出口经营权的经营单位)。进出口商品价值，出口按离岸价(FOB)、进口按到岸价(CIF)统计；进出口商品分类按海关合作理事会制定的《商品名称及编码协调制度》(HS)目录进行分类统计。

3、广东利用外资规模、结构和广东对外承包工程和劳务合作状况的资料来源于省外经贸委及有关单位。

4、广东外商投资企业注册登记情况的资料来源于省工商行政管理局。

5、华侨、港澳台同胞对广东实际损赠的物品和现金资料，由省侨务办和台湾事务办提供。

6、广东对外开放使用的口岸分布状况的资料来源于省口岸办公室。

7、广东国际旅游业发展情况的资料由省旅游局、边防局提供。

FOREIGN ECONOMY AND TOURISM

Brief Introduction

Ⅰ. The data in this chapter show the summary data of Guangdong's foreign trade, utilization of foreign capital, contracted projects and labour cooperation with the foreign countries or territories, basic indicators of three kinds of registered foreign—funded enterprises, donations from the overseas Chinese and the compatriots in Hong Kong, Macao and Taiwan, international tourism over the years as well as the detailed data of the recent development.

Ⅱ. The data in this chaper are prepared and edited by the Division of Trade and Foreign Eonomic Statistics of the Statistical Bureau of Guangdong Province.

Ⅲ. Data sources and statisical coverage:

(1) The data on the average exchange rates of RMB yuan to US dollar, Japanese yen and Hong Kong dollar over the years come from the State Administration of Exchange Control. The annual average exchange rate is calculated as the weighted mean of the daily exchange rates provided by the State Administration of Exchange Control in the year.

(2) The data on the size and composition of Guangdong's imports and exports come from: Guangzhou Customs Office, the statistical coverage covers the operating units (with or without the right to handle imports and exports) which have a declaration and register at customs within the boundary of Guangdong. The values of export commodities are calculated at FOB and the values of import commodities are calculated at CIF. The Harmonized Commodity Description and Coding System (HS) stipulated by the Customs Cooperation Council is used in the classification of the import and export commodites.

(3) The data on the scale and composition of the utilization of foreign capital and the contracted projects and labour cooperation with the foreign countries or territories in Guangdong come from the Committee of Foreign Trade and Economic Cooperation of Guangdong Province and the related units.

(4) The basic indicatiors of the registered foreign—funeded enterprises come from the Administration for Industry and Commerce of Guangdong Province.

(5) The data on the goods and cash actually donated to Guangdong by the overseas Chinese and the compatriots in Hong Kong, Macao and Taiwan are provided by Guangdong Office of Taiwan Affairs.

(6) The data on the port distribution for opening to the outside world come from Guangdong Office of Port Affairs.

(7) The data on the development of international tourism are tabulated and reported to the higher organization by Guangdong Tourism Adminisration, Frontier Bureau of Guangdong Province and the county and city statistical bureaus respectively.

16-1 对外经济主要指标

MAIN INDICATORS OF FOREIGN TRADE AND ECONOMIC COOPERATION AND INTERNATIONAL TOURISM

指标	Item	1980	1990	1995	1997	1998
海关进出口总额 （亿美元）	Total Imports and Exports (USD 100 million)		418.98	1039.72	1301.20	1297.98
出口总额	Total Exports		222.21	565.92	745.64	756.18
初级产品	Primary Goods		21.70	37.57	47.65	39.85
工业制成品	Manufactured Goods		200.51	528.35	697.99	716.33
进口总额	Total Imports		196.77	473.80	555.56	541.80
初级产品	Primary Goods		16.78	35.76	51.60	53.53
工业制成品	Manufactured Goods		179.99	438.04	503.96	488.27
签订利用外资协议(合同)项目(个)	Number of Projects of Utilization of Foreign Capital Through Signed Agreements or Contracts (unit)	5084	7196	9345	17737	15459
#对外借款	Forign Loans	1	47	65	100	89
外商直接投资	Foreign Direct Investment	188	3042	8177	3744	4349
签订利用外资协议(合同)金额(亿美元)	Total Amount of Foreign Capital Utilized through Signed Agreements or Contracts (USD 100 million)	13.89	31.68	261.05	96.45	123.78
#对外借款	Foreign Loans	0.06	3.00	11.44	6.69	18.52
外商直接投资	Foreign Direct Investment	12.00	26.90	248.32	76.92	91.62
实际利用外资额 （亿美元）	Total Amount of Foreign Capital Actually Used (USD 100 million)	2.14	20.23	121.00	142.05	150.99
#对外借款	Foreign Loans	0.06	4.41	18.40	13.11	20.45
外商直接投资	Foreign Direct Investment	1.23	14.60	101.80	117.11	120.20
外商投资企业年底工商登记数(户)	Number of Registered Foreign-funded Enterprise by the end of Year	90	12232	59582	59040	57665
投资总额 （亿美元）	Total Investment (USD 100 million)		233.33	2046.27	2171.18	2217.36
注册资本 （亿美元）	Registered Capital (USD 100 million)		147.80	1291.32	1337.89	1343.56
对外承包工程合同数 （份）	Contract Number of Foreign Constracted Projects		23	29	67	28
合同金额 （亿美元）	Contracted Value (USD 100 million)		0.60	1.92	2.24	1.33
完成营业额 （亿美元）	Volume of Businness Fulfilled (USD 100 million)		0.76	1.09	1.09	1.75
对外劳务合作合同数 （份）	Cantract Number of Foreign Labor Cooperation		1101	1251	2616	2360
合同金额 （亿美元）	Contracted Value (USD 100 million)		0.61	2.06	1.74	1.29
完成营业额 （亿美元）	Volume of Businness Fulfilled (USD 100 million)		0.32	1.78	1.47	1.45
城市接待海外旅游者(万人次)	Number of Foreign Tourists Received by Cities (10000 person-times)			620.68	739.16	788.65
外国人	Foreigners			118.47	134.66	131.54
华　侨	Overseas Chinese			19.38	23.77	23.41
港澳台同胞	Compatriots from Hong Kong, Macao and Taiwan			482.83	580.73	633.70
旅游外汇收入 （亿美元）	Total Foreign Exchange Earnings from International Tourism (USD 100 million)			23.94	28.01	29.42
旅游宾馆(饭店)数 （个）	Number of Tourist Hotel			962	1048	1056

16-2 人民币对主要外币年平均汇价(中间价)

AVERAGE EXCHANGE RATE OF RMB YUAN AGAINST MAIN CONVERTIBLE CURRENCIES (MIDDLE RATE)

单位：人民币：元 (RMB yuan)

年 份 Year	100 美元 100 US Dollars	100 日元 100 Japanese Yen	100 港元 100 Hong Kong Dollars
1981	170.51	0.7735	30.41
1982	189.26	0.7607	31.15
1983	197.57	0.8318	27.36
1984	232.70	0.9780	29.71
1985	293.67	1.2457	37.57
1986	345.28	2.0694	44.22
1987	372.21	2.5799	47.74
1988	372.21	2.9082	47.70
1989	376.59	2.7360	48.28
1990	478.38	3.3233	61.39
1991	532.27	3.9602	68.45
1992	551.49	4.3608	71.24
1993	576.19	5.2020	74.41
1994	861.87	8.4370	111.53
1995	835.07	8.9225	107.96
1996	830.57	7.6238	107.40
1997	828.97	6.8623	107.09
1998	827.90	6.3487	106.88

16-3 海关进出口总额

TOTAL IMPORTS AND EXPORTS (CUSTOMS STATISTICS)

单位:亿美元 (USD 100 million)

年 份 Year	进出口总额 Total Imports & Exports	出 口 Exports	进 口 Imports	差 额 Balance	初级产品 Primary Goods		工业制成品 Manufactured Goods	
					出 口 Exports	进 口 Imports	出 口 Exports	进 口 Imports
1987	210.37	101.40	108.97	-7.57	15.40	7.52	86.00	101.45
1988	310.19	148.17	162.02	-13.85	21.71	11.22	126.46	150.80
1989	355.78	181.13	174.65	6.48	22.06	17.59	159.07	157.06
1990	418.98	222.21	196.77	25.44	21.70	16.78	200.51	179.99
1991	525.21	270.73	254.48	16.25	20.58	21.92	250.15	232.56
1992	657.48	334.58	322.90	11.68	21.41	22.12	313.17	300.78
1993	783.44	373.94	409.50	-35.56				
1994	966.63	502.11	464.52	37.59				
1995	1039.72	565.92	473.80	92.12	37.57	35.76	528.35	438.04
1996	1099.60	593.46	506.14	87.32	37.55	41.72	555.91	464.42
1997	1301.20	745.64	555.56	190.08	47.65	51.60	697.99	503.96
1998	1297.98	756.18	541.80	214.38	39.85	53.53	716.33	488.27

注:进出口差额负数为入超。

Note: An negative balance indicates an unfavourable balance of foreign trade.

16-4 按贸易方式和经济类型分的海关进出口额
TOTAL IMPORTS AND EXPORTS BY TRADE FORM AND TYPE OF OWNERSHIP (CUSTOMS STATISTICS)

单位:亿美元 (USD 100 million)

项 目	Item	1990 出口 Exports	1990 进口 Imports	1993 出口 Exports	1993 进口 Imports	1994 出口 Exports	1994 进口 Imports
总 计	**Total**	**222.21**	**196.77**	**373.94**	**409.50**	**502.11**	**464.52**
按贸易方式分	**By Trade Form**						
一般贸易	General Trade	59.52	34.52	78.15	68.28	136.67	55.05
来料加工	Processing and Assembling with Customer's materials	91.66	76.24	136.49	108.19	150.78	118.14
补偿贸易	Compensation Trade	1.26	0.99	1.11	0.79	1.05	0.48
进料加工	Processing and Assembling with Import Materials	68.42	51.37	154.87	126.56	211.36	177.02
加工设备	Processing Equipments		7.39		12.54		11.99
外资设备	Foreign Funded Equipments		21.45		67.51		77.87
易货贸易	Barter Trade			1.36	4.53	0.39	3.69
保税仓库	Bonded Warehouse						
捐 赠	Donation of Overseas Chinese		0.82		5.78		3.51
其 他	Others	1.35	3.99	1.96	15.32	1.86	16.77
按经济类型分	**By Ownership**						
国有经济	State-owned	166.45	124.13	224.72	200.26	295.64	199.93
集体经济	Collective Owned			3.94	3.79	6.13	6.25
私营经济	Private			0.01	0.01	0.03	0.12
外商投资经济	Foreign Funded	54.81	70.86	143.66	198.14	198.48	253.74
其他经济	Others	0.95	1.78	1.61	7.30	1.83	4.48

项 目	Item	1995 出口 Exports	1995 进口 Imports	1997 出口 Exports	1997 进口 Imports	1998 出口 Exports	1998 进口 Imports
总 计	**Total**	**565.92**	**473.80**	**745.64**	**555.56**	**756.18**	**541.80**
按贸易方式分	**By Trade Form**						
一般贸易	General Trade	136.01	46.41	179.49	61.99	152.47	71.79
来料加工	Processing and Assembling with Customer's materials	159.36	118.93	192.57	136.35	202.55	133.04
补偿贸易	Compensation Trade	0.89	0.15	0.55	0.17	0.60	0.04
进料加工	Processing and Assembling with Import Materials	263.40	205.00	355.74	253.16	381.06	262.40
加工设备	Processing Equipments		11.72		12.16		9.27
外资设备	Foreign Funded Equipments		57.03		50.87		35.33
易货贸易	Barter Trade	0.19	0.44	0.01	0.11	0.03	0.06
保税仓库	Bonded Warehouse	4.05	27.33	14.85	33.81	16.86	25.07
捐 赠	Donation of Overseas Chinese		3.24	0.02	0.29	0.02	0.32
其 他	Others	2.02	3.55	2.41	6.65	2.59	4.48
按经济类型分	**By Ownership**						
国有经济	State-owned	296.67	181.03	357.41	208.59	340.35	205.59
集体经济	Collective Owned	9.19	8.20	16.90	11.03	19.38	12.86
私营经济	Private	0.03	0.07	0.11	0.02	0.39	0.25
外商投资经济	Foreign Funded	257.59	274.51	367.94	327.48	391.76	317.25
其他经济	Others	2.44	9.99	3.28	8.44	4.30	5.85

16-5 广东同主要国家(地区)海关进出口额
GUANGDONG'S IMPORTS AND EXPORTS WITH MAIN COUNTRIES AND TERRITORIES (CUSTOMS STATISTICS)

单位:亿美元 (USD 100 million)

国别 Country	(地区) (Territory)	1997 进出口 Total	1997 出口 Exports	1997 进口 Imports	1998 进出口 Total	1998 出口 Exports	1998 进口 Imports
合计	**Total**	**1301.20**	**745.64**	**555.56**	**1297.98**	**756.18**	**541.80**
亚洲	**Asia**	**867.05**	**439.06**	**427.99**	**836.89**	**412.53**	**424.36**
中国香港	Hong Kong, China	338.04	291.85	46.19	306.62	265.03	41.59
澳门	Macao	6.72	5.55	1.17	7.25	6.31	0.94
中国台湾	Taiwan, China	118.87	14.26	104.61	124.55	17.09	107.46
日本	Japan	194.57	71.12	123.45	185.35	69.30	116.05
韩国	Republic of Korea	59.11	9.82	49.29	62.02	8.01	54.01
菲律宾	Philippines	4.27	2.51	1.76	3.97	1.96	2.01
泰国	Thailand	13.82	4.20	9.62	17.03	3.70	13.33
马来西亚	Malaysia	17.43	4.58	12.85	16.26	3.73	12.53
新加坡	Singapore	36.35	14.19	22.16	36.72	16.37	20.35
印度尼西亚	Indonesia	12.08	4.41	7.67	11.82	2.10	9.72
印度	India	4.09	1.12	2.97	4.53	2.01	2.52
沙特阿拉伯	Saudi Arabia	8.18	3.22	4.96	7.02	3.14	3.88
阿联酋	United Arab Emirates	3.52	3.45	0.07	3.89	3.52	0.37
东盟	Association of Southeast Asian Nations	84.63	30.19	54.44	89.81	31.31	58.50
非洲	**Africa**	**13.91**	**7.59**	**6.32**	**14.06**	**9.07**	**4.99**
埃及	Egypt	1.28	1.27	0.01	1.38	1.37	0.01
阿尔及利亚	Algeria	0.21	0.21		0.24	0.24	
欧洲	**Europe**	**158.60**	**97.01**	**61.59**	**161.64**	**109.18**	**52.46**
比利时	Belgium	6.27	3.96	2.31	7.41	4.78	2.63
丹麦	Denmark	2.57	1.09	1.48	2.05	1.09	0.96
英国	United Kingdom	23.80	18.29	5.51	26.83	21.74	5.09
德国	Germany	38.29	24.59	13.70	39.23	26.86	12.37
法国	France	19.61	10.86	8.75	16.74	11.55	5.19
意大利	Italy	11.51	5.62	5.89	11.00	6.23	4.77
荷兰	Netherlands	17.10	15.18	1.92	19.60	17.67	1.93
西班牙	Spain	4.94	3.92	1.02	4.98	4.25	0.73
奥地利	Austria	1.45	0.85	0.60	1.31	0.84	0.47
芬兰	Finland	2.42	0.97	1.45	3.56	1.19	2.37
瑞士	Switzerland	6.43	2.50	3.93	5.99	2.68	3.31
波兰	Poland	1.48	1.39	0.09	1.52	1.47	0.05
俄罗斯	Russia	11.19	1.91	9.28	7.49	1.70	5.79
欧盟	European Economic & Monetary Union	134.28	88.56	45.72	141.76	99.95	41.81
拉丁美洲	**Latin America**	**20.66**	**15.06**	**5.60**	**21.23**	**17.03**	**4.20**
阿根廷	Argentina	2.56	1.44	1.12	2.38	1.49	0.89
巴西	Brazil	6.45	3.49	2.96	5.19	3.20	1.99
智利	Chile	2.16	1.81	0.35	2.46	2.01	0.45
墨西哥	Mexico	1.81	1.37	0.44	2.69	2.31	0.38
北美洲	**North America**	**224.34**	**177.59**	**46.75**	**246.05**	**197.64**	**48.41**
加拿大	Canada	10.50	6.98	3.52	11.55	8.13	3.42
美国	United States	213.82	170.60	43.22	234.49	189.51	44.98
大洋洲	**Oceania**	**16.64**	**9.33**	**7.31**	**18.11**	**10.73**	**7.38**
澳大利亚	Australia	14.53	8.38	6.15	15.80	9.77	6.03
新西兰	New Zealand	1.73	0.83	0.90	2.06	0.87	1.19

注:本表数字按产销国别原则统计。
Note: The data in the table are calculated with the principle of the country of production and marketing.

16-6 外贸进出口市场结构

MARKET STRUCTURE OF IMPORTS AND EXPORTS

金额单位:亿美元 (USD 100 million)

地区	Region	1995 金额 Amount	1995 比重(%) Percentage	1997 金额 Amount	1997 比重(%) Percentage	1998 金额 Amount	1998 比重(%) Percentage
出口总额	**Total Value of Exports**	**565.92**	**100.0**	**745.64**	**100.0**	**756.18**	**100.0**
亚洲	Asia	339.71	60.0	439.06	58.9	412.53	54.6
#港澳地区	Hong Kong and Macao Area	222.55	39.3	297.40	39.9	271.34	35.9
中国台湾	Taiwan, China	14.30	2.5	14.26	1.9	17.09	2.3
日本	Japan	64.89	11.5	71.12	9.5	69.30	9.2
东盟	Association of Southeast Asian Nations	21.63	3.8	30.19	4.0	31.31	4.1
中东八国	The Eight Countries of Middle East of Asia	6.36	1.1	8.59	1.2	8.93	1.2
非洲	Africa	5.31	0.9	7.59	1.0	9.07	1.2
欧洲	Europe	70.26	12.4	97.01	13.0	109.18	14.4
#欧盟	European Economic & Monetary Union	64.74	11.4	88.56	11.9	99.95	13.2
俄罗斯	Russia	1.01	0.2	1.91	0.3	1.70	0.2
拉丁美洲	Latin America	10.07	1.8	15.06	2.0	17.03	2.3
北美洲	North America	133.89	23.7	177.59	23.8	197.64	26.1
#美国	United States	127.93	22.6	170.60	22.9	189.51	25.1
大洋洲	Oceania	6.67	1.2	9.33	1.3	10.73	1.4
其他	Others	0.01	…				
进口总额	**Total Value of Imports**	**473.80**	**100.0**	**555.56**	**100.0**	**541.80**	**100.0**
亚洲	Asia	367.62	77.6	427.99	77.0	424.36	78.3
#港澳地区	Hong Kong and Macao Area	60.55	12.8	47.36	6.4	42.53	7.8
中国台湾	Taiwan, China	90.02	19.0	104.61	14.0	107.46	19.8
日本	Japan	116.97	24.7	123.45	16.6	116.05	21.4
东盟	Association of Southeast Asian Nations	41.27	8.7	54.44	7.3	58.50	10.8
中东八国	The Eight Countries of Middle East of Asia	4.19	0.9	12.03	1.6	10.61	2.0
非洲	Africa	4.27	0.9	6.32	1.2	4.99	0.9
欧洲	Europe	54.03	11.4	61.59	11.1	52.46	9.7
#欧盟	European Economic & Monetary Union	38.44	8.1	45.72	6.1	41.81	7.7
俄罗斯	Russia	8.31	1.8	9.28	1.2	5.79	1.1
拉丁美洲	Latin America	4.01	0.8	5.60	1.0	4.20	0.8
北美洲	North America	37.60	7.9	46.75	8.4	48.41	8.9
#美国	United States	35.07	7.4	43.22	5.8	44.98	8.3
大洋洲	Oceania	6.25	1.3	7.31	1.3	7.38	1.4
其他	Others	0.02	…				

16-7 海关进出口商品分类金额

VALUE OF IMPORTS AND EXPORTS BY CATEGORY OF COMMODITIES (CUSTOMS STATISTICS)

单位:万美元 (USD 10000)

商品类别	Category of Commodity	1997 出口 Exports	1997 进口 Imports	1998 出口 Exports	1998 进口 Imports
总　　计	**Total Value**	**7456374**	**5555574**	**7561766**	**5418038**
第一类　活动物;动物产品	**Live Animals & Animal Products**	**68639**	**28482**	**61601**	**30925**
活　动　物	Live Animals	19379	1184	17391	1804
肉及食用杂碎	Meat and Edible Haslets	8999	9484	7752	10362
水　产　品	Aquatic Products	30564	9195	28711	9263
乳品、蛋品、天然蜂蜜、其他食用动物产品	Dairy Products,Eggs,Natural Honey,Other Edible Animal Products	4692	3699	4210	5188
其他动物产品	Other Animal Products	5005	4920	3537	4308
第二类　植物产品	**Plant Products**	**57485**	**43618**	**48613**	**40214**
树苗及花草	Saplings,Flowers and Herbs	897	321	731	324
蔬　　菜	Edible Vegetables	20049	992	17069	1461
水果及坚果	Fruits and Nuts	7209	6274	6181	5110
咖啡、茶叶及调味香料	Coffee,Tea and Spices	8263	488	7274	1470
谷　　物	Cereals	386	14451	508	10847
制粉工业产品	Flour,Starch and Related Products	4304	3407	4314	3060
植物油籽及果实、种子、药材及饲料	Oil Seeds and Kernels,Seeds,Medical Materials and Forage	13598	15274	9950	15482
虫胶、树胶、树脂	Shellac,Gum,Resin	721	1026	581	1017
编结植物材料、其他植物产品	Stuff of Knitting Plant,Other Plant and Related Products	2058	1385	2005	1444
第三类　动、植物油脂及蜡	**Animal Fat, Vegetable Oil and Wax**	**31084**	**53129**	**14449**	**30970**
动、植物油脂及蜡	Animal Fat, Vegetable Oil and Wax	31084	53129	14449	30970
第四类　食品、烟草及制品	**Food,Tobacco and Related Products**	**117247**	**47651**	**107926**	**41486**
动物产品制品	Animal Products	35107	82	28032	83
糖及糖食	Sugar and Sugar Products	9813	7982	5564	3838
可可及可可制品	Cocoa and Cocoa Products	263	331	394	384
粮食及乳制品、糕饼点心	Foodstuff, Dairy Products and Pastry Products	9005	966	9284	667
蔬菜、水果等植物制品	Products of Vegetables and Fruits	11949	949	10147	1327
杂项制品	Miscellaneous Edible Products	10373	2056	11825	2066
饮料、酒及醋	Beverages,Liguor and Vinegar	27975	2491	30526	2807
食品的残渣、动物饲料	Dreg of Food, Animal Forage	4769	26437	4366	23892
烟草及烟草制品	Tobacco and Related Products	7993	6357	7788	6422
第五类　矿　产　品	**Minerals**	**202053**	**343091**	**155786**	**256531**
盐、硫磺、建筑材料	Salt,Sulphur,Building Material	10963	8809	12171	8848
矿砂、矿渣及矿灰	Ore,Slag and Mortar	2436	8931	713	8836
矿物燃料、矿物油及产品	Mineral Fuels,Lubricants and Related Materials	188654	325351	142902	238847
第六类　化工产品	**Chemicals**	**149019**	**318903**	**148848**	**326013**
无机化学品	Inorganic Chemicals	30213	24052	29328	25228
有机化学品	Organic Chemicals	22860	91122	22502	103314
药　　品	Medicinal and Pharmaceutical Products	7713	6114	7667	9778
肥　　料	Fertilizers	11060	33454	6429	17581
鞣料、染料浸膏、染料、颜料、油漆、油墨	Tanning Material,Dyeing Extracts,Dyestuff,Colourant,Paint and Printing Ink	19999	60040	21733	59019

续表1　continued

单位:万美元　　　　(USD 10000)

商品类别	Category of Commodity	1997 出口 Exports	1997 进口 Imports	1998 出口 Exports	1998 进口 Imports
化妆品及其原料、芳香料制品	Cosmetics and Cosmetic Raw Materials,Perfume Products	9505	2861	12986	3159
洗涤用品	Detergents	8548	13552	12164	13884
蛋白类物质、改性淀粉、胶、酶	Protein Materials,Modified Starch,Gum and Enzyme	3017	15730	3562	14685
炸药、烟火制品、易燃材料制品	Explosive,Pyrotechnic Products,Inflammable Material Products	8773	71	8182	86
照相及电影用品	Photographic and Film Products	7060	10852	8226	14942
杂项化学产品	Miscellaneous Chemical Products	20271	61055	16069	64337
第七类　塑料、橡胶及其制品	**Plastics,Rubber and Related Products**	**314323**	**695248**	**331899**	**710901**
塑料及其制品	Plastics and Related Products	295498	656744	312995	673073
橡胶及其制品	Rubber and Related Products	18825	38504	18904	37828
第八类　皮革、毛皮及其制品、旅行用品、手提包	**Leather,Furs and Related Products,Travel Articles,Handbags**	**296096**	**120819**	**272139**	**114428**
生皮及皮革	Raw Hides and Leather	12779	107881	12909	101439
皮革制品、旅行用品及手提包	Leather Products,Travel Articles and Handbags	268070	861	244472	1174
毛皮、人造毛皮及制品	Furs,Artificial Furs and Related Products	15247	12077	14758	11815
第九类　木及木制品、草柳编结品	**Wood and Wooden Products,Straw and Wicker Knitting Products**	**61368**	**93825**	**53377**	**93196**
木及木制品、木炭	Wood and Wooden Products, Charcoal	44602	93149	40885	92686
软木及软木制品	Cork and Related Products	22	202	28	205
草柳编结品	Straw and Wicker Knitting Products	16744	474	12464	305
第十类　木浆、纸、纸板及制品	**Wood Pulp,Paper,Paperboard and Related Products**	**88976**	**246222**	**95071**	**247338**
木浆及其他纤维素浆、废碎纸板	Wood Pulp and Cellulose Pulp,Waste Paper and Paperboard	70	11530	72	13307
纸及纸板、纸浆、纸制品	Paper,Paperboard,Paper Pulp,Paper products	64928	228007	65989	226836
书籍、印刷品、设计图纸	Books,Printed Matter,Design Blueprint	23978	6685	29010	7195
第十一类　纺织原料及纺织制品	**Textile Materials and Products**	**1468637**	**681430**	**1323766**	**637687**
蚕丝	Natural Silk	10944	9912	9600	8136
羊毛、动物毛、毛纱线及制品	Wool, Animal Hair,Woolen Yarn and Woven Fabrics	14268	35775	11009	27283
棉花	Cotton	93956	176944	88723	163618
其他纺织纤维、纸纱线及机织物	Other Textile Fibers,Yarn and Related Woven Fabrics	9821	9020	10655	8990
化学纤维长丝	Chemical Fiber,Continuous Filament	25513	138072	19624	129474
化学纤维短丝	Chemical Fiber,Staple Fiber	31068	103311	30515	97756
絮胎、毡尼及无纺物、特种纱线、线绳索缆	Wadding,Felt and Adhesive-Bond Fabrics, Special Yarn, Thread,Rope,Cable	15749	16880	14707	16558
地毯及纺织铺地制品	Carpets and Related Woven Products	2066	789	1926	614
特种机织物、纺织装饰品、刺绣品	Special Woven Fabrics,Woven Ornaments,Embroidery	29304	23171	22295	19971
浸渍、涂布、包覆或层压的纺织物	Soaked,Coated or Overlapping Textile Products	8326	55669	5828	52087
针织物及钩编织物	Knit Wear and Crocheted Febrics	62488	62687	61106	57917
针织或钩编的服装及衣着附件	Knitted or Crocheted Garments and Clothing Accessories	558108	21230	501499	26131
非针织或非钩编的服装及衣着附件	Garments Not Kintted or Not Crocheted and Clothing Accessories	564023	26202	505146	27632
其他纺织制成品、成套物品	Other Textile Products	43003	1768	41133	1520
第十二类　鞋帽伞杖、加工羽毛、人造花、人发制品	**Footwear,Headgear,Umbrellas,Canes,Processed Feather,Artifical Flowers,Wigs**	**549085**	**14652**	**539921**	**11069**
鞋类及零件	Footwear and Accessories	461717	10418	441290	7682
帽类及零件	Headgear and Accessories	16132	208	17286	183

续表 2 continued

单位：万美元 (USD 10000)

商品类别	Category of Commodity	1997 出口 Exports	1997 进口 Imports	1998 出口 Exports	1998 进口 Imports
伞、杖、鞭及零件	Umbrellas, Canes, Whips and Accessories	30520	3138	40181	2262
加工羽毛、羽绒及制品、人造花、人发制品	Processed Feathers, Down and Related Products, Artificial Flowers, Wigs	40716	888	41164	942
第十三类 石材制品、陶瓷产品、玻璃及其制品	**Stone Products, Ceramics, Glass and Glassware**	**128417**	**48546**	**119223**	**48476**
石材制品	Stone and Related Products	13540	11021	12800	11272
陶瓷产品	Ceramics	91921	9505	86074	4287
玻璃及其制品	Glass and Glassware	22956	28020	20349	32917
第十四类 珠宝首饰、硬币	**Jewellery, Coins**	**120702**	**114509**	**116629**	**101306**
珠宝首饰	Jewellery	120702	114509	116629	101306
第十五类 贱金属及其制品	**Base Metals and Related Products**	**315332**	**599123**	**330864**	**624954**
钢铁	Iron and Steel	21122	295333	17894	299938
钢铁制品	Iron and Stee Products	129183	62338	135319	62317
铜及其制品	Copper and Related Products	15543	120473	18223	134340
镍及其制品	Nickle and Related Products	54	3891	58	6077
铝及其制品	Aluminium and Related Products	34479	79863	37704	82698
铅及其制品	Lead and Related Products	1171	771	1819	936
锌及其制品	Zinc and Related Products	7408	11550	7190	13125
锡及其制品	Tin and Related Products	3092	5138	5285	5097
其他贱金属金属陶瓷及其制品	Other Base Metals, Metallic Ceramics and Related Products	3192	2171	2519	2917
贱金属工具器具利口器餐具及零件	Base Metals Tools, Utensils, Sharp Tools, Dinner-Sets and Accessories	46403	5506	48131	6364
贱金属杂项制品	Miscellaneous Base Metals Products	53685	12089	56722	11145
第十六类 机械、电气设备、电视机及音响设备	**Machinery, Electric Eguipment, TV Sets, Sound Appliances**	**2113810**	**1718452**	**2417341**	**1774636**
核反应堆、锅炉、机械设备及零件	Nuclear Reactor, Boilers, Mechanical Equipment and Accessories	691709	668548	871509	613065
机电、电气设备、电视机及音响设备	Machinery, Electric Equipment, TV Sets and Sound Appliances	1422101	1049904	1545832	1161571
第十七类 车辆、航空器、船舶及有关运输设备	**Vchicles, Aircraft, Ships and Related Transportation Equipment**	**167252**	**139454**	**189528**	**97298**
铁道及电车机车、车辆及零件	Rail Locomotives, Tramcars and Accessories	61303	6107	69702	10400
车辆及零附件	Vehicles and Related Parts and Accessories	90954	33487	99666	33533
航空器、航天器及零件	Aircraft, Spacecraft and Related Parts and Accessories	803	83172	477	49904
船舶及浮动结构体	Ships and Related Products	14192	16688	19683	3461
第十八类 仪器、医疗器械、钟表及乐器	**Instruments, Medical Instruments and Equipment, Clocks and Watches, Musical Instruments**	**413571**	**218491**	**410337**	**204049**
光学、照相电影、计量检验、医疗仪器设备	Optical, Photographic, Film, Measuring and Checking, Medical Instruments and Equipment	227379	126724	228376	119269
钟表及零件	Clocks, Watches and Spare Parts	177235	90076	172904	83414
乐器及零附件	Musical Instruments and Accessories	8957	1691	9057	1366
第十九类 杂项制品	**Miscellaneous Manufactured Articles**	**792742**	**29909**	**823927**	**26539**
家具、床上用品、照明装置、发光标志	Furnitures, Bed Articles, Lighting Apparatus, Radiate Marks	210037	5376	237655	5113
玩具、游戏、运动用品及零附件	Toys, Game Goods, Sports Goods and Related Parts and Accessories	520773	11272	526268	10078
杂项制品	Other Miscellaneous Manufactured Articles	61932	13261	60004	11349
第二十类 艺术品、收藏品及古物	**Works of Art, Collection Pieces and Antiques**	**463**	**4**	**498**	**6**
第二十一类 特殊交易品及未分类商品	**Special Trading Goods and Un-Classified Goods**	**73**	**16**	**23**	**16**

16-8 海关出口主要商品数量和金额
MAIN EXPORT COMMODITIES IN VOLUME AND VALUE (CUSTOMS STATISTICS)

金额单位:万美元 (USD 10000)

商品名称		Item		1997 数量 Volume	1997 金额 Value	1998 数量 Volume	1998 金额 Value
活猪	(万头)	Live Hog	(10000 heads)	58	7802	57	7758
活家禽	(万只)	Live Poultry	(10000 heads)	4862	10270	3935	8744
鲜、冻猪肉	(吨)	Fresh and Frozen Pork	(ton)	9692	1629	12084	1902
冻鸡	(吨)	Frozen Chicken	(ton)	25756	4680	22279	2827
水产品	(吨)	Aquatic Products	(ton)	176669	30564	164839	28642
#活鱼	(吨)	Live Fish	(ton)	77603	9415	53703	8590
鲜冻对虾	(吨)	Fresh and Frozen Prawn	(ton)	883	432	1619	523
谷物	(吨)	Cereals	(ton)	106799	4098	116897	4260
#大米	(吨)	Rice	(ton)	6608	313	11845	477
蔬菜	(吨)	Vegetables	(ton)	466268	21283	535186	17069
#鲜蔬菜	(吨)	Fresh Vegetables	(ton)	393538	12197	459314	9148
鲜、干果类	(吨)	Fresh and Dried Fruit	(ton)	138191	6049	187462	5181
#柑桔橙	(吨)	Mandarin and Orange	(ton)	51273	1426	45871	1035
食用油籽	(吨)	Edible Oil Seeds	(ton)	7554	620	6619	508
食用植物油	(吨)	Edible Vegetable Oil	(ton)	412642	26764	170148	11986
食糖	(吨)	Sugar	(ton)	189597	6440	58882	2036
茶叶	(吨)	Tea	(ton)	23622	3626	19297	3156
猪肉罐头	(吨)	Canned Pork	(ton)	5693	943	3014	466
蘑菇罐头	(吨)	Canned Mushroom	(ton)	14999	1586	11959	1253
羽毛、羽绒	(吨)	Feather and Down	(ton)	5828	3496	6643	2286
药材	(吨)	Medicinal Materials	(ton)	41725	8479	33745	6464
纸烟	(千支)	Cigarettes	(1000 units)	3555973	6694	3567234	5347
生丝	(吨)	Raw Silk	(ton)	1085	2443	1060	2360
原油	(吨)	Crude Oil	(ton)	5394139	78002	5282170	54405
成品油	(吨)	Finished Petroleum Products	(ton)	1287893	26368	1231234	19298
石蜡	(吨)	Paraffin	(ton)	36361	1804	39701	1706
合成有机染料	(吨)	Synthetic Organic Dyestuff	(ton)	7790	2898	6368	2231
医药品	(吨)	Medicinal and Pharmaceutical Products	(ton)	15074	14292	15925	13151
#抗菌素	(吨)	Antibiotics	(ton)	1313	4976	920	4079
烟花爆竹	(吨)	Fireworks and Firecrackers	(ton)	47280	7862	51023	7494
松香、树脂	(吨)	Rosin,Resin	(ton)	74416	5837	80871	4291
轮胎	(万条)	Rubber Tire	(10000 units)	2989	8090	3018	8068
纸及纸板	(吨)	Paper and Paperboard	(ton)	82990	6053	128268	9628
纺织品		Textiles			340330		315765
#棉纱线	(吨)	Cotton Yarn	(ton)	65786	17711	55083	15685
丝绸	(万米)	Silk	(10000 m)	2115	6643	1569	5328
棉布	(万米)	Cotton Cloth	(10000 m)	70416	89165	66537	82137
麻纺布	(万米)	Line Cloth	(10000 m)	4659	6125	5234	6926
混纺布	(万米)	Mixed Colth	(10000 m)	7543	6597	6263	6413
玻璃制品		Glass Ware			9415		8020
家用陶瓷器皿		Porcelain and Pottery Ware for Houshold Use			35187		33532
装饰用陶瓷器皿		Porcelain and Pottery Ware for Decoration Use			46542		44542

续表 Continued

金额单位:万美元 (USD 10000)

商品名称		Item		1997 数量 Volume	1997 金额 Value	1998 数量 Volume	1998 金额 Value
贵金属及首饰	(千克)	Precious Metal and Jewelry	(1000 grams)	133303	89539	150777	86140
钢材	(吨)	Steel Products	(ton)	392937	20188	387925	21707
铝材	(吨)	Aluminum Products	(ton)	72014	13861	71786	14203
铜材	(吨)	Copper Products	(ton)	23336	7259	28079	8913
工具		Tools			13686		12911
锁	(吨)	Locks	(ton)	41620	11618	40922	10559
电扇	(万台)	Electric Fan	(10000 units)	11051	62856	12648	65126
普通缝纫机	(万台)	Sewing Machine	(10000 units)	155	4895	159	4637
金属加工机床	(台)	Metal-Processing Machinery	(unit)	210711	3117	203865	2712
电子计算器	(万台)	Electric Calculator	(10000 units)	28555	32527	33060	36852
电动、发电机	(万台)	Electric Machinery,Dynamo	(10000 units)	136846	60323	147375	62648
静止式变流器	(万个)	Static Current Transformer	(10000 units)	18546	75831	25210	79172
原电池	(万个)	Primary Celland Battery	(10000 units)	591037	21214	639264	23799
蓄电池	(万个)	Accumulator	(10000 units)	26729	22992	30718	27727
有线电话	(万台)	Telephone Set	(10000 units)	8985	81574	9476	112247
扬声器	(万个)	Loud Speaker	(10000 units)	52506	36515	57466	41297
收录机、组合音响	(万台)	Radio Cassette Player,Hi-Fi Stereo Component System	(10000 units)	1946	17510	1950	14655
收音机	(万台)	Radio Set	(10000 units)	12913	28394	11560	24034
彩电(整套散件)	(万台)	Colour TV(Parts of Complete Set)	(10000 units)	295	29125	286	24579
集装箱	(个)	Container	(unit)	200547	61198	233708	68036
自行车	(万辆)	Bicycle	(10000 units)	691	28340	880	35671
船舶	(艘)	Ship	(unit)	2406	14043	5426	19635
照相机	(万架)	Camera	(10000 pcs)	5912	71536	5865	75714
手表	(万只)	Wristwatch	(10000 units)	82344	95910	84903	94028
#电子手表	(万只)	Electronic Watch	(10000 units)	78444	87957	82277	90162
日用钟	(万只)	Clock	(10000 units)	24956	29949	30858	31051
家具		Furniture			112871		130106
床垫、卧具用品		Mattress,Bedding Articles			13880		12887
灯具、照明用品		Lights,Lighting Apparatus			83180		94892
箱包、旅行用品		Box and Bag,Travel Goods			215846		201653
服装、衣着附件		Garments,Clothing Accessories			1207700		1081083
#织物服装		Textile Garment			1051833		924613
皮革服装	(万件)	Leather Garment	(10000 pcs)	948	22763	640	15645
裘皮服装		Fur Garment			6607		5933
皮革手套	(万双)	Leather Gloves	(10000 pairs)	36938	22565	37966	21590
帽类	(万个)	Headgear	(10000 units)	88549	15956	89523	17119
鞋	(万双)	Footwear	(10000 pairs)	168605	445394	169897	426199
#橡胶、塑料鞋	(万双)	Rubber and Plastic Shoes	(10000 pairs)	105539	195382	105835	179965
皮鞋	(万双)	Leather Shoes	(10000 pairs)	40345	206136	40727	204151
塑料制品		Plastic Articles			238493		253056
玩具		Toys			385521		390011
人造花		Artificial Flowers			38255		38153

16-9 海关进口主要商品数量和金额

MAIN IMPORT COMMODITIES IN VOLUME AND VALUE (CUSTOMS STATISTICS)

金额单位:万美元 (USD 10000)

商品名称		Item		1997		1998	
				数量 Volume	金额 Value	数量 Volume	金额 Value
谷物	(吨)	Cereals	(ton)	633867	16050	634888	12235
#小麦	(吨)	Wheat	(ton)	264897	5473	309702	6255
大米	(吨)	Rice	(ton)	138177	5514	13323	538
玉米	(吨)	Corn	(ton)	358	15	15710	236
食用植物油	(吨)	Edible Vegetable Oil	(ton)	934429	50599	452521	27085
其他植物油	(吨)	Other Vegetable Oil	(ton)	13028	735	32516	1915
食糖	(吨)	Sugar	(ton)	233886	6400	66336	1771
饲料	(吨)	Forage	(ton)	198810	10293	135962	8449
纸烟	(千支)	Cigarettes	(1000 units)	2167143	5480	2488746	5074
天然橡胶	(吨)	Natural Rubber	(ton)	80420	6993	79791	6212
合成橡胶	(吨)	Synthetic Rubber	(ton)	239337	20282	239302	20355
原木	(立方米)	Logs	(cabic metre)	923292	12724	920309	11873
纸浆	(吨)	Paper Pulp	(ton)	161065	7748	240818	9337
羊毛	(吨)	Wool	(ton)	33075	12131	23197	8486
原棉	(吨)	Raw Cotton	(ton)	79059	12919	42220	6472
合成纤维	(吨)	Synthetic Fiber	(ton)	133395	15680	106193	11713
#聚酯纤维	(吨)	Polyester Fiber	(ton)	63504	5778	56989	4737
聚丙烯晴纤维	(吨)	Polyacrylonitrile Fibre	(ton)	61562	8975	41212	5882
人造纤维	(吨)	Artificial Fiber	(ton)	40931	2414	116407	7312
铁矿砂	(吨)	Iron Ore	(ton)	1367438	4331	1308642	3819
铜矿砂	(吨)	Copper Ore	(ton)	6157	227	34135	1172
氧化铝	(吨)	Alumina Oxide	(ton)	45997	1575	26229	848
原油	(吨)	Crude Oil	(ton)	6578475	100558	6629885	76307
成品油	(吨)	Finished Petroleum Products	(ton)	11689452	156590	9971870	103410
纯碱	(吨)	Soda Ash	(ton)	39514	689	28239	484
乙二醇	(吨)	Glycol	(ton)	23733	1461	42985	2047
对苯二甲酸	(吨)	Paraxylene Acid	(ton)	90687	5091	196698	72128
己内酰胺	(吨)	Caprolactam	(ton)	73481	7570	77158	10256
医药品	(吨)	Medicinal and Pharmaceutical Products	(ton)	11431	6909	13226	11585
#抗菌素	(吨)	Antibiotics	(ton)	268	538	248	1561
肥料	(吨)	Fertilizer	(ton)	2294082	33454	1170318	17581
#尿素	(吨)	Urea	(ton)	692506	10922	58175	782
氯化钾	(吨)	Potassium Chloride	(ton)	926831	9789	585429	6296
复合肥料	(吨)	Compound Fertilizer	(ton)	641700	12225	505633	10088
合成有机染料	(吨)	Synthetic Organic Dyestruff	(ton)	27978	8754	25530	8564
初级型状聚乙烯	(吨)	Polyethylene in Primary Form	(ton)	1051035	74138	1060850	76929
初级型状聚丙烯	(吨)	Polypropylene in Primary Form	(ton)	911451	67220	990547	67102
初级型状聚苯乙烯	(吨)	Polystyrene in Primary Form	(ton)	2281232	198519	2227221	191836
#ABS树脂	(吨)	ABS Copolymer Resin	(ton)	869464	86248	866537	85075
初级型状聚氯乙烯	(吨)	Polyvinyl Chloride in Primary Form	(ton)	837024	59162	1024357	68866
初级型状聚酯	(吨)	Polyester in Primary Form	(ton)	384687	37334	376402	40073
农药	(吨)	Pesticide	(ton)	14173	1802	15219	3636
牛皮革、马皮革	(吨)	Cattlehide,Horsehide	(ton)	387689	88766	380984	83310

续表 Continued

金额单位:万美元 (USD 10000)

商品名称		Item		1997 数量 Volume	1997 金额 Value	1998 数量 Volume	1998 金额 Value
胶合板	(立方米)	Plywood	(cubic metre)	592043	19540	719303	20290
纸及纸板	(吨)	Paper and Paperboard	(ton)	4013850	188028	4026635	193541
#牛皮纸	(吨)	Kraft-paper	(ton)	1065586	42814	971964	39869
毛纱线	(吨)	Wool and Cotton Thread	(ton)	61836	20675	46423	16475
合成纤维纱线	(吨)	Synthetic Fiber,Continuous Filament and Yarn	(ton)	291387	50677	329492	53807
丝绸	(万米)	Silk	(10000 m)	4040	9293	3238	7385
棉布	(万米)	Cotton Cloth	(10000 m)	132084	102213	124288	94887
化纤布	(万米)	Chemical Fibre Colth	(10000 m)	168830	103334	152309	92107
钢材	(吨)	Rolled Steel	(ton)	6316562	306502	6150033	314452
#钢铁板材	(吨)	Iron & Steel Plate	(ton)	4325990	233324	4232254	234748
铜材	(吨)	Rolled Copper	(ton)	409528	95970	468959	106885
铝材	(吨)	Rolled Aluminium	(ton)	213683	45202	223622	47960
制冷压缩机	(台)	Refrigeration Compressor	(unit)	814430	4584	1130871	6599
空调	(台)	Air Conditioner	(unit)	12422	3686	15118	3359
制冷设备		Refrigeration Equipment			8396		6403
机械装卸设备		Mechanical Handling Equipment			36235		26196
建筑采矿设备		Building and Mining Equipment			16915		13496
食品机械		Food-Processing Machinery			8123		2220
造纸、纸品机械		Paper and Pulp Mill Machinery			15511		7589
印刷机械		Printing Machinery			22184		13258
纺织机械		Textile Machinery			35859		18404
工业缝纫机	(台)	Industrial Sewing Machine	(unit)	166439	10162	104273	5709
机床	(台)	Machine Tool	(unit)	71837	48832	58975	35870
橡、塑加工机械		Rubber and Plastic Processing Machinery			47573		32885
数据处理设备	(万台)	Data Processing Equipment	(10000 units)	1213	44547	1825	56207
电动、发电机	(万台)	Electric Machinery,Dynamo	(10000 units)	64894	39593	67519	37453
发电机组、变流机	(台)	Generating Sets,Alternating-Current Dynamo	(unit)	12427	21171	11091	15348
电话、报变换机	(台)	Exchange of Telephone and Telegram	(unit)	674	322	415	6845
磁带		Tape			8912		21579
电视机	(台)	TV Set	(unit)	108169	4624	90246	4414
#彩色电视机	(台)	Colour TV Set	(unit)	98331	4597	84393	4393
半导体器件	(万个)	Parts of Semi-Conductor Devices	(10000 unit)	3145274	76960	3537094	93803
电路保护装置		Protection Fixtures of Circuit			57416		56082
显像管	(万只)	Kinescope	(10000 units)	325	20017	308	20800
集成电路、电子件	(万个)	Integrated Cricuit,Parts of the Electronic Components	(10000 units)	808107	245155	885323	277662
电线、电缆	(吨)	Electric Wire,Cable	(ton)	165715	43935	170041	44991
汽车及底盘	(辆)	Motor Vehicle and Chassis	(unit)	5200	9734	7810	14320
#小轿车	(辆)	Car	(unit)	1681	2200	3780	5615
旅行车	(辆)	Station Wagon	(unit)	198	332	890	1471
船舶	(艘)	Shipping	(unit)	420	16126	503	2853
塑料制品		Plastic Products			39120		35906
玩具		Toy			2839		3626

16-10 机电产品出口分类值

EXPORT VALUE OF MACHINEARY AND ELECTRIC PRODUCTS BY CATEGORY OF COMMODITIES

单位:万美元 (USD 10000)

产品分类	Category of Commodity	1998
合　计	**Total**	**3463248**
建筑材料	**Building Materials**	**566**
玻璃及制品	**Glass and Glassware**	**16**
钢铁制品	**Iron and Steel Products**	**87646**
#其他钢铁结构体、部件及加工钢材	Other iron and Steel Structure. Parts and Process Steels	11451
不锈钢餐具、厨具	Stainless Steel Tablewares, Kitcenwares	34609
铜制品	**Copper Products**	**2547**
铝制品	**Aluminium Products**	**13196**
#铝制门窗及配件	Aluminium Window, Door and Fittings	8484
其他贱金属制品	**Other Base Metals Products**	**257**
贱金属工具、利口器、餐具及零件	**Base Metals Tools, Sharp, Tableware and Accessories**	**60963**
#工具	Tools	12911
利口器	Sharp Tools	21493
厨具、餐具	Kitchenwares, Tablewares	14690
锁类	Locks	11869
贱金属杂项制品	**Miscellaneous Base Metals Products**	**53876**
#保险箱、柜等类似品	Stronghold and Similar Prodcts	16984
贱金属制铰链(折叶)	Base Metals Gemel(foldout)	4544
家具用其他贱金属附件及架座	Other Baes Metals Accessories and Framework by Funiture Used	7306
办公用品	Articles for Office	10260
日用五金	General Metalware	5497
锅炉、机械设备及零件	**Nuclear Reactor, Boilers, Mechanical Equipment and Accessories**	**872009**
#电扇	Electric Fan	65126
电子计算器	Electronic Calculator	36852
电动、发电机	Electrical Machinery, Dynamo	62648
数据处理设备	Data Processing Equipment	15650
机电、电气设备、电视机及音响设备	**Machinery, Eleictric Egipment, TV Sets, Sound Appliances**	**1546332**
#镇流器	Fluorescent Tube Starter	7451
电感器	Induction	15293
原电池	Primary Cell and Battery	23799
蓄电池	Accumulator	27727
手提式电钻	Portable Electric Drill	9509
真空吸尘器	Vacuum Cleaner	9699

续表 1 Continued

单位:万美元　　(USD 10000)

产品分类	Category of Commodity	1998
食品研磨机及搅拦器;水果或蔬菜的榨汁器	Food Grinder and Blender,Fruit or Vegetable Juicer	14079
电动剃须刀	Shaver	4125
电吹风机	Hair Dryer	10784
其他电热理发器具	Others Electric Haircut Utensils	7975
电熨斗	Electric Iron	9091
微波炉	Microwave Oven	17399
电咖啡壶、电茶壶	Electric Coffee Kettel,Electric Tea kettle	12649
电热烤面包器	Electric Toaster	19021
有线电话机	Telephone Set	112247
无绳电话机	Wireless Telephone	73441
电话自动应答机	Telephome Automatic Responder	6568
传真机	Fax Printer	10885
单喇叭音箱	Single Speaker Sound Box	8080
多喇叭音箱	Multispeaker Sound Box	15862
其他扬声器	Others Loudspeaker	17354
耳机、耳塞及头戴送受话器	Earphone,Earplug and Headphone	7900
音频扩大器	Audio Amplifier	7033
拾音头	Pick-up Head	9512
录音带	Audio Tape	5842
盒式磁带录放机	Cassette Tape Recorder	7174
袖珍盒式磁带收放机	Pocket Radio Cassette Player	8247
其他收录(放)音组合机	Other Radio Recorder,Component Sets	203738
带时钟的收音机	Radio set With Clock	7204
其他无线电收音机	Other Radio Sets	7555
无线电遥控设备	Radio Remote Device	4475
彩色电视机	Colour TV	24579
黑白电视机	Black－and－white TV	6124
防盗或防火报警器及类似装置	Theftproof or Fireproof Annunciator and Similar Set	8727
装有液晶装置或发光二极管的显示板	Display With LCD or Screen of light-emitting Diode	10666
电容器	Capacitor	16513
电阻器	Resistor	4107
电路保护装置	Protection Fixtures of Circuit	52072
显像管	Kinescope	9105
半导体器件	Parts of Semi－Conductor Devices	20567
电线电缆	Electric Wire,Cable	60657

续表 2 Continued

单位:万美元　　(USD 10000)

产品分类	Category of Commodity	1998
集装箱	Container	68036
集成电路	Integrated Cricuit	12535
微电子组件	Microelectronics Device	10270
铁道及电车机车、车辆及零件	**Rail Locomotives,Tramcars and Accessories**	**69702**
其他车辆及零件	**Others Vehicles and Related Parts and Accessories**	**99666**
#自行车	Bicycle	35671
婴孩车及其零件	Baby Carriage and Accessories	16703
航空器、航天器及零件	**Aircraft,Spacecraft and Related Parts and Accessories**	**477**
船舶及浮动物结构体	**Ship and Related Products**	**19683**
船舶	Ship	19635
光学、照相电影、计量检验、医疗设备	**Optical,Photographic,Film,Measuring and Checking, Medical Lnstruments and Equipment**	**228377**
#太阳镜	Sun—glasses	6016
双筒望远镜	Binocular	7017
照相机	Camera	75714
医疗器械	Medical Instruments and Eguipment	10362
钟表及零件	**Clocks,Watches and Spare Parts**	**172904**
#电子手表	Electronic Watch	90162
钟	Clock	31051
表芯	Movement	8858
贱金属表壳	Base Metals Case	8374
贱金属表带	Base Metals Band	12152
其他钟表零件	Other Spare Parts	4035
乐器及零件	**Musical Lnstruments and Spare Parts**	**1775**
金属家具、照明装置、发光标志	**Metallic Funitures,Lighting Apparatus,Radiate Marks**	**92189**
#金属家具	Metallic Funitures	15796
吊灯、壁灯	Ceiling Lamp,Wall Lamp	21224
台灯、床头灯或落地灯	Table Lamp,Bed Lamp,Floor Lamp	22322
圣诞树用的成套灯具	Festival Decoration Lamp Set	23036
玩具、游戏、运动用品及零件附件	**Toys,Game Goods,Sports Goods and Related Parts and Accessories**	**56715**
#电子、机械玩具	Electronic and Machinery Toy	48218
与电视接收机配套使用的电子游戏机	Electron Game-Machine Used With TV Receiver	8496
杂项制品	**Miscellaneous Manufactured Artcles**	**8923**
#一次性袖珍气体打火机	Once—off Pocket Gas Lighter	6004
其他机电产品	**Other Machnary and Electric Products**	**75429**

16-11 各市进出口总额
TOTAL IMPORTS AND EXPORTS BY CITY

单位:亿美元 (USD 100 million)

市别 City	1995 进出口 Imports & Exports	1995 出口 Exports	1995 进口 Imports	1997 进出口 Imports & Exports	1997 出口 Exports	1997 进口 Imports	1998 进出口 Imports & Exports	1998 出口 Exports	1998 进口 Imports
全省合计 Total	**1039.72**	**565.92**	**473.80**	**1301.20**	**745.64**	**555.56**	**1297.98**	**756.18**	**541.80**
广州 Guangzhou	166.99	95.67	71.32	187.46	105.95	81.51	178.64	103.27	75.37
深圳 Shenzhen	387.76	205.41	182.35	450.45	256.36	194.09	452.75	263.96	188.79
珠海 Zhuhai	49.05	25.18	23.87	59.12	30.97	28.15	59.11	29.88	29.23
汕头 Shantou	43.74	21.29	22.45	76.58	42.32	34.26	66.10	34.50	31.60
韶关 Shaoguan	3.27	2.03	1.24	3.10	2.09	1.01	2.54	1.81	0.73
河源 Heyuan	2.16	1.06	1.10	1.69	1.02	0.67	1.91	1.26	0.65
梅州 Meizhou	3.88	2.74	1.14	5.52	4.11	1.41	4.80	3.62	1.18
惠州 Huizhou	43.72	24.93	18.79	53.37	30.50	22.87	57.91	33.53	24.38
汕尾 Shanwei	4.80	2.43	2.37	7.42	4.79	2.63	9.22	5.79	3.43
东莞 Dongguan	153.91	78.00	75.91	212.98	113.67	99.31	232.37	130.34	102.03
中山 Zhongshan	36.23	21.96	14.27	45.51	27.69	17.82	44.48	27.28	17.20
江门 Jiangmen	32.32	19.54	12.78	39.95	25.86	14.09	38.22	24.74	13.48
佛山 Foshan	61.32	35.56	25.76	73.39	44.19	29.20	71.17	43.87	27.30
阳江 Yangjiang	4.18	3.50	0.68	6.72	5.84	0.88	6.04	5.56	0.48
湛江 Zhanjiang	9.17	3.46	5.71	9.75	3.56	6.19	9.01	3.36	5.65
茂名 Maoming	3.54	2.16	1.38	11.05	7.77	3.28	10.70	8.13	2.57
肇庆 Zhaoqing	11.30	7.06	4.24	9.09	5.38	3.71	8.35	5.41	2.94
清远 Qingyuan	3.29	2.00	1.29	7.44	5.31	2.13	5.37	3.84	1.53
潮州 Chaozhou	8.31	5.78	2.53	12.21	7.17	5.04	12.08	7.70	4.38
揭阳 Jieyang	10.77	6.16	4.61	24.84	18.56	6.28	24.30	16.17	8.13
云浮 Yunfu				3.55	2.53	1.02	2.91	2.16	0.75

注：因资料不易划分，1995年云浮暂包在肇庆市(下同)。
Note: The Yunfu's data are included in Zhaoqing in 1995 on account of undivisible. (The next is the same.)

16-12 各市外商投资企业进出口总额
TOTAL IMPORTS AND EXPORTS OF FOREIGN INVESTED ENTERPRISES BY CITY

单位:亿美元 (USD 100 million)

市别 City	1995 进出口 Imports & Exports	1995 出口 Exports	1995 进口 Imports	1997 进出口 Imports & Exports	1997 出口 Exports	1997 进口 Imports	1998 进出口 Imports & Exports	1998 出口 Exports	1998 进口 Imports
全省合计 Total	**532.10**	**257.59**	**274.51**	**695.42**	**367.94**	**327.48**	**709.01**	**391.76**	**317.25**
广州 Guangzhou	77.98	36.65	41.33	96.70	50.25	46.45	93.36	50.74	42.62
深圳 Shenzhen	216.41	108.50	107.91	258.47	141.67	116.80	265.53	152.56	112.97
珠海 Zhuhai	28.61	14.78	13.83	33.60	18.81	14.79	33.91	18.05	15.86
汕头 Shantou	16.37	7.13	9.24	28.82	11.88	16.94	30.85	13.72	17.13
韶关 Shaoguan	1.27	0.37	0.90	1.49	0.68	0.81	0.97	0.46	0.51
河源 Heyuan	1.09	0.21	0.88	0.85	0.30	0.55	0.95	0.43	0.52
梅州 Meizhou	1.55	0.73	0.82	2.20	1.02	1.18	2.17	1.10	1.07
惠州 Huizhou	25.15	13.39	11.76	35.28	19.48	15.80	38.21	21.89	16.32
汕尾 Shanwei	1.58	0.41	1.17	1.79	0.90	0.89	3.18	1.68	1.50
东莞 Dongguan	63.43	30.44	32.99	95.90	50.59	45.31	104.90	58.67	46.23
中山 Zhongshan	19.65	9.84	9.81	28.96	16.15	12.81	27.59	15.74	11.85
江门 Jiangmen	15.67	6.72	8.95	22.79	11.98	10.81	22.30	12.08	10.22
佛山 Foshan	37.48	17.73	19.75	49.89	27.35	22.54	49.35	28.66	20.69
阳江 Yangjiang	0.72	0.26	0.46	1.30	0.68	0.62	1.17	0.90	0.27
湛江 Zhanjiang	4.67	0.94	3.73	5.69	1.15	4.54	4.45	0.97	3.48
茂名 Maoming	0.78	0.12	0.66	1.55	0.85	0.70	1.29	0.70	0.59
肇庆 Zhaoqing	6.72	3.14	3.58	6.31	3.05	3.26	5.61	3.08	2.53
清远 Qingyuan	1.42	0.60	0.82	2.74	0.92	1.82	2.13	0.92	1.21
潮州 Chaozhou	3.46	1.64	1.82	7.34	3.11	4.23	7.05	3.42	3.63
揭阳 Jieyang	8.09	3.99	4.10	12.39	6.64	5.75	12.98	5.45	7.53
云浮 Yunfu				1.36	0.48	0.88	1.06	0.54	0.52

注:本表为海关按经营单位所在地统计。
Note: The data in the table are calculated with location of the foreign trade managing units by customs.

16-13 签订利用外资项目数

NUMBER OF PROJECTS OF UTILIZATION OF FOREIGN CAPITAL THROUGH SIGND CONTRACTS OR AGREEMENTS

单位:个 (unit)

指标	Item	1979-1998	1995	1997	1998
总计	**Total**	**202852**	**9345**	**17737**	**15459**
按引进方式分	**By Way of Foreign Capital Intake**				
对外借款	**Foreign Loans**	**990**	**65**	**100**	**89**
外国政府贷款	Foreign Goverment Loans	98	8	3	1
国际金融组织贷款	Loans from International Financial Organizations	14	1		3
出口信贷	Export Credit	6			3
#卖方信贷	Seller's Credit	1			
外国银行商业贷款	Commercial Loan from Foreign Bank	869	56	97	82
对外发行债券	Bonds Issued Abroad	3			
外商直接投资	**Foreign Direct Investment**	**76510**	**8177**	**3744**	**4349**
合资经营企业	Joint Venture	30283	3071	1130	1107
合作经营企业	Cooperative Operation	26814	2416	743	642
外资(独资)企业	Venture Exclusively with Foreign Investment	19407	2690	1869	2596
外商投资股份制	Share Holding of Foreign Investment	6		2	4
合作开发	Cooperative Development				
其他	Others				
外商其它投资	**Other Foreign Investment**	**125352**	**1103**	**13893**	**11021**
对外发行股票	Shares Issued Abroad	10			
国际租赁	International Lease	202	18		
补偿贸易	Compensation Trade	1747	43	29	26
加工装配	Processing and Assembly	123393	1042	13864	10995
#作价部份	The Parts Priced	98905	1042	266	105
按行业分	**By Sector**				
农、林、牧、渔业	Farming,Forestry,Animal Husbandry,Fishery	2817	206	116	121
采掘业	Mining and Quarrying	45		32	13
制造业	Manufacturing	183289	7702	14805	13516
电力、煤气及水的生产和供应业	Electricity,Gas and Water Production and Supply	26		10	16
建筑业	Construction	1122	117	56	38
地质勘查业、水利管理业	Geological Prospecting,Water Conservancy	7		1	
交通运输、仓储及邮电通信业	Transport,Storage,Post and Telecommunications	1022	88	55	65
批发和零售贸易、餐饮业	Wholesale and Retail Sales & Catering Trades	3764	463	166	121
金融、保险业	Finance and Insurance	77	1	5	5
房地产业	Real Estate Trade	5220	541	128	149
社会服务业	Social Services	556		191	365
卫生、体育和社会福利业	Health Care,Sports and Social welfare	191	47	7	11
教育、文化艺术和广播电影电视业	Education,Culture and Arts,Radio and Television	330	55	7	2
科学研究和综合技术服务业	Scientific Research and Polytechnical Services	416	53	13	144
国家机关、政党机关和社会团体	Goverment Agencies,Party Agencies and Social Organizations	1			
其他行业	Others	3969	72	2145	893

注:1.加工装配1997年以前各年均不包括不作价部份。

2.制造业和房地产业1997年以前各年分别包括采掘业和电力、煤气及水的生产和供应业,社会服务业(下同)。

Note:a) Before 1997, the data of processing and assembly exclude the part which not priced for each years,but except 1997.

b) Before 1997, the manufacturing and the real estate trade include the mining quarrying,the production and supply of electricity, gas and water and social sarvices,in each year respectively,except 1997. (The same below.)

续表 continued

单位：个 (unit)

指 标	Item	1979-1998	1995	1997	1998
按国别(地区)分	**By Country (Territory)**				
中国香港	Hong Kong, China	183047	7489	15601	12267
澳 门	Macao	6572	258	902	1075
中国台湾	Taiwan, China	5691	579	741	1247
朝 鲜	Korea DPR	9		1	1
日 本	Japan	1014	130	50	75
菲律宾	Philipines	63	7		1
泰 国	Thailand	494	67	26	13
马来西亚	Malasia	217	22	21	16
新加坡	Singapore	1048	178	77	84
印度尼西亚	Indonesia	76	12	6	3
科威特	Kuwait	1			
韩 国	Korea Rep.	205	30	34	28
以色列	Isreal	3		2	
亚洲其他国家	Other Asian Countries	33	4	6	8
利比里亚	Liberia	9	2		1
毛里求斯	Mauritius	12	1	2	3
马达加斯加	Madagascar	1			
非洲其他国家	Other African Countries	12			2
波 兰	Poland	5			
德 国	Germany	113	18	17	12
法 国	France	173	21	15	25
意大利	Italy	65	8	5	5
荷 兰	Netherlands	60	10	10	9
比利时	Belgium	14	2	1	
英 国	United Kingdom	373	74	27	15
爱尔兰	Ireland	4	1	1	
丹 麦	Danmark	23	3	1	
芬 兰	Finland	11	2	1	2
瑞 典	Sweden	23	3	1	
挪 威	Norway	12			1
瑞 士	Switzerland	41	5	11	3
奥地利	Austria	19	1	1	1
西班牙	Spain	14	4		2
葡萄牙	Portugal	8	1		2
俄罗斯联邦	Russian	16	3		2
欧洲其他国家	Other European Countries	27	3	3	3
巴拿马	Panama	55	3	5	17
巴 西	Brazil	3			
秘 鲁	Peru	9	4		
玻利维亚	Bolivia	6			1
拉美洲其他国家	Other Latin American Countries	618	69	124	303
加拿大	Canada	318	36	33	22
美 国	United States	1727	223	129	187
百慕大	Bermuda	10	3	1	2
澳大利亚	Australia	275	38	20	32
新西兰	New Zealand	42	5	6	4
西萨摩亚	Western Samoa	47	4	7	32
汤 加	Tonga	2			
大洋洲其他国家	Other Oceanian Countries	10	3		1
世界银行	World Bank	10		1	3
国际货币基金组织	International Mometary Fund Organization				
海外机构	Overseas Organizations	276	14		
其 他	Others	46	5	4	3

16-14 签订利用外资协议(合同)金额

AMOUNT OF UTILIZATION OF FOREIGN CAPITAL THROUGH SIGND CONTRACTS OR AGREEMENTS

单位:万美元 (USD 10000)

指标	Item	1979-1998	1995	1997	1998
总计	**Total**	**17658628**	**2610480**	**964527**	**1237802**
按引进方式分	**By Way of Foreign Capital Intake**				
对外借款	**Foreign Loans**	**1406413**	**114417**	**66884**	**185226**
外国政府贷款	Foreign Goverment Loans	165409	3910	22254	3821
国际金融组织贷款	Loans from International Financial Organizations	40934			520
出口信贷	Export Credit	112579			17561
#卖方信贷	Seller's Credit	1300			
外国银行商业贷款	Commercial Loan from Foreign Bank	1045391	110507	44630	163324
对外发行债券	Bonds Issued Abroad	42100			
外商直接投资	**Foreign Direct Investments**	**15561497**	**2483244**	**769202**	**916180**
合资经营企业	Joint Venture	4717950	816554	207985	224442
合作经营企业	Cooperative Operation	6902881	964146	243836	254892
外资(独资)企业	Venture Exclusively with Foreign Investment	3931281	702544	314180	430662
外商投资股份制	Share Holding of Foreign Investment	9385		3201	6184
合作开发	Cooperative Development				
其他	Others				
外商其它投资	**Other Foreign Investment**	**690718**	**12819**	**128441**	**136396**
对外发行股票	Shares Issued Abroad	59241			2300
国际租赁	International Lease	38160	3616		
补偿贸易	Compensation Trade	148627	4942	4138	3560
加工装配	Processing and Assembly	444690	4261	124303	130536
#作价部份	The Parts Priced	189999	4261	95	53
按行业分	**By Sector**				
农、林、牧、渔业	Farming,Forestry,Animal Husbandry,Fishery	295269	33419	19766	11212
采掘业	Mining and Quarrying	9563		7788	1775
制造业	Manufacturing	10241962	1667910	560447	803296
电力、煤气及水的生产和供应业	Electricity,Gas and Water Production and Supply	74860		23743	51117
建筑业	Construction	628943	87537	89579	34751
地质勘查业、水利管理业	Geological Prospecting,Water Conservancy	2127		1180	
交通运输、仓储及邮电通信业	Transport,Storage,Post and Telecommunications	652800	77484	94617	65727
批发和零售贸易、餐饮业	Wholesale and Retail Sales & Catering Trades	711592	126197	25292	16400
金融、保险业	Finance and Insurance	43465	2319	3250	10120
房地产业	Real Estate Trade	4064221	486482	82653	99544
社会服务业	Social Services	80846		29589	51257
卫生、体育和社会福利业	Public Health,Sports and Social welfare	101516	18019	2319	6916
教育、文化艺术和广播电影电视业	Education,Culture and Arts,Radio and Television	55098	16230	1282	58
科学研究和综合技术服务业	Scientific Research and Polytechnical Services	23867	2063	605	9431
国家机关、政党机关和社会团体	Goverment Agencies,Party Agencies and Social Organizations	18			
其他行业	Others	672481	92820	22417	76198

注:本表资料来源于省外经贸委.(下同)

Note:The data in this table are obtained from the Commitee of Foreign Trade and Economic Cooperation of Guangdong Province.(The same below)

续表 continued

单位:万美元 (USD 10000)

指　　标	Item	1979—1998	1995	1997	1998
按国别(地区)分	**By Country (Territory)**				
中国香港	Hong Kong, China	12916907	1909656	533444	684734
澳　门	Macao	507773	72209	10592	4244
中国台湾	Taiwan, China	546497	81320	28921	51339
朝　鲜	Korea DPR	26155		182	−27
日　本	Japan	571874	91869	15065	46400
菲律宾	Philipines	7171	1537	140	119
泰　国	Thailand	112702	16167	13840	4830
马来西亚	Malasia	41250	5375	5961	2874
新加坡	Singapore	426976	115111	29845	35500
印度尼西亚	Indonesia	35636	18630	9	1154
塞浦路斯	Cyptus	175		-90	
科威特	Kuwait	830			
阿联酋	United Arad Emirates	36538			
韩　国	Korea Rep.	88640	7314	3979	6661
以色列	Isreal	345		153	
亚洲其他国家	Other Asian Countries	7507	220	3465	2539
利比里亚	Liberia	965	1314		−2610
毛里求斯	Mauritius	5580	300	175	4279
马达加斯加	Madagascar	281			
非洲其他国家	Other Countries for Africa				
波　兰	Poland	222			−681
德　国	Germany	130184	16063	27968	14960
法　国	France	141835	25447	4791	28180
意大利	Italy	39430	1049	1543	502
荷　兰	Netherlands	39683	10449	7555	7624
比利时	Belgium	4722	243	14	365
英　国	United Kingdom	303957	56189	16425	2156
爱尔兰	Ireland	1739	13	26	500
丹　麦	Danmark	12512	1242	-473	
芬　兰	Finland	7339	1036	35	2318
瑞　典	Sweden	54852	574	14	267
挪　威	Norway	2298			89
瑞　士	Switzerland	28058	5585	7260	661
奥地利	Austria	9476	403	8	1170
西班牙	Spain	5754	2381		115
葡萄牙	Portugal	1760	37		536
俄罗斯联邦	Russian	3546	140		−154
欧洲其他国家	Other European Countries	27609	52	1443	857
巴拿马	Panama	8628	884	1626	1417
巴　西	Brazil	1962			
秘　鲁	Peru	647	493		
玻利维亚	Bolivia	1089			113
拉丁美洲其他国家	Other Latin American Countries	566700	33548	172570	252017
加拿大	Canada	87863	18637	4288	7283
美　国	United States	508091	93479	28742	53216
百慕大	Bermuda	10868	2967	99	1118
澳大利亚	Australia	69864	6894	6915	6279
新西兰	New Zealand	3559	1159	217	10
西萨摩亚	Western Samoa	30952	658	10938	14391
汤　加	Tonga	129			
大洋洲其他国家	Other Oceanian Countries	3033	123	138	1196
世界银行	World Bank	6307		600	520
国际货币基金组织	International Mometary Fund Organization				
海外机构	Overseas Organizations	115621	7124	-402	-839
其　他	Others	94537	2589	26506	-420

16-15 实际利用外资

AMOUNT OF FOREIGN CAPITAL ACTUALLY USED

单位:万美元　　　　　　　　　　　　　　　　　　　　　　　　　　　　(USD 10000)

指　　标	Item	1979—1998	1995	1997	1998
总　　计	**Total**	**9619933**	**1210037**	**1420519**	**1509945**
按引进方式分	**By Way of Foreign Capital Intake**				
对外借款	**Foreign Loans**	**1684617**	**184028**	**131063**	**204474**
外国政府贷款	Foreign Goverment Loans	122479	3448	22954	5431
国际金融组织贷款	Loans from International Financial Organizations	39216	3858	3373	7688
出口信贷	Export Credit	115995	28599	14408	16547
#卖方信贷	Seller's Credit	1150	866		
外国银行商业贷款	Commercial Loan from Foreign Bank	1364827	148123	90328	174808
对外发行债券	Bonds Issued Abroad	42100			
外商直接投资	**Foreign Direct Investment**	**7437807**	**1018028**	**1171083**	**1202005**
合资经营企业	Joint Venture	2596382	357336	386441	346565
合作经营企业	Cooperative Operation	2845915	406461	369887	454796
外资(独资)企业	Venture Exclusively with Foreign Investment	1987293	254231	414755	392427
外商投资股份制	Share Holding of Foreign Investment	8217			8217
合作开发	Cooperative Development				
其他	Others				
外商其它投资	**Other Foreign Investment**	**497509**	**7981**	**118373**	**103466**
对外发行股票	Shares Issued Abroad	87417		25961	2300
国际租赁	International Lease	27154	2331		179
补偿贸易	Compensation Trade	97805	2905	3645	2085
加工装配	Processing and Assembly	285133	2745	88767	98902
#作价部份	The Parts Priced	100592	2745	1863	1265
按行业分	**By Sector**				
农、林、牧、渔业	Farming,Forestry,Animal Husbandry,Fishery	125283	10654	18358	17243
采掘业	Mining and Quarrying	12723		1876	10847
制造业	Manufacturing	6302183	795083	917061	846625
电力、煤气及水的生产和供应业	Electricity,Gas and Water Production and Supply	189867		79540	110327
建筑业	Construction	311574	43290	49937	108301
地质勘查业、水利管理业	Geological Prospecting,Water Conservancy	1222		1180	42
交通运输、仓储及邮电通信业	Transport,Storage,Post and Telecommunications	419252	53655	104995	69784
批发和零售贸易、餐饮业	Wholesale and Retail Sales & Catering Trades	203848	28677	19672	22712
金融、保险业	Finance and Insurance	111795	4691	12899	20825
房地产业	Real Estate Trade	1084788	162811	104207	149844
社会服务业	Social Services	86102		38663	47439
卫生、体育和社会福利业	Health Care,Sports and Social welfare	42178	15600	10687	3280
教育、文化艺术和广播电影电视业	Education,Culture and Arts, Radio and Television	21726	4076	5264	2235
科学研究和综合技术服务业	Scientific Research and Polytechnical Services	3618	442	34	537
国家机关、政党机关和社会团体	Goverment Agencies,Party Agencies and Social Organizations				
其他行业	Others	703774	91058	56146	99904

续表 continued

单位:万美元 (USD 10000)

指 标	Item	1979—1998	1995	1997	1998
按国别(地区)分	**By Country (Territory)**				
中国香港	Hong Kong, China	6803923	899021	978711	999835
澳 门	Macao	227921	26491	25673	25592
中国台湾	Taiwan, China	284953	35951	48587	48333
朝 鲜	Korea DPR	187	16		64
日 本	Japan	685923	83387	58773	54765
菲律宾	Philipines	4738	145	390	221
泰 国	Thailand	33979	3192	5464	3875
马来西亚	Malasia	15269	1291	2969	3378
新加坡	Singapore	170270	22883	41947	30235
印度尼西亚	Indonesia	11266	4496	1197	3021
科威特	Kuwait	377			
韩 国	Korea Rep.	22439	2321	2683	5766
以色列	Isreal				
亚洲其他国家	Other Asian Countries	1264	100	265	607
利比里亚	Liberia	2470	1190	120	
毛里求斯	Mauritius	3807	100	1312	2219
马达加斯加	Madagascar	173	6		
非洲其他国家	Other Countries for Africa	1090		1054	20
波 兰	Poland	106		28	
德 国	Germany	60540	3846	23124	5286
法 国	France	137366	11640	20152	35580
意大利	Italy	29932	10895	35	1453
荷 兰	Netherlands	30315	2283	6510	8341
比利时	Belgium	3650	40	172	665
英 国	United Kingdom	165913	16339	30561	23242
爱尔兰	Ireland	1515		19	
丹 麦	Danmark	4132	65	700	233
芬 兰	Finland	5629	369		2432
瑞 典	Sweden	41043	150	318	372
挪 威	Norway	1780	10		75
瑞 士	Switzerland	18486	2859	5887	2820
奥地利	Austria	13083	935	4115	630
西班牙	Spain	5665	1805	352	463
葡萄牙	Portugal	1674			400
俄罗斯联邦	Russian	692			
欧洲其他国家	Other European Countries	535	12	65	100
巴拿马	Panama	5821	351	2651	1182
巴 西	Brazil	47			
秘 鲁	Peru	103	40		13
玻利维亚	Bolivia	72			
拉丁美洲其他国家	Other Latin American Countries	215825	2053	47161	150981
加拿大	Canada	47492	3066	13394	10929
美 国	United States	347695	47694	63861	61533
百慕大	Bermuda	1762	537	986	25
澳大利亚	Australia	33276	5622	6868	3106
新西兰	New Zealand	971	38	182	93
西萨摩亚	Western Samoa	4555		933	2362
汤 加	Tonga				
大洋洲其他国家	Other Oceanian Countries	1472	60		97
世界银行	World Bank	12337	60	675	2018
国际货币基金组织	International Mometary Fund Organization	1079			
海外机构	Overseas Organizations	94054	15742	9262	1015
其 他	Others	61267	2936	13363	16568

16-16 外商直接投资
FOREIGN DIRECT INVESTMENT

指　标	Item	1990	1995	1997	1998
一、签订协议(合同)数(个)	**Number of Agreement (Cantract) Signed**	**3042**	**8177**	**3744**	**4349**
按行业分	**By Sector**				
农、林、牧、渔业	Farming, Forestry, Animal Husbandry, Fishery	46	189	114	121
采掘业	Mining and Quarrying			32	13
制造业	Manufacturing	2905	6557	2889	3225
电力、煤气及水的生产和供应业	Electricity, Gas and Water Production and Supply			10	15
建筑业	Construction	7	117	56	38
地质勘查业、水利管理业	Geological Prospecting, Water Conservancy				
交通运输、仓储及邮电通信业	Transport, Storage, Post and Telecommunications	25	87	55	65
批发和零售贸易、餐饮业	Wholesale and Retail Sales & Catering Trades	19	463	166	119
金融、保险业	Finance and Insurance				
房地产业	Real Estate Trade	31	541	128	149
社会服务业	Social Services			190	365
卫生、体育和社会福利业	Health Care, Sportis and Social welfare	1	47	7	11
教育、文化艺术和广播电影电视业	Education, Culture and Arts, Radio and Television		55	7	2
科学研究和综合技术服务业	Scientific Research and Polytechnical Services	7	53	13	144
国家机关、政党机关和社会团体	Goverment Agencies, Party Agencies and Social Organizations				
其他行业	Others	1	68	77	82
按国别(地区)分	**By Country (Territory)**				
中国香港	Hong Kong, China	2432	6369	2664	3029
澳　门	Macao	203	247	105	102
中国台湾	Taiwan, China	267	579	436	498
朝　鲜	Korea DPR			1	1
日　本	Japan	15	117	31	43
菲律宾	Philipines	4	7		
泰　国	Thailand	9	67	26	12
马来西亚	Malasia	3	22	21	16
新加坡	Singapore	19	177	68	76
印度尼西亚	Indonesia	1	12	6	2
科威特	Kuwait	1			
韩　国	Korea Rep.	1	30	30	17
以色列	Isreal			2	
亚洲其他国家	Other Asian Countries	1	4	6	8
利比里亚	Liberia		2		1
毛里求斯	Mauritius		1	2	3
马达加斯加	Madagascar				
非洲其他国家	Other African Countries	1			2
波　兰	Poland				
德　国	Germany	2	18	15	11
法　国	France	4	17	10	9
意大利	Italy		7	5	5
荷　兰	Netherlands		9	6	8
比利时	Belgium	1	2	1	

续表 1　continued

指　标	Item	1990	1995	1997	1998
英　国	United Kingdom	5	71	22	15
爱尔兰	Ireland	1	1	1	
丹　麦	Danmark		2	1	
芬　兰	Finland		1	1	2
瑞　典	Sweden	1	3	1	
挪　威	Norway	1			1
瑞　士	Switzerland	2	5	9	2
奥地利	Austria			1	1
西班牙	Spain		2		2
葡萄牙	Portugal		1		
俄罗斯联邦	Russian		3		2
欧洲其他国家	Other European Countries		3	3	3
巴拿马	Panama		3	5	6
巴　西	Brazil				
秘　鲁	Peru	1	4		
玻利维亚	Bolivia	1			1
拉美洲其他国家	Other Latin American Countries		69	123	268
加拿大	Canada	10	35	28	20
美　国	United States	45	219	125	169
百慕大	Bermuda		3	1	2
澳大利亚	Australia	4	35	19	28
新西兰	New Zealand		5	5	4
西萨摩亚	Western Samoa		4	7	30
汤　加	Tonga				
大洋洲其他国家	Other Oceanian Countries		3		1
海外机构	Overseas Organizations	7	14		
其　他	Others		4	4	3
二、协议利用外资额（万美元）	**Amount of Utilization of Foreign Capital Through Signed Agreements (USD 10000)**	**268958**	**2483244**	**769202**	**916180**
按行业分	**By Sector**				
农、林、牧、渔业	Farming, Forestry, Animal Husbandry, Fishery	2635	32159	19141	11212
采掘业	Mining and Quarrying			7788	1775
制造业	Manufacturing	225171	1622309	397959	594421
电力、煤气及水的生产和供应业	Electricity, Gas and Water Production and Supply			23743	22138
建筑业	Construction	13912	87537	69350	31457
地质勘查业、水利管理业	Geological Prospecting, Water Conservancy				
交通运输、仓储及邮电通信业	Transport, Storage, Post and Telecommunications	1623	74284	94617	65227
批发和零售贸易、餐饮业	Wholesale and Retail Sales & Catering Trades	7280	126197	25292	15000
金融、保险业	Finance and Insurance		149		
房地产业	Real Estate Trade	15561	486482	82653	99294
社会服务业	Social Services			29344	51257
卫生、体育和社会福利业	Health Care, Sports and Social welfare	2574	18019	2319	6916
教育、文化艺术和广播电影电视业	Education, Culture and Arts, Radio and Television		16230	1282	58
科学研究和综合技术服务业	Scientific Research and Polytechnical Services	162	2063	605	9431
国家机关、政党机关和社会团体	Goverment Agencies, Party Agencies and Social Organizations				
其他行业	Others	40	17815	15109	7994

续表2 continued

单位：万美元 (USD 10000)

指 标	Item	1990	1995	1997	1998
按国别(地区)分	**By Country (Territory)**				
中国香港	Hong Kong, China	210912	1815625	393620	470154
澳 门	Macao	9213	68275	9206	1633
中国台湾	Taiwan, China	25736	81320	23633	38971
朝 鲜	Korea DPR			182	−27
日 本	Japan	3107	77231	13691	30687
菲律宾	Philipines	251	1537	140	110
泰 国	Thailand	1360	16167	13840	4754
马来西亚	Malasia	224	5375	5961	2742
新加坡	Singapore	3688	114811	24740	31074
印度尼西亚	Indonesia	18	18630	9	1111
科威特	Kuwait	830			
韩 国	Korea Rep.	80	7314	3829	6635
以色列	Isreal			153	−28
亚洲其他国家	Other Asian Countries	7	220	3375	2567
利比里亚	Liberia		1314		−2610
毛里求斯	Mauritius		300	175	4279
马达加斯加	Madagascar				
非洲其他国家	Other African Countries	19			−681
波 兰	Poland				
德 国	Germany	392	14763	6541	13390
法 国	France	141	20408	2801	4112
意大利	Italy		554	1543	2
荷 兰	Netherlands		9599	4705	7295
比利时	Belgium	6	243	14	165
英 国	United Kingdom	1008	54549	13662	−6261
爱尔兰	Ireland	900	13	26	500
丹 麦	Danmark		842	-473	
芬 兰	Finland		700	35	2318
瑞 典	Sweden	19	574	14	267
挪 威	Norway	40			89
瑞 士	Switzerland	421	5585	4798	400
奥地利	Austria		5	8	1170
西班牙	Spain		874		115
葡萄牙	Portugal		37		129
俄罗斯联邦	Russian		140		−154
欧洲其他国家	Other European Countries		52	1443	857
巴拿马	Panama		884	1626	1392
巴 西	Brazil				
秘 鲁	Peru	15	493		
玻利维亚	Bolivia	64			113
拉美洲其他国家	Other Latin American Countries		33548	172557	250576

续表 3　continued

指　　标	Item	1990	1995	1997	1998
加拿大	Canada	704	17642	3174	6101
美　国	United States	6175	93128	19929	20900
百慕大	Bermuda		2967	99	1118
澳大利亚	Australia	877	5872	6899	5940
新西兰	New Zealand		1159	67	10
西萨摩亚	Western Samoa		658	10938	14328
汤　加	Tonga				
大洋洲其他国家	Other Oceanian Countries		123	138	1196
海外机构	Overseas Organizations	2751	7124	-402	-839
其　他	Others		2589	26506	-420
三、实际利用外资(万美元)	**Foreign Capital Actually Used (USD 10000)**	**145984**	**1018028**	**1171083**	**1202005**
按行业分	**By Sector**				
农、林、牧、渔业	Farming, Forestry, Animal Husbandry, Fishery	1324	8376	17526	17243
采掘业	Mining and Quarrying			1876	8187
制造业	Manufacturing	125983	702338	772918	668999
电力、煤气及水的生产和供应业	Electricity, Gas and Water Production and Supply			44592	77862
建筑业	Construction	85	43290	29708	104572
地质勘查业、水利管理业	Geological Prospecting, Water Conservancy				42
交通运输、仓储及邮电通信业	Transport, Storage, Post and Telecommunications	1854	45420	81402	66825
批发和零售贸易、餐饮业	Wholesale and Retail Sales & Catering Trades	4098	28677	19672	21312
金融、保险业	Finance and Insurance		1514		1075
房地产业	Real Estate Trade	9166	160649	99509	149594
社会服务业	Social Services			38418	46749
卫生、体育和社会福利业	Health Care, Sports and Social welfare		15600	10687	3280
教育、文化艺术和广播电影电视业	Education, Culture and Arts, Radio and Television	195	4076	5264	2235
科学研究和综合技术服务业	Scientific Research and Polytechnical Services		442	34	537
国家机关、政党机关和社会团体	Goverment Agencies, Party Agencies and Social Organizations				
其他行业	Others	3279	7646	49477	33493
按国别(地区)分	**By Country (Territory)**				
中国香港	Hong Kong, China	98501	797268	843192	812946
澳　门	Macao	3358	25145	24397	23411
中国台湾	Taiwan, China	7032	35951	45394	35115
朝　鲜	Korea DPR		16		64
日　本	Japan	13223	42121	45447	39033
菲律宾	Philipines	70	145	390	221
泰　国	Thailand	47	3192	5464	3875
马来西亚	Malasia	5	1291	2969	3378
新加坡	Singapore	1317	22583	36861	26020

续表 4　continued

指　　标	Item	1990	1995	1997	1998
印度尼西亚	Indonesia		4496	1197	3021
科 威 特	Kuwait				
韩　　国	Korea Rep.		2321	2593	5766
以 色 列	Isreal				28
亚洲其他国家	Other Asian Countries		100	265	579
利比里亚	Liberia		1190	120	2219
毛里求斯	Mauritius		100	1312	
马达加斯加	Madagascar		6		
非洲其他国家	Other African Countries	16		1054	20
波　　兰	Poland			28	
德　　国	Germany	118	2546	1697	3516
法　　国	France	1918	2198	4977	7938
意 大 利	Italy		1551	35	953
荷　　兰	Netherlands	337	1433	3068	7050
比 利 时	Belgium	701	40	172	465
英　　国	United Kingdom		14499	25826	14333
爱 尔 兰	Ireland			19	
丹　　麦	Danmark				
芬　　兰	Finland				1577
瑞　　典	Sweden		150	318	372
挪　　威	Norway		10		75
瑞　　士	Switzerland		959	2882	2354
奥 地 利	Austria	128		4115	630
西 班 牙	Spain		773	352	463
葡 萄 牙	Portugal				
俄罗斯联邦	Russian				
欧洲其他国家	Other European Countries		12	65	100
巴 拿 马	Panama	50	351	2651	1168
巴　　西	Brazil				
秘　　鲁	Peru		40		13
玻利维亚	Bolivia				
拉美洲其他国家	Other Latin American Countries		2053	47148	150981
加 拿 大	Canada	58	1723	12280	9487
美　　国	United States	13644	33570	34168	28584
百 慕 大	Bermuda		537	986	25
澳大利亚	Australia	835	3280	6110	2022
新 西 兰	New Zealand		38	32	93
西萨摩亚	Western Samoa			933	2362
汤　　加	Tonga				
大洋洲其他国家	Other Oceanian Countries		60		97
海外机构	Overseas Organizations	4626	15742	9262	1015
其他	Others		538	3304	10636

16-17 各市利用外资
UTILIZATION OF FOREIGN CAPITAL BY CITY

市别	City	1997 签订项目（个）Number of Project	1997 合同外资额（万美元）Amount of Foreign Capital (USD 10000)	1997 实际利用外资（万美元）Amount of Foreign Capital Actually Used (USD 10000)	1998 签订项目（个）Number of Project	1998 合同外资额（万美元）Amount of Foreign Capital (USD 10000)	1998 实际利用外资（万美元）Amount of Foreign Capital Actually Used (USD 10000)
全省总计	**Total**	**17737**	**964527**	**1420519**	**15459**	**1237802**	**1509945**
广州	Guangzhou	2662	203658	274033	986	245058	304467
深圳	Shenzhen	1711	173120	287168	1915	274571	255222
珠海	Zhuhai	321	98277	102154	300	78979	110657
汕头	Shantou	461	45963	100841	302	49537	103903
韶关	Shaoguan	30	4192	14086	38	5404	14637
河源	Heyuan	38	11011	6867	48	5128	7552
梅州	Meizhou	28	4285	7420	44	8686	8901
惠州	Huizhou	569	53988	95838	475	64837	97026
汕尾	Shanwei	112	2760	5582	123	7567	8108
东莞	Dongguan	1424	87122	116635	1383	143369	133813
中山	Zhongshan	4063	43444	54699	4549	58429	55799
江门	Jiangmen	1883	27717	47997	1422	38767	58413
佛山	Foshan	3280	52237	112056	2746	64013	113621
阳江	Yangjiang	23	4339	5728	31	4432	6053
湛江	Zhanjiang	48	11358	10157	38	5507	10514
茂名	Maoming	32	5503	8652	24	4773	6773
肇庆	Zhaoqing	230	24450	37115	208	19099	40112
清远	Qingyuan	234	1539	15724	235	6334	17780
潮州	Chaozhou	86	7583	16350	102	8424	14216
揭阳	Jieyang	473	33053	40816	422	29533	41053
云浮	Yunfu	28	1428	6960	34	2069	6429
省直单位	Pirovnce-owned	1	67500	53641	34	113286	94896

16-18 各市重点外商投资企业主要经济指标（1998年）
MAIN ECONOMIC INDICATORS OF MAJOR FOREIGN INVESTMENT ENTERPISES BY CITY (1998)

单位：亿元 (100 million)

市别	City	企业数（户）Number of Enterprise	资产总计 Total Assets	负债合计 Total Liabilities	主营业务收入 Main Business Income	营业税金 Business Tax	利润总额 Total Profits	所得税 Income Tax
全省总计	**Total**	**676**	**4157.86**	**2759.67**	**1913.25**	**30.55**	**122.28**	**17.66**
广州	Guangzhou	180	1056.60	630.87	390.89	15.57	43.43	8.19
深圳	Shenzhen	115	1323.00	908.43	613.83	8.40	64.84	5.76
珠海	Zhuhai	69	267.43	181.96	140.51	2.93	−0.79	0.64
汕头	Shantou	5	22.04	9.54	3.47	0.02	−1.26	…
韶关	Shaoguan	11	57.00	29.12	51.07	0.11	1.79	0.23
河源	Heyuan							
梅州	Meizhou	6	2.21	1.90	1.26	…	−0.08	…
惠州	Huizhou	39	136.74	89.75	149.00	0.22	6.41	0.24
汕尾	Shanwei	2	4.12	0.38	2.53	0.13	0.10	…
东莞	Dongguan	50	392.17	240.45	238.46	0.40	9.17	1.10
中山	Zhongshan	27	78.98	55.22	48.46	0.17	0.23	0.18
江门	Jiangmen	24	112.94	88.92	44.73	0.18	0.16	0.13
佛山	Foshan	64	522.02	409.12	171.99	1.59	−0.76	0.95
阳江	Yangjiang	5	17.64	11.49	4.73	0.02	−0.04	
湛江	Zhanjiang	6	8.58	5.53	4.64		−0.35	…
茂名	Maoming	18	18.94	8.56	4.78	0.01	0.06	…
肇庆	Zhaoqing	23	64.30	42.99	22.19	0.72	1.08	0.23
清远	Qingyuan	8	34.37	26.79	13.55	…	−1.62	…
潮州	Chaozhou	11	19.55	8.55	1.68		−0.24	…
揭阳	Jieyang	8	13.18	6.28	4.26	0.05	0.04	0.01
云浮	Yunfu	5	6.05	3.82	1.22	0.03	0.11	…

16-19 对外经济技术合作情况

BASIC CONDITIONS FOR FOREIGN COOPERATION OF ECONOMIC TECHNIQUE

项　目　　Item	签订合同数（宗）Number of Contract Signed	合同金额（万美元）Contracted Value (USD 10000)	营业金额（万美元）Value of Businness (USD 10000)	年末在外人数（人）Number of Abroad Person at Year-end (person)
一、对外承包工程　Foreign Constracted Projects				
1982	9	1316	1398	770
1985	28	1897	2491	305
1990	23	5953	7586	688
1991	20	4091	9942	537
1992	27	22159	16213	1085
1993	25	4557	12643	1219
1994	29	18066	16126	1125
1995	29	19183	10924	850
1996	37	14823	9474	1680
1997	67	22435	10940	354
1998	28	13331	17526	566
二、对外劳务合作　Foreign Labor Services				
1982	106	1368	1170	657
1985	273	424	433	1197
1990	1101	6055	3189	8045
1991	2578	17963	6929	19317
1992	3342	23497	13568	30240
1993	3706	26173	15201	29375
1994	3261	26206	26900	35335
1995	1251	20593	17775	33263
1996	1493	11784	19365	23319
1997	2616	17356	14743	22857
1998	2360	12925	14464	20816
三、对外设计咨询 Foreign Consult for Design				
1995	9	139	41	10
1996	3	11	4	4
1997	6	90	88	
1998	17	402	339	

注：对外设计咨询1995年以前无发生数。

Note：Before 1994，the data of foreign consult for design was not be occured.

16-20 分行业外商投资企业工商注册登记情况(1998年末)
REGISTRATION STATUS OF FOREIGN INVESTMENT ENTERPRISES BY SECTOR (1998, Year-End)

行业	Sector	企业数(户) Number of Registered Enterprise	投资总额(亿美元) Total Investment (USD 100 million)	注册资本(亿美元) Registered Capital (USD 100 million)	# 外方 Capital Invested by Foreign Partner
总计	**Total**	**57665**	**2217.36**	**1343.56**	**991.81**
农、林、牧、渔业	Farming, Forestry, Animal Husbandry, Fishery	1335	25.69	18.01	13.99
采掘业	Mining and Quarrying	414	9.13	6.92	5.44
制造业	Manufacturing	45150	1109.09	807.50	592.22
电力、煤气及水的生产和供应业	Electricity, Gas and Water Production and Supply	375	173.53	62.24	38.46
建筑业	Construction	942	85.29	38.34	25.88
地质勘查业、水利管理业	Geological Prospecting, Water Conservancy	43	2.10	1.21	0.58
交通运输、仓储及邮电通信业	Transport, Storage, Post and Telecommunications	1298	154.34	58.04	42.49
批发和零售贸易、餐饮业	Wholesale and Retail Sales & Catering Trades	2366	67.67	49.06	36.24
金融、保险业	Finance and Insurance	15	2.51	1.83	1.54
房地产业	Real Estate Trade	2868	449.46	212.54	168.69
社会服务业	Social Services	1934	101.68	63.84	47.90
卫生、体育和社会福利业	Health Care, Sports and Social welfare	138	12.36	7.47	6.08
教育、文化艺术和广播电影电视业	Education, Culture and Arts, Radio and Television	240	8.30	5.83	4.22
科学研究和综合技术服务业	Scientific Research and Polytechnical Services	109	2.97	2.02	1.49
其他行业	Others	438	13.24	8.71	6.59

16-21 各市外商投资企业工商注册登记情况(1998年末)
REGISTRATION STATUS OF FOREIGN INVESTMENT ENTERPRISES BY CITY (1998, Year-End)

市别	City	企业数(户) Number of Registered Enterprise	投资总额(亿美元) Total Investment (USD 100 million)	注册资本(亿美元) Registered Capital (USD 100 million)	# 外方 Capital Invested by Foreign Partner
全省总计	**Total**	**57665**	**2217.36**	**1343.56**	**991.81**
广州	Guangzhou	8470	495.39	247.32	192.52
深圳	Shenzhen	11035	358.72	216.37	158.07
珠海	Zhuhai	4270	131.89	80.95	56.08
汕头	Shantou	3870	102.40	72.62	58.19
韶关	Shaoguan	631	21.10	12.54	8.80
河源	Heyuan	453	16.96	12.72	9.03
梅州	Meizhou	1208	17.25	11.89	8.25
惠州	Huizhou	2934	108.77	67.23	52.73
汕尾	Shanwei	404	10.51	8.22	6.98
东莞	Dongguan	5509	176.70	144.20	123.23
中山	Zhongshan	1482	60.53	39.79	29.34
江门	Jiangmen	2741	94.38	67.56	42.58
佛山	Foshan	3648	177.90	111.33	70.74
阳江	Yangjiang	310	12.56	8.25	5.13
湛江	Zhanjiang	943	41.17	25.98	15.75
茂名	Maoming	1400	32.88	22.46	13.83
肇庆	Zhaoqing	1895	74.89	45.74	32.61
清远	Qingyuan	879	46.28	25.34	18.20
潮州	Chaozhou	1033	23.49	16.31	10.72
揭阳	Jieyang	2540	47.14	36.00	30.28
云浮	Yunfu	849	26.28	17.85	11.45

16-22 各部门接受华侨、港澳台同胞捐赠情况
ACCEPT CONTRIBUTION AGREED BY ADMINISTRATIONS FROM OVERSEAS CHINESE AND COMPATRIOTS FROM HONG KONG,MACAO AND TAIWAN

单位:万元 (10000 yuan)

年 份 Year	合 计 Total	#现金 Cash	工农业 Industry and Agriculture	文化教育科研事业 Culture and Education,Science and Technology	卫生事业 Health Care	旅游业 Tourism	社会福利业 Social Welfare	其 他 Others
1985	54529	1373	19660	8133	2303	4948	2071	17414
1990	91887	3648	30837	24695	10453	2480	21422	2000
1991	227235	5210	70638	56065	17024	1860	76605	5043
1992	687814	3955	357342	100570	39154	4309	177547	8892
1993	188133	4329	63666	43615	21587	492	43861	14912
1994	291656	1854	67647	55350	32007	167	42951	93534
1995	335447	1050	129890	56512	46405	1000	27816	73824
1996	42893	616	20956	9653	1860	55	7007	3362
1997	49828	1170	37309	2717	1718	30	3472	4582
1998	61657	515	39296	3781	8836	513	2238	6993

注:表中1992年以前是批准数,1993年以后是实际接受捐赠数。
Note:The data in this table are accept contribution agreed by administration before 1992,since 1993,it's actually accept contribution.

16-23 各市实际接受华侨、港澳台同胞捐赠情况(1998年)
ACTUALLY ACCEPT CONTRIBUTION FROM OVERSEAS CHINESE AND COMPATRIOTS FROM HONG KONG,MACAO AND TAIWAN BY CITY(1998)

市 别 Year	宗数(宗) Number of Item (copies)	总 额(万元) Total Value (10000 yuan)	工农业 Industry and Agriculture	文化教育科研事业 Culture and Education,Science and Technology	卫生事业 Health Care	旅游业 Tourism	社会福利业 Social Welfare	其 他 Others
全省总计 Total	**452**	**61657**	**39296**	**3781**	**8836**	**513**	**2238**	**6993**
广 州 Guangzhou	24	8822	17	107	8075		541	82
深 圳 Shenzhen	2	55			30			25
珠 海 Zhuhai	2	120	120					
汕 头 Shantou	13	1386	384	511	16	32	400	43
韶 关 Shaoguan	26	1226	870	40	46			270
河 源 Heyuan	12	672	165			400		107
梅 州 Meizhou	39	1825	1561	30			45	189
惠 州 Huizhou	4	54			19			35
汕 尾 Shanwei	13	2147	1880					267
东 莞 Dongguan	8	962	923					39
中 山 Zhongshan	2	16		1				15
江 门 Jiangmen	53	5214	3985	27	111	20	896	175
佛 山 Foshan	24	7769	7200	20	157		10	382
阳 江 Yangjiang	18	731	505	80		14	21	111
湛 江 Zhanjiang	10	351	318	1				32
茂 名 Maoming	12	307	180	23				104
肇 庆 Zhaoqing	37	6495	2907	36	143		66	3343
清 远 Qingyuan	28	2758	2587	28	18		13	112
潮 州 Chaozhou	7	707	648	1				58
揭 阳 Jieyang	40	9378	5552	2413	42		18	1353
云 浮 Yunfu	65	10045	9494	16	50	47	228	210
省直单位 Porovince-owned	13	617		447	129			41

16-24 一类口岸开放使用情况(1998年末)

OPENING AND OPERATING STATUS OF PORTS TYPE 1 (1998, YEAR-END)

市别 Year		个数 Unit	口岸名称 Name of Port		
			水运 Water Transpot	陆运 Land Transpot	空运 Air Transport
全省总计	**Total**	**51**	**36**	**10**	**5**
广州	Guangzhou	6	广州港 Guangzhou Port	天河直通车站 Tianhe Directly to HongKong Railway Station	白云机场 Baiyun Airport
			南沙港 Nansha Port		
			莲花山港 Lianhuashan Port		
			新塘港 Xintang Port		
深圳	Shenzhen	12	蛇口港 Shekou Port	罗湖 Luohu	深圳机场 Shenzhen Airport
			赤湾港 Chiwan Port	文锦渡 Wenjindu	
			梅沙港 Meisha Port	沙头角 Shatoujiao	
			东角头港 Dongjiaotou Port	皇岗 Huanggang	
			妈湾港 Mawan Port		
			盐田港 Yiantian Port		
			西涌港 XiChong Port		
珠海	Zhuhai	6	九州港 Jiuzhou Port	拱北 Gongbei	
			湾仔港 Wanzai Port		
			珠海港 Zhuhai Port		
			万山港 Wanshan Port		
			斗门港 Domen Port		
汕头	Shantou	4	汕头港 Shantou Port		汕头机场 Shantou Airport
			潮阳港 Chaoyang Port		
			南澳港 Nanao Port		
梅州	Meizhou	1			梅州机场 Meizhou Airport
惠州	Huizhou	1	惠州港 Huizhou Port		
汕尾	Shanwei	1	汕尾港 Shanwei Port		
东莞	Dongguan	2	虎门港 Humen Port	常平铁路客运 Changping Railway Passenger Service Station	
中山	Zhongshan	1	中山港 Zhongshan Port		
江门	Jiangmen	5	江门港 Jiangmen Port		
			三埠港 Sanfu Port		
			广海港 Guanghai Port		
			鹤山港 Heshan Port		
			新会港 Xinhui Port		
佛山	Foshan	5	顺德港 Shunde Port	佛山铁路客运 Foshan Railway Passenger Service Station	
			南海港 Nanhai Port		
			高明港 Gaoming Port	三水铁路客运 Sanshui Railway Passenger Service Station	
阳江	Yangjiang	1	阳江港 Yangjiang Port		
湛江	Zhanjiang	2	湛江港 Zhanjiang Port		湛江机场 Zhanjiang Airport
茂名	Maoming	1	水东港 Shuidong Port		
肇庆	Zhaoqing	2	肇庆港 Zhaoqing Port	肇庆铁路客运 Zhaoqing Railway Passenger Service Station	
潮州	Chaozhou	1	潮州港 Chaozhou Port		

附:1998年末全省二类口岸99个,其中,装卸点87个,起运点12个。直通港澳货运车辆检查场53个。

Note: The number of portstype Ⅱ of the whole province counted 99 in 1998 year-end, of which, of the point of loading and unloading counted 87, the place of dispach counted 12; and the number of the examination ground of vehicles for carrying goods which directly to HongKong and Macao amounted 53.

16-25 旅游人数

NUMBER OF TOURISTS

指　　标　　Item	1990	1995	1997	1998
一、国际游客出入境人数(万人次) Number of International Tourists (10000 persons)	**5024.23**	**7442.18**	**9105.74**	**10267.92**
外国人　Foreigners	174.47	340.02	403.30	414.98
华　侨　Overseas Chinese	14.98	17.44	12.83	10.73
港澳同胞　Compatriots from Hong Kong and Macao	4739.04	6913.78	8437.88	9576.56
台湾同胞　Compatriots from Taiwan	95.74	170.94	251.73	265.65
# 入境人数　Number of Entering Tourists	**2527.54**	**3615.03**	**4545.37**	**5157.04**
外国人　Foreigners	85.07	159.40	200.51	203.79
华　侨　Overseas Chinese	6.62	8.11	5.56	4.91
港澳同胞　Compatriots from Hong Kong and Macao	2388.76	3364.15	4213.94	4815.93
台湾同胞　Compatriots from Taiwan	47.09	83.37	125.36	132.41
二、城市接待旅游人数(万人次) Number of Tourists Received by Cities (10000 persons)		**3504.75**	**6354.76**	**6661.81**
国际游客　International Tourists		620.68	739.16	788.65
外国人　Foreigners		118.47	134.66	131.54
华　侨　Overseas Chinese		19.38	23.77	23.41
港澳同胞　Compatriots from HongKong and Macao		430.55	502.42	550.50
台湾同胞　Compatriots from Taiwan		52.28	78.31	83.20
国内游客　Domestic Tourists		2884.07	5615.60	5873.16
#宾馆(酒店)接待人数 Number of Tourists Received by Hotels	**2231.04**	**3306.12**	**3824.42**	**3965.03**
国际游客　International Tourists	541.48	528.24	575.73	583.95
外国人　Foreigners	56.36	117.39	123.30	123.58
华　侨　Overseas Chinese	11.52	14.68	15.54	15.38
港澳同胞　Compatriots from Hong Kong and Macao	412.97	352.32	366.87	373.84
台湾同胞　Compatriots from Taiwan	60.63	43.85	70.02	71.15
国内游客　Domestic Tourists	1689.56	2777.88	3248.69	3381.08
三、旅行社接待人数(万人) Number of Tourists Received by Travel Services (10000 persons)			**554.18**	**737.57**
国际游客　International Tourists	195.40	257.19	242.40	124.78
#组团人数　Number of Tour Group	64.66	71.31	79.85	73.31
一日游人数　Number of One Day Tour	31.82	41.19	46.19	35.40
国内游客　Domestic Tourists			311.78	612.79
#组团人数　Number of Tour Group			179.87	244.77
一日游人数　Number of One Day Tour			40.12	203.72
四、团体出境旅游人数(万人) Number of Exit Tourists by Tour Group (10000 persons)	**23.53**	**67.71**	**59.74**	**73.28**
#港澳游　Hong Kong and Macao Tour	23.19	58.67	47.74	53.24
其　他　Others	0.34	9.04	12.00	20.04

16-26 旅游部门基本情况
BASIC DATA OF TOURIST AGENCIES

指标	Item	1995	1997	1998
旅游机构 (个)	Number of Travel Agency (unit)	1478	1656	1641
职工人数 (万人)	Number of Persons Engaged (10000 persons)	28.86	29.61	34.11
旅游宾馆 (酒店)(家)	Number of Tourist Hotel	962	1048	1056
按星级分：五星	By Star Class: Five Star Class	10	15	15
四星	Four Star Class	20	31	35
三星	Three Star Class	121	143	159
二星	Two Star Class	168	191	207
一星	One Star Class	19	26	25
未评星级	Others	624	642	615
按经济类型分：国有	By Ownership: State-Owned	506	485	557
集体	Collective Owned	162	244	199
私营	Private	30	44	38
个体	Individual		3	7
联营	Joint Owned	11	26	32
股份制	Share Holding	8	17	18
外商投资	Foreign Funded	142	120	82
港澳台投资	Funded by Enterpreneurs from Hong Kong, Macao and Taiwan	103	92	87
其他	Others		17	36
旅游宾馆酒店接待能力	Receiving Capability of Tourist Hotel			
客房 (间)	Number of Room (room)	115563	190799	197653
床位 (张)	Number of Bed (unit)	235407	379535	401557
客房出租率 (%)	Room Occupancy (%)	57.4	57.6	56.3
旅行社 (家)	Number of Travel Agency	404	447	438
国际旅行社	International Travel Agency	197	171	191
国内旅行社	Internal Travel Agency	207	276	247
旅游车辆 (辆)	Number of Tourist Vehicle (unit)	9015	11209	11384
#大型	Large Size	935	1011	965
中型	Medium Size	1351	1166	1326
小型	Small Size	3987	5028	5087

16-27 城市接待外国游客人数
NUMBER OF FOREIGN TOURISTS RECEIVED BY CITIES

单位：人次 (person)

国别	Country	1990	1995	1997	1998
总计	**Total**	**563620**	**1173919**	**1346577**	**1315442**
日本	Japan	119371	288978	254472	276506
韩国	Korea Rep.		25172	57195	44114
菲律宾	Philipines	7653	10312	14011	12324
新加坡	Singapore	48857	60760	65085	65036
泰国	Thailand	57365	51185	39027	29412
印度尼西亚	Indonesia	14967	40583	42749	17583
马来西亚	Malaysia		70639	94197	88984
美国	United States	77651	129238	118293	146995
加拿大	Canada	20402	24908	32931	36443
英国	United Kingdom	29596	41020	39904	42298
法国	France	20591	29728	28176	33033
德国	Germary	15755	32864	28092	33284
意大利	Italy	13279	19187	16271	19365
俄罗斯	Russia	1676	1937	7203	4307
澳大利亚	Australia	16835	28789	25728	27621
新西兰	New Zealand	3960	4133	6131	6241
其他	Others	115662	314486	477112	431896

16-28 各市旅游宾馆(酒店)住宿设施(1998年)

LODGING FACILITIES OF TOURIST HOTELS BY CITY (1998)

市别 City		宾馆、酒店(个) Number of Hotel	五星级 Five Star Class	四星级 Four Star Class	三星级 Three Star Class	二星级 Two Star Class	一星级 One Star Class	客房(间) Number of Room	床位(张) Number of Bed	客房出租率(%) Room Occupancy
全省总计	**Total**	**1056**	**15**	**35**	**159**	**207**	**25**	**197653**	**401557**	**56.3**
广州	Guangzhou	293	5	10	31	48	1	119439	248184	61.0
深圳	Shenzhen	237	6	4	37	42	4	25849	48680	55.4
珠海	Zhuhai	45	2	5	7	7	1	4508	9155	58.0
汕头	Shantou	36	1	3	4	10	2	4459	8717	46.7
韶关	Shaoguan	30			5	10		2165	4620	47.7
河源	Heyuan	19			3	10		2422	4874	52.0
梅州	Meizhou	26			2	5		1544	3096	38.5
惠州	Huizhou	39			9	1		3047	5744	50.6
汕尾	Shanwei	13			2	4		797	1494	38.8
东莞	Dongguan	20	1	2	17			2871	5261	58.4
中山	Zhongshan	41		2	4	3		3890	7461	49.8
江门	Jiangmen	38		1	7	13	2	6770	14162	34.5
佛山	Foshan	47		5	7	2		4913	9504	51.8
阳江	Yangjiang	24		1	3	7		2185	4463	47.1
湛江	Zhanjiang	23		1	9	13		2712	5148	45.5
茂名	Maoming	25			3	7		2014	4027	51.3
肇庆	Chaoqing	36		1	4	7	11	3429	7387	41.9
清远	Qingyuan	13				7	1	751	1608	45.4
潮州	Chaozhou	10			1	1		923	1821	46.1
揭阳	Jieyang	14			2	5		1358	2794	41.7
云浮	Yunfu	27			2	5	3	1607	3357	37.5

注:本表星级宾馆(酒店)指1998年底止已得到国家旅游局或省旅游局批准的,不包已报未批部份。
Note: The star class of hotel in this table refer to be approved by the National Tourism Administration or Guangdong Province Tourism Administration in the year-end 1998 exclude those had been reported but unapproved.

16-29 各市旅游宾馆(酒店)接待人数

TOURISTS RECEIVED BY TOURIST HOTELS BY CITY

单位:万人次 (10000 persons)

市别 City		1995 合计 Total	1995 #国际游客 International Tourists	1997 合计 Total	1997 #国际游客 International Tourists	1998 合计 Total	1998 #国际游客 International Tourists
全省总计	**Total**	**3306.12**	**528.24**	**3824.42**	**575.73**	**3965.03**	**583.95**
广州	Guangzhou	1312.22	170.67	1578.25	232.42	1606.25	230.31
深圳	Shenzhen	542.64	185.37	578.77	155.11	583.42	163.78
珠海	Zhuhai	230.84	35.14	237.28	44.37	273.75	42.04
汕头	Shantou	59.38	11.46	76.59	14.64	84.94	18.73
韶关	Shaoguan	62.13	1.56	80.81	3.08	86.58	1.45
河源	Heyuan	26.30	0.28	34.80	0.73	49.90	0.25
梅州	Meizhou	46.13	2.17	48.25	3.96	49.93	3.37
惠州	Huizhou	80.97	9.50	91.23	10.39	109.31	11.92
汕尾	Shanwei	30.62	0.86	37.87	0.95	46.96	1.16
东莞	Dongguan	175.38	28.64	163.36	28.75	149.29	28.29
中山	Zhongshan	138.93	22.86	143.69	28.27	155.67	27.40
江门	Jiangmen	123.90	17.32	157.62	14.49	182.49	16.04
佛山	Foshan	95.45	19.50	151.52	18.26	153.78	21.03
阳江	Yangjiang	35.52	0.47	70.87	0.38	51.50	0.38
湛江	Zhanjiang	39.77	1.35	58.44	0.98	65.42	0.97
茂名	Maoming	45.02	0.63	38.72	0.38	40.05	0.42
肇庆	Zhaoqing	100.54	10.22	131.12	10.66	139.67	9.42
清远	Qingyuan	61.99	2.76	34.45	1.34	29.20	0.84
潮州	Chaozhou	24.45	2.08	26.15	3.89	22.24	2.66
揭阳	Jieyang	41.57	1.53	32.36	1.54	32.39	1.74
云浮	Yunfu	32.37	3.87	52.27	1.14	52.29	1.75

16-30 各市按经济类型分的旅游宾馆数(1998年末)

NUMBER OF TOURIST HOTEL BY TYPE OF OWNERSHIP BY CITY (1998,YEAR-END)

单位:家 (unit)

市别	City	合计 Total	国有 Sate Owned	集体 Collective Owned	私营 Private	联营 Joint Owned	股份制 Share Hoding	外商投资 Foreign Funded	港澳台投资 Funded by Enterpreneurs from Hong Kong, Macao and Taiwan	其他 Others
全省总计	**Total**	**1056**	**557**	**199**	**38**	**32**	**18**	**82**	**87**	**43**
广州	Guangzhou	293	171	41	8	4	2	18	45	4
深圳	Shenzhen	237	110	50	18	15	4	30	9	1
珠海	Zhuhai	45	17	14		1	1	4	8	
汕头	Shantou	36	9	2		1				24
韶关	Shaoguan	30	25			1	1	3		
河源	Heyuan	19	16	2	1					
梅州	Meizhou	26	15	4			2	5		
惠州	Huizhou	39	23	5	2	2		1	5	1
汕尾	Shanwei	13	6	3			2		2	
东莞	Dongguan	20	3	6		2			4	5
中山	Zhongshan	41	9	25					1	6
江门	Jiangmen	38	25	4			1		8	
佛山	Foshan	47	12	13	3		3	11	4	1
阳江	Yangjiang	24	11	11				2		
湛江	Zhanjiang	23	16	2		2		2	1	
茂名	Maoming	25	22	1		1				1
肇庆	Zhaoqing	36	27	3	1			5		
清远	Qingyuan	13	13							
潮州	Chaozhou	10	5	3			2			
揭阳	Jieyang	14	4	9	1					
云浮	Yunfu	27	18	1	4	3		1		

16-31 各市按规模分的旅游宾馆数(1998年末)

NUMBER OF TOURIST HOTEL BY SCALE BY CITY (1998, YEAR-END)

单位:家 (unit)

市别	City	宾馆总数 Total Number of Tourist Hotel	客房500间以上 With 500 Rooms and Over	300—499间 With 300-499 Rooms	200—299间 With 200-299 Rooms	100—199间 With 200-299 Rooms	99间以下 Less than 100 Rooms
全省总计	**Total**	**1056**	**25**	**52**	**78**	**249**	**652**
广州	Guangzhou	293	20	22	31	78	142
深圳	Shenzhen	237	2	13	24	53	145
珠海	Zhuhai	45		4	2	10	29
汕头	Shantou	36		2	4	13	17
韶关	Shaoguan	30				7	23
河源	Heyuan	19	1	1	2	1	14
梅州	Meizhou	26				2	24
惠州	Huizhou	39		1		6	32
汕尾	Shanwei	13				2	11
东莞	Dongguan	20		2	2	9	7
中山	Zhongshan	41		2	3	5	31
江门	Jiangmen	38	2			13	23
佛山	Foshan	47		2	3	11	31
阳江	Yangjiang	24			1	7	16
湛江	Zhanjiang	23		1	1	11	10
茂名	Maoming	25				7	18
肇庆	Zhaoqing	36		2	4	3	27
清远	Qingyuan	13				2	11
潮州	Chaozhou	10				4	6
揭阳	Jieyang	14			1	3	10
云浮	Yunfu	27				2	25

16-32 旅游宾馆经营情况(1998年)
BUSINESS STATUS OF TOURIST HOTELS (1998)

项目	Item	营业收入(万元) Business Income (10000 yuan)	营业税金(万元) Business Tax (10000 yuan)	利润(万元) Profits (10000 yuan)	客房出租率(%) Room Occupancy
全省总计	**Total**	**2352299**	**116545**	**14973**	**56.3**
按经济类型分	**By Type of Ownership**				
国有经济	State-Owned	892173	42131	19448	56.7
集体经济	Collective Owned	143823	8120	−18228	45.2
私营经济	Private	33133	1550	−4030	47.7
个体经济	Individual	10233	535	−238	56.5
联营经济	Joint Owned	64043	3268	543	56.4
股份制经济	Share Holding	38382	1849	508	53.6
外商投资经济	Foreign Funded	275801	14387	−18291	55.7
港澳台投资经济	Funded by Enterpreneurs from Hong Kong, Macao and Taiwan	429718	20622	9410	59.4
其它	Others	464993	24083	25851	60.8
按经营规模分	**By Scale of Management**				
500间以上	With 500 Rooms and Over	1027233	50678	121415	61.5
300-499间	With 300-499 Rooms	340529	16727	−14641	56.4
200-299间	With 200-299 Rooms	256843	13119	−25725	53.8
100-199间	With 100-199 Romms	359708	17770	−34393	54.4
99间以下	Less than 100 Rooms	367986	18251	−31683	27.8
按星级分	**By Star Class**				
五星级	Five Star Class	316621	15974	30871	61.7
四星级	Four Star Class	240243	11384	−14753	56.2
三星级	Three Star Class	399595	19333	−22299	58.2
二星级	Two Star Class	159078	7745	−7212	54.3
一星级	One Star Class	10257	510	−194	50.1
未评星级	Star Class Unappraised	1226505	61599	28560	55.9

16-33 旅游业收入
INCOME OF TOURISM TRADE

单位:亿元 (100 million yuan)

项目	Item	收入合计 Total Income		旅游外汇收入 Foreign Exchange Income		国内旅游收入 Domestic Travel Income	
		1997	1998	1997	1998	1997	1998
全省总计	**Total**	**812.22**	**873.74**	**232.22**	**243.41**	**580.00**	**630.33**
商品性收入	**Commodity Income**	**275.59**	**321.03**	**71.43**	**67.75**	**204.16**	**253.28**
商品销售收入	Sales Revenue	152.34	184.41	38.08	44.59	114.26	139.82
饮食销售收入	Catering Trade Income	123.25	136.62	33.35	23.16	89.90	113.46
劳务性收入	**Service Income**	**536.63**	**552.71**	**160.79**	**175.66**	**375.84**	**377.05**
旅行社旅游业务费	Business Expenses for Travel Service	34.02	37.89	4.97	7.62	29.05	30.27
宿费	Accommodation Fee	149.55	162.49	32.97	31.52	116.58	130.97
长途交通费	Long Distance Transportation Fee	202.93	207.79	72.43	85.74	130.50	122.05
民航	Civil Aviation	158.87	156.23	58.25	66.86	100.62	89.37
铁路	Railways	21.68	25.74	4.88	8.59	16.79	17.15
海运	Sea Transportation	3.18	2.17	3.02	1.98	0.16	0.19
内河	Inland Water ways	3.52	2.86	2.32	1.53	1.21	1.33
公路	Highways	15.68	20.79	3.96	6.78	11.72	14.01
市内交通费	Local Transportation Fee	18.01	21.35	4.09	4.70	13.92	16.65
邮政电讯费	Telecommunications Fee	19.36	16.08	10.08	9.26	9.28	6.82
文化娱乐费	Culture Recreation Fee	41.31	47.13	12.31	13.47	29.00	33.66
其他	Others	71.45	59.98	23.94	23.35	47.51	36.63

16-34 各市旅游宾馆经营情况(1998年)
BUSINESS STATUS OF TOURIST HOTELS BY CITY (1998)

市别 City		营业收入(万元) Business Income (10000 yuan)	营业税金(万元) Business Tax (10000 yuan)	利润(万元) Profits (10000 yuan)	客房出租率(%) Room Occupancy
全省总计	**Total**	**2352299**	**116545**	**14973**	**56.3**
广州	Guangzhou	1406831	68362	99483	61.0
深圳	Shenzhen	385800	19649	−5923	55.4
珠海	Zhuhai	104550	4826	−11409	58.0
汕头	Shantou	45297	2565	−9042	46.7
韶关	Shaoguan	10527	499	−2369	47.7
河源	Heyuan	9830	582	39	52.0
梅州	Meizhou	9580	449	−1127	38.5
惠州	Huizhou	34947	1738	−4398	50.6
汕尾	Shanwei	6754	367	−295	38.8
东莞	Dongguan	59016	2975	−14176	58.4
中山	Zhongshan	52023	2834	−7307	49.8
江门	Jiangmen	37869	2351	−3044	34.5
佛山	Foshan	84279	3890	−7128	51.8
阳江	Yangjiang	20944	1121	−6214	47.1
湛江	Zhanjiang	17596	849	−3433	45.5
茂名	Maoming	13147	754	−936	51.3
肇庆	Zhaoqing	23937	1268	−4343	41.9
清远	Qingyuan	1626	89	−838	45.4
潮州	Chaozhou	7139	389	−1101	46.1
揭阳	Jieyang	9118	325	−516	41.7
云浮	Yunfu	11489	663	−950	37.5

16-35 各市旅游业收入
INCOME OF TOURISM TRADE BY CITY

单位:亿元 (100 million yuan)

市别 City		收入合计 Total Income		旅游外汇收入 Foreign Exchange Income		国内旅游收入 Domestic Travel Income	
		1997	1998	1997	1998	1997	1998
全省总计	**Total**	**812.22**	**873.74**	**232.22**	**243.41**	**580.00**	**630.33**
广州	Guangzhou	282.06	323.19	84.71	87.97	197.35	235.22
深圳	Shenzhen	186.47	194.78	77.12	81.66	109.35	113.12
珠海	Zhuhai	58.41	60.38	27.29	27.50	31.12	32.88
汕头	Shantou	28.28	28.67	8.22	8.43	20.06	20.24
韶关	Shaoguan	7.74	8.37	0.42	0.39	7.32	7.98
河源	heyuan	4.64	5.23	0.05	0.06	4.59	5.17
梅州	Meizhou	1.88	4.18	0.90	0.76	0.98	3.42
惠州	Huizhou	18.12	18.34	2.18	2.29	15.94	16.05
汕尾	Shanwei	11.20	11.71	0.24	0.20	10.96	11.51
东莞	Dongguan	31.09	31.19	5.62	5.46	25.47	25.73
中山	Zhongshan	17.13	23.76	5.57	6.76	11.56	17.00
江门	Jiangmen	29.73	30.60	5.87	5.95	23.86	24.65
佛山	Foshan	39.07	44.37	5.92	8.10	33.15	36.27
阳江	Yangjiang	6.49	7.89	0.07	0.08	6.42	7.81
湛江	Zhanjiang	24.59	24.43	0.70	0.78	23.84	23.65
茂名	Maoming	4.95	5.40	0.14	0.18	4.81	5.22
肇庆	Zhaoqing	21.29	23.64	4.74	4.73	16.55	18.91
清远	Qingyuan	10.59	4.73	0.56	0.53	10.03	4.20
潮州	Zhaozhou	12.34	6.36	0.98	0.61	11.36	5.75
揭阳	Jieyang	5.46	6.05	0.45	0.52	5.01	5.53
云浮	Yunfu	10.69	10.47	0.42	0.45	10.27	10.02

16-36 国际旅游外汇收入
FOREIGN EXCHANGE INCOME FROM INTERNATIONAL TOURISM

单位:万美元 (USD 10000)

指标	Item	1995	1997	1998
全省总计	**Total**	**239368**	**280055**	**294192**
商品性收入	**Commodity Income**	**94790**	**86145**	**81890**
商品销售收入	Sales Revenue	41291	45929	53900
饮食销售收入	Catering Trade Income	53499	40216	27990
劳务性收入	**Service Income**	**144578**	**193910**	**212302**
旅行社旅游业务费	Business Expenses for Travel Service	5242	5993	9205
宿费	Accommodation Fee	53738	39768	38097
长途交通费	Long Distance Transportation Fee	29692	87337	103626
民航	Civil Aviation	14521	70253	80805
铁路	Railways	4693	5881	10377
海运	Sea Transportation	4577	3641	2398
内河	Inland Water ways	3369	2801	1845
公路	Highways	2532	4761	8201
市内交通费	Local Transportation Fee	6784	4921	5682
邮政电讯费	Telecommunications Fee	6249	12162	11190
文化娱乐费	Culture Recreation Fee	16769	14843	16286
其他	Others	26104	28886	28216

16-37 旅游部门主要财务指标
MAIN FINANCIAL INDICATORS OF TOURIST AGENCIES

单位:万元 (10000 yuan)

项目	Item	1997			1998		
		营业收入 Business Income	营业税金及附加 Business Tax and Extra Charges	利润总额 Total Profits	营业收入 Business Income	营业税金及附加 Business Tax and Extra Charges	利润总额 Total Profits
总计	**Total**	**4319486**	**188232**	**236350**	**4370547**	**199994**	**173272**
国际旅行社	International Travel Agencies	516995	4832	12846	383867	4862	18208
国内旅行社	Internal Travel Agencies	91854	1061	2664	71403	749	—527
宾馆、酒店	Hotels	2321584	121875	88796	2352299	116545	14973
其他旅游企业	Other Tourism Enterprises	1389053	60464	132044	1562978	77838	140618

16-38 各市国际旅游外汇收入

TOTAL FOREIGN EXCHANGE INCOME OF INTERNATIONAL TOURISM BY CITY

单位:万美元 (USD 10000)

市别	City	1995	1997	1998
全省总计	**Total**	**239368**	**280055**	**294192**
广州	Guangzhou	85215	102156	106320
深圳	Shenzhen	85813	93006	98700
珠海	Zhuhai	24392	32907	33234
汕头	Shantou	7923	9914	10190
韶关	Shaoguan	431	504	472
河源	Heyuan	48	64	69
梅州	Meizhou	934	1092	917
惠州	Huizhou	2250	2633	2764
汕尾	Shanwei	239	286	248
东莞	Dongguan	5864	6777	6601
中山	Zhongshan	5769	6721	8167
江门	Jiangmen	6128	7086	7190
佛山	Foshan	6056	7141	9790
阳江	Yangjiang	72	84	96
湛江	Zhanjiang	766	910	939
茂名	Maoming	144	168	217
肇庆	Zhaoqing	4883	5713	5719
清远	Qingyuan	455	572	641
潮州	Chaozhou	1005	1176	741
揭阳	Jieyang	574	643	626
云浮	Yunfu	407	502	551

注:本表数为省旅游局抽样调查测算数。
Note: Data in this table are obtained from the sample survey of Guangdong Province Tourism Administration.

16-39 各市旅游部门主要财务指标

MAIN FINANCIAL INDICATORS OF TOURIST AGENCIES BY CITY

单位:万元 (10000 yuan)

市别	City	1997 营业收入 Business Income	1997 营业税金及附加 Business Tax and Extra Charges	1997 利润总额 Total Profits	1998 营业收入 Business Income	1998 营业税金及附加 Business Tax and Extra Charges	1998 利润总额 Total Profits
全省总计	**Total**	**4319486**	**188232**	**236350**	**4370547**	**199994**	**173272**
广州	Guangzhou	2596270	114287	234746	3158912	147408	244027
深圳	Shenzhen	642017	28652	44300	451681	20297	−2547
珠海	Zhuhai	188702	6630	-5518	139055	5228	−9679
汕头	Shantou	87723	2636	-4503	77150	2764	−8152
韶关	Shaoguan	17259	589	-102	15122	556	−2494
河源	Heyuan	13158	669	361	11388	607	13
梅州	Meizhou	18540	868	-627	15548	563	−1141
惠州	Huizhou	19706	820	-2294	41680	1847	−4543
汕尾	Shanwei	9560	382	-287	7856	386	−315
东莞	Dongguan	84145	3270	-716	87838	3421	−13110
中山	Zhongshan	62760	2450	-8288	54660	3023	−7241
江门	Jiangmen	82499	12242	-6689	45480	2545	−2776
佛山	Foshan	163633	4770	-2895	84661	4215	−2690
阳江	Yangjiang	18388	858	-4382	23188	1190	−6732
湛江	Zhanjiang	129520	2253	-2264	31376	1551	−1981
茂名	Maoming	25748	1308	416	13167	806	−1067
肇庆	Zhaoqing	66522	2779	-4950	38047	1649	−4736
清远	Qingyuan	10409	522	-1531	6087	118	−856
潮州	Chaozhou	51778	986	3446	41828	748	824
揭阳	Jieyang	11645	440	-1013	11897	388	−624
云浮	Yunfu	19504	821	-860	13926	684	−908

16-40 四星级以上酒店名录(1998年)

LIST OF HOTEL WITH FOURSTAR OR HIGHER RANK(1998)

酒店名称 Hotel Name		电话号码 Telephone Number	邮政编码 Post Code	星级 Star Class	客房间数 Number of Room
广州市远洋宾馆	OCEAN HOTEL	87765988	510061	4	249
广州市凯旋华美达大酒店	RAMADA PEARL HOTEL GUANGZHOU	87372988	510600	4	330
广州市广信江湾大酒店	GITIC RIVERSIDE HOTEL GUANGZHOU	83839888	510100	4	328
广州市花园酒店	THE GARDEN HOTEL	83338989	510064	5	921
广州市广东国际大酒店	GUANGDONG INTERNTIONAL HOTEL	83311888	510098	5	704
广州市文化假日酒店	HOLIDAY INN CITY CENTRE GUANGZHOU	87766999	510095	4	366
广州市白天鹅宾馆	WHITE SWAN HOTEL	81886968	510133	5	843
广州市胜利宾馆	GUANGDONG VICTORY HOTEL	81862622	510150	4	350
广州广东迎宾馆	GUANGDONG GUEST HOUSE	83332950	510030	4	310
广州市广东大厦	GUANGDONG HOTEL	83339933	510045	4	508
广州市东方宾馆	DONGFANG HOTEL	86669900	510016	5	1083
广州市华厦大酒店	LANDMARK CANTON HOTEL	83355988	510115	4	692
广州市中国大酒店	CHINA HOTEL	86666888	510015	5	888
广州市江南大酒店	PLAZA CANTON	84418888	510246	4	477
广州市中央酒店	CENTRAL HOTEL	86578331	510401	4	231
深圳市阳光酒店	SUNSHINE HOTEL	2233888	518005	5	371
深圳市富临大酒店	FULIN HOTEL SHENZHEN	5586333	518010	5	533
深圳市香格里拉大酒店	SHANGLI－LAI HOTEL	2330888	518001	5	522
深圳市晶都酒店	REGENT ORIENTAL HOTEL	2047000	518001	4	373
深圳市新都酒店	CENTURY PLAZA HOTEL	2320888	518001	4	428
深圳市富苑酒店	TILE LANMERK HOTEL	2172088	518001	5	351
深圳市南海酒店	NANHAI HOTEL	6692888	518069	5	370
深圳市深圳湾大酒店	SHENZHEN BAY HOTEL	6600111	518053	4	308
深圳市都之都大酒店	CAPITAL PLAZA HOTEL SHENZHEN	7783888	518101	4	204
深圳市骏豪酒店	JUNHAO HOTEL	7788831	518110	5	220
珠海市珠海宾馆	ZHUHAI HOTEL	3333718	519015	4	318
珠海市拱北宾馆	GONGBEI PALACE HOTEL	8886833	519020	4	210
珠海市珠海度假村	ZHUHAI HOLIDAY RESORT HOTEL	3332038	519015	4	474
珠海市金怡酒店	GRAND ANGEL HOTEL	3338899	519015	4	97
珠海市海湾大酒店	GRAND BAY VIEW HOTEL	8877998	519020	5	243
珠海市国际金融大厦(银都)	YINDO HOTEL	8883388	519020	5	305
珠海市君悦来酒店	THE GREENERY HOTEL	3333968	519015	4	179
汕头市金海湾大酒店	GOLDEN GULF HOTEL	8263263	515041	5	367
汕头市国际大酒店	SHANTOU INTERNATIONAL HOTEL	8251212	515041	4	347
汕头市龙湖宾馆	LONGHU HOTEL SHANTOU	8260706	515000	4	248
潮阳市潮阳迎宾馆	HOTEL ROYAL GARDEN CHAOYANG	8828288	515100	4	184
南海市金都大酒店	NAIHAI JINDU HOTEL	5558328	528200	4	257
南海市云影琼楼	YUNYING QIONGLOU	6886799	528211	4	136
顺德市仙泉酒店	CENTURY HOTEL (SHUNDE) LTD	229333	528000	4	262
高明市皇家银海大酒店	ROYAL YINHAI HOTEL	8821128	528500	4	201
佛山市佛山宾馆	FOSHAN HOTEL	3367923	528000	4	395
鹤山市雁山酒店	YANSHAN HOTEL	8822822	529700	4	105
湛江市银海酒店	SILVER SEA HOTEL ZHANJIANG	3380688	524022	4	134
肇庆市星湖大酒店	STAR LAKE HOTEL	2261188	526040	4	384
阳江市国际大酒店	YANGJIANG INTERNATIONAL HOTEL	3333333	529500	4	248
东莞市华侨大酒店	OVERSEAS CHINESE HOTEL DONGGUAN	2118888	511700	4	302
东莞市金凯悦大酒店	GOLDEN PALACE HOTEL	3326328	511758	4	247
东莞市银城酒店	SILVERLAND HOTEL	2818888	511715	5	335
中山市富华酒店	FUHUA HOTEL	8638888	528401	4	372
中山市国际酒店	ZHONGSHAN INTERNATIONAL HOTEL	8633388	528401	4	369

主要统计指标解释

海关进出口总额　指实际进出我国国境的货物（包括贸易和非贸易）的价值总和。主要包括对外贸易实际进出口货物，来料加工装配、补偿贸易、进料加工进出口货物，国家间及国际组织无偿援助物资和赠送品，华侨、港澳台同胞和外籍华人捐赠品，租赁期满归承租人所有的租赁货物，边境地方贸易及边境地区小额贸易进出口货物（边民互市贸易除外），中外合资、合作经营企业、外商独资经营企业进出口货物和公用物品，到、离岸价格在规定限额以上的进出口货样和广告品（无商业价值、无使用价值和免费提供出口的除外），从保税仓库提取在中国境内销售的进出口货物，以及其他进出口货物。海关进出口总额反映一个国家在对外经济贸易方面实际进出口货物的总规模。

产消国　即原产国（地）和最终目的国。原产国指进口货物的生产、开采或加工制造的国家。最终目的国指出口货物已知的消费、使用或进一步加工制造的国家。

利用外资　指我国政府、部门、企业和其他经济组织通过对外借款、吸收客商直接投资以及向境外发行债券、股票等方式筹借的境外资金。

外资的形式可以是现汇、实物、工业产权或专有技术等有形资本和无形资本。

我国自有外汇和中国银行自有外汇资金发放的外汇贷款购置国外设备和材料，华侨、港澳同胞的捐赠，联合国或其他国际组织的无偿赠送资金、无偿援建的项目均不属于外资范围。

利用外资的方式有：对外借款，外国（或港澳地区）企业和经济组织或个人在我国境内开办独资企业、与我国境内的企业或组织共同开办合资企业、合作经营（企业）项目或合作开发资源，以及补偿贸易、国际租赁等。

补偿贸易　是以商品或劳务偿还贷款的一种贸易方式。即由客商提供设备、原材料、生产技术，以这些设备、原材料、生产技术生产的产品或是用双方协商的其他产品价值去支付（偿还）进口设备、原材料价款。

对外借款　指我国政府、部门、企业和中国银行等单位向国际金融组织、外国政府、企业等借用的长期、短期资本，到期需还本付息。借款按不同渠道划分为：①外国政府贷款；②国际金融组织贷款；③外国银行贷款；④出口信贷；⑤发行债券。

外商直接投资　指外国企业和经济组织或个人（包括华侨、港澳同胞以及我在境外注册的企业）按我国有关政策、法规，在我国境内开办外商独资企业，与我国境内的企业或经济组织共同举办中外合资企业、合作经营企业或合作开发资源的投资，以及外商从企业得到收益的再投资。

国际租赁指出租者用自有资金，或向银行借款购买资本设备租给承租者在约定的期限内使用，承租者依约按期付给出租者一定租金，在租赁期内设备的使用属于承租者，设备的所有权属于出租者，租期满后，出租者对设备具有支配权：收回、作价出卖或赠送企业。

国际旅游人数　指来我国参观、访问、旅行、探亲、访友、休养、考察、参加会议和从事经济、科技、文化、教育、体育、宗教等活动的外国人、华侨、港澳台同胞的人数。不包括外国在我国的常驻机构，如使领馆、通讯社、企业办事处的工作人员；来我国常驻的外国专家、留学生以及在岸逗留不过夜人员。

国际旅游外汇收入　指入境旅游的外国人、华侨、港澳台同胞在中国大陆旅游过程中发生的一切旅游支出，对于国家来说就是国际旅游外汇收入。

中间价　指人民银行每日公布的银行买入卖出外汇的参考价。银行在买入卖出业务中可以在中间价上下浮动5‰。

Explanatory Notes on Main Statistical Indicators

Total Imports and Exports at Customs refer to the value of commodities imported into and exported from the boundary of China (including trade and nontrade) . They mainly include the actual imports and exports through foreign trade, imported and exported goods under the processing and assembling trades and materials, compensation trade, imported and exported commodities processed with imported materials, supplies and gifts as aid given gratis between governments and by the United Nations and other international organizations, and contributions donated by overseas Chinese, compatriots in Hong Kong, Macao and Taiwan and Chinese with foreign citizenship, leasing commodities owned by tenant at the expiration of leasing period, local trading and small commodities trading in border areas (excluding mutual exchange goods), imported and exported commodities and articles for public use of the Sino-foreign joint ventures, cooperative enterprises and ventures exclusively with foreign investment. Also included are import or export of samples and advertising goods for those CIF or FOB value are beyond the permitted ceiling (excluding goods of no trading or use value and free commodities for export), imported goods sold in China from bonded warehouse and other imported or external goods. The indicator of the total imports and exports at customs can be used to observe the total size of external trade in a country.

Production and Consumption Country refers to the country of origin and the country of final destiination. The country of origin refers to the country where the imported goods are produced, exploited or processed. The country of final destination refers to the country where the imported goods are produced, exploited or processed. The country of final destination refers to the country where the exported goods are consumed, used or further processed.

Utiliization of Foreign Capital refers to funds financed from abroad by means of issuing Chinese bonds and shares, by various departments, enterprises and other economic units.

The types of foreign capital include tangible capital and intangible capital, such as remittance, goods, industrial property rights or know-how, etc.

Those excluded are the purchases of foreign equipment and materials with foreign exchange loans issued from the state-owned foreign exchange and the owned foreign exchange of the Bank of China, contributions donated by overseas Chinese, compatriots in Hong Kong and Macao, funds and projects as aid given gratis by the United Nations and other international organizations.

The modes of utilizetion of foreign capital include loans from abroad, foreign-funded enterprises in the boundary of China owned by foreign (or Hong Kong and Macao) enterprises, economic organizations or individuals, and the Sino-foreign joint ventures, cooperation projects (enterprises), cooperation exploitation of natural resources with enterprises or organizations in China, compensation trade and international lease, etc.

Compensation Trade is a kind of trade returning loans with commodities or services, i. e. paying for (returning) imported equipment and raw materials by means of the products produced with the equipment, raw materials and productive technology which are provided by foreign entrepreneurs or other products negotiated by both sides.

Foreign Loans refer to long-term capital and short-term capital borrowed from international financial organizations, foreign governments and enterprises by the Chinese governments at all levels, by various departments, enterprises and the Bank of China, etc, repayed with interest at muturity. Through different channels, foreign loans can be divided into: , ①loans from foreign governments; ②loans from international firnancial organizations; ③loans from foreign banks; ④export credit; ⑤bonds and shares issued abroad.

Direct Investment by Foreign Entrepreneurs refers to the investments inside China by foreign enterprises and economic organizations or individuals (including overseas Chinese, compatriots from Hong Kong and Macao, and Chinese enterprises registeited abroad), following the relevant policies and laws of China, for the establishmetnt of ventures exclusively with foreign investment, Sino-foreign joint ventures ard cooperative enterprises or for cooperative exploitaation of resources with enterprises or economic organizations in China, and the reinvestment of the foreign entrepreneurs with the profits gained from the investment.

International Lease refers to the lease of which tenants hold on lease the capital and equipment purchased by lessors with their own money or loans from banks during a fixed period and tenants repay a sum of leasing expenses to lessors according to contracts. During the leasing period, tenants have the right to use the equipment and lessors have the possesion of the equipment. At the expiration of leasing period, lessors have the right to dispose the equipment: to take it back, to sell it at a fixed price or to donate it to the enterprise.

Number of International Tourists refers to the number of foreigners, overseas Chinese, and compatriots from Hong Kong, Macao and Taiwan coming to China for sightseeing, visits, tours, family reunions, vacations, study tours and other activities of an economic, scientific and technological, cultural, physical culture and religious nature. This does not include the number of employees of foreign organizations stationed in China such as embassies, consulates, news agencies, the offices of corporations and enterprises and foreign experts and students residing in China and the persons staying briefly in China but not for passing the night.

Foreign Exchange Earnings from International Tourism refer to the total expenditures of the foreigners, overseas Chinese, compatriots from Hong Kong, Macao and Taiwan in the process of their tourism in the mainland of China. Their expenditures mentioned above are foreign exchange earnings to China.

Middle Exchange Rate refers to the reference rate of buying and selling foreign exchanges between banks issuued by the People's Bank of China every day. There is a 5‰ floating range for the middle exchange rate in the operation of buying and selling foreign exchanges between banks.

十七　教育、科技、文化

EDUCATION, SCIENCE TECHNOLOGY AND CULTURE

简要说明

一、本篇反映广东教育、科学技术活动及文化事业的基本情况，由广东省统计局社会科技处负责整理、编辑。

二、教育部分包括高、中、初等教育，幼儿教育和各种类型的各级成人教育。主要指标有各级各类的学校数、在校生数、招生数、毕业生数、教职工数、专任教师数等。

教育统计资料是根据省高教厅、省教育厅、省劳动厅提供的统计年报加工整理。

三、科学技术部分主要反映广东科技的规模、构成和发展状况。包括科技活动基本情况，科技人员人数，科技成果奖励和技术市场情况，专利申请受理量和批准量，研究与开发机构基本情况，高校研究与发展人员及经费，大中型工业企业技术开发基本情况，科协系统科技活动情况等数据。

科学技术统计资料来源：科技活动基本情况和大中型工业企业技术开发基本情况是根据国家统计局科技统计报表进行加工整理，其余资料是根据省科委、省经委、省高教厅、省科协等部门提供的统计年报加工整理。

四、文化部分主要包括文化艺术、文物、图书馆、新闻出版、广播、电影、电视等文化事业的机构、人员及业务活动开展情况等。

文化统计资料是根据省文化厅、省新闻出版局、省广播电影电视厅及省电影公司等有关部门提供的统计年报加工整理。

EDUCATION, SCIENCE, TECHNOLOGY AND CULTURE

Brief Introduction

Ⅰ. The data in this chapter show the basic conditions of Guangdong's education, activities of science and technology as well as its culture. The data are prepared and edited by the Division of Social, Scientific and Technological Statistics of the Statistical Bureau of Guangdong Province.

Ⅱ. The data on education cover the situations on higher education, secondary education, primary education, kindergartens and various types of adult education at all levels. The main indicators cover the number of schools of various levels and categories, the number of students enrolled, the number of new students of schools of various levels and categories, the number of students enrolled, the number of new students enrolled, the number of grduates, the number of staff and workers and the number of teachers, etc.

The data on education are processed and prepared in accordance with the annual statistical reports provided by the Department of Higher Education, the Department of Education and the Department of Labour, Guangdong Province.

Ⅲ. The data on science and technology mainly show the scale, composition and developmnnt of Guangdong's science and technological personnel, the scientific and technological results, encouragement and rewards, the technical market, the number of patent applications examined and certified, the basic conditions of research and development institutions. the research and development personnel in universities and colleges as well as their income and expenditure, the technical development of large and medium—sized industrial enterprises, the scientific and technological activities of the associations for science and technology, etc.

The data on the basic conditions of the scientific and technological activities and the technical development of large and medium—sized industrial enterprises are processed and prepared in accordance with the reporting scheme on science and technology statistics of the State Statistical Bureau. The other data are processed and prepared in accordance with the annual statistical reports provided by Guangdong Science and Technology Commission, Guangdong Committee for Economy, Guangdong Department of Higher Education and Guangdong Associations for Science and Technology, etc.

Ⅳ. The data on culture mainly cover the situations institutions, personnel and business activities of arts, cultural relics, libraries, news and publication, broadcasting, film and telvision, etc.

The data on culture are processed and prepared in accordance with the annual statistical reports provided by Guangdong Department of Culture, Guangdong Agency of News and Publication, Guangdong Department of Broadcasting and Television, Guangdong Film company and the related departments.

17-1 教育、科技、文化主要指标
MAIN INDICATORS OF EDUCATION,SCIENCE AND TECHNOLOGY, CULTURE

指　标	Item	1980	1985	1990	1995	1997	1998
在校学生数　（人）	Student Enrollment (person)						
普通高等学校	Regular Institution of Higher Education	41004	69897	95929	151788	174740	185047
成人高等学校	Adult Education School	57506	103692	87850	135053	131155	146334
普通中等学校	Regular Secondary School	2600008	2559071	2735691	3912264	4612353	4858415
成人中等学校	Secondary School for Adults	239457	241764	146044	335849	332772	298270
小学毕业生升学率（%）	Percentage of Graduates of Primary School Entering Junior Secondary School (%)	73.28	65.91	87.56	95.38	95.91	96.07
学龄儿童入学率（%）	Percentage of School-Age Children Enrolled (%)	96.22	98.07	99.29	99.71	99.77	99.73
每万人口普通高校在校学生数（人）	Number of Student in Regular Institutions of Higher Education Per 10000 Population (person)	7.84	12.36	15.36	22.36	24.91	26.00
科技活动统计单位数（个）	Number of Statistical Unit Engaged in Scientific and Technological Activities (unit)			1589	2600	2975	2671
科技活动机构数（个）	Number of Institution Engaged in Scientific and Technological Activities (unti)			993	1685	1572	1602
各级学会及研究会（个）	Number of Association Research Society (unit)			2829	4387	4615	7352
科学技术人员数（人）	Scientific and Technologic Personnel (person)			734621	915137	1004595	1013458
从事科技活动人员（人）	Number of Personnel Engaged in Scientific and Technological Activities (perosn)			84576	105469	140762	137737
各级学会及研究会会员（人）	Member of Associations and Learned Societies (person)			345234	534058	622735	711993
科技活动经费筹集总额（亿元）	Fund Raising for Scientific and Technological Activities (100 million yuan)			14.95	45.42	75.21	95.34
科技活动经费使用总额（亿元）	Expenditures for Scientific and Technoloigical Activities (100 million yuan)			12.82	39.82	67.30	81.98
研究与发展经费支出（亿元）	Research and Development Expenses (100 million yuan)				10.57	28.74	37.76
占国内生产总值比例（%）	Proportion of Research and Development Expenses to GDP (%)				0.20	0.39	0.48
科技活动课题（项目）数（个）	Number of Project for Scientific and Technology Activities (unit)			9488	16512	17600	19491
省级以上科技奖励成果（项）	Number of Prize Achievements in Science and Technology Awarded by Province and Above level (item)			186	263	283	263
省级以上优秀新产品项目数（个）	Number of Oustanding New Products Approved by Province and Above level (unit)			227	253	218	230
技术合同成交额（亿元）	Transaction Value of Technological Contracts (100 million yuan)			2.03	12.60	19.60	24.81
专利申请受理量　（件）	Patent Application Examined (item)		286	1947	7729	12858	13473
专利申请批准量　（件）	Patent Application Granted (item)		1	889	4611	7172	10707
电影放映单位　（个）	Film Projection Unit (unit)	6030	4703	4024	3780	3463	3137
艺术表演团体　（个）	Art Performance Troupe (unit)	173	147	130	134	138	139
文化馆　（个）	Cultural Center (unit)	95	105	113	115	117	117
公共图书馆　（个）	Public Library (unit)	82	98	103	114	119	120
博物馆　（个）	Museume (unit)	25	97	106	113	118	122
档案馆　（个）	Archive (unit)			138	155	157	157
图书出版量　（万册）	Number of Books Published (10000 copies)	16845	39857	28070	36911	39875	32741
杂志出版量　（万册）	Number of Magazines Published (10000 copies)	1927	12768	11325	22810	23725	24325
报纸出版量　（万份）	Number of Newspaper Published (10000 copies)	48808	171838	138060	226441	288412	279740
广播电台　（座）	Number of Broadcasting Station (set)	4	15	87	96	97	97
电视台　（座）	Number of TV Station (set)	1	13	38	56	61	61

17-2 各级各类学校在校学生数

NUMBER OF STUDENT ENROLLMENT BY LEVEL AND TYPE OF SCHOOL

单位:万人 (10000 persons)

年份 Year	高等学校 Institution of Higher Education	中等学校 Secondary School 中等技术学校 Secondary Technical School	中等师范学校 Secondary Teacher Training School	技工学校 Technical School	普通中学 Regular Secondary School	农业、职业中学 Agricultural and Vocational School	小学 Primary School
1949	1.30	0.44	1.26		12.21		134.56
1952	1.00	1.54	2.03		20.53		300.00
1957	1.46	1.75	1.84		41.40		343.52
1962	3.52	0.82	1.58		47.43	1.40	481.59
1965	2.77	0.79	1.31		50.06	17.45	704.24
1970	0.58	0.04	1.58		236.55		521.09
1975	2.41	2.06	1.45		233.56		773.85
1978	3.07	2.34	1.30		313.32		743.02
1979	3.79	2.84	1.67	0.71	268.73		743.81
1980	4.10	2.78	1.78	1.61	252.11	1.72	748.86
1981	4.47	2.45	1.68	1.39	218.71	1.99	734.78
1982	4.09	2.49	2.13	0.99	200.19	1.89	723.03
1983	4.56	2.67	2.10	0.92	199.59	5.19	705.34
1984	5.47	3.38	2.06	1.01	220.69	7.55	692.73
1985	6.99	4.23	2.26	1.45	236.45	11.52	671.25
1986	7.83	5.19	2.43	1.99	249.93	14.85	670.62
1987	8.63	5.95	2.57	2.63	252.60	19.02	677.37
1988	9.72	7.35	2.95	3.40	244.23	20.17	688.72
1989	10.04	8.33	3.02	3.93	235.73	21.61	715.15
1990	9.59	9.00	3.09	5.22	234.03	22.24	747.29
1991	9.27	9.21	3.17	5.63	238.28	21.42	778.93
1992	9.74	9.85	3.23	6.58	255.02	20.54	803.98
1993	11.70	11.84	3.60	7.68	277.19	19.21	832.14
1994	13.75	13.02	4.33	9.57	307.38	18.81	862.21
1995	15.18	16.29	5.45	11.10	339.46	18.93	883.19
1996	16.40	19.25	5.71	12.28	373.19	19.65	897.64
1997	17.47	21.17	6.04	13.29	400.85	19.88	911.34
1998	18.50	22.14	5.77	14.50	423.61	19.81	918.02

17-3 各级各类学校情况

STATISTICS ON SCHOOLS BY LEVEL AND TYPE

项　目	Item		1980	1985	1990	1995	1997	1998
一、高等学校	**Institution of Higher Education**							
学 校 数 （所）	Number of School	(unit)	27	41	45	42	42	43
毕业生数 （万人）	Number of Graduate	(10000 persons)	0.76	1.10	3.37	3.48	4.41	4.93
本 科	Regular Colleage Course				1.25	1.47	1.79	1.88
专 科	Professional Training				2.12	2.01	2.62	3.05
招 生 数（万人）	Number of New Student Enrollment	(10000 persons)	0.97	2.60	2.96	4.94	5.70	6.10
本 科	Regular Colleage Course				1.32	2.13	2.77	3.13
专 科	Professional Training				1.64	2.81	2.93	2.97
在校学生数（万人）	Student Enrollment	(10000 persons)	4.10	6.99	9.59	15.18	17.47	18.50
本 科	Regular Colleage Course				5.47	7.68	9.34	10.49
专 科	Professional Training				4.13	7.50	8.14	8.01
教职工数 （万人）	Number of Teacher and Staff	(10000 persons)	2.42	3.41	3.88	4.15	4.28	4.27
#专任教师	Full-time Teacher		0.95	1.36	1.57	1.66	1.69	1.71
二、中等技术学校	**Technical Secondary School**							
学 校 数（所）	Number of School	(unit)	132	132	179	196	203	206
毕业生数 （万人）	Number of Graduate	(10000 persons)	0.99	1.03	2.49	3.17	4.98	5.56
招 生 数（万人）	Number of New Student Enrollment	(10000 persons)	0.95	1.93	3.13	6.48	7.15	6.79
在校学生数（万人）	Student Enrollment	(10000 perosns)	2.78	4.23	9.00	16.29	21.17	22.14
教职工数 （万人）	Number of Teacher and Staff	(10000 persons)	0.92	1.17	1.56	1.80	1.96	2.03
#专任教师	Full-time Teacher		0.42	0.50	0.76	0.89	1.01	1.07
三、中等师范学校	**Teacher Training Secondary School**							
学 校 数（所）	Number of School	(unit)	72	46	45	45	46	49
毕业生数 （万人）	Number of Graduate	(10000 persons)	0.79	0.69	1.00	1.24	1.57	1.95
招 生 数（万人）	Number of New Student Enrollment	(10000 persons)	0.89	0.90	1.06	2.37	1.94	1.70
在校学生数（万人）	Student Enrollment	(10000 perosns)	1.78	2.26	3.09	5.45	6.04	5.77
教职工数 （万人）	Number of Teacher and Staff	(10000 persons)	0.36	0.36	0.44	0.58	0.64	0.63
#专任教师	Full-time Teacher		0.17	0.19	0.26	0.36	0.41	0.40
四、技工学校	**Technical School**							
学 校 数 （所）	Number of School	(unit)	82	97	127	171	186	190
毕业生数 （万人）	Number of Graduate	(10000 persons)	0.97	0.35	1.56	2.83	3.54	4.05
招 生 数（万人）	Number of New Student Enrollment	(10000 persons)	0.85	0.80	2.09	4.69	5.21	5.03
在校学生数（万人）	Student Enrollment	(10000 perosns)	1.61	1.45	5.22	11.10	13.29	14.50
教职工数 （万人）	Number of Teacher and Staff	(10000 persons)	0.40	0.50	0.88	1.24	1.15	1.26
#专任教师	Full-time Teacher		0.16	0.20	0.39	0.61	0.66	0.75

续表 continued

项 目	Item	1980	1985	1990	1995	1997	1998
五、普通中学	**Regular Secondary School**						
学 校 数 (所)	Number of School (unit)	2681	3849	3879	3845	3889	3879
毕业生数 (万人)	Number of Graduate (10000 persons)	66.52	53.33	71.29	85.82	105.23	117.87
招 生 数(万人)	Number of New Student Enrollment (10000 persons)	97.42	86.92	83.36	131.18	148.03	154.41
在校学生数(万人)	Student Enrollment (10000 perosns)	252.11	236.45	234.03	339.46	400.85	423.61
教职工数 (万人)	Number of Teacher and Staff (10000 persons)	16.62	15.87	17.84	22.31	24.79	25.64
#专任教师	Full-time Teacher	13.50	12.03	13.47	17.57	20.01	20.90
六、农、职业中学	**Agricultural & Vocational Secondary School**						
学 校 数 (所)	Number of School (unit)	132	345	525	503	471	442
毕业生数 (万人)	Number of Graduate (10000 persons)	0.38	1.35	6.68	6.12	6.33	6.68
招 生 数(万人)	Number of New Student Enrollment (10000 persons)	0.81	6.02	8.90	8.14	7.74	7.91
在校学生数(万人)	Student Enrollment (10000 perosns)	1.72	11.52	22.24	18.93	19.88	19.81
教职工数 (万人)	Number of Teacher Staff (10000 persons)	0.12	0.90	1.90	1.86	1.92	1.91
#专任教师	Full-time Teacher	0.08	0.65	1.45	1.39	1.47	1.48
七、小 学	**Primary School**						
学 校 数(万所)	Number of School (10000 unit)	2.50	2.46	2.46	2.46	2.47	2.47
毕业生数 (万人)	Number of Graduate (10000 persons)	104.32	114.12	82.49	121.56	133.08	137.46
招 生 数(万人)	Number of New Student Enrollment (10000 persons)	149.31	108.89	129.93	151.55	153.24	149.33
在校学生数(万人)	Student Enrollment (10000 perosns)	748.86	671.25	747.29	883.19	911.34	918.02
教职工数 (万人)	Number of Teacher and Staff (10000 persons)	33.14	31.64	32.95	37.68	40.28	40.40
#专任教师	Full-time Teacher	28.14	26.81	27.73	32.14	34.64	34.79
八、学龄儿童入学率	**Status of School-age Children Enrollment**						
学龄儿童总数(万人)	Total School-age Children (10000 persons)	612.38	515.25	583.88	832.40	883.41	894.07
已入学学龄儿童数(万人)	School-age Children Enrolled in School (10000 persons)	589.21	505.33	579.76	829.99	881.35	891.65
学龄儿童入学率(%)	Enrollment Rate of School-age Children (%)	96.22	98.07	99.29	99.71	99.77	99.73
九、小学毕业生升学率	**Status of Graduates of Primary School Entering Junior Secondary School**						
小学毕业生人数(万人)	Graduate of Primary School (10000 persons)	104.32	114.12	82.49	121.56	133.08	137.46
已升学人数(万人)	Student Entering Secondary School (10000 persons)	96.45	75.22	72.23	117.25	127.64	132.06
小学毕业生升学率(%)	Percentage of Graduates of Primary School Entering Junior Secondary School (%)	73.28	65.91	87.56	95.38	95.91	96.07
十、幼 儿 园	**Kindergarten**						
幼儿园数(所)	Number of Kindergarten (unit)	6513	6104	7469	7923	9425	10147
在园幼儿数(万人)	Number of Children (10000 persons)	47.92	92.99	150.05	200.01	202.76	203.65
教职工数(万人)	Teacher Staff (10000 persons)	2.89	4.35	6.52	9.09	10.44	11.13
#专任教师	Full-time Teacher	1.53	2.83	4.29	5.93	6.87	7.31

注：1995 年以来小学毕业生升学率采用国家教委口径，即升学率＝初中招生数/小学毕业生数。

Note: The specification of Percentages of Graduate of Primary School Entering Junior Secondary School is in accordance with the approach of The National Education Committee since 1995. Namely, Percentage of Graduates of primary School Fntering Junior Secondary School＝Number of New Student Enrollment of Janior Secondary Schools/Graduates of Primary schools.

17-4 研究生教育情况

STATISTICS FOR POSTGRADUATE EDUCATION

项目	Item		1990	1995	1997	1998
一、培养单位数(个)	**Institution of Postgraduate Education**	**(unit)**	**28**	**23**	**24**	**24**
高等学校	Institution of Higher Education		16	15	16	16
科研单位	Research Institution		12	8	8	8
二、招生数 (人)	**Number of New Student Enrollment**	**(person)**	**1125**	**1922**	**2469**	**3090**
攻读博士学位	Study in Doctor Degree		76	407	457	582
高等学校	Institution of Higher Education		75	387	434	560
科研单位	Research Institution		1	20	23	22
攻读硕士学位	Study in Master Degree		1049	1515	2012	2478
高等学校	Institution of Higher Education		1027	1442	1936	2424
科研单位	Research Institution		22	73	76	54
研究生班	Study in Postgraduate class					30
高等学校	Institution of Higher Education					30
三、在学生数(人)	**Student Enrollment**	**(person)**	**3367**	**5405**	**6876**	**8043**
攻读博士学位	Study in Doctor Degree		293	935	1391	1539
高等学校	Institution of Higher Education		292	894	1321	1461
科研单位	Research Institution		1	41	70	78
攻读硕士学位	Study in Master Degree		3074	4470	5485	6444
高等学校	Institution of Higher Education		2984	4308	5247	6222
科研单位	Research Institution		90	162	238	222
研究生班	Study in Postgraduate class					60
高等学校	Institution of Higher Education					60
四、毕业生数(人)	**Graduates**	**(person)**	**1404**	**1265**	**1814**	**1889**
攻读博士学位	Study in Doctor Degree		101	154	253	420
高等学校	Institution of Higher Education		101	147	243	406
科研单位	Research Institution			7	10	14
攻读硕士学位	Study in Master Degree		1303	1111	1561	1440
高等学校	Institution of Higher Education		1250	1074	1516	1370
科研单位	Research Institution		53	37	45	70
研究生班	Study in Postgraduate class					29
高等学校	Institution of Higher Education					29

17-5 各级各类成人教育在校学生数

STUDENT ENROLLMENT IN ADULT SCHOOLS BY LEVEL AND TYPE

单位：人 (person)

项目	Item	1990	1995	1997	1998
一、成人高等教育	**Adult Higher Education**	**87850**	**135053**	**131155**	**146334**
成人高等学校	Adult Higher Education School	59787	86757	76322	78794
广播电视大学	Radio and TV University	17090	38822	33097	28509
职工高等学校	School of Higher Education for Staff and Workers	14712	16445	16151	17753
管理干部学院	College for Management Cadres	5488	13342	15802	19697
教育学院	Pedagogical College	22497	18148	11272	12835
普通高校附设	Department Run by Institution of Higher Education	28063	48296	54833	67540
函授部	Correspondence Department	15878	20929	24170	26746
夜大学	Evening University	11488	15215	19946	24641
成人脱产班	Class for Adults Released from work	697	12152	10717	16153
二、成人中等教育	**Secondary Education for Adults**	**168044**	**335849**	**332772**	**298270**
成人中专学校	Specialized Secondary School for Adults	96316	233255	220855	204490
广播电视学校	Radio and TV Secondary School	18954	2662	19445	18315
职工中专学校	Specialized Secondary School for Staff and Workers	27103	91322	99525	88992
干部中专学校	Specialized Secondary School for Cadres	176	8316	6051	15367
农民中专学校	Specialized Secondary School for Peasants	26	25039	29578	27550
函授中专学校	Specialized Correspondence Secondary School		14338	9633	8291
教师进修学校	Teacher Training School	50057	91578	56623	45975
普通中专附设	Department Run by Specialized Secondary School	21154	34706	33689	32301
干部中专	Specialized Secondary School for Cadres	925	3595	2254	
职工中专	Specialized Secondary School for Staff and Workers	10130	17784	18282	
农村中专	Specialized Secondary School for Peasants	374	3918	3043	
函　授	Correspondence	9725	9409	10110	
成人中学	Secondary School for Adults	50574	67888	78228	61479
三、成人初等教育	**Primary Education for Adults**	**1041748**	**342318**	**266545**	**214991**
职工初等教育	Primary School for Staff and Workers	21836	20522	13520	14890
农民初等教育	Primary School for Peasants	1019912	321796	253025	200101
#扫盲班	Literacy Courses	99396	7483	4755	4355

17-6 高等学校情况(1998年)

STATISTICS ON INSTITUTION OF HIGHER EDUCATION (1998)

学校类别	Type	学校数(所) Number of School	毕业生数(人) Graduate	招生数(人) New Student Enrollment	在校学生数(人) Student Enrollment	教职工数(人) Staff and Worker	#专任教师 Full-time Teacher
总　　计	**Total**	**43**	**49270**	**60976**	**185047**	**42683**	**17053**
#女　性	Female		17775	24967	73995	18502	5975
一、按隶属关系分	**By Relation of Leadership**						
中央属	Central Government	7	10185	11667	40677	16423	5340
地方属	Local Government	36	39085	49309	144370	26260	11713
二、按学校类别分	**By Type of School**						
综合大学	University	10	15474	17518	55814	14679	5464
理工院校	Science and Engineering College	6	8011	10021	31156	8102	3217
农业院校	Agriculture College	3	3522	4363	13995	3414	1272
医药院校	Medicine College	5	2598	3796	13725	4613	1658
师范院校	Teacher Training College	6	11909	14203	40440	5665	2605
语文院校	Language and Literature College	1	1019	1460	4943	1291	511
财经院校	Economics and Finance College	2	1982	2507	7116	1206	562
政法院校	Politics and Law College	1	253	548	1189	509	214
体育院校	Physical Culture College	1	637	752	2036	486	220
艺术院校	Art College	2	483	558	1539	791	399
民族院校	College of The Nationalities	1	746	820	2620	510	247
短期职业大学	Short-term Vocational College	5	2636	4430	10474	1417	684

17-7 中等学校情况(1998年)

STATISTICS ON SECONDARY SCHOOL (1998)

学校类别	Type	学校数(所) Number of School	毕业生数(人) Graduate	招生数(人) New Student Enrollment	在校学生数(人) Student Enrollment	教职工数(人) Staff and Worker	#专任教师 Full-time Teacher
一、中等专业技术学校	**Specialized Secondary School**	**206**	**55588**	**67892**	**221428**	**20289**	**10705**
工业学校	Engineering School	69	22063	29362	100933	8224	4377
农业学校	Agriculture School	12	4431	5228	16511	1429	751
林业学校	Forestry School	2	441	484	1557	214	85
医药学校	Medicine School	38	9413	10712	35316	3567	1914
财经学校	Economics and Finance School	38	10942	13410	40887	3087	1680
政法学校	Politics and Law School	10	3864	2863	7953	1071	464
体育学校	Physical Culture School	16	1298	1753	4947	1052	495
艺术学校	Art School	13	1275	1684	5550	975	567
其他学校	Others	8	1861	2396	7774	670	372
二、中等师范学校	**Teacher Training Secondary School**	**49**	**19483**	**17004**	**57713**	**6269**	**4025**
#幼儿师范	Nursery Teacher Training Secondary School	5	1748	1638	5174	520	323
三、技工学校	**Technical School**	**190**	**40536**	**50254**	**145000**	**12615**	**7506**
四、农、职业中学	**Agricaltural and Vocational School**	**442**	**66825**	**79054**	**198146**	**19110**	**14816**
#高　中	Senior School	434	64134	75761	188829		14395
五、普通中学	**Regular Secondary School**	**3879**	**1178665**	**1544097**	**4236128**	**256390**	**208977**
#高　中	Senior School	900	142876	226833	590404		35778

17-8 各市普通中学情况(1998年)

STATISTICS ON REGULAR SECONDARY SCHOOL BY CITY (1998)

市别 City		学校数(所) Number of School	毕业生数(人) Graduate	招生数(人) New Student Enrollment	在校学生数(人) Student Enrollment	教职工数(人) Staff and Worker	#专任教师 Full-time Teacher
广州	Guangzhou	363	106654	137913	379505	29780	22342
深圳	Shenzhen	78	23651	31286	86009	7369	5502
珠海	Zhuhai	40	11030	15146	39989	3425	2714
汕头	Shantou	184	69115	93269	259421	13624	11136
韶关	Shaoguan	220	52280	65210	180960	13672	11112
河源	Heyuan	183	56421	67674	196481	10355	8690
梅州	Meizhou	278	93019	107275	309096	18871	15413
惠州	Huizhou	154	47322	58093	163476	10113	8016
汕尾	Shanwei	120	43236	65091	170709	7431	6315
东莞	Dongguan	69	29839	36423	101202	5916	4632
中山	Zhongshan	74	19704	27248	73359	4641	3945
江门	Jiangmen	290	56650	77373	205195	13277	11255
佛山	Foshan	184	56601	78246	211299	14174	11909
阳江	Yangjiang	107	44051	52971	149140	7936	6390
湛江	Zhanjiang	331	112205	155199	416444	21894	17689
茂名	Maoming	294	92196	123020	325056	18008	15665
肇庆	Zhaoqing	192	55140	71636	200350	12378	10531
清远	Qingyuan	238	56796	81565	222000	13068	10517
潮州	Chaozhou	126	40420	47554	133015	8116	6635
揭阳	Jieyang	240	74923	100812	275645	13789	11457
云浮	Yunfu	114	37412	51093	137777	8553	7112

17-9 各市农、职业中学情况(1998年)

STATISTICS ON AGRICULTURAL AND VOCATIONAL SECONDARY SCHOOL BY CITY(1998)

市别 City		学校数(所) Number of School	毕业生数(人) Graduate	招生数(人) New Student Enrollment	在校学生数(人) Student Enrollment	教职工数(人) Staff and Worker	#专任教师 Full-time Teacher
广州	Guangzhou	49	9816	10893	29935	2602	2002
深圳	Shenzhen	16	3656	3859	10488	1217	880
珠海	Zhuhai	13	1472	1707	4773	767	559
汕头	Shantou	19	2915	3184	8811	901	638
韶关	Shaoguan	25	3267	4857	11778	1183	870
河源	Heyuan	14	2804	4040	10414	598	545
梅州	Meizhou	39	2296	3769	8888	905	691
惠州	Huizhou	7	642	861	1983	223	154
汕尾	Shanwei	4	248	382	979	71	38
东莞	Dongguan	17	6414	7266	18506	1149	903
中山	Zhongshan	27	5160	4642	11413	1198	1001
江门	Jiangmen	57	7189	8717	22381	2189	1829
佛山	Foshan	24	8007	7622	18178	1289	1070
阳江	Yangjiang	14	1201	1895	4811	571	416
湛江	Zhanjiang	34	3732	3973	8732	1056	806
茂名	Maoming	14	683	1473	3295	478	385
肇庆	Zhaoqing	17	1294	1425	3571	781	556
清远	Qingyuan	12	925	1838	3795	435	352
潮州	Chaozhou	12	1760	2105	4411	459	359
揭阳	Jieyang	18	1976	3115	7774	638	468
云浮	Yunfu	10	1368	1431	3230	400	294

17-10 各市小学情况（1998年）

STATISTICS ON PRIMARY SCHOOL BY CITY (1998)

市别 City		学校数（所） Number of School	毕业生数（人） Graduate	升学率（%） Percentage of Graduates of Primary Schools Entering Junior Secondary Schools %	招生数（人） New Student Enrollment	在校学生数（人） Student Enrollment	教职工数（人） Staff and Worker	#专任教师 Full-time Teacher
广州	Guangzhou	1634	112349	98.65	119085	733375	39531	33118
深圳	Shenzhen	286	23871	95.31	41824	215652	9786	7940
珠海	Zhuhai	200	13535	94.03	15611	95907	4805	4078
汕头	Shantou	868	85136	96.73	107342	607110	22158	19307
韶关	Shaoguan	1427	58207	94.75	56753	361154	19176	16760
河源	Heyuan	1516	64127	96.40	57652	365332	17128	14767
梅州	Meizhou	2290	92221	97.21	96776	605878	27861	23986
惠州	Huizhou	1253	52341	96.20	53128	335053	19612	16477
汕尾	Shanwei	843	62021	94.98	56610	371877	14659	12649
东莞	Dongguan	575	29791	95.01	43789	235400	9318	7912
中山	Zhongshan	368	23498	97.04	28434	172751	6996	6059
江门	Jiangmen	1338	68161	95.72	70393	442721	17493	14675
佛山	Foshan	823	62458	97.43	65393	395409	18942	16589
阳江	Yangjiang	818	48793	96.12	49217	308190	13615	12116
湛江	Zhanjiang	2222	141437	95.92	152612	984358	39561	34127
茂名	Maoming	1966	109767	94.95	134805	834928	31401	27780
肇庆	Zhaoqing	1648	67059	95.72	67667	423957	19226	16746
清远	Qingyuan	1575	76627	94.88	72177	473410	22833	19154
潮州	Chaozhou	791	41926	95.09	44763	272231	11704	9973
揭阳	Jieyang	1329	94152	95.77	106186	629388	24531	21234
云浮	Yunfu	954	47116	95.92	53068	316072	13701	12439

17-11 各市学龄儿童入学情况

STATISTICS ON SCHOOL-AGE CHILDREN ENROLLED IN SCHOOLS BY CITY

市别 City		1997			1998		
		学龄儿童人数（人） School-age Children	已入学人数（人） School-age Children Enrolled in Schools	入学率（%） Enrollment Rate (%)	学龄儿童人数（人） School-age Children	已入学人数（人） School-age Children Enrolled in Schools	入学率（%） Enrollment Rate (%)
广州	Guangzhou	704745	704376	99.95	713712	713129	99.92
深圳	Shenzhen	174676	174676	100.00	195392	195392	100.00
珠海	Zhuhai	83651	83644	99.99	87848	87845	99.99
汕头	Shantou	552128	550727	99.75	568775	567879	99.84
韶关	Shaoguan	347672	346861	99.77	344663	342915	99.49
河源	Heyuan	365574	363877	99.54	360580	359360	99.66
梅州	Meizhou	590668	589533	99.81	595946	593776	99.64
惠州	Huizhou	336592	335350	99.63	330773	329917	99.74
汕尾	Shanwei	374851	371666	99.15	370149	366997	99.15
东莞	Dongguan	207970	207945	99.99	225799	225779	99.99
中山	Zhongshan	165039	165013	99.98	170444	170414	99.98
江门	Jiangmen	426381	426111	99.94	434724	434419	99.93
佛山	Foshan	374347	374253	99.97	379598	379425	99.95
阳江	Yangjiang	309298	308230	99.65	306020	305005	99.67
湛江	Zhanjiang	950694	948116	99.73	964015	960126	99.60
茂名	Maoming	806517	805687	99.90	821225	820176	99.87
肇庆	Zhaoqing	415248	414279	99.77	419568	418240	99.68
清远	Qingyuan	467488	466025	99.69	458005	457027	99.79
潮州	Chaozhou	251833	251193	99.75	254327	252598	99.32
揭阳	Jieyang	614269	612401	99.70	622841	620888	99.69
云浮	Yunfu	314412	313552	99.73	316261	315177	99.66

17-12 科技活动基本情况

BASIC STATISTICS ON NATIONAL SCIENTIFIC AND TECHNOLOGICAL ACTIVITIES

指　标	Item	1990	1994	1995	1997	1998
统计单位数(个)	**Number of Statistical Unit (unit)**	**1589**	**2164**	**2600**	**2975**	**2671**
科学研究与技术开发机构	Scientific Research and Technological Development Institution	491	482	481	467	466
科技情报与文献机构	Scientific-Technical Information and Literature Institution	14	14	14	15	15
全日制普通高等学校	Full-Time Regular Institution of Higher Education	48	81	77	81	81
大中型企业	Large and Medium Enterprise	1036	1586	2028	2412	2109
#大中型工业企业	#Large and Medium Industrial Enterprise	1036	1586	1748	2087	2109
科技活动机构数(个)	**Number of Seientific Technological Research Institution (unit)**	**993**	**1679**	**1685**	**1572**	**1602**
科学研究与技术开发机构	Scientific Research and Technological Development Institution	491	482	481	467	466
科技情报与文献机构	Scientific-Technical Information and Literature Institution	14	14	14	15	15
全日制普通高等学校	Full-Time Regular Institution of Higher Education	88	431	440	355	393
大中型企业	Large and Medium Enterprise	400	752	750	735	728
#大中型工业企业	#Large and Medium Industrial Enterprise	400	752	695	687	728
从事科技活动人员(人)	**Number of Person Engaged in Scientiffic and Technological activies (person)**	**84576**	**103602**	**105469**	**140762**	**137737**
科学研究与技术开发机构	Scientific Research and Technological Development Institution	29163	21101	20750	20107	20922
科技情报与文献机构	Scientific-Technical Information and Literature Institution	432	335	341	339	387
全日制普通高等学校	Full-Time Regular Institution of Higher Education	35186	44729	45015	47875	45451
大中型企业	Large and Medium Enterprise	19795	37437	39363	72441	70977
#大中型工业企业	#Large and Medium Industrial Enterprise	19795	37437	35986	67311	70977
科技活动经费使用总额(万元)	**Expenditure of Scientific and Technological Reseach Funds (10000 yuan)**	**128238**	**367632**	**398192**	**673026**	**819846**
科学研究与技术开发机构	Scientific Research and Technological Development Institution	60584	155856	165057	223316	227373
科技情报与文献机构	Scientific-Technical Information and Literature Institution	973	1930	2392	2958	6918
全日制普通高等学校	Full-Time Regular Institution of Higher Education	4896	9046	12163	20319	27667
大中型企业	Large and Medium Enterprise	61785	200800	218580	426433	557888
#大中型工业企业	#Large and Medium Industrial Enterprise	61785	200800	204684	417153	557888
科研基本建设支出(万元)	Capital Construction Expenditure For Scientific Research (10000 yuan)	8879	12445	17313	34117	33548
科学研究与技术开发机构	Scientific Research and Technological Development Institution	8879	12428	16681	34107	29961
科技情报与文献机构	Scientific-Technical Information and Literature Institution		17		10	3587
科技活动课题(项目)数(个)	**Number of Project For Scientific and Technologcal Research (unit)**	**9488**	**15447**	**16512**	**17600**	**19491**
科学研究与技术开发机构	Scientific Research and Technological Development Institution	3787	4346	4189	4054	4412
科技情报与文献机构	Scientific-Technical Information and Literature Institution		66	59	65	72
全日制普通高等学校	Full-Time Regular Institution of Higher Education	4132	6481	6623	7893	8905
大中型企业	Large and Medium Enterprise	1569	4554	5641	5588	6102
#大中型工业企业	#Large and Medium Industrial Enterprise	1569	4554	5483	5445	6102

注：1990 年高校科技活动机构未包括经学校和非上级主管部门批准的部分，经费筹集额与课题均未包括县属科学研究与技术开发机构部分。

Note: The number of scientific-technological research institution in 1990 excluded the part of unapproved by the higher authorities, and the figures of both research funds and projects excluded the part of the institutions under the jurisdiction of counties.

17-13 科技成果项数

NUMBER ON ACHIEVEMENTS FOR SCIENTIFIC AND TECHNOLOGICAL RESEARCH

单位：项 (item)

项 目	Item	1980	1985	1990	1995	1997	1998
一、国家级科技奖励成果	National Prize for Scientific and Technological Research Achievements	3	1	21	27	30	25
国家发明奖	National Invention Prize			4	3	2	
国家自然科学奖	National Natural Sciences Prize			2	4		
国家科技进步奖	National Scientific Technological Progress Prize			15	20	28	25
二、省级重大科技成果	Major Scientific and Technological Achievements Reached Province Level			718	323	722	636
三、省级科技奖励成果	Provincial Prize for Scientific and Technological Achievements	147	88	165	236	253	238
1. 省科技进步奖	Provincial Scientific and Technological Progress Prize	147	88	115	213	227	214
农业方面	Agriculture	25	25	21	40	25	32
工业方面	Industry	102	54	75	101	96	85
医药卫生方面	Medicine And Health Care	20	9	12	41	75	67
其 他	Others			7	32	31	30
2. 省自然科学奖	Provincial Natural Sciences Prize			17	23	26	24
3. 省星火奖	Provincial Spark Prize			33			

17-14 国有企业、事业单位科学技术人员年末人数

NUMBER OF SCIENTIFIC AND TECHNOLOGICAL PERSONNEL IN STATE-OWEND ENTERPRISES AND INSTITUTIONS

单位：人

项 目	Item	1990	1994	1995	1997	1998
科技人员	**Scientific and Technological Personnel**	**734621**	**891065**	**915137**	**1004595**	**1013458**
#工程技术人员	Engineering Personnel	211995	254890	263488	281496	280284
农业技术人员	Agricultural Personnel	22199	15988	16612	17468	17413
卫生技术人员	Health Care Personnel	106384	143635	148731	170172	179168
科学研究人员	Scientific Research Personnel	10080	9498	8947	7987	8001
教学人员	Teaching Personnel	190819	231779	245689	286650	292445
经济人员	Economic Personnel	94501	91259	85792	85009	81519
财会人员	Financial Accounting Personnel	62136	70168	70006	77038	76931
统计人员	Statistician	14389	12436	11882	12098	11130
文艺人员	Artist	3728	3264	3254	3338	3286
外语翻译人员	Translator	2263	2613	2649	2696	2639
平均每万职工科技人员数	**Scienctific and Technological Personnel Per 10000 Staff and Workers**	**1390.99**	**1816.31**	**1887.19**	**2095.92**	**2286.84**
#工程技术人员	Engineering Personnel	401.41	519.56	542.50	587.29	632.45
农业技术人员	Agriculture Personnel	42.03	32.59	34.20	36.44	39.29
卫生技术人员	Health Care Personnel	201.44	292.78	306.22	355.04	404.29
科学研究人员	Scientfic Research Personnel	19.09	19.36	18.42	16.66	18.05
教学人员	Teaching Personnel	361.31	472.45	505.85	598.05	659.89
经济人员	Economic Personnel	178.94	186.02	176.64	177.36	183.95
财会人员	Financial Accounting Personnel	117.65	143.03	144.14	160.73	173.59
统计人员	Statistician	27.25	25.35	24.46	25.24	25.11
文艺人员	Artist	7.06	6.65	6.70	6.96	7.41
外语翻译人员	Translator	4.28	5.33	5.45	5.62	5.95

注：1990年科技人员数包括党政机关、团体。

Note: Scienctific and Technological Personnel Included Those Personnel in Government Agencies, Party Agencies and Social Organizatons in 1990 year.

17-15 国有企业、事业单位各行业科学技术人员年末人数(1998年)

NUMBER OF SCIENTIFIC AND TECHNOLOGICAL PERSONNEL IN STATE-OWEND ENTERPRISES AND INSTITUTIONS AT YEAR END BY SECTOR(1998)

单位:人

行业 Sector	科学技术人员 Total Person -nel	#工程技术人员 Engi- neering	#农业技术人员 Agricul- ture	#卫生技术人员 Health Care	#科学研究人员 Scientific Research	#教学人员 Teaching
总计 Total	**1013458**	**280275**	**17413**	**179168**	**8001**	**292445**
一、中央驻粤单位科技人员 Scientific and Technological Personnel of the Central Units Staying in Guangdong	123523	89789	1710	13447	3588	14980
二、地方科技人员 Scienctific and Technological Personnel of Guangdong Province	889935	190486	15703	165721	4413	277465
农、林、牧、渔、水利业 Farming,Forestry,Animal Husbandry, Fishery and Water Conservancy	43935	11034	13102	2006	73	1201
工业 Industry	146759	80228	262	5544	93	1618
地质普查和勘探业 Geological prospecting	11181	8305	84	97		44
建筑业 Construction	31855	21190	20	587	3	28
交通运输、邮电通讯业 Transport,postal and Telecommunica-tion Services	36723	13587	76	1501	27	927
商业、公共饮食业、物资供销和仓储业 Whole sale and Retail Sales & Catering Trade,Material Supply and Marketing,Storage	62964	8104	803	2388	53	343
房地产管理、公用事业、居民服务和咨询服务业 Real Estate Trade,Public Utilities, Resident Services and Advisory Services	34672	14954	313	681	39	335
卫生体育和社会福利事业 Health Care,Sports & Social Welfare	160382	1517	34	148209	185	1222
教育、文化艺术和广播电视事业 Education,Culture and Arts, Broadcasting and Television	309327	7183	123	4087	1825	271583
科学研究和综合技术服务业 Scientific Research and Polytechnical Services	19716	13619	706	156	1997	51
金融、保险业 Banking and Insurance	10363	1341	1	42	12	42
国家机关、政党机关和社会团体 Government Agencies,Party Agencies and Social Organizations						
其他 Others	22058	9424	179	423	106	71

行业 Sector	#经济人员 Economic	#财会人员 Financial Accounting	#统计人员 Statistician	#文艺人员 Artist	#外语翻译人员 Translator
总计 Total	**81519**	**76931**	**11130**	**3286**	**2639**
一、中央驻粤单位科技人员 Scienctific and Technological Personnel of the Central Units Staying in Guangdong					
二、地方科技人员 Scienctific and Technological Personnel of Guangdong Province	81519	76931	11130	3286	2639
农、林、牧、渔、水利业 Farming,Forestry,Animal Husbandry, Fishery and Water Conservancy	4801	6465	927	1	75
工业 Industry	21102	17000	3934	56	745
地质普查和勘探业 Geological prospecting	551	1195	114	1	7
建筑业 Construction	3219	3640	530	1	52
交通运输、邮电通讯业 Transport,postal and Telecommunica-tion Services	8383	5846	1250	7	110
商业、公共饮食业、物资供销和仓储业 Wholesale and Retail Sales & Catering Trade,Material Supply and Marketing,Storage	25520	16224	2214	7	466
房地产管理、公用事业、居民服务和咨询服务业 Real Estate Trade,Public Utilities Resident Services and Advisory Services	5997	7291	622	14	599
卫生体育和社会福利事业 Health Care,Sports & Social Welfare	786	4868	537	5	23
教育、文化艺术和广播电视事业 Education,Culture and Arts, Broadcasting and Television	1350	4958	241	3184	136
科学研究和综合技术服务业 Scientific Research and Polytechnical Services	807	1309	117		166
金融、保险业 Banking and Insurance	4485	3829	75		71
国家机关、政党机关和社会团体 Government Agencies,Party Agencies and Social Organizations					
其他 Others	4545	4306	569	10	189

17-16 各市国有企业、事业单位科学技术人员年末数(1998 年)

NUMBER OF SCIENTIFIC AND TECHNOLOGICAL PERSONNEL IN STATE-OWEND ENTERPRISES AND INSTITUTIONS AT YEAR END BY CITY (1998)

单位:人 (person)

市别 City	科学技术人员 Total Personnel	#工程技术人员 Engineering	#农业技术人员 Agricultural	#卫生技术人员 Health Care	#科学研究人员 Scientific Research	#教学人员 Teaching
广州 Guangzhou	161234	41588	1361	29605	863	32698
深圳 Shenzhen	39860	6681	1184	8360	22	12960
珠海 Zhuhai	47044	14006	474	10908	359	9030
汕头 Shantou	21023	7128	394	3694	36	4225
韶关 Shaoguan	47911	9599	427	8397	256	14966
河源 Heyuan	54851	11255	594	12485	67	16485
梅州 Meizhou	47589	9073	714	9673	40	16235
惠州 Huizhou	63372	11718	1697	12040	306	22222
汕尾 Shanwei	39215	5025	1052	7470	34	18709
东莞 Dongguan	37226	7077	625	7150	50	13370
中山 Zhongshan	27909	5730	699	5837	118	9977
江门 Jiangmen	39973	5268	1405	6912	49	18291
佛山 Foshan	11158	956	202	1961	8	6689
阳江 Yangjiang	20148	2597	511	3091	17	10480
湛江 Zhanjiang	16244	2228	407	3134	11	7446
茂名 Maoming	28830	4050	656	6132	21	12359
肇庆 Zhaoqing	14169	1696	241	4760	35	5966
清远 Qingyuan	16166	3123	215	3844	18	6010
潮州 Chaozhou	16606	2023	444	2897	41	8489
揭阳 Jieyang	19738	1751	442	3416	8	11750
云浮 Yunfu	16003	1961	472	3025	13	7736
省直属单位 Province-owned	103666	35953	1487	10930	2041	11372

市别 City	#经济人员 Economic	#财会人员 Financial Acounting	#统计人员 Statistician	#文艺人员 Artist	#外语翻译人员 Translator
广州 Guangzhou	22016	16598	2730	795	472
深圳 Shenzhen	3400	3472	732	103	38
珠海 Zhuhai	4580	3813	322	138	275
汕头 Shantou	1661	2071	224	86	159
韶关 Shaoguan	5975	4480	520	254	212
河源 Heyuan	4536	5399	593	160	90
梅州 Meizhou	4634	3959	612	19	110
惠州 Huizhou	4198	5369	885	134	82
汕尾 Shanwei	1504	2491	386	81	11
东莞 Dongguan	3486	2763	443	59	68
中山 Zhongshan	1439	2288	263	38	90
江门 Jiangmen	2872	2615	359	199	10
佛山 Foshan	138	538	103	26	1
阳江 Yangjiang	897	1391	199	27	6
湛江 Zhanjiang	650	1217	271	11	20
茂名 Maoming	1714	1981	244	44	22
肇庆 Zhaoqing	376	549	84	7	37
清远 Qingyuan	750	1110	241	15	52
潮州 Zhaozhou	816	861	142	21	16
揭阳 Jieyang	693	699	123	21	5
云浮 Yunfu	959	959	176	4	6
省直属单位 Province-owned	14225	12308	1478	1044	857

17-17 县级以上政府部门属研究与开发机构基本情况
BASIC STATISTICS ON RESEARCH AND DEVELOPMENT INSTITUTIONS AT AND ABOVE COUNTY LEVEL

项目	Item	1987	1990	1995	1997	1998
总计	**Total**					
机构数（个）	Number of Institution	264	294	298	295	295
职工总数（人）	Number of Staff and Workers	30910	32291	27367	26889	28594
#科学家工程师	#Scientist and Enginieer	10978	13454	11937	9854	10790
其他科技人员（人）	Other Scientific-Technological Personnel	6184	5989	5812	4566	4676
经费收入（万元）	Funds (10000 yuan)	29025	66785	201834	290074	325039
#政府拨款	#Government Appropriations	23419	20025	35364	63157	87138
经费支出（万元）	Expenditure (10000 yuan)	30649	56522	190944	269632	309166
基本建设投资实际完成额(万元)	Capital Construction Investment Completed (10000 yuan)	10856	7588	15614	33284	32248
一、自然科学及技术领域	**Natural Sciences and Technology**					
机构数（个）	Number of Institution	242	267	271	268	269
职工总数（人）	Number of Staff and Workers	29854	31067	26234	25783	27446
#科学家工程师	#Scientist and Engineer	10426	12722	11189	9205	10106
其他科技人员（人）	Other Scientific-Technological Personnel	5934	5707	5579	4304	4449
经费收入（万元）	Funds (10000 yuan)	28114	64917	196728	282999	313023
#政府拨款	#Government Appropriations	22654	18892	32083	58366	77912
经费支出（万元）	Expenditure (10000 yuan)	29435	54842	186095	263219	298090
基本建设投资实际完成额(万元)	Capital Construction Investment Completed (10000 yuan)	10226	6774	15379	32411	28479
二、社会及人文科学领域	**Social Sciences and Humanities**					
机构数（个）	Number of Institution	12	13	13	12	11
职工总数（人）	Number of Staff and Workers	579	679	692	681	674
#科学家工程师	#Scientist and Engineer	319	445	486	422	413
其他科技人员（人）	Other Scientific-Technological Personnel	156	150	139	167	134
经费收入（万元）	Funds (10000 yuan)	436	904	2372	3340	4173
#政府拨款	#Government Appropriations	382	595	2137	3035	3627
经费支出（万元）	Expenditure (10000 yuan)	285	756	2332	3011	3679
基本建设投资实际完成额(万元)	Capital Construction Investment Completed (10000 yuan)	173	814	235	863	182
三、科技情报和文献机构	**Scientific-Technological Information and Literature Institution**					
机构数（个）	Number of Institution	10	14	14	15	15
职工总数（人）	Number of Staff and Workers	477	545	441	425	474
#科学家工程师	#Scientist and Engineer	233	287	262	227	271
其他科技人员（人）	Other Scientific-Technological Personnel	94	132	94	95	93
经费收入（万元）	Funds (10000 yuan)	475	964	2734	3735	7893
#政府拨款	#Government Appropriations	383	538	1144	1756	5599
经费支出（万元）	Expenditure (10000 yuan)	929	924	2517	3402	7397
基本建设投资实际完成额(万元)	Capital Construction Investment Completed (10000 yuan)	457			10	3587

17-18 县级政府部门属研究与开发机构基本情况

BASIC STATISTICS ON RESEARCH AND DEVELOPMENT INSTITUTIONS UNDER THE JURISDICTION OF COUNTY GOVERNMENT

项目	Item	1987	1990	1995	1997	1998
机构数 （个）	Number of Institution	226	211	192	182	181
职工总数 （人）	Number of Staff and Workers	7119	6315	5234	4938	4917
#科学家工程师	#Scientist and Engineer	335	361	403	333	313
其他科技人员 （人）	Other Scientific-Technological Personnel	1072	1062	963	906	862
经费收入 （万元）	Funds （10000 yuan）	4008	4062	11976	10422	12613
#来自政府的经费	#Government Appropriations		1281	3149	2757	3360

17-19 各市县级及以上政府部门属研究与开发机构基本情况（1998年）

BASIC STATISTICS ON RESEARCH AND DEVELOPMENT INSTITUTIONS AT AND ABOVE COUNTY LEVEL BY CITY （1998）

市别 City	机构数（个）Number of Institution	职工总数（人）Number of Staff and Workers	#科学家工程师 #Scientist and Engineer	#其他科技人员 Other Scientific-Technological Personnel	经费收入（万元）Funds （10000 yuan）	#政府拨款 #Government Appropriations	经费支出（万元）Expenditure （10000 yuan）	基本建设投资实际完成（万元）Capital Constrution Investment Completed （10000 yuan）
全省合计 Total	476	33511	11103	5538	337653	90497	322205	33548
广州 Guangzhou	183	23183	9656	3779	271782	72675	259295	29990
深圳 Shenzhen	29	748	108	188	2204	758	2203	93
珠海 Zhuhai	5	353	108	23	5451	5597	4481	1103
汕头 Shantou	8	159	59	45	5199	931	3506	
韶关 Shaoguan	21	1195	255	194	16856	3281	16189	800
河源 Heyuan	20	860	113	84	10589	859	10818	232
梅州 Meizhou	29	1361	139	128	12502	301	12373	332
惠州 Huizhou	30	1417	247	233	3642	1771	3574	61
汕尾 Shanwei	19	548	85	103	1009	450	995	39
东莞 Dongguan	18	498	40	95	750	421	762	8
中山 Zhongshan	23	464	40	98	983	389	961	128
江门 Jiangmen	17	619	61	129	1028	821	1048	104
佛山 Foshan	5	160	7	60	131	90	146	3587
阳江 Yangjiang	13	344	18	79	450	147	380	
湛江 Zhanjiang	5	118	27	32	261	87	341	52
茂名 Maoming	18	403	23	81	1224	366	1789	534
肇庆 Zhaoqing	5	235	30	62	1910	684	1825	3587
清远 Qingyuan	4	72	19	5	417	192	429	3618
潮州 Chaozhou	6	286	32	55	673	354	498	38
揭阳 Jieyang	10	319	28	34	333	255	324	3542
云浮 Yunfu	8	169	8	31	258	71	268	48

17-20 高等院校研究与发展人员及经费

FUNDS AND EXPENDITURE OF INSTITUTIONS OF HIGHER EDUCATION FOR RESEARCH DEVELOPMENT PERSONNEL

项目	Item	1990	1994	1995	1997	1998
研究与发展人员总数（人）	Number of Research and Development Personnel	12163	15955	15858	18364	18295
#科学家工程师	#Scientist and Engineer	11420	14910	15006	17364	17139
其他科技人员 （人）	Other Scientific－Technological Personnel	482	597	561	605	787
当年拨入研究与发展课题费（万元）	Government Appropriations for Research and Development Projects In Current Year （10000 yuan）	5750	5631	6624	11870	11084
研究发展经费内部支出（万元）	Internal Expenses of Research and Development Expenditure （10000 yuan）	4896	7481	6106	16010	20315

注：当年拨入研究与发展经费不包括上年结转经费。研究与发展经费内部支出不包括转拨外单位经费。

Note: The figures of government appropriations in current year excluded the balance brought forward from last year.
The internal expenses of research and development Expenditure excluded the appropriations for external units.

17-21 三种专利申请受理量与批准量

THREE TYPES OF PATENT APPLICATIONS EXAMINED AND GRANTED

单位:件 (item)

项　目	Item	1985	1990	1994	1995	1997	1998
一、受理量	Number of Patent Applications Examined	286	1947	5883	7729	12858	13473
发　明	Invention	128	231	605	463	680	753
实用新型	Utility Model	136	1000	1960	2367	3173	3621
外观设计	Design	22	716	3318	4899	9005	9099
二、批准量	Number of Patent Applications Granted	1	889	3149	4611	7172	10707
发　明	Invention		40	63	57	49	77
实用新型	Utility Model	1	571	1440	1446	1606	1992
外观设计	Design		278	1646	3108	5516	8638

17-22 各类技术合同签订情况

STATISTICS ON SIGNING TECHNICAL CONTRACT BY TYPE

项　目	Item	1987	1990	1995	1997	1998
一、技术合同项目数(项)	**Number of Technical Contract**	**2148**	**5813**	**5098**	**6498**	**6253**
技术开发合同	Contract of Technical Development	767	2050	547	657	767
技术咨询合同	Contract of Technical Advisory		462	299	361	268
技术转让合同	Contract of Technical Transfer	343	260	515	930	517
技术服务合同	Contract of Technical Service	1031	3041	3737	4550	4701
二、技术合同金额(万元)	**Amount of Technical Contract (10000 yuan)**	**9442**	**20262**	**125972**	**195994**	**248122**
技术开发合同	Contract of Technical Development	4418	7290	46820	38759	63652
技术咨询合同	Contract of Technical Advisory		1118	9109	18634	9412
技术转让合同	Contract of Technical Transfer	990	3114	18396	40022	32380
技术服务合同	Contract of Technical Service	3895	8740	51647	98579	142678
三、技术合同实现金额(万元)	**Amount of Fulfilment of Technical Contract (10000 yuan)**	**2809**	**8459**	**51904**	**89433**	**103799**
技术开发合同	Contract of Technical Development	1355	1729	31402	18591	40085
技术咨询合同	Contract of Technical Advisory		793	316	12053	466
技术转让合同	Contract of Technical Transfer	293	1405	12268	21381	21658
技术服务合同	Contract of Technical Service	1148	4532	7884	37408	41590

17-23 省及省以上优秀新产品评选情况

STATISTICS ON RANKING EXCELLENT NEW-PRODUCTS AT AND ABOVE PROVINCE LEVEL

项　目	Item	1990	1994	1995	1997	1998
项目数 (个)	Number of Project	227	309	253	218	230
年新增产值 (万元)	Annual Output Value Added (10000 yuan)	178764	510000	465000	781000	995000
年均每项新增产值(万元)	Annual Output Value Added Per Project (10000 yuan)	787	1650	1838	3583	4326
年新增利税 (万元)	Annual Pre-tax Profits Added (10000 yuan)	21094	97000	93900	142921	174000
年均每项新增利税(万元)	Annual Pre-tax Profits Added Per Project (10000 yuan)	93	314	371	656	757
创 汇 (万美元)	Foreign Exchange Earning (USD 10000)	4686	4295	3029	7779	19384
替代进口 (万美元)	Replacing Imports (USD 10000)	4936	14129	16609	24876	16903

17-24 科协机构及活动情况
BASIC STATISTICS ON SCIENTIFIC AND TECHNOLOGICAL ACTIVITIES OF ASSOCIATIONS FOR SCIENCE AND TECHNOLOGY

项目	Item	1987	1990	1995	1997	1998
一、科协机构（个）	**Number of Association for Science & Technology (AST) (unit)**	**139**	**194**	**236**	**221**	**235**
省科协	Provincial Association	1	1	1	1	1
市科协	City Association	12	18	21	21	21
县科协	County Association	80	77	79	78	123
厂矿科协	Association of Factory and Mine	46	98	135	121	90
二、各级学会及研究会（个）	**Number of Learned Society and Research Society (unit)**	**465**	**2829**	**4387**	**4615**	**7352**
省级学会	Provincial Learned Society	123	132	150	162	164
市级学会	City Learned Society	342	718	963	966	885
农村专业技术研究会	Rural Special Technologic Reseach Society		1979	3274	3487	6303
三、各级学会及研究会会员（人）	**Member of Learned Societies and Research Societies (person)**		**345234**	**534058**	**622735**	**711993**
省级学会会员	Member of Provincial Societies	103661	151129	170059	204732	197025
市级学会会员	Member of City Societies		141585	259894	281707	312671
农村专业技术研究会会员	Member of Rural Special Technologic Research Societies		52520	104105	127959	202297
四、科协活动开展情况	**Activities of Association for Science and Technology**					
引进推广重大技术项目（项）	Number of Major Technical Projects Introduced and Spreaded (item)			2312	4352	699
完成各类合同和无偿咨询项目（项）	Number of Contracts and Free Consultative Projects Completed (unit)	465	2546	18587	3474	12766
举办各类学术交流会（次）	Number of Academic Meetings Held (time)	842	1585	3479	3055	3482
接待国外来访（次）	Receiving Foreign Visitor (time)	617	591	421	554	435
科技考察（次）	Scientific-Technology Investigation (time)	179	478	908	174	115
举办科技科普展览（次）	Number of Exhibition for Popular Science (time)	159	836	3597	2370	2063
举办科普讲座（次）	Number of Lecture for Popular Science (time)	4522	17453	13306	11780	6984
青少年科技竞赛获奖项目数（项）	Project of Teenagers Participating in Scientific-Technological Competition Prize Awarded (item)	1262	4247	8592	2188	1077
五、参加科协各类活动人次（人次）	**Number of Participant in Activities of AST (person-time)**	**2168428**	**6344088**	**9854566**	**27727392**	**9475239**
参加各类学术交流会	Number of Participants in Academic Meetings	55732	95821	195848	198390	216294
参加各类科技培训	Number of Participants in Training Programs	526666	369151	2825989	18414202	738984
参加各类科普活动	Number of Participants in Activities of Popular Science	1586030	5879116	6832729	9114800	8519961
六、出版各类学术刊物、科普读物（种）	**Publications of Academic Journals and Popular Science Readings (kind)**	**399**	**581**	**467**	**465**	**534**
各类学术刊物、科普读物发行量（万册、万份）	Number of Academic Journals and Popular Science Readings Issued (10000 copies)	2537	666	474	714	336

17-25 大中型工业企业技术开发基本情况
BASIC STATISTICS ON TECHNICAL DEVELOPMENT OF LARGE AND MIDIUM-SIZED INDUSTRIAL ENTERPRISES

项目	Item	1987	1990	1995	1997	1998
一、机构与人员（个、人）	**Institution and Personnel**					
有技术开发机构的企业数	Number of Enterprise Having Institution for Technical Development	185	385	500	517	502
占全部大中型企业的比重(%)	Percentage to Total Number of Enterprises (%)	31.4	37.2	28.6	24.8	23.8
技术开发机构数	Number of Technical Development Institution	192	400	695	687	728
企业技术开发人员	Number of Technical Development Personnel Engaged in Enterprises	14982	19795	35986	67311	70977
#科学家和工程师	Scientist and Engineer	3471	8057	15224	40037	39709
技术开发机构中的人数	Number of Personnel in Technical Development Institutions	5279	8186	15448	20777	25592
#科学家和工程师	Scientist and Engineer	932	3725	8248	14817	19174
二、经费收支 （万元）	**Funds and Expenditure (10000 yuan)**					
筹集总额	Total Funds of Technical Development	40814	71968	234967	445245	633570
#上级拨款	Appropriations from Higher Authorities	919	1588	6134	9418	15780
企业自筹	Funds Self-raised by Enterprises	16146	37165	182256	326910	517941
支出总额	Total Expenditure for Technical Development	3583	61785	204684	417153	557888
#开发新产品用款	Expenditure for New Product Development	20856	26738	105059	188772	336139
技术开发经费支出占产品销售收入的比重(%)	Technical Development Expenditure as Percentage of Sales Revenue (%)	1.17	0.88	0.71	1.09	1.36
三、技术开发项目(项)	**Technical Development Project (item)**					
项目数合计	Number of Technical Development Project	747	1569	5483	5445	6102
#上级计划	Planned by Higher Authorities	282	445	798	659	598
企业自选	Self-selected by Enterprises	413	1025	4595	4606	5309
新产品项目	Project for New Product Development	422	774	360	3284	4036
项目当年投资(万元)	Investment in Projects in the Year (10000 yuan)	28413	44447	157142	269262	412185
已完成项目	Number of Project Completed	417	843	3439	4045	4515
已投入生产(使用)项目	Number of Project Put into Production or Use	341	752	2848	3421	3844

注：1990 年统计的技术开发项目系累计支出达万元以上。
Note: The figures of technical development project in 1990 refer to the project of accumulative expenditure above 10000 yuan.

17-26 大型工业企业技术开发基本情况
BASIC STATISTICS ON TECHNICAL DEVELOPMENT OF LARGE-SIZED INDUSTRIAL ENTERPRISES

项目	Item	1987	1990	1995	1997	1998
一、机构与人员(个、人)	**Institution and Personnel**					
有技术开发机构的企业数	Number of Enterprise Having Institution for Technical Development	58	116	216	222	230
占全部大型企业的比重(%)	Percentage to Total Number of Enterprises (%)	37.4	42.0	41.2	33.9	30.6
技术开发机构数	Number of Technical Development Institution	62	121	318	313	356
企业技术开发人员	Number of Technical Development Personnel Engaged in Enterprises	7971	8917	20132	44324	46457
#科学家和工程师	Scientist and Engineer	1773	3742	9562	27407	27700
技术开发机构人数	Number of Personnel in Technical Development	2617	3924	9662	13096	15877
#科学家和工程师	Scientist and Engineer	484	1742	5403	9635	11879
二、经费收支(万元)	**Funds and Expenditure (10000 yuan)**					
筹集总额	Total Funds of Technical Development	23296	38186	155816	349565	455418
#上级拨款	Appropriations from Higher Authorities	454	812	4583	7179	12308
企业自筹	Funds Self-raised by Enterprises	11580	17776	130136	266340	381157
支出总额	Total Expenditures for Technical Development	19049	31424	151167	334651	403976
#开发新产品用款	Expenditure for New Product Development	11841	17104	69034	143127	249208
技术开发经费支出占产品销售收入的比重(%)	Technical Development Expenditure as Percentage of Sales Revenue (%)	1.23	0.84	0.77	1.28	1.38
三、技术开发项目(项)	**Technical Development Project (item)**					
项目数合计	Number of Technical Development Project	295	595	3001	3150	3654
#上级计划	Planned by Higher Authorities	130	186	496	381	358
企业自选	Self-selected by Enterprises	146	387	2389	2665	3179
新产品项目	Project for New Product Development	167	287	1703	1729	2161
项目当年投资(万元)	Investment in Projects in the Year (10000 yuan)	16704	23760	105923	206872	294214
已完成项目	Number of Project Completed	155	270	1817	2250	2704
已投入生产(使用)项目	Number of Project Put into Production or Use	132	231	1355	1824	2119

注：1990 年统计的技术开发项目系累计支出达万元以上。
Note: The figures of technical development project in 1990 refer to the project of accumulative expenditure above 10000 yuan.

17-27 文化艺术、文物事业机构数

NUMBER OF INSTITUTION FOR CULTURE AND CULTURAL RELICS

单位:个 (unit)

年 份 Year	电影放映单位 Film Projection Unit	艺术表演团体 Art Performance Troupe	文 化 馆 Cultural Center	公共图书馆 Public Library	博 物 馆 Museum	档 案 馆 Archive
1949	60	6		7	1	
1952	161	46	90	8	2	
1957	482	138	96	17	6	
1962	941	158	93	22	20	
1965	1065	151	99	38	28	
1970	1341	115	71	22	14	
1975	3293	137	94	58	23	
1978	6346	150	104	63	29	
1980	6030	173	95	82	25	
1985	4703	147	105	98	97	
1990	4024	130	113	103	106	138
1991	4041	123	110	104	107	147
1992	3917	125	113	108	108	150
1993	3974	127	115	110	108	148
1994	3860	132	116	111	111	156
1995	3780	134	115	114	113	155
1997	3463	138	117	119	118	157
1998	3621	139	117	120	122	157

17-28 文化部门艺术表演团体演出基本情况(1998年)

BASIC STATISTICS ON PERFORMANCE OF ART TROUPES OF CULTURAL DEPARTMENT (1998)

项 目	Item	剧团数(个) Number of Troupe	国内演出场次(万场) Number of Performances (10000 Shows)	#到农村演出 Shows in Rural Areas	国内演出观众人次(万人次) Number of Spectator (10000 Person-times)
合 计	**Total**	**139**	**2**	**1.1**	**2477.8**
国营剧团	Troupe Sponsored by State-Owned Unit	124	1.7	0.9	2133.4
集体经营剧团	Troupe sponsored by Collective Unit	15	0.3	0.2	344.4
按剧种分	**By Type of Drama**				
话剧、儿童剧、滑稽剧团	Troupe of Stage Play,Children Drama and Burlesque	6	0.1		63.6
歌剧、舞剧、歌舞剧团	Troupe of Opera, Dance Drama,Song and Dance Drama	4			74.1
歌舞团、轻音乐团	Song and Dance Troupe,Light Music Troupe	23	0.2	0.1	240.8
乐 团	Philharmonic Orchestra	3			23.4
文工团、文宣队	Art Troupe, Cultural Propaganda Team	3			18.3
戏曲剧团	Traditional Opera Troupe	85	1.3	0.9	1834.8
曲、杂、木、皮团	Folk Art,Acrobatic and Circus,Puppet Show,Shadow Play	15	0.4	0.1	222.8

17-29 文化、文物事业机构及人员数(1998年)

NUMBER OF INSTITUTION AND PERSONNEL IN CULTURE AND CULTURAL RELICS (1998)

项目	Item	合计 Total 机构数(个) Number	合计 Total 人数(人) Personnel	文化部门 Cultural Depar ment 机构数(个) Number	文化部门 Cultural Depar ment 人数(人) Personnel	其他部门 Others 机构数(个) Number	其他部门 Others 人数(人) Personnel
总计	**Total**	**3093**	**32572**	**3092**	**32566**	**1**	**6**
一、文化事业合计	**Cultural Institution**	**2946**	**29992**	**2946**	**29992**		
#艺术事业	Art Institution	228	9297	228	9297		
图书馆事业	Library	120	2696	120	2696		
群众文化事业	Mass Culture	1725	7166	1725	7166		
教育事业	Education	10	701	10	701		
其他文化事业	Other Cultural Unit	494	4498	494	4498		
二、文物事业合计	**Cultural Relics**	**147**	**2580**	**146**	**2574**	**1**	
文物机构	Institution for Cultural Relics	15	210	15	210		
博物馆	Museum	122	2129	121	2123	1	
文物商店	Cultural Relics Agency	10	241	10	241		

17-30 公共图书馆、群众文化事业机构及人员数(1998年)

NUMBER OF INSTITUTION AND PERSONNEL IN PUBLIC LIBRARY AND MASS CULTURE (1998)

项目	Item	合计 Total 机构数(个) Number	合计 Total 人数(人) Personnel	文化部门 Cultural Department 机构数(个) Number	文化部门 Cultural Department 人数(人) Personnel	其他部门 Others 机构数(个) Number	其他部门 Others 人数(人) Personnel
一、图书馆事业	**Library**	**120**	**2696**	**120**	**2696**		
公共图书馆	Public Library	120	2696	120	2696		
#儿童图书馆	Children Library	4	105	4	105		
二、群众文化事业	**Mass Culture**	**2052**	**8559**	**1725**	**7166**	**327**	**1393**
群众艺术馆	Mass Art Center	22	484	22	484		
文化馆	Cultural Center	117	1409	117	1409		
文化站	Cultural Station	1913	6666	1586	5273	327	1393

17-31 各市文化、文物事业机构数(1998年)

NUMBER OF INSTITUTION FOR CULTURE AND CULTURAL RELICS BY CITY (1998)

单位:个 (unit)

市别 City	电影放映单位 Film Projection Unit	艺术表演团体 Art Performance Troupe	文化馆 Cultural Center	公共图书馆 Public Library	博物馆 Museum	档案馆 Archive
广州 Guangzhou	313	13	12	14	20	17
深圳 Shenzhen	121	5	5	6	4	8
珠海 Zhuhai	40	4	2	2	2	4
汕头 Shantou	45	8	7	8	4	6
韶关 Shaoguan	167	9	11	9	9	13
河源 Heyuan	56	6	6	6	5	7
梅州 Meizhou	218	11	8	8	8	10
惠州 Huizhou	159	8	5	5	5	8
汕尾 Shanwei	498	5	4	2	4	4
东莞 Dongguan	229	1		1	3	2
中山 Zhongshan	64	1		2	2	2
江门 Jiangmen	162	9	7	6	6	8
佛山 Foshan	139	6	6	6	6	7
阳江 Yangjiang	106	3	4	4	2	4
湛江 Zhanjiang	409	9	9	7	6	9
茂名 Maoming	337	9	5	5	5	7
肇庆 Zhaoqing	86	10	7	7	8	9
清远 Qingyuan	108	4	8	8	7	9
潮州 Chaozhou	98	2	2	2	4	5
揭阳 Jieyang	211	5	5	6	4	5
云浮 Yunfu	41	3	4	5	5	6
省直属单位 Province-owned	14	8		1	3	7

17-32 各市文化、文物事业机构的人员数(1998年)

NUMBER OF PERSONNEL IN INSTITUTION FOR CULTURE AND CULTURAL RELICS BY CITY (1998)

单位:人

市别 City	电影放映单位 Personnel in Film Projection Unit	艺术表演团体 Personnel in Art Performance Troupe	文化馆 Personnel in Eultural Center	公共图书馆 Personnel in Public Library	博物馆 Personnel in Museum	档案馆 Personnel in Archive
广州 Guangzhou	1747	897	154	389	461	306
深圳 Shenzhen	771	310	90	302	131	175
珠海 Zhuhai	297	139	12	57	35	37
汕头 Shantou	775	418	82	117	31	79
韶关 Shaoguan	839	212	94	137	65	98
河源 Heyuan	543	183	76	51	33	46
梅州 Meizhou	1047	283	112	121	68	55
惠州 Huizhou	650	170	62	63	44	51
汕尾 Shanwei	1437	218	53	32	44	22
东莞 Dongguan	1688	66		62	289	14
中山 Zhongshan	356	45		57	76	14
江门 Jiangmen	970	334	85	130	48	47
佛山 Foshan	1220	188	71	217	260	58
阳江 Yangjiang	447	75	37	71	21	24
湛江 Zhanjiang	1862	404	102	127	56	98
茂名 Maoming	1037	327	74	75	31	48
肇庆 Zhaoqing	511	118	88	75	64	56
清远 Qingyuan	538	79	57	68	33	53
潮州 Chaozhou	540	158	17	32	54	19
揭阳 Jieyang	1344	322	95	153	68	28
云浮 Yunfu	252	58	48	53	19	46
省直属单位 Province-owned	60	1139		307	198	124

17-33 图书、杂志、报纸出版数量
NUMBER OF BOOK,MAGAZINE AND NEWSPAPER PUBLISHED

项目	Item		1980	1985	1990	1995	1997	1998
一、图书出版	**Book Published**							
种数（种）	Number of Publication	(kind)	690	1684	2240	2510	4209	4069
总印数（万册）	Total Printed Copies	(10000 Copies)	16845	39857	28070	36911	39875	32741
总印张数（千印张）	Printed Sheets	(1000 Sheets)	684121	1291202	891562	1800632	1867996	1785626
二、杂志出版	**Magazine Publihsed**							
种数（种）	Number of Publication	(kind)	34	170	253	329	328	323
总印数（万册）	Total Printed Copies	(10000 copies)	1927	12768	11325	22810	23725	24325
总印张数（千印张）	Printed Sheets	(1000 sheets)	58717	402682	288262	684710	748963	808826
三、报纸出版	**Newspaper Publised**							
种数（种）	Number of Publication	(kind)	9	96	91	130	131	128
总印数（万份）	Total Printed Copies	(10000 copies)	48808	171838	138060	226441	288412	279740
总印张数（千印张）	Printed Sheets	(1000 sheets)	484173	1457150	1201860	4747000	7661331	9048984

17-34 图书出版情况（1998年）
STATISTICS ON BOOKS PUBLISHED (1998)

门类	Category	本版图书种数（种） Number of Republication	# 新出 New Publication	总印数（万册） Printed Copies (10000 Copies)	总印张数（千印张） Printed Sheets (1000 Sheets)
合计	**Total**	**4069**	**2314**	**32741.28**	**1785625.81**
马克思主义、列宁主义、毛泽东思想	Marxism-Leninism,Mao Zedong Thought	8	7	12.72	835.88
哲学	Philosophy	50	32	32.42	3597.20
社会科学总论	General Social Sciences	90	73	95.19	8537.17
政治、法律	Politics and Law	86	68	63.65	6925.44
军事	Military Affairs	2	2	0.65	116.97
经济	Economics	368	292	257.71	32001.47
文化、科学、教育、体育	Culture,Science,Education and Sports	1612	477	30242.84	1533312.71
语言、文字	Language,Philology	230	137	240.67	24118.69
文学	Literature	447	423	426.65	59215.38
艺术	Arts	232	206	267.87	18127.93
历史、地理	History and Geography	256	196	233.37	24159.65
自然科学总论	General Natural Sciences	6	4	2.35	259.13
数理科学、化学	Mathematics,Physics and Chemistry	34	20	27.32	2234.94
天文学、地理科学	Astronomy and Geology	7	6	4.71	582.52
生物科学	Biology	9	6	2.33	261.28
医药、卫生	Medicine and Health Care	188	110	204.88	25441.84
农业科学	Agricultural Science	53	18	45.04	2865.19
工业技术	Industrial Technology	284	160	208.86	28313.00
交通运输	Transportation	11	1	7.12	1488.00
环境科学	Environmental Science	6	6	5.89	1402.19
航空、航天	Aeronautics and Atrospace	2	2	1.20	149.05
综合性图书	General Books	45	41	70.91	3784.11

17-35 杂志出版情况(1998年)
STATISTICS ON MAGAZINES PUBLISHED (1998)

项目	Item	种数(种) Number of Publication	平均期印数(万册) Averege Printed Copies Per Issue (10000 Copies)	总印数(万册) Printed Copies (10000 Copies)	总印张数(千印张) Printed Sheets (1000 Sheets)
合计	**Total**	**323**	**1788.75**	**24325.01**	**808825.86**
综合	General	41	684.01	8256.07	307212.18
哲学、社会科学	Philosophy	67	266.05	3213.03	117255.66
自然科学、技术	Natural Sciences, Technology	143	256.92	2776.65	111868.04
文化、教育	Culture, Education	33	344.49	6546.61	132468.00
文学、艺术	Literature, Arts	30	119.08	2135.03	116308.90
少年儿童读物	Publication for Children	3	116.00	1374.00	22545.00
画刊	Pictorial	3	2.20	23.62	1168.08

17-36 报纸出版情况(1998年)
STATISTICS ON NEWSPAPERS PUBLISHED (1998)

项目	Item	种数(种) Number of Publication	平均期印数(万份) Averege Printed Copies Per Issue (10000 Copies)	总印数(万份) Printed Copies (10000 Copies)	总印张数(千印张) Printed Sheets (1000 Sheets)
合计	**Total**	**128**	**1502.3**	**279740**	**9048984**
综合报	General Newspaper	61	860.1	209159	7707772
专业报	Specialized Newspaper	67	642.2	70581	1341212
省级	Province's Newspaper	48	747.7	120501	4125634
市级	City's Newspaper	69	716.9	152734	4858285
县级	County's Newspaper	11	37.7	6505	65065

17-37 广播、电视事业发展情况
STATISTICS ON BROADCASTING AND TELEVISION STATIONS

项目	Item	1980	1985	1990	1995	1997	1998
广播电台(座)	Broadcasting Station (set)	4	15	87	96	97	97
中波广播发射台和转播台(座)	Medium Wave Broadcasting Transmission Station and Relaying Station (set)	9	11	12	13	13	13
电视台(座)	Television Station (set)	1	13	38	56	61	61
1000瓦及以上电视发射台和转播台(座)	Television Transmission and Relaying Station over 1000 W (set)	10	13	23	41	48	48
县、市有线广播站(个)	County and City Wire Broadcasting Station (set)	93	95	93	67	54	54

17-38 广播电台宣传基本情况(1998年)

BASIC STATISTICS OF PROPAGANDA FOR BROADCASTING STATIONS (1998)

项目 Item		广播电台(座) Broadcasting Station	节目套数(套) Number of Program (Set)	平均每周播音时间(时:分) Broadcasting Hours per Week (Hour:Minute)	#自办节目时间 Self-produced program	#新闻节目 News Program	#专题节目 Special topic Program	#文艺节目 Entertainment Program
合计	**Item**	**97**	**114**	**1627:50**	**1421:30**	**161:58**	**262:30**	**663:15**
省级	Province Level	1	10	165:00	161:30	16:30	42:10	64:20
市级	City Level	21	30	552:10	517:40	55:15	95:40	243:34
县级	County Level	75	74	910:40	742:20	90:13	124:40	355:21

17-39 电视台宣传基本情况(1998年)

BASIC STATISTICS OF PROPAGANDA FOR TELEVISION STATIONS (1998)

项目 Item		广播电台(座) Broadcasting Station	节目套数(套) Number of Program (Set)	平均每周播音时间(时:分) Broadcasting Hours per Week (Hour:Minute)	#自办节目时间 Self-produced	#新闻节目 News Program	#专题节目 Special topic Program	#文艺节目 Entertainment Program
合计	**Item**	**61**	**68**	**4585:36**	**2819:51**	**322:18**	**393:27**	**1571:19**
省级	Province Level	2	3	351:26	340:56	41:06	62:12	161:48
市级	City Level	21	26	2067:14	1576:56	171:02	266:29	796:15
县级	County Level	39	39	2166:56	901:59	110:10	64:46	613:16

17-40 各市广播、电视事业机构数(1998年)

NUMBER OF INSTITUTION OF BROADCASTING AND TELEVISION (1998)

市别	City	广播电台(座) Broadcasting Station (Set)	中波广播发射台和转播台(座) Medium Wave Broadcast Transmission Station and Relaying Station	电视台(座) Television Station	1000瓦及以上电视发射台和转播台(座) Television Transmission and Relaying Station over 1000 w	县、市有线广播站(个) Wired Broadcasting Station in County and City
广州	Guangzhou	5		3	2	4
深圳	Shenzhen	2		1	1	3
珠海	Zhuhai	2		1	1	1
汕头	Shantou	4	1	4	1	3
韶关	Shaoguan	9	2	5	5	8
河源	Heyuan	6	1	1		
梅州	Meizhou	8	2	5	4	7
惠州	Huizhou	4		5	1	4
汕尾	Shanwei	3		1	3	3
东莞	Dongguan	1		1	1	
中山	Zhongshan	1		1	1	
江门	Jiangmen	6		6	3	5
佛山	Foshan	5		3	3	5
阳江	Yangjiang	2		2	2	2
湛江	Zhanjiang	6	1	4	6	5
茂名	Maoming	5	2	5	3	4
肇庆	Zhaoqing	7		2	2	7
清远	Qingyuan	7		1	1	6
潮州	Chaozhou	3		3	1	2
揭阳	Jieyang	4	1	5	3	4
云浮	Yunfu	4		1	—	3
省直属单位	Province-owned	1	3	2	2	

主要统计指标解释

普通高等学校 指按照国家规定的设置标准和审批程序批准举办,通过国家统一招生考试,收高中毕业生为主要培养对象,实施高等教育的全日制大学、独立设置的学院和高等专科学校短期职业大学。

成人高等学校 指按照国家有关规定审批、招收通过全国成人高教统一招生考试的具有高中毕业或同等学历的在职从业人员利用脱产、半脱产、业余或函授等多种形式对其实施高等学历教育,培养高等教育专科或本科毕业水平的专门人才,修业年限、课程设置和总学时的数按高等学历教育要求付诸实施的学校。包括广播电视大学、职工高等学校、农民高等学校、管理干部学院、教育学院、独立设置的函授学院等。

小学学龄儿童入学率 指调查范围内已入小学学习的学龄儿童占校内外学龄儿童总数(包括弱智儿童在内,但不包括盲聋哑儿童)的比重。

科技活动 是指在所有科学技术领域内,即自然科学、农业科学、医学科学、工程与技术科学、人文科学与社会科学中,与科技知识的产生、发展、传播和应用密切相关的全部的、有组织的、系统的科技活动。所谓有组织的、系统的科技活动,是指在一个机构的范围之内,并列入这一机构的工作计算,由这一机构的人员有计划地进行的科技活动。目前,我们统计的科技活动,是指调查范围内有组织有系统开展的科技活动。它包括三类活动(1)研究与试验发展活动;(2)研究与试验发展成果应用活动;(3)科技服务活动。

研究与发展活动 指为增进知识,及利用这些知识去开创新的用途而进行的系统的创造性工作。它具备四种基本因素:(1)创造性的因素;(2)新颖性或创新的因素;(3)科学方法的运用;(4)新知识的产生。它包括三种类:(1)基础研究;(2)应用研究;(3)实验发展。

科技活动统计单位指制度调查范围内的调查单位个数,对于自然科学领域、社会与人文科学领域的科学研究与技术开发机构(含县属研究与开发机构)、科学技术情报与文献机构是以一个机构为一个调查单位;对于高等学校,是以一个学校为一个调查单位;对于企业是以一个企业为一个调查单位。

科技活动机构 是指调查范围内有建制的从事科技活动科研机构。包括国有独立核算的科学研究与技术开发机构自然科学领域、社会与人文科学领域)(含机构、大中型工业企业附属的技术开发机构。全日制附属科技活动机构,是指经学校及上级主管部门正式批准的以科技活动为主,相对稳定的开展科技活动机构;大中型工业企业附属的技术开发机构是指企业自办、或与外单位合办、管理上同生产系统相对独立的,或单独核算的专门技术开发机构(如企业办研究所或开发中心开发部等专门技术开发机构)。

从事科技活动人员 指报告期内调查单位中从事科技活动的人员。调查单位中从事科技活动人员为直接从事科技活动和科技活动提供直接服务,累计时间占全年工作时间10%以上的人员。

科学家和工程师 具有大学本科以及以上学历的和不具备上述学历但有高、中级职称的人员。

技术员 指具有大、中专学历和不具备大、中专学历,但有初级职称的人员。

研究与发展人员 指报告期内从事研究与发展活动的人员。调查单位直接从事研究与发展课题活动以及院、所等从事科技行政管理、科技服务等工作为研究与发展课题活动服务,累计时间占全年工作时间10%以上的人员。人员数为全时人员数加非全时人员数之和。

科技活动经费筹集总额 指报告期内调查单位从各种渠道筹集到的科技活动经费(含科研基建费)。包括政府资金、自筹资金、银行贷款、其他经费。

科技活动经费使用总额(内部支出) 指报告期内调查单位用于科技活动的实际支出。包括劳务费、科研业务费、科研管理费、非基建投资购建的固定资产、科研基建支出以及其他用于科技活动的支出。但不包括生产性活动支出、归还贷款支出及转拨外单位支出。

研究与发展经费支出 指报告期内用于研究与发展课题活动(基础研究、应用研究、实验发展)的全部实际支出。包括用于研究与发展课题活动的直接支出,还包括间接用于研究与发展活动的一切支出(院、所管理费,维持院、所正常运转的必需费用和与研究发展有关的基本建设支出)。

省级以上获奖成果 指科技活动单位在本年度内从省以上政府科技管理部门获得的各种科技成果

奖。由于几个单位合作获得的科技成果奖，为防止重复，仅由第一完成单位填报，多次获奖的成果只填一个。获奖成果包括：国家级奖、省部级奖和地市级奖。国家级奖：指国家自然科学奖、国家发明奖、国家科技进步奖、国家星火奖等。省、部级奖：指以国务院各部门和省、自治区、直辖市名义颁发的重大科技成果奖和科技进步奖。

科技机构内课题(项目)个数 指调查单位列入科研计划或已为本单位科研管理部门认可，可作为本单位科研工作任务，并在当年开展活动的研究与发展、研究与发展成果应用、科技服务课题(项目)数。包括当年新开课题和上年尚未完成，在统计年度内继续进行的课题。

文化事业机构 指从事专业文化工作和为专业文化工作服务的独立建制的单独核算的单位。不包括这些单位另外举办独立核算的其他机构和各部门的业余文化组织。

艺术表演团体 指从事戏曲、音乐、舞蹈、杂技等专业艺术表演，有独立帐户，实行单独核算的团体。不包括半工半艺、半农半艺和民间职业剧团。

电影放映单位 指具有放映机器设备、固定或不固定的放映场所与专职或兼职的放映技术人员，经有关部门登记批准，经常为一定的观众对象放映电影的机构。包括经批准对外开放进行营业，并与电影发行放映管理机构分帐的专用放映单位和军委系统租片单位。

艺术表演观众人数(人次) 指售票、包场演出或民族地区免费演出的艺术表演观众人次数。不包括彩排审查和内部观摩演出的观看人次数。

Explanatory Notes on Main Statical Indicators

Regular Institutions of Higher Education refer to educational establishments set up according to the government evaluation and approval procedures. enrolling graduates from senior secondary schools and providing higher education and training for senior professionals. They include full-time universtities,colleges,high professional and short-term professional universities.

Adult Higher Education School refer to educational establishments,set up in line with relevant rules approved by the government, enrolling staff and workers with senior seccondary school or equivalent education,and providing higher education courses in many forms of full-time,part-time,spare-time, or correspondence for adults. Professionals thus trained receive a qualification equivalent to graduates studying regular courses at regular universities,colleges and professional colleges. Adult higher education school include radio and TV universities,schools of higher education for staff and workers and peasants,colleges for managerment cadres,pedagogical colleges,independent correspondence colleges.

Enrollment Rate of Primary School-age Children refers to the proportion of school-age children enrolled at school to the total number of school-age chidren both in and outside schools (including retarded children,but excluding blind,deaf and mute children).

Scientific and Technological Activities refer to all those organized and systematic activities of science and technology which are closely connected with the emergence,development,diffusion and application of scientific and technological knowledge in all the scientific and technological fields,such as natural sciences,agricultural science,medical science,engineering and technical science,humanities and social sciences. The organized and systematic activities refer to the activities organized in a planned way by the personnel of an institution. At present,its statistical coverage includes the activities in an organized and systematic way within the survey coverage ,which are:(1)activities of research and experimental development;(2)applied activities of research and experimental achievements;(3)service activities of science and technology.

Activities of Research and Development refer to the systematic and creative work with the aim of widening knowledge and using it to find new ways. They cover four basic factors:(1)creative factor;(2) novel or innovative factor;(3)application of scientific methods;(4)emergence of new knowledge. They include three types:(1)basic research;(2)applied research;(3)experimental development.

Statistical Units of Scientific and Technological Activities refer to the number of survey units within the survey coverage. As for research and development institutions (including those under county administration) and humanities,one institution is a survey unit;as for institutions of higher education,one university or colleage is a survey unit;as for enterprises,an enterprise is a survey unit.

Institutions of Scientific and Technological Activities refer to the organic institutions engaged in scientific and technological activities within the survey coverage,including the state-owned research and development institutions with independent accounting system(in the field of natural sciences,social sciences and humanities) and the technical development institutions attached to institutions and large and medium-sized industrial enterprises. The full—time attached institutions refer to those which are mainly and stably engaged in the scientific and technological activities with the formal ratification of schools and higher authorities. The technical development institutions attached to large and medium-sized industrial enterprises refer to the special development institutions run by enterprises or collectively run with other units and keeping relatively independent administration from production system,or having their own accounts (such as research institutions,development centers or development departments run by enterprises).

Personnel Engaged in Scientific and Technological Activities refer to all the persons in the survey units engaged in scientific and technological activities during the reference period, i.e. those who are directly engaged in the activities and provide direct services to the activities with 10% or more of work time of the year.

Scientists and Engineers refer to persons who have completed university of higher education or without above record of formal schooling but titles of senior or middle-level professional positions.

Other Technical Personnel refers to persons involved in science and technology with secondary specialized education or three-year college education and persons with junior professional titles.

Personnel of Resarch and Development refers to the persons who are engaged and development activities during the reference period, i. e. those in the survey units who are dircetly engaged in R & D activities and provide services to R & D activities with 10% or more of work time of the year. It is the sum of full-time personnel and non-full-time personnel.

Total Funds for Scientific and Technological Activities refer to the funds for scienitific and technological activities (including capital construction funds for scientific research) raised by the survey units from various channels during the refererce period, including government funds, self-raised funds, bank loans and other funds.

Total Expenditure for Scientific and Technological Activities (Internal Expenditure) refers to the actual expenditure made for scientific and technological activities by the survey units during the reference period, including service expenses, professional expenses for scientific research, managment expenses for scientific research, purchasses of fixed assets with investment in non-capital construction, capital construction expenditure for scientific research and others, but excluding expenditure for productive activities, expenditure for return of loans and transfer of expenditure of other units.

Total expenditure on Research and Development refers to all actual expenditure made for R & D (basic research, applied research and experimental development) in reference period. It includes direct expenditure on R & D activities and indirect expenditure on R & D activities(including management expenses, administrative expense and investment in capital construction ralating to R & D)

Number of Prizes Won at and above Provincial Level refers to the number of various prizes in scientific and technogical research won by the units engaged in scientific and technological activities from provincial level and above in the current year. If a prize is won in a cooperative way, it is reported only by the first listed unit so as to avoid duplication. As for the achievement won for several times, it's reported only once. Achievements and prizes won include all those at country level, at provincial level and at city (perfectual) level. The prizes at country level cover: national prize for natural sciences prize for invention, national prize for scientific and techaological progress and national spark prize etc. The prizes at provincial and ministry level refer to major achievements and progress in science and technology awarded by the departments of the state council, provinces, autonamous regions and municipalities directly under the central government.

Number of Research Tasks (projects) of Scientific and Technological Institutions refers to the number of research tasks (projects) on R & D, application of R & D and scientific and technological services, which are listed in the plans of scientific research or approved by administrative departments of the survey units and start research in the current year. It includes those newly-started and uncompleted in the preceding year and going on in the statistical year.

Cultural Institutions refer to units which have their own organizational system and independent accounting system and specialize in or serve cultural development. They exclude other establishments run by these cultural institutions and amateur cultural groups established by various departments.

Art Troupes refers to the troupes which are engaged in drama, opera, music, dance, acrobatics or other art performance, open independent accounts with banks and self-supporting accounting system; excluding the troupes which are engaged partly in industrial or agricultural activities, partly in art performance and the professional troupes organized by the people.

Film Projection Units refer to units with film projection equipment, full or part-time projectionists, permanent or non-permanent places, approved by related administrative departments to show films regularly for certain groups of audience, including those film projection units which have been approved to give commercial shows and run business with independent accounting system as well as those film-renting units of the military system.

Number of Spectators at Art Performance refers to the number of attendants at commercial shows, completely booked shows or free shows given in minority national areas, and does not include the number of spectators at rehearsals for examination and internal shows for study.

十八　体育、卫生、社会福利、环保和其他

SPORTS, PUBLIC HEALTH, SOCIAL WELFARE, ENVIRONMENTAL PROTECTION AND OTHERS

简要说明

一、本篇主要反映体育、卫生、社会福利、环保及其他事业的发展情况，由广东省统计局社会科技处负责整理、编辑。

二、体育部分主要包括体委系统职工人数、群众体育活动开展情况及运动竞技成绩等，资料由省体委提供。

三、卫生部分主要包括卫生事业机构、床位及人员数等，资料由省卫生厅提供。

四、社会福利部分主要包括各种社会福利事业的机构数、收养救济人数、城乡基层社会保障情况、婚姻登记状况等，资料由省民政厅、省高级人民法院提供。

五、环保部分主要包括“三废”的排放、治理、综合利用、自然保护区、环境管理、环保系统自身建设情况等，资料由省环保局提供。

六、其他部分主要包括司法工作开展情况和交通、火灾事故发生情况等，资料由省司法厅、省公安厅提供。

SPORTS, PUBLIC HEALTH, SOCIAL WELFARE, ENVIRONMENTAL PROTECTION AND OTHERS

Brief Introduction:

Ⅰ. The data in this chapter mainly show the development of sports, public health, social welfare, environment protection and other undertakings. The data are prepared by the Division of Social, Scientific and Technological Statistics of the Statistical Bureau of Guangdong Province.

Ⅱ. The data on sports mainly include the number of staff and workers in sports departments, mass sports and athletics sports, etc. The data are provided by the Sports Commission of Guangdong Province.

Ⅲ. The data on public health mainly include the number of institutions, hospital beds and personnel, etc. The data are provided by the Department of Public Health of Guangdong Province.

Ⅳ. The data on social welfare mainly include the number of institutions, the number receiving social welfare relief funds, society security of urban and rural grassroots and martial status, etc. The data are provided by the Department of Civil Affairs and the High People's Court of Guangdong Province.

Ⅴ. The data on environmental protection mainly include the discharge and treatment and comprehensive utilization of waste water, waste gas and solid wastes, the natural protection zones, the administration of environment and the improvement of the departments of enviromental protection, etc. The data are provided by the Environmental Protection Bureau of Guangdong Province.

Ⅵ. The data on others mainly include the judicial conditions, basic statistics on traffic accidents and fires, etc. The data are provided by the Judicial Department and the Department of Public Security of Guangdong Province.

18-1 体育、卫生、社会福利、环保及其他主要指标

MAIN STATISTICS ON SPORTS, PUBLIC HEALTH, SOCIAL WELFARE, ENVIRONMENT PROTECTION AND OTHERS

指标	Item	1980	1985	1990	1995	1997	1998
举办县区级及以上体育运动会（次）	Number of Sports Meets Held by County or District and Above the Level (time)	964	2383	2910	2514	4708	4765
参加运动会的运动员人数(万人次)	Number of Athletes Attending Sports Meets (10000 persons)	28.17	78.04	128.33	130.62	235.29	270.74
达到《国家体育锻炼标准》人数(万人)	Number of Persons Reached the State Physical Training Standards (10000 persons)	89.06	319.56	488.92	716.67	995.13	1077.05
卫生事业机构数（个）	Number of Health Institution (unit)	7649	8479	8989	8848	8942	8805
#医院	Hospital	1988	1853	1885	2267	2348	2373
卫生事业机构床位数(万张)	Number of Beds in Health Institutions (10000 unit)	9.25	10.77	12.40	14.88	15.53	15.84
#医院床位	Beds in Hospitals	8.50	9.82	11.41	13.78	14.45	14.76
卫生技术人员数(万人)	Medical Technical Personnel (10000 persons)	14.45	17.53	19.48	22.99	24.59	25.22
#医　生	Doctor	5.51	6.56	8.11	9.89	10.38	10.55
平均每千人口有医院床位数(张)	Number of Beds in Hospital Per 1000 Capita (unit)	1.63	1.74	1.83	2.03	2.06	2.07
平均每千人口有卫生技术人员数(人)	Number of Medical Technical Personnel Per 1000 Capita (person)	2.76	3.10	3.12	3.39	3.51	3.54
#医　生　(人)	Doctor (person)	1.05	1.16	1.30	1.46	1.48	1.48
优抚收养性单位收养人数(人次)	Number of Persons Adopted by Special Care Units (person-time)	697	1149	1556	1918	1667	1766
社会困难救济人数(万人次)	Number of Person Receiving Relief Funds (10000 person-time)	232.5	215.0	169.2	243.0	153.4	138.1
农村建立社会保障网络乡镇数(个)	Number of Towns With the Social Security Network Established (unit)			225	1223	1510	1524
准予登记结婚对数　(对)	Registered Marriages (couples)	391455	376759	506597	596689	608741	601142
#涉外婚姻	Marriaged with Foreigner	9310	11650	14661	12837	12114	11637
准予登记离婚数　(对)	Registered Divorces (couples)	12438	16926	25846	34175	39848	44133
环保投资占国内生产总值比重(%)	Proportion of Environmental Investment to GDP (%)		0.29	0.37	0.64	1.27	1.49
废水中COD排放量(万吨)	Volume of COD Emission in Waste Water (10000 ton)			69.50	112.36	95.16	94.8
废气中二氧化硫排放量(万吨)	Volume of Sulphur Dioxide Emission in Waste Gas (10000 ton)	53.20	28.59	39.64	75.31	69.30	67.88
工业固体废物排放量(万吨)	Volume of Industrial Solid Wastes Discharged (10000 ton)	862.17	570.00	74.00	315.60	39	121.4
执业律师人数(人)	Number of Full-time Lawer (person)		1816	3264	5692	5870	5866
公证人员数(人)	Number of Notary (person)		550	909	1210	1240	1268
人民调解委员会调解人员数(人)	Number of Mediator of People's Mediation Committees (person)		180827	219082	285288	290239	253944
交通事故发生数　(起)	Number of Traffic Accident (case)			25909	42115	39086	38913
交通事故损失折款(万元)	Losses of Traffic Accidents Coverted into Cash (10000 yuan)			5044	28700	26517	23036
火灾事故发生数(起)	Number of Fire (case)			1725	1254	3563	4488
火灾事故损失折款(万元)	Losses of Fires Coverted into Cash (10000 yuan)			9102	17419	10745	11314

18-2 体育事业情况
STATISTICS ON SPORTS

指　标	Item	1990	1995	1997	1998
体委系统年末职工人数(人)	**Number of Staff and Worker in Sports Commission Year-end (person)**	**7392**	**8730**	**9290**	**9723**
运动员	Athlete	1296	1043	1156	1247
专职教练员	Full-time Coach	1455	1464	1479	1521
专职文化教师	Full-time Teacher for Iteracy Class	362	644	666	678
科技人员	Scientific and Technical Personnel	63	76	48	81
宣传出版人员	Propaganda and Publishing Personnel	22	17	28	24
医务人员	Medical Personnel	142	163	173	149
管理人员	Administrative Personnel	2188	2743	2976	3089
其他人员	Others	1864	2580	2764	2934
群众体育活动开展情况	**Activities of Mass Sports**				
举办各级运动会次数(次)	Number of Sports Meets Held at all Levels (time)	8555	9503	20034	7844
#县区级及以上	Held at and above County (District) Level	2910	2514	4708	4765
参赛运动员人数(万人次)	Number of Athletes Attending Sports Meets (10000 person-time)	227.30	319.13	481.07	353.25
#县区级及以上(万人)	Athletes Attending Sports Meets at and above County (District) Level (10000 person)	128.33	130.62	235.29	270.74
达到《国家体育锻炼标准》人数(万人)	**Number of Person Reached the State Physical Training Standards (10000 person)**	**488.92**	**716.67**	**995.13**	**1077.05**
优秀数	Excellent	89.17	149.60	225.84	251.16
良好数	Good	204.63	278.43	377.84	417.79
及格数	Pass	195.12	288.65	391.45	408.1
体育比赛成绩	**Achievement in Sports Tournament**				
破世界纪录 (项)	World Records Chalked up (item)	9	3	6	6
获世界冠军 (个)	World Championships Won (item)	14	31	12	19
破亚洲纪录 (项)	Asia Records Chalked up (item)	4	3	7	1
破全国纪录 (项次)	National Records Chalked up (item)	28	10	11	8
获得全国冠军(项次)	National Championships Won (items)	92	113	88.5	95.5

18-3 卫生事业机构、床位及人员数

NUMBER OF HEALTH INSTITUTION, BED AND PERSONNEL BY YEAR

年份 Year	机构 (个) Health Institution (unit)	#医院及卫生院 Hospital	床位 (张) Bed (unit)	#医院及卫生院床位 Hospital Bed	卫生工作人员 (人) Medical Personnel (person)	#卫生技术人员 Medical Technical Personnel
1950	512	180	11037	9785	40445	36952
1952	1500	183	15984	12467	51961	45554
1957	4823	212	23486	16864	78471	67330
1962	13783	921	50733	37150	99268	83353
1965	12875	1807	54271	43964	100137	83036
1970	5934	1844	66448	54184	105643	86023
1975	5970	1858	80960	75311	137755	108973
1978	6949	1968	90645	84120	159583	126606
1979	7304	1974	91955	85144	171703	136568
1980	7649	1988	92506	84999	181480	144537
1981	8045	2002	94794	87010	191370	151971
1982	8331	2014	97441	88688	202162	160710
1983	8443	2037	100042	90851	208506	166543
1984	8525	2042	103231	93770	213193	170495
1985	8479	1853	107702	98231	220593	175337
1986	8713	1860	110022	99632	225526	180045
1987	8705	1880	114773	104932	230444	184126
1988	8820	1906	119328	109280	234807	187307
1989	8948	1886	122055	111816	240581	192147
1990	8989	1885	124015	114056	244039	194771
1991	9032	1906	129774	119079	249717	199051
1992	8989	1943	135527	124835	257043	205110
1993	8572	2198	139812	129317	267432	211874
1994	8720	2231	144865	134334	277398	220153
1995	8848	2267	148825	137756	288715	229894
1996	8921	2319	151553	141221	296108	237623
1997	8942	2348	155313	144496	305562	245862
1998	8805	2373	158351	147604	313737	252213

18-4 卫生事业机构、床位和人员数(1998年)

NUMBER OF HEALTH INSTITUTION,BED AND PERSONNEL BY TYPE OF INSTITUTION (1998)

机构类别	Type of Institution	机构（个） Number of Institution	床位数（张） Bed	人员数（人） Personnel	#卫生技术人员 Medical Technical Personnel	#医生 Doctor
合计	**Total**	**8805**	**158351**	**313737**	**252213**	**105492**
医院	Hospital	2373	147604	249271	201845	76427
县及县以上医院	Hospital at and Above County Level	710	105368	163584	128075	46735
其他医院	Other Hospital	9	513	706	531	218
卫生院	Commune Hospital	1654	41723	84981	73239	29474
疗养院、所	Sanatorium	41	5701	2409	1177	398
门诊部、所	Clinic	5563	604	21308	19880	11303
专科防治所、站	Specialized Prevention and Treatment Station	162	776	5659	4280	1937
卫生防疫机构	Sanitation and Antiepidemic Institution	180	15	10507	8157	5120
妇幼保健机构	Maternity and Children Care Center	42	254	1181	958	486
药品检验机构	Medicine and Chemical Reagent Test Lab	103		1030	767	22
医学科学研究机构	Research Institution of Medical Science	21	258	1165	848	352
高等医学教育机构	Institution of Higher Medical Education	7		5100	1669	1191
中等医学教育机构	Institution of Secondary Medical Education	87		3939	1800	1014
其他卫生事业机构	Other Health Care Institution	226	3139	3750	2414	923
个体开业	Individual-Run Medical Unit			8418	8418	6319

18-5 各市卫生事业机构、床位和人员数(1998年)

NUMBER OF HEALTH INSTITUTION,BED AND PERSONNEL BY CITY (1998)

市别	City	机构（个） Number of Institution	#医院及卫生院 Hospital	床位数（张） Bed	#医院及卫生院床位 Bed in Hospital	卫生工作人员（人） Medical Personnel	#卫生技术人员 Medical Technical Personnel	医生（人） Doctor	#中医 Traditional Chinese Medicine Doctor
合计	**Total**	**8805**	**2373**	**158351**	**147604**	**313737**	**252213**	**105492**	**21079**
广州	Guangzhou	2013	224	35306	30791	71036	54053	22817	4055
深圳	Shenzhen	587	79	8899	8590	18760	15027	7223	927
珠海	Zhuhai	190	38	2852	2576	5857	4781	2104	338
汕头	Shantou	128	77	6913	6838	15341	12384	5487	1417
韶关	Shaoguan	610	195	8550	7793	15421	12396	4984	788
河源	Heyuan	256	133	3963	3662	8504	7218	2844	596
梅州	Meizhou	483	197	7519	6999	16184	13335	5437	1446
惠州	Huizhou	267	113	5682	5682	12121	9668	3798	701
汕尾	Shanwei	125	70	2568	2479	6826	5573	2478	677
东莞	Dongguan	149	47	5892	5892	8306	7139	2955	414
中山	Zhongshan	200	43	3700	3610	6231	5273	2167	356
江门	Jiangmen	607	127	8796	8392	16692	13862	5523	1005
佛山	Foshan688	688	83	11966	11103	19996	16477	6766	1132
阳江	Yangjiang	176	67	3586	3371	6453	5353	2244	468
湛江	Zhanjiang	525	162	11849	11541	22369	17305	7264	1544
茂名	Maoming	381	146	8004	7391	14235	11820	4905	1207
肇庆	Zhaoqing	449	145	6587	6089	13774	10998	4238	766
清远	Qingyuan	448	168	5608	5554	11273	9599	4217	803
潮州	Chaozhou	145	66	2133	2038	7088	5971	2401	871
揭阳	Jieyang	162	103	4796	4265	10720	8638	3779	1119
云浮	Yunfu	216	90	3182	2948	6550	5343	1861	449

18-6 卫生事业机构、床位和人员数

NUMBER OF HEALTH INSTITUTION, BED AND PERSONNEL

指　标	Item	1980	1985	1990	1995	1997	1998
一、机构数(个)	**Institution (unit)**	**7649**	**8479**	**8989**	**8848**	**8942**	**8805**
医　院	Hospital	1988	1853	1885	2267	2348	2373
县及县以上医院	Hospital at and above County Level	358	464	547	637	692	710
其他医院	Other Hospital	124	3	7	28	12	9
卫生院	Commune Hospital	1506	1386	1331	1602	1644	1654
疗养院、所	Sanatorium	37	53	50	44	41	41
门诊部、所	Clinic	4998	5917	6353	5737	5732	5563
专科防治所、站	Specialized Prevention and Treatment Station	123	148	152	165	166	162
卫生防疫机构	Sanitation and Antiepidemic Institution	112	127	149	177	180	180
妇幼保健机构	Maternity and Child Care Center	65	58	63	67	43	42
药品检验机构	Medicine and Chemical Reagent Test Lab	79	87	95	99	102	103
医学科学研究机构	Research Institution of Medical Science	14	15	17	20	21	21
高等医学教育机构	Institution of Higher Medical Education	7	8	7	8	7	7
中等医学教育机构	Institution of Secondary Medical Education	14	21	31	85	87	87
其他卫生事业机构	Other Health Care Institution	212	192	187	179	215	226
二、床位数(张)	**Number of Bed (unit)**	**92506**	**107702**	**124015**	**148825**	**155313**	**158351**
三、人员数(人)	**Number of Personnel (person)**	**181480**	**220593**	**244039**	**288715**	**305562**	**313737**
卫生技术人员	Medical Technical Personnel	144537	175337	194771	229894	245862	252213
#医　生	Doctor	55117	65567	81067	98877	103812	105492
中医	Traditional Chinese Medicine Doctor	14777	18440	20266	21857	21351	21079
西医师	Doctor of Western Medicine	25817	31900	44107	56926	61903	64091
西医士	Paramedic of Western Medicine	14523	15227	16694	20094	20558	20322
护师、护士	Senior and Junior Nurse	26058	33854	48454	64504	72745	76725
其他技术人员	Other Technical Peresonnel	1342	1941	4065	6728	7575	8410
管理人员	Managerial Personnel	16325	19377	18554	22944	23691	24270
工勤人员	Rear-service Personnel	19276	23938	26649	29149	28434	28844

18-7 优抚和社会救济、福利事业情况

STATISTIC ON SPECIAL CARE, SOCIAL RELIEF AND WELFARE

项目	Item	1980	1985	1990	1995	1997	1998
一、优抚事业	**Special Care**						
优抚收养性事业单位数（个）	Number of Special Care unit (unit)	28	30	40	58	58	65
民政部门办	Run by Civil Administration Departments	28	26	31	38	39	43
集体部门办	Run by Collecfive Units		4	9	20	19	22
优抚收养性单位收养人数(人次)	Number of Person Adopted by Special Care Units (person-time)	697	1149	1556	1918	1667	1766
民政部门收养人数	Number of person Adopted by Civil Administration Departments	697	1139	1515	1694	1538	1629
集体部门收养人数	Number of Person Adopted by Collective Units		10	41	224	129	137
优抚事业费用（万元）	Expenses of Special Care (10000 yuan)	1404	4694	12250	30749	42794	47727
民政部门支出	Expenses of Civil Administration Department	1404	2319	5941	16003	20653	21637
群众优待	Mass Special Care		2375	6309	14746	22141	26090
二、社会救济	**Social Relief**						
社会困难救济人数(万人次)	Number of Person Receiving Relief Funds (10000 person-time)	232.5	215	169.2	243.0	153.4	138.1
年末社会散居孤老残幼人数(万人)	Number of Orphan, Disabled, Elderly and Young Persons Scatteredly Lived in Society (10000 person)	12.67	14.90	17.00	17.16	17.20	16.79
#国家定期定量救济	Periodical and Fixed Government Relief Funds		1.75	2.42	2.78	2.75	2.53
集体供给	Collective Subsidies	10.90	10.60	12.20	13.22	10.79	11.97
社会救济福利事业费(万元)	Expenses for Social Relief and Welfare (10000 yuan)	2417	2900	6418	18975	29630	35921
自然灾害救济费（万元）	Relief Funds for Natural Calamities (10000 yuan)	2015	4643	2679	10356	12764	9082
三、社会福利	**Social Welfare**						
社会福利事业单位数（个）	Number of Social Welfare Institution (unit)	463	871	1313	1887	2010	2029
民政部门办	Run by Civil Administration Departments	37	46	53	70	72	81
集体部门办	Run by Collective Units	426	825	1260	1817	1938	1948
社会福利事业单位收养人数(人)	Number of People Taken in by Social Welfare Institations (person)	6091	12624	21810	37364	43339	44695
民政部门	Run by Civil Administration Departments	3037	3294	4312	6437	7420	8439
集体单位	Run by Collective Units	3054	9330	17498	30927	35919	36256
社会福利企业单位（个）	Number of Social Welfare Enterprese (unit)	60	415	1506	4440	2837	1455
安排"四残"人员就业数（人）	Number of "Four Kinds of Disabled Persons" Arranged to Get Job (person)	2927	5977	13152	20365	18943	17137
民政部门安排人数	Arranged by Civil Administration Departments	2927	3609	4649	5025	4548	3862
集体单位安排人数	Arranged by Collective Units		2368	8503	15340	14395	13275
四、城乡基层社会保障	**Urban and Rural Social Security**						
农村建立社会保障网络乡镇数(个)	Number of Town with the Social Security Net (unit)			225	1223	1510	1524
城镇社区服务设施数（个）	Number of Community Service Facility in Urban (unit)			4985	2505	3649	4507

18-8 婚姻登记情况

STATISTICS ON MARRIAGE REGISTRATION

项　　目	Item		1990	1995	1997	1998
一、国内结婚登记	**Domestic Marriage Registation**					
准予登记结婚(对)	Registered Marriage	(couples)	491936	583852	596627	589505
#恢复结婚	Resuming of Marrjage		790	753	1408	1867
初婚人数(人)	First Marriage	(person)	963070	1143110	1158622	1143089
再婚人数(人)	Number of Remarriage	(person)	20802	24594	34632	35921
男　性	Male		10652	13682	18520	19188
女　性	Female		10150	10912	16112	16733
晚 婚 率(%)	Late-Marriage Rate	(%)	68.3	71.3	72.0	74.3
二、涉外结婚登记	**Marriage Registration Concerning Foreigner**					
准予登记结婚　(对)	Registered Marriage	(couples)	14661	12837	12114	11637
准予登记结婚人数(人)	Number of Person Registered	(person)	29322	25674	24228	23274
初婚人数	Number of First Marriage		26723	22358	20132	18909
再婚人数	Number of Remarriage		2599	3316	4096	4365
国内公民	Domestic Citizen		14660	12837	12112	11600
男　性	Male		1005	1272	2017	1360
女　性	Female		13655	11565	10095	10240
港澳同胞	Compatriot in Hongkong and Macao		10730	8060	7356	6496
台湾同胞	Compatriot in Taiwan		63	652	1020	1148
华　　侨	Overseas Chinese		2224	2032	1724	1716
外籍华人	Foreign Nationality Chinese		1476	1851	1740	2009
外 国 人	Foreigner		169	242	276	305
三、离婚登记(对)	**Divorce Registration**	**(couples)**				
民政部门受理离婚申请	Divorce Application Examined by Civil Administration Departments		16084	21490	23776	27023
#涉外婚姻	Divorce Concerning Foreigner		798	368	590	354
法院受理离婚案件	Divorce Case Accepted and Heard by Law Court		27060	31781	33734	35547
准予登记离婚总数	Total Number of Registered Divorce		25846	34175	39848	44133
民政部门办理离婚	Handle Divorce Through Civil Administration Departments		8659	13181	15738	18932
#涉外婚姻	Divorce Concerning Foreigner		248	299	407	262
法院调解离婚	Divorce Through Law Court Mediation		12301	13101	14207	14738
法院判决离婚	Divorce Through Law Court Judgment		4886	7893	9903	10463

18-9 环境保护基本情况

BASIC STATISTICS ON ENVIRONMENTAL PROTECTION

项目	Item	1990	1995	1997	1998
一、废水	**Waste Water**				
废水排放总量（万吨）	Total Volume of Waste Water Discharged (10000 ton)	251262	381657	418924	434169
#生活污水	Domestic Sewage	111012	212369	293449	316432
工业废水	Industrial Waste Water	140250	160979	125475	117737
废水中COD排放量（万吨）	Volume of COD Emission in Waste Water (10000 ton)	69.50	112.36	95.16	94.80
工业废水处理率（%）	Rate of Industrial Waste Water Treated (%)	56.80	77.08	85.30	89.30
工业废水处理回用率(%)	Rate of Industrial Waste Water Recovered (%)		43.41	45.0	49.1
工业废水排放达标率(%)	Rate of Industrial Waste Water Reached Discharge Standards (%)	47.08	56.34	56.7	61.6
二、废气	**Waste Gas**				
工业废气排放总量(亿标立米)	Total Volume of Industrial Waste Gas Emission (100 million m^3)	3588	8510	6040	6343
燃烧废气	From the Burning Process of Fuels	1938	4570	3645	3784
工艺废气	From the Process of Production	1650	3940	2395	2559
工业废气治理率（%）	Rate of Industrial Waste Gas Treated (%)	75.50	77.83	88.1	89.3
燃烧废气消烟除尘率	Rate of Burning Waste Gas with Soot and Dust Removed	81.70	76.46	88.5	88.7
工艺废气净化处理率	Rate of Waste Gas Purified	68.20	79.42	87.6	90.4
二氧化硫排放总量(万吨)	Total Volume of Sulphur Dioxide Emission (10000 ton)	39.64	75.31	69.3	67.88
#工业二氧化硫	Industrial Sulphur Dioxide	39.64	74.10	65.07	64.31
工业烟尘排放量（万吨）	Volume of Industrial Soot Emission (10000 ton)	21.92	57.70	35.14	32.37
工业烟尘去除量（万吨）	Volume of Industrial Soot Removed (10000 ton)	186.98	444.32	404.7	412.71
工业烟尘去除率（%）	Rate of Industrial Soot Removed (%)	89.51	88.51	95.4	96.3
工业粉尘产生量（万吨）	Volume of Industrial Dust Produced (10000 ton)	167.89	370.43	325.85	317.98
工业粉尘排放量（万吨）	Volume of Industrial Dust Emission (10000 ton)	41.72	140.50	116.92	92.21
工业粉尘回收率（%）	Rate of Industrial Dust Retrieved (%)	75.15	62.07	64.12	83.90
三、工业固体废物	**Industrial Solid Wastes**				
固体废物产生量（万吨）	Volume of Industrial Solid Wastes Produced (10000 ton)	1678	2209	1506	1772
固体废物排放量（万吨）	Volume of Industrial Solid Wastes Discharged (10000 ton)	74	316	39	121
固体废物综合利用率(%)	Rate of Solid Wastes Utilized in a Comprehensive Way (%)	33.70	49.48	56.8	65.58
固体废物综合治理率(%)	Rate of Solid Wastes Treated in a Comprehensive Way (%)	43.03	63.06	79.92	78.22
四、工业"三废"综合利用	**Comprehensive Utilization of Industrial Waste Water, Waste Gas and Solid Wastes**				
综合利用产品产值(万元)	Output Value of Products Made from Comprehensive Utilization of Waste Gas, Waste Water and Solid Wastes (10000 yuan)	31624	129418	111126	111972
综合利用利润（万元）	Profits Obtained from Comprehensive Utilization of Waste Water, Waste Gas and Solid Wastes (10000 yuan)	7762	25000	25351	22684

续表 continued

项 目	Item	1990	1995	1997	1998
五、工业“三废”治理设施	**Number of Facility for Treatment of Industrial Waste Water, Waste Gas and Solid Wastes**				
工业废水处理设施总数(套)	Number of Facility for Treatment of Waste Water (unit)	3336	10347	5259	5487
工业废水治理设施总投资(万元)	Total Investment of Facilities for Treatment of Waste water (10000 yuan)	80183	357613	344381	431380
工业废气治理设施总数 (套)	Number of Facility for Treatment of Waste Gas (set)	5766	10669	8998	9814
工业废气治理设施总投资(万元)	Total Investment of Facilities for Treatment of Waste Gas (10000 yuan)	45450	179568	284788	336972
六、企事业单位污染治理	**Pollution Treated By Enterprises and Institutions**				
污染治理资金 (万元)	Fund for Polluation Treatment (10000 yuan)	18331	30007	53797	47325
国家预算内基本建设	Investment in Capital Construction of State Budgetory Appropriations	2496	4852	1317	405
国家预算内更新改造	Investment in Innovation of State Budgetory Appropriations	2839	1529	233	1118
综合利用利润留成	Profit Sharing from Wastes Comprehensive Utilization	302	693	1528	1121
环境保护补助	Environmental Protction Subsidies	4789	2460	2503	3076
其他资金	Other Fund	7905	20473	48216	41605
当年安排治理项目 (个)	Number of Project for Pollution Treatment in the Year (unit)	1108	665	464	797
当年竣工项目数 (个)	Number of Project Completed in the Year (unit)	1110	861	529	571
七、自然保护区情况	**Natural Reserves**				
自然保护区数 (个)	Number of Natural Reserve (unit)	42	32	38	56
自然保护区面积 (平方公里)	Area of Natural Reserves (km^2)	1060	4108	4457	5406
八、环境管理	**Environmental Management**				
环保投资占 GDP 比重 (%)	Rate of Investerment in Environmental to GDP (%)	0.37	0.64	1.27	1.49
当年制定环保法规及标准 (件)	Number of Environment Protection Law, Regulation, Standard Drawn up in the Year	5	1	14	2
当年排污收费总额 (万元)	Total Fee for Discharging Waste and Fines for Pollution (10000 yuan)	9786	45953	50500	52829
环境影响评价制度执行率 (%)	Execution Rate of Environmental Influence Evaluation System (%)		87.93	95.3	97.00
当年“三同时”制度执行率(%)	Execution Rate of “Three Same Time”System (%)	82.42	86.02	94.2	98.0
当年完成限期治理项目数 (项)	Number of Pollution Treatment Project Completed within a Term of the Year		179	321	564
当年完成限治项目投资额(万元)	Investment of Pollution Treatment Project Completed Within a Term of the Year (10000 yuan)		6779	20005	48797
建成烟尘控制区总数 (个)	Number of Soot Control Region Completed (unit)		190	204	205
建成烟尘控制区面积(平方公里)	Area of Soot Control Regions Completed (km^2)		805	1249	1537
建成噪声达标区总数 (个)	Number of Noise Control Region Reached Standards (unit)		81	190	130
建成噪声达标区面积(平方公里)	Area of Noise Control Regions Reached Standards (km^2)		234	736	793
九、环保系统自身建设情况	**Statistics on Environmental Protection Agencies**				
年末机构数 (个)	Number of Agency at Year-end (unit)	333	461	684	705
环境监测站数 (个)	Number of Environmental Monitoring Station (unit)		111	122	122
年末实有人数 (人)	Number of Pesonnel at Year-end (person)	3337	5286	6379	6932

注：1997 年以来部分指标的统计范围只包括部分乡镇企业。

Note: The figures in 1997 only included a part of the township enterprises.

18-10 各市"三废"排放及治理情况(1998 年)

STATISTICS ON DISCHARGE AND TREATMENT OF WASTE WATER, WASTE GAS AND SOLID WASTES BY CITY (1998)

市别 City		废水排放总量(万吨) Total Volume of Waste Water Discharged (10000 ton)	#工业废水 Industrial Waste Water	工业废水处理率(%) Rate of Industrial Waste Water Treated (%)	工业废气排放总量(亿标立米) Total Volum of Industrial Waste Gas Emission(100 million m³)	工业废气治理率(%) Rate of Industrial Waste Gas Treated (%)	二氧化硫排放总量(万吨) Total Volume of Sulphur Dioxide Emission (10000 tons)	#工业二氧化硫 Industrial Sulphur Dioxide
广州	Guangzhou	104566.69	25466.69	91.0	1611.11	93.2	16.41	15.20
深圳	Shenzhen	66764.19	3087.19	98.8	507.34	99.0	2.33	2.33
珠海	Zhuhai	11792.12	3662.12	74.0	112.12	99.8	0.87	0.86
汕头	Shantou	17664.60	3837.60	94.1	175.14	89.4	2.03	1.96
韶关	Shaoguan	19104.37	11101.37	96.5	496.05	86.5	4.36	4.14
河源	Heyuan	6863.37	1115.37	87.0	24.81	65.6	0.72	0.44
梅州	Meizhou	4876.06	1334.06	92.0	295.28	95.2	1.84	1.46
惠州	Huizhou	9399.28	1824.28	97.2	54.75	80.5	0.82	0.82
汕尾	Shanwei	4569.37	362.37	62.3	6.69	20.3	0.06	0.06
东莞	Dongguan	32079.03	7989.03	81.8	808.86	92.5	8.06	8.05
中山	Zhongshan	11460.95	6762.95	92.4	66.82	99.6	1.05	0.94
江门	Jiangmen	21427.84	9896.84	72.6	334.72	95.5	3.60	3.48
佛山	Foshan	30641.52	11341.52	97.2	687.99	88.1	9.78	9.63
阳江	Yangjiang	6648.18	717.18	95.0	31.74	77.9	0.37	0.37
湛江	Zhanjiang	23079.50	9482.50	64.5	300.34	86.4	2.63	2.50
茂名	Maoming	17671.35	6813.35	83.9	334.97	46.0	3.95	3.95
肇庆	Zhaoqing	11936.32	4385.32	80.9	140.66	89.3	3.92	3.52
清远	Qingyuan	10236.75	5037.75	92.5	197.94	91.4	1.59	1.46
潮州	Chaozhou	4995.65	615.65	89.6	19.46	78.3	0.46	0.38
揭阳	Jieyang	9923.95	798.95	89.6	5.20	55.2	1.17	1.03
云浮	Yunfu	8467.51	2104.51	98.1	131.54	88.9	1.85	1.72

市别 City		工业烟尘排放量(万吨) Volume of Industrial Soot Emission (10000 tons)	工业烟尘去除率(%) Rate of Industrial Soot Removed (%)	工业粉尘排放量(万吨) Volume of Industrial Dust Emission (10000 tons)	工业粉尘回收率(%) Rate of Industrial Dust Recovered (%)	工业固体废物产生量(万吨) Volume of Industrial Soild Wastes Produced (10000 tons)	工业固体废物排放量(万吨) Volme of Industrial Soild Wastes Emission (10000 tons)	工业固体废物治理率(%) Volme of Industrial Soild Wastes Treated (%)
广州	Guangzhou	4.47	97.7	21.79	95.6	314.4	0.9	95
深圳	Shenzhen	0.29	98.7	0.01	98.7	32.5		100
珠海	Zhuhai	0.62	88.0	0.18	56.9	14.3		100
汕头	Shantou	0.24	99.2		84.6	42.0		100
韶关	Shaoguan	4.06	95.4	5.39	82.2	501.7	103.2	52
河源	Heyuan	0.38	35.4	1.59	51.8	51.0	0.1	71
梅州	Meizhou	1.50	95.4	13.06	74.5	159.6	1.7	63
惠州	Huizhou	1.77	40.5	7.35	73.3	12.5		99
汕尾	Shanwei	0.05	4.8		79.6	4.4		80
东莞	Dongguan	1.82	98.5	4.77	84.0	105.4	0.2	67
中山	Zhongshan	0.25	93.2	0.01	99.2	11.9		99
江门	Jiangmen	2.26	91.3	12.18	56.6	51.1	2.2	95
佛山	Foshan	1.43	94.1	1.77	91.9	102.9	0.7	99
阳江	Yangjiang	0.50	80.4	0.14	95.8	16.9	0.1	99
湛江	Zhanjiang	1.60	96.0	2.14	73.8	111.4	3.5	96
茂名	Maoming	5.87	79.5	8.28	82.5	29.4	1.3	91
肇庆	Zhaoqing	1.23	60.7	5.33	63.0	67.4	0.1	68
清远	Qingyuan	1.77	90.2	5.87	72.5	72.9	5.7	79
潮州	Chaozhou	0.23	58.7		97.4	2.5		98
揭阳	Jieyang	1.20	68.2			4.7	1.0	99
云浮	Yunfu	1.37	94.2	2.40	87.5	61.8	0.1	99

注：废水排放总量、工业废水排放量等绝对数指标的全省总数在统计时做了修正，故分市合计数可能与之略有出入。

Note: Some indicators such as total volume of waste water, volume of idustrial waste water discharged, had been revised, so the province total may be unequal to cities' sum.

18-11 律师、公证、基层司法及法学教育基本情况

BASIC STATISTICS ON LAWYER, NOTARIZATION, BASIC LEVEL JUDICAL WORK AND LAW EDUCATION

项目	Item	1981	1985	1990	1995	1997	1998
一、律师工作	**Lawyer**						
律师事务所（个）	Number of Law Office	67	146	236	564	665	713
执业律师（人）	Number of Full-time Lawyer	246	1816	3264	5692	5870	5866
担任常年法律顾问（家）	Number of Unit Responsible for Permanent Legal Advisor		1579	7774	16414	20959	15093
民事代理（件）	Agent of Civil Litigation (case)	434	5523	22203	17460	19933	22607
非诉讼法律事务（件）	Agent of Non-litigious Legal Affair (case)	147	3933	16066	33579	40491	42005
刑事辩护（件）	Defender of Criminal Case (case)	1469	3557	11647	8755	11884	11502
涉外法律事务（件）	Agent of Foreign-related Legal Affair (case)		1662	4217	4514	6150	5330
#涉外及港澳台经济法律事务	Agent of Foreign-retated and Hong Kong, Marco, Taiwan Related Economic Legal Affair		608	936	312	1264	715
解答法律询问（件）	Agent of Legal Advisory Service (case)	8235	44350	104735	74691	110349	116333
二、公证工作	**Notarization**						
公 证 处（个）	Number of Notary Office	99	119	135	142	142	144
公证人员（人）	Number of Notarial Personnal	274	550	909	1210	1240	1268
办结公证总数（件）	Number of Notarized Documents (case)	69180	200022	611321	705022	752003	873785
#国内民事公证	Domestic Civil Case Natarization	3740	19616	132135	209053	218871	246169
国内经济公证	Domestic Economic Notarization	136	91074	124049	192569	178134	266795
涉外及港澳台民事经济公证	Foreign-related and HongKong, Marco, Taiwan-related Civil Economic Notarization	65304	89332	355137	303400	354998	360821
协助调入非贸易外汇（万元）	Assisting to Transfer Non-trade Exchange in (10000 yuan)	377.4	1632	4385	12834	12402	6251
三、基层司法工作	**Basic Level Judical Work**						
法律服务所（个）	Number of Law Service		1154	1816	1899	1915	1929
法律服务所人员（人）	Number of Law Service Personnel		2837	5553	5974	6077	6073
担任法律顾问（家）	Number of Unit Responsible for Legal Advisor		220	12945	30292	62195	30584
民事诉讼代理（件）	Agent of Civil Litigation (case)		1327	6137	12444	15346	16909
非诉讼代理（件）	Agent of Non-litigious Legal Affair (case)		1470	62436	80212	74376	85864
帮助挽回经济损失（万元）	Assisting to Retrieve Economic Loss (10000 yuan)			15233	106835	102346	187619
人民调解委员会（个）	Number of People's Mediation Commitee	25290	27696	32076	31811	31213	29822
调解人员（人）	Number of Mediator	151685	180827	219082	285288	290239	253944
调解纠纷总数（件）	Number of Dispute Mediated (case)	229962	237610	184231	170165	152079	145554
四、法学教育（人）	**Education in Law**						
普通成人高等法学教育	Adult Higher Education in Law Education						
招 生 数	Number of New Student Enrollment		8025	3747	4698	3353	
在校生数	Number of Student Enrollment		7420	9746	11445	17779	
毕业生数	Number of Graduate		639	919	1306	1261	
普通成人中等法学教育	Adult Secondary Education in Law Education						
招 生 数	Number of New Student Enrollment		500	855	2110		
在校生数	Number of Student Enrollment		749	2475	5127		
毕业生数	Number of Graduate		199	2065	1054		

18-12 交通事故发生情况（1998年）

BASIC STATISTICS ON TRAFFIC ACCIDENTS (1998)

项　　目	Item	合　计 Total	按事故发生程度分 By Serious Degree of Traffic 特　大 Extra-ordinarily Serious	重　大 Serious	一　般 Ordinary	按事故发生地区分 By Region of Traffic Accident Occurred 城　市 City	郊区、县 Suburb, County
发　生　（起）	Traffic Accident (case)	38913	243	7710	30960	12947	25966
死　亡　（人）	Number of Death	8245	561	7679	5	1835	6410
受　伤　（人）	Number of Injured Person	36120	880	4578	30662	11446	24674
损失折款　（万元）	Losses Coverted into Cash (10000 yuan)	23036.42	2108.18	5709.13	15219.11	6233.36	16803.06
平均每起事故损失（元）	Average Loss Per Traffic Accident (yuan)	5920	86756	7405	4916	4815	6471

18-13 火灾事故发生情况（1998年）

BASIC STATISTICS ON FIRES (1998)

项　　目	Item	合　计 Total	特　大 Extra-ordinarily Serious	重　大 Serious	一　般 Ordinary
发　生　（起）	Fire (case)	4488	7	86	4395
死　亡　（人）	Number of Death	242	13	105	124
受　伤　（人）	Number of Injured person	347	8	36	303
损失折款　（万元）	Losses Converted into Cash (10000 yuan)	11314.2	1367.7	3717.1	6229.4
平均每起事故损失（元）	Average Loss Per Fires (yuan)	25210	1953857	43222	14174

主要统计指标解释

卫生技术人员 指卫生事业机构支付工资的全部固定职工和合同制职工现任职务为卫生技术工作的专业人员。包括中医师、西医师、中西医结合高级医师、护师、中药师、西药师、检验师、其他技师、中医士、西医士、护士、助产士、中药剂士、西药剂士、检验士、其他技士、其他中医、护理员、中药剂员、西药剂员、检验员，其他初级卫生技术人员。

医生 指经卫生部门审查合格，从事医疗工作的专业人员。分为中医医生和西医医生。包括卫生技术人员中的中医师、西医师、中西医结合高级医师、中医士、西医士和其他中医。

社会福利事业单位 指集中收养社会孤、老、残、幼的机构。包括由民政部门管理的社会福利院、儿童福利院、精神病人福利院和城镇集体办的福利院、以及农村集体举办的敬老院。

社会福利事业单位收养人数 包括民政部门管理的和城镇及农村集体举办的社会福利事业单位中收养的老人、少年儿童、缺乏生活自理能力的残疾人员和精神病人。

律师 指受聘参加法律顾问处工作，提任法律顾问、刑（民）事代理人、刑事辩护人，办理非诉讼事件、解答法律询问，代写法律事务文书等主要从事律师事务的司法人员。

公证人员 指在国家公证机关依法办理公证事务的司法人员。包括公证员、助理公证员和在公证处工作的其他人员。

办理公证文书 指公证处在一定时期内办结的公证文书件数。公证文书系按司法部规定或批准的格式制作。包括国内公证和涉外公证两部分。其中国内公证分为经济合同公证和民事法律关系公证两大类。

调解人员 在人民调解委员会担负调解民间一般民事纠纷和轻微违法行为所引起的纠纷的工作人员。包括调解委员会的委员和调解小组的调解员。

调解民间纠纷 指调解委员会依照法律规定，根据自愿原则，用说服教育的方法调解民间发生的有关民事权利和义务的争执，促成当事双方达到协议和谅解，解决纠纷。包括婚烟家庭纠纷，财产权益纠纷等，不包括法院受理调解的民事案件数。

废水排放总量 包括生产废水和生活污水。生产废水指企、事业单位在生产、科研过程中所有排放口向外环境排放的废水量总和。生活污水指城镇居民区和企、事业单位职工集中居住区排放的污水量。

工业废水排放总量 指经过工业企业厂区所有排放口排到企业外部的工业废水量。包括外排的直接冷却水、超标排放的矿井地下水和与工业废水混排的厂区生活污水，不包括外排的间接冷却水（清污不分流的间接冷却水应计算在内）。

废气排放总量 指燃料燃烧和生产工艺过程中排放的各种废气总量，以标准状态下每年万标立方米表示。

燃料燃烧过程废气排放量 指燃煤、燃油、燃气锅炉、锻造加热炉、退火炉和其它工业炉窑在燃烧过程（燃料和物料不混合的纯加热过程）中所排废气的总量。它可以根据烟气计算公式或经验计算公式求得。

经过消烟除尘的燃料燃烧废气量 指燃料燃烧过程中排放的废气经过消烟除尘装置净化、处理的量。

经过净化处理的生产工艺废气量 指生产工艺过程中排放的废气经过各种净化处理装置净化、处理的量。

工业粉尘排放量 指工业企业在生产工艺过程中排入的固体微粒总重量。如钢铁企业的耐火材料粉尘、焦化企业的筛焦系统粉尘、烧结机的粉尘、石灰窑的粉尘、建材企业的水泥粉尘等。不包括电厂排入大气的烟尘。

工业粉尘回收量 指经生产工艺废气净化处理装置回收的粉尘和尘泥量（包括干法和湿法）。不包括电厂的烟尘。通常情况下：

工业粉尘产生量＝工业粉尘排放量＋工业粉尘回收量

工业固体废物产生量 指工业企业在生产过程中产生的固体状、半固体状和高浓度液体状废弃物的总量，包括冶炼废渣、粉煤灰、炉渣、煤矸石、化工废渣、尾矿、放射性废渣和其它废渣等；不包括矿山开采的剥离废石和掘进废石（煤矸石和呈酸性或碱性的废石除外）。酸性或碱性废石是指采掘的废石其流经水、雨淋水PH值小于4或PH值大于10．5者。

工业固体废物综合利用量 指已用作农业肥料、造田、生产建筑材料、筑路以及其它方式综合利用的固体废物量（包括当年利用往年的工业固体废物堆存量）。综合利用量由原产固体废物的单位统计。

“三废”综合利用产品产值 指工业企业回收利用“三废”作为主要原料生产的产品值。按国发(1985)117号文规定执行。

“三废”综合利用产品利润 指工业企业回收利用“三废”作为主要原料生产的产品自用或出售后所得的利润额。

Explanatory Notes on Main Statistical Indiicators

Medical Technical Personnel refers to all permanent medical staff and workers employed by medical institutions, including doctors of Chinese and Western medicine, senior doctors who integrate traditional Chinese therapeutics with Western therapeutics in practice, senior nurses, pharmacists of Chinese and Western medicine, laboratory specialists, other specilists, paramedics of Chinese and Western medicine, nurses, midwives, druggists in Chinese and Western medicine, laboratory technicians, other technicians, other practitioners of Chinese medicine, nursing attendants, pharmacological workers of Chinese and Western medicine, laboratory workers, and other primary medical personnel.

Doctors refer to qualified professional medical workers approved to practice by public health departments. They are classified into doctors of Chinese medicine, doctors of Western medicine, senior doctors who integratetraditonal Chinese therapeutics with Western therapeutics in practice, paramedics of Chinese medicine and Western medicine, and other specialists of Chinese medicine.

Social Welfare Institutions refer to institutions taking care of old people without children, handicapped people and orphans. They include social welfare institutions run by civil affairs departments, children's welfare institutions, social welfare institutions for mental patients, and collective owned old people's homes in rural areas.

Number of People Taken in by Social Welfare Institutions refers to the number of old people, children,totally dependent handicapped people and mental patients taken in by social welfare institutions run by civil affairs departments and those run by collective units in urban and rural areas.

Lawyers are legal workers who are employed full-time by legal counseling firms to act as legal advisers, agents in criminal or civil lawsuits, or defenders in criminal lawsuits, or to handle non-litigous legal affars, to advise on matters of law or to write legal papers for others. Both full-time and part-time lawyers are included.

Notary Personnel refers to judicial workers of the state notary offices handling notarization work according to law. They include notaries, assistant notaries, and other people working for notary offices.

Notarized Documents refer to the documents settled by notary offices in a year. The notarial documents are drawn up in accordance with the regulations of the Ministry of Justice, including domestic documents and foreign-related documents. Domestic documents are divided into two major categories: documents on economic contracts and documents on civil legal relations.

Mediators refer to workers on people's mediation committees responsible for mediating in civil disputes and cases of slight infraction of the law. They include members of the mediation committees and mediators of mediation groups.

Mediation of Civil Disputes refers to mediation committees'work in mediating in civil disputes concerning civil rights and duties through persuasion and education in accordance with the provisions of law on a voluntary basis, so as to solve disputes by helping the parties involved come to an agreement and understanding. These disputes include divorce cases and disputes over property ownership, but exclude the civil cases to be handled by the corut.

Total Volume of Waste Water Discharged inculdes the volume of production waste water and domestic sewage. The production waste water refer to the total waste water discharged in the process of production and scientific research by enterprises and institutions, through all outlets to the outside environment. The domestic sewage refers to the sewage volume discharged in the urban residential areas and the residential areas of staff and workers of enterprises and institutions.

Volume of Industrial Waste Water Discharged reffers to the volume of industrial waste water discharged, through all outlets to the outside of industrial enterprises, including waste water produced, direct-cooling water, undergrouand water from mines that does not meet the standard of discharge, and the domestic sewage mixed up with industrial waste water when discharged, but excluding discharged indirect-cooling water.

Volume of Waste Gas Emission refers to waste gas emitted from burning of fuels and from production process, and is measured by 10, 000 standard cubic meters each year under normal condition.

Volum of Waste Gas Emission from Burning of Fules refers to the total volume of waste gas emitted from burning of fuels (the pure heating process not mixed with materials), such as burning of coal, burning of oil, gas fired-boiler, drying furnace, forge furnace, annealing furnace and other industrial furnaces, It can be calculated with gas-smoke formula and empirical formunla.

Volume of Waste Gas Emission from Burningof Fuels after Treatment refers to the volume of waste gas emitted from burning of fuels after the treatment of smoke prevention and dust control facilities.

Volume of Waste Gas Emission from Production Process after Treatment refers to the volume of waste gas emitted from production process after the treatment of various purifying facilities.

Industrial Dust Discharged refers to the total weight of solid dust discharged by industrial enterprises in the production process, such as dust of refractory materials from iron plants, dust from coke-screening system or from sintering machines of coking plants, dust from lime kilns, coment dust from building material of enterprises, etc., but excluding smoke and dust discharged by power plants.

Lindustral Dust Recovered refers to the volume of dust and dirt recovered through the treatment of purifying facilities of production (including dry and wet devices), but excluding the dust from electric power plants.

Industrial Dust Produced = Industrial Dust Discharged + Industrial Dust Recovered

Volume of Industrial Solid Wastes Produced refers to the total volume of solid, semi-solid of high-concentration liquid residues produced by industrial enterprises in their production process, including dangerous wastes, residues from melting, slag, powdered coal ash, gangue, chemical residues, tailings, radioactive residues and other residues, but excluding stripped or dug stones in mining (except gangue and acid or alkali stones which are stones washed or soaked by water with a PH value smaller than 4 or larger than 10.5)

Volume of Industrial Solid Wastes Utilized in a Comprehensive Way refers to the volume of solid wastes utilized in a comprehensive way, such as the solid wastes utilized as fertilizers, building materials, for building up fields and making roads or for other purposes (including the volume of industrial solid wastes stored up in the previous years and utilized in the current year). Statistical data on utilization of industrial solid wastes are collected by solid wastes producing units.

Output Value of Products Made from Utilization of Waste Gas, Waste Water and Industrial Solid Wastes refers to the value of products made by industrial enterprises using recovered waste water, waste gas or solid wastes as main raw materials, inaccordance with No. 117 Document (1985).

Profits Obtained from Utilization of Waste Water, Waste Gas and Industrial Solid Wastes refer to profits obtained from sales or own-consumption of products made by industrial enterprises using recoverd waste water, waste gas or solid wastes as main raw materials.

十九　经济地带主要指标

SPECIAL ECONOMIC REGIONS

简要说明

一、本篇主要包括：广东境内的经济特区、经济技术开发区、珠江三角洲经济区、山区县、东西两翼、少数民族县以及东莞、中山、顺德、南海四市等经济区域的主要统计指标数据。

二、本篇资料分别由广东省统计局综合处、贸易外经处和工业交通处负责整理、编辑。

三、资源来源：本篇资料根据国家统计局制定的各有关专业年度统计报表制度和广东省统计局制发的《县区国民经济主要指标年报》制度，由全省 21 个市统计局填报汇总而成。

四、本篇各项产值指标数据，由于各市汇总数不等于全省数，因此各经济地带产值指标汇总数，仅适合反映该地区发展变化情况。

SPECIAL ECONOMIC REGIONS

Brief Introduction

Ⅰ. The data in this chapter mainly include those of the special economic zones in Guangdong province, the economic and technological development zones in Guangdong Province, the economic zone of Pearl River Delta, hilly counties, the cities in the eastern and western wings, minority nationality autonomous counites as well as Dongguan, Zhongshan, Shunde and Nanhai.

Ⅱ. The data in this chapter are prepared by the Division of Integrated Statistics, the Divivion of Trade and Foreign Economic Statistics, the Division of Industrial and Transprot Statistics, Statistical Bureau of Guangdong Province.

Ⅲ. Data sources:

The data in this chapter are tabulated and reported by the twenty-one Cities' statistical bureaus of Guangdong Province in accordance with the various annual statistical reporting schemes stipulated by the State Statistical Bureau and the "Annual Reporting Scheme of Main Indicators of National Economy of Counties and Districts under City Administration".

Ⅳ. The total output values of each ecomomic region in this chapter only show its own development and changes because the total figures of these cities are not equal to those of the whole province.

19-1 经济特区主要经济指标(1998年)

MAIN ECONOMIC INDICATORS OF SPECIAL ECONOMIC ZONES (1998)

指标	Item	合计 Total	深圳 Shenzhen	珠海 Zhuhai	汕头 Shantou
土地面积 (平方公里)	Land Area (sq. km)	747	392	121	234
年末总人口 (万人)	Year-end Population (10000 Persons)	217.88	71.48	35.08	111.32
工业总产值(现行价) (亿元)	Gross Industrial Output Value (Current Prices) (100 million yuan)	2530.48	1848.54	404.87	277.07
工业销售产值(现行价) (亿元)	Sales Industrial Output Value (Current Prices) (100 million yuan)	2407.29	1797.26	351.13	258.90
工业增加值(现行价) (亿元)	Value Added of Industry (Current Prices) (100 million yuan)	672.34	503.13	95.04	74.17
农业总产值(现行价) (亿元)	Gross Agricultural Output Value(Current Prices) (100 million yuan)	16.77	3.19	4.37	9.21
国内生产总值(现行价) (亿元)	Gross Domestic Product Value (Current Prices) (100 million yuan)	1764.95	1289.28	263.50	212.17
年末职工人数 (万人)	Year-end Number of Staff and Workers (100 persons)	136.65	80.47	22.42	33.76
#国有单位	State-Owned Units	52.68	28.20	7.50	16.98
城镇集体单位	Urban Collective Owned Units	17.39	3.67	2.63	11.09
其他经济类型	Units of Other Type of Ownership	66.58	48.60	12.29	5.69
#"三资"企业	Enterprises of Joint Ventures ,Cooperative Operation and Ventures Exclusively with Foreign Investment	44.00	29.38	10.17	4.45
职工工资总额 (亿元)	Total Wages of Staff and Workers(100 million yuan)	212.54	150.73	32.46	29.35
#国有单位	State-Owned Units	91.31	60.46	13.19	17.66
城镇集体单位	Urban Collective Owned Units	13.66	4.26	3.16	6.24
其他经济类型	Units of Other Type of Ownership	107.57	86.01	16.11	5.45
#"三资"企业	Enterprises of Joint Ventures,Cooperative Operation and Ventures Exclusively with Foreign Investment	68.66	50.62	13.97	4.07
客运量 (万人)	Passenger Traffic (10000 Persons)	12800	8484	2473	1843
旅客周转量 (万人公里)	Passenger-Kilometers (10000 Passenger-km)	1249542	822005	241650	185887
货运量 (万吨)	Freight Traffic (10000 tons)	7945	4048	2543	1354
货物周转量 (万吨公里)	Freight Ton-Kilometers (10000 ton-km)	2369216	2127605	136535	105076
沿海港口货物吞吐量 (万吨)	Volume of Freight Handled in Coastal Ports (10000 tons)	6006	3444	1272	1290
全社会固定资产投资完成额(亿元)	Total Amount of Investment in Fixed Assets Completed (100 million yuan)	638.90	474.63	85.71	78.56
#基本建设投资	Investment in Capital Construction	320.50	239.61	54.87	26.02
社会消费品零售总额 (亿元)	Total Retail Sales of Comsumer Goods (100 million yuan)	465.09	292.30	80.31	92.48
财政收入 (亿元)	Revenue (100 million yuan)	193.72	164.91	17.40	11.41
财政支出 (亿元)	Expenditure (100 million yuan)	215.28	176.94	20.98	17.36
外贸出口总额 (亿美元)	Total Exports (USD 100 million)	176.81	122.90	29.65	24.26
结汇收入 (亿美元)	Clearing Income (USD 100 million)	96.21	69.63	11.28	15.30
新签利用外资合同数 (宗)	Number of Through Newly Signed Contracts Utilization of Foreign Capital	1718	1300	257	161
合同规定利用外资额 (亿美元)	Volume of Foreign Capital to be Unitized Throgh Signed Contracts (USD 100 million)	31.84	21.30	7.54	3.00
实际利用外资 (亿美元)	Foreign Capital Actually Utilized (USD100 million)	37.19	19.05	10.32	7.82
#外商直接投资	Foreign Direct Investment	25.78	12.53	6.22	7.03
城乡居民储蓄存款年末余额(亿元)	Year-end Outstanding Amount of Saving Deposit of Urban and Rural Residents (100 million yuan)	1274.38	861.88	202.70	209.80
接待过夜国际旅游者 (万人次)	Number of International Tourists Received to Stay Overnight (10000 persons)	207.72	123.51	65.51	18.7
#外国人	Foreigners	39.92	28.46	6.86	4.60

注:1. 深圳经济特区除土地面积、年末总人口、农业总产值、年末职工人数、职工工资总额、社会消费品零售总额、外贸出口总额、利用外资、接待过夜国际旅游者外,其余指标含龙岗区和宝安区。2. 珠海经济特区的国内生产总值为全市数。

Note:a) The figures of Shenzhen Special Economic Zone include Longgang District and Baoan District,except those of area,year-end population,gross agricultural output value,year-end number of staff and workers,total wages of staff and workers,total retail sales of comsumer goods, total exports, foreign capital utilized, number of international tourists received to stay overnight. b) The figure of gross domestic product of Zhuhai Special Economic Zone is the figure for the whole city.

19-2 经济特区利用外资(1998年)

UTILIZATION OF FOREIGN CAPITAL FOR SPECIAL ECONOMIC ZONES (1998)

指　　标	Item	合　计 Total	深　圳 Shenzhen	珠　海 Zhuhai	汕　头 Shantou
一、签订协议数(宗)	**Number of Signed Agreement (unit)**	**1718**	**1300**	**257**	**161**
对外借款	**Foreign Loans**	**69**		**64**	**5**
外国政府贷款	Foreign Government Loans				
国际金融组织贷款	Loans from International Financial Organizations				
出口信贷	Export Credit				
#卖方信贷	Seller's Credit				
外国银行商业贷款	Commercial Loan from Foreign Bank	69		64	5
对外发行债券	Bonds Issued Abroad				
外商直接投资	**Foreign Direct Investment**	**1289**	**983**	**172**	**134**
合资经营企业	Joint Ventures	429	363	54	12
合作经营企业	Cooperative Operation	67	22	17	28
外资(独资)企业	Ventures Exclusively with Foreign Investment	790	595	101	94
外商投资股份制	Share Holding of Foreign Investment	3	3		
合作开发	Cooperative Development				
其　他	Others				
外商其它投资	**Other Foreign Investment**	**360**	**317**	**21**	**22**
对外发行股票	Shares Issued Abroad				
国际租赁	International Lease				
补偿贸易	Compensation Trade				
加工装配	Processing and Assembly	360	317	21	22
#作价部份	The Parts Priced				
二、协议利用外资(万美元)	**Amount of Utilization of Foreign Gapital Through Agreements (USD 10000)**	**318319**	**212999**	**75365**	**29955**
对外借款	**Foreign Loans**	**87334**	**42093**	**40032**	**5209**
外国政府贷款	Foreign Government Loans	3294	3294		
国际金融组织贷款	Loans From International Financial Organizations				
出口信贷	Export Credit	15747	15747		
#卖方信贷	Seller's Credit				
外国银行商业贷款	Commercial Loan from Foreign Bank	68293	23052	40032	5209
对外发行债券	Bonds Issued Abroad				
外商直接投资	**Foreign Direct Investment**	**208100**	**149316**	**34370**	**24414**
合资经营企业	Joint Ventures	69437	57250	9429	2758
合作经营企业	Cooperative Operation	23610	6226	10008	7376
外资(独资)企业	Ventures Exclusively with Foreign Investment	113371	84158	14933	14280
外商投资股份制	Share Holding of Foreign Investment	1682	1682		
合作开发	Cooperative Development				
其　他	Others				
外商其它投资	**Other Foreign Investment**	**22885**	**21590**	**963**	**332**
对外发行股票	Shares Issued Abroad	2300	2300		
国际租赁	International Lease				
补偿贸易	Compensation Trade				
加工装配	Processing and Assembly	20585	19290	963	332
#作价部份	The Parts Priced				
三、实际利用外资(万美元)	**Amount of Foreign Capital Actually Used(USD 10000)**	**371998**	**190518**	**103232**	**78248**
对外借款	**Foreign Loans**	**103478**	**55717**	**40032**	**7729**
外国政府贷款	Foreign Government Loans	3294	3294		
国际金融组织贷款	Loans from International Financial Organizations	4660	4660		
出口信贷	Export Credit	15747	15747		
#卖方信贷	Seller's Credit				
外国银行商业贷款	Commercial Loan from Foreign Bank	79777	32016	40032	7729
对外发行债券	Bonds Issued Abroad				
外商直接投资	**Foreign Direct Investment**	**257847**	**125322**	**62237**	**70288**
合资经营企业	Joint Ventures	87419	55567	17236	14616
合作经营企业	Cooperative Operation	67263	16840	21688	28735
外资(独资)企业	Ventures Exclusively with Foreign Investment	100485	50235	23313	26937
外商投资股份制	Share Holding of Foreign Investment	2680	2680		
合作开发	Cooperative Development				
其　他	Others				
外商其它投资	**Other Foreign Investment**	**10673**	**9479**	**963**	**231**
对外发行股票	Shares Issued Abroad	2300	2300		
国际租赁	International Lease				
补偿贸易	Compensation Trade				
加工装配	Processing and Assembly	8373	7179	963	231
#作价部份	The Parts Priced				

19-3 经济技术开发区主要经济指标(1998年)

MAIN INDICATORS OF ECONOMIC AND TECHNOLOGICAL DEVELOPMENT ZONES(1998)

指　标 Item	合计 Total	广州 Guangzhou	湛江 Zhanjiang	大亚湾 Dayawan	南沙 Nansha
土地面积 (平方公里) Land Area (sq.km)	365.38	28.50	9.20	273.68	54.00
#已开发面积 Developed Area	54.88	18.60	5.20	9.98	21.1
年末总人口 (万人) Year-end Population (10000 persons)	20.76	6.08	5.10	6.50	3.08
工业总产值(现行价) (亿元) Gross Industrial Output Value (Current Prices) (100 million yuan)	317.80	231.02	60.76	5.50	20.52
#"三资"企业产值 Output Value of Joint Ventures, Cooperative Operation and Ventures Exclusively with Foreign Investment	279.20	220.67	36.25	3.16	19.12
工业销售产值(现行价)(亿元) Sales Industrial Output Value(Current Prices) (100 million yuan)	313.46	230.95	59.00	5.42	18.09
#出口交货值 Value of Export Delivered	61.63	41.97	5.40	0.36	13.90
工业增加值(现行价) (亿元) Value Added of Industry(Current Prices) (100 million yuan)	95.14	71.58	15.02	1.27	7.27
全社会固定资产投资完成额(亿元) Total Amount of Investment in Fixed Assets Completed (100 million yuan)	56.08	45.83	1.08	4.38	4.79
#基本建设投资 Investment in Capital Construction	53.07	45.83	0.13	4.16	2.95
社会消费品零售总额 (亿元) Total Retail Sales of Comsumer Goods (100 million yuan)	9.16	3.98	2.16	1.19	1.83
年末职工总人数 (万人) Number of Staff and Workers at Year-end (10000 persons)	10.99	5.51	2.54	1.01	1.93
职工工资总额 (亿元) Total Wages of Staff and Workers (100 million yuan)	16.66	11.68	1.93	0.86	2.19
投产(开业)企业数 (户) Number of Put into Operation Enterprises	1071	444	157	327	143
#工业企业 Industrial Enterprises	462	258	73	56	75
在全部企业中: In All of the Enterprises:					
"三资"企业 Enterprises of Joint Ventures, Cooperative Operation and Ventures Exclusively with Foreign Investment	456	230	89	42	95
内联企业 Internal Joint Enterpeises	182	150	28		4
自办企业 Self-running Enterprises	148	64	40		44
全区利润(或亏损)总额(亿元) Total Profits (or loss) (100 million yuan)	15.77	12.38	2.16	1.23	
盈利企业 (户) Number of Profit Earning Enterprises	526	244	35	247	
亏损企业 (户) Number of Loss-making Enterprises	390	200	110	80	
财政收入 (亿元) Total Revenue (100 million yuan)	18.81	15.79	0.96	0.65	1.41
#税收 Taxes	10.18	8.08	0.87	0.52	0.71
财政支出 (亿元) Total Expenditure (100 million yuan)	17.08	15.76	0.71	0.61	
外贸出口总额 (亿美元) Total Exports (100 million USD)	8.72	5.84	0.84	0.41	1.63
贸易出口 Exports Through Trade	1.98	1.52	0.37	0.05	0.04
"三来一补"出口 Exports Through Processing and Assembly with Customer's Materials, Import Materials, Customer's Design or Sample and Compensation Trade	0.26	0.22		0.03	0.01
"三资"企业出口 Exports by Joint Ventures, Cooperative Operation and Ventures Exclusively with Foreign Investment	6.48	4.10	0.47	0.33	1.58
结汇收入 (亿美元) Clearing Income (100 million USD)	0.37		0.33	0.04	
售汇支出 (亿美元) Sale Foreign Exchange (100 million USD)	0.10		0.03	0.07	
新签利用外资合同数 (宗) Number of Utilization of Foreign Capital Through Newly signed Contracts	117	63	15	20	19
合同规定利用外资额(亿美元) Amount of Foreign Capital to be Utilized Through Signed Contracts (100 million USD)	9.55	7.54	0.52	0.64	0.85
实际利用外资额 (亿美元) Foreign Capital Actually Utilized (100 million USD)	6.14	4.31	0.70	0.90	0.23
对外借款 Foreign Loan	0.18	0.14		0.04	
外商直接投资 Foreign Direct Investment	5.93	4.17	0.70	0.83	0.23
其他投资 Other Investment	0.03			0.03	

19-4 珠江三角洲经济区主要经济指标

MAIN ECONOMIC INDICATORS OF THE PEARL RIVER DELTA ECONOMIC ZONE

指　标	Item	1995	1997	1998	1998比1997增长% Increased Rate in 1998 over 1997
年末总人口　（万人）	Year-end Population　(10000 persons)	2137.73	2208.70	2237.68	1.3
年末从业人员数（万人）	Year-end Employees　(10000 persons)	1510.00	1636.98	1676.15	2.4
土地面积　（平方公里）	Land Area　(sq. km)			41698	
耕地面积　（万亩）	Cultivated Land　(10000 mu)		1001.09	996.28	−0.5
国内生产总值（现行价）（亿元）	Gross Domestic Product (at Current price)　(100 million yuan)	3899.69	5222.39	5833.08	13.2
第一产业	Primary Industry	314.93	391.10	398.30	3.2
第二产业	Secondary Industry	1957.09	2588.28	2876.09	14.0
第三产业	Tertiary Industry	1627.67	2243.01	2558.69	12.5
工农业总产值　（亿元）（1990年不变价）	Gross Output Value of Industry and Agriculture (at 1990 constant price)　(100 million yuan)	6172.81	8476.78	9790.94	15.5
农业总产值	Gross Output Value of Agriculture	294.98	347.92	361.76	4.0
工业总产值	Gross Output Value of Industry	5877.83	8128.86	9429.18	16.0
轻工业	Light Industry	3718.13	5363.38	6176.42	15.2
重工业	Heavy Industry	2159.70	2765.48	3252.76	17.6
乡镇企业总收入（亿元）	Total Income of Township and Village Enterprises　(100 million yuan)	2727.95	4158.43	4669.60	12.3
公路通车里程　（公里）	Total Length of Highway　(km)	20323	26216	27471.00	4.8
邮电业务总量（1990年不变价）（亿元）	Total Volume of Postal and Telecommunication Services (at 1990 constant price)　(100 million yuan)	152.60	245.71	301.38	22.7
电话机拥有量　（部）	Number of Telephone Sets Owned by Residents		6135992	7081203	15.4
#农　村	Rural Area		1889147	2600077	37.6
全社会固定资产投资额　（亿元）	Total Amount of Investment in Fixed Assets　(100 million yuan)	1491.02	1568.81	1818.41	15.9
#基本建设投资	Investment in Capital Construction	503.74	474.63	558.73	17.7
更新改造投资	Investment in Innovation	168.81	164.15	162.29	−1.1
社会消费品零售总额（亿元）	Total Amount of Retail Sales of Consumer Goods　(100 million yuan)	1544.66	1930.36	2271.81	17.7
外贸出口总额　（亿美元）	Total Amount of Exports　(100 million USD)	461.06	614.12	662.78	7.9
#贸易出口	Exports Through Trade　(100 million USD)	97.83	108.50	86.61	−20.2
“三资”企业出口	Exports by Joint Ventures, Cooperative Operation and Ventures Exclusively with Foreign Investment　(100 million USD)	223.17	327.90	381.55	16.4
新签利用外资合同数（宗）	Number of Utilization of Foreign Capital Through Newly Signed Contracts	7556	16335	13984	−14.4
合同规定利用外资额（亿美元）	Amount of Foreign Capital to be Utilized Through Signed Contracts and Agreements　(100 million USD)	203.60	76.38	97.57	27.7
实际利用外资　（亿美元）	Amount of Foreign Capital Actually Utilized　(100 million USD)	85.79	117.57	118.13	0.5
职工工资总额　（亿元）	Total Wages of Staff & Workers　(100 million yuan)	497.33	624.59	667.17	6.8
财政收入　（亿元）	Government Revenue　(100 million yuan)	315.31	340.33	412.96	21.3
财政支出　（亿元）	Government Expenditure　(100 million yuan)	316.57	416.22	503.68	21.0
城乡居民储蓄存款年末余额　（亿元）	Outstanding Amount of Saving Deposit of Urban and Rural Residents　(100 million yuan)	2810.42	4796.18	5717.28	19.2
年末“三资”企业工商登记数　（户）	Number of Registered Joint Ventures, Cooperative Operation and Ventures Exclusively with Foreign Investment	42076	43048	41984	−2.5
涉外宾馆接待过夜人数　（万人次）	Number of Tourists Received to Stay Overnight by Hotels Concerning Foreign Affairs　(10000 persons)	2215.09	3232.32	3353.63	3.8
#国际游客　（万人）	International Tourists　(10000 persons)	491.00	542.72	550.23	1.4

注：1、珠江三角洲经济区包括14个市、县：广州、深圳、珠海、佛山、江门、东莞、中山、惠州市区、惠阳县、惠东县、博罗县、肇庆市区、高要市、四会市。表中数据按各市上报数汇总。
2、1997、1998年财政收入不包括国税局部分。

Note: a) The Pearl River Delta Economic Zone includes urban area of 8 cities and 6 counties. All data in this table are reported by cities.
b) The figures of government revenue of 1997 and 1998 excluded the part of the National Tax Bureau at all levels.

19-5 珠江三角洲经济区国有工业企业单位数及产值(1998年)

NUMBER AND OUTPUT VALUE OF STATE-OWNED INDUSTRIAL ENTERPRISES OF THE PEARL RIVER DELTA ECONOMIC ZONE(1998)

单位:亿元 (100 million yuan)

项　目	Item	企业单位数(个) Number of Enterprises (unit)	工业总产值 Gross Industrial Output Value 1990年不变价 at 1990 Constant Prices	当年价 at Current Prices
总　计	**Total**	1485	671.71	899.93
按轻重工业分	**Grouped by Light & Heavy Industry**			
轻　工　业	Light Industry	755	307.83	376.71
以农产品为原料	Using Farm Products as Raw Materials	479	163.03	219.42
以非农产品为原料	Using Non-Farm Products as Raw Materials	276	144.80	157.29
重　工　业	Heavy Industry	730	363.88	523.22
采掘工业	Mining and Quarrying	38	36.92	103.51
原料工业	Raw Materials Industry	164	116.67	223.08
加工工业	Manufacturing Industry	528	210.29	193.63
按企业规模分	**Grouped by Size of Enterprise**			
大型企业	Large	131	284.39	485.16
中型企业	Medium-sized	300	213.50	220.12
小型企业	Small	1054	163.82	194.65
按行业分	**Grouped by Sector**			
#煤炭采选业	Coal Mining and Dressing			
石油和天然气开采业	Petroleum and Natural Gas Extraction	2	33.93	99.34
黑色金属矿采选业	Ferrous Metal Minerals Mining and Dressing	1	0.01	0.02
有色金属矿采选业	Nonferrous Metal Minerals Mining and Dressing	3	0.51	0.81
非金属矿采选业	Nonmetal Minerals Mining and Dressing	27	1.80	2.62
其他矿采选业	Other Minerals Mining and Dressing	1	0.44	0.45
木材及竹材采运业	Logging and Transport of Timber and Bamboo	7	0.23	0.28
食品加工业	Food Processing	116	34.70	53.98
食品制造业	Food Manufacturing	71	24.04	33.14
饮料制造业	Beverage Manufacturing	51	15.61	23.49
烟草加工业	Tobacco Processing	6	24.17	35.87
纺织业	Textile Industry	59	29.59	32.07
服装及其他纤维制品制造	Garments and Other Fiber Products	31	4.88	5.05
皮革毛皮羽绒及其制品业	Leather,Furs,Down and Related Products	16	5.34	6.00
木材加工及竹藤棕草制品业	Timber Processing,Bamboo,Cane,Palm Fiber and Straw Products	13	1.31	1.46
家具制造业	Furniture Manufacturing	9	0.29	0.33
造纸及纸制品业	Papermaking and Paper Products	34	7.50	9.37
印刷业记录媒介的复制	Printing and Record Medium Production	70	16.02	9.55
文教体育用品制造业	Cultural,Educational and Sports Goods	12	2.21	2.45
石油加工及炼焦业	Petroleum Processing and Coking	1	26.67	66.11
化学原料及制品制造业	Raw Chemical Materials and Chemical Products	87	30.61	29.91
医药制造业	Medical and Pharmaceutical Products	48	31.59	26.37
化学纤维制造业	Chemical Fiber	8	15.92	10.06
橡胶制品业	Rubber Products	16	5.31	4.98
塑料制品业	Plastic Products	28	6.57	5.72
非金属矿物制品业	Nonmetal Mineral Products	83	19.54	24.85
黑色金属冶炼及压延加工业	Smelting and Pressing of Ferrous Metals	8	7.83	11.73
有色金属冶炼及压延加工业	Smelting and Pressing of Nonferrous Metals	14	22.73	11.95
金属制品业	Metal Products	80	10.55	12.03
普通机械制造业	Ordinary Machinery Manufacturing	98	44.12	40.13
专用设备制造业	Special Purposes Equipment Manufacturing	80	15.16	15.61
交通运输设备制造业	Transport Equipment Manufacturing	110	38.54	42.25
电气机械及器材制造业	Electric Equipment and Machinery	76	52.83	58.76
电子及通信设备制造业	Electronic and Telecommunication Equipment	70	66.10	81.10
仪器仪表文化办公用机械	Instruments,Meters,Cultural and Office Machinery	33	11.91	9.93
其他制造业	Other Manufacturing	29	3.48	3.32
电力蒸汽热水生产供应业	Electric Power,Steam and Hot Water Production and Supply	49	95.97	28.47
煤气的生产和供应业	Gas Production and Supply	10	4.49	2.90
自来水的生产和供应业	Tap Water Production and Supply	27	47.03	9.43

19-6 珠江三角洲经济区工业企业主要指标(1998 年)

单位:亿元

行业	Item	企业单位数(个) Number of Enterprise (unit)	#亏损企业 Loss making Enterprice
总　计	**Total**	**12375**	**4385**
按经济类型分	**Grouped by Ownership**		
#国有经济	State-owned Enterprises	1485	725
集体经济	Collective Owned Enterprises	2762	725
股份制经济	Share Holding Enterprises	561	159
外商投资经济	Foreign Funded Enterprises	1065	435
港澳台投资经济	Enterprises Funded by Entrepreneurs from HongKong,Macao and Taiwan	5633	2159
按轻重工业分	**Grouped by Light & Heavy Industry**		
轻　工　业	Light Industry	7839	2676
以农产品为原料	Using Farm Products as Raw Materials	4214	1463
以非农产品为原料	Using Non-Farm Products as Raw Materials	3625	1213
重　工　业	Heavy Industry	4536	1709
采掘工业	Mining and Quarrying	108	27
原料工业	Raw Materials Industry	915	384
加工工业	Manufacturing Industry	3513	1298
按企业规模分	**Grouped by Size of Enterprise**		
大型企业	Large	628	242
中型企业	Medium-sized	933	433
小型企业	Small	10814	3710
按行业分	**Grouped by Sector**		
#煤炭采选业	Coal Mining and Dressing	1	1
石油和天然气开采业	Petroleum and Natural Gas Extraction	2	1
黑色金属矿采选业	Ferrous Metal Minerals Mining and Dressing	2	1
有色金属矿采选业	Nonferrous Metal Minerals Mining and Dressing	5	1
非金属矿采选业	Nonmetal Minerals Mining and Dressing	93	21
其他矿采选业	Other Minerals Mining and Dressing	1	
木材及竹材采运业	Logging and Transport of Timber and Bamboo	8	3
食品加工业	Food Processing	291	101
食品制造业	Food Manufacturing	267	106
饮料制造业	Beverage Manufacturing	156	63
烟草加工业	Tobacco Processing	10	3
纺织业	Textile Industry	695	301
服装及其他纤维制品制造	Garments and Other Fiber Products	1196	387
皮革毛皮羽绒及其制品业	Leather,Furs,Down and Related Products	516	163
木材加工及竹藤棕草制品业	Timber Processing,Bamboo,Cane,Palm Fiber and Straw Products	108	23
家具制造业	Furniture Manufacturing	212	66
造纸及纸制品业	Papermaking and Paper Products	447	144
印刷业记录媒介的复制	Printing and Record Medium Reproduction	263	96
文教体育用品制造业	Cultural,Educational and Sports Goods	397	152
石油加工及炼焦业	Petroleum Processing and Coking	16	8
化学原料及制品制造业	Raw Chemical Materials and Chemical Products	586	189
医药制造业	Medical and Pharmaceutical Products	154	38
化学纤维制造业	Chemical Fiber	65	29
橡胶制品业	Rubber Products	145	48
塑料制品业	Plastic Products	899	284
非金属矿物制品业	Nonmetal Mineral Products	799	395
黑色金属冶炼及压延加工业	Smelting and Pressing of Ferrous Metals	67	18
有色金属冶炼及压延加工业	Smelting and Pressing of Nonferrous Metals	150	65
金属制品业	Metal Products	935	337
普通机械制造业	Ordinary Machinery Manufacturing	325	124
专用设备制造业	Special Purposes Equipment Manufacturing	263	97
交通运输设备制造业	Transport Equipment Manufacturing	369	139
电气机械及器材制造业	Electric Equipment and Machinery	989	318
电子及通信设备制造业	Electronic and Telecommunication Equipment	1043	363
仪器仪表文化办公用机械	Instruments,Meters,Cultural and Office Machinery	243	95
其他制造业	Other Manufacturing	399	121
电力蒸汽热水生产供应业	Electric Power,Steam and Hot Water Production and Supply	146	52
煤气的生产和供应业	Gas Production and Supply	15	6
自来水的生产和供应业	Tap Water Production and Supply	95	24

注:本表统计范围为全部国有及年销售收入 500 万元以上非国有工业企业。

MAIN INDICATORS OF INDUSTRIAL ENTERPRISES OF THE PEARL RIVER DELTA ECONOMIC ZONE (1998)

(100 million yuan)

工业总产值（当年价）Gross Industrial Output Value (at current prices)	工业总产值（不变价）Gross Industrial Out-put Value (at 1990 Constant Prices)	工业增加值（生产法）Value Added of Industry	实收资本 Total Capital	国有资本 State-owned Capital	集体资本 Collective Owned Capital	年末资产总计 Total Assets at year-end
8187.44	**7758.80**	**2028.01**	**2760.57**	**509.94**	**356.38**	**10298.53**
899.93	671.71	310.19	343.73	252.42	2.73	1781.68
1103.39	1065.55	244.54	264.42	11.15	160.82	1272.37
693.63	782.70	191.52	203.24	62.89	24.70	1012.51
1514.22	1626.48	333.59	517.14	44.88	31.31	1562.55
3557.41	3181.97	849.52	1323.97	121.97	101.34	4244.54
4927.70	4698.26	1158.04	1502.48	213.80	190.71	5200.03
2216.80	1841.70	522.82	714.89	107.45	86.42	2379.16
2710.90	2856.56	635.22	787.59	106.36	104.28	2820.87
3259.74	3060.54	869.97	1258.09	296.13	165.68	5098.50
139.92	69.44	49.13	9.34	4.36	0.75	84.99
859.34	494.31	296.46	499.60	176.16	55.20	2298.97
2260.48	2496.78	524.38	749.14	115.62	109.72	2714.54
2539.45	2472.88	762.67	966.00	304.22	78.65	4413.04
1000.51	1112.64	245.59	312.5	88.48	47.04	1351.15
4647.49	4173.28	1019.75	1482.08	117.24	230.68	4534.35
99.34	33.93	39.72	2.15	2.15		51.99
0.10	0.10	0.02	0.07	0.06		0.41
1.01	0.68	0.24	0.03	0.02	0.01	1.07
38.76	34.10	9.10	6.80	1.89	0.75	29.70
0.45	0.44	0.07	0.04	0.04		0.18
0.38	0.30	0.02	0.37	0.30		1.82
233.19	149.67	41.34	40.87	15.41	4.04	214.30
161.16	143.17	37.62	77.65	15.59	4.62	222.72
155.55	124.87	45.26	73.73	18.06	5.03	220.98
48.26	31.66	31.65	13.78	12.68	0.00	44.97
395.36	346.87	79.84	136.04	14.10	20.78	484.63
440.83	386.49	97.08	110.78	2.66	17.22	328.87
283.31	248.57	61.26	61.67	5.07	7.34	217.71
46.51	42.61	7.44	16.29	1.66	1.79	64.22
68.94	61.23	15.32	20.84	0.43	3.32	62.64
197.18	161.62	41.67	84.49	13.19	14.31	258.68
90.31	91.80	22.59	48.48	7.29	7.87	140.00
190.64	166.53	50.89	69.93	2.29	7.24	170.23
70.09	29.55	15.58	20.16	0.56	0.00	65.53
350.59	334.71	90.16	133.57	19.19	10.24	512.12
123.30	132.01	42.67	59.32	9.54	3.03	210.47
79.69	104.45	11.51	29.91	8.74	3.50	171.12
67.53	62.58	15.76	30.49	0.98	2.37	92.60
354.74	328.79	78.44	147.78	10.37	20.53	407.57
355.25	342.75	88.35	198.71	33.28	52.53	685.26
66.42	47.97	13.22	17.93	6.91	1.31	80.47
122.37	127.50	23.30	38.94	3.13	7.11	139.96
429.54	416.23	87.09	149.63	9.81	27.50	491.19
129.75	134.94	32.30	52.69	8.07	5.92	209.72
91.19	81.37	25.38	34.50	7.11	4.48	153.03
298.87	294.55	73.65	106.17	28.22	7.82	440.51
785.72	873.37	183.50	215.42	19.25	42.18	863.88
1538.11	1920.00	335.14	292.54	37.36	29.49	1224.11
277.03	249.65	56.45	56.41	2.63	5.99	172.96
155.64	141.09	41.21	44.93	3.30	5.93	121.37
368.11	89.24	203.54	295.63	134.55	23.53	1493.75
7.03	4.61	−7.09	18.79	12.65	1.12	40.55
64.82	18.52	36.69	52.89	41.23	7.29	205.74

Note: The statistical coverage of this table includes all state-owned enterprises and non-state-nwned enterprises with sales above 5 million yuan.

续表 1 continued

单位:亿元

行业	Item	流动资产合计 Total Circulating Funds	产成品 Finished Products
总 计	**Total**	**4900.72**	**546.26**
按经济类型分	**Grouped by Ownership**		
#国有经济	State-owned Enterprises	751.23	60.05
集体经济	Collective Owned Enterprises	612.98	91.06
股份制经济	Share Holding Enterprises	518.84	74.79
外商投资经济	Foreign Funded Enterprises	841.15	76.54
港澳台投资经济	Enterprises Funded by Entrepreneurs from HongKong,Macao and Taiwan	1963.77	221.46
按轻重工业分	**Grouped by Light & Heavy Industry**		
轻 工 业	Light Industry	2738.83	341.27
以农产品为原料	Using Farm Products as Raw Materials	1212.12	140.00
以非农产品为原料	Using Non-Farm Products as Raw Materials	1526.71	201.26
重 工 业	Heavy Industry	2161.89	204.99
采掘工业	Mining and Quarrying	61.98	0.93
原料工业	Raw Materials Industry	660.78	33.38
加工工业	Manufacturing Industry	1439.12	170.69
按企业规模分	**Grouped by Size of Enterprise**		
大型企业	Large	1861.64	177.98
中型企业	Medium-sized	684.68	73.31
小型企业	Small	2354.40	294.97
按行业分	**Grouped by Sector**		
#煤炭采选业	Coal Mining and Dressing		
石油和天然气开采业	Petroleum and Natural Gas Extraction	46.88	
黑色金属矿采选业	Ferrous Metal Minerals Mining and Dressing	0.11	0.04
有色金属矿采选业	Nonferrous Metal Minerals Mining and Dressing	0.26	
非金属矿采选业	Nonmetal Minerals Mining and Dressing	14.29	0.87
其他矿采选业	Other Minerals Mining and Dressing	0.03	
木材及竹材采运业	Logging and Transport of Timber and Bamboo	0.49	0.01
食品加工业	Food Processing	117.48	14.06
食品制造业	Food Manufacturing	95.58	12.23
饮料制造业	Beverage Manufacturing	86.89	7.11
烟草加工业	Tobacco Processing	22.63	0.26
纺织业	Textile Industry	235.38	37.39
服装及其他纤维制品制造	Garments and Other Fiber Products	193.72	24.43
皮革毛皮羽绒及其制品业	Leather,Furs,Down and Related Products	131.77	11.76
木材加工及竹藤棕草制品业	Timber Processing,Bamboo,Cane,Palm Fiber and Straw Products	35.82	5.55
家具制造业	Furniture Manufacturing	36.66	6.53
造纸及纸制品业	Papermaking and Paper Products	109.53	10.68
印刷业记录媒介的复制	Printing and Record Medium Reproduction	59.81	4.73
文教体育用品制造业	Cultural,Educational and Sports Goods	93.42	11.90
石油加工及炼焦业	Petroleum Processing and Coking	21.99	1.55
化学原料及制品制造业	Raw Chemical Materials and Chemical Products	224.13	22.52
医药制造业	Medical and Pharmaceutical Products	122.88	10.76
化学纤维制造业	Chemical Fiber	64.66	6.91
橡胶制品业	Rubber Products	44.16	7.00
塑料制品业	Plastic Products	191.40	26.33
非金属矿物制品业	Nonmetal Mineral Products	278.35	45.35
黑色金属冶炼及压延加工业	Smelting and Pressing of Ferrous Metals	33.98	4.60
有色金属冶炼及压延加工业	Smelting and Pressing of Nonferrous Metals	69.55	9.84
金属制品业	Metal Products	261.95	36.49
普通机械制造业	Ordinary Machinery Manufacturing	110.93	16.97
专用设备制造业	Special Purposes Equipment Manufacturing	83.98	12.70
交通运输设备制造业	Transport Equipment Manufacturing	242.78	22.08
电气机械及器材制造业	Electric Equipment and Machinery	501.38	74.76
电子及通信设备制造业	Electronic and Telecommunication Equipment	763.52	78.39
仪器仪表文化办公用机械	Instruments,Meters,Cultural and Office Machinery	102.12	9.30
其他制造业	Other Manufacturing	72.33	11.29
电力蒸汽热水生产供应业	Electric Power,Steam and Hot Water Production and Supply	366.86	0.50
煤气的生产和供应业	Gas Production and Supply	10.85	0.66
自来水的生产和供应业	Tap Water Production and Supply	51.53	0.47

续表 1　continued

(100 million yuan)

流动资产年平均余额 Annual Average Balance of Circulating Funds	固定资产合计 Total Fixed Assets	固定资产原价 Original Value of Fixed Assets	固定资产净值平均余额 Average Balance of Net Value of Fixed Assets	年末负债合计 Total Liabilities at year-end	流动负债 Ligquid Liabilities	年末所有者权益合计 Total Creditors' Equity at year-end
4854. 17	**4413. 55**	**5589. 45**	**3900. 48**	**6396. 33**	**4871. 74**	**3902. 21**
759. 17	860. 33	1027. 64	689. 01	1005. 85	733. 03	775. 84
636. 53	501. 88	675. 13	466. 93	997. 04	792. 15	275. 33
501. 32	381. 33	477. 44	312. 99	593. 97	472. 59	418. 54
801. 82	577. 72	758. 34	525. 24	889. 51	746. 92	673. 04
1974. 14	1931. 62	2453. 08	1744. 49	2657. 36	1930. 29	1587. 18
2754. 69	1938. 75	2496. 84	1752. 77	3237. 28	2748. 99	1962. 75
1228. 29	927. 25	1199. 03	826. 71	1476. 97	1227. 92	902. 19
1526. 40	1011. 50	1297. 81	926. 05	1760. 31	1521. 07	1060. 56
2099. 48	2474. 80	3092. 61	2147. 71	3159. 04	2122. 75	1939. 46
61. 80	18. 22	21. 40	15. 78	26. 17	22. 47	58. 82
658. 39	1489. 22	1828. 67	1256. 36	1395. 72	716. 10	903. 25
1379. 29	967. 36	1242. 54	875. 58	1737. 15	1384. 17	977. 39
1821. 88	2175. 28	2604. 99	1826. 29	2608. 81	1726. 85	1804. 22
668. 82	510. 23	665. 47	435. 94	901. 54	714. 78	449. 61
2363. 47	1728. 04	2318. 99	1638. 25	2885. 98	2430. 10	1648. 37
45. 81	3. 77	5. 00	3. 55	3. 72	3. 68	48. 28
0. 11	0. 22	0. 43	0. 22	0. 23	0. 20	0. 19
0. 39	0. 77	1. 20	0. 85	0. 96	0. 37	0. 11
14. 99	12. 61	13. 86	10. 38	20. 63	17. 72	9. 07
0. 09	0. 13	0. 13	0. 12	0. 07	0. 06	0. 11
0. 50	0. 82	0. 92	0. 77	0. 65	0. 53	1. 17
119. 03	76. 86	104. 43	69. 60	140. 80	120. 62	73. 50
96. 35	100. 90	120. 16	88. 68	131. 27	109. 05	91. 45
87. 33	102. 53	128. 53	82. 06	136. 37	102. 86	84. 61
26. 01	21. 01	25. 65	16. 81	16. 14	12. 12	28. 83
242. 53	201. 60	278. 52	188. 00	345. 31	272. 71	139. 33
206. 03	109. 74	154. 18	105. 34	205. 10	184. 10	123. 77
133. 02	63. 74	87. 61	64. 48	140. 50	132. 21	77. 21
35. 99	22. 38	28. 97	19. 78	45. 10	38. 10	19. 12
36. 97	18. 61	24. 83	17. 63	40. 40	35. 11	22. 24
105. 45	120. 45	131. 44	93. 18	163. 04	120. 96	95. 65
57. 48	63. 81	86. 51	59. 49	83. 58	71. 45	56. 42
120. 31	63. 49	81. 86	68. 11	78. 91	69. 34	91. 32
31. 21	33. 99	52. 05	30. 96	37. 07	26. 13	28. 46
215. 65	249. 48	205. 46	140. 87	325. 30	209. 62	186. 82
122. 34	60. 54	71. 16	52. 73	122. 86	106. 75	87. 60
60. 96	90. 57	109. 34	81. 18	123. 53	86. 50	47. 59
44. 09	34. 08	42. 66	30. 34	58. 89	46. 73	33. 71
194. 28	155. 89	220. 61	148. 06	230. 90	196. 34	176. 67
272. 90	342. 12	441. 39	303. 50	515. 52	370. 05	169. 74
34. 09	40. 65	52. 47	32. 86	48. 77	34. 00	31. 70
65. 17	58. 17	113. 32	54. 48	89. 23	66. 43	50. 73
256. 34	176. 08	227. 36	171. 50	330. 73	286. 40	160. 46
114. 07	75. 59	91. 79	66. 82	137. 20	115. 52	72. 52
84. 05	49. 20	63. 72	46. 78	106. 32	82. 82	46. 71
237. 82	144. 16	167. 22	130. 29	294. 16	232. 40	146. 35
498. 39	275. 31	363. 38	257. 83	580. 77	509. 54	283. 11
701. 48	342. 20	435. 82	306. 00	748. 58	626. 56	475. 53
105. 12	56. 56	79. 66	50. 49	94. 14	87. 33	78. 82
68. 38	38. 29	54. 32	34. 72	73. 65	67. 96	47. 72
363. 87	1049. 27	1335. 66	942. 66	816. 80	352. 88	676. 95
11. 58	23. 25	25. 86	19. 75	22. 04	14. 11	18. 51
43. 42	133. 92	160. 89	108. 82	85. 57	61. 31	120. 17

续表 2 continued

单位:亿元

行业	Item	产品销售收入 Sales Revenue	产品销售税金及附加 Sales Tax and Extra Charges
总　计	**Total**	**7732.79**	**77.81**
按经济类型分	**Grouped by Ownership**		
#国有经济	State-owned Enterprises	1011.76	31.80
集体经济	Collective Owned Enterprises	1014.83	9.48
股份制经济	Share Holding Enterprises	626.66	4.17
外商投资经济	Foreign Funded Enterprises	1431.76	15.00
港澳台投资经济	Enterprises Funded by Entrepreneurs from HongKong,Macao and Taiwan	3268.50	9.38
按轻重工业分	**Grouped by Light & Heavy Industry**		
轻　工　业	Light Industry	4506.86	53.77
以农产品为原料	Using Farm Products as Raw Materials	2047.85	37.40
以非农产品为原料	Using Non-Farm Products as Raw Materials	2459.01	16.37
重　工　业	Heavy Industry	3225.92	24.04
采掘工业	Mining and Quarrying	87.27	3.46
原料工业	Raw Materials Industry	1070.38	10.99
加工工业	Manufacturing Industry	2068.27	9.60
按企业规模分	**Grouped by Size of Enterprises**		
大型企业	Large	2544.65	49.45
中型企业	Medium-sized	924.07	4.05
小型企业	Small	4264.06	24.31
按行业分	**Grouped by Sector**		
# 煤炭采选业	Coal Mining and Dressing		
石油和天然气开采	Petroleum and Natural Gas Extraction	51.71	2.88
黑色金属矿采选业	Ferrous Metal Minerals Mining and Dressing	0.08	
有色金属矿采选业	Nonferrous Metal Minerals Mining and Dressing	0.98	0.03
非金属矿采选业	Nonmetal Minerals Mining and Dressing	33.68	0.54
其他矿采选业	Other Minerals Mining and Dressing	0.43	
木材及竹材采运业	Logging and Transport of Timber and Bamboo	0.47	0.02
食品加工业	Food Processing	239.24	0.61
食品制造业	Food Manufacturing	153.71	0.77
饮料制造业	Beverage Manufacturing	146.96	4.14
烟草加工业	Tobacco Processing	48.06	18.56
纺织业	Textile Industry	349.67	1.39
服装及其他纤维制品制造	Garments and Other Fiber Products	387.64	1.63
皮革毛皮羽绒及其制品业	Leather,Furs,Down and Related Products	262.78	0.94
木材加工及竹藤棕草制品业	Timber Processing,Bamboo,Cane,Palm Fiber and Straw Products	43.49	0.26
家具制造业	Furniture Manufacturing	63.02	0.65
造纸及纸制品业	Papermaking and Paper Products	180.98	0.66
印刷业记录媒介的复制	Printing and Record Medium Reproduction	79.48	0.19
文教体育用品制造业	Cultural,Educational and Sports Goods	171.26	0.53
石油加工及炼焦业	Petroleum Processing and Coking	71.04	5.60
化学原料及制品制造业	Raw Chemical Materials and Chemical Products	322.30	9.40
医药制造业	Medical and Pharmaceutical Products	114.45	0.80
化学纤维制造业	Chemical Fiber	75.73	0.26
橡胶制品业	Rubber Products	64.30	1.13
塑料制品业	Plastic Products	321.85	1.50
非金属矿物制品业	Nonmetal Mineral Products	316.87	3.06
黑色金属冶炼及压延加工业	Smelting and Pressing of Ferrous Metals	62.78	0.10
有色金属冶炼及压延加工业	Smelting and Pressing of Nonferrous Metals	111.84	0.79
金属制品业	Metal Products	408.14	1.68
普通机械制造业	Ordinary Machinery Manufacturing	114.53	0.47
专用设备制造业	Special Purposes Equipment Manufacturing	85.70	0.41
交通运输设备制造业	Transport Equipment Manufacturing	276.01	9.05
电气机械及器材制造业	Electric Equipment and Machinery	720.98	2.56
电子及通信设备制造业	Electronic and Telecommunication Equipment	1385.13	2.32
仪器仪表文化办公用机械	Instruments,Meters,Cultural and Office Machinery	259.34	0.49
其他制造业	Other Manufacturing	132.75	0.73
电力蒸汽热水生产供应业	Electric Power,Steam and Hot Water Production and Supply	592.41	2.77
煤气的生产和供应业	Gas Production and Supply	16.53	0.06
自来水的生产和供应业	Tap Water Production and Supply	66.05	0.83

续表 2 continued

(100 million yuan)

利润总额 Total Profits	#亏损总额 Total Loss	利税总额 Total Pre-tax Profits	本年应交增值税 Value Added Tax Payable in Current year	本年销项税额 Sales tax in Current Year	本年进项税额 Import Tax in Current Year	职工平均人数(万人) Arerage Number of Staff and Workers (10000 Persons)
218.30	**209.97**	**534.23**	**238.11**	**722.09**	**512.24**	**429.48**
44.30	35.22	121.72	45.63	132.55	89.77	48.80
−2.05	29.18	39.34	31.91	118.92	94.00	77.31
32.32	15.56	64.86	28.36	92.46	66.72	28.68
40.30	48.89	97.09	41.79	107.34	67.91	46.20
81.82	74.66	168.50	77.31	225.90	159.44	210.58
89.25	123.48	269.74	126.71	401.27	288.50	292.28
36.69	57.72	138.00	63.92	186.21	127.69	154.02
52.56	65.76	131.73	62.80	215.06	160.81	138.26
129.05	86.49	264.49	111.40	320.82	223.74	137.20
6.91	0.60	14.03	3.66	10.10	6.54	1.72
76.43	27.58	124.16	54.74	137.31	86.93	25.71
45.71	58.31	108.30	53.00	173.40	130.27	109.76
161.04	82.25	326.73	116.24	314.92	207.84	69.83
15.35	32.39	47.67	28.27	92.14	67.02	47.21
41.91	95.33	159.82	93.60	315.03	237.38	312.44
5.97	0.06	11.48	2.63	7.08	4.45	0.19
−0.04	0.04	−0.03	0.00	0.01	0.00	0.04
0.12	0.01	0.17	0.02	0.03	0.02	0.15
0.88	0.48	2.42	1.00	2.96	2.04	1.25
						0.01
	0.01	0.02	0.01	0.03	0.02	0.08
1.56	5.10	6.38	4.22	18.49	14.68	5.93
−0.27	9.89	8.58	8.08	20.97	13.12	7.90
7.25	4.01	19.62	8.22	22.94	14.92	4.67
3.27	0.07	26.85	5.02	7.97	2.99	0.50
−6.13	15.51	1.96	6.70	27.79	22.32	22.59
0.16	8.08	8.22	6.43	21.42	16.88	53.69
2.19	2.17	6.16	3.03	13.06	10.26	30.49
−0.17	0.88	1.35	1.25	4.81	3.72	2.37
0.74	1.78	3.31	1.92	4.82	3.15	4.45
4.15	4.83	11.46	6.66	19.69	13.21	9.56
0.44	3.78	3.46	2.82	7.85	5.55	9.99
5.07	2.24	7.40	1.81	6.99	5.31	26.98
2.22	0.41	11.14	3.32	12.06	8.75	1.19
17.14	15.78	43.75	17.21	41.43	26.39	10.41
3.14	7.44	11.59	7.65	18.73	11.39	4.46
−1.48	6.38	0.95	2.17	8.80	6.68	2.21
1.40	1.68	4.06	1.53	5.31	4.02	5.82
7.60	6.65	15.70	6.59	25.31	19.14	22.26
−13.02	26.73	3.36	13.32	41.16	30.02	23.60
−0.25	1.67	1.35	1.50	7.84	6.29	2.22
2.01	2.59	6.95	4.14	15.44	12.94	4.85
−0.59	11.63	10.76	9.67	36.82	28.36	24.15
1.98	3.78	6.58	4.12	13.58	9.75	7.82
1.15	2.89	4.59	3.03	9.33	6.98	6.29
−2.92	13.52	15.56	9.44	34.72	26.76	11.96
12.24	18.19	36.76	21.95	82.58	63.37	38.54
57.43	17.17	87.89	28.14	86.20	65.78	53.50
3.74	2.27	6.57	2.35	6.43	4.04	9.94
2.03	1.94	5.25	2.49	10.44	8.26	11.65
79.62	7.15	119.28	36.89	73.27	37.61	4.93
−0.90	1.42	0.11	0.95	2.14	1.13	0.64
20.70	1.26	23.33	1.81	3.52	1.90	2.03

19-7 50个山区县主要经济指标

MAIN ECONOMIC INDICATORS OF THE 50 COUNTIES IN MOUNTAINOUS AREAS

指标	Item	1997	1998	1998比1997增长% Increased Rate in 1998 Over1997
一、人口、土地面积	**Population and Land Area**			
年末总人口 （万人）	Year-end Population (10000 persons)	2856.82	2896.93	1.4
#非农业人口	Non-agricultural Population	546.91	573.72	4.9
土地面积（万平方公里）	Land Area (sq. km)	11.75	11.75	0
#耕地面积 （万亩）	Cultivated Land (10000 mu)	1499.69	1499.33	−0.02
二、经济总量指标	**Aggregate Indicators on Economy**			
国内生产总值 （亿元）	Gross Domestic Product (100 million yuan)	1366.45	1509.07	11.3
第一产业	Primary Industry	491.04	497.46	3.1
第二产业	Secondary Industry	496.06	576.93	16.3
第三产业	Tertiary Industry	379.34	434.68	12.6
工农业总产值 （亿元）（1990年不变价）	Gross Output Value of Industry and Agriculture (at 1990 constant price) (100 million yuan)	1814.17	2081.23	14.7
工业总产值	Gross Output Value of Industry	1393.58	1644.50	18.0
轻工业	Light Industry	922.79	1098.84	19.1
重工业	Heavy Industry	470.79	545.66	15.9
农业总产值	Gross Output Value of Agriculture	420.59	436.73	3.8
#种植业	Farming	216.07	236.62	9.5
林　业	Forestry	26.19	26.26	0.3
牧　业	Animal Husbandry	94.62	85.80	−9.3
乡镇企业总收入（亿元）	Total Income of Township and Village Enterprises (100 million yuan)	1485.98	1900.10	27.8
三、主要农业产品产量	**Output of Major Agricultural Products**			
粮　食 （万吨）	Grain (10000 tons)	1019.92	1048.86	2.8
油　料 （万吨）	Oil-bearing Crops (10000 tons)	38.53	43.58	13.1
猪牛羊肉 （万吨）	Pork, Beef and Mutton (10000 tons)	103.65	90.13	−13.0
水　果 （万吨）	Fruits (10000 tons)	215.75	246.66	14.3
茶　叶 （万吨）	Tea (10000 tons)	2.83	3.15	11.3
造林面积 （万亩）	Afforested Area (10000 mu)	88.98	79.22	−10.9
四、运输、邮电	**Transportation, Postal and Telecommunication Services**			
公路线路长度 （公里）	Total Length of Highway (km)	58809	53021	−9.8
邮电业务总量（1990年不变价）（万元）	Total Volume of Postal and Telecommunication Services (at 1990 constant price) (10000 yuan)	329256	378742	15.0
电话机拥有量 （部）	Number of Telephone Sets Owned by Residents (set)	1585709	1873404	18.1
#农　村	Rural Area	762895	965927	26.6
五、全社会固定资产投资额 （万元）	**Total Amount of Investment in Fixed Assets** (10000 yuan)	2725295	2973676	9.1
#国有经济单位投资额	Invested by State-Owned Units	1249135	1294364	3.6
集体经济单位投资额	Invested by Collective Owned Units	542960	591425	8.9
六、社会消费品零售总额 （万元）	**Total Amount of Retail Sales of Consumer Goods** (10000 yuan)	**4412143**	**4818352**	**9.2**
农副产品收购总额 （万元）	Total Amount of Farm and Sideline Products Purchased (10000 yuan)	595720	515412	−13.5
七、财政、金融	**Finance**			
财政收入 （万元）	Government Revenue (10000 yuan)	325629	352316	8.2
财政支出 （万元）	Government Expenditure (10000 yuan)	860334	884719	2.8
城乡居民储蓄存款年末余额 （万元）	Outstanding Amount of Saving Deposit of Urban and Rural Residents (10000 yuan)	7049249	8214204	16.5
八、农民人均纯收入 （元）	**Per Capita Net Income of Rural Residents**	**2989**	**3066.5**	**2.6**
九、对外经济	**Foreign Trade**			
外贸出口总额 （万美元）	Total Exports (10000 USD)	306770	407724	32.9
实际利用外资 （万美元）	Foreign Capital Actually Utilized (10000 USD)	105462	114661	8.7

注：本表国内生产总值绝对数按当年价格计算，增长速度按可比价计算。表中数据按各市上报数汇总。
Note: The figures of GDP Value are calculated at current prices while the growth rate are calculated at comparable prices. All data in this table are reported by cities.

19-8 东西两翼主要经济指标(1998年)
MAIN ECONOMIC INDICATORS OF BOTH EAST AND WEST WINGS OF GUANGDONG PROVINCE (1998)

指标 Item	东西翼合计 Total	东翼 East Wing	西翼 West Wing
土地面积(万平方公里) Land Area (sp. km)	4.82	1.61	3.21
耕地面积(万亩) Cultivated Land (10000 mu)	1327.83	387.45	940.38
年末总人口(万人) Year-end Population (10000 persons)	2909.61	1435.85	1473.76
#非农业人口 Non-Agricultural Population	702.24	364.95	337.29
年末社会从业人员(万人) Year-end Employees (10000 persons)	1424.90	705.22	719.68
国内生产总值(当年价)(亿元) Gross Domestic Product (at current prices) (100 million yuan)	2006.19	1073.44	932.75
第一产业 Primary Industry	477.84	192.10	285.74
第二产业 Secondary Industry	845.37	497.92	347.45
第三产业 Tertiary Industry	682.98	383.41	299.57
人均国内生产总值(元) Per Capita Gross Domestic Product (yuan)	6903.00	7532.00	6295.00
国内生产总值指数(%) Index of Gross Domestic Product (%)	112.40	114.70	110.00
第一产业 Primary Industry	108.20	107.20	108.70
第二产业 Secondary Industry	115.30	117.20	112.30
第三产业 Tertiary Industry	111.30	113.90	108.60
人均国内生产总值指数(%) Index of Per Capita Gross Domestic Product (%)	110.80	112.60	108.80
工农业总产值(亿元)(1990年不变价) Gross Output Value of Industry and Agriculture (at 1990 constant prices) (100 million yuan)	2907.05	1756.87	1150.18
农业总产值(亿元) Gross Output Value of Agriculture (100 million yuan)	478.16	170.86	307.30
#种植业 Farming	228.71	76.78	151.93
渔业 Fishery	130.12	44.67	85.45
牧业 Animal Husbandry	78.44	26.24	52.20
工业总产值 Gross Output Value of Industry	2428.88	1586.01	842.87
轻工业 Light Industry	1797.37	1203.16	594.21
重工业 Heavy Industry	631.51	382.85	248.66
全社会固定资产投资(亿元) Total Amount of Investment in Fixed Assets (100 million yuan)	444.06	237.30	206.76
基本建设 Capital Construction	141.65	55.66	85.99
更新改造 Innovation	40.52	15.25	25.27
公路通车里程(公里) Total Length of Highway (km)	25896.00	8338.00	17558.00
邮电业务总量(亿元) Total Volume of Postal and Telecommiunication Services (at 1990 constant prices) (100 million yuan)	69.25	44.32	24.93
电话机拥有量(部) Number of Telephone Sets Owned by Residents (set)	2562604	1539211	1023393
#农村 Rural Area	1059016	670621	388395
社会消费品零售总额(亿元) Total Amount of Retail Sales of Consumer Goods (100 million yuan)	748.65	390.14	358.51
外贸出口总额(亿美元) Total Amount of Exports (100 million USD)	83.45	64.86	18.59
贸易出口 Exports Through Trade	47.86	34.38	13.48
"三资"企业出口 Exports by Joint Ventures, Cooperative Operation, Ventures Exclusively with Foreign Investment	28.04	24.71	3.33
实际利用外资(亿美元) Foreign Capital Actually Utilized (100 million USD)	19.25	17.03	2.22
地方财政收入(亿元) Government Revenue (100 million yuan)	71.10	46.57	24.53
地方财政支出(亿元) Government Expenditure (100 million yuan)	106.11	59.37	46.74
城乡居民储蓄存款余额(亿元) Outstanding Amount of Saving Deposit of Urban and Rural Residents (End of 1998) (100 million yuan)	1180.19	633.73	546.46
乡镇企业总产值(亿元) Total Output Value of Township and Village Enterprises (100 million yuan)	2315.80	1433.47	882.33

注：东翼指汕头、汕尾、潮州和揭阳四个市，西翼指湛江、茂名和阳江三个市。表中数据按各市上报数汇总。
Nate: The East Wing refers to Shantou, Shanwei, Chaozhou and Jieyang city, and the West Wing refers to Zhanjiang, Maoming, and Yangjiang city. Data in this table are reported by cities.

19-9 东莞、中山、南海、顺德主要经济指标(1998年)

MAIN ECONOMIC INDICATORS OF DONGGUANG, ZHONGSHANG, NANHAI AND SHUNDE(1998)

指标	Item	东莞市 Dongguan	中山市 Zhong Shan	南海市 Nanhai	顺德市 Shunde
土地面积 (平方公里)	Land Area (sq. km)	2465	1800	1151	806
耕地面积 (万亩)	Cultivated Land (10000 mu)	66.30	64.09	55.47	28.15
年底总人口 (万人)	Year-end Population (10000 persons)	148.77	130.08	107.09	105.32
#非农业人口	Non-Agricultural Population	37.84	39.01	38.13	33.94
年底从业人员人数 (万人)	Year-end Employees (10000 persons)	87.75	105.05	64.79	75.65
国内生产总值 (亿元)	Gross Domestic Product (100 million yuan)	355.51	249.03	282.54	259.28
第一产业	Primary Industry	30.61	23.59	24.16	17.71
第二产业	Secondary Industry	191.30	130.21	138.06	147.37
第三产业	Tertiary Industry	133.60	95.23	120.32	94.20
人均国内生产总值 (元)	Per Capita Gross Domestic Product (yuan)	24031	19272	26554	24769
国内生产总值指数 (%)	Index of Gross Domestic Product (%)	119.80	113.20	115.50	113.80
第一产业	Primary Industry	101.30	102.60	100.40	103.60
第二产业	Secondary Industry	120.70	115.40	116.70	113.60
第三产业	Tertiary Industry	122.90	113.00	116.00	115.90
人均国内生产总值指数(%)	Index of Per Capita Gross Domestic Product (%)	118.40	111.80	114.00	112.30
工农业总产值 (亿元) (1990年不变价)	Gross Output Value of Industry and Agriculture (at 1990 constant prices) (100 million yuan)	622.52	602.78	569.10	628.36
农业总产值	Gross Output Value of Agriculture (100 million yuan)	25.58	26.23	18.58	27.93
#种植业	Farming	8.85	9.59	6.54	5.11
渔业	Fishery	6.27	12.82	6.23	18.32
工业总产值 (亿元)	Gross Output Value of Industry (100 million yuan)	596.94	576.67	550.51	600.43
#轻工业	Light Industry	408.01	476.03	363.78	482.37
重工业	Heavy Industry	188.93	100.66	186.74	118.06
粮食产量 (万吨)	Total Output of Grain (10000 tons)	24.72	28.20	18.09	3.37
乡镇企业总收入 (亿元)	Total Income of Township and Village Enterprises (100 million yuan)	355.79	409.48	553.34	489.55
邮电业务总量 (亿元) (1990年不变价)	Total Volume of Postal and Telecommunication Services (at 1990 contant price) (100 million yuan)	36.81	17.81	11.25	12.33
电话机拥有量 (部)	Number of Telephone Sets Owned by Residents (set)	524107	326408	397905	352510
#农村	Rural Area	392979	227249	397905	280650
全社会固定资产投资额(亿元)	Total Amount of Investment in Fixed Assets (100 million yuan)	77.00	66.24	46.93	40.28
#国有经济单位投资	Invested by State-Owned Units (100 million yuan)	21.44	12.29	12.36	13.81
#基本建设投资	Capital Construction (100 million yuan)	15.14	16.50	1.25	2.04
更新改造投资	Innovation (100 million yuan)	6.10	4.90	1.74	1.26
集体经济单位投资	Invested by Collective Owned Units (100 million yuan)	34.72	25.64	12.29	17.54
社会消费品零售总额 (亿元)	Total Amount of Retail Sales of Consumer Goods (100 million yuan)	130.25	85.53	106.02	69.89
城乡集市贸易成交额 (亿元)	Transaction Value of Free Markets in Urban and Rural Areas (100 million yuan)	106.71	66.70	19.54	14.63
外贸出口总额 (亿美元)	Total Amount of Exports (100 million USD)	130.61	29.73	12.29	19.67
贸易出口	Exports Through Trade	1.54	6.41	3.79	4.26
"三来一补"出口	Exports Through Processing and Assembly With Customer's Materials, Import Materials, Customer's Design or Sample and Compensation Trade	70.34	5.72		
"三资"企业出口	Exports by Joint Ventures, Cooperative Coperation, Ventures Exclusively with Foreign Investment	58.73	17.60	8.50	15.41
新签利用外资合同数 (宗)	Number of Utilization of foreign Capital Through Newly Signed Contracts	1383	4549	2050	65.00
实际利用外资 (亿美元)	Foreign Capital Actually Utilized (100 million USD)	15.48	5.58	2.86	4.25
财政收入 (亿元)	Government Revenue (100 million yuan)	15.10	12.42	11.14	11.86
财政支出 (亿元)	Government Expenditure (100 million yuan)	17.91	14.24	13.78	15.23
城乡居民储蓄存款年末余额 (亿元)	Outstanding Amount of Saving Deposit of Urban and Rural Residents (End of 1998) (100 million yuan)	533.75	322.10	403.25	362.30
农民人均纯收入 (元)	Per Capita Net Income of Rural Residents (yuan)	5534	4320	6214	4552
职工平均工资 (元)	Per Capita Wage of Staff and Workers (yuan)	11422	11655	11098	10963

注：本表国内生产总值绝对数按当年价格计算，增长速度按可比价计算。
Note: The figures of GDP value are calculated at current prices while the growth rate are calculated at comparable prices.

19-10 少数民族县主要经济指标(1998年)

MAIN ECONOMIC INDICATORS OF THE MINORITY NATIONALITY COUNTIES(1998)

指标	Item	合计 Total	连南县 Liannan County	连山县 Lianshan County	乳源县 Ruyuan County
土地面积（平方公里）	Land Area (sp. km)	4579.50	1290	1164	2125.50
总人口（万人）	Total Population (10000 persons)	45.25	14.86	11.09	19.30
#少数民族人口	#Population of Minority Nationalities	16.60	7.70	6.70	2.20
农业人口	Agricultural Population	36.50	12.14	8.66	15.70
国内生产总值（万元）	Gross Domestic Product (10000 yuan)	146653	37172	36286	73195
第一产业	Primary Industry	54943	15859	18780	20304
第二产业	Secondary Industry	53827	10687	7896	35244
第三产业	Tertiary Industry	37883	10626	9610	17647
人均国内生产总值（元）	Per Capita Gross Domestic Product (yuan)	3199	2513	3287	3798
国内生产总值指数（%）	Index of Gross Domestic Product (%)	105.60	101.30	103.10	111.00
第一产业	Primary Industry	102.90	102.40	100.10	106.00
第二产业	Secondary Industry	103.70	91.90	104.40	114.30
第三产业	Tertiary Industry	110.20	111.90	109.10	109.40
人均国内生产总值指数(%)	Index of Per Capita Gross Domestic Product	104.60	100.20	102.30	110.40
工农业总产值（万元）(1990年不变价)	Gross Output Value of Industry and Agriculture (at 1990 constant prices) (10000 yuan)	120152	30335	30233	59584
农业总产值（万元）	Gross Output Value of Agriculture (10000 yuan)	46228	12537	18116	15575
#种植业	Farming	24534	5670	10194	8670
牧业	Fishery	7183	2116	2038	3029
工业总产值（万元）	Gross Output Value of Industry (10000 yuan)	73924	17798	12117	44009
轻工业	Light Industry	13042	5053	4120	3869
重工业	Heavy Industry	60882	12745	7997	40140
耕地面积（万亩）	Cultivated Land (10000 mu)	37.06	10.77	10.79	15.50
乡镇企业总收入（万元）	Total Income of Township and Village Enterprises (10000 yuan)	139924	21793	7647	110484
粮食总产量（万吨）	Total Output of Grain (10000 tons)	18.56	4.80	6.07	7.69
公路线路长度（公里）	Total Length of Highway (km)	2303	614	594	1095
电话机拥有量（部）	Number of Telephone Sets Owned by Residents (set)	27109	7624	5124	14361
#农村	Rural Area	10513	2087	1666	6760
邮电业务总量（万元）(1990年不变价)	Total Volume of Post and Telecommunication Services (at 1990 constant prices) (10000 yuan)	5045	1574	1064	2407
全社会固定资产投资额(万元)	Total Amount of Investment in Fixed Assets (10000 yuan)	64588	9088	9743	45757
#国有经济单位投资(万元)	Invested by State-Owned Units (10000 yuan)	42679	4519	6472	31688
集体经济单位投资(万元)	Invested by Collective Owned Units (10000 yuan)	5159	1398	1067	2694
财政收入（万元）	Government Revenue (10000 yuan)	8264	1387	1059	5818
财政支出（万元）	Government Expenditure (10000 yuan)	25801	8030	6641	11130
城乡居民储蓄存款年末余额（万元）	Outstanding Amount of Saving Deposit of Urban and Rural Residents (End of 1997) (10000 yuan)	131527	45896	35348	50283
职工年末人数（人）	Year-end Staff and Workers (persons)	39200	14900	8300	16000
职工年平均工资（元）	Annual Average wage of Staff and Workers (yuan)	6309	5467	6441	7019
农民人均纯收入（元）	Per Capita Net Income of Rural Residents (yuan)	2058	1833	1860	2480
社会消费品零售总额(万元)	Total Amount of Retail Sales of Consumer Goods (10000 yuan)	47196	12867	8839	25490
城乡集市贸易成交额(万元)	Transaction Value of Free Markets in Urban and Rural Areas (10000 yuan)	32401	11722	13162	7517
普通中学（所）	Number of Regular Secondary Schools	46	14	13	19
在校学生数（人）	Number of Students Enrolled in Regular Secondary Schools	29137	9359	7960	11818
小学所数（所）	Number of Primary Schools	277	84	78	115
在校学生数（人）	Number of Students Enrolled in Primary Shools	58063	17801	15337	24925

注：本表国内生产总值绝对数按当年价计算，增长速度按可比价计算。
Note: The figures of GDP Value are calculated at current prices while the growth rate are calculated at comparable prices.

二十 城市主要指标

CITIES

简要说明

一、本篇资料反映广东城市社会、经济发展和城市建设的规模、速度、效益及综合水平等基本情况。

二、本篇资料由广东省统计局综合处整理提供。

三、本篇资料依据国家统计局制定的《城市基本情况统计报表制度》，由全省21个地级市统计局填报后汇总、加工而成。资料的统计范围为广东21个省辖城市的市区。其中深圳、东莞、中山为全市。

CITIES

Brief Introduction

Ⅰ. The data in this chapter show the social and economic development as well as the scale, growth rate, economic efficiency, overall level and other basic conditions of the cities of Guangdong Province.

Ⅱ. The data in this chapter are prepared and provided by the Division of Integrated Statisics of the Statistical Bureau of Guangdong Province.

Ⅲ. The data in this chapter are filled, tabulated and processed by the twenty—one statistical bureaus at the city level in accordance with the Statistical Reporting Scheme on the Basic Situations of the Cities' stipulated by the State Statistical Bureau. The statistical coverage includes the urban districts but excluded the counties under the jurisdiction of the twenty—one cities of Guangdong Province, among which Shenzhen, Dongguan and Zhongshan refer to the whole cities, with their towns and villages included.

20-1 城市主要经济指标
MAIN ECONOMIC INDICATORS OF CITIES

指　标	Item	1997	1998	1998比1997增长% Increase Rate in 1998 Over 1997
土地面积（平方公里）	Total Land Area (sq. km)	15926	15603	－2.0
#建城区面积	Developed Land Area	1112	1152	3.6
年末总人口（万人）	Population (year-end) (10000 persons)	1654.37	1688.82	2.1
#非农业人口	Non-agricultural population	1027.14	1058.73	3.1
年末总户数（万户）	Total Number of Households(year-end) (10000 households)	459.72	473.53	3.0
年末单位从业人员数(万人)	Number of Employed persons(year-end) (10000 persons)	1196.50	819.57	
#在岗职工平均人数	Average Number of Staff and Workers at Post	515.23	476.68	
城镇个体从业人员	Employed Individuals in Urban Areas	101.97	87.24	－14.4
国内生产总值(当年价)(亿元)	Gross Domestic Product(at current prices) (100 million yuan)	4195.37	4685.93	12.4
第一产业	Primary Industry	186.08	189.76	3.6
第二产业	Secondary Industry	2073.26	2292.26	12.8
第三产业	Tertiary Industry	1936.03	2203.91	12.7
工农业总产值(1990年不变价)(亿元)	Gross Output Value of Industry and Agriculture (at 1990 constant prices) (100 million yuan)	5913.49	6681.15	12.9
工业总产量	Gross Output Value of Industry	5742.45	6504.64	13.3
农业总产值	Gross Output Value of agriculture	171.04	176.51	3.2
邮电业务总量(1990年不变价)(亿元)	Business Volume of Postal and Telecommunitions Services (at 1990 constant prices) (100 million yuan)	218.74	273.29	24.9
年末电话机数（万部）	Number of Telephone Sets (year-end) (10000 unit)	613.90	632.29	29.9
生活用水量（万吨）	Water Consumption for Residential Use (10000 tons)	187024	196559	5.1
全年用电量（亿千瓦时）	Annual Electricity Consumption (100 million kwh)	505.69	573.81	13.5
#工业用电	Electricity Consumption for Industry	312.91	340.51	8.8
城乡居民生活用电	Electricity Consumption for Residential Use	83.96	106.09	26.4
全社会固定资产投资(亿元)	Total Investment in Fixed Assets (100 million yuan)	1442.83	1687.67	16.9
#住宅建设	Residential Buildings	352.91	466.33	32.1
房地产开发投资额（亿元）	Investment in Real Extate Development (100 million yuan)	208.31	526.19	152.6
#商品住宅	Commodity Residences	99.98	312.66	212.7
社会消费品零售总额(亿元)	Total Retail Sales of Consumer Goods (100 million yuan)	1771.98	2000.80	12.9
实际利用外资（亿美元）	Total Amount of Foreign Capital Actually Used (USD 100 million)	68.67	85.05	23.8
国际旅游者人数（万人）	Number of International Tourists (10000 persons)		697.54	
#外国人数	Foreign Tourists		123.68	
国际旅游收入（亿元）	International Tourism Revenue (10000 persons)		36.03	
地方财政收入（亿元）	Total Revenue of Local Governments(100 million yuan)	325.41	386.86	18.9
#工商税收	Industrial and Comercial Tax	247.36	304.71	23.2
地方财政支出（亿元）	Total Expenditures of local Governments (100 million yuan)	405.21	480.96	18.7
职工工资总额（亿元）	Total Wages of Staff and Workers (100 million yuan)	608.33	638.91	5.0
城乡居民储蓄存款年末余额(亿元)	Urban and Rural Savings Deposit Balances (100 million yuan)	3674.07	4360.69	18.7

注：表中数据按各市的上报数汇总。
Note: All data in this table are reported by cities.

20-2 城市基本情况(1998年)

指　　标	Item	21个城市合计 Total 21 Cities	占全省% Percentage of Province
一、人口、从业人员和土地面积	**Population, Employment and Total Land Area**		
年末总人口 (万人)	Population at Year-end (10000 persons)	1688.82	23.7
#非农业人口	Non-agricultural Population	1058.73	47.7
年末总户数 (万户)	Total Households at Year-end (10000 households)	473.53	26.7
年末单位从业人员数(万人)	Number of Employed Persons at Year-end (10000 persons)	819.57	34.8
#城镇个体从业人员	Employed Individuals in Urban Area	87.24	47.0
土地面积 (平方公里)	Total Area (sq. km)	15603	8.7
#建城区面积	Developed Land Area	1152	
二、经济总量指标	**Aggregated Economic Indicators**		
国内生产总值(当年价)(亿元)	Gross Domestic Product(at current price) (100 million yuan)	4685.93	53.9
第一产业	Primary Industry	189.76	16.1
第二产业	Secondary Industry	2292.26	56.6
第三产业	Tertiary Industry	2203.91	63.6
人均国内生产总值 (元)	Per Capita GDP (yuan)	22993	
国内生产总值指数(以上年为100)(%)	Index of GDP (preceding year=100) (%)	111.7	
第一产业	Primary Industry	101.7	
第二产业	Secondary Industry	107.8	
第三产业	Tertiary Industry	115.9	
人均国内生产总值指数(以上年为100)(%)	Index of Per Capita GDP (preceding year=100) (%)	109.7	
工农业总产值 (1990年不变价) (亿元)	Gross Output Value of Agriculture and Industry (at 1990 Constant price) (100 million yuan)	6681.15	48.5
#农业总产值	Gross Agricultural Output Value	176.51	16.1
三、工　业	**Industry**		
工业企业生产单位数 (个)	Number of Industrial Enterprises	9421	52.7
工业总产值(当年价) (亿元)	Total Industrial Output Value (at current price) (100 million yuan)	6228.45	63.9
#国有企业	State-owned Industrial Enterprises	1061.08	73.0
集体企业	Collective owned Industrial Enterprises	562.48	37.9
私营企业	Private Industrial Enterprises	62.51	24.6
股份制企业	Share-holding Industrial Enterprises	376.41	57.4
工业企业经济指标	Economic Indicators of Industrial Enterprises		
工业增加值(生产法)(亿元)	Value Added of Industry (with productin approach) (100 million yuan)	1674.17	51.3
流动资产年平均余额(亿元)	Annual Average Balance of Circulating Assets (100 million yuan)	3923.07	67.3
固定资产原价合计 (亿元)	Original Value of Fixed Assets (100 million yuan)	4611.93	68.4
固定资产净值年平均余额(亿元)	Annual Average Balance of Net Value of Fixed Assets (100 million yuan)	3276.65	66.9
产品销售收入 (亿元)	Sales Revenue (100 million yuan)	6087.24	65.8
#产品销售税金及附加	Sales Tax and Extra Charges	74.89	57.7
本年应交增值税 (亿元)	Value Added Tax Payable (100 million yuan)	193.53	60.2
利润总额 (亿元)	Total Profits (100 million yuan)	235.78	95.0

注:1.本表按1998年底止的行政区划范围统计。
2.工业部分的指标统计范围为国有及年销售收入500万元以上的非国有工业企业。

BASIC STATISTICS OF CITIES (1998)

广州市 Guangzhou	深圳市 Shenzhen	珠海市 Zhuhai	汕头市 Shantao	韶关市 Shaoguan	河源市 Heyuan	梅州市 Meizhou	惠州市 Huizhou	潮州市 Chaozhou
399.30	114.60	40.70	111.32	49.46	24.75	32.65	35.87	33.53
330.62	89.91	37.11	83.19	43.11	16.50	28.88	28.72	25.75
122.98	34.07	10.35	29.64	15.45	9.18	6.80	10.43	8.37
157.75	92.62	22.13	61.92	15.57	12.95	4.66	30.89	6.43
17.06	29.77		3.02	2.50	1.03	1.37	2.03	0.94
1444	1949	705	298	345	365	322	419	172
275	129	59	93	48	6	45	27	38
1298.30	1289.02	222.89	214.92	73.79	11.67	27.29	103.04	42.15
27.06	16.45	3.31	6.00	2.22	1.46	1.69	1.95	1.13
515.34	644.58	119.06	96.73	48.66	4.63	17.65	76.60	22.39
755.90	627.98	100.52	112.19	22.91	5.58	7.95	24.49	18.63
32663	33282	26036	19490	14365	4887	5426	29263	12662
111.7	114.5	112.1	108.7	110.7	109.5	106.3	115.9	110.1
101.6	103.2	102.4	103.1	108.8	108.6	108.2	149.8	99.9
107.8	116.6	112.6	109.0	112.6	104.9	104.5	115.8	106.7
115.9	111.9	111.8	108.4	107.0	114.4	110.3	114.6	117.3
110.4	109.1	103.2	106.3	108.4	99.5	104.5	111.7	108.0
1090.43	1756.88	481.15	272.64	90.02	10.89	25.05	405.42	106.01
23.45	10.92	2.05	4.07	1.96	1.16	1.86	1.71	1.22
1583	2090	577	437	154	52	57	340	123
1340.84	1848.54	360.25	171.92	103.41	9.04	16.82	318.72	30.52
427.56	104.69	11.58	24.93	75.61	2.89	8.20	11.53	5.08
157.19	17.92	20.74	49.81	1.71	0.68	1.13	26.83	8.83
7.12	7.45	3.64	1.44	0.21		0.51	0.31	0.64
43.61	124.40	80.22	12.65	2.73	0.19	1.16	1.23	5.93
380.78	503.13	95.04	46.01	26.67	2.66	5.91	53.23	7.36
961.69	999.40	207.87	122.89	89.63	4.39	22.11	136.79	37.54
964.55	1203.82	202.27	162.04	153.63	17.64	22.41	97.81	26.18
738.31	827.73	136.30	118.70	97.51	12.59	17.41	73.76	19.19
1322.68	1751.45	325.13	179.07	112.22	9.38	15.54	307.60	34.79
39.56	6.29	1.71	0.78	2.68	0.08	2.36	1.63	0.11
58.40	40.32	8.01	6.44	5.48	0.33	0.84	6.72	1.31
41.00	117.95	8.83	2.84	1.72	0.05	0.34	18.04	−1.33

Note: a). Figures in this table are calculated in accordance with the divisions and administrative areas at the end of 1998.
b). The scope of indicators in part of industry statistics for state—owned enterprises and non—state—owned enterprises while sales revenue above 5 million yuan.

续表 1

指　　标	Item		汕尾市 Shanwei	东莞市 Dongguan
一、人口、从业人员和土地面积	**Population, Employment and Total Land Area**			
年末总人口　(万人)	Population at Year-end	(10000 persons)	40.91	148.77
#非农业人口	Non-agricultural Population		17.34	37.84
年末总户数　(万户)	Total Households at Year-end	(10000 households)	8.90	40.05
年末单位从业人员人数(万人)	Number of Employed Persons at Year-end	(10000 persons)	21.54	87.75
#城镇个体从业人员	Employed Induviduals in Urban Area			3.62
土地面积　(平方公里)	Total Area	(sq. km)	150	2465
#建城区面积	Dereloped Land Area		11	102
二、经济总量指标	**Aggregated Economic Indicators**			
国内生产总值(当年价)(亿元)	Gross Domestic Product(at current price)	(100 million yuan)	22.13	355.51
第一产业	Primary Industryp		7.72	30.61
第二产业	Secondary Industry		6.04	191.30
第三产业	Tertiary Industry		8.38	133.60
人均国内生产总值　(元)	Per Capita GDP	(yuan)	5265	24031
国内生产总值指数(以上年为100)(%)	Index of GDP (preceding year=100)	(%)	113.0	119.8
第一产业	Primary Industry		107.7	101.3
第二产业	Secondary Industry		130.5	120.7
第三产业	Tertiary Industry		107.8	122.9
人均国内生产总值指数(以上年为100)(%)	Index of Per Capita GDP (preceding year=100)	(%)	111.9	118.4
工农业总产值 (1990年不变价)　(亿元)	Gross Output Value of Agriculture and Industry (at 1990 Constant price)	(100 million yuan)	28.00	619.52
#农业总产值	Gross Agricultural Output Value		8.91	25.58
三、工　　业	**Industry**			
工业企业生产单位数　(个)	Number of Industrial Enterprises		39	1500
工业总产值(当年价)(亿元)	Total Industrial Output Value (at the current price)	(100 million yuan)	10.89	605.10
#国有企业	State-owned Industrial Enterprises		0.64	23.24
集体企业	Collective owned Industrial Enterprises		1.43	54.46
私营企业	Private Industrial Enterprises		0.51	3.13
股份制企业	Share-holding Industrial Enterprises			18.57
工业企业经济指标	Economic Indicators of Industrial Enterprises			
工业增加值(生产法)(亿元)	Value Added of Industry (with productin approach)	(100 million yuan)	3.82	168.71
流动资产年平均余额(亿元)	Annual Average Balance of Circulating Assets	(100 million yuan)	6.14	379.55
固定资产原价合计　(亿元)	Original Value of Fixed Assets	(100 million yuan)	10.31	625.70
固定资产净值年平均余额(亿元)	Annual Average Balance of Net Value of Fixed Assets	(100 million yuan)	6.41	450.96
产品销售收入　(亿元)	Sales Revenue	(100 million yuan)	10.22	639.91
#产品销售税金及附加	Sales Tax and Extra Charges		0.12	1.18
本年应交增值税　(亿元)	Value Added Tax Payable	(100 million yuan)	0.63	18.01
利润总额　(亿元)	Total Profits	(100 million yuan)		25.57

Continued 1

中山市 Zhongshan	江门市 Jiangmen	佛山市 Foshan	阳江市 Yangjiang	湛江市 Zhanjiang	茂名市 Maoming	肇庆市 Zhaoqing	清远市 Qingyuan	揭阳市 Jieyang	云浮市 Yunfu
130.08	42.79	46.84	52.14	130.73	66.37	45.91	52.13	62.47	27.50
39.00	33.32	41.11	29.57	58.86	30.21	31.16	19.33	20.41	16.80
34.73	12.61	13.15	13.23	35.86	17.24	12.34	15.12	15.10	7.93
105.05	12.17	19.53	7.09	67.46	10.20	22.73	23.91	33.91	3.31
8.67	2.76	2.32		3.11	2.02	1.50	1.12	2.99	1.42
1800	180	77	437	1460	487	658	927	181	762
26	34	36	19	61	28	32	39	26	18
249.03	123.98	144.64	57.13	159.57	83.78	84.09	32.36	62.32	28.32
23.59	2.20	0.59	13.74	16.56	7.95	6.69	7.96	5.10	5.78
130.21	61.34	93.26	23.61	81.01	44.13	44.70	16.80	39.98	14.25
95.23	60.45	50.79	19.77	61.99	31.70	32.71	7.60	17.24	8.29
19272	29255	31098	10892	12316	12852	14390	5796	8121	10373
113.2	109.7	106.2	113.9	107.8	107.1	112.4	102.7	118.5	107.2
102.6	103.6	94.7	112.5	107.5	106.7	107.2	106.4	106.2	106.5
115.4	115.9	104.0	114.9	109.4	107.0	114.5	101.7	121.5	108.4
113.0	102.9	113.4	113.3	106.1	107.4	109.9	102.7	114.6	105.4
111.8	107.6	104.3	112.9	105.2	104.7	111.6	100.8	114.8	105.2
502.26	248.21	345.88	62.45	160.01	107.20	152.37	44.70	127.33	44.73
26.23	2.37	0.90	14.99	16.30	10.89	6.11	6.12	5.00	4.71
806	382	396	106	230	88	203	75	144	39
443.62	199.59	275.58	24.38	157.17	139.24	104.29	30.90	20.86	16.80
25.04	44.57	54.86	3.23	82.38	124.96	10.76	4.37	4.87	10.11
115.48	21.45	43.26	5.08	10.81	5.69	9.54	2.11	4.75	3.58
11.49	6.49	0.10	10.13	5.33	0.35	1.64	0.06	1.99	
10.35	8.51	43.14	0.15	4.30	5.36	5.47	5.85	2.11	0.46
107.54	52.80	76.55	9.72	64.84	27.61	23.63	6.93	6.32	4.89
227.65	114.38	255.76	13.73	146.90	73.12	71.39	27.13	13.94	11.08
262.69	105.85	302.81	22.36	155.72	126.06	71.98	24.89	21.19	32.02
185.03	76.09	202.93	18.24	119.98	73.66	47.45	18.89	14.99	20.52
421.51	186.24	288.74	24.04	140.28	147.18	102.76	29.85	25.34	13.29
0.87	2.06	2.59	0.44	4.80	5.99	1.19	0.13	0.14	0.20
9.70	9.36	13.46	1.30	0.30	5.84	3.95	0.68	1.11	1.36
2.35	3.40	8.28	0.10	1.83	0.74	4.25	-0.40	0.01	0.20

续表 2

指　　标	Item	21个城市合计 Total 21 Cities	占全省% Percentage of Province
四、交通、邮电、电力	**Transportation, Postal and Telecommunication Services, and Electricity**		
铁路客运量（万人）	Railway Passenger Traffic (10000 persons)	4566.11	94.2
铁路货运量（万吨）	Railway Freight Traffic (10000 tons)	4903.00	88.3
公路客运量（万人）	Highway Passenger Traffic (10000 persons)	71163.11	59.2
公路货运量（万吨）	Highway Freight Traffic (10000 tons)	31113	47.1
水运客运量（万人）	Waterway Passenger Traffic (10000 persons)	1757	66.6
水运货运量（万吨）	Waterway Freight Traffic (10000 tons)	15967	64.0
邮电业务总量（1990年不变价）（亿元）	Business Volume of Postal and Telecommunication Service (at 1990 Constant price) (100 million yuan)	260.01	68.3
年末电话机数（万部）	Number of Telephone Sets (10000 unit)	607.29	56.5
全年用电量（亿千瓦时）	Annual Electricity Consumption (100 million kwh)	573.81	64.8
#工业用电	Annual Electricity Consumption for Industry	340.51	63.7
城乡居民生活用电	Annual Electricity Consumption for Urban and Rural Residents	106.09	66.6
五、固定资产投资	**Investment in Fixed Assets**		
全社会固定资产投资（亿元）	Total Investment in Fixed Assets (100 million yuan)	1687.67	71.0
#住宅建设	Investment in Residential Construction	466.33	65.7
竣工住宅建筑面积（包括商品房）（万平方米）	Floor Space of Residential Buildings Complete (Including Commodity Buildings) (10000 sq. m)	2880.74	38.9
房地产开发投资额（亿元）	Total Investment in Real Estate Development (100 million yuan)	526.19	86.6
#商品住宅	Commodity Residences	312.66	83.4
六、市政公用事业	**Urban Public Utilities**		
年末实有铺装道路面积（万平方米）	Area of Paved Roads at Year-end (10000 sq. m)	11665	
城市下水道总长度（公里）	Length of Sewer Pipelines (km)	10421	
园林绿地面积（公顷）	Public Green Areas and Garden Areas (hectare)	94045	
全年供水量（万吨）	Annual Supply of Tap Water (10000 tons)	352555	
#生活用水量	Water Consumption for Residential Use	196559	
年末实有公共汽(电)车营运车辆（辆）	Number of Public Transportation Vehicles (Buses and Trolley—buses etc.) at Year-end (units)	9513	
液化石油气供气总量（万吨）	Total Supply of Liquefied Gas (10000 tons)	142.66	
七、批发零售贸易、外经、旅游	**Wholesale, Retail Sale, Foreign Trade and Tourism**		
批发零售贸易业商品销售总额（亿元）	Total Sales in Wholesale and Retail Sale Trade (100 million yuan)	4381.02	67.1
社会消费品零售总额（亿元）	Total Retail Sales of Consumer Goods (100 million yuan)	2000.80	60.2
新签协议(合同)数（个）	Number of Agreements and Contracts Newly Signed	8537	70.9
客商协议(合同)投资额（万美元）	Total Investment through Signed Agreements or Contracts (10000 USD)	703979	73.4
客商实际投资（万美元）	Actual Investment of Foreigners	850519	68.7
国际旅游者人数（万人）	Number of International Tourists (10000 persons)	697.54	90.0
#外国人数	Tourists from Abroad	123.68	94.3
国际旅游收入（万元）	Revenue from International Tourists (10000 yuan)	360287	86.5

Continued 2

广州市 Guangzhou	深圳市 Shenzhen	珠海市 Zhuhai	汕头市 Shantao	韶关市 Shaoguan	河源市 Heyuan	梅州市 Meizhou	惠州市 Huizhou	潮州市 Chaozhou
2453.00	864.70		70.87	460.00			193.90	17.00
2122.00	257.00		83.00	931.00			74.00	14.00
13168	7220	1925	872	511	558	300	811	763
9248	3212	1151	699	475	43	142	370	717
186	186	470	410				1.40	3
8881	575	1391	150	23	13		30	290
68.49	76.47		13.59	2.97	1.29	2.09	5.26	2.92
186.53	122.94		37.69	24.38	6.99	8.86	13.93	10.97
120.11	129.36	19.45	18.33	22.25	2.05	3.65	10.77	3.83
52.84	66.19	10.32	11.35	18.57	1.24	1.74	6.59	2.00
26.07	26.66	2.95	6.35	1.70	0.37	1.10	1.38	0.77
640.23	454.60	85.71	51.97	18.43	3.33	4.66	21.36	15.73
195.09	139.44	21.69	3.84	3.46	0.75	1.20	4.86	3.26
839.77	593.43	108.87	84.13	56.52	14.78	17.75	45.28	35.77
240.22	167.49	25.83	21.98	1.69	0.49	0.58	3.94	3.96
141.42	99.89	19.16	15.70	1.0	0.09	0.50	2.77	2.89
2302	1308	1320	702	359	105	282	263	236
1680	2441	1187	1030	123	130	158	261	154
32340	18503	16080	2800	1562	195	785	913	1468
122294	41537	20543	17852	10562	1417	5204	6050	3241
80453	32367	9135	9962	3834	783	2397	2270	1726
4552	1287	505	241	71	459	39	124	80
15.41	35.80	24.25	6.15	2.02	0.58	0.89	4.44	1.90
2116.16	489.99	58.01	373.62	20.54	7.69	3.53	84.82	30.12
755.28	423.05	80.31	92.48	34.50	7.88	4.74	32.71	17.71
405	1391	257	134	10	20	17	203	28
146832	203475	75365	24414	237	3205	2680	27299	4087
203103	166357	103232	70288	5614	3133	4398	33463	1509
303.59	148.47	65.51	15.71	20.50	0.59	2.02	8.40	2.68
61.52	30.83	6.86	4.38		0.01	0.50	1.32	0.22
10.63	5.90	3.32	0.86		0.002	0.48	0.17	0.15

续表 3

指标		Item		汕尾市 Shanwei	东莞市 Dongguan
四、交通、邮电、电力		**Transportation, Postal and Telecommunication Services, and Electricity**			
铁路客运量	(万人)	Railway Passenger Traffic	(10000 persons)		
铁路货运量	(万吨)	Railway Freight Traffic	(10000 tons)		
公路客运量	(万人)	Highway Passenger Traffic	(10000 persons)	1147	17463
公路货运量	(万吨)	Highway Freight Traffic	(10000 tons)	375	2808
水运客运量	(万人)	Waterway Passenger Traffic	(10000 persons)	41	22
水运货运量	(万吨)	Waterway Freight Traffic	(10000 tons)	16	1968
邮电业务总量(1990年不变价)	(亿元)	Business Volume of Postal and Telecommunication Service (at 1990 Constant price)	(100 million yuan)	1.19	36.16
年末电话机数	(万部)	Number of Telephone Sets	(10000 unit)	5.34	52.41
全年用电量	(亿千瓦时)	Annual Electricity Consumption	(100 million kwh)		100.92
#工业用电		Annual Electricity Consumption for Industry			78.18
城乡居民生活用电		Annual Electricity Consumption for Urban and Rural Residents			17.39
五、固定资产投资		**Investment in Fixed Assets**			
全社会固定资产投资	(亿元)	Total Investment in Fixed Assets	(100 million yuan)	4.70	76.99
#住宅建设		Investment in Residential Construction		1.06	17.20
竣工住宅建筑面积(包括商品房)	(万平方米)	Floor Space of Residential Buildings Completed (Including Commodity Buildings)	(10000 sq. m)	14.4	238.91
房地产开发投资额	(亿元)	Total Investment in Real Estate Development	(100 million yuan)	0.42	9.55
#商品住宅		Commodity Residences		0.34	7.37
六、市政公用事业		**Urban Public Utilities**			
年末实有铺装道路面积	(万平方米)	Area of Paved Roads at Year-end	(10000 sq. m)	35	2166
城市下水道总长度	(公里)	Length of Sewer Pipelines	(km)	77	1213
园林绿地面积	(公顷)	Public Green Areas and Garden Areas	(hectare)	3245	730
全年供水量	(万吨)	Annual Supply of Tap Water	(10000 tons)	1713	31981
#生活用水量		Water Consumption for Residential Use		1300	12564
年末实有公共汽(电)车营运车辆	(辆)	Number of Public Transportation Vehicles at Year-end (Buses and Trolley Buses etc.)	(units)	20	499
液化石油气供气总量	(万吨)	Total Supply of Liquefied Gas	(10000 tons)	0.50	4.61
七、批发零售贸易、外经、旅游		**Wholesale, Retail Sale, Foreign Trade and Tourism**			
批发零售贸易业商品销售总额	(亿元)	Total Sales in Wholesale and Retail Sale Trade	(100 million yuan)	27.64	215.03
社会消费品零售总额	(亿元)	Total Retail Sales of Consumer Goods	(100 million yuan)	12.19	130.25
新签协议(合同)数	(个)	Number of Agreements and Contracts Newly Signed		17	332
客商协议(合同)投资额	(万美元)	Total Investment through Signed Agreements or Contracts	(10000 USD)	2796	104968
客商实际投资	(万美元)	Actual Investment of Foreigners		1919	93033
国际旅游者人数	(万人)	Number of International Tourists	(10000 persons)	0.42	74.73
#外国旅游者人数		Tourists from Abroad			10.96
国际旅游收入	(万元)	Revenue from International Tourists	(10000 yuan)	2.48	5.48

中山市 Zhongshan	江门市 Jiangmen	佛山市 Foshan	阳江市 Yangjiang	湛江市 Zhanjiang	茂名市 Maoming	肇庆市 Zhaoqing	清远市 Qingyuan	揭阳市 Jieyang	云浮市 Yunfu
		109.00		160.88	99.00	53.00	52.00	32.76	
		516.00		266.00	476.00	84.00	37.00	43.00	
6519	683	916	2656	1737	8278	1939	1512	940	1245
1950	21	1340	1447	79	3174	998	1211	343	1310
81	57		3	218		75	3		1
815	187	336	151	403	65	201	306	147	19
17.81	5.15	9.20	2.56	5.60	3.07		2.19	2.67	1.35
32.64	13.04	21.73	8.41	20.24	9.25	10.16	6.60	9.63	5.56
39.50	13.40	30.22	5.10	10.64	16.76	12.64	3.92	6.80	4.14
23.02	8.08	23.00	3.39	4.69	14.72	6.65	0.53	4.14	3.28
7.54	1.59	2.87	1.39	1.68	1.13	2.10	0.63	1.55	0.86
66.24	24.01	35.80	17.67	56.92	43.66	22.95	25.03	11.08	6.58
25.63	5.40	12.79	4.07	7.27	6.38	7.98	1.42	1.80	1.72
249.77	49.23	78.26	95.91	105.35	83.72	92.24	29.97	18.57	28.11
13.94	6.74	14.51	3.75	2.01	1.73	4.88	0.20	1.31	0.99
6.85	3.99	1.71	1.51	1.37	0.75	3.51	0.19	1.07	0.58
281	547	331	133	304	179	236	120	274	182
312	385	314	205	128	96	195	92	110	130
888	6738	1067	628	1686	959	1669	345	820	624
6215	17718	22845	2565	8176	18063	5569	3012	3928	2070
4035	5413	12500	1232	4597	3724	3299	1016	2782	1170
379	110	254	59	330	59	275	70	65	35
0.97	1.88	4.88	3.76	1.52	26.66	1.57	1.54	2.12	1.20
183.07	112.35	202.50	62.54	121.64	79.40	64.06	43.95	73.07	11.31
85.53	24.67	64.19	24.16	80.81	43.93	31.61	21.10	25.31	8.41
4549	122	530	20	24	48	110	182	128	10
56064	11691	5133	2683	4487	320	9831	3999	14222	191
55799	19759	29172	3357	9198	1730	10497	11485	21125	2348
25.65	3.09	7.47	0.44	3.99	0.40	10.19	0.75	0.58	2.34
2.55	0.34	2.64	0.04	0.77	0.15	0.45	0.05	0.03	0.06
0.82	0.72	3.30	0.01	0.15	0.02	0.57	0.05	0.52	0.44

续表 4

指标		Item		21个城市合计 Total 21 Cities	占全省% Percentage of province
八、财政、金融、保险		**Finance and Insurance**			
财政收入	(亿元)	Government Revenue	(100 million yuan)	386.86	67.0
#工商税收		Industrial and Commercial Tax		304.71	81.0
财政支出	(亿元)	Government Expenditures	(100 million yuan)	480.96	70.5
城乡居民储蓄年末余额	(亿元)	Outstanding Amount of Savings Deposit by Urban and Rural Residents	(100 million yuan)	4360.69	60.3
承保额	(亿元)	Amount Insured	(100 million yuan)	23153.73	68.7
保费	(亿元)	Premium	(100 million yuan)	120.64	70.9
已决赔款	(亿元)	Settled Claim	(100 million yuan)	34.97	66.7
九、人民生活		**People's Livelihood**			
住宅使用面积	(万平方米)	Total Floor Space of Residential Buildings	(10000 sq. m)	17518.70	
居住人口	(万人)	Residential Population	(10000 persons)	1072.79	
职工平均人数	(万人)	Annual Average Number of Staff and Workers	(10000 persons)	476.68	59.2
职工工资总额	(亿元)	Total Wages of Staff and Workers	(100 million)	638.91	71.9
居民人均可支配收入	(元)	Per Capita Annual Disposable Income	(yuan)		
居民人均消费支出	(元)	Per Capita Annual Expenditures on Consumption	(yuan)		
居民消费价格指数(以上年为100)	(%)	Price Index of Consumer Goods (preceding year=100)	(%)		
商品零售价格指数(以上年为100)	(%)	Retail Price Index (preceding year=100)	(%)		
十、教育、科技、卫生、文化		**Education, Science and Technology, Health Care and Culture**			
学校数		Number of School			
高等学校	(个)	College and University		45	
中等专业学校		Specialized Secondary School		206	77.7
普通中学		Regular Secondary School		820	21.1
小学		Primary School		3449	13.9
在校学生数		Number of Student Enrolled			
高等学校	(人)	In Colleges and Universities		179808	98.8
中等专业学校	(人)	In Specialized Secondary Schools		226973	81.1
普通中学	(万人)	In Regular Secondary Schools6	(10000 persons)	95.81	22.6
小学	(万人)	In Primary Schools	(10000 persons)	204.87	22.3
专业技术人员	(万人)	Number of Scientific and Technical Personnel	(10000 persons)	90.76	52.9
#中级技术职称以上人员		Personnel with Medium or Above Technical Titles		30.74	64.8
剧场、影剧院	(个)	Number of Theatre and Cinema		436	45.0
医院、卫生院数	(个)	Number of Hospital		796	29.2
医院、卫生院床位数	(张)	Number of Hospital Bed		77202	51.8
医生数	(人)	Number of Doctor		51779	50.6

Continued 4

广州市 Guangzhou	深圳市 Shenzhen	珠海市 Zhuhai	汕头市 Shantao	韶关市 Shaoguan	河源市 Heyuan	梅州市 Meizhou	惠州市 Huizhou	潮州市 Chaozhou
114.86	164.91	12.61	15.60	2.69	0.60	1.88	5.63	2.27
83.90	144.85	7.73	13.35	1.97	0.47	1.79	3.22	1.70
151.15	177.00	14.75	17.75	5.43	2.51	4.39	7.07	3.69
1477.25	861.88		209.79	67.32	7.02	14.12	89.71	47.95
9022.61	8635.58		893.10	187.30	23.00	62.79	266.34	67.92
49.01	33.77		3.50	1.32	0.16	0.56	1.68	0.59
16.33	9.07		0.86	0.22	0.02	0.19	0.57	0.16
3817.17	2187.95	918	1028	499.83	235.54	196.74	413	529.68
330.63	112.03	37.11	79.09	39.80	16.82	21.52	27.08	33.53
157.50	91.11	21.76	29.81	16.01	3.46	4.62	17.05	6.55
243.64	167.48	31.59	28.74	13.69	2.39	3.28	16.04	4.54
11256	19886	13632	8098	6136		6112	8983	5376
9422	15436	10638	7361	5379		5237	7363	5484
97.7	99.3	98.4	99.9	99.0	97.0	99.0	97.4	96.6
96.3	97.5	96.6	98.0	97.7	96.6	98.2	96.9	98.2
25	2		1	1		2	1	1
91	8	9	10	7	2	7	9	4
199	78	23	46	29	12	8	16	15
610	286	106	164	60	48	71	76	62
106188	8497		5518	5713		5137	3629	4016
116489	3898	2804	6883	8374	2275	6586	10042	4346
20.75	8.60	2.26	6.29	2.47	1.48	1.20	1.95	1.99
37.81	21.57	5.57	14.45	3.57	2.72	3.11	4.07	3.38
35.93	13.05		7.14	6.50	0.52	1.15	1.22	1.40
13.73	6.04		2.11	1.75	0.13	0.38	0.51	0.28
14	113	7	2	8	19	1	3	1
141	77	20	27	20	15	11	14	18
24973	8590	1468	4557	2483	719	2030	1737	1063
18808	7191	1215	2968	1375	313	700	1454	944

续表 5

指　　标		Item		汕尾市 Shanwei	东莞市 Dongguan
八、财政、金融、保险		**Finance and Insurance**			
财政收入	（亿元）	Government Revenue	(100 million yuan)	1.68	15.10
#工商税收		Industrial and Commercial Tax		0.78	10.67
财政支出	（亿元）	Government Expenditures	(100 million yuan)	3.33	17.91
城乡居民储蓄年末余额	（亿元）	Outstanding Amount of Savings Deposit by Urban and Rural Residents	(100 million yuan)	15.71	533.75
承保额	（亿元）	Amount Insured	(100 million yuan)	23.17	862.15
保　费	（亿元）	Premium	(100 million yuan)	0.11	9.44
已决赔款	（亿元）	Settled Claim	(100 million yuan)	0.05	2.09
九、人民生活		**People's Livelihood**			
住宅使用面积	（万平方米）	Total Floor Space of Residential Buildings	(10000 sq. m)		1847
居住人口	（万人）	Residential Population	(10000 persons)		66.48
职工平均人数	（万人）	Annual Average Number of Staff and Workers	(10000 persons)	3.87	16.43
职工工资总额	（亿元）	Total Wages of Staff and Workers	(100 million)	3.03	18.76
居民人均可支配收入	（元）	Per Capita Annual Disposable Income	(yuan)		11506
居民人均消费支出	（元）	Per Capita Annual Expenditures on Consumption	(yuan)		8644
居民消费价格指数（以上年为100）	（%）	Price Index of Consumer Goods (preceding year=100)	(%)	98.1	99.9
商品零售价格指数（以上年为100）	（%）	Retail Price Index (preceding year=100)	(%)	97.5	98.7
十、教育、科技、卫生、文化		**Education, Science and Technology, Health Care and Culture**			
学校数		Number of School			
高等学校	（个）	College and University			1
中等专业学校		Specialized Secondary School		1	5
普通中学		Regular Secondary School		19	69
小　学		Primary School		83	575
在校学生数		Number of Student Enrolled			
高等学校	（人）	In Colleges and Universities			2171
中等专业学校	（人）	In Specialized Secondary Schools		805	4791
普通中学	（万人）	In Regular Secondary Schools	(10000 persons)	2.00	10.12
小　学	（万人）	In Primary Schools	(10000 persons)	4.70	23.58
专业技术人员	（万人）	Number of Scientific and Technical Personnel	(10000 persons)	0.96	2.66
#中级技术职称以上人员		Personnel with Medium or Above Technical Titles		0.12	0.67
剧场、影剧院	（个）	Number of Theatre and Cinema			147
医院、卫生院数	（个）	Number of Hospital		30	47
医院、卫生院床位数	（张）	Number of Hospital Bed		634	5892
医生数	（人）	Number of Doctor		576	2632

中山市 Zhongshan	江门市 Jiangmen	佛山市 Foshan	阳江市 Yangjiang	湛江市 Zhanjiang	茂名市 Maoming	肇庆市 Zhaoqing	清远市 Qingyuan	揭阳市 Jieyang	云浮市 Yunfu
12.42	5.39	10.73	1.63	6.34	4.53	3.58	0.99	2.37	1.07
8.61	4.01	6.98	1.42	4.68	2.79	2.84	0.81	1.40	0.65
14.24	7.64	15.34	3.42	13.01	6.65	5.92	2.83	4.18	2.74
322.10	107.17	211.47		149.46	67.79	72.71	47.32	36.22	21.94
1076.94	736.76	487.22		373.89	91.56	115.56	118.94	71.16	37.75
6.13	3.11	3.26	0.55	2.46	1.65	1.25	0.94	0.54	0.62
1.65	0.75	0.80	0.23	0.74	0.43	0.32	0.21	0.16	0.13
1572.97	592.34	814	427.44	782,80	406	485.56	249.84	267.04	247.80
39.01	33.32	41	23.07	58.10	29.10	28.95	18.94	20.41	16.80
14.97	12.46	19.8	6.03	20.27	9.96	11.37	5.03	5.53	3.09
17.69	11.70	23.72	4.89	17.08	10.93	9.42	4.23	3.67	2.40
10368		10522		7012		6492		5758	
8100		8429		6182		5448		4999	
99.5	99.4	99.3	99.1	96.9	98.9	98.2	98.1	98.8	99.4
97.9	98.2	97.0	96.5	95.6	96.8	97.4	96.9	96.7	98.0
1	1	1		3	1	4			
4	4	7	1	14	4	13	2	3	1
74	21	17	21	38	31	21	38	28	17
368	66	69	122	62	183	111	121	104	102
2539	6135	6406		15131	1147	7581			
4509	3988	7083	1400	18570	4495	12090	3233	2488	1824
7.34	2.31	2.33	3.08	8.06	3.69	2.32	3.13	2.85	1.59
17.28	3.99	3.99	6.84	17.71	9.07	4.59	6.00	7.25	3.62
4.90	0.57	2.81		4.49	1.56	1.72	1.25	2.12	0.81
1.02	0.15	0.88		1.06	0.40	0.58	0.29	0.47	0.17
75	4	7	3	16	2	8	1	2	3
219	13	16	14	30	15	19	23	14	13
3735	1992	3727	1336	5059	1984	2346	1257	1031	589
2154	1421	2064	897	3038	1030	1393	760	717	129

主要统计指标解释

建成区土地面积　是指城市建筑基本连片、公用设施达到的地区，区域中的水域面积（包括河流、湖泊）亦计算在内。

住宅居住面积　是指专供日常生活起居使用的卧室、起居室的房屋面积，住宅内的客厅、厨房、浴室、卫生间、储藏室以及各室之间通道等辅助设施的面积不包括在内。居住面积是按居住用房内墙线计算。

居住人口　指与房屋居住面积统计范围一致的居住在城市的人口。

全年供水总量　指公用自来水和自备水源的社会单位全年的供水总量，包括有效供水量及损失水量。

生活用水量　指居民日常生活与公共福利设施的用水量。包括居民、饮食店、旅馆、医院、理发店、浴池、洗衣店、游泳池、商店、学校、机关、部队等单位的用水量。

年末实有公共汽（电）车　指年底可参加营运的全部车辆数，包括年底营运车辆数和库存查封未参加营运的车辆，不包括非营运车辆，如架线车、油罐车、工程车、货车及其他专用车辆和借人的客运车辆。

Explanatory Notes on Main Statistical Indicators

Developed Lnad Area refers to the area basically connected by the urban constructions and provided with the public utilities, including the water area within it (e. g. rivers and lakes).

Living Space of Residential Buildings refers to the area of bedrooms and living rooms specially for daily use, excluding the area of drawing rooms, kitchens, bathrooms, toilets, storerooms and their passages, and supplementary facilities in the residence. The living space is counted by the inside wall line of living rooms.

Residential Population refers to the urban population with the same statistical coverage of living space of buildings.

Annual Volume of Water Supply refers to the total volume of water supplied by the public water—works and those owned by individual enterprises and institutions during the whole year, including both the effective water supply and loss during the water supply.

Consumption of Water for Residential Use refers to the water consumption of residents for daily life and the water consumption of public welfare facilities, including the consumption of restaurants, botels, hospitals, barber shops, pubilc bathhouses, laundries, swimming pools , shops, schools, institutions, army units and other units.

Number of Public Vehicles (Buses and Trolley—busses) at the Year—end refers to the total number of operational vehicles available at the year—end, including the year—end operational vehicles and vehicles in stock, Non—operational vehicles such as stringing cars, tank cars, engineering cars, trucks and other special vehicles and the borrowed passenger vehicles are excluded.

二十一　县区主要经济指标

COUNTIES AND DISTRICTS UNDER CITY ADMINISTRATION

简要说明

一、本篇资料反映广东县区经济发展的基本情况，主要包括：各县区的人口、耕地面积、国内生产总值及工农业产值、主要农产品产量、乡镇企业基本情况、基建和更改以及房地产开发投资、职工人数和职工工资、消费品零售额、财政收支以及居民储蓄存款等内容。

二、本篇资料由广东省统计局各有关专业处整理提供，综合处负责编辑。

三、本篇资料依据国家统计局制定的各有关专业年度报表制度和广东省统计局制发的《县区国民经济主要指标年报》，并由 21 个地级市统计局填报、汇总而成。

四、本篇各县区产值、金融、财政类指标数据汇总数不等于全省数。

COUNTIES AND DISTRICTS UNDER CITY ADMINISTRATION

Brief Introduction

Ⅰ. The data in this chapter show the basic conditions of the economic development of the counties and districts under city administration in Guangdong Province, mainly including the data on population, cultivated area, gross domestic product, gross output value of industry and agriculture, output of major farm products, basic conditions of township and village enterprises, investment in capital construction and innovation, real estate development and investment, number and wages of staff and workers, retail sales of consumer goods, government revenue and expenditures and saving deposits of urban and rural residents, etc.

Ⅱ. The data in this chapter are preppared and provided by the relative specialized divisions and compiled by the Division of Integration Statistics, Statistical Bureau of Guangdong province.

Ⅲ. The deta in this chapter are based on the relative specialized annual report schemes formulated by the State Statistical Bureau and the "Annual Report of Major Indicators of National Economy by County and District" formulated by Statistical Bureau of Guangdong Province, and then tabulated in accordance with the figures submitted by the twenty-one city statistical bureaus at the prefectural level.

Ⅳ. The tabulated data on output value, banking and finance of the counties and districts in this chapter are not equal to total of the whole province.

21-1　各县(区)人口数及耕地面积(1998年底数)

POPULATION AND CULTIVATED LAND BY COUNTY (DISTRICT) (1998, YEAR-END)

县（区）别 County (District)	总人口 Total Population	按性别分 By Sex		按农业、非农业分 by Agricultural or Nonagricultural		耕地面积（亩） Cultivated Land (mu)
		男 Male	女 Female	非农业人口 Nonagricultural	农业人口 Agricultural	
广州市 Guangzhou	6741400	3469164	3272236	4172824	2568576	1881595
市　区 Urban District	3993008	2081552	1911456	3306277	686731	326241
花都市 Huadu City	587807	295236	292571	195921	391886	265124
增城市 Zengcheng City	768577	391683	376894	197023	571554	491783
番禺市 Panyu City	895520	447790	447730	345275	550245	506499
从化市 Conghua City	496488	252903	243585	128328	368160	291948
深圳市 Shenzhen	1146028	597346	548682	899111	246917	62044
珠海市 Zhuhai	694798	359005	335793	479345	215453	380638
市　区 Urban District	400738	207610	193128	371116	29622	38544
斗门县 Doumen County	294060	151395	142665	108229	185831	342094
汕头市 Shantou	4179516	2117316	2062200	1414003	2765513	723834
市　区 Urban District	1113200	563964	549236	831949	281251	53997
潮阳市 Chaoyang City	2174773	1104725	1070048	389558	1785215	455529
澄海市 Chenghai City	818560	411671	406889	166621	651939	208128
南澳县 Nanao County	72983	36956	36027	25875	47108	6180
韶关市 Shaoguan	3027746	1570442	1457304	1072666	1955080	2013211
市　区 Urban District	494608	267826	226782	431053	63555	33994
仁化县 Renhua County	184710	94468	90242	73553	111157	142864
南雄市 Nanxiong City	450828	226092	224736	76876	373952	438730
始兴县 Shixing County	231100	115270	115830	45318	185782	177396
翁源县 Wengyuan County	350214	180691	169523	65492	284722	288344
新丰县 Xinfeng County	229083	118779	110304	53281	175802	144453
曲江县 Qujiang County	401200	205056	196144	113401	287799	344949
乳源县 Ruyuan County	193075	99298	93777	36120	156955	155075
乐昌市 Lechang City	492928	262962	229966	177572	315356	287406
河源市 Heyuan	3114960	1596021	1518939	631722	2483238	1654135
市　区 Urban District	247521	126591	120930	164986	82535	46315
和平县 Heping County	467228	239753	227475	59709	407519	225286
龙川县 Longchuan County	833849	421939	411910	132148	701701	441044
紫金县 Zijin County	726943	374054	352889	159784	567159	422629
连平县 Lianping County	357115	184291	172824	67678	289437	217150
东源县 Dongyuan County	482304	249393	232911	47417	434887	301711
梅州市 Meizhou	4734234	2445577	2288657	945693	3788541	2022599
市　区 Urban District	299926	155276	144650	230419	69507	37712
梅　县 Meixian County	595533	304563	290970	83374	512159	329247
蕉岭县 Jiaoling County	224078	116981	107097	56684	167394	110730
大埔县 Dapu County	507160	262549	244611	88726	418434	197257
丰顺县 Fengshun County	635879	329503	306376	95033	540846	266351
五华县 Wuhua County	1116831	577822	539009	137788	979043	475811
兴宁市 Xingning City	1110211	573575	536636	206712	903499	448157
平远县 Pingyuan County	244616	125308	119308	46957	197659	157334
惠州市 Huizhou	2699972	1373419	1326553	928074	1771898	1979842
市　区 Urban District	358723	181515	177208	287178	71545	50511
惠东县 Huidong County	667174	341251	325923	191887	475287	495641
博罗县 Boluo County	758411	388135	370276	177243	581168	696657
龙门县 Longmen County	307287	158285	149002	79053	228234	263959
惠阳市 Huiyang City	608377	304233	304144	192713	415664	473074
汕尾市 Shanwei	2582976	1356138	1226838	631170	1951806	1059280
市　区 Urban District	409146	213049	196097	171380	237766	75666
海丰县 Haifeng County	692317	363078	329239	172545	519772	365689
陆河县 Luhe County	243606	127643	115963	26441	217165	107448
陆丰市 Lufeng City	1237907	652368	585539	260804	977103	510477
东莞市 Dongguan	1487694	749936	737758	378354	1109340	663045
中山市 Zhongshan	1300814	655689	645125	390060	910754	640872
江门市 Jiangmen	3788984	1926741	1862243	1428472	2360512	2427390
市　区 Urban District	427851	216289	211562	333154	94697	57862
新会市 Xinhui City	862743	431940	430803	269528	593215	472498
台山市 Taishan City	1009511	518388	491123	355017	654494	804837
开平市 Kaiping City	679409	340118	339291	188795	490614	493353

续表 continued

县（区）别 County (District)	总人口 Total Population	按性别分 By Sex		按农业、非农业分 by Agricultural or Nonagricultural		耕地面积（亩） Cultivated Land (mu)
		男 Male	女 Female	非农业人口 Nonagricultural	农业人口 Agricultural	
鹤山市 Heshan City	349269	177960	171309	117049	232220	208481
恩平市 Enping City	460201	242046	218155	164929	295272	390359
佛山市 Foshan	3249817	1634402	1615415	1398832	1850985	1296505
市区 Urban District	468430	237829	230601	411107	57323	9070
南海市 Nanhai City	1070892	531490	539402	381322	689570	554703
顺德市 Shunde City	1053249	524319	528930	339392	713857	281498
三水市 Sanshui City	381312	196247	185065	145279	236033	248637
高明市 Gaoming City	275934	144517	131417	121732	154202	202597
阳江市 Yangjiang	2459969	1313468	1146501	664359	1795610	1642115
市区 Urban District	521388	270791	250597	295672	225716	169084
阳东县 Yangdong county	491199	266492	224707	69637	421562	450761
阳西县 Yangxi County	447559	244714	202845	92610	354949	332611
阳春市 Yangchun City	999823	531471	468352	206440	793383	689659
湛江市 Zhanjiang	6365140	3365730	2999410	1540240	4824900	5262863
市区 Urban District	1307334	685964	621370	588583	718751	547855
徐闻县 Xuwen County	640941	334521	306420	125623	515318	879844
遂溪县 Suixi County	869240	462169	407071	168274	700966	1085190
廉江市 Lianjiang County	1408910	750610	658300	246638	1162272	868538
吴川市 Wuchuan City	866882	458533	408349	184812	682070	369002
雷州市 Leizhou City	1271833	673933	597900	226310	1045523	1512434
茂名市 Maoming	6068652	3192969	2875683	1168363	4900289	2605820
市区 Urban District	663738	347956	315782	302022	361716	267017
电白县 Dianbai County	1519628	802794	716834	308551	1211077	651556
高州市 Gaozhou City	1436638	760168	676470	204028	1232610	624514
化州市 Huazhou City	1332582	702660	629922	183394	1149188	669612
信宜市 Xinyi City	1116066	579391	536675	170368	945698	393121
肇庆市 Zhaoqing	3724677	1916608	1808069	932794	2791883	2063781
市区 Urban District	459087	234293	224794	311571	147516	137530
广宁县 Guangning County	530627	278596	252031	109915	420712	243392
德庆县 Deqing County	342846	179653	163193	63807	279039	210174
封开县 Fenkai County	436218	225527	210691	71021	365197	306685
怀集县 Huaiji County	840287	427548	412739	109080	731207	409276
高要市 Gaoyao City	706229	359583	346646	142335	563894	465164
四会市 Sihui City	409383	211408	197975	125065	284318	291560
清远市 Qingyuan	3729992	1932736	1797256	736030	2993962	2723053
市区 Urban District	521313	263366	257947	193284	328029	350814
清新县 Qingxin County	662804	343040	319764	74854	587950	436393
佛冈县 Fogang County	296475	154448	142027	52842	243633	188038
连山县 Lianshan County	110909	558509	52400	24340	86569	107921
连南县 Liannan County	148610	77767	70843	27207	121403	107690
阳山县 Yangshan County	499808	258702	241106	65940	433868	366326
连州市 Lianzhou City	499630	258179	241451	91781	407849	374235
英德市 Yingde City	990443	518725	471718	205782	784661	791636
潮州市 Chaozhou	2385921	1221518	1164403	611078	1774843	620323
市区 Urban District	335319	167496	167823	257521	77798	17533
饶平县 Raoping County	920816	474089	446727	191475	729341	290825
潮安县 Chaoan County	1129786	579933	549853	162082	967704	311965
揭阳市 Jieyang	5200182	2683851	2516331	993233	4206949	1471113
市区 Urban District	624693	317704	306989	204134	420559	85753
揭东县 Jiedong County	1128197	586458	541739	143914	984283	403420
惠来县 Huilai County	958755	491694	467061	165366	793389	299853
揭西县 Jiexi County	834886	434475	400411	167321	667565	292867
普宁市 Puning City	1653651	853520	800131	312498	1341153	389220
云浮市 Yunfu	2472978	1291379	1181599	774321	1698657	1247966
市区 Urban District	274860	142460	132400	168371	106489	107693
新兴县 Xinxing County	433264	219496	213768	97679	335585	278527
郁南县 Yunan County	465147	247058	218089	96977	368170	227028
云安县 Yunan County	280433	145336	135097	72572	207861	138060
罗定市 Luoding City	1019274	537029	482245	338722	680552	496658

21-2 各县(区)国内生产总值(1998年)

GROSS DOMESTIC PRODUCT BY COUNTY (DISTRICT)(1998)

单位：万元　　(10000 yuan)

县 (区) 别 County (District)	国内生产总值 Gross Domestic Product	第一产业 Primary Industry	第二产业 Secondary Industry	第三产业 Tertiary Industry
广州市 Guangzhou				
市　区 Urban District	12983016	270588	5153380	7559048
花都市 Huadu City	1242145	126818	755565	359762
增城市 Zengcheng City	1222295	187608	706644	328043
番禺市 Panyu City	2445099	224161	1316214	904724
从化市 Conghua City	523497	79588	332504	111405
深圳市 Shenzhen	12890190	164544	6445832	6279814
珠海市 Zhuhai				
市　区 Urban District	2228900	33112	1190596	1005192
斗门县 Doumen County	406100	92300	187311	126489
汕头市 Shantou				
市　区 Urban District	2149209	59955	967314	1121940
潮阳市 Chaoyang City	1423935	237939	677624	508372
澄海市 Chenghai City	622008	130054	293024	198930
南澳县 Nanao County	46086	17051	13946	15089
韶关市 Shaoguan				
市　区 Urban District	737937	22223	486571	229143
仁化县 Renhua County	106609	38811	32434	35364
南雄市 Nanxiong City	194304	81320	59331	53653
始兴县 Shixing County	96956	51615	24264	21077
翁源县 Wengyuan County	124694	66341	29220	29133
新丰县 Xinfeng County	81555	26469	25854	29232
曲江县 Qujiang County	228118	99551	78129	50438
乳源县 Ruyuan County	73195	20304	35244	17647
乐昌市 Lechang City	178004	58688	59053	60263
河源市 Heyuan				
市　区 Urban District	116658	14561	46346	55751
和平县 Heping County	95692	52228	19041	24423
龙川县 Longchuan County	197983	76703	45382	75898
紫金县 Zijin County	163211	94233	35182	33796
连平县 Lianping County	119561	50609	34659	34293
东源县 Dongyuan County	100561	54975	18545	27041
梅州市 Meizhou				
市　区 Urban District	161762	16948	82148	62666
梅　县 Meixian County	316199	125923	137262	53014
蕉岭县 Jiaoling County	131830	30953	56791	44086
大埔县 Dapu County	147613	47058	63004	37551
丰顺县 Fengshun County	162607	71488	40990	50129
五华县 Wuhua County	210980	93404	39027	78549
兴宁市 Xingning City	310717	107277	96707	106733
平远县 Pingyuan County	94749	35986	30295	28468
惠州市 Huizhou				
市　区 Urban District	1030354	19458	765983	244913
惠东县 Huidong County	721378	184292	331225	205861
博罗县 Boluo County	691000	151697	398352	140951
龙门县 Longmen County	160485	57572	55114	47799
惠阳市 Huiyang City	956845	157589	474561	324695
汕尾市 Shanwei				
市　区 Urban District	221301	77155	60351	83795
海丰县 Haifeng County	519103	146009	157038	216056
陆河县 Luhe County	95402	40187	25392	29823
陆丰市 Lufeng City	345172	130760	125492	88920
东莞市 Dongguan	3555119	306088	1913002	1336029
中山市 Zhongshan	2490318	235905	1302114	952299
江门市 Jiangmen				
市　区 Urban District	1239834	21958	613378	604498
新会市 Xinhui City	921860	163841	408336	349683
台山市 Taishan City	906400	186720	392460	327220
开平市 Kaiping City	844950	120073	428725	296152

注：本表按当年价格计算。　a)The data of value terms in this table are calculated at current prices.

续表 continued

单位：万元 (10000 yuan)

县（区）别 County (District)	国内生产总值 Gross Domestic Product	第一产业 Primary Industry	第二产业 Secondary Industry	第三产业 Tertiary Industry
鹤山市 Heshan City	532982	66376	303185	163421
恩平市 Enping City	391125	76058	157600	157467
佛山市 Foshan				
市　区 Urban District	1446363	5878	932624	507861
南海市 Nanhai City	2825377	241684	1380583	1203110
顺德市 Shunde City	2592822	177100	1473674	942048
三水市 Sanshui City	642108	108400	273016	260692
高明市 Gaoming City	447133	93431	226858	126844
阳江市 Yangjiang				
市　区 Urban District	571296	137475	236149	197672
阳东县 Yangdong county	262302	137785	59395	65122
阳西县 Yangxi County	208136	109660	44069	54407
阳春市 Yangchun City	374786	202429	84429	87928
湛江市 Zhanjiang				
市　区 Urban District	1595658	165613	810141	619904
徐闻县 Xuwen County	264247	143738	44916	75593
遂溪县 Suixi County	422493	181123	122892	118478
廉江市 Lianjiang County	530553	209924	135553	185076
吴川市 Wuchuan County	358122	83185	158872	116065
雷州市 Leizhou County	524468	268242	101592	154634
茂名市 Maoming				
市　区 Urban District	837820	79539	441263	317018
电白县 Dianbai County	1026615	308538	407036	311041
高州市 Gaozhou City	955595	320055	361900	273640
化州市 Huazhou City	779861	272515	245869	261477
信宜市 Xinyi City	675051	255534	252795	166722
肇庆市 Zhaoqing				
市　区 Urban District	862552	75742	456163	330647
广宁县 Guangning County	297493	99832	118386	79275
德庆县 Deqing County	297255	87936	148384	60935
封开县 Fenkai County	298888	119284	112350	67254
怀集县 Huaiji County	457764	204468	148802	104494
高要市 Gaoyao City	971384	281241	345589	344554
四会市 Sihui City	466250	130297	215263	120690
清远市 Qingyuan				
市　区 Urban District	360492	105806	175061	79625
清新县 Qingxin County	204179	97968	59009	47202
佛冈县 Fogang County	93645	31222	33548	28875
连山县 Lianshan County	36286	18780	7896	9610
连南县 Liannan County	37172	15859	10687	10626
阳山县 Yangshan County	150437	84846	34712	30879
连州市 Lianzhou City	165384	74923	50296	40165
英德市 Yingde City	321009	162732	88413	69864
潮州市 Chaozhou				
市　区 Urban District	421502	11252	223916	186334
饶平县 Raoping County	532400	177300	185250	169850
潮安县 Chaoan County	747031	183074	352048	211909
揭阳市 Jieyang				
市　区 Urban District	623217	51035	399791	172391
揭东县 Jiedong County	919306	191582	527304	200420
惠来县 Huilai County	426256	193906	163679	68671
揭西县 Jiexi County	364793	113563	154710	96520
普宁市 Puning City	1277648	160214	652342	465092
云浮市 Yunfu				
市　区 Urban District	283170	57827	142457	82886
新兴县 Xinxing County	273875	108069	96751	69055
郁南县 Yunan County	244323	96662	94967	52694
云安县 Yunan County	170350	70435	66929	32986
罗定市 Luoding City	668236	195321	276007	196908

21-3 各县(区)国内生产总值增长速度(1998年)

GROWTH RATE OF GROSS DOMESTIC PRODUCT BY COUNTY (DISTRICT)(1998)

单位% (%)

县（区）别 County (District)	国内生产总值 Gross Domestic Product	第一产业 Primary Industry	第二产业 Secondary Industry	第三产业 Tertiary Industry
广州市 Guangzhou				
市　区 Urban District	11.7	1.6	7.8	15.9
花都市 Huadu City	13.8	3.9	16.7	9.1
增城市 Zengcheng City	14.0	−3.4	21.4	1.8
番禺市 Panyu City	16.9	13.1	19.1	13.0
从化市 Conghua City	22.9	2.9	29.5	15.4
深圳市 Shenzhen	14.5	3.2	16.6	11.9
珠海市 Zhuhai				
市　区 Urban District	12.1	2.4	12.6	11.8
斗门县 Doumen County	10.7	5.9	12.4	10.9
汕头市 Shantou				
市　区 Urban District	8.7	3.1	9.0	8.4
潮阳市 Chaoyang City	20.7	5.6	24.1	21.3
澄海市 Chenghai City	21.9	7.3	25.8	22.7
南澳县 Nanao County	8.5	4.2	10.3	12.5
韶关市 Shaoguan				
市　区 Urban District	10.7	8.8	12.6	7.0
仁化县 Renhua County	11.1	6.5	16.8	10.1
南雄市 Nanxiong City	9.1	2.9	16.8	6.5
始兴县 Shixing County	10.1	5.7	20.6	7.8
翁源县 Wengyuan County	9.2	4.9	16.7	9.6
新丰县 Xinfeng County	8.9	6.0	7.2	14.8
曲江县 Qujiang County	12.3	5.8	20.3	11.4
乳源县 Ruyuan County	11.0	6.0	14.3	9.4
乐昌市 Lechang City	8.5	6.8	9.0	9.6
河源市 Heyuan				
市　区 Urban District	9.5	8.6	4.9	14.4
和平县 Heping County	13.7	7.9	15.4	20.4
龙川县 Longchuan County	12.8	7.5	12.8	16.7
紫金县 Zijin County	13.0	7.1	26.4	14.1
连平县 Lianping County	12.8	7.2	21.9	11.0
东源县 Dongyuan County	11.1	7.4	12.8	16.5
梅州市 Meizhou				
市　区 Urban District	6.3	8.2	4.5	10.3
梅　县 Meixian County	9.8	7.8	12.7	8.1
蕉岭县 Jiaoling County	9.3	8.5	10.0	8.7
大埔县 Dapu County	8.1	4.0	11.6	6.3
丰顺县 Fengshun County	8.3	4.1	14.3	8.7
五华县 Wuhua County	4.3	2.2	5.9	5.3
兴宁市 Xingning City	8.5	8.0	8.6	8.9
平远县 Pingyuan County	8.3	7.6	8.9	8.6
惠州市 Huizhou				
市　区 Urban District	15.9	49.8	15.8	14.6
惠东县 Huidong County	17.0	10.1	22.4	12.1
博罗县 Boluo County	15.5	11.8	17.9	10.5
龙门县 Longmen County	8.3	11.3	5.7	9.0
惠阳市 Huiyang City	15.6	10.7	16.8	15.2
汕尾市 Shanwei				
市　区 Urban District	13.0	7.7	30.5	7.8
海丰县 Haifeng County	15.0	11.0	15.9	15.9
陆河县 Luhe County	19.5	11.5	27.0	22.3
陆丰市 Lufeng City	10.6	7.2	15.0	9.2
东莞市 Dongguan	19.8	1.3	20.7	22.9
中山市 Zhongshan	13.2	2.6	15.4	13.0
江门市 Jiangmen				
市　区 Urban District	9.7	3.6	15.9	2.9
新会市 Xinhui City	8.0	5.1	7.7	9.3
台山市 Taishan City	10.2	5.8	9.7	13.7
开平市 Kaiping City	8.0	−7.0	9.3	10.0

注：本表按可比价格计算，与上年比较。
Note: The figures in this table are calculated at comparable prices and over the preceding year.

续表 continued

单位% (%)

县（区）别 County (District)	国内生产总值 Gross Domestic Product	第一产业 Primary Industry	第二产业 Secondary Industry	第三产业 Tertiary Industry
鹤山市 Heshan City	9.1	9.0	10.5	6.3
恩平市 Enping City	1.0	−11.8	1.7	5.7
佛山市 Foshan				
市　区 Urban District	6.2	−5.3	4.0	13.4
南海市 Nanhai City	15.5	0.4	16.7	16.0
顺德市 Shunde City	13.8	3.6	13.6	15.9
三水市 Sanshui City	5.3	2.0	5.0	7.3
高明市 Gaoming City	13.2	0.7	17.0	13.6
阳江市 Yangjiang				
市　区 Urban District	13.9	12.5	14.9	13.3
阳东县 Yangdong county	15.0	9.5	27.6	12.7
阳西县 Yangxi County	11.3	8.7	17.7	11.1
阳春市 Yangchun City	5.1	2.1	5.3	9.3
湛江市 Zhanjiang				
市　区 Urban District	7.8	7.5	9.4	6.1
徐闻县 Xuwen County	14.1	14.8	28.8	4.4
遂溪县 Suixi County	7.6	10.3	6.5	5.3
廉江市 Lianjiang County	9.4	7.0	11.1	10.6
吴川市 Wuchuan County	9.7	13.7	9.2	8.2
雷州市 Leizhou County	10.4	12.1	10.2	7.9
茂名市 Maoming				
市　区 Urban District	7.1	6.7	7.0	7.4
电白县 Dianbai County	11.0	20.4	4.1	13.8
高州市 Gaozhou City	13.7	4.1	24.4	13.0
化州市 Huazhou City	15.1	14.8	19.8	10.9
信宜市 Xinyi City	13.6	20.5	11.0	9.4
肇庆市 Zhaoqing				
市　区 Urban District	12.4	7.2	14.5	9.9
广宁县 Guangning County	12.4	7.5	14.4	13.7
德庆县 Deqing County	14.1	8.1	15.9	16.8
封开县 Fenkai County	12.2	8.7	15.8	10.7
怀集县 Huaiji County	14.9	8.5	19.9	16.5
高要市 Gaoyao City	14.3	9.3	15.4	16.8
四会市 Sihui City	13.3	5.8	16.1	14.7
清远市 Qingyuan				
市　区 Urban District	2.7	6.4	1.7	2.7
清新县 Qingxin County	5.5	5.4	4.0	8.4
佛冈县 Fogang County	4.8	6.0	1.5	9.5
连山县 Lianshan County	3.1	0.1	4.4	9.1
连南县 Liannan County	1.3	2.4	−8.1	11.9
阳山县 Yangshan County	4.3	2.5	4.8	8.4
连州市 Lianzhou City	7.1	5.9	6.5	10.3
英德市 Yingde City	4.5	5.4	3.2	4.5
潮州市 Chaozhou				
市　区 Urban District	10.1	−0.1	6.7	17.3
饶平县 Raoping County	12.3	8.0	16.4	10.7
潮安县 Huilai County	13.0	5.1	17.0	11.8
揭阳市 Jieyang				
市　区 Urban District	18.5	6.2	21.5	14.6
揭东县 Jiedong County	17.8	7.5	20.6	18.4
惠来县 Huilai County	10.8	6.6	16.7	6.0
揭西县 Jiexi County	14.5	2.6	23.3	10.6
普宁县 Puning County	18.9	8.3	23.0	13.7
云浮市 Yunfu				
市　区 Urban District	7.2	6.5	8.4	5.4
新兴县 Xinxing County	12.1	11.2	14.4	9.9
郁南县 Yunan County	10.1	8.1	12.0	9.0
云安县 Yunan County	9.7	7.8	11.1	9.7
罗定市 Luoding City	11.0	7.3	10.8	14.5

21-4 各县(区)人均国内生产总值及增长速度

PER CAPITA GROSS DOMESTIC PRODUCT AND GROWTH RATE BY COUNTY (DISTRICT)

县（区）别 County (District)	绝对数 （元/人） Absolute Figure (yuan/person)		增长速度 （%） Growth Rate	
	1997	1998	1997	1998
广州市 Guangzhou				
市　区 Urban District	29563	32663	10.1	10.4
花都市 Huadu City	19329	21259	17.1	11.8
增城市 Zengcheng City	15207	16009	23.9	12.2
番禺市 Panyu City	24749	27541	10.0	15.0
从化市 Conghua City	8931	10625	17.2	21.0
深圳市 Shenzhen	30619	33282	10.6	9.1
珠海市 Zhuhai				
市　区 Urban District	25507	26036	3.7	3.2
斗门县 Doumen County	10721	12573	9.1	9.3
汕头市 Shantou				
市　区 Urban District	18343	19490	9.0	6.3
潮阳市 Chaoyang City	5522	6577	19.1	19.3
澄海市 Chenghai City	6225	7638	20.7	20.7
南澳县 Nanao County	5785	6322	2.3	8.2
韶关市 Shaoguan				
市　区 Urban District	13745	14365	6.6	8.4
仁化县 Renhua County	6799	6790	9.0	10.4
南雄市 Nanxiong City	4193	4318	5.3	8.4
始兴县 Shixing County	4091	4199	8.8	9.8
翁源县 Wengyuan County	3447	3578	11.4	7.8
新丰县 Xinfeng County	3495	3561	7.7	8.0
曲江县 Qujiang County	5539	5732	13.8	10.0
乳源县 Ruyuan County	3606	3798	9.2	10.4
乐昌市 Lechang City	3516	3624	4.8	7.1
河源市 Heyuan				
市　区 Urban District	5249	4887	2.8	−0.5
和平县 Heping County	1876	2048	28.3	12.5
龙川县 Longchuan County	2287	2388	8.4	11.3
紫金县 Zijin County	2308	2280	5.8	10.6
连平县 Lianping County	3031	3361	12.4	11.7
东源县 Dongyuan County	2079	2099	6.2	10.3
梅州市 Meizhou				
市　区 Urban District	5354	5426	1.6	4.5
梅　县 Meixian County	5020	5327	6.0	9.1
蕉岭县 Jiaoling County	5445	5901	4.0	8.4
大埔县 Dapu County	2776	2922	3.3	7.2
丰顺县 Fengshun County	2409	2568	0.6	7.4
五华县 Wuhua County	1862	1899	0.3	3.2
兴宁市 Xingning City	2610	2809	6.1	7.5
平远县 Pingyuan County	3674	3890	4.3	7.3
惠州市 Huizhou				
市　区 Urban District	26183	29263	12.7	11.7
惠东县 Huidong County	9784	10866	13.8	15.5
博罗县 Boluo County	8305	9154	17.1	13.8
龙门县 Longmen County	4920	5251	1.3	7.2
惠阳市 Huiyang City	15026	15795	16.6	13.0
汕尾市 Shanwei				
市　区 Urban District	4640	5265	7.1	11.9
海丰县 Haifeng County	6618	7532	1.2	13.8
陆河县 Luhe County	3344	3949	11.9	17.5
陆丰市 Lufeng City	2570	2839	8.3	9.3
东莞市 Dongguan	20160	24031	16.4	18.4
中山市 Zhongshan	17316	19272	12.6	11.8
江门市 Jiangmen				
市　区 Urban District	28806	29255	6.7	7.6
新会市 Xinhui City	10001	10719	5.2	7.4
台山市 Taishan City	8401	8969	14.7	10.2
开平市 Kaiping City	11679	12457	9.5	7.2

注：本表绝对数按当年价格计算，增长速度按可比价格计算。
Note: The values in this table are calculated at current prices while the growth rates are calculated at comparable prices.

续表 continued

县（区）别 County (District)	绝对数（元/人） Absolute Figure (yuan/person)		增长速度（%） Growth Rate	
	1997	1998	1997	1998
鹤山市 Heshan City	14359	15285	4.5	8.6
恩平市 Enping City	8601	8532	-9.8	0.2
佛山市 Foshan				
市　区 Urban District	31421	31098	7.9	4.3
南海市 Nanhai City	23943	26554	14.9	14.0
顺德市 Shunde City	21719	24769	16.0	12.3
三水市 Sanshui City	16830	16933	9.3	4.0
高明市 Gaoming City	15584	16289	19.8	12.0
阳江市 Yangjiang				
市　区 Urban District	9339	10892	13.4	12.9
阳东县 Yangdong county	4791	5347	10.4	14.9
阳西县 Yangxi County	4218	4650	8.2	10.1
阳春市 Yangchun City	3612	3758	1.9	4.4
湛江市 Zhanjiang				
市　区 Urban District	11411	12316	13.4	5.2
徐闻县 Xuwen County	4021	4150	9.1	12.6
遂溪县 Suixi County	5238	4903	0.9	5.8
廉江市 Lianjiang County	3622	3766	7.3	7.3
吴川市 Wuchuan County	3816	4160	6.6	8.1
雷州市 Leizhou County	4185	4149	6.8	8.9
茂名市 Maoming				
市　区 Urban District	13517	12852	8.6	4.7
电白县 Dianbai County	6351	6861	13.0	10.3
高州市 Gaozhou City	6343	6690	15.1	12.3
化州市 Huazhou City	5571	6057	12.3	10.3
信宜市 Xinyi City	5254	6109	19.2	11.9
肇庆市 Zhaoqing				
市　区 Urban District	16972	14390	11.9	11.6
广宁县 Guangning County	5213	5618	9.8	11.7
德庆县 Deqing County	7762	8702	13.0	13.1
封开县 Fenkai County	6275	6892	9.2	10.6
怀集县 Huaiji County	5082	5484	13.8	12.2
高要市 Gaoyao City	12362	13816	14.9	13.2
四会市 Sihui City	11359	12098	12.4	11.4
清远市 Qingyuan				
市　区 Urban District	6187	5796	6.6	0.8
清新县 Qingxin County	3345	3209	5.4	4.2
佛冈县 Fogang County	3137	3185	1.2	2.5
连山县 Lianshan County	3528	3287	1.8	2.3
连南县 Liannan County	2679	2513	-0.9	0.2
阳山县 Yangshan County	3142	3031	-0.5	2.8
连州市 Lianzhou City	3391	3321	4.5	6.2
英德市 Yingde City	3567	3555	2.6	3.4
潮州市 Chaozhou				
市　区 Urban District	11862	12662	11.9	8.0
饶平县 Raoping County	5252	5819	10.8	11.1
潮安县 Chaoan County	5828	6633	12.8	12.3
揭阳市 Jieyang				
市　区 Urban District	8513	8121	16.8	14.8
揭东县 Jiedong County	7351	8243	19.4	14.9
惠来县 Huilai County	4163	4490	9.8	6.4
揭西县 Jiexi County	4235	4414	12.6	11.2
普宁市 Puning City	6679	7783	19.7	16.4
云浮市 Yunfu				
市　区 Urban District	10128	10373	0.0	5.2
新兴县 Xinxing County	5877	6363	11.6	10.6
郁南县 Yunan County	4975	5268	5.9	9.4
云安县 Yunan County	6212	6104	3.6	8.5
罗定市 Luoding City	6435	6628	2.8	8.7

21-5 各县(区)工农业总产值

GROSS OUTPUT VALUE OF INDUSTRY AND AGRICULTURE BY COUNTY (DISTRICT)

单位:万元 (10000 yuan)

县(区)别 County (district)	工农业总产值 Gross Output Value of Industry and Agriculture		工业总产值 Gross Output Value of Industry		农业总产值 Gross Output Value of Agriculture	
	1997	1998	1997	1998	1997	1998
广州市 Guangzhou						
市　区 Urban District	10262442	10904320	10031803	10669779	230639	234541
花都市 Huadu City	1911175	2284772	1812761	2180444	98414	104328
增城市 Zengcheng City	2022810	2430565	1890261	2294692	132549	135873
番禺市 Panyu City	4216066	5112154	4015485	4892243	200581	219911
从化市 Conghua City	811156	1105687	739470	1032486	71686	73201
深圳市 Shenzhen	14706455	17568763	14601838	17459605	104617	109158
珠海市 Zhuhai						
市　区 Urban District	4222891	4811483	4203918	4790952	18973	20531
斗门县 Doumen County	739791	1039498	653853	949571	85938	89927
汕头市 Shantou						
市　区 Urban District	2376184	2726395	2336693	2685675	39491	40720
潮阳市 Chaoyang City	2239785	2759073	2043927	2553593	195858	205480
澄海市 Chenghai City	1170137	251734	1060105	1317122	110032	120012
南澳县 Nanao County	78360	86662	37793	44256	40566	42406
韶关市 Shaoguan						
市　区 Urban District	757553	900170	738834	880592	18719	19578
仁化县 Renhua County	86180	88038	50643	54258	35537	33780
南雄市 Nanxiong City	196057	205858	130125	139232	65932	66626
始兴县 Shixing County	106058	113954	53384	62409	52674	51545
翁源县 Wengyuan County	109950	110972	56053	60539	53897	50433
新丰县 Xinfeng County	67802	62317	38518	33517	29284	28800
曲江县 Qujiang County	288161	318251	204611	235497	83550	82754
乳源县 Ruyuan County	57232	59584	40960	44009	16272	15575
乐昌市 Lechang City	152194	150385	90895	89399	61299	60986
河源市 Heyuan						
市　区 Urban District	90462	108913	78271	97298	12191	11615
和平县 Heping County	73592	78407	32491	36137	41101	42270
龙川县 Longchuan County	127380	139672	67795	78506	59585	61166
紫金县 Zijin County	140430	143034	50298	58150	90132	84884
连平县 Lianping County	62415	75748	30485	44822	31930	30926
东源县 Dongyuan County	79642	81236	29407	32296	50235	48940
梅州市 Meizhou						
市　区 Urban District	234916	250487	217735	231916	17181	18571
梅　县 Meixian County	431044	484135	261742	302346	169302	181789
蕉岭县 Jiaoling County	130885	145870	101400	113744	29485	32126
大埔县 Dapu County	148336	156181	104917	110568	43419	45613
丰顺县 Fengshun County	163854	175930	99345	107491	64509	68439
五华县 Wuhua County	159944	164417	91458	92394	68486	72023
兴宁市 Xingning City	286904	314837	203200	224704	83704	90133
平远县 Pingyuan County	86094	94979	56517	62908	29577	32071
惠州市 Huizhou						
市　区 Urban District	3512137	4054203	3487151	4037072	24986	17131
惠东县 Huidong County	771146	924277	636632	787030	134514	137247
博罗县 Boluo County	1047105	1227357	906278	1089800	140827	137557
龙门县 Longmen County	142792	151074	103882	110094	38910	40980
惠阳市 Huiyang City	1131795	1335896	1040203	1226247	91592	109649
汕尾市 Shanwei						
市　区 Urban District	231386	280024	149442	190962	81944	89062
海丰县 Haifeng County	447543	521941	373570	441331	73973	80610
陆河县 Luhe County	45825	53512	23680	28427	22145	25085
陆丰市 Lufeng City	476238	552798	319427	383657	156811	169141
东莞市 Dongguan	5172464	6195191	4919247	5969371	253217	255820
中山市 Zhongshan	5161510	5022619	4914274	4760309	247236	262310
江门市 Jiangmen						
市　区 Urban District	2167442	2482099	2144584	2458376	22858	23723
新会市 Xinhui City	2139764	2313212	1974007	2136492	165757	176720
台山市 Taishan City	2310090	2540802	2107926	2328300	202164	212502
开平市 Kaiping City	1951551	2117644	1842949	2019688	108602	97956

注:本表按1990年不变价格计算。

Note: The data in this table are calculated at 1990 constant prices.

续表 continued

单位：万元 (10000 yuan)

县（区）别 County (district)	工农业总产值 Gross Output Value of Industry and Agriculture		工业总产值 Gross Output Value of Industry		农业总产值 Gross Output Value of Agriculture	
	1997	1998	1997	1998	1997	1998
鹤山市 Heshan City	1158215	1311455	1106266	1255930	51949	55525
恩平市 Enping City	589078	594943	512189	523318	76889	71625
佛山市 Foshan						
市　区 Urban District	3226145	3458845	3216257	3449867	9888	8978
南海市 Nanhai City	4776995	5690982	4591659	5505145	185336	185837
顺德市 Shunde City	5453518	6283609	5189546	6004326	263972	279283
三水市 Sanshui City	1271199	1334477	1170372	1230748	100827	103729
高明市 Gaoming City	763851	903858	686528	820349	77323	83509
阳江市 Yangjiang						
市　区 Urban District	554451	624513	413755	474633	140696	149880
阳东县 Yangdong county	219326	256581	115826	145434	103500	111147
阳西县 Yangxi County	229915	259788	108728	129408	121187	130380
阳春市 Yangchun City	465037	481661	326017	338144	139020	143517
湛江市 Zhanjiang						
市　区 Urban District	1472451	1600052	1318251	1437684	154200	162968
徐闻县 Xuwen County	229522	273341	79719	106720	149803	166621
遂溪县 Suixi County	493820	511900	275338	294598	218482	217302
廉江市 Lianjiang County	586180	637938	342263	381817	243917	256121
吴川市 Wuchuan County	562066	662755	479991	568124	82075	94631
雷州市 Leizhou County	509238	528120	238651	258441	270587	269679
茂名市 Maoming						
市　区 Urban District	1013401	1071976	914602	963115	98799	108861
电白县 Dianbai County	1187522	1337315	925228	1017049	262294	320266
高州市 Gaozhou City	1220029	1437100	813803	1016876	406226	420224
化州市 Huazhou City	800558	922229	548322	630472	252236	291757
信宜市 Xinyi City	904800	1014922	694785	762045	210015	252877
肇庆市 Zhaoqing						
市　区 Urban District	1261999	1523739	1204880	1462650	57119	61089
广宁县 Guangning County	401639	458473	321601	372098	80038	86375
德庆县 Deqing County	514292	635308	429370	543168	84922	92140
封开县 Fenkai County	385737	439687	291063	336916	94674	102771
怀集县 Huaiji County	426543	507942	318298	390467	108245	117475
高要市 Gaoyao City	1268726	1480044	1070170	1262997	198556	217047
四会市 Sihui City	729828	820477	618112	687550	111716	132927
清远市 Qingyuan						
市　区 Urban District	381564	446969	316540	385781	65024	61188
清新县 Qingxin County	218979	220739	144086	153046	74893	67693
佛冈县 Fogang County	91316	150409	70093	129682	21223	20727
连山县 Lianshan County	32457	97244	12647	79128	19810	18116
连南县 Liannan County	31246	24654	17273	12117	13973	12537
阳山县 Yangshan County	111596	82521	44037	17798	67559	64723
连州市 Lianzhou City	145436	143575	78117	81914	67319	61661
英德市 Yingde City	235606	161839	121715	47193	113891	114646
潮州市 Chaozhou						
市　区 Urban District	939427	1060143	927213	1047927	12214	12216
饶平县 Raoping County	651227	1198232	490500	1022051	160727	176181
潮安县 Chaoan County	1025517	757227	867099	585523	158418	171704
揭阳市 Jieyang						
市　区 Urban District	976516	1273326	926758	1223323	49758	50003
揭东县 Jiedong County	1391422	1678315	1253426	1529830	137996	148485
惠来县 Huilai County	561223	644814	412963	482302	148260	162512
揭西县 Jiexi County	427663	494164	344901	404772	82762	89392
普宁市 Puning City	1649626	2046457	1535578	1921791	114048	124666
云浮市 Yunfu						
市　区 Urban District	413011	447281	362350	400136	50661	47145
新兴县 Xinxing County	500630	570772	402717	464351	97913	106421
郁南县 Yunan County	419018	462613	327337	372454	91681	90159
云安县 Yunan County	326033	353810	271194	305331	54839	48479
罗定市 Luoding City	966306	1051416	781340	881470	184966	169946

21-6 各县（区）粮食产量

OUTPUT OF GRAIN BY COUNTY (DISTRICT)

单位：吨、公斤/人 (ton,kg/person)

县（区）别 County (district)	粮食 Grain				人均粮食 Per Capita Grain	
	1997	1998	#稻谷 Rice 1997	#稻谷 Rice 1998	1997	1998
广州市 Guangzhou						
市　区 Urban District	143897	140380	133883	131695	37	35
花都市 Huadu City	195301	199592	187291	192171	340	340
增城市 Zengcheng City	271605	278599	258756	265201	361	362
番禺市 Panyu City	236901	236914	231538	232417	271	265
从化市 Conghua City	161503	177509	149486	164424	333	358
深圳市 Shenzhen	4990	3781	954	743	5	3
珠海市 Zhuhai						
市　区 Urban District	12955	12547	12560	11739	35	31
斗门县 Doumen County	83087	84103	78833	78592	288	286
汕头市 Shantou						
市　区 Urban District	42387	41774	28641	28913	39	38
潮阳市 Chaoyang City	516729	518061	361497	362042	241	238
澄海市 Chenghai City	202691	203121	155252	155187	251	248
南澳县 Nanao County	6703	6716	2079	2037	92	92
韶关市 Shaoguan						
韶关市郊 Urban District	9558	7757	8014	5765	20	16
仁化县 Renhua County	95755	97028	89573	90022	525	525
南雄市 Nanxiong City	249568	251407	236829	236119	556	558
始兴县 Shixing County	112056	110520	101400	96738	487	478
翁源县 Wengyuan County	143248	135295	136682	128148	416	386
新丰县 Xinfeng County	84748	84748	79918	79944	374	370
曲江县 Qujiang County	210873	209894	198494	198794	540	523
乳源县 Ruyuan County	76099	76908	66102	65981	397	398
乐昌市 Lechang City	148495	143196	114431	108222	306	291
河源市 Heyuan						
市　区 Urban District	24100	24882	22674	22793	111	101
和平县 Heping County	168808	181170	150445	161451	365	388
龙川县 Longchuan County	370523	377684	352728	358115	453	453
紫金县 Zijin County	287257	316327	240606	266226	410	435
连平县 Lianping County	146505	155246	132104	140796	416	435
东源县 Dongyuan County	196966	222494	177832	199071	414	461
梅州市 Meizhou						
市　区 Urban District	29532	30010	26340	26952	101	100
梅　县 Meixian County	276508	287302	248385	256832	469	482
蕉岭县 Jiaoling County	75690	78099	69950	71679	342	349
大埔县 Dapu County	147858	150690	127596	129484	295	297
丰顺县 Fengshun County	191601	191748	142315	144056	305	302
五华县 Wuhua County	316302	329776	289455	299412	288	295
平远县 Pingyuan County	114470	116749	105370	107142	474	477
兴宁市 Xingning City	383781	392047	346744	350944	350	353
惠州市 Huizhou						
市　区 Urban District	18387	17953	16029	15969	54	50
惠东县 Huidong County	270287	286495	214628	227608	413	429
博罗县 Boluo County	348544	359673	317182	325929	468	474
龙门县 Longmen County	170785	182386	153212	160985	565	594
惠阳市 Huiyang City	251492	259520	215103	222054	425	427
汕尾市 Shanwei						
市　区 Urban District	51542	48187	28939	26396	128	118
海丰县 Haifeng County	213623	220029	171631	177774	313	318
陆河县 Luhe County	64904	68724	46234	47598	273	282
陆丰市 Lufeng City	308975	323227	176640	183233	254	261
东莞市 Dongguan	246901	247194	227163	223938	169	166
中山市 Zhongshan	280623	282174	260023	261574	220	217
江门市 Jiangmen						
市　区 Urban District	7106	6448	6953	6010	17	15
新会市 Xinhui City	275411	276058	263000	264227	322	320
台山市 Taishan City	484821	484897	455651	455664	479	480
开平市 Kaiping City	322011	278337	306024	261251	478	410

续表 continued

单位：吨、公斤/人 (ton,kg/person)

县(区)别 County (district)	粮食 Grain				人均粮食 Per Capita Grain	
	1997	1998	# 稻谷 Rice		1997	1998
			1997	1998		
鹤山市 Heshan City	148184	148182	131231	131386	427	424
恩平市 Enping City	242634	195957	228877	182665	534	426
佛山市 Foshan						
市　区 Urban District	1759	1387	1759	1387	4	3
南海市 Nanhai City	193368	180913	185103	174476	184	169
顺德市 Shunde City	34040	33723	25030	24592	33	32
三水市 Sanshui City	123185	113163	117155	106747	329	297
高明市 Gaoming City	119004	118969	112124	112455	438	431
阳江市 Yangjiang						
市　区 Urban District	106259	110805	93624	92694	207	213
阳东县 Yangdong county	214673	232327	185865	200516	438	473
阳西县 Yangxi County	173565	190224	134427	144687	394	425
阳春市 Yangchun City	401605	366491	344137	303503	405	367
湛江市 Zhanjiang						
市　区 Urban District	154138	159459	116483	118259	122	122
徐闻县 Xuwen County	163554	177432	129364	136626	260	277
遂溪县 Suixi County	243980	260144	174093	178436	288	299
廉江市 Lianjiang County	419753	436915	328901	340031	304	310
吴川市 Wuchuan County	188796	224473	147362	167287	223	259
雷州市 Leizhou County	341125	351016	301476	305973	274	276
茂名市 Maoming						
市　区 Urban District	124684	128368	101205	102141	196	193
电白县 Dianbai County	387028	397833	313042	314669	260	262
高州市 Gaozhou City	399082	415644	340673	344362	283	289
化州市 Huazhou City	430526	446005	353243	360452	349	335
信宜市 Xinyi City	402524	409045	302003	303131	370	367
肇庆市 Zhaoqing						
市　区 Urban District	91510	90752	86128	85191	208	198
广宁县 Guangning County	178890	190343	159438	169162	340	359
德庆县 Deqing County	149704	153476	137300	138984	442	448
封开县 Fenkai County	219390	229690	195002	197799	513	527
怀集县 Huaiji County	288915	302274	261265	273017	355	360
高要市 Gaoyao City	352260	355971	317766	322955	506	504
四会市 Sihui City	187260	194830	170006	173638	469	476
清远市 Qingyuan						
市　区 Urban District	169869	191909	152407	176619	336	368
清新县 Qingxin County	246571	249773	218197	219636	378	377
佛冈县 Fogang County	108872	117354	102939	110811	379	396
连山县 Lianshan County	60954	60657	55447	56514	557	547
连南县 Liannan County	47512	48021	37779	37837	325	323
阳山县 Yangshan County	173702	180913	122916	129701	355	362
连州市 Lianzhou City	222345	229810	198385	199086	450	460
英德市 Yingde City	297027	321468	264315	285847	305	325
潮州市 Chaozhou						
市　区 Urban District	11849	11990	9335	9470	36	36
饶平县 Raoping County	211702	214160	152858	152695	234	233
潮安县 Chaoan County	307031	312677	236735	237530	274	277
揭阳市 Jieyang						
市　区 Urban District	112880	105427	100412	95329	188	169
揭东县 Jiedong County	393010	393676	275908	275286	361	349
惠来县 Huilai County	256941	264925	139634	143329	282	276
揭西县 Jiexi County	217490	220933	141940	144218	271	265
普宁市 Puning City	303966	306958	194665	196511	190	186
云浮市 Yunfu						
市　区 Urban District	103090	101021	89135	86631	384	368
新兴县 Xinxing County	169519	174182	156979	161026	399	402
郁南县 Yunan County	189136	203401	155943	160778	410	437
云安县 Yunan County	119845	125065	101665	100800	434	446
罗定市 Luoding City	408313	411877	367684	368394	413	404

21-7 各县（区）糖蔗及花生产量
OUTPUT OF SUGARCANE AND PEANUTS BY COUNTY (DISTRICT)

单位：吨 (ton)

县(区)别 County (district)	糖蔗 Sugarcane 1997	1998	1998比1997增长% Increase Rate in 1998 over 1997(%)	花生 Peanuts 1997	1998	1998比1997增长% Increase Rate in 1998 over 1997(%)
广州市 Guangzhou						
市　区 Urban District	944	659	−30.2	4502	4141	−8.0
花都市 Huadu City	6728	4774	−29.0	4348	3039	−30.1
增城市 Zengcheng City	7530	8360	11.0	7338	7877	7.3
番禺市 Panyu City	758648	860373	13.4	1655	1550	−6.3
从化市 Conghua City	60	338	463.3	6817	6713	−1.5
深圳市 Shenzhen				595	498	−16.3
珠海市 Zhuhai						
市　区 Urban District	101919	111252	9.2	216	250	15.7
斗门县 Doumen County	1165033	1220517	4.8	714	566	−20.7
汕头市 Shantou						
市　区 Urban District				1091	1063	−2.6
潮阳市 Chaoyang City				3631	3444	−5.2
澄海市 Chenghai City				3387	3308	−2.3
南澳县 Nanao County				78	103	32.1
韶关市 Shaoguan						
韶关市郊 Urban District				1970	1647	−16.4
仁化县 Renhua County	7936	7221	−9.0	8460	11777	39.2
南雄市 Nanxiong City				16285	16257	−0.2
始兴县 Shixing County				9243	8938	−3.3
翁源县 Wengyuan County	195501	198772	1.7	8009	8351	4.3
新丰县 Xinfeng County	1817	1772	−2.5	2986	2802	−6.2
曲江县 Qujiang County	3056	1847	−39.6	32410	33238	2.6
乳源县 Ruyuan County	1631	1530	−6.2	2212	2718	22.9
乐昌市 Lechang City	11336	10854	−4.3	6697	6596	−1.5
河源市 Heyuan						
市　区 Urban District	43307	43160	−0.3	3548	4210	18.7
和平县 Heping County	270	206	−23.7	2895	2657	−8.2
龙川县 Longchuan County	21	6	−71.4	4364	4799	10.0
紫金县 Zijin County	42645	29270	−31.4	9729	10772	10.7
连平县 Lianping County	308	950	208.4	6624	7295	10.1
东源县 Dongyuan County	7327	11365	55.1	12289	12331	0.3
梅州市 Meizhou						
市　区 Urban District				815	781	−4.2
梅　县 Meixian County				5798	5509	−5.0
蕉岭县 Jiaoling County				2429	2458	1.2
大埔县 Dapu County	262	277	5.7	1617	1552	−4.0
丰顺县 Fengshun County	11367	7496	−34.1	3686	3752	1.8
五华县 Wuhua County	165	25	−84.8	4401	4363	−0.9
平远县 Pingyuan County				2505	2615	4.4
兴宁市 Xingning City	104	150	44.2	3913	3754	−4.1
惠州市 Huizhou						
市　区 Urban District		189		1095	1195	9.1
惠东县 Huidong County	66545	66511	−0.1	11771	12984	10.3
博罗县 Boluo County	271652	284980	4.9	20376	21920	7.6
龙门县 Longmen County	14684	16551	12.7	6484	6788	4.7
惠阳市 Huiyang City	25665	28579	11.4	14163	12367	−12.7
汕尾市 Shanwei						
市　区 Urban District				2320	1690	−27.2
海丰县 Haifeng County	104221	109257	4.8	4120	4378	6.3
陆河县 Luhe County	6100	6090	−0.2	1071	1075	0.4
陆丰市 Lufeng City	37091	25869	−30.3	10506	11415	8.7
东莞市 Dongguan	346469	406644	17.4	2879	2588	−10.1
中山市 Zhongshan	249697	240684	−3.6	1778	1705	−4.1
江门市 Jiangmen						
市　区 Urban District	12633	5868	−53.6	28	24	−14.3
新会市 Xinhui City	315317	306612	−2.8	2345	2092	−10.8
台山市 Taishan City	189575	192639	1.6	18121	17746	−2.1
开平市 Kaiping City	85954	88498	3.0	11573	9841	−15.0

续表 continued

单位：吨 (ton)

县（区）别 County (district)	糖蔗 Sugarcane 1997	1998	1998比1997增长% Increase Rate in 1998 over 1997(%)	花生 Peanuts 1997	1998	1998比1997增长% Increase Rate in 1998 over 1997(%)
鹤山市 Heshan City	442	6000	1257.5	9465	9573	1.1
恩平市 Enping City	133887	113605	−15.1	8524	7649	−10.3
佛山市 Foshan						
市区 Urban District						
南海市 Nanhai City	11347	10894	−4.0	2778	2359	−15.1
顺德市 Shunde City	25694	13974	−45.6	113	86	−23.9
三水市 Sanshui City	65063	51734	−20.5	5168	4155	−19.6
高明市 Gaoming City				3924	3621	−7.7
阳江市 Yangjiang						
市区 Urban District	9505	2830	−70.2	2577	2624	1.8
阳东县 Yangdong county	49956	29919	−40.1	15069	15455	2.6
阳西县 Yangxi County	12175	4573	−62.4	6898	8022	16.3
阳春市 Yangchun City	311763	241623	−22.5	16649	16672	0.1
湛江市 Zhanjiang						
市区 Urban District	572994	539420	−5.9	8263	10403	25.9
徐闻县 Xuwen County	2070109	2014157	−2.7	8966	11228	25.2
遂溪县 Suixi County	3565299	3386090	−5.0	20310	27106	33.5
廉江市 Lianjiang County	757460	649373	−14.3	21576	25001	15.9
吴川市 Wuchuan County	36160	40888	13.1	14559	16545	13.6
雷州市 Leizhou County	3029562	3221465	6.3	14525	17963	23.7
茂名市 Maoming						
市区 Urban District	30535	19293	−36.8	8274	9083	9.8
电白县 Dianbai County	25399	13374	−47.3	33179	35836	8.0
高州市 Gaozhou City	42333	28777	−32.0	19312	21571	11.7
化州市 Huazhou City	320342	342137	6.8	19771	22345	13.0
信宜市 Xinyi City				9668	10221	5.7
肇庆市 Zhaoqing						
市区 Urban District	3000	2762	−7.9	1388	1386	−0.1
广宁县 Guangning County				5483	5726	4.4
德庆县 Deqing County				7965	8282	4.0
封开县 Fenkai County	128646	139812	8.7	10222	10020	−2.0
怀集县 Huaiji County	96045	108855	13.3	7244	7616	5.1
高要市 Gaoyao City	8485	13191	55.5	12602	12966	2.9
四会市 Sihui City	310974	324133	4.2	10318	10949	6.1
清远市 Qingyuan						
市区 Urban District	8273	7032	−15.0	10296	11673	13.4
清新县 Qingxin County	10742	26020	142.2	10596	10697	1.0
佛冈县 Fogang County	256	503	96.5	3099	3254	5.0
连山县 Lianshan County		30		2171	2021	−6.9
连南县 Liannan County				1770	1912	8.0
阳山县 Yangshan County	2414	2295	−4.9	8342	9137	9.5
连州市 Lianzhou City				7414	6978	−5.9
英德市 Yingde City	363564	361717	−0.5	24366	26102	7.1
潮州市 Chaozhou						
市区 Urban District				98	78	−20.4
饶平县 Raoping County	57957	60960	5.2	4044	4327	7.0
潮安县 Chaoan County	105			3338	3209	−3.9
揭阳市 Jieyang						
市区 Urban District				181	13	−92.8
揭东县 Jiedong County	30874	28621	−7.3	5304	5324	0.4
惠来县 Huilai County	2550	2630	3.1	12442	12958	4.1
揭西县 Jiexi County	55550	55753	0.4	8821	8887	0.7
普宁市 Puning City				1152	956	−17.0
云浮市 Yunfu						
市区 Urban District	1258	449	−64.3	2565	2478	−3.4
新兴县 Xinxing County	45007	4210	−90.6	4144	4592	10.8
郁南县 Yunan County	1400	141	−89.9	7648	8617	12.7
云安县 Yunan County	2100			5435	5684	4.6
罗定市 Luoding City				17100	17591	2.9

21-8 各县(区)生猪年末存栏头数、肉猪出栏头数和猪肉产量
NUMBER OF STOCK HOGS AT YEAR-END, SLAUGHTERED FATTENED HOGS AND OUTPUT OF PORK BY COUNTY (DISTRICT)

县(区)别 County (district)	生猪年末存栏头数(万头) Number of Stock Hogs at Year-End (10000 heads)		肉猪出栏头数(万头) Slaughtered Fattened Hogs (10000 heads)		猪肉产量(万吨) Output of Pork (10000 tons)	
	1997	1998	1997	1998	1997	1998
广州市 Guangzhou						
市　区 Urban District	28.59		51.36		3.49	
花都市 Huadu City	12.07		20.96		1.76	
增城市 Zengcheng City	11.24		21.65		1.68	
番禺市 Panyu City	7.93		15.91		1.03	
从化市 Conghua City	10.43		10.38		0.88	
深圳市 Shenzhen	30.05	30.09	49.74	59.27	3.83	4.28
珠海市 Zhuhai						
市　区 Urban District	6.22	8.77	9.41	12.26	0.75	0.76
斗门县 Doumen County	5.62	6.25	7.85	9.35	0.62	0.72
汕头市 Shantou						
市　区 Urban District	5.12	6.59	11.55	13.70	0.91	1.08
潮阳市 Chaoyang City	21.71	22.34	37.82	39.38	2.99	3.01
澄海市 Chenghai City	6.83	6.24	17.05	18.67	0.98	1.08
南澳县 Nanao County	1.40	1.61	3.32	4.13	0.24	0.39
韶关市 Shaoguan						
韶关市郊 Urban District	4.62	4.76	10.28	10.08	0.86	0.80
仁化县 Renhua County	7.17	7.82	7.99	9.40	0.72	0.73
南雄市 Nanxiong City	20.81	25.40	25.63	29.30	2.15	2.47
始兴县 Shixing County	8.34	9.34	8.20	9.05	0.75	0.84
翁源县 Wengyuan County	9.92	10.09	8.33	9.62	0.81	0.85
新丰县 Xinfeng County	4.99	5.63	5.94	6.76	0.44	0.48
曲江县 Qujiang County	19.05	21.65	21.55	25.18	1.61	1.89
乳源县 Ruyuan County	7.37	7.81	5.68	6.41	0.43	0.48
乐昌市 Lechang City	19.05	19.48	19.24	21.97	1.61	1.77
河源市 Heyuan						
市　区 Urban District	2.31	2.74	2.03	3.03	0.15	0.22
和平县 Heping County	7.04	7.52	8.36	8.40	0.70	0.67
龙川县 Longchuan County	14.61	15.63	12.69	13.18	1.14	1.11
紫金县 Zijin County	19.24	20.61	13.83	17.39	1.11	1.42
连平县 Lianping County	8.09	8.64	8.14	9.12	0.69	0.73
东源县 Dongyuan County	8.45	9.12	7.78	9.77	0.58	0.78
梅州市 Meizhou						
市　区 Urban District	2.54	3.09	3.93	5.06	0.31	0.38
梅　县 Meixian County	23.25	23.98	35.78	36.46	2.80	2.79
蕉岭县 Jiaoling County	9.94	9.56	13.44	14.28	1.10	1.15
大埔县 Dapu County	11.91	13.75	12.56	14.94	1.00	1.10
丰顺县 Fengshun County	24.04	26.43	22.99	26.34	2.10	2.16
五华县 Wuhua County	35.26	40.00	47.01	49.74	3.53	3.68
兴宁市 Xingning City	32.40	31.92	34.28	36.31	2.99	3.00
平远县 Pingyuan County	9.33	12.03	11.81	13.50	1.00	1.14
惠州市 Huizhou						
市　区 Urban District	2.88	3.14	4.14	6.23	0.29	0.44
惠东县 Huidong County	12.09	13.13	14.09	14.68	1.10	1.12
博罗县 Boluo County	25.47	27.45	28.61	30.41	1.98	2.12
龙门县 Longmen County	5.22	5.64	5.28	5.45	0.40	0.42
惠阳市 Huiyang City	12.29	13.27	17.23	18.18	1.25	1.34
汕尾市 Shanwei						
市　区 Urban District	4.01	5.61	3.62	6.66	0.28	0.51
海丰县 Haifeng County	7.47	12.83	9.26	13.42	0.75	1.19
陆河县 Luhe County	7.71	6.39	8.80	9.61	0.69	0.70
陆丰市 Lufeng City	18.37	21.39	21.51	23.52	1.75	1.87
东莞市 Dongguan	66.56	77.69	129.86	144.04	11.18	12.39
中山市 Zhongshan	17.52	18.21	30.40	32.48	2.37	2.53
江门市 Jiangmen						
市　区 Urban District	3.62		5.85		0.42	
新会市 Xinhui City	23.02		45.41		3.18	
台山市 Taishan City	17.05		25.62		1.79	
开平市 Kaiping City	7.19		17.50		1.23	

续表 continued

县（区）别 County (district)	生猪年末存栏头数(万头) Number of Stock Hogs at Year-End (10000 heads)		肉猪出栏头数(万头) Slaughtered Fattened Hogs (10000 heads)		猪肉产量(万吨) Output of Pork (10000 tons)	
	1997	1998	1997	1998	1997	1998
鹤山市 Heshan City	15.75		36.50		2.56	
恩平市 Enping City	13.38		20.62		1.65	
佛山市 Foshan						
市　区 Urban District	3.31	3.33	5.85	6.71	0.41	0.47
南海市 Nanhai City	23.79	17.04	34.70	37.22	2.66	2.93
顺德市 Shunde City	11.55	14.20	17.56	25.22	1.34	1.93
三水市 Sanshui City	15.77	15.20	23.50	19.78	1.63	1.33
高明市 Gaoming City	10.54	16.14	24.52	16.81	1.79	1.29
阳江市 Yangjiang						
市　区 Urban District	5.13	6.16	6.12	7.40	0.48	0.56
阳东县 Yangdong county	17.92	18.22	22.23	24.02	1.60	1.71
阳西县 Yangxi County	8.82	8.96	11.97	12.91	1.00	1.06
阳春市 Yangchun City	50.16	50.97	31.18	33.65	2.84	3.04
湛江市 Zhanjiang						
市　区 Urban District	12.32	13.98	15.38	18.14	1.40	1.35
徐闻县 Xuwen County	10.66	10.70	11.95	12.94	1.06	0.96
遂溪县 Suixi County	12.75	11.54	19.01	20.30	1.63	1.50
廉江市 Lianjiang County	52.14	52.71	60.22	66.78	5.24	5.26
吴川市 Wuchuan County	13.05	14.16	15.63	16.61	1.14	1.24
雷州市 Leizhou County	22.80	24.19	27.49	30.21	2.16	2.34
茂名市 Maoming						
市　区 Urban District	20.13	22.76	27.45	29.43	2.23	2.41
电白县 Dianbai County	43.02	51.97	62.32	65.48	5.28	5.65
高州市 Gaozhou City	63.97	63.80	88.70	90.18	6.95	6.32
化州市 Huazhou City	38.30	36.51	58.45	61.11	4.63	4.99
信宜市 Xinyi City	27.14	29.64	46.40	48.97	3.74	4.32
肇庆市 Zhaoqing						
市　区 Urban District	12.53	11.37	22.19	22.74	1.93	1.80
广宁县 Guangning County	10.66	15.28	14.14	15.55	0.97	1.05
德庆县 Deqing County	8.16	9.16	7.79	9.26	0.88	0.80
封开县 Fenkai County	15.19	19.35	23.80	24.47	2.38	1.96
怀集县 Huaiji County	37.08	41.05	45.46	46.00	3.67	3.73
高要市 Gaoyao City	27.45	29.71	37.40	43.77	3.34	3.44
四会市 Sihui City	37.90	42.34	49.35	51.44	3.79	4.19
清远市 Qingyuan						
市　区 Urban District	6.73	11.28	11.05	16.12	0.88	1.31
清新县 Qingxin County	18.67	20.91	30.20	32.95	2.22	2.35
佛冈县 Fogang County	5.85	6.26	4.94	5.14	0.40	0.44
连山县 Lianshan County	2.11	2.21	2.53	2.77	0.20	0.21
连南县 Liannan County	3.35	3.65	3.67	4.09	0.29	0.31
阳山县 Yangshan County	15.52	17.07	26.06	28.10	2.02	2.16
连州市 Lianzhou City	13.28	14.47	13.02	14.65	1.19	1.27
英德市 Yingde City	24.28	25.90	28.91	31.05	2.17	2.33
潮州市 Chaozhou						
市　区 Urban District	2.43	2.30	3.30	3.59	0.25	0.28
饶平县 Raoping County	31.82	32.15	35.08	38.11	2.71	2.90
潮安县 Chaoan County	20.51	19.49	31.06	33.45	2.01	2.19
揭阳市 Jieyang						
市　区 Urban District	3.36	3.36	4.58	5.16	0.45	0.46
揭东县 Jiedong County	18.22	16.16	22.31	21.61	1.87	1.83
惠来县 Huilai County	16.01	21.47	23.66	26.94	1.93	2.18
揭西县 Jiexi County	31.24	31.61	24.56	25.36	1.89	1.85
普宁市 Puning City	31.21	30.93	35.69	38.79	2.68	3.05
云浮市 Yunfu						
市　区 Urban District	11.18	12.20	12.40	15.87	1.05	1.22
新兴县 Xinxing County	22.34	27.78	25.75	33.14	2.14	2.67
郁南县 Yunan County	9.65	9.21	12.80	14.25	0.97	1.28
云安县 Yunan County	5.31	5.22	4.79	5.23	0.36	0.37
罗定市 Luoding City	15.40	15.90	19.10	20.42	1.62	1.68

21-9 各县(区)乡镇企业基本情况
BASIC STATISTICS OF TOWNSHIP AND VILLAGE ENTERPRISES BY COUNTY(DISTRICT)

县(区)别 County (district)	企业个数(个) Number of Enterprise		企业人数(人) Number of staff and Worker		总产值(万元) Gross Output Value (10000 yuan)	
	1997	1998	1997	1998	1997	1998
广州市 Guangzhou						
市　区 Urban District	21587	22507	332417	329996	2295003	2741216
花都市 Huadu City	14192	14857	136502	142214	1727276	1974398
增城市 Zengcheng City	15083	16783	130562	144995	1493731	1835597
番禺市 Panyu City	24864	26062	375468	406940	3265538	3856729
从化市 Conghua City	10731	11109	68473	71552	703650	977359
深圳市 Shenzhen	12154	53096	1095130	1229866	1643866	1700284
珠海市 Zhuhai						
市　区 Urban District	1187	1628	83933	91092	1081957	1247057
斗门县 Doumen County	2466	6867	42972	49643	409982	607294
汕头市 Shantou						
市　区 Urban District	3782	3652	63393	64311	822648	991322
潮阳市 Chaoyang City	10907	11046	285452	298053	2064262	2651406
澄海市 Chenghai City	11116	11251	135872	201511	1081576	1335593
南澳县 Nanao County	497	496	6141	5972	41749	44882
韶关市 Shaoguan						
韶关市郊 Urban District	539	6353	7451	18269	51324	146663
仁化县 Renhua County	2905	12577	17853	30094	58253	130843
南雄市 Nanxiong City	3987	19286	24226	61272	83233	214620
始兴县 Shixing County	2719	13557	14825	39727	34681	134106
翁源县 Wengyuan County	2333	18999	17160	49699	58793	172735
新丰县 Xinfeng County	4202	11521	13270	26952	50366	93990
曲江县 Qujiang County	3428	19968	40417	79818	156110	346560
乳源县 Ruyuan County	1355	6559	10220	21417	23533	48598
乐昌市 Lechang City	2494	18443	18007	54217	41570	258832
河源市 Heyuan						
市　区 Urban District	2227	1968	10154	9454	17673	21930
和平县 Heping County	3262	6973	9982	17588	13838	20833
龙川县 Longchuan County	939	9128	8010	26223	16256	66137
紫金县 Zijin County	886	9348	9007	28676	30925	67305
连平县 Lianping County	3336	10601	10839	22174	17345	38979
东源县 Dongyuan County	2231	2816	13839	11163	27193	33635
梅州市 Meizhou						
市　区 Urban District	11111	10798	27876	29513	105227	121720
梅　县 Meixian County	26434	26676	94014	94436	296237	337943
蕉岭县 Jiaoling County	7603	7423	23727	23906	59097	66038
大埔县 Dapu County	13619	13439	62524	60599	153372	160476
丰顺县 Fengshun County	10216	10504	39771	41189	131699	145400
五华县 Wuhua County	22982	22300	75422	74791	141221	153476
兴宁市 Xingning City	45044	46144	139832	141980	229651	259524
平远县 Pingyuan County	9046	8789	21107	19733	38164	42040
惠州市 Huizhou						
市　区 Urban District	1462	6233	35631	52796	239015	316378
惠东县 Huidong County	19056	23402	134395	141872	553988	714676
博罗县 Boluo County	2009	9714	97681	101146	587664	836622
龙门县 Longmen County	2123	7325	19620	29242	87687	127900
惠阳市 Huiyang City	6666	17290	149785	199441	239015	959027
汕尾市 Shanwei						
市　区 Urban District	2625	12735	19148	53334	87259	213179
海丰县 Haifeng County	11418	17071	83185	124049	308398	672743
陆河县 Luhe County	915	2781	12326	14211	33919	43632
陆丰市 Lufeng City	6793	16194	90001	101140	419921	421832
东莞市 Dongguan	23881	38323	1087539	1233009	2782579	3406887
中山市 Zhongshan	27316	26775	433834	468078	3526341	4161998
江门市 Jiangmen						
市　区 Urban District	1282	6058	28229	46346	263382	337446
新会市 Xinhui City	2268	24421	97839	175857	1134008	1825283
台山市 Taishan City	23821	23833	178511	178631	2107926	2163828
开平市 Kaiping City	15277	21391	134781	151544	1438062	1560937

续表 continued

县（区）别 County (district)	企业个数(个) Number of Enterprise		企业人数(人) Number of staff and Worker		总产值(万元) Gross Output Value (10000 yuan)	
	1997	1998	1997	1998	1997	1998
鹤山市 Heshan City	5526	8884	61708	75728	526836	664905
恩平市 Enping City	8794	18498	56628	75245	373318	496770
佛山市 Foshan						
市　区 Urban District	408	796	36499	43490	402416	606007
南海市 Nanhai City	25609	35218	538154	571366	4471287	5537944
顺德市 Shunde City	18910	5547	371442	309455	4276195	5208111
三水市 Sanshui City	3463	10996	54319	74941	524951	623350
高明市 Gaoming City	4128	4115	34935	36485	355953	445331
阳江市 Yangjiang						
市　区 Urban District	2188	2752	37150	43319	258049	331402
阳东县 Yangdong county	1224	6882	16359	33135	91924	156127
阳西县 Yangxi County	249	6644	10206	47397	51490	189113
阳春市 Yangchun City	1989	19631	29455	62036	127510	221099
湛江市 Zhanjiang						
市　区 Urban District	4220	15367	50933	78424	359143	612016
徐闻县 Xuwen County	3207	6404	18898	26811	70856	121842
遂溪县 Suixi County	9004	15148	54119	64882	266213	311753
廉江市 Lianjiang County	12214	24325	80512	104480	597534	804423
吴川市 Wuchuan County	3760	8794	46703	61518	457815	741505
雷州市 Leizhou County	10786	22074	58828	75081	207701	316364
茂名市 Maoming						
市　区 Urban District	14865	16320	60012	73966	398936	580156
电白县 Dianbai County	17362	31408	132982	159278	910190	1211080
高州市 Gaozhou City	34146	34703	189338	192349	1136727	1335235
化州市 Huazhou City	6446	24473	100092	166455	506897	1027136
信宜市 Xinyi City	5387	35669	76033	179291	442536	1023308
肇庆市 Zhaoqing						
市　区 Urban District	4645	7588	35439	50036	480731	664762
广宁县 Guangning County	1560	10094	31170	47654	202036	305816
德庆县 Deqing County	2329	14358	15714	37504	165878	363634
封开县 Fenkai County	1696	13990	29962	55558	190238	260378
怀集县 Huaiji County	10385	16380	51799	77223	197335	304928
高要市 Gaoyao City	15754	21308	171314	182303	964914	1186632
四会市 Sihui City	4766	11471	46822	71086	320742	460158
清远市 Qingyuan						
市　区 Urban District	4279	9111	35339	48605	95990	125626
清新县 Qingxin County	4058	12438	31602	44327	95640	121052
佛冈县 Fogang County	1405	3949	9080	13133	26992	34326
连山县 Lianshan County	2089	2617	4584	5222	6265	7271
连南县 Liannan County	886	2863	2742	8099	8237	13559
阳山县 Yangshan County	3219	6390	15187	18354	27624	36041
连州市 Lianzhou City	13781	12505	43643	45382	107452	120295
英德市 Yingde City	2289	14008	20934	42590	78893	142260
潮州市 Chaozhou						
市　区 Urban District	6683	6910	68637	69264	252961	603044
饶平县 Raoping County	13972	13049	119371	122987	559845	665864
潮安县 Chaoan County	23103	22657	287423	278186	1199388	1453443
揭阳市 Jieyang						
市　区 Urban District	9888	10253	76859	80498	324851	1016844
揭东县 Jiedong County	18451	18445	185833	169270	1277789	1557142
惠来县 Huilai County	7494	7499	66038	68170	369321	433239
揭西县 Jiexi County	8283	8475	67973	68226	387931	471542
普宁县 Puning City	5845	5868	155199	154818	1496237	1858806
云浮市 Yunfu						
市　区 Urban District	6166	8424	38156	48668	244906	320908
新兴县 Xinxing County	2216	4156	25081	32991	208194	266201
郁南县 Yunan County	2605	12403	24173	59585	213173	346396
云安县 Yunan County	5033	5068	32875	33066	267584	299511
罗定市 Luoding City	10636	17471	124136	143230	533362	739221

注：总产值按 1990 年不变价格计算。
Note: The figures of gross output value are calculated at 1990 constant prices.

21-10 各县（区）固定资产投资（1998年）

INVESTMENT IN FIXED ASSETS BY COUNTY (DISTRICT) (1998)

单位：万元　　　　(10000 yuan)

县（区）别 County (district)	基本建设投资 Investment in Capital Construction		更新改造投资 Investment in Innovation		其他投资 Other Investment	房地产投资 Real Estate Development
	投资完成额 Completed Investment	新增固定资产 Nawly Increased Fixed Assets	投资完成额 Completed Investment	新增固定资产 Nawly Increased Fixed Assets		
广州市 Guangzhou	2927028	2542781	1231665	1048556	66489	2693689
市　区 Urban District	2592443	2243473	1052467	882117	43210	2402237
花都市 Huadu City	77628	28215	84787	90262	4012	32688
增城市 Zengcheng City	68281	88606	14273	12958	2243	32605
番禺市 Panyu City	89058	164097	57551	53788	14364	211955
从化市 Conghua City	99618	18390	22587	9431	2660	14204
深圳市 Shenzhen District	2788963	2415910	201514	153238	233842	1674854
珠海市 Zhuhai	620727	221448	22059	13929	19058	225047
市　区 Urban District	555586	137446	19344	12314	17073	225047
斗门县 Doumen County	65141	84002	2715	1615	1985	
汕头市 Shantou	313030	232014	68093	57756	318967	248039
市　区 Urban District	228050	185623	36591	28653	215017	219434
潮阳市 Chaoyang City	14819	11774	14873	11063	28628	16791
澄海市 Chenghai City	14047	9717	10464	7875	70808	11356
南澳县 Nanao County	26114	24900	6165	10165	4514	118
韶关市 Shaoguan	126810	192686	120470	105155	58002	22136
市　区 Urban District	49072	103784	22668	41894	17051	17580
仁化县 Renhua County	5561	19178	12578	17045	6028	334
南雄市 Nanxiong City	13726	13966	1004	1066		730
始兴县 Shixing County	7010	4537	754	106	914	335
翁源县 Wengyuan County	1918	1424	8476	3859	4871	585
新丰县 Xinfeng County	4722	1443	7262	1153	138	69
曲江县 Qujiang County	23424	17954	59286	34707	4205	1360
乳源县 Ruyuan County	14434	9980	6009	4700	15781	
乐昌市 Lechang City	6943	20420	2433	625	9014	1143
河源市 Heyuan	97684	76978	28327	8214	4526	7392
市　区 Urban District	22714	14792	470		277	4866
和平县 Heping County	16735	7982	271	168	868	
龙川县 Longchuan County	18031	15233	4420	2580	796	660
紫金县 Zijin County	19138	19856	590	590	2585	801
连平县 Lianping County	6170	8316	22145	4445		855
东源县 Dongyuan County	14896	10799	431	431		210
梅州市 Meizhou	93494	87772	25158	21349	65990	27884
市　区 Urban District	15859	14741	15244	13873	3288	5792
梅　县 Meixian County	17618	27349	2022	467	20521	9105
蕉岭县 Jiaoling County	17191	17291	1315	903	9120	1017
大埔县 Dapu County	13717	5285	724	449	4065	201
丰顺县 Fengshun County	7843	6144	2658	3207	9875	1350
五华县 Wuhua County	3415	4770	1196	486	14416	1428
平远县 Pingyuan County	3622	3721	688	653	2844	420
兴宁市 Xingning City	14229	8471	1311	1311	1861	8571
惠州市 Huizhou	265438	233269	67220	67955	16137	55355
市　区 Urban District	105997	87722	35389	43053	6827	46567
惠东县 Huidong County	25052	25346	7850	5825	3074	2860
博罗县 Boluo County	64182	58374	2173	1188	1932	4490
龙门县 Longmen County	4938	3533	3114	3357	60	50
惠阳市 Huiyang City	65269	58294	18694	14532	4244	1388
汕尾市 Shanwei	42075	29671	15094	13200	29447	11100
市　区 Urban District	14802	8245	6293	5270	4890	4171
海丰县 Haifeng County	9915	5007	1286	415	24557	1538
陆河县 Luhe County	8653	7714	950	950		
陆丰市 Lufeng City	8705	8705	6565	6565		5391
东莞市 Dongguan	204575	150710	81640	136494	98142	95451
中山市 Zhongshan City	157554	102922	34715	27569	42937	139357
江门市 Jiangmen	161653	139738	68853	60388	180796	166381
市　区 Urban District	112393	102226	29617	23812	18154	67403
新会市 Xinhui City	4027	3333	15108	13949	27223	46128
台山市 Taishan City	13512	6752	1775	261	67187	12205
开平市 Kaiping City	8262	7128	2315	266	43705	24576

注：本表其他投资含城镇集体。
Note: The data of other investment in this table include those of urban collective owned units.

续表 continued

单位:万元 (10000 yuan)

县(区)别 County (district)	基本建设投资 Investment in Capital Construction		更新改造投资 Investment in Innovation		其他投资 Other Invest-ment	房地产投资 Real Estate Develop-ment
	投资完成额 Completed Investment	新增固定资产 Nawly Increased Fixed Assets	投资完成额 Completed Investment	新增固定资产 Nawly Increased Fixed Assets		
鹤山市 Heshan City	15357	12934	19070	21393	23548	9663
恩平市 Enping City	8102	7365	968	707	979	6406
佛山市 Foshan	106390	222396	137854	123183	197422	396495
市　区 Urban District	57460	83601	88159	83326	25291	145126
南海市 Nanhai City	12723	3288	17249	14076	15403	92259
顺德市 Shunde City	22589	22679	18510	16726	100607	105113
三水市 Sanshui City	5630	105215	12726	8555	24839	31324
高明市 Gaoming City	7988	7613	1210	500	31282	22673
阳江市 Yangjiang	110920	69202	17455	14311	39348	44158
市　区 Urban District	76041	54536	8547	7911	12546	37448
阳东县 Yangdong county	5834	4598	3054	3054	19190	3617
阳西县 Yangxi County	5988	5034	1557	1407	853	1000
阳春市 Yangchun City	23057	5034	4297	1939	6759	2093
湛江市 Zhanjiang	483372	167644	98011	88704	13108	27248
市　区 Urban District	399024	98996	65880	58835	1944	20141
徐闻县 Xuwen County	23111	23636	8312	8885	1113	1172
遂溪县 Suixi County	6442	5652	15135	14145	358	640
廉江市 Lianjiang County	27649	15116	1683	1531	3185	1391
吴川市 Wuchuan County	7033	6162	5388	3955	2114	720
雷州市 Leizhou County	20113	18082	1613	1353	4394	3184
茂名市 Maoming	322693	1485572	152072	81911	83833	30124
市　区 Urban District	221741	86131	99187	45789	7165	17312
电白县 Dianbai County	77058	1383629	1760	550	63123	3120
高州市 Gaozhou City	13126	10798	16618	20572	1062	7163
化州市 Huazhou City	5528	1788	18038	1964	691	1139
信宜市 Xinyi City	5240	3226	16469	13036	11792	1390
肇庆市 Zhaoqing	221112	135873	84361	56370	67521	60656
市　区 Urban District	95089	46278	39335	11608	27346	50623
广宁县 Guangning County	9322	7425	1885	1215	7995	295
德庆县 Deqing County	18114	12013	8447	7245	11431	450
封开县 Fenkai County	26047	26104	8407	7837	1103	900
怀集县 Huaiji County	29836	2263	4436	3033	4223	260
高要市 Gaoyao City	30641	28865	21043	19625	9577	6676
四会市 Sihui City	12063	12925	808	5807	5846	1452
清远市 Qingyuan	305996	114886	73162	70568	36545	16213
市　区 Urban District	48610	41828	17316	14883	8522	2019
清新县 Qingxin County	150030	16153	328		962	171
佛冈县 Fogang County	2759	2896	29068	47760	15168	640
连山县 Lianshan County	4991	1821	1450		667	
连南县 Liannan County	4699	3935			70	
阳山县 Yangshan County	14720	31386	6166	2905	669	1578
连州市 Lianzhou City	39226	7893	2149	104	1220	4235
英德市 Yingde City	40961	8974	16685	4916	9267	7570
潮州市 Chaozhou	83351	62353	56086	49416	71082	46703
市　区 Urban District	45636	35652	34814	30168	36776	39634
饶平县 Raoping County	9958	5702	3988	2368	12480	4565
潮安县 Chaoan County	27757	20999	17284	16880	21826	2504
揭阳市 Jieyang	174499	123571	54554	47459	55645	21791
市　区 Urban District	65745	50913	10140	7008	19387	13115
揭东县 Jiedong	19033	16753	2372	1680	5989	1369
惠来县 Huilai	30445	11603	2293	2290	5960	2000
揭西县 Jiexi	12709	14883	7757	4487	280	3227
普宁县 Puning	46567	29419	31994	31994	24029	2080
云浮市 Yunfu	89584	43410	42109	35802	38286	17153
市　区 Urban District	27296	6622	11230	6330	110	9855
新兴县 Xinxing	9426	6858	4493	4572	8885	611
郁南县 Yunan	3323	839	8536	8032	15343	1714
云安县 Yunan	11803	8556	1762	1642	2950	2710
罗定市 Luoding	37736	20535	16088	15226	10998	2263

21-11 各县(区)社会消费品零售总额

TOTAL RETAIL SALES OF CONSUMER GOODS BY COUNTY (DISTRICT)

单位:万元 (10000 yuan)

县(区)别 County (district)	社会消费品零售总额 Total Retail Sales of Consumer Goods			#批发零售贸易业零售额 #Total Retail Sales of Wholesale and Retail Sale Trades		
	1997	1998	1998比1997增长% Increase Rate in 1998 over 1997(%)	1997	1998	1998比1997增长% Increase Rate in 1998 over 1997(%)
广州市 Guangzhou	8025887	9045719	12.7	5329267	6010638	12.8
市　区 Urban District	6657925	7552787	13.4	4502182	5144895	14.3
花都市 Huadu City	342153	390059	14.0	150281	166852	11.0
增城市 Zengcheng City	336980	365000	8.3	201254	203479	1.1
番禺市 Panyu City	481070	511000	6.2	342081	351933	2.9
从化市 Conghua City	207759	226873	9.2	133469	143479	7.5
深圳市 Shenzhen	3264806	4196424	28.5	1793106	2325139	29.7
珠海市 Zhuhai	938236	1003116	6.9	674250	718484	6.6
市　区 Urban District	767150	829306	8.1	553864	595222	7.5
斗门县 Doumen County	171086	173810	1.6	120386	123262	2.4
汕头市 Shantou	1532714	1781048	16.2	1129148	1325983	17.4
市　区 Urban District	827708	924795	11.7	618061	707826	14.5
潮阳市 Chaoyang City	540040	655583	21.4	388489	465509	19.8
澄海市 Chenghai City	139380	172500	23.8	110283	138130	25.3
南澳县 Nanao County	25586	28170	10.1	12315	14518	17.9
韶关市 Shaoguan	675735	726715	7.5	428088	478854	11.9
市　区 Urban District	327697	353404	7.8	181595	205352	13.1
仁化县 Renhua County	32749	34714	6.0	21303	23326	9.5
南雄市 Nanxiong City	59031	63200	7.1	43021	48183	12.0
始兴县 Shixing County	29447	31773	7.9	25324	28110	11.0
翁源县 Wengyuan County	30390	33398	9.9	18299	20586	12.5
新丰县 Xinfeng County	25468	26240	3.0	20293	21510	6.0
曲江县 Qujiang County	79094	84640	7.0	62322	69489	11.5
乳源县 Ruyuan County	23487	25300	7.7	17200	18920	10.0
乐昌市 Lechang City	68372	74046	8.3	38731	43378	12.0
河源市 Heyuan	256862	288051	12.1	197082	222704	13.0
市　区 Urban District	68853	78773	14.4	55855	62887	12.6
和平县 Heping County	23600	26226	11.1	17640	19516	10.6
龙川县 Longchuan County	59181	69170	16.9	43356	53658	23.8
紫金县 Zijin County	43435	45760	5.4	34779	36478	4.9
连平县 Lianping County	26726	29621	10.8	18710	21300	13.8
东源县 Dongyuan County	35067	38501	9.8	26742	28865	7.9
梅州市 Meizhou	537670	575984	7.1	383617	417780	8.9
市　区 Urban District	55573	57402	3.3	41907	43934	4.8
梅　县 Meixian County	104010	111011	6.7	58293	68414	17.4
蕉岭县 Jiaoling County	41566	46646	12.2	30488	33657	10.4
大埔县 Dapu County	65814	68147	3.5	42774	45596	6.6
丰顺县 Fengshun County	48585	51594	6.2	37561	40354	7.4
五华县 Wuhua County	71625	78787	10.0	50617	55742	10.1
兴宁市 Xingning City	118664	127197	7.2	98127	103480	5.5
平远县 Pingyuan County	31833	35200	10.6	23850	26603	11.5
惠州市 Huizhou	1005493	1101832	9.6	673561	750365	11.4
市　区 Urban District	302486	324073	7.1	175270	192360	9.8
惠东县 Huidong County	278676	319760	14.7	208355	250925	20.4
博罗县 Boluo County	144379	154021	6.7	107095	116384	8.7
龙门县 Longmen County	48142	51490	7.0	34310	35640	3.9
惠阳市 Huiyang City	231810	252488	8.9	148531	155056	4.4
汕尾市 Shanwei	583389	655755	12.4	413089	460745	11.5
市　区 Urban District	109315	121873	11.5	94083	103511	10.0
海丰县 Haifeng County	240400	272700	13.4	138021	157442	14.1
陆河县 Luhe County	37685	42835	13.7	30214	34007	12.6
陆丰市 Lufeng City	195989	218347	11.4	150771	165785	10.0
东莞市 Dongguan	1102138	1302508	18.2	709602	815858	15.0
中山市 Zhongshan	771124	855266	10.9	506232	571494	12.9
江门市 Jiangmen	1518705	1650474	8.7	981736	1101514	12.2
市　区 Urban District	230604	246681	7.0	179820	178133	−0.9
新会市 Xinhui City	305165	329816	8.1	207479	228546	10.2
台山市 Taishan City	380073	426822	12.3	268495	320980	19.5
开平市 Kaiping City	237443	254421	7.2	121912	137284	12.6

续表 continued

单位:万元 (10000 yuan)

县(区)别 County (district)	社会消费品零售总额 Total Retail Sales of Consumer Goods			#批发零售贸易业零售额 #Total Retail Sales of Wholesale and Retail Sale Trades		
	1997	1998	1998比1997增长% Increase Rate in 1998 over 1997(%)	1997	1998	1998比1997增长% Increase Rate in 1998 over 1997(%)
鹤山市 Heshan City	162141	182957	12.8	82535	101517	23.0
恩平市 Enping City	203279	209777	3.2	121495	135054	11.2
佛山市 Foshan	2437409	2759307	13.2	1631075	1843105	13.0
市 区 Urban District	596859	641841	7.5	354005	385918	9.0
南海市 Nanhai City	905400	1060223	17.1	658270	765496	16.3
顺德市 Shunde City	618530	698909	13.0	424813	477480	12.4
三水市 Sanshui City	222159	250033	12.5	139271	157618	13.2
高明市 Gaoming City	94461	108301	14.7	54716	56593	3.4
阳江市 Yangjiang	546874	616490	12.7	367016	407669	11.1
市 区 Urban District	213867	241609	13.0	140270	158260	12.8
阳东县 Yangdong county	74503	82772	11.1	50757	56271	10.9
阳西县 Yangxi County	72413	81826	13.0	36849	41739	13.3
阳春市 Yangchun City	186091	210283	13.0	139140	151399	8.8
湛江市 Zhanjiang	1471060	1575835	7.1	949063	1008670	6.3
市 区 Urban District	747471	808071	8.1	496458	527852	6.3
徐闻县 Xuwen County	87618	101399	15.7	56812	63376	11.6
遂溪县 Suixi County	129378	136098	5.2	79220	83381	5.3
廉江市 Lianjiang County	209019	218856	4.7	141726	149287	5.3
吴川市 Wuchuan County	135019	143980	6.6	87766	95458	8.8
雷州市 Leizhou County	162555	167431	3.0	87081	89316	2.6
茂名市 Maoming	1314282	1424658	8.4	837752	916486	9.4
市 区 Urban District	468382	471259	0.6	291125	296992	2.0
电白县 Dianbai County	237766	255079	7.3	160409	175628	9.5
高州市 Gaozhou City	225510	254266	12.8	131173	146070	11.4
化州市 Huazhou City	179979	211930	17.8	98422	118815	20.7
信宜市 Xinyi City	202645	232124	14.5	156623	178981	14.3
肇庆市 Zhaoqing	931341	1046767	12.4	619496	695896	12.3
市 区 Urban District	285215	316065	10.8	158110	165386	4.6
广宁县 Guangning County	117630	135572	15.3	83232	104912	26.0
德庆县 Deqing County	52647	60093	14.1	36596	39867	8.9
封开县 Fenkai County	84979	94155	10.8	62206	71041	14.2
怀集县 Huaiji County	105830	124879	18.0	79716	94750	18.9
高要市 Gaoyao City	138888	156000	12.3	93326	102251	9.6
四会市 Sihui City	146152	160003	9.5	106310	117689	10.7
清远市 Qingyuan	574304	617323	7.5	384661	426912	11.0
市 区 Urban District	200037	210971	5.5	134429	136963	1.9
清新县 Qingxin County	53335	59128	10.9	40271	45143	12.1
佛冈县 Fogang County	49151	51681	5.1	34155	37367	9.4
连山县 Lianshan County	8760	8839	0.9	4928	4700	−4.6
连南县 Liannan County	13050	12867	−1.4	9167	9060	−1.2
阳山县 Yangshan County	38510	39937	3.7	30470	32893	8.0
连州市 Lianzhou City	56921	64324	13.0	37217	44667	20.0
英德市 Yingde City	154540	169576	9.7	94024	116119	23.5
潮州市 Chaozhou	439802	491923	11.9	313813	355332	13.2
市 区 Urban District	153298	169314	10.4	112173	126588	12.9
饶平县 Raoping County	126638	142115	12.2	90084	96980	7.7
潮安县 Chaoan County	159866	180494	12.9	111556	131764	18.1
揭阳市 Jieyang	829522	959052	15.6	612980	679770	10.9
市 区 Urban District	218129	253069	16.0	141613	163957	15.8
揭东县 Jiedong County	142014	170002	19.7	124855	129948	4.1
惠来县 Huilai County	68501	77218	12.7	50687	52111	2.8
揭西县 Jiexi County	65394	71971	10.1	34135	38174	11.8
普宁市 Puning City	335484	386792	15.3	261690	295580	13.0
云浮市 Yunfu	429253	482853	12.5	279132	312998	12.1
市 区 Urban District	77590	84119	8.4	57855	59734	3.2
新兴县 Xinxing County	74822	84619	13.1	43723	55348	26.6
郁南县 Yunan County	74857	86086	15.0	64920	72417	11.5
云安县 Yunan County	23553	26379	12.0	19025	20257	6.5
罗定市 Luoding City	178431	201650	13.0	93609	105242	12.4

21-12 各县(区)在岗位职工人数(1998年)

NUMBER OF STAFF AND WORKERS AT POSTS BY COUNTY (DISTRICT)(1998, YEAR-END)

单位:人　　(person)

县(区)别 County (district)	在岗职工人数 Number of Staff and Workers at Posts	国有经济 State-owned Units	城镇集体经济 Urban Collective Owned Units	其他各种经济 Units of Other Type of Ownership
广州市 Guangzhou				
市　区 Urban District	1560808	902991	261670	396147
花都市 Huadu City	59791	31441	4841	23509
增城市 Zengcheng City	73747	37850	14409	21488
番禺市 Panyu City	159998	59939	45615	54444
从化市 Conghua City	43034	27612	9392	6030
深圳市 Shenzhen	919289	337452	42520	539317
珠海市 Zhuhai				
市　区 Urban District	244868	90234	25827	128807
斗门县 Doumen County	30393	17555	5143	7695
汕头市 Shantou				
市　区 Urban District	294578	146871	92463	55244
潮阳市 Chaoyang City	62457	44142	14970	3345
澄海市 Chenghai City	35640	23284	9002	3354
南澳县 Nanao County	6942	6170	599	173
韶关市 Shaoguan				
市　区 Urban District	155097	131125	9661	14311
仁化县 Renhua County	17726	12532	3513	1681
南雄市 Nanxiong City	26221	20898	4634	689
始兴县 Shixing County	18828	13053	2540	3235
翁源县 Wengyuan County	25000	18853	5328	819
新丰县 Xinfeng County	17497	10527	5245	1725
曲江县 Qujiang County	31440	24912	5205	1323
乳源县 Ruyuan County	15664	11618	1796	2250
乐昌市 Lechang City	49412	33416	11280	4716
河源市 Heyuan				
市　区 Urban District	35293	20784	3831	10678
和平县 Heping County	17711	16004	1046	661
龙川县 Longchuan County	33193	29316	3487	390
紫金县 Zijin County	22432	18314	2164	1954
连平县 Lianping County	18650	16726	1055	869
东源县 Dongyuan County	17883	15455	1872	556
梅州市 Meizhou				
市　区 Urban District	46214	36034	5187	4993
梅　县 Meixian County	40350	33782	4524	2044
蕉岭县 Jiaoling County	23531	20374	1570	1587
大埔县 Dapu County	25770	18480	4169	3121
丰顺县 Fengshun County	21831	17161	4340	330
五华县 Wuhua County	36480	32503	3881	96
兴宁市 Xingning City	45692	38162	3330	4200
平远县 Pingyuan County	18488	15943	987	1558
惠州市 Huizhou				
市　区 Urban District	181616	60472	21514	99630
惠东县 Huidong County	53538	29349	17660	6529
博罗县 Boluo County	57875	39707	7611	10557
龙门县 Longmen County	20476	15754	2490	2232
惠阳市 Huiyang City	109697	35236	30394	44067
汕尾市 Shanwei				
市　区 Urban District	39858	26411	5748	7699
海丰县 Haifeng County	26544	22212	3531	801
陆河县 Luhe County	11094	8819	1781	494
陆丰市 Lufeng City	45724	36816	8650	258
东莞市 Dongguan	164047	75443	53497	35107
中山市 Zhongshan	149376	70972	34985	43419
江门市 Jiangmen				
市　区 Urban District	121741	56493	20128	45120
新会市 Xinhui City	91044	37296	27135	26613
台山市 Taishan City	61036	45502	10893	4641
开平市 Kaiping City	73445	26693	20179	26573

续表 continued

单位:人 (person)

县(区)别 County (district)	在岗职工人数 Number of Staff and Workers at Posts	国有经济 State-owned Units	城镇集体经济 Urban Collective Owned Units	其他各种经济 Units of Other Type of Ownership
鹤山市 Heshan City	43626	21498	9084	13044
恩平市 Enping City	41695	20642	13646	7407
佛山市 Foshan				
市 区 Urban District	193321	89139	23834	80348
南海市 Nanhai City	109887	61745	37085	11057
顺德市 Shunde City	125153	43201	31189	50763
三水市 Sanshui City	48966	25847	5306	17813
高明市 Gaoming City	37103	14262	7429	15412
阳江市 Yangjiang				
市 区 Urban District	70381	43289	20802	6290
阳东县 Yangdong county	26904	18662	7415	827
阳西县 Yangxi County	20903	12715	7178	1010
阳春市 Yangchun City	64648	44143	10362	10143
湛江市 Zhanjiang				
市 区 Urban District	198039	151637	16564	29838
徐闻县 Xuwen County	45969	39413	6262	294
遂溪县 Suixi County	59414	49191	9138	1085
廉江市 Lianjiang County	71197	51752	12378	7067
吴川市 Wuchuan County	39831	32287	5684	1860
雷州市 Leizhou County	74874	64089	10249	536
茂名市 Maoming				
市 区 Urban District	103497	86895	12664	3938
电白县 Dianbai County	55127	38908	14469	1750
高州市 Gaozhou City	65715	48425	16184	1106
化州市 Huazhou City	53559	44415	8919	225
信宜市 Xinyi City	39573	29152	7212	3209
肇庆市 Zhaoqing				
市 区 Urban District	120667	66954	14636	39077
广宁县 Guangning County	27544	22473	4593	478
德庆县 Deqing County	20052	14319	4119	1614
封开县 Fenkai County	24930	18747	4673	1510
怀集县 Huaiji County	29997	23158	4867	1972
高要市 Gaoyao City	40651	26598	7703	6350
四会市 Sihui City	37739	19758	5603	12378
清远市 Qingyuan				
市 区 Urban District	53079	33548	10197	9334
清新县 Qingxin County	23931	15496	2610	5825
佛冈县 Fogang County	15495	10536	2031	2928
连山县 Lianshan County	8118	7321	764	33
连南县 Liannan County	14808	9490	650	4668
阳山县 Yangshan County	24777	19676	2746	2355
连州市 Lianzhou City	27270	19128	4364	3778
英德市 Yingde City	49688	39733	4427	5528
潮州市 Chaozhou				
市 区 Urban District	64045	33519	18755	11771
饶平县 Raoping County	33383	26999	3309	3075
潮安县 Chaoan County	36725	22839	12265	1621
揭阳市 Jieyang				
市 区 Urban District	59957	32910	17551	9496
揭东县 Jiedong County	26259	18322	5093	2844
惠来县 Huilai County	37004	26771	4883	5350
揭西县 Jiexi County	33212	21103	11449	660
普宁市 Puning City	53568	41026	9593	2949
云浮市 Yunfu				
市 区 Urban District	32629	24075	5480	3074
新兴县 Xinxing County	38043	16981	13765	7297
郁南县 Yunan County	24093	16093	6677	1323
云安县 ounty	9397	6597	918	1882
罗定市 Luoding City	56935	32506	13952	10477

21-13 各县(区)在岗职工工资总额及平均工资(1998年)

TOTAL WAGES AND AVERAGE WAGE OF STAFF AND WORKERS AT POSTS BY COUNTY(DISTRICT) (1998)

县(区)别 County (district)	合计 Total		国有经济单位 State-owned Units		城镇集体经济单位 Urban Collective Owned Units		其他各种经济单位 Units of Other Type of Ownership	
	工资总额(万元) Total Wages (10000 yuan)	平均工资(元) Average Wage (yuan)	工资总额(万元) Total Wages (10000 yuan)	平均工资(元) Average Wage (yuan)	工资总额(万元) Total Wages (10000 yuan)	平均工资(元) Average Wage (yuan)	工资总额(万元) Total Wages (10000 yuan)	平均工资(元) Average Wage (yuan)
广州市 Guangzhou								
市　区 Urban District	2436391.1	15469	1551155.4	16996	248811.1	9483	636424.6	15913
花都市 Huadu City	64488.1	10724	38107.0	12209	4608.2	9401	21772.9	9064
增城市 Zengcheng City	78934.0	10771	48449.6	12802	10454.6	7475	20029.8	9337
番禺市 Panyu City	182129.3	11685	71157.7	12091	49475.7	11564	61495.9	11342
从化市 Conghua City	39582.4	9308	28828.0	10687	5053.4	5431	5701.0	9123
深圳市 Shenzhen	1674771.1	18381	707003.8	21161	47248.8	11260	920518.5	17204
珠海市 Zhuhai								
市　区 Urban District	344453.4	14177	148719.4	16591	31668.4	12248	164065.6	12872
斗门县 Doumen County	34486.2	11856	21345.9	12608	4948.8	9732	8191.5	11583
汕头市 Shantou								
市　区 Urban District	287407.7	9642	172717.0	11444	60394.7	6515	54296.0	9970
潮阳市 Chaoyang City	49655.0	7862	39527.8	8947	7711.0	4900	2416.2	7462
澄海市 Chenghai City	29179.2	8139	19662.7	8462	6203.8	6972	3312.7	8917
南澳县 Nanao County	4954.1	7213	4477.3	7335	361.4	6220	115.4	6306
韶关市 Shaoguan								
市　区 Urban District	136912.5	8551	118252.1	8629	5402.5	5677	13257.9	9787
仁化县 Renhua County	12975.0	7223	10557.6	8189	1556.5	4462	860.9	5435
南雄市 Nanxiong City	17283.4	6658	15048.4	7211	1814.7	4158	420.3	5797
始兴县 Shixing County	10916.0	5928	8206.9	6276	1145.0	4535	1564.1	5560
翁源县 Wengyuan County	13593.0	5526	11334.1	6081	1874.0	3643	384.9	4717
新丰县 Xinfeng County	10843.0	6261	6950.0	6637	2792.4	5439	1100.6	6432
曲江县 Qujiang County	24711.6	7973	19965.9	8140	3773.1	7243	972.6	7750
乳源县 Ruyuan County	10947.9	7019	8680.2	7580	864.9	4965	1402.8	5838
乐昌市 Lechang City	30752.4	6074	23472.6	6696	4958.3	4539	2321.5	4988
河源市 Heyuan								
市　区 Urban District	23939.6	6889	14599.4	7139	2618.8	6261	6721.4	6644
和平县 Heping County	9616.0	5494	8748.5	5530	427.5	4122	440.0	6822
龙川县 Longchuan County	18516.5	5589	16210.7	5546	1955.8	5572	350.0	8974
紫金县 Zijin County	13149.7	5922	10847.8	5965	960.8	4452	1341.1	7210
连平县 Lianping County	10663.0	5918	9779.9	6068	401.1	3831	482.0	5657
东源县 Dongyuan County	10689.7	6042	9382.7	6147	986.5	5270	320.5	5764
梅州市 Meizhou								
市　区 Urban District	32797.2	7018	27101.5	7461	2526.9	4793	3168.8	6169
梅　县 Meixian County	29010.6	7020	24995.4	7303	2584.2	5198	1431.0	6728
蕉岭县 Jiaoling County	16378.4	7026	14567.0	7239	793.6	5137	1017.8	6195
大埔县 Dapu County	17643.7	6828	13173.4	7072	2612.0	6341	1858.3	6002
丰顺县 Fengshun County	14458.5	6683	12118.4	7125	2198.3	5090	141.8	4604
五华县 Wuhua County	22797.6	6179	21236.1	6458	1510.6	3858	50.9	5302
兴宁市 Xingning City	30206.9	6610	26253.7	6867	1541.8	4805	2411.4	5663
平远县 Pingyuan County	12524.0	6812	10605.3	6699	453.5	4572	1465.2	9380
惠州市 Huizhou								
市　区 Urban District	169026.3	9363	61106.2	10156	15738.1	7466	92182.0	9285
惠东县 Huidong County	34240.4	6445	20591.8	7079	9324.2	5288	4324.4	6746
博罗县 Boluo County	39291.8	6781	27628.0	7035	4652.4	5889	7011.4	6511
龙门县 Longmen County	12987.1	6519	10166.7	6647	1378.4	5809	1442.0	6398
惠阳市 Huiyang City	74178.5	6786	24376.9	6919	17148.7	5690	32652.9	7430
汕尾市 Shanwei								
市　区 Urban District	30298.3	7827	20996.2	8101	3392.5	6384	5909.6	7903
海丰县 Haifeng County	19316.5	7390	16982.3	7749	2036.1	5947	298.1	3736
陆河县 Luhe County	6975.5	6378	5635.3	6489	1017.8	5790	322.4	6526
陆丰市 Lufeng City	24176.9	5656	20874.9	5830	3188.3	4779	113.7	4307
东莞市 Dongguan	187551.0	11416	98108.7	13123	50217.7	9346	39224.6	10959
中山市 Zhongshan	176859.8	11816	94950.1	13408	32025.9	9134	49883.8	11390
江门市 Jiangmen								
市　区 Urban District	117026.2	9396	57811.1	10200	16567.1	7921	42648.0	9082
新会市 Xinhui City	77646.1	8575	37058.0	10044	20145.4	7715	20442.7	7421
台山市 Taishan City	48636.0	7600	38441.5	8260	6815.2	5481	3379.3	6733
开平市 Kaiping City	55679.5	7680	21855.6	8154	12786.5	6385	21037.4	8195

续表 continued

县（区）别 County (district)	合计 Total		国有经济单位 State-owned Units		城镇集体经济单位 Urban Collective Owned Units		其他各种经济单位 Units of Other Type of Ownership	
	工资总额（万元） Total Wages (10000 yuan)	平均工资（元） Average Wage (yuan)	工资总额（万元） Total Wages (10000 yuan)	平均工资（元） Average Wage (yuan)	工资总额（万元） Total Wages (10000 yuan)	平均工资（元） Average Wage (yuan)	工资总额（万元） Total Wages (10000 yuan)	平均工资（元） Average Wage (yuan)
鹤山市 Heshan City	36484.6	8253	18473.0	8496	6628.9	6918	11382.7	8836
恩平市 Enping City	26741.9	6471	14001.7	6761	7374.6	5641	5365.6	7116
佛山市 Foshan								
市　区 Urban District	237186.3	11986	118120.8	12831	25461.9	10614	93603.6	11438
南海市 Nanhai City	123298.5	11307	74259.7	12163	36679.3	9925	12359.5	11201
顺德市 Shunde City	136478.7	11082	50056.8	11768	34406.7	10952	52015.2	10572
三水市 Sanshui City	46448.2	9378	23811.0	9085	5134.1	9602	17503.1	9737
高明市 Gaoming City	32430.1	8875	13333.4	9464	5947.6	8201	13149.1	8651
阳江市 Yangjiang								
市　区 Urban District	52717.8	8056	32881.3	8222	15015.8	7733	4820.7	7989
阳东县 Yangdong county	18991.5	7263	13727.6	7506	4808.4	6832	455.5	5541
阳西县 Yangxi County	14698.9	7145	9377.1	7523	4497.4	6337	824.4	8162
阳春市 Yangchun City	44558.2	7167	33084.9	7497	6036.1	6642	5437.2	6072
湛江市 Zhanjiang								
市　区 Urban District	170817.5	8426	139630.1	9045	8814.5	5034	22372.9	7255
徐闻县 Xuwen County	27385.9	6196	23879.2	6265	3375.5	5793	131.2	5125
遂溪县 Suixi County	33899.5	5817	29993.8	6226	3477.0	3856	428.7	3940
廉江市 Lianjiang County	43346.0	6228	32503.6	6310	7202.5	6259	3639.9	5532
吴川市 Wuchuan County	22665.0	5694	20000.4	6191	1927.7	3422	736.9	3943
雷州市 Leizhou County	41979.8	5809	36671.1	5955	4971.9	4903	336.8	6146
茂名市 Maoming								
市　区 Urban District	111238.6	10901	99960.7	11637	7877.4	6423	3400.5	8764
电白县 Dianbai County	31524.8	5757	22200.4	5705	8196.1	5816	1128.3	6440
高州市 Gaozhou City	47496.0	7202	37218.3	7708	9561.2	5786	716.5	6324
化州市 Huazhou City	27122.6	5147	23109.3	5304	3846.6	4306	166.7	8549
信宜市 Xinyi City	25701.4	6562	20544.8	7126	3842.5	5360	1314.1	4151
肇庆市 Zhaoqing								
市　区 Urban District	99267.8	8205	57341.0	8507	10422.5	7284	31504.3	8024
广宁县 Guangning County	17462.0	6260	15188.8	6631	1966.2	4353	307.0	6477
德庆县 Deqing County	12612.4	6499	9735.9	6860	2061.6	5665	814.9	5174
封开县 Fenkai County	15134.4	6131	12241.4	6564	2140.4	4735	752.6	4958
怀集县 Huaiji County	21400.5	7177	16749.1	7310	2758.4	5588	1893.0	9619
高要市 Gaoyao City	30667.9	7698	21069.7	8110	4655.3	6276	4942.9	7673
四会市 Sihui City	27995.4	7416	16036.0	8137	2640.0	4693	9319.4	7504
清远市 Qingyuan								
市　区 Urban District	43968.8	8386	28646.5	8602	8081.5	8053	7240.8	7965
清新县 Qingxin County	16326.1	6877	11078.3	7302	1614.3	5682	3633.5	6345
佛冈县 Fogang County	12086.9	7788	8361.1	7887	1455.3	7027	2270.5	7975
连山县 Lianshan County	5109.3	6358	4724.1	6517	362.2	4804	23.0	6970
连南县 Liannan County	8146.1	5472	5645.5	5904	290.2	4410	2210.4	4735
阳山县 Yangshan County	15902.6	6536	13284.0	6842	1415.6	5272	1203.0	5392
连州市 Lianzhou City	17840.7	6645	13982.1	7368	1991.8	4531	1866.8	5374
英德市 Yingde City	31070.4	6245	24935.6	6336	2529.0	5179	3605.8	6545
潮州市 Chaozhou								
市　区 Urban District	45424.8	6938	25400.5	7584	11165.8	5558	8858.5	7454
饶平县 Raoping County	20767.4	6244	17147.0	6372	1622.2	4935	1998.2	6522
潮安县 Chaoan County	22555.4	6249	15531.7	6887	6184.9	5169	838.8	5319
揭阳市 Jieyang								
市　区 Urban District	37932.1	6571	22245.2	6985	8771.4	5220	6915.4	7622
揭东县 Jiedong County	16022.3	6299	12337.5	6915	2146.8	4303	1538.0	5904
惠来县 Huilai County	19824.3	5498	14022.9	5368	2174.6	4453	3626.8	7185
揭西县 Jiexi County	19667.9	5689	12590.1	5905	6723.2	5338	354.6	5405
普宁市 Puning City	33085.4	6574	27835.6	6880	3907.8	5630	1342.0	4579
云浮市 Yunfu								
市　区 Urban District	23972.9	7749	19011.0	8103	2684.3	6116	2277.6	7378
新兴县 Xinxing County	25730.8	6964	12859.8	7655	7951.6	6086	4919.4	6947
郁南县 Yunan County	16006.1	6658	11603.0	7066	3317.0	5358	1086.1	7611
云安县 Yunan County	5990.7	6650	4492.1	6830	608.0	6733	890.6	5829
罗定市 Luoding County	36307.5	6777	22937.1	7253	6533.2	4968	6837.2	7770

21-14 各县(区)财政收支及城乡居民储蓄存款余额

TOTAL REVENUE AND EXPENDITURE AND OUTSTANDING AMOUNT OF SAVINGS DEPOSIT OF URBAN AND RURAL RESIDENTS BY COUNTY(DISTRICT)

单位:万元 (10000 yuan)

县(区)别 County (district)	财政收入 Total Revenue		财政支出 Total Expenditure		城乡居民储蓄存款余额 Outstanding Amount of Savings Deposit of Urban and Rural Residents at Year-End	
	1997	1998	1997	1998	1997	1998
广州市 Guangzhou						
市　区 Urban District	838644	1148575	1183698	1511531	12384942	14772532
花都市 Huadu City	23337	26987	36687	38618	623613	758791
增城市 Zengcheng City	23454	28959	38110	42680	711703	835807
番禺市 Panyu City	78426	100605	105852	129759	1894823	2161002
从化市 Conghua City	13294	16808	25597	28526	250915	294100
深圳市 Shenzhen	1420557	1643884	1394181	1767714	7076700	8618800
珠海市 Zhuhai						
市　区 Urban District	97493	165902	193134	202000	1490059	1704417
斗门县 Doumen County	10691	12951	19567	23211	286665	322563
汕头市 Shantou						
市　区 Urban District	101305	114053	164370	177471	1671021	2216912
潮阳市 Chaoyang City	25571	31939	48367	58669	722732	974750
澄海市 Chenghai City	16081	16190	25516	25816	317172	405487
南澳县 Nanao County	2820	2484	7210	7228	23946	27040
韶关市 Shaoguan						
市　区 Urban District	26985	31844	59077	63907	582325	673160
仁化县 Renhua County	4726	5685	9915	10941	88287	92595
南雄市 Nanxiong City	6042	7011	14086	15592	93536	101340
始兴县 Shixing County	2498	2857	9313	9602	66631	73595
翁源县 Wengyuan County	2756	3234	10348	11184	80847	91345
新丰县 Xinfeng County	1700	2045	9225	10116	49065	57487
曲江县 Qujiang County	9404	10773	16918	18416	148937	177666
乳源县 Ruyuan County	3855	4519	11779	11130	45989	50283
乐昌市 Lechang City	4530	5212	13147	14084	146170	167762
河源市 Heyuan						
市　区 Urban District	5345	5992	30818	25143	46757	38192
和平县 Heping County	1503	1747	12477	13337	52973	59656
龙川县 Longchuan County	3449	4106	18967	22586	121941	149460
紫金县 Zijin County	3291	3879	15807	16968	87970	96473
连平县 Lianping County	1966	2328	10556	11396	60217	69011
东源县 Dongyuan County	1971	2275	12132	14597	64406	62963
梅州市 Meizhou						
市　区 Urban District	16459	18808	39216	43925	127197	300697
梅　县 Meixian County	8266	10298	24040	25568	217168	242828
蕉岭县 Jiaoling County	4511	5194	13547	13937	77921	86429
大埔县 Dapu County	3796	4618	18270	20328	117067	134787
丰顺县 Fengshun County	4100	4525	17138	16638	127333	131103
五华县 Wuhua County	6655	6829	25005	24624	136011	170355
平远县 Pingyuan County	3068	3764	10842	12462	51743	52598
兴宁市 Xingning City	11161	12420	32735	32308	220679	261503
惠州市 Huizhou						
市　区 Urban District	36662	48630	63922	75085	749713	920443
惠东县 Huidong County	15291	10668	23172	16877	336367	327887
博罗县 Boluo County	11589	13635	19198	22107	325060	360648
龙门县 Longmen County	3119	3546	11036	12925	78297	88236
惠阳市 Huiyang City	15291	17802	23172	22715	590795	572362
汕尾市 Shanwei						
市　区 Urban District	13624	16781	26438	33292	148751	157120
海丰县 Haifeng County	7796	8960	18466	20888	145929	188145
陆河县 Luhe County	1448	1689	10227	10648	26775	36988
陆丰市 Lufeng City	7002	8122	20221	21660	86967	92938
东莞市 Dongguan	109276	151012	143712	191534	4258238	5337482
中山市 Zhongshan	94914	116966	112512	135890	2815639	3220999
江门市 Jiangmen						
市　区 Urban District	47491	53875	69131	76428	909255	1071689
新会市 Xinhui City	35126	38938	43234	49429	1000423	1173229
台山市 Taishan City	27573	29133	36435	35887	715207	776321
开平市 Kaiping City	25998	27898	30221	32762	826857	925000

续表 continued

单位:万元 (10000 yuan)

县(区)别 County (district)	财政收入 Total Revenue		财政支出 Total Expenditure		城乡居民储蓄存款余额 Outstanding Amount of Savings Deposit of Urban and Rural Residents at Year-End	
	1997	1998	1997	1998	1997	1998
鹤山市 Heshan City	13183	15325	19338	22512	455542	503760
恩平市 Enping City	7814	7781	20403	13169	515879	504986
佛山市 Foshan						
市　区 Urban District	92068	107262	138212	153411	1758620	2114700
南海市 Nanhai City	93696	111388	118729	137820	3166585	4032526
顺德市 Shunde City	95659	118566	127170	152337	2950128	3626047
三水市 Sanshui City	18806	23620	31328	37043	528804	629461
高明市 Gaoming City	8334	9963	13830	14379	285061	288986
阳江市 Yangjiang						
市　区 Urban District	14138	16336	31277	34209	358447	428456
阳东县 Yangdong county	3886	4293	10779	11969	134256	132000
阳西县 Yangxi County	2978	3303	9228	9243	67904	74574
阳春市 Yangchun City	6692	7325	17425	19062	211817	242279
湛江市 Zhanjiang						
市　区 Urban District	55538	63437	125911	130059	1249679	1494579
徐闻县 Xuwen County	5320	6041	13887	14977	110154	132187
遂溪县 Suixi County	6758	8238	13325	18000	180275	203133
廉江市 Lianjiang County	9426	9435	21336	24442	267928	294774
吴川市 Wuchuan County	6000	5929	13979	16715	205361	244088
雷州市 Leizhou County	9501	10529	19802	24249	165153	209416
茂名市 Maoming						
市　区 Urban District	37746	41534	59237	67979	583637	677912
电白县 Dianbai County	10794	12222	22661	24933	296238	336252
高州市 Gaozhou City	11272	13295	24928	27590	415672	442295
化州市 Huazhou City	6939	7665	20270	20504	267545	279767
信宜市 Xinyi City	7697	7928	19648	22438	236408	272900
肇庆市 Zhaoqing						
市　区 Urban District	29062	36813	52137	60674	585227	727133
广宁县 Guangning County	5163	6229	14571	13445	110698	120491
德庆县 Deqing County	4246	5099	11884	13572	92360	101180
封开县 Fenkai County	4898	5770	12489	13785	105688	120766
怀集县 Huaiji County	6709	7936	19186	18844	93065	107301
高要市 Gaoyao City	11115	12983	18237	19537	256350	294585
四会市 Sihui City	7751	9230	13690	15239	212640	254542
清远市 Qingyuan						
市　区 Urban District	9199	10906	27200	30003	385874	473160
清新县 Qingxin County	2682	3237	14412	13860	169735	185793
佛冈县 Fogang County	3085	3569	12014	10735	90776	105454
连山县 Lianshan County	1001	1059	7978	6641	31582	35348
连南县 Liannan County	1094	1387	10638	8030	41256	45896
阳山县 Yangshan County	3303	3965	15486	13482	91219	105211
连州市 Lianzhou City	4808	5539	14835	14386	143177	160357
英德市 Yingde City	5771	6765	18592	18024	210380	235820
潮州市 Chaozhou						
市　区 Urban District	22034	24582	36141	40230	370794	479540
饶平县 Raoping County	7073	7664	21968	23466	160513	177568
潮安县 Chaoan County	6487	7346	22173	23302	306902	359162
揭阳市 Jieyang						
市　区 Urban District	23257	23652	44368	41832	134122	127077
揭东县 Jiedong County	10101	11944	23370	27358	196732	227856
惠来县 Huilai County	3405	4062	16268	19093	91905	111160
揭西县 Jiexi County	3754	4630	19493	18145	161046	192984
普宁市 Puning City	28147	32787	43754	48437	566949	703257
云浮市 Yunfu						
市　区 Urban District	8839	10652	25223	26350	189222	219443
新兴县 Xinxing County	5017	5988	13333	14228	137044	153086
郁南县 Yunan County	2963	3591	13564	14624	129297	141123
云安县 Yunan County	1725	2062	8338	9926	33501	34838
罗定市 Luoding City	8467	9727	18364	19926	209497	239178

二十二　乡镇主要经济指标

TOWNS AND VILAGES

简要说明

一、本篇资料反映广东省乡镇经济发展的基本情况，内容有全省各乡镇总人口、劳动力、农村社会总产值、工业业总产值、乡镇企业总收入、财政收入等。

二、本篇资料由广东省统计局农村处整理提供。

三、本篇资料依据广东省统计局制发的《乡镇发展情况调查表》，由各乡镇、县区、市统计局逐级上报、汇总而成。

TOWNS AND VILLAGES

Brief Introduction

Ⅰ. The data in this chapter show the basic conditions of the economic development of towns and villages in Guangdong Province, including the data on total population, labour force, total rural products value of society, total output of agriculture, total output of industry, total income of township and village enterprises, and revenue, etc.

Ⅱ. The data in this chapter are prepared and provided by the Division of Rural Socio—Economic Statistics of the Statistcal Bureau of Guangdong Province.

Ⅲ. The data in this chapter are tabulated and reported to the higher authorities level by level by the statistical bureaus at the township and village level and above in accordance with the "Survey Form on the Development of Towns and Villages" stipulated by the Statistcal Bureau Guangdong Province.

22-1 乡镇主要经济指标(1998年)

MAIN ECONOMIC INDICATORS OF TOWNSHIPS AND VILLAGES (1998)

单位:人、万元 (person,10000 yuan)

乡镇名称 Township and Village	总人口 Total Population	总劳动力 Total Labourers	农村社会总产值 Total Output Value of Rural Society	农业总产值 Gross Output Value of Agriculture	工业总产值 Gross Output Value of Industry	乡镇企业总收入 Total Income of Township Enterprises	财政收入 Government Revenue
广州市 Guangzhou City							
海珠区 Haizhu District							
新教镇 Xinjiao	64729	41551	362968	19740	294233	528000	
天河区 Tianhe District							
沙河镇 Shahe	29061	16151	102284	13220	64988	281205	1420
东圃镇 Dongpu	33119	17710	250228	10177	111264	43973	
白云区 Baiyuan District							
萝岗镇 Luoguang	39479	20450	52017	15839	18984	66279	1336
新市镇 Xinshi	52898	30184	283962	39576	172425	358720	2744
石井镇 Shijing	68732	31694	383321	43750	237532	399149	3233
太和镇 Taihe	40819	18400	112234	21578	54301	130183	1798
龙归镇 Longgui	24612	11017	75214	14185	46689	97902	1125
竹料镇 Zhuliao	42094	18607	82332	21678	45723	80764	1395
良田镇 Liangtian	23132	11646	42413	14386	16226	37448	908
钟落潭镇 Zhongluotan	36578	16514	88701	21377	52678	97997	1117
九佛镇 Jiufu	23533	12105	32248	16432	6855	27360	710
人和镇 Renhe	63763	33699	144316	38761	75089	151348	1679
蚌湖镇 Benhu	19747	9820	61775	10377	42562	70866	339
江高镇 Jianggao	66360	24680	169874	38789	83197	219753	1702
神山镇 Shenshan	35816	19135	132713	23528	98902	111010	810
雅瑶镇 Yayao	10215	4219	13848	4851	5941	11806	483
黄埔区 Huangpu District							
大沙镇 Dasha	34255	10934	202146	7488	104030	232584	1465
南岗镇 Nangang	59396	20149	213581	13072	78026	167277	3039
长洲镇 Changzhou	7358	2580	15389	1511	11020	9677	692
芳村区 Fangcun District							
东教镇 Dongjiao	38257	23174	213803	26287	124282	237007	3256
花都市 Huadu City							
新华镇 Xinhua	92468	42670	765312	28583	462351	627534	13501
花东镇 Huadong	63589	29467	285482	18323	233786	111913	4091
花山镇 Huashan	76701	45772	321350	41902	240078	111078	2628
狮岭镇 Shiling	57984	38427	346300	21344	250430	35298	3776
炭步镇 Tanbu	48087	23703	310103	44229	199361	235754	5204
赤坭镇 Chini	57735	24874	249675	63788	106742	170102	2008
北兴镇 Beixing	33034	14299	138888	20186	105428	115040	1787
梯面镇 Timian	8994	4110	81304	3168	72031	91102	1850
芙蓉镇 Furong	11325	4520	101197	2996	87385	40656	1076
从化市 Conghua City							
太平镇 Taiping	37474	16638	109000	8000	91000	132580	1832
神岗镇 Shengang	41419	21070	72000	13584	38987	63812	1501
城郊镇 Chengjiao	35988	17669	34963	7963	19000	118300	493
江埔镇 Jiangpu	40907	26448	109972	14480	95492	108815	598
灌村镇 Guancun	18625	10125	49555	7580	11559	44206	558
桃园镇 Taoyuan	21581	13780	57120	5320	25450	64655	760
良口镇 Liangkou	28016	18335	58197	8984	33208	48180	580
吕田镇 Lutian	23303	11135	31909	6737	25172	25499	450
棋杆镇 Qigan	21423	14265	86683	8010	78273	72948	642
民乐镇 Mingle	14015	6120	27389	3099	23498	24555	734
牛头镇 Niutou	42917	20654	90595	15895	50238	96829	1600

注:表中产值按当年价格计算。Note:The output values are calculated at current prices.

续表 1 Continued

乡镇名称 Township and Town	总人口 Total Population	总劳动力 Total Labourers	农村社会总产值 Total Output Value of Rural Society	农业总产值 Gross Output Value of Agriculture	工业总产值 Gross Output Value of Industry	乡镇企业总收入 Total Income of Township Enterprises	财政收入 Government Revenue
龙潭镇 Longtan	41379	24877	71529	15079	48230	69687	1002
东明镇 Dongming	9758	5957	12139	3058	6500	271	161
街口镇 Jiekou	90452	34371	87333	1359	67942	76665	791
温泉镇 Wenquan	4284	750	26517	517		10900	609
增城市 Zengcheng City							
荔城镇 Licheng	167664	35179	390762	32400	329800	344028	3554
新塘镇 Xintan	94660	32814	609114	20160	417923	617252	2210
永和镇 Yonghe	38240	18123	122967	12137	108000	91405	1834
沙埔镇 Shapu	15575	7789	105572	10917	94205	92190	975
仙村镇 Xiancun	41535	25980	199568	16379	146691	185475	1387
宁西镇 Nixi	13237	8143	32714	6233	26218	28676	246
石滩镇 Shitan	64458	33056	151180	36496	100095	116446	1584
三江镇 Sanjiang	33300	16708	61121	30967	21630	63250	1500
朱村镇 Zhucun	29965	13264	73715	16296	45792	46683	886
中新镇 Zhongxin	25695	10613	101562	5884	75600	59111	785
镇龙镇 Zhenglong	32864	14028	84141	14829	62300	64385	1133
福和镇 Fuhe	39668	20589	72739	25512	43477	43398	276
派潭镇 Paitan	68823	37899	94380	27626	62964	69972	955
小楼镇 Xiaolou	43555	23735	70960	21324	43885	41743	479
正果镇 Zhengguo	47650	21553	78875	11057	51436	73907	1046
番禺市 Panyu City							
沙湾镇 Shawan	53775	27218	478642	33238	404224	364632	2586
榄核镇 lanhe	28631	17119	228000	24474	168325	185525	1612
灵山镇 Lingshan	49644	27876	291435	53147	195160	223908	1780
鱼窝头镇 Yuwotou	36660	21366	125870	33650	62535	111883	1282
东涌镇 Dongyong	29968	19113	184691	12591	172100	166420	1715
万顷沙镇 Wanqingsha	28955	16940	118718	42682	116	106203	786
南沙镇 Nansha	30816	11679	266384	4799	205236	6537	7101
潭洲镇 Tanzhou	38480	22982	240882	28122	188290	192760	1298
横沥镇 Hengli	22160	12584	83253	33248	7800	61908	768
黄阁镇 Huangge	33461	17560	109000	15000	85000	62691	2617
石楼镇 Shilou	50453	29227	231543	32469	150303	169858	2574
化龙镇 Hualong	30849	15260	200209	29234	162386	110900	1736
石基镇 Shiji	74222	44736	475538	21380	395074	430271	6755
南村镇 Nancun	44979	21939	203000	7000	180373	186008	2297
新造镇 Xinzhao	27192	12937	85697	13912	43253	67404	1125
大石镇 Dashi	72178	33041	633694	25144	473812	645649	3099
钟村镇 Zhongcun	45401	28551	319910	35791	251718	343978	2718
市桥镇 Shiqiao	146882	21625	388174	10402	157418	525587	5377
大岗镇 Dagang	15313	9397	154584	163	147970	114011	1932
新垦镇 Xinken	5463	2522	21700	7432	2300	4952	781
莲花山镇 Lianhuashan	13487	6546	55428	9163	24100	42659	534
深圳市 Shenzhen City							
宝安区 Baoan District							
西乡镇 Xixiang	34774	18353	380561	15564	320205	83378	20336
福永镇 Fuyong	14416	7498	355048	12189	327283	46905	11396
沙井镇 Shajing	25680	11125	475591	15833	398270	263481	6905
松岗镇 Songgang	17493	7293	273903	12615	206202	247670	18100
公明镇 Gongming	19441	9684	392193	25485	358093	113096	9176

续表 2 Continued

乡镇名称 Township and Town	总人口 Total Population	总劳动力 Total Labourers	农村社会总产值 Total Output Value of Rural Society	农业总产值 Gross Output Value of Agriculture	工业总产值 Gross Output Value of Industry	乡镇企业总收入 Total Income of Township Enterprises	财政收入 Government Revenue
石岩镇 Shiyan	10278	4203	337837	11751	316666	19104	6490
龙华镇 Longhua	17555	4623	496460	10522	429080	191893	16300
观澜镇 Guanlan	18489	10686	307760	9213	259930	125169	12000
新安街道办 Xinan Street	71594	2817	54272	742	53530	14151	5709
龙岗区 Longgang District							
平湖镇 Pinghu	14386	5854	329890	9226	287236	41667	2237
布吉镇 Buji	43643	17526	572089	5719	389743	194729	31267
横岗镇 Henggang	17640	8320	402667	8044	353500	67828	14276
龙岗镇 Longgang	44509	9864	253628	15508	227643	109028	17372
坪地镇 Pingdi	10971	5532	169361	12673	104520	13280	2685
坪山镇 Pingshan	20022	9863	189835	24580	113200	79050	3386
坑梓镇 kengzi	8578	4461	90577	10598	64039	8583	5669
葵涌镇 Kuiyong	8828	3008	91359	10024	64710	40235	4100
大鹏镇 Dapeng	6901	2512	58724	5116	47510	52228	9305
南澳镇 Nanao	6514	2810	51000	10000	5400	4545	793
珠海市 Zhuhai City							
香洲区 Xiangzhou District							
金鼎镇 Jinding	15064	7241	118194	8652	109542	118598	1421
唐家镇 Tangjia	7900	3289	82775	2901	32388	79924	1294
前山镇 Qianshan	31254	10541	329927	2173	306600	282574	4368
南屏镇 Nanping	17444	8047	241065	4482	232843	231235	1491
湾仔镇 Wanzhai	10939	2419	228139	2401	225738	138396	6800
三灶镇 Sanzhao	12121	5260	124229	4694	105000	105450	1633
小林镇 Xiaolin	8163	3693	13669	3862	6000	3330	581
万山镇 Wanshan	2305	1268	8563	2993		4570	417
担杆镇 Dangan	859	533	16478	2679	10926	11003	388
桂山镇 Guishan	2201	655	14598	2218		10890	650
南水镇 Nanshui	9328	4544	10543	2390	4064	8153	1000
横琴镇 Hengqin	3288	1680	4422	2785	1417	500	2711
斗门县 Doumeng County							
上横镇 Shangheng	24856	13158	37827	21609	2209	13278	1227
莲溪镇 Lianxi	14195	6464	17010	14614	1006	6608	1371
六乡镇 Liuxiang	20409	9911	17922	13085	843	9445	921
斗门镇 Doumeng	40989	19080	52184	13071	34400	34651	1253
五山镇 Wushan	24530	12493	16059	9600	1428	114042	1577
乾务镇 Qianwu	18676	10904	43100	11100	27609	32000	1207
白蕉镇 Baijiao	51872	27247	131074	39302	84586	105165	2594
井岸镇 Jingan	73662	12882	8335	6189	2065	137969	4266
汕头市 Shantou City							
澄海市 Chenghai City							
上华镇 Shanghua	32799	17430	22661	9485	11506	12079	200
湾头镇 Wantou	33600	16573	29926	16334	10861	7024	226
莲下镇 Lianxia	66146	34689	230938	14514	213592	235661	1173
莲上镇 Lianshang	51518	22654	87839	16357	53846	62344	642
溪南镇 Xinan	63343	35563	129139	33046	90748	68277	394
东里镇 Dongli	71162	34457	226687	17496	175594	178706	815
盐鸿镇 Yanhong	42928	22504	68836	18146	38619	48676	250
莲华镇 Lianhua	26018	14589	21643	8018	9625	9409	1128
隆都镇 Longdu	73769	38762	61874	19641	28048	23628	402

乡 镇 名 称 Township and Town	总 人 口 Total Population	总劳动力 Total Labourers	农村社会总产值 Total Output Value of Rural Society	农业总产值 Gross Output Value of Agriculture	工业总产值 Gross Output Value of Industry	乡镇企业总收入 Total Income of Township Enterprises	财政收入 Government Revenue
坝头镇 Batou	43918	22012	57556	27160	24522	21869	156
外砂镇 Waisha	71701	36387	150914	13332	134622	105573	555
新溪镇 Xinxi	56999	33932	57029	18784	27387	19620	227
南澳县 Nanao County							
后宅镇 Houzhai	39420	15608	49564	31072	16691	17034	495
云澳镇 Yunao	17767	9248	33654	18750	13547	16808	386
深澳镇 Shenao	6330	3663	12303	8106	3635	1834	146
隆东镇 Longdong	3695	2047	7111	3003	3696	4020	104
潮阳市 Chaoyang City							
井都镇 Jingdu	71617	34391	70731	23609	25773	25773	1085
和平镇 Heping	122808	50910	338089	16630	271700	262500	7659
胪岗镇 Lugang	101454	41838	240541	17219	157103	163400	1881
成田镇 Chengtian	67722	30443	117939	10269	75345	70371	266
沙陇镇 Shalong	78304	33985	128222	14396	83000	83000	957
田心镇 Tianxin	28741	13384	43569	4759	32931	30957	855
司马浦镇 Simapu	92334	43495	258189	9165	206000	203000	5163
陈店镇 Chendian	78935	38720	249802	10288	199000	143961	6152
仙城镇 Xiancheng	77922	35411	78561	9156	34430	34550	1186
两英镇 Liangying	136369	59230	308168	15221	231885	215200	2176
红场镇 Hongchang	25215	11915	18786	3729	11540	11635	1150
雷岭镇 Leiling	27904	13482	22281	7363	10000	10100	1246
峡山镇 Xiashan	153564	76693	460272	14422	335412	315000	9592
铜盂镇 Tongyu	93719	38626	137462	15563	98444	89954	1411
谷饶镇 Gurao	108770	43415	192127	16797	140000	146630	2407
贵屿镇 Guiyu	105659	45221	120422	19271	57721	62800	1913
金玉镇 Jinyu	67261	31569	50737	15713	19684	18275	482
灶浦镇 Zhaopu	42376	20513	41251	11864	20210	20310	1434
关埠镇 Guanbu	100962	51106	97777	24125	43401	40005	2951
西胪镇 Xilu	125189	53377	95041	35673	26690	27900	2452
河溪镇 Hexi	60340	26595	43014	12623	16978	17080	944
韶关市 Shaoguan City							
曲江县 Qujiang County							
马坝镇 Maba	52089	16683	74990	15448	41130	75530	1227
沙溪镇 Shaxi	12697	5528	36360	5999	11754	41606	636
乌石镇 Wushi	12050	3157	24634	5962	9012	29127	560
樟市镇 Zhangshi	26706	11507	27799	15559	6453	13587	549
罗坑镇 Luokeng	9049	4698	11757	4482	4450	5781	363
龙归镇 Longgui	26195	12119	43773	12018	21670	37873	703
凤田镇 Fentian	6630	2503	4573	2316	1634	3678	574
江湾镇 Jiangwan	7099	4009	17046	3437	7817	19360	565
白土镇 Baitu	13679	7020	17908	6556	6012	14151	903
白沙镇 Baisha	8676	4378	11929	5337	4940	9220	582
犁市镇 Lishi	44651	11843	44272	9260	26652	42566	1925
重阳镇 Chongyang	15443	6874	11350	3433	2635	7661	311
梅村镇 Meicun	6620	3108	6592	2522	3046	4120	339
周田镇 Zhoutian	20561	8955	17027	7868	5474	12080	351
黄坑镇 Huangkeng	13401	6814	21409	5486	12203	19995	808
灵溪镇 Lingxi	4238	2350	6242	1591	2794	6780	300
大桥镇 Daqiao	9800	4616	12916	6714	2925	7945	280

续表 4 Continued

乡镇名称 Township and Town	总人口 Total Population	总劳动力 Total Labourers	农村社会总产值 Total Output Value of Rural Society	农业总产值 Gross Output Value of Agriculture	工业总产值 Gross Output Value of Industry	乡镇企业总收入 Total Income of Township Enterprises	财政收入 Government Revenue
大塘镇 Datang	22393	9345	56445	12306	33239	55731	1308
枫湾镇 Fengwan	17100	7444	35790	6543	24488	31449	499
火山镇 Huoshan	7642	3000	13060	2734	7246	9985	210
小坑镇 Xiaokeng	5514	2780	24011	2777	12552	29793	275
花坪镇 Huaping	7259	3992	11015	1920	5900	13103	314
大坑口镇 Dakengkou	10800	2382	24111	4383	8592	27580	546
仁化县 Renhua County							
仁化镇 Renhua	16785	7217	61438	12096	11273	1863	870
丹霞镇 Danxia	6886	2949	7524	3604	1415	6451	267
城口镇 Chengkou	9295	4290	11076	5426	788	2530	740
红山镇 Hongshan	9455	4803	7913	5350	2563	10063	423
董塘镇 Dongtang	30709	12906	22193	12096	10097	5253	602
石塘镇 Shitang	12749	6151	26211	6099	8043	20122	377
扶溪镇 Fuxi	12426	5559	15244	6238	1223	15514	438
长江镇 Changjiang	22685	10215	24062	8494	4768	25994	648
闻韶镇 Wenshao	5417	2638	5608	2714	588	5569	353
乳源县 Ruyuan County							
附城镇 Fucheng	8135	3566	5085	1493	2001	6858	97
候公渡镇 Hougongdu	19828	8999	7973	3389	3562	10503	97
一六镇 Yiliu	14484	6931	5540	2911	1637	356	49
桂头镇 Guitou	25176	11809	9652	4333	3701	10241	91
龙南镇 Longnan	3784	1764	1090	613	136	3393	34
洛阳镇 Luoyang	5092	2378	1390	832	436	4441	73
古母水镇 Gumushui	4360	1787	941	787	51	658	35
大布镇 Dabu	12389	5280	2558	1766	592	3859	32
大桥镇 Daqiao	20503	8436	4846	3245	473	2608	24
大坪镇 Daping	3995	1837	837	607	213	419	22
红云镇 Hongyun	11659	5544	2730	1797	317	419	32
东坪镇 Dongping	7441	3218	1558	765	581	648	12
游溪镇 Youxi	3357	1656	2790	458	1163	894	13
必背镇 bibei	5594	2815	1768	913	389	425	14
柳坑镇 Liukeng	7404	3078	1755	1270	228	1024	34
乳城镇 Rucheng	3024	1218	11063	615	2874	6939	396
杨溪镇 Yangxi	7585	3219	2014	1525	341	547	55
方洞镇 Fangdong	1637	824	246	215	6	265	1
南雄市 Nanxiong City							
乌迳镇 Wujing	32636	15942	22493	9029	7279	20609	290
孔江镇 Kongjiang	8546	4200	6866	3273	2442	4350	64
新龙镇 Xinlong	12656	5749	7699	4219	1918	5676	36
界址镇 Jiezhi	14353	8532	6251	3064	2254	4496	41
坪田镇 Pingtian	11148	6833	4265	2874	624	2256	39
黄坑镇 Huangkeng	23853	11091	18533	7504	6708	15328	220
邓坊镇 Dengfang	12122	5047	15169	5291	5548	14941	130
油山镇 Youshan	10060	4672	3648	2480	363	2262	28
大塘镇 Datang	23173	10172	12715	6751	3254	7841	187
南亩镇 Nanmu	14740	3746	11757	5685	3878	10042	156
水口镇 Shuikou	23793	7294	15184	7613	4948	12545	120
江头镇 Jiangtou	11445	3179	13887	4166	4987	11325	340
湖口镇 Hukou	33455	16470	18434	8977	7234	13490	390
珠玑镇 Zhuji	34387	10748	17100	8828	4683	11758	322

续表 5 Continued

乡 镇 名 称 Township and Town	总 人 口 Total Population	总劳动力 Total Labourers	农村社会总产值 Total Output Value of Rural Society	农业总产值 Gross Output Value of Agriculture	工业总产值 Gross Output Value of Industry	乡镇企业总收入 Total Income of Township Enterprises	财政收入 Government Revenue
梅岭镇 Meiling	8774	3004	15535	2351	8734	14692	140
主田镇 Zhutian	12897	4767	17446	6663	7140	11542	360
古市镇 Gushi	18812	7643	11114	7207	2237	4901	90
黎口镇 Likou	20887	8540	31036	9559	6559	26638	250
全安镇 Quanan	19984	6120	21457	7952	8223	18024	281
苍石镇 Changshi	4547	1980	5345	1831	2990	3768	106
百顺镇 Baishun	12233	4741	11702	2976	7828	8723	211
澜河镇 Lanhe	9755	3905	16081	3913	7258	13838	331
帽子峰镇 Maozifeng	9118	4649	5194	3137	1300	3761	311
雄州镇 Xiongzhou	13959	4780	41875	4784	11788	61207	434
始兴县 Shixing County							
马市镇 Mashi	37954	15507	19512	12643	2846	24720	312
北山镇 Beishan	2521	1065	1588	867	648	4158	17
太平镇 Taiping	48471	7273	16976	7092	3050	36287	174
江口镇 Jiangkou	6162	2968	4759	3410	744	5592	54
城南镇 Chengnan	16808	5778	13001	6821	2978	14799	93
沈所镇 Shensuo	10785	3971	9379	4254	5011	13070	49
花山镇 Huashan	6831	2882	2576	2297	224	3822	28
顿岗镇 Dungang	22692	10114	17341	10417	6539	23703	88
深渡水镇 Shendushui	9424	2249	2711	1981	655	4221	45
罗坝镇 Luoba	11136	4715	8049	3924	3484	14686	73
都亨镇 Duheng	5925	2980	4651	2215	2351	9670	40
澄江镇 Chengjiang	15571	6917	8875	5862	2714	14782	93
司前镇 Siqian	13970	6473	7619	4703	2711	11372	145
隘子镇 Aizi	19076	7072	14791	7550	4249	17272	189
刘家山镇 Liujiashan	4092	1940	3972	1354	1531	4085	53
乐昌市 Lechang City							
河南镇 Henan	17005	7625	17476	6501	2656	10755	334
长来镇 Changlai	21119	6306	24748	6248	3706	42043	373
北乡镇 Beixiang	13226	6244	16010	6018	3661	2188	208
廊田镇 Langtian	31368	13617	17344	10089	2698	20536	399
五山镇 Wushan	18192	7594	8059	3959	1127	1435	193
九峰镇 Jiufeng	19598	11234	15832	7014	1248	8866	294
大源镇 Dayuan	9461	4037	8547	5047	846	6021	268
老坪石镇 Laopingshi	20581	10870	18639	4970	2384	678	210
三溪镇 Sanxi	11728	7128	8020	3220	754	1500	32
坪石镇 Pingshi	47268	3598	6250	3603	2648	1987	634
黄圃镇 Huangpu	16182	8561	5403	3423	548	3890	302
白石镇 Baishi	14600	9000	6078	3603	1265	6002	45
庆云镇 Qingyun	11844	5906	6623	2773	1016	8801	200
梅花镇 Meihua	37726	15885	22638	6903	3166	2080	260
秀水镇 Xiushui	14758	8554	4972	2738	1312	857	30
云岩镇 Yuanyan	13829	6044	5799	2667	245	3700	32
沙坪镇 Shaping	21680	13294	5893	2650	1218	6160	48
乐城镇 Lecheng	124424	4913	61417	3749	7699	5109	406
罗家渡镇 Luojiadu	16822	7568	14808	3721	3367	10241	264
两江镇 Liangjiang	12545	7433	8598	4098	1274	7388	370

续表 6 Continued

乡镇名称 Township and Town	总人口 Total Population	总劳动力 Total Labourers	农村社会总产值 Total Output Value of Rural Society	农业总产值 Gross Output Value of Agriculture	工业总产值 Gross Output Value of Industry	乡镇企业总收入 Total Income of Township Enterprises	财政收入 Government Revenue
翁源县 Wengyuan County							
岩庄镇 Yanzhuang	15786	5945	7877	5210	1154	9157	101
坝仔镇 Bazhai	31106	12304	17945	10063	3413	20330	137
仙鹤镇 Xianhe	15016	5457	6341	5392	411	3404	55
江尾镇 Jiangwei	20945	7512	8805	4763	1749	10461	156
南浦镇 Nanpu	18935	9370	21003	8109	5582	19583	143
龙仙镇 Longxian	73396	10694	34422	9530	10776	30610	635
周陂镇 Zhoubei	25438	8998	13000	7635	2322	18621	150
寨下镇 Zhaixia	14510	6407	5536	3072	1067	11233	76
三华镇 Sanhua	10566	4431	4612	3484	489	4645	53
六里镇 Liuli	19888	8593	10586	7163	1481	9013	122
庙墩镇 Miaodun	9766	3946	3249	2604	279	8064	46
官渡镇 Guandu	10593	4080	6583	2200	1898	7486	722
翁城镇 Wengcheng	30884	11326	18984	10896	3502	30161	239
新江镇 Xinjiang	31556	12469	19948	10187	4226	22644	169
连新镇 Lianxin	7454	3118	5808	2444	1456	6574	33
红岭镇 Hongling	5610	1564	3788	1519	982	3992	81
铁龙镇 Tielong	5629	2101	5096	1355	1620	18130	137
贵联镇 Guilian	3136	1354	2754	1035	758	3372	13
新丰县 Xinfeng County							
大席镇 Daxi	4621	2430	2538	1024	870	2120	223
石角镇 Shijiao	9168	4616	2095	1375	320	300	209
马头镇 Matou	27666	11490	5924	5134	790	1846	280
丰城镇 Fengcheng	73466	15785	8895	5935	720	8000	680
梅坑镇 Meikeng	19978	8700	4841	3161	460	1375	286
小正镇 Xiaozheng	5458	2763	2415	1420	341	3820	105
沙田镇 Shatian	21621	10623	6644	4964	720	1380	216
遥田镇 Yaotian	31152	16706	7050	5500	680	1360	153
回龙镇 Huilong	18910	7231	5357	4157	850	1582	234
黄寨镇 Huangzhai	17043	7423	4001	2801	70	560	254
韶关郊区 Suburb District							
新韶镇 Xinshao	12632	5699	36127	7370	7739	32000	32
乐园镇 Leyuan	6492	4199	66297	2701	15359	64225	150
十里亭镇 Shiliting	166232	3475	27344	5889	9000	56512	287
西联镇 Xilian	9559	4212	22806	5116	8243	33677	172
西河镇 Xihe	13773	6144	30651	6691	5546	69965	250
河源市 Heyuan City							
源城区 Yuancheng District							
源南镇 Yuannan	38678	18768	17947	12175	3240	8095	290
埔前镇 Puqian	27383	9279	9657	4756	3716	1665	196
东源县 Dongyuan County							
仙塘镇 Xiantang	24730	9493	11819	5248	1876	460	142
灯塔镇 Dengta	30934	14010	17484	8179	2022	8357	311
骆湖镇 Luohu	19129	8358	8897	5158	1141	392	76
船塘镇 Chuangtang	30305	12861	9313	4925	2033	250	153
顺天镇 Shuntian	15897	8131	4392	3003	440	130	58
上莞镇 Shangguan	31145	13115	7523	4845	601	491	240
曾田镇 Zentian	17400	6513	7480	4439	439	291	185
柳城镇 Liucheng	19998	9782	6557	3901	1321	1700	209
义合镇 Yihe	17518	7792	4516	3074	278	700	50

续表 7 Continued

乡镇名称 Township and Town	总人口 Total Population	总劳动力 Total Labourers	农村社会总产值 Total Output Value of Rural Society	农业总产值 Gross Output Value of Agriculture	工业总产值 Gross Output Value of Industry	乡镇企业总收入 Total Income of Township Enterprises	财政收入 Government Revenue
蓝口镇 Lankou	37370	20870	17022	8422	4320	2716	400
黄田镇 Huangtian	13201	4895	4951	3088	381	140	84
叶潭镇 Yetan	28819	11046	5467	4056	323	172	97
黄村镇 Huangcun	37666	14100	6278	3594	834	230	150
康禾镇 Kanghe	19091	8202	4712	2671	597	50	154
锡场镇 Xichang	11391	5014	3087	1704	405	245	39
新港镇 Xingan	9227	4080	2544	1374	53	29	39
双江镇 Shuangjiang	12726	5689	3069	2007	443	443	48
涧头镇 Jiantou	16086	6906	3140	2147	280	180	120
黄沙镇 Huangsha	12341	5762	2364	1889	47	28	15
三河镇 Sanhe	18205	8172	3526	2549	225	15	138
漳溪镇 Zhangxi	19639	9951	4554	2177	492	40	156
久社镇 Jiushe	8533	4989	2193	1565	246	222	42
新回龙镇 Xinhuilong	7716	2858	2347	2006	71	40	50
半江镇 Banjiang	9173	4350	2562	1820	461	461	100
和平县 Heping County							
阳明镇 Yangming	40034	2004	5083	880	1260	180	824
大坝镇 Daba	37625	17374	7689	6369	90	47	190
上陵镇 Shangling	26518	12012	5578	4020	473	1269	60
下车镇 Xiache	20776	7803	7904	6984	247	26	64
长塘镇 Changtang	20674	9858	15178	9177	220	190	60
贝墩镇 Beidun	26875	12198	5776	4586	270	677	395
彭寨镇 Pengzhai	51482	18560	9075	6389	276	736	192
东水镇 Dongshui	36732	21600	6242	4967	382	435	63
林寨镇 Linzhai	25997	8772	7766	6566	224	140	207
热水镇 Reshui	16198	6285	8679	4106	411	411	31
附城镇 Fucheng	29623	16222	8352	5417	1004	48	173
优胜镇 Yousheng	15560	6961	5074	4084	290	123	51
安坳镇 Anao	11894	6339	2676	1706	81	16	28
古寨镇 Guzhai	12819	6503	2789	1809	322	1302	35
粮溪镇 Lianxi	11432	3941	3595	2395	301	86	27
礼士镇 Lishi	17265	8355	2926	2624	134	72	32
公白镇 Gongbai	11537	4805	2649	2231	148	131	42
合水镇 Heshui	25707	12517	4371	3017	346	138	24
青州镇 Qinzhou	16254	8564	2393	2192	70	8	52
俐源镇 Liyuan	17918	7633	6800	5920	190	720	137
龙川县 Longchuang County							
老隆镇 Laolong	1378	490	3859	604	2242	3380	267
附城镇 Fucheng	31781	10343	8155	4501	2379	3554	133
义都镇 Yidu	23475	10487	4116	3217	879	150	79
佗城镇 Tuocheng	39455	18702	12100	6300	2780	7670	160
鹤市镇 Heshi	28445	10240	9757	4245	1449	6593	98
黄布镇 Huangbu	26840	9340	6256	3292	2873	2873	96
紫市镇 Zhishi	30402	12128	6294	3131	2400	2988	350
通衢镇 Tongqu	21971	8765	4298	3616	189	1602	170
锦归镇 Jingui	13118	4432	2005	1322	620	424	55
登云镇 Dengyun	21576	7842	6594	2868	2062	3726	120
丰稔镇 Fengnian	36804	15720	8173	5762	1158	1263	60
四都镇 Sidu	17897	8022	4177	2964	402	502	45

续表 8　Continued

乡 镇 名 称 Township and Town	总 人 口 Total Population	总劳动力 Total Labourers	农村社会总产值 Total Output Value of Rural Society	农业总产值 Gross Output Value of Agriculture	工业总产值 Gross Output Value of Industry	乡镇企业总收入 Total Income of Township Enterprises	财政收入 Government Revenue
铁场镇 Tiechang	31584	12009	6909	3952	421	415	289
石坑镇 Shikeng	17068	6593	2349	1803	80	213	35
龙母镇 Longmu	47615	21052	11212	8563	2089	2720	50
田心镇 Tianxin	34274	13521	6493	5357	284	628	97
黎咀镇 Lizhui	21740	10204	4122	3015	348	1844	290
黄石镇 Huangshi	16676	7588	3035	2650	70	730	48
赤光镇 Chiguang	36474	14365	5778	4786	68	406	125
回龙镇 Huilong	26919	11470	3992	3377	74	198	41
新田镇 Xintian	14723	6527	2077	1815	60	60	78
车田镇 Chetian	37972	17318	9250	6485	680	4629	530
郑马镇 Zhenma	15511	6645	3803	3341	26	35	47
岩镇镇 Yanzhen	17554	8465	3899	2630	129	162	50
麻岗镇 Magang	37033	17069	7037	5662	702	401	235
贝岭镇 Beiling	16384	7721	2992	2442	90	355	65
细坳镇 Xiao	20041	8197	4147	3567	92	270	140
上坪镇 Shangping	27632	12378	5721	4919	53	218	130
库区镇 Kuqu	12911	7129	2424	2107	59	1000	41
谷前镇 Guqian	17775	7362	2953	2200	158	162	89
紫金县 Zijin County							
紫城镇 Zicheng	89344	47554	8495	950	5355	6618	409
附城镇 Fucheng	34017	11466	12485	5507	325	7149	240
乌石镇 Wushi	41858	14280	18628	12530	250	6425	320
中坝镇 Zhongba	34273	12933	6440	4710	1100	1720	404
敬梓镇 Jingzi	25235	8679	8734	4294	2400	2317	50
水墩镇 Shuidun	20413	7536	3998	3768	200	245	172
龙窝镇 Longwo	52478	21359	10967	10967		156	119
洋头镇 Yangtou	15020	5900	3417	2897	300	543	150
苏区镇 Suqu	17736	6982	4899	4213	370	440	34
南岭镇 Nanling	13566	5525	2854	2686	147	143	118
瓦溪镇 Waxi	18362	6848	5254	4354		820	246
九树镇 Jiushu	15946	6456	3383	2572	330	296	153
九和镇 Jiuhe	20860	7791	5747	5337	145	3639	115
蓝塘镇 Lantang	62081	23841	23693	17093	3100	5623	822
凤安镇 Fengan	22022	8242	6792	3992	69	156	33
好义镇 Haoyi	13929	4824	3048	2928	91	260	323
上义镇 Shangyi	20334	7093	8133	5133	770	391	229
古竹镇 Guzhu	51869	13132	39182	19889	3000	21924	667
义容镇 Yirong	34112	15215	11653	6367	491	5312	65
青溪镇 Qingxi	12268	5756	8798	3122	863	834	220
临江镇 Linjiang	27436	11514	20729	17468	1383	3462	211
柏埔镇 Bopu	28741	8945	7115	6115	100	867	427
黄塘镇 Huangtang	33981	10924	5599	4024	280	1021	372
连平县 Lianping County							
上坪镇 Shangping	28815	12221	5786	4876	535	1270	182
内莞镇 Neiguan	11604	5622	2698	1923	244	756	192
元善镇 Yuanshan	65899	18705	20457	8576	3947	3318	510
贵东镇 Guidong	6544	3172	2010	1635	125	250	36
陂头镇 Beitou	23016	11679	8915	6895	880	114	91
溪山镇 Xishan	15137	6758	3130	2775	168	136	93

续表 9 Continued

乡镇名称 Township and Town	总人口 Total Population	总劳动力 Total Labourers	农村社会总产值 Total Output Value of Rural Society	农业总产值 Gross Output Value of Agriculture	工业总产值 Gross Output Value of Industry	乡镇企业总收入 Total Income of Township Enterprises	财政收入 Government Revenue
崧岭镇 Songling	6944	3215	1813	1489	76	30	28
隆街镇 Longjie	32040	15621	7952	5567	649	83	50
田源镇 Tianyuan	11557	5293	3504	2954	460	170	25
油溪镇 Youxi	31141	14820	13022	6333	3336	6739	120
忠信镇 Zhongxin	52282	13956	15814	7749	2039	2250	350
高莞镇 Gaoguan	20990	10717	5611	4311	480	166	78
九连镇 Jiuliang	4966	1963	2102	1243	465	634	93
大湖镇 Dahu	20485	9860	8610	5378	1330	435	29
三角镇 Sanjiao	14342	6784	3508	3058	164	6	75
绣缎镇 Xiuduan	13513	5702	3970	2558	896	276	52
梅州市 Meizhou City							
梅江区 Meijiang District							
城北乡 Chengbei	33545	14637	18443	9406	7225	11587	353
三角镇 Sanjiao	30836	13214	38632	7435	18153	49478	1195
长沙镇 Changsha	12212	5499	12933	3719	5649	9708	61
东郊乡 Dongjiao	17551	7737	19168	4092	6413	17856	373
西郊乡 Xijiao	12306	5987	12979	1873	4016	11587	357
梅县 Mei County							
城东镇 Chengdong	18993	9460	26616	11217	8107	15745	210
程江镇 Chengjiang	36527	15548	42543	9893	12374	35894	1341
石扇镇 Shishan	21026	9760	30535	13849	12399	16249	408
梅西镇 Meixi	30296	13700	13991	7972	2695	5477	136
石坑镇 Shikeng	24587	10756	12633	6729	3924	5617	103
大坪镇 Daping	18379	7680	17656	7094	5665	11555	336
南口镇 Nankou	30944	13720	28197	14774	5588	19063	253
瑶上镇 Yaoshang	19470	9974	13267	6074	4345	6621	120
荷泗镇 Hesi	15071	6825	11144	6034	1309	2194	456
径义镇 Jingyi	5945	2113	3042	1206	525	1147	33
畲江镇 Shejiang	35935	13885	24391	8238	6019	13336	250
水车镇 Shuiche	20941	9763	12687	7056	3479	2500	110
梅南镇 Meinan	14670	6685	8723	4064	3428	4309	454
西阳镇 Xiyang	16444	6745	25377	5602	16602	19310	911
白宫镇 Baigong	16950	6538	19829	6336	9462	26740	340
丙村镇 Bingcun	45086	14612	53623	16217	31060	44841	397
雁洋镇 Yangyang	19658	8924	58476	7297	43487	103011	893
三乡镇 Sanxiang	11058	4668	4261	1979	979	2247	55
松东镇 Songdong	10453	5669	9673	3578	4634	6120	231
松南镇 Songnan	17848	8095	20276	7184	9614	8653	331
松源镇 Songyuan	40053	21836	25709	8634	11107	13896	807
隆文镇 Longwen	23599	10030	18195	6418	7903	12131	150
桃尧镇 Taoyao	17108	7864	11464	5880	2794	7014	163
白渡镇 Baidu	26576	16001	31005	14735	8368	13260	376
扶大镇 Fuda	8880	3905	15796	5271	4720	9182	172
松口镇 Songkou	38391	12135	35521	9380	18894	3184	297
蕉岭县 Jiaoling County							
蕉城镇 Jiaocheng	50559	4521	13152	3357	9795	4510	404
兴福镇 Xingfu	22017	8833	14522	6802	5342	9010	151
长潭镇 Changtan	8543	3513	6323	2649	3191	2321	116

续表 10 Continued

乡 镇 名 称 Township and Town	总 人 口 Total Population	总劳动力 Total Labourers	农村社会总产值 Total Output Value of Rural Society	农业总产值 Gross Output Value of Agriculture	工业总产值 Gross Output Value of Industry	乡镇企业总收入 Total Income of Township Enterprises	财政收入 Government Revenue
三圳镇 Sanzhen	16838	5183	13854	6078	3139	3189	483
新布镇 Xinbu	34581	14125	25972	7339	13906	13906	357
文福镇 Wenfu	19267	8956	15352	4235	9301	11272	412
广福镇 Guangfu	14089	6264	9390	4242	3401	5148	82
蓝坊镇 Lanfang	11492	5730	4215	3004	895	1508	293
高思镇 Gaosi	6350	2903	4617	1536	2270	2270	23
南寨镇 Nanzhai	9670	4376	4099	2927	660	1227	216
北寨镇 Beizhai	9379	4575	5883	3918	858	1277	42
徐溪镇 Xuxi	7747	2609	3109	2468	640	640	98
大埔县 Dapu County							
湖寮镇 Huliao	70427	10626	23911	7878	8927	1892	742
茶阳镇 Chayang	39894	13463	19131	4504	8062	19500	305
高陂镇 Gaobei	39913	12229	19335	3636	11988	19665	145
青溪镇 Qingxi	19215	7680	7530	4591	1466	13694	150
长治镇 Changzhi	12730	5346	4869	1937	672	3802	175
三河镇 Sanhe	20420	6706	7374	2928	2689	5807	355
英雅镇 Yingya	9041	2622	3461	2055	536	1120	84
大麻镇 Dama	28341	10520	11196	4698	4053	10007	175
银江镇 Yinjiang	25473	9094	8842	3609	3431	6934	108
洲瑞镇 Zhourui	16188	5018	7055	3252	2212	7002	218
古野镇 Guye	20752	7703	5668	2323	2439	3120	278
桃源镇 Taoyuan	15657	6004	17068	1421	13606	18850	58
枫朗镇 Fenglang	30795	11524	8883	3490	3225	6653	103
双溪镇 Suangxi	17165	6200	7550	2376	3569	8483	128
百候镇 Baihou	31244	12907	11406	4368	4522	10300	493
大东镇 Dadong	20639	9756	5113	2081	1796	5923	105
西河镇 Sihe	22280	8225	10059	4226	3291	8623	118
岩上镇 Yanshang	12741	5150	7538	2425	4183	2221	81
平原镇 Pingyuan	18990	6681	10816	3399	6203	8003	103
光德镇 Guangde	30781	11366	26408	4044	20521	27025	165
丰顺县 Fengshun County							
汤坑镇 Tangkeng	72063	9132	59133	4131	45913	75829	1250
附城镇 Fucheng	41190	17030	21050	4728	12399	18761	302
东联镇 Donglian	13383	6321	4101	2528	894	1756	189
北斗镇 Beidou	14702	6520	4543	2601	1038	4193	250
汤西镇 Tangxi	51307	23806	14085	12417	1281	4312	129
汤南镇 Tangnan	43744	21915	32348	11345	17306	26930	578
埔寨镇 Puzhai	39232	17101	18293	11761	4367	6283	390
上八镇 Sanbaxiang	7534	2770	2240	1412	279	65	116
下八镇 Xiabaxing	11014	4762	2164	1621	172	588	277
丰良镇 Fengliang	50440	18260	19807	9005	3572	1628	660
建桥镇 Jianqiao	25991	11186	5398	3654	750	1605	82
龙岗镇 Longgang	18679	8788	6247	3955	955	625	385
潘田镇 Pantian	35548	15133	11656	5852	3314	3314	338
仙洞镇 Xiandong	8685	3373	2736	1431	567	1043	159
黄金镇 Huangjin	34138	16933	6056	3903	733	7884	376
留隍镇 Liuhuang	48817	16899	13594	6872	4308	10125	668
东留镇 Dongliu	25403	11427	8232	5227	2100	2280	320
茶背镇 Chabei	14377	7774	2945	1915	342	587	38

续表 11 Continued

乡镇名称 Township and Town	总人口 Total Population	总劳动力 Total Labourers	农村社会总产值 Total Output Value of Rural Society	农业总产值 Gross Output Value of Agriculture	工业总产值 Gross Output Value of Industry	乡镇企业总收入 Total Income of Township Enterprises	财政收入 Government Revenue
大龙华镇 Dalonghua	10309	4536	3526	2330	830	163	116
径门镇 Jinmen	9251	4852	3246	1845	411	761	31
潭江镇 Tanjiang	18277	8698	11211	2868	6198	2598	156
潭山镇 Tanshan	7602	3213	2440	1156	921	600	80
小胜镇 Xiaosheng	14648	6042	4044	2318	1159	1521	108
砂田镇 Shatian	17196	8147	8235	3027	3749	4661	60
五华县 Wuhau County							
河东镇 Hedong	59218	21550	20127	5846	10610	14598	340
大坝镇 Daba	39996	16060	15010	4712	6413	12477	369
转水镇 Zhuanshui	57751	21545	13250	7672	2629	6499	266
华城镇 Huacheng	81653	30235	28280	9858	5741	21647	395
新桥镇 Xinqiao	22916	8886	4629	2335	592	2673	120
歧岭镇 Qiling	40414	17316	8478	5030	1442	4978	240
双头镇 Suangtou	25025	8454	11119	2348	5156	10181	380
潭下镇 Tanxia	47560	18780	16633	5618	5502	11020	222
长布镇 Changbu	39799	16380	5984	4528	604	2710	215
大田镇 Datian	17369	8204	4033	1959	826	2419	110
周江镇 Zhoujiang	25626	10990	4515	3158	463	1930	95
中兴镇 Zhongxin	21278	8931	3551	2121	463	1700	90
横陂镇 Hengbei	50022	22410	10293	6387	1445	5500	130
锡坑镇 Xikeng	21374	6840	9086	2923	582	1734	146
小都镇 Xiaodu	18908	8165	2585	1804	266	605	46
油田镇 Youtian	25103	8589	7692	3239	2932	4928	423
郭田镇 Guotian	30193	11748	5797	3389	1064	359	58
双华镇 Suanghua	29482	11415	10293	3574	4172	6800	150
平南镇 Pingnan	27465	11316	6272	3807	1110	3015	78
安流镇 Anliu	80051	31885	23503	10449	7007	14530	598
文葵镇 Wenkui	20766	7998	3767	2757	367	1215	61
大都镇 Dadu	14525	6535	3521	2484	426	1376	128
棉洋镇 Mianyang	50782	19688	7975	5482	968	2890	260
桥江镇 Qiaojiang	22995	9874	3618	2337	661	1430	154
梅林镇 Meilin	42233	20618	8042	6276	928	1409	310
华阳镇 Huayang	42207	14981	10617	7179	842	5417	425
龙村镇 Longcun	39805	16062	9247	5040	2508	5208	325
硝芳镇 Xiaofang	22659	10296	3625	2615	249	1448	57
丁畲镇 Dingshe	14740	6470	3407	2446	836	1043	103
水寨镇 Shuizhai	35211	12056	27242	5885	13159	25102	600
兴宁市 Xinning City							
兴城镇 Xincheng	123548	2091	37934	1174	25511	34264	1122
宁新镇 Ningxin	40093	17159	22543	4448	14588	20522	697
宁　中 Ningzhong	27714	12392	14803	3316	6927	15600	763
宁　塘 Ningtang	21246	9461	8878	3207	2829	6270	347
新　陂 Xinbei	52938	19377	18771	8068	4324	10739	265
福　兴 Fuxing	29741	12626	7906	4047	1457	4444	586
刁坊镇 Diaofang	44211	17511	24623	7368	14106	18335	843
坜陂镇 Libei	19486	8990	13398	2796	9595	10620	351
永和镇 Yonghe	46562	21179	18873	7084	6751	2267	166
径南镇 Jingnan	16166	7603	8792	4537	1833	7100	70
径心镇 Jingxin	18334	8772	9017	6439	1576	3356	252

续表 12 Continued

乡镇名称 Township and Town	总人口 Total Population	总劳动力 Total Labourers	农村社会总产值 Total Output Value of Rural Society	农业总产值 Gross Output Value of Agriculture	工业总产值 Gross Output Value of Industry	乡镇企业总收入 Total Income of Township Enterprises	财政收入 Government Revenue
坭陂镇 Nibei	62473	23442	24709	8287	10789	15886	1741
新圩镇 Xinyu	41706	17790	18054	7188	5495	8069	132
水口镇 Shuikou	43401	15358	7748	2793	2820	4600	203
下堡镇 Xiabao	19102	8120	5860	3330	2447	2762	38
宋声镇 Songsheng	9845	4476	2391	1765	156	291	103
罗浮镇 Luofu	50852	21265	17527	8098	6138	9559	682
罗岗镇 Luogang	62277	27801	11746	5929	3188	6114	658
黄槐镇 Huanghuai	31117	13766	34863	3705	22650	31404	421
黄陂镇 Huangbei	41004	16893	27556	4095	14835	19130	380
岗背镇 Gangbei	25031	11222	16626	3156	10474	13882	99
坪洋镇 Pingyang	12230	5995	4105	1720	1644	2285	421
龙北镇 Longbei	18297	7938	19592	4555	11083	14704	850
合水镇 Heshui	17111	4837	5122	1834	1610	3190	100
龙田镇 Longtian	44018	20148	23909	11069	10534	13973	186
石马镇 Shima	35484	15108	10343	7179	2374	3211	596
大坪镇 Daping	56271	25351	12456	9462	1358	3306	136
叶塘镇 Yetang	50674	23216	34266	10706	13779	20528	1055
叶南镇 Yenan	30853	17746	13528	5288	1662	3741	196
平远县 Pingyuan County							
仁居镇 Renju	17017	7701	6794	4169	1536	3104	427
八尺镇 Bachi	15208	7117	6376	4676	800	782	63
东石镇 Dongshi	26371	11326	15480	6312	5387	1450	424
大柘镇 Datuo	15130	7185	15044	4424	5835	11640	184
石正镇 Shizheng	30934	15622	18415	6057	8705	11597	264
黄畲镇 Huangshe	6037	2674	3089	1770	950	1350	42
差干镇 Chagan	7706	3498	4300	2197	1691	2177	107
河头镇 Hetou	10659	5029	4141	2686	634	1468	31
中行镇 Zhonghang	8339	4016	3686	2248	657	2505	372
上举镇 Shangju	7391	3760	5355	2180	1192	719	215
茅坪镇 Maoping	7095	3537	3023	1873	592	891	43
泗水镇 Sishui	10960	5454	5414	3056	1785	243	162
坝头镇 Batou	12393	5179	6293	4102	995	1718	41
超竹镇 Chaozhu	9944	5136	4971	2953	1359	955	28
长田镇 Changtian	9202	4168	4202	2839	367	259	160
热柘镇 Retuo	13194	7381	4155	3205	388	108	36
惠州市 Huizhou City							
惠城区 Huicheng District							
汝湖镇 Ruhu	16088	8028	30189	7602	20086	20086	170
三栋镇 Sandong	18508	6948	22350	9685	10033	12589	183
小金口镇 Xiaojinkou	26184	6884	95031	6539	51243	106000	1069
河南岸镇 Henanan	20857	4172	71798	4386	63871	68000	735
惠环镇 Huihuan	6366	2287	37317	1969	24049	27561	359
惠东县 Huidong County							
大岭镇 Daling	63091	33511	166186	32745	115355	133081	518
白花镇 Bahua	60149	27591	130454	23689	80700	90441	498
梁化镇 Lianghua	49802	25441	40852	21178	12565	18328	692
稔山镇 Nianshan	62661	36095	111738	39054	45649	58685	535
铁涌镇 Tieyong	33588	16676	36315	18031	7424	8910	258
平海镇 Pinghai	32649	15817	63800	15231	28854	39305	214
港口镇 Gankou	21257	9980	71166	23340	34168	34173	218
巽寮镇 Shunliao	8464	4313	12728	6364	790	3591	19
吉隆镇 Jilong	24161	14080	89706	7210	75956	75956	782

续表 13　Continued

乡 镇 名 称 Township and Town	总 人 口 Total Population	总劳动力 Total Labourers	农村社会总产值 Total Output Value of Rural Society	农业总产值 Gross Output Value of Agriculture	工业总产值 Gross Output Value of Industry	乡镇企业总收入 Total Income of Township Enterprises	财政收入 Government Revenue
黄埠镇 Huangbu	18236	10307	109917	5175	86258	90275	1027
盐洲镇 Yanzhou	14275	6232	15280	12151	2423	2991	126
增光镇 Zenguang	23847	14522	22686	14560	8126	13898	190
多祝镇 Duozhu	48835	24470	34422	13511	20911	26405	366
新庵镇 Xinan	9126	3988	8639	5512	2127	220	350
安墩镇 Andun	39301	18984	13183	9691	2422	2422	145
松坑镇 Songkeng	10848	5209	5853	3828	1610	1756	23
石塘镇 Shitang	8524	3621	2632	2014	258	485	36
高潭镇 Gaotan	14385	7211	10239	4705	2560	4880	90
马山镇 Mashan	10708	5323	4472	2597	823	71	52
宝口镇 Baokou	9223	4738	5534	2918	1129	705	45
平山镇 Pingshan	95749	41850	140115	2666	113323	130263	3752
白盆珠镇 Baipengzhu	8954	5027	9871	5913	900	4236	103
惠阳市 Huiyang City							
淡水镇 Danshui	98966	11110	197808	8082	133834	225157	3891
沙田镇 Shatian	12380	6172	29708	6818	21887	23683	531
秋长镇 Qiuchang	29235	18430	150119	10413	135476	130123	645
新圩镇 Xinyu	21095	8157	140985	8500	126500	132645	3240
镇隆镇 Zhenlong	26021	13492	57570	9150	45600	25440	379
陈江镇 Chenjiang	30171	16394	262545	15045	228200	185000	1800
沥林镇 Lilin	19493	8946	105985	7977	80019	80500	841
潼湖镇 Tonghu	23670	11040	20637	10661	5700	30	162
永湖镇 Yonghu	26631	16973	30097	10600	14918	16631	510
良井镇 Liangjing	37122	15447	21924	8824	12100	13100	210
平潭镇 Pingtan	38186	15762	13966	9266	2342	7438	486
马安镇 Maan	27173	12193	31190	24350	5500	9120	235
水口镇 Shuikou	46217	20264	191605	45065	142500	47310	417
横沥镇 Hengli	31299	10569	16884	8892	3527	11551	146
矮陂镇 Aibei	26283	14144	22452	13834	5043	3790	80
大岚镇 Dalan	8358	4196	5662	3967	1330	600	32
芦洲镇 Luzhou	13394	5835	6800	6000	250	17	50
芦岚镇 Lulan	11674	5198	5538	4691	738	800	156
澳头镇 Outou	27900	9878	32477	9105	17035	16812	690
霞涌镇 Xiayong	21126	7490	25709	12040	6478	6478	340
西区 West Distric	14771	5837	13247	2729	8200	10518	85
博罗县 Boluo County							
石坝镇 Shiba	34478	14452	37906	15989	13095	12675	502
兰田镇 Lantian	6783	2938	3963	2278	1329	1785	35
麻陂镇 Mabei	22020	9480	25111	8684	11111	13402	300
观音阁镇 Guanyinge	23302	13669	27660	8998	16594	19262	1478
公庄镇 Gongzhuang	47125	20516	70977	17427	47300	22316	838
杨村镇 Yangcun	39389	15737	50493	13268	30663	18537	300
柏塘镇 Botang	37315	19999	49944	14009	32956	24965	498
平安镇 Pingan	14616	7334	16057	6255	7395	8900	290
泰美镇 Taimei	36327	19725	54952	12776	39640	29345	529
仍图镇 Rentu	24597	10803	12132	6214	4210	5828	92
罗阳镇 Luoyang	121159	16336	137935	15597	112906	61189	972
义和镇 Yihe	14246	7225	68656	4595	62693	36530	166
响水镇 Xiangshui	22449	12598	36618	7743	17424	16565	400
湖镇镇 Huzhen	24769	13803	19132	10959	5041	5041	763
横河镇 Henghe	24831	14970	19373	12982	4496	5600	301
长宁镇 Changning	35700	14530	111006	13951	73610	73600	1900
福田镇 Futian	26989	12842	61966	10495	44361	46652	580

乡 镇 名 称 Township and Town	总 人 口 Total Population	总劳动力 Total Labourers	农村社会总产值 Total Output Value of Rural Society	农业总产值 Gross Output Value of Agriculture	工业总产值 Gross Output Value of Industry	乡镇企业总收入 Total Income of Township Enterprises	财政收入 Government Revenue
龙华镇 Longhua	20747	8356	33235	9272	21348	11226	175
龙溪镇 Longxi	50310	26155	130442	21626	100246	108090	652
园洲镇 Yuanzhou	37100	18516	87604	15857	64280	68055	705
九潭镇 Jiutan	18838	8566	34883	9499	23408	9331	188
石湾镇 Shiwan	44208	24470	181399	21464	151341	151341	1152
龙门县 Longmen County							
麻榨镇 Mazha	26304	11625	34155	12046	14065	15442	318
永汉镇 Yonghan	44636	20124	36348	12532	9071	19216	225
沙迳镇 Shajin	18241	8772	14908	7044	2940	4413	92
龙华镇 Longhua	14382	8318	8508	4737	510	1443	230
路溪镇 Luxi	11841	4548	12254	5114	5083	2937	290
龙江镇 Longjiang	13119	5806	29889	4549	18559	18500	501
平陵镇 Pingling	34996	17944	38517	8485	20987	27002	232
王坪镇 Wangping	32241	14866	23699	10154	8324	5652	187
龙城镇 Longcheng	50068	27953	25588	2836	12428	8058	314
蓝田乡 Lantian	9992	4110	6708	3422	949	907	113
左潭镇 Zuotan	13288	5604	10651	3932	3265	5196	281
田美镇 Tianmei	7319	3592	3252	1932	224	484	135
地派镇 Dipai	10452	5025	14023	3655	6213	517	396
铁岗镇 Tiegang	10288	4850	8063	2899	3103	2550	75
南昆山镇 Nankunshan	3194	1551	4204	1175	471	997	130
汕尾市 Shanwei City							
城 区 Urban District							
新港街道办 Xingan Street	45479	21963	89108	64652	16437	43343	600
香洲街道办 Xiangzhou Street	42579	11654	42005	2842	34601	32830	874
凤山街道办 Fengshan Street	64570	24957	38211	3581	19006	33236	724
东涌镇 Dongyong	54273	21745	51896	14368	32908	24424	495
红草镇 Hengcao	38659	15940	55040	12912	34114	26279	376
马宫镇 Magong	19841	7825	43374	25370	14782	22561	202
捷胜镇 Jiesheng	46545	17736	23219	13394	6923	9567	240
红海湾区 Honghaiwan District							
庶浪镇 Zhelang	25874	9681	33543	10024	8548	3928	247
东洲街道办 Dongzhou Street	21027	10503	16695	5329	5506	5506	60
田乾镇 Tianqian	47456	21819	32932	16466	5956	3860	421
海丰县 Haifeng County							
海城镇 Haicheng	110708	36214	232292	4396	122408	227896	2682
附城镇 Fucheng	50860	21031	99925	13602	67050	57600	1110
城东镇 Chengdong	49973	22304	115064	13695	72038	101581	963
梅陇镇 Meilong	93756	42792	127316	45232	47522	79771	2130
联安镇 Lianan	36307	17242	26200	15100	4500	4765	390
陶河镇 Taohe	33207	12765	21279	9336	10523	14922	326
可塘镇 Ketang	53185	21971	47758	17555	26156	1956	450
赤坑镇 Chikeng	63670	28325	31806	17436	11478	11727	508
公平镇 Gongping	49259	22818	161579	12510	122088	119255	1650
黄羌镇 Huangqian	34456	12823	19525	13899	4187	4187	62
平东镇 Pingdong	23656	9340	14614	10232	1131	1131	77

乡 镇 名 称 Township and Town	总 人 口 Total Population	总劳动力 Total Labourers	农村社会总产值 Total Output Value of Rural Society	农业总产值 Gross Output Value of Agriculture	工业总产值 Gross Output Value of Industry	乡镇企业总收入 Total Income of Township Enterprises	财政收入 Government Revenue
鹅埠镇 Ebu	12600	6000	13057	4847	6257	1985	156
赤石镇 Chishi	16688	7767	13724	8884	2830	1650	79
后门镇 Houmen	15275	6389	21485	14694	1546	488	872
小漠镇 Xiaomo	10009	5595	16731	14061	1250	2120	297
大湖镇 Dahu	11870	5075	9675	7509	1025	343	230
西坑乡 Xikeng	4920	2134	1718	1126	158	189	80
圆墩乡 Yuandun	2212	1894	2200	1425	365	4941	232
公平水库 Gongping Reservoir	2249	1354	1230	617	540	540	540
莲花山镇 Lianhuashan	9612	4237	6608	4203	1950	45	1855
陆河县 Luhe County							
河田镇 Hetian	47924	16017	32111	10194	1004	14945	342
水唇镇 Shuichun	35186	19380	14081	6582	3600	7240	130
河口镇 Hekou	41721	16520	14332	8474	1900	5656	150
新田镇 Xintian	28573	13700	15368	9568	1700	5726	110
上护镇 Shanghu	29351	10249	17013	12309	1277	5485	200
螺溪镇 Luoxi	29528	14568	10528	5941	1036	5641	300
东坑镇 Dongkeng	19640	6880	5180	2980	1050	1883	145
南万镇 Nanwan	11281	4738	4447	2897	860	2434	750
陆丰市 Lufeng City							
大安镇 Daan	44361	17878	11620	4476	2540	2966	99
西南镇 Xinan	27283	10464	4605	3581	450	450	34
河西镇 Hexi	30371	12614	5470	3412	1644	1910	72
潭西镇 Tanxi	56497	24877	13874	9813	1417	3386	158
上英镇 Shangying	21041	9351	5250	4388	662	845	
金厢镇 Jinxiang	39412	15865	7238	6368	386	1782	50
东海镇 Donghai	149144	69341	223806	20363	138000	68063	750
城东镇 Chengdong	50406	25419	14434	7526	4295	5265	53
河东镇 Hedong	29369	12147	3892	3520	134	319	66
博美镇 Bomei	58881	20930	13303	7350	3063	2873	259
桥冲镇 Qiaochong	42893	15180	9670	7240	680	961	51
内湖镇 Neihu	25855	10100	5967	3081	1020	1004	90
八万镇 Bawan	27437	12837	6966	3655	1748	73	80
陂洋镇 Beiyang	37003	19761	5727	4482	521	1195	148
南塘镇 Nantang	91100	33336	23867	17738	4916	6129	1445
碣石镇 Jieshi	162541	62484	175975	53975	104226	96356	2528
湖东镇 Hudong	68866	24586	26151	17417	6968	7079	80
甲西镇 Jiaxi	86736	35745	21112	18612	1170	1550	72
甲子镇 Jiazi	90575	28486	175033	40705	98504	126718	1113
甲东镇 Jiadong	59841	22728	12331	6011	6320	6320	48
东莞市 Dongguan City							
中堂镇 Zhongtang	65300	34037	158896	11787	109369	109369	6265
望牛墩镇 Wanniudun	37424	20455	91021	6889	75935	68012	6593
道窖镇 Daojiao	50602	27786	190630	16849	151624	134528	5707
洪梅镇 Hongmei	18822	11482	25571	5209	17155	17848	3179
麻涌镇 Mayong	65636	38448	102123	21244	21244	66352	5292
万江区 Wanjiang	62890	32731	166760	15304	116220	117436	9406
虎门镇 Humen	108383	33609	1046842	728432	318410	373706	69359
长安镇 Changan	32655	16231	341266	22359	275518	281601	18711
厚街镇 Houjie	84680	80826	415760	21750	243733	281638	24616
沙田镇 Shatian	34935	18882	139150	30330	100980	93446	9385

续表 16　Continued

乡 镇 名 称 Township and Town	总 人 口 Total Population	总劳动力 Total Labourers	农村社会总产值 Total Output Value of Rural Society	农业总产值 Gross Output Value of Agriculture	工业总产值 Gross Output Value of Industry	乡镇企业总收入 Total Income of Township Enterprises	财政收入 Government Revenue
篁村区 Huangcun	36905	18327	223888	6902	196977	152028	4977
附城区 Fucheng	52030	27347	224387	12089	153173	158934	18770
寮步镇 Liaobu	58401	34173	211499	35370	103099	133179	14560
大岭山镇 Dalingshan	36678	20539	101819	23420	56670	65011	5358
大朗镇 Dalan	59566	31492	183421	29089	79142	108920	9289
黄江镇 Huangjiang	17535	9188	172624	7668	149153	111306	8022
樟木头镇 Zhangmutou	20472	7954	177385	10060	150274	58443	6148
清溪镇 Qingxi	30518	13910	81469	10042	62231	63211	14927
塘厦镇 Tangxia	32549	17666	289007	20950	197500	212339	24473
风岗镇 Fenggan	17056	8845	154388	10496	128059	89615	9811
谢岗镇 Xiegan	17545	8809	84819	9681	69124	58525	3846
常平镇 Changping	60803	33001	400766	32563	240836	201658	22348
桥头镇 Qiaotou	29938	13697	210872	16824	133501	121398	5043
横沥镇 Hengli	31883	17487	178875	11088	117965	95141	8164
东坑镇 Dongkeng	27540	14558	114567	9920	94726	113594	6765
企石镇 Qishi	35941	17121	144734	16386	101096	90271	4432
石排镇 Shipai	36980	16637	109663	11182	82000	81408	4138
茶山镇 Chashan	38346	20677	176349	14622	77887	131991	7921
石碣镇 Shijie	34995	20850	143106	6643	112148	105997	5928
高步镇 Gaobu	32508	19687	100216	13837	65549	71550	5141
石龙镇 Shilong	65627	3970	17379	414		71245	23548
中山市 Zhongshan City							
阜沙镇 Fusha	36828	20678	112928	32730	62543	52622	2076
南头镇 Nantou	39582	23578	240104	5266	221300	224459	3660
东凤镇 Dongfeng	67329	40249	222162	16782	179266	198380	3881
东升镇 Dongsheng	35130	19093	173640	11211	143826	139575	1885
小榄镇 Xiaolan	148148	68191	694692	16718	618358	518016	4320
古镇镇 Guzhen	63839	31202	251965	13500	23400	95591	2787
民众镇 Mingzhong	43435	22168	132086	27313	273	101165	4107
浪网镇 Lanwang	24634	19216	56087	11807	23794	41015	3830
火炬开发区 Torch Development Zone	46649	17933	81209	11350	61565	759103	9902
南朗镇 Nanlan	37141	19706	128530	18300	16436	101062	3325
港口镇 Gankou	51962	20283	106043	16043	75026	89311	2680
坦背镇 Tanbei	29044	19715	82371	12371	47000	47185	1343
南区 South District	20666	8157	127215	4313	119274	112440	9833
沙溪镇 Shaxi	60527	31363	269503	11568	228600	214038	11052
大涌镇 Dayong	27621	23606	170454	13030	141175	89182	2475
横栏镇 Henglan	50159	25602	196914	23614	59500	100128	3680
三乡镇 Sanxiang	33424	15395	153532	9219	122367	127831	2826
神湾镇 Shenwan	15973	8353	46874	8577	32630	35978	1089
板芙镇 Banfu	29269	13436	149752	12606	127155	119185	2620
坦洲镇 Tanzhou	58450	27126	256264	18320	228673	219149	4450
沙朗镇 Shalan	10859	3882	65426	4626	57306	63000	4992
五桂山镇 Wuguishan	7246	3818	91847	2307	83350	91198	4304
东区 East District	55101	11321	323390	3390	273000	251932	1870
西区 West District	18509	7884	67059	551	47535	76529	967
北区 North District	23507	8156	127581	3605	103124	112230	4057

续表 17 Continued

乡镇名称 Township and Town	总人口 Total Population	总劳动力 Total Labourers	农村社会总产值 Total Output Value of Rural Society	农业总产值 Gross Output Value of Agriculture	工业总产值 Gross Output Value of Industry	乡镇企业总收入 Total Income of Township Enterprises	财政收入 Government Revenue
三角镇 Sanjiao	51167	29622	132290	20990	86500	84000	2746
黄圃镇 Huangpu	81599	45761	259291	16491	242800	262238	3000
江门市 Jiangmen City							
蓬江区 Pengjiang District							
环市镇 Huanshi	42040	13868	112718	7457	83287	8321	4459
潮连镇 Chaolian	12043	6887	37690	3943	24339	95382	1266
江海区 Jianghai District							
礼乐镇 Lile	57823	29934	83788	20064	31406	65904	1642
外海镇 Waihai	51304	30150	83172	11043	52833	82666	
滘头办事处 Jiaotou	9852	4540	38727	1754	33951	38583	970
滘北办事处 Jiaobei	5288	1708	27276		22258	26986	
新会市 Xinhui City							
会城镇 Huicheng	236495	49676	505950	24831	418493	571886	9050
大泽镇 Daze	38943	21697	96300	16366	56005	83471	1028
七堡镇 Qibao	12715	7028	20688	4612	12911	4742	357
司前镇 Siqian	66324	35144	158009	13428	120175	146375	2363
牛湾镇 Niuwan	9902	5103	16747	7543	7891	9312	481
罗坑镇 Luokeng	28887	17342	90656	17626	67103	78601	670
小冈镇 Xiaogang	21425	12008	44579	7687	30955	35565	909
双水镇 Suangshui	73509	32164	178577	32949	129849	144580	4381
崖西镇 Yaxi	30543	15711	59769	23677	30912	27610	808
崖南镇 Yanan	8906	5111	19585	11792	4943	6139	681
沙堆镇 Shadui	33285	18016	92464	36003	46502	31068	1192
古井镇 Gujin	43186	22474	95022	16400	64152	86601	519
三江镇 Sanjiang	45619	26309	81461	22102	40990	50932	890
睦洲镇 Muzhou	41074	21891	98234	21404	74510	79716	1223
大鳌镇 Daao	32180	20115	171773	29800	125000	93000	1385
荷塘镇 Hetang	41765	22854	203000	11500	176759	194190	2279
棠下镇 Tangxia	60525	33518	199322	47108	124357	34047	3062
杜阮镇 Duwan	35320	19171	176615	17297	124538	159856	2288
台山市 Taishan City							
台城镇 Taicheng	129039	28239	550189	2186	358943	466903	9213
公益镇 Gongyi	14450	8448	79413	2030	49383	73890	1875
大江镇 Dajiang	40043	20736	297224	7224	261488	262055	4021
水步镇 Shuibu	47349	27932	221246	11064	124588	55696	2206
附城镇 Fucheng	43956	24237	463530	13530	420000	200000	4500
四九镇 Sijiu	41876	24965	133540	7540	107300	91000	1152
三八镇 Sanba	34816	20235	96335	8361	27918	112065	1288
白沙镇 Baisha	43675	21800	56953	10508	30653	49465	535
三合镇 Sanhe	50297	27886	50327	17847	22461	12292	1887
冲蒌镇 Chonglou	40441	20740	49885	30783	14464	19102	750
斗山镇 Doushan	56182	27122	96926	21052	69866	76520	2165
都斛镇 Duhu	49429	26469	43063	28883	12180	28571	1265
赤溪镇 Chixi	13217	7087	18500	8575	4476	1369	745
田头镇 Tiantou	17320	9995	23900	13300	8600	3308	946
端芬镇 Duanfeng	49856	27400	46409	21075	19137	14070	1682
广海镇 Guanghai	35451	19092	25095	13674	11100	11000	593
隆文镇 Longwen	10296	7199	14619	10119	3870	3207	129
沙栏镇 Salan	15264	8050	25495	17637	7458	1132	695
海宴镇 Haiyan	65889	34737	87536	18536	59999	36852	1289
汶村镇 Wencun	56345	30650	79956	20006	47450	16500	850

续表 18 Continued

乡镇名称 Township and Town	总人口 Total Population	总劳动力 Total Labourers	农村社会总产值 Total Output Value of Rural Society	农业总产值 Gross Output Value of Agriculture	工业总产值 Gross Output Value of Industry	乡镇企业总收入 Total Income of Township Enterprises	财政收入 Government Revenue
深井镇 Shenjing	34398	19459	20094	13384	5857	6254	180
那扶镇 Nafu	25303	14427	26040	11604	8640	12098	524
北陡镇 Beidou	33823	22937	19994	12394	4800	7026	956
上川镇 Shangchuan	15463	8530	40960	34921	5039	9800	2191
下川镇 Xiachuan	17278	10298	26845	23059	1960	2396	585
南湾镇 Nanwan	9455	5379	58451	47543	8844	5178	838
横山镇 Hengshan	5154	2629	23786	21736	2050	1767	73
海侨镇 Haiqiao	6609	2752	4963	2490	2473		290
开平市 Kaiping City							
三埠区 Sanbu	134775	11810	200588	7728	262	189398	4535
长沙区 Changsha	59881	16129	121904	5024	87991	81911	1832
沙冈区 Shagang	36750	19324	96023	11377	66358	60224	652
水井镇 Shuijing	5498	3023	19455	3241	12610	9124	342
月山镇 Yueshan	38948	19209	151719	17382	80357	110233	1108
水口镇 Shuikou	33512	11276	92372	8076	71990	143118	1623
沙塘镇 Shatang	30334	18904	90684	11505	26528	82638	301
苍城镇 Changcheng	30010	14074	85124	16251	49986	68873	583
龙胜镇 Longsheng	34370	19890	82938	17405	35650	62268	720
大沙镇 Dasha	28456	14769	27640	9700	6340	3200	132
马冈镇 Magang	52193	28298	121429	22464	54699	7055	579
塘口镇 Tangkou	33664	17154	71903	15221	32470	87301	463
赤坎镇 Chikan	50437	23292	155915	9668	101760	63671	1128
百合镇 Baihe	27077	15783	91093	9983	62380	80806	472
蚬冈镇 Xiangang	20895	12121	19464	7464	6719	55746	384
金鸡镇 Jinji	20654	10311	60992	12742	2000	64950	365
赤水镇 Chishui	29170	13904	21697	15347	690	14020	429
东山镇 Dongshan	11939	6123	25620	8760	3305	22918	278
恩平市 Enping City							
江南镇 Jiangnan	15789	9679	45868	7970	31126	10884	340
平石镇 Pingshi	25780	15478	37638	12746	20455	20273	642
东安镇 Dongan	11911	5752	20266	5230	5702	15935	225
横陂镇 Hengbei	23393	13628	42387	11626	23922	30148	480
圣堂镇 Shentang	24772	15665	50500	9000	18159	33719	885
良西镇 Liangxi	18516	11991	33049	9840	15041	22624	450
沙湖镇 Shahu	58311	29540	122283	20487	69796	8517	1215
牛江镇 Niujiang	23493	13807	37744	8021	22211	37957	461
君堂镇 Juntang	31871	17408	40759	10259	21700	25800	450
大田镇 Datian	16228	8959	17704	5688	11374	12616	145
那吉镇 Naji	16237	8382	12272	5785	6098	7044	325
大槐镇 Dakui	10138	5806	51109	5009	34960	41870	212
东成镇 Dongcheng	12610	7074	28739	5227	11109	23336	139
恩城镇 Encheng	7919	4701	118818	315	58960	6676	2209
洪窖镇 Hongjiao	10726	6530	12236	5083	4633	4533	338
朗底镇 Landi	9064	5186	11220	3639	6283	885	225
江洲镇 Jiangzhou	12709	7102	8320	3214	3328	4342	130
恩侨镇 Enqiao	5598	2650	3782	1881	613	2264	50
鹤山市 Heshan City							
沙坪镇 Shaping	114698	13079	239335	8172	201122	205472	2776
雅瑶镇 Yayao	15678	14047	118574	9032	105660	63864	619
古劳镇 Gulao	21002	11951	79071	11414	53271	58875	548
龙口镇 Longkou	37438	21118	90758	12736	62539	57875	414

续表 19　　Continued

乡镇名称 Township and Town	总人口 Total Population	总劳动力 Total Labourers	农村社会总产值 Total Output Value of Rural Society	农业总产值 Gross Output Value of Agriculture	工业总产值 Gross Output Value of Industry	乡镇企业总收入 Total Income of Township Enterprises	财政收入 Government Revenue
桃源镇 Taoyuan	18802	11484	73179	7898	61028	43444	527
鹤城镇 Hecheng	29926	14366	47116	11351	33723	34132	253
共和镇 Gonghe	22280	12019	50194	9404	38387	33364	395
址山镇 Zhishan	25709	13227	74710	10514	61420	54247	444
云乡镇 Yunxiang	4686	2321	5489	2338	1761	2870	59
宅梧镇 Zhaiwu	38957	20075	34625	11858	14745	20872	331
双合镇 Shuanghe	10609	7200	11365	5211	5540	5554	107
合成镇 Hecheng	9484	3610	15978	8015	5439	9440	86
佛山市 Foshan City							
石湾区 Shiwan District							
张槎镇 Zhangcha	39776	18539	269785	14493	215334	233178	2516
澜石镇 Lanshi	33247	12955	159184	1747	142325	141853	2588
环市镇 Huanshi	16601	8697	106734	1627	91382	84920	1480
南海市 Nanhai City							
桂城区 Guicheng	66245	16458	302450	6194	230000	331365	15215
平洲区 Pingzhou	67000	21658	471042	12642	422200	410082	12710
三山港 Sanshan Harbour	18028	11057	74048	3608	63004	61300	2400
大沥区 Dali	111636	59647	654660	30460	560000	490883	18961
盐步区 Yanbu	61633	26012	562407	29365	385001	385001	19373
黄歧区 Huangqi	47591	25625	375423	2448	225086	222346	17400
官窑镇 Guanyao	59224	30705	327285	31265	220040	293743	9683
松岗镇 Songgang	31568	15623	304100	16000	257000	237000	8749
小塘镇 Xiaotang	35149	13753	160989		150608	138016	5225
金沙镇 Jinsha	37810	19338	88800	19123	55074	63576	3283
九江镇 Jiujiang	70121	37801	244577	25575	213002	168809	9393
沙头镇 Shatou	26538	14712	217400	10229	170096	185888	5003
西樵镇 Xiqiao	131645	61372	619786	52962	453005	530054	17857
里水镇 Lishui	70227	32192	460223	38502	380128	408943	7864
和顺镇 Heshun	42361	20868	227657	25896	169609	171333	5193
罗村镇 Luocun	42844	17715	306185	15500	263341	252274	9385
南庄镇 Nanzhuang	74705	36004	616238	11300	578000	168709	17969
丹灶镇 Danzhao	41275	17640	129145	22102	86300	86300	5235
狮山区 Shishan	24693	18338	137263	23242	98050	109180	1310
西岸区 Xian	5245	3315	5406	3491	900	1401	1530
顺德市 Shunde City							
大良镇 Daliang	131092	18667	360620	12536	296017	341072	8702
伦教镇 Lunjiao	68653	34616	501283	36316	438900	438900	3089
陈村镇 Chencun	71742	40593	321507	33616	269457	269457	5818
北窖镇 Beijiao	93366	47253	993341	50436	834432	960682	5460
乐从镇 Lecong	88120	40970	499551	43351	360400	500000	8711
勒流镇 Leiliu	110596	59527	545961	49837	464593	397124	9292
龙江镇 Longjiang	89411	50623	506444	48905	389000	389000	5497
杏坛镇 Xingtan	123178	68031	499071	52723	408000	396009	7431
均安镇 Junan	82919	44525	241722	36898	181725	181725	2794
桂洲镇 Guizhou	103646	54384	771810	24623	704035	704035	10546
容奇镇 Rongqi	59827		891544		866392	865199	16838
德胜区 Desheng	30707	12128	158250	15089	101788	99797	3720

续表 20 Continued

乡镇名称 Township and Town	总人口 Total Population	总劳动力 Total Labourers	农村社会总产值 Total Output Value of Rural Society	农业总产值 Gross Output Value of Agriculture	工业总产值 Gross Output Value of Industry	乡镇企业总收入 Total Income of Township Enterprises	财政收入 Government Revenue
高明市 Gaoming City							
荷城区 Hecheng	98834	2740	66844	5601	45971	47137	2446
合水镇 Heshui	27146	12646	38616	13831	23180	22581	204
更楼镇 Genglou	21293	10297	69163	11871	54342	54815	240
新墟镇 Xinxu	9964	4476	29370	10788	15362	17850	149
明城镇 Mingcheng	30080	14531	79037	21065	47148	54510	829
杨梅镇 Yangmei	18300	9538	48288	11764	33430	31340	227
人和镇 Renhe	15176	6510	51724	9628	33530	44630	205
三洲区 Sanzhou	13506	5140	66623	10555	50818	54394	459
西安区 Xian	28511	15208	102240	20843	70017	79718	577
富湾镇 Fuwan	13763	5200	38751	11072	25517	25539	270
三水市 Sanshui City							
西南镇 Xinan	27897	14169	188468	15211	151730	74219	5101
河口区 Hekou	16874	8742	71228	5658	56759	36968	2088
金本区 Jinben	19935	11378	133423	10830	115773	73118	1162
南边镇 Nanbiang	27365	12476	60290	17668	35221	26948	1921
青歧镇 Qingqi	7006	4514	20722	6556	11604	10074	495
大塘镇 Datang	37731	17806	87050	20532	56526	60534	3260
六和镇 Liuhe	13572	6433	25402	5988	14564	13727	953
乐平镇 Leping	27438	15391	85409	16778	62563	45663	1757
范湖镇 Fanhu	12661	5563	25615	10069	10758	5463	1158
白坭镇 Baini	22224	13097	74065	16773	47086	34043	599
芦苞镇 Rubao	35558	16778	98553	22396	45759	32994	3020
阳江市 Yangjiang City							
江城区 Jiangcheng District							
岗列镇 Ganglie	60888	33866	138415	25415	81760	113000	877
城西镇 Chengxi	52916	24848	105750	16600	80142	83075	1101
埠场镇 Buchang	35364	18880	21136	12733	8000	5000	499
平冈镇 Pinggang	85957	42258	32700	24289	5360	8780	927
阳东县 Yangdong County							
东城镇 Dongcheng	30737	9230	31119	6667	20172	25130	549
北惯镇 Beiguan	38774	20322	28303	12494	11818	15968	454
合山镇 Heshan	31580	17549	11594	10927	667	24894	607
田畔镇 Tianpan	18147	8753	13455	7193	3350	5538	170
塘坪镇 Tangping	50618	27612	32213	17215	140	14853	768
大八镇 Daba	54772	31720	22101	12215	5208	8727	449
双捷镇 Shuangjie	24641	13563	10799	8296	345	6060	328
白沙镇 Baisha	37857	21214	27543	10578	12210	18503	435
雅韶镇 Yashao	25847	12574	25793	14074	5219	12753	347
大沟镇 Dagou	42092	19150	22373	17354	5019	8258	412
三山镇 Sanshan	20908	11863	11680	6842	3528	4820	248
新洲镇 Xinzhou	37183	21087	22711	15364	5146	7510	473
东平镇 Dongping	27747	15216	55691	44646	7431	11045	578
那龙镇 Nalong	7151	4183	3353	2834	54	2490	218
麻汕镇 Mashan	21148	10936	5470	5240	186	194	209
阳西县 Yangxi County							
织贡镇 Zhigong	86289	46896	74282	23507	33300	59114	716
程村镇 Chengcun	61364	31015	45033	22361	13266	23143	483
塘口镇 Tangkou	36004	23530	23200	12428	6732	10947	164
上洋镇 Shangyang	59726	31402	47017	23339	8910	24230	307

续表 21 Continued

乡镇名称 Township and Town	总人口 Total Population	总劳动力 Total Labourers	农村社会总产值 Total Output Value of Rural Society	农业总产值 Gross Output Value of Agriculture	工业总产值 Gross Output Value of Industry	乡镇企业总收入 Total Income of Township Enterprises	财政收入 Government Revenue
溪头镇 Xitou	77667	41283	62346	41130	10635	25328	440
蒲牌镇 Pupai	25419	14266	16132	11404	4193	5100	198
儒洞镇 Rudong	54613	21753	53948	19380	27648	29384	456
新圩镇 Xinyu	30582	14983	16838	10876	2873	6126	213
沙扒镇 Shapa	15895	9228	35724	21404	10017	14296	719
阳春市 Yangchun City							
合水镇 Heshui	57645	27322	36807	16978	16532	19037	643
河朗镇 Helan	36984	17110	15731	9068	6000	4300	286
石望镇 Shiwan	34995	16124	17036	12941	3029	4120	224
陂面镇 Beimian	55077	30419	39862	17782	19870	19850	489
永宁镇 Yongning	47983	23550	16215	10760	933	306	407
春城镇 Chuncheng	186932	44391	82948	37477	15289	7364	1916
圭岗镇 Guigang	51203	24524	23407	14050	5976	8420	541
马水镇 Mashui	38369	18127	19937	12364	2922	270	492
松柏镇 Songbai	44951	25674	36127	16740	5750	14326	346
春湾镇 Chunwan	71096	38288	40139	28643	8922	15956	747
卫国镇 Weiguo	14467	7784	10854	4970	5198	3652	151
双较镇 Shuangjiao	63081	32617	20212	14678	466	1077	422
山坪镇 Shanping	18070	5227	8717	4285	3682	1517	326
河口镇 Hekou	27225	14103	16172	6610	8076	6340	280
岗美镇 Gangmei	50843	27591	24455	19475	2791	5025	451
潭水镇 Tanshui	69435	30603	48357	30487	9731	4398	1726
三甲镇 Sanjia	45248	27331	24799	12752	9364	12047	408
八甲镇 Bajia	65654	32950	30173	19813	8095	8396	417
海陵区 Hailing District							
海陵镇 Hailing	54169	30385				9000	
闸坡镇 Zhapo	32116	19751					490
湛江市 Zhanjiang City							
霞山区 Xiashan District							
海头乡 Haitou	49885	17046	94206	11478	37869	80780	1416
坡头区 Potou District							
南三镇 Nansan	72096	39150	31097	21872	4934	15642	322
坡头镇 Potou	64773	32906	56522	11277	31156	36630	629
乾塘镇 Qiantang	36028	16661	21214	7880	10342	15401	100
龙头镇 Longtou	56726	25885	64902	7882	40517	56922	626
官渡镇 Guandu	47195	26800	49883	10820	29129	31800	450
麻章区 Mazhang District							
太平镇 Taiping	73252	34836	39346	20322	8910	23024	332
麻章镇 Mazhang	74541	33623	154911	18719	107747	161664	1975
湖光镇 Huguang	71732	32552	42141	14516	12037	39432	442
东海区 Donghai District							
东山镇 Dongshan	63443	28030	30772	15933	7568	14425	564
东简镇 Dongjian	45311	20236	25012	11197	5126	13083	657
民安镇 Mingan	51285	21330	22889	11785	3399	7476	216
硇州镇 Naozhou	43918	24462	52126	37774	1796	20080	646
吴川市 Wuchuan City							
浅水镇 Qianshui	32351	15511	43341	5979	22331	42539	215
长歧镇 Changqi	67362	35328	58122	11750	30173	54710	179
覃巴镇 Tanba	67354	36681	61296	9065	38756	56424	390
王村港镇 Wangcungan	24659	12694	22239	4152	15652	15613	198

续表 22 Continued

乡镇名称 Township and Town	总人口 Total Population	总劳动力 Total Labourers	农村社会总产值 Total Output Value of Rural Society	农业总产值 Gross Output Value of Agriculture	工业总产值 Gross Output Value of Industry	乡镇企业总收入 Total Income of Township Enterprises	财政收入 Government Revenue
振文镇 Zhenwen	99689	59724	74814	13829	42665	70985	780
樟铺镇 Zhangpu	45316	25136	24957	10169	4473	16652	102
吴阳镇 Wuyang	85613	40679	45936	12109	11244	40362	580
塘尾镇 Tangwei	35858	16917	60908	6801	35867	63676	159
塘缀镇 Tangdui	80131	38932	85313	9973	59800	73941	836
板桥镇 Banqiao	37144	16557	51042	8900	23654	44350	95
黄坡镇 Huangbo	93369	41141	56023	12485	21468	44558	1007
中山镇 Zhongshan	43780	22320	61740	7881	42740	62049	678
大山江镇 Dashanjiang	20317	10579	34541	3717	27549	32689	550
兰石镇 Lanshi	31304	14434	16715	4428	4303	24029	139
博铺镇 Bopu	13708	6718	61761	5094	53603	64297	624
徐闻县 Xuwen County							
城南乡 Chengnan	39947	17358	28217	17059	2302	12281	181
城北乡 Chengbei	23868	10994	27287	16821	1771	15168	330
五里乡 Wuli	23203	12397	13642	6963	1448	5640	139
龙塘镇 Longtang	53892	23614	28618	18653	2179	10130	461
下桥镇 Xiaqiao	39314	14638	30627	11445	11504	21855	470
曲界镇 Qujie	41716	15222	20605	15163	1438	8493	651
前山镇 Qianshan	38372	13195	24704	16472	1683	14640	280
锦和镇 Jinhe	28334	12646	12002	9180	620	4078	120
下洋镇 Xiayang	27317	10079	12355	7846	1398	6617	219
新寮镇 Xinliao	26237	10676	9088	5991	197	3813	133
迈陈镇 Maichen	51156	20650	22692	15180	1015	18746	358
大黄乡 Dahuang	24997	12361	15669	10912	2129	3921	104
角尾乡 Jiaowei	27101	11137	14424	10739	413	3610	178
西连镇 Xilian	33818	17560	12893	7415	1605	6427	257
外罗镇 Wailuo	9998	4339	11834	6170	2626	6834	71
和安镇 Hean	29154	11683	21712	12808	716	10972	110
海安镇 Haian	22094	7164	15895	6574	374	7866	865
雷州市 Leizhou City							
附城镇 Fucheng	89761	35394	64977	28135	17085	46374	791
白沙镇 Baisha	67216	25591	39687	15207	10748	47275	274
沈塘镇 Shentang	41160	22667	17776	10776	1870	9340	157
客路镇 Kelu	98587	46958	47317	26050	6655	28521	487
杨家镇 Yangjia	60882	22597	19160	13249	1870	9936	243
唐家镇 Tanjia	40450	15798	25024	13502	2495	18635	200
纪家镇 Jijia	80314	30079	48260	29225	8230	18967	270
流沙镇 Liusha	16834	8001	13761	5034	7284	9059	82
企水镇 Qishui	43489	16364	46780	33986	3400	18460	296
南兴镇 Nanxing	83483	38830	45217	21186	11910	24310	258
松竹镇 Songzhu	54073	24482	18522	11988	2876	10674	230
调风镇 Tiaofeng	52523	23493	22605	16873	1012	10610	3480
雷高镇 Leigao	41952	18007	18920	12932	1879	17456	145
东里镇 Dongli	71767	30502	26914	15486	4399	12368	250
龙门镇 Longmen	59404	19305	48671	21180	10470	16721	390
英利镇 Yingli	57724	23334	42050	21767	12572	32419	302
北和镇 Beihe	66574	30600	45556	42056	2026	15958	220
覃斗镇 Tandou	24839	10842	10925	9374	355	1283	130
乌石镇 Wushi	66440	30466	47661	34980	3632	14714	236

续表 23　Continued

乡镇名称 Township and Town	总人口 Total Population	总劳动力 Total Labourers	农村社会总产值 Total Output Value of Rural Society	农业总产值 Gross Output Value of Agriculture	工业总产值 Gross Output Value of Industry	乡镇企业总收入 Total Income of Township Enterprises	财政收入 Government Revenue
遂溪县 Shuixi County							
附城乡 Fucheng	49286	28103	49880	13345	19390	44528	395
城西乡 Chengxi	30220	10947	35866	8706	15886	27160	182
黄略镇 Huanglue	81363	40813	75317	29550	17696	46790	230
洋青镇 Yangqing	40288	22775	35221	10565	11254	15679	188
沙古镇 Shagu	27405	15726	15059	9247	2122	7391	236
界炮镇 Jiepao	53107	31239	19465	12930	3744	5814	45
北潭镇 Beitang	16333	7680	19040	9783	939	8940	
杨柑镇 Yanggan	76186	31876	49940	27900	8104	22819	202
城月镇 Chengyue	85308	48632	30820	18375	5923	10530	290
乌塘镇 Wutang	17317	7146	8979	5793	2027	4583	71
建新镇 Jianxin	20419	10538	12331	8346	1054	5300	60
岭北镇 Lingbei	22936	9380	27658	8181	11024	21767	95
北坡镇 Beipo	45007	20721	32117	20394	2003	11723	185
港门镇 Ganmen	32442	12935	40163	29710	2699	12838	92
草潭镇 Caotan	33006	15296	34480	23070	3192	19336	91
下录镇 Xialu	29925	14340	14387	6380	3398	4464	45
河头镇 Hetou	28974	13842	32025	9526	19304	7754	325
乐民镇 Leming	35635	17794	19367	14083	1211	5600	75
江洪镇 Jianghong	25332	12687	19631	16114	1732	4751	124
廉江市 Lianjiang City							
石城镇 Shicheng	96514	44071	128864	41169	46469	86780	1417
新民镇 Xinming	45368	22395	41203	15947	22518	46160	258
吉水镇 Jishui	61511	30086	38047	17633	9556	18435	192
河唇镇 Hechun	70540	34463	34820	15171	7956	13300	353
石角镇 Shijiao	52907	24406	11752	8615	493	3709	135
良垌镇 Liangtong	52020	24663	52375	30908	3281	35229	248
平坦镇 Pingtan	28223	13927	29644	14560	2885	18769	118
新华镇 Xinhua	23238	10986	17058	7928	4604	14118	105
横山镇 Hengshan	96345	43937	78693	33170	26978	60725	526
安铺镇 Anpu	112301	34290	127327	25071	63258	64972	956
营仔镇 Yingzhai	85249	42291	73612	31614	10583	52122	331
青平镇 Qingping	84726	40569	53076	26949	18492	37264	280
车板镇 Cheban	42196	19038	35964	22308	1902	23682	100
高桥镇 Gaoqiao	27341	13130	23519	7419	3923	20891	130
石岭镇 Shiling	71600	31590	93936	22584	42123	48606	394
龙湾镇 Longwan	28628	14116	23006	8839	6787	21220	107
雅塘镇 Yatang	43574	20258	15851	11487	1376	9915	163
石颈镇 Shijing	43589	21268	23501	11361	6157	22721	166
长山镇 Changshan	58046	29024	26056	8903	7607	16770	156
塘蓬镇 Tanpeng	71580	32543	55236	17656	26600	27833	280
禾寮镇 Heliao	42163	15973	14968	6642	2792	9113	128
茂名市 Maiming City							
茂南区 Maonan District							
金塘镇 Jintang	62597	23803	57823	27449	13601	29834	527
公馆镇 Gongguan	62489	24657	142170	26940	69865	127501	1299
新坡镇 Xinpo	27385	7507	112269	8777	55182	110198	1507
镇盛镇 Zhensheng	50948	15558	29402	13003	4598	26909	479
鳌头镇 Aotou	73238	27832	38618	12587	8947	26720	262
袂花镇 Juehua	40851	18139	45659	16097	6643	34213	238

乡 镇 名 称 Township and Town	总 人 口 Total Population	总劳动力 Total Labourers	农村社会总产值 Total Output Value of Rural Society	农业总产值 Gross Output Value of Agriculture	工业总产值 Gross Output Value of Industry	乡镇企业总收入 Total Income of Township Enterprises	财政收入 Government Revenue
高山镇 Gaoshan	15734	6396	103369	8252	58701	112195	602
山阁镇 Shange	31081	10961	30242	9801	13745	22699	331
信宜市 Xinyi City							
镇隆镇 Zhenlong	53998	27188	98749	27461	29401	53508	533
水口镇 Shuikou	61423	25612	117924	31336	46191	84600	709
北界镇 Beijie	51506	26770	47311	18791	21656	40853	324
高坡镇 Gaopo	24771	12374	51242	12420	20365	36046	304
东镇镇 Dongzhen	202942	49893	217771	43770	120580	166917	2066
丁堡镇 Dingbao	37961	18270	114194	12027	59014	93681	528
池洞镇 Chidong	62259	28064	139064	36197	59014	93681	528
金洞镇 Jindong	34646	18252	54653	14853	37612	44922	190
径口镇 Jingkou	29975	12029	38113	10779	19978	19978	225
朱砂镇 Zhusha	31937	14573	45378	12973	28307	34100	357
安莪镇 Ane	23375	9000	28776	11202	12379	23481	62
旺沙镇 Wangsha	22191	10783	52741	6443	40037	28005	195
贵子镇 Guizi	35345	14808	56864	14449	42415	59731	236
怀乡镇 Huaixiang	69395	30821	124372	31845	82198	66606	444
茶山镇 Chashan	23653	10396	42120	12135	18083	21810	127
洪冠镇 Hongguan	42892	22328	77395	17080	55615	63900	320
白石镇 Baishi	55518	26485	72739	10218	38463	62495	367
大成镇 Dacheng	34385	13393	81494	14309	53759	67581	268
前排镇 Qianpai	53698	23690	52309	13316	30463	43271	419
合水镇 Heshui	39465	15328	94262	16168	75699	68419	212
新堡镇 Xinbao	38036	17678	41169	14022	24855	27197	275
平塘镇 Pingtang	44868	17684	35895	11559	17213	23290	229
高州市 Gaozhou City							
谢鸡镇 Xieji	56667	29220	73081	34722	17706	56320	625
新洞镇 Xindong	65861	30337	90475	26487	45094	77455	680
云潭镇 Yuntan	40701	18890	58117	11357	37097	54040	75
分界镇 Fenjie	41881	23968	81680	16567	29954	90308	100
根子镇 Genzi	63118	33327	86581	34900	14851	42830	530
泗水镇 Sishui	54860	20252	78542	24607	10357	17782	637
石鼓镇 Shigu	67568	27424	111299	24003	67048	88701	615
镇江镇 Zhenjiang	44053	19651	107644	37154	50429	56092	473
祥山镇 Xiangshan	28907	14480	53193	10821	36002	43933	291
沙田镇 Shatian	38396	20147	60025	10179	45405	38784	261
南塘镇 Nantang	46816	20417	78415	23234	40502	50727	598
荷花镇 Hehua	43734	20777	86640	19055	53944	68230	531
石板镇 Shiban	37974	15013	50711	15895	28046	39235	255
东岸镇 Dongan	57794	25221	105083	26761	49442	59203	524
大潮镇 Dachao	17412	7447	16651	3515	6694	9486	176
大井镇 Dajing	46676	23005	60915	18273	22446	41987	198
潭头镇 Tantou	37683	22466	47246	9458	30090	25088	485
长坡镇 Changpo	56508	26380	99863	23290	57134	100271	2010
石龙镇 Shilong	18261	7819	13647	4413	4295	10894	398
大坡镇 Dapo	63449	26894	34637	11009	11653	4579	268
平山镇 Pingshan	34134	16031	38572	13217	20887	23741	82
深镇镇 Shenzhen	25748	10934	20424	6561	8605	13025	95
马贵镇 Magui	33015	16322	31885	9350	12091	26001	405

乡 镇 名 称 Township and Town	总人口 Total Population	总劳动力 Total Labourers	农村社会总产值 Total Output Value of Rural Society	农业总产值 Gross Output Value of Agriculture	工业总产值 Gross Output Value of Industry	乡镇企业总收入 Total Income of Township Enterprises	财政收入 Government Revenue
古丁镇 Guding	32102	15168	26983	9858	8560	19776	247
曹江镇 Caojiang	62092	29936	97414	31233	50016	75914	95
顿梭镇 Dunsuo	39485	16190	41431	13432	22329	24523	298
荷塘镇 Hetang	29855	15757	18931	8978	2589	7566	527
电白县 Dianbai County							
马踏镇 Mata	60629	31038	54506	17113	28384	40620	380
岭门镇 Lingmen	60759	25750	70251	21842	43924	49516	375
爵山镇 Jieshan	42239	18439	68446	16346	33287	52449	227
电城镇 Diancheng	74516	31702	95815	18129	63893	80804	1642
树仔镇 Shuzai	44824	21062	79305	17339	47066	64830	757
龙山镇 Longshan	32917	15405	54805	20591	25890	37143	50
麻岗镇 Magang	54845	28321	66947	14148	43510	53142	799
旦场镇 Danchang	56598	27103	81150	22518	42514	23794	274
陈村镇 Chencun	41780	20113	105475	28495	61715	78258	1672
沙院镇 Shayuan	40036	21305	92228	8472	64367	89404	471
小良镇 Xiaoliang	51025	23693	48382	9537	26131	39207	182
七径镇 Qijing	72648	32742	91500	21087	46149	72119	1127
坡心镇 Poxin	74092	37638	78090	18131	47293	62483	230
羊角镇 Yangjiao	116741	42626	143791	24707	79481	129207	495
林头镇 Lintou	76969	34146	84145	25781	48771	20100	420
大衙镇 Daya	31059	14950	47496	10446	28320	40849	288
霞洞镇 Xiadong	82503	40967	76633	22352	47607	54587	580
观珠镇 Guanzhu	78138	42620	80924	20613	32369	56190	369
沙琅镇 Shalan	66620	28558	81112	23837	46049	63812	518
黄岭镇 Huangling	38230	16934	44739	11359	30590	4053	245
望夫镇 Wanfu	31781	21208	45562	15440	18300	38000	308
罗坑镇 Luokeng	30326	15385	50220	6184	23115	48478	190
那霍镇 Nahuo	54089	24425	44986	11889	28175	40688	190
博贺镇 Bohe	26454	15050	93191	54170	28407	38514	1100
水东镇 Shuidong	93145	5316	99368	988	86398	98981	2800
化州市 Huazhou City							
长岐镇 Changqi	46391	16735	100176	10216	62847	97554	363
同庆镇 Tongqing	54671	19652	179959	15085	139244	163945	478
杨梅镇 Yangmei	64787	24206	63631	30079	27491	45165	275
良光镇 Liangguang	57829	19718	43953	16970	18114	54076	444
笪桥镇 Danqiao	38514	13425	33377	17613	7650	23900	531
南盛镇 Nansheng	29755	10735	58409	10691	38310	54798	385
丽岗镇 Ligang	43266	17689	37683	11990	6880	26004	285
新安镇 Xinan	50829	18182	43168	20744	6689	25078	295
官桥镇 Guanqiao	42578	14863	28710	15586	5483	18800	252
林尘镇 Lincheng	60797	24060	55410	19468	12600	42600	340
中垌镇 Zhongtong	64960	26600	70171	37013	17400	27743	463
合江镇 Hejiang	82118	28582	85798	36524	24606	54336	493
那务镇 Nawu	73801	31497	91836	31187	51001	75509	517
播扬镇 Boyang	43944	12925	25583	14336	8538	15235	221
宝圩镇 Baoyu	21707	7071	16858	8334	2787	10771	129
平定镇 Pingding	83478	28426	75277	20232	23347	57800	515
文楼镇 Wenlou	60602	21499	81188	17193	57000	70600	293
江湖镇 Jianghu	22629	9208	19322	8054	8352	22658	76
兰山镇 Lanshan	22728	9037	12526	6392	450	6648	90

续表 26 Continued

乡镇名称 Township and Town	总人口 Total Population	总劳动力 Total Labourers	农村社会总产值 Total Output Value of Rural Society	农业总产值 Gross Output Value of Agriculture	工业总产值 Gross Output Value of Industry	乡镇企业总收入 Total Income of Township Enterprises	财政收入 Government Revenue
东山区 Dongshan	23496	9550	96411	5725	56915	102274	1050
下郭区 Xiaguo	26820	10401	77271	7499	39630	79190	267
河西区 Hexi	22656	9764	20617	6012	1900	3600	420
开发区 Development Zone	24062	8310	37793	4844	26845	32464	494
石湾区 Shiwan	37259	14300	23102	10099	7400	13823	120
肇庆市 Zhaoqing City							
端州区 Duanzhou District							
黄岗镇 Huanggang	31585	12475	288981	9191	235320	143212	
睦岗镇 Wangang	26111	9977	130840	6308	104739	66150	
鼎湖区 Dinghu District							
广利镇 Guangli	27672	13850	65320	10410	42750	54910	380
沙浦镇 Shapu	21656	10978	43891	13561	26120	22806	126
永安镇 Yongan	21733	12333	50076	15939	26886	26700	190
坑口镇 Kengkou	5514	3840	30067	2400	19600	12971	179
凤凰镇 Fenghuang	9868	4882	21419	7059	11390	6818	115
桂城镇 Guicheng	8857	5274	40043	6359	22766	12712	228
莲花镇 Lianhua	26154	12060	60101	11575	28140	43244	334
贝水镇 Beishui	8336	4465	16566	6305	894	3700	90
高要市 Gaoyao City							
河台镇 Hetai	36545	21870	51309	11738	28617	34809	269
乐城镇 Lecheng	27095	13800	37305	12443	22562	23530	84
水南镇 Shuinan	14347	7300	25817	8530	15767	16972	61
禄步镇 Lubu	69136	35565	137743	30322	75470	81614	651
笋围镇 Shunwei	12712	7145	27806	8823	17693	17926	136
小湘镇 Xiaoxiang	18374	10523	43791	9216	17985	19785	406
大湾镇 Dawan	12025	7936	98265	17896	64902	75442	255
新桥镇 Xinqiao	22138	19366	171958	13270	102587	94304	579
白诸镇 Baizhu	36374	21089	67223	23051	32706	41062	557
莲塘镇 Liantang	51656	28843	126060	36047	76846	99628	276
活道镇 Huodao	43587	23921	54503	23013	24922	38864	180
蛟塘镇 Jiaotang	28119	17213	71979	19290	23800	25991	182
回龙镇 Huilong	24940	13320	76137	24819	36092	40900	222
白土镇 Baitu	70337	34652	186945	42049	118034	134902	1103
金渡镇 Jindu	11320	5980	178453	24775	120209	125078	449
金利镇 Jinli	62060	32117	206949	37640	142249	134345	1378
蚬岗镇 Xiangang	28815	17903	63305	29790	20752	27034	181
南岸镇 Nanan	129816	31585	156575	1051	144374	149783	3250
马安镇 Maan	6833	3621	41791	9920	28341	32699	187
广宁县 Guangling County							
排沙镇 Paisha	32132	17066	24812	10326	12866	8814	465
石涧镇 Shijian	13619	6677	17113	4039	9746	7450	128
潭布镇 Tanbu	34546	16593	27343	8766	13487	22857	120
江屯镇 Jiangdun	34102	16550	17467	7815	9652	8900	125
联和镇 Lianhe	22999	15500	21112	6202	7175	5320	248
螺岗镇 Luogang	13302	6956	12097	4447	2926	4724	110
北市镇 Beishi	18514	10551	11287	4758	5252	6279	135
坑口镇 Kengkou	29925	14831	18130	7652	9425	19295	232
赤坑镇 Chikeng	22059	11422	25407	5439	19172	13258	165
南街镇 Nanjie	112696	30188	49786	15550	32155	58850	175
宾坑镇 Bingkeng	35429	18113	28713	12530	8777	14155	336
五和镇 Wuhe	20599	11046	20278	7126	4212	11810	224

续表 27 Continued

乡镇名称 Township and Town	总人口 Total Population	总劳动力 Total Labourers	农村社会总产值 Total Output Value of Rural Society	农业总产值 Gross Output Value of Agriculture	工业总产值 Gross Output Value of Industry	乡镇企业总收入 Total Income of Township Enterprises	财政收入 Government Revenue
横山镇 Hengshan	41175	20149	44561	9277	29102	24241	440
木格镇 Muge	19242	7830	17719	4554	8318	6354	160
石咀镇 Shizhui	15048	8965	9948	4648	4410	2982	145
古水镇 Gushui	43277	25000	58879	14860	44017	25718	302
洲仔镇 Zhouzai	16614	7930	29828	5722	20971	22891	175
清桂镇 Qinggui	2651	1350	4011	1001	360	3872	25
葵洞镇 Kuidong	1919	1106	5562	1106	60	4586	10
深坑镇 Shenkeng	779	393	1020	405	615	500	23
四会市 Sihui City							
龙甫镇 Longpu	15004	6934	43424	13420	27543	15806	176
地豆镇 Didou	27922	12025	66350	13240	46146	20189	184
威整镇 Weizheng	16088	7000	28322	2428	24444	19818	209
罗源镇 Luoyuan	8988	4227	23111	6723	14053	15058	231
迳口镇 Jingkou	19662	8183	56769	16939	37947	18154	172
大沙镇 Dasha	28155	8700	137592	27707	82672	114280	1491
新江镇 Xinjiang	8625	1862	44012	18235	14957	6692	85
石狗镇 Shigou	25177	14728	22855	7431	12145	10593	316
黄田镇 Huangtian	14920	9143	29510	11337	14657	10560	148
邓村镇 Dengcun	12287	6233	33832	7430	21097	6328	115
江谷镇 Jianggu	34042	14411	59562	11006	42408	25648	370
江林镇 Jianglin	6273	3302	9467	3078	5139	2653	42
龙湾镇 Longwan	15592	6732	31770	17714	12286	6696	150
下茆镇 Xiamao	15491	6964	48191	17960	26715	29607	254
城中镇 Chengzhong	12473	5185	34989	13540	16771	20318	1070
东城镇 Dongcheng	10684	4727	44913	8941	31164	21719	841
贞山镇 Zhenshan	11393	4900	20696	7261	11670	5625	226
德庆县 Deqing County							
德城镇 Decheng	50268	2648	78950	3605	57817	87529	350
新圩镇 Xinyu	19863	8643	56702	10284	26243	21582	150
回龙镇 Huilong	20321	9037	22241	7423	14818	14344	151
官圩镇 Guanyu	23867	9668	49071	11795	22283	20833	201
沙旁镇 Shapang	7433	3435	15392	4428	5975	4481	68
马圩镇 Mayu	20236	8485	35977	11846	8194	2500	121
高良镇 Gaoliang	29989	11860	73636	16445	36054	59829	250
莫村镇 Mocun	18746	8763	24726	5644	13739	17396	145
古有镇 Guyou	8934	3698	16589	2557	8526	10201	68
永丰镇 Yongfeng	20628	8945	40364	10284	25480	8288	163
播植镇 Bozhi	16509	5806	18081	5579	12502	18100	87
武垄镇 Wulong	16442	6198	26870	12375	11152	16215	153
凤村镇 Fengcun	28651	11800	25552	9217	12297	22281	175
悦城镇 Yuecheng	31811	13478	49797	9058	26558	29187	195
九市镇 Jiushi	29148	14869	52491	14403	19404	8098	211
封开县 Fengkai County							
江口镇 Jiangkou	50304	4621	16144	1301	14843	20656	334
封川镇 Fengchuan	15419	7885	27367	7534	15866	12918	290
江川镇 Jiangchuan	11150	6793	10198	4955	4643	1507	120
白垢镇 Baigou	13668	7260	16663	7136	8535	7795	101
大洲镇 Dazhou	16124	9075	16044	5678	8856	4410	86
渔涝镇 Yulao	18697	11014	41703	9190	32121	6832	370
七星镇 Qixing	4932	2500	15257	6047	8535	6525	135

乡镇名称 Township and Town	总人口 Total Population	总劳动力 Total Labourers	农村社会总产值 Total Output Value of Rural Society	农业总产值 Gross Output Value of Agriculture	工业总产值 Gross Output Value of Industry	乡镇企业总收入 Total Income of Township Enterprises	财政收入 Government Revenue
莲都镇 Liandu	24542	14827	22466	10655	7346	6359	260
杏花镇 Xinghua	29924	16539	28924	17804	10105	16993	160
罗董镇 Luodong	21674	12300	32497	15634	15260	4440	200
长岗镇 Changgang	20380	8431	19081	11166	7293	5057	110
平凤镇 Pingfeng	17615	9464	22281	12495	8575	8514	93
南丰镇 Nanfeng	61476	33820	46543	18598	26908	39908	330
渡头镇 Dutou	19168	9895	16538	7802	8277	10236	123
大玉口镇 Dayukou	15211	7884	16120	6909	8700	6851	80
都平镇 Duping	11810	6400	13692	5042	7865	5863	110
金装镇 Jinzhuang	35959	19345	34385	12742	17872	16113	165
长安镇 Changan	33270	19441	28279	13269	11653	10528	250
河儿口镇 Heerkou	14895	10478	22419	8919	12287	11565	195
怀集县 Huaiji County							
怀城镇 Huaicheng	124170	41530	83165	26925	40076	38072	738
闸岗镇 Zhagang	15966	8127	11998	6913	3823	2884	34
坳仔镇 Aozai	36169	16745	33508	9797	21640	18633	101
汶朗镇 Wenlan	17137	8262	14756	7593	5419	10560	32
甘洒镇 Gansa	25182	12138	18863	6498	7094	9347	59
凤岗镇 Fenggang	34858	18302	32095	13109	15523	13933	93
洽水镇 Qiashui	26968	13002	35466	12824	12927	14431	214
梁村镇 Liancun	70604	28378	51050	28084	13449	18145	88
大岗镇 Dagang	65901	29057	38989	17466	13133	9941	50
岗坪镇 Gangping	34053	16722	32953	16562	9382	9868	173
冷坑镇 Lengkeng	99032	53710	85519	33549	25446	30210	116
马宁镇 Maling	42318	24360	32942	19052	11935	5559	296
蓝钟镇 Lanzhong	18996	11292	19751	9071	9298	5643	72
永固镇 Yonggu	36275	13220	24577	10518	8545	11735	68
诗洞镇 Shidong	55673	19965	25557	13341	9557	7646	53
桥头镇 Qiaotou	46606	23043	34312	14110	16427	12795	95
中洲镇 Zhongzhou	29806	14578	21455	10752	7804	11138	147
泰来镇 Tailai	10954	5009	14720	4121	9964	6631	40
下帅镇 Xiashuai	9487	4470	6331	3913	1395	1632	36
连麦镇 Lianmai	33283	14703	34628	11663	21821	15478	55
大坑山镇 Dakengshan	6849	3180	8377	2307	4286	5089	44
清远市 Qingyuan City							
清城区 Qingcheng District							
附城镇 Fucheng	38159	16809	21052	11932	3910	5173	1078
洲心镇 Zhouxin	43940	19714	23061	11818	2024	11370	1182
横荷镇 Henghe	55757	26120	36247	17690	5515	13440	1514
源潭镇 Yuantan	72815	32387	40045	16578	11596	21176	1413
高桥镇 Gaoqiao	16903	8754	11289	3758	3457	5950	518
龙塘镇 Longtang	55960	28109	30252	14727	9202	13720	1377
石角镇 Shijiao	65558	34602	66743	30298	31003	31346	1560
飞来峡区 Feiliaxia District							
升平镇 Shengping	23398	11373	17014	8477	2765	12800	390
水边镇 Shuibiang	17319	7460	5176	3576	136	932	132
黎溪镇 Lixi	31681	15795	16179	12074	850	120	186
连江口镇 Lianjiangkou	33942	17738	16145	12079	72	228	46

续表 29 Continued

乡镇名称 Township and Town	总人口 Total Population	总劳动力 Total Labourers	农村社会总产值 Total Output Value of Rural Society	农业总产值 Gross Output Value of Agriculture	工业总产值 Gross Output Value of Industry	乡镇企业总收入 Total Income of Township Enterprises	财政收入 Government Revenue
英德市 Yingde City							
下太镇 Xiatai	10170	4761	4241	2479	1340	1660	83
大洞镇 Dadong	16392	6821	7750	6420	290	42	108
西牛镇 Xiniu	37524	15645	28419	12007	8361	7196	225
沙坝镇 Shaba	10879	4532	5937	3603	394	1562	137
九龙镇 Jiulong	54133	24250	19550	10555	5204	3565	389
明迳镇 Mingjing	33365	12807	8810	6120	165	450	163
岩背镇 Yanbei	8079	3627	3300	2627	85	368	115
石灰铺镇 Shihuipu	37039	17893	19561	12281	4300	5835	659
含光镇 Hangguang	46445	20858	48148	21539	19990	6111	346
张陂镇 Zhangbei	18283	9324	8069	6652	360	287	181
大湾镇 Dawan	56314	23667	17925	11515	3126	1422	258
青坑镇 Qingkeng	16574	8160	4688	3580	291	537	42
波罗镇 Boluo	14693	6682	5149	4485	380	380	48
石牯塘镇 Shigutang	32249	14657	15992	11928	2548	700	131
横石塘镇 Hengshitang	22955	10314	8951	7386	530	2400	325
云岭镇 Yunling	15645	6932	6165	4825	251	154	100
沙口镇 Shakou	40514	15593	27881	9379	14600	12910	454
望埠镇 Wanbu	42780	21548	25033	12075	5860	2513	623
大镇镇 Dazhen	36683	16334	27724	10015	12604	12385	244
黄陂镇 Huangbei	13241	6200	6930	6307	194	30	159
横石水镇 Hengshshui	26469	13614	13421	10940	475	474	281
桥头镇 Qiaotou	29688	12556	18090	11760	3385	5696	379
青塘镇 Qingtang	27079	11213	13720	7120	4600	1030	191
鱼湾镇 Yuwan	26092	12386	11782	8793	1187	3520	354
白沙镇 Baisha	30434	11472	11109	8444	1497	470	824
大站镇 Dazhan	30876	11289	15713	4803	546	1413	236
黄岗镇 Huanggang	9562	4179	2696	1962	175	26	51
英城镇 Yingcheng	32212	11420	48901	8308	25400	25400	1763
佛岗县 Fogang County							
高岗镇 Gaogang	27279	11901	6876	4631	941	2095	59
烟岭镇 Yanling	14264	5697	4250	3110	109	579	113
迳头镇 Jingtou	15323	5639	3604	2218	608	1798	110
水头镇 Shuitou	28271	14117	12013	3872	7012	9628	787
三八镇 Sanba	15145	5561	4609	3785	309	494	103
石角镇 Shijiao	63755	11060	10787	4847	3700	7659	830
龙南镇 Longnan	16554	8442	5709	3519	1671	1778	78
汤塘镇 Tangkeng	45315	19622	12560	7355	3000	6117	472
四九镇 Sijiu	20554	10471	6045	3810	1185	1871	72
龙山镇 Longshan	28755	11861	7903	4847	1386	2650	144
民安镇 Mingan	14890	7086	4712	2726	452	2328	144
黄花镇 Huanghua	6370	2938	1777	842	681	1226	71
连山县 Lianshan County							
永和镇 Yonghe	13480	7021	4950	3422	717	1760	137
大富镇 Dafu	5042	2710	1913	1616	75	624	26
上草乡 Shangcao	5309	2350	1525	1232	94	70	47
三水乡 Sanshui	3439	1024	732	673	15	324	70
吉田镇 Jitian	24249	4689	3999	2145	666	70	112
太保镇 Taibao	13168	6504	3521	2888	124	470	124
禾洞乡 Hedong	7784	3880	1945	1416	56	80	29

续表 30 Continued

乡 镇 名 称 Township and Town	总人口 Total Population	总劳动力 Total Labourers	农村社会总产值 Total Output Value of Rural Society	农业总产值 Gross Output Value of Agriculture	工业总产值 Gross Output Value of Industry	乡镇企业总收入 Total Income of Township Enterprises	财政收入 Government Revenue
永丰乡 Yongfeng	6623	3645	2433	2112	99	161	24
福堂镇 Futang	10721	4770	3853	3211	255	337	64
小三江镇 Xiaosanjiang	9246	4300	2312	1750	232	208	42
加田乡 Jiatian	7210	3241	1938	1367	462	796	29
上帅乡 Shanshuai	4638	3446	1024	900	60	324	35
连南县 Liannan County							
大麦山镇 Damaishan	14588	6485	2057	1889	160	175	56
山联乡 Shanlian	1202	504	307	271	36	39	38
寨南乡 Zhainan	9290	3589	1726	1686	40	562	189
寨岗镇 Zhaigang	34977	11769	8056	7889	100	1270	455
南岗乡 Nangang	12317	6363	1891	1806	80	300	75
三排乡 Sanpai	8667	4732	1663	1344	300	77	89
三江镇 Sanjiang	32417	6223	3676	3612	26	900	122
金坑乡 Jinkeng	7738	2971	958	951	7	110	65
涡水乡 Woshui	6817	3575	1253	1083		160	60
大坪乡 Daping	10831	5618	1891	1691	50	160	60
香坪乡 Xiangping	5344	2906	935	899	30	470	29
盘石乡 Panshi	4422	2373	1439	1187	148	117	31
连州市 Lianzhou City							
山塘镇 Shantang	20730	9014	4744	3797	237	741	323
大路边镇 Dalubiang	31500	14588	11579	7455	1837	4195	495
潭岭镇 Tanling	4028	1609	1184	650	301	385	257
星子镇 Xingzi	43266	18145	22857	11517	4490	13479	183
清江镇 Qingjiang	15300	6053	5285	3374	499	2077	29
麻步镇 Mabu	11235	4506	4496	2928	822	1633	120
龙坪镇 Longping	20669	8970	17605	6542	7169	11916	319
朝天镇 Chaotian	10192	5230	3643	2062	751	1482	66
西江镇 Xijiang	10328	4480	5792	2380	2322	3338	24
高山镇 Gaoshan	4396	1766	1686	1396	43	126	53
龙潭镇 Longtan	7735	2828	3238	2296	415	477	24
九陂镇 Jiubei	24634	12693	11313	7019	2014	3948	225
连州镇 Lianzhou	113609	21353	56036	14175	26945	56886	851
附城镇 Fucheng	21500	10749	11556	4559	4969	7112	78
东陂镇 Dongbei	30286	13243	10121	5508	1726	4408	89
西岸镇 Xian	38056	15594	10220	5919	1893	4788	109
清水镇 Qingshui	10471	5288	6958	4705	1066	1720	200
保安镇 Baoan	33935	14922	11658	7111	2862	4385	654
瑶安乡 Yaoan	12061	5218	2863	1753	966	1408	69
丰阳镇 Fengyang	16735	7761	6330	4437	862	568	362
朱岗镇 Zhugang	12181	4933	3024	2492	178	559	120
三水乡 Sanshui	3690	1641	934	654	60	112	135
阳山县 Yangshan County							
清莲镇 Qinglian	26727	10505	8237	4343	2127	3501	108
江英乡 Jiangying	37204	14716	11614	9961	1166	1231	44
高峰镇 Gaofeng	11623	5068	3159	2491	308	447	12
水口镇 Shuikou	22931	9629	7847	6327	684	962	35
杜步乡 Dubu	19849	9173	8957	7082	921	1335	33
东山乡 Dongshan	6350	2538	1384	855	53	303	3
七拱镇 Qigong	36517	17046	21211	11858	5598	8409	97
新圩乡 Xinyu	27227	12083	12016	9150	1786	2359	62
太平镇 Taiping	32363	16282	10615	7660	1521	2122	78

续表 31　Continued

乡镇名称 Township and Town	总人口 Total Population	总劳动力 Total Labourers	农村社会总产值 Total Output Value of Rural Society	农业总产值 Gross Output Value of Agriculture	工业总产值 Gross Output Value of Industry	乡镇企业总收入 Total Income of Township Enterprises	财政收入 Government Revenue
杨梅乡 Yangmei	6106	2621	2863	1923	428	710	72
白莲乡 Bailiang	6433	2481	2244	1258	635	754	17
大莨乡 Daliang	6433	2481	4307	3358	309	475	25
小江镇 Xiaojiang	27103	13563	12445	8227	2129	4314	50
石螺镇 Shiluo	11611	4897	4929	2685	973	1802	341
岭背镇 Lingbei	17590	8163	6599	4635	1003	1918	40
犁头乡 Litou	20175	7838	4500	3266	378	624	44
黄坌乡 Huangben	15067	6510	6676	3853	878	1111	46
秤架镇 Chengjia	16252	6667	6784	4148	1857	2355	75
黎埠镇 Libu	26187	10263	12248	8080	1981	3530	77
龙埠镇 Longbu	17766	7070	5770	4471	814	962	36
凤埠镇 Fengbu	21290	7621	8603	5900	1426	2621	50
阳城镇 Yangcheng	41074	14163	22805	10307	5326	12655	403
清新县 Qingxin County							
江口镇 Jiangkou	25164	11911	14634	6441	5802	8458	524
高田镇 Gaotian	22448	11817	11804	8533	2410	2788	263
太和镇 Taihe	29272	14373	19989	3220	9813	13000	648
回澜镇 Huilan	29372	18259	18447	12009	2768	6178	
太平镇 Taiping	51198	25999	32369	16774	7393	11669	454
山塘镇 Shantang	45201	23812	44613	22074	8868	19993	
三坑镇 Sankeng	45225	25189	23334	15819	2991	9763	355
秦皇镇 Qinhuang	6773	3345	2151	1276	675	880	252
珠坑镇 Zhukeng	12272	6450	5339	2932	1213	1337	
石马镇 Shima	21332	9073	6312	3416	1656	2951	105
南冲镇 Nanchong	23720	11818	6320	4026	1368	120	270
石坎镇 Shikan	25564	10977	9921	4237	5453	4587	
龙颈镇 Longjing	23827	12039	8156	5089	1491	2786	277
禾云镇 Heyun	21182	9405	11140	4296	5868	5401	335
鱼坝镇 Yuba	25486	13402	7022	3811	427	1861	121
新洲镇 Xinzhou	26325	9550	7937	3876	3086	2832	170
沙河镇 Shahe	32005	16819	11408	6504	1404	1400	200
浸潭镇 Jintan	67310	32723	22825	10680	6099	10436	366
石潭镇 Shitan	57127	24947	24290	11573	9413	11880	595
桃源镇 Taoyuan	25054	10920	6029	3781	1052	1946	411
白湾镇 Baiwan	10776	6220	2327	1680	122	760	33
潮州市 Chaozhou City							
湘桥区 Xiangqiao District							
桥东街道办 Qiaodong District	34546	6027	99355	4250	31051	99355	378
城西街道办 Chengxi District	42863	9830	166109	2399	89636	224297	979
凤新街道办 Fengxin District	32611	15367	115338	2973	90685	127823	496
意溪镇 Yixi	44787	14522	40589	10044	28698	54708	403
饶平县 Raoping County							
上善镇 Shangshan	12279	5802	3571	3571			
上饶镇 Shangrao	41349	14922	23652	5853	13045	20335	502
饶洋镇 Raoyang	58063	23839	6927	6927			571
新丰镇 Xinfeng	44792	15489	46192	7054	31968	39138	1150
九村镇 Jiucun	14216	7436	9378	665	8713	2000	132
建饶镇 Jianrao	13341	4947	11985	6350	5624	4459	115
三饶镇 Sanrao	50799	20104	76825	9012	58816	55530	982
新塘镇 Xintang	10043	7529	4326	4326			

续表 32 Continued

乡 镇 名 称 Township and Town	总人口 Total Population	总劳动力 Total Labourers	农村社会总产值 Total Output Value of Rural Society	农业总产值 Gross Output Value of Agriculture	工业总产值 Gross Output Value of Industry	乡镇企业总收入 Total Income of Township Enterprises	财政收入 Government Revenue
汤溪镇 Tangxi	11112	4975	6923	4262	1686	2100	330
浮溪镇 Fuxi	17081	9849	18542	9057	9485	10385	260
坪溪镇 Pingxi	5654	3003	3170	2113	1057	370	228
浮山镇 Fushan	30212	15371	22216	10275	10805	12030	766
东山镇 Dongshan	19058	12005	10017	7885	2132	2132	274
新圩镇 Xinyu	25316	12806	21058	15815	5140	5243	
渔村镇 Yucun	7506	4307	13885	2632	10821	12000	131
樟溪镇 Zhangxi	17936	9126	26861	12825	12143	14854	560
高堂镇 Gaotang	20038	9443	6000	3522	2100	15700	365
钱东镇 Qiandong	83683	44449	139225	40847	86768	110105	1587
联饶镇 Lianrao	33617	18737	30903	22523	7230	8390	724
黄冈镇 Huanggang	172599	41658	342557	54989	267755	242624	4016
所城镇 Suocheng	40414	10850	12255	8446	671	3076	650
大埕镇 Dacheng	30391	15271	17724	9237	7392	8100	60
柘林镇 Tuolin	16657	8636	19180	11166	5134	11495	470
井洲镇 Jingzhou	53623	27171	91415	31725	59690	51080	
海山镇 Haishan	72231	35064	83335	44075	9088	2752	585
潮安县 Chaoan County							
古巷镇 Guxian	60069	26209	139545	13287	83180	136370	504
登塘镇 Dengtang	26702	11593	16880	5441	11230	28780	312
田东镇 Tiandong	8101	3930	6388	2475	3590	6200	189
龙湖镇 Longhu	90121	43488	128364	29230	76678	130170	1268
浮洋镇 Fuyang	51920	22018	86675	16151	65354	90910	579
凤塘镇 Fengtang	74731	32504	93237	28597	60302	103001	648
东凤镇 Dongfeng	81219	39412	121573	16071	84430	130030	723
彩塘镇 Caitang	94549	33691	154413	17213	109592	20100	1517
庵埠镇 Anbu	120651	60325	335024	15393	233000	340135	4008
金石镇 Jinshi	58704	25435	79555	13684	61340	87380	614
沙溪镇 Shaxi	51002	22063	69299	15743	45383	76032	453
江东镇 Jiangdong	67572	31710	84171	21739	52996	87600	625
磷溪镇 Linxi	73826	35620	84422	29230	28940	77794	770
铁铺镇 Tiepu	37159	19169	59865	19015	13837	41750	255
官塘镇 Guantang	30837	15287	74437	14958	33920	65124	365
文祠镇 Wenci	17998	7521	20520	8742	10701	30240	327
归湖镇 Guihu	25251	10535	47068	22242	20803	37760	425
凤南镇 Fengnan	5993	2144	4482	1790	2218	3235	198
赤凤镇 Chifeng	13242	5625	14031	5593	3779	8650	334
凤凰镇 Fenghuang	32277	11490	27781	8632	3595	38120	606
大山镇 Dashan	5642	2550	5166	1915	1309	2731	206
枫溪镇 Fengxi	102220	59200	339010	14149	277953	400123	1862
揭阳市 Jieyang City							
榕城区 Rongcheng District							
渔湖镇 Yuhu	100421	52127	211215	27765	173969	189538	3638
仙桥镇 Xianqiao	95322	45489	174847	18604	147342	149758	1864
梅云镇 Meiyun	55499	25944	124190	8634	113497	90492	974
磐东镇 Pandong	57428	27044	218667	10401	205316	220000	1374

续表 33 Continued

乡镇名称 Township and Town	总人口 Total Population	总劳动力 Total Labourers	农村社会总产值 Total Output Value of Rural Society	农业总产值 Gross Output Value of Agriculture	工业总产值 Gross Output Value of Industry	乡镇企业总收入 Total Income of Township Enterprises	财政收入 Government Revenue
揭东县 Jiedong County							
曲溪镇 Quxi	92341	34989	165327	15908	136328	144914	752
云路镇 Yunlu	74607	38060	99884	25717	69087	66482	566
玉窖镇 Yujiao	51639	26558	51716	13470	36317	35953	404
登岗镇 Denggang	69493	36050	87577	23267	63235	64468	483
炮台镇 Paotai	115040	61493	238588	19804	204677	202818	1295
地都镇 Didu	92119	46582	105102	24077	73932	71669	911
霖磐镇 Linpan	66467	34220	163250	17460	135729	138478	538
月城镇 Yuecheng	44174	18552	109612	8971	98686	82620	411
白塔镇 Baita	82606	56007	151713	23325	124926	113791	694
龙尾镇 Longwei	32083	16281	60486	12800	47429	42300	276
桂岭镇 Guiling	57997	29193	83722	17588	62359	59364	432
锡场镇 Xichang	97239	46471					
新亨镇 Xinheng	100988	41362	142455	19615	116067	110879	574
玉湖镇 Yuhu	95146	47500	113245	29586	76594	92248	585
埔田镇 Putian	56258	27203					
惠来县 Huilai County							
惠城镇 Huicheng	110154	14527	121594	9764	97200	123602	560
华湖镇 Huahu	51564	17867	41409	16539	8340	13730	703
仙庵镇 Xianan	68659	28638	33695	19120	11560	12680	210
靖海镇 Jinhai	64143	22716	48714	20169	27500	33971	457
周田镇 Zhoutian	63537	20682	32854	22045	9961	12124	555
前詹镇 Qiandan	44963	17399	23570	17023	6282	5192	129
神泉镇 Shenquan	70209	22825	91596	40669	48659	50496	813
东陇镇 Donglong	68359	27814	34573	23044	11094	11519	683
歧石镇 Qishi	49733	18965	16921	9785	3942	3619	130
隆江镇 Longjiang	107487	36266	111828	28979	79459	67346	1018
溪西镇 Xixi	48838	18551	32973	17754	14409	13705	279
鳌江镇 Aojiang	43308	14770	25082	18553	5800	7105	84
东港镇 Donggan	27344	11512	19118	9427	5154	9691	313
葵潭镇 Kuitan	75132	30288	94497	17416	75646	55853	750
南海乡 Nanhai	13645	5400	5424	4752	672	626	261
青山乡 Qingshan	9644	4480	8870	7695	1175	999	79
河林乡 Helin	16683	8352	15484	9290	4512	4359	66
普宁市 Puning City							
流沙镇 Liusha	282021	56518	347000	17608	286666	175128	5842
赤岗镇 Chigang	42883	16595	39379	8979	30400	30400	402
大坝镇 Daba	76597	33377	80237	13232	38117	39525	897
洪阳镇 Hongyang	120701	59160	224005	19149	204856	177825	2301
南溪镇 Nanxi	90294	36839	87240	15053	72187	61227	1203
广太镇 Guangtai	43044	18581	41468	6952	32556	26082	765
麒麟镇 Qilin	78911	39906	57273	14720	38874	39445	1063
南径镇 Nanjing	95570	31898	75835	20135	55700	62012	13571
占陇镇 Zhanlong	122064	68145	239321	14168	85687	209296	2810
军埠镇 Junbu	75532	37159	163855	855	163000	157605	1791
下架山镇 Xiajiashan	66721	30348	106502	9596	89961	100001	1298
大南山镇 Dananshan	24747	10730	37637	5237	25500	28200	442
高埔镇 Gaobu	42717	20076	36887	6852	30035	28156	629
云落镇 Yunluo	42092	19406	47878	7418	38120	28000	934
大坪镇 Daping	21080	7930	19040	3876	13966	11581	717

续表 34 Continued

乡镇名称 Township and Town	总人口 Total Population	总劳动力 Total Labourers	农村社会总产值 Total Output Value of Rural Society	农业总产值 Gross Output Value of Agriculture	工业总产值 Gross Output Value of Industry	乡镇企业总收入 Total Income of Township Enterprises	财政收入 Government Revenue
船埔镇 Chuanbu	30618	9952	29308	8208	21100	7143	610
梅林镇 Meilin	32970	12345	13830	3791	9910	9130	674
池尾镇 Chiwei	51029	21094	148993	3782	134700	130000	2156
里湖镇 Lihu	66617	25731	183755	16234	165368	138280	2090
石牌镇 Shipai	14027	6085	33046	3148	26750	23120	753
梅塘镇 Meitang	100542	37080	100076	16164	80610	79500	1698
燎原镇 Liaoyuan	58672	24168	75757	7163	66576	59965	1298
后溪乡 Houxi	9630	4134	3497	2496	121	1001	222
南阳乡 Nanyang	17155	6205	6972	3472	1950	2900	120
黄沙乡 Huangsha	4633	2027	2018	1218	449	327	195
揭西县 Jiexi County							
河婆镇 Hepo	121194	27562	128972	16122	7580	71250	1213
龙潭镇 Longtan	34191	10756	19630	11071	6241	8003	447
南山镇 Nanshan	31370	13947	38442	8060	27114	30264	412
五经富镇 Wujingfu	48434	25555	53846	11554	39618	33863	602
京溪园镇 Jingxiyuan	44675	29900	37363	10543	24059	1583	281
灰寨镇 Huizhai	39515	24651	43703	12716	23987	26679	556
塔头镇 Tatou	45270	16160	25938	9740	9897	1071	96
东园镇 Dongyuan	33284	13450	15263	9211	4232	6052	257
凤江镇 Fengjiang	68651	28467	42004	10678	31326	1228	230
棉湖镇 Mianhu	91964	46900	175912	7585	144785	129571	1391
金和镇 Jinhe	62419	28100	50446	17226	30864	39180	483
大溪镇 Daxi	24198	9150	9594	5261	4333	1750	210
钱坑镇 Qiankeng	38349	14088	18020	7894	6395	10005	366
坪上镇 Pingshang	38139	16662	18823	10136	5885		300
五云镇 Wuyun	38955	14621	11730	7536	2909	4258	65
上砂镇 Shangsha	45651	30041	19283	8940	4613	10322	340
良田乡 Liangtian	10015	5270	3708	2708	780	1000	135
西田乡 Xitian	6845	2990	2310	2246	64	59	152
大洋乡 Dayang	4096	1946	4443	897	155	155	70
下砂乡 Xiasha	9411	3596	2908	2348			
云浮市 Yunfo City							
云城区 Yuncheng District							
云城镇 Yuncheng	39024	23445	143341	10255	110083	80393	127
高峰镇 Gaofeng	14520	6336	54690	1716	48252	26182	483
河口镇 Hekoou	21983	11399	88206	12758	64580	54314	284
安塘镇 Antang	22575	11834	85396	14377	65504	63778	617
杨柳镇 Yangliu	19641	10887	15739	7774	6470	7297	223
都骑镇 Duqi	25347	12363	18132	12208	4970	5818	305
腰古镇 Yaogu	29318	16938	47330	17607	26219	19421	460
思劳镇 Silao	20005	12003	26189	10096	15021	7681	236
新兴县 Xinxing County							
新城镇 Xincheng	35070	18836	139420	11060	115492	111339	1177
车岗镇 Chegang	26893	15498	58057	17052	33554	33340	494
洞口镇 Dongkou	14439	12837	55233	10978	43744	42919	396
东成镇 Dongcheng	25958	15390	26260	14435	10733	7448	268
稔村镇 Niancun	33285	18072	32117	20896	11221	15226	389
水台镇 Shuitai	14045	9011	28695	11385	8269	6998	163
共成镇 Gongcheng	18897	9452	17013	4656	11825	11220	246
太平镇 Taiping	37052	19676	37762	16638	18486	15860	588
集成镇 Jicheng	34861	17708	42433	13327	29106	31126	739
船岗镇 Chuangang	24988	14995	20228	9858	730	11310	572
里洞镇 Lidong	17292	7744	11892	5256	6635	6072	275
大江镇 Dajiang	9960	3965	7535	2899	1951	2308	143
天堂镇 Tiantang	56891	34980	71869	31684	29361	21960	542
河头镇 Hetou	22305	12540	14355	8766	2720	1139	333
力竹镇 Lizhu	14349	5830	53759	11917	39710	35300	551

续表 35 Continued

乡镇名称 Township and Town	总人口 Total Population	总劳动力 Total Labourers	农村社会总产值 Total Output Value of Rural Society	农业总产值 Gross Output Value of Agriculture	工业总产值 Gross Output Value of Industry	乡镇企业总收入 Total Income of Township Enterprises	财政收入 Government Revenue
郁南县 Yunan County							
都城镇 Ducheng	73533	11204	85512	11491	50271	54534	910
平台镇 Pingtai	23971	12615	29918	13468	7585	14051	189
桂墟镇 Guixu	20728	10474	22178	10144	9842	9842	162
罗顺镇 Luoshun	12372	6231	11879	5597	4947	3438	109
通门镇 Tongmen	16003	7661	16206	7781	5588	9003	76
建城镇 Jiancheng	23314	12750	45180	18468	18268	24623	272
宝珠镇 Baozhu	13120	6906	13309	6160	6131	7709	178
罗旁镇 Luopang	16030	8272	23514	7209	13332	10755	94
大方镇 Dafang	11930	5860	9843	3678	3679	4528	175
大全镇 Daquan	13683	6630	17292	3051	12067	12964	183
千官镇 Qianguan	28303	12146	26324	11309	12639	14287	341
大湾镇 Dawan	20439	10475	42896	11338	25115	42901	224
河口镇 Hekou	27670	11250	23261	10734	10010	15048	395
宋桂镇 Songgui	22103	8700	31375	5761	21649	26710	199
东坝镇 Dongba	36640	20248	30001	13257	11373	16383	174
连滩镇 Liantan	53621	28807	100372	16112	39525	81573	324
历洞镇 Lidong	18599	9549	10062	5197	2038	5138	64
南江口镇 Nanjiangkou	33088	17471	37992	9958	22304	24045	358
罗定市 Luoding City							
罗镜镇 Luojing	67887	30070	25707	25707		55800	
太平镇 Taiping	54251	29042	64013	19617	32272	7175	305
分界镇 Fenjie	25223	13224	26280	9034	14088	15960	158
新榕镇 Xinrong	15084	6190	9350	3184	3292	6017	230
罗平镇 Luoping	71137	34146	45308	23726	14742	13605	333
船步镇 Chuanbu	61828	25350	48133	16586	27150	7002	249
满塘镇 Mantang	35578	17550	34912	9924	24988	26415	204
金鸡镇 Jinji	28921	18223	38449	8215	26271	6713	168
围底镇 Weidi	36684	23495	47152	17369	28570	14900	232
华石镇 Huashi	27217	13903	22899	10519	12380	15026	
素龙镇 Sulong	97978	44369	142980	34311	78100	131678	745
附城镇 Fucheng	23648	10670	64188	15502		33100	570
双东镇 Shuangdong	18246	8239	27369	7900	17522	29582	
林宾镇 Linbin	43621	21863	25914	12290	11555	3012	268
黎少镇 Lishao	52358	24451	58350	23338	35012	34763	279
生江镇 Shengjiang	34245	14608	31043	17057	10894	11200	169
连州镇 Lianzhou	47549	21900	45835	16800	24633	27396	173
泗纶镇 Silun	53543	21443	81041	21126	53978	66598	477
都门镇 Dumen	16368	6986	12256	4225	6994	8786	
加益镇 Jiayi	24067	13670	23460	7300	16160	2500	115
扶合镇 Fuhe	28829	12100	20141	9233	10908	13037	117
罗城镇 Luocheng	89958	4669	2423	2423		65615	45
云安县 Yunan County							
六都镇 Liudu	47096	24890	55470	14998	40472	3337	190
高村镇 Gaocun	29988	16959	23798	12012	11786	6828	187
白石镇 Baishi	27370	13296	2607	2607		13956	225
镇安镇 Zhenan	37655	16820	54143	14203	39940	32800	342
富林镇 Fulin	43748	26032	77709	13759	63950	72683	306
托洞镇 Tuodong	27604	16625	10414	10414		47860	229
茶洞镇 Chadong	12168	6173	55005	1956	53049	38491	211
南盛镇 Nansheng	30205	15679	15665	6503	9162	2002	157
达石镇 Dashi	24599	10985	27996	19972	8024	5679	312

附　　录

APPENDIX

简要说明

一、本篇资料主要包括部分省市社会经济主要指标、亚洲“四小龙”主要统计资料、世界主要国家和地区主要统计资料等内容。

二、本篇资料由广东省统计局综合处负责整理、编辑。

三、资料来源：部分省市社会经济主要指标根据中国统计出版社出版的《中国统计摘要——1998》等有关资料加工整理；亚洲四小龙及世界主要国家和地区主要统计资料根据《中国统计年鉴》等有关资料加工整理。各省市资料中，除广东为正式年报数外，其余各省市资料均为快速年报数。

APPENDIX

Brief Introduction

Ⅰ. The data in this chapter mainly include the main social and econcmic indicators of some provinces and municipalities in China, the main statistical figures of Asian"Four Little Dragons" and the main statistical figures of other countries and regions, etc.

Ⅱ. The data in this chapter are prepared and compiled by the Division of Integration Statistics of the Statistical Bureau of Guangdong Province.

Ⅲ. Data sources:

The main social and economic indicators of some provinces and municipalitites are prepared on the basis of the related data from "China Statistical Extracts (1998)" published by China Statistical Publishing House; the main statistical data of Asian "Four Litle Dragons" and other countries and regions are prepared on the basis of the related data from "China Statistical Yearbook". Among the data ofvarious provinces and municipalities, all come from their express annual reports except the formal annual reports of Guangdong Province.

附录 A　部分省、市社会经济主要指标

APPENDIX A　MAIN SOCIO-ECONOMIC INDICATORS OF SOME PROVINCES AND MUNICIPALITIES

省、市名称 Province or city		年末总人口(万人) Total Population at Year-end (10000 persons)			国内生产总值(亿元) Gross Domestic Product (100 million yuan)		
		1997	1998	1998比1997 增长% Increase Rate in 1998 over 1997	1997	1998	1998比1997 增长% Increase Rate in 1998 over 1997
全国总计	Natiaonal Total	123626	124810	1.0	74772.4	79552.8	7.8
上　海	Shanghai	1457	1464	0.5	3360.2	3688.2	10.1
江　苏	Jiangsu	7148	7182	0.5	6685.6	7200.8	11.0
浙　江	Zhejiang	4435	4456	0.5	4600.0	4980.0	10.1
安　徽	Anhui	6127	6184	0.9	2670.6	2828.3	9.0
福　建	Fujian	3282	3299	0.5	3000.4	3330.2	11.4
山　东	Shandong	8785	8838	0.6	6650.0	7162.2	10.8
辽　宁	Liaoning	4138	4157	0.5	3501.2	3805.6	8.3
河　南	Henan	9243	9315	0.8	4080.5	4339.0	8.7
湖　北	Hubei	5873	5907	0.6	3450.2	3704.2	10.3
湖　南	Hunan	6465	6502	0.6	2993.0	3211.4	9.1
四　川	Sichuan	8430	8493	0.7	3320.1	3580.3	9.1
广　东	Guangdong	7013.73	7115.65	1.5	7315.51	7919.12	10.2

省、市名称 Province or city		第三产业增加值(亿元) Value Added of Tertiary Industry (100 million yuan)			人均国内生产总值(亿元) Per Gapita Gross Domestic Product (100 million yuan)		
		1997	1998	1998比1997 增长% Increase Rate in 1998 over 1997	1997	1998	1998比1997 增长% Increase Rate in 1998 over 1997
全国总计	National Total	24033.3	26104.3	7.6	6079	6404	6.7
上　海	Shanghai	1530.0	1762.5	14.3	25739	28236	9.6
江　苏	Jiangsu	2260.1	2542.9	13.0	9352	10050	10.4
浙　江	Zhejiang	1505.0	1640.0	8.9	10400	11202	9.6
安　徽	Anhui	678.0	763.3	13.0	4359	4595	8.0
福　建	Fujian	1133.0	1261.8	11.0	9173	10121	10.8
山　东	Shandong	2270.0	2475.3	9.0	7590	8128	10.1
辽　宁	Liaoning	1290.0	1398.3	7.8	8519	9176	7.8
河　南	Henan	1150.9	1257.9	9.5	4432	4676	7.8
湖　北	Hubei	1075.3	1203.1	12.8	5899	6289	9.6
湖　南	Hunan	970.3	1088.9	8.2	4643	4953	8.4
四　川	Sichuan	1015.5	1110.8	8.9	4027	4231	8.3
广　东	Guangdong	2680.87	2922.23	8.7	10428	11143	8.7

注：1. 国内生产总值绝对数按当年价格计算，增长速度按可比价格计算。2. 工业、农业总产值均为当年价。3. 1998 年产值指标及增长速度除广东省外，均为快报数。

Note：a) The absolute figures of gross domestic product are calculated at current prices, while the increase rates are calculated at comparable prices. b) Gross industrial output value and gross agricultural output value are calculated at current prices, the statistical coverage of gross industial output value refers to the industry at and above township level. c) The output value indicators and increase rates in 1998 are come from express annual reports except Guangdong Province.

续表 1 Continued

省、市名称 Province or city		农业总产值(亿元) Gross Agricultural Output Value (100 million yuan)			工业总产值(亿元) Gross Industrial Output Value (100 million yuan)		
		1997	1998	1998 比 1997 增长 % Increase Rate in 1998 over 1997	1997	1998	1998 比 1997 增长 % Increase Rate in 1998 over 1997
全国总计	National Total	24709.19	25103.4	4.6		70092.39	10.7
上海	Shanghai	211.3	203.6	1.1	4691.0	5897.34	10.8
江苏	Jiangsu	1893.2	1833.9	2.5	8332.6	8812.79	12.5
浙江	Zhejiang	1009.5	997.2	0	4319.5	4632.07	10.3
安徽	Anhui	1220.3	1229.6	2.3	2697.2	1569.24	10.3
福建	Fujian	991.8	985.4	7.0	2035.9	2041.23	13.9
山东	Shandong	2150.0	2242.0	6.0	6460.6	6398.14	15.7
辽宁	Liaoning	922.1	997.8	9.5	3651.6	3231.42	8.5
河南	Henan	1785.8	1821.8	6.8	3065.2	3039.75	7.1
湖北	Hubei	1215.4	1222.6	1.1	3426.9	3059.81	14.0
湖南	Hunan	1322.3	1304.1	1.5	1898.9	1387.47	12.3
四川	Sichuan	1414.8	1448.4	4.3	2347.2	1911.68	13.5
广东	Guangdong	1656.46	1705.44	4.8	8442.32	9738.56	15.2

省、市名称 Province or city		重工业总产值(亿元) Total Output Value of Heavy Industry (100 million yuan)			轻工业总产值(亿元) Total Output Value of Light Industry (100 million yuan)		
		1997	1998	1998 比 1997 增长 % Increase Rate in 1998 over 1997	1997	1998	1998 比 1997 增长 % Increase Rate in 1998 over 1997
全国总计	National Total	57112	38814.28	10.4	55015	31278.11	11.0
上海	Shanghai	2653.13	3237.04	12.2	2037.82	2660.3	9.0
江苏	Jiangsu	4269.40	4519.2	10.8	4063.21	4293.6	14.3
浙江	Zhejiang	1759.38	1940.72	10.5	2560.13	2691.35	10.2
安徽	Anhui	1349.59	840.42	10.3	1347.63	728.82	10.2
福建	Fujian	797.77	855.43	8.2	1238.09	1182.09	14.0
山东	Shandong	3380.12	3438.45	14.5	3080.49	2959.69	17.0
辽宁	Liaoning	2819.13	2522.23	9.4	832.51	709.19	5.8
河南	Henan	1814.95	1998.90	10.1	1250.22	1328.76	5.4
湖北	Hubei	1903.25	1776.66	14.5	1493.22	1283.15	13.3
湖南	Hunan	1143.82	834.47	13.2	755.12	553.00	10.8
四川	Sichuan	1274.58	1077.64	8.5	1012.59	834.04	18.9
广东	Guangdong	3528.23	3973.05	21.7	4914.09	5765.51	11.4

注:1998 年工业总产值统计范围为全部国有及销售收入 500 万元以上非国有工业,按当年价计算。

Note:The statistcal coverage of gross industrial output value refers to the whole state—owned enterprises and non—state—owned enterprises with annual sales revenue above 5 million yuan.

续表 2 Continued

省、市名称 Province or city		粮食产量(万吨) Output of Grain (10000 tons)			油料产量(万吨) Output of Oil-Bearing Grops (10000 tons)		
		1997	1998	1998比1997增长% Increase Rate in 1998 over 1997	1997	1998	1998比1997增长% Increase Rate in 1998 over 1997
全国总计	National Total	49417	49000	-0.8	2157.4	2313.9	7.3
上　海	Shanghai	230.2	212.6	-7.6	10.7	6.8	-36.4
江　苏	Jiangsu	3563.8	3415.1	-4.2	141.9	115.6	-18.5
浙　江	Zhejiang	1493.5			48.9	35.5	-27.4
安　徽	Anhui	2802.7	2591	-7.6	205.0	176.5	-13.9
福　建	Fujian	961.8	958.11	-0.4	24.4	24.6	0.8
山　东	Shandong	3852.2			240.9	335.6	39.3
辽　宁	Liaoning	1313.5	1828.9	39.2	16.1	23.4	45.3
河　南	Henan	3894.7	3945.0	1.3	276.7	312.1	12.8
湖　北	Hubei	2634.4	2475.79	-6.0	195.5	216.7	10.8
湖　南	Hunan	2801.9			129.3	120.7	-6.7
四　川	Sichuan	3461.3	3600	4.0	134.2	146.4	9.1
广　东	Guangdong	1902	2007.74	2.1	75.46	79.29	5.1

省、市名称 Province or city		肉猪出栏头数(万头) Slaughtered Fattend Hogs (10000 heads)			水产品产量(亿元) Output of Aquatic Products (100 million yuan)		
		1997	1998	1998比1997增长% Increase Rate in 1998 over 1997	1997	1998	1998比1997增长% Increase Rate in 1998 over 1997
全国总计	National Total	45077.2			3602	3906.4	8.5
上　海	Shanghai	450.0	468.0	4.0	30.2	26.8	-11.3
江　苏	Jiangsu	2229.7	2321.12	4.1	265.7	282.0	6.1
浙　江	Zhejiang	1126.1			377.7	422.7	11.9
安　徽	Anhui	1835.3	2039.02	11.1	135.2	146.2	8.1
福　建	Fujian	1295.8	1365.13	10.8	429.3	475.9	10.9
山　东	Shandong	2454.0			610.3	650.5	6.6
辽　宁	Liaoning	1131.0	1239.58	9.6	285.1	312.7	9.7
河　南	Henan	3123.4	3526.32	12.9	23.9	27.0	13.0
湖　北	Hubei	2513.3	2514.17	0	202.4	218.3	7.9
湖　南	Hunan	4792.8			110.8	116.8	5.4
四　川	Sichuan	5090.3	5426.26	6.6	37.2	42.3	13.7
广　东	Guangdong	2221.07	2425.81	9.2	520.96	554.28	6.4

续表 3 Continued

省、市名称 Province or city		原煤产量(万吨) Qutput of Coal (10000 tons)			发电量(亿千瓦小时) Electricity (100 million kwh)		
		1997	1998	1998比1997 增长% Increase Rate in 1998 over 1997	1997	1998	1998比1997 增长% Increase Rate in 1998 over 1997
全国总计	National Total	137000	125000	-8.8	11356	11670	2.8
上 海	Shanghai				457.4	483.2	5.6
江 苏	Jiangsu	2241.5	2378.5	6.1	744.8	754.3	1.3
浙 江	Zhejiang	128.4	91.5	-28.7	466.2	492.1	5.6
安 徽	Anhui	4938.9	4502.2	-8.8	328.8	308.8	-6.1
福 建	Fujian	768.1	726.5	-5.4	301.0	321.9	6.9
山 东	Shandong	8995.1	8976.9	-0.2	821.5	823.8	0.3
辽 宁	Liaoning	5861.7	5785.7	-1.3	606.2	608.1	0.3
河 南	Henan	8529.0	9406.5	10.3	615.0	631.1	2.6
湖 北	Hubei	1462.0	1326.3	-9.3	484.8	510.1	5.2
湖 南	Hunan	5511.0	4352.1	-21.0	351.0	345.7	-1.5
四 川	Sichuan	6073.1	5696.4	-6.2	480.4	455.6	-5.2
广 东	Guangdong	839.94	299.87	-64.3	981.15	1004.37	2.4

省、市名称 Province or city		钢(万吨) Steel (10000 tons)			基本建设投资额(亿元) Investment in Capital Construction (100 million yuan)		
		1997	1998	1998比1997 增长% Increase Rate in 1998 over 1997	1997	1998	1998比1997 增长% Increase Rate in 1998 over 1997
全国总计	National Total	10894	11559	6.1	9917.0	11904.3	20.0
上 海	Shanghai	1532.0	1603.8	4.7	748.8	819.6	9.5
江 苏	Jiangsu	467.5	520.4	11.3	575.7	715.7	24.3
浙 江	Zhejiang	130.6	147.4	12.9	505.8	613.1	21.2
安 徽	Anhui	383.0	405.8	6.0	208.5	249.4	19.6
福 建	Fujian	88.8	113.3	27.6	263.4	328.8	24.8
山 东	Shandong	519.8	579.3	11.4	493.2	663.1	34.5
辽 宁	Liaoning	1349.2	1406.5	4.2	395.2	435.6	10.2
河 南	Henan	313.7	366.6	16.9	474.7	517.1	8.9
湖 北	Hubei	790.0	808.8	2.4	433.5	517.5	19.4
湖 南	Hunan	243.2	270.6	11.3	234.4	305.1	30.2
四 川	Sichuan	508.6	567.9	11.7	422.5	536.2	26.9
广 东	Guangdong	248.70	263.69	6.0	903.26	1072.30	18.7

续表 4　Continued

省、市名称 Province or city		基建新增固定资产(亿元) Newly Increased Fixed Assets Through Capital Construction(100 million yuan)			更新改造投资(亿元) Investment in Innovation (100 million yuan)		
		1997	1998	1998比1997 增长% Increase Rate in 1998 over 1997	1997	1998	1998比1997 增长% Increase Rate in 1998 over 1997
全国总计	National Total	5574.6			3921.9	4467.2	13.9
上　海	Shanghai	248.02	272.82	10.0	371.5	365.6	-1.6
江　苏	Jiangsu	386.07	440.12	14.0	268.9	294.3	9.4
浙　江	Zhejiang	300.30	336.34	12.0	116.2	175.3	50.8
安　徽	Anhui	188.33	216.58	15.0	114.3	106.9	-6.5
福　建	Fujian	252.51	231.43	-8.3	122.9	168.2	36.9
山　东	Shandong	310.35	350.70	13.0	268.2	281.5	5.0
辽　宁	Liaoning	334.28	361.02	8.0	241.1	260.4	8.0
河　南	Henan	372.13	431.30	15.9	179.1	165.5	-7.6
湖　北	Hubei	251.12	306.08	21.9	210.7	227.0	7.8
湖　南	Hunan	171.07	181.33	6.0	102.9	114.8	11.6
四　川	Sichuan	183.81	216.90	18.0	116.8	182.4	56.2
广　东	Guangdong	644.33	903.63	40.2	273.90	327.38	19.5

省、市名称 Province or city		更新改造新增固定资产(亿元) Newly Increased Fixed Assets Through Innovation (100 million yuan)			社会消费品零售总额(亿元) Total Retail Sales of Consumer Goods (100 million yaun)		
		1997	1998	1998比1997 增长% Increase Rate in 1998 over 1997	1997	1998	1998比1997 增长% Increase Rate in 1998 over 1997
全国总计	National Total	2696.8			27298.9	29152.5	6.8
上　海	Shanghai	243.86	258.49	6.0	1325.2	1471.1	11.0
江　苏	Jiangsu	182.73	191.87	5.0	2101.4	2238.0	6.5
浙　江	Zhejiang	129.5	161.88	25.0	1758.0	1909.2	8.6
安　徽	Anhui	98.73	99.72	1.0	859.5	924.8	7.6
福　建	Fujian	116.80	143.87	23.2	987.4	1132.5	14.7
山　东	Shandong	196.97	212.73	8.0	1914.7	2127.2	11.1
辽　宁	Liaoning	149.01	159.44	7.0	1451.2	1568.7	8.1
河　南	Henan	156.36	152.92	-2.2	1371.4	1496.2	9.1
湖　北	Hubei	128.22	132.92	3.3	1345.5	1481.4	10.1
湖　南	Hunan	91.68	99.01	8.0	1041.9	1125.3	8.0
四　川	Sichuan	114.99	144.89	26.0	1212.5	1298.6	7.1
广　东	Guangdong	227.89	275.19	20.8	2918.66	3316.28	13.6

续表5 Continued

省、市名称 Province or city		外贸出口总额(亿美元) Total Exports of Foreign Trade (USD 100 million)			财政收入(亿元) Government Revenue (100 million yuan)		
		1997	1998	1998比1997增长% Increase Rate in 1998 over 1997	1997	1998	1998比1997增长% Increase Rate in 1998 over 1997
全国总计	National Total	1827.9	1837.6	0.5	4263.2	4983.9	16.9
上海	Shanghai	147.7	156.4	5.9	332.5	380.7	14.5
江苏	Jiangsu	144.3	159.3	10.4	255.6	296.6	16.0
浙江	Zhejiang	107.4	116.1	8.1	157.3	198.1	25.9
安徽	Anhui	15.6	15.1	-3.2	140.5	159.2	13.3
福建	Fujian	110.2	107.2	-2.7	162.9	187.9	15.3
山东	Shandong	118.2	112.1	-5.2	290.4	352.4	21.3
辽宁	Liaoning	81.1	76.3	-5.9	228.2	264.6	16.0
河南	Henan	14.4	13.4	-6.9	185.7	208.2	12.1
湖北	Hubei	16.9	16.0	-5.3	139.9	169.0	20.8
湖南	Hunan	14.7	13.3	-9.5	137.2	156.8	14.3
四川	Sichuan	13.5	12.1	-10.4	172.9	197.3	14.1
广东	Guangdong	745.64	756.18	1.4	543.95	640.80	17.8

省、市名称 Province or city		年末职工人数(万人) Number of Staff and Workers at year-end (10000 persons)			职工工资总额(亿元) Total Wages of Staff and Workers (100 million yuan)		
		1997	1998	1998比1997增长% Increase Rate in 1998 over 1997	1997	1998	1998比1997增长% Increase Rate in 1998 over 1997
全国总计	National Total	14668.4	12336.6	-15.9	9405.3	9296.5	-1.2
上海	Shanghai	435.3	348.5	-19.9	510.1	491.0	-3.7
江苏	Jiangsu	893.7	752.8	-15.8	635.4	628.5	-1.1
浙江	Zhejiang	482.3	421.9	-12.5	402.0	414.2	3.0
安徽	Anhui	502.6	427.6	-14.9	273.8	262.8	-4.0
福建	Fujian	357.7	334.5	-6.5	263.4	282.1	7.1
山东	Shandong	937.6	836.8	-10.8	580.5	575.4	-0.9
辽宁	Liaoning	969.4	689.8	-28.8	544.5	504.5	-7.3
河南	Henan	841.3	748.1	-11.1	434.1	431.0	-0.7
湖北	Hubei	735.4	597.9	-18.7	391.0	387.8	-0.8
湖南	Hunan	597.5	475.1	-20.5	314.9	311.9	-1.0
四川	Sichuan	681.6	572.8	-16.0	380.6	378.6	-0.5
广东	Guangdong	897.32	884.80	-1.4	858.35	899.67	4.8

续表 6　Continued

省、市名称 Province or city		商品零售价格总指数(%) Gerenal Ratail Price Index of Commodittíes (%)			居民消费价格指数(%) Consumer Price Index (%)		
		1997	1998	1998比1997 增长% Increase Rate in 1998 over 1997	1997	1998	1998比1997 增长% Increase Rate in 1998 over 1997
全国总计	National Total	100.8	97.4	-2.6	102.8	99.2	-0.8
上　海	Shanghai	98.8	95.1	-4.9	102.8	100.0	0
江　苏	Jiangsu	99.3	98.2	-1.8	101.7	99.4	-0.6
浙　江	Zhejiang	100.3	98.4	-1.6	102.8	99.7	-0.3
安　徽	Anhui	99.4	98.1	-1.9	101.3	100.0	0
福　建	Fujian	99.8	98.5	-1.5	101.7	99.7	-0.3
山　东	Shandong	100.8	97.1	-2.9	102.8	99.4	-0.6
辽　宁	Liaoning	101.0	97.6	-2.4	103.1	99.3	-0.7
河　南	Henan	100.5	96.6	-3.4	103.5	97.5	-2.5
湖　北	Hubei	101.5	97.1	-2.9	103.2	98.4	-1.6
湖　南	Hunan	100.3	97.9	-2.1	102.8	100.2	0.2
四　川	Sichuan	102.9	97.7	-2.3	105.1	99.6	-0.4
广　东	Guangdong	100.1	97.0	-3.0	101.9	98.2	-1.8

省、市名称 Province or city		高等学校在校学生数(万人)Number of Student Enrollment in Institutions of Higher Education (10000 Persons)			中等专业学校在校学生数(万人) Number of Student Enrollment in Specia-lized Secondary Schools(10000 persons)		
		1997	1998	1998比1997 增长% Increase Rate in 1998 over 1997	1997	1998	1998比1997 增长% Increase Rate in 1998 over 1997
全国总计	National Total	317.4	340.9	7.4	465.4	498.1	7.0
上　海	Shanghai	15.38	16.64	8.2	11.10	12.38	11.5
江　苏	Jiangsu	23.90	27.32	14.3	45.88	48.11	4.9
浙　江	Zhejiang	10.23	10.74	5.0	19.78	21.36	8.0
安　徽	Anhui	9.39	10.49	11.7	13.60	16.95	24.6
福　建	Fujian	7.80	8.51	9.1	11.27	11.83	5.0
山　东	Shandong	17.77	18.48	4.0	31.30	32.87	5.0
辽　宁	Liaoning	18.80	19.18	2.0	15.44	16.13	4.5
河　南	Henan	13.60	14.64	7.6	29.03	29.61	2.0
湖　北	Hubei	19.68	21.01	6.8	42.27	40.39	-4.4
湖　南	Hunan	14.07	14.49	3.0	22.67	24.03	6.0
四　川	Sichuan	14.10	15.2	7.8	23.80	25.4	6.7
广　东	Guangdong	17.47	18.50	5.9	27.21	27.91	2.6

表 B-1　1997 年主要经济指标
MAIN ECONOMIC INDICATORS (1997)

指　标	Item	中国香港 HongKong, China	中国台湾 Taiwan, China	新加坡 Singapore	韩　国 Korea Rep.
一、人口与面积	Population and Area				
面　积　（平方公里）	Area (sq. km)	1095.9	36000	600	99000
人　口　（万人）	Population (10000 persons)	650.2③	2171.4	300	4600
出生率　（‰）	Birth Rate	9.1	14.91	16①	15.5①
死亡率　（‰）	Death Rate	4.8	5.93	5.1①	6.3①
人口自然增长率　（‰）	Natural Population Growth Rate	4.3	8.98	10.9①	9.2①
二、国内生产总值（亿本币）	Gross Domestic Product (local currency 100 million)	13391	74775.4①	1326.29①	3898130①
比上年增长　（%）	Growth Rate over the Preceding year (%)	5.3	6.9	7.8	5.5
人均国内生产总值（美元）	Per Capita Gross Domestic Product (USD)	26601	12838①⑤	30550①⑤	10610①⑤
三、工业生产指数　（%）	Index of Industrial Production (%)	120.6	122.64①	153①	163①
四、农业生产指数　（%）	Index of Agricultural Production (%)		104.4①		114.3
五、劳动力总人数　（万人）	Labor Force (10000 persons)	321.6	931①		
失业人数　（万人）	Unemployment (10000 persons)	7.1	24.2①	5.4①	42.5①
失业率　（%）	Unemployment Rate (%)	2.2	2.7	2.4	2.7
六、消费物价指数　（%）	Consumer Price Index (%)	6.7	1.8	1.5	2.4
七、财政收支	Revenue and Expenditure of Treasury				
财政收入　（亿本币）	Revenue of Treasury (local currency 100 million)	2752.20	19624		956280
财政支出　（亿本币）	Expenditure of Treasury (local currency 100 million)	1943.60	19618		860460
八、对外贸易	Foreign Trade				
进出口贸易总额（亿美元）	Total Imports and Exports (100 million USD)	30710.4②	2183.12①	2574.7	2812.6
进口总额　（亿美元）	Imports (100 million USD)	16150.9②	1023.7①	1324.5	1446.4
出口总额　（亿美元）	Exports (100 million USD)	14559.5②	1159.42②	1250.2	1366.2

注：①1996 年数。②计量单位为亿本币。③年中人口数。④计量单位为亿美元。⑤国民生产总值。
Note: ①Data refer to 1996. ②Local currency 100 million. ③Mid-year Population. ④100 million USD. ⑤Gross National Product.

表 B-2 国内生产总值增长率(上年=100)

GROWTH RATE OF GROSS DOMESTIC PRODUCT(Previous Year=100)

单位:% (%)

年份 Year	中国香港 HongKong, China	中国台湾 Taiwan, China	新加坡 Singapore	韩国 Korea Rep.
1980	10.9	7.1	9.7	-3.7
1985	-0.1	5.6	-1.6	7.0
1986	11.9	12.6	1.8	12.9
1987	13.9	11.9	9.5	13.0
1988	7.9	7.8	11.1	12.4
1989	2.3	7.3	9.2	6.8
1990	3.4	5.0	8.3	9.5
1991	5.1	7.2	6.7	9.1
1992	6.0	6.5	5.8	5.1
1993	5.8	6.1	9.8	5.3
1994	5.4	6.5	10.1	8.4
1995	4.7	6.1	8.9	9.0
1996	4.9	5.4	7.0	7.1
1997	5.3	6.9	7.8	5.5

表 B-3 失业率

UNEMPLOYMENT RATE

单位:% (%)

年份 Year	中国香港 HongKong, China	中国台湾 Taiwan, China	新加坡 Singapore	韩国 Korea Rep.
1980	3.8	1.2	3.5	5.2
1985	3.1	2.9	4.1	4.0
1986	2.2	2.7	6.5	3.8
1987	1.9	2.0	4.7	3.1
1988	1.3	1.7	3.3	2.5
1989	1.1	1.6	2.2	2.6
1990	1.3	1.7	1.7	2.4
1991	1.8	1.5	1.9	2.8
1992	2.0	1.7	2.7	2.4
1993	2.0	1.5	2.7	2.8
1994	2.3	1.6	2.6	2.4
1995	3.5	1.8	2.7	2.0
1996	2.8	2.6	3.0	2.0
1997	2.2	2.7	2.4	2.7

表 B-4 消费物价指数(上年=100)

CONSUMER PRICE INDEX (Previous Year=100)

单位:% (%)

年份 Year	中国香港 HongKong, China	中国台湾 Taiwan, China	新加坡 Singapore	韩国 Korea Rep.
1980	15.6	19.0	8.5	28.7
1985	3.2	-0.2	0.5	2.5
1986	2.3	0.7	-1.4	2.8
1987	5.5	0.5	0.5	3.0
1988	7.4	1.3	1.5	7.1
1989	10.1	4.4	2.4	5.7
1990	9.7	4.1	3.5	8.6
1991	10.0	3.6	3.4	9.2
1992	9.4	4.5	2.3	6.2
1993	8.5	2.9	2.2	4.8
1994	8.0	4.1	3.1	6.3
1995	8.7	3.7	1.7	4.5
1996	6.0	3.1	1.4	4.9
1997	6.7	1.8	1.5	2.4

表 C-1　国土面积与人口
TERRITORY AND POPULATION

国家和地区	Country or Territory	国土面积（万平方公里）Area (10000 sq. m)	年中人口数（万人）Mid-year Population (10000 persons)						
			1990	1992	1993	1994	1995	1996	1997
亚　洲	Aisa								
中　国①	China	960.0	114333	117171	118517	119850	121121	122389	123626
日　本	Japan	37.8	12354	12434	12454	12496	12520	12535	12600
印　度	India	297.5	81880	86191	87569	91857	92704	94458	96100
印度尼西亚	Indonesia	190.5	17930	18604	18914	19222	19759	20045	20000
菲律宾	Philippines	30.0	6148	6426	6565	6704	6758	6928	7300
泰　国	Thailand	51.3	5608	5776	5858	5940	5879	5870	6100
马来西亚	Malaysia	32.9	1776	1861	1905	1965	2014	2058	2100
新加坡	Singapore	0.06	271	282	287	293	299	304	300
巴基斯坦	Pakistan	79.6	11205	11911	12280	12661	14050	13997	13700
缅　甸	Myanmar	67.7	4167	4233	4312	4392	4653	4592	
孟加拉国	Bangladesh	14.4	10812	11271	11520	11779	12043	12007	12400
土耳其	Turkey	78.1	5610	5878	6023	6118	6195	6269	6400
蒙　古	Mongolia	156.7	216	231	232	236	241	235	300
朝　鲜	Korea D. P. Rep	12.3	2177	2261	2305	2348	2392	2247	
韩　国	Korea Rep.	9.9	4229	4366	4406	4445	4485	4531	4600
越　南	Viet Nam	33.0	6543	6948	7132	7251	7455	7518	7700
非　洲	Africa								
埃　及	Egypt	100.2	5315	5516	5649	5833	5923	6327	6000
尼日利亚	Nigeria	92.4	9615	10213	10526	10847	11172	11502	11800
欧　洲	Europe								
德　国	Germany	35.6	7948	8057	8119	8141	8164	8192	8200
英　国	United Kingdom	24.4	5741	5785	5792	5882	5837	5878	5900
法　国	France	55.2	5644	5737	5766	5790	5803	5833	5900
意大利	Italy	30.1	5766	5678	5707	5719	5728	5723	5700
捷　克	Czech Rep.	12.8	1036	1032	1033	1033	1033	1032	1000
波　兰	Poland	31.3	3818	3836	3846	3854	3859	3860	3900
匈牙利	Hungary	9.3	1055	1032	1029	1026	1022	1005	1000
罗马尼亚	Romania	23.8	2320	2279	2276	2273	2268	2266	2300
保加利亚	Bulgaria	11.1	898	896	847	844	841	847	800
俄罗斯	Russian Fed.	1707.5	14829	14869	14852	14797	14786	14774	14700
北美洲	North America								
美　国	United States	936.3	24997	25502	25759	26066	26303	26944	26800
加拿大	Canada	997.1	2660	2744	2894	2925	2961	2968	3000
墨西哥	Mexico	197.3	8615	8954	9121	9301	9478	9272	9500
南美洲	South America								
巴　西	Brazil	851.2	14454	14924	15153	15379	15582	16109	16400
阿根廷	Argentina	277.7	3255	3337	3367	3418	3459	3522	3600
大洋洲	Oceania								
澳大利亚	Australia	768.2	1709	1749	1766	1784	1805	1805	1900
新西兰	New Zealand	26.8	335	341	346	349	354	360	400

注：①年末人口数。
Note：①The population of the year-end.

表C-2 经济增长率、消费物价指数、失业率(1997年)

ECONOMIC GROWTH RATE,CONSUMER PRICE INDEX AND UNEMPLOYMENT RATE (1997)

国家和地区	Country or Territory	经济增长率(%) Economic Growth Rate	消费物价指数(%) Consumer Price Index	失业率(%) Unemployment Rate
全世界	World	4.1		
工业化国家	Industrialized Countries	3.1	1.7	7.1
主要工业化国家	Main Industrialized Countries	2.9	1.5	6.7
美 国	United States	3.9	1.9	4.9
日 本	Japan	0.8	0.6	3.4
德 国	Germany	2.2	0.6	11.5
法 国	France	2.3	0.9	12.5
英 国	United Kingdom	3.4	2.5	5.5
加拿大	Canada	3.7	0.5	9.2
意大利	Italy	1.5	2.6	12.3
发展中国家和地区	Developing Countries and Territories	5.8	9.1	
韩 国	Korea Rep.	5.5	2.4	2.7
中国香港	HongKong,China	5.3	6.7	2.2
中国台湾省	Taiwan, China	6.9	1.8	2.7
新加坡	Singapore	7.8	1.5	2.4
马来西亚	Malaysia	7.8	2.7	2.5
泰 国	Thailand	-0.4	5.6	0.9
印度尼西亚	Indonesia	4.6	6.6	
菲律宾	Philippines	5.1	6.0	7.9

表C-3 国内生产总值

GROSS DOMESTIC PRODUCT

单位:十亿本币 (national currency 100 million)

国家和地区	Country of Territory	1990	1992	1993	1994	1995	1996
中 国(人民币元)	China(Yuan Renminbi)	1855	2664	3463	4676	5848	6789
美 国(美元)	United States(US Dollar)	5522	6020	6343	6931	7246	7636
日 本(日元)	Japan(Yen)	424537	463145	465972	469240	480693	500356
德 国(德国马克)	Germany(Deutsche Mark)	2429	3076	3155	3320	3460	3540
英 国(英镑)	United Kingdom(Pound)	551	597	631	667	700	742
法 国(法郎)	France(Franc)	6510	7011	7077	7390	7681	7874
意大利(里拉)	Italy (Lire)	1312100	1507200	1550200	1641100	1772300	1873500
加拿大(加元)	Canada(Dollar)	670	690	713	747	776	820
澳大利亚(澳元)	Australia(Dollar)	377	395	416	444	473	500
印 度(卢比)	India(Rupee)	5355	7053	8010	9537	10986	1098
印度尼西亚(卢比)	Indonesia (Rupee)	195597	259884	329776	382220	452381	532631
菲律宾(比索)	Philippines(Peso)	1077	1352	1475	1693	1906	2197
泰 国(铢)	Thailand(Baht)	2191	2833	3176	3605	4099	4665
马来西亚②(林吉特)	Malaysia(Ringgit)	115828	147784	163039	185344		249800
新加坡②(新加坡元)	Singapore (Dollar)	67879	80988	94259	108224	120629	132600
韩 国(韩圆)	Korea Rep. (Won)	179539	240392	267146	305970	351295	389979
埃 及①(埃镑)	Egypt(Pound)	96	139	157	175	205	228
尼日利亚(奈拉)	Nigeria(Naira)	26	550	701	914		
墨西哥(新比索)	Mexico(New Peso)	695	1035	1256	1423	1793	
巴 西②(雷亚尔)	Brazil(Reai)			14116	360919	658141	752900
阿根廷(比索)	Argentina(Peso)	69	227	258	282	280	297

注:①截止当年6月30日的年度。②百万本币。

Note:①Data refer to the financial year from I July of the previous year to 30 June of the current year.

②National currency million.

表C-4 农业生产指数
INDEX OF AGRICULTURAL PRODUCTION

1989－1991年＝100　　　　(1989－1991＝100)

国家和地区	Country or Territory	1990	1993	1994	1995	1996	1997
世界总计	World	100.7	103.9	107.4	110.0	114.3	115.2
亚　洲	Aisa	100.8	112.3	118.4	125.3	131.4	133.9
中　国	China	101.2	119.6	129.9	141.9	147.2	164.7
孟加拉国	Bangladesh	99.5	103.5	99.7	103.8	106.2	110.2
印　度	India	99.8	107.6	112.1	115.1	117.4	118
印度尼西亚	Indonesia	101.2	109.8	109.3	113.2	124.2	123.7
日　本	Japan	100.8	94.2	99.1	95.7	96.1	95.7
韩　国	Korea Rep.	101.2	107.7	112.9	113.0	115.9	114.3
马来西亚	Malaysia	99.6	112.9	113.8	115.2	116.9	119
巴基斯坦	Pakistan	98.9	108.5	112.4	123.1	124.5	128.6
菲律宾	Philippines	103.8	108.8	112.3	113.9	116.3	120.9
泰　国	Thailand	94.8	102.7	109.1	114.1	112.5	111.7
越　南	Viet Nam	100.0	116.0	120.2	125.5	135.2	136.1
非　洲	Africa	98.3	106.8	108.7	108.7	117.1	114.7
阿尔及利亚	Algeria	96.2	112.4	102.6	113.3	127.8	
埃　及	Egypt	101.4	115.1	112.6	118.3	119.7	118.8
尼日利亚	Nigeria	97.9	125.2	127.2	132.0	134.2	134.9
南　非	South Africa	98.0	95.6	99.1	85.4	102.4	98.5
北美洲	North America	101.3	100.8	113.7	109.6	113.9	115.7
加拿大	Canada	103.4	102.6	107.6	111.7	115.2	111.2
墨西哥	Mexico	100.9	107.9	111.4	118.0	117.8	123.0
美　国	United States	101.1	100.4	116.4	109.4	114.7	116.3
南美洲	South America	99.2	106.1	111.6	114.5	119.0	121.1
阿根廷	Argentina	101.4	101.4	109.3	112.5	119.4	118.6
巴　西	Brazil	97.7	109.1	114.5	116.8	118.6	122.3
欧　洲	Europe	99.9	96.3	93.6	93.9	97.7	95.6
保加利亚	Bulgaria	101.7	69.7	68.1	74.5	54.4	54.2
法　国	France	100.3	98.1	97.6	99.3	105.8	103.5
德　国	Germany	101.7	91.6	88.0	89.1	90.7	90.7
匈牙利	Hungary	96.6	71.5	72.3	70.3	76.0	
意大利	Italy	95.7	101.5	100.9	99.7	101.9	96.2
波　兰	Poland	102.5	90.3	78.2	86.5	88.3	80.8
罗马尼亚	Romania	97.3	102.4	98.5	100.1	95.9	104.5
英　国	United Kingdom	100.0	98.2	99.3	100.1	101.0	99.7
大洋洲	Oceania	100.4	110.1	105.3	111.9	117.2	119.3
澳大利亚	Australia	101.9	120.0	104.1	111.4	118.9	117.5
新西兰	New Zealand	96.2	106.2	108.5	114.5	115.0	127.0

注：国外农业生产指数只包括种植业、畜牧业和农产品的初级加工，按农业增加值计算。
Note: Data for countries rather than China refer to farming, animal husbandry and primary processing of agricultural products calculated with value added of agriculture.

表C-5 主要农产品产量

OUTPUT OF MAJOR AGRICULTURAL PRODUCTS

单位:万吨 (10000 tons)

国家和地区	Country or Territory	1997	国家和地区	Country or Territory	1997
棉　花	**Cotton (Lint)**		**大　豆**	**Soybeans**	
世界总计	World	1956	世界总计	World	14152
中　国	China	460	美　国	United States	7407
美　国	United States	401	巴　西	Brazil	2616
印　度	India	272	中　国	China	1473
巴基斯坦	Pakistan	176	阿根廷	Argentina	1130
乌兹别克斯坦	Uzbekistan	106	印　度	India	440
土耳其	Turkey	76	加拿大	Canada	282
澳大利亚	Australia	58	巴拉圭	Paraguay	260
阿根廷	Argentina	32	印度尼西亚	Indonesia	155
希　腊	Greece	35	玻利维亚	Bolivia	102
墨西哥	Mexico	38	意大利	Italy	95
甘　蔗	**Sugarcane**		**花　生**	**Groundnuts in Shell**	
世界总计	World	121594	世界总计	World	2698
巴　西	Brazil	32920	中　国	China	965
印　度	India	26500	印　度	India	800
中　国	China	7890	美　国	United States	159
泰　国	Thailand	6000	尼日利亚	Nigeria	172
墨西哥	Mexico	4226	印度尼西亚	Indonesia	100
巴基斯坦	Pakistan	4199	塞内加尔	Senegal	72
澳大利亚	Australia	4077	苏　丹	Sudan	37
古　巴	Cuba	4000	刚　果	Congo	56
哥伦比亚	Colombia	3280	阿根廷	Argentina	40
印度尼西亚	Indonesia	2860	缅　甸	Myanmar	59
油菜籽	**Rapeseeds**		**黄　麻**	**Jute and Jut-Like**	
世界总计	World	3405	世界总计	World	336
中　国	China	958	印　度	India	172
印　度	India	638	孟加拉国	Bangladesh	98
加拿大	Canada	609	中　国①	China①	43
法　国	France	349	泰　国	Thailand	12
德　国	Germany	284	俄罗斯	Russian Fed.	5
英　国	United Kingdom	145	缅　甸	Myanmar	5
澳大利亚	Australia	75	越　南	Viet Nam	1
捷　克	Czech Rep.	58	古　巴	Cuba	1
波　兰	Poland	54	巴　西	Brazil	1
丹　麦	Denmark	27	尼泊尔	Nepal	1

续表 1 continued

单位：万吨 (10000 tons)

国家和地区	Country or Territory	1997	国家和地区	Country or Territory	1997
茶　　叶	**Tea**		**烟　　叶**	**Tabacco Leaves**	
世界总计	World	268	世界总计	World	697
印　　度	India	75	中　　国	China	425
中　　国	China	61	美　　国	Unied States	75
斯里兰卡	Sri Lanka	27	印　　度	India	56
肯 尼 亚	Kenya	22	巴　　西	Brazil	62
印度尼西亚	Indonesia	17	土 耳 其	Turkey	23
土 耳 其	Turkey	12	津巴布韦	Zimbabwe	22
日　　本	Japan	9	印度尼西亚	Indonesia	14
阿 根 廷	Argentina	5	希　　腊	Greece	13
伊　　朗	Iran	6	马 拉 维	Malawi	15
孟加拉国	Bangladesh	5	阿 根 廷	Argentina	12
肉　　类②③	**Meat**②③		**牛　　奶**	**Cow Milk**	
世界总计	World	21517	世界总计	World	46632
中　　国	China	5915	美　　国	United States	6998
美　　国	United States	3456	俄 罗 斯	Russian Fed.	3545
巴　　西	Brazil	1097	印　　度	India	3300
俄 罗 斯	Russian Fed.	527	德　　国	Germany	2862
法　　国	France	633	法　　国	France	2567
德　　国	Germany	584	乌 克 兰	Ukraine	1570
印　　度	India	430	巴　　西	Brazil	1985
意 大 利	Italy	407	英　　国	United Kingdom	1460
西 班 牙	Spain	308	波　　兰	Poland	1143
墨 西 哥	Mexico	368	荷　　兰	Netherlands	1119

注：①包括红麻。②包括牛肉、羊肉、猪肉、马肉、家禽肉以及其他家养和野生动物肉。③1995 年数字。
Note：①Including apocynum venetum. ②Including beef and veal, buffalo meat, mutton and lamb, goat meat, pork, horse meat, poultry meat and meats of all other domestic or wild animals such as camels, rabbits and game animals. ③Figures of 1995.

表 C-6　我国农业生产主要产品产量居世界位次的变化
CHANGES IN THE ORDER OF PRECEDENCE OF CHINA'S OUTPUT OF MAJOR AGRICULTURAL PRODUCTS

产品名称	Item	1949	1957	1965	1978	1980	1985	1990	1995	1996	1997
谷　　物	Cereals		3	2	2	1	2	1	1	1	1
肉　　类①	Meat	3	2	3	3	3	2	1	1	1	1
棉　　花	Cotton (Lint)	4	2	2	3	2	1	1	1	1	1
大　　豆	Soybeans	2	2	2	3	3	3	3	3	3	3
花　　生	Groundnuts in Shell	2	2	3	2	2	2	2	1	1	1
油 菜 籽	Rapeseeds	2	2	2	2	2	1	1	1	1	1
甘　　蔗	Sugarcane		3		9	9	4	4	3	3	3
茶　　叶	Tea	3	3	3	2	2	2	2	2	2	2
水　　果	Fruits				10	8	1	4	1	1	1

注：①1949—1992 年为猪、牛、羊肉产量的位次，1994 年后为肉类总产量的位次。
Note：①For 1949-1992, refer to meat of pork, beaf and mutton. For 1994 refers to meat of various Kinds.

表C-7 谷 物 产 量

OUTPUT OF CEREALS

单位:万吨 (10000 tons)

国家和地区	Country or Territory	1996	1997	#小 麦 Wheat	#稻 谷 Rice	#玉 米 Corn
亚 洲	Asia	95543	96910	24990	52630	
中 国	China	45127	44349			
孟加拉国	Bangladesh	2839	2980	150	2830	
印 度	India	22077	22280	6930	12330	
印度尼西亚	Indonesia	5930	5820		4940	
伊 朗	Iran	1721	1690	1020	290	
日 本	Japan	1379	1330	60	1250	
韩 国	Korea Rep.	668	790		750	
缅 甸	Myanmar	2141	1730	10	1670	
巴基斯坦	Pakistan	2504	2480	1640	650	
菲律宾	Philippines	1581	1430		1000	
泰 国	Thailand	2643	2650		2240	
土耳其	Turkey	2915	2970	1870	30	
越 南	Viet Nam	2800	2970		2840	
非 洲	Africa	12077	10830	1530	1690	
埃 及	Egypt	1638	1800	580	550	
尼日利亚	Nigeria	2195	2230	10	380	
北美洲	North America	42194	38600	9180		
加拿大	Canada	5913	4950	2430		
墨西哥	Mexico	1685	2920	360	50	
美 国	United States	3306	33650	6750	830	
南美洲	South America	9230	10150	2010	1770	
阿根廷	Argentina	2841	3570	1480	120	
巴 西	Brazil	4642	4760	240	950	
欧 洲	Europe	28290	31060	13220	270	
保加利亚	Bulgaria	3328		360		
法 国	France	6104				
德 国	Germany	4099				
匈牙利	Hungary	1130	1420			
波 兰	Poland	2578	2540			
罗马尼亚	Romania	1473	2210			
俄罗斯	Russian Fed.	7366			110	
英 国	United Kingdom	2209				
大洋洲	Oceania	3012	3190		140	
澳大利亚	Australia	2924	3080		140	

表C-8 工 业 生 产 指 数
INDEX OF INDUSTRIAL PRODUCTION

1990年=100 (1990=100)

国家和地区	Country or Territory	1992	1993	1994	1995	1996	1997
澳大利亚	Australia	98	100	104	106	108	
澳地利	Austria	101	99	103	108	114	
孟加拉国	Bangladesh	114	130	140	150	159	
比利时	Belgium	98	93	95	98	99	
巴　西	Brazil	94	101	108	110	112	
加拿大	Canada	99	101	106	108	109	120
智　利	Chile	119	123	127	136	149	
丹　麦	Denmark	104	101	111	116	117	122
芬　兰	Finland	92	96	106	114	118	131
法　国	France	98	94	98	99	100	104
德　国	Germany	98	90	94	96	96	100
希　腊	Greece	98	95	96	98		
匈牙利	Hungary	72	75	82	86	89	98
印　度	India	106	107	117	133	142	
印度尼西亚	Indonesia	89	106	107			
以色列	Israel	116	123	132	143	151	
意大利	Italy	99	96	102	107	105	
日　本	Japan	96	91	92	95	98	
韩　国	Korea Rep.	116	121	134	150	163	
马来西亚	Malayia	121	132	148	168	187	
墨西哥	Mexico	105	105	109	104	113	
荷　兰	Netherlands	101	100	105	107	110	113
挪　威	Norway	108	112	120	127	134	
菲律宾	Philippines	123	126	133	152	168	
波　兰	Poland	95	101	113	124	134	151
罗马尼亚	Romania	58	58	60	65	72	68
南　非	North Africa	96	97	98	103	104	
西班牙	Spain	96	92	98	103	102	
葡萄牙	Portugal	100	96	95	99		
瑞　典	Sweden	94	94	106	114	116	
瑞　士	Switzerland	99	97	101	103	103	
土耳其	Turkey	108	114	107	116	123	
英　国	United Kingdom	96	99	104	107	108	110
美　国	United States	102	105	111	113	116	124

表C-9 煤 炭 产 量

OUTPUT OF COAL

单位：万吨 (10000 tons)

年 份 Year	中 国① China	美 国 United States	俄罗斯② Russian Fed.	日 本 Japan	德 国 Germany	英 国② United Kingdom	法 国 France	加拿大 Canada
1982	66600	76072		1741	22367	12474	2182	4291
1983	71500	70950		1669	21398	11926	2125	4478
1984	78900	80753		1683	21157	5118	2070	5741
1985	87200	80386	68014	1644	20921	8864	1896	6085
1986	89400	78754		1601	20144	10789	1846	5705
1987	92800	89992		1306	19121	10444	1558	6121
1988	98000	85331	69464	1120	18788	10379	1380	7064
1989	105400	89000	76909	1019	18754	10027	1447	7052
1990	108000	85364	62810	826	18389	8930	1280	6833
1991	108700	82506	55757	805	35233	9634	1207	7114
1992	111600	90496	31702	760	31397	8725	1106	6536
1993	115000	85768	30978	722	28591	6820	1115	6902
1994	124000	93722	17546	694	26476	4771	916	8738
1995	136100	103297	24940	626	25156	5138	905	7492
1996	139700	106289		648	23219	4931	5744	
1997	135600			427	22830			

年 份 Year	印 度 India	澳大利亚 Australia	南 非 North Africa	罗马尼亚 Romania	南斯拉夫 Yugoslavia F. R.	波 兰 Poland	捷 克 Czech Rep.	希 腊 Greece
1982	13499	13460	13691	3786	5466	22696		
1983	14213	14317	13901	4452	5940	23359		
1984	15242	15966	14000	4428	6506	24197		
1985	15703	17550	17449	4657	5704	24938	2622	
1986	17413	19488	17718		5701	25934		
1987	18512	19316	17488	4729	6005	26621	2574	
1988	19698	17809	17759	5150	5922	26651	2591	
1989	21173	19607	17312	6050	7463	24233	2507	
1990	21685	20482	17478	3734	7584	21527	2210	5170
1991	24153	21403	17820	3182	5861	20978	1948	5269
1992	25012	22585	17440	3473	4010	19837	8696	5506
1993	26320	22418	18203	3887	3743	19858	8348	5544
1994	27090	22694	19580	3976	3754	16701	1836②	4853
1995	28767	19105	19600	3904	6	19972		
1996	30784			419②				
1997					10			

注：①中国为原煤。②仅指硬煤产量。

Note: ①Chines data refers to the raw coal including lignite and waste.
②Hard coal.

表C-10 原 油 产 量

OUTPUT OF CRUDE PETROLEUM

单位:万吨 (10000 tons)

国家和地区	Country or Territory	1992	1993	1994	1995	1996	1997
阿尔及利亚	Algeria	3634	3509	3533	3616		
安哥拉	Angola	2600	2520	2525	2650		
澳大利亚	Australia	2693	2184	2027	2161		
巴　西	Brazil	3145	3200	3311	3454	3908	4204
加拿大	Canada	7885	8219	8586	8855	9094	
中　国	China	14210	14524	14608	15005	15733	16210
哥伦比亚	Colombia	2214	2284	2330	2948	3170	
埃　及	Egypt	4608	4627	4460	4444		
叙利亚	Syria	2575	2677	2576	2810		
加　蓬	Gabon	1537	1507	1583	1766	1894	
德　国	Germany	328	305	293	296	275	282
阿根廷	Argentina	2862	3034	3245	3584	3898	4145
印　度	India	2786	2648	3086	3462	3227	3319
印度尼西亚	Indonnesia	7373	7416	7474	7374	7468	
伊　朗	Iran	17129	17092	17945	17940		
伊拉克	Irag	1337	3229	3667	3608		
意大利	Italy	448	462	487	518	541	
日　本	Japan	85	78	73	73	72	72
科威特	Koweit	5365	9512	10092	10093		
利比亚	Libya	6912	6548	6685	6730		
马来西亚	Malaysia	3071	3158	3216	3332		
墨西哥	Mexico	13907	13898	13921	13601	14900	
尼日利亚	Nigeria	9158	9402	9104	9214		10138
挪　威	Norway	10448	11185	12515	13462		
阿　曼	Oman	3680	3857	4015	4232		
秘　鲁	Peru						
卡塔尔	Qatar	2046	1880	1817	1871		
罗马尼亚	Romania	658	667	670	666	659	
沙特阿拉伯	Saudi Arabia	41642	40114	40120	39991		
泰　国	Thailand						
阿拉伯联合酋长国	Uinted Arab Emirates	10396	9906	10405	10321		
英　国	United Kingdom	8918	9395	11903	12180		
俄罗斯	Russian Fed.	39934	35111	31576	30680	30100	
美　国	United States	36266	33532	33418	35964	37273	
委内瑞拉	Venezuela	12379	12778	14339	14486		
厄瓜多尔	Ecuador	1675	1796	1739	2010		

表 C-11　我国工业主要产品产量居世界位次的变化

CHANGES IN THE ORDER OF PRECEDENCE OF CHINA'S OUTPUT OF MAJOR INDUSTRIAL PRODUCTION

产品名称	Item	1949	1957	1965	1978	1980	1985	1995	1996	1997③
钢	Crude Steel	26	9	8	5	5	4	2	1	1
煤	Coal	9	5	5	3	3	2	1	1	1
原　油	Crude Petroleum	27①	23	12	8	6	6	5	5	5
发电量	Electricity	25	13	9	7	6	5	2	2	2
水　泥	Cement		8	8	4	3	1	1	1	1
化　肥	Fertilizer		33	8	3	3	3	2	1	2
化学纤维	Chemical Fibre		26②		7	5	5	2	2	2
棉　布	Woven Cotton Fabrics		3	3	1	1	1	1	1	1
糖	Sugar			8	8	10	6	4	4	4
电视机	Television				8	5	3	1	1	1

注：①1950 年数字。②1960 年数字。③估计数。
Note:①Data refer to 1950. ②Data refer to 1960. ③Estimates.

表 C-12　发　电　量

ELECTRICITY

单位:亿千瓦时　　(100 million kwh)

年　份 Year	中　国 China	美　国 United States	日　本 Japan	德　国 Germany	英　国 United Kingdom	法　国 France	意大利 Italy	加拿大 Canada	俄罗斯 Russian Fed.
1980	3006	23544	5775	3688	2849	2433	1857	3669	12950
1981	3093	23593	5833	3671	2767	2634	1789	3009	13250
1982	3277	23023	5812	3652	2731	2654	1818	3875	13671
1983	3514	23676	5555	3720	2756	2813	1801	4084	13960
1984	3770	24723	5804	3929	2804	3072	1795	4249	14930
1985	4107	25683	6720	4067	2937	3257	1823	4590	15440
1986	4495	25449	5571	4071	3010	3430	1669	4686	15990
1987	4973	26703	6362	4185	3020	3526	2010	4821	16650
1988	5452	28759	7537	4227	3091	3655	2032	5060	17051
1989	5848	29808	7998	4406	3112	4069	2108	4995	17220
1990	6212	30311	7576	4492	3190	4201	2169	4818	16735
1991	6775	30791	8881	5394	3228	4542	2220	5079	16339
1992	7539	30578	8953	5371	3269	4623	2263	5016	10085
1993	8395	30745	9067	4527	3220	4714	2228	5111	9566
1994	9281	31459	9643	4534	3316	4756	2372	5340	8759
1995	10070	32683	9900	4585	3316	4932	2411	5384	8675
1996	10813	33453		5470		4889	2547	5490	
1997	11045								

表C-13 水 泥 产 量

OUTPUT OF CEMENT

单位:万吨 (10000 tons)

国家和地区	Country or Territory	1980	1985	1990	1993	1994	1995	1996	1997
中　　国	China	7986	14595	20971	36788	42118	47561	49119	49260
阿根廷	Argentina	713	469	361	564	631	547.2	547	
澳大利亚	Australia	535	563	707	623	659	661.2	639.6	695
奥地利	Austria	546	456	491	492	482			
孟加拉国	Bangladesh	34	24	34	20.4	33.6	40.8	42.0	
比利时	Belgium	749	554	692	757				
巴　　西	Brazil	2719	2062	2585	2484	2525	2822.4	3459.6	
保加利亚	Bulgaria	536	529	472	200	191	208	214	166
加拿大	Canada	1034	967	1108	940	1060	1044.0	1122.0	1174
智　　利	Chile	158	143	210	264.0	261.6	301.2	362.4	
哥伦比亚	Colombia	436	541	636	779	920			
丹　　麦	Denmark	192	174	166	226.8	242.4	258.0	262.8	
埃　　及	Egypt	301	528	1328	1355	1355	1423.2		
芬　　兰	Finland	179	163	167					
法　　国	France	2910	2222	2651	1932	2020	1989.6	1834	
德　　国	Germany			3043	3672	4026	3750.0	3602.0	3593
希　　腊	Greece	1267	1274	1394	1261	1264			
匈牙利	Hungary	466	368	394	253	281	269	275	281
印　　度	India	1770	3737	4572	5623	6178	6692.4	7032.0	
印度尼西亚	Indonesia	526	994	1478	1892	2191	2313.6	2464.8	
意大利	Italy	4186	3715	4079	3377	3270	3416.4		
日　　本	Japan	8796	7285	8444	8804	9152	9046.8	9441.6	
韩　　国	Korea Rep.	1564	2051	3391	4612	5207	5610	5844	
马来西亚	Malaysia	235	313	588	880	1000	1068.0	1242.0	1235
墨西哥	Mexico	1626	1997	2450	2778	3040	2443.2	2809.2	
荷　　兰	Netherlands	374	292	371	314	340	340		
新西兰	New Zealand	72	86	68	68	70	70		
尼日利亚	Nigeria	172	338	350	325	127.2	157.2		
巴基斯坦	Pakistan	335	480	749	847	793	832.8	936.6	954
菲律宾	Philippines	451	307	636	793	958	1057		
波　　兰	Poland	1844	1499	1252	1223	1388	1388.4	1387.2	
罗马尼亚	Romania	1460	880	947	684	667	756.0	760.8	
南　　非	North Africa	713	690	656	582	666	744.0	766.8	788
西班牙	Spain	2801	2188	2809	2272	2514	2642.4	2634	
泰　　国	Thailand	536	796	1804	2699	2993	3438.0	3873.6	
土耳其	Turkey	1481	1758	2464	3131	2947	3301	3509	
俄罗斯	Russian Fed.	12505	13078	13733	4990	3720	3643.2	2779.2	
英　　国	United Kingdom	1481	1334	1474	1390.8	1513.2	1180.8	1129.2	
美　　国	United States	6788	7028	7094	7381	7711	7532.4		

表C-14 钢 铁 产 量
OUTPUT OF CRUDE STEEL

单位:万吨 (10000 tons)

国家和地区	Country or Territory	1989	1990	1991	1992	1993	1994	1995	1996	1997
澳大利亚	Australia	671	668	622	646	680.4	763.2	805.2	794.4	809
比利时	Belgium	1096	1142	1135	1033.2	1011.6	1117.2	1154.4	1075.2	
南非	North Africa		862	894	910	874	830	830.4	796.8	
加拿大	Canada	1546	2168	2384	2599	2495	2724	2830.4	2902.8	
中国	China	6159	6635	7100	8094	8956	9261	9536	10124	10894
捷克共和国	Czech Rep.				734	677	706.8	718.8	650.4	674
法国	France	1931	1902	1843	1796	1711	1802	1813.2	1760.4	
德国	Germany		3844	3878	3688	3762	4084	4204.8	3979.2	4081
巴西	Brazil				2390.4	2521.2	2575.2	2503.2	2523.6	
印度	India	1288	1496	1639	1299.6	1365.6	1335.6	1335.6	1339.2	
意大利	Italy	2518	2545	2053	2474	2582.4	2612.4	2768.4	2772.0	
日本	Japan	10790	11033	10964	9814	9962.4	9555.6	10164	9895.2	
韩国	Korea Rep.	2370	2312.4	2600.4	2805.6	3302.4	3374.4	3676.8	3890.4	
墨西哥	Mexico	739	822	772	835.2	931.2	876.0	994.8	985.2	
荷兰	Netherlands	568	541	517	543.6	598.8	616.8	640.8	632.4	
波兰	Poland	1510	1362	1044	986	991	1106.4	1189.2		
罗马尼亚	Romania	949	622	712	537.6	544.8	579.6	655.2	608.4	
西班牙	Spain	1256	1262	1266	1260	1296	1344	1393.2		
英国	United Kingdom	1874	1646	1663	1600.8	1646.4	1724.4	1720.8		1832
土耳其	Turkey	785	941	930	1034.4	1150.8	1218.0	1281.6		
俄罗斯	Russian Fed.				6703.2	5834.4	4876.8	4881.6	4916.4	
美国	United States	8839	8972.4	7974.0	8310	8700	8881.2	9358.8	9550.8	

表C-15 出 口 贸 易 额

TOTAL EXPORTS

单位:亿美元 (USD 100 million)

国家和地区	Country or Territory	1990	1991	1992	1993	1994	1995	1996	1997
中 国	China	620.9	719.1	850.0	917.4	1210.4	1488	1510.6	1827
美 国	United States	3935.9	4218.5	4478.3	4647.7	5126.3	5847.4	6250.7	6887
日 本	Japan	2869.5	2295.2	3404.8	3622	3973.7	4431	4109	4210
德 国	Germany	3984.4	4031.0	4299.5	3824.7	4297.2	5238	5211	5117.2
英 国	United Kingdom	1859.8	1852.1	1900.5	1816	2042.0	2421	2607.5	2810.8
法 国	France	2101.7	2133.7	2317.9	2063	2353.9	2862	2884.7	2888.7
意大利	Italy	1645.3	1695.4	1781.6	1677.7	1914.2	2339.9	2508.6	2383.6
加拿大	Canada	1274.2	1268.3	1342.2	1451.9	1657.8	1922	2016.3	2144.3
澳大利亚	Australia	396.1	419.0	424.2	427	475.6	526.9	604.8	628.9
俄罗斯	Russian Fed.			423.8	443.0	676.4	811.4	887	873.7
捷克共和国	Czech Rep.	118.8	113.0	116	128.1	143.3	216.5	257.5	225.5
波 兰	Poland	143.2	144.6	131.9	141.4	170.4	229	244.4	257.5
匈牙利	Hungary				89.2	107.3	125.4	126.9	
罗马尼亚	Romania	58.7	41.2	43.7	48.9	61.5	79.1	80.9	84.3
保加利亚	Bulgaria	134.3	38.4	40.7	35.8	41.6	50.9		
西班牙	Spain	602.0	643.4	628.7	732.9	917	1012		1043.7
印 度	India	176.5	173.7	179.4	215.5	250.3	308	330.5	403.6
印度尼西亚	Indonesia	256.8	291	339	368.3	400.6	454	498.1	
菲律宾	Philippines	81.9	88.4	97.5	110.9	133.0	175	204.2	
泰 国	Thailand	230.7	284.0	322.1	367.8	451.3	565	557	
马来西亚	Malaysia	294.2	344.0	407.1	471.3	587.6	740	783.3	
新加坡	Singapore	527.3	441.1	634.7	740	967.5	1183	1250.2	1250.2
巴基斯坦	Pakistan	55.2	64.7	72.7	66.7	73.7	79.9	93.2	87.2
缅 甸	Myanmar	3.3	4.1	5.3	5.9	7.6	8.5	6.9	8.7
孟加拉国	Bangladesh	15.1	16.9	21.8	22.7	26.6	31.7	33	
土耳其	Turkey	129.1	136.0	148.8	154.1	179.5	216	230.8	
韩 国	Korea Rep.	650.2	719.0	763.3	822	958.9	1251	1298.4	1366.2
埃 及	Egypt	25.8	36.2	30.7	22.4	34.8	34.5	35.4	
尼日利亚	Nigeria	136.5	122.6	118.9	99.2	93.7	106	186.1	
墨西哥	Mexico	265.2	271.8	275.3	302	345.3	484.3	593.7	
巴 西	Brazil	314.3	316.2	361.0	387	435.6	456.1	477.6	529.9
阿根廷	Argentina	95.8	122.7	119.7	131.2	156.6	210	237.7	246.6

表C-16 进口贸易额

TOTAL IMPORTS

单位:亿美元　　　　　　　　　　　　　　　　　　　　　　　　　　(USD 100 million)

国家和地区	Country or Territory	1990	1991	1992	1993	1994	1995	1996	1997
中　　国	China	533.5	637.9	806.1	1039.6	1156.9	1321	1388.4	1423.6
美　　国	United States	5169.9	5093.2	5540.2	6034	6892.2	7708.5	8220.3	8990.2
日　　本	Japan	2348.0	1750.4	2335.5	2416.5	2755.5	3360	3491.5	3386.2
德　　国	Germany	3426.2	3820.5	4083.1	3296.7	3726.0	4482.2	4556.8	4418.1
英　　国	United Kingdom	2249.4	2100.2	2276.6	2063.2	2263.8	2653	2858.3	3065.6
法　　国	France	2332.3	2308.1	2386.0	2007	2290.1	2755.5	2759.7	2677
意 大 利	Italy	1778.3	1341.4	1887.1	1471.8	1672.9	2041	2068.8	2083
加 拿 大	Canada	1167.2	1181.2	1224.8	1390.5	1481.8	1684	1751.6	2008.8
澳大利亚	Australia	388.0	386.1	407.0	455	534.3	603.2	654.3	680.2
俄 罗 斯	Russian Fed.	1206.5		349.8	328	505	609	611.5	676.2
捷克共和国	Czech Rep.				125.6	149.6	252.3	291.6	269.9
波　　兰	Poland	95.3	142.6	159.1	188.3	213.8	290.5	311.4	423.1
匈 牙 利	Hungary	87.6	115.3	111.2	125.6	143.8	151	159	
罗马尼亚	Romania	56.0	65.1	65	71	102.8	114.4		
保加利亚	Bulgaria	130.9	30.2	42.4	43.2	43.2	50.2		
西 班 牙	Spain	877.2	933.3	997.7	818.8	924.9	1149.4	1217.8	1227.2
印　　度	India	232.7	202.5	232.6	228	266.7	344	373.8	403.6
印度尼西亚	Indonesia	219.3	258.7	273.1	280.9	319.9	409	429.3	
菲 律 宾	Philippines	130.4	120.5	154.6	172.7	225.5	283.4	341.2	
泰　　国	Thailand	333.8	371.9	412.1	461	544.4	734.3	734.8	
马来西亚	Malaysia	292.6	367.0	399.6	456.6	595.8	778	784	
新 加 坡	Singapore	607.9	661.1	725.3	852	1025.9	1245	1313.4	1324.5
巴基斯坦	Pakistan	73.6	84.3	93.7	94.8	88.9	115	121.3	116.0
缅　　甸	Myanmar	2.6	6.2	6.5	8.1	8.8	13.4	13.6	22.6
孟加拉国	Bangladesh	31.1	34.1	34.7	39.9	47.0	65.0	66.2	
土 耳 其	Turkey	222.3	200.2	225.8	290.7	232.7	357	429	
韩　　国	Korea Rep.	698.4	815.6	817.8	838	1021.9	1351	1502.1	1446.4
埃　　及	Egypt	92.0	77.5	83.6	81.8	102.2	117.6	130	
尼日利亚	Nigeria	56.9	91.0	82.8	75.1	65.1	93.3	80	
墨 西 哥	Mexico	299.9	380.6	481.4	501.5	609.8	729	611.6	
巴　　西	Brazil	201.7	210.1	205.6	277.4	360.0	538	569.5	650.1
阿 根 廷	Argentina	40.8	80.9	148.7	166.5	215.3	201	237.3	299.4

中国统计出版社最新资料书简目

中国统计年鉴—1999(汉英)
中国统计摘要—1999
国际统计年鉴—1999
中国农村统计年鉴—1999
中国城市统计年鉴—1999
中国劳动统计年鉴—1999
中国人口统计年鉴—1999
中国建筑业统计年鉴—1999
中国对外经济统计年鉴—1999
中国固定资产投资统计年鉴—1999
中国物价及城镇居民家庭收支调查统计年鉴—1999
北京统计年鉴—1999(汉英)
天津统计年鉴—1999
河北经济年鉴—1999
山西统计年鉴—1999
内蒙古统计年鉴—1999
辽宁统计年鉴—1999
吉林统计年鉴—1999(汉英)
黑龙江统计年鉴—1999
上海统计年鉴—1999(汉英)
江苏统计年鉴—1999(汉英)
浙江统计年鉴—1999(汉英)
安徽统计年鉴—1999
福建统计年鉴—1999
江西统计年鉴—1999
山东统计年鉴—1999
河南统计年鉴—1999
湖北统计年鉴—1999
湖南统计年鉴—1999
广东统计年鉴—1999(汉英)
广西统计年鉴—1999
海南统计年鉴—1999
重庆统计年鉴—1999(汉英)
新疆生产建设兵团统计年鉴—1999
柳州地区社会经济统计年鉴—1999
南宁地区统计年鉴—1999
开封统计年鉴—1999
郑州统计年鉴—1999
邢台经济统计年鉴—1999
南通统计年鉴—1999

四川统计年鉴—1999
贵州统计年鉴—1999
云南统计年鉴—1999
西藏统计年鉴—1999
陕西统计年鉴—1999
青海统计年鉴—1999
宁夏年鉴—1999
新疆统计年鉴—1999
石家庄统计年鉴—1999
唐山统计年鉴—1999
邯郸统计年鉴—1999
衡水统计年鉴—1999
廊坊经济统计年鉴—1999
呼和浩特经济统计年鉴—1999
四平统计年鉴—1999
延吉统计年鉴—1999
哈尔滨统计年鉴—1999
双鸭社会经济统计年鉴—1999
延边统计年鉴—1999
徐州统计年鉴—1999
杭州统计年鉴—1999
苏州统计年鉴—1999
无锡统计年鉴—1999
常州统计年鉴—1999
宁波统计年鉴—1999
绍兴统计年鉴—1999
嘉兴统计年鉴—1999
金华统计年鉴—1999
舟山统计年鉴—1999
温州统计年鉴—1999
台州统计年鉴—1999
济南统计年鉴—1999
青岛统计年鉴—1999
泰安统计年鉴—1999
潍坊统计年鉴—1999
德州统计年鉴—1999
南昌统计年鉴—1999
齐齐哈尔经济社会统计年鉴—1999
贵阳统计年鉴—1999
攀枝花统计年鉴—1999
吉林社会经济统计年鉴—1999

三门峡统计年鉴—1999
平顶山统计年鉴—1999
洛阳统计年鉴—1999
武汉统计年鉴—1999
十堰统计年鉴—1999
宜昌统计年鉴—1999
海口统计年鉴—1999
广州统计年鉴—1999
惠州统计年鉴—1999
珠海统计年鉴—1999
东莞统计年鉴—1999
南宁统计年鉴—1999
宜春统计年鉴—1999
西安统计年鉴—1999
成都统计年鉴—1999
西宁统计年鉴—1999
乌鲁木齐统计年鉴—1999
巴音郭楞统计年鉴—1999
吐鲁番统计年鉴—1999
广安统计年鉴—1999
九江经济统计年鉴—1999
深圳统计信息年鉴—1999
桂林经济社会统计年鉴—1999
临汾统计年鉴—1999
上海浦东新区统计年鉴—1999
大理统计年鉴—1999
甘肃年鉴—1999
沈阳年鉴—1999
福州年鉴—1999
宝山年鉴—1999
兰州年鉴—1999
厦门经济特区年鉴—1999
福州经济技术开发区马尾区年鉴—1999
黑龙江垦区统计年鉴—1999
广东农村统计年鉴—1999
湖北农村统计年鉴—1999
福建农村统计年鉴—1999
柳州经济统计年鉴—1999
河北农村统计年鉴—1999
河南农村统计年鉴—1999

欲购以上图书请与中国统计出版社发行部联系。电话:(010)63459084　63262295
通讯地址:北京市西城区三里河月坛南街75号。邮政编码:100826　同榍行书店电话:68585978

惠阳市邮政局

惠阳市邮政局营业大厅

惠阳市邮政局领导班子在研究工作

建设中的惠阳市邮政综合大楼

广东省蕉岭县教育局

改革开放20年，是蕉岭县经济腾飞的20年，也是教育事业高奏凯歌，一步一个脚印迈向胜利，迈向辉煌的20年。

一、成为全省实现“两基”工作先进县。1981 年，蕉岭基本普及了小学教育，被广东省人民政府授予“普及小学教育先进县”称号；被广东省教育厅授予“基本完成扫除文盲任务的先进单位”。1993 年底，经省、市检查验收，蕉岭县实现基本普及九年义务教育和基本扫除青壮文盲达标，成为全国首批实现“两基”达标的554个县之一。1997年，经省人民政府复查验收，蕉岭“普九”各项指标均符合上级规定，被省人民政府授予实现“两基”工作先进称号，1998 年初于深圳市召开的全省中小学生素质教育工作会议上，焦岭县确定为全省首批12个推进素质教育的实验县之一 。目前，全县小学适龄儿童入学率达99..99%，毕业率达100%，辍学率为零；15周岁人口初等教育完成率达99.95%；全县初中入学率达 99.2%，毕业率达 98.7%,辍学率为1.83%；17周岁人口初中等教育完成率达98.03%；全县适龄三类残疾儿童入学率达95.14%。

二、办学条件不断得到改善。改革开放以来，全县中小学校办学条件得到很大的改善。全县中小学校舍建筑面积，1980年为13万多平方米，1998年增至24万多平方米，增长近1倍。特别是1990年至1998 年的9年间，全县共投入资金8343.36万元，新建了400多幢共计21.56万平方米的钢筋混凝土校舍，全县小学从1980年的112所增至119所，初级中学由12所增至19 所，小学生和中学生每人平均占有校舍面积达到了省规定的标准。全县所有中学生都按国家教委的标准建设了实验楼，配置了教学仪器设备，部分中小学校还建有电脑室、语言实验室等，逐步向规范化、现代化办学条件迈进。

目前全县有小学119所，教学点28个，教学班1120班；中学19所，311个教学班，在校中小学生达40820人，教职员工3559人。

三、教师素质逐年提高。改革开放以来，教育局把激励机制引入学校，加强了内部管理体制的改革，教师的职称评定，实行评聘分开，重奖优秀教师外，并通过多种途径培训师资，不断提高师资水平。目前，全县高中教师232人，其中本科学历、占33%。专科学历的155人，占66.8%。初中专任教师771人，学历达标率达到%，其中达到大学本科学历的占19.2%。小学专任教师1296人，学历达标率达到，其中达到大专学历以上的占19%。

四、教学质量稳步提高。办学条件的逐步改善，有力的促进了全县各校教育质量提高，平均分，合格率、红分率等各项指标不断上升。自国家恢复高考，中考招生以来，蕉岭参加高考被录取到大学、中专的学生有5176人。特别是1990年以来，高考升学率不断上升，1990年高考升学率37%，1996年为59%。1997年高考入省线183人，比1996年增加65人，对比增加数名列梅州市榜首。1998 在报考人数增录取率降低6%，入围分数线提高较大幅度的情况下，蕉岭高考上省线人数仍达160为祖国输送了大批优秀的人才，受到海内外各界人士的称颂。

五、政府对教育事业的投入逐年增加。为了发展教育事业，县委、县政府每年都对教育的投入。1979年财政预算内拨教育事业费131.8万元。1985年以来，由于教改革，全县教师工资有较大幅度的提高，1998年县财政拨给教育经费达到3231.8发足了全县教师工资。

六、幼儿教育事业稳步发展。1987年，教育体制改革后，全县教育实施“分级办级管理”的管理体制，幼儿教育也跟基础教育一样，形成县、镇、村（管理区）管理体制。学龄前一年幼儿入园（班）率达98.5%。1998年，全县有办各类幼儿园，班级198个。

七、成人教育事业有长足的发展。改革开放以来，蕉岭县成人教育事业迅速发展。，广东省广播电视大学蕉岭分校创办，1984年县委党委办起了干部进修班、函10多年来，仅蕉岭电大就培养了大专毕业生775名，单（多）科结业生241名和技术人才300多人。

党的十一届三中全会以后，农民教育重获生机。特别是1991年，县农村教育综合议召开后，由县到镇都成立了农村成人教育综合改革领导小组，大部分乡建起教育中心校。全县12个乡镇，都已成立了“成人文化技术学校”的领导机构并起校牌，开展了为本乡镇培训各种专业技术人才活动，使广大农民吸收运用科以及经营管理的能力显著提高。

向新世纪，蕉岭县教育战线的全体教职员工，将以更加高涨、更加饱满的工作务实求真、埋头苦干，依法治教，努力把全县的教育事业推向一个新台阶，为“科教兴县”战略，增创蕉岭发展新优势而努力奋斗！（黄维增 供稿）

①

②

④

令县田家炳师范学校落成剪彩

令县教育局召开素质教育研讨会。教育刘文喜局长在作工作素质教育报告

令县新铺中心小学学生在语言实验室上课

令县中小学德育工作会议

东莞市计生委

改革开放以来，东莞市的社会经济发生了深刻的变化。人口与社会、经济、环境、资源协调发展的重要性日益显现，各级党委政府在抓好经济的同时，开始从可持续发展的战略高度端正计生工作的位置，转变计生工作思想和方法。通过多年的努力，东莞市的人口控制和计生工作稳步发展，基本上实现了从单纯抓计划生育向抓计划生育与发展经济利益导向激励机制结合转变。1994年到1997年，东莞市的人口出生率从17.88‰下降至16.5‰，计划生育率从82.05%提高至83.95%，计划外多孩率从6.23%下降至4.5%，连年完成省下达的人口计划目标，受到省政府的表扬表彰。

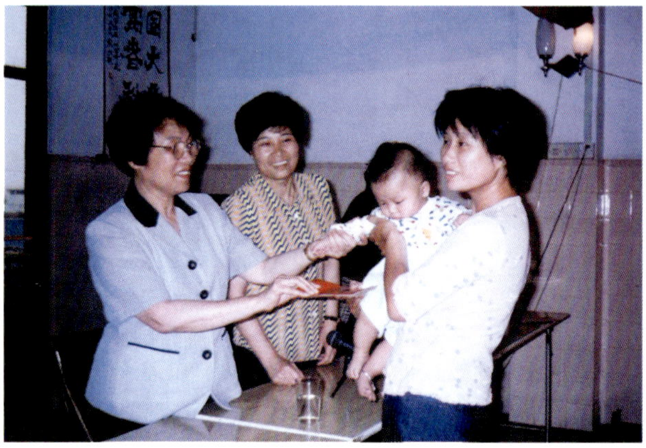

顺德市档案馆

顺德市档案馆成立于1958年。40年来，档案馆的基础建设不断发展、充实和完善，全市档案事业不断发展壮大。特别改革开放20年来，档案馆的建设朝着标准化、规范化的方向不断迈出新的步伐，多次受到地、县（市）委、政府和上级档案部门的表彰奖励，曾获全国档案系统先进单位和全省档案系统先进单位称号，1998年12月晋升为省特级综合档案馆。

顺德市档案馆不但注意丰富馆藏，而且重视档案资源开发利用。全馆馆藏从1958年9月建馆时的4622卷增至现在的30530卷，包括有民国档案、革命历史档案、建国后档案。除了文书档案外，还有科技、纪检处分、侨房、会计、婚姻、地名普查、人口普查、工业普查、方志、测绘、已故人员、环保、声像、荣誉实物档案等专门档案共14种5031卷（册），专门档案占馆藏档案的16.5%。各种资料10916册，馆藏档案资料共计41442卷册。

目前，已有94%以上的全宗单位的档案案卷目录、卷内文件目录共50余万条输入了电脑，可利用电脑检索。并编有《档案馆指南》、《档案馆简介》，检索工具较齐全，可从不同角度查找、利用档案。

目前已向社会开放的档案共 6333 卷，前来档案馆查阅利用档案的社会各界、各行各业非常踊跃，1986-1998 年接待查询者达1.61万人次，利用档案资料12.14万册。

①

②

1、市档案馆领导班子在研究规划馆库的合理布局，以适应全市档案事业的发展。（郑丽丝摄）

2、1996 年9月，叶联恩馆长应邀出席第十三届国际档案大会。图为叶联恩同志（左一）在主题报告会现场。（右二为十三届国际档案大会主席瓦洛）。

3、顺德市档案馆认真贯彻《档案法》的《广东省（镇)档案管理办法》，积极开展农村建档工作。1997 年9月18日，大良镇北区档案工作目标管理通过考评成为首个达到广东省乡（镇）管理区档案目标管理省特级的单位。（郑丽丝摄）

③

肇庆电视台

肇庆电视台位于中国优秀旅游城市——广东省肇庆市城东杏花庄，1988年7月1日正式开播。

全台员工108人，其中具有大专以上文化的占85%。拥有摄像机20多台，编辑系统12套，演播厅（室）3个。发射塔海拔高度831米，发射机功率10千瓦，电视信号覆盖市属8个县（市）、区和珠江三角洲部分地区，可收视人口逾1000万人。每天用27频道播出一套自办综合节目共15个小时，其中自制节目1.5小时，分别用普通话和广州话播出本地新闻6次，每次20分钟，还有40分钟的自制专题节目。

本台地址：肇庆市建设二路杏花庄　　邮编：526060
电话：0758-2722473

1、播音员及节目主持人
2、举办建台10周年文艺晚会
3、肇庆电视台演播厅门口
4、深入建设工地采访
5、召开通联工作座谈会

1
2 3
4 5

私立培正商学院

广州培正中学是一所创建于1889年的百年老校，在历史上享有“北有南开，南有培正”之赞誉。分布在穗、港、澳的培正中学、小学，素以英才辈出而驰名中外。据不完全统计，遍布世界各地的培正校友约7万多人，为全球的经济、科技和社会发展做出了巨大的贡献。

早在30年代，培正先贤黄启明校长等便有创办以培正命名的大学的愿望，后因抗日战争爆发而未能实现。1993年初，在祖国进一步深化改革，扩大开放的新形势下，高等教育体制发生了深刻的变化。培正校长梁尚立先生、何厚煌先生、林秀棠先生、何信泉先生等以及热心教育的社会贤达，抓住国家允许私人和社团办大学的机遇，乃发起创办私立培正商学院，实现数万红兰儿女大半个世界以来的夙愿，把培正教育事业推上了高等教育的层次。

建校刚刚跨过五周年的私立培正商学院，已经是一所由广东省人民政府批准成立，国家教育部核准备案，实施学历教育的普通高等学校。校址座落在广州花都市赤坭镇集益水库旁，校园占地38万多平方米，依山傍水，环境幽雅，交通方便。现有校舍建筑面积4万多平方米，全部由港澳和海外校友及社会知名人士捐资兴建，全校固定资产总值已逾1亿元。

学院设有金融学系、市场学系、管理学系、会计学系、法学系、外语系、经济信息管理系、人文学科与基础教学部等8个学系（部）。已建立一支以专职教师为主，专兼职结合，水平较高的师资队伍。现有专、兼职教师150多人，其中具有高级职称的教师占60%，1998年还聘请了18名外籍教师。学院建有设备先进的语音室、电脑室、会计模拟实验室、金融模拟实验室、多媒体电化教室等。学院图书馆现有中外藏书近5万册，期刊杂志160多种，教学设备和图书资料能基本满足目前教学工作的需要。

学院实行董事会领导下的院长负责制，坚持非营利公益性的办学原则，面向广东全省招生，为社会培养和造就应用型的高级专门人才。学院现有在校学生1100多人，三届毕业生都受到社会的好评和欢迎，就业率达到100%。1998年学院被全国民办教育委员会评为“全国民办高校先进单位”。

从左至右：梁尚立董事长、何厚煌常务副董事长

目前，学院广大师生员工在董事会的领导下，正以极大的工作热情为实现学院发展规划提出“到2003年建校十周年时，把培正商学院办成在校生3000人，兼有本科、专科学历教育和多形式、多层次非学历教育的全国先进民办高校”的发展目标而努力奋斗，把培正的红蓝精神和“至善至正”校训发扬光大。

广州市白云区人民医院

广州市白云区人民医院创建于1959年，是一间集医疗、预防保健、教学和科研为一体的二级甲等综合性医院。占地面积 10253平方米，其中绿化面积 4087平方米，拥有专业技术人员387名，其中高级职称30人，中级职称92人，开放床位372张。设有内、外、妇、儿、传染、中医、五官、口腔、功能检查、放射、检验、病理和药剂等 25个专业学科。设有全身CT、彩色颈颅多普勒、彩色 B超、全自动生化分析仪、全自动血球计数仪、自血光量子治疗仪、血液透析、高压氧舱、500mA遥控带电视X光机、全自动洗片机等先进的医疗设备。重点专科和特色专科有白云医骨科矫形治疗中心、颅脑外科、妇产科、消化内科等。

多年来，医院坚持“病人第一，服务第一，”的宗旨，开展经常性的医学伦理道德教育和学术科研活动，全面提高职工队伍的综合素质，以良好的医德，优良的技术热情为社会各界服务，1993年被广东省卫生厅评为文明医院。

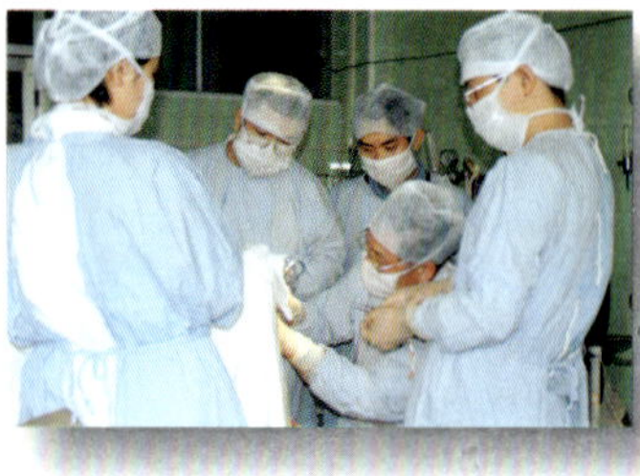
①

②

咨询电话：87714961　　87240021

地址：广州市广州大道北505号

邮政编码：510500

交通：乘　11、27、51、56、65、252、271

287、296、504、路等公共汽车可达。

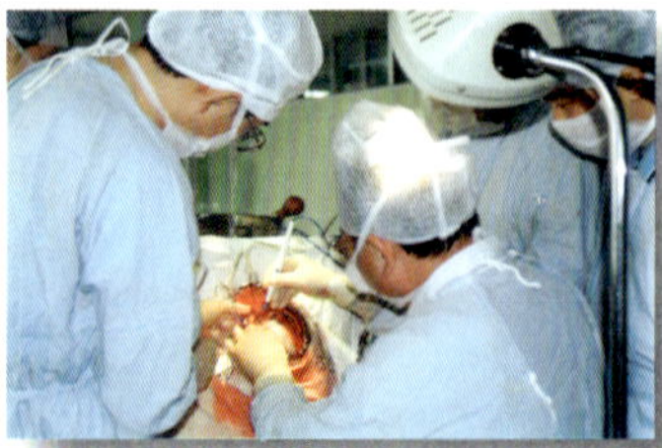
③

④

1.广东省劳动模范神经外科副主任医师左德献用他精湛的医术挽救了许多颅脑外伤病人，受到社会各界的好评。

2.院长李扬兴同志在工作中

3.左德献主任为病人行颅脑手术。

4.医院门诊综合楼

汕尾市公路局

国道324线海丰收费站（亭）貌

汕尾市公路局成立于1988年。建市以来，全市公路系统干部职工认真贯彻执行市政府提出的“交通基础设施先行”的战略部署，团结拼搏，开拓进取，努力搞好公路的建、养、管、征等工作，不断提高公路等级和路况水平，取得了物质文明和精神文明建设双丰收。

1993年，汕尾市公路局被市委、市政府评为建市五周年先进单位，同年还被评为“县、处级领导班子思想作风建设先进单位”；被省总工会、省职业道德教育办公室评为“省职业道德教育先进单位”。1996年，市公路局党委被市委授予“先进基层党组织”光荣称号。1997年，被省交通厅评为“省交通系统两个文明建设先进单位”。

河汕线汕海路段

国道324线海丰南山岭路段

惠东县农村信用合作社

惠东县农村信用社自建社以来，经过几代人孜孜不倦的追求与奋斗，逐步发展成为惠东县金融系统中机构网点最普及、存、贷款最多、功能齐全、存、取款最方便的金融服务体系。

惠东县农村信用社在全县22个乡镇设立了25个独立核算的基层信用社和63个营业网点，从业人员560多人。县联社是行业管理指挥中心，内设服务功能齐全的管理机构，独立组建了经济民警中队，结算渠道畅通。在全县基层信用社开办了县辖结算和省辖联行结算业务，县联社开通了全国特约汇兑业务，参加人民银行同城票据交换，汇兑结算方便、快捷，且资金实力雄厚，至1998年10月底各项存款达9亿多元，居全县金融部门之首，各项贷款余额达5亿多元，固定资产1.3亿元，全县各基层社及网点建起了办公大楼，配备了19辆运钞车。

展望未来，惠东县农村信用社将以崭新的风貌与全县人民携手共进，奔向更加灿烂辉煌的明天。

县联社主任 沈潭强

县联社营业部营业大厅

县联社办公大楼

广东职业技术师范学院

广东职业技术师范学院是在原广东民族学院的基础上改办而成的，至今已有40年的办学历史。经过多年努力，它已逐步摸索出一条融高等职业技术师范教育、普通高等教育和民族高等教育为一体的办学路子，形成了综合性、应用型、多功能的办学特色。

学院设有6个系，3个教学部、19个专业。各级各类学生5000多人。教职工500余人，其中副教授以上教师100余人。拥有计算中心、电教中心、校园网络中心及在建工业中心等一批设备先进的教学实验室和培训中心，图书馆藏书40万册。经过40年的艰苦办学，学院专业从少到多，办学规模由小到大，办学实力不断增强，一共为广东、海南、广西等省区培养了 10000多名毕业生，不少毕业生已成为各级领导和单位的业务骨干。1992 年3月，学院被评为全国民族教育先进单位。1998 年5月，学院顺利通过了国家教育部专家组对学院本科教学质量抽样检查的合格评价。

①

②

1. 学院领导班子在研讨学院发展规划。

2. 学生在进行计算机训练。

3. 优美恬静的校园一角。

③

广州市第95中学培才职业高级中学

培才文化技术学校10年来对成人教育和少年儿童课余科技、艺术辅导近20万人；1992年开办培才计算机培训中心，普及计算机操作培训9000余人；1987年创立了广州市培才职业高级中学，并由原来的一个幼师专业发展到现在设置有公共关系、服装设计、装潢设计、电子技术、工商财务、商业企管、物业管理等多专业的职业学校，在校学生近2000人；1993年又发展开办高等职业教育机构广州民进职业培训学院，开设有装潢美术、外贸英语，计算机应用、国际财务、公共关系等专业，在培生600余人；1995年为协助政府解决外来工子女受教育问题，成立了广州市第一间正规的外来工子女教育服务的学校——广州市培才职业高级中学附属金雁学校，在学小学、初中学生共600余名。1994年8月承办广州市第95中学，首开广州市办学体制改革之先河，对建立新的办学机制做了有益的、成功的探索。由此，广州市民进形成了一个由五个办学实体组成的教育集团机构——培才教育机构。

目前，学校正大力推进素质教育，并朝着建设现代化学校的目标努力奋斗!

地址：广州市赤岗石榴岗路南一街31号
电话：84213899　　84213980
邮编：510315

①

②

③

1. 学校标徽耸立在校园广场上，底座铭刻校训“知行、勤勉、进取、奉献”。

2. 教育面向现代化，建立计算机培训中心，拥有200多台联网的三间电脑室对全校师生普及计算机教育和专业教育。

3. 培才职中加强专业技能教育。图为服装设计专业学生设计的民族服装在毕业汇报会上展示。

广东新华书店

广东省新华书店外景

广东省新华书店图书批发销中心

建国以来，广东新华书店贯彻图书发行“两为”方针。配合党的工作中心和两个文明建设，发行了大量图书。50年共发行各类图书117.2亿册，136.8亿元。目前，全省新华书店有省市县机构 104家；自有售书网点453处；社会代理网点3843处；固定职工7200人；1998 年实现销调总额35亿元，固定资产8.5亿元。与建国初对比分别增长1146倍和5660倍。目前已拥有总资产近20亿元。

广东省新华书店党委书记兼总经理：童自烈
广东省新新图书股份有限公司董事长兼总经理：童自烈
地址：广州市大沙头四马路12号
电话总机：（020）83795468转各部门。
传真：（020）83792287　　邮政编码：510103

广州市新华书店(集团)

科技书店

广州科技书店是广州市新华书店(集团)属下一间具有一定影响的“老字号”国有专业书店，创建于1953年。40多年的不断发展壮大，目前年销售逾4000多万元，成为颇具规模的全国第二大科技专业书店。广州科技书店经营面积1-4层共2000多平方米，陈列各类科技专业图书、电脑软件、音像制品、文化用品达3万多种，并设有总服务台，为读者办理新书预订、缺书登记、代查代找、电话购书、送书上门、流动供应、代邮代运、邮购图书等服务项目。机团服务部还为各大专院校、科研单位及工矿企业办理教材和技术专业图书的预订及合同供应，为广大读者和机团单位提供优质的服务。

广州市新华书店（集团）科技书店
经理：马瑞卿
地址：北京路336号　　邮编：510030
电话（传真）：020-83370231

广东省重化厅

韶钢集团棒材生产线

广东重化工业集煤炭、石油、化工和冶金等工业于一体，肩负能源工业和原材料工业发展建设的重任。50年来，广东重化工业在坎坷、曲折的道路上，努力探索，不断前进。经过50年的艰苦奋斗，广东重化工业的面貌发生了巨大的变化，特别是实行改革开放政策以后的20年，更是取得了令人瞩目的成就，今日的重化工业，已从昔日弱小落后转变为产业规模宏大、工业体系完整、产品门类齐全的国民经济重要产业。至1997年，全省重化工业系统从业人员约38万人；完成工业总产值1053亿元，约占全省工业总产值的13%，按可比价计分别比1949年和1978年增长了1600倍和近10倍；拥有固定资产原值585亿元，是1978年的13倍。

广州石化总厂化肥装置区

广州石化总厂炼油装置区

广州市自来水公司

广州市自来水公司创建于1905年，是国内第二家特大型一类供水企业。年工业总产值达3亿元，售水总量10.73亿立方米，自来水管网水质综合合格率达99.58%；净水设计综合生产能力375万m³日，最高日供水量33.24m³ 。

地址：广州环市西路5号
法人代表：蔡建中
电话：8181176

广州市自来水公司领导班子

广州市道路扩建工程办公室

广州市道路扩建工程办公室成立于1997年，是隶属广州市建委的一个副局级事业单位。其主要职能是：负责城市新建、扩建、改建道路、桥梁工程的征用土地、拆迁房屋、迁移管线的补偿安置工作；负责安置房、安置小区建设的设计及施工管理工作；负责安置房、安置小区的物业管理工作。

21年来，该办公室先后完成了洪德路、中山大道、东风路、机场路、广清路、广中路、解放路、北环、南环高速公路、新三桥等300多个工程项目。有四方塘小区、杨箕小区、芬芳苑小区、南岸煤场和府前路安置房、郭村小区、海城花苑、新兴白云花园、金宇花园等多个安置小区，有建筑面积100多万平方米的安置房。目前，已有建筑面积50多万平方米的房屋安置了被拆迁人。安置小区生活设施力求配套，凡新区均增设公交站场，开通公交线路，基本上建设一个小区，完善一个小区配套，使被拆迁人安居乐业。

地址：广州市仓边路133号

郭村小区外景

新兴白云花园小区工程1998年12月全部完工（32万平方米），现已安置内环路东山口拆迁居民300多户。

推广的白云花园模型

广州市老干局

老干部是社会的宝贵财富，他们为新中国的成立和建设献出了美好的青春，为人们所爱戴和尊重。广州市老干局是广州市从事于关心、服务老干部的职能部门。组织老干部“夕阳红日”，继续关心时势，关心下一代并使之老有所学，身体健康，安度晚年是老干局的主要工作。

广州市老干部活动中心

广州市老干部活动中心一角

梅州市拍卖行

法人代表、总经理：魏先球

梅州市拍卖行创立于1993年，是梅州市人民政府指定的公物拍卖机构，是具有法人资格的独立核算的事业单位，实行企业管理。拍卖行内设有办公室、拍卖部、贸易部、典当部、发展部、旧货服务部、机动车辆交易中心和旧货商场街。有注册拍卖师3名，拍卖官5名。全行24人中拥有大专以上学历和取得中级职称的16人，具有中专以上学历和取得初级职称的8人。

经营范围：拍卖违法案件中没收的物品及收缴的脏物，依法决定应变卖的抵押品和法院查封、扣押的应变卖的物品，行政事业单位处理的公共物品，企业积压、超储的商品、物资和设备，破产企业的厂房、设备、产品和生产资料，有关部门指定或委托拍卖的物品，典当业务。

地址：广东省梅州市嘉应西路61-65号
法人代表、总经理：魏先球
电话：（0753）2593561 2591518
传真：（0753）2593561
邮编：514031

珠海市环保局

市环保局局长：吴锦添

珠海1979年建市，同年成立环境保护办公室。近20年来，珠海环保事业走上一条环境与经济协调发展，规划与建设同步进行的可持续发展道路。

建市以来，珠海市委、市政府坚持贯彻经济建设、城乡建设、环境建设同步规划、同步实施、同步发展的方针，把环保工作摆上重要的议事日程,突出环境质量对经济发展的重要作用，重视环境规划，合理选择产业结构，加强环境监督管理，建立健全地方环境保护法规规章制度，严格环境执法，深入环保宣传，在大规模开发建设，经济快速发展，人口不断增加的情况下，珠海的环境质量仍然保持良好水平，空气污染指数小于100，地面水功能区达标率100%，饮用水源水质达标率为97.30%，区域环境噪声，交通干线噪声都符合国家标准，连续9年在广东省城市环境综合整治定量考核中名列前茅，1997年首次参加全国46个主要城市环境综合整治定量考核，总分名列前茅。1996年珠海被国家确定为全国首批69个生态示范区建设试点之一，1997年获得了首批“国家环境保护模范城市”的光荣称号，1998年获联合国颁发的“国际改善居住环境最佳范例奖”。

梅州市 公安局交通警察支队

道路交通管理工作是梅州市的门面，也是梅州市公安机关的“窗口”，同时也是衡量城市“两个文明”建设的一面镜子。自1986年10月实行道路交通管理体制改革以来，梅州交警紧紧围绕“深化改革，强化管理，保障畅通、服务经济建设”这一中心任务，一手抓队伍建设、一手抓业务工作。同时通过深化学习济南交警“讲文明、树公安新风”和开展“严格执法、创人民满意警队”活动。狠抓队伍建设和加强各项交通管理业务工作，提高了干警的业务素质和执法水平，增强了干警的政治敏感性和拒腐能力，全市道路交通安全形势持续稳定。道路交通事故稳中有降，全市公安交警部门和交通民警立足本职，讲求服务，涌现了一批先进集体和个人，先后有两个单位荣立集体三等功，干警受嘉奖171人。

在机动车、驾驶员剧增，人、车、路矛盾日益突出，交通事故不断发生，道路交通管理工作面临严峻的形势下，梅州市交警部门的广大交警发扬吃大苦、耐大劳、顽强拼搏、无私奉献的精神，不分白天黑夜、刮风下雨和严寒酷暑，常年累月战斗在山区公路和城市街道上，坚持依法文明管理交通、做到了城乡道路安全，有序畅通，多次被省交警总队评为减少交通事故先进单位。1997年梅州交警支队被市委、市政府授予“文明单位”光荣称号。

梅州市公安局交通警察支队办公大楼及交安招待所

交警支队领导研讨交通管理工作

深圳市档案局(馆)

深圳市档案局（馆）依法治档，不断争创档案工作新优势，档案管理水平迈上新台阶。1998年，深圳市档案馆晋升为国家一级档案馆。

依法接收和征集了全面真实反映深圳经济特区建设初期及政治、经济、文化、科教等内容的大量的档案资料，不断完善和丰富馆藏结构和内容，加强对全市荣誉档案和声像档案的统一管理。目前，馆藏档案资料6万多卷（册）。

率先在全国成立首家档案寄存中心，全面拓展档案馆的服务范围，积极为那些不属于市档案馆接收范围的或 不具备档案保管条件的单位和个人提供档案寄存服务，解决企业的后顾之忧，并充分发挥馆藏信息资源丰富的优势，不断加大档案利用工作力度，取得了显著的社会效益。

加快档案现代化管理步伐，不仅在市档案局（馆）内部建立了功能完善的局域网络，而且在规范全市档案分类标准基础上，研制开发的“立档单位档案管理系统”软件在全市100多个单位推广应用，有效地促进了全市档案管理的规范化、现代化、标准化。

沙东中学

沙东中学创办于1988年，是一所设施完善的完全中学，地处广州动物园东侧，环境幽静，空气清新，是个学习的好地方。学校占地面积13000多平方米，教学区包括30个课室及图书室、实验室、学校教育室、闭路电视演播室等20多个功能室，现有26个教学班，1300多名学生，运动区包括2个蓝球场，1个足球场，200米环形跑道及1个室内体操房。前广东省省长朱森林同志为本校题写校名。

学校有一支业务素质优良，有奉献精神和协作精神的教师队伍，同学们自觉地按“团结、守纪、求实、向上”的校训要求积极进取。建校以来，毕业班工作连年获奖，1992年成为广州市教委表彰的10所中学之一，1998年《广州市普通中学毕业班工作材料汇编》中刊登了沙石中学关于《狠抓校风建设，全面推进素质教育》的经验介绍材料，学校声誉不断提高。学校每年的科技节、艺术节、体育节等大型课外活动，为学生提供了全面发展的舞台，校合唱团、田径队、篮球队、足球队多次在市级竞赛中获奖。

TRULY® 信利电子有限公司

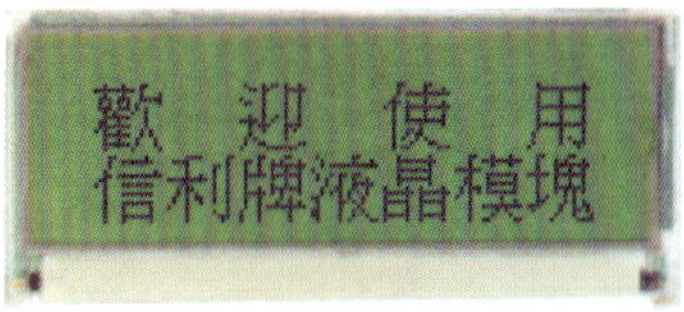

信利电子有限公司于1978年创立于香港，从事研究开发、生产制造电子产品。1986年7月，总部设于香港的信利集团将生产基地移至中国广东汕尾市。为进一步发展高尖科技的电子工业，1992年信利电子有限公司增资征地40万平方米，兴建信利电子工业城。生产、制造液晶显示屏（TN-LCD、STN-LCD），BP机，手提电话机，电子记事簿、PDA产品、电子计算器及其配件。行销世界各地的TRULY信利牌产品，已在130多个国家及地区注册为专利商标。

信利产品先后荣获西班牙BID颁发国际金星优质奖；“全国质量万里行广东百种质量可靠产品”；巴黎第15届国际科技质量奖。国家统计局工交司颁发“全国500家最大电子及通讯设备企业”；公司属下液晶显示镜（LCD）厂及信利电讯厂经英国劳氏的第三方考核，获ISO 9002国际品质管理系统证书；全国外商投资双优企业。

公司股票相继于1991年和1994年在香港联合交易所及美国纽约交易所上市买卖。通过信利3000多员工的不懈努力，信利，正朝着国际化企业的方向不断发展。

信利电子有限公司
TRULY ELECTRONICS MANUFACTURING LTD.

总公司：
香港新界葵涌永业街1-3号
忠信针织中心二字楼
电话：(852)2487 9803（20线）
电传：3373 TEML HX
传真：(852) 2480 0038　2480 0126
2480 0018　2421 9910
2422 7688
电邮：truly@truly.net
源址：http://www.truly.net

厂房地址：
广东汕尾市东冲路信利电子工业城
电话：(0660) 336 7888（12线）
传真：(0660) 336 7875
电报：2119
电邮：nst1@pub.huizhou.gd.cn

国内营业总部：
电话：(0660)337 2777（5线）
传真：(0660)336 3156
邮编：516600
电邮：hzswtyyb@pub.huizhou.gd.cn

TCL集团有限公司

董事长　总裁　党委书记
李东生先生
Mr. President Li Dongsheng

TCL集团有限公司创办于1981年，是一家从事电子、通讯、信息产业开发、生产及销售，集实业、贸易、研究开发为一体的综合型国有企业。经过18年的发展，TCL集团已形成了以王牌彩电为代表的视听、通讯、信息、国际电子四大产品系列。其中TCL王牌彩电产销量名列全国第三，TCL电话机产销量连续10年居全国第一，有“中国电话大王”称号。1998年，TCL集团实现工业总产值140亿元，销售总额98亿元，利税8.07亿元。它是全国电子10强企业，国家重点扶持的300家大型企业之一。

在18年的发展中，TCL集团以超前的观念和行动，主动去认识和培育市场，创造了“有计划地市场推广”、“服务营销”等市场新理念，形成了一种全新的经营理念和经营机制。TCL集团以市场为先导，致力于市场营销网络的建设，已建立起遍布全国各地的200多家营销网点和一支5000多人的销售队伍。TCL集团成功地把产品经营和资产经营结合起来统筹经营，继把TCL品牌从电话机扩展到以“TCL王牌子”彩电为代表的视听、电工产品之后，1996年兼并了香港陆氏公司彩电项目，开创了国企兼并港资企业之先河，1997年又与河南美乐彩电实现强强联合，使TCL的产品规模和实力得到了进一步发展和壮大。1998年TCL集团与台湾致福电脑公司合作，进入信息产业，生产销售TCL品牌的信息产品。TCL集团还大力开拓海外市场，拓宽生存空间。

展望未来，TCL人充满信心。秉承“为顾客创造价值、为员工创造机会、为社会创造效益”的企业宗旨，发扬“敬业、团队、创新”的企业精神，不断进行经营变革和管理创新，增强企业的整体素质，把TCL建成一个具有国际竞争力的综合型中国企业。

法人代表：李东生
地址：广东省惠州市鹅岭南路TCL大厦
邮编：516001
电话：（0752）2265333
E-mail：tcl@pub.HuiZhou.gd.cn
电挂：1562
传真：（0752）2265428

TCL致福电脑有限公司

TCL王牌彩电惠州生产基地 TCL TV Huizhou Production Base

广东省交通运输协会

广东省交通运输协会（以下简称省交协），是在省经委、计委、民政厅、中国交通运输协会指导下，由交通、铁路、民航、邮电等有关部门共同组织，由全省交通、邮电主管部门、企事业单位和群众团体自愿参加的，经省民政厅核准注册登记，由省经委主管，具有法人资格的全省性、行业性、非营利性的社会经济团体。省交协成立于1985年1月8日，现有单位人员144个、理事184人，常务理事75人。省交协从成立之日起，即遵循我国宪法、法律和社会主义现代化建设的理论、路线、方针、政策，在为政府、为社会、为交通邮电行业、为企业服务中发挥中介组织作用，协助政府部为发展交通邮电事业起参谋、咨询作用，在政府与企业、事业单位之间起桥梁、纽带作用。协会成立10多年来，为配合党和国家的政治经济形势和省有关部门的工作，提供了必要的咨询，作了一系列的调解，先后写出了“广东综合运输网发展规划”等近30篇发展战略规划或专题报告。召开了庆祝香港回归、广东改革开放20周年座谈会，出版有关专辑，省交协编辑出版“广东交通双月刊”，组织人才培训、出国考察访问等等。省交协以诚实的劳动，有效的服务，促进交通邮电事业的改革和发展，为广东社会经济发展做出贡献。

协会会长胡朝懿，副会长兼秘书长曾水星
办公地址：广州市长堤大马路185号6楼
电话：81861622
传真：81918487

广东省交协会长胡朝懿同志在主持会议

广东交通运输改革开放20周年座谈会。

铁道部隧道工程局

前进中的铁道部隧道工程局

铁道部隧道工程局是集设计、施工、科研和制造四位一体的国家一级（大型）资质铁路（大型）施工企业，并具有桥梁、公路、市政、工民建、水利水电和基础工程施工一级资质。

隧道工程局拥有职工1.5万人，各类专业技术人员2801人（其中高级工程技术人员206人，中国工程院院士1人，中国工程设计大师1人），技术工人8460人。现有企业总资产15.8亿元，拥有当今世界先进的各类大中型施工设备2560台（套），年施工能力20亿元以上。曾入选全国500家最大经营建筑企业。已获得北京9000标准认证中心颁发的“质量体系认证书”和英国OKAS“国际标准认证证书”。

隧道局先后参加了宝成、东陇海、衡广、大秦、候月、京九、南昆、西康、梅坎等铁路建设，已建成铁路隧道484余座。其中有全国最长的大瑶山铁路双线隧道（长14295米，获国家科技进步特等奖）、大秦军都山双线隧道（长8460米，获国家鲁班奖）、全国最长的铁路单线隧道候月线云台山Ⅰ、Ⅱ线隧道（各长8145米）、京九线最长的五指山双线隧道(长4455米)，南昆线最长的米花岭单线隧道(长9388米)等。在路外工程中，先后修建了最现代化的深圳梧桐山公路隧道（长2267米，荣获鲁班奖）；首次采用浅埋暗挖法设计并修建了北京地铁复兴门折返线，国家专利局批准为专利技术；首次在国内采用“CRD”工法邻房建成双层双洞大跨国家计委地下停车场和浅埋、大跨长安街地下过街道工程；优质高效建成上海地铁一号线新闸路站、新客站、上体馆和地下变电站；建成的东南亚第一大地铁车站广州地铁公园前站，是严格按合同工期交付的项目，广州地铁杨体区间施工中首次攻克过含水砂层这一国内地铁施工技术难关……

隧道局将继续坚持以改革为动力，以科技为先导，以管理为基础，以效益为中心，为社会提供优质的工程服务。

法人代表：郭守忠
地址：河南省洛阳市陵园路
广州办事处：广州市农林下路81号之三隧局大厦五楼
法人代表：梁玉娟
电话：0379-2312300
邮编：471009　　邮编：510080

中山医科大学科技开发部

中山医科大学科技开发部是一家从事医药、医疗器械、保健品、卫生用品等的研究、开发、经营管理与服务性科技企业。开发部依靠实力雄厚的中山医科大学及其附属医院一大批医学、药学等专业的优秀人才，承担多个国家、部级计划开发与推广项目。开发部与国内外多家大财团企业建立了密切联系，及时地把我校及至全国一些医药新成果介绍给企业。我们真诚地希望与国内外同行和生产企业合作，共创建健康美好的明天。

医学技术成果的开发、转让、咨询、培训、服务；医药产品（成果）的论证、鉴定、报批、推广；学术讲座、学术交流。

欢迎咨询。

联系单位：中山医科大学科技开发部
联系地址：广州市中山二路74号
联系人：李冠宏、陈丽芳
邮编：510089
联系电话：（020）87330760　87331763
传真：（020）87330752

梅县广播电视局

图为局长黄选堂（中），副局长王健如（右）、叶东方（左）在研究广播电视工作

梅县广播电视局是梅县广播站基础上发展起来的。自1984年成立局以来，先后建成了调频广播电台、电视台、有线广播电视台（今合并为梅县广播电视台）、广播电视发射中心、松口站和23个镇级广播电视站，以及调频转播电台10个、电视差转台71座、卫星电视地面接收站54座；还开通了程江、松口等五个地区的有线电视光纤线路。广播电视人口覆盖率98%以上，并覆盖了梅江区、蕉岭、兴宁、平远、大埔等县毗邻地区。全县已形成广播与电视并举，有线与无线结合，多套节目传输，多种形式覆盖的、较为完备的广播电视体系。广播电视设备齐全、精良，拥有90年代先进的激光MD机3架、英国进口声艺调音台1个、索尼专业编辑线6条、电视特技处理器3台、电脑图像创作系统5套、索尼BETACAM一体化摄像机6架和视频音频稳定器、信号处理器、采访用车等。

全局干部职工116人，其中大专以上学历55人。近年来，记者作品获全国县（市）级广播电视好新闻奖7项、广东好新闻奖2项、省广播电视系统好新闻奖23项、市级好新闻奖59项、全国有线电视管理工作研究会优秀论文奖1项。电视台被省广播电视厅、人事厅评为全省广播电视系统先进单位、电视广告部被评为‘97’全省广告行业精神文明建设先进单位；本局连续五年被评为市广播电视系统先进单位，1992至1996年连年被县委、县政府评为文明单位，并被授予“文明单位标兵”称号。计划生育、扶贫、社教、普法教育、社会治安综合治理等也多次被县委、县政府评为先进集体。

图为梅县广播电视台耸立在海拔447M高山上的广播电视发射塔。

图为电视编辑人员在多功能非线性编辑系统前工作的情景。

广东石油化工高等专科学校

广东石油化工高等专科学校座落在我国南方石油化工基地——茂名市，是中南地区唯一一所培养石油化工高级人才的摇篮。

该校创建于1954年，经过40多年的建设，特别是改革开放20年来的发展，已初步形成以石油化工为主、文理渗透、工程和管理相结合的多层次、多形式、多功能的办学体系。学校设有5系3部，面向全国招生和推荐就业。目前在校学生近3000人，教职工近700人，其中正副教授70多人，讲师等中级职称180多人，硕士、博士生60多人。

学校占地面积32万平方米，建筑面积14万平方米，固定资产总值8000万元，教学、科研仪器设备1800万元。

学校建有5个研究室、22个实验室、2个实习工厂以及现代化电化教学中心、教育科研网络中心和一批稳定的校外生产实习及科研基地。图书馆藏书30多万册，实行电脑管理。体育运动场地和设施比较完善。

学校积极扩大对外交流合作与联合办学。已和一些兄弟院校、工矿企业建立了协作关系，联合办学或科研攻关。近10年来承担科研课题148项，通过省市鉴定的成果18项，获科技进步奖的8项。建立了新加坡ATS电脑公司授权的高级电脑培训中心。

广 州 港
PORT OF GUANGZHOU

广州港位于东经113.36，北纬23.06。港区分布在广州、东莞、中山、深圳、珠海等市的珠江沿岸或水域，从珠江口进港，依次为虎门外港区、新沙港区和内港港区，其中虎门外港区与香港毗邻。

广州港国际海运通达80多个国家和地区的300多个港口，并为国内100多个港口通航，是中国华南地区最大的对外贸易口岸。

广州港地处珠江水系的东、西、北三江交汇点，水路、铁路、公路、航空在广州交汇，形成发达的交通网络。经济腹地以珠江三角洲、广东省为主，并及至华南、中南、西南等省区。广州港口生产发展很快，全港货物吞吐量由1990年的4164万吨发展到1998年的7863万吨，年平均增长速度为8.3%，列居全国沿海港口第3位。

广州港管辖岸线长423.5公里，总长度173公里，其中出海航道115公里，3.5万吨级船舶及第三、四代集装箱船舶可以乘潮进出港区。广州港现有码头泊位912个。其中万吨级以上泊位41个；万吨级装卸锚地36个，其中最大锚地泊能力11万吨，库场总面积100多万平方米；各类装卸机械1100多台，其中最大起重能力为250吨。

广州港实行一业为主、多种经营的方针，实行多功能综合发展。基本实现了散货专业化、适箱货集装箱化、管理集约化、管理手段电算化。

广州港将以安全、优质、高效为服务宗旨，竭诚效力于社会，并力争在下世纪初建设成为现代化、多功能、国际性的亿吨大港。

法人代表：黄国胜
地址：广州市黄埔区港前路531号
电话：（020）82279412（总机）
传真：（020）82278303
邮编：510700

①

②

③

④

⑤

广州港1990-1998年货物吞吐量

单位：万吨

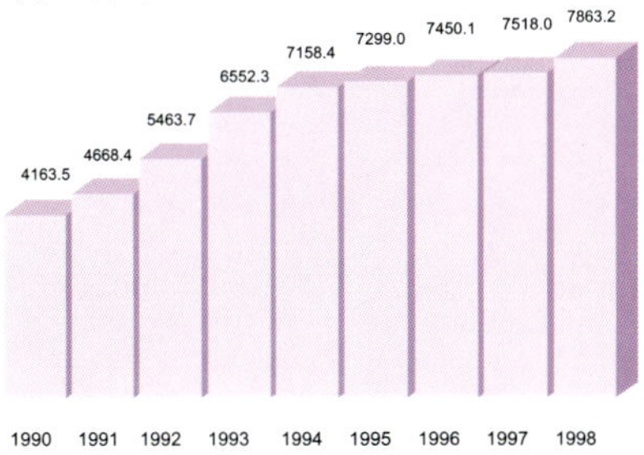

⑥

广州港1990-1998年集装箱吞吐量

单位：万吨

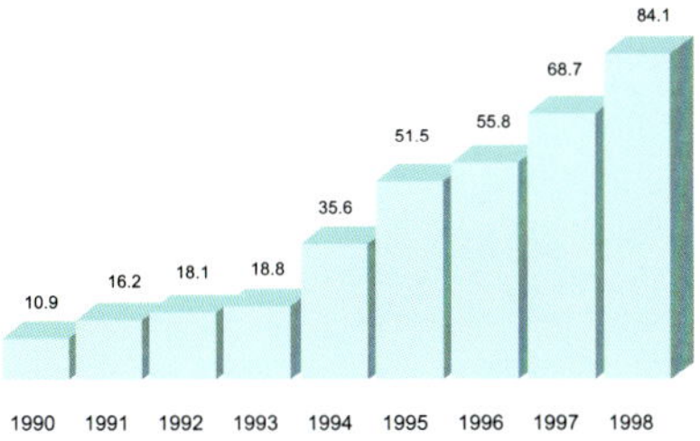

1、黄埔集装箱专用码头

2、新沙港元区1#-5#深水泊位

3、新沙港区煤炭专用码头

4、广州港务局局长　黄国胜

5、黄埔集装箱堆场一角

6、虎门外港用于大型船舶减载的大屿山10-15万吨级锚地

广东火电工程总公司

GUANGDONG POWER ENGINEERING CO.

广东省电力工业局
GUANGDONG POWER ENGINEERING CO.

广东火电工程总公司隶属
广东省电力工业局（广东省电力集团公司），
注册资金8076万元，现有资产8亿多元，
国家电力工程建设一级资质企业，
具有1000MWe民用核承压设备安装资格许可证、
工业民用建筑二级施工资质，
大件运输总承包甲级资质，
电厂调试乙级资质，
送变电工程乙级施工资质，
获法国BVQI和中国GACC ISO9002：1994质量认证。
广东火电在电力行业耕耘近半个世纪，
共承担过百多项电力建设工程，总装机容量达1200万千瓦，
在电力建设各专业领域都有一支专业化的队伍，
能承接
常规火电站、核电站、LNG电站、风电站、
垃圾电站、电站脱硫、联合循环电站、
柴油发电站、电站检修、电站调装、送变电工程，
焊接设备生产与焊接工程及金属检验，
管道、钢结构、压力容器的设计与制造，
大件（普通）设备运输与吊装，
工业设备的化学清洗与机械清洗，
以及工业建筑工程。

①

②

、广东火电属下拓奇电站服务公司已建立了覆盖粤、桂、琼、湘、闽五省的服务网络

、何兆华总经理向省领导介绍沙角C电厂（3X66OMW机组）建设情况（1994年）

、由广东火电吊装98珠海国际航天航空博会展出的长征二号、长征三号火箭

、岭澳核电站台1号反应堆穹顶吊装由广东火电使用目前东南亚最大的履带式吊机整体一次吊装成功

、广东火电属下力特公司资质

③

④

⑤

地址：广州黄埔红荔路动力大厦
电话：86+20 8221 9516
传真：86+20 8221 5176
邮编：510730
电子邮件：inf@gpec-cn.com

广东爱立信电信工程有限公司

我们的成长

广东爱立信电信工程有限公司成立于1994年，由瑞典爱立信公众电信有限公司，广东省邮电管理局，广东省机械进出口公司三方投资经营。向中国和东南亚的爱立信客户提供网络技术支持、网络优化、软件测试、培训，各类电信网络和产品的安装和调测，例如GSM，TACS，WCDMA，PSTN，SDH，PAGING等全面的支持和服务方案。今天，我们已成长为中国主要的爱立信 电信服务供应商。

我们的成绩

经过5年的努力，今天我们已拥有400多名中外员工，他们掌握爱立信最顶尖的网络技术，具有高度责任心和敬业精神并具有一流的执行能力，并遵循爱立信专业进取，尊爱至诚，契而不舍的价值观，为客户提供从专业咨询、规划设计，到安装、维护等一系列电信技术服务。我们同时引进全球最先进的测试平台，为客户提供最领先的技术培训。先进的技术是以严格的质量为基础，我们成功通过ISO9000及ISO14001质量认证，不但在质量、环保方面树立优秀榜样，我们还因良好经营业绩和积极纳税表现荣获"高新技术开发区突出贡献企业奖"和"全国双优企业"的殊荣。作为一名合格公民，我们还在不断回馈社会，在暨南大学设立"广东爱立信电信奖学金"并协助华南理工大学建立信息服务系统。

Our Company

Guangdong Ericsson Telecom Engineering Company Ltd was set up in 1994. It was invested by LM Ericsson, Guangdong Post & Telecom Administrative Bureau, Guangdong Machinery Import & Export Company. We provide network support, network quality improvement, software testing, training,implementation and implementation for different kinds of networks and products, such as GSM, TACS, WCDMA, PSTN, SDH and paging to Ericsson customers in China & South east Asia. We are the main Ericsson telecom services provider in China.

Our Honor

After 5 years' development, now our company have more than 400 staff who offer the custom ers with total solutions and services from consultancy, planning and design to installation, maintenance and training programs with the most updated Ericsson techniques. We are committed to building up the skills and competence of our employees and providing the qualified services to custom ers in accordance with the Ericsson values: professionalism, respect, and perseverance. We passed the ISO9001 and ISO14001 certification. In addition to being the pioneer of quality and environment protection, we also got the awards for being the 'National Excellent Enterprise' and the 'Outstanding Contribution Enterprise'. Being a corporate citizen, we believe it's our responsibility to contribute to the development of China. For example, we set up the 'Guangdong Ericsson Telecom Scholarships' in Ji Nan University and donated the computer servers for setting up the inform ation system in South China Technology University.

我们的目标

- 为爱立信网络产品提供高科技，高质量的服务;
- 全面了解和支持客户使用爱立信网络产品时的需求;
- 积极保持和努力扩大爱立信网络的市场占有率。

Our Vision

- To provide and develop high-tech,high quality services to Ericsson network products;
- To understand and support customers' needs in using Ericsson network products;
- To maintain and enlarge Ericsson network market share.

广州东方房地产开发有限公司

龚其坚总经理

公司领导工作会议

广州宝洁有限公司

1991年10月国务院总理李鹏视察宝洁工厂

1997年宝洁公司向希望工程捐资500万

荣获模范纳税户奖

广州宝洁有限公司成立于1988年8月18日，是一家大型的生产洗发护肤用品的中外合资企业，其花园式现代工厂座落在广州经济技术开发区，占地面积14.3 万平米。公司一向坚持“生产和提供世界一流的产品，以美化消费者的生活”的企业宗旨，推出了“海飞丝”、“飘柔”、“潘婷”、“洁花”、“沙宣”洗发护发系列和“玉兰油”护肤系列等多个名牌产品，覆盖全国各地。

人才优势、产品优势、市场优势是宝洁成功的三大支柱，拥有一支高素质、高水平的员工队伍是宝洁最大最宝贵的财富。多年来，公司依靠高科技和人才的优势，凭着先进严格的管理方式和有效的激励措施，创下了辉煌的业绩。1989 至1998年期间，广州宝洁共向国家上交超过人民币37 亿元的实际入库税收，仅1998年上缴的税收就达人民币11 亿元，并荣获“1994-1997 年度广东省模范纳税户”称号。在1996-1997年全国日化行业利税总额、销售额和资产总值三项经济指标排名中位列榜首，在1997-1998年度全国最大500家外商投资企业中排列第10位。

宝洁公司在创下辉煌业绩的同时，不忘回报社会，热心投身社会公益事业，多年来，共向公益事业捐款超过4000万元。

广东省汾煌食品工业有限公司

广东汾煌食品工业有限公司创办于1986年。10多年来，公司艰苦创业，开拓进取，把原来的小厂发展为一家集农、工、贸于一体的跨行业、跨地区、多元化、多层次的集团性公司。目前，公司已成为一个拥有旺仔（香港）集团股份有限公司、汾煌（香港）健康食品集团股份有限公司、旺仔食品有限公司、博发食品有限公司、粉煌创辉贸易有限公司、汾煌印务有限公司等10多家分公司的食品生产基地。公司占地面积20万平方米，现拥有员工近3000名，其中高级工程师、工程师50名，经济师、会计师15名。1995年以来公司连续被授予全国食品行业质量效益型先进企业。1996年被授予国家计量二级企业。1997年12月广东汾河食品工业公司注册的“汾煌”商标通过了国家国资局及中国证券委员会授权的中企华资产评估公司的评估，该商标无形资产达5亿多元。公司总经理林顺和同志被授予“广东省食品行业先进科技管理工作者”和“广东省食品行业优秀质量管理工作者”称号。

公司生产的汾煌雪梅、汾煌旺仔棒棒冰分别荣获广东省优秀新产品奖、中食协推荐的全国名牌产品称号。“汾煌牌”食品系列被推荐为首届全国消费者首选精品和九八年中国消费者协会推荐商品。

公司始终注重依靠科技进步，一手抓管理，一手抓质量。公司于1998年8月份成功向市场推出汾煌可乐。“汾煌可乐”不仅具有可乐型饮料的风味、质量外，在配方上成功地将姜汁溶入主剂中，使汾煌可乐更具独特口感，且具有宣通表里、散风寒、除邪气等药用保健功效。

公司地址：广东省潮安县庵埠镇奄凤路中段。
邮编：515638
电话：0768-6665738 6668915

Wuyang®

广州摩托集团公司

GUANGZHOU MOTORS GROUP CO.

广州摩托集团公司隶属广州市经济委员会，前身广州摩托车公司组建于1987年，是一家综合性多功能的大型国有股份企业集团，是我国摩托车生产定点企业、广东省70户重点大型企业集团及广州市57户重点企业集团之一。集团公司全部资产由国家股和8个国有法人股共9个股东出资组成，注册资金总额8734.1万元，下属有各类型企业20家，其中核心企业6户，全资、控股企业5户，参股企业9户。企业固定资产原值14.82亿元，净值10.9亿元；占地面积165.54万平方米，建筑面积92.56万平方米。企业除生产主导产品摩托车、主要产品缝纫机和自行车外，还从事房地产开发、普通机械、汽车及摩托车维修、糖业、发电、纤维板、制衣、金属家具等产品的加工制造及第三产业的服务。

自组建以来，集团公司坚持走“外引内联”发展摩托车生产的道路，1992年与日本本田技研工业株式会社合资合作，引进其先进的技术工艺和管理经验，依靠科技进步和严格管理，企业得到长足的发展。目前集团公司已形成以五羊—本田摩托车为龙头，广州摩托集团公司为主体，拥有100ml、125ml、145ml三个系列十七种车型，具有年产60万辆摩托车和60万台发动机生产能力的摩托车工业生产体系。摩托车产品先后荣获“国产摩托车之王”、“中国名牌产品”、“中国一绝”、“全国最畅销国产商品金桥奖”、“中国机械工业名牌产品”等国家、部、省、市各种奖励近百项。五羊牌自行车、华南牌缝纫机也是我国的传统名牌产品，曾多次获得部、省、市各种奖项。本公司1995年被评为“中国工业企业综合评价最优500家”之一，排第31位，在机械行业中排行第10位，在广州市评上的工业企业中排名第1位。

广州摩托集团公司董事长：杨大冬

地址：中国·广州市滨江中路352号　电话：84423888转各部室　邮政编码：510220　传真：84231304

广州市建筑集团有限公司

董事长、总经理：李万年

宜安广场（荣获1998年度全国建筑工程质量最高荣誉——鲁班奖）

广州市建筑集团有限公司前身是广州市建筑工程局、建筑总公司。公司现拥有总资产60多亿元，10家直属子公司、100多家孙公司，员工4万人，其中各类专业技术、经济管理人员5000多人。具有工程总承包一级、工程监理甲级、建筑设计甲级、建筑一级、建筑装修一级、市政施工一级、幕墙装饰一级和房地产开发、对外工程承包等资质。40多年来，累计竣工房屋建筑面积3000多万平方米。

企业一直是广州城市建设的骨干力量，曾获得1项国家产品金质奖和10项全国工程质量最高荣誉——鲁班奖；1998年底，由广州市民投票评出八项“我最喜爱的广州现代建筑”，其中6项是由广州市建筑集团承建；由羊城晚报读者投票选出的“改革开放二十年广州城建十大项目”，其中由广州市建筑集团承建的有7项，参建的有1项。

企业经营运作总规模连续六年达100多亿元，综合销售额连续五年超过50亿元，利税总额连续五年在2.5亿元以上。被评为全国“中国的脊梁”国有企业500强，1994年度广州地区企业（集团）综合实力120强第2名，1995年度全国先进建筑施工企业，建设部“八五”期间工程管理先进单位。并被列为建设部、广东省、广州市建立现代企业制度试点企业，建设部33家重点抓好的大型建筑业企业、49家企业集团试点单位，省83家和市58家重点发展的大型企业集团。

公司名称：广州市建筑集团有限公司
地址：广州市广卫路4号
电话：83331899
传真：83322747
邮编：510030

大都会广场（荣获1998年度全国建筑工程质量最高荣誉——鲁班奖）

广东国讯通信公司

与世界 秒秒相连

广东国讯通信公司成立于1993年，是一家规模较大的颇具实力的专业通信公司，是从事专业通信信息产业的高新技术现代企业。目前，国讯公司已拥有员工逾千人，业务遍布京、粤、深、港四地，在广东建成了由卫星传送的完美覆盖珠江三角洲的全省联网中文经济信息寻呼台、全省联网人工数字寻呼台、全省联网自动数字寻呼台及全省联网股市投资信息台各一个，拥有用户30多万。而今，她以强大的服务阵营，先进的覆盖网络，庞大的销售网点，丰富的信息资源，开创了资讯传呼的先河，令您在资讯时代时刻感受到“与世界秒秒相连”，体验到“时时快人一步，事事快人一步”的强烈生存优势。

国讯，将带领您在资讯时代无往而不利！

国讯通信

时时快人一步 事事快人一步

24小时 客户服务热线：83825188 83820098

珠海经济特区 旺旺食品有限公司

WANG WANG FOODSTUFF ZHUHAI S.E.Z. CO., LTD.

办公大楼

旺旺食品有限公司现有生产场地6000多平方米。主要生产食品有：元朗欢乐系列蛋卷、凤凰卷、曲奇饼干、第一系列、嘉乐系列蛋卷、凤凰卷，以及各种凉果、糖果等小食品。

公司遵循食品国际惯例，从原材料选用，加工工艺流程，到成品外形包装，严格按国家食品法要求，遵照“营养、卫生、科学、合理”的原则，指导各类食品加工生产。仅各式蛋卷生产量每年都在100万磅以上。产品遍及珠江三角洲地区，全国各大城市均有经销，并远销港澳、东南亚地区，颇受各地消费者的青睐。

公司实行电脑计算机网络管理，并备有充足的各类工程技术人员及经济管理干部。公司立足“质量第一”、“信誉第一”的宗旨，真诚欢迎各食品行家前来联系洽谈业务，磋商探讨现代食品发展大计，欢迎各新老客户及消费者指导工作。

公司地址：珠海市唐家后环工业区第三栋
电话：（0756）3312663　3312678
　　　　　　　3313668　3313268
传真：（0756）3312663
邮编：　519080

董事长：皮楚新
总经理：卓泰豪

元朗欢乐系列

第一系列

嘉乐系列

中山市田妃化妆品有限公司

中山市田妃化妆品有限公司座落在孙中山先生的故乡中山市北区岐江河畔，环境优美，交通便利，生产厂房800平方米，拥有先进的生产设备，配置优秀的科技人才和先进的生产技术。主要生产经营“田妃”“Chang Shun”牌专利美容美发系列化妆品。公司管理先进，精益求精，产品质量优良，价格适宜，信誉好。产品远销全国各地，深受广大用户的欢迎。本公司秉承“服务第一，质量第一”的原则，积极拓展国内市场，争取出口进入国际市场，热情服务大众，热忱欢迎广大客户与本公司真诚合作，共创美好的未来。

潮阳市侨丰(集团)有限公司

侨丰(集团)有限公司创建于1995年。它由原侨丰食品罐头厂、恒昌水产实业有限公司等10家企业组成，是经国家外经贸部批准的享有经营进出口业务的企业。公司注册资金3180万元，占地面积1.2万平方米，大型冷冻与生产厂房1.3万平方米；拥有水产罐头生产线及各类设备57台套，现有员工1100多人，科研及高素质的管理人员50余人，年加工水产品7350吨，年创产值1.18亿元，利税950万元，产品75%以上出口，创汇近千万美元。

公司自创建以来，自办和联结海淡水养殖基地2700多亩，海洋捕捞渔船230艘。集养殖、捕捞、海产品速冻、保鲜深加工、罐头生产于一体，贸工农，产供销配套成龙的现代化企业。生产加工的主要产品有。速冻蟹肉、鱿鱼、对虾、沙尖鱼片等近20个品种；有海产品罐头10多个品种。主要销往美国、日本、泰国、香港等国家和地区及国内大中城市。其中“珍味源”牌罐头先后荣获第二届中国国际食品博览会“国际名牌食品”称号和第三届全国科技成果“金奖”，‘96上海万兴食品节“最受欢迎产品”，有较强的市场竞争力。

公司被广东省人民政府授予省农业龙头企业；被国家农业部、对外贸易部评为全国乡镇企业出口创汇“先进企业”；被国家农业部评为中(一)档乡镇企业；被汕头市人民政府授予农业化龙头企业。1995年，国务院副总理温家宝在广东省副省长欧广源等省市党政领导的陪同下视察了侨丰集团，并给予高度评价。

1.董事长兼总经理姚亚吒
2.蟹肉罐头生产车间一角
3.中共中央政治局委员、书记处书记温家宝在中共广东省委常委，副省长欧广源陪同下视察“侨丰(集团)公司”
4.拾蟹肉工序

广东大顶矿业股份有限公司

广东大顶矿业股份有限公司主营广东大顶铁矿资源开发和矿产品深加工。大顶铁矿是国内大型高品位磁铁矿山，探明可开采利用储量1.72 亿吨，矿石含铁品位高，平均品位44.99%，矿产资源潜在价值总量达200亿元。大顶铁矿已初步形成 300 万吨 / 年的采矿能力，年产成品矿150万吨，达到了大型矿山生产规模，是广东省乃至邻近省份目前最大的铁矿生产基地。铁矿产品供不应求，在 长江以南地区有着广阔的市场。

大顶铁矿于 1988 年4月开始开发建设，经历了曲折的发展过程。1996年后，现领导班子带领全矿职工抓管理、抓效益，上规模，取得了良好的经济效益和社会效益，以“敢于开拓、乐于奉献、团结拼搏、勇攀高峰”的大顶精神，一举扭转了大顶铁矿的被动局面，发展成为河源市的龙头企业。

广东大顶矿业股份有限公司衷心感谢各级各部门领导、社会各界人士的关心和支持。

广东大顶矿业股份有限公司欢迎全国各地钢铁企业、社会各界人士前来洽谈业务。

①

②

③

1、大顶铁矿领导班子全体成员。
2、中共中央政治局委员、广东省委书记李长春到矿场视察。
3、大顶铁矿采矿现场。

董事长：钟寿猷　　总经理：高仕彬
地址：广东省河原市兴源路4号
电话：（0762）8109218　3314831
传真：（0762）3366760
邮编：517000

金羚电器有限公司

金羚电器有限公司（由原广东省江门市洗衣机厂与香港和记电业集团有限公司合资组建）是国内最早研制和生产自动型洗衣机的厂家，享有“潮流自动化，金羚第一家”之美誉。公司拥有从日本、意大利、美国、德国等先进国家引进的先进生产设备；具有年单班生产全自动洗衣机80万台，双缸洗衣机30万台的能力。金羚牌洗衣机1996年通过了国际标准ISO9001质量体系认证审核，1997年3月国内首家也是目前唯一一家通过了美国UL标准认证。同年11月7日通过国家家电检测中心7300次无故障运行试验。由金羚电器有限公司执行起草的模糊控制洗衣机国家标准，已于1998年12月起在全国实施。

“金羚”以雄厚的技术实力，无愧于“智能洗衣机专家”的称号。

广州市流林建设开发公司

总经理 何林清

广州市流林建设开发公司是经过广州市林业局、从化市人民政府、广州市建设委员会开发处批准成立的全民性质的三级房地产开发公司，1993年5月7日领取营业照开始营业，注册资金500万元，公司职工20人，有技术经济职称的15人，占在职人数75%。公司目前拥有资产2200万元，拥有土地313亩，其中南山富湾花园191亩，康霖花园22亩，与广州市画院美术展览中心征地合建画家村、艺术公园100亩。公司成立几年来为林场职工建集资楼约3万m^2，使荒山形成了一条商业街，新建了1500m^2市场。南山富湾花园交通方便，与105国道接壤，环境优美，是一块风水宝地，投资的好地方，并办了国有土地使用证及做了平面规划和办了8000万元建设投资的立项，目前公司正在搞三通工程，公司热诚欢迎广大投资者前来参观投资开发。

电 话：87851654

广州英华房地产实业有限公司

广州英华房地产实业有限公司是1994年经广东省、广州市等有关部门审批成立的二级房地产开发企业，其目前开发的项目是广州市海珠区晓港湾商住区。该区位于工业大道尾与东晓路的交汇处，处于广州市城建规划低密度重点开发的新型商业繁华区中心。该区占地面积11万多平方米，建筑总面积50万平方米，目前是广州市海珠区最大型的综合商住区。

当你踏入晓港湾商住区时，小区60余幢欧陆情调的多、高层楼宇环绕在错落有致排布的近4万平方米的绿化地之间，满眼苍翠，花香四溢，园林小品千姿百态，流连其间仿佛置身于欧陆园林之中。小区配套应有尽有，幼儿园、学校、医院、银行、邮局、各类市场、游泳池、篮球场、网球场等生活娱乐设施一应俱全，小区居民足不出外就可以享受到一切生活和娱乐服务。

近年来，晓港湾商住区凭借优越的地理位置和便利的交通，新颖别致的规划设计，美丽而广阔的园林绿化，齐全的生活和娱乐配套，优质而多功能的物业管理服务等条件而吸引了广大的购房消费者。近几年，晓港湾商住区商品楼销售量一直稳居广州市前茅。晓港湾的开发商——广州英华房地产实业有限公司在1997年广州市1500多家开发企业中脱颖而出，成为广州市30强企业之一。晓港湾商住区在1998年的全省的物业管理优秀小区的评比中荣获省优小区的称号。晓港湾已真正成了繁华都市中绿色的屏障，劳碌生活后温馨的港湾。

南方大厦有限公司

南方大厦有限公司

南方大厦有限公司是在南方大厦百货商店的基础上逐步发展起来。南方大厦百货商店成立于1954年。几十年来，南方大厦一直是国内的名星企业，从1954年开业至80年代一直是华南地区最大的百货零售企业，1983年各项经济指标在全国同行中名列第一，随后一直保持在前10名之内。南方大厦1985年组建集团公司.1986年作为广州市第一批股份制企业，开始实施集团化经营。1995年，经市政府批准进行资产重组，走中外合作的发展道路，由南方大厦集团有限公司与香港粤海投资有限公司合资组建南方大厦有限公司，从事百货业的经营和发展。公司积极开拓市场，扩大经营，在广州市各区域均设有商业网点，同时运用先进的电脑网络系统开展经营管理。到目前为止，南方大厦有限公司拥有全资企业、控股企业、参股企业、特许经营企业共10多家，商业经营面积约12万平方米，为1985年成立集团时的1.52万平方米的8倍；资产总额1.7亿元；1998年实现销售约13亿元。

广州市商业委员会

建国50年，广州商业发生了深刻的变化，特别是改革开放20年，广州社会消费品零售总额从1978年的19.8亿元发展到905亿元，商业网点从6143个增加到24万个。旅游业开始成为广州经济增长点，1998年广州被国家旅游局评为中国优秀旅游城市。

展望未来，广州商业将以更快的速度，更令人瞩目的新姿跻身于世界先进行列。实现流通社会化、国际化、现代化的目标。

1978年广州市在全国率先成立的第一家海鲜货栈

位于广州番禺南村镇的广州酒家企业集团利口福（番禺）食品有限公司外景（部分）

茂名市茂南公路局

茂名市茂南公路局局长 王 广

茂名市茂南公路局负责管养茂名市区出口道路。“八五”期间，连接茂名南（国道325线）北（国道207线）的大动脉高水一级公路45公里建成通车。随着“九五”公路达标活动的开展，公路建设纳入了茂名市、茂南区政府的重点规划，目前已改建完成茂化线一级公路11公里，茂苍线、铜衍线二级公路20公里，使茂南公路局养护的一级公路达71公里，二级公路达55公里，茂南区每100平方公里国土公路密度已达80.6公里，居全市首位。形成了一个等级标准高，通行能力强的公路交通网络，带动了沿线的开发与建设，改善了茂名的投资环境，公路两侧成为茂名市、茂南区现在和将来工商业集中发展的黄金地带。茂南公路局由于在公路“建、养、征、管”工作上成绩突出，1996、1997连续两年被茂名市公路局评为“双文明单位”。

广东温氏食品集团

广东温氏食品集团创始于1983年底。它由“七户八股”8000元起家，从一个乡村养鸡场发展成广东省首家农民股份制集团。目前它拥有员工2000余人，下属企业50多家。股份合作制和“公司+农户”是“温氏模式”的两大特色，它坚持“造福员工，造福社会”的创业宗旨。近年来，温氏食品集团还在福建、广西、江苏、河南等地，建立子公司。带动8000多户农民脱贫致富，被广东省人民政府命名为“农业龙头企业”。

温氏集团董事长兼总经理温鹏程被国务院授予全国“劳动模范”称号，被国家农业部命名为“全国优秀乡镇企业经理”。

公司地址：广东省新兴县勒竹镇榄根
邮政编码：527439
http://wens.com.cn
E-mail：wens@pub.jiangmen.gb.cn

乳源县南水温泉渡假村

乳源县南水温泉渡假村位于广东省北部、韶关市乳源瑶族自治县西部15公里处的南水湖西北岸边。南水湖水面5万多亩，库容12.8亿立方水。从南水渡口乘快艇穿湖心约10分钟便可到达渡假村。渡假村依山傍水，风光绮丽，有一天然温泉，泉涌若汤沸，长年不断。

渡假村占地15公顷，建筑面积近6000平方米，是一个集旅业、餐饮、娱乐、疗养、健身于一体的多功能综合服务渡假胜地。现村中拥有多种规格的标准房、豪华小别墅、普通客房、具有民族特色的民族村套房等共40多间，房内设备齐全，装修高级，有空调、电视、电话、卫生间、温泉浴池等。村前有可同时容纳100多人就餐的餐厅，厅内设有卡拉OK，客人可在饱尝山中野味，湖水鲜鱼，地方特产之余唱卡拉OK，翩翩起舞。造型别致的营业大厅，内设总服务台，购物中心，娱乐设施，宽阔的大厅还可作多功能会议大厅，供大、小会议使用。在渡假村的西面，建有温泉浴室，室内设有大浴池，温泉水无色无味，水温适宜，是淋浴、疗养、健身的好地方。

欢迎您到乳源县南水温泉渡假村来!

地址：乳源县鹰峰中路乳源酒店
电话：5388382
邮编：512700

1.渡假村正大门

2.渡假村温泉泳池

3.酒店豪华客房

4.豪华游船（可乘座60人）

| 1 | 2 |
| 3 | 4 |

中国石化集团广州石油化工总厂

炼油装置区

中国石化集团广州石油化工总厂是中国特大型石油化工联合企业，其成立于1973年6月18日，1974年破土动工，1978年12月建成投产。经过“九五”改扩建工程，已具有原油770万吨/年、合成氨34.5万吨/年、尿素60万吨/年、聚丙烯4万吨/年、聚炳烯薄膜1.29万吨/年的生产加工能力。

主要产品有明珠牌汽油、柴油、航空煤油、燃料油、液化石油气、尿素、沥青、硫磺、大衣牌聚丙烯薄膜，璀璨牌聚丙烯均聚物等50多种。

白云机场使用3号航空煤油

厂址：广州黄埔石化路239号
邮编：510726
电话：82123888
传真：82399045

化肥装置区

汕头岩石大桥

汕头岩石大桥位于广东省汕头市区西部，南起国道324广汕公路，跨越汕头海岸，北与国道206线联接，是继汕头市市区东部建成的海湾大桥后动工兴建的第二座特大型跨海大桥，总概算人民币12.5亿，由汕头市岩石大桥建设总公司与香港中国基础建设投资（汕头）有限公司合作投资兴建。工程于1994年12月29日奠基，1995年4月27日动工。大桥正桥全长2865米，全桥包括互通立交，引桥匝道、引道总延长米为5976米。主桥六车道，两侧加设人行观光道，桥面总宽30.5米。主塔塔身高138米，主桥主跨518米，通航净高38米，可通航2万吨级船舶。大桥主桥钢绞线斜拉索和钢箱梁与PC梁混合梁的结构，为我国首例，技术先进，气势磅薄。大桥于1998年建成。岩石大桥的建成与海湾大桥形成跨海交通环线，对推动和改善汕头市投资环境和发展经济将起到重大的作用。

地址：广东省汕头市渔港路12号大洋工业城南座二楼
电话：8554120　传真：8554543　邮编：515041

照明施工夜景

岩石大桥试通车

合龙庆典

广石化工业设备检测工程公司

广石化工业设备检测工程公司是隶属于广州石油化工总厂的企业，主要从事大型工业设备和在用压力容器的检验检测工作。1985年3月取得由劳动部颁发的一、二、三类在用压力容器检验资格。注册号为：Z95032014。

公司现有各类专业人员10多人，试验基地及办公场地554M^2。有一批总值约200万元的检测仪器和设备。公司成立以来，共承担了近2000台各类设备及在用压力容器的检验工作。积累了丰富的设备检经验。为总厂处理了许多设备检验和使用过程中的疑难问题。同时还有针对性地进行了多项专项检验技术的研究开发工作，取得了一定的科研成绩。由于我们的积极工作，我厂多年设备定检率均在90%以上，多次获得省劳动部门的表扬。

我们的服务宗旨是：为安全生产服务，不以赢利为目的，为广石化在用压力容器的使用管理更科学化，为保装置的安、稳运行贡献自己的一份力量。

公司经理：舒海涛

检测工地

大西洋银行珠海分行

大西洋银行珠海分行

大西洋银行早于1864年在葡萄牙里斯本成立，并加入了葡国最大的财经集团——葡国储金总局集团，在葡国本土拥有庞大的银行网络。

大西洋银行珠海分行成立于1993年6月，成为在中华人民共和国开设的第一家葡资银行，作为一家全功能银行向中外企业及私人给予经济支持，可向客户提供外币存款、汇款、放款及进出口押汇等银行之服务，以及筹集银行贷款支持各种大型经济建设项目。

大西洋银行澳门分行新大厦于1997年9月24日正式开幕，巨额投资之新大厦，更显示银行对客户未来服务之承诺及信心。

大西洋银行澳门分行

地址：广东省珠海市吉大国际贸易展览中心1012室
电话：0756-3352745、3332656-1012
传真：0756-3352746
联系人：赵小姐、刘小姐
邮政编码：519015

广州粤剧二团

广州粤剧二团是阵容鼎盛的专业艺术团体。该团是在原广州粤剧团二团基础上重组。多年来好戏迭献，屡获奖项，声名远播，既活跃在省港澳舞台，又远涉美国、加拿大、新加坡、日本、澳洲等地，深受广大观众的欢迎。

剧团由国家一级演员、著名文武生钟康祺（见图1），国家二级演员、著名花旦梁淑卿担纲，国家一级演奏员、著名戏曲音乐家卜灿荣作音乐领导，并拥有一批富有朝气、富有经验的主要演员和编剧、导演、音乐员、舞台美术设计师等。剧团行当齐全、文武兼备，多年来排演了数十个不同风格、脍炙人口的名剧，如《唐明皇与杨贵妃》、《李后主与小周后》、《金陵残梦》、《中国公主杜兰朵》、《多情孟丽君》、《劫后再生花》、《文武香球》、现代粤剧《金盾情》、《白毛女》等，剧目丰富多彩，能够适合不同观众的欣赏需要。剧团主演者全情投入的表演，精湛娴熟的技艺，流畅悦耳的唱腔，以及优美谐和的音乐，乐队高水平的伴奏，色彩绚丽的灯光、布景、服装和良好的音响效果，无论在国内或国外演出，均获好评。

钟康祺

梁淑卿

广东省公路建设公司

广东省公路建设公司于1987年初经广东省人民政府批准成立，是广东省交通厅直属的一个自主经营、自负盈亏的经济实体。1996年公司重组后，以组织公路、桥梁工程及配套设施的规划、建设、经营管理、技术咨询为主，重点组织建设、经营管理珠江三角洲区域的高速公路网。已参股投资、建设和经营的大型交通基础设施项目有广深高速公路、虎门大桥、京珠高速公路广珠段等，正在规划或建设的项目有广东西部沿海高速公路新会段、珠江三角洲东南西北环高速公路、广珠一级公路及珠海伶仃洋大桥等。

广东省公路建设公司拥有资产总值28亿元，公司系统各单位员工2800多人。公司控股、参股的合作单位有广东冠粤路桥有限公司、广东西部沿海高速公路新会段有限公司、广深珠高速公路有限公司、京珠高速公路广珠段有限公司、虎门大桥有限公司、广州北二环高速公路有限公司。

公司法人：曾跃汉

广东冠粤路桥有限公司

广东冠粤路桥有限公司是由广东省公路建设公司、广东省航务工程总公司、广东兴运交通有限公司、番禺桥梁集团公司、广东筑波路桥工程有限公司等单位共同投资，按现代企业制度组建的一家自主经营、自负盈亏的企业。公司成立于1997年，现有注册资金5000万元，员工2700余人，是一家以公路、桥梁、工程施工总承包为主业，兼营建筑材料、工程机械购销与租赁业务，具有工程施工总承包二级企业资质的企业。

公司成立后，先后担负起虎门大桥配套工程太平互通立交、京珠高速公路广珠段、花清高速公路、广东西部沿海高速公路新会段等重点工程项目的施工总承包工作，是南粤高速公路建设的一支生力军。

公司法人：王志仁

地　　址：广州市寺右新马路111-115号五羊新城广场7楼
邮政编码：510600
传真电话：87379472
电　　话：87378394　87378403

神州少林神龙武术馆

神龙武术馆是专门教授军警功夫的大型高级武术保安人才培训机构，原国际武术联合会筹委会主席、原国家体委副主任徐才同志亲笔题写馆名。本馆开办8年来，为广东省沿海地区输送了4000多名合格的武术保镖人才，得到了用人单位的高度评价和肯定。中央电视台于1997年10月采访了本馆，并以题为“卫士雄鹰”作了专辑报道。1998年9月中国教育电视台与本馆联合拍摄了《军警功夫教学片》，在中国教育电视台连播了4个月。此教学片由中国经济出版社出版发行。

本馆采用军事化、全封闭式教学，毕业学生只要符合条件，均可安排到高薪单位工作。入学注册时，本馆可与学生签订具有法律效力的包安排工作的合同。

①

②

③

1. 中央电视台到本馆采访。

2. 总教练言传身教擂台见真功夫。

3. 毕业学员被分配到深圳工作。

广东省肇庆制药厂

肇庆市制药厂座落于拥有旖旎风光七星岩的国家级旅游历史文化名城——肇庆端州之内。

肇庆市制药厂是创建于1972年1月的一家国有企业，现有员工246人，其中专业技术人员56人，中级职称占12人，2人考取执业药师资格。

企业占地面积1.22万平方米，建设面积1.46万平方米，总资产为4115万元。

肇庆市制药厂初期以全国首创的紫花杜鹃片（胶囊）为主产品，1978年荣获全国科学大会奖，1982年9月荣获广东省优质产品称号。

为提高企业产品的竞争能力，企业以自身的技术力量研制开发了五种新药：复方黄芩片、化痰消咳片、解热清肺糖浆、康乐鼻炎片和治感佳片（胶囊）。复方黄芩片、解热清肺糖浆是“国家中药保护品种”，解热清肺糖浆、化痰清咳片列入“国家基本药物”中。

肇庆市制药厂已发展成有较高专业水平和较大规模以生产中成药粉、浸膏、片剂、胶囊、糖浆为主的厂家，有产权的中西成药108个品种，产品注册商标为“康乐”牌。

地址：广东省肇庆市前沙街103号
电话：（0758）2833873　2833939　2830901
传真：2830901
邮编：526020

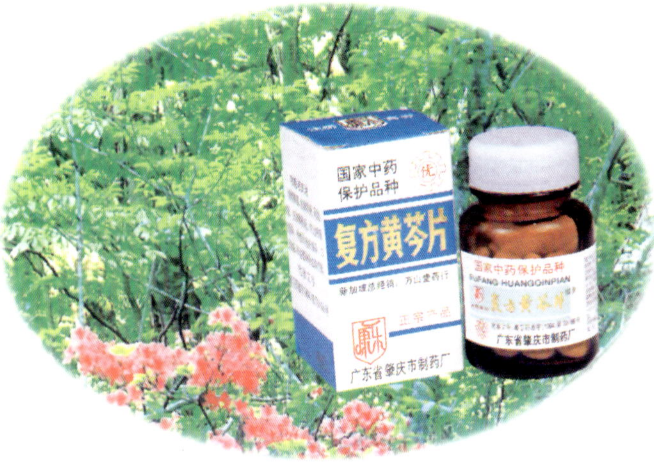

国家中药保护品种　复方黄芩片

解热清肺糖浆

广州抽水蓄能电站工程

广州抽水蓄能电站（简称广蓄电站）是我国第一座高水头、大容量的抽水蓄能工程，位于广东省从化市吕田镇镇内，距广州市120公里。电站一期工程装机容量1200MW，安装4台300MW的蓄能机组，转速每分钟500转，设计水头535米，综合效率76%，通过两回500KV输电线并入广东电网，为大亚湾核电站的安全经济运行和提高电网供电质量服务。

电站一期工程于1989年5月25日开工，1993年6月29日第一台机组投入可靠性运行，从1988年7月10日开始施工准备到1994年3月12日第四台机组投入可靠性运行。

电站由广东省电力集团公司、国家开发投资公司和核工业总公司合资兴建，内资由联营三方筹措，外资利用法国政府贷款（一期）和亚洲开发银行贷款（二期）用于引进机电设备。广东抽水蓄能电站联营公司为业主单位，广东省水利电力勘测设计研究院负责设计，中国水利水电第十四工程局负责施工和安装，中国水利水电建设工程咨询公司中南公司负责监理。

电站一期工程建设已胜利完成，目前正在正常运行；二期工程装机容量同样为4×300MW，目前正在建设之中。本世纪内全部建成后，广蓄电站总装机容量达2400MW，将是世界最大的抽水蓄能电站。

广州市黄埔山叶发展有限公司

山叶发展有限公司是具有独立法人地位，注册资金1800万元，以产力雄厚的中国石化集团广州石油化工总厂为依托的横向经济联合体。

公司目前生产和销售电力、聚丙烯（拉丝级粉料）、二氧化碳（食用级、工业级）、氧气、液氧、苯、甲苯、二甲苯、工业丁烷、发泡剂、高纯环烷酸、高级聚脂家具漆、民用漆、工业防腐漆、碱式氧化铝等产品；开展防腐保温工程、工程科学技术研究、综合技术服务和石油化工仓储、货运、进口贸易、保税区业务及劳务中介等服务。

公司竭诚欢迎中外客商前来洽谈科研，开展贸易合作。

公司地址：广州市黄埔区石化路东侧。
电话：(020)82389228　传真：81124390

1.6000KW 发电机组
2.5000T/聚丙烯装置（拉丝级）
3.10000T/年CO2装置（食品级，工业级）

广东商务金融律师事务所

中国法学会理事，华南理工大学兼职法学教授，
广东商务金融律师事务所执业律师李捷云同志

广东法学代表团向美国洛杉矶—广州城市友好协会赠送礼品

广东经济贸易律师事务所部分律师和工作人员在庆祝广东省法学会成立十五周年座谈会上合影

办公地址：广州市仓边路27号富豪酒店1301室
电　　话：1382972005

广东中调电力技术开发公司

广东中调电力技术开发公司成立于1993年10月13日，主要服务于电力系统各供电局、发电厂。

主营方面：

一、有电网监控系统，电网通信监控系统及系统自动化的设计、开发、研制、技术咨询。

二、电力系统运行方式及继电保护的分析、研究、计算、咨询。

三、承担继保装置，运动设备的安装，调试及维修等项目。

地址：广州市梅花路75号309、311室
经理：林美云
电话：85120309
邮编：510600